DIREITO CIVIL
DIREITO DAS COISAS

4

O GEN | Grupo Editorial Nacional – maior plataforma editorial brasileira no segmento científico, técnico e profissional – publica conteúdos nas áreas de concursos, ciências jurídicas, humanas, exatas, da saúde e sociais aplicadas, além de prover serviços direcionados à educação continuada.

As editoras que integram o GEN, das mais respeitadas no mercado editorial, construíram catálogos inigualáveis, com obras decisivas para a formação acadêmica e o aperfeiçoamento de várias gerações de profissionais e estudantes, tendo se tornado sinônimo de qualidade e seriedade.

A missão do GEN e dos núcleos de conteúdo que o compõem é prover a melhor informação científica e distribuí-la de maneira flexível e conveniente, a preços justos, gerando benefícios e servindo a autores, docentes, livreiros, funcionários, colaboradores e acionistas.

Nosso comportamento ético incondicional e nossa responsabilidade social e ambiental são reforçados pela natureza educacional de nossa atividade e dão sustentabilidade ao crescimento contínuo e à rentabilidade do grupo.

FLÁVIO **TARTUCE**

DIREITO CIVIL
DIREITO DAS COISAS

17ª edição revista, atualizada e ampliada

- O autor deste livro e a editora empenharam seus melhores esforços para assegurar que as informações e os procedimentos apresentados no texto estejam em acordo com os padrões aceitos à época da publicação, e todos os dados foram atualizados pelo autor até a data de fechamento do livro. Entretanto, tendo em conta a evolução das ciências, as atualizações legislativas, as mudanças regulamentares governamentais e o constante fluxo de novas informações sobre os temas que constam do livro, recomendamos enfaticamente que os leitores consultem sempre outras fontes fidedignas, de modo a se certificarem de que as informações contidas no texto estão corretas e de que não houve alterações nas recomendações ou na legislação regulamentadora.

- Fechamento desta edição: *24.12.2024*

- O autor e a editora se empenharam para citar adequadamente e dar o devido crédito a todos os detentores de direitos autorais de qualquer material utilizado neste livro, dispondo-se a possíveis acertos posteriores caso, inadvertida e involuntariamente, a identificação de algum deles tenha sido omitida.

- **Atendimento ao cliente:** (11) 5080-0751 | faleconosco@grupogen.com.br

- Direitos exclusivos para a língua portuguesa
  Copyright © 2025 by
  Editora Forense Ltda.
  Uma editora integrante do GEN | Grupo Editorial Nacional
  Travessa do Ouvidor, 11 – Térreo e 6º andar
  Rio de Janeiro – RJ – 20040-040
  www.grupogen.com.br

- Reservados todos os direitos. É proibida a duplicação ou reprodução deste volume, no todo ou em parte, em quaisquer formas ou por quaisquer meios (eletrônico, mecânico, gravação, fotocópia, distribuição pela Internet ou outros), sem permissão, por escrito, da Editora Forense Ltda.

- Capa: Fabricio Vale

- **CIP-BRASIL. CATALOGAÇÃO NA PUBLICAÇÃO**
  SINDICATO NACIONAL DOS EDITORES DE LIVROS, RJ

T198d
17. ed.

    Tartuce, Flávio, 1976-
       Direito civil : direito das coisas / Flávio Tartuce. - 17. ed., rev. e ampliada - Rio de Janeiro : Forense, 2025.
       816 p. ; 24 cm.   (Direito civil ; 4)

    Inclui bibliografia
    ISBN 978-85-3099-606-2

      1. Direito civil - Brasil. 2. Direitos reais - Brasil. 3. Propriedade - Brasil. 4. Posse (Direito) - Brasil. I. Título. II. Série.

24-95577   CDU: 347.121.2(81)

Meri Gleice Rodrigues de Souza - Bibliotecária - CRB-7/6439

*Aos meus alunos de ontem,
de hoje, de sempre.*

*Ao Largo de São Francisco,
pelos primeiros passos jurídicos.*

NOTA DO AUTOR À 17.ª EDIÇÃO

As edições 2025 desta minha coleção de Direito Civil, com mais de duas décadas, chegam ao meio editorial brasileiro totalmente atualizadas com o Projeto de Reforma do Código Civil, tendo sido muito intenso e desafiador o trabalho de atualização neste último ano.

Em 24 de agosto de 2023, o Presidente do Senado Federal, Rodrigo Pacheco, nomeou e formou uma Comissão de Juristas para empreender os trabalhos de reforma e de atualização do Código Civil de 2002. Como se sabe, o projeto que gerou a atual codificação privada é da década de 1970, estando desatualizada em vários aspectos, sobretudo em questões relativas ao Direito de Empresa, ao Direito de Família, ao Direito das Sucessões e diante das novas tecnologias.

Voltou-se a afirmar, com muita força, que o atual Código Civil "já nasceu velho". Trata-se de um texto com mais de cinquenta anos de elaboração e que, por óbvio, encontra-se muito desatualizado, como se pode perceber da leitura desta coleção.

A Comissão de Juristas teve a Presidência do Ministro Luis Felipe Salomão e a Vice-Presidência do Ministro Marco Aurélio Bellizze, ambos do Superior Tribunal de Justiça. Tive a honra de atuar como Relator-Geral da Comissão, ao lado da Professora Rosa Maria Andrade Nery.

O prazo para o desenvolvimento dos trabalhos foi de cento e oitenta dias, com a possibilidade de eventual prorrogação. De todo modo, os trabalhos da Comissão de Juristas foram entregues no prazo, cumprindo-se a sua missão institucional, e com a entrega formal ao Congresso Nacional em 17 de abril de 2024.

Foram formados nove grupos de trabalho, de acordo com os livros respectivos do Código Civil e também com a necessidade de inclusão de um capítulo específico sobre o *Direito Civil Digital*, o que nos foi pedido no âmbito do Congresso Nacional.

As composições das Subcomissões, com os respectivos sub-relatores, foram as seguintes, conjugando Ministros, Desembargadores, Juízes, Advogados, Professores e os principais doutrinadores do Direito Privado Brasileiro.

Na Parte Geral, Professor Rodrigo Mudrovitsch (relator), Ministro João Otávio de Noronha, Professora Estela Aranha e Juiz Rogério Marrone Castro Sampaio.

Em Direito das Obrigações, Professor José Fernando Simão (relator) e Professor Edvaldo Brito.

Em Responsabilidade Civil, Professor Nelson Rosenvald (relator), Ministra Maria Isabel Gallotti e Juíza Patrícia Carrijo.

Quanto ao Direito dos Contratos, Professor Carlos Eduardo Elias de Oliveira (relator), Professora Angélica Carlini, Professora Claudia Lima Marques e Professor Carlos Eduardo Pianovski.

Em Direito das Coisas, Desembargador Marco Aurélio Bezerra de Melo (relator), Professor Carlos Vieira Fernandes, Professora Maria Cristina Santiago e Desembargador Marcelo Milagres.

Em Direito de Família, Juiz Pablo Stolze Gagliano (relator), Ministro Marco Buzzi, Desembargadora Maria Berenice Dias e Professor Rolf Madaleno.

No Direito das Sucessões, Professor Mário Luiz Delgado (relator), Ministro Cesar Asfor Rocha, Professora Giselda Maria Fernandes Novaes Hironaka e Professor Gustavo Tepedino.

Para o novo livro especial do *Direito Civil Digital*, Professora Laura Porto (relatora), Professor Dierle Nunes e Professor Ricardo Campos.

Por fim, para o Direito de Empresa, Professora Paula Andrea Forgioni (relatora), Professor Marcus Vinicius Furtado Coêlho, Professor Flavio Galdino, Desembargador Moacyr Lobato e Juiz Daniel Carnio.

Também foram nomeados como membros consultores da Comissão de Juristas os Professores de Direito Ana Cláudia Scalquette, Layla Abdo Ribeiro de Andrada e Maurício Bunazar, a Defensora Pública Fernanda Fernandes da Silva Rodrigues, o Professor de Língua Portuguesa Jorge Miguel e o Juiz Federal e também Professor Vicente de Paula Ataide Jr., especialista na causa animal.

No ano de 2023, foram realizadas três audiências públicas, em São Paulo (OABSP, em 23 de outubro), Porto Alegre (Tribunal de Justiça do Rio Grande do Sul, em 20 de novembro) e Salvador (Tribunal de Justiça da Bahia, em 7 de dezembro). Além da exposição de especialistas e debates ocorridos nesses eventos, muitos outros seminários jurídicos foram realizados em reuniões de cada Subcomissão.

Foram também abertos canais para envio de sugestões pelo Senado Federal e oficiados mais de quatrocentos institutos e instituições jurídicas. Mais de duzentos deles mandaram propostas para a Comissão de Juristas, em um sistema democrático de participação não visto em processos anteriores, de elaboração e alteração da Lei Geral Privada Brasileira, inclusive com ampla participação feminina.

Após um intenso trabalho no âmbito de cada grupo temático, em dezembro de 2023 foram consolidados os textos dos dispositivos sugeridos, enviados para revisão dos Relatores--Gerais.

Em 2024, foi realizada mais uma audiência pública, em Brasília, com a presença do Ministro da Suprema Corte Argentina Ricardo Lorenzetti e da Professora Aída Kemelmajer. Na oportunidade, os juristas argentinos compartilharam conosco um pouco da sua experiência com a elaboração do Novo Código Civil daquele País, de 2014.

Ocorreram, sucessivamente, os debates entre todos os membros da Comissão de Juristas, a elaboração de "emendas de consenso", a votação dos textos, em abril de 2024, e a sua elaboração final, com a posterior entrega.

Nesse momento, nos dias iniciais de abril de 2024, tivemos o *ponto alto* das nossas discussões, estando os vídeos desses encontros disponíveis para acesso nos canais do Senado Federal, com muito conteúdo técnico, cultura jurídica e interessantes embates.

Sendo assim, apresentado o Anteprojeto, a partir da edição de 2025 desta coleção de Direito Civil, trago para estudo as normas projetadas, com comentários pontuais e exposição dos debates que travamos, sendo imperiosa, sem dúvida, uma reforma e uma atualização do Código Civil de 2002 diante dos novos desafios contemporâneos e por tudo o que está exposto neste livro. Esperamos, assim, que o Projeto seja debatido no Parlamento Brasileiro ano que vem, e aprovado logo a seguir.

Como o leitor poderá perceber desta obra, é evidente a afirmação de não se tratar de uma projeção de um "Novo Código Civil", mas apenas de uma ampla reforma, com atualizações fundamentais e necessárias, para que o Direito Civil Brasileiro esteja pronto para enfrentar os desafios do século XXI.

Na grande maioria das vezes, como ficará evidente pelos estudos destes livros da coleção, as propostas apenas confirmam o entendimento majoritário da doutrina e da jurisprudência brasileiras.

Foram mantidos a organização, a estrutura e os princípios da atual Lei Geral Privada, assim como dispositivos fundamentais, que não sofreram qualquer alteração. Em muitos deles, houve apenas a correção do texto – como naqueles relativos ao Direito de Família, em que se incluiu o convivente ao lado do cônjuge –, e a atualização diante de leis recentes, de decisões dos Tribunais Superiores e dos enunciados aprovados nas *Jornadas de Direito Civil*; além da retomada do Código Civil como *protagonista legislativo* em matéria do Direito Privado, o que foi esvaziado, nos últimos anos.

Muitos dos temas e institutos tratados há tempos nesta coleção possivelmente serão incorporados pela Reforma, havendo consenso quanto a vários deles. Por certo que essa deve ser a tônica do debate e do estudo do Direito Privado Brasileiro nos próximos anos, até a aprovação do projeto.

Compreender as proposições representa entender também o sistema vigente, em uma metodologia muito útil para os estudantes e para os profissionais do Direito.

Além de um amplo estudo do texto da Reforma do Código Civil, com análise detalhada e até mesmo crítica em alguns aspectos, procurei, como sempre, atualizar os meus livros com as leis recentes que surgiram no último ano, com destaque para a Lei 14.905/2024 – que trata dos juros e da correção monetária –, com as principais decisões da jurisprudência nacional e novas reflexões doutrinárias.

Espero, assim, que os meus livros continuem o seu papel de efetivação do Direito Civil, como foram nos últimos vinte e um anos.

Como tenho afirmado sempre, se a minha história como jurista se confunde com a própria História do Código Civil de 2002, o mesmo deve ocorrer com as transformações que virão, pela minha participação neste grupo de Reforma e Atualização da codificação privada, que marcou a minha vida para sempre.

Bons estudos a todos, uma excelente leitura e que os livros mudem a vida de vocês, como mudou a minha.

São Paulo, dezembro de 2024.

O autor.

PREFÁCIO

Em meio a tantas transformações por que passam as relações jurídicas de Direito Privado, o Direito das Coisas talvez seja o mais instigante, por atrair aspectos a um só tempo dogmáticos e ideológicos, a suscitar mecanismos de permanente conflito de interesses, no que tange ao aproveitamento dos bens, entre a tutela patrimonial (propriedade como garantia) e a concretização de direitos fundamentais (propriedade como acesso). A sistematização da matéria, permeada por núcleos normativos, não raro conflitantes, exige reconstrução teórica de elevado grau de dificuldade. A tal desafio se lança o Professor Flávio Tartuce, nesta 6.ª edição do volume 4 de sua já consagrada obra dedicada ao Direito Privado Brasileiro.

O livro encontra-se organizado em nove capítulos, dedicados aos principais institutos dos Direitos Reais e às suas principais controvérsias doutrinárias e jurisprudenciais. O primeiro deles traz uma *Introdução ao Direito das Coisas*, analisando a questão terminológica, a discussão a respeito da taxatividade e da tipicidade dos direitos reais, as diferenças em face dos direitos pessoais patrimoniais, bem como a aproximação entre tais categorias jurídicas na perspectiva da Constituição Federal de 1988.

No segundo capítulo, estuda-se a posse, seu conceito e natureza jurídica, as teorias justificadoras, a visão sociológica, as principais classificações possessórias, seus efeitos, formas de aquisição, transmissão e extinção. Merecem destaque as incursões interdisciplinares então levadas a cabo, em especial os aspectos processuais, com a exposição das principais ações possessórias, diretas e indiretas.

A propriedade é tema do capítulo seguinte, com a sua conceituação civil-constitucional, abordagem profunda da sua função social e de outras limitações ao seu exercício. São estudadas, com detalhes, as formas de aquisição da propriedade, com atenção especial à usucapião. Este Capítulo 3 ainda analisa o controvertido mecanismo da chamada *desapropriação privada*, constante do art. 1.228, §§ 4.º e 5.º, do Código Civil, tendo como referência informativa os enunciados aprovados nas *Jornadas de Direito Civil*. O encontro dos elementos teóricos com a realidade prática dá-se mediante o confronto dessa nova categoria com o julgado da Favela Pullman, pronunciado pelo Tribunal de Justiça de São Paulo e pelo Superior Tribunal de Justiça.

O Capítulo 4, relativo ao Direito de Vizinhança, segue a linha dos anteriores, com visão interdisciplinar dos institutos vicinais, enfocando questões constitucionais, ambientais e processuais. São estudados, pontualmente: o uso anormal da propriedade, as árvores limítrofes, a passagem forçada e o novo regime da passagem de cabos e tubulações, o direito de tapagem, o direito de construir e o regime de águas. As ações fundadas no direito de vizinhança também compõem este importante capítulo.

O condomínio é o assunto da seção seguinte, tendo sido o Capítulo 5 totalmente reformulado em relação às edições anteriores. Além do condomínio comum ou tradicional, o autor aprofunda os temas relativos ao condomínio edilício, analisando, entre outros assuntos: as limitações da autonomia privada na convenção de condomínio, problemas jurídicos do dia a dia condominial, as penalidades aos condôminos, a permanência de animais e a problemática relativa à expulsão do condômino antissocial. Mais uma vez, percebe-se a preocupação com a axiologia civil-constitucional, em especial quanto às limitações da autonomia privada nos pactos relativos à vida em comum.

Os Capítulos 6, 7, 8 e 9, que tratam dos direitos reais sobre coisa alheia, também foram reescritos. Destaca-se o texto aprofundado dos direitos reais de gozo ou fruição, com ênfase no usufruto e na superfície. O mesmo ocorre com os direitos reais de garantia, com a exposição de questões intricadas relativas ao penhor, à hipoteca e, em especial, à alienação fiduciária em garantia, seja de bens móveis ou imóveis.

Tive a satisfação de conhecer o Prof. Flávio Tartuce como seu professor em curso de pós-graduação, participando posteriormente da banca examinadora de seu doutoramento, na Faculdade de Direito da USP e de numerosas atividades acadêmicas comuns. O Prof. Tartuce prima por seu dinamismo e inquietude, integrando diversas instituições científicas, especialmente o nosso Instituto Brasileiro de Direito Civil (IBDCivil), o que lhe permite dialogar com grupos de pesquisa de todo o Brasil, ampliando o olhar de suas obras para a metodologia civil-constitucional. Na esteira das edições anteriores, Flávio Tartuce, nacionalmente conhecido por sua intensa atividade docente, consegue tratar de forma didática os intrincados problemas que, de maneira arguta, identifica e analisa, oferecendo ao leitor, em boa hora, subsídios teóricos e práticos para a compreensão e a construção do direito vivo.

Stanford, dezembro de 2013.

Gustavo Tepedino
Professor Titular de Direito Civil da Faculdade de Direito da UERJ.
Advogado e Consultor Jurídico. Presidente do IBDCivil
(Instituto Brasileiro de Direito Civil).

SUMÁRIO

1	**INTRODUÇÃO AO DIREITO DAS COISAS**	1
1.1	Conceito de Direito das Coisas. A questão terminológica	1
1.2	Conceito de direitos reais. Teorias justificadoras e caracteres. Análise preliminar do art. 1.225 do CC	5
1.3	Diferenças entre os direitos reais e os direitos pessoais patrimoniais	16
1.4	O Direito das Coisas e a Constituição Federal. Primeiras noções a respeito da função social da propriedade	20
1.5	Resumo esquemático	26
1.6	Questões correlatas	27
	Gabarito	27
2	**DA POSSE**	29
2.1	Conceito de posse e teorias justificadoras. A função social da posse. A detenção	29
2.2	Principais classificações da posse	39
	2.2.1 Classificação quanto à relação pessoa-coisa ou quanto ao desdobramento	39
	2.2.2 Classificação quanto à presença de vícios	41
	2.2.3 Classificação quanto à boa-fé	45
	2.2.4 Classificação quanto à presença de título	49
	2.2.5 Classificação quanto ao tempo	50
	2.2.6 Classificação quanto aos efeitos	51
2.3	Efeitos materiais da posse	51
	2.3.1 A percepção dos frutos e suas consequências	51
	2.3.2 A indenização e a retenção das benfeitorias	53
	2.3.3 As responsabilidades	59
	2.3.4 O direito à usucapião	60
2.4	Efeitos processuais da posse	61
	2.4.1 A faculdade de invocar os interditos possessórios	62
	2.4.2 A possibilidade de ingresso de outras ações possessórias	80

DIREITO CIVIL • VOL. 4 – Flávio Tartuce

2.4.2.1 Da ação de nunciação de obra nova ou embargo de obra nova. A ausência do seu tratamento específico no Código de Processo Civil de 2015 80

2.4.2.2 Da ação de dano infecto 82

2.4.2.3 Dos embargos de terceiro 83

2.4.2.4 Da ação de imissão de posse 86

2.4.2.5 Da ação publiciana 87

2.4.3 As faculdades da legítima defesa da posse e do desforço imediato 87

2.5 Formas de aquisição, transmissão e perda da posse 90

2.6 Composse ou compossessão 95

2.7 Resumo esquemático 97

2.8 Questões correlatas 98

Gabarito 110

3 DA PROPRIEDADE 111

3.1 Conceito de propriedade e de direito de propriedade. Direitos e faculdades dela decorrentes 111

3.2 Disposições preliminares relativas à propriedade constantes do Código Civil de 2002. Suas principais limitações. A função social da propriedade. Aprofundamentos necessários 124

3.3 Principais características do direito de propriedade 135

3.4 A desapropriação judicial privada por posse-trabalho e a função social da propriedade. Análise do caso da *Favela Pullman* (STJ). Semelhanças e diferenças 136

3.4.1 Estudo da desapropriação judicial privada por posse-trabalho (art. 1.228, §§ 4.º e 5.º, do CC) 136

3.4.2 As tentativas de orientação da desapropriação judicial privada por posse-trabalho, pelos Enunciados aprovados nas Jornadas de Direito Civil, do Conselho da Justiça Federal e do Superior Tribunal de Justiça 139

3.4.3 O caso da Favela Pullman e a função social da propriedade 145

3.4.4 Semelhanças e diferenças entre a desapropriação judicial privada e o julgamento do caso da Favela Pullman. Análise de julgados a respeito da desapropriação privada 150

3.5 Da propriedade resolúvel. O enquadramento da propriedade fiduciária. Primeira abordagem 156

3.6 Da propriedade aparente 158

3.7 Formas de aquisição da propriedade imóvel. Formas originárias e derivadas 159

3.7.1 Das acessões naturais e artificiais 160

3.7.1.1 Da formação de ilhas 161

3.7.1.2 Da aluvião 163

3.7.1.3 Da avulsão 165

3.7.1.4 Do álveo abandonado 166

3.7.1.5 Das plantações e das construções 167

3.7.2 Da usucapião de bens imóveis 174

3.7.2.1 Aspectos materiais envolvendo a usucapião de bens imóveis. As modalidades de usucapião de imóvel admitidas pelo direito brasileiro 174

3.7.2.1.1	Da usucapião ordinária (art. 1.242 do CC)	181
3.7.2.1.2	Da usucapião extraordinária (art. 1.238 do CC)	184
3.7.2.1.3	Da usucapião constitucional, agrária ou especial rural – *pro labore* (art. 191, *caput*, da CF/1988, art. 1.239 do CC e Lei 6.969/1981)...	185
3.7.2.1.4	Da usucapião constitucional ou especial urbana – *pro misero* (art. 183, *caput*, da CF/1988, art. 1.240 do CC e art. 9.º da Lei 10.257/2001). A inclusão da nova usucapião especial urbana por abandono do lar conjugal pela Lei 12.424/2011 (art. 1.240-A do CC).....................	189
3.7.2.1.5	Da usucapião especial urbana coletiva (art. 10 da Lei 10.257/2001)	196
3.7.2.1.6	Da usucapião especial indígena (art. 33 da Lei 6.001/1973)	198
3.7.2.1.7	Da usucapião imobiliária administrativa decorrente da legitimação da posse, anteriormente prevista no art. 60 da Lei 11.977/2009, e seu tratamento após a Lei 13.465/2017 (arts. 25 a 27).......................................	199
3.7.2.2	Da usucapião de bens imóveis e o direito intertemporal	202
3.7.2.3	A usucapião de imóveis públicos...	204
3.7.2.4	Aspectos processuais envolvendo a usucapião de bens imóveis. Da usucapião extrajudicial incluída pelo Código de Processo Civil de 2015. Análise com base nas alterações da Lei 13.465/2017 e da Lei 14.382/2022, e na sua regulamentação administrativa pelo Conselho Nacional de Justiça..	207
3.7.3	Do registro do título	224
3.7.4	Da sucessão hereditária de bens imóveis	229
3.8	Formas de aquisição da propriedade móvel. Formas originárias e derivadas........	230
3.8.1	Da ocupação e do achado do tesouro (arts. 1.264 a 1.266 do CC). O estudo da descoberta (arts. 1.233 a 1.236 do CC)	231
3.8.2	Da usucapião de bens móveis (arts. 1.260 a 1.262 do CC). Aspectos materiais...	235
3.8.3	Da especificação (arts. 1.269 a 1.271 do CC)................................	238
3.8.4	Da confusão, da comistão e da adjunção (arts. 1.272 a 1.274 do CC)	239
3.8.5	Da tradição..	241
3.8.6	Da sucessão hereditária de bens móveis	246
3.9	Da perda da propriedade imóvel e móvel	246
3.10	Análise da Lei 13.465/2017 e suas principais repercussões para o direito de propriedade. A REURB e a legitimação fundiária	251
3.11	Dos fundos de investimento e a inclusão do seu tratamento no Código Civil pela Lei 13.874/2019..	257
3.12	Resumo esquemático	264
3.13	Questões correlatas	266
	Gabarito	280
4	**DIREITO DE VIZINHANÇA**	283
4.1	Conceito de direito de vizinhança...	283

XVI | DIREITO CIVIL • VOL. 4 – *Flávio Tartuce*

4.2 Do uso anormal da propriedade 285

4.3 Das árvores limítrofes 292

4.4 Da passagem forçada e da passagem de cabos e tubulações............................. 294

4.5 Das águas... 298

4.6 Dos limites entre prédios e do direito de tapagem 305

4.7 Do direito de construir 307

4.8 Resumo esquemático 314

4.9 Questões correlatas 315

Gabarito 321

5 DO CONDOMÍNIO 323

5.1 Introdução. Conceito, estrutura jurídica e modalidades 323

5.2 Do condomínio voluntário ou convencional 326

    5.2.1 Dos direitos e deveres dos condôminos... 326

    5.2.2 Da administração do condomínio voluntário.. 333

    5.2.3 Da extinção do condomínio voluntário ou convencional. O direito de preferência tratado pelo art. 504 do Código Civil 335

5.3 Do condomínio legal ou necessário.. 343

5.4 Do condomínio edilício... 345

    5.4.1 Conceito e estrutura interna. Regras gerais básicas. A questão da natureza jurídica do condomínio edilício... 345

    5.4.2 Da instituição e da convenção do condomínio. O controle do conteúdo da convenção condominial 355

    5.4.3 Direitos e deveres dos condôminos. Estudo das penalidades no condomínio edilício. O condômino antissocial... 369

    5.4.4 Da administração do condomínio edilício 392

        5.4.4.1 O síndico.. 392

        5.4.4.2 As assembleias (ordinária e extraordinária). Quóruns e deliberações 397

        5.4.4.3 O conselho fiscal 403

    5.4.5 Da extinção do condomínio edilício 404

5.5 Novas modalidades de condomínios instituídas pela Lei 13.465/2017. Condomínio de lotes e condomínio urbano simples 404

5.6 A multipropriedade ou *time sharing*. Estudo da Lei 13.777/2018................... 411

5.7 Resumo esquemático 427

5.8 Questões correlatas 428

Gabarito 438

6 DOS DIREITOS REAIS DE GOZO OU FRUIÇÃO.. 439

6.1 Generalidades sobre os direitos reais de gozo e fruição.................................. 439

6.2 Da superfície 440

    6.2.1 Conceito, partes e estrutura. Código Civil de 2002 *versus* Estatuto da Cidade.. 440

    6.2.2 Regras fundamentais a respeito do direito real de superfície................ 445

    6.2.3 Da extinção do direito real de superfície e suas consequências............. 449

SUMÁRIO | XVII

6.3	Das servidões	452
	6.3.1 Conceito, características, constituição e institutos afins	452
	6.3.2 Principais classificações das servidões	459
	6.3.3 Do exercício das servidões	461
	6.3.4 Da extinção da servidão	468
6.4	Do usufruto	472
	6.4.1 Conceito, partes, estrutura interna e figuras afins	472
	6.4.2 Principais classificações do usufruto	475
	6.4.2.1 Classificação quanto ao modo de instituição ou quanto à origem	475
	6.4.2.2 Classificação quanto ao objeto que recai	477
	6.4.2.3 Classificação quanto à extensão	478
	6.4.2.4 Classificação quanto à duração	479
	6.4.3 Regras fundamentais relativas ao usufruto. A questão da inalienabilidade do direito real	479
	6.4.4 Dos direitos e deveres do usufrutuário	482
	6.4.5 Da extinção do usufruto	487
6.5	Do uso	493
6.6	Da habitação	496
6.7	Das concessões especiais de uso e para fins de moradia. Direitos reais de gozo ou fruição introduzidos pela Lei 11.481/2007 no CC/2002	500
6.8	Do direito real de laje	503
6.9	Da enfiteuse. Breves palavras	513
6.10	Resumo esquemático	517
6.11	Questões correlatas	519
	Gabarito	531

7 DO DIREITO REAL DE AQUISIÇÃO. O COMPROMISSO IRRETRATÁVEL DE COMPRA E VENDA DE IMÓVEIS 533

7.1	Primeiras palavras sobre o compromisso de compra e venda. Evolução histórica legislativa	533
7.2	Diferenças conceituais entre o compromisso de compra e venda registrado e não registrado na matrícula do imóvel	538
7.3	Requisitos de validade e fatores de eficácia do compromisso irretratável de compra e venda de imóvel	543
7.4	Inadimplemento das partes no compromisso irretratável de compra e venda de imóvel. Análise com base na Lei 13.786/2018	547
	7.4.1 Inadimplemento por parte do promitente vendedor	547
	7.4.2 Inadimplemento por parte do compromissário comprador. Análise de acordo com a Lei 13.786/2018	559
7.5	Questões controvertidas atuais sobre o compromisso irretratável de compra e venda. Interações entre os direitos reais e pessoais. A Súmula 308 do Superior Tribunal de Justiça e suas decorrências. O "contrato de gaveta". Outras questões relativas às *crises* do mercado imobiliário	573
7.6	Resumo esquemático	580
7.7	Questões correlatas	580
	Gabarito	583

8 DOS DIREITOS REAIS DE GARANTIA SOBRE COISA ALHEIA 585

8.1 Teoria geral dos direitos reais de garantia sobre coisa alheia 585

8.1.1 Regras gerais e características dos direitos reais de garantia sobre coisa alheia 585

8.1.2 Dos requisitos subjetivos, objetivos e formais dos direitos reais de garantia 591

8.1.3 A vedação do pacto comissório real e a polêmica sobre o pacto marciano 599

8.1.4 Direitos reais de garantia e vencimento antecipado da dívida 603

8.2 Do penhor 606

8.2.1 Conceito, partes e constituição 606

8.2.2 Dos direitos e deveres do credor pignoratício 609

8.2.3 Das modalidades de penhor 620

8.2.3.1 Do penhor legal 620

8.2.3.2 Do penhor convencional especial rural 625

8.2.3.2.1 Regras gerais 625

8.2.3.2.2 Do penhor agrícola 632

8.2.3.2.3 Do penhor pecuário 634

8.2.3.3 Do penhor convencional especial industrial e mercantil 635

8.2.3.4 Do penhor convencional especial de direitos e títulos de crédito .. 638

8.2.3.5 Do penhor convencional especial de veículos 643

8.2.4 Da extinção do penhor 646

8.3 Da hipoteca 649

8.3.1 Conceito, partes e constituição 649

8.3.2 Bens que podem ser hipotecados 655

8.3.3 Das modalidades de hipoteca 663

8.3.3.1 Da hipoteca convencional 663

8.3.3.2 Da hipoteca legal 663

8.3.3.3 Da hipoteca cedular 665

8.3.3.4 Da hipoteca judicial ou judiciária 666

8.3.4 Da possibilidade de alienação do bem hipotecado e suas consequências. Da sub-hipoteca 666

8.3.5 Da remição da hipoteca 671

8.3.6 Da perempção da hipoteca convencional 676

8.3.7 Da possibilidade de hipoteca sobre dívida futura ou condicional 677

8.3.8 Da divisão ou fracionamento da hipoteca 679

8.3.9 Da extinção da hipoteca 681

8.4 Da anticrese 685

8.4.1 Conceito, partes e estrutura 685

8.4.2 Regras fundamentais da anticrese 686

8.5 Resumo esquemático 687

8.6 Questões correlatas 689

Gabarito 696

9 A ALIENAÇÃO FIDUCIÁRIA EM GARANTIA 697

9.1 Introdução. A propriedade fiduciária. Conceito, evolução legislativa e natureza jurídica 697

9.2 Regras da propriedade fiduciária no Código Civil de 2002 704

9.3 A alienação fiduciária de bens móveis. Regras previstas no Decreto-lei 911/1969. A questão da prisão civil do devedor fiduciante 716

9.4 A alienação fiduciária em garantia de bens imóveis. Regras previstas na Lei 9.514/1997 740

9.5 Resumo esquemático 771

9.6 Questões correlatas 773

Gabarito 776

BIBLIOGRAFIA 777

INTRODUÇÃO AO DIREITO DAS COISAS

Conceitos iniciais

Sumário: 1.1 Conceito de Direito das Coisas. A questão terminológica – 1.2 Conceito de direitos reais. Teorias justificadoras e caracteres. Análise preliminar do art. 1.225 do CC – 1.3 Diferenças entre os direitos reais e os direitos pessoais patrimoniais – 1.4 O Direito das Coisas e a Constituição Federal. Primeiras noções a respeito da função social da propriedade – 1.5 Resumo esquemático – 1.6 Questões correlatas – Gabarito.

1.1 CONCEITO DE DIREITO DAS COISAS. A QUESTÃO TERMINOLÓGICA

Notória e conhecida é a classificação dos direitos patrimoniais em direitos pessoais e direitos reais. Essa classificação é confirmada por uma análise sistemática do Código Civil de 2002, a exemplo do que acontecia com o seu antecessor.

Os direitos patrimoniais pessoais estão disciplinados no Código Civil pelo tratamento dado ao Direito das Obrigações (arts. 233 a 420 e arts. 854 a 965), ao Direito Contratual (arts. 421 a 853-A) e ao Direito de Empresa (arts. 966 a 1.195). Também há regras pessoais patrimoniais nos livros dedicados ao Direito de Família e ao Direito das Sucessões. Por outra via, os direitos patrimoniais de natureza real estão previstos entre os arts. 1.196 e 1.510, no livro denominado "Do Direito das Coisas" (Livro III).

A expressão *Direito das Coisas* sempre gerou dúvidas do ponto de vista teórico e metodológico, principalmente quando confrontada com o termo *Direitos Reais*. Muito didaticamente, pode-se afirmar que o Direito das Coisas é o ramo do Direito Civil que tem como conteúdo relações jurídicas estabelecidas entre pessoas e coisas determinadas, ou mesmo determináveis. Como *coisas* pode-se entender tudo aquilo que não é humano, conforme exposto no Volume 1 da presente coleção (TARTUCE, Flávio. *Direito civil...*, 2025 , v. 1).

Pode-se, ainda, entender que o termo significa *bens corpóreos* ou tangíveis, na linha da polêmica doutrinária existente em relação à terminologia. Segue-se a clássica conceituação de Clóvis Beviláqua citada, entre outros, por Carlos Roberto Gonçalves, para quem o Direito das Coisas representa um complexo de normas que regulamenta as relações dominiais existentes entre a pessoa humana e coisas apropriáveis (GONÇALVES, Carlos Roberto. *Direito Civil Brasileiro...*, 2010, v. 5, p. 19).

Na mesma linha de pensamento a respeito do conceito de Direito das Coisas, cumpre transcrever as palavras do saudoso Luciano de Camargo Penteado:

> "O *Direito das Coisas* é, assim, para sumarizar, uma parte ou um ramo do Direito que disciplina (isto é, que confere uma normativa, uma estruturação deontológica), um particular dado fenomênico: o contato da pessoa humana com as coisas, principalmente aquelas de caráter material. Sabe-se, entretanto, que este contato interessa ao direito na medida em que desencadeia e projeta consequências para além do mero contato sujeito/objeto em sua singularidade. Há relevância jurídica do processo apropriatório de alguém em relação a alguma coisa na medida em que há ou pode haver repercussões dessa prática na posição ou situação jurídica de outros indivíduos que sejam estritamente derivadas deste processo" (PENTEADO, Luciano de Camargo. *Direito das coisas...*, 2008, p. 40).

Em suma, deve-se ter em mente que no Direito das Coisas há uma *relação de domínio* exercida pela pessoa (sujeito ativo) sobre a coisa. Não há um sujeito passivo determinado, sendo este toda a coletividade (*sujeito passivo universal*).

Na vigência do Código Civil de 1916, expunha Clóvis Beviláqua que "o Direito das coisas constitui o segundo livro da Parte especial do Código Civil Brasileiro. Comprehende: a posse, a propriedade, os seus desmembramentos e modificações, inclusive a propriedade literária, scientífica e artística. Em doutrina, é esse mesmo o conteúdo do direito das coisas, salvo quanto ao direito autoral, que o nosso Código denominou propriedade literária, scientífica e artística, sem attender à evolução desse complexo de normas, que estava a reclamar outra designação mais conforme a natureza das relações jurídicas a disciplinar, segundo se verá em logar opportuno" (*Direito das coisas...*, 2003, v. 1, p. 10).

Levando-se em conta o Código Civil de 2002, não há hoje previsão para a propriedade literária, cultural e artística, que se encontra regulamentada pela Lei 9.610/1998, norma disciplinadora dos direitos patrimoniais e morais do autor. O que se observa, portanto, é que o atual Código Civil continua tratando da propriedade sobre bens corpóreos, conceituados por alguns juristas como sendo *coisas*, caso de Washington de Barros Monteiro e Orlando Gomes. Quanto aos direitos de autor, de fato, é melhor considerá-los como direitos pessoais de personalidade, conforme ainda será exposto na presente obra, quando do estudo da propriedade.

A propósito, como o Código Civil de 2002 trata, no livro do Direito das Coisas, de bens corpóreos ou materiais, merece críticas o novo tratamento dos fundos de investimentos, incluídos na codificação privada por força da *Lei da Liberdade Econômica* (Lei 13.874/2019), entre os seus arts. 1.368-C a 1.368-F. Como é notório, tais fundos são compostos por bens incorpóreos ou imateriais e, como advertimos quando dos debates para a conversão da originária MP 881 em lei, esse tratamento deveria estar em lei especial. Todavia, as minhas ressalvas, e também de outros doutrinadores, não foram ouvidas e, agora, o Código Privado tem uma impropriedade e falta de coerência nesse tratamento.

De toda sorte, *de lege ferenda*, no Projeto de Reforma e Atualização do Código Civil, elaborado pela Comissão de Juristas nomeada no âmbito do Senado Federal, pretende-se que a Lei Geral Privada também trate dos bens incorpóreos ou imateriais, até porque há proposta de incluir, no novo livro do *Direito Civil Digital,* regras a respeito do patrimônio digital.

Conforme sugestão elaborada pela Subcomissão de Direito das Coisas – formada pelos Desembargadores Marco Aurélio Bezerra de Melo e Marcelo Milagres e pelos Professores e Advogados Maria Cristina Santiago e Carlos Antonio Vieira Fernandes Filho –, insere-se a possibilidade de aplicação das regras relativas à posse e à propriedade aos bens imateriais. Nesse contexto, o *caput* do art. 1.196, em termos gerais, passará a prever que "considera-se possuidor todo aquele que tem, sobre coisa corpórea, o exercício de fato, pleno ou não, de algum dos poderes inerentes à propriedade". E o seu novo parágrafo único, a tratar especificamente do tema: "a regra do *caput* se aplica aos bens imateriais no que couber, ressalvado o disposto em legislação especial".

No que diz respeito à propriedade, a sugestão é de inclusão de um novo art. 1.228-A na Lei Geral Privada, estabelecendo que "é reconhecida a titularidade de direitos patrimoniais sobre bens imateriais". As duas propostas foram amplamente debatidas na Comissão de Juristas e prevaleceram pelo voto majoritário e democrático da maioria dos seus membros, após profundas discussões.

De fato, é preciso dar um passo adiante quanto do tratamento da matéria, até porque, frise-se, a Subcomissão de Direito Digital – formada pelos Professores Laura Porto, Ricardo Campos e Dierle Nunes – propõe a inclusão de regras a respeito do patrimônio digital no novo livro que passará a constar da codificação privada. Como primeira e principal dela, passará a Lei Geral a prever, em dispositivo que ainda não tem numeração, que "considera-se patrimônio digital o conjunto de ativos intangíveis e imateriais, com conteúdo de valor econômico, pessoal ou cultural, pertencente a pessoa ou entidade, existentes em formato digital". E consoante o projetado parágrafo único do preceito, "a previsão deste artigo inclui, mas não se limita a dados financeiros, senhas, contas de mídia social, ativos de criptomoedas, *tokens* não fungíveis ou similares, milhagens aéreas, contas de *games* ou jogos cibernéticos, conteúdos digitais como fotos, vídeos, textos, ou quaisquer outros ativos digitais, armazenados em ambiente virtual".

Sem dúvida que as proposições são essenciais, para que o Código Civil brasileiro deixe de ser uma *lei analógica* e ingresse no mundo digital ou virtual, em prol da segurança jurídica e da necessária estabilidade das relações privadas.

Voltando-se ao atual debate terminológico, da obra do primeiro autor, entre os dois *clássicos* por último citados, devidamente atualizada por Carlos Alberto Dabus Maluf, retira-se o seguinte:

> "O Título do Livro II do Código Civil de 1916, Do Direito das Coisas, vinha sofrendo pesadas críticas da atual doutrina, não se coadunando com a amplitude do próprio Livro que regulava todos os direitos reais e a posse, considerada como um fato socioeconômico potestativo, não como um direito real. Importante observar que a palavra 'coisas' diz respeito apenas a uma espécie de 'bens' (gênero) da vida, não sendo, em razão disso, de boa técnica jurídica continuar dando a um dos Livros do Código Civil de 2002 o título de direito das 'coisas', uma vez que ele é mais amplo, pois regula relações fáticas e jurídicas entre sujeitos e os bens da vida suscetíveis de posse e direitos reais. Assim, e considerando que o Código Civil de 2002 prima por conferir melhor terminologia aos institutos jurídicos, títulos, capítulos e seções, teria sido de boa técnica que o Livro III tivesse a denominação adequada: Da Posse e dos Direitos Reais" (MONTEIRO, Washington de Barros. *Curso...*, 2003, p. 2).

Seguindo esses ideais, havia proposta de alteração da denominação desse livro do Código Civil, pelo anterior Projeto de Lei do Deputado Ricardo Fiuza. A proposta tem origem no trabalho de Joel Dias Figueira Jr. (*Código Civil...*, 2004, p. 1.093). De todo modo, penso que a melhor solução é adotar o que foi sugerido pela Comissão de Juristas para a Reforma do Código Civil, especialmente diante da criação do novo livro sobre o *Direito Civil Digital.*

Em verdade, as críticas apontadas por Washington de Barros Monteiro não procedem, pelo menos em parte. Isso porque é possível solucioná-la pela ideia seguida, entre outros, por Silvio Rodrigues, para quem *coisas* é expressão gênero, a abranger tudo aquilo que não é humano; enquanto os *bens* são coisas com interesse jurídico e/ou econômico, ou seja, constituem espécie (RODRIGUES, Silvio. *Direito civil...*, 1994, p. 110). Por essa distinção conceitual, é correta a expressão utilizada pelo atual Código Civil: *Direito das Coisas.* Deve-se apenas fazer a ressalva a respeito dos direitos de autor, que têm por objeto bens incorpóreos, devendo ser tratados como direitos de personalidade e não como propriedade, em seu sentido amplo.

De qualquer forma, surge a dúvida, pela leitura das capas dos manuais de Direito Civil: qual a expressão correta a utilizar, *Direito das Coisas* ou *Direitos Reais?*

No Direito Português, esclarece José de Oliveira Ascensão que "não basta conhecer a gênese da expressão *Direitos Reais*; cumpre averiguar se a terminologia é adequada. Na Alemanha, usa-se a designação *Sachenrecht*, traduzindo literalmente, Direito das Coisas. É esta também a aplicada no Brasil ao nosso ramo e a preferida pelo Novo Código Civil. A doutrina nacional fala, porém, predominantemente, em Direitos Reais, de harmonia com a epígrafe mantida por sucessivas reformas à disciplina universitária" (ASCENSÃO, José de Oliveira. *Direitos reais...*, 2000, p. 16). A propósito do BGB Alemão, esclareça-se, o seu § 90 estabelece que coisas, em sentido legal, são somente os bens corpóreos.

Mais à frente, aponta o Professor Catedrático da Universidade de Lisboa que a expressão "Direito das Coisas parece mais adequada para designar aquele conjunto de regras que traçam o estatuto jurídico das coisas", estatuto esse previsto na Parte Geral do Código Civil. Por isso é que prefere o doutrinador português a expressão *Direitos Reais*, pois tem como estudo um ramo do direito objetivo, "e não unicamente de uma categoria de direitos subjectivos".

De qualquer forma, Ascensão apresenta também o inconveniente de utilizar a última terminologia, eis que "se é muito adequada para descrever esta segunda realidade, não consegue englobar a primeira. Esta deficiência torna-se flagrante se confrontarmos com as designações dos restantes ramos do Direito Civil: Direito das Obrigações, Direito da Família, Direito das Sucessões. Por isto, quando se usa a expressão Direitos Reais para designar um ramo do direito objectivo, é forçoso reconhecer-lhe também um sentido meramente convencional" (ASCENSÃO, José de Oliveira. *Direitos reais...*, 2000, p. 18). Em suma, para o jurista, tanto uma quanto outra expressão não são absolutamente corretas, do ponto de vista técnico.

Na doutrina brasileira, utilizam o termo *Direitos Reais*: Caio Mário da Silva Pereira, Orlando Gomes, Sílvio de Salvo Venosa, Marco Aurélio S. Viana, Cristiano Chaves de Farias, Nelson Rosenvald, Pablo Stolze Gagliano e Rodolfo Pamplona Filho. *Direito das Coisas* é usado por Lafayette Rodrigues Pereira (o famoso Conselheiro Lafayette), Clóvis Beviláqua, Silvio Rodrigues, Washington de Barros Monteiro, Maria Helena Diniz, Arnaldo Rizzardo, Carlos Roberto Gonçalves, Marco Aurélio Bezerra de Melo, Paulo Lôbo, Luciano de Camargo Penteado e Álvaro Villaça Azevedo. Aliás, o último doutrinador, em obra lançada no ano de 2014, conceitua a expressão *Direito das Coisas* como "o conjunto de normas reguladoras das relações jurídicas, de caráter econômico, entre as pessoas, relativamente a coisas corpóreas, capazes de satisfazer às suas necessidades e suscetíveis de apropriação, dentro do critério da utilidade e da raridade" (AZEVEDO, Álvaro Villaça. *Curso...*, 2014, p. 4).

Também prefiro doutrinariamente a última expressão, por ter sido a opção metodológica do Código Civil de 2002 e que será mantida mesmo no caso da sua Reforma pelas proposições da Comissão de Juristas nomeada no âmbito do Senado Federal.

Ademais, é preciso ressaltar que o atual Código traz ainda o tratamento da posse, que não representa um direito real propriamente dito. Quanto à questão dos direitos subjetivos, igualmente estudados neste livro, parece incomodar menos do que a opção didática feita pela comissão elaboradora da atual codificação privada. Por tudo isso é que consta a expressão *Direito das Coisas* na capa do presente trabalho.

Superada essa questão terminológica, passa-se ao estudo técnico preliminar do conteúdo dos Direitos Reais.

1.2 CONCEITO DE DIREITOS REAIS. TEORIAS JUSTIFICADORAS E CARACTERES. ANÁLISE PRELIMINAR DO ART. 1.225 DO CC

A partir das lições dos doutrinadores clássicos e contemporâneos aqui utilizados como referência, pode-se conceituar os Direitos Reais como sendo as relações jurídicas estabelecidas entre pessoas e coisas determinadas ou determináveis, tendo como fundamento principal o conceito de propriedade, seja ela plena ou restrita.

A diferença substancial em relação ao Direito das Coisas é que este constitui um ramo do Direito Civil, um campo metodológico. Já os Direitos Reais constituem as relações jurídicas em si, em cunho subjetivo; ou, ainda, um grupo de categorias jurídicas relacionadas à propriedade, seja ela plena ou limitada.

No tocante aos Direitos Reais, da obra clássica de Orlando Gomes, devidamente atualizada por Luiz Edson Fachin, podem ser retiradas duas teorias justificadoras (GOMES, Orlando. *Direitos reais...*, 2004, p. 10-17), a saber:

a) *Teoria personalista* – teoria pela qual os direitos reais são relações jurídicas estabelecidas entre pessoas, mas intermediadas por coisas. Segundo Orlando Gomes, "a diferença está no sujeito passivo. Enquanto no direito pessoal, esse sujeito passivo – o devedor – é pessoa certa e determinada, no direito real seria indeterminada, havendo nesse caso uma obrigação passiva universal, a de respeitar o direito – obrigação que se concretiza toda vez que alguém o viola" (GOMES, Orlando. *Direitos reais...*, 2004, p. 12-17). O que se percebe, portanto, é que essa teoria nega realidade metodológica aos Direitos Reais e ao Direito das Coisas, entendidas as expressões como extensões de um campo metodológico.

b) *Teoria realista ou clássica* – o direito real constitui um poder imediato que a pessoa exerce sobre a coisa, com eficácia contra todos (*erga omnes*). Assim, o direito real opõe-se ao direito pessoal, pois o último traz uma relação pessoa-pessoa, exigindo-se determinados comportamentos.

Entre as duas teorias justificadoras, parecem ter razão os defensores da *teoria clássica* ou *realista*. Como ensina o próprio Orlando Gomes, "o retorno à doutrina clássica está ocorrendo à luz de novos esclarecimentos provindos da análise mais aprofundada da estrutura dos direitos reais. Os partidários dessa doutrina preocupavam-se apenas com as manifestações externas desses direitos, particularmente com as consequências da oponibilidade *erga omnes*, objetivadas pela sequela. Voltam-se os autores modernos para a estrutura interna do direito real, salientando que o poder de utilização da coisa, sem intermediário, é o que caracteriza os direitos reais" (GOMES, Orlando. *Direitos reais...*, 2004, p. 15).

Mesmo com a adesão momentânea à *teoria realista*, é preciso apontar que há forte tendência de *contratualização do Direito Privado,* ou seja, o contrato vem ganhando campos que antes não eram de sua abrangência. Por isso, ousa-se afirmar que todos os institutos negociais de Direito Civil seriam contratos, pela forte influência exercida pelo princípio da autonomia privada. Diante dessa influência, Luciano de Camargo Penteado discorre sobre a existência de *Contratos de Direito das Coisas.* São suas palavras:

> "Todo contrato gera obrigação para, ao menos, uma das partes contratantes. Entretanto, nem todo o contrato rege-se, apenas, pelo direito das obrigações. Existem contratos de direito de empresa, contratos de direito obrigacional, contratos de direito das coisas, contratos de direito de família. No sistema brasileiro, não existem contratos de direito das sucessões, por conta da vedação do art. 426 do CC, o que significa que, *de lege ferenda*, não se possa introduzir, no direito positivo, a figura, doutrinariamente admitida e utilizada na praxe de alguns países, como é o caso da Alemanha. Interessante proposição teórica seria, em acréscimo, postular a existência de contratos da parte geral, como parece ser o caso do ato que origina a associação, no atual sistema do Código Civil" (PENTEADO, Luciano de Camargo. *Efeitos contratuais...,* 2007, p. 89).

A contemporaneidade demonstra que o futuro é de uma *contratualização de todo o direito*, um *neocontratualismo*, tese defendida há tempos por Norberto Bobbio, Giulliano Pontara e Salvatore Veca (*Crise...,* 1984). Entre os portugueses, Rui Alarcão demonstra a tendência, ao discorrer sobre a necessidade de *menos leis, melhores leis* (Menos leis..., *Revista Brasileira...,* 2009). Para o saudoso jurista de Coimbra, "se está assistindo a um recuso do 'direito estadual ou estatal', e se fala mesmo em 'direito negociado', embora se deva advertir que aquele recuo a esta negociação comporta perigos, relativamente aos quais importa estar prevenido e encontrar respostas, não avulsas mas institucionais. Como quer que seja, uma coisa se afigura certa: a necessidade de novos modelos de realização do Direito, incluindo modelos alternativos de realização jurisdicional e onde haverá certamente lugar destacado para paradigmas contratuais e para mecanismos de natureza ou de recorte contratual, que têm, de resto, tradição jurídico-política, precursora de dimensões modernas ou pós-modernas" (Menos leis..., *Revista Brasileira...,* 2009). E arremata, sustentando que tem ganhado força a contratualização sociopolítica, para que exista uma sociedade mais consensual do que autoritária ou conflituosa (ALARCÃO, Rui. Menos leis..., *Revista Brasileira...,* 2009).

Em suma, a construção de contrato serve não só para as partes envolvidas, mas para toda a sociedade. O contrato rompe suas barreiras iniciais, não tendo limites de incidência.

De qualquer forma, ainda é cedo para confirmar essa tendência de *contratualização do Direito Privado* – ou até de todo o Direito –, principalmente no Brasil, o que colocaria em xeque a divisão metodológica que na presente obra se propõe. Mas, para o futuro, deveras, a *contratualização do Direito Civil* é a tendência. É importante frisar, contudo, que esse *contrato* é diverso do seu conteúdo clássico, eis que também enfoca questões existenciais, além das patrimoniais.

Além disso, a vontade perde o papel relevante que exercia, substituída por uma intervenção legal e estatal (*dirigismo negocial* ou *contratual*). Para o estudo do conceito clássico e do conceito contemporâneo de contrato, recomenda-se a leitura do primeiro capítulo do Volume 3 da presente coleção.

Pois bem, os direitos reais giram em torno do conceito de propriedade, e, como tal, apresentam caracteres próprios que os distinguem dos direitos pessoais de cunho patrimonial. A partir da doutrina contemporânea de Maria Helena Diniz, podem ser apontadas as seguintes características dos direitos reais (*Curso...,* 2007, v. 4, p. 20):

a) Oponibilidade *erga omnes*, ou seja, contra todos os membros da coletividade.

b) Existência de um direito de sequela, uma vez que os direitos reais aderem ou *colam* na coisa.

c) Previsão de um direito de preferência a favor do titular de um direito real, como é comum nos direitos reais de garantia sobre coisa alheia (penhor e hipoteca).

d) Possibilidade de abandono dos direitos reais, isto é, de renúncia a tais direitos.

e) Viabilidade de incorporação da coisa por meio da posse, de um domínio fático.

f) Previsão da usucapião como um dos meios de sua aquisição. Vale dizer que a usucapião não atinge somente a propriedade, mas também outros direitos reais, caso das servidões (art. 1.379 do CC).

g) Suposta obediência a um rol taxativo (*numerus clausus*) de institutos, previstos em lei, o que consagra o *princípio da taxatividade ou tipicidade dos direitos reais*. Todavia, como se quer demonstrar, essa obediência vem sendo contestada.

h) Regência pelo *princípio da publicidade dos atos*, o que se dá pela entrega da coisa ou tradição (no caso de bens móveis) e pelo registro (no caso de bens imóveis).

Analisadas, em termos gerais, essas características, é preciso aqui aprofundar o assunto, diante da atual realidade do Direito Privado Brasileiro, partindo-se principalmente de uma interpretação sistemática.

Primeiramente, é comum afirmar que os direitos reais são *absolutos*, no sentido de que trazem efeitos contra todos (*princípio do absolutismo*). Todavia, como fazem Cristiano Chaves de Farias e Nelson Rosenvald, é preciso esclarecer que esse absolutismo não significa dizer que os direitos reais geram um "poder ilimitado de seus titulares sobre os bens que se submetem a sua autoridade. Como qualquer outro direito fundamental o ordenamento jurídico o submete a uma ponderação de valores, eis que em um Estado Democrático de Direito marcado pela pluralidade, não há espaço para dogmas" (*Direitos reais...*, 2006, p. 3).

Têm plena razão os doutrinadores citados, sendo o pluralismo um dos aspectos do Direito Civil Contemporâneo, da realidade pós-moderna. É notório que mesmo os direitos da personalidade, aqueles que protegem a pessoa humana e a sua dignidade, podem e devem ser relativizados em algumas situações, principalmente se encontrarem pela frente outros direitos de mesma estirpe.

Em situações tais, deve-se procurar utilizar a *técnica de ponderação,* muito bem desenvolvida, no Direito Alemão, por Robert Alexy (*Teoria...,* 2008). A partir dessa ideia, no Brasil, na *IV Jornada de Direito Civil*, foi aprovado o Enunciado n. 274, prevendo que:

> "Os direitos da personalidade, regulados de maneira não exaustiva pelo Código Civil, são expressões da cláusula geral de tutela da pessoa humana, contida no art. 1.º, III, da Constituição (princípio da dignidade da pessoa humana). Em caso de colisão entre eles, como nenhum pode sobrelevar os demais, deve-se aplicar a técnica da ponderação".

A ponderação é técnica argumentativa de grande utilização pelos aplicadores do Direito na atualidade, tendo sido adotada expressamente pelo art. 489, § 2.º, do Código de Processo Civil de 2015, *in verbis:* "no caso de colisão entre normas, o juiz deve justificar o objeto e os critérios gerais da ponderação efetuada, enunciando as razões que autorizam a interferência na norma afastada e as premissas fáticas que fundamentam a conclusão".

Não se pode negar que a aplicação da técnica da ponderação no campo do Direito Civil tem sido incrementada nos últimos anos, diante de sua inclusão no Estatuto Processual.

No Projeto de Reforma do Código Civil, como não poderia ser diferente, há proposta de sua inserção no seu art. 11, dispositivo que trata dos direitos da personalidade e que receberá um novo parágrafo, a saber: "§ 3º A aplicação dos direitos da personalidade deve ser feita à luz das circunstâncias e exigências do caso concreto, aplicando-se a técnica da ponderação de interesses, nos termos exigidos pelo art. 489, § 2º, da Lei nº 13.105, de 16 de março de 2015 (Código de Processo Civil)". A proposta é salutar, dialogando perfeitamente com o que hoje já está consagrado no CPC/2015.

Se essa mitigação atinge até os direitos da personalidade, tidos como *fundamentais por sua posição constitucional*, o que dizer então dos direitos reais, uma vez que existem claras restrições previstas em lei, sendo a mais invocada a função social da propriedade, prevista no art. 5.º, inc. XXIII, da Constituição Federal de 1988? De forma clara é possível a relativização, sopesando-se o melhor caminho de acordo com o caso concreto.

No tocante à existência de um rol taxativo, ou *numerus clausus*, quanto aos direitos reais, também vem se insurgindo a civilística contemporânea. Para a análise da questão, é importante transcrever a atual redação do art. 1.225 do CC/2002:

> "Art. 1.225. São direitos reais:
>
> I – a propriedade;
>
> II – a superfície;
>
> III – as servidões;
>
> IV – o usufruto;
>
> V – o uso;
>
> VI – a habitação;
>
> VII – o direito do promitente comprador do imóvel;
>
> VIII – o penhor;
>
> IX – a hipoteca;
>
> X – a anticrese;
>
> XI – a concessão de uso especial para fins de moradia; (Incluído pela Lei 11.481/2007)
>
> XII – a concessão de direito real de uso; (Inciso com redação determinada pela Lei 14.620/2023)
>
> XIII – a laje; (Inciso com redação determinada pela Lei 14.620/2023)
>
> XIV – os direitos oriundos da imissão provisória na posse, quando concedida à União, aos Estados, ao Distrito Federal, aos Municípios ou às suas entidades delegadas e a respectiva cessão e promessa de cessão. (Incluído pela Lei 14.620, de 2023)".

Preliminarmente, percebe-se que a Lei 11.481, de 31 de maio de 2007, introduziu duas novas categorias de direitos reais sobre coisa alheia, quais sejam a concessão de uso especial para fins de moradia e a concessão de direito real de uso, que podem ser objeto de hipoteca, conforme a redação que foi dada ao art. 1.473 do CC/2002. Mais à frente, no presente trabalho, serão investigados esses institutos criados por essa alteração legislativa.

Posteriormente, a Lei 13.465, de julho de 2017, incluiu na norma civil o direito real de laje, alterando substancialmente o tratamento que havia sido dado pela Medida Provisória 759, de 2016. Os arts. 1.510-A a 1.510-E do CC/2002, também incluídos pela nova norma, passaram a tratar do instituto, cujo objetivo é a regularização de *áreas favelizadas*.

De acordo com a primeira norma, o proprietário de uma construção-base poderá ceder a superfície superior ou inferior de sua construção a fim de que o titular da laje mantenha unidade distinta daquela originalmente construída sobre o solo. A categoria ainda será tratada nesta obra, havendo grande divergência sobre a sua natureza jurídica.

Por fim, em 2023, com a mudança de governo, a lei do novo e segundo programa *Minha Casa, Minha Vida* (Lei 14.620/2023) incluiu outro direito real, relativo aos direitos oriundos da imissão provisória na posse, quando concedida à União, aos Estados, ao Distrito Federal, aos Municípios ou às suas entidades delegadas e a respectiva cessão e promessa de cessão. Foram também incluídas previsões no art. 1.473 do Código Civil e no art. 22, § 1.º, da Lei 9.514/1997, para que esse direito real seja objeto de hipoteca e de alienação fiduciária em garantia.

Na interpretação que está prevalecendo, trata-se de um direito real que já era consagrado pela legislação anterior, sobretudo pela norma que tratou do primeiro programa *Minha Casa, Minha Vida* (Lei 11.977/2009), com a inclusão do § 4.º ao art. 15 da Lei de Desapropriação por Interesse Público (Decreto-lei 3.365/1941). Essa posição é defendida, por exemplo, por Carlos Eduardo Elias de Oliveira, que vê no novo direito real uma atecnia, citando outras normas anteriores que trataram do instituto. Vejamos as suas palavras:

> "Todo esse cenário normativo desenhado em torno dos direitos oriundos da imissão provisória na posse em favor do ente desapropriante foi, na verdade, impulsionado pelo interesse utilitarista de remover obstáculos registrais que eram opostos à formalização de desapropriações e de regularizações fundiárias.
>
> Acontece que esse ímpeto finalístico acabou traçando um percurso tortuoso do ponto de vista da dogmática civilista, o que reclamará da doutrina e da jurisprudência certo esforço malabarista para repelir riscos jurídicos.
>
> De fato, apesar de haver expresso texto legal, é atécnico afirmar que os direitos oriundos da imissão provisória são direitos reais.
>
> É que, no caso de desapropriação, o momento da imissão na posse marca a aquisição originária da propriedade pelo ente desapropriante. Eventual registro posterior no Cartório de Imóveis não tem eficácia constitutiva, mas apenas declaratória. Trata-se de uma exceção ao princípio da inscrição (segundo o qual os direitos reais nascem com o registro na matrícula do imóvel, conforme arts. 1.227 e 1.245 do CC).
>
> Não importa se essa imissão foi deferida em sede de tutela provisória, tal qual autorizado no rito da ação de desapropriação, especificamente no art. 15 do Decreto-Lei n.º 3.365/1941. As etapas posteriores do procedimento de desapropriação são essencialmente para discutir se a indenização paga pelo ente desapropriante foi ou não quantificada corretamente.
>
> Em suma, o ente desapropriante deposita em juízo o valor de indenização que reputa justo e, ato contínuo, já pode obter a imissão provisória na posse.
>
> Ao ingressar na posse do bem, o ente desapropriante já se torna proprietário do bem. Já é titular, portanto, do direito real de propriedade. Não há necessidade de nenhum reconhecimento judicial posterior" (OLIVEIRA, Carlos Eduardo Elias de. *Novo direito real...* Disponível em: <https://www.migalhas.com.br/coluna/migalhas-notariais-e-registrais/390037/novo-direito-real-com-a-lei-14-620-23>. Acesso em: 12 out. 2023).

E arremata a sua argumentação o jovem professor, afirmando que, "do ponto de vista técnico, o mais adequado teria sido que o legislador simplesmente houvesse esclarecido que a imissão provisória na posse pelo ente desapropriante implica a aquisição originária do direito real de propriedade e houvesse fixado as regras desburocratizantes de sua preferência". Por derradeiro, sobre as razões que geraram a criação de um novo direito real, relativo à imissão provisória da posse, conclui que "a resposta é uma postura utilitarista dos *players* públicos e privados que atuam na prática imobiliária. Diante de notas devolutivas de alguns cartórios de imóveis e ante as divergências de entendimento entre os registradores de imóveis, esses *players* acabaram movimentando o Poder Legislativo para editar normas muito textuais, ainda que em sacrilégio à dogmática civilística" (OLIVEIRA, Carlos Eduardo Elias de. *Novo direito real...* Disponível em: <https://www.migalhas.com.br/coluna/migalhas-notariais-e--registrais/390037/novo-direito-real-com-a-lei-14-620-23>. Acesso em: 12 out. 2023).

De fato, tem total razão o coautor e jurista, sendo certo que a falta de técnica e de respeito à dogmática tem orientado a elaboração de várias normas na realidade legislativa brasileira, infelizmente. Em muitas situações, têm prevalecido ideologias e visões puramente utilitaristas, em uma tentativa de resolver problemas práticos, que não se concretiza.

Feitos tais esclarecimentos de atualização, vale lembrar que a autonomia privada, conceituada como o direito que a pessoa tem de regulamentar os próprios interesses, é tida como um dos principais regramentos do Direito Civil Contemporâneo.

A influência da autonomia privada para o Direito das Coisas, assim, pode trazer a conclusão de que o rol constante do art. 1.225 do atual Código Civil não é taxativo (*numerus clausus*), mas exemplificativo (*numerus apertus*), havendo uma quebra parcial do princípio da taxatividade ou tipicidade dos direitos reais (sobre o tema, confira-se: GONDINHO, André Pinto da Rocha Osório. *Direitos reais...*, 2001, e NEVES, Gustavo Kloh Müller. *O princípio...*, *Princípios...*, 2006, p. 413). As recentes alterações legislativas acabam por confirmar o entendimento de que a relação constante do art. 1.225 do CC/2002 é aberta, pela possibilidade de surgimento de novos direitos reais, por novas leis emergentes.

Analisando o próprio *espírito* da atual codificação material privada, fica realmente difícil concluir que as relações constantes da lei são fechadas. Isso porque o atual Código, inspirado ideologicamente no trabalho doutrinário de Miguel Reale, traz um sistema aberto, de cláusulas gerais, que fundamenta o *princípio da operabilidade*, na busca de um Direito Civil mais concreto e efetivo. Como mencionado no Capítulo 2 do Volume 1 desta coleção, a *ontognoseologia jurídica* de Reale ampara o Direito em três subsistemas: o dos fatos, o das normas e o dos valores. O desenho a seguir denota a existência dessa realidade:

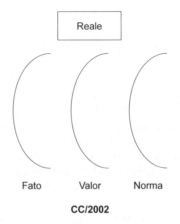

Seguindo em parte esse entendimento, ensinam o saudoso Cristiano Chaves de Farias e Nelson Rosenvald o seguinte:

> "A rigidez na elaboração de tipos não é absoluta. Nada impede que o princípio da autonomia privada possa, no âmbito do conteúdo de cada direito real, ainda que em pequena escala, intervir para a afirmação de diferentes modelos jurídicos, com base nos

espaços consentidos em lei. Desde que não exista lesão a normas de ordem pública, os privados podem atuar dentro dos tipos legais, utilizando a sua vontade criadora para inovar no território concedido pelo sistema jurídico, modificando o conteúdo dos direitos reais afirmados pela norma. Como exemplo, podemos citar a multipropriedade, – tanto resultante da fusão da propriedade individual e coletiva nas convenções de condomínio, como aquela tratada na propriedade de *shopping center*, de *flat* ou *time sharing*" (*Direitos reais...*, 2006, p. 12).

Sobre a multipropriedade, passou a ser tratada expressamente por norma jurídica, por força da Lei 13.777/2018, como se verá neste livro. Merece destaque o que é mencionado pelos autores quanto à ofensa à ordem pública. Por certo é que o surgimento dos novos direitos reais encontra limites em normas cogentes, caso daquelas que consagram a função social da propriedade (art. 5.º, incs. XXII e XXIII, da CF/1988 e art. 1.228, § 1.º, do CC/2002).

Também tratando da existência de uma relação fechada, com apurada crítica, Anderson Schreiber pondera que, "de acordo com o princípio da tipicidade dos direitos reais, também chamado princípio do *numerus clausus*, somente poderiam ser considerados direitos reais aqueles que o Código Civil assim define, no art. 1.225. A tipicidade dos direitos reais, que a maior parte da doutrina já sustentava ter sido acolhida no Código Civil de 1916, sofreu histórica resistência entre nós por parte de autores como Lacerda de Almeida, Carvalho Santos e Philadelpho Azevedo, para quem o rol devia ser considerado meramente exemplificativo. Tal posição vinha reforçada, sob a vigência da codificação anterior, pelo fato de que o advérbio 'somente' constante do projeto original de Clóvis Beviláqua foi suprimido em virtude de emenda legislativa. Independentemente da disputa histórica, a tipicidade vem sendo alvo de intensa revisão crítica na atualidade: a valorização da tipicidade como característica inerente aos direitos reais remete ao ideário do liberal-individualismo burguês, que pretendia restringir as amarras que podiam ser instituídas em relação aos próprios bens e impediam, por sua eficácia contra terceiros, a livre circulação da propriedade privada" (SCHREIBER, Anderson. *Manual...*, 2018, p. 678-679). Assim, mais especificamente, leciona o jurista, e com razão:

> "A tipicidade tinha por escopo, portanto, assegurar a liberdade de iniciativa e incentivar a circulação da riqueza. 'Abolidos os vínculos feudais e instaurada uma nova ordem dos direitos sobre as coisas, um sistema fechado serve à maravilha para perpetuar as conquistas obtidas; tudo o que se não adaptar ao esquema legislativo é rejeitado'. Na realidade atual, contudo, a tipicidade dos direitos reais tem se tornado autêntico obstáculo à livre-iniciativa e ao empreendedorismo, na medida em que novos institutos acabam tendo seu ingresso freado no Brasil pela ausência de prévio enquadramento no elenco normativo. É o que se vê, por exemplo, na multipropriedade imobiliária, que, à falta de previsão legislativa no rol de direitos reais, não foi considerada segura o suficiente para atrair investimentos e não obteve, por conseguinte, o mesmo desenvolvimento que se verifica em outros países nos quais seu caráter real foi reconhecido – a exemplo do que ocorre em Portugal, onde a matéria é disciplinada expressamente pelo legislador como direito real de habitação periódica" (SCHREIBER, Anderson. *Manual...*, 2018, p. 678-679).

A propósito, quanto ao *time sharing* ou multipropriedade imobiliária, acórdão do STJ, do ano de 2016, reconheceu a possibilidade de ser tratado como direito real, o que não representaria ofensa à taxatividade dos direitos reais. De acordo com a ementa do julgado, após divergência e citação da doutrina de Gustavo Tepedino e Frederico Viegas, "o sistema *time-sharing* ou multipropriedade imobiliária, conforme ensina Gustavo Tepedino, é uma espécie de condomínio relativo a locais de lazer no qual se divide o aproveitamento econômico de bem imóvel (casa, chalé, apartamento) entre os cotitulares em unidades fixas de tempo, assegurando-se a cada um o uso exclusivo e perpétuo durante certo período do ano. Extremamente acobertada por princípios que encerram os direitos reais, a multipropriedade imobiliária, nada obstante ter feição obrigacional aferida por muitos, detém forte liame com o instituto da propriedade, se não for sua própria expressão, como já vem proclamando a doutrina contemporânea, inclusive num contexto de não se reprimir a autonomia da vontade nem a liberdade contratual diante da preponderância da tipicidade dos direitos reais e do sistema de *numerus clausus*" (STJ, REsp 1.546.165/SP, 3.ª Turma, Rel. Min. Ricardo Villas Bôas Cueva, Rel. p/ acórdão Min. João Otávio de Noronha, j. 26.04.2016, *DJe* 06.09.2016). E mais, de acordo com o voto do Ministro João Otávio de Noronha, que acabou prevalecendo:

> "No contexto do Código Civil de 2002, não há óbice a se dotar o instituto da multipropriedade imobiliária de caráter real, especialmente sob a ótica da taxatividade e imutabilidade dos direitos reais inscritos no art. 1.225. O vigente diploma, seguindo os ditames do estatuto civil anterior, não traz nenhuma vedação nem faz referência à inviabilidade de consagrar novos direitos reais. Além disso, com os atributos dos direitos reais se harmoniza o novel instituto, que, circunscrito a um vínculo jurídico de aproveitamento econômico e de imediata aderência ao imóvel, detém as faculdades de uso, gozo e disposição sobre fração ideal do bem, ainda que objeto de compartilhamento pelos multiproprietários de espaço e turnos fixos de tempo. A multipropriedade imobiliária, mesmo não efetivamente codificada, possui natureza jurídica de direito real, harmonizando-se, portanto, com os institutos constantes do rol previsto no art. 1.225 do Código Civil; e o multiproprietário, no caso de penhora do imóvel objeto de compartilhamento espaço-temporal (*time-sharing*), tem, nos embargos de terceiro, o instrumento judicial protetivo de sua fração ideal do bem objeto de constrição" (STJ, REsp 1.546.165/SP, 3.ª Turma, Rel. Min. Ricardo Villas Bôas Cueva, Rel. p/ acórdão Min. João Otávio de Noronha, j. 26.04.2016, *DJe* 06.09.2016).

Aprofundando a sua análise, pontue-se que o Ministro Ricardo Villas Bôas Cueva julgou no sentido de ter o *time-sharing* natureza contratual, uma vez que "não se admite a criação de um direito real propriamente dito, devendo-se seguir os tipos reais previstos na legislação específica, especialmente os do Código Civil". Ainda segundo ele, "a adoção da forma livre de criação dos direitos reais seria capaz de promover um ambiente de insegurança jurídica aos negócios imobiliários devido à impossibilidade de se prever as formas variadas e criativas de novos direitos reais que surgiriam e os efeitos jurídicos que poderiam irradiar" (STJ, REsp 1.546.165/SP, 3.ª Turma, Rel. Min. Ricardo Villas Bôas Cueva, Rel. p/ acórdão Min. João Otávio de Noronha, j. 26.04.2016, *DJe* 06.09.2016). Essa visão acabou por ser superada, pois prevaleceu o voto do Ministro João Otávio de Noronha, seguido pelos Ministros Paulo Dias Moura Ribeiro, Paulo de Tarso Sanseverino e Marco Aurélio Bellizze de Oliveira.

De acordo com a tese vencedora, antes transcrita, o *time-sharing* deve ser tratado como direito real, o que não representaria ofensa à taxatividade dos direitos reais. Com o devido respeito, o julgado merece críticas pelo fato de não ter ingressado diretamente na afirmação de ser o rol do art. 1.225 do Código Civil meramente exemplificativo.

Apesar de ter sido dada uma interpretação extensiva ao comando, notadamente à menção à propriedade no inciso I do preceito, a verdade é que a multipropriedade não está expressa no rol do dispositivo. Além disso, não há qualquer norma jurídica que trate da categoria. Por isso, o julgamento não deixa de trazer certa perplexidade, por não ter resolvido importante dilema do Direito Privado Contemporâneo.

Ao final de 2018, frise-se, entrou em vigor no Brasil a Lei 13.777 regulamentando o instituto da multipropriedade de forma bem ampla entre os arts. 1.358-B a 1.358-U da codificação privada.

O instituto passou ser definido como o regime de condomínio em que cada um dos proprietários de um mesmo imóvel é titular de uma fração de tempo, à qual corresponde a faculdade de uso e gozo, com exclusividade, da totalidade do imóvel, a ser exercida pelos proprietários de forma alternada. Em termos gerais, a norma traz como conteúdo: *a)* a aplicação das regras relativas ao condomínio edilício, as previstas na Lei 4.591/1964 e no CDC, no que couber e de forma subsidiária; *b)* preceitos relativos à sua instituição e quanto à convenção condominial, similares aos do condomínio edilício; *c)* direitos e deveres dos multiproprietários; *d)* previsão de transferência do direito de multipropriedade; *e)* regras de administração; e *f)* disposições específicas relativas às unidades autônomas de condomínios edilícios. O tema será examinado mais à frente na presente obra, no seu Capítulo 5, com uma análise crítica e pontual da referida norma emergente.

Em reforço a essa ilustração e debate, que já deve ser reconhecida como direito real porque a relação da lei não é fechada, outro exemplo a ser citado é o da alienação fiduciária em garantia, que, como modalidade de propriedade resolúvel, se enquadraria no inciso I do art. 1.225 do CC/2002. Todavia, na literalidade da norma, a alienação fiduciária em garantia não consta do art. 1.225 do Código Privado. Seu tratamento é retirado da legislação específica, da Lei 9.514/1997 – em se tratando de bens imóveis – e do Decreto-Lei 911/1976 – para os móveis.

Como exemplo adicional citado nesta obra até a sua edição de 2017, a Lei 11.977/2009, que dispunha sobre o *Programa Minha Casa Minha Vida*, tratava em seu art. 59 da *legitimação da posse* que, devidamente registrada no Cartório de Registro de Imóveis, constituiria *direito* em favor do detentor da posse direta para fins de moradia.

Tal instituto seria concedido aos moradores cadastrados pelo poder público, desde que: *a)* não fossem concessionários, foreiros ou proprietários de outro imóvel urbano ou rural; e *b)* não fossem beneficiários de legitimação de posse concedida anteriormente. Reconhecido o instituto como um direito real, como realmente parecia ser, verificava-se que ele ampliava o rol do art. 1.225 do CC/2002.

Não se olvide que a legitimação da posse já era tratada com relevo no âmbito do Direito Agrário, tendo sido criada pela Lei de Terras (Lei 601/1850) e regulamentada pela Lei 6.383/1976 (art. 29). Nessa perspectiva, leciona o agrarista Benedito Ferreira Marques que "tem-se que se trata de instituto tipicamente brasileiro, cujos fundamentos jurídicos têm merecido, até aqui, a mais acurada análise dos estudiosos, posto que, a partir de sua criação, vem atravessando os tempos, chegando a merecer guarida nos próprios textos constitucionais republicanos e na legislação margeante. O seu conceito decorre do próprio dispositivo que o concebeu e consagrou, por isso que L. Lima Stefanini assim a definiu: 'é a exaração de ato administrativo, através do qual o Poder Público reconhece ao particular que trabalhava na terra a sua condição de legitimidade, outorgando, *ipso facto*, o formal domínio pleno'" (MARQUES, Benedito Ferreira. *Direito...*, 2011, p. 87). O jurista apresenta, nesse trecho da obra, posicionamento liderado por Getúlio Targino Lima entre os agraristas, no sentido de tratar-se de um direito real.

Reconhecendo a existência fática de título possessório antes da legitimação da posse pela Lei Minha Casa Minha Vida, na *VI Jornada de Direito Civil*, realizada no ano de 2013, aprovou-se o Enunciado n. 563, com a seguinte redação: "o reconhecimento da posse por parte do Poder Público competente anterior à sua legitimação nos termos da Lei n. 11.977/2009 constitui título possessório". Conforme as suas justificativas, "no âmbito do procedimento previsto na Lei n. 11.977/2009, verifica-se que o Poder Público municipal, ao efetuar cadastramento dos possuidores no momento da demarcação urbanística, emite documento público que atesta a situação possessória ali existente. Tal reconhecimento configura título possessório, ainda que anterior à legitimação da posse". O enunciado foi fundamentado na função social da posse, a ser estudada no próximo capítulo deste livro, contando com o meu total apoio doutrinário.

Ainda sobre o tema, também visando a essa função social, na *VII Jornada de Direito Civil*, promovida em setembro de 2015 pelo Conselho da Justiça Federal, foi aprovada proposta no sentido de que é indispensável o procedimento de demarcação urbanística para a regularização fundiária social de áreas ainda não matriculadas no Cartório de Registro de Imóveis, como requisito à emissão de títulos de legitimação da posse e do domínio (Enunciado n. 593).

Pontue-se que os citados dispositivos da *Lei Minha Casa, Minha Vida* foram revogados pela Lei 13.465/2017, que procurou afastar vários institutos da Lei 11.977/2009, substituindo a política dominial anterior por outra, especialmente pela Regularização Fundiária Urbana (REURB).

A legitimação da posse passou a ser tratada de outra forma, sendo definida pelo art. 11, inc. VI, da novel legislação como o ato do poder público destinado a conferir título, por meio do qual fica reconhecida a posse de imóvel objeto da REURB, conversível em aquisição de direito real de propriedade na forma, com a identificação de seus ocupantes, do tempo da ocupação e da natureza da posse. A conversão em propriedade continua sendo efetivada por meio de usucapião administrativa, como ainda se verá nesta obra.

Em complemento, conforme o art. 25 da Lei 13.465/2017, a legitimação de posse, instrumento de uso exclusivo para fins de regularização fundiária, constitui ato do poder público destinado a *conferir título*, por meio do qual fica reconhecida a posse de imóvel objeto da REURB, com a identificação de seus ocupantes, do tempo da ocupação e da natureza da posse, o qual é conversível em direito real de propriedade, na forma da própria norma em estudo.

Como se percebe, não há mais previsão de que a legitimação de posse cria *direito registrável ao possuidor,* mas apenas confere *título*, podendo até ser afastada a tese de que se trata de um direito real. Todavia, diante da citada posição doutrinária de que a legitimação de posse agrária é um direito real, a afirmação anterior, relativa à legitimação da posse urbana, pode ser mantida, penso eu.

Acrescento, ademais, que o programa habitacional *Minha Casa, Minha Vida* foi então substituído pelo programa *Casa Verde e Amarela*, tratado pela Lei 14.118/2021. Sobre a sua amplitude de aplicação, o art. 1.º do diploma previa que esse novo programa teria a finalidade de promover o direito à moradia a famílias residentes em áreas urbanas com renda mensal de até R$ 7.000,00 (sete mil reais) e a famílias residentes em áreas rurais com renda anual de até R$ 84.000,00 (oitenta e quatro mil reais).

A norma também estatuiu que o programa estaria associado ao desenvolvimento econômico, à geração de trabalho e de renda e à elevação dos padrões de habitabilidade e de qualidade de vida da população urbana e rural. Como ressalva importante, o § 1.º do dispositivo inaugural enunciava que, na hipótese de contratação de operações de financiamento habitacional, a concessão de subvenções econômicas com recursos orçamentários da União ficaria limitada ao atendimento de famílias em áreas urbanas com renda mensal de até R$ 4.000,00 (quatro mil reais) e de agricultores e trabalhadores rurais em áreas rurais com renda anual de até R$ 48.000,00 (quarenta e oito mil reais). Destaco que não foram feitas modificações a respeito da legitimação da posse, continuando a ter aplicação o art. 25 da Lei 13.465/2017.

Sucessivamente, como antes pontuado, com a mudança de governo e de ideologia, surgiu a Lei 14.620/2023, conhecida como segunda lei do programa *Minha Casa, Minha*

Vida, que revogou os arts. 1.º a 16 e 25 da Lei 14.118/2021, praticamente aniquilando o programa *Casa Verde e Amarela*

Nesse contexto, sem prejuízo da intepretação antes exposta, a respeito do novo direito real incluído no inciso XIV do art. 1.225, parece-me ser possível nele enquadrar a legitimação da posse, mesmo não sendo esse o desejo explícito do legislador, sobretudo quando da elaboração da Lei 14.620/2023. Isso porque a legitimação da posse pode, sim, ser tida como um direito oriundo da imissão provisória na posse concedida pelo Poder Público, nos termos do que está expresso nesse inciso.

Esse enquadramento como direito real encerra um longo debate sobre a matéria, funcionalizando o instituto da legitimação da posse e concretizando uma interpretação extensiva e finalística do novo direito real. Vejamos qual será a interpretação que prevalecerá no futuro, sobretudo na jurisprudência brasileira.

Seja como for, como já alertava em edições anteriores deste livro, e que se confirmou, o que me parece é haver uma necessidade política constante de se criar, em cada governo, um programa habitacional próprio, com uma nomenclatura que agrade a um determinado grupo ou ideologia.

Com isso, em havendo modificações ou não no texto, alteram-se as regras burocráticas ou mantêm-se problemas técnicos e inconstitucionalidades nos diplomas. Confusões, dúvidas e incertezas são geradas, afastando a propriedade e o domínio de uma desejada perpetuidade, tão comum aos institutos relacionados ao Direito das Coisas.

Feitas tais considerações atualizadas sobre a legitimação da posse, é viável afirmar que leis extravagantes podem criar novos direitos reais, sem a sua descrição expressa no dispositivo civil. O que propõem os civilistas da atual geração, portanto, é uma quebra do *princípio da taxatividade*, desde que se trabalhe dentro dos limites da lei, que pode até criar novos direitos reais, além daqueles previstos no art. 1.225 da atual codificação material.

Em suma, não haveria *taxatividade* estrita dentro do rol mencionado, devendo ser observada apenas a *tipicidade* em lei. O desafio futuro diz respeito à possibilidade de criação de novos direitos reais também pela autonomia privada, quebrando-se também a tipicidade. Nesse contexto, vejamos o que bem pondera Paulo Lôbo:

> "Será que o direito real é apenas o que a escolha arbitrária do legislador define? Entendemos que há pressupostos e requisitos que são comuns a todas as espécies, independentemente do legislador: poder jurídico sobre a coisa, direito de sequela e oponibilidade às demais pessoas; acrescente-se que o objeto da relação jurídica é uma coisa e não uma prestação. Várias leis, surgidas após o Código Civil e sem referência a ele, têm criado modalidades próprias de direitos reais, notadamente para a execução de políticas públicas de acesso à moradia. Costumes se impuseram, passando ao largo da lei, como o direito de laje (sobrelevação) em comunidades populares e o direito destacado de plantações (por exemplo, os coqueiros no litoral nordestino" (LÔBO, Paulo. *Direito...*, 2015, p. 35).

Como visto, o direito de laje acabou por ser também regulamentado, e incluído no rol do art. 1.225 do Código Civil.

Assim, a exemplo do que ocorre com os contratos, pela forte influência da autonomia privada, seria possível concluir pela possibilidade de criação de novos Direitos Reais, diante da constatação de que a lei não consegue e não pode acompanhar o imaginativo do ser humano. Ora, se o art. 425 do CC/2002 possibilita a criação de contratos atípicos, dando *concretude* ao sistema privado, deve-se também pensar na possibilidade de criação de *direitos reais atípicos*, operacionalizando e funcionalizando os institutos de Direito das Coisas. Como se sabe, e isto chegou a ser apontado por Norberto Bobbio, a estrutura rígida do sistema foi substituída pela funcionalização dos institutos (*Da estrutura...*, 2007).

Essa parece ser a tendência, para o futuro, apesar de ser o entendimento ainda minoritário, principalmente levando-se em conta a doutrina clássica, que acredita ser o rol de direitos reais uma relação taxativa (*numerus clausus*) e não exemplificativa (*numerus apertus*). Aliás, seguindo essa visão clássica, pelo rol taxativo, podem ser mencionados Caio Mário da Silva Pereira (*Instituições...*, 2004, v. IV, p. 8), Orlando Gomes (*Direitos reais...*, 2006, p. 21), Álvaro Villaça Azevedo (*Curso...*, 2014, p. 13) e Maria Helena Diniz (*Curso...*, 2007, v. 4, p. 20).

De todo modo, insta verificar que, entre os clássicos, Washington de Barros Monteiro sempre foi favorável ao reconhecimento de que o rol dos direitos reais previsto na lei geral privada seria exemplificativo. Segundo as suas palavras: "outros direitos reais poderão ser ainda criados pelo legislador ou pelas próprias partes, desde que não contrariem princípios de ordem pública. Vários autores sustentam esse ponto de vista. Realmente, texto algum proíbe, explícita ou implicitamente, a criação de novos direitos reais, ou a modificação dos direitos reais já existentes" (MONTEIRO, Washington de Barros; MALUF, Carlos Alberto Dabus, *Curso...*, 2009, v. 3, p. 12). Como se nota, mesmo entre os doutrinadores mais antigos, o tema era amplamente debatido, inclusive no tocante à força da autonomia privada para a geração de novos direitos reais.

Para encerrar o presente tópico, anoto que no Projeto de Reforma do Código Civil, elaborado pela Comissão de Juristas nomeada no âmbito do Senado Federal, não prevaleceu a ideia de criação de novos direitos reais pela autonomia privada, superando-se a taxatividade.

Entretanto, em boa hora, propõe-se a inclusão expressa da propriedade fiduciária em garantia no art. 1.225 da Lei Geral Privada, como realmente deve ser. Além disso, sugere-se a remuneração dos incisos do comando, passando a laje a estar próxima dos demais direitos reais de gozo ou fruição e antes dos direitos reais de garantia, a saber: "VIII – a laje; IX – o penhor; X – a hipoteca; XI – a propriedade fiduciária em garantia; XII – a anticrese; XIII – a concessão de uso especial para fins de moradia; XIV – a concessão de direito real de uso; XV – os direitos oriundos da imissão provisória na posse, quando concedida à União, aos Estados, ao Distrito Federal, aos Municípios ou às suas entidades delegadas e a respectiva cessão e promessa de cessão".

Espera-se a sua aprovação pelo Parlamento Brasileiro, pois o dispositivo ficará melhor organizado, no conteúdo e na forma.

Superada a análise preliminar do importante art. 1.225 do CC/2002, passa-se a diferenciar, pontualmente, os direitos reais dos direitos pessoais de caráter patrimonial.

1.3 DIFERENÇAS ENTRE OS DIREITOS REAIS E OS DIREITOS PESSOAIS PATRIMONIAIS

Exposta a visão estrutural do tema, é possível demonstrar as diferenças básicas que afastam os direitos reais dos direitos pessoais de cunho patrimonial. Para os últimos, serão utilizados como parâmetro os direitos obrigacionais contratuais.

Primeiramente, levando-se em conta a *teoria realista*, os direitos reais têm como conteúdo relações jurídicas estabelecidas entre pessoas e coisas, relações estas que podem até ser diretas, sem qualquer intermediação por outra pessoa, como ocorre nas formas originárias de aquisição da propriedade, cujo exemplo típico é a usucapião. Portanto, o objeto da relação jurídica é a coisa em si.

Por outra via, nos direitos pessoais de cunho patrimonial há como conteúdo relações jurídicas estabelecidas entre duas ou mais pessoas, sendo o objeto ou conteúdo imediato a prestação.

Nos direitos reais existe apenas um sujeito ativo determinado, sendo sujeitos passivos toda a coletividade. Nos direitos pessoais há, em regra, um sujeito ativo, que tem um direito (credor); e um sujeito passivo, que tem um dever obrigacional (devedor). Contudo, vale dizer que, entre os últimos, têm prevalecido *relações jurídicas complexas*, em que as partes são credoras e devedoras entre si *(sinalagma obrigacional)*.

A segunda diferença entre os institutos refere-se ao primeiro princípio regulamentador. Enquanto os direitos reais sofrem a incidência marcante do *princípio da publicidade ou da visibilidade*, diante da importância da tradição e do registro – principais formas derivadas de aquisição da propriedade –, os direitos pessoais de cunho patrimonial são influenciados pelo *princípio da autonomia privada*, de onde surgem os contratos e as obrigações nas relações intersubjetivas.

Todavia, conforme aduzido, cresce a importância da autonomia privada também para o Direito das Coisas, particularmente pela tendência de *contratualização do Direito Privado*.

Como terceiro ponto diferenciador, os direitos reais têm eficácia *erga omnes*, contra todos (*princípio do absolutismo*). Tradicionalmente, costuma-se afirmar que os direitos pessoais patrimoniais, caso dos contratos, têm efeitos *inter partes*, o que é consagração da antiga regra *res inter alios* e do princípio da relatividade dos efeitos contratuais.

Entretanto, segundo exposto no Volume 3 da presente coleção, há uma forte tendência de se apontar a eficácia dos contratos perante terceiros e a tutela externa do crédito, como precursores da *eficácia externa da função social dos contratos*, temas tão bem explorados por Luciano de Camargo Penteado (*Efeitos...*, 2007).

Nesse sentido, na *I Jornada de Direito Civil,* promovida pelo Conselho da Justiça Federal em 2002, aprovou-se o Enunciado n. 21, prevendo que a função social dos contratos, prevista no art. 421 do CC/2002, traz a revisão do princípio da relatividade dos efeitos contratuais, possibilitando a *tutela externa do crédito*. A título de exemplo, enuncia o art. 608 do atual Código Civil que aquele que aliciar pessoas obrigadas em contrato escrito a prestar serviços a outrem, pagará a este o correspondente a dois anos de prestação de serviços.

Desse modo, o aliciador – tido como um *terceiro cúmplice* –, que desrespeita a existência do contrato e sua função social, pode responder perante uma parte obrigacional, o que denota que os negócios jurídicos de cunho pessoal patrimonial também atingem terceiros.

Ademais, é preciso verificar que, em alguns casos, a jurisprudência tem reconhecido que mesmo os direitos reais devem ter os efeitos restringidos. Estabelece a Súmula 308 do Superior Tribunal de Justiça que "a hipoteca firmada entre a construtora e o agente financeiro, anterior ou posterior à celebração da promessa de compra e venda, não tem eficácia perante os adquirentes do imóvel". Trata-se de súmula com relevante enfoque sociológico.

Ora, sabe-se que a hipoteca é um direito real de garantia sobre coisa alheia, que recai principalmente sobre bens imóveis, regulada entre os arts. 1.473 a 1.505 do atual Código Civil. Um dos principais efeitos da hipoteca é a constituição de um vínculo real, que acompanha a coisa (art. 1.419). Esse vínculo real (*direito de sequela*) tem efeitos *erga omnes,* dando direito de excussão ao credor hipotecário, contra quem esteja o bem (art. 1.422).

Exemplificando, se um imóvel é garantido pela hipoteca, é possível que o credor reivindique o bem contra terceiro adquirente da coisa. Assim, não importa se o bem foi transferido a terceiro; este também o perderá, mesmo que o tenha adquirido de boa-fé.

A constituição da hipoteca é muito comum em contratos de construção e incorporação imobiliária, visando a um futuro condomínio edilício. Como muitas vezes o construtor não tem condições econômicas para levar adiante a sua obra, celebra um contrato de empréstimo de dinheiro com um terceiro (agente financeiro ou agente financiador), oferecendo o próprio imóvel como garantia, o que inclui todas as suas unidades do futuro condomínio.

Iniciada a obra, o incorporador começa a vender, celebrando compromissos de compra e venda, as unidades para terceiros, que no caso são consumidores, pois é evidente a caracterização da relação de consumo, nos moldes dos arts. 2.º e 3.º da Lei 8.078/1990. Diante da força obrigatória que ainda rege os contratos (*pacta sunt servanda*), espera-se que o incorporador cumpra com todas as suas obrigações perante o agente financiador, pagando pontualmente as parcelas do financiamento. Ocorrendo desse modo, não haverá maiores problemas.

Entretanto, infelizmente, nem sempre isso ocorre. Nessas hipóteses, quem acabará perdendo o imóvel, adquirido a tão duras penas? O consumidor, diante do *direito de sequela* advindo da hipoteca.

A referida súmula do Superior Tribunal de Justiça visa justamente a proteger o consumidor adquirente do imóvel, restringindo os efeitos da hipoteca às partes contratantes. Isso diante da boa-fé objetiva, eis que aquele que adquiriu o bem pagou pontualmente as suas parcelas perante a incorporadora, ignorando toda a sistemática jurídica que rege a incorporação imobiliária.

Presente a boa-fé do adquirente, por essa pontualidade negocial, não poderá ser responsabilizado o consumidor pela conduta da incorporadora, que acaba não repassando o dinheiro ao agente financiador. Fica claro, pelo teor da súmula, que a boa-fé objetiva envolve ordem pública, pois, do contrário, não seria possível a restrição do direito real. Em poucas palavras, a *boa-fé objetiva, atualmente, vence até a hipoteca*.

Sem prejuízo dessa conclusão, compreendo que a Súmula 308 do Superior Tribunal de Justiça ainda mantém relação com o princípio da função social dos contratos, uma vez que tem o escopo de preservar os efeitos do contrato de compra e venda do imóvel a favor do consumidor, parte economicamente mais fraca da relação negocial. Por essa simples razão, já mereceria o meu apoio doutrinário. Mas a súmula tenciona também a proteger o direito à moradia, assegurado constitucionalmente no art. 6.º, *caput*, da Carta Política de 1988. Reforçando, tende-se a preservar o negócio jurídico diante do princípio da conservação negocial, inerente à concepção social do contrato.

Percebe-se que a eticidade e a socialidade acabam fazendo *milagres* no campo prático, relativizando o rigor formal da concepção dos direitos reais em prol da proteção do vulnerável contratual, daquele que sempre agiu conforme a boa-fé. Em conclusão, pode-se afirmar que a eficácia *contra todos* dos direitos reais não é tão forte assim. No tocante aos efeitos dos direitos reais e dos direitos pessoais patrimoniais, portanto, pode-se dizer que há uma aproximação teórica e prática.

Como quarta diferença entre os institutos, enquanto nos direitos reais, o rol é supostamente taxativo (art. 1.225 do CC/2002), de acordo com o entendimento ainda majoritário de aplicação do *princípio da taxatividade*; nos direitos pessoais patrimoniais, o rol é exemplificativo, o que pode ser retirado do art. 425 do CC, pela licitude de criação de contratos atípicos, aqueles sem previsão legal. Outra diferença importante refere-se ao fato de os direitos reais trazerem o tão aclamado *direito de sequela*, respondendo a coisa, onde quer que ela esteja; enquanto nos direitos pessoais há uma responsabilidade patrimonial dos bens do devedor pelo inadimplemento da obrigação (art. 391 do CC/2002).

Por fim, deve ser observado o caráter permanente dos direitos reais, sendo o instituto basilar a propriedade. Isso se contrapõe ao caráter transitório dos direitos pessoais, como ocorre com os contratos. Contudo, é fundamental apontar que há, atualmente, contratos que representam uma relação de perpetuidade diante de seu prolongamento no tempo. São os *contratos relacionais* ou *contratos cativos de longa duração*, verdadeiros *casamentos contratuais* (TARTUCE, Flávio. *Função social...*, 2007, p. 315-318).

Relevante citar que a expressão *contratos cativos de longa duração* foi criada por Cláudia Lima Marques (*Contratos...*, 2006, p. 92).

Essa nomenclatura é muito feliz, tanto do ponto de vista técnico quanto do prático, explicando um fenômeno negocial cada vez mais comum no mundo contemporâneo. A título de exemplo, podem ser citados os contratos de plano de saúde ou de seguro de vida, que se perpetuam por décadas.

Em resumo, o quadro a seguir ainda pode ser elaborado e solicitado em provas e na prática do Direito Civil. Apesar de ainda ser mantido, do ponto de vista didático, pôde-se perceber uma grande aproximação metodológica entre os dois âmbitos jurídicos, a fazer *ruir* o quadro no futuro:

Direitos reais	Direitos pessoais de cunho patrimonial
Relações jurídicas entre uma pessoa (sujeito ativo) e uma coisa. O sujeito passivo não é determinado, mas é toda a coletividade.	Relações jurídicas entre uma pessoa (sujeito ativo – credor) e outra (sujeito passivo – devedor).
Princípio da publicidade (tradição e registro).	Princípio da autonomia privada (liberdade).
Efeitos *erga omnes*. Os efeitos podem ser restringidos.	Efeitos *inter partes*. Há uma tendência de ampliação dos efeitos.
Rol taxativo (*numerus clausus*), segundo a visão clássica, que ainda parece prevalecer – art. 1.225 do CC.	Rol exemplificativo (*numerus apertus*) – art. 425 do CC – criação dos contratos atípicos.
A coisa responde (direito de sequela).	Os bens do devedor respondem (princípio da responsabilidade patrimonial).
Caráter permanente. Instituto típico: propriedade.	Caráter transitório, em regra, o que vem sendo mitigado pelos contratos relacionais ou cativos de longa duração. Instituto típico: contrato.

Também a colocar em dúvida esse tradicional quadro do Direito Civil, é importante salientar que existem *conceitos híbridos*, que se encontram em um ponto intermediário do quadro demonstrado.

De início, pode ser citada a posse, que representa a exteriorização do domínio. Na minha opinião doutrinária, trata-se de um direito de natureza especial, não um direito real em particular, uma vez que não consta no rol do art. 1.225 do CC/2002. Logicamente, pela concepção tridimensional do direito, à luz da *ontognoselogia jurídica* de Miguel Reale, a posse, sendo fato, é também direito. A conclusão será aprofundada no próximo capítulo.

As obrigações reais ou *propter rem* – em razão da coisa – também se situam em uma *zona intermediária* entre os direitos reais e os direitos obrigacionais de cunho patrimonial, sendo denominadas obrigações *híbridas* ou *ambulatórias*. Surgem como obrigações pessoais de um devedor, por ser ele titular de um direito real, mas acabam aderindo mais à coisa do que ao seu eventual titular.

Como exemplo típico pode ser citada a obrigação do proprietário de pagar as despesas de condomínio, o que pode ser retirado do art. 1.345 do atual Código Civil, pelo qual o proprietário da unidade condominial em edifícios responde pelas dívidas anteriores que gravam a coisa. Na jurisprudência podem ser encontradas inúmeras decisões com tal conclusão, podendo ser destacadas as seguintes:

> "Agravo regimental. Condomínio. Ação de cobrança. Despesas condominiais. Legitimidade. Proprietário. Em se tratando de obrigação *propter rem*, as despesas de condomínio são de responsabilidade do proprietário, que tem posterior ação de regresso contra o ex-mutuário" (STJ, AgRg no Ag 776.699/SP, 3.ª Turma, Rel. Min. Humberto Gomes de Barros, j. 19.12.2007, *DJ* 08.02.2008, p. 1).

> "Processual civil e civil. Condomínio. Taxas condominiais. Legitimidade passiva. Adjudicação. Adquirente. Recurso não conhecido. 1 – Na linha da orientação adotada por esta Corte, o adquirente, em adjudicação, responde pelos encargos condominiais incidentes sobre o imóvel adjudicado, tendo em vista a natureza *propter rem* das cotas condominiais. 2 – Recurso não conhecido" (STJ, REsp 829.312/RS, 4.ª Turma, Rel. Min. Jorge Scartezzini, j. 30.05.2006, *DJ* 26.06.2006, p. 170).

Como outra ilustração, da criação jurisprudencial, em decisão do ano de 2020 o mesmo STJ considerou que "as despesas decorrentes do depósito de bem alienado fiduciariamente em pátio privado constituem obrigações *propter rem*, de maneira que independem da manifestação expressa ou tácita da vontade do devedor". Assim, como consequência, "o arrendante é o responsável final pelo pagamento das despesas com a estadia do automóvel junto a pátio privado, pois permanece na propriedade do bem alienado enquanto perdurar o pacto de arrendamento mercantil" (STJ, REsp 1.828.147/SP, 3.ª Turma, Rel. Min. Nancy Andrighi, j. 20.02.2020, *DJe* 26.02.2020).

Por fim, também como conceito intermediário pode ser mencionado o abuso do direito de propriedade ou *ato emulativo*, retirado dos arts. 187 e 1.228, § 2.º, do Código Civil Brasileiro. Prevê o último comando legal que são proibidos os atos que não trazem ao proprietário qualquer comodidade, ou utilidade, e sejam animados pela intenção de prejudicar outrem.

Como exemplo de ato de emulação pode ser citado o excesso de barulho em um apartamento tão somente para perturbar o vizinho de quem se é desafeto, um legítimo *ato chicaneiro*, como dizem os portugueses. Como se percebe, o que ainda será aprofundado, trata-se de um exercício da propriedade que repercute no direito obrigacional, particularmente na responsabilidade civil.

1.4 O DIREITO DAS COISAS E A CONSTITUIÇÃO FEDERAL. PRIMEIRAS NOÇÕES A RESPEITO DA FUNÇÃO SOCIAL DA PROPRIEDADE

A exemplo do que ocorre nos demais volumes da coleção, procurarei analisar os institutos do Direito Privado a partir da Constituição Federal de 1988, caminho metodológico trilhado pelos adeptos do *Direito Civil Constitucional.*

Sendo assim, nesse primeiro capítulo é preciso expor as previsões dos institutos de Direito das Coisas que constam do Texto Maior, particularmente o tratamento que é dado por aquela norma primaz à propriedade, instituto que está no centro gravitacional dos direitos reais.

Conforme expôs Gustavo Tepedino, principal idealizador da escola do *Direito Civil Constitucional* em nosso País, "diante da promulgação do Código, deve-se construí-lo interpretativamente, com paixão e criatividade, no sentido de buscar a sua máxima eficácia social, harmonizando-o com o sistema normativo civil-constitucional. Um novo tempo não se realiza com a produção de leis novas, desconhecendo-se a identidade cultural da sociedade. É preciso que se ofereça aos profissionais do Direito, com esforço e inteligência, a interpretação mais compatível com a Constituição da República, com os valores da sociedade, com a experiência do Direito vivo, forjado, em grande parte, pelos magistrados. Assim será possível verificar criticamente os aspectos que poderiam estar melhor redigidos, ou que poderiam estar regulados de outra maneira, procurando, de todo modo, esgotar as possibilidades hermenêuticas *de lege lata*" (TEPEDINO, Gustavo. Os direitos..., *Temas*..., 2006, p. 147).

De imediato, ao consagrar os direitos da pessoa humana, tidos como *fundamentais,* enuncia o art. 5.º, *caput*, da CF/1988 que "Todos são iguais perante a lei, sem distinção de qualquer natureza, garantindo-se aos brasileiros e aos estrangeiros residentes no País a inviolabilidade do direito à vida, à liberdade, à igualdade, à segurança e à *propriedade,* nos termos seguintes: (...) XXII – é garantido o direito de *propriedade*; XXIII – a *propriedade atenderá a sua função social*" (com destaques). Em suma, o que se percebe é que o direito de propriedade é um direito *triplamente fundamental*, devendo ele atender aos interesses sociais.

Como entendeu o próprio Supremo Tribunal Federal, "o direito de propriedade não se reveste de caráter absoluto, eis que, sobre ele, pesa grave hipoteca social, a significar que, descumprida a função social que lhe é inerente (CF, art. 5.º, XXIII), legitimar-se-á a intervenção estatal na esfera dominial privada, observados, contudo, para esse efeito, os limites, as formas e os procedimentos fixados na própria Constituição da República. O acesso à terra, a solução dos conflitos sociais, o aproveitamento racional e adequado do imóvel rural, a utilização apropriada dos recursos naturais disponíveis e a preservação do meio ambiente constituem elementos de realização da função social da propriedade" (STF, ADI 2.213-MC, Rel. Min. Celso de Mello, j. 04.04.2002, *DJ* 23.04.2004).

O conceito de *hipoteca social* é bem interessante, tanto do ponto de vista teórico quanto do didático, para demonstrar a amplitude da expressão função social da propriedade, concebida na perspectiva civil-constitucional.

Há, portanto, em nosso ordenamento jurídico, uma ampla proteção da propriedade, seja no tocante aos interesses individuais do proprietário, ou no que toca à proteção dos direitos da coletividade, o que também exprime muito bem o conteúdo de sua função social. Quanto ao indivíduo em si, relembre-se a previsão do inc. XI do próprio art. 5.º da CF/1988, segundo o qual "a casa é asilo inviolável do indivíduo, ninguém nela podendo penetrar sem consentimento do morador, salvo em caso de flagrante delito ou desastre, ou para prestar socorro, ou, durante o dia, por determinação judicial".

A tutela da residência, nesse sentido, pode expressar a proteção da propriedade, o que entrelaça os direitos reais aos direitos existenciais de personalidade. A conclusão é a mesma quando se lê o art. 6.º, *caput,* da CF/1988, comando legal consagrador do direito social à moradia, de acordo com a ideia de *patrimônio mínimo* (FACHIN, Luiz Edson. *Estatuto jurídico*..., 2001).

Não obstante, conforme afirmado outrora, o direito de propriedade, como um direito subjetivo, não é absoluto. Justamente por isso, o inc. XXV do art. 5.º do Texto Maior preconiza que no caso de iminente perigo público, a autoridade competente poderá usar de propriedade particular, assegurada ao proprietário indenização ulterior, se houver dano.

No aspecto objetivo, expressa o art. 170, também da Constituição Federal, que "A ordem econômica, fundada na valorização do trabalho humano e na livre iniciativa, tem por fim assegurar a todos existência digna, conforme os ditames da justiça social, observados os seguintes princípios: (...) II – propriedade privada; III – função social da propriedade; IV – livre concorrência". De acordo com esse dispositivo, a proteção da propriedade e o princípio da função social devem ser aplicados em harmonia com os demais princípios da ordem econômica, caso da livre iniciativa. A defesa do meio ambiente, constante do inc. VI do referido artigo também entra em cena para a devida ponderação entre os princípios e a valorização da propriedade conforme se pronunciou o Supremo Tribunal Federal:

> "A atividade econômica não pode ser exercida em desarmonia com os princípios destinados a tornar efetiva a proteção ao meio ambiente. A incolumidade do meio ambiente não pode ser comprometida por interesses empresariais nem ficar dependente de motivações de índole meramente econômica, ainda mais se se tiver presente que a atividade econômica, considerada a disciplina constitucional que a rege, está subordinada, dentre outros princípios gerais, àquele que privilegia a 'defesa do meio ambiente' (CF, art. 170, VI), que traduz conceito amplo e abrangente das noções de meio ambiente natural, de meio ambiente cultural, de meio ambiente artificial (espaço urbano) e de meio ambiente laboral. Doutrina. Os instrumentos jurídicos de caráter legal e de natureza constitucional objetivam viabilizar a tutela efetiva do meio ambiente, para que não se alterem as propriedades e os atributos que lhe são inerentes, o que provocaria inaceitável comprometimento da saúde, segurança, cultura, trabalho e bem-estar da população, além de causar graves danos ecológicos ao patrimônio ambiental, considerado este em seu aspecto físico ou natural" (STF, ADI 3.540/MC, Rel. Min. Celso de Mello, j. 1.º.09.2005, *DJ* 03.02.2006).

Consagrando essa *função socioambiental da propriedade*, a proteção do meio ambiente consta expressamente do art. 225 da Constituição Federal, pela proteção do *Bem Ambiental*, um bem difuso, de todos, que visa à sadia qualidade de vida das presentes e futuras gerações (PIVA, Rui Carvalho. *Bem ambiental...*, 2001).

Existe, assim, uma preocupação com as gerações futuras, a consagrar os *direitos intergeracionais ou transgeracionais*. Esse interessante conceito pode ser retirado do *caput* do dispositivo constitucional em comento, pelo qual "todos têm direito ao meio ambiente ecologicamente equilibrado, bem de uso comum do povo e essencial à sadia qualidade de vida, impondo-se ao Poder Público e à coletividade o dever de defendê-lo e preservá-lo para as presentes e futuras gerações".

Nos termos do § 1.º do art. 225 da CF/1988, para assegurar a efetividade desse direito, incumbe ao Estado executar medidas de políticas públicas, tais como:

a) Preservar e restaurar os processos ecológicos essenciais e prover o manejo ecológico das espécies e ecossistemas.

b) Preservar a diversidade e a integridade do patrimônio genético do País e fiscalizar as entidades dedicadas à pesquisa e manipulação de material genético. A questão relativa à biossegurança foi regulamentada pela Lei 11.105/2005.

c) Definir, em todas as unidades da Federação, espaços territoriais e seus componentes a serem especialmente protegidos, sendo a alteração e a supressão permitidas somente através de lei, vedada qualquer utilização que comprometa a integridade dos atributos que justifiquem sua proteção.

d) Exigir, na forma da lei, para instalação de obra ou atividade potencialmente causadora de significativa degradação do meio ambiente, estudo prévio de impacto ambiental, a que se dará publicidade.

CAP. 1 · INTRODUÇÃO AO DIREITO DAS COISAS | 23

e) Controlar a produção, a comercialização e o emprego de técnicas, métodos e substâncias que comportem risco para a vida, a qualidade de vida e o meio ambiente.

f) Promover a educação ambiental em todos os níveis de ensino e a conscientização pública para a preservação do meio ambiente.

g) Proteger a fauna e a flora, vedadas, na forma da lei, as práticas que coloquem em risco sua função ecológica, provoquem a extinção de espécies ou submetam os animais a crueldade.

Na teoria e na prática, pode-se afirmar que tais medidas limitam o próprio exercício do domínio, da propriedade. No tocante às responsabilidades, aquele que explorar recursos minerais fica obrigado a recuperar o meio ambiente degradado, de acordo com solução técnica exigida pelo órgão público competente, na forma da lei (art. 225, § 2.º, da CF/1988).

Além disso, as condutas e atividades consideradas lesivas ao meio ambiente sujeitarão os infratores, pessoas físicas ou jurídicas, a sanções penais e administrativas, independentemente da obrigação de reparar os danos causados (art. 225, § 3.º, da CF/1988). Esse último comando consagra o *princípio do poluidor-pagador*, prevendo a responsabilidade objetiva e solidária de todos aqueles que causam danos ambientais, o que é regulamentado pela Lei 6.938/1981 (Lei da Política Nacional do Meio Ambiente). Todavia, não se deve ter em mente a ideia de que é admissível a poluição, diante de uma contraprestação pecuniária. A prioridade é justamente impedir o dano ambiental, pela *prevenção* e pela *precaução*.

No tocante às políticas urbanas, estas devem ser executadas pelo Poder Público municipal, conforme diretrizes gerais fixadas em lei, tendo por objetivo ordenar o pleno desenvolvimento das funções sociais da cidade e garantir o bem-estar de seus habitantes (art. 182, *caput*, da CF/1988). Esse comando constitucional também guarda relação com o bom exercício do direito de propriedade, estando a política urbana regulamentada pelo Estatuto da Cidade (Lei 10.257/2001).

No que concerne ao plano diretor, aprovado pela Câmara Municipal e obrigatório para cidades com mais de vinte mil habitantes, é o instrumento básico da política de desenvolvimento e de expansão urbana, trazendo claras limitações ao exercício da propriedade (art. 182, § 1.º, da CF/1988). Isso porque a propriedade urbana cumpre sua função social quando atende às exigências fundamentais de ordenação da cidade expressas no plano diretor (art. 182, § 2.º, da CF/1988).

Ainda em relação a tais restrições, mais especificamente, enuncia o § 4.º do mesmo art. 182 do Texto Maior que é facultado ao Poder Público municipal, mediante lei específica para área incluída no plano diretor, exigir, nos termos da lei federal, do proprietário do solo urbano não edificado, subutilizado ou não utilizado, que promova seu adequado aproveitamento, sob pena, sucessivamente, de:

a) Parcelamento ou edificação compulsórios.

b) Imposto sobre a propriedade predial e territorial urbana progressivo no tempo.

c) Desapropriação com pagamento mediante títulos da dívida pública de emissão previamente aprovada pelo Senado Federal, com prazo de resgate de até dez anos, em parcelas anuais, iguais e sucessivas, assegurados o valor real da indenização e os juros legais.

Como é notório, a usucapião igualmente está tratada na Constituição Federal de 1988. O art. 183 da CF/1988 consagra a *usucapião constitucional ou especial urbana (pro misero)*, ao preceituar que "Aquele que possuir como sua área urbana de até duzentos e cinquenta metros quadrados, por cinco anos, ininterruptamente e sem oposição, utilizando-a para sua moradia ou de sua família, adquirir-lhe-á o domínio, desde que não seja proprietário de outro imóvel urbano ou rural".

Seguindo nos estudos, a *usucapião constitucional* ou *especial rural (pro labore)* consta do art. 191 do mesmo Texto Fundamental que dispõe: "aquele que, não sendo proprietário de imóvel rural ou urbano, possua como seu, por cinco anos ininterruptos, sem oposição, área de terra, em zona rural, não superior a cinquenta hectares, tornando-a produtiva por seu trabalho ou de sua família, tendo nela sua moradia, adquirir-lhe-á a propriedade".

Anote-se que ambos os dispositivos tiveram o cuidado de prever que os bens públicos não podem ser objeto de usucapião (arts. 183, § 3.º, e 191, parágrafo único, da CF/1988). O tema da usucapião será aprofundado no Capítulo 3 da presente obra.

Sem prejuízo de tudo isso, consta também da Constituição da República uma ampla proteção da propriedade agrária, estando em tal seção dispositivos fulcrais para a compreensão da função social da propriedade.

O art. 184 da CF/1988 trata da desapropriação do imóvel rural para fins de reforma agrária (*desapropriação agrária*), toda vez que ele não esteja cumprindo sua função social. O seu art. 186 enuncia os requisitos para o cumprimento dessa finalidade, a saber:

a) Aproveitamento racional e adequado.

b) Utilização adequada dos recursos naturais disponíveis e preservação do meio ambiente.

c) Observância das disposições que regulam as relações de trabalho.

d) Exploração que favoreça o bem-estar dos proprietários e dos trabalhadores.

Também dentro da questão agrária, o art. 185 da CF/1988 protege alguns bens, insuscetíveis de desapropriação para esses fins: a pequena e média propriedade rural, assim definida em lei, desde que seu proprietário não possua outra; e a *propriedade produtiva*.

O último dispositivo é criticado pelos doutrinadores agraristas de forma contundente, pela menção à *propriedade produtiva*, conceito que sempre suscitou debates. Explica Elisabete Maniglia que "percebe-se que o texto constitucional traz em seu bojo, aspectos de avanços quando trata da função social em diversas passagens constitucionais com ênfase, inclusive nos direitos e garantias fundamentais. O art. 5.º, incisos XXII e XXIII, é exemplo já que deixa claro: que a propriedade é protegida, mas terá que cumprir a função social. Todavia, no texto agrário embarca a questão e cria uma antinomia ao inicialmente discorrer que toda a propriedade que não cumprir a sua função social será desapropriada (art. 184) para, em seguida, vetar a desapropriação nas terras produtivas, pequenas e médias. Retroagiu-se, dessa forma, no que o legislador avançou criando uma expectativa em cumprimento da função social e, em seguida, arrependido, preocupado em desagradar grupos aliados, vetou, de uma forma bem parcial, o que seria o interesse da maioria" (MANIGLIA, Elisabete. Atendimento..., *O direito...*, 2006, p. 29).

Mais além, diz a citada autora que o legislador criou a esperança de que a função social seja cumprida, ao mesmo tempo em que a retirou, ao mencionar a *propriedade produtiva*. Tem razão a jurista, em uma análise social do tratamento constitucional e dos conflitos de terra que envolvem o ambiente rural brasileiro.

Entre os civilistas, para solucionar essa suposta antinomia, Cristiano Chaves de Farias e Nelson Rosenvald propõem que o termo *produtividade* seja analisado no sentido de uma "propriedade solidária, que simultaneamente satisfaça os parâmetros econômicos de seu titular, sem com isto frustrar os interesses metaindividuais. Aliás, assim se manifesta o art. 9.º da Lei 8.629/1993, ao reiterar a norma constitucional em apreço" (FARIAS, Cristiano Chaves; ROSENVALD, Nelson. *Direitos reais...*, 2006, p. 223). O dispositivo infraconstitucional citado repete o art. 186 da Constituição Federal.

Em reforço, compartilhando do mesmo entendimento, explica Gustavo Tepedino que "a produtividade, para impedir a desapropriação, deve ser associada à realização de sua função social. O conceito de produtividade vem definido pela Constituição de maneira essencialmente solidarista, vinculado ao pressuposto da tutela da propriedade. Dito diversamente, a propriedade, para ser imune à desapropriação, não basta ser produtiva no sentido econômico do termo, mas deve também realizar a sua função social. Utilizada para fins especulativos, mesmo se produtora de alguma riqueza, não atenderá a sua função social se não respeitar as situações jurídicas existenciais e sociais nas quais se insere" (TEPEDINO, Gustavo. Contornos..., *Temas...*, 2004, p. 311).

Todas essas opiniões sempre mereceram a minha adesão doutrinária. A propriedade, seja ela urbana ou rural, assim como ocorre com os demais institutos privados, deve ser interpretada e analisada de acordo com o meio que a cerca, com os valores de toda a coletividade. Dessa forma, a propriedade deve atender não somente aos interesses do seu *dono*, mas também das pessoas que compõem a sociedade.

Após amplos debates no âmbito jurisprudencial, em 2023, o Supremo Tribunal Federal julgou a questão, concluindo que o art. 185 da Constituição Federal, ao tratar da propriedade produtiva, deve ser analisado em consonância com o art. 186. Assim, o imóvel, mesmo produtivo, pode ser objeto de *desapropriação agrária* se não cumprir com a sua função social. Isso se deu no âmbito da ADI 3.865, com a seguinte publicação de ementa:

> "Ação direta de inconstitucionalidade. Constitucional. Administrativo. Intervenção do Estado na propriedade. Desapropriação por interesse social para reforma agrária. Lei 8.629/1993. Artigo 185 da Constituição da República. Cognoscibilidade da ação. Precedentes firmados em sede de controle difuso. Cumprimento da função social da propriedade produtiva como requisito simultâneo para a sua inexpropriabilidade. Plurissignificação do texto constitucional que autoriza a opção do legislador pela exigência da funcionalização social. Constitucionalidade da norma. Ação julgada improcedente. 1. O anterior exame de constitucionalidade da norma inscrita no art. 6.º da Lei 8.629/1993, em sede de controle difuso, não obsta sua apreciação em ação direta. 2. Os arts. 6.º e 9.º da Lei 8.629/93 mostram-se constitucionalmente válidos, porquanto o art. 185 da Constituição da República exige, para a aplicação da cláusula de insuscetibilidade de desapropriação para fins de reforma agrária, a função social e o caráter produtivo da propriedade como requisitos simultâneos. 3. O parágrafo único do art. 185 da Constituição da República, ao definir que a lei fixará normas para o cumprimento da função social, alberga cláusula semanticamente plural e, portanto, compatível com a manifestação concretizadora do legislador no sentido de conjugar funcionalização social e propriedade produtiva. 4. Ação direta julgada improcedente" (STJ, ADI 3.865, Tribunal Pleno, Rel. Min. Edson Fachin, j. 04.09.2023, publicação 14.09.2023).

O tema encontrou, assim, a esperada estabilidade jurídica. E, apesar de críticas observadas ao julgado, sobretudo entre leigos e nos meios de imprensa, entendo que ele é perfeito, apenas contendo em seu conteúdo a manifestação doutrinária majoritária, inclusive defendida neste livro, em suas edições anteriores ao ano de 2024.

Nesse contexto de afirmação, na linha da doutrina transcrita e também do julgado, o *solidarismo constitucional*, previsto no art. 3.º, inc. I, do Texto Maior, deve entrar em cena para o preenchimento do conceito de função social. No que concerne aos critérios constantes do art. 186 da CF/1988, devem servir também para a propriedade urbana, eis que o art. 182 da CF/1988 não traz parâmetros claros e definidos para o preenchimento da função social desta.

Por certo é que essas ideias são revolucionadoras, uma vez que a propriedade, em nosso País, historicamente, sempre foi utilizada para atender aos interesses das minorias, detentoras de poder e do capital. Cabe, em parte, à elite intelectual a mudança dessa perspectiva, para a construção de uma sociedade mais justa e solidária, como ordena o Texto Constitucional. O desafio é das presentes e futuras gerações, para a construção de um País melhor.

O que se percebe, nessa preliminar análise do Texto Fundamental, é uma ampla previsão quanto ao atendimento da função social e socioambiental da propriedade, nas esferas urbana e rural. Conforme será devidamente estudado, essa função social e socioambiental consta expressamente do art. 1.228, § 1.º, do atual Código Civil.

Sendo assim, devem os estudiosos da matéria estar atentos a essa preocupação constitucional, no sentido de atender aos interesses dos indivíduos e, sobretudo, da coletividade, na persecução prática da efetivação do direito de propriedade. As questões relativas aos direitos reais devem ser encaradas sob o prisma da dignidade da pessoa humana (art. 1.º, III, da CF/1988), da solidariedade social (art. 3.º, I, da CF/1988) e da isonomia ou igualdade *lato sensu* (art. 5.º, *caput*, da CF/1988). A tríade *dignidade-solidariedade-igualdade* deve ter um papel principal no estudo dos institutos privados, como se verá dos próximos capítulos deste livro.

1.5   RESUMO ESQUEMÁTICO

Conceitos iniciais

DIREITO DAS COISAS – ramo do Direito Civil que tem como conteúdo relações jurídicas estabelecidas entre pessoas e coisas determinadas, ou mesmo determináveis. Como *coisas* deve-se entender tudo aquilo que não é humano. Trata-se, portanto, de um campo metodológico.

DIREITOS REAIS – relações jurídicas estabelecidas entre pessoas e coisas determinadas ou determináveis, tendo como fundamento principal o conceito de propriedade, seja ela plena ou restrita. Os direitos reais constituem as relações jurídicas em si, de cunho subjetivo. Prevê o art. 1.225 do atual Código Civil que são direitos reais: I – a propriedade; II – a superfície; III – as servidões; IV – o usufruto; V – o uso; VI – a habitação; VII – o direito do promitente comprador do imóvel; VIII – o penhor; IX – a hipoteca; X – a anticrese; XI – a concessão de uso especial para fins de moradia (Incluído pela Lei 11.481/2007); XII – a concessão de direito real de uso (Incluído pela Lei 11.481/2007); XIII – a laje (Incluído pela Lei 13.465/2017); XIV – os direitos oriundos da imissão provisória na posse, quando concedida à União, aos Estados, ao Distrito Federal, aos Municípios ou às suas entidades delegadas e a respectiva cessão e promessa de cessão. (Incluído pela Lei 14.620, de 2023).

CARACTERÍSTICAS DOS DIREITOS REAIS – Segundo a doutrina de Maria Helena Diniz (*Curso...*, 2007, v. 4, p. 20): a) Oponibilidade *erga omnes*, ou seja, contra todos os membros da coletividade. b) Existência de um direito de sequela, uma vez que os direitos reais aderem ou *colam* na coisa. c) Previsão de um direito de preferência a favor do titular de um direito real, como é comum nos direitos reais de garantia sobre coisa alheia (penhor e hipoteca). d) Possibilidade de abandono dos direitos reais, isto é, de renúncia a tais direitos. e) Viabilidade de incorporação da coisa por meio da posse, de um domínio fático. f) Previsão da usucapião como um dos meios de sua aquisição. Vale dizer que a usucapião não atinge somente a propriedade, mas também outros direitos reais, caso da servidão predial (art. 1.379 do CC). g) Obediência a um rol taxativo (*numerus clausus*) de institutos, previstos em lei, o que consagra o *princípio da taxatividade ou tipicidade dos direitos reais*. h) Regência pelo *princípio da publicidade dos atos*, o que se dá pela entrega da coisa ou tradição (no caso de bens móveis) e pelo registro (no caso de bens imóveis).

TABELA COMPARATIVA – VISÃO CLÁSSICA
Direitos reais *x* direitos pessoais obrigacionais de cunho patrimonial

Direitos reais	Direitos pessoais obrigacionais de cunho patrimonial
Relações jurídicas entre uma pessoa (sujeito ativo) e uma coisa. O sujeito passivo não é determinado, mas é toda a coletividade.	Relações jurídicas entre uma pessoa (sujeito ativo – credor) e outra (sujeito passivo – devedor).
Princípio da publicidade (tradição e registro).	Princípio da autonomia privada (liberdade).
Efeitos *erga omnes*. Os efeitos podem ser restringidos.	Efeitos *inter partes*. Há uma tendência de ampliação dos efeitos.
Rol taxativo (*numerus clausus*), segundo a visão clássica – art. 1.225 do CC.	Rol exemplificativo (*numerus apertus*) – art. 425 do CC – criação dos contratos atípicos.
A coisa responde (direito de sequela).	Os bens do devedor respondem (princípio da responsabilidade patrimonial).
Caráter permanente. Instituto típico: propriedade.	Caráter transitório, em regra, o que vem sendo mitigado pelos contratos relacionais ou cativos de longa duração. Instituto típico: contrato.

1.6 QUESTÕES CORRELATAS

01. (TJMG – CONSULPLAN – Titular de Serviços de Notas e de Registros – 2016) Segundo a Lei n.º 10.406/2002, são direitos reais, exceto:

(A) O uso.

(B) A superfície.

(C) Enfiteuse.

(D) Anticrese.

02. (TJMG – CONSULPLAN – Titular de Serviços de Notas e de Registros – Remoção – 2017) De acordo com o Código Civil, são direitos reais, exceto:

(A) O uso.

(B) A concessão de uso especial para fins de moradia.

(C) O penhor.

(D) A posse.

03. (DPE-PR – Defensor Público – Fundatec – 2024) São direitos reais os seguintes, exceto:

(A) Usufruto.

(B) Laje.

(C) Superfície.

(D) Concessão de uso especial para qualquer fim.

(E) Os direitos oriundos da imissão provisória na posse, quando concedida à União, aos Estados, ao Distrito Federal, aos Municípios ou às suas entidades delegadas e a respectiva cessão e promessa de cessão.

GABARITO

01 – C	02 – D
03 – C	

DA POSSE

2

Sumário: 2.1 Conceito de posse e teorias justificadoras. A função social da posse. A detenção – 2.2 Principais classificações da posse: 2.2.1 Classificação quanto à relação pessoa-coisa ou quanto ao desdobramento; 2.2.2 Classificação quanto à presença de vícios; 2.2.3 Classificação quanto à boa-fé; 2.2.4 Classificação quanto à presença de título; 2.2.5 Classificação quanto ao tempo; 2.2.6 Classificação quanto aos efeitos – 2.3 Efeitos materiais da posse: 2.3.1 A percepção dos frutos e suas consequências; 2.3.2 A indenização e a retenção das benfeitorias; 2.3.3 As responsabilidades; 2.3.4 O direito à usucapião – 2.4 Efeitos processuais da posse: 2.4.1 A faculdade de invocar os interditos possessórios; 2.4.2 A possibilidade de ingresso de outras ações possessórias; 2.4.3 As faculdades da legítima defesa da posse e do desforço imediato – 2.5 Formas de aquisição, transmissão e perda da posse – 2.6 Composse ou compossessão – 2.7 Resumo esquemático – 2.8 Questões correlatas – Gabarito.

2.1 CONCEITO DE POSSE E TEORIAS JUSTIFICADORAS. A FUNÇÃO SOCIAL DA POSSE. A DETENÇÃO

Como não poderia ser diferente, o Código Civil de 2002 traz inovações importantes a respeito do tratamento geral da posse, conceito vital tanto para o Direito das Coisas quanto para todo o Direito Privado. A análise desse instituto também deve ser feita à luz da Constituição Federal, dentro da proposta de encarar o Direito Civil a partir do Texto Maior (*constitucionalização do Direito Civil*).

A primeira dúvida que pode surgir quanto ao instituto refere-se à seguinte indagação: a posse é um fato ou um direito? Na visão clássica, muitos juristas enfrentaram muito bem a questão, como fez José Carlos Moreira Alves (*Posse...*, 1999, v. II, t. I, p. 69-137). Esse doutrinador aponta duas grandes correntes, a que afirma se tratar de um mero *fato* e outra pela qual a posse, realmente, constitui um *direito*. A segunda corrente, que prega o entendimento de que a posse é um direito é a que acaba prevalecendo na doutrina.

Nessa linha igualmente me posiciono doutrinariamente. Isso porque a posse pode ser conceituada como sendo *o domínio fático que a pessoa exerce sobre a coisa*. A partir dessa ideia, levando-se em conta a teoria tridimensional de Miguel Reale, pode-se afirmar que *a posse constitui um direito, com natureza jurídica especial*. Como dito no capítulo anterior, a posse é um conceito intermediário, entre os direitos pessoais e os direitos reais. Mas esse *caráter híbrido* não tem o condão de gerar a conclusão de que não constitui um direito propriamente dito.

Pois bem, para Miguel Reale, o Direito é fundado em três subsistemas: dos fatos, dos valores e das normas. Sendo a posse um fato, e sendo o Direito também constituído por elementos fáticos, pode-se afirmar que a posse é um direito.

Saliente-se que muitos juristas entendem da mesma forma, caso de Maria Helena Diniz e Orlando Gomes. Em reforço, o substrato social que deve ter a posse pode amparar a mesma conclusão. Para a Professora Titular da PUCSP, aliás, a posse é um direito real, como desdobramento do direito da propriedade (DINIZ, Maria Helena. *Curso...*, 2007, v. 4, p. 52). Vejamos o que afirma, na mesma linha, Orlando Gomes:

> "Ensina Ihering que a posse é um direito. A essa conclusão chega, coerentemente, em face do famoso conceito de direito, formulado no *Espírito do Direito Romano*. Para ele, direito é o interesse juridicamente protegido. Admitida essa definição, não pode haver dúvida de que a posse seja um direito. Nela se reúnem dois elementos – substancial e formal – que se exigem para a existência de um direito. O interesse substancial consiste no *interesse*. (...) A esse elemento substancial, o Direito acrescenta, na posse, um elemento formal: *a proteção jurídica*" (GOMES, Orlando. *Direitos reais...*, 2004, p. 41-42).

Superado esse ponto, ainda quanto ao instituto, duas grandes clássicas escolas procuraram delimitar e justificar o seu conceito.

Primeiramente, para a *teoria subjetivista* ou *subjetiva*, cujo principal defensor foi Friedrich Carl von Savigny, a posse pode ser conceituada como o poder direto ou imediato que a pessoa tem de dispor fisicamente de um bem com a intenção de tê-lo para si e de defendê-lo contra a intervenção ou agressão de quem quer que seja. A posse, para essa corrente, possui dois elementos.

O primeiro seria o *corpus*, elemento material da posse, constituído pelo poder físico ou de disponibilidade sobre a coisa. O segundo elemento seria o subjetivo, o *animus domini*, a intenção de ter a coisa para si, de exercer sobre ela o direito de propriedade. Em suma, a posse poderia ser delimitada de acordo com a seguinte fórmula, apresentada por Cristiano Chaves de Farias e Nelson Rosenvald (*Direitos reais...*, 2006, p. 30).

POSSE (TEORIA SUBJETIVISTA) = *CORPUS* + *ANIMUS DOMINI*

Logicamente, pelo segundo elemento, pela intenção de dono, poder-se-ia concluir que, para essa teoria, o locatário, o comodatário, o depositário, entre outros, não seriam possuidores, pois não haveria qualquer intenção de tornarem-se proprietários.

Portanto, não gozariam de proteção direta, o que os impediria de ingressar com as ações possessórias. A exemplo do Código Civil de 1916, verifica-se que Código Civil de 2002, em regra, não adotou essa corrente, eis que os sujeitos anteriormente citados são possuidores, no melhor sentido da expressão. Somente para fins da usucapião ordinária, como se verá, é que a teoria subjetiva de Savigny entra em cena.

Para a segunda corrente, precursora de uma *teoria objetivista, simplificada* ou *objetiva* da posse, cujo principal defensor foi Rudolf von Ihering, para constituir-se a posse basta que a pessoa disponha fisicamente da coisa ou que tenha a mera possibilidade de exercer esse contato. Essa corrente dispensa a intenção de ser dono, tendo a posse apenas um elemento, o *corpus*, elemento material e único fator visível e suscetível de comprovação. Este é formado pela atitude externa do possuidor em relação à coisa, agindo este com o intuito de explorá-la economicamente. A teoria de Ihering acabou por prevalecer sobre a de Savigny na Alemanha, estabelecendo o § 854 do BGB Alemão que a posse de uma coisa se adquire mediante a obtenção do poder de fato sobre ela.

Aliás, para essa teoria, dentro do conceito de *corpus* está uma intenção, não o *animus* de ser proprietário, mas sim de explorar a coisa com fins econômicos. Como apontam Cristiano Chaves e Nelson Rosenvald, pode ser elaborada a seguinte fórmula para explanar essa teoria (*Direitos reais...*, 2006, p. 32):

> **POSSE (TEORIA OBJETIVISTA) = *CORPUS***

Entre as duas teorias, deve-se concluir que o Código Civil de 2002, a exemplo do seu antecessor, adotou parcialmente a teoria objetivista de Ihering, de acordo com o que consta do art. 1.196 da atual codificação, cuja redação merece destaque: "considera-se possuidor todo aquele que tem de fato o exercício, pleno ou não, de algum dos poderes inerentes à propriedade".

Dessa forma, o locatário, o comodatário, entre outros, para o nosso direito, são possuidores e, como tais, podem utilizar as ações possessórias, inclusive contra o próprio proprietário. Assim sendo, o art. 1.196 do CC/2002 define a posse como o exercício pleno ou não de alguns dos poderes inerentes à propriedade. Basta a presença de um dos atributos da propriedade para que surja a posse. Em outras palavras, pela atual codificação privada, *todo proprietário é possuidor, mas nem todo possuidor é proprietário.*

Entretanto, o Código Civil Brasileiro perdeu a oportunidade de trazer expressamente uma teoria mais avançada quanto à posse, aquela que considera a sua função social, tese cujo principal defensor foi Raymond Saleilles.

De lege ferenda, a adoção da função social da posse constava expressamente do Projeto Ricardo Fiúza, pelo qual o art. 1.196 passaria a ter a seguinte redação:

> "Art. 1.196. Considera-se possuidor todo aquele que tem poder fático de ingerência socioeconômica, absoluto ou relativo, direto ou indireto, sobre determinado bem da vida, que se manifesta através do exercício ou possibilidade de exercício inerente à propriedade ou outro direito real suscetível de posse".

Essa proposta segue sugestão do jurista e desembargador do Tribunal de Justiça de Santa Catarina Joel Dias Figueira Jr. São suas palavras:

> "Por tudo isso, perdeu-se o momento histórico de corrigir um importantíssimo dispositivo que vem causando confusão entre os jurisdicionados e, como decorrência de sua aplicação incorreta, inúmeras demandas. Ademais, o dispositivo mereceria um ajuste em face das teorias sociológicas, tendo-se em conta que foram elas, em sede possessória, que deram origem à função social da propriedade. Nesse sentido, vale registrar que foram as teorias sociológicas da posse, a partir do século XX, na Itália, com Silvio Perozzi; na França com Raymond Saleilles e, na Espanha, com Antonio Hernandez Gil, que não só colocaram por terra as célebres teorias objetiva e subjetiva de Ihering e Savigny, como também se tornaram responsáveis pelo novo conceito desses importantes institutos no mundo contemporâneo, notadamente a posse, como exteriorização da propriedade (sua verdadeira 'função social')" (FIGUEIRA JR., Joel Dias. *Novo Código Civil...*, 2003, p. 1.095).

Anoto que no Projeto de Reforma do Código Civil, elaborado pela Comissão de Juristas nomeada no âmbito do Senado Federal, não foi feita proposta semelhante para o art. 1.196, que ainda poderá ser inserida na sua tramitação no Congresso Nacional. De todo modo, como ainda se verá, foi feita proposta de aperfeiçoamento quanto à função social da propriedade, no seu art. 1.228. E também se sugere a inclusão da posse da laje como direito autônomo, conforme está analisado a seguir, concretizando-se a função social da posse.

Entre as obras citadas no trecho por último transcrito, a de Hernandez Gil é referência no tocante à concepção social da posse (*La función...*, 1969). Destaque-se o estudo que o doutrinador faz da doutrina de Perozzi, utilizando a feliz simbologia do *sujeito que anda com um chapéu por uma rua*. Vejamos, na leitura feita por mim, com adaptações.

De acordo com a teoria de Savigny, é ele possuidor, pois tem a intenção de ser dono do chapéu e se apresenta com o bem. A par da teoria de Ihering, há posse porque a pessoa se apresenta com o chapéu, tendo o domínio fático da coisa. Por fim, pela visão de Perozzi e Gil há posse diante do reconhecimento e da aceitação da coletividade de que essa pessoa é possuidora, além da destinação que é dada ao chapéu.

Na doutrina nacional, outros autores demonstram ser favoráveis à tese da *posse-social*, como Marco Aurélio Bezerra de Melo, Desembargador do Tribunal de Justiça do Rio de Janeiro (*Novo Código Civil...*, 2004, p. 9). Na mesma esteira, escreve Renato Duarte Franco de Moraes que "a função social da posse advém da função social da propriedade (art. 5.º, XXIII, da Constituição Federal), aplicada conjuntamente com o princípio constitucional da isonomia substancial (art. 5.º, *caput*, da Constituição Federal). Isso porque, se é concedida ao proprietário determinada tutela decorrente do exercício das posições jurídicas inerentes ao domínio e, em contrapartida, se exige dele uma série de deveres, não é substancialmente isonômico que se conceda tutela semelhante ao possuidor, que exerce faticamente grande parte das posições jurídicas do *dominus*, e dele nada se exija. Não há, nesse ponto, diferenças substanciais que permitam um tratamento diverso da lei" (MORAES, Duarte Franco de. A função..., *Direito civil...*, 2006, p. 580).

A consequência apontada pelo autor por último citado é interessante, uma vez que o exercício da função social da posse acaba repercutindo na tutela dos direitos possessórios. A questão ainda será aprofundada no presente capítulo.

Ainda em sede doutrinária, a ideia de função social da posse consta de enunciado aprovado na *V Jornada de Direito Civil*, de 2011, com a seguinte redação: "a posse constitui direito autônomo em relação à propriedade e deve expressar o aproveitamento dos bens para o alcance de interesses existenciais, econômicos e sociais merecedores de tutela" (Enunciado n. 492). A título de exemplo, pode ser mencionado o *contrato de gaveta*, em que o possuidor tem um direito autônomo à propriedade, merecendo proteção pela utilidade positiva que dá à coisa.

O tema foi objeto de dissertação de mestrado desenvolvida por Marcos Alberto Rocha Gonçalves e defendida na PUCSP. Conforme as conclusões finais do trabalho, às quais se filia, e que merecem destaque:

> "A valorização da função social da posse representa o rompimento do formalismo individualista diante das demandas sociais. Compreende-se, a partir desse modelo, a construção de possíveis pontes entre as necessidades de uma sociedade multifacetada (e desigual) e o caminhar rumo a um efetivo Estado democraticamente organizado, afastando-se da dogmática estruturada na ficção da igualdade formal. Titularidades formais e fruição real das possibilidades emergentes de bens que atendam às necessidades é, ainda, um caminho a

percorrer. Se historicamente o discurso jurídico aproximou propriedade e posse, é tempo, pois, de desvincular forçosa construção, pois, consoante há muito tempo anunciou José Saramago, 'ter não é possuir'" (GONÇALVES, Marcos Alberto Rocha. *A posse...*, 2014, p. 269-270).

Também analisando tanto a função social da posse como o seu reconhecimento como *direito autônomo*, Ricardo Aronne pontuava que "o princípio da função social da propriedade é densificado pelo princípio da função social da posse, sem descuido da devida autonomia, mas sem desleixo da notável e classicamente reconhecida inter-relação" (ARONNE, Ricardo. *Propriedade...*, 2014, p. 201).

Em complemento, lecionava com maestria o brilhante e saudoso jurista, que nos deixou de forma precoce no ano de 2017, que "a posse somente ganha trânsito jurídico quando se apresenta funcionalizada, quando é instrumento de funcionalização da propriedade. Dessa forma, tal qual a posse se apresenta autônoma em face da propriedade, há de se reconhecer a autonomia da função social da posse em relação à função social da propriedade, tal qual dignidade e igualdade se apresentam como noções autônomas" (ARONNE, Ricardo. *Propriedade...*, 2014, p. 206). E exemplificava que o bem pode não estar atendendo à função social da posse, apesar de satisfazer a função social da propriedade, como ocorre nas situações de subaproveitamento da terra.

Ademais, na trilha das precisas lições de Paulo Lôbo, "a autonomia da posse cada vez mais se afirma, tendo sido fortalecida pelas investigações iluminadas pelo direito civil constitucional. Os fundamentos da posse precisam ter em conta a promoção dos valores sociais constitucionalmente estabelecidos (TEPEDINO, Gustavo. *Código Civil...*, 2011, p. 44) e sua relação com os direitos fundamentais" (LÔBO, Paulo. *Direito...*, 2015, p. 52).

Seguindo esse caminho, no âmbito da jurisprudência superior, importante aresto do final de 2016 reconheceu que "a posse deve ser protegida como um fim em si mesma, exercendo o particular o poder fático sobre a *res* e garantindo sua função social, sendo que o critério para aferir se há posse ou detenção não é o estrutural e sim o funcional. É a afetação do bem a uma finalidade pública que dirá se pode ou não ser objeto de atos possessórias por um particular". Assim, concluiu a Corte que, "à luz do texto constitucional e da inteligência do novo Código Civil, a função social é base normativa para a solução dos conflitos atinentes à posse, dando-se efetividade ao bem comum, com escopo nos princípios da igualdade e da dignidade da pessoa humana" (STJ, REsp 1.296.964/DF, 4.ª Turma, Rel. Min. Luis Felipe Salomão, j. 18.10.2016, *DJe* 07.12.2016).

Em 2020, o mesmo Superior Tribunal de Justiça utilizou a ideia de autonomia entre a posse e a propriedade para concluir que é possível a partilha, em sede de divórcio, de um imóvel em situação irregular. Vejamos os termos da sua ementa, que tem o meu apoio:

> "Dada a autonomia existente entre o direito de propriedade e o direito possessório, a existência de expressão econômica do direito possessório como objeto de partilha e a existência de parcela significativa de bens que se encontram em situação de irregularidade por motivo distinto da má-fé dos possuidores, é possível a partilha de direitos possessórios sobre bem edificado em loteamento irregular, quando ausente a má-fé, resolvendo, em caráter particular, a questão que decorre da dissolução do vínculo conjugal, e relegando a segundo momento a discussão acerca da regularidade e formalização da propriedade sobre o bem imóvel" (STJ, REsp 1.739.042/SP, 3.ª Turma, Rel. Min. Nancy Andrighi, j. 08.09.2020, *DJe* 16.09.2020).

Como última nota a respeito do tema, e como já adiantado, no Projeto de Reforma do Código Civil elaborado pela Comissão de Juristas nomeada no âmbito do Senado Federal, não se fez proposta de inclusão expressa da função social da posse no art. 1.196. Porém, adotando-se proposição elaborada por Marco Aurélio Bezerra de Melo, será incluído na Lei Geral Privada um tratamento da *posse da laje como direito autônomo*, no seu novo art. 1.510-F, segundo o qual "admite-se, além do direito real à laje, a autonomia da sua posse". Aprofundarei o estudo da proposição quando da análise desse importante direito real.

Feitas tais considerações sobre a *posse como direito autônomo*, diante de sua inequívoca função social, e voltando ao dispositivo em estudo, não há dúvidas de que as redações das propostas legislativas são muito melhores do que o atual art. 1.196 da Lei Geral Privada, comprovando o afastamento em relação às duas correntes clássicas, até porque, como visto, há proposição de se incluir, no Projeto de Reforma, um parágrafo único no comando para tratar da posse dos bens imateriais ou incorpóreos.

Mas sem prejuízo dessa proposta de alteração, pode-se afirmar que o princípio da função social da posse é implícito à codificação de 2002, particularmente pela valorização da *posse-trabalho*, conforme os arts. 1.238, parágrafo único; 1.242, parágrafo único, e 1.228, §§ 4.º e 5.º, todos do atual Código Civil.

Como é notório, os parágrafos únicos dos arts. 1.238 e 1.242 estabelecem a redução dos prazos para a usucapião extraordinária e ordinária, respectivamente, nos casos envolvendo bens imóveis. Na usucapião extraordinária, o prazo é reduzido de quinze para dez anos; na ordinária, de dez para cinco anos.

Em ambas as hipóteses, a redução ocorre diante de uma situação de *posse-trabalho*, nos casos em que aquele que tem a posse utiliza o imóvel com intuito de moradia, ou realiza obras e investimentos de caráter produtivo, com relevante caráter social e econômico. Há, portanto, uma *posse qualificada* pelo exercício positivo que atenda a uma função social. *Posse--trabalho* quer dizer que ao imóvel foi dada alguma utilidade, ou seja, houve uma atuação positiva por parte do possuidor.

Pode-se afirmar que essas reduções estão de acordo com a solidariedade social, com a proposta de erradicação da pobreza e, especificamente, com a proteção do direito à moradia, prevista no art. 6.º da Constituição Federal de 1988.

Nunca é demais lembrar que um dos baluartes da atual codificação privada é o princípio da socialidade, como bem apontava Miguel Reale, o que reduz sobremaneira o caráter individualista que imperava na vigência da codificação anterior. Em suma, a principiologia que fundamenta o Código Civil de 2002 possibilita tal redução, que valoriza a *posse social*.

A *função social da posse* por igual está presente no tratamento da *desapropriação judicial privada por posse-trabalho*, prevista no art. 1.228, §§ 4.º e 5.º, do CC de 2002, instituto que será estudado em tópico específico, importantíssimo por se tratar de criação brasileira. Nessa linha, da prática, concluiu a jurisprudência do Tribunal de Justiça do Distrito Federal: "o princípio da função social da posse encontra-se implícito no Código Civil, principalmente pela valorização da posse-trabalho, conforme estipulam os seus arts. 1.238, parágrafo único; 1.242, parágrafo único; e 1.228, §§ 4.º e 5.º" (TJDF, Recurso 2006.05.1.001936-7, Acórdão 350.544, 4.ª Turma Cível, Rel. Des. Alfeu Machado, *DJDFTE* 22.04.2009, p. 149).

Na verdade, mesmo sendo exteriorização da propriedade, o que também comprova a sua função social, a posse com ela não se confunde. É cediço que determinada pessoa pode ter a posse sem ser proprietária do bem, uma vez que ser proprietário é ter o domínio pleno da coisa. A posse pode significar apenas ter a disposição da coisa, utilizar-se dela ou tirar dela os frutos com fins socioeconômicos.

Sem prejuízo dessa confrontação, como mencionado, tendo a propriedade uma função social reconhecida no Texto Maior, o mesmo deve ser dito quanto à posse. Diante desses argumentos, entendo ser mais correto afirmar, atualmente, que o nosso Código Civil já não adota a tese de Ihering, pura e simplesmente, mas sim a tese da posse-social, como defendem Perozzi, Saleilles e Gil, citados por Joel Dias Figueira em sua proposta de alteração legislativa. Uma mudança de paradigma inegável atingiu também o Direito das Coisas, razão pela qual o debate entre Ihering e Savigny encontra-se mais do que superado, na minha opinião doutrinária.

Transcorrida essa discussão, é interessante deixar claro que não se pode confundir a posse com a detenção. O detentor não deve ser confundido com o possuidor, pela inteligência do art. 1.198 do CC, pelo qual: "considera-se detentor aquele que, achando-se em relação de dependência para com outro, conserva a posse em nome deste e em cumprimento de ordens ou instruções suas. Parágrafo único. Aquele que começou a comportar-se do modo como prescreve este artigo, em relação ao bem e à outra pessoa, presume-se detentor, até que prove o contrário".

Segundo Maria Helena Diniz o detentor ou *fâmulo de posse*, também denominado *gestor da posse, detentor dependente* ou *servidor da posse*, tem a coisa apenas em virtude de uma situação de dependência econômica ou de um vínculo de subordinação (ato de mera custódia). A lei ressalva não ser possuidor aquele que, achando-se em relação de dependência para com outro, conserva a posse em nome deste e em cumprimento de ordens e instruções suas (DINIZ, Maria Helena. *Curso...*, 2007, v. 4, p. 40).

Em suma, o detentor exerce sobre o bem não uma posse própria, mas uma posse em nome de outrem. Como não tem posse, não lhe assiste o direito de invocar, em nome próprio, as ações possessórias. Porém, é possível que o detentor defenda a posse alheia por meio da *autotutela*, tratada pelo art. 1.210, § 1.º, do CC/2002, como reconhece o seguinte enunciado doutrinário, *da V Jornada de Direito Civil:* "o detentor (art. 1.198 do Código Civil) pode, no interesse do possuidor, exercer a autodefesa do bem sob seu poder" (Enunciado n. 493).

O art. 1.208, 1.ª parte, do Código Civil acrescenta que não induzem posse os atos de mera permissão ou tolerância. Ainda conforme ensina Maria Helena Diniz, esses atos representam uma *indulgência* pela prática do ato, mas não cedem direito algum, apenas retirando a ilicitude do ato de terceiro (*Curso...*, 2007, v. 4, p. 40).

Luciano de Camargo Penteado apresenta ainda o conceito de *tença*, para diferenciá-la da posse e da detenção. Dessa forma, para o doutrinador, "a posse consiste no exercício em nome próprio de um poder do domínio, a detenção consiste, numa de suas modalidades, no exercício em nome alheio" (*Direito...*, 2008, p. 471). Por fim, a tença, para ele, "é a mera situação material de apreensão física do bem, sem qualquer consequência jurídica protetiva" (*Direito...*, 2008, p. 471).

Vejamos alguns exemplos de detenção, para deixar bem claro que ela não se confunde com a posse.

Como primeiro exemplo, cite-se a hipótese de alguém que para o seu carro em um estacionamento, entregando-o a um manobrista. A empresa de estacionamento é possuidora, diante da existência de um contrato atípico, com elementos do depósito; já o manobrista é detentor, pois tem o veículo em nome da empresa, com quem tem relação de subordinação.

Partindo para as concretizações jurisprudenciais, o Superior Tribunal de Justiça, em reiteradas vezes, vinha entendendo que a ocupação irregular de área pública não induziria posse, mas ato de mera detenção. O objetivo dessa forma de julgar é o de afastar qualquer pretensão de usucapião de bens públicos, presente a citada ocupação irregular. Por todos esses julgados, transcreve-se o seguinte:

"Embargos de terceiro. Mandado de reintegração de posse. Ocupação irregular de área pública. Inexistência de posse. Direito de retenção não configurado. 1. Posse é o direito reconhecido a quem se comporta como proprietário. Posse e propriedade, portanto, são institutos que caminham juntos, não havendo de se reconhecer a posse a quem, por proibição legal, não possa ser proprietário ou não possa gozar de qualquer dos poderes inerentes à propriedade. 2. A ocupação de área pública, quando irregular, não pode ser reconhecida como posse, mas como mera detenção. 3. Se o direito de retenção depende da configuração da posse, não se pode, ante a consideração da inexistência desta, admitir o surgimento daquele direito advindo da necessidade de se indenizar as benfeitorias úteis e necessárias, e assim impedir o cumprimento da medida imposta no interdito proibitório. 4. Recurso provido" (STJ, Resp 556721/DF (200301269677), 642135. Recurso especial. Data da decisão: 15.09.2005. 2.ª Turma. Rel. Min. Eliana Calmon. Sucessivos: Resp 704992/DF, 2004/0165757-1 – Decisão: 06.12.2005. *DJ* 19.12.2005, p. 353. Fonte: *DJ* 03.10.2005, p. 172. Veja: Ocupação de terra pública – Posse – Inexistência). STJ, Resp 489.732/DF, 146.367/DF (*RDDP* 26/217).

A tese sempre foi aplicada pelo Tribunal de Justiça de São Paulo, sendo interessante trazer à colação a seguinte ementa:

"Possessória. Reintegração de posse. Ocupação indevida de área de uso comum do povo. Área fora do comércio, portanto, inalienável. Ocupação que não gera direito de posse, mas mera detenção, sendo insuscetível de aquisição através de usucapião. Sendo área de risco não há como reconhecer-se eventual direito à indenização, seja por acessões, seja por benfeitorias. Procedência da reintegratória. Recurso improvido" (TJSP, Apelação Civil 172.313-5/8, 7.ª Câmara de Direito Público, São Paulo, Rel. Des. Walter Swensson, 04.07.2005, Voto 17.395).

Com o devido respeito, sempre entendi que o caso seria não de detenção, mas de uma posse precária que, por ser injusta, não geraria a usucapião. Todavia, em havendo posse, o ocupante-invasor pode propor ações possessórias contra terceiros.

Em 2016, surgiu decisão do Superior Tribunal de Justiça nesse sentido, corrigindo aquele equívoco anterior. Conforme publicação constante do seu *Informativo* n. *579*, que merece relevo e leitura, para as devidas reflexões:

"É cabível o ajuizamento de ações possessórias por parte de invasor de terra pública contra outros particulares. Inicialmente, salienta-se que não se desconhece a jurisprudência do STJ no sentido de que a ocupação de área pública sem autorização expressa e legítima do titular do domínio constitui mera detenção (Resp 998.409/DF, Terceira Turma, *Dje* 03.11.2009). Contudo, vislumbra-se que, na verdade, isso revela questão relacionada à posse. Nessa ordem de ideias, ressalta-se o previsto no art. 1.198 do CC, *in verbis*: 'Considera-se detentor aquele que, achando-se em relação de dependência para com outro, conserva a posse em nome deste e em cumprimento de ordens ou instruções suas'. Como se vê, para que se possa admitir a relação de dependência, a posse deve ser exercida em nome de outrem que ostente o *jus possidendi* ou o *jus possessionis*. Ora, aquele que invade terras públicas e nela constrói sua moradia jamais exercerá a posse em nome alheio, de modo que não há entre ele e o ente público uma relação de dependência ou de subordinação e, por isso, não há que se falar em mera detenção. De fato, o *animus domni* é evidente, a despeito de ele ser juridicamente infrutífero. Inclusive, o fato de as terras serem públicas e, dessa maneira, não serem passíveis de aquisição por usucapião, não altera esse quadro. Com frequência, o invasor sequer conhece essa característica do imóvel. Portanto, os interditos possessórios são adequados à discussão da melhor posse entre particulares, ainda que ela esteja relacionada a terras públicas" (STJ, Resp 1.484.304/DF, Rel. Min. Moura Ribeiro, j. 10.03.2016, *Dje* 15.03.2016).

Porém, seguindo o primeiro entendimento e contrariando o último acórdão da Terceira Turma, a Corte Especial do STJ aprovou, em outubro de 2018, a Súmula 619, segundo a qual, "a ocupação indevida de bem público configura mera detenção, de natureza precária, insuscetível de retenção ou indenização por acessões e benfeitorias". Assim, a questão estabilizou-se no Tribunal Superior, sendo esse o entendimento a ser considerado, para os devidos fins teóricos e práticos, apesar do apontado erro técnico.

Feito tal esclarecimento técnico, e partindo para outro exemplo, o Tribunal de Justiça de São Paulo entendeu não haver posse, mas mera detenção, em caso de entrega de veículo para o dono de uma empresa que estaria incumbido de vendê-lo. Merece transcrição a decisão, para reflexão:

> "Possessória. Reintegração de posse. Bem móvel. Veículo adquirido mediante financiamento. Entrega do bem ao réu, dono de garagem para ser vendido. Transferência, todavia, do mesmo a outrem para pagamento de dívida por ele contraída. Descabimento. Configuração como mera detenção, com simples custódia. Esbulho configurado. Ação procedente. Recurso desprovido" (TJSP, Apelação 0957508-2/00, 21.ª Câmara Direito Privado, Lins, Rel. Sorteado Antonio Marson, j. 04.05.2005).

Do Tribunal de Justiça do Rio Grande do Sul cabe colacionar acórdão relacionado com a clássica hipótese de cessão da coisa pelo próprio proprietário, também geradora de mera detenção:

> "Apelação. Posse de bens imóveis. Ação reintegratória. Exceção de usucapião. Caso concreto. Posse exercida por concessão do proprietário não caracteriza *animus domini*, tratando-se de mera detenção. Posse que se transmite com o mesmo caráter aos sucessores. Improcede a exceção de usucapião. Posses individuais insuficientes para usucapião. Prequestionamento – o julgador não está obrigado a responder a todos os argumentos trazidos pela parte" (TJRS, Processo 70009398603, 17.ª Câmara Cível, Canoas, Juiz Rel. Agathe Elsa Schmidt da Silva, 12.07.2005).

Voltando-se a ilustração concreta do Superior Tribunal de Justiça, entendeu a Corte, em aresto de 2017, que a concessionária de veículos incumbida de fazer o reparo de um automóvel é mera detentora e não possuidora do bem. Sendo assim, não é o caso de se reconhecer o direito de retenção da coisa, diante da falta do pagamento de serviços que foram por ela prestados, nos termos do que consta do art. 1.219 do Código Civil. Conforme trecho da ementa do acórdão, "na hipótese, o veículo foi deixado na concessionária pela proprietária somente para a realização de reparos, sem que isso conferisse à recorrente sua posse. A concessionária teve somente a detenção do bem, que ficou sob sua custódia por determinação e liberalidade da proprietária, em uma espécie de vínculo de subordinação. O direito de retenção, sob a justificativa de realização de benfeitoria no bem, não pode ser invocado por aquele que possui tão somente a detenção do bem" (STJ, REsp 1.628.385/ES, 3.ª Turma, Rel. Min. Ricardo Villas Bôas Cueva, j. 22.08.2017, *DJe* 29.08.2017).

Seguindo com os exemplos, o célebre caso de detenção refere-se à relação de trabalho ou de emprego, em que o empregador entrega bem de sua propriedade ao trabalhador, diante de uma relação de confiança decorrente do contrato. Por todos os julgados, de vários

Tribunais Estaduais, traz-se a ementa a seguir, igualmente do Tribunal de Justiça do Rio Grande do Sul:

> "Apelação cível. Ação de reintegração de posse. Relação empregatícia anterior. Transmissão da posse. A transmissão da posse se faz com as mesmas características com que é exercida e recebida. Exercida a posse decorrente de relação empregatícia (mera detenção) transmite-se com as mesmas características, não se transmudando a sua natureza, que, em verdade, traduzir-se-ia em mera detenção. Exceção de usucapião improcedente. Compra e venda *a non domino* que não vincula ou obriga aquele em nome do qual encontra-se o imóvel registrado no tombo imobiliário. Posse anterior e esbulho comprovado. Apelação improvida" (TJRS, Processo 70014367254, 19.ª Câmara Cível, Taquari, Juiz Rel. Guinther Spode, 09.05.2006).

Como se pode perceber, o último acórdão traz aplicação do art. 1.198, parágrafo único, do atual Código Civil, pelo qual aquele que começa a se comportar como detentor mantém, em regra, essa característica.

Todavia, deve ficar claro que se estiver presente um comodato ou uma locação da coisa, não haverá detenção, mas posse do empregado, como vem entendendo farta jurisprudência (por todos: STJ, CC 105.134/MG, 2.ª Seção, Rel. Min. Fernando Gonçalves, j. 14.10.2009, *DJE* 05.11.2009; TRT da 7.ª Região, RO 1171-30.2010.5.07.0031, 1.ª Turma, Rel. Des. José Antonio Parente da Silva, *DEJTCE* 08.07.2011, p. 31 e TJSP, Agravo de Instrumento 7304009-2, Acórdão 3926316, 20.ª Câmara de Direito Privado, Botucatu, Rel. Des. Álvaro Torres Junior, j. 22.06.2009, *DJESP* 23.07.2009).

Ainda no tocante aos exemplos de detenção, cumpre colacionar as lições de Orlando Gomes, em obra atualizada por Luiz Edson Fachin, no sentido de que "são servidores da posse, dentre outras pessoas as seguintes: os empregados em geral, os diretores de empresa, os bibliotecários, os viajantes em relação aos mostruários, os menores mesmo quando usam coisas próprias, o soldado, o detento" (*Direitos reais...*, 19. ed., 2004, p. 48).

Esclareça-se que, na *IV Jornada de Direito Civil*, evento promovido pelo Conselho da Justiça Federal e pelo Superior Tribunal de Justiça no ano de 2006, foi aprovado o Enunciado n. 301 do CJF/STJ, prescrevendo que "é possível a conversão da detenção em posse, desde que rompida a subordinação, na hipótese de exercício em nome próprio dos atos possessórios". Ilustrando, se desaparecer o vínculo de dependência de um contrato de trabalho, sendo celebrado diretamente um contrato de locação entre ex-patrão e ex-empregado, não haverá mais mera detenção, mas posse, desdobrada em direta e indireta. Sendo assim, o novo locatário poderá desfrutar de todos os efeitos materiais e processuais decorrentes do novo instituto que surge. Admitindo a referida conversão, da jurisprudência paulista, e com interessante conclusão prática:

> "Ação possessória. Indeferimento da petição inicial sob o fundamento de existência de mera detenção. Possibilidade de conversão da detenção em posse, com o rompimento da subordinação relativa àquela possibilidade da modificação do caráter originário da posse. Fatos afirmados com a inicial que merecem ser melhor examinados sob o crivo do contraditório. Impossibilidade, entretanto, de concessão de liminar. Recurso provido para ser anulada a decisão, a fim de se propiciar o processamento, sem liminar, da ação" (TJSP, Apelação 7170778-3, Acórdão 3468220, 17.ª Câmara de Direito Privado, Piratininga, Rel. Des. Paulo Pastore Filho, j. 28.01.2009, *DJESP* 09.03.2009).

Anda sobre a temática, na *III Jornada de Direito Civil*, evento de 2004, aprovou-se o Enunciado n. 236 do CJF/STJ, preceituando que se considera possuidor, para todos os efeitos legais, também a coletividade desprovida de personalidade jurídica. É o caso, por exemplo, do espólio, da massa falida e da sociedade de fato, que não são pessoas jurídicas, mas entes despersonalizados. Por razões óbvias, também esses entes, além das pessoas naturais e coletivas (pessoas jurídicas), podem ser possuidores.

Para encerrar o tópico, anoto que, no Projeto de Reforma do Código Civil, a Comissão de Juristas sugere ajustes necessários no seu art. 1.198, no tratamento relativo à detenção, consolidando-se na lei a posição hoje considerada majoritária, inclusive nos citados enunciados nas *Jornadas de Direito Civil*.

Conforme ainda a proposição de um § 1º para o comando, "nos termos deste artigo, presume-se permanecer como detentor perante o proprietário, o possuidor e terceiros aquele que desde sempre se comportou como tal, até que ele demonstre, ou contra ele fique demonstrado, ter consigo a coisa em razão de outra causa". Adota-se o conteúdo do Enunciado n. 301, da *IV Jornada de Direito Civil*, com a possibilidade de conversão da detenção em posse pelo encerramento do vínculo de subordinação entre as partes.

Ademais, o art. 1.198 do CC/2002 receberá um § 2º, estabelecendo que "o detentor pode, no interesse do possuidor, exercer a autodefesa do bem que esteja sob o seu poder", o que representa a inclusão na norma jurídica do Enunciado n. 493, da *V Jornada de Direito Civil*, vindo em boa hora em prol da defesa da posse e da própria propriedade como direito fundamental.

Espera-se, portanto, a sua aprovação pelo Parlamento Brasileiro, com vistas a tornar mais efetiva a tutela e a proteção da posse.

2.2 PRINCIPAIS CLASSIFICAÇÕES DA POSSE

A posse admite diversas classificações, o que é fundamental para a compreensão do instituto e de seus efeitos jurídicos. Vejamos tais modalidades, a partir dos mais diversos critérios técnicos, de categorização jurídica.

2.2.1 Classificação quanto à relação pessoa-coisa ou quanto ao desdobramento

Levando-se em conta a relação mantida entre a pessoa e a coisa sobre a qual recai a posse, temos a seguinte classificação:

a) *Posse direta* ou *imediata* – aquela que é exercida por quem tem a coisa materialmente, havendo um poder físico imediato. A título de exemplificação, cite-se a posse exercida pelo locatário, por concessão do locador.

b) *Posse indireta* ou *mediata* – exercida por meio de outra pessoa, havendo mero exercício de direito, geralmente decorrente da propriedade. É o que se verifica em favor do locador, proprietário do bem.

Partindo para outros casos de ilustração, o depositário tem a posse direta e o depositante a posse indireta; o usufrutuário tem a posse direta e o nu-proprietário, a posse indireta; o comodatário tem a posse direta e o comodante, a indireta, e assim sucessivamente.

Enuncia o art. 1.197 do CC/2002 que "a posse direta, de pessoa que tem a coisa em seu poder, temporariamente, em virtude de direito pessoal, ou real, não anula a indireta, de quem aquela foi havida, podendo o possuidor direto defender a sua posse contra o indireto".

O dispositivo trata, portanto, do clássico conceito de *desdobramento ou paralelismo da posse*, e é completado pelo Enunciado n. 76 do CJF/STJ, da *I Jornada de Direito Civil*, pelo qual "o possuidor direto tem direito de defender a sua posse contra o indireto, e este, contra aquele (art. 1.197, *in fine*, do novo Código Civil)".

Observo que o Projeto de Reforma do Código Civil, elaborado pela Comissão de Juristas nomeada no Congresso Nacional, pretende inserir regra nesse sentido no seu art. 1.197, suprindo lacuna hoje existente, na linha do citado enunciado doutrinário. A norma passará a prever que "a posse direta, de pessoa que tem a coisa em seu poder, temporariamente, em virtude de direito pessoal, ou real, não impede o exercício de posse indireta, de quem aquela foi havida, podendo um e outro defendê-la contra quem quer que ponha em risco suas qualidades de possuidor". Com isso, resolve-se uma das principais omissões legislativas verificadas nos mais de vinte anos da codificação privada.

Nesse contexto, tanto o possuidor direto quanto o indireto podem invocar a proteção possessória um contra o outro, e também contra terceiros. A afirmação é mantida integralmente com a emergência do CPC/2015, que pouco inovou no tratamento das ações possessórias. Ilustrando, imagine-se um caso em que, vigente um contrato de locação de imóvel urbano, o locatário viaja e, quando volta, percebe que o imóvel foi invadido pelo próprio proprietário. Aqui, caberá uma ação de reintegração de posse do locatário (possuidor direto) em face do locador (possuidor indireto), pois o contrato ainda estava em vigor e deveria ter sido respeitado.

Em outra hipótese fática, vigente um contrato de locação de imóvel urbano, o locatário não vem pagando regularmente os aluguéis. Diante dessa situação, o locador o procura e ambos fazem um acordo para desocupação voluntária do imóvel em seis meses. Findo esse prazo o locatário ainda continua no imóvel. Pode parecer que, nesse caso, a ação cabível ao locador é a de reintegração de posse.

A conclusão está errada, uma vez que a ação cabível é a de despejo, nos termos do art. 5.º da Lei 8.245/1991. Ademais, segundo o art. 9.º, inc. I, da mesma Lei de Locação, houve mútuo acordo entre os contratantes para a desocupação do imóvel. Trazendo essa conclusão, cumpre transcrever duas ementas de julgados, um de São Paulo e outro do Rio Grande do Sul:

> "Despejo. O acordo para desfazimento da locação estará revelado num distrato, numa rescisão amigável, num documento qualquer que comprove ter a locação terminado mediante concessões recíprocas ou não, mas, sempre, por vontade de ambos os contratantes. No entanto, em havendo o descumprimento da avença, o locador poderá ajuizar ação de despejo, fincando seu pleito no inciso I, do art. 9.º do Estatuto Inquilinário. Recurso improvido" (TJSP, Apelação Cível 772.237-0/1, 35.ª Câmara de Direito Privado, São Paulo, Rel. Mendes Gomes, 27.06.2005, v.u.).

> "Agravo de instrumento. Locação. Acordo descumprido ensejando o despejo compulsório. Possibilidade. Mesmo que os atos processuais não tenham seguido a ordem que a agravada menciona, o fato é que estava inadimplente, realizou o acordo e não cumpriu com o compromisso assumido, confessando, nos autos, que estava em dificuldades financeiras. No ponto, em se tratando de direito disponível das partes, não cabe ao juiz obrigar ao locador aceitar o recebimento de seus locativos em atraso, observando, inclusive, que a contestação culminou por ser intempestiva. Ademais, o fato de o acordo ter sido firmado pelos representantes da empresa locatária não torna nulo o ato, sendo desnecessária a intervenção de advogado, pois pessoas maiores e capazes" (TJRS, Processo 70016109027, 16.ª Câmara Cível, Porto Alegre, Juiz Rel. Paulo Augusto Monte Lopes, 30.08.2006).

No mesmo sentido, tem entendido o Superior Tribunal de Justiça que "a via processual adequada para a retomada, pelo proprietário, da posse direta de imóvel locado é a ação de despejo, na forma do art. 5º da Lei n. 8.245/1991, não servindo para esse propósito o ajuizamento de ação possessória" (STJ, REsp 1.812.987/RJ, 4.ª Turma, Rel. Min. Antonio Carlos Ferreira, j. 27.04.2023, *DJe* 04.05.2023).

Como se nota, é necessário o devido cuidado com a técnica processual, considerando-se as múltiplas demandas possíveis pelo sistema jurídico nacional.

2.2.2 Classificação quanto à presença de vícios

Levando-se em conta critérios objetivos que constam do art. 1.200 do CC/2002, é concebida doutrinariamente a seguinte classificação a respeito da presença de vícios exteriores:

a) *Posse justa* – é a que não apresenta os vícios da violência, da clandestinidade ou da precariedade, sendo uma *posse limpa*.

b) *Posse injusta* – apresenta os referidos vícios, pois foi adquirida por meio de ato de violência, ato clandestino ou de precariedade, nos seguintes termos:

- *Posse violenta* – é a obtida por meio de esbulho, for força física ou violência moral (*vis*). A doutrina tem o costume de associá-la ao crime de roubo. Exemplo: integrantes de um *movimento popular* invadem violentamente, removendo e destruindo obstáculos, uma propriedade rural que está sendo utilizada pelo proprietário, cumprindo a sua função social.

- *Posse clandestina* – é a obtida às escondidas, de forma oculta, à surdina, na *calada da noite* (*clam*). É assemelhada ao crime de furto. Exemplo: integrantes de um *movimento popular* invadem, à noite e sem violência, uma propriedade rural que está sendo utilizada pelo proprietário, cumprindo a sua função social.

- *Posse precária* – é a obtida com abuso de confiança ou de direito (*precario*). Tem forma assemelhada ao crime de estelionato ou à apropriação indébita, sendo também denominada *esbulho pacífico*. Exemplo: locatário de um bem móvel que não devolve o veículo ao final do contrato.

Observe-se que basta a presença de apenas um dos critérios acima para que a posse seja caracterizada como injusta, não havendo exigência de cumulação. Em outras palavras, os vícios são isolados e não cumulativos. Há debate interessante sobre o fato de ser o rol das injustiças ou dos vícios objetivos taxativo (*numerus clausus*) ou exemplificativo (*numerus apertus*).

Encabeçando a primeira corrente, Cristiano Chaves de Farias e Nelson Rosenvald afirmam que não se filiam à tese da relação aberta por duas razões:

> "Primeiro, se fosse concedida tal elasticidade ao conceito de injustiça da posse, a posse justa seria apenas aquela adquirida por relação jurídica de direito real e obrigacional, e aí estaríamos inadvertidamente introduzindo o juízo petitório no possessório, pois só a posse oriunda da propriedade seria passível de tutela, quando, em verdade, há uma autonomia entre posse e a propriedade; segundo, aprofundaríamos o processo de exclusão social ao qualificarmos como posse injusta a corriqueira situação em que inúmeras famílias ocupam imóveis abandonados, nos quais os proprietários recusaram inadimplemento ao princípio constitucional da função social da propriedade" (FARIAS, Cristiano Chaves; ROSENVALD, Nelson. *Curso...*, 2015, v. 5, p. 112).

Em sentido contrário, liderando a segunda corrente, pelo rol exemplificativo, Carlos Roberto Gonçalves sustenta que "o aludido art. 1.200 do Código Civil não esgota, porém, as hipóteses em que a posse é viciosa. Aquele que, pacificamente, ingressa em terreno alheio, sem procurar ocultar a invasão, também pratica esbulho, malgrado a sua conduta não se identifique com nenhum dos três vícios apontados" (GONÇALVES, Carlos Roberto. *Direito...*, 2018, v. 5, p. 87).

Adotando essa forma de pensar, da jurisprudência estadual: "os vícios elencados no artigo 1.200 do Código Civil de 2002 não são os únicos existentes (*numerus clausus*), posto que se trata de rol exemplificativo (*numerus apertus*), tendo em vista que o legislador não seria capaz de elencar todas as possíveis situações eivadas de vícios. O esbulho é o mais grave dos vícios, uma vez que despoja da posse o esbulhado, retirando-lhe, por inteiro, o poder de fato que exercia sobre a coisa, tornando, assim, impossível a continuação do respectivo exercício" (TJCE, Apelação Cível 0670189-12.2000.8.06.0001, 7.ª Câmara Cível, Rel. Des. Francisco Bezerra Cavalcante, *DJCE* 14.05.2013, p. 58).

Entre uma e outra corrente, filio-me à segunda, porque não há limites para os atos de injustiça, muito além do que qualquer tentativa de o legislador tentar fechar a questão no texto legal. Isso dota o instituto da posse de uma maior flexibilidade, sendo certo que os exemplos citados pelos primeiros autores podem ser de convalescimento da injustiça, instituto que ainda será aqui estudado e que depende da análise do caso concreto.

Importante anotar que, no Projeto de Reforma do Código Civil, há proposta de que o critério da precariedade seja substituído pelo abuso de confiança, mais técnico e efetivo. Nesse contexto, o seu art. 1.200 passará a expressar que "é injusta a posse violenta, clandestina ou com abuso de confiança". Segundo a Subcomissão de Direito das Coisas – composto por Marco Aurélio Bezerra de Melo, Marcelo Milagres, Maria Cristina Santiago e Carlos Vieira Fernandes Filho –, "na redação desse artigo, percebe-se o uso indevido da elipse, que é uma figura de linguagem caracterizada por omitir um termo linguístico (palavra ou expressão) no enunciado. Talvez, por uma maior clareza de seu conteúdo normativo, fosse necessária uma nova redação".

Como bem destacaram, portanto, o critério do abuso de confiança, que melhor expressa a situação, já havia sido adotado no Esboço do Código Civil de Teixeira de Freitas, sendo melhor para a prática a proposição que formularam, segundo a Relatoria-Geral e os demais membros da Comissão de Juristas, após amplas discussões e votação entre todos.

Pois bem, a classificação exposta é importante e traz algumas consequências jurídicas que repercutem diretamente na prática.

De início, a posse, mesmo que injusta, ainda é posse e pode ser defendida por ações do juízo possessório, não contra aquele de quem se tirou a coisa, mas sim em face de terceiros. Isso porque a posse somente é viciada em relação a uma determinada pessoa (efeitos *inter partes*), não tendo o vício efeitos contra todos, ou seja, *erga omnes* (VENOSA, Sílvio de Salvo. *Direito civil...*, 2005, p. 78). No mesmo sentido, são as palavras de Francisco Eduardo Loureiro, Desembargador do Tribunal de Justiça de São Paulo:

> "Causa perplexidade o fato de os ocupantes violentos ou clandestinos, porque meros detentores, não terem defesa possessória contra a agressão injusta de terceiros. Como, porém, alerta Nelson Rosenvald, essa é a única hipótese em que o detentor, por não ser mero instrumento da posse de terceiro, tem a tutela possessória contra o ataque injusto de terceiros, que não a vítima, de quem obteve o poder imediato de modo vicioso" (LOUREIRO, Francisco Eduardo. *Código Civil...*, 2007, p. 1.008).

Além disso, segundo a visão clássica, e pelo que consta do art. 1.208, segunda parte, do atual Código Civil, as posses injustas por violência ou clandestinidade podem ser convalidadas, o que não se aplicaria à posse injusta por precariedade. Enuncia a norma em questão que "não induzem posse os atos de mera permissão ou tolerância assim como não autorizam a sua aquisição os atos violentos, ou clandestinos, senão depois de cessar a violência ou a clandestinidade".

O dispositivo acaba quebrando a regra pela qual a posse mantém o mesmo caráter com que foi adquirida, conforme o art. 1.203 do CC/2002, e que consagra o *princípio da continuidade do caráter da posse*. Ato contínuo, reconhece que aqueles que têm posse violenta ou clandestina não têm *posse plena*, para fins jurídicos, sendo meros detentores.

Entendo que tal previsão causa perplexidade, pois acaba negando o conceito de posse injusta, entrando em clara contradição com o art. 1.200 da própria codificação. De toda sorte, sigo a linha que reconhece na posse injusta a existência de posse e não de detenção.

Diante dessa situação jurídica, sempre foi comum afirmar, conciliando-se o art. 1.208 do CC/2002 com o art. 924 do CPC/1973, que, após um ano e um dia do ato de violência ou de clandestinidade, a posse deixaria de ser injusta e passaria a ser justa. Essa posição majoritária deve ser mantida com o vigente CPC, pois o art. 924 do CPC/1973 equivale, sem grandes alterações estruturais, ao art. 558 do CPC/2015.

Apesar desse entendimento, defendido, por exemplo, por Maria Helena Diniz (*Código Civil...*, 2005, p. 948), filio-me à corrente que prega a análise dessa cessação caso a caso, de acordo com a finalidade social da posse (MELO, Marco Aurélio Bezerra de. *Novo Código Civil...*, 2004, v. V, p. 29 e VENOSA, Sílvio. *Código Civil...*, 2003, v. XII, p. 80). Eis mais uma aplicação do *princípio da função social da posse*, pois a categoria em questão está sendo analisada de acordo com o meio que a cerca.

A princípio, imagine-se o caso de invasão de um imóvel em que os ocupantes dão uma destinação à área mais bem qualificada do que os antigos possuidores, entrando em cena a ideia de *melhor posse*, a partir de sua função social. Nesse sentido, entendo que a alteração no caráter da posse pode ocorrer antes de um ano e um dia. Por outra via, imagine-se a hipótese em que a obtenção da posse de um veículo se deu por meio de um homicídio ou um genocídio. Essa posse injusta, na minha opinião doutrinária, nunca poderá ser *curada, no meu entender*.

De qualquer modo, mesmo tendo o CPC/2015 confirmado a divisão das ações de *força nova* e de *força velha*, acredita-se que seja o momento de rever a utilização do parâmetro objetivo processual para que a posse injusta passe a ser justa. Em apertada síntese, a alteração do caráter da posse deve ter como norte a sua função social, e não um mero requisito temporal.

A esse propósito, destaco que formulei proposta para a alteração do art. 1.208 do Código Civil no Projeto de Reforma do Código Civil, para que o dispositivo mencionasse apenas a posse justa, tentando resolver esse dilema. Porém, a Comissão de Juristas resolveu mantê-lo como está, permanecendo no sistema essa profunda divergência. Espero que, eventualmente, o tema seja debatido no Congresso Nacional, quando da tramitação do Anteprojeto que elaboramos.

Feitas tais considerações, a possibilidade de convalidação, pelo que pode ser retirado dos dois dispositivos aqui estudados, não se aplica à posse precária, o que é entendimento majoritário. Explica Carlos Roberto Gonçalves, citando Sílvio Rodrigues, que não há possibilidade de convalescimento do vício da precariedade, pois ela representa um abuso de confiança (*Direito civil...*, 2006, v. V, p. 71). Concluindo desse modo, da jurisprudência:

"Ação de reintegração de posse. Situação jurídica mantida em decorrência de contrato de trabalho, posteriormente rescindido. Posse que passa a ser precária e, portanto, insuscetível de convalidação. Precedentes da jurisprudência. Recurso de apelação conhecido e improvido" (TJSP, Apelação 7134177-0, Acórdão 2666880, 24.ª Câmara de Direito Privado D, Itanhaém, Rel. Des. Maurício Simões de Almeida Botelho Silva, j. 13.06.2008, *DJESP* 04.07.2008).

"Apelação cível. Ação reivindicatória. Requisitos autorizadores. Alegada compra e venda. Comodato comprovado. Recurso não provido. 'O comodato é uma cessão gratuita de uma coisa não fungível e não consumível, a título gratuito e que possui como característica principal a temporariedade, podendo ser efetivado através de contrato escrito ou verbal. A posse dele decorrente é precária, não sendo apta, jamais, à convalidação da propriedade'. (TJSC, Acórdão n. 1999.08070-6, Des. Carlos Prudêncio, *DJ* de 11.09.2001)" (TJSC, Acórdão 2005.010077-6, 1.ª Câmara de Direito Civil, Araranguá, Rel. Des. Carlos Prudêncio, *DJSC* 22.02.2008, p. 102).

Mais uma vez, não me filio a tal entendimento, tido como majoritário e consolidado, eis que caberia a convalidação da posse precária. Isso porque, muitas vezes, o abuso de confiança pode cessar, havendo um acordo entre as partes envolvidas. Marco Aurélio Bezerra de Melo, por exemplo, é doutrinador que reconhece a possibilidade dessa convalidação, na verdade, de modificação do título da posse (*Direito das coisas...*, 2007, p. 50).

Para tanto, entende o Desembargador do Tribunal do Rio de Janeiro pela possibilidade de modificação do título da posse, mesmo havendo precariedade. Essa mudança de estado foi reconhecida na *III Jornada de Direito Civil*, com a aprovação do Enunciado n. 237 do CJF/STJ, de sua autoria, a saber: "é cabível a modificação do título da posse – *interversio possessionis* – na hipótese em que o até então possuidor direto demonstrar ato exterior e inequívoco de oposição ao antigo possuidor indireto, tendo por efeito a caracterização do *animus domini*".

Essa posição, todavia, vale repetir, ainda é minoritária, na atualidade. De toda sorte, cabe uma reflexão. Se o vício da violência é bem mais grave e a posse violenta pode passar a ser justa, por que o efeito da cessação da injustiça não pode atingir a posse precária, vício de menor gravidade? A realidade jurídica atual parece contrariar a lógica do razoável, com o devido respeito.

Em boa hora, o Projeto de Reforma do Código Civil tende a resolver esse dilema, com a inclusão da *interversio possessionis* no parágrafo único do art. 1.203, acolhendo justamente proposição formulada pelo Desembargador Marco Aurélio Bezerra de Melo e incluindo-se na norma o Enunciado n. 237, da *III Jornada de Direito Civil*. De acordo com a proposição, "[haverá modificação da causa da posse quando o] então possuidor direto comprovar ato exterior e inequívoco de oposição ao antigo possuidor indireto". Em prol da segurança jurídica e da esperada estabilidade das relações civis, espera-se a sua aprovação pelo Parlamento Brasileiro.

Superada a controvérsia, atente-se ao fato de que os vícios da violência, da clandestinidade ou da precariedade não influenciam na questão dos frutos, das benfeitorias e das responsabilidades. Para tais questões, leva-se em conta se a posse é de boa-fé ou má-fé, ou seja, critérios subjetivos, que serão analisados a seguir.

Por fim, é importante deixar claro que aquele que tem posse injusta não tem a *posse usucapível* (*ad usucapionem*), ou seja, não pode adquirir a coisa por usucapião. Em termos práticos, interessante trazer à tona julgado do Tribunal de Justiça do Rio Grande do Sul, em que se aplicou tal conclusão:

"Apelação cível. Propriedade de bens imóveis. Ação reivindicatória. Exceção de usucapião especial urbano. Imóvel com dimensão superior a 250 m². Requisitos do art. 183 da Constituição Federal não preenchidos. Mérito. Prova da propriedade do imóvel devidamente produzida pela parte autora. Posse injusta da demandada. Ausência de título capaz de gerar oposição ao título dominial ostentado pelo demandante. Demonstrada a propriedade do imóvel pela parte autora e não havendo justificativa plausível para a posse das demandadas no imóvel, o que faz dela injusta, têm-se como presentes os pressupostos autorizadores da medida reivindicatória. Desatendimento do ônus de provar fato impeditivo, modificativo ou extintivo do direito dos autores, conforme dispõe a regra do inciso II do art. 333 do CPC" (TJRS, Processo 70014945018, 18.ª Câmara Cível, Uruguaiana, Juiz Rel. Pedro Celso Dal Pra, 11.05.2006).

Como será aprofundado a seguir, a posse *ad usucapionem* apresenta claros requisitos, a fim de possibilitar a aquisição do domínio, sendo a *justiça da posse* um desses elementos.

2.2.3 Classificação quanto à boa-fé

Como é notório, a partir das lições de Miguel Reale, a eticidade é um dos princípios do Código Civil de 2002, ao lado da socialidade e da operabilidade, uma vez que a atual codificação valoriza a ética e a boa-fé. No Direito Civil Contemporâneo, a boa-fé pode ser classificada em *subjetiva e objetiva*.

Conforme destacado no Volume 3 desta coleção, a boa-fé, anteriormente, somente era relacionada com a intenção do sujeito de direito. Nesse ponto era conceituada como *boa-fé subjetiva*, eis que mantinha relação direta com a pessoa que ignorava um vício relacionado com uma pessoa, bem ou negócio. Uma aplicação jurídica dessa boa-fé intencional diz respeito ao casamento putativo, aquele que, embora nulo ou anulável, gera efeitos em relação a quem esteja de boa-fé (art. 1.561 do CC/2002).

Entretanto, desde os primórdios do Direito Romano, já se cogitava outra boa-fé, aquela direcionada à conduta das partes, principalmente nas relações negociais e contratuais. Com o surgimento do *jusnaturalismo*, a boa-fé ganhou, no Direito Comparado, uma nova faceta, relacionada com a conduta dos negociantes e denominada como *boa-fé objetiva*. Da subjetivação saltou-se para a objetivação, o que é consolidado pelas codificações privadas europeias. Com essa evolução, alguns códigos da era moderna fazem menção a essa nova faceta da boa-fé, caso do Código Civil português de 1966, do Código Civil italiano de 1942 e do BGB Alemão.

No BGB alemão, por exemplo, está prevista a boa-fé objetiva no parágrafo 242, segundo o qual o devedor está obrigado a cumprir a prestação de acordo com os requisitos de fidelidade e boa-fé, levando em consideração os usos e bons costumes. No Direito Alemão, duas expressões são utilizadas para apontar as modalidades de boa-fé ora expostas. O termo *Guten Glauben* – que quer dizer, literalmente, bom pensamento ou boa crença – denota a boa-fé subjetiva; enquanto *Treu und Glauben* – fidelidade e pensamento ou crença –, a boa-fé objetiva. Ensina Álvaro Villaça Azevedo que o princípio da boa-fé "assegura o acolhimento do que é lícito e a repulsa ao ilícito". As palavras são exatas, eis que aquele que contraria a boa-fé comete abuso de direito, respondendo no campo da responsabilidade civil, conforme previsão do art. 187 da atual codificação (AZEVEDO, Álvaro Villaça. Teoria..., 2002, p. 26).

Por certo é que adotou o Código Civil em vigor o princípio da eticidade, valorizando as condutas guiadas pela boa-fé, principalmente no campo obrigacional. A codificação material privada nacional segue, assim, a sistemática do Código Civil italiano de 1942, que traz a previsão do preceito ético em vários dos seus dispositivos.

Nosso atual Código Civil, ao seguir essa tendência, adota a dimensão concreta da boa-fé, como fazia o Código de Defesa do Consumidor em seu art. 4.º, III, entre outros comandos, segundo o qual "a Política Nacional de Relações de Consumo tem por objetivo o atendimento das necessidades dos consumidores, o respeito à sua dignidade, saúde e segurança, a proteção de seus interesses econômicos, a melhoria da sua qualidade de vida, bem como a transparência e harmonia das relações de consumo, atendidos os seguintes princípios: (...) III – harmonização dos interesses dos participantes das relações de consumo e compatibilização da proteção do consumidor com a necessidade de desenvolvimento econômico e tecnológico, de modo a viabilizar os princípios nos quais se funda a ordem econômica (art. 170, da Constituição Federal), sempre com base na boa-fé e equilíbrio nas relações entre consumidores e fornecedores".

Atente-se que a boa-fé objetiva também foi consagrada em vários dispositivos do Código de Processo Civil de 2015. Nos termos do seu art. 5.º, aquele que de qualquer forma participa do processo deve comportar-se de acordo com a boa-fé. Além disso, há a previsão do *dever de cooperação processual* no seu art. 6.º, eis que "todos os sujeitos do processo devem cooperar entre si para que se obtenha, em tempo razoável, decisão de mérito justa e efetiva". Em continuidade, o art. 10 do CPC/2015 veda as *decisões-surpresas*, enunciando que "o juiz não pode decidir, em grau algum de jurisdição, com base em fundamento a respeito do qual não se tenha dado às partes oportunidade de se manifestar, ainda que se trate de matéria sobre a qual deva decidir de ofício".

Ademais, a boa-fé objetiva processual passa a ser elemento integrador das decisões, devendo o julgador interpretar os fatos conforme a boa-fé, no momento de prolatar o seu convencimento (art. 489, § 3.º, do CPC/2015). Não deixando dúvidas quanto à existência de uma boa-fé objetiva no campo do processo, na *I Jornada de Direito Processual Civil*, promovida pelo Conselho da Justiça Federal em agosto de 2017, aprovou-se enunciado doutrinário segundo o qual "a verificação da violação à boa-fé objetiva dispensa a comprovação do *animus* do sujeito processual" (Enunciado n. 1).

Tornou-se comum afirmar que a boa-fé objetiva, conceituada como sendo exigência de conduta leal dos contratantes, está relacionada com os deveres anexos, que são ínsitos a qualquer negócio jurídico, não havendo sequer a necessidade de previsão no instrumento negocial (MARTINS-COSTA, Judith. *A boa-fé...*, 1999).

A tese dos *deveres anexos, laterais ou secundários* foi muito bem explorada, no Brasil, por Clóvis do Couto e Silva, para quem "os deveres secundários comportam tratamento que abranja toda a relação jurídica. Assim, podem ser examinados durante o curso ou o desenvolvimento da relação jurídica, e, em certos casos, posteriormente ao adimplemento da obrigação principal. Consistem em indicações, atos de proteção, como o dever de afastar danos, atos de vigilância, da guarda de cooperação, de assistência" (A obrigação..., 1976, p. 113).

O doutrinador gaúcho sustenta que o contrato e a obrigação trazem um *processo de colaboração* entre as partes decorrente desses deveres anexos ou secundários, que devem ser respeitados pelas partes em todo o curso obrigacional, ou seja, em todas as fases pelas quais passa o contrato. Para chegar a tais conclusões, o jurista teve como base a doutrina alemã, especial de Hermann Staub e Karl Larenz.

A quebra desses deveres anexos gera a violação positiva do contrato, com responsabilização civil daquele que desrespeita a boa-fé objetiva. Isso pode ser evidenciado pelo teor do Enunciado n. 24 do CJF/STJ, aprovado na *I Jornada de Direito Civil*, do ano de 2002, com o seguinte teor: "em virtude do princípio da boa-fé, positivado no art. 422 do novo Código Civil, a violação dos deveres anexos constitui espécie de inadimplemento, independentemente de culpa".

A violação positiva do contrato, com aplicação a todas as fases contratuais, vem sendo reconhecida pela doutrina contemporânea, como nova modalidade de inadimplemento obrigacional. Essa responsabilização independentemente de culpa está amparada igualmente pelo teor do Enunciado n. 363 do CJF/STJ, da *IV Jornada de Direito Civil*, segundo o qual: "os princípios da probidade e da confiança são de ordem pública, sendo obrigação da parte lesada apenas demonstrar a existência da violação".

Fazendo outra breve anotação processual, acreditamos que a violação positiva não só pode, como deve ser aplicada ao âmbito do processo, vedando-se o abuso do direito processual, afirmação que ganha força diante dos comandos do CPC/2015 aqui antes mencionados.

Pois bem, como deveres anexos, utilizando os ensinamentos da Professora Judith Martins-Costa e de Clóvis do Couto e Silva, podem ser citados, entre outros:

a) o dever de cuidado em relação à outra parte negocial;

b) o dever de respeito;

c) o dever de informar a outra parte quanto ao conteúdo do negócio;

d) o dever de agir conforme a confiança depositada;

e) o dever de lealdade e probidade;

f) o dever de colaboração ou cooperação;

g) o dever de agir conforme a razoabilidade, a equidade e a boa razão.

Feitas tais ponderações a respeito da *boa-fé objetiva*, um dos exemplos em que estará presente a *boa-fé subjetiva* refere-se à posse, particularmente ao que consta do art. 1.201 do CC/2002, dispositivo que merece redação destacada para maiores aprofundamentos:

> "Art. 1.201. É de boa-fé a posse, se o possuidor ignora o vício, ou o obstáculo que impede a aquisição da coisa.
>
> Parágrafo único. O possuidor com justo título tem por si a presunção de boa-fé, salvo prova em contrário, ou quando a lei expressamente não admite esta presunção".

Pelo que consta desse importante dispositivo legal, primeiramente, o possuidor de boa-fé é aquele que ignora os vícios que inquinam sua posse. Esses vícios podem ser os da violência, os da clandestinidade ou os da precariedade, mas não necessariamente, ou seja, os vícios estão presentes, mas são por ele desconhecidos. Daí, sua ausência de consciência significar boa-fé subjetiva. Menezes Cordeiro afirma, ao analisar o art. 1.260/1 do CC português, que haverá boa-fé subjetiva quando o possuidor, ao adquirir ou constituir a posse, ignora que está lesando o direito de outrem (*Da boa-fé...*, 2001, p. 415). A título de ilustração, se o possuidor está ciente da violência que atinge a posse, pois ele, utilizando-se de força física, desapossou o dono do imóvel, haverá um possuidor de má-fé, eis que tem consciência da situação de fato que foi criada.

Pontue-se que os efeitos da ausência ou não de consciência dos vícios subjetivos da posse serão diversos dos vícios objetivos porque o possuidor de boa-fé terá direito à indenização pelas benfeitorias úteis e necessárias, inclusive com direito de retenção, e o possuidor de má-fé apenas terá direito à indenização, mas não à retenção, pelas benfeitorias necessárias.

Nesse contexto, dispõe o art. 1.219 do Código Civil Brasileiro que o possuidor de boa-fé tem direito à indenização das benfeitorias necessárias e úteis, bem como, quanto às voluptuárias, se não lhe forem pagas, a levantá-las, quando o puder sem detrimento da coisa, e poderá exercer o direito de retenção pelo valor das benfeitorias necessárias e úteis. O dispositivo ainda será aprofundado neste capítulo.

Ademais, haverá posse de boa-fé havendo um justo título que a fundamente, o que conduz a uma presunção relativa ou *iuris tantum,* nos termos do art. 1.201, parágrafo único, do CC/2002. É o caso, por exemplo, do contrato que fundamenta a posse do locatário ou do comodatário. Com relação a esse justo título, na *IV Jornada de Direito Civil*, aprovou-se o Enunciado n. 302 do CJF/STJ, prescrevendo que "pode ser considerado justo título para a posse de boa-fé o ato jurídico capaz de transmitir a posse *ad usucapionem*, observado o disposto no art. 113 do CC". O exemplo de título é o compromisso de compra e venda, registrado ou não na matrícula do imóvel, devendo ser observada a boa-fé objetiva, prevista no art. 113, *caput,* do CC/2002.

Eis aqui um primeiro caso de aplicação da boa-fé objetiva ao Direito das Coisas, como antes foi invocado, uma vez que o art. 113 do CC/2002 consagra *a função de interpretação da boa-fé objetiva*. O reconhecimento da boa-fé subjetiva em matéria possessória não obsta que a boa-fé objetiva seja aplicada em outros campos do Direito das Coisas.

Também na *IV Jornada de Direito Civil*, foi aprovado o Enunciado n. 303 do CJF/STJ, pelo qual "considera-se justo título, para a presunção relativa da boa-fé do possuidor, o justo motivo que lhe autoriza a aquisição derivada da posse, esteja ou não materializado em instrumento público ou particular. Compreensão na perspectiva da função social da posse".

Em suma, o último enunciado doutrinário está estabelecendo que a função social da posse, antes estudada, é fator decisivo para a determinação da posse de boa-fé e da caracterização do justo título. Sendo assim, a existência de instrumento, seja público ou particular, não é fator essencial. O tecnicismo e o formalismo exagerado são substituídos pela *funcionalização do instituto da posse*.

Por tudo o que aqui foi exposto, no tocante à boa-fé subjetiva – ou quanto à existência ou não de vícios subjetivos, como querem alguns –, a posse pode ser classificada da seguinte forma:

a) *Posse de boa-fé* – presente quando o possuidor ignora os vícios ou os obstáculos que lhe impedem a aquisição da coisa ou do direito possuído ou, ainda, quando tem um justo título que fundamente a sua posse. Orlando Gomes a divide em *posse de boa-fé real* quando "a convicção do possuidor se apoia em elementos objetivos tão evidentes que nenhuma dúvida pode ser suscitada quanto à legitimidade de sua aquisição" e *posse de boa-fé presumida* "quando o possuidor tem o justo título" (*Direitos reais...,* 2004, p. 54).

b) *Posse de má-fé* – situação em que alguém sabe do vício que acomete a coisa, mas mesmo assim pretende exercer o domínio fático sobre esta. Neste caso, o possuidor nunca possui um justo título. De qualquer modo, ainda que de má-fé, esse possuidor não perde o direito de ajuizar a ação possessória competente para proteger-se de um ataque de terceiro.

Observe-se que a classificação ora apontada não se confunde com a última classificação estudada (quanto aos vícios objetivos). Isso porque na análise dos vícios previstos no art. 1.200 do CC/2002 são levados em conta *critérios objetivos*. Ao contrário, na presente classificação, são levados em conta *critérios subjetivos*, pois a boa-fé que entra em cena, como regra, é a *subjetiva*, que está no plano da intenção, da crença dos envolvidos.

Em outras palavras, esclarece Orlando Gomes que "não há coincidência necessária entre a posse justa e a posse de boa-fé. À primeira vista, toda posse justa deveria ser de boa-fé e toda posse de boa-fé deveria ser justa. Mas a transmissão dos vícios de aquisição permite que um possuidor de boa-fé tenha posse injusta, se a adquiriu de quem a obteve pela violência, pela clandestinidade ou pela precariedade, ignorante da ocorrência; *nemo sibi causam possessionis mutare potest*. Também é possível que alguém possua de má-fé, embora não tenha posse violenta, clandestina ou precária" (*Direitos reais...*, 2004, p. 55).

O exemplo clássico daquele que tem *posse injusta,* mas de *boa-fé* ocorre no caso de compra de um bem roubado, sem que se saiba que o bem foi retirado de outrem com violência. Por outro lado, terá *posse justa*, mas de *má-fé*, o locatário que pretende adquirir o bem por usucapião, na vigência do contrato.

A encerrar, quanto aos efeitos, as posses confrontadas também não se confundem. Para terminar posse justa e a injusta geram efeitos quanto às ações possessórias e quanto à usucapião. A posse de boa e a de má-fé, como se verá, geram efeitos quanto aos frutos, às benfeitorias e às responsabilidades dos envolvidos, com a devida análise do caso concreto.

2.2.4   Classificação quanto à presença de título

De imediato deve ser esclarecido o sentido da expressão *título,* que será utilizada na presente classificação. Ensina Caio Mário da Silva Pereira, ao estudar a posse com justo título, que "a palavra *título*, que, na linguagem vulgar, como na especializada, usa-se em variadas acepções, aqui, e para os efeitos mencionados, traz o sentido de causa ou de elemento criador da relação jurídica" (*Instituições...*, 2004, v. IV, p. 31). Esse é o sentido que será utilizado na presente obra, havendo no título uma *causa representativa*, documentada ou não.

Esclarecida mais essa questão técnica e metodológica, a posse, quanto à presença de título, pode ser assim classificada:

a)   *Posse com título* – situação em que há uma *causa representativa* da transmissão da posse, caso de um documento escrito, como ocorre na vigência de um contrato de locação ou de comodato, por exemplo.

b)   *Posse sem título* – situação em que não há uma *causa representativa*, pelo menos aparente, da transmissão do domínio fático. A título de exemplo, pode ser citada a situação em que alguém acha um tesouro, depósito de coisas preciosas, sem a intenção de fazê-lo. Nesse caso, a posse é qualificada como um *ato-fato jurídico*, pois não há uma vontade juridicamente relevante para que exista um ato jurídico.

Mantendo relação com a classificação acima, surgem os conceitos de *ius possidendi* e *ius possessionis*. A partir das lições de Washington de Barros Monteiro, o *ius possidendi* é o direito à posse que decorre de propriedade; enquanto o *ius possessionis* é o direito que decorre exclusivamente da posse (*Curso...*, 2003, v. 3, p. 32). Fazendo o paralelo, pode-se afirmar que no *ius possidendi* há uma posse com título, estribada na propriedade. No *ius possessionis* há uma posse sem título, que existe por si só. O esquema a seguir demonstra, em resumo, tais conceitos:

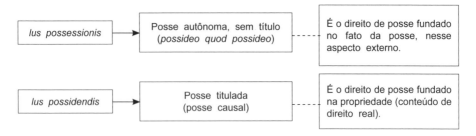

Ainda é interessante apontar que alguns autores falam em *posse natural* no caso de posse sem título e em *posse civil ou jurídica* se ela estiver estribada em título determinado (GONÇALVES, Carlos Roberto. *Direito civil...*, 2006, v. 5, p. 83).

2.2.5 Classificação quanto ao tempo

A classificação da posse a despeito do tempo é fundamental para a questão processual relativa às ações possessórias, a saber:

a) *Posse nova* – é a que conta com menos de um ano e um dia, ou seja, é aquela com até um ano.

b) *Posse velha* – é a que conta *com pelo menos* um ano e um dia, ou seja, com um ano e um dia ou mais.

Esclareça-se que se segue a doutrina de Maria Helena Diniz e Carlos Roberto Gonçalves, que entendem que a posse que tem um ano e um dia é velha (DINIZ, Maria Helena. *Código Civil...*, 2010, p. 828-829; GONÇALVES, Carlos Roberto. *Direito civil...*, 2010, v. 5, p. 101).

Relativamente aos critérios temporais, parte da doutrina aponta que tais prazos têm origem nos costumes, principalmente nos períodos de colheitas. Todavia, a origem desses parâmetros é obscura (MONTEIRO, Washington de Barros. *Curso...*, 2003, v. 3, p. 32).

O Código Civil de 1916 trazia regras relativas a esses prazos. Primeiramente, previa o seu art. 507 que: "Na posse de menos de ano e dia, nenhum possuidor será manutenido, ou reintegrado judicialmente, senão contra os que não tiverem melhor posse. Parágrafo único. Entende-se melhor a posse que se fundar em justo título; na falta de título, ou sendo os títulos iguais, a mais antiga; se da mesma data, a posse atual. Mas, se todas forem duvidosas, será sequestrada a coisa, enquanto se não apurar a quem toque". Além desse comando, estabelecia o art. 523 do CC/1916 que "As ações de manutenção e as de esbulho serão sumárias, quando intentadas dentro em ano e dia da turbação ou esbulho; e passado esse prazo, ordinárias, não perdendo, contudo, o caráter possessório. Parágrafo único. O prazo de ano e dia não corre enquanto o possuidor defende a posse, restabelecendo a situação de fato anterior à turbação, ou ao esbulho".

Os dispositivos não foram reproduzidos pelo Código Civil de 2002, razão pela qual se deve entender que os seus conteúdos encontram-se revogados, sem mais aplicação. Sendo assim, em relação aos efeitos jurídicos da classificação da posse quanto ao tempo, a matéria ficou consolidada no art. 924 do Código de Processo Civil de 1973, pelo qual: "regem o procedimento de manutenção e de reintegração de posse as normas da seção seguinte, quando intentado dentro de ano e dia da turbação ou do esbulho; passado esse prazo, será ordinário, não perdendo, contudo, o caráter possessório".

Repise-se que, sem grandes alterações estruturais, o dispositivo foi repetido pelo art. 558 do CPC/2015, *in verbis*: "Regem o procedimento de manutenção e de reintegração de posse as normas da Seção II deste Capítulo quando a ação for proposta dentro de ano e dia da turbação ou do esbulho afirmado na petição inicial. Parágrafo único. Passado o prazo referido no *caput*, será comum o procedimento, não perdendo, contudo, o caráter possessório".

As decorrências processuais dessas consolidações serão aprofundadas mais à frente nesta obra.

2.2.6 Classificação quanto aos efeitos

Para terminar o estudo da classificação da posse, no que concerne aos efeitos jurídicos, surgem os seguintes conceitos:

a) *Posse ad interdicta* – constituindo regra geral, é a posse que pode ser defendida pelas ações possessórias diretas ou interditos possessórios. A título de exemplo, tanto o locador quanto o locatário podem defender a posse de uma turbação ou esbulho praticado por um terceiro. Essa posse não conduz à usucapião.

b) *Posse ad usucapionem* – exceção à regra, é a que se prolonga por determinado lapso de tempo previsto na lei, admitindo-se a aquisição da propriedade pela usucapião, desde que obedecidos os parâmetros legais. Em outras palavras, é aquela posse com *olhos à usucapião (posse usucapível)*, pela presença dos seus elementos, que serão estudados oportunamente. A posse *ad usucapionem* deve ser mansa, pacífica, duradoura por lapso temporal previsto em lei, ininterrupta e com intenção de dono (*animus domini* – conceito de Savigny). Além disso, em regra, deve ter os requisitos do justo título e da boa-fé.

Os aprofundamentos dessas modalidades possessórias já adentram no tema dos efeitos da posse, que são estudados a seguir.

2.3 EFEITOS MATERIAIS DA POSSE

O Código Civil de 2002, entre os seus arts. 1.210 a 1.222, traz regras quanto aos efeitos da posse (Capítulo III, Título I, Livro III). Esses preceitos têm caráter material e processual e estão aqui abordados de forma pontual. Começa-se com as regras materiais, relativas aos frutos, às benfeitorias, às responsabilidades e à usucapião.

2.3.1 A percepção dos frutos e suas consequências

Os frutos são estudados como bens acessórios na Parte Geral do Código Civil, sendo conceituados como bens que saem do principal, ou seja, que dele se destacam, sem diminuir a sua quantidade.

Os frutos, quanto à origem, podem ser assim classificados:

– *Frutos naturais* – são aqueles decorrentes da essência da coisa principal como, por exemplo, as frutas produzidas por uma árvore.

– *Frutos industriais* – são os que se originam de uma atividade humana, caso de um material produzido por uma fábrica.

– *Frutos civis* – são os que têm origem em uma relação jurídica ou econômica, de natureza privada, sendo também denominados *rendimentos*. É o caso, por exemplo, dos valores decorrentes do aluguel de um imóvel, de juros de capital, de dividendos de ações.

Relativamente ao estado em que eventualmente se encontrarem, os frutos podem ser classificados da seguinte forma, o que remonta a Clóvis Beviláqua:

– *Frutos pendentes* – são aqueles que estão ligados à coisa principal, e que não foram colhidos. Exemplo: maçãs que ainda estão presas à macieira.
– *Frutos percebidos* – são os já colhidos do principal e separados. Exemplo: maçãs que foram colhidas pelo produtor.
– *Frutos estantes* – são os frutos que foram colhidos e encontram-se armazenados. Exemplo: maçãs colhidas e colocadas em caixas em um armazém.
– *Frutos percipiendos* – são os que deveriam ter sido colhidos, mas não foram. Exemplo: maçãs maduras que deveriam ter sido colhidas e que estão apodrecendo.
– *Frutos consumidos* – são os que foram colhidos e não existem mais. São as maçãs que foram colhidas pelo produtor e vendidas a terceiros.

Em termos gerais, enuncia o art. 95 do CC/2002 que, apesar de ainda não separados do bem principal, os frutos e produtos podem ser objeto de negócio jurídico. De qualquer modo é importante relembrar que os frutos não se confundem com os produtos, pois enquanto os frutos não geram a diminuição do principal, isso não ocorre com os produtos.

No que interessa aos efeitos da posse, para a análise do direito aos frutos é fundamental que a posse seja configurada como de boa ou má-fé.

De início, estatui o art. 1.214 do CC/2002 que o possuidor de boa-fé tem direito, enquanto ela durar, aos frutos percebidos. Complementando, determina o parágrafo único desse comando legal que os frutos pendentes ao tempo em que cessar a boa-fé devem ser restituídos, depois de deduzidas as despesas da produção e custeio. Devem ser também restituídos os frutos colhidos com antecipação.

A título de concreção, um locatário está em um imóvel urbano e, no fundo deste, há uma mangueira. Enquanto vigente o contrato, o locatário, possuidor de boa-fé amparado pelo justo título, terá direito às mangas colhidas, ou seja, percebidas. Se o contrato for extinto quando as mangas ainda estiverem verdes (frutos pendentes), não poderão ser colhidas, pois são do locador proprietário. Se colhidas ainda verdes, devem ser devolvidas ao último, sem prejuízo de eventuais perdas e danos que couberem por este *mau colhimento*.

Enuncia o art. 1.215 do CC/2002 que os frutos naturais e industriais reputam-se colhidos e percebidos, logo que são separados. Por outro turno, os frutos civis reputam-se percebidos dia por dia. Ilustrando, a manga é tida como colhida quando separada da mangueira. Por outro lado, os juros são percebidos nos exatos vencimentos dos rendimentos, como é comum em cadernetas de poupança.

No que concerne ao possuidor de má-fé, nos termos do art. 1.216 do CC/2002, responde ele por todos os frutos colhidos e percebidos, bem como pelos que, por culpa sua, deixou de perceber, desde o momento em que se constituiu de má-fé. Todavia, esse possuidor tem direito às despesas da produção e de custeio. A título de exemplo, se um invasor de um imóvel colhe as mangas da mangueira do terreno, deverá indenizá-las, mas será ressarcido pelas despesas realizadas com a colheita.

Por outra via, se deixaram de ser colhidas e, em razão disso, vieram a apodrecer, o possuidor também será responsabilizado. Para fins de determinação dessa responsabilidade, aplica-se o *princípio da reparação integral dos danos*, o que inclui os danos materiais (danos emergentes e lucros cessantes – arts. 402 a 404 do CC) e os danos extrapatrimoniais, caso dos danos morais, se presentes.

A encerrar a análise dos efeitos relativos aos frutos, surge a indagação: esse regime também se aplica aos produtos? Na doutrina clássica Orlando Gomes sustenta que não, pois quanto aos produtos há um dever de restituição mesmo quanto ao possuidor de boa--fé. Ademais, se a restituição se tornou impossível, o possuidor deverá indenizar a outra parte por perdas e danos e "por motivo de equidade, a indenização deve corresponder ao proveito real que o possuidor obteve com a alienação dos produtos da coisa" (*Direitos reais...*, 2004, p. 82). Na doutrina contemporânea, Francisco Eduardo Loureiro também responde negativamente (*Código Civil...*, 2007, p. 1.021).

Parecem ter razão os doutrinadores. Isso porque os produtos, quando retirados, desfalcam a substância do principal. Assim sendo, a aplicação do regime dos frutos para os produtos poderia gerar uma perda substancial da coisa possuída, o que não pode ser admitido.

Com essa correta conclusão, quanto aos produtos, eventuais conflitos devem ser resolvidos com as regras que vedam o enriquecimento sem causa. De imediato, aquele que, sem justa causa, se enriquecer à custa de outrem, será obrigado a restituir o indevidamente auferido, feita a atualização dos valores monetários. Se o enriquecimento tiver por objeto coisa determinada, quem a recebeu é obrigado a restituí-la, e, se a coisa não mais subsistir, a restituição se fará pelo valor do bem na época em que foi exigido (art. 884 do CC).

A restituição é devida, não só quando não tenha havido causa que justifique o enriquecimento, mas também se esta deixou de existir (art. 885 do CC). Por fim, não caberá a restituição por enriquecimento se a lei conferir ao lesado outros meios para se ressarcir do prejuízo sofrido (art. 886 do CC). Pela última regra, o caminho pode ser a indenização das perdas e danos, aplicando-se o *princípio da reparação integral dos danos*, retirado do art. 944, *caput*, do CC, pelo qual a indenização mede-se pela extensão do dano.

2.3.2 A indenização e a retenção das benfeitorias

As benfeitorias são bens acessórios introduzidos em um bem móvel ou imóvel, visando a sua conservação ou melhora da sua utilidade. Enquanto os frutos e produtos decorrem do bem principal, as benfeitorias são nele introduzidas. É fundamental aqui relembrar a antiga classificação das benfeitorias, que remonta ao Direito Romano, e que consta do art. 96 do CC/2002:

a) *Benfeitorias necessárias* – sendo essenciais ao bem principal, são as que têm por fim conservar ou evitar que o bem se deteriore. Exemplo: a reforma do telhado de uma casa.

b) *Benfeitorias úteis* – são as que aumentam ou facilitam o uso da coisa, tornando-a mais útil. Exemplo: instalação de uma grade na janela de uma casa.

c) *Benfeitorias voluptuárias* – são as de mero deleite, de mero luxo, que não facilitam a utilidade da coisa, mas apenas tornam mais agradável o seu uso. Exemplo: construção de uma piscina em uma casa.

A classificação das benfeitorias pode variar conforme a destinação ou a localização do bem principal, principalmente se forem relacionadas com bens imóveis. A título de exemplo, uma piscina na casa de alguém é, em regra, benfeitoria voluptuária. Por outra via, a piscina na escola de natação é benfeitoria necessária. Uma grade em uma janela em um bairro violento de São Paulo é benfeitoria necessária; em uma pacata cidade do interior mineiro é benfeitoria útil.

Não se podem confundir as benfeitorias com as acessões, nos termos do art. 97 do CC/2002, que são as incorporações introduzidas em outro bem, imóvel, pelo proprietário, possuidor e detentor.

As benfeitorias por igual não se confundem com as pertenças, que são bens destinados a servir outro bem principal, por vontade ou trabalho intelectual do proprietário. Com efeito, prevê o art. 93 do CC/2002 inovação importante, que "são pertenças os bens que, não constituindo partes integrantes, se destinam, de modo duradouro, ao uso, ao serviço ou ao aformoseamento de outro". Ensina Maria Helena Diniz que as *pertenças* "são bens acessórios destinados, de modo duradouro, a conservar ou facilitar o uso ou prestar serviço ou, ainda, a servir de adorno ao bem principal, sem ser parte integrante. Apesar de acessórios, conservam sua individualidade e autonomia, tendo apenas como principal uma subordinação econômico-jurídica, pois sem haver qualquer incorporação vinculam-se ao principal para que atinja suas finalidades. São pertenças todos os bens móveis que o proprietário, intencionalmente, empregar na exploração industrial de um imóvel, no seu aformoseamento ou na sua comodidade" (DINIZ, Maria Helena. *Novo Código Civil...*, 2003, p. 103). Vale lembrar, em complemento, que as pertenças, em regra, não seguem o bem principal, conforme determina a primeira parte do art. 94 do Código Civil.

Nesse sentido, pode-se afirmar que o que diferencia as benfeitorias das pertenças é que as primeiras são introduzidas por quem não é o proprietário, enquanto as últimas por aquele que tem o domínio. Tanto isso é verdade, a título de ilustração, que a Lei de Locação (Lei 8.245/1991) não trata das pertenças, apenas das benfeitorias quanto aos efeitos para o locatário (arts. 35 e 36). Aqui, o fundamental é apontar a relação de efeitos entre a posse e o instituto das benfeitorias. Vejamos.

Enuncia o art. 1.219 do CC/2002 que o possuidor de boa-fé tem direito à indenização das benfeitorias necessárias e úteis, bem como, quanto às voluptuárias, se não lhe forem pagas, a levantá-las, quando o puder sem detrimento da coisa. Além disso, poderá exercer o direito de retenção pelo valor das benfeitorias necessárias e úteis.

O dispositivo traz três consequências jurídicas muito claras, que devem ser aprofundadas.

A primeira delas é que o possuidor de boa-fé tem direito à indenização por benfeitorias necessárias e úteis. Será exposto o exemplo do comodatário, pois o locatário de imóvel urbano tem tratamento específico na Lei 8.245/1991 que ainda será analisado. Vigente um empréstimo de um imóvel, bem infungível ou insubstituível, o comodatário terá direito de indenização pela reforma do telhado (benfeitoria necessária) e pela grade da janela (benfeitoria útil).

Como segunda consequência, o possuidor de boa-fé não indenizado tem direito à retenção dessas benfeitorias (necessárias e úteis), o *ius retentionis*, que persiste até que receba o que lhe é devido. Tanto essa regra quanto a anterior estão inspiradas no princípio que veda o enriquecimento sem causa, o que é disciplinado pelo Código Civil de 2002, nos já transcritos arts. 884 a 886 (GOMES, Orlando. *Direitos reais...*, 2004, p. 85 – trecho atualizado por Luiz Edson Fachin).

A terceira consequência se refere às benfeitorias voluptuárias, aquelas de mero luxo ou deleite. Nos termos do art. 1.219 do Código Privado, o possuidor de boa-fé tem direito ao seu levantamento, se não forem pagas, desde que isso não gere prejuízo à coisa. Trata-se do *direito de tolher*, ou *ius tollendi*.

Para ilustrar, vigente o empréstimo de um imóvel, se o comodatário introduziu um telhado na churrasqueira, que pode ser removido, não sendo essa benfeitoria paga, poderá levá-la embora, pois a retirada não desvaloriza o imóvel. O mesmo raciocínio não vale para uma piscina construída no imóvel, pois a sua retirada gerará um prejuízo ao principal. Somente as piscinas removíveis podem ser retiradas, como aquelas de plástico para brincadeira das crianças. Seguindo essa linha, da jurisprudência, no tocante às três consequências e ao comodato:

> "Processual civil e civil. Reintegração de posse. Comodato verbal. Notificação para desocupação. Descumprimento. Esbulho. Configuração. Procedência do pedido. Benfeitorias. Indenização devida. Direito de retenção. Sentença mantida. Recurso conhecido e não provido. É possível a resilição do contrato de comodato, por tempo indeterminado, em caso de desinteresse do comodante na sua continuidade, sendo que o descumprimento do prazo indicado na notificação de desocupação do imóvel consubstancia esbulho possessório, autorizando o manejo da ação de reintegração de posse. É devida a indenização pelas benfeitorias úteis e necessárias que edificar o comodatário de boa-fé, podendo sobre elas exercer o direito de retenção. Recurso conhecido e provido" (TJMG, Apelação Cível 1.0137.06.000354-8/0031, 17.ª Câmara Cível, Carlos Chagas, Rel. Des. Márcia de Paoli Balbino, j. 27.11.2008, *DJEMG* 09.01.2009).

> "Comodato. Benfeitorias necessárias. Indenização e direito de retenção assegurados diante da boa-fé da comodatária. Aluguéis devidos desde o esbulho aos comodantes. Recurso parcialmente provido" (TJSP, Apelação 7083646-9, Acórdão 3405745, 15.ª Câmara de Direito Privado, São Paulo, Rel. Des. Hamid Charaf Bdine Junior, j. 16.12.2008, *DJESP* 13.01.2009).

No tocante à locação de imóvel urbano, como outrora assinalado, há regras específicas relativas às benfeitorias previstas nos arts. 35 e 36 da Lei 8.245/1991.

Prescreve o art. 35 da Lei de Locação que, salvo expressa disposição em contrário, as benfeitorias necessárias introduzidas pelo locatário, ainda que não autorizadas pelo locador, bem como as úteis, estas desde que autorizadas, são indenizáveis e permitem o direito de retenção. Já as benfeitorias voluptuárias não são indenizáveis, podendo ser levantadas pelo locatário, finda a locação, desde que a sua retirada não afete a estrutura e a substância do imóvel (art. 36 da Lei 8.245/1991).

Percebe-se que a primeira regra quanto ao locatório é de ordem privada, pois tal disposição pode ser deliberada de modo diverso no contrato de locação, renunciando o locatário a tais benfeitorias, segundo previsão do próprio art. 35 da Lei 8.245/1991. A propósito, determina o Enunciado n. 15 do extinto 2.º TAC/SP que "é dispensável prova sobre benfeitorias se há cláusula contratual em que o locatário renunciou ao respectivo direito de retenção ou de indenização".

De data mais recente, do ano de 2007, a Súmula 335 do Superior Tribunal de Justiça reconhece a possibilidade de renúncia a tais benfeitorias na locação: "nos contratos de locação, é válida a cláusula de renúncia à indenização das benfeitorias e ao direito de retenção".

Entretanto, como exposto no Volume 3 dessa coleção (Capítulo 10), assumindo o contrato de locação a forma de contrato de adesão, deve-se entender que não terá validade a cláusula de renúncia às benfeitorias pela previsão do art. 424 do CC/2002, de aplicação subsidiária ao negócio jurídico em análise. É fundamental relembrar que, pelo último dispositivo citado do Código Civil, será nula, no contrato de adesão, qualquer cláusula que implica renúncia prévia do aderente a direito resultante da natureza do negócio.

Analisando a questão sob o prisma do art. 35 da Lei de Locação, deve-se compreender que será nula a cláusula de renúncia às benfeitorias necessárias no contrato de locação de adesão, pois o próprio comando legal reconhece como direito inerente ao locatário-aderente a possibilidade de ser indenizado ou reter as benfeitorias necessárias – mesmo as não autorizadas –, bem como as úteis autorizadas. Fazendo *diálogo* com o Código de Defesa do Consumidor, sob a orientação da *teoria do diálogo das fontes*, constata-se que o seu art. 51, inc. XVI, consagra a nulidade absoluta de cláusulas que preveem a renúncia às benfeitorias necessárias.

Em reforço, repise-se que o locatário é possuidor de boa-fé, tendo direito de retenção ou de ser indenizado pelas benfeitorias necessárias e úteis. Como se pode perceber, há uma hipótese em que a parte está renunciando a um direito que lhe é inerente, o que pode motivar a nulidade da cláusula. Adotando tais premissas, na *V Jornada de Direito Civil*, evento de 2011, aprovou-se o Enunciado n. 433 do CJF/STJ, a saber: "a cláusula de renúncia antecipada ao direito de indenização e retenção por benfeitorias necessárias é nula em contrato de locação de imóvel urbano feito nos moldes do contrato de adesão".

Um argumento contrário ao que está sendo defendido poderia sustentar que uma norma geral constante do Código Civil (art. 424) não pode sobrepor-se a uma norma especial prevista em *microssistema jurídico* próprio, aplicável às relações locatícias que têm como objeto imóveis urbanos (art. 35 da Lei 8.245/1991). Para tanto, poderia ser até invocado o art. 2.036 do CC/2002, que traz a regra pela qual a lei específica em questão continua sendo aplicável às locações de imóvel urbano.

A questão, contudo, não é tão simples assim. Na realidade, o art. 424 do CC/2002 é norma especial, *especialíssima*, com maior grau de especialidade que o art. 35 da Lei de Locação. Isso porque o comando legal em questão é aplicável aos contratos de locação que assumem a forma de adesão, modalidade especial de contratação dentro desses contratos de locação. Portanto, deverá prevalecer o que consta no Código Civil atual.

De fato, o Código Civil, em si, é norma geral, mas está repleto de normas gerais e especiais. Entre essas últimas, estão os comandos legais previstos para os contratos de adesão, quais sejam os arts. 423 e 424. No que concerne ao art. 2.036 do CC/2002, este somente impede a aplicação das normas previstas no atual Código Civil (arts. 565 a 578) em relação à locação de imóveis urbanos.

De todo modo, cabe ressaltar que a tese aqui desenvolvida tem grande prestígio doutrinário, representado pelo enunciado aprovado em *Jornada de Direito Civil*, mas nenhuma adesão jurisprudencial, prevalecendo o teor da Súmula 335 do STJ e sem nenhuma ressalva. A demonstrar o amparo do entendimento contrário ao que ora defendemos, do Tribunal Gaúcho:

> "Presença de cláusula de renúncia ao direito de retenção ou indenização por benfeitorias no contrato de locação. Incidência do artigo 35, da Lei de locações e da Súmula n.º 335, do Superior Tribunal de Justiça. Alegação de contrato de adesão e renúncia antecipada de direito. Nulidade inocorrente. Apelação desprovida" (TJRS, Apelação Cível 0156604-57.2015.8.21.7000, 15.ª Câmara Cível, Gravataí, Rel. Des. Ana Beatriz Iser, j. 27.05.2015, *DJERS* 05.06.2015).

Na mesma linha, do Tribunal de Justiça de Minas Gerais, entre arestos mais antigos: "é admissível, na locação, ainda que instrumentalizada por contrato de adesão, a estipulação de renúncia ao direito de retenção do imóvel por benfeitorias, conforme inteligência do art. 35 da Lei n.º 8.245/91" (TJMG, Apelação 1.0145.06.295763-7/001, 13.ª Câmara Cível, Juiz de Fora, Rel. Des. Adilson Lamunier, j. 09.08.2007, *DJMG* 06.09.2007). Espera-se, assim, que tal panorama seja alterado na prática jurisprudencial.

Anote-se que o Projeto de Reforma do Código Civil elaborado pela Comissão de Juristas pretende resolver mais esse dilema, além de melhorar a redação do art. 1.219. O comando receberá ainda um novo § 3º, prevendo que "a cláusula de renúncia antecipada ao direito de indenização e retenção por benfeitorias necessárias pelo possuidor de boa-fé é nula quando inserida em contrato de adesão". Com isso, será adotada a posição majoritária da doutrina brasileira, aqui antes exposta e consubstanciada no Enunciado n. 433 da *V Jornada de Direito Civil*.

Ainda quanto ao possuidor de boa-fé, na *I Jornada de Direito Civil* foi aprovado o Enunciado n. 81 do CJF/STJ, preceituando que o direito de retenção previsto no art. 1.219 do CC, decorrente da realização de benfeitorias necessárias e úteis, também se aplica às acessões (plantações e construções) nas mesmas circunstâncias.

Sendo assim, mesmo com a diferenciação antes apontada, entre os conceitos de benfeitorias e acessões, aqui, os efeitos jurídicos são os mesmos. O enunciado doutrinário aprovado, na verdade, apenas confirma parte do entendimento jurisprudencial consolidado, inclusive quanto ao direito de indenização das acessões. Por todos os julgados, podem ser colacionadas as seguintes ementas:

> "Reivindicatória. Terras devolutas. Pontal do Paranapanema. 4.º Perímetro de Presidente Venceslau (antigo 9.º Perímetro). Imóvel transcrito em nome da Fazenda em 1958. Transcrição imobiliária também em nome dos réus. Benfeitorias e acessões. Sentença de procedência, com pagamento das benfeitorias, sem direito de retenção. Retenção. Definida a existência de posse, a boa-fé e o justo título, não vejo razão para excluir os réus da proteção do art. 516 do CC, no caso a indenização das benfeitorias e o direito de retenção. A retenção aqui se faz necessária; a terra será destinada a assentamento de trabalhadores rurais não sendo razoável que o Estado e tais trabalhadores tenham o usufruto imediato das benfeitorias feitas pelos réus, enquanto estes, que as edificaram, são remetidos à longa e custosa judicial. Aparto-me da sentença: é posse com justo título e boa-fé e os réus têm direito de retenção na forma do antigo art. 516, atual art. 1.219 do CC. Provimento parcial do recurso da Fazenda e do reexame necessário para, ante a sucumbência total dos réus, inverter a sucumbência. Provimento parcial do recurso dos réus para reconhecer seu direito de retenção as benfeitorias úteis e necessárias, nos termos do art. 1.219, antigo art. 516 do CC" (TJSP, Apelação Cível 287.115-5/8, 7.ª Câmara de Direito Público, Presidente Venceslau, Rel. Torres de Carvalho, 07.03.2005, v.u.).

> "Reivindicatória. Requisitos. Autores que comprovaram a propriedade sobre o imóvel. Notificação ao réu apelante para a desocupação do imóvel. Ocorrência. Procedência da reivindicatória. Comprovação do domínio do autor e a posse sem justo título do réu. Ocorrência. Boa-fé do réu que se evidencia pela ocupação do imóvel com concordância do então proprietário. Acessões. Direito de indenização reconhecido. Procedência em parte da reconvenção. Recurso provido em parte" (TJSP, Apelação Cível 354.847-4/7-00, 3.ª Câmara de Direito Privado, São José dos Campos, Rel. Beretta da Silveira, 18.04.2006, v.u., Voto 10.340).

Em complemento, do mesmo Tribunal de Justiça de São Paulo, aplicando o enunciado e o entendimento esposado na presente obra:

> "Direitos reais. Reivindicatória. Indenização pelas casas construídas. Função social da propriedade. Inteligência do enunciado 81 da *I Jornada de Direito Civil*. Precedentes do STJ.

Equiparação das acessões com as benfeitorias úteis em relação ao direito de retenção. Evidências de boa-fé. Recurso improvido" (TJSP, Apelação Cível 531.997.4/0-00, 9.ª Câmara de Direito Privado, Rel. José Luiz Gavião de Almeida, j. 10.03.2009, Data de registro: 03.04.2009).

Em data mais próxima, concluiu de modo igual a Terceira Turma do Superior Tribunal de Justiça, por maioria, aplicando o teor do Enunciado n. 81 da *I Jornada de Direito Civil*. Vejamos o que constou da ementa do aresto:

"A teor do artigo 1.219 do Código Civil, o possuidor de boa-fé tem direito de retenção pelo valor das benfeitorias necessárias e úteis e, por semelhança, das acessões, sob pena de enriquecimento ilícito, salvo se houver estipulação em contrário. No caso em apreço, há previsão contratual de que a comodatária abre mão do direito de ressarcimento ou retenção pela acessão e benfeitorias, não tendo as instâncias de cognição plena vislumbrado nenhum vício na vontade apto a afastar as cláusulas contratuais insertas na avença. A atribuição de encargo ao comodatário, consistente na construção de casa de alvenaria, a fim de evitar a 'favelização' do local, não desnatura o contrato de comodato modal" (STJ, REsp 1.316.895/SP, 3.ª Turma, Rel. Min. Nancy Andrighi, Rel. p/ acórdão Min. Ricardo Villas Bôas Cueva, j. 11.06.2013, *DJe* 28.06.2013).

Mais uma vez, com intuito de resolver polêmica debatida nos mais de vinte anos de vigência do Código Civil, a Comissão de Juristas, encarregada do Projeto de Reforma, pretende inserir no art. 1.219 um novo § 2º, enunciando que "o direito de que trata o § 1º deste artigo se aplica, nas mesmas circunstâncias, também às acessões". Como não poderia ser diferente, a inovação vem em boa hora, incluindo-se na norma jurídica a posição hoje majoritária da doutrina e da jurisprudência.

De todo modo, deve ficar claro que a questão exposta diz respeito à atribuição dos mesmos direitos ao possuidor de boa-fé relativos às benfeitorias e a abranger as acessões, construções e plantações realizadas no bem principal. O entendimento a respeito da sua renúncia não deve ser, contudo, o mesmo, uma vez que esta somente admite interpretação restritiva, nos termos do art. 114 do Código Civil. A esse propósito, corretamente decidiu o Superior Tribunal de Justiça, em 2024, que "a renúncia expressa à indenização por benfeitoria e adaptações realizadas no imóvel não pode ser interpretada extensivamente para a acessão. Aquele que edifica em terreno alheio perde, em proveito do proprietário, a construção, mas se procedeu de boa-fé, terá direito à indenização (art. 1.255 do CC). Na espécie, a boa-fé do locatário foi devidamente demonstrada" (STJ, REsp 1.931.087/SP, 3.ª Turma, Rel. Min. Marco Aurélio Bellizze, j. 24.10.2023, *DJe* 26.10.2023).

No que toca ao possuidor de má-fé, é clara a regra do art. 1.220 do CC/2002, nos seguintes termos: "Ao possuidor de má-fé serão ressarcidas somente as benfeitorias necessárias; não lhe assiste o direito de retenção pela importância destas, nem o de levantar as voluptuárias". O que se percebe é que o possuidor de má-fé não tem qualquer direito de retenção ou de levantamento. Com relação à indenização, assiste-lhe somente direito quanto às necessárias.

A última regra tem justo motivo. Imagine-se o caso do invasor de um imóvel. Percebendo que o telhado (benfeitoria necessária) está em péssimo estado de conservação, o que pode comprometer a própria estrutura do imóvel, esse possuidor de má-fé o troca. Ora, no caso em questão a posse é de má-fé quanto à origem, mas a conduta de troca do telhado é movida pela boa-fé, em sentido objetivo.

Há, portanto, uma justaposição da boa-fé objetiva em relação à má-fé subjetiva, o que ampara o sentido do comando legal. Concluindo da mesma forma, mas percorrendo outro caminho, na doutrina contemporânea, comenta Francisco Loureiro o seguinte:

"Embora de má-fé, as benfeitorias necessárias devem ser indenizadas, porque destinadas à conservação da coisa, evitando a sua perda ou deterioração. Via de consequência, caso a coisa permanecesse em poder do retomante, este também deveria fazê-las, porque indispensáveis à própria preservação. É por isso que o legislador determina o ressarcimento, uma vez que não há nexo entre a posse de má-fé e as benfeitorias necessárias. Quem quer que estivesse com a posse deveria fazê-las e a ausência de indenização consagraria o enriquecimento sem causa do retomante" (LOUREIRO, Francisco Eduardo. *Código Civil...*, 2007, p. 1.031).

Finalizando a questão dos efeitos jurídicos relativos às benfeitorias, prevê o art. 1.222 do CC/2002 que o reivindicante da coisa, obrigado a indenizar as benfeitorias ao possuidor de má-fé, tem o direito de optar entre o seu valor atual e o seu custo. Já ao possuidor de boa-fé indenizará pelo valor atual da coisa.

A norma acaba dando tratamento diferenciado em relação aos possuidores de boa e má-fé, o que motivou críticas doutrinárias no passado, particularmente de Clóvis Beviláqua. De qualquer modo, o tratamento diferenciado deve ser observado e também tem a sua razão de ser.

A ilustrar, o proprietário que ingressou com a ação de reintegração de posse contra o comodatário (possuidor de boa-fé) indenizará este pelo valor atual das benfeitorias necessárias e úteis. Se a ação possessória foi proposta contra o invasor do imóvel (possuidor de má-fé), o autor poderá optar entre pagar o valor atual ou o de custo, aquilo que lhe for mais interessante.

Aplicando a norma para a última hipótese, entendeu o Superior Tribunal de Justiça que, "nos termos do art. 1.222 do Código Civil de 2002, ao reivindicante obrigado a indenizar as benfeitorias necessárias realizadas pelo possuidor de má-fé é conferido o direito potestativo de optar entre o valor atual da melhoria ou aquele custeado quando da realização da obra" (STJ, REsp 1.613.645/MG, 3.ª Turma, Rel. Min. Ricardo Villas Bôas Cueva, j. 08.08.2017, *DJe* 22.08.2017). O caso dizia respeito à indenização pela construção de um muro de arrimo na propriedade do reivindicante, sendo o conteúdo perfeito tecnicamente, especialmente pela menção à existência de um direito potestativo do proprietário.

2.3.3   As responsabilidades

O Código Civil de 2002, a exemplo do seu antecessor, continua trazendo regras relativas às responsabilidades do possuidor, considerando-o como de boa ou de má-fé.

De início, preceitua o art. 1.217 do CC/2002 que o possuidor de boa-fé não responde pela perda ou deterioração da coisa, a que não der causa. Assim sendo, a responsabilidade do possuidor de boa-fé, quanto à coisa, depende da comprovação da culpa em sentido amplo (*responsabilidade subjetiva*), o que engloba o dolo (intenção de prejudicar, ação ou omissão voluntária) e a culpa em sentido estrito (desrespeito a um dever preexistente, por imprudência, negligência ou imperícia).

Por outro lado, segundo o art. 1.218 do CC/2002, o possuidor de má-fé responde pela perda ou deterioração da coisa, ainda que acidentais, salvo se provar que de igual modo se teriam dado, estando ela na posse do reivindicante. A responsabilidade do possuidor de má-fé é objetiva, independentemente de culpa, a não ser que prove que a coisa se perderia mesmo se estivesse com o reivindicante.

No Projeto de Reforma do Código Civil, há proposta de aperfeiçoamento do comando, para que passe a mencionar a ausência de culpa, em boa hora: "o possuidor de má-fé responde pela perda, ou deterioração da coisa, ainda que acidentais e sem culpa, salvo se provar que de igual modo se teriam dado, estando ela na posse do reivindicante". Espera-se a sua aprovação pelo Parlamento Brasileiro para deixar o preceito mais efetivo para a prática.

O dispositivo acaba consagrando a responsabilidade do possuidor de má-fé mesmo por caso fortuito (evento totalmente imprevisível) ou força maior (evento previsível, mas inevitável), havendo uma aproximação com a *teoria do risco integral*.

A título de ilustração, no caso do comodatário (possuidor de boa-fé), este somente responderá pela perda da coisa havendo dolo ou culpa. Não pode responder, por exemplo, pelo assalto do veículo à mão armada, levando o criminoso o bem consigo. Já o criminoso que leva a coisa (possuidor de má-fé) responde por ela, se for atingida por um objeto em local onde não estaria o proprietário ou possuidor.

Ambos os dispositivos mantêm paralelo com outros comandos legais, relativos ao Direito das Obrigações.

Quanto ao art. 1.217, pode ser citado o art. 238 do próprio Código Civil, cuja redação é a seguinte: "se a obrigação for de restituir coisa certa, e esta, sem culpa do devedor, se perder antes da tradição, sofrerá o credor a perda, e a obrigação se resolverá, ressalvados os seus direitos até o dia da perda". Ora, o último dispositivo também serve para explicar que o comodatário não responde se o veículo foi levado à mão armada, que tem origem na antiga máxima pela qual a coisa perece para o dono (*res perit domino*).

Pelo que consta do art. 1.218, e quanto ao direito obrigacional, pode ser invocado, em paralelo, o art. 399, segundo o qual "o devedor em mora responde pela impossibilidade da prestação, embora essa impossibilidade resulte de caso fortuito ou de força maior, se estes ocorrerem durante o atraso; salvo se provar isenção de culpa, ou que o dano sobreviria ainda quando a obrigação fosse oportunamente desempenhada".

O Código Civil, assim, traz tratamento muito próximo entre o devedor em mora e o possuidor de má-fé. A comparação se justifica, pois a má-fé tem o condão de induzir à culpa, justificando-se a ampliação de responsabilidades.

Em reforço, no que interessa às responsabilidades, segundo o vigente art. 1.221 do CC/2002, as benfeitorias compensam-se com os danos, e só obrigam ao ressarcimento se ao tempo da evicção ainda existirem. O comando possibilita, portanto, que as benfeitorias necessárias a que teria direito o possuidor de má-fé sejam compensadas com os danos sofridos pelo reivindicante, hipótese de *compensação legal*, pela reciprocidade de dívidas (TJSP, Apelação com revisão 593.220.4/0, Acórdão 3696219, 3.ª Câmara de Direito Privado, Itapetininga, Rel. Des. Donegá Morandini, j. 23.06.2009, *DJESP* 14.07.2009). Porém, se a benfeitoria não mais existia quando a coisa se perdeu, não há que se falar em compensação e muito menos em sua indenização.

2.3.4 O direito à usucapião

Para encerrar os efeitos jurídicos materiais relativos à posse, é preciso trazer palavras iniciais quanto à usucapião. Isso se justifica, principalmente, pela questão didática, pois deve ficar bem claro que o direito à usucapião é um dos principais efeitos decorrentes da posse. O clássico Lafayette Rodrigues Pereira, o Conselheiro Lafayette, define a usucapião da seguinte forma:

> "A prescrição aquisitiva (*usucapio*) é incontestavelmente um modo particular de adquirir o domínio. Em verdade ela cria para o prescribente direitos que não preexistiram no

seu patrimônio. Se esses direitos pudessem ser atribuídos a outra causa geradora, como à ocupação, testamento, ou tradição; a prescrição ficaria sem objeto, porquanto o seu ofício é exatamente o de suprir a omissão ou a insuficiência dos outros modos de adquirir. Neste sentido, definem os jurisconsultos: 'modo de adquirir a propriedade pela posse continuada durante um certo lapso de tempo, com os requisitos estabelecidos em lei'" (PEREIRA, Lafayette Dias. *Direito das coisas...*, 2004, v. I, p. 220).

O Código Civil, em relação à propriedade imóvel, consagra as seguintes modalidades de usucapião de bem imóvel: a) *usucapião ordinária* (art. 1.242 do CC); b) *usucapião extraordinária* (art. 1.238 do CC); c) *usucapião especial rural* (art. 1.239 do CC, já prevista anteriormente na Constituição Federal); e d) *usucapião especial urbana* (art. 1.240 do CC, também constante do Texto Maior). Além dessas formas de usucapião, serão analisadas a *usucapião indígena* (Lei 6.001/1973 – Estatuto do Índio) e a *usucapião coletiva* (Lei 10.257/2001 – Estatuto da Cidade).

Havia, ainda, uma *usucapião administrativa*, sem ação judicial e decorrente da legitimação de posse, tratada pelo art. 60 da *Lei Minha Casa, Minha Vida* (Lei 11.977/2009). Porém, tal comando foi revogado pela Lei 13.465/2017, que passou a tratar do instituto, com modificações substanciais, nos seu arts. 25 a 27.

Como não poderia ser diferente, também estudaremos a ampliação da usucapião extrajudicial imobiliária inserida pelo Código de Processo Civil de 2015 para todas as modalidades. O tratamento da usucapião extrajudicial também recebeu alterações por força da mesma Lei 13.465, de junho de 2017.

Quanto à propriedade móvel, o Código Civil de 2002 continua tratando das formas *ordinária* e *extraordinária*, nos arts. 1.260 e 1.261. Há ainda tratamento específico da usucapião de servidões, no polêmico art. 1.376 do atual Código Privado. Todos os institutos, seus requisitos, seus efeitos, suas consequências, serão estudados nos Capítulos 3 e 6 da presente obra.

2.4 EFEITOS PROCESSUAIS DA POSSE

Não obstante a existência de efeitos materiais, a posse gera efeitos instrumentais ou processuais. Por isso, intenso é o diálogo com o Direito Processual Civil, sendo interessante, em sede preliminar, invocar a teoria do *diálogo das fontes*.

A tese do *diálogo das fontes* foi desenvolvida, na Alemanha, pelo jurista Erik Jayme e trazida ao Brasil pela Professora Titular da Universidade Federal do Rio Grande do Sul Cláudia Lima Marques. A tese é plenamente justificada pela atualidade pós-moderna de *explosão legislativa* (*Big Bang Legislativo*, segundo a simbologia de Ricardo Lorenzetti).

Para essa realidade, de inúmeras e até incontáveis leis, deve-se buscar um caminho metodológico a partir de uma visão unitária do sistema, em que as normas admitem um *diálogo de complementaridade*, em algumas situações, ou seja, uma compatibilidade. Assim sendo, não se pode dizer, apressadamente, que uma norma revogou a outra, ou que ambas não admitem uma coexistência no ordenamento jurídico.

Quanto às razões filosóficas e sociais da aplicação da tese, a renomada professora gaúcha ensina que:

"Segundo Erik Jayme, as características da cultura pós-moderna no direito seriam o pluralismo, a comunicação, a narração, o que Jayme denomina de 'le retour des sentiments', sendo o *Leitmotiv* da pós-modernidade a valorização dos direitos humanos. Para Jayme, o direito como parte da cultura dos povos muda com a crise da pós-modernidade. O pluralismo manifesta-se na multiplicidade de fontes legislativas a regular o mesmo fato, com a descodificação ou a implosão dos sistemas genéricos normativos ('Zersplieterung'), manifesta-se no pluralismo de sujeitos a proteger, por vezes difusos, como o grupo de consumidores ou os que se beneficiam da proteção do meio ambiente, na pluralidade de agentes ativos de uma mesma relação, como os fornecedores que se organizam em cadeia e em relações extremamente despersonalizadas. Pluralismo também na filosofia aceita atualmente, onde o diálogo é que legitima o consenso, onde os valores e princípios têm sempre uma dupla função, o 'double coding', e onde os valores são muitas vezes antinômicos. Pluralismo nos direitos assegurados, nos direitos à diferença e ao tratamento diferenciado aos privilégios dos 'espaços de excelência' (JAYME, Erik. Identité culturelle et intégration: le droit internationale privé postmoderne, p. 36 e ss.)" (MARQUES, Cláudia Lima. *Comentários...*, 2004, p. 24).

No tocante ao Direito Civil e ao Direito Processual Civil, este diálogo tornou-se mais constante com a entrada em vigor do Código Civil de 2002. Isso porque a atual codificação material está repleta de normas de cunho processual, o que faz com que surjam obras que buscam essa aproximação entre o direito material e o direito processual, o que é plenamente sadio para o crescimento da ciência. O mesmo pode ser dito sobre o Novo Código de Processo Civil, também com numerosas regras de cunho material, o que me motivou a escrever obra específica sobre o Estatuto Processual emergente (TARTUCE, Flávio. *O Novo CPC...*, 2015).

A partir dessa perspectiva, não cabe mais tachar o jurista como *civilista* ou *processualista*, no sentido de que não é possível que um estudioso de uma área dê pareceres sobre a outra. A formação interdisciplinar afasta qualquer afirmação nesse sentido. Quanto à principiologia e aos fundamentos de cada disciplina, obviamente, devem ser preservados.

Ademais, acredito que a adoção de um modelo aberto e principiológico pelo CPC/2015 intensificará ainda mais as interações entre essa norma e o Código Civil no futuro, em um necessário e sempre sadio diálogo entre as fontes. Dessa forma, como afirma Fernanda Tartuce, o diálogo entre civilistas e processualistas é como um *diálogo entre irmãos*, muitas vezes complicado e difícil, mas primordial para o desenvolvimento científico do Direito brasileiro.

De acordo com essa visão, a presente obra abordará, a partir de agora, essas tentativas de diálogos de complementaridade no tocante às duas áreas do Direito, particularmente no estudo dos efeitos da posse.

2.4.1 A faculdade de invocar os interditos possessórios

Os interditos possessórios são as ações possessórias diretas. O possuidor tem a faculdade de propor essas demandas objetivando manter-se na posse ou que esta lhe seja restituída. Para tanto, devem ser observadas as regras processuais previstas a partir do art. 554 do CPC/2015, equivalente ao art. 920 do CPC/1973.

O que se percebe, na prática, são *três situações concretas* que possibilitam a propositura de três ações correspondentes, apesar da falta de rigidez processual em relação às medidas judiciais cabíveis:

> – No caso de *ameaça* à posse (risco de atentado à posse) = caberá *ação de interdito proibitório*.
> – No caso de *turbação* (atentados fracionados à posse) = caberá *ação de manutenção de posse*.
> – No caso de *esbulho* (atentado consolidado à posse) = caberá *ação de reintegração de posse*.

Aprofundando, na *ameaça* não há ainda qualquer atentado concretizado, como no caso dos integrantes de um movimento popular que se encontram acampado próximo a uma propriedade, sem que esta seja invadida – situação de mero risco. Por oportuno, vale lembrar que, conforme a Súmula 228 do Superior Tribunal de Justiça é inadmissível o interdito proibitório para a proteção do direito autoral.

Em suma, no tocante aos direitos de autor, a medida preventiva possessória não é cabível, eis que não seria possível a posse sobre bens imateriais ou direitos da personalidade, como ocorre com os direitos em questão. Todavia, cabem as ações de obrigação de fazer, de não fazer ou de entrega de coisa certa, com a viabilidade de tutela específica para o seu cumprimento consagrada na lei processual.

Na *turbação*, já houve atentado à posse em algum momento, como, por exemplo, no caso dos integrantes desse mesmo movimento popular que levam os cavalos para pastar na fazenda que será invadida, sem ainda adentrá-la de forma definitiva.

Por fim, no *esbulho*, houve o atentado definitivo. Os integrantes do movimento popular adentraram na fazenda e lá se estabeleceram. Frise-se que, nos casos ilustrativos, a fazenda é utilizada pelo proprietário, que cumpre a sua função social, razão pela qual os atentados à posse devem ser considerados ilegítimos. Não se trata, portanto, de propriedade improdutiva, em seu sentido social.

Na lei material, as três medidas cabíveis são autorizadas pelo art. 1.210, *caput*, do atual CC/2002, *in verbis*: "o possuidor tem direito a ser mantido na posse em caso de turbação, restituído no de esbulho, e segurado de violência iminente, se tiver justo receio de ser molestado". No mesmo sentido, estabelecia o art. 926 do antigo CPC que "o possuidor tem direito a ser mantido na posse em caso de turbação e reintegrado no de esbulho". Houve repetição dessas regras pelo art. 560 do Novo CPC, com a seguinte redação: "o possuidor tem direito a ser mantido na posse em caso de turbação e reintegrado em caso de esbulho".

Como se pode perceber, no caso de *ameaça*, a *ação de interdito proibitório* visa à *proteção* do possuidor de perigo iminente. No caso de *turbação*, a *ação de manutenção de posse* tende à sua *preservação*. Por derradeiro, no caso de *esbulho*, a *ação de reintegração de posse* almeja a sua *devolução*.

Do ponto de vista prático, é interessante aqui esclarecer que, no caso de invasão parcial de um terreno, a ação cabível não é a de manutenção de posse, mas a de reintegração. Concluindo dessa maneira, interessante transcrever o entendimento jurisprudencial relativo à invasão parcial de uma faixa reservada ao domínio público:

> "Possessória. Reintegração de posse. Sabesp. Liminar indeferida pela incerteza de que o esbulho ocorreu a menos de ano e dia. Inadmissibilidade. Invasão parcial de faixa reservada. Passagem de adutora. Inegável a impossibilidade de ocupação particular clandestina em área com destinação especial. Ademais, os bens públicos são insusceptíveis de apropriação pelos particulares, de forma que a posse de mais de ano e dia não gera qualquer direito subjetivo de permanência. Recurso provido" (TJSP, Agravo de Instrumento 592.232-5/0, 10.ª Câmara de Direito Público, São Paulo, Rel. Teresa Ramos Marques, 06.11.2006, v.u., Voto 5.333).

Ou, de data mais próxima, do mesmo Tribunal Bandeirante:

> "Reintegração de posse. Imóvel. Áreas confrontantes. Invasão parcial. Descumprimento de anterior acordo homologado judicialmente, que estabelecia, como linha divisória, o córrego entre as propriedades. Construção de nova cerca. Esbulho caracterizado. Senten-

ça mantida. Recurso não provido" (TJSP, Apelação 0005623-60.2012.8.26.0443, Acórdão 9831044, 38.ª Câmara de Direito Privado, Piedade, Rel. Des. Fernando Sastre Redondo, j. 21.09.2016, *DJESP* 29.09.2016).

De qualquer forma, as diferenças práticas em relação às três ações pouco interessam, eis que o sistema processual brasileiro consagra a fungibilidade total entre as três medidas. Previa o art. 920 do CPC/1973 que a propositura de uma ação possessória em vez de outra não obstaria que o juiz conhecesse do pedido e outorgasse a proteção legal correspondente àquela, cujos requisitos estivessem provados. Fez o mesmo o art. 554, *caput*, do CPC/2015, com igual redação: "a propositura de uma ação possessória em vez de outra não obstará a que o juiz conheça do pedido e outorgue a proteção legal correspondente àquela cujos pressupostos estejam provados".

Nesse contexto, pelo que consta dos dispositivos instrumentais, de antes e de hoje, uma demanda possessória direta pode ser convertida em outra livremente, se for alterada a situação fática que a fundamenta, ou seja, há a possibilidade de transmudação de uma ação em outra.

Essa conversão também é possível nos casos em que o autor da ação possessória se engana quanto à medida cabível, havendo um desapego ao rigor formal, o que é aplicação do *princípio da instrumentalidade das formas*. Nessa linha de raciocínio, é interessante transcrever outro julgado anterior do Tribunal de Justiça de São Paulo, bem ilustrativo a respeito da fungibilidade:

> "Possessória. Bem imóvel. Construção do réu adentrando parte da propriedade do autor. Propositura de ação de manutenção de posse c/c pedido alternativo de desfazimento da obra ou indenização pela faixa de terreno invadida. Superveniente conversão, pelo Juiz, desta ação em ação de nunciação de obra nova. Descabimento. Ação no caso que é de reintegração de posse c/c pedido alternativo de desfazimento da obra ou indenização pela faixa de terreno invadida. Réu que praticou esbulho, excluindo totalmente a posse do autor, embora somente de parte do imóvel. Prosseguimento da ação devido, ante o princípio da fungibilidade das ações possessórias. Recurso provido em parte" (TJSP, Agravo de Instrumento 7.080.226-5, 23.ª Câmara de Direito Privado, Indaiatuba, Rel. Oséas Davi Viana, 08.11.2006, v.u., Voto 8.381).

A propósito, explicando essa fungibilidade no sistema anterior, comenta Antonio Carlos Marcato, em sua *clássica obra*, que "essa fungibilidade é justificável, posto que o autor pleiteia, junto ao órgão jurisdicional, a proteção possessória pertinente e idônea, sendo irrelevante, portanto, uma vez demonstrada a ofensa à sua posse, tenha ele originalmente requerido a proteção diversa daquela adequada à solução da injusta situação criada pelo réu. Aliás, por diversas vezes o autor promove ação em razão de determinada conduta do réu e esta vem a ser modificada no curso do processo, impondo ao juiz, demonstrada tal circunstância, a concessão da proteção possessória pertinente" (MARCATO, Antonio Carlos. *Procedimentos...*, 1999, p. 116). As palavras do Professor da USP são precisas e devem ser mantidas na vigência do CPC/2015.

Contudo, o novo art. 554 do CPC/2015 traz parágrafos que antes não estavam previstos na legislação processual anterior, com clara preocupação social e na linha de procedimentos que eram adotados na prática para as situações fáticas de conflitos fundiários.

De início, conforme o seu § 1.º, no caso de ação possessória em que figure no polo passivo grande número de pessoas, serão feitas a citação pessoal dos ocupantes que forem encontrados no local e a citação por edital dos demais. Ato contínuo, será ainda determinada a intimação do Ministério Público e, se envolver pessoas em situação de hipossuficiência econômica, da Defensoria Pública.

Para essa citação pessoal, o oficial de justiça procurará os ocupantes no local por uma vez e os que não forem encontrados serão citados por edital (§ 2.º do art. 554 do CPC/2015). Por fim, está agora previsto expressamente que o juiz da causa deverá determinar que se dê ampla publicidade sobre a existência dessa ação que envolva vários ocupantes e dos respectivos prazos processuais.

Para tanto, poderá o magistrado valer-se de anúncios em jornal ou rádio locais, da publicação de cartazes na região do conflito, e de outros meios (§ 3.º do art. 554 do CPC/2015). Como *outro meio*, pode ser apontada uma publicação eletrônica, realizada no sítio do Tribunal onde está o conflito de terras.

Em um intenso *diálogo entre as fontes*, é preciso relacionar as ações possessórias à classificação da posse quanto ao tempo. Isso porque, se no caso concreto, a ameaça, a turbação e o esbulho forem *novos*, ou seja, tiverem menos de um ano e um dia, caberá a *ação de força nova*: o respectivo interdito possessório seguirá o procedimento especial, cabendo liminar nessa ação. Por outra via, se a ameaça, a turbação e o esbulho forem *velhos*, com pelo menos um ano e um dia, caberá *ação de força velha*, que segue o procedimento comum do CPC/2015 (rito ordinário, no CPC/1973), não cabendo a respectiva liminar.

Essas conclusões são orientadas pela redação do art. 558 do Código de Processo Civil de 2015, que repete a essência do art. 924 do Estatuto Processual de 1973, de acordo com a tabela a seguir:

Código de Processo Civil de 2015	Código de Processo Civil de 1973
"Art. 558. Regem o procedimento de manutenção e de reintegração de posse as normas da Seção II deste Capítulo quando a ação for proposta dentro de ano e dia da turbação ou do esbulho afirmado na petição inicial. Parágrafo único. Passado o prazo referido no *caput*, será comum o procedimento, não perdendo, contudo, o caráter possessório."	"Art. 924. Regem o procedimento de manutenção e de reintegração de posse as normas da seção seguinte, quando intentado dentro de ano e dia da turbação ou do esbulho; passado esse prazo, será ordinário, não perdendo, contudo, o caráter possessório."

Ressalve-se, porém, que há uma exceção de destaque, ainda a ser comentada, pois o CPC/2015 introduziu a possibilidade de uma liminar na *ação de força velha*, em demandas possessórias coletivas, desde que seja realizada previamente uma audiência de conciliação ou de mediação (art. 565 do CPC/2015).

Voltando ao âmago da questão que ora se expõe, na doutrina processual, essas decorrências sempre foram bem explicadas por Nelson Nery Jr. e Rosa Maria de Andrade Nery, no sentido de que haveria uma compatibilidade entre o comando processual e o art. 1.210 do CC/2002. Salientavam os juristas que, como o atual Código Civil não reproduziu a antiga regra do art. 523 do CC/1916, a matéria ficou consolidada no dispositivo processual (*Código de Processo Civil...*, 2006, p. 994). Tal afirmação é igualmente encontrada na obra atualizada do *Casal Nery*, devendo ainda ser considerada para os devidos fins práticos (NERY JR., Nelson; NERY, Rosa Maria de Andrade. *Comentários...*, 2015, p. 1.388).

Essa consolidação aqui antes foi demonstrada, quando do estudo da classificação da posse e deve ser mantida na vigência do CPC/2015, apesar da crítica antes formulada, a respeito do prazo de convalidação da posse injusta.

DIREITO CIVIL • VOL. 4 – *Flávio Tartuce*

Em suma, a ação de força nova é aquela que segue as regras de procedimento especial previstas entre os arts. 560 a 566 do Estatuto Processual em vigor (arts. 926 a 931 do antigo CPC).

De início, o art. 555 do Código de Processo Civil de 2015 estabelece que é lícito ao autor cumular ao pedido possessório o de: *a)* condenação em perdas e danos; e *b)* indenização dos frutos. A menção às perdas e danos constava do art. 921, inciso I, do antigo CPC, e inclui, em regra, os danos emergentes (o que a pessoa efetivamente perdeu) e os lucros cessantes (o que a pessoa razoavelmente deixou de lucrar), nos termos dos arts. 402 a 404 do CC/2002. No entanto, além desses danos materiais ou patrimoniais, deve-se entender que cabe indenização por danos morais, se o possuidor que sofreu o atentado à posse foi acometido por uma lesão aos direitos da personalidade.

A título de exemplo de fixação dos danos materiais, cite-se o *aluguel-pena* devido nos casos de comodato, após a notificação do comodatário pelo comodante, conforme se retira da parte final do art. 582 do Código Civil, segundo o qual, "o comodatário constituído em mora, além de por ela responder, pagará, até restituí-la, o aluguel da coisa que for arbitrado pelo comodante". Julgando desse modo, da jurisprudência paulista:

> "Ação de reintegração de posse cumulada com perdas e danos. Comodato verbal. Imóveis de propriedade da autora. Notificação da ré, sem desocupação do imóvel. Esbulho caracterizado. Pedidos de arbitramento de aluguel e de pagamento de débitos fiscais incidentes sobre o imóvel. Possibilidade. Sentença reformada. Recurso provido" (TJSP, Apelação Cível 1000430-44.2014.8.26.0001, Acórdão 8083738, 37.ª Câmara de Direito Privado, São Paulo, Rel. Des. Pedro Kodama, j. 09.12.2014, *DJESP* 19.12.2014).

Como ilustração de danos morais, mencione-se a situação do proprietário que invade o imóvel quando vigente um contrato de locação, arrombando-o e trocando a sua fechadura. Configurado o abuso de direito por parte do locador, poderá o locatário ingressar com ação de reintegração de posse e pleitear danos morais por lesão à moradia. Nesse sentido, do Tribunal Gaúcho, trecho da seguinte ementa, que reconhece, ainda, a reparação de danos patrimoniais:

> "O arrombamento do imóvel e substituição de fechaduras por conta própria caracteriza abuso de direito (art. 187, Código Civil) e gera o dever de indenizar danos materiais e morais dele decorrentes. Danos morais configurados. Indenização devida. Demonstrados os danos materiais correspondentes à perda de bens móveis (insumos) que se encontravam no estabelecimento do locatário, bem como a ocorrência de lucros cessantes, é devida a indenização correspondente. Deferido o pedido de reembolso do valor de serviços prestados pela locatária aos clientes do locador, em observância às circunstâncias do caso concreto" (TJRS, Apelação Cível 0067563-16.2014.8.21.7000, 16.ª Câmara Cível, Porto Alegre, Rel. Des. Paulo Sérgio Scarparo, j. 20.11.2014, *DJERS* 26.11.2014).

Também reconhecendo a reparação imaterial em ação possessória, cabe a transcrição de outro interessante julgado do Tribunal de Justiça do Rio Grande do Sul:

> "Ação de reintegração de posse cumulada com perdas e danos. Compra e venda de veículo automotor. Transferência de propriedade pelo novo proprietário e comunicação de venda pelo antigo não efetivadas perante o Detran. Culpa concorrente da autora. Indenização por danos morais. Cabimento. Falta de comprovação dos danos materiais. Esbulho praticado pelo antigo proprietário. Apelação parcialmente provida" (TJRS, Processo 70011500774, 14.ª Câmara Cível, Canoas, Rel. Juiz Sejalmo Sebastião de Paula Nery, j. 14.09.2006).

Mais recentemente, concluiu o Tribunal de Justiça de Minas Gerais pela presença de danos morais pelo fato de o esbulho de área ter causado desabastecimento de água. Como constou da ementa:

> "Demonstrada a posse do autor sobre a servidão de águas e a perda da posse, por esbulho do proprietário do imóvel dominante, deve ser deferido a reintegração. Constatada a ilegalidade da conduta do requerido ao danificar o sistema de canalização e propulsão de águas do autor, deve indenizá-los pelos danos materiais decorrentes dos reparos realizados e pelos danos morais advindo da falta de abastecimento de água ao imóvel. Recurso não provido" (TJMG, Apelação Cível 1.0479.13.012042-7/001, Rel. Des. Cabral da Silva, j. 29.08.2017, *DJEMG* 08.09.2017).

Cite-se, ainda, o comum exemplo em que o veículo a ser retomado foi vendido a terceiros, o que o ocasiona danos imateriais ao seu legítimo possuidor:

> "Venda, pela instituição financeira, de veículo que devia ter sido restituído à pessoa que o adquiriu em leilão extrajudicial. Danos morais caracterizados. Precedentes deste E. Tribunal de Justiça. *Quantum* indenizatório bem arbitrado em R$ 5.000,00 (cinco mil reais), não comportando reparo" (TJSP, Apelação 1019976-37.2014.8.26.0405, Acórdão 10685579, 27.ª Câmara de Direito Privado, Osasco, Rel. Des. Mourão Neto, j. 01.08.2017, *DJESP* 17.08.2017, p. 2.556).

Por fim, quanto a concreções, do final do ano de 2017, destaque-se julgado do Superior Tribunal de Justiça que, confirmando decisão do Tribunal de Justiça do Rio de Janeiro, determinou o pagamento de indenização por danos materiais e morais por descumprimento de contrato e esbulho possessório praticado por pretenso locador em face de ex-proprietário e locatário de um botequim situado no centro da capital carioca. Nos termos da sua ementa:

> "Reconhecida a existência de um contrato de locação entre as partes, desdobrou-se a relação possessória, de tal forma que, enquanto locatário, o recorrente tinha a posse direta do imóvel, e o recorrido, locador, a posse direta (posses paralelas). Quando o recorrente, possuidor direto, permitiu, transitoriamente, que o recorrido, possuidor indireto, realizasse obras no imóvel, tinha este o dever de cessar a prática de atos materiais sobre o bem ao término da reforma. Entretanto, ao manter o recorrido, unilateralmente, o imóvel em seu poder, além do prazo convencionado para a devolução, passou a exercer a posse injusta, em razão do esbulho, causador da perda do ponto empresarial pelo recorrido. Se é verdade que a denúncia vazia não gera o dever de indenizar a perda do ponto empresarial, desde que realizada a devida notificação, também é verdade que não pode o locador, para retomar o imóvel, esbulhar a posse do locatário, sob pena de responder por perdas e danos. Nos termos do art. 402 do CC/2002, a respectiva indenização abrange, além do valor correspondente às máquinas, equipamentos, móveis e utensílios que guarneciam o estabelecimento, o ponto empresarial que o recorrente efetivamente perdeu por conta do esbulho praticado pelo recorrido" (STJ, REsp 1.416.227/RJ, 3.ª Turma, Rel. Min. Nancy Andrighi, j. 12.12.2017, *DJe* 18.12.2017).

O corpo do voto condutor cita, ainda, o princípio da boa-fé objetiva, aduzindo com precisão que "o cenário descrito revela nítido comportamento contrário à boa-fé objetiva do recorrido (art. 422, Código Civil), na medida em que ele, antes mesmo de se tornar proprietário – e pretenso locador – do imóvel onde havia 42 anos estava instalado o Loide Bar, não se pautou pelo dever de lealdade, transparência e probidade quanto às suas reais intenções, frustrando a expectativa legítima do primeiro recorrente de que permaneceria à frente do seu negócio, como locatário do referido bem. O que se evidencia é que o recorrido, abusando da confiança do primeiro recorrente, fê-lo crer que manteria o contrato de locação entre eles, quando, de certo, não era esse o seu propósito, senão o de se beneficiar do ponto empresarial estabelecido por aquele. E tanto foi assim que o recorrido adquiriu a propriedade do imóvel, depois de ter o recorrente renunciado ao direito de preferência, e, em seguida, com a autorização deste, reformou o imóvel, recebendo os respectivos alugueres, mas nele instalou, ao final, outro negócio do mesmo ramo" (STJ, REsp 1.416.227/RJ, 3.ª Turma, Rel. Min. Nancy Andrighi, j. 12.12.2017).

Entretanto, apesar de todos esses julgados, deve ser feita a ressalva de que tais danos imateriais devem ser evidenciados no caso concreto. Como reconhece o Enunciado n. 159 do CJF/STJ, aprovado na *III Jornada de Direito Civil* (2004), os danos morais não se confundem com os meros aborrecimentos decorrentes do dia a dia, principalmente com aqueles resultantes de prejuízo meramente material. Do Tribunal do Rio Grande do Sul, em discussão em ação de reintegração de posse, cumpre transcrever:

"Ação de reintegração de posse cumulada com indenização por danos morais. Aparelho rádio gravador. Conserto em oficina. Demora injustificada na entrega do objeto. Pretensão reintegratória reconhecida em sentença. Danos morais. Descabimento. Demandante que superdimensiona o fato. Incômodo que não possui relevância. Dano moral não configurado. Sentença integralmente mantida, inclusive no tocante à verba honorária. Apelo desprovido" (TJRS, Processo 70016062044, 20.ª Câmara Cível, São Leopoldo, Juiz Rel. José Aquino Flores de Camargo, j. 16.08.2006).

Ou, entre os acórdãos estaduais mais recentes, do Tribunal Paulista, com correta conclusão:

"Pretensão recursal restrita a condenação dos apelados ao pagamento de indenização a título de danos morais. Inexistência de comprovação suficiente do dano moral a ser indenizado. Os fatos narrados na inicial não foram capazes de provocar no apelante abalo psíquico, dor íntima intensa, perturbações psicológicas. Não se nega que a invasão do terreno do autor causou-lhe aborrecimento. No entanto, o mero aborrecimento e o transtorno porque teve de passar não autoriza condenar os apelados a repararem um dano moral que não restou demonstrado e que, observa-se, não resulta da própria conduta do ofensor, como nos casos de abalo de crédito, em que o dano existe *in re ipsa*. Apelação improvida" (TJSP, APL 0055446-33.2009.8.26.0564, Ac. 10594476, 15.ª Câmara de Direito Privado, São Bernardo do Campo, Rel. Des. Jairo Oliveira Junior, j. 11.07.2017, *DJESP* 20.07.2017, p. 1.821).

O inciso II do art. 555 do CPC/2015 determina também a indenização dos frutos pelo réu da ação ao autor, o que não constava da Norma Processual anterior, apesar de estes serem enquadrados como danos materiais (lucros cessantes). Vale lembrar que os frutos são bens acessórios que saem do principal sem diminuir a sua quantidade. Para exemplificar, imagine-se a hipótese de reintegração de posse de uma fazenda onde havia uma produção de laranjas, que foram colhidas pelos invasores, devendo ser ressarcidas.

O inciso II do art. 921 do CPC/1973 tratava da cominação de pena em caso de turbação ou esbulho. Essa pena constituía a multa (*astreintes*) geralmente fixada nas ações possessórias e de forma diária.

Como é notório, no interdito proibitório e na ação de manutenção de posse, essa multa sempre teve um papel fundamental, sendo esse o fim da liminar a ser deferida pelo juiz.

O caráter dessa multa sempre foi coercitivo, evitando-se a ocorrência de novos atentados à posse. No CPC/2015, a multa passa a ser retirada do parágrafo único do art. 555, segundo o qual pode o autor da ação possessória requerer, ainda, imposição de medida necessária e adequada para evitar nova turbação ou esbulho ou cumprir-se a tutela provisória ou final.

Ato contínuo de estudo, o inciso III do art. 921 do CPC/1973 possibilitava, na ação possessória, o desfazimento de construção ou plantação feita em detrimento da posse do autor da ação, um pedido subsidiário de obrigação de fazer. Não sendo possível essa demolição, o autor da ação poderia pleitear a conversão em perdas e danos, como reconhecia a jurisprudência. Por todos, a demonstrar essa dedução:

> "Demolitória. Edificação irregular. Ação cumulada com reintegração de posse. Obra edificada pelo requerido. Invasão do imóvel do requerente em 18 (dezoito) centímetros. Desfazimento da obra. Prejuízo desproporcional ao direito. Conversão em perdas e danos. Apropriação pelo requerido da parte do imóvel do requerente sob a alegação de aquiescência do proprietário anterior ao projeto apresentado à municipalidade. Desacolhimento, eis que a aludida anuência foi dada ao projeto e não à ocupação de parte de seu imóvel pelo acionado, sendo ainda certo que, para valer contra terceiros ou sucessores, a alteração das medidas do imóvel do requerente, por eventual concordância do antigo proprietário, deveria estar averbada no Registro Imobiliário. Sentença de improcedência reformada. Recurso parcialmente provido" (TJSP, Apelação Cível com Revisão 876.292-0/4, 34.ª Câmara de Direito Privado, São José dos Campos, Rel. Des. Irineu Pedrotti, 25.10.2006, v.u., Voto 8.959).

O Código de Processo Civil de 2015 não reproduziu essa regra. Todavia, parece-me que a possibilidade de desfazimento de construção ou plantação enquadra-se no parágrafo único do seu art. 555, pela presença de uma medida necessária para o cumprimento da tutela provisória ou final. Eventualmente, na linha do último aresto, também é possível a conversão final em perdas e danos.

Nos termos do art. 556 do CPC/2015, é lícito ao réu, na contestação, alegando que foi o ofendido em sua posse, demandar a proteção possessória e a indenização pelos prejuízos resultantes da turbação ou do esbulho cometido pelo autor. Trata-se de reprodução literal do art. 922 do CPC/1973. Pelo que consta desses dispositivos, e isso é notório e conhecido, as ações possessórias diretas têm *natureza dúplice*, cabendo pedido contraposto em favor do réu para que a sua posse seja protegida no caso concreto.

Esse pedido contraposto pode ser de proibição, de manutenção ou mesmo de reintegração da posse em seu favor. Portanto, está totalmente dispensada a necessidade de uma reconvenção para a aplicação das medidas previstas no art. 555 do Estatuto Processual em vigor, entendimento que sempre prevaleceu quanto ao art. 922 do CPC/1973.

No entanto, como sempre advertiu e continua pontuando a doutrina, caso o réu pretenda outra consequência jurídica, que não seja a proteção da posse ou a indenização por perdas e danos, deverá ingressar com ação declaratória incidental (NERY JR., Nelson; NERY, Rosa Maria de Andrade. *Código Civil...*, 2003, p. 991; NERY JR., Nelson; NERY, Rosa Maria de Andrade. *Comentários...*, 2015, p. 1.382). *A priori*, entendo que essa premissa deve ser mantida na vigência do CPC/2015.

Além disso, como julgou o Superior Tribunal de Justiça a respeito do tema, "nas ações possessórias e considerando a natureza dúplice dessas, não é possível afastar a ocorrência de julgamento *extra petita* (fora do pedido) da indenização por benfeitorias, em benefício do réu revel, ante a não apresentação de contestação ou da ausência de formulação de pedido indenizatório em momento posterior. O deferimento do pleito de indenização por benfeitorias pressupõe a necessidade de comprovação da existência delas e da discriminação de forma correta" (STJ, REsp 1.836.846/PR, 3.ª Turma, Rel. Min. Nancy Andrighi, j. 22.09.2020, *DJe* 28.09.2020). Portanto, não é possível reconhecer o pagamento da indenização das benfeitorias de ofício, pelo juiz.

Conforme o art. 557 do Código de Processo Civil em vigor, na pendência de ação possessória é vedado, tanto ao autor quanto ao réu, propor ação de reconhecimento do domínio, exceto se a pretensão for deduzida em face de terceira pessoa. Em complemento, prescreve o seu parágrafo único que não obsta à manutenção ou à reintegração de posse a alegação de propriedade, ou de outro direito sobre a coisa.

Fazendo a devida confrontação do preceito com o art. 923 do antigo CPC, seu correspondente, constata-se a introdução da exceção quando a discussão de propriedade diz respeito a terceira pessoa. A título de exemplo, pode ser mencionado o caso em que o imóvel objeto de uma reintegração de posse é invadido por um terceiro, podendo qualquer uma das partes dirigir um pedido petitório em face desse terceiro. No mais, os dois diplomas são equivalentes.

O dispositivo processual revogado, assim, já previa que a alegação de exceção de domínio (*exceptio proprietatis*) não bastava para a improcedência da ação possessória. Aquela regra foi repetida, em sentido próximo, pelo § 2.º do art. 1.210 do CC/2002, pelo qual "não obsta à manutenção ou reintegração na posse a alegação de propriedade, ou de outro direito sobre a coisa". O que se entende é que o Código Civil de 2002 consolidou a inviabilidade da alegação de domínio, ou de propriedade, em sede de ação possessória, ou seja, trouxe uma divisão entre os juízos possessório – em que se discute a posse – e petitório – em que se debate a propriedade.

Nessa linha de raciocínio, estatui o Enunciado n. 78 do CJF/STJ, aprovado na *I Jornada de Direito Civil*, que, "tendo em vista a não recepção, pelo novo Código Civil, da *exceptio proprietatis* (art. 1.210, § 2.º) em caso de ausência de prova suficiente para embasar decisão liminar ou sentença final ancorada exclusivamente no *ius possessionis*, deverá o pedido ser indeferido e julgado improcedente, não obstante eventual alegação e demonstração de direito real sobre o bem litigioso".

Destaque-se que o art. 505 do CC/1916, norma que não tem correspondente no atual Código Civil, foi revogado, não cabendo mais a prevalência da propriedade e do domínio sobre a posse. Enunciava o dispositivo do Código Civil anterior que "não obsta à manutenção, ou reintegração na posse, a alegação de domínio, ou de outro direito sobre a coisa. Não se deve, entretanto, julgar a posse em favor daquele a quem evidentemente não pertencer o domínio". Pode-se dizer, assim, que a última regra não mais persiste. Mais do que isso, arremata o Enunciado n. 79 do CJF/STJ, da mesma *I Jornada de Direito Civil*, que "a *exceptio proprietatis*, como defesa oponível às ações possessórias típicas, foi abolida pelo Código Civil de 2002, que estabeleceu a absoluta separação entre os juízos possessório e petitório".

Em outras palavras, a ação possessória é a via adequada para a discussão da posse, enquanto a ação petitória é o caminho processual correto para a discussão da propriedade e do domínio, não sendo possível *embaralhar* as duas vias. Conforme as lições de Paulo Lôbo, "posse é posse. Propriedade é propriedade. A primeira é relação de fato, a segunda relação de direito" (LÔBO, Paulo. *Direito...*, 2015, p. 80). Tal afirmação, como não poderia ser diferente, repercute nas demandas judiciais cabíveis em um e outro caso.

Pode-se afirmar, pelas fundamentações expostas, que já estava prejudicada a redação da Súmula 487 do STF, pela qual "será deferida a posse a quem, evidentemente, tiver o domínio, se com base neste for ela disputada". Isso porque não é possível discutir a posse em ação de discussão do domínio. Parece-me que tudo isso foi confirmado pelo Novo Código de Processo Civil, especialmente pelo parágrafo único do seu art. 557, com a ressalva da demanda petitória em face de terceiro, reafirme-se.

Porém, no ano de 2018, surgiu importante precedente da Corte Especial do Superior Tribunal de Justiça mitigando todas essas afirmações. Na dicção exata de sua ementa, que merece destaque:

> "O art. 923 do CPC/1973 (atual art. 557 do CPC/2015), ao proibir, na pendência de demanda possessória, a propositura de ação de reconhecimento do domínio, apenas pode ser compreendido como uma forma de se manter restrito o objeto da demanda possessória ao exame da posse, não permitindo que se amplie o objeto da possessória para o fim de se obter sentença declaratória a respeito de quem seja o titular do domínio. A vedação constante do art. 923 do CPC/1973 (atual art. 557 do CPC/2015), contudo, não alcança a hipótese em que o proprietário alega a titularidade do domínio apenas como fundamento para pleitear a tutela possessória. Conclusão em sentido contrário importaria chancelar eventual fraude processual e negar tutela jurisdicional a direito fundamental. Titularizar o domínio, de qualquer sorte, não induz necessariamente êxito na demanda possessória. Art. 1.210, § 2.º, do CC/2002. A tutela possessória deverá ser deferida a quem ostente melhor posse, que poderá ser não o proprietário, mas o cessionário, arrendatário, locatário, depositário etc. A alegação de domínio, embora não garanta por si só a obtenção de tutela possessória, pode ser formulada incidentalmente com o fim de se obter tutela possessória" (STJ, EREsp 1.134.446/MT, Corte Especial, Rel. Min. Benedito Gonçalves, j. 21.03.2018, *DJe* 04.04.2018).

Com o devido respeito a quem pensa de forma contrária, não entendo que houve a superação total dos enunciados doutrinários antes citados por esse julgado superior. *Primeiro*, porque o debate nele constante diz respeito a bem público em ação possessória entre particulares, sendo o argumento do domínio utilizado pelo ente estatal. Aliás, restringindo a aplicação da tese a essas hipóteses, em novembro de 2019, o próprio STJ editou a sua Súmula 637, originária do precedente por último transcrito e prevendo que "o ente público detém legitimidade e interesse para intervir incidentalmente na ação possessória entre particulares, podendo deduzir qualquer matéria defensiva, inclusive, se for o caso, o domínio". *Segundo*, pelo fato de que o proprietário alegará o domínio para discutir a tutela possessória, como consta do conteúdo do acórdão. *Terceiro*, como ainda se verá nesta obra, a separação dos juízos possessório e petitório não é absoluta, o que é confirmado pelo aresto superior.

Superada essa questão, o art. 559 do Estatuto Processual emergente prevê que, se o réu provar, em qualquer tempo, que o autor provisoriamente mantido ou reintegrado na posse carece de idoneidade financeira para, na hipótese de sucumbência, responder por perdas e danos, o juiz designar-lhe-á o prazo de cinco dias para requerer caução, real ou fidejussória (pessoal). Isso sob pena de ser depositada a coisa litigiosa, ressalvada a impossibilidade da parte economicamente hipossuficiente. A norma equivale ao art. 925 do CPC/1973, tratando da caução a ser fixada no curso do interdito possessório.

Como novidade que vem em boa hora, a caução é dispensada para os autores que forem hipossuficientes, devendo o magistrado decidir de acordo com as peculiaridades do caso concreto. Reafirme-se a posição doutrinária, no sentido de se exigir a idoneidade dessa caução (NERY JR., Nelson; NERY, Rosa Maria de Andrade. *Código Civil...*, 2003, p. 995; NERY JR., Nelson; NERY, Rosa Maria de Andrade. *Comentários...*, 2015, p. 1.388-1.389).

Superadas essas regras gerais, o Código Processual Civil de 2015 continua a trazer previsões específicas relativas às *ações possessórias diretas*, como fazia o seu antecessor.

No que toca às ações de manutenção e de reintegração de posse, estabelece o outrora comentado art. 560 que o possuidor tem direito a ser mantido na posse em caso de turbação, e reintegrado, no de esbulho (art. 926 do CPC/1973). Para tanto, nos termos do art. 561 do CPC/2015, que reproduz integralmente o art. 927 do CPC/1973, incumbe ao autor da ação provar: *a)* a sua posse; *b)* a turbação ou o esbulho praticado pelo réu; *c)* a data da turbação ou do esbulho; *d)* a continuação da posse, embora turbada, na ação de manutenção, ou a perda da posse, na ação de reintegração. Esses dados devem constar da petição inicial, sob pena de sua inépcia, segundo o art. 330, § 1.º, inciso I, do CPC/2015, equivalente ao art. 295, parágrafo único, inciso I, do CPC/1973.

Para a jurisprudência superior, esses são os únicos requisitos essenciais para a propositura da ação possessória cabível no caso concreto, não sendo fundamental a prévia notificação do réu. Conforme consta de recente aresto da Quarta Turma do Tribunal da Cidadania, "a partir da leitura dos artigos 924, 927 e 928 do CPC/73, equivalentes aos artigos 558, 561 e 562 do CPC/15, infere-se que a notificação prévia não é documento essencial à propositura da ação possessória" (STJ, REsp 1.263.164/DF, 4.ª Turma, Rel. Min. Marco Buzzi, j. 22.11.2016, *DJe* 29.11.2016, publicado no seu *Informativo* n. 594).

A possibilidade de concessão de liminar *inaudita altera par*, sem ouvir a outra parte, nas ações possessórias diretas por *força nova* está confirmada no novo art. 562 do CPC/2015, *caput*, cuja redação é a seguinte: "estando a petição inicial devidamente instruída, o juiz deferirá, sem ouvir o réu, a expedição do mandado liminar de manutenção ou de reintegração, caso contrário, determinará que o autor justifique previamente o alegado, citando-se o réu para comparecer à audiência que for designada". O dispositivo corresponde ao art. 928 do CPC/1973, em sua integralidade.

A audiência mencionada é a notória *audiência de justificação*, tão comum nas ações possessórias. Com relação a ela, prescreve o art. 563 do CPC/2015 – equivalente, sem alterações, ao art. 929 do CPC/1973 –, que, considerada suficiente a justificação, o juiz fará logo expedir mandado de manutenção ou de reintegração de posse.

Ao discutir a natureza jurídica da liminar, comentam Nelson Nery Jr. e Rosa Maria de Andrade Nery que ela "tem caráter de adiantamento do resultado do pedido de proteção possessória. A concessão da liminar funciona como se o juiz tivesse julgado procedente o pedido, liminar, antecipada e provisoriamente, até que seja feita a instrução e sobrevenha a sentença. A única semelhança com o antigo procedimento cautelar é o atributo da provisoriedade, já que o juiz pode revogar a liminar e concedê-la, novamente, se for o caso, ou a propósito do juízo de retratação, se for interposto agravo de instrumento (...). Com a união de todos os procedimentos antecipatórios sob a estrutura básica da tutela provisória, fica mais evidente que a liminar possessória é uma modalidade dessa tutela, sob a forma de tutela de urgência ou da evidência, conforme o caso" (NERY JR., Nelson; NERY, Rosa Maria de Andrade. *Comentários...*, 2015, p. 1.392). Como se nota, já constam as opiniões dos juristas a respeito do sistema atual.

No sistema anterior, também para Alexandre Freitas Câmara, os efeitos da liminar seriam os mesmos dos concedidos por uma sentença de procedência da ação. Trata-se, portanto, de uma tutela antecipada (CÂMARA, Alexandre Freitas. *Lições...*, 2005, v. III, p. 394). Penso exatamente da mesma forma, posição mantida com a emergência do CPC/2015.

Em complemento, enuncia o parágrafo único do art. 562 do CPC em vigor que, contra as pessoas jurídicas de Direito Público, não será deferida a manutenção ou a reintegração liminar sem prévia audiência dos respectivos representantes judiciais. Assim, a União, os Estados e os Municípios devem antes ser ouvidos para depois ser concedida, eventualmente, a liminar. A norma, sem dúvida, é protetiva do Estado, não havendo qualquer alteração diante do parágrafo único do art. 928 do CPC/1973, seu equivalente.

Como controvérsia sempre destacada por mim em aulas e exposições sobre a temática, e que permanece perante o CPC/2015, surge dúvida quanto à possibilidade de liminar em sede de interdito proibitório, se a ameaça for nova, ou seja, com menos de um ano e um dia. Em outras palavras, a pergunta a ser formulada é a seguinte: o interdito proibitório também pode constituir uma *ação de força nova*, como antes exposto?

A resposta sempre me pareceu positiva, uma vez que o art. 933 do CPC/1973 mandava aplicar, ao interdito proibitório, as regras relativas às ações de manutenção ou reintegração de posse. Fez o mesmo o art. 568 do CPC/2015. Concluindo dessa forma, aplica-se o atual art. 562 do CPC/2015 àquela ação, sendo a liminar para a fixação de multa, com o fim de impedir a turbação e o esbulho.

Vale dizer que a ação de interdito proibitório tem como pedido principal uma obrigação de não fazer, qual seja, da outra parte abster-se do atentado à posse. Esse conteúdo da referida ação poderia ser retirado do art. 932 do CPC/1973, repetido pelo art. 567 do CPC/2015, pelo qual "o possuidor direto ou indireto que tenha justo receio de ser molestado na posse poderá requerer ao juiz que o segure da turbação ou esbulho iminente, mediante mandado proibitório em que se comine ao réu determinada pena pecuniária caso transgrida o preceito".

O julgado do Tribunal de Justiça de São Paulo a seguir, bem pitoresco, reconhece, a título de exemplo, a fixação de liminar em sede de interdito proibitório, confirmando a tese sempre defendida por mim:

> "Agravo de instrumento. Locação de imóveis. Ação de manutenção de posse cumulada com interdito proibitório. Decisão que defere o pedido liminar 'para segurar os inquilinos de serem molestados na posse do imóvel alugado dos requeridos'. Inconformismo dos réus, que sustentaram ausentes os elementos de verossimilhança do direito invocado. Não pode o locador, ou alguém em seu nome, num vestido de malha usado para dormir, adentrar o imóvel locado para cobrar dos locatários a cessação de atividade naturalmente ruidosa que aquele havia permitido que fosse desenvolvida no local, mormente não havendo prova de que a atividade em tela vem extrapolando o horário limite aceitável, segundo os agravantes, das 22 horas, e mesmo os limites legais da poluição sonora que uma Igreja Evangélica notoriamente produz. Tal ato destarte, pela violação do contratado, representou turbação da posse que o locador estava obrigado a garantir, agravada pelo traje evidentemente inadequado posto a desfilar ao meio de uma cerimônia de noivado, que pressupõe banho tomado e naftalina exalando da melhor roupa tirada do armário. Agravo improvido" (TJSP, Agravo de Instrumento 898.465-0/0, 36.ª Câmara de Direito Privado, São Paulo, Rel. Palma Bisson, 16.06.2005, v.u.).

Outra questão polêmica diz respeito à *ação de força velha*. Como se demonstrou, se o atentado à posse tiver pelo menos um ano e um dia, não caberá mais a *ação de força nova*, mas apenas a *ação de força velha*, que seguia o antigo rito ordinário e em que não caberia a liminar. Agora, passa a seguir o procedimento comum, pelo CPC/2015.

No entanto, fica a dúvida se nessa ação caberá a concessão de tutela antecipada para, principalmente, deferir-se a reintegração da posse a favor do autor da ação.

A resposta dada pelos juristas participantes da *III Jornada de Direito Civil*, em 2004, foi positiva, conforme o Enunciado n. 238 do CJF/STJ, cuja redação é a seguinte, com menções ao CPC/1973: "ainda que a ação possessória seja intentada além de 'ano e dia' da turbação ou esbulho, e, em razão disso, tenha seu trâmite regido pelo procedimento ordinário (CPC, art. 924), nada impede que o juiz conceda a tutela possessória liminarmente, mediante antecipação de tutela, desde que presentes os requisitos autorizadores do art. 273, I ou II, bem como aqueles previstos no art. 461-A e parágrafos, todos do Código de Processo Civil".

O enunciado doutrinário acaba traduzindo o que entendia a jurisprudência, pois o próprio Superior Tribunal de Justiça já se pronunciou no sentido de ser possível a tutela antecipada em ação de reintegração de posse, desde que preenchidos os requisitos do art. 273 do CPC/1973 (STJ, REsp 555.027/MG, 3.ª Turma, Rel. Min. Carlos Alberto Menezes Direito, j. 27.04.2004, *DJ* 07.06.2004, p. 223). Arestos mais recentes do Tribunal da Cidadania seguem a mesma linha (ver: STJ, AgRg no REsp 1.139.629/RJ, 4.ª Turma, Rel. Min. Maria Isabel Gallotti, j. 06.09.2012, *DJe* 17.09.2012; e REsp 1.194.649/RJ, 4.ª Turma, Rel. Min. Maria Isabel Gallotti, j. 12.06.2012, *DJe* 21.06.2012). Esse entendimento deve ser mantido com a emergência do Código de Processo Civil de 2015, cabendo a tutela provisória em sentido amplo tratada no Estatuto Processual emergente (arts. 294 a 311). Assim, sendo preenchidos os requisitos da lei, serão cabíveis a tutela de urgência e a de evidência, o que demanda análise caso a caso.

Exatamente nessa linha, admitindo a tutela de evidência em casos tais, do Tribunal de Justiça do Espírito Santo: "a possibilidade de concessão de tutela antecipada em ação possessória de força velha com base no preenchimento dos pressupostos da tutela de evidência, e não de urgência, além de encontrar amparo nesta Corte de Justiça, tem sido defendida por parcela significante e expressiva da doutrina nacional" (TJES, Agravo de Instrumento 0013010-46.2019.8.08.0035, 3.ª Câmara Cível, Rel. Des. Eliana Junqueira Munhós Ferreira, j. 08.10.2019, *DJES* 17.10.2019).

Mencionando a tutela de urgência, sem prejuízo de muitos outros acórdãos estaduais no mesmo sentido: "embora escoado o prazo legal, tratando-se de ação de força velha, admissível a concessão da tutela de urgência fundada na probabilidade do direito dos autores e no perigo de dano ou o risco ao resultado útil do processo. Precedentes" (TJSP, Agravo de Instrumento 2225189-35.2018.8.26.0000, Acórdão 12195727, 20.ª Câmara de Direito Privado, Carapicuíba, Rel. Des. Álvaro Torres Júnior, j. 04.02.2019, *DJESP* 15.02.2019, p. 2.553).

Analisadas essas questões controvertidas quanto à liminar, preceitua o atual art. 564 do CPC/2015 que, concedido ou não o mandado liminar de manutenção ou de reintegração, o autor promoverá, nos cinco dias subsequentes, a citação do réu para, querendo, contestar a ação no prazo de 15 dias. Nos termos do seu parágrafo único, quando for ordenada a justificação prévia, o prazo para contestar será contado da intimação da decisão que deferir ou não a medida liminar. Aqui também não houve qualquer mudança, com equivalência absoluta ao art. 930 do CPC/1973.

Como inovação de cunho social inquestionável, há outra preocupação com os conflitos coletivos de terras, nas novidades constantes do art. 565 do *Codex* de 2015. Expressa o seu *caput* que, no litígio coletivo pela posse de imóvel, quando o esbulho ou a turbação afirmada na petição inicial houver ocorrido há mais de ano e dia, o juiz, antes de apreciar o pedido de concessão da medida liminar, deverá designar audiência de mediação, a realizar-se em até 30 dias.

Anoto que no Projeto de Reforma do Código Civil também se almeja incluir regra a respeito de demandas coletivas possessórias no novo § 3.º do art. 1.210, segundo o qual "os direitos referidos no *caput* poderão ser exercidos coletivamente, em caso de imóvel de extensa área que for possuído por considerável número de pessoas".

Cabe lembrar que a mediação não visa ao acordo entre as partes, mas apenas a sua aproximação para o *diálogo*. Ademais, como se pode verificar do comando, criou-se uma possibilidade de liminar em uma ação de força velha, quando o esbulho ou a turbação estiver configurada há mais de um ano e um dia. O preceito causa perplexidade, quebrando uma antiga tradição. Com certeza, teremos grandes debates sobre o tema nos próximos anos, entre os civilistas e processualistas.

O Ministério Público será intimado para comparecer a essa audiência de mediação, o mesmo ocorrendo com a Defensoria Pública, sempre que houver parte beneficiária de gratuidade da Justiça (art. 565, § 2.º, do CPC/2015). Para facilitar a compreensão do conflito, estabelece o § 3.º do mesmo diploma que o juiz poderá deslocar-se até a área objeto do litígio quando sua presença se fizer necessária à efetivação da tutela jurisdicional.

Essa última regra representa concretização do mandamento constitucional retirado do art. 126 do Texto Maior, segundo o qual "para dirimir conflitos fundiários, o Tribunal de Justiça proporá a criação de varas especializadas, com competência exclusiva para questões agrárias. Parágrafo único. Sempre que necessário à eficiente prestação jurisdicional, o juiz far-se-á presente no local do litígio".

Ainda no que diz respeito a essa audiência de mediação, preconiza o § 4.º do art. 565 do CPC/2015 que os órgãos responsáveis pela política agrária e pela política urbana da União, de Estado ou do Distrito Federal e de Município onde se situe a área objeto do litígio, poderão ser intimados para o comparecimento, a fim de se manifestarem sobre seu interesse no processo e sobre a existência de possibilidade de solução para o conflito possessório. Depois de concedida a liminar, se esta não for executada no prazo de um ano, a contar da data de distribuição, caberá ao juiz designar a citada audiência de mediação, para os fins de tentar aproximar as partes relativas ao conflito (art. 565, § 1.º, do CPC/2015).

Na *II Jornada de Prevenção e Solução de Litígios*, promovida pelo Conselho da Justiça Federal em agosto de 2021, aprovou-se necessário enunciado, segundo o qual "nos litígios coletivos com potencial de remover população de baixa renda, é dever do Estado buscar a resolução consensual do conflito, nos termos do art. 3.º, §§ 2.º e 3.º do CPC/2015, aplicando--se o regime jurídico previsto no art. 565 do CPC" (Enunciado n. 220).

Todos esses procedimentos também são aplicáveis aos litígios que dizem respeito ao domínio ou propriedade, ou seja, também nos juízos petitórios (art. 565, § 5.º, do CPC/2015). A título de exemplo, todos esses procedimentos devem incidir para os casos de *desapropriação judicial privada por posse-trabalho*, expressão cunhada por Miguel Reale para designar a categoria tratada pelo Código Civil nos §§ 4.º e 5.º do art. 1.228, e que será estudada no próximo capítulo desta obra.

Partindo para a prática dessa novidade instrumental, julgados estaduais têm determinado a realização de audiência de justificação prévia, antes da concessão da liminar e da realização da audiência de mediação e conciliação. O objetivo é de verificação da presença ou não de um litígio coletivo, precaução que parece necessária. Assim concluindo, a título de exemplo:

> "Agravo de instrumento. Ação de reintegração de posse. Liminar indeferida. Inconformismo. Descabimento. Prudência na análise do caso que se mostra adequada. Necessidade de averiguar se o litígio é coletivo para designar audiência de conciliação, nos termos do artigo 565 do Código de Processo Civil. Necessidade de designação de audiência de justificação. Decisão mantida. Recurso não provido" (TJSP, Agravo de Instrumento 2122827-86.2017.8.26.0000, Acórdão 10634143, 16.ª Câmara de Direito Privado, Santana de Parnaíba, Rel. Des. Daniela Menegatti Milano, j. 25.07.2017, *DJESP* 02.08.2017, p. 1.961).

"Agravo de instrumento. Decisão monocrática. Reintegração de posse. Liminar. Indeferimento. Necessidade de designação de audiência de justificação prévia. I. A aplicação da regra hoje prevista no art. 565 do CPC esbarra em duas questões: Não há pedido na origem apreciado pelo julgador e nem é objeto do presente recurso. II. Nos termos da segunda parte do art. 928 do CPC de 1973 (art. 562, segunda parte, do NCPC), antes de indeferir a liminar pleiteada em ação de manutenção ou reintegração de posse, incumbe ao julgador designar audiência de justificação prévia a fim de permitir ao autor a oportunidade de comprovar suas alegações. III. Decisão desconstituída para que se realize audiência de justificação prévia, sem prejuízo do exame em primeiro grau da aplicação da regra do art. 565 do novel Codex processual. Agravo de instrumento provido em parte" (TJRS, Agravo de Instrumento 0104614-90.2016.8.21.7000, 17.ª Câmara Cível, Porto Alegre, Rel. Des. Gelson Rolim Stocker, j. 28.07.2016, *DJERS* 09.08.2016).

Como última nota relevante a respeito de demandas coletivas relativas à posse – e também quanto à propriedade –, a Lei 14.216/2021 trouxe ao sistema jurídico brasileiro medidas excepcionais em razão da "Emergência em Saúde Pública de Importância Nacional" (Espin), decorrente da pandemia de Covid-19.

Consoante o seu art. 2.º, estabeleceu-se a suspensão, até 31 de dezembro de 2021, dos efeitos de atos ou decisões judiciais, extrajudiciais ou administrativos, editados ou proferidos desde a vigência do estado de calamidade pública reconhecido pelo Decreto Legislativo n. 6, de 20 de março de 2020, até um ano após o seu término, que imponham a desocupação ou a remoção forçada coletiva de imóvel privado ou público, exclusivamente urbano, que sirva de moradia ou que represente área produtiva pelo trabalho individual ou familiar.

Tal suspensão abrangeu os seguintes atos: *a)* execução de decisão liminar e de sentença em ações de natureza possessória e petitória, inclusive mandado pendente de cumprimento; *b)* despejo coletivo promovido pelo Poder Judiciário; *c)* desocupação ou remoção promovida pelo poder público; *d)* medida extrajudicial; *e)* despejo administrativo em locação e arrendamento em assentamentos; e *f)* até a possibilidade de utilização da autotutela da posse (art. 2.º, § 1.º). Ademais, as medidas decorrentes de atos ou decisões proferidos em data anterior à vigência do estado de calamidade pública, não serão efetivadas até um ano após o seu término, ou seja, até 31 de dezembro de 2021 (art. 2.º, § 2.º, da Lei 14.216/2021).

Também se estabeleceu que durante o citado período não poderiam ser adotadas medidas preparatórias ou negociações com o fim de efetivar eventual remoção, e a autoridade administrativa ou judicial deverá manter sobrestados os processos em curso (art. 2.º, § 3.º, da Lei 14.216/2021).

Superado esse prazo de suspensão, o Poder Judiciário deverá realizar audiência de mediação entre as partes, com a participação do Ministério Público e da Defensoria Pública, nos processos de despejo, de remoção forçada e de reintegração de posse coletivos que estejam em tramitação e realizar inspeção judicial nas áreas em litígio; exatamente como previsto no art. 565 do CPC (art. 2.º, § 4.º, da Lei 14.216/2021).

O art. 3.º da norma considera como desocupação ou remoção forçada coletiva a retirada definitiva ou temporária de indivíduos ou de famílias promovida de forma coletiva e contra a sua vontade, de casas ou terras que ocupam, sem que estejam disponíveis ou acessíveis as formas adequadas de proteção de seus direitos, notadamente: *a)* garantia de habitação, sem nova ameaça de remoção, viabilizando o cumprimento do isolamento social; *b)* manutenção do acesso a serviços básicos de comunicação, de energia elétrica, de água potável, de saneamento e de coleta de lixo; *c)* proteção contra intempéries climáticas ou contra outras ameaças à saúde e à vida; *d)* acesso aos meios habituais de subsistência, inclusive acesso a terra, seus frutos, infraestrutura, fontes de renda e trabalho e *e)* privacidade, segurança e proteção contra a violência à pessoa e contra o dano ao seu patrimônio. A lei emergente, portanto, procurou amenizar as nefastas consequências sociais decorrentes da pandemia.

Por fim, com vistas a evitar argumentos oportunistas, o art. 7.º da Lei 14.216/2021 estabelece que essas medidas de proteção não se aplicam a ocupações ocorridas após 31 de março de 2021; e também não alcançam as desocupações já perfectibilizadas na data da sua publicação.

Releve-se que o Supremo Tribunal Federal já havia concluído, em decisão publicada em 7 de junho de 2021, nos autos da medida cautelar na arguição de descumprimento de preceito fundamental (ADPF) número 828, originária do Distrito Federal e com relatoria do Ministro Roberto Barroso, pela impossibilidade de se efetivar parte de tais medidas. Restou decidido o seguinte:

> "i) Com relação a ocupações anteriores à pandemia: suspender pelo prazo de 6 (seis) meses, a contar da presente decisão, medidas administrativas ou judiciais que resultem em despejos, desocupações, remoções forçadas ou reintegrações de posse de natureza coletiva em imóveis que sirvam de moradia ou que representem área produtiva pelo trabalho individual ou familiar de populações vulneráveis, nos casos de ocupações anteriores a 20 de março de 2020, quando do início da vigência do estado de calamidade pública (Decreto Legislativo n.º 6/2020); ii) com relação a ocupações posteriores à pandemia: com relação às ocupações ocorridas após o marco temporal de 20 de março de 2020, referido acima, que sirvam de moradia para populações vulneráveis, o Poder Público poderá atuar a fim de evitar a sua consolidação, desde que as pessoas sejam levadas para abrigos públicos ou que de outra forma se assegure a elas moradia adequada; e iii) com relação ao despejo liminar: suspender pelo prazo de 6 (seis) meses, a contar da presente decisão, a possibilidade de concessão de despejo liminar sumário, sem a audiência da parte contrária (art. 59, § 1.º, da Lei 8.425/1991), nos casos de locações residenciais em que o locatário seja pessoa vulnerável, mantida a possibilidade da ação de despejo por falta de pagamento, com observância do rito normal e contraditório" (STF, ADPF 828/DF, Rel. Min. Roberto Barroso, j. 07.06.2021).

Como se pode perceber, a norma também abrangeu os despejos, que igualmente foram tratados pela Lei 14.126/2021, no seu art. 4.º.

Além disso, em dezembro de 2021, o Supremo Tribunal Federal concluiu que essa decisão deveria ter seus efeitos ampliados até 31 de março de 2022, e sucessivamente até 31 de outubro do mesmo ano. Em decisão liminar prolatada na última data e na mesma ação, foi restabelecida a possibilidade das citadas medidas de remoção, desde que observados alguns parâmetros pelas Cortes, com destaque para a realização de audiências de mediação, a saber:

> "1. Tribunais de Justiça e Tribunais Regionais Federais devem instalar, imediatamente, comissões de conflitos fundiários que sirvam de apoio aos juízes. De início, as comissões precisam elaborar estratégia para retomar decisões de reintegração de posse suspensas, de maneira gradual e escalonada;
>
> 2. As comissões de conflitos fundiários devem realizar inspeções judiciais e audiências de mediação antes de qualquer decisão para desocupação, mesmo em locais nos quais já haja decisões que determinem despejos. Ministério Público e Defensoria Pública devem participar;
>
> 3. Além de decisões judiciais, quaisquer medidas administrativas que resultem em remoções também devem ser avisadas previamente, e as comunidades afetadas devem ser

ouvidas, com prazo razoável para a desocupação e com medidas para resguardo do direito à moradia, proibindo em qualquer situação a separação de integrantes de uma mesma família".

Feitas essas observações importantes a respeito da temática, e seguindo no estudo do CPC/2015, determina o seu art. 566 que se aplica em relação às referidas ações possessórias o procedimento comum, de forma residual, o que era consagrado pelo art. 931 do CPC/1973. Aqui a única mudança relevante foi a substituição do rito ordinário pelo procedimento comum.

No tocante à competência para essas demandas fundadas na posse, como se sabe, sempre se reconheceu como competente, independentemente do procedimento a ser seguido, o foro de situação da coisa, o que era tradução do art. 95 do CPC/1973, que versava sobre as ações fundadas em direito real. Isso mesmo não sendo a posse um direito real, mas um direito de natureza especial, segundo a maioria dos civilistas.

O CPC/2015 espanca qualquer dúvida quanto a essa mesma conclusão, prevendo, no seu art. 47, § 2.º, que a ação possessória imobiliária será proposta no foro de situação da coisa, cujo juízo tem competência absoluta. Eventualmente, se o imóvel estiver situado em mais de um Estado ou em mais de uma Comarca, aplica-se a regra da *prevenção*, ou seja, será competente o primeiro juiz que tiver conhecimento da causa, conforme se manifestava a doutrina de escol (MARCATO, Antonio Carlos. *Procedimentos...*, 1999, p. 120).

Superadas as regras processuais previstas no CPC/2015, devidamente confrontadas com o seu antecessor, devem ser comentados dois dispositivos do Código Civil, que também interessam ao aspecto instrumental.

De início, prevê o art. 1.211 do CC/2002 que "quando mais de uma pessoa se disser possuidora, manter-se-á provisoriamente a que tiver a coisa, se não estiver manifesto que a obteve de alguma das outras por modo vicioso". O dispositivo trata do *possuidor aparente*, que manterá a coisa enquanto se discute em sede de ação possessória ou mesmo petitória, quem é o seu possuidor ou proprietário de direito.

Entretanto, pelo próprio comando, se for demonstrado que o *possuidor aparente* tem a coisa com um vício, seja objetivo ou subjetivo, poderá esta ser-lhe retirada. Filia-se à posição de Joel Dias Figueira Jr., quando afirma que "o principal critério abalizador da manutenção ou reintegração de posse haverá de ser, indubitavelmente, a utilização socioeconômica do bem litigioso e não mais o prazo de ano e dia de titularidade da posse. Portanto, substitui-se o critério puramente objetivo do parágrafo único do antigo art. 507 pelos critérios socio-políticos e econômicos ancorados na função social da propriedade que, em última análise, reside na própria posse. Não significa dizer, contudo, que os juízes não possam considerar em suas decisões, como elemento de formação de seus convencimentos, os 'títulos' de posse e/ou a sua respectiva data, ou, ainda que não possam, de ofício, utilizar-se do poder geral de cautela, autorizada expressamente pelos arts. 798 e 799 do CPC, determinando, por exemplo, o sequestro cautelar do bem litigioso. O que estamos a afirmar é que o ponto norteador para a manutenção ou reintegração da posse haverá de ser a posse efetiva em consonância com as suas finalidades sociais e econômicas" (FIGUEIRA JR., Joel Dias. *Novo Código Civil...*, 2004, p. 1.116). Em suma, a festejada função social da posse é o conceito orientador do art. 1.211 do CC/2002.

Por outra via, o art. 1.212 da atual codificação material privada dispõe que o possuidor pode intentar a ação de esbulho, ou a de indenização, contra o terceiro que recebeu a coisa esbulhada sabendo que o era. Assim, a norma civil abre a possibilidade de o possuidor que sofreu o atentado definitivo à posse ingresse com ação de reintegração de posse ou com ação de reparação de danos contra o terceiro que estiver com a coisa.

Observo que no Projeto de Reforma do Código Civil, há sugestão de melhora da redação do comando, para que deixe de mencionar a "ação de esbulho" e passe a expressar, de forma mais técnica, a "ação de reintegração de posse". Espera-se, portanto, a sua aprovação pelo Parlamento Brasileiro.

Voltando-se ao sistema ainda em vigor, a indenização em caso de esbulho está prevista pelo art. 952 do atual CC, cuja redação é a seguinte: "Havendo usurpação ou esbulho do alheio, além da restituição da coisa, a indenização consistirá em pagar o valor das suas deteriorações e o devido a título de lucros cessantes; faltando a coisa, dever-se-á reembolsar o seu equivalente ao prejudicado. Parágrafo único. Para se restituir o equivalente, quando não exista a própria coisa, estimar-se-á ela pelo seu preço ordinário e pelo de afeição, contanto que este não se avantaje àquele".

Ainda no estudo do vigente art. 1.212 do CC, na *I Jornada de Direito Civil* aprovou-se o Enunciado n. 80 do CJF/STJ, determinando que "é inadmissível o direcionamento de demanda possessória ou ressarcitória contra terceiro possuidor de boa-fé, por ser parte passiva ilegítima, diante do disposto no art. 1.212 do novo Código Civil. Contra o terceiro de boa-fé cabe tão somente a propositura de demanda de natureza real". Assim sendo, como não se pode atribuir culpa a quem esteja de boa-fé, não caberão as medidas previstas no dispositivo, mas tão somente ação petitória, para reivindicação da propriedade.

A encerrar o presente tópico, é interessante transcrever e analisar o Enunciado n. 239 do CJF/STJ, aprovado na *III Jornada de Direito Civil*, que em muito interessa para a discussão do mérito das ações possessórias diretas:

> "Na falta de demonstração inequívoca de posse que atenda à função social, deve-se utilizar a noção de 'melhor posse', com base nos critérios previstos no parágrafo único do art. 507 do CC/1916".

O enunciado doutrinário começa muito bem e termina muito mal. Começa muito bem, pois aponta que para a caracterização do que seja melhor posse, em sede de ação possessória, deve-se levar em conta a sua função social. Justamente por isso é forte a corrente doutrinária que conclui pela falta de legitimidade para a referida ação no caso de alguém que não vem atendendo a essa função social.

Sem prejuízo das palavras de Renato Franco, aqui transcritas, ensinam Cristiano Chaves de Farias e Nelson Rosenvald que "o direito do possuidor de defender a sua posse contra terceiros – incluindo-se aí o proprietário – é uma consequência jurídica produzida pela necessidade geral de respeito a uma situação fática consolidada, na qual necessidades humanas fundamentais são satisfeitas. A densidade social da posse como modo revelador da necessidade básica do homem de apropriar-se de bens primários, justifica que não seja ela reduzida a mero complemento da tutela da propriedade, mas sim em instrumento concreto de busca pela igualdade material e justiça social" (FARIAS, Cristiano Chaves de; ROSENVALD, Nelson. *Direitos reais...*, 2006, p. 110).

Vale dizer que a tese que relaciona a função social da posse e da propriedade como pressupostos para o ingresso de ação possessória e mesmo petitória foi adotada pela jurisprudência do Superior Tribunal de Justiça no famoso caso da *Favela Pullman*, que ainda será comentado e aprofundado no próximo capítulo desta obra (STJ, REsp 75.659/SP, j. 21.06.2005).

No entanto, o Enunciado n. 239 do Conselho da Justiça Federal termina muito mal, pois faz menção ao parágrafo único do art. 507 do CC/1916, que previa a seguinte ordem para a caracterização da melhor posse: "entende-se melhor a posse que se fundar em justo título; na falta de título, ou sendo os títulos iguais, a mais antiga; se da mesma data, a posse atual. Mas, se todas forem duvidosas, será sequestrada a coisa, enquanto se não apurar a quem toque".

A meu ver, não devem ser utilizados, em um primeiro momento, tais critérios, mas sim o festejado critério da função socioeconômica, antes exposto, consoante os ensinamentos de Joel Dias Figueira, por último transcritos. Sendo assim, a parte final do Enunciado n. 239 deveria ser cancelada em outra e próxima *Jornada de Direito Civil*.

2.4.2 A possibilidade de ingresso de outras ações possessórias

Além das ações possessórias diretas, os *interditos possessórios* estudados, é preciso ainda analisar outras ações em que a posse é discutida, e que também traduzem efeitos processuais do instituto em estudo. Essas ações serão abordadas de forma pontual, devidamente atualizadas no CPC/2015.

2.4.2.1 Da ação de nunciação de obra nova ou embargo de obra nova. A ausência do seu tratamento específico no Código de Processo Civil de 2015

Essa ação sempre visou a impedir a continuação de obras no terreno vizinho que prejudicassem o possuidor ou o proprietário, ou que estivessem em desacordo com os regulamentos civis e administrativos.

No CPC/1973, seguia-se o rito especial, conforme estava consagrado nos seus arts. 934 a 940. O CPC/2015 não repetiu tais dispositivos, passando a demanda a acompanhar o procedimento comum. De toda sorte, acreditamos que a demanda ainda é perfeitamente possível, inclusive pela menção que consta do Estatuto Processual emergente a respeito da competência para a sua apreciação.

Nos termos do art. 47, § 1.º, do CPC/2015, para as ações fundadas em direito real sobre imóveis é competente o foro de situação da coisa. Entretanto, há a ressalva de que o autor pode optar pelo foro de domicílio do réu ou pelo foro de eleição, se o litígio não recair sobre direito de propriedade, vizinhança, servidão, divisão e demarcação de terras e de nunciação de obra nova.

Pois bem, apesar de estar fundada em regras de direito de vizinhança, que ainda serão estudadas, a ação de nunciação de obra nova pode estar fundada na posse, ou mesmo na propriedade. Confirmando o exposto, dispunha o art. 934, inc. I, do CPC/1973 que essa ação competia ao proprietário ou ao *possuidor*, a fim de impedir que a edificação de obra nova em imóvel vizinho lhe prejudicasse o prédio, suas servidões ou os fins a que fosse destinado.

Não obstante a não reprodução do diploma, entendo pela persistência doutrinária do seu conteúdo, a manter a tese da existência de uma ação possessória indireta.

Todavia, na prática, é importante ressaltar que a ação de nunciação de obra nova, na grande maioria das vezes, era fundada no *domínio*, assumindo a feição de *ação petitória*.

Porém, não é só, pois a ação também caberia ao condômino, para impedir que o coproprietário executasse alguma obra com prejuízo ou alteração da coisa comum; ou ao Município, a fim de impedir que o particular construísse em contravenção da lei, do regulamento ou de postura (art. 934, incs. II e III, do CPC/1973). Mais uma vez acreditamos na persistência doutrinária do conteúdo das normas, mesmo não tendo sido repetidas pelo CPC de 2015.

Ao prejudicado também seria lícito, se o caso fosse urgente, fazer o embargo extrajudicial da obra, notificando verbalmente, perante duas testemunhas, o seu proprietário ou, em sua falta, o seu construtor, para não continuar a obra (art. 935, *caput*, do CPC/1973). Em complemento, dentro de três dias requereria o nunciante a ratificação ou confirmação em juízo, sob pena de cessar o efeito do embargo (art. 935, parágrafo único, do CPC/1973). Como se trata de medida extrajudicial e excepcional, acreditamos não ser mais viável juridicamente.

O art. 936 do CPC/1973 apresentava os requisitos da petição inicial dessa ação, além daqueles previstos no art. 282 do *Codex* Processual anterior, devendo requerer o autor-nunciante:

I – o embargo para que ficasse suspensa a obra e se mandasse afinal reconstituir, modificar ou demolir o que estivesse feito em seu detrimento;

II – a cominação de pena para o caso de inobservância do preceito (multa ou *astreintes*);

III – a condenação em perdas e danos, se estivessem presentes.

Como o dispositivo não foi reproduzido, a petição inicial passa a seguir apenas os requisitos gerais do atual art. 319 do CPC/2015, que equivale ao art. 282 do CPC/1973. Não se olvide que ainda são possíveis a cominação de pena e a condenação de perdas e danos, por interpretação de várias regras não só da legislação processual como material.

Em havendo a necessidade de demolição, colheita, corte de madeiras, extração de minérios e obras semelhantes, poderia ser incluído o pedido de apreensão e depósito dos materiais e produtos já retirados (art. 936, parágrafo único, do CPC/1973). Note-se que a ação de nunciação poderia ser convertida em ação demolitória, conforme posicionamento da jurisprudência (*RT* 533/1976).

Para essa conversão, todavia, sempre se levou em conta a razoabilidade, em atenção ao princípio da função social da posse e da propriedade. Anote-se que essa ideia de razoabilidade foi aplicada pelo Tribunal de Justiça de São Paulo, em sede de ação de reintegração de posse:

> "Reintegração de posse. Invasão em parte mínima da área de terreno vizinho. Construção da residência do réu já concluída. Demolição parcial que acarretaria prejuízo acentuado. Substituição da reintegração de posse, com ordem de demolição, pela indenização da área invadida, bem como eventual desvalorização da área remanescente da autora. Solução preconizada pelo art. 1.258 do CC/2002 e que reflete os Princípios da Razoabilidade e da Proporcionalidade, que hoje se elevam como verdadeiro direito fundamental, na medida em que no Estado de Direito não se pode tolerar o excesso. Recurso parcialmente provido. A invasão de área mínima de terreno, com a construção concluída de prédio, resolve-se com a indenização e não com a demolição, alternativa mais onerosa e desproporcionalmente superior ao prejuízo sofrido pelo autor, portanto reputando-se solução iníqua" (TJSP, 11.ª Câmara de Direito Privado, AP c/ Revisão 7.114.117-8, Santo Anastácio, Rel. Des. Gilberto Pinto dos Santos, j. 23.01.2007, v.u.).

Não obstante a previsão expressa dessa conversão, acredito que ela continua possível, sempre em casos excepcionais.

O art. 937 do CPC/1973 consagrava a possibilidade de embargo liminar em sede de ação de nunciação de obra nova, após a justificação prévia. Como ocorre com as ações possessórias diretas, não há dúvidas de que essa liminar tinha natureza de tutela antecipada. Essa natureza é mantida sob a vigência do Novo CPC, até porque não é mais viável a liminar específica, mas as tutelas de urgência ou de evidência tratadas a partir do art. 300 do CPC/2015.

Justamente por isso, era forte o entendimento entre os processualistas de que a não concessão da antiga liminar fazia com que a ação de nunciação de obra nova perdesse o seu objeto. Ensinava Humberto Theodoro Júnior, na vigência do sistema especial anterior, que "na estrutura legal do procedimento de nunciação de obra nova, o embargo liminar atua como pressuposto de desenvolvimento da relação processual. Sem que se torne possível a medida liminar, não se cita o réu. Se faltam elementos para a liminar, portanto, o juiz deve conceder prazo para o autor suprir a lacuna e, se não for atendido, outra saída não lhe restará senão a de extinguir o processo" (THEODORO JR., Humberto. *Comentários...*, 1974, p. 378). Essa também era a opinião de Alexandre Freitas Câmara (*Lições...*, 2005, v. III, p. 418) e de Antonio Carlos Marcato (*Procedimentos...*, 1999, p. 132).

Sempre entendi que tinham plena razão os juristas citados, uma vez que a finalidade da ação de nunciação de obra nova sempre foi o embargo liminar que, não sendo alcançado, frustraria o seu objeto. Veremos se essa posição será mantida na vigência do CPC/2015 no que diz respeito à ação de nunciação de obra que segue o procedimento comum, e sujeita à tutela antecipatória.

Deferido o embargo da obra, o oficial de justiça, encarregado de seu cumprimento, lavraria auto circunstanciado, descrevendo o estado em que se encontrava a obra; e, ato contínuo, intimaria o construtor e os operários que não continuassem a obra, sob pena de desobediência e citaria o proprietário a contestar em cinco dias a ação (art. 938 do CPC/1973). O *nunciado*, réu da ação, poderia, a qualquer tempo e em qualquer grau de jurisdição, requerer o prosseguimento da obra, desde que prestasse caução e demonstrasse prejuízo resultante de sua suspensão (art. 940 do CPC/1973).

A respeito dessa caução para prosseguimento da obra, seria prestada no juízo de origem, embora a causa se encontrasse no tribunal (art. 940, § 1.º, do CPC/1973). Em nenhuma hipótese teria lugar o prosseguimento, tratando-se de obra nova levantada contra determinação de regulamentos administrativos, o que visava a manter o interesse social e coletivo a respeito do imóvel (art. 940, § 2.º, do CPC/1973).

Acredito que todos esses procedimentos não terão mais aplicação no novo sistema processual, diante da não reprodução dos comandos pelo *Novo Codex*. Como antes exposto, o que deve ser repetido para encerrar o tema, a ação de nunciação de obra nova passa a seguir o procedimento comum, e não mais o rito especial.

2.4.2.2 Da ação de dano infecto

A *ação de dano infecto* é muito rara atualmente, tratando-se de uma medida preventiva, baseada no receio de que o vizinho, em demolição ou vício de construção, lhe cause prejuízos. Essa ação, em regra, é fundada no domínio, mas igualmente pode o possuidor obter do vizinho a caução por eventuais futuros danos. Pela possibilidade dessa medida pelo possuidor é que o tema está sendo tratado no presente tópico. A ação de dano infecto não possuía rito especial, seguindo o anterior rito ordinário (art. 282 e seguintes do CPC/1973). Na vigência do CPC de 2015, segue o procedimento comum.

A título de exemplo, imagine-se o caso de um locatário, possuidor de um imóvel, que ingressa com ação contra o vizinho, exigindo caução por excesso de ruído, o que pode prejudicar as suas atividades. Em casos tais, o Tribunal de Justiça de São Paulo entendeu ser possível essa ação:

> "Direito de vizinhança. Poluição sonora. Estabelecimento comercial. Produção excessiva de ruídos sonoros com aparelhos musicais. Local situado em zona mista, predominante-

mente residencial. Fixação de limite para ruído externo em 50 db em função de perícia realizada. Ação relativa a dano infecto parcialmente procedente. Recurso desprovido" (TJSP, Apelação 801.141-0/0, 26.ª Câmara de Direito Privado, Jundiaí, Rel. Des. Vianna Cotrim, J. 08.05.2006, v.u., Voto 11.925).

Ainda ilustrando, a ação de dano infecto pode ser cumulada com reparação de danos, em caso de prejuízos causados pelo vizinho:

> "Agravo de instrumento. Ação de dano infecto cumulada com indenização por danos materiais e pedido de tutela antecipada. Materiais de construção depositados junto ao muro divisório. Ocorrência de dano. Fixação de caução. Cabimento. Comprovado nos autos a ameaça de ruína do prédio do autor e a possibilidade de dano iminente ocasionados pelo depósito de tijolos na divisa dos imóveis, impõe-se o deferimento da tutela antecipada e a fixação de caução, nos termos do artigo 1.280 do novo Código Civil. Agravo de instrumento improvido. Unânime" (TJRS, Processo 70013299425, 17.ª Câmara Cível, Comarca de Santa Rosa, Juiz relator Agathe Elsa Schmidt da Silva, j. 30.03.2006).

Apesar dos julgados, é importante repisar que, na prática, não se vê muito a ação de dano infecto, pois não é ela considerada a melhor tática processual. Muitas vezes, a opção, realmente, é pela ação de nunciação de obra ou pela ação demolitória, o que deve ser mantido na vigência do CPC/2015.

2.4.2.3 *Dos embargos de terceiro*

Trata-se de remédio processual para a defesa da posse, ou mesmo da propriedade, por aquele que for turbado ou esbulhado por atos de apreensão judicial. Os embargos de terceiro seguem procedimento especial, conforme os arts. 674 a 681 do CPC/2015, correspondentes aos arts. 1.046 a 1.054 do CPC/1973.

Segundo o art. 1.046 do CPC/1973, aquele que, não sendo parte no processo, sofresse turbação ou esbulho na posse de seus bens por ato de apreensão judicial, em casos como o de penhora, depósito, arresto, sequestro, alienação judicial, arrecadação, arrolamento, inventário, partilha, poderia requerer lhe fossem mantidos ou restituídos por meio de embargos de terceiro.

A proteção possessória era clara no § 1.º do referido dispositivo processual anterior, pelo qual "Os embargos podem ser de terceiro senhor e possuidor, ou apenas possuidor". Deveria ser equiparado a terceiro a parte que, posto figurasse no processo, defendia bens que, pelo título de sua aquisição ou pela qualidade em que os possuísse, não poderiam ser atingidos pela apreensão judicial (§ 2.º do art. 1.046 do CPC/1973).

Considerava-se também terceiro o cônjuge quando defendesse a posse de bens próprios ou de sua meação (§ 3.º do art. 1.046 do CPC/1973). Além da proteção da meação do cônjuge, a jurisprudência vinha entendendo que também o companheiro poderia fazer uso dos embargos de terceiro para proteção da posse:

> "Embargos de terceiro. Penhora de automóvel. Inexistência de provas de que se constitua o bem em instrumento necessário ao exercício de profissão. Reconhecimento da meação do companheiro. Reserva de 50% sobre o produto da alienação do bem em hasta pública. Sentença confirmada por seus próprios fundamentos. Recurso improvido" (TJRS, Processo 71000888701, Data: 22.06.2006, Órgão julgador: Primeira Turma Recursal Cível, Juiz relator: Ricardo Torres Hermann, Origem: Comarca de Passo Fundo).

Obviamente, a premissa também valia – e continua valendo –, para o companheiro do mesmo sexo, diante da consolidação do entendimento segundo o qual as regras e máxima previstas para a união estável heterossexual igualmente incidem para a união homoafetiva (julgamento do STF na ADPF 132/RJ, de maio de 2011).

Em verdade, o CPC/2015 pouco alterou a respeito do tema, introduzindo esses entendimentos jurisprudenciais anteriores.

Conforme o *caput* do seu art. 674, quem, não sendo parte no processo, sofrer constrição ou ameaça de constrição sobre bens que possua ou sobre os quais tenha direito incompatível com o ato constritivo, poderá requerer seu desfazimento ou sua inibição por meio de embargos de terceiro. Como se pode perceber, foram utilizadas expressões mais genéricas do que aquelas que estavam no art. 1.046 do CPC/1973, com o fito de ampliar as suas hipóteses de incidência.

Os embargos podem ser de terceiro proprietário, inclusive fiduciário, ou possuidor (art. 674, § 1.º, do CPC/2015). A grande inovação do comando é a inclusão expressa do proprietário fiduciário, o que até podia ser retirado da redação anterior.

Ademais, nos termos do § 2.º do diploma, considera-se terceiro, para ajuizamento dos embargos o cônjuge ou companheiro, quando defende a posse de bens próprios ou de sua meação, ressalvado o disposto no art. 843. Repise-se que a menção ao companheiro segue a linha da jurisprudência anterior, aqui exposta.

Como novidade reconhece-se a legitimidade ao adquirente de bens cuja constrição decorreu de decisão que declara a ineficácia da alienação realizada em fraude à execução (art. 674, § 2.º, II, do CPC/2015). Também foi incluída, em boa hora, a legitimidade a quem sofre constrição judicial de seus bens por força de desconsideração da personalidade jurídica, de cujo incidente não fez parte (art. 674, § 2.º, inc. III, do CPC/2015). Como é notório, o Novo CPC incluiu um incidente de desconsideração da personalidade jurídica entre os seus arts. 133 a 137.

Por fim, correspondendo parcialmente ao art. 1.047, inc. II, do CPC/1973, tem legitimidade para opor embargos de terceiro o credor com garantia real para obstar expropriação judicial do objeto de direito real de garantia, caso não tenha sido intimado, nos termos legais dos atos expropriatórios respectivos (art. 674, inc. IV, do CPC/2015). Pontue-se que essa menção à intimação não constava do preceito anterior.

Outra novidade é que a lei processual não faz mais referência à legitimidade para a defesa da posse, quando, nas ações de divisão ou de demarcação, for o imóvel sujeito a atos materiais, preparatórios ou definitivos, da partilha ou da fixação de rumos (art. 1.047, inc. I, do CPC/1973). Diante dessa retirada, parece que tais pessoas não têm mais condições jurídicas de ingresso da demanda.

Quanto ao prazo, os embargos podem ser opostos a qualquer tempo no processo de conhecimento enquanto não transitada em julgado a sentença, e, no processo de cumprimento de sentença ou no processo de execução, até cinco dias depois da adjudicação, da alienação por iniciativa particular ou arrematação, mas sempre antes da assinatura da respectiva carta (art. 675, *caput*, do CPC/2015, correspondente, com pequenas alterações, ao art. 1.048 do CPC/1973).

Como inovação, foi introduzido um parágrafo único no novo diploma, estabelecendo que, caso identifique a existência de terceiro titular de interesse em embargar o ato, o juiz mandará intimá-lo pessoalmente.

Os embargos serão distribuídos por dependência ao juízo que ordenou a constrição e autuados em apartado (art. 676 do CPC/2015). A menção à forma de autuação não constava do art. 1.049 do CPC/1973, seu correspondente. Também não havia a previsão no sentido de que, nos casos de ato de constrição realizado por carta, os embargos serão oferecidos no juízo deprecado, salvo se indicado pelo juízo deprecante o bem constrito ou se já devolvida a carta.

Na petição inicial, fará o embargante prova sumária de sua posse ou de seu domínio, e a qualidade de terceiro, oferecendo documentos e rol de testemunhas (art. 677, *caput*, do CPC/2015 e art. 1.050, *caput*, do CPC/1973).

Continua facultada a prova da posse em audiência de justificação designada pelo juiz (art. 677, § 1.º do CPC/2015, equivalente ao art. 1.050, § 1.º, do CPC/1973). O possuidor direto pode alegar, além da sua posse, o domínio alheio (art. 677, § 2.º, do CPC/2015 e art. 1.050, § 2.º, do CPC/1973). Como exemplo de aplicação do último dispositivo, o locatário (possuidor direto) pode alegar que o locador é o proprietário (possuidor indireto).

Também sem qualquer novidade, a citação será pessoal, se o embargado não tiver procurador constituído nos autos da ação principal (art. 677, § 3.º, do CPC/2015 e art. 1.050, § 3.º, do CPC/1973). No entanto, sem previsão na legislação anterior, passou o vigente CPC a prever, com tom didático, que será legitimado passivo o sujeito a quem o ato de constrição aproveita, assim como o será seu adversário no processo principal quando for sua a indicação do bem para a constrição judicial (art. 677, § 4.º, do CPC/2015).

A liminar nos embargos de terceiro estava prevista no art. 1.051 do CPC/1973, tendo natureza de tutela antecipada segundo a doutrina anterior (cf. NERY JR., Nelson; NERY, Rosa Maria de Andrade. *Código Civil...*, 2003, p. 1.037). Vejamos a redação do preceito e do art. 678 do CPC/2015, seu correspondente:

Código de Processo Civil de 2015	Código de Processo Civil de 1973
"Art. 678. A decisão que reconhecer suficientemente provado o domínio ou a posse determinará a suspensão das medidas constritivas sobre os bens litigiosos objeto dos embargos, bem como a manutenção ou a reintegração provisória da posse, se o embargante a houver requerido. Parágrafo único. O juiz poderá condicionar a ordem de manutenção ou de reintegração provisória de posse à prestação de caução pelo requerente, ressalvada a impossibilidade da parte economicamente hipossuficiente."	"Art. 1.051. Julgando suficientemente provada a posse, o juiz deferirá liminarmente os embargos e ordenará a expedição de mandado de manutenção ou de restituição em favor do embargante, que só receberá os bens depois de prestar caução de os devolver com seus rendimentos, caso sejam afinal declarados improcedentes."

Em resumo, os dispositivos têm conteúdos muito próximos, havendo, na atual redação, um teor mais claro e didático. De novo mesmo há a previsão expressa de que a liminar pode ser condicionada à caução idônea – o que até já era retirado do sistema –, com a ressalva para as partes economicamente hipossuficientes, o que vem em boa hora. Quanto à natureza de tutela da liminar dos embargos de terceiro, a doutrina continua a sustentá-la, tendo total razão (NERY JR., Nelson; NERY, Rosa Maria de Andrade. *Comentários...*, 2015, p. 1.499; ASSUMPÇÃO NEVES, Daniel Amorim. *Novo Código de Processo Civil...*, 2016, p. 1.087).

No que concerne à contestação dos embargos de terceiro, o prazo foi aumentado de dez para quinze dias (art. 679 do CPC/2015, equivalente ao art. 1.053 do CPC/1973). Findo esse prazo, a ação passa a seguir o procedimento comum.

Na contestação dos embargos do credor com garantia real, o embargado somente pode alegar a matéria constante do art. 680 do CPC/2015, correspondente ao art. 1.054 do CPC/1973, a saber: que o devedor comum é insolvente; que o título é nulo ou não obriga a terceiro; que outra é a coisa dada em garantia.

Por fim, como outra novidade, foi incluído o conteúdo do art. 681 do CPC/2015, segundo o qual, acolhido o pedido inicial, o ato de constrição judicial indevida será cancelado. Assim, sucessivamente, haverá o reconhecimento do domínio, da manutenção da posse ou da reintegração definitiva do bem ou do direito ao embargante. Esse dispositivo também merece elogios, diante do seu fim de esclarecer qual o procedimento a ser adotado no caso de procedência da demanda.

A propósito do seu conteúdo, na *I Jornada de Direito Processual Civil*, promovida pelo Conselho da Justiça Federal em agosto de 2017, aprovou-se o Enunciado n. 53. De acordo com o seu teor, para o reconhecimento definitivo do domínio ou da posse do terceiro embargante, é necessária a presença, no polo passivo dos embargos, do réu ou do executado a quem se impute a titularidade desse domínio ou dessa posse no processo principal.

Por ser tecnicamente perfeito, do ponto de vista dos efeitos da decisão a ser proferida em sede de embargos de terceiro, a tese constante da ementa doutrinária contou com o meu total apoio doutrinário, quando da votação na plenária final daquele evento.

2.4.2.4 Da ação de imissão de posse

A *ação de imissão de posse* era regulada pelo Código de Processo Civil de 1939. Previa o art. 381 do mais antigo CPC do País que essa ação competiria: "I – aos adquirentes de bens, para haverem a respectiva posse, contra os alienantes ou terceiros, que os detenham; II – aos administradores e demais representantes das pessoas jurídicas de direito privado, para haverem dos seus antecessores a entrega dos bens pertencentes à pessoa representada; III – aos mandatários, para receberem dos antecessores a posse dos bens do mandante".

Como não havia menção a essa demanda no CPC/1973, ela era tida como uma ação petitória e não possessória. Não se pode deixar enganar pelo seu nome, portanto. O seu fundamento principal sempre foi o art. 1.228 e não o 1.196 do CC/2002, seguindo a ação de imissão de posse o rito ordinário no sistema processual anterior. O CPC/2015 também não trata dessa ação, cabendo a mesma conclusão anterior, no sentido de ser uma ação petitória que segue o procedimento comum.

Confirmando tal forma de pensar, julgado do Superior Tribunal de Justiça do ano de 2021 traz o entendimento segundo o qual, "apesar de seu *nomen iuris*, a ação de imissão na posse é ação do domínio, por meio da qual o proprietário, ou o titular de outro direito real sobre a coisa, pretende obter a posse nunca exercida. Semelhantemente à ação reivindicatória, a ação de imissão funda-se no direito à posse que decorre da propriedade ou de outro direito real (*jus possidendi*), e não na posse em si mesmo considerada, como uma situação de fato a ser protegida juridicamente contra atentados praticados por terceiros (*jus possessionis*)".

Exatamente por isso, entendeu-se que "a ação petitória ajuizada na pendência da lide possessória deve ser extinta sem resolução do mérito, por lhe faltar pressuposto negativo de constituição e de desenvolvimento válido do processo" (STJ, REsp 1.909.196/SP, 3.ª Turma, Rel. Min. Nancy Andrighi, j. 15.06.2021, *DJe* 17.06.2021).

Em suma, a ação é fundada em título de propriedade, sem que o interessado tenha tido posse. O exemplo típico de propositura dessa ação é para proteger o proprietário que arrematou o bem em leilão e quer adentrar no imóvel. Ilustrando, transcreve-se:

> "Arrematante de imóvel por meio de leilão em execução extraordinária. Decreto-lei 70/1966. Registro do título o que configura titularidade do domínio. Imissão na posse deve ser concedida liminarmente, pois encontram-se presentes os requisitos do artigo 37,

§§ 2.º e 3.º, da referida lei. Agravo provido" (TJSP, Agravo de Instrumento 279.779-4/0, 4.ª Câmara de Direito Privado, São Paulo, Rel. Natan Zelinschi de Arruda, 06.02.2003, v.u.).

"Possessória. Imissão na posse. Imóvel adquirido pelos apelados de instituição financeira, mediante instrumento particular de promessa de venda e compra, arrematado em leilão judicial. Ocupação do imóvel por terceiro, que não possui nenhum vínculo com os proprietários ou antecessor. Alegação de conexão descaracterizada por ausência de requisitos. Ilegalidade do leilão não demonstrada. Litigância de má-fé reconhecida. Dedução de pretensão, ou defesa exercida em recurso com má-fé. Inteligência das disposições dos artigos 18, § 2.º, c/c o 17, III e VII, todos do Código de Processo Civil. Sentença de procedência mantida. Recurso improvido" (TJSP, Apelação Cível com Revisão 147.094-4/5, 4.ª Câmara de Direito Privado, Santos, Rel. Des. Fábio Quadros, 07.12.2006, v.u., Voto 4.050).

Apesar de a ação estar fundada na propriedade, e não na posse propriamente dita, a jurisprudência superior tem entendido que o compromissário comprador pode promover essa demanda mesmo não havendo o registro do instrumento na matrícula do imóvel.

Conforme um dos mais recentes julgados, que cita outros precedentes superiores, "o autor, ostentando título aquisitivo de imóvel em que consta o proprietário registral do bem como promitente vendedor, mas que não o registrou no álbum imobiliário, nem celebrou a escritura pública apta à transferência registral, pode se valer da ação de imissão de posse para ser imitido na posse do bem. Necessário apenas verificar de modo mais aprofundado, no curso da ação de imissão na posse movida pelo compromissário comprador, se os réus ostentam título que lhes possa franquear a propriedade do bem, situação a ser observada pela Corte de origem, pois limitada, tão somente, à análise das provas coligidas" (STJ, REsp 1.724.739/SP, 3.ª Turma, Rel. Min. Paulo de Tarso Sanseverino, j. 26.03.2019, *DJe* 29.03.2019). O julgado representa uma aproximação categórica entre os institutos do compromisso de compra e venda registrado e não registrado na matrícula do imóvel, tema que está tratado mais profundamente no Capítulo 7 desta obra.

De toda sorte, como a ação é petitória, fundada na propriedade, pelo menos em regra, fica em dúvida a utilização, na prática, do termo *ação de imissão de posse*. Talvez seja mais adequado denominar a demanda como *ação reivindicatória*, o que melhor condiz com a sua natureza jurídica.

2.4.2.5 Da ação publiciana

A encerrar quanto às ações, a exemplo da ação de imissão de posse, a *ação publiciana* também é uma ação petitória, fundada no domínio. Todavia, essa ação também visa proteger a posse daquele que adquiriu o bem por usucapião. Segundo Nelson Nery Jr. e Rosa Maria de Andrade Nery, a sua finalidade é "retomar a posse por quem a perdeu, mas com fundamento no fato de já haver adquirido (de fato – já que não há título) a propriedade pela usucapião. É a 'reivindicatória' do proprietário de fato" (NERY JR., Nelson; NERY, Rosa Maria de Andrade. *Comentários...*, 2015, p. 1.376).

A ação segue o procedimento comum no CPC/2015 (rito ordinário no CPC/1973), não se aplicando as regras previstas para as ações possessórias diretas.

2.4.3 As faculdades da legítima defesa da posse e do desforço imediato

As faculdades de utilização da legítima defesa da posse e do desforço imediato sempre geraram polêmicas e estão previstas no art. 1.210, § 1.º, do CC/2002, cuja redação é a seguinte: "O possuidor turbado, ou esbulhado, poderá manter-se ou restituir-se por sua própria força, contanto que o faça logo; os atos de defesa ou de desforço não podem ir além do indispensável à manutenção, ou restituição da posse".

A legítima defesa da posse e o desforço imediato constituem formas de autotutela, autodefesa ou de defesa direta, independentemente de ação judicial, cabíveis ao possuidor direto ou indireto contra as agressões de terceiro. Nos casos de ameaça e turbação, em que o atentado à posse não foi definitivo, cabe a legítima defesa. Em havendo esbulho, a medida cabível é o desforço imediato, para a retomada do bem esbulhado.

Seja em um caso ou em outro, deve-se observar que esses institutos de autodefesa apresentam alguns requisitos, que devem ser respeitados, para que a atuação seja lícita.

Primeiro, a defesa deve ser imediata, ou seja, *incontinenti,* conclusão a ser retirada da análise do caso concreto. Sobre tal requisito do imediatismo, foi aprovado enunciado na *V Jornada de Direito Civil* (2011), propondo uma interpretação restritiva do preceito: "no desforço possessório, a expressão 'contanto que o faça logo' deve ser entendida restritivamente, apenas como a reação imediata ao fato do esbulho ou da turbação, cabendo ao possuidor recorrer à via jurisdicional nas demais hipóteses" (Enunciado n. 495).

A título de exemplo e obviamente, uma defesa praticada após um ano e um dia não é imediata, não cabendo a utilização dos institutos de proteção própria. Também ilustrando, se o possuidor deixa que o esbulhador construa uma cerca divisória, pelo menos aparentemente, não tomou as medidas imediatas que lhe cabiam. Nesse sentido, entendeu o Tribunal de Justiça do Espírito Santo:

> "Agravo regimental. Eventual preponderância dos títulos de domínio. Juízo possessório. Impossibilidade de arguição. Art. 1.210, § 1.º, do CC. Desforço imediato. Ausência de comprovação. Recurso improvido. 1. A eventual preponderância dos títulos de domínio ostentados pelas partes é matéria que integra o juízo petitório, e não possessório, onde o cerne cognitivo volta-se para o restabelecimento de uma situação de fato (consubstanciada na posse) que, no caso em exame, favorece a ora agravada, pois que de há muito utiliza-se da área em questão como depósito (situação não elidida pela ora agravante). 2. A ora agravante não conseguiu evidenciar a utilização do instituto do desforço imediato, previsto no parágrafo primeiro, do art. 1.210, do novo Código Civil, visto que a imediatidade exigida na utilização da 'própria força', caso efetivamente estivesse a ora recorrente na posse pregressa (o que não demonstrara), não está configurada nos autos. Ao revés, o que se encontra retratado é todo o processo de construção da cerca (para proteção da área) encetado pela ora agravada em legítimo exercício de poderes inerentes ao domínio. Recurso improvido" (TJES, Processo 048049000960, Agravo Regimental, Órgão Julgador: Terceira Câmara Cível, j. 15.06.2004, Data leitura: 15.06.2004, Desembargador Titular: Rômulo Taddei, Vara de Origem: Serra, 2.ª Vara Cível).

Aliás, a própria jurisprudência admite a derrubada de uma cerca como ato de desforço imediato tolerável. Para consulta, segue julgado do Tribunal de Justiça de Minas Gerais, aplicando a ideia a partir do Código Civil de 1916:

> "Reparação de dano. Derrubada de cerca. Desforço pessoal. Legítima defesa admitida. Uso moderado dos meios. Desnecessidade de indenização. Não resulta dever reparatório por aquele que, agindo por *desforço* pessoal e *imediato,* sem ultrapassar os meios indispensáveis à manutenção, ou restituição da *posse,* desfaz de cerca que atenta contra sua *posse,* pois que esta ação encontra respaldo no art. 502, que se faz sancionado pelo art. 160, I, ambos do Código Civil de 1916" (TJMG, Processo 2.0000.00.416673-8/000, Apelação Cível

416.673-8, 6.ª Câmara Civil do Tribunal de Alçada do Estado de Minas Gerais, Comarca de Rio Pomba, Rel. Des. Dídimo Inocêncio de Paula, Data do acórdão 11.12.2003, Data da publicação 11.02.2004).

No que interessa ao último julgado, cumpre esclarecer, seria ele perfeitamente aplicado à atualidade, eis que o Código Civil de 2002, na estrutura, não alterou substancialmente a análise dos institutos de autotutela.

Sem prejuízo dessa conclusão, prevê o atual Código Civil que o possuidor, ao tomar tais medidas, não pode ir além do indispensável para a recuperação de sua posse. Deve, assim, agir nos limites do exercício regular desse direito, servindo como parâmetro o art. 187 do CC/2002, que consagra o abuso de direito como ato ilícito.

Os parâmetros, portanto, são aqueles previstos no dispositivo da codificação: fim social, fim econômico, boa-fé objetiva e bons costumes. Aqui sim, há uma inovação importante, pois o Código Civil de 1916 não previa expressamente esses parâmetros para a consideração do ato abusivo ou emulativo.

Sendo esses os parâmetros, fica uma dúvida: o possuidor que não vem cumprindo a função social da posse ou da propriedade pode fazer uso das defesas de autotutela?

A resposta parece ser negativa para esses casos. Se o não atendimento da função social da posse obsta o ingresso de ação possessória, como já se defendeu, também deve obstar a utilização dos mecanismos de autodefesa.

Nesse sentido, também opina Marco Aurélio Bezerra de Melo: "destaca Marcos Alcino de Azevedo Torres, com pesquisa de vários precedentes sociais em razão das ocupações realizadas pelo Movimento dos Trabalhadores Sem Terra, que é defeso ao proprietário que não deu função social ao seu imóvel em razão do estado de abandono ou de mínima exploração se valer da excepcional autotutela possessória frente aos ocupantes que apenas pretendem afirmar a sua própria dignidade, conferindo efetividade ao comando constitucional da realização da Reforma Agrária" (*Direito das coisas...*, 2007, p. 66). Para ilustrar, o julgado a seguir demonstra bem o problema em questão:

> "Função social da propriedade – Comprovação pelo poder público. Apelação Cível – Ação de Reintegração de Posse – Movimento Sem-terra – Inépcia da Inicial – Citação de todos – Desnecessidade – Função social da propriedade – Desnecessidade de comprovação – Posse e Esbulho comprovados – Ação procedente. Não é admissível que grupos sociais, sob o pretexto de que a terra seja improdutiva, invadam a propriedade particular e dela tomem posse, na tentativa de fazer justiça social com as próprias mãos. Se a propriedade não cumpre a sua função social, caberá ao Poder Público, por meio de procedimento próprio, comprovar tal situação e, se for o caso, proceder à desapropriação do imóvel. Agravo retido e Apelação não providos" (TJMG, Apelação Cível 1.0024.03.116208-4/001, 10.ª Câmara Cível, Belo Horizonte, Rel. Des. Pereira da Silva, julgado em 03.02.2009; v.u.).

Devem ser evitados ao máximo os abusos cometidos, sob pena de sacrifício dos institutos, o que, aliás, ocorre na prática. Vale lembrar as violentas invasões de terra que são praticadas no Brasil e as violentas (mais ainda) reprimendas por parte dos proprietários e possuidores, o que tem tornado o meio rural brasileiro um verdadeiro *campo de batalha*, habitado por inúmeras milícias armadas. De um lado foices e velhos revólveres, do outro, fuzis e escopetas. E no final, ninguém parece ter razão, pois o problema é de estrutura, de formação, de educação. Algumas gerações terão que conviver com tudo isso até que algo efetivamente seja alterado.

Partindo para outro exemplo, quanto às abusividades que são cometidas para a defesa da posse, o Tribunal de Justiça do Rio Grande do Sul entendeu ser abusiva a conduta do proprietário que tenta obstaculizar a posse alheia em caso de existência de uma passagem forçada a favor de terceiro:

"Apelação cível. Reintegração de posse. Imóvel encravado. Direito de passagem. Comprovando a prova produzida nos autos a necessidade da utilização, pela parte autora, da estrada que fica na gleba arrendada pelo réu, para atingir a lavoura de trigo implementada em imóvel sem acesso à rodovia estadual, afigura-se abusiva e ilegal a conduta do demandado em obstaculizar a passagem, através da colocação de correntes e cadeados nas porteiras de acesso. A existência de outro caminho, sem ligação com a rodovia e que não permite o tráfego de máquinas agrícolas e veículos, não elide o direito à reintegração de posse por parte dos demandantes. Recurso adesivo. Perdas e danos. Ausência de prova de que a obstaculização do acesso por parte do réu tenha causado prejuízos à lavoura. Hipótese em que entre a data da colheita e seu efetivo início, viabilizado pela liminar deferida *initio litis*, transcorreram apenas 4 dias, não se evidenciando a ocorrência dos prejuízos alegados pelos autores" (TJRS, Processo 70014710602, 10.ª Câmara Cível, Santa Bárbara do Sul, Juiz relator Paulo Roberto Lessa Franz, 25.05.2006).

Por fim, conforme a unanimidade da doutrina, a lei está a autorizar que o possuidor que faz uso da autotutela utilize o apoio de empregados ou prepostos. Isso porque o art. 1.210, § 1.º, do CC/2002 faz menção à *força própria*, que inclui o auxílio de terceiros, com quem mantém vínculos (DINIZ, Maria Helena. *Código Civil...*, 2007, p. 952; FARIAS, Cristiano Chaves de; ROSENVALD, Nelson. *Direitos reais...*, 2006, p. 133; MELO, Marco Aurélio Bezerra de. *Direito das coisas...*, 2007, p. 66).

Sendo reconhecida essa possibilidade, é importante concluir que se o preposto, empregado ou serviçal, na defesa dessa posse e seguindo as ordens do possuidor, causar danos a outrem, responderá o comitente, empregador ou senhorio, nos termos dos arts. 932 e 933 do CC/2002. A responsabilidade do possuidor é objetiva (independentemente de culpa), desde que comprovada a culpa daquele por quem se é responsável – *responsabilidade objetiva indireta ou por atos de outrem.*

2.5 FORMAS DE AQUISIÇÃO, TRANSMISSÃO E PERDA DA POSSE

O Código Civil de 2002, a exemplo do seu antecessor, continua elencando as formas e regras da aquisição, transmissão e perda da posse, aqui estudadas em mesmo tópico, para facilitação didática e metodológica.

De início, a respeito da aquisição da posse, prevê o art. 1.204 do CC/2002 que "adquire-se a posse desde o momento em que se torna possível o exercício, em nome próprio, de qualquer dos poderes inerentes à propriedade". Confrontado esse dispositivo com o art. 493 do CC/1916, percebe-se que o legislador preferiu não elencar as hipóteses de aquisição da posse, como constava da antiga codificação.

Substituiu-se, portanto, uma relação supostamente fechada ou taxativa (*numerus clausus*) por um conceito aberto, a ser preenchido caso a caso (*numerus apertus*). E não poderia ser diferente, pois a atual codificação, no *espírito realeano* (Miguel Reale), segue um sistema de princípios, de cláusulas gerais (janelas abertas deixadas na lei), de conceitos legais indeterminados.

No Projeto de Reforma do Código Civil, há proposta de alterar o comando, passando esse art. 1.204 a prever que "adquire-se a posse desde o momento em que se torna possível o exercício, em nome próprio, de qualquer dos poderes inerentes à propriedade ou a qualquer outro direito real". Consoante as justificativas da Subcomissão de Direito das Coisas, "a atual redação parece adequada apenas para determinar a aquisição da posse de coisas móveis, já que até mesmo o exercício fático do poder de disposição sobre elas – que se opera pela tradição – já pressuporia a submissão da coisa ao poder material do disponente. Por outro lado, segundo essa redação, o sujeito que tivesse, pelo registro do título no Cartório de Registro de Imóveis, adquirido a propriedade de um imóvel, embora nunca tivesse nele ingressado, ou por oposição do alienante ou de terceiros (*v.g.*, aquisição de imóvel esbulhado), seria possuidor, por estar em condições de exercer um dos poderes inerentes a propriedade, a saber, a disposição (alienação), a qual, para os imóveis, independe da posse. Nesses casos, porém, a jurisprudência não reconhece legitimidade ativa para ações possessórias, mas apenas para ações petitórias (ação de imissão na posse ou ação reivindicatória), do que se conclui que o proprietário, nessa situação, nunca adquiriu posse, ao contrário do que sugere o artigo. A orientação jurisprudencial encontraria melhor apoio numa redação mais restritiva: em vez de afirmar que a aquisição da posse depende do exercício fático de 'qualquer dos poderes inerentes à propriedade', seria preferível especificar que a posse terá sido adquirida quando o sujeito estiver em condições de exercer o uso ou a fruição da coisa". De fato, têm total razão os juristas, tendo sido a proposição acolhida pelos demais membros da Comissão.

Pois bem, as formas de aquisição da posse que constavam na lei anterior servem somente como exemplo, a saber: *a*) apreensão da coisa; *b*) exercício de direito; *c*) fato de disposição da coisa; *d*) qualquer outro modo geral de aquisição de direito.

Dessas formas de aquisição, deve-se lembrar que há *formas de aquisição originárias*, em que há um contato direto entre a pessoa e a coisa; e *formas de aquisição derivadas*, em que há uma intermediação pessoal (Cf. DINIZ, Maria Helena. *Curso...*, 2007, v. 4, p. 68-69).

Como forma originária, o exemplo típico se dá no ato de apreensão de bem móvel, quando a coisa não tem dono (*res nullius*) ou for abandonada (*res derelicta*).

Como modalidade derivada, o caso mais importante envolve a tradição, que vem a ser a entrega da coisa, principal forma de aquisição da propriedade móvel. A partir das construções de Washington de Barros Monteiro, classifica-se a tradição da seguinte forma (*Curso...*, 2003, v. 3, p. 200-201):

a) *Tradição real* – é aquela que se dá pela entrega efetiva ou material da coisa, como ocorre na entrega do veículo pela concessionária em uma compra e venda.

b) *Tradição simbólica* – ocorre quando há um ato representativo da transferência da coisa como, por exemplo, a entrega das chaves de um apartamento. É o que se dá na *traditio longa manu*, em que a coisa a ser entregue é colocada à disposição da outra parte. A título de ilustração, o Código Civil de 2002 passou a disciplinar, como cláusula especial da compra e venda, a *venda sobre documentos,* em que a entrega efetiva do bem móvel é substituída pela entrega de documento correspondente à propriedade (arts. 529 a 532 do CC).

c) *Tradição ficta* – é aquela que se dá por presunção, como ocorre na *traditio brevi manu*, em que o possuidor possuía em nome alheio e passa a possuir em nome próprio (o exemplo típico é o do locatário que compra o imóvel, passando a ser o proprietário). Também há tradição ficta no *constituto possessório* ou *cláusula constituti*, em que o possuidor possuía em nome próprio e passa a possuir em nome alheio (o exemplo típico é o do proprietário que vende o imóvel e nele permanece como locatário).

Apesar de seguir tal classificação, é fundamental apontar que muitos autores seguem a divisão de Orlando Gomes (*Direitos reais...*, 2004, p. 67-68), havendo divergência quanto à tradição simbólica e ficta. Para o autor baiano, a *tradição simbólica ou ficta* é a *forma espiritualizada* de tradição, em que "a entrega material da coisa é substituída por atitudes, gestos, ou mesmo atos, indicativos do propósito de transmitir a posse, como se verifica com a entrega das chaves para a aquisição de uma casa" (*Direitos reais...*, 2004, p. 67).

Ainda para o jurista a *traditio brevi manu* e o constituto possessório são formas de *tradição consensual*. Como ficou claro, segundo a linha seguida pelo autor desta obra, a tradição simbólica não se confunde com a ficta, que seria o que para o último doutrinador é denominado como *tradição consensual*.

Superada essa questão de divergência doutrinária, estabelece o art. 1.205 do Código Civil que a posse pode ser adquirida: *a)* pela própria pessoa que a pretende ou por seu representante; *b)* por terceiro sem mandato, dependendo de ratificação.

Em outras palavras, a posse pode ser adquirida pelo próprio sujeito que a apreende, desde que capaz; por seu representante legal ou convencional (caso do herdeiro e do mandatário); ou até por terceiro que não tenha mandato, desde que haja confirmação posterior, com efeitos *ex tunc* ou retroativos.

Contudo, o art. 1.205 do CC/2002, quando confrontado com o art. 494 do CC/1916, apresenta uma insuficiência, pela não menção ao constituto possessório. Para completá-lo, na *I Jornada de Direito Civil* aprovou-se o Enunciado n. 77 do CJF/STJ, prevendo que "a posse das coisas móveis e imóveis também pode ser transmitida pelo constituto possessório". Essa interpretação, em realidade, também pode ser retirada do art. 1.204 do CC/2002, segundo o qual se adquire a posse por qualquer forma de aquisição dos poderes relativos à propriedade.

Anoto que, no Projeto de Reforma do Código Civil, sugere-se a inclusão expressa do constituto possessório como forma de perda da posse, no novo inc. III do seu art. 1.205, o que virá em boa hora, sanando-se outra lacuna legislativa existente nos mais de vinte anos de vigência da atual codificação privada.

De todo modo, mesmo no sistema em vigor, em havendo a aquisição ou transmissão da posse pelo constituto possessório, não restam dúvidas de que o novo possuidor poderá defender-se por meio das ações possessórias, como entende há tempos o Superior Tribunal de Justiça:

> "Posse. Ação de reintegração. 'Clausula constituti'. Outorga uxória. O comprador de imóvel com 'clausula constituti' passa a exercer a posse, que pode ser defendida através da ação de reintegração. Recurso não conhecido" (STJ, REsp 173.183/TO, Rel. Min. Ruy Rosado de Aguiar, 4.ª Turma, j. 01.09.1998, *DJ* 19.10.1998, p. 110. No mesmo sentido: STJ, REsp 1.158.992/MG, Rel. Min. Nancy Andrighi, j. 07.04.2011, publicado no *Informativo* n. 463).

Superada a análise da aquisição, quanto à transmissão da posse, enuncia o art. 1.206 do CC em vigor que a posse transmite-se aos herdeiros ou legatários do possuidor com os mesmos caracteres. Trata-se de expressão do *princípio da continuidade do caráter da posse* que, em regra, mantém os mesmos atributos da sua aquisição.

Esse importante regramento é ainda retirado, e principalmente, do art. 1.203 do CC, pelo qual salvo prova em contrário, entende-se manter a posse o mesmo caráter com que foi adquirida, consagração da regra de que ninguém pode, por si só, mudar a causa que fundamenta a posse (*neme si ipsi causam possessionis mutare potest*).

Especializando esse princípio da continuidade, preconiza o art. 1.207 da codificação material que o *sucessor universal* continua de direito a posse do seu antecessor; e ao *sucessor singular* é facultado unir sua posse à do antecessor, para os efeitos legais.

Assim, como se nota, a lei diferencia dois tipos de sucessão: a universal (nos casos de herança legítima) e a singular (nos casos de compra e venda, doação ou legado). No primeiro caso, a lei preconiza a *continuidade*; no segundo, a *união* de posses (acessão). Como esclarece Orlando Gomes, "o que distingue a sucessão da união é o modo de transmissão da posse, sendo a título universal, há sucessão; sendo o título singular, há união. Não importa que a sucessão seja *inter vivos* ou *mortis causa*. Na sucessão *mortis causa* a título singular, a acessão se objetiva pela forma da união. A sucessão de posses é imperativa; a união, facultativa enquanto ao singular é facultado unir sua posse à precedente. Sendo, nesta última hipótese, uma faculdade, o possuidor atual só usará se lhe convier, limitando-se à sua posse quando do seu interesse" (*Direitos reais...*, 2004, p. 70). Sintetizando, quanto à defesa possessória, tanto o sucessor universal quanto o singular poderão defendê-la, em continuidade ou acessão à posse anterior.

Anote-se, ainda a respeito dos institutos, a aprovação do seguinte enunciado sobre a matéria, na *V Jornada de Direito Civil*, do ano de 2011: "a faculdade conferida ao sucessor singular de somar ou não o tempo da posse de seu antecessor não significa que, ao optar por nova contagem, estará livre do vício objetivo que maculava a posse anterior" (Enunciado n. 494). Desse modo, é possível que o vício que atingia a posse anterior seja transmitido ao sucessor singular em casos tais.

Obviamente, o *princípio da continuidade do caráter da posse* não é absoluto, podendo ser mitigado. Como salienta Maria Helena Diniz, há uma presunção relativa (*iuris tantum*) de que a posse mantém o seu caráter e não uma presunção absoluta ou *iuri et de iure* (*Código Civil...*, 2005, p. 944). Essa conclusão pode ser retirada do art. 1.208 do CC/2002, outrora estudado, com a seguinte dicção: "não induzem posse os atos de mera permissão ou tolerância assim como não autorizam a sua aquisição os atos violentos, ou clandestinos, senão depois de cessar a violência ou a clandestinidade".

Como antes exposto, conjugando-se esse dispositivo com o art. 924 do CPC/1973 – correspondente ao art. 558 do CPC/2015 –, sempre foi comum entender-se que a posse adquirida como injusta pode passar a ser justa, após um ano e um dia, desde que violenta ou clandestina, segundo a corrente majoritária. Além disso, conforme o comentado Enunciado n. 237, da *III Jornada de Direito Civil*, é possível a modificação do título da posse (*interversio possessionis*).

Ainda no que interessa à transmissão da posse, prescreve o art. 1.209 do CC/2002 que a posse do imóvel faz presumir, até prova contrária, a das coisas móveis que nele estiverem. Em regra, havendo transmissão da posse de um imóvel (bem principal), haverá a transmissão dos móveis que o guarnecem (bem acessório). Note-se que se trata de mais uma especialização do princípio geral de Direito Civil pelo qual o acessório segue o principal (*acessorium sequitur principale*) – *princípio da gravitação jurídica*.

Por razões óbvias, a presunção é relativa (*iuris tantum*), cabendo previsão legal ou contratual em contrário, afastando a regra privada. O dispositivo mantém relação direta com o art. 233 do CC/2002, dispositivo de Direito Obrigacional, pelo qual a obrigação de dar coisa certa abrange os acessórios dela, embora não mencionados, salvo de o contrário resultar do título ou das circunstâncias do caso.

Em relação à perda da posse, o legislador atual também preferiu utilizar expressões genéricas, ao prever no art. 1.223 do Código Civil vigente que "perde-se a posse quando cessa, embora contra a vontade do possuidor, o poder sobre o bem, ao qual se refere o art. 1.196". Em suma, cessando os atributos relativos à propriedade, cessa a posse, que é perdida, extinta. O art. 520 do CC de 1916, ao contrário, enunciava expressamente os casos de perda da posse, que nos servem como exemplos ilustrativos (rol *numerus apertus*):

a) Pelo abandono da coisa (*derrelição*), fazendo surgir a coisa abandonada (*res derelicta*).
b) Pela tradição, entrega da coisa, que pode ser real, simbólica ou ficta, como já exposto.
c) Pela perda ou destruição da coisa possuída.
d) Se a coisa for colocada fora do comércio, isto é, se for tratada como bem inalienável (*inconsuntibilidade jurídica*, conforme a segunda parte do art. 86 do CC).
e) Pela posse de outrem, ainda contra a vontade do possuidor, se este não foi mantido, ou reintegrado à posse em tempo competente.
f) Pelo constituto possessório ou cláusula *constituti*, hipótese em que a pessoa possuía o bem em nome próprio e passa a possuir em nome alheio (forma de aquisição e perda da posse, ao mesmo tempo).

Determina o art. 1.224 do atual Código Civil que só se considera perdida a posse para quem não presenciou o esbulho, quando, tendo notícia dele, se abstém de retornar a coisa, ou, tentando recuperá-la, é violentamente repelido. Em outras palavras, se o possuidor não presenciou o momento em que foi esbulhado, somente haverá a perda da posse se, informado do atentado à posse, não toma as devidas medidas necessárias ou se sofrer violência ao tentar fazê-lo, não procurando outros caminhos após essa violência.

A norma mantém íntima relação com a boa-fé objetiva, particularmente com a perda de um direito ou de posição jurídica pelo seu não exercício no tempo (*supressio*) e com a vedação do comportamento contraditório (*venire contra factum proprium non potest*). Isso porque o possuidor que não toma as medidas cabíveis ao ter conhecimento do esbulho não pode, após isso, insurgir-se contra o ato de terceiro. A lei acaba por presumir que a sua posse está perdida, admitindo-se, obviamente, prova em contrário.

Na doutrina atual, tem razão Marco Aurélio Bezerra de Melo, quando afirma que o art. 1.224 do CC está a possibilitar medidas judiciais, e não a autotutela civil prevista no art. 1.210, § 1.º, do CC. Isso para evitar "atos de barbárie de inestimáveis consequências, tão comuns nas questões jurídicas que decorrem da disputa pela posse da terra. Importa lembrar que a autotutela é excepcional e, deste modo, comporta interpretação restritiva. Melhor, sem dúvida, em casos que tais, submeter a lesão do possuidor ao Poder Judiciário que em se tratando de posse nova – menos de ano e dia – poderá conceder ao autor a antecipação da tutela possessória na forma prevista no art. 924 do CPC" (*Direito das coisas...*, 2007, p. 63).

A par dessa afirmação doutrinária, no Projeto de Reforma do Código Civil, sugere-se alteração do seu art. 1.224 exatamente nessa linha, para que passe a expressar o seguinte: "considera-se perdida a posse para quem não presenciou o esbulho, quando, tendo notícia dele, abstém-se de retomar a coisa, por meio de medida judicial, ou, tentando recuperá-la, não obtenha êxito nos atos de desforço, nos termos do art. 1.210, § 1º, deste Código".

Em prol da paz social e da necessária estabilidade para as relações privadas, espera-se a sua aprovação pelo Parlamento Brasileiro.

2.6 COMPOSSE OU COMPOSSESSÃO

A composse ou compossessão é a situação pela qual duas ou mais pessoas exercem, simultaneamente, poderes possessórios sobre a mesma coisa. Há, portanto, um *condomínio de posses*. Na prática, a composse pode ser decorrente de contrato ou de herança, tendo origem *inter vivos* ou *mortis causa*.

Exemplificando, em caso envolvendo o contrato, pense-se na hipótese de uma doação conjuntiva, a dois donatários, mantendo ambos a posse sobre o imóvel doado. Na herança, pode ser citada a situação dos herdeiros antes da partilha dos bens, ainda em curso o inventário.

Em casos tais, os compossuidores podem usar livremente a coisa, conforme seu destino, e sobre ela exercer seus direitos compatíveis com a situação de indivisão. Essa conclusão é retirada do art. 1.199 do CC, pelo qual "Se duas ou mais pessoas possuírem coisa indivisa, poderá cada uma exercer sobre ela atos possessórios, contanto que não excluam os dos outros compossuidores".

Portanto, desde que não haja exclusão do direito alheio, qualquer um dos possuidores poderá fazer uso das ações possessórias, no caso de atentado praticado por terceiro, afirmação mantida sob a égide do CPC/2015. Além disso, caberá a utilização das medidas de autotutela, nos moldes do art. 1.210, § 1.º, do CC.

Quanto à ação de reintegração de posse na composse, os julgados a seguir, do Superior Tribunal de Justiça, servem como exemplos:

> "Ação de reintegração de posse. Autorização do cônjuge. 1. Não desfeita a sociedade conjugal a comunhão dos bens acarreta a composse, impondo-se a incidência do art. 10, § 2.º, do CPC para o ajuizamento da ação de reintegração de posse. 2. Recurso especial não conhecido" (STJ, REsp 222.568/BA, Rel. Min. Carlos Alberto Menezes Direito, 3.ª Turma, j. 15.05.2000, *DJ* 26.06.2000, p. 162).

> "Reintegração de posse. Concubina. Composse. É de reconhecer-se a tutela possessória à concubina que permaneceu ocupando o apartamento após a morte do companheiro de longos anos e que postula, em ação própria, a meação do bem adquirido na constância da sociedade de fato, mediante o esforço comum. Recurso especial conhecido e provido" (STJ, REsp 10.521/PR, Rel. Min. Barros Monteiro, 4.ª Turma, j. 26.10.1992, *DJ* 04.04.1994, p. 6.684).

Ainda a título de ilustração, em outro julgado sempre citado, a mesma Corte Superior admitiu a propositura de ação de reintegração de posse de um herdeiro compossuidor em face do outro. A decisão foi assim publicada no *Informativo* n. *431* do STJ, devendo a premissa ser mantida sob a incidência do Código de Processo Civil de 2015:

> "Princípio *saisine*. Reintegração. Composse. Cinge-se a questão em saber se o compossuidor que recebe a posse em razão do princípio *saisine* tem direito à proteção possessória contra outro compossuidor. Inicialmente, esclareceu o Min. Relator que, entre os modos de aquisição de posse, encontra-se o *ex lege*, visto que, não obstante a caracterização da posse como poder fático sobre a coisa, o ordenamento jurídico reconhece, também, a obtenção desse direito pela ocorrência de fato jurídico – a morte do autor da herança –, em virtude do princípio da *saisine*, que confere a transmissão da posse, ainda que indireta, aos herdeiros independentemente de qualquer outra circunstância. Desse modo, pelo mencionado princípio, verifica-se a transmissão da posse (seja ela direta ou indireta) aos autores e aos réus da demanda, caracterizando, assim, a titularidade do direito possessório

a ambas as partes. No caso, há composse do bem em litígio, motivo pelo qual a posse de qualquer um deles pode ser defendida todas as vezes em que for molestada por estranhos à relação possessória ou, ainda, contra-ataques advindos de outros compossuidores. *In casu*, a posse transmitida é a civil (art. 1.572 do CC/1916), e não a posse natural (art. 485 do CC/1916). Existindo composse sobre o bem litigioso em razão do *droit de saisine* é direito do compossuidor esbulhado o manejo de ação de reintegração de posse, uma vez que a proteção à posse molestada não exige o efetivo exercício do poder fático – requisito exigido pelo tribunal de origem. O exercício fático da posse não encontra amparo no ordenamento jurídico, pois é indubitável que o herdeiro tem posse (mesmo que indireta) dos bens da herança, independentemente da prática de qualquer outro ato, visto que a transmissão da posse dá-se *ope legis*, motivo pelo qual lhe assiste o direito à proteção possessória contra eventuais atos de turbação ou esbulho. Isso posto, a Turma deu provimento ao recurso para julgar procedente a ação de reintegração de posse, a fim de restituir aos autores da ação a composse da área recebida por herança. Precedente citado: REsp 136.922-TO, *DJ* 16.03.1998" (STJ, REsp 537.363/RS, Rel. Min. Vasco Della Giustina (Desembargador convocado do TJRS), j. 20.04.2010).

Em relação a terceiros, como se fossem um único sujeito, qualquer dos possuidores poderá usar os remédios possessórios que se fizerem necessários, tal como acontece no condomínio. Como ficou claro, há composse de bens entre cônjuges, de acordo com as correspondentes regras de regime de bens; e também entre conviventes ou companheiros, havendo união estável (art. 1.723 do CC). Relativamente ao seu estado, a composse admite a classificação a seguir:

a) *Composse pro indiviso* ou *indivisível* – é a situação em que os compossuidores têm *fração ideal da posse,* pois não é possível determinar, no plano fático e corpóreo, qual a parte de cada um. Exemplo: dois irmãos têm a posse de uma fazenda e ambos exercem-na sobre todo o imóvel, retirando dele produção de hortaliças.

b) *Composse pro diviso* ou *divisível* – nesta situação, cada compossuidor sabe qual a sua parte, que é determinável no plano fático e corpóreo, havendo uma *fração real da posse.* Exemplo: dois irmãos têm a composse de uma fazenda, que é dividida ao meio por uma cerca. Em metade dela um irmão tem uma plantação de rabanetes; na outra metade o outro irmão cultiva beterrabas.

No último caso, conforme entendeu o Tribunal de Justiça de São Paulo, cada possuidor somente poderá defender a posse correspondente à sua fração real:

"Possessória. Reintegração de posse. Não demonstração da posse dos autores sobre a totalidade do bem. Comprovação de que ocupavam apenas a frente do imóvel enquanto que os réus habitavam os fundos desde 1990. Alegação de composse afastada por exercer cada parte sua posse de forma autônoma e independente (*pro diviso*). Existência, ademais, de muro divisório entre tais áreas. Esbulho não caracterizado. Ação improcedente. Recurso desprovido" (TJSP, Apelação 1054667-7, 21.ª Câmara de Direito Privado, São Paulo, Rel. Silveira Paulilo, 19.10.2005, v.u., Voto 14.410).

Findando o capítulo, como se verá mais à frente na presente obra, o condomínio, com o qual a composse mantém íntima relação, admite a mesma classificação exposta.

2.7 RESUMO ESQUEMÁTICO

Posse. Conceito

Domínio fático sobre a coisa. Exercício de um dos atributos da propriedade (art. 1.196 do CC).

Teorias justificadoras

A) Teoria Subjetivista ou Subjetiva (Savigny). Posse = *Corpus* + *Animus Domini*. Não foi a adotada tanto pelo Código Civil Brasileiro de 1916 quanto pelo Código Civil de 2002.

B) Teoria Objetivista ou Objetiva (Ihering). Posse = *Corpus*. Teoria adotada, na visão clássica, pelas duas codificações civis brasileiras.

C) Teoria da Função Social da Posse (Saleilles, Perozzi e Gil). Posse é função social (posse-trabalho). Tendência contemporânea, inclusive para o reconhecimento da posse como direito autônomo à propriedade.

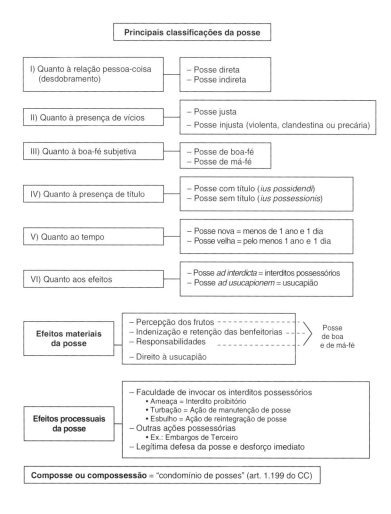

EFEITOS DA POSSE DE BOA E MÁ-FÉ

Tipo de possuidor	Frutos (saem do principal)	Benfeitorias (entram no principal)	Responsabilidades (perda ou deterioração da coisa)
Possuidor de boa-fé. Ex.: locatário.	Sim. Tem direito aos frutos, com exceção dos pendentes.	Sim. Benfeitorias necessárias e úteis (indenização e retenção). Pode, ainda, levantar as voluptuárias, sem prejuízo da coisa principal.	Somente responde por dolo ou culpa.
Possuidor de má-fé. Ex.: invasor.	Não tem direito. Responde pelos frutos colhidos e que deixou de colher.	Sim. Somente benfeitorias necessárias (indenização, retenção não).	Responde, ainda que por fato acidental.

2.8 QUESTÕES CORRELATAS

01. (TJ – MG – CONSULPLAN – Titular de Serviços de Notas e de Registro – 2015) Sobre os efeitos da posse, segundo dispõe o Código Civil brasileiro, é correto afirmar, EXCETO:

(A) Quando mais de uma pessoa se disser possuidora, manter-se-á provisoriamente a que tiver a coisa, se não estiver manifesto que a obteve de alguma das outras por modo vicioso.

(B) O possuidor de boa-fé tem direito, enquanto ela durar, aos frutos percebidos. Os frutos pendentes ao tempo em que cessar a boa-fé devem ser restituídos, depois de deduzidas as despesas da produção e custeio; devem ser também restituídos os frutos colhidos com antecipação.

(C) Ao possuidor de má-fé serão ressarcidas somente as benfeitorias necessárias; assistindo-lhe o direito de retenção pela importância destas.

(D) Os frutos naturais e industriais reputam-se colhidos e percebidos, logo que são separados; os civis reputam-se percebidos dia por dia.

02. (TJ – AL – FCC – Juiz Substituto – 2015) A posse direta de pessoa que tem a coisa em seu poder, temporariamente, em virtude de algum direito

(A) pessoal ou real anula a indireta, de quem aquela foi havida, podendo o possuidor direto defender a sua posse contra o indireto, não podendo, porém, defender sua posse contra o que teve posse direta.

(B) real não anula a indireta, de quem aquela foi havida, podendo o possuidor direto defender a sua posse contra o indireto, mas esse mesmo direito não terá, se a posse direta advier de direito pessoal.

(C) pessoal ou real não anula a indireta, de quem aquela foi havida, podendo o possuidor direto defender a sua posse contra o indireto.

(D) pessoal não anula a indireta, de quem aquela foi havida, podendo o possuidor direto defender a sua posse contra o indireto, mas esse mesmo direito não terá se a posse direta advier de direito real.

(E) pessoal ou real anula a indireta, de quem aquela foi havida, podendo o possuidor direto defender a sua posse contra o indireto, bem como defender a sua posse contra o que teve posse direta.

03. (SEFAZ – PI – FCC – Auditor Fiscal da Fazenda Nacional – 2015) Em relação à posse, considere:

I – Pode o possuidor direto defender sua posse contra o indireto.

II – A reintegração na posse é obstada pela alegação de propriedade.

III – Se mais de uma pessoa se disser possuidora, será mantida provisoriamente na posse, em regra, aquela que tiver a coisa.

IV – O possuidor de boa-fé não responde pela perda ou deterioração a que não der causa.

Está correto o que se afirma em:

(A) III e IV, apenas.

(B) I, III e IV, apenas.

(C) I, II, III e IV.

(D) II e III, apenas.

(E) I, II e IV, apenas.

04. (PC – CE – VUNESP – Delegado de Polícia Civil de 1.ª Classe – 2015) Sobre o instituto da posse, é correto afirmar:

(A) a posse não pode ser adquirida por representante, haja ou não instrumento de mandato.

(B) é facultado ao sucessor singular unir sua posse à de seu antecessor, para os efeitos legais.

(C) o possuidor direto não tem proteção possessória contra o possuidor indireto.

(D) em razão da vedação à autotutela, o possuidor esbulhado não pode adotar medidas imediatas, por sua própria força, para recuperar a posse.

(E) o detentor possui proteção possessória equivalente à do possuidor.

05. (FCC – DPE-BA – Defensor Público – 2016) A posse-trabalho:

(A) pode gerar a desapropriação de terras públicas em favor de um grupo de pessoas que realizou obras ou serviços considerados de interesse social e econômico relevante.

(B) pode gerar ao proprietário a privação da coisa reivindicada, se for exercida em extensa área por prazo ininterrupto de cinco anos, mas o proprietário tem direito à fixação de justa indenização.

(C) é aquela que permite a usucapião especial urbana, em imóveis com área não superior a 250 metros quadrados e, por ser forma originária de aquisição da propriedade, independe de indenização.

(D) está prevista no Estatuto da Cidade como requisito para a usucapião coletiva de áreas urbanas ou rurais onde não for possível identificar os terrenos ocupados por cada possuidor.

(E) se configura como a mera detenção, também chamada de fâmulo da posse, fenômeno pelo qual alguém detém a posse da coisa em nome alheio.

06. (FCC – TCE-CE – Procurador de Contas – 2015) Em relação à posse tem-se que:

(A) pode ela ser adquirida pela própria pessoa que a pretende ou por seu representante, ou ainda por terceiro sem mandato, nesse caso dependendo de ratificação.

(B) o sucessor universal continua de direito a posse do seu antecessor, mas o sucessor singular não pode unir sua posse à do antecessor, dada a natureza de sua condição jurídica.

(C) induzem posse os atos de permissão ou tolerância, mas não autorizam sua aquisição os atos violentos ou clandestinos.

(D) a posse do imóvel não tem qualquer vinculação com a posse das coisas móveis que nele estiverem, a qual depende de prova autônoma de aquisição.

(E) obsta à manutenção ou à reintegração na posse a alegação de propriedade feita pelo réu.

07. (FCC – Prefeitura de São Luiz – MA – Procurador – 2016) Ao observar uma pessoa dirigindo um automóvel na rua, não se sabe, pela mera observação, se o condutor possui a qualidade de possuidor ou detentor. Isto acontece em razão da posse se distinguir da detenção em razão:

(A) da boa-fé do agente.

(B) dos critérios estabelecidos em lei.

(C) da posse indireta.

(D) dos interditos possessórios.

(E) do título de legitimação da posse.

08. (MPE/RS – Promotor de Justiça – Reaplicação – 2017) Assinale a alternativa incorreta quanto ao Direito das Coisas.

(A) As leis extravagantes podem criar novos direitos reais, sem a sua descrição expressa no dispositivo civil que os prevê.

(B) João estaciona seu carro em um estacionamento e entrega a chave ao manobrista. A empresa de estacionamento nesta situação é a possuidora do veículo, o manobrista é mero detentor do mesmo, podendo defender a posse alheia do automotor por meio da autotutela.

(C) Posse injusta para efeito possessório é aquela que tem vícios de origem na violência, clandestinidade e precariedade. Mas para ação reivindicatória, posse injusta é aquela sem causa jurídica que possa justificá-la.

(D) O fideicomisso, a propriedade fiduciária e a doação com cláusula de reversão são casos de propriedade resolúvel, que produz efeitos *ex tunc*.

(E) Luís tem a posse de um terreno de 830 m² (oitocentos e trinta metros quadrados). Certo dia, a área de 310 m² (trezentos e dez metros quadrados) desse terreno foi invadida. A ação cabível no caso é a de manutenção de posse.

09. (PGE/AC – FMP Concursos – Procurador do Estado – 2017) Considere as seguintes afirmativas sobre o tema da posse no âmbito do Código Civil. Assinale a alternativa incorreta.

(A) A posse direta, de pessoa que tem a coisa em seu poder, temporariamente, em virtude de direito pessoal, ou real, não anula a indireta, de quem aquela foi havida, podendo o possuidor direto defender a sua posse contra o indireto.

(B) O possuidor pode intentar a ação de esbulho, ou a de indenização, contra o terceiro, que recebeu a coisa esbulhada mesmo sem saber que o era.

(C) Ao sucessor universal continua de direito a posse do seu antecessor; e ao sucessor singular é facultado unir sua posse à do antecessor, para os efeitos legais.

(D) Considera-se detentor aquele que, achando-se em relação de dependência para com outro, conserva a posse em nome deste e em cumprimento de ordens ou instruções suas.

(E) Só se considera perdida a posse para quem não presenciou o esbulho, quando, tendo notícia dele, se abstém de retornar a coisa, ou, tentando recuperá-la, é violentamente repelido.

10. (TJRO – IESES – Titular de Serviços de Notas e de Registros – Provimento – 2017) É certo afirmar:

I. A posse somente pode ser adquirida pela própria pessoa que a pretende ou por seu representante.

II. Considera-se possuidor todo aquele que tem de fato o exercício, pleno ou não, de algum dos poderes inerentes à propriedade.

III. O título de domínio e a concessão de uso serão conferidos ao homem ou à mulher, ou a ambos, devendo ser considerado o seu estado civil.

IV. A propriedade do solo abrange a do espaço aéreo e subsolo correspondentes, em altura e profundidade úteis ao seu exercício, não podendo o proprietário opor-se a atividades que sejam realizadas, por terceiros, a uma altura ou profundidade tais, que não tenha ele interesse legítimo em impedi-las.

Analisando as proposições, pode-se afirmar:

(A) Somente as proposições I e II estão corretas.

(B) Somente as proposições II e IV estão corretas.

(C) Somente as proposições III e IV estão corretas.

(D) Somente as proposições I e III estão corretas.

11. (Prefeitura de Penalva/MA – IMA – Procurador Municipal – 2017) Sobre a posse, nos termos do Código Civil, é CORRETO afirmar que:

(A) Considera-se possuidor todo aquele que tem de fato o exercício, pleno ou não, de algum dos poderes inerentes à propriedade.

CAP. 2 · DA POSSE | 101

(B) Induzem posse os atos de mera permissão ou tolerância, mas não autorizam a sua aquisição os atos violentos, ou clandestinos, senão depois de cessar a violência ou a clandestinidade.

(C) Considera-se possuidor aquele que, achando-se em relação de dependência para com outro, conserva a detenção em nome deste e em cumprimento de ordens ou instruções suas.

(D) Por se tratar de direito personalíssimo, a posse não se transmite aos herdeiros ou legatários do possuidor.

12. (TJSC – FCC – Juiz Substituto – 2017) A posse de um imóvel:

(A) transmite-se aos herdeiros ou legatários do possuidor com os mesmos caracteres, sendo que o sucessor universal continua de direito a posse do seu antecessor, e, ao sucessor singular, é facultado unir sua posse à do antecessor para os efeitos legais.

(B) não se transmite de pleno direito aos herdeiros ou legatários do possuidor, mas eles podem, assim como a qualquer sucessor a título singular é facultado, unir sua posse à do antecessor, para efeitos legais.

(C) transmite-se de pleno direito aos sucessores a título universal e a título singular, não se permitindo a este recusar a união de sua posse à do antecessor, para efeitos legais.

(D) não se transmite aos herdeiros ou legatários do possuidor com os mesmos caracteres, tendo, cada novo possuidor, de provar seus requisitos para os efeitos legais.

(E) só pode ser adquirida pela própria pessoa que a pretende, mas não por representante ou terceiro sem mandato, sendo vedada a ratificação posterior.

13. (TJMG – CONSULPLAN – Titular de Serviços de Notas e de Registros – Provimento – 2017) Nos termos do Código Civil, a posse pode ser adquirida:

(A) somente pela própria pessoa, já que se trata de direito pessoal próprio e fático.

(B) somente pela própria pessoa que a pretende ou por seu representante.

(C) pela própria pessoa que a pretende ou por seu representante e, ainda, por terceiro sem mandato, e sem maior formalidade, porque trata-se de questão eminentemente fática.

(D) pela própria pessoa que a pretende ou por seu representante e por terceiro sem mandato, dependendo de ratificação.

14. (DPE-PR – FCC – Defensor Público – 2017) Sobre posse, é correto afirmar:

(A) O locatário, em que pese possuidor direto, não pode invocar proteção possessória contra terceiro esbulhador do imóvel por ele locado, pois lhe falta o *animus domini*.

(B) O defeito da posse injusta não pode ser invocado contra o herdeiro que desconhecia essa característica da posse exercida pelo falecido.

(C) O fato de o esbulhador ter adquirido sua posse mediante violência física inquina vício em sua posse mesmo que, posteriormente, compre o bem do esbulhado.

(D) O comodatário, devidamente notificado para sair do bem dado em comodato, e que não o faz no prazo assinalado, passa a exercer posse precária.

(E) A posse *ad usucapionem* é aquela que, além dos elementos essenciais à posse, deve sempre se revestir de boa-fé, decurso de tempo suficiente, ser mansa e pacífica, fundar-se em justo título e ter o possuidor a coisa como sua.

15. (MPE-RO – FMP Concursos – Promotor de Justiça Substituto – 2017) Em relação aos efeitos da posse estabelecidos no Código Civil, assinale a alternativa correta.

(A) Quando mais de uma pessoa se disser possuidora, manter-se-á provisoriamente na posse a que tiver a coisa, mesmo que manifesta a obtenção por modo vicioso.

(B) O possuidor de boa-fé responde pela perda ou deterioração da coisa a que não der causa.

(C) O possuidor de boa-fé tem direito, enquanto ela durar, aos frutos percebidos, devendo ser restituídos os frutos pendentes ao tempo em que cessar a boa-fé e os frutos colhidos com antecipação.

(D) O possuidor de má-fé responde pela perda, ou deterioração da coisa, ainda que acidentais, mesmo que prove que de igual modo se teriam dado, estando ela na posse do reivindicante.

(E) O possuidor de má-fé terá direito ao ressarcimento das benfeitorias necessárias, assistindo-lhe o direito de retenção pela importância delas.

102 DIREITO CIVIL • VOL. 4 – *Flávio Tartuce*

16. **(TJMG – CONSULPLAN – Titular de Serviços de Notas e de Registros – Provimento – 2017) João Silva é detentor, como fâmulo da posse de seu primo José Silva, de um imóvel rural (sítio de 5 hectares) há mais 20 anos, e quando foi notificado pelo proprietário que lhe pedia para devolver o imóvel, ingressou com uma ação de usucapião, alegando posse vintenária, ininterrupta e pacífica, portanto, segundo ele, com requisitos para fins da prescrição aquisitiva. Em relação a esse caso hipotético, é correto afirmar:**

(A) Tendo ficado na posse pacífica e sem interrupção do imóvel por mais de 20 anos, é perfeitamente possível pedir a declaração de domínio via usucapião, quer por ação direita quer por via de exceção.

(B) Pelo princípio da função social da propriedade, ao ficar na posse do imóvel de forma pacífica e sem interrupção por mais de 20 anos, é viável arguir com êxito em ação direta ou em defesa a exceção de usucapião.

(C) Como fâmulo da posse, tem mera detenção, de forma que não pode arguir usucapião, independentemente do lapso temporal da posse.

(D) Desde que não tenha João Silva nenhum outro imóvel em seu nome, tem ele o direito de usucapir o imóvel em questão em face da posse pacífica e sem interrupção.

17. **(TJMG – CONSULPLAN – Titular de Serviços de Notas e de Registros – Provimento – 2017) Acerca da posse, nos termos do Código Civil, é correto afirmar:**

(A) O possuidor de má-fé responde pela perda, ou deterioração da coisa, ainda que acidentais, salvo se provar que de igual modo se teriam dado, estando ela na posse do reivindicante.

(B) Ao possuidor de má-fé não serão ressarcidas as benfeitorias necessárias; mas lhe assiste o direito de retenção pela importância destas, e pode levantar as voluptuárias.

(C) As benfeitorias não se compensam com os danos, e só obrigam ao ressarcimento se ao tempo da evicção ainda existirem.

(D) O reivindicante, obrigado a indenizar as benfeitorias ao possuidor de má-fé, tem o direito de optar entre o seu valor atual e o seu custo; ao possuidor de boa-fé indenizará pelo valor da data da turbação ou esbulho.

18. **(TJPR – CESPE – Juiz Substituto – 2017) Acerca do direito das coisas, assinale a opção correta à luz do Código Civil e do entendimento doutrinário sobre o tema.**

(A) Caso seja instituído o usufruto em favor de dois usufrutuários, o falecimento de um deles gerará de pleno direito o acréscimo ao sobrevivente.

(B) Ao efetuar o desdobramento da posse, o proprietário perde a condição de possuidor.

(C) Para fins de proteção possessória, deve ser demonstrado algum vício objetivo da posse, não sendo imprescindível a constatação de má-fé do esbulhador.

(D) O conceito de multipropriedade, que perpassa a análise de uso compartilhado, fere o atributo de exclusividade da propriedade.

19. **(Advogado- CELESC -FEPESE – 2018) É correto afirmar sobre a posse:**

(A) A deterioração da coisa, quando acidental, afasta a responsabilização do possuidor de má-fé.

(B) O possuidor não responde pela perda ou deterioração da coisa, a que, mesmo de má-fé, não der causa.

(C) As benfeitorias compensam-se com os danos, e só obrigam ao ressarcimento se ao tempo da evicção ainda existirem.

(D) O possuidor de boa-fé será ressarcido, somente, pelas benfeitorias necessárias, poderá reter as úteis e levantar as voluptuárias.

(E) O possuidor de má-fé tem direito de retenção pelas benfeitorias úteis, mas não lhe assiste a possibilidade de levantar as necessárias.

20. **(PGM – Procurador do Município – Manaus – AM – CESPE – 2018) A respeito da propriedade, da posse e das preferências e privilégios creditórios, julgue o item subsequente.**

O ordenamento jurídico ora vigente admite a possibilidade de conversão da detenção em posse, a depender da modificação nas circunstâncias de fato que vinculem determinada pessoa à coisa.

( ) Certo

( ) Errado

CAP. 2 · DA POSSE | 103

21. (MPE-SP – Analista Jurídico do Ministério Público – VUNESP – 2018) Pedro cedeu a posse de um terreno de 250 m2 a Joaquim. Aquele, contudo, adquiriu a posse mediante ameaças e agressões físicas contra o antigo possuidor do terreno. Joaquim pretende erigir no terreno adquirido uma casa para morar com sua família e desconhece a forma pela qual Pedro adquiriu a posse que lhe transmitiu.

É correto afirmar que a posse de Joaquim é de

(A) má-fé e injusta.

(B) má-fé e violenta.

(C) boa-fé e injusta.

(D) boa-fé e justa.

(E) má-fé e precária.

22. (Câmara Legislativa do Distrito Federal – Procurador Legislativo – FCC – 2018) No que se refere à posse, sua classificação e seus efeitos, é correto afirmar:

(A) O possuidor de má-fé responde pela perda ou deterioração da coisa, ainda que acidentais e em qualquer hipótese.

(B) O possuidor com justo título tem por si a presunção absoluta de boa-fé, pela qual o possuidor ignora o vício ou o obstáculo que impede a aquisição da coisa.

(C) Induzem posse os atos de mera permissão ou tolerância, mas não a autorizam os atos violentos, clandestinos ou precários.

(D) O possuidor de boa-fé não responde pela perda ou deterioração da coisa, tendo-lhe dado causa ou não, já que tinha a coisa como sua.

(E) A posse direta, de pessoa que tem a coisa em seu poder, temporariamente, em virtude de direito pessoal, ou real, não anula a indireta, de quem aquela foi havida, podendo o possuidor direto defender a sua posse contra o indireto.

23. (Advogado/AL-RO – FGV – 2018) Gumercindo recebeu como locatário, no ano de 1978, a posse direta de um imóvel. Ele assumiu todas as obrigações decorrentes, até 1988, ocasião em que, com o falecimento do locador e não tendo quem se apresentasse como sucessor, parou de pagar o aluguel. Gumercindo construiu no terreno do imóvel uma nova acessão que, desde 1990, passou a ser utilizada por sua filha e seu genro. Ocorre que no ano de 2018, Juventino se apresenta como neto do antigo locador e como único herdeiro deste e ajuíza ação de despejo, buscando reaver o bem.

Admitindo os fatos como provados, assinale a afirmativa correta.

(A) Gumercindo pode pleitear indenização pelas acessões e benfeitorias que realizou de boa fé, mesmo que tenha renunciado a tal direito no contrato.

(B) O exercício do direito potestativo à purga da mora deverá contemplar os alugueres em atraso desde o ano de 1988.

(C) A retomada do bem pode ser evitada pela interversão do caráter da posse.

(D) Em razão do decurso do tempo, o direito de retomada do imóvel se encontra prescrito.

(E) Pelo princípio da relatividade contratual, a filha e o genro de Gumercindo não podem sofrer o pedido de retomada, pois são pessoas estranhas ao contrato de locação.

24. (TJ-SP – Titular de Serviços de Notas e de Registros – Provimento – VUNESP – 2018) Com relação à posse, é correto afirmar:

(A) a posse não pode ser adquirida por representante do possuidor ante a necessidade de atos materiais de apreensão da coisa.

(B) posse precária é a exercida de forma velada, sem publicidade, não ostensiva.

(C) mesmo tendo o possuidor de boa-fé tomado conhecimento inequívoco da existência de vício na aquisição de sua posse, esta permanece de boa-fé, em consideração ao momento de sua aquisição.

(D) a denominada posse violenta tem natureza jurídica de detenção.

104 | DIREITO CIVIL • VOL. 4 – *Flávio Tartuce*

25. (Advogado/AL-RO – FGV – 2018) Simprônio foi vítima de esbulho possessório do imóvel que titularizava pelo vício da clandestinidade perpetrado por Mévio que, tendo o bem sob seu poder, alienou onerosamente a posse para um terceiro que, de plano, cuidou de edificar um imóvel para utilizá-lo como moradia.

Diante desse quadro, assinale a afirmativa correta.

(A) Simprônio tem direito a reintegrar-se na posse do imóvel, independente da boa fé do terceiro adquirente.

(B) Em se tratando de aquisição clandestina da posse, Simprônio poderá se valer do desforço pessoal, desde que o realize imediatamente ao momento em que tome conhecimento do esbulho.

(C) Simprônio somente tem direito a propor ação indenizatória em face do esbulhador.

(D) A onerosidade da alienação inviabiliza o pleito de reintegração na posse em face do terceiro.

(E) Simprônio pode intentar ação de reintegração de posse ou indenizatória em face do terceiro que recebeu a coisa esbulhada sabendo que o era.

26. (DPE-AM – Defensor Público – Reaplicação – FCC – 2018) Em relação à posse, considere os enunciados seguintes:

I. O atual Código Civil adotou o conceito de posse de Ihering, segundo o qual a posse e a detenção distinguem-se em razão da proteção jurídica conferida à primeira e expressamente excluída para a segunda. II. Mesmo nos bens do patrimônio disponível do Estado (dominicais), despojados de destinação pública, não se permite a proteção possessória aos ocupantes particulares que venham a lhe dar função social, porque perdem a destinação mas não a natureza de terras públicas. III. O critério para aferir se há posse ou detenção em um caso concreto é o estrutural e não o funcional, ou seja, é a afetação do bem a uma finalidade pública que dirá se pode ou não ser objeto de atos possessórios por um particular. IV. É possível o manejo de interditos possessórios em litígio entre particulares sobre bem público dominical, pois entre ambos a disputa será relativa à posse. V. À luz do texto constitucional e da inteligência do novo Código Civil, a função social é base normativa para a solução dos conflitos atinentes à posse, dando-se efetividade ao bem comum, com escopo nos princípios da igualdade e da dignidade humana.

Está correto o que se afirma APENAS em

(A) II, III, IV e V.

(B) I, IV e V.

(C) I, II, III e IV.

(D) III, IV e V.

(E) I, II e III.

27. (Promotor de Justiça – Reaplicação – MPE-RS – 2017) Assinale a alternativa INCORRETA quanto ao Direito das Coisas.

(A) As leis extravagantes podem criar novos direitos reais, sem a sua descrição expressa no dispositivo civil que os prevê.

(B) João estaciona seu carro em um estacionamento e entrega a chave ao manobrista. A empresa de estacionamento nesta situação é a possuidora do veículo, o manobrista é mero detentor do mesmo, podendo defender a posse alheia do automotor por meio da autotutela.

(C) Posse injusta para efeito possessório é aquela que tem vícios de origem na violência, clandestinidade e precariedade. Mas para ação reivindicatória, posse injusta é aquela sem causa jurídica que possa justificá-la.

(D) O fideicomisso, a propriedade fiduciária e a doação com cláusula de reversão são casos de propriedade resolúvel, que produz efeitos *ex tunc*

(E) Luís tem a posse de um terreno de 830 m² (oitocentos e trinta metros quadrados). Certo dia, a área de 310 m² (trezentos e dez metros quadrados) desse terreno foi invadida. A ação cabível no caso é a de manutenção de posse.

28. (Juiz Substituto – TJ-AL – FCC – 2019) Leandro formulou, perante o Cartório de Registro de Imóveis competente, pedido de reconhecimento extrajudicial de usucapião de imóvel não residencial, onde funciona uma fábrica de chocolates. Nesse caso, de acordo com a Lei dos Registros Públicos (Lei n° 6.015/1.973),

(A) a posse poderá ser comprovada em procedimento de justificação administrativa, realizado perante a própria serventia extrajudicial.

CAP. 2 · DA POSSE | 105

(B) a rejeição do pedido extrajudicial impedirá o ajuizamento de ação de usucapião.

(C) o pedido deverá ser rejeitado de plano, pois só é admitido o reconhecimento extrajudicial de usu-capião de imóvel residencial, destinado à moradia do próprio requerente.

(D) não será admitido ao interessado suscitar procedimento de dúvida.

(E) é facultativa a representação de Leandro por advogado.

29. (Juiz Substituto – TJ-AL – FCC – 2019) De acordo com o Código Civil, a posse

(A) adquire-se no momento da celebração do contrato, mesmo que não seja possível o exercício, em nome próprio, de quaisquer dos poderes inerentes à propriedade.

(B) justa é aquela adquirida de boa-fé.

(C) pode ser adquirida por terceiro sem mandato, dependendo, nesse caso, de ratificação.

(D) transmite-se aos herdeiros do possuidor com os mesmos caracteres, mas não aos seus legatários.

(E) do imóvel gera presunção absoluta da posse das coisas que nele estiverem.

30. (Promotor de Justiça Substituto – MPE-MT – FCC – 2019) São defesos os atos que não trazem ao proprietário qualquer comodidade, ou utilidade, e sejam animados pela intenção de prejudicar outrem.

Essa norma, prevista no Código Civil,

(A) concerne ao direito à propriedade e defende a plena possibilidade de uso, fruição e disponibilidade do bem, direito real que é.

(B) tem a ver com a função social da propriedade, somente, vedando atos impregnados de ilegalidade.

(C) veda o abuso do direito, que embora lícito em sua literalidade desvia-se da finalidade social da norma e gera a ineficácia do ato.

(D) diz respeito à vedação do abuso do direito, considerado ato ilícito pela legislação civil, e interpreta--se em harmonia com o princípio da função social da propriedade.

(E) diz respeito ao abuso do direito como ato emulativo, mas não se harmoniza com a função social da propriedade nem gera a invalidade do ato, somente possibilitando perdas e danos ao ofendido.

31. (Procurador Jurídico – Campinas – FCC – 2019) Sobre posse, considere:

I. O convalescimento da posse adquirida de forma violenta ou clandestina, é permitido pela ces-sação da violência ou clandestinidade e pelo decurso de ano e dia.

II. Em regra não convalesce a posse precária.

III. Se a posse se estender por mais de ano e dia, não haverá convalescimento da posse adqui-rida de forma violenta.

IV. Apenas convalesce a posse clandestina se for de boa-fé.

Está correto o que consta APENAS de

(A) II e IV.

(B) III e IV.

(C) I e IV.

(D) I e II.

(E) I, II e III.

32. (Titular de Serviços de Notas e de Registros – Remoção – TJ-SC – 2019) Relativamente à posse, assinale a alternativa que corresponda às afirmativas verdadeiras:

I. É justa a posse que não for violenta, clandestina ou precária.

II. É de boa-fé a posse, se o possuidor ignora o vício, ou o obstáculo que impede a aquisição da coisa.

III. Induzem posse os atos de mera permissão ou tolerância assim como não autorizam a sua aquisição os atos violentos, ou clandestinos, senão depois de cessar a violência ou a clan-destinidade.

IV. O possuidor de boa-fé não tem direito, enquanto a posse durar, aos frutos percebidos.

(A) I e III.

(B) I e II.

(C) II e III.

(D) II e IV.

33. (Juiz Substituto – TJ-SC – CESPE – 2019) Para que seja caracterizada a posse de boa-fé, o Código Civil determina que o possuidor

(A) apresente documento escrito de compra e venda.

(B) tenha a posse por mais de um ano e um dia sem conhecimento de vício.

(C) aja com ânimo de dono e sem oposição.

(D) tenha adquirido a posse de quem se encontrava na posse de fato.

(E) ignore o vício impedidor da aquisição do bem.

34. (Técnico Superior Jurídico – DPE-RJ – FGV – 2019) Fernando, tendo sofrido turbação na posse de imóvel de sua propriedade, propôs ação de manutenção de posse, em cujo polo passivo figura um grande número de pessoas. Nesse cenário, é possível que:

(A) o juiz conheça do pedido como reintegração de posse, caso entenda que já ocorreu o esbulho, e não a turbação da posse;

(B) seja feita a citação dos réus que se encontrarem no imóvel objeto da lide, sem a necessidade de citação por edital daqueles que ali não forem localizados;

(C) haja intimação da Defensoria Pública, ainda que não envolva pessoas em situação de hipossuficiência econômica;

(D) qualquer réu demande o reconhecimento do domínio em face do autor;

(E) o juiz conheça do pedido como reivindicatória, caso entenda que a causa de pedir envolve o reconhecimento do domínio.

35. (Advogado – Câmara de Apucarana – PR – FAUEL – 2020) O Código Civil estabelece que possuidor é todo aquele que tem de fato o exercício, pleno ou não, de algum dos poderes inerentes à propriedade. Sobre o tema, com base no texto do Código Civil, assinale a alternativa CORRETA.

(A) É justa a posse, se o possuidor ignora o vício, ou o obstáculo que impede a aquisição da coisa.

(B) O reivindicante, obrigado a indenizar as benfeitorias ao possuidor de má-fé, tem o direito de optar entre o seu valor atual e o seu custo; ao possuidor de boa-fé indenizará pelo valor de custo.

(C) A posse de boa-fé só perde este caráter no caso e desde o momento em que as circunstâncias façam presumir que o possuidor não ignora que possui indevidamente.

(D) Se duas ou mais pessoas possuírem coisa divisível, poderá cada uma exercer sobre ela atos possessórios, contanto que não excluam os dos outros compossuidores.

36. (Juiz Substituto – TJ-MS – FCC – 2020) É característica da posse:

(A) que a coisa sobre a qual se exerce seja divisível e passível de aquisição do domínio por meio de usucapião.

(B) a detenção da coisa, por si ou em relação de dependência para com outro, em nome deste e em cumprimento de ordens ou instruções suas.

(C) o exercício, pelo possuidor, de modo pleno ou não, de algum dos poderes inerentes à propriedade, direta ou indiretamente.

(D) que seu exercício seja necessariamente justo e de boa-fé, não violento, clandestino ou precário.

(E) sua aquisição exclusivamente por quem a pretender, em nome próprio, por meio da apropriação física sobre a coisa.

37. (Defensor Público – DPE-BA – FCC – 2021) Em relação à posse:

(A) Na dissolução do vínculo conjugal, não é possível a partilha de direitos possessórios sobre imóvel em loteamento irregular adquirido pelo casal na constância da união.

CAP. 2 • DA POSSE | 107

(B) Não é considerada de boa-fé a posse, se o possuidor ignora o vício, ou o obstáculo que impede a aquisição da coisa.

(C) Não se configura com a ocupação indevida de bem público, pois de acordo com entendimento sumulado do Superior Tribunal de Justiça, tal situação caracteriza mera detenção, insuscetível de retenção ou indenização por acessões e benfeitorias.

(D) Com a morte do possuidor, ela se transmite aos herdeiros ou legatários do possuidor, sanando-se os vícios originários.

(E) Não assiste ao possuidor o direito a exigir do dono do prédio vizinho a demolição, ou a reparação deste, quando ameace ruína, bem como que lhe preste caução pelo dano iminente, pois tais direitos são atribuídos somente ao proprietário.

38. (Delegado de Polícia Civil – PC-PA – Instituto AOCP – 2021) Sobre os efeitos da posse previstos no Código Civil, é correto afirmar que

(A) o possuidor pode intentar a ação de esbulho, ou a de indenização, contra o terceiro, que recebeu a coisa esbulhada sem saber que o era.

(B) o possuidor, mesmo que de boa-fé, não tem direito aos frutos percebidos.

(C) o possuidor de boa-fé responde pela perda ou deterioração da coisa, mesmo que não der causa.

(D) ao possuidor de má-fé não serão ressarcidas as benfeitorias necessárias e não lhe assiste o direito de retenção pela importância destas, nem o de levantar as voluptuárias.

(E) as benfeitorias compensam-se com os danos, e só obrigam ao ressarcimento se ao tempo da evicção ainda existirem.

39. (Analista Jurídico de Defensoria – DPE-AM – FCC – 2022) Maria e José herdaram de seus pais um imóvel indivisível e, atualmente, são os únicos possuidores do bem. Segundo o Código Civil, Maria

(A) poderá exercer sobre o imóvel atos possessórios, desde que estes não excluam os de José.

(B) poderá exercer sobre o imóvel atos possessórios, ainda que estes excluam os de José.

(C) apenas poderá exercer atos possessórios sobre o imóvel com a anuência de José.

(D) não poderá exercer atos possessórios sobre o imóvel, assegurado o direito de reclamar perdas e danos.

(E) somente poderá exercer atos possessórios sobre o imóvel, a fim de evitar a injusta ameaça de terceiros.

40. (Defensor Público – DPE-PB – FCC – 2022) Sobre os efeitos da posse disciplinados pelo Código Civil,

(A) o possuidor de má-fé não responde pela perda ou deterioração da coisa se forem acidentais, porquanto não contribuiu com culpa ou dolo para tais eventos.

(B) o possuidor de má-fé tem direito à indenização das benfeitorias úteis, mas só poderá exercer o direito de retenção sobre as benfeitorias necessárias.

(C) o possuidor de boa-fé poderá exercer o direito de retenção das benfeitorias necessárias e úteis.

(D) as benfeitorias necessárias não podem ser compensadas com os danos causados no imóvel.

(E) o reivindicante, compelido a indenizar as benfeitorias ao possuidor de boa-fé, tem o direito de optar entre o seu preço atual e o seu custo.

41. (Procurador Municipal – Prefeitura de Laguna-SC – Unesc – 2022) De acordo com a Lei nº 10.406/2002 – Código Civil, assinale a alternativa CORRETA.

(A) A posse direta, de pessoa que tem a coisa em seu poder, temporariamente, em virtude de direito pessoal, ou real, não anula a indireta, de quem aquela foi havida, podendo o possuidor direto defender a sua posse contra o indireto.

(B) Considera-se detentor todo aquele que tem de fato o exercício, pleno ou não, de algum dos poderes inerentes à propriedade.

(C) É de má-fé a posse, se o possuidor ignora o vício, ou o obstáculo que impede a aquisição da coisa.

(D) Considera-se possuidor aquele que, achando-se em relação de dependência para com outro, conserva a posse em nome deste e em cumprimento de ordens ou instruções suas.

(E) Se duas ou mais pessoas possuírem coisa indivisa, poderá cada uma exercer sobre ela atos possessórios, excluindo os dos outros compossuidores.

42. (Prefeitura de Japira-PR – Instituto UniFil – Advogado – 2023) Sobre a Classificação da Posse, analise as assertivas e assinale a alternativa correta.

I. Considera-se possuidor todo aquele que tem de fato o exercício, pleno ou não, de algum dos poderes inerentes à propriedade.

II. A posse direta, de pessoa que tem a coisa em seu poder, temporariamente, em virtude de direito pessoal, ou real, não anula a indireta, de quem aquela foi havida, podendo o possuidor direto defender a sua posse contra o indireto.

III. Se duas ou mais pessoas possuírem coisa indivisa, poderá cada uma exercer sobre ela atos possessórios, mesmo que excluam os dos outros compossuidores.

IV. É justa a posse que não for violenta, clandestina ou precária.

V. É de boa-fé a posse, se o possuidor ignora o vício, ou o obstáculo que impede a aquisição da coisa.

(A) Apenas uma assertiva está correta.

(B) Apenas duas assertivas estão corretas.

(C) Apenas três assertivas estão corretas.

(D) Apenas quatro assertivas estão corretas.

(E) Todas estão corretas.

43. (PGM-RJ – Cespe/Cebraspe – Procurador Geral do Município de Natal – 2023) A posse de um imóvel privado será justa se

(A) não for contestada pelo proprietário imediatamente.

(B) não for violenta, clandestina ou precária.

(C) o imóvel estiver desocupado há mais de um ano e um dia.

(D) o possuidor ignorar vício que impede a sua aquisição.

(E) inexistir ação judicial que a conteste.

44. (Prefeitura de Rio Branco-AC – Ibade – Procurador Municipal – 2023) Conforme destacado no art. 1.196 do Código Civil: "considera-se possuidor todo aquele que tem de fato o exercício, pleno ou não, de algum dos poderes inerentes à propriedade.". No tocante à posse, é correto afirmar que:

(A) o sucessor singular continua de direito a posse do seu antecessor, enquanto o sucessor universal é facultado unir sua posse à do antecessor, para os efeitos legais.

(B) considera-se possuidor aquele que, achando-se em relação de dependência para com outro, conserva a posse em nome deste e em cumprimento de ordens ou instruções suas.

(C) o possuidor pode intentar a ação de esbulho, ou a de indenização, contra o terceiro, que recebeu a coisa esbulhada sabendo que o era.

(D) o reivindicante, obrigado a indenizar as benfeitorias ao possuidor de má-fé, não tem o direito de optar entre o seu valor atual e o seu custo; ao possuidor de boa-fé indenizará pelo valor atual.

(E) o possuidor tem direito a ser restituído na posse em caso de turbação, mantido no de esbulho, e segurado de violência iminente, se tiver justo receio de ser molestado.

CAP. 2 · DA POSSE | 109

45. (AL-MG – Fumarc – Procurador – 2023) Relativamente à posse, é INCORRETO afirmar que o Código Civil vigente:

(A) considera detentor aquele que, achando-se em relação de independência para com outro, conserva a posse em nome deste.

(B) determina que, se duas ou mais pessoas possuírem coisa indivisa, poderá cada uma exercer sobre ela atos possessórios, contanto que não excluam os dos outros compossuidores.

(C) estabelece que a posse é adquirida desde o momento em que se torna possível o exercício, em nome próprio, de qualquer dos poderes inerentes à propriedade.

(D) prevê que o possuidor tem direito a ser mantido na posse em caso de turbação, restituído no de esbulho, e segurado de violência iminente, se tiver justo receio de ser molestado.

46. (MPE-MG – Promotor de Justiça substituto – IBGP – 2024) Considere as assertivas a seguir:

I. A posse transmite-se aos herdeiros ou legatários do possuidor com os mesmos caracteres.

II. Não obsta à manutenção ou reintegração na posse a alegação de propriedade, ou de outro direito sobre a coisa.

III. O possuidor de má-fé tem direito às despesas de produção e custeio dos frutos colhidos e percebidos.

IV. O possuidor turbado, ou esbulhado, poderá manter-se ou restituir-se por sua própria força, contanto que o faça logo.

V. Não induzem posse os atos de mera permissão ou tolerância.

Assinale a alternativa CORRETA:

(A) Apenas as assertivas I e III são verdadeiras.

(B) Apenas as assertivas I, II, III e V são verdadeiras.

(C) Apenas as assertivas III, IV e V são verdadeiras.

(D) Apenas as assertivas II, III, e IV são verdadeiras.

(E) As assertivas I, II, III, IV e V são verdadeiras.

47. (TJSP – Juiz substituto – Vunesp – 2024) Quanto aos efeitos correlatos à natureza da posse, assinale a alternativa correta.

(A) A forma de aquisição da posse, lícita ou ilícita, implicará o caráter justo ou injusto, que não comportará conversão.

(B) Os atos de permissão ou tolerância induzem posse à medida que implicam transferência de direitos, irrevogáveis.

(C) Presume-se manter a posse o mesmo caráter com que foi adquirida, admitindo-se a conversão da posse injusta em justa e vice-versa, mediante inversão do título.

(D) A detenção injusta, violenta ou clandestina, eivada de vício de origem ligado à causa ilícita, não autoriza ao possuidor a tutela possessória em face de terceiro (que não a vítima), mesmo que cessada a violência ou clandestinidade.

48. (MPE-RO – Promotor de Justiça substituto – Vunesp – 2024) Acerca da classificação da posse, assinale a alternativa correta.

(A) A posse injusta é aquela praticada com má-fé.

(B) Há presunção *juris et de jure* de posse de boa-fé quando o possuidor da coisa é portador do chamado justo título.

(C) Os atos de mera permissão e tolerância tornam a posse justa.

(D) A posse direta, em regra, é temporária, pois se extingue ao fim do tempo que a determina.

(E) Considera-se de boa-fé a posse pública, pacífica, não precária e que observa sua função social e os deveres com o meio ambiente.

GABARITO

01 – C	02 – C	03 – B
04 – B	05 – B	06 – A
07 – B	08 – E	09 – B
10 – B	11 – A	12 – A
13 – D	14 – D	15 – C
16 – C	17 – A	18 – C
19 – C	20 – CERTO	21 – C
22 – E	23 – C	24 – D
25 – E	26 – B	27 – E
28 – A	29 – C	30 – D
31 – D	32 – B	33 – E
34 – A	35 – C	36 – C
37 – C	38 – E	39 – A
40 – C	41 – A	42 – D
43 – B	44 – C	45 – A
46 – E	47 – C	48 – D

DA PROPRIEDADE

3

Sumário: 3.1 Conceito de propriedade e de direito de propriedade. Direitos e faculdades dela decorrentes – 3.2 Disposições preliminares relativas à propriedade constantes do Código Civil de 2002. Suas principais limitações. A função social da propriedade. Aprofundamentos necessários – 3.3 Principais características do direito de propriedade – 3.4 A desapropriação judicial privada por posse-trabalho e a função social da propriedade. Análise do caso da *Favela Pullman* (STJ). Semelhanças e diferenças: 3.4.1 Estudo da desapropriação judicial privada por posse-trabalho (art. 1.228, §§ 4.º e 5.º, do CC); 3.4.2 As tentativas de orientação da desapropriação judicial privada nas *Jornadas de Direito Civil*, do Conselho da Justiça Federal e do Superior Tribunal de Justiça; 3.4.3 O caso da *Favela Pullman* e a função social da propriedade; 3.4.4 3.4.4 Semelhanças e diferenças entre a desapropriação judicial privada e o julgamento do caso da Favela Pullman. Análise de julgados a respeito da desapropriação privada – 3.5 Da propriedade resolúvel. O enquadramento da propriedade fiduciária. Primeira abordagem – 3.6 Da propriedade aparente – 3.7 Formas de aquisição da propriedade imóvel. Formas originárias e derivadas: 3.7.1 Das acessões naturais e artificiais; 3.7.2 Da usucapião de bens imóveis; 3.7.3 Do registro do título; 3.7.4 Da sucessão hereditária de bens imóveis – 3.8 Formas de aquisição da propriedade móvel. Formas originárias e derivadas: 3.8.1 Da ocupação e do achado do tesouro (arts. 1.264 a 1.266 do CC). O estudo da descoberta (arts. 1.233 a 1.236 do CC); 3.8.2 Da usucapião de bens móveis (arts. 1.260 a 1.262 do CC). Aspectos materiais; 3.8.3 Da especificação (arts. 1.269 a 1.271 do CC); 3.8.4 Da confusão, da comistão e da adjunção (arts. 1.272 a 1.274 do CC); 3.8.5 Da tradição; 3.8.6 Da sucessão hereditária de bens móveis – 3.9 Da perda da propriedade imóvel e móvel – 3.10 Análise da Lei 13.465/2017 e suas principais repercussões para o direito de propriedade. A REURB e a legitimação fundiária – 3.11 Dos fundos de investimento e a inclusão do seu tratamento no Código Civil pela Lei 13.874/2019. 3.12 Resumo esquemático – 3.13 Questões correlatas – Gabarito.

3.1 CONCEITO DE PROPRIEDADE E DE DIREITO DE PROPRIEDADE. DIREITOS E FACULDADES DELA DECORRENTES

O conceito de propriedade sempre foi objeto de estudo dos civilistas das mais diversas gerações que se dedicaram ao Direito Privado. Vejamos alguns desses conceitos, a fim de deixar bem claro o conteúdo da propriedade privada.

No Direito Civil Clássico, na era da codificação de 1916, Clóvis Beviláqua conceituava a propriedade como sendo o poder assegurado pelo grupo social à utilização dos bens da vida física e moral (*Direito das coisas...*, 2003, v. I, p. 127). Apesar de ser categorização que remonta ao século passado, a construção é interessante, uma vez que leva em conta tanto os bens corpóreos ou materiais quanto aqueles incorpóreos ou imateriais. Sendo assim, a título de ilustração, os direitos de autor e outros direitos de personalidade também poderiam ser objeto de uma *propriedade especial*, com fortes limitações.

De toda sorte, anote-se que tal ideia sempre foi refutada por parte considerável da doutrina nacional e estrangeira. Cite-se, no Brasil, Silmara Juny de Abreu Chinellato, para quem a propriedade somente recairia sobre bens corpóreos (CHINELLATO, Silmara Juny de Abreu. Direito de autor..., 2008, p. 79). Vejamos as suas lições: "a natureza jurídica híbrida, com predominância de direitos da personalidade, do direito de autor como direito especial, *suis generis*, terá como consequência não serem aplicáveis regras da propriedade quando a ele se referirem, nas múltiplas considerações das relações jurídicas" (p. 99).

Entre os aspectos por ela destacados, demonstrando uma diferença de tratamento dos direitos de autor, mencionem-se as seguintes:

> "a) Distinção entre corpo mecânico e corpo místico, sendo apenas o primeiro suscetível de propriedade e posse; b) aquisição da titularidade do direito de autor; c) prazo de duração limitado para direitos patrimoniais e ilimitado para direitos morais; d) não cabe usucapião quanto a nenhum dos direitos morais, aplicando-se, em tese ao corpo mecânico; e) perda do direito patrimonial depois de certo prazo, quando a obra cai em domínio público; f) inalienabilidade de direitos morais; g) ubiquidade da criação intelectual; h) diferente tratamento no regime de bens no casamento, entre a propriedade e o direito de autor" (CHINELLATO, Silmara Juny de Abreu. Direito de autor..., 2008, p. 99).

As conclusões da Professora são precisas e corretas, diante da clara prevalência dos direitos morais de personalidade em sede de direito de autor.

Na mesma trilha, podem ser citadas as lições de Álvaro Villaça Azevedo, para quem o objeto do Direito das Coisas, e também da propriedade, "são os bens corpóreos com valor econômico, (*res quae tangi possunt* – coisas que podem ser tocadas com a ponta dos dedos), sobre as quais pode ser exercido o poder do titular" (AZEVEDO, Álvaro Villaça. *Curso...*, 2014, p. 4).

Essas lições demonstram, como antes pontuado, o equívoco técnico anterior, e hoje ainda existente, cometido pela *Lei da Liberdade Econômica* (Lei 13.874/2019), ao inserir o tratamento dos fundos de investimento – que são bens incorpóreos ou imateriais – no Código Civil de 2002 (arts. 1.368-C a 1.368-F). O tema encerra o presente capítulo.

De todo modo, vale relembrar que, após intensas discussões, a Comissão de Juristas encarregada da Reforma do Código Civil pretende nele inserir um tratamento a respeito da propriedade ou titularidades sobre bens incorpóreos ou imateriais, até porque o novo livro sobre Direito Civil Digital tratará do patrimônio digital. Nos termos da projeção de um novo art. 1.228-A, "é reconhecida a titularidade de direitos patrimoniais sobre bens imateriais". Aguardemos como o Congresso Nacional analisará a proposta, que sempre foi polêmica entre os civilistas, como aqui se expôs, e que acabou prevalecendo pelo voto democrático da maioria dos membros da citada comissão nomeada no âmbito do Senado Federal.

Feita tal pontuação, para Lafayette Rodrigues Pereira, em sentido genérico, o direito de propriedade abrange todos os direitos que formam o patrimônio, ou seja, todos os direitos que podem ser reduzidos a valor pecuniário (*Direito das coisas...*, 1943, v. I, p. 97). Também segundo o *Conselheiro*, em sentido estrito, o direito de propriedade deve ser entendido "como compreendendo tão somente o direito que tem por objeto direto ou imediato as coisas corpóreas".

Em uma visão moderna e consolidada, Caio Mário da Silva Pereira leciona que não há um conceito inflexível de propriedade, apontando as alterações sociológicas que podem atingi-la (*socialização da propriedade*). São suas palavras:

"Direito real por excelência, direito subjetivo padrão, ou 'direito fundamental' (Pugliatti, Natoli, Plainol, Ripert e Boulanger), a propriedade mais se sente do que se define, à luz dos critérios informativos da civilização romano-cristã. A ideia de 'meu e teu', a noção do assenhoreamento de bens corpóreos e incorpóreos independe do grau de cumprimento ou do desenvolvimento intelectual. Não é apenas o homem do direito ou do *business man* que a percebe. Os menos cultivados, os espíritos mais rudes, e até crianças têm dela a noção inata, defendem a relação jurídica dominial, resistem ao desapossamento, combatem o ladrão. Todos 'sentem' o fenômeno propriedade" (PEREIRA, Caio Mário da Silva. *Instituições...*, 2004, v. IV, p. 89).

Mais à frente, o renomado doutrinador conceitua a propriedade da seguinte forma: "a propriedade é o direito de usar, gozar e dispor da coisa, e reivindicá-la de quem injustamente a detenha" (PEREIRA, Caio Mário da Silva. *Instituições...*, 2004, v. IV, p. 90). Como se vê, como tantos outros, a sua construção é relacionada com os atributos da propriedade.

Para Orlando Gomes, a propriedade é um direito complexo, podendo ser conceituada a partir de três critérios: o *sintético*, o *analítico* e o *descritivo*. Sinteticamente, para o jurista, a propriedade é a submissão de uma coisa, em todas as suas relações jurídicas, a uma pessoa. No sentido analítico, ensina o doutrinador que a propriedade está relacionada com os direitos de usar, fruir, dispor e alienar a coisa.

Por fim, descritivamente, a propriedade é um direito complexo, absoluto, perpétuo e exclusivo, pelo qual uma coisa está submetida à vontade de uma pessoa, sob os limites da lei (GOMES, Orlando. *Direitos reais...*, 2004, p. 109). Entre os doutrinadores modernos, esse parece ser o conceito mais atualizado e profundo de propriedade.

Entre os contemporâneos, Maria Helena Diniz conceitua a propriedade como sendo "o direito que a pessoa física ou jurídica tem, dentro dos limites normativos, de usar, gozar, dispor de um bem corpóreo ou incorpóreo, bem como de reivindicá-lo de quem injustamente o detenha" (*Curso...*, 2007, v. 4, p. 114). Como se pode notar, a professora da PUCSP, a exemplo de Caio Mário, utiliza os atributos da propriedade para a sua construção.

Dando sentido amplo ao conceito, Álvaro Villaça Azevedo afirma que "a propriedade é, assim, o estado da coisa, que pertence, em caráter próprio e exclusivo, a determinada pessoa, encontrando-se em seu patrimônio e à sua disposição. (...). O direito de propriedade é a sujeição do bem à vontade do proprietário, seu titular" (AZEVEDO, Álvaro Villaça. *Curso...*, 2014, p. 38-39). Segundo Paulo Lôbo:

> "O uso linguístico do termo 'propriedade' tanto serve para significar direito de propriedade tanto serve para significar direito de propriedade como a coisa objeto desse direito. Ela significa tanto um poder jurídico do indivíduo sobre a coisa (sentido subjetivo) quanto a coisa apropriada por ele (sentido objetivo). Assim ocorre na linguagem comum e na linguagem utilizada pelo legislador. Às vezes é utilizada como gênero, incluindo todos os modos de pertencimento da coisa, até mesmo a posse autônoma. Porém, a expressão 'direito de propriedade' deve ser restrita a quem detenha a titulação formal reconhecida pelo direito para a aquisição da coisa" (LÔBO, Paulo. *Direito...*, 2015, p. 85).

Entre os juristas da atual geração e a partir dos seus conceitos internos e externos, Marco Aurélio Bezerra de Melo conceitua a propriedade como "o poder de senhoria que uma pessoa exerce sobre uma coisa, dela excluindo qualquer atuação de terceiro" (*Direito das coisas...*, 2007, p. 85). Para Cristiano Chaves de Farias e Nelson Rosenvald, "a propriedade é um direito complexo, que se instrumentaliza pelo domínio, possibilitando ao seu titular o exercício de um feixe de atributos consubstanciados nas faculdades de usar, gozar, dispor e reivindicar a coisa que lhe serve de objeto (art. 1.228 do CC)" (*Direitos reais...*, 2006, p. 178).

Demonstrando o quanto é complexa a sua visualização, Luciano de Camargo Penteado aponta *cinco acepções* fundamentais para a palavra propriedade. A primeira acepção é da titularidade de um direito; a segunda de um direito subjetivo patrimonial; a terceira de todo e qualquer direito subjetivo real; a quarta do direito real pleno e a quinta do direito incidente sobre criações ou expressões artísticas e científicas (*Direito das coisas...*, 2008, p. 147).

Reconhecendo que a propriedade está interligada a relações jurídicas complexas, Gustavo Tepedino propõe que o seu conceito seja construído a partir de múltiplos fatores. São suas as seguintes palavras:

> "A construção, fundamental para a compreensão das inúmeras modalidades contemporâneas de propriedade, serve de moldura para uma posterior elaboração doutrinária, que entrevê na propriedade não mais uma situação de poder, por si só e abstratamente considerada, o direito subjetivo por excelência, mas 'uma situazione giuridica tipica e complessa', necessariamente em conflito ou coligada com outras, que encontra a sua legitimidade na concreta relação jurídica na qual se insere.
>
> Cuida-se da tese que altera, radicalmente, o entendimento tradicional que identifica na propriedade uma relação entre sujeito e objeto, característica típica da noção de direito real absoluto (ou pleno), expressão da 'massima signoria sulla cosa' – formulação incompatível com a ideia de relação intersubjetiva.
>
> A propriedade, portanto, não seria mais aquela atribuição de poder tendencialmente plena, cujos confins são definidos externamente, ou, de qualquer modo, em caráter predominantemente negativo, de tal modo que, até uma certa demarcação, o proprietário tenha espaço livre para suas atividades e para a emanação de sua senhoria sobre o bem. A determinação do conteúdo da propriedade, ao contrário, dependerá de certos interesses extrapatrimoniais, os quais vão ser regulados no âmbito da relação jurídica de propriedade" (TEPEDINO, Gustavo. Contornos..., *Temas...*, 2004, p. 316).

A partir de todas essas construções, de ontem e de hoje, igualmente procurarei definir a propriedade. Assim, a propriedade é o direito que alguém possui em relação a um bem determinado. Trata-se de um direito fundamental, protegido no art. 5.º, inc. XXII, da Constituição Federal, mas que deve sempre atender a uma função social, em prol de toda a coletividade. A propriedade é preenchida a partir dos atributos que constam do Código Civil de 2002 (art. 1.228), sem perder de vista outros direitos, sobretudo aqueles com substrato constitucional.

Percebe-se, portanto, que a *função social* é íntima à própria construção do conceito. Como direito complexo que é, a propriedade não pode sobrelevar outros direitos, particularmente aqueles que estão em prol dos interesses da coletividade.

A propriedade deve ser entendida como um dos direitos basilares do ser humano. Basta lembrar que a expressão "é meu" constitui uma das primeiras locuções ditas pelo ser humano, nos seus primeiros anos de vida. Concretamente, é por meio da propriedade que a pessoa se sente realizada, principalmente quando tem um bem próprio para a sua residência.

Nesse plano, a morada da pessoa é o local propício para a perpetuação da sua dignidade, sendo certo que a Constituição Federal protege o direito à moradia no seu art. 6.º, dispositivo que foi introduzido pela Emenda Constitucional 26/2000. Em verdade, o direito à vida digna, dentro da ideia de um *patrimônio mínimo*, começa com a propriedade da casa própria, tão almejada nos meios populares. Isso justifica toda a minha preocupação em relação a essa tutela.

A propriedade está relacionada com quatro atributos, previstos no *caput* do art. 1.228 do Código Civil de 2002, cuja redação é a seguinte: "o proprietário tem a faculdade de usar, gozar e dispor da coisa, e o direito de reavê-la do poder de quem quer que injustamente a possua ou detenha". O dispositivo apresenta diferenças substanciais em relação ao art. 524 do Código Civil de 1916, cujo *caput* previa que "a lei assegura ao proprietário o direito de usar, gozar e dispor de seus bens, e de reavê-los do poder de quem quer que injustamente os possua".

Ora, não há mais a previsão da existência de *direitos* relativos ao uso, fruição e disposição da coisa, mas sim de *faculdades jurídicas*, o que foi feito no sentido de *abrandar* o sentido do texto legal.

Esse *abrandamento* é percebido, na doutrina, por Marco Aurélio S. Viana no sentido de que o direito de propriedade não é absoluto, eis que "o absolutismo talvez possa ser entendido apenas no sentido de que o direito de propriedade é o único que assegura ao titular a maior gama possível de faculdades sobre a coisa (Cf. Papaño, Kiper, Dillon, Causse, Derechos Reales, t. 1, p. 175)" (*Comentários...*, 2003, v. XVI, p. 22).

A expressão *direito* somente foi mantida para a vindicação do bem, por meio da *ação petitória*. Pode-se afirmar que essa alteração conceitual demonstra, pelo menos em parte, o rompimento do caráter individualista da propriedade, que prevalecia na visão anterior, pois a supressão da expressão *direitos* faz alusão à substituição de algo que foi, supostamente, absoluto no passado, o que não mais ocorre atualmente. Em parte, nesse sentido, colacionam-se os comentários críticos de Cristiano Chaves de Farias e Nelson Rosenvald:

> "Todos os direitos subjetivos, incluindo-se aí o direito subjetivo de propriedade, têm o seu conteúdo formado por faculdades jurídicas. Elas consistem nos poderes de agir consubstanciados no direito subjetivo. O Código Civil, em seu art. 1.228, traz uma definição acanhada do conceito de propriedade, pois não a qualifica como relação jurídica. Porém, acaba por dispor acerca do seu conteúdo interno, ao relacionar as faculdades inerentes ao domínio: usar, gozar, dispor de seus bens e reavê-los do poder de quem quer que injustamente os possua" (FARIAS, Cristiano Chaves de; ROSENVALD, Nelson. *Direitos reais...*, 2006, p. 183).

Na mesma linha, afirmam Pablo Stolze Gagliano e Rodolfo Pamplona Filho que, "nos dias de hoje, a propriedade não é mais considerada um direito ilimitado, como no passado" (*Manual...*, 2017, p. 1.019). Ademais, a ideia de faculdades é mais adequada para a distribuição, entre pessoas diversas, dos atributos da propriedade, assim como ocorre com os direitos reais sobre coisa alheia. Como pondera Karl Larenz, um direito subjetivo pode compreender em si distintas faculdades, que não se manifestam como direitos subjetivos, uma vez que são separadas daquele e transmitidas independentemente. Cita o jurista alemão justamente o exemplo do proprietário, que pode separar algumas de suas faculdades temporariamente e transmiti-las a outros sujeitos, como se dá no usufruto (LARENZ, Karl. *Derecho Civil...*, 1978, p. 259).

No que concerne especificamente às *faculdades* relativas à propriedade, a primeira delas é a de *gozar* ou fruir a coisa – antigamente denominada como *ius fruendi* –, consubstanciada na possibilidade de retirar os frutos da coisa, que podem ser naturais, industriais ou civis (os frutos civis são os *rendimentos*). A título de ilustração, o proprietário de um imóvel urbano poderá locá-lo a quem bem entender, o que representa exercício direto da propriedade.

A segunda faculdade é a de *usar* a coisa, de acordo com as normas que regem o ordenamento jurídico (antigo *ius utendi*). Obviamente, essa possibilidade de uso encontra limites em lei, caso da Constituição Federal, do Código Civil (regras quanto à vizinhança, por exemplo) e em leis específicas, servindo para ilustrar o Estatuto da Cidade (Lei 10.257/2001). Cite-se, nesse contexto, o *poder ablativo*, que vem a ser "o poder de ingerência da Administração sob o patrimônio particular" (PENTEADO, Luciano de Camargo. *Direito das Coisas...*, 2008, p. 242). Merecem destaque as limitações de Direito Administrativo, como a desapropriação, nos casos previstos em lei.

Como terceira faculdade, há a viabilidade de disposição da coisa (antigo *ius disponendi*), seja por atos *inter vivos* ou *mortis causa*. Entre os primeiros, podem ser citados os contratos de compra e venda e doação; entre os últimos, o testamento. Conforme restou evidenciado, essa disposição pode ser onerosa (mediante uma contraprestação) ou gratuita (negócio jurídico benéfico).

Por fim, o art. 1.228, *caput*, do CC/2002 faz referência ao direito de reivindicar a coisa contra quem injustamente a possua ou detenha (*ius vindicandi*). Esse direito será exercido por meio de ação petitória, fundada na propriedade, sendo a mais comum a *ação reivindicatória*, principal ação real fundada no domínio (*rei vindicatio*). Pode-se afirmar que proteção da propriedade é obtida por meio dessa demanda, aquela em que se discute a propriedade visando à retomada da coisa, quando terceira pessoa, de forma injustificada, a tenha, dizendo-se dono.

Nessa ação o autor deve provar o seu domínio, oferecendo prova da propriedade, com o respectivo registro e descrevendo o imóvel com suas confrontações. O autor da ação reivindicatória deve ainda demonstrar que a coisa reivindicada esteja na posse injusta do réu. A ação petitória não se confunde com as ações possessórias, sendo certo que nestas últimas não se discute a propriedade do bem, mas a sua posse.

Como ficou claro no capítulo anterior desta obra, o Código Civil de 2002 estabeleceu a separação entre os juízos petitório e possessório, o que foi confirmado pelo CPC/2015. Em relação ao prazo para propositura dessa ação, podem ser mencionadas duas correntes.

A primeira corrente aponta que a ação reivindicatória está sujeita a prazo prescricional, diante do seu caráter essencialmente patrimonial. Esse prazo de prescrição era de 10 anos (entre presentes) e 15 anos (entre ausentes), na vigência do Código Civil de 1916 (art. 177). Na vigência do atual Código Civil, após 11 de janeiro de 2003, o prazo é de 10 anos, diante da unificação dos prazos gerais de prescrição que consta do art. 205 da atual codificação. Pelo que consta do Enunciado n. 14 do CJF/STJ, aprovado na *I Jornada de Direito Civil*, o prazo prescricional deve ter início da violação do direito subjetivo de propriedade, em regra.

Contudo, não é essa a visão que prevalece em nossos Tribunais, sobretudo no Superior Tribunal de Justiça, havendo várias decisões reconhecendo a imprescritibilidade da ação reivindicatória, diante do seu caráter essencialmente declaratório (critério científico de Agnelo Amorim Filho, constante da *RT* 300/7). Desse Tribunal Superior, podem ser transcritas três ementas, muito claras do ponto de vista didático:

> "Agravo em agravo de instrumento – Ação reivindicatória – Imprescritibilidade – Prescrição aquisitiva não ocorrente – Verbete 83 da Súmula do STJ. Pacífica a jurisprudência do STJ no mesmo sentido do acórdão recorrido, incide o óbice do Verbete n. 83 da Súmula desta Corte. Agravo improvido" (STJ, AgRg no Ag 569.220/RJ, 4.ª Turma, Rel. Min. Cesar Asfor Rocha, j. 08.06.2004, *DJ* 04.10.2004, p. 315).

> "Ação reivindicatória – Prescrição – Súmula 283 do Supremo Tribunal Federal – Precedentes da Corte. 1. Sem discrepância a jurisprudência da Corte sobre a imprescritibilidade da ação reivindicatória. 2. Não avançando o especial sobre o fundamento de mérito, aplica-se a Súmula 283 do Supremo Tribunal Federal. 3. Recurso especial não conhecido" (STJ,

Resp 216.117/RN, 3.ª Turma, Rel. Min. Carlos Alberto Menezes Direito, j. 03.12.1999, *DJ* 28.02.2000, p. 78).

"Processual civil – Ação reivindicatória – Matéria de prova – Prescrição aquisitiva. I – Segundo a jurisprudência e a doutrina, a ação reivindicatória é imprescritível, admitindo-se, porém, que o possuidor, quando presentes os pressupostos da usucapião, alegue este contra o proprietário para elidir o pedido" (STJ, Resp 49.203/SP, 3.ª Turma, Rel. Min. Waldemar Zveiter, j. 08.11.1994, *DJ* 08.05.1995, p. 12.388).

Na realidade, deve-se entender que a ação reivindicatória não é sujeita à prescrição ou à decadência, embora se trate de ação real, porque o domínio é perpétuo e somente se extingue nos casos previstos em lei e que serão estudados oportunamente. O efeito da ação reivindicatória é de fazer com que o possuidor ou detentor restitua o bem com todos os seus acessórios. Porém, se na situação concreta for impossível essa devolução, como nas hipóteses de perecimento da coisa, o proprietário terá o direito de receber o valor da coisa se o possuidor estiver de má-fé, sem prejuízo de eventuais perdas e danos.

De forma clara e didática, Nelson Nery Jr. e Rosa Maria de Andrade Nery demonstram as principais características da ação reivindicatória, a saber:

a) *Natureza jurídica*: trata-se de ação real, sendo fundamento do pedido a propriedade e o direito de sequela a ela inerente.

b) *Finalidade*: visa à restituição da coisa. É a ação cabível ao proprietário que tinha a posse e injustamente a perdeu. Procura ele efetivar o seu direito de propriedade, mediante a devolução da coisa.

c) *Requisitos*: prova da propriedade e da posse molestada. O réu pode alegar, em defesa, a *exceptio proprietatis* (exceção de domínio), o que não pode ocorrer nas ações possessórias, como visto no capítulo anterior.

d) *Rito ou procedimento*: comum ordinário na vigência do CPC/1973. Sob a égide do CPC/2015, essa ação segue o procedimento comum.

e) *Remissões*: art. 1.228 do CC (NERY JR., Nelson; NERY, Rosa Maria de Andrade. *Comentários...*, 2015, p. 1.377).

Frise-se que essas características da ação reivindicatória são mantidas na vigência do Código de Processo Civil de 2015, com exceção do rito que era o ordinário, passando a demanda a seguir o procedimento comum. Nos termos do art. 318 do CPC/2015, "aplica-se a todas as causas o procedimento comum, salvo disposição em contrário deste Código ou de lei".

Ainda no estudo da ação reivindicatória, outro ponto que a diferencia das ações possessórias é que na primeira a lei não prevê liminar para a devolução do bem. No sistema processual anterior, cabia a tutela antecipada com tal objetivo, desde que preenchidos os requisitos do art. 273 do CPC/1973, a saber: *a)* prova inequívoca dos fatos; *b)* verossimilhança das alegações; *c)* fundado receito de dano irreparável ou de difícil reparação; *d)* abuso de direito de defesa ou o manifesto propósito protelatório do réu; *e)* reversibilidade do provimento antecipado. Exemplificando, o Tribunal de Justiça de São Paulo deferiu, na vigência do sistema processual antecedente, a tutela antecipada em sede de ação reivindicatória proposta pelo Estado, a fim de ocupação da área para assentamento rural:

"Reivindicatória – Pedido parcial de tutela antecipada concedido – Posse de 30% da área para assentamento rural – Presença dos requisitos do artigo 273 do CPC – Decisão homologatória da discriminação registrada no Cartório Imobiliário – Dano irreparável a ser evitado pelo Estado – Recurso não provido" (TJSP, Agravo de Instrumento 023.538-4, 4.ª Câmara de Direito Privado, Mirante do Paranapanema, Rel. Cunha Cintra, 12.09.1996, v.u.).

Todavia, é interessante deixar claro que havia divergência no próprio Tribunal quanto à viabilidade de se deferir a antecipação da tutela em casos tais. Assim, em sentido contrário: "Reivindicatória – Tutela antecipada em favor do Estado para assentamento de integrantes do Movimento dos 'Sem-Terra' – Descabimento – Agravo provido" (TJSP, Agravo de Instrumento 27.891-4, 2.ª Câmara de Direito Privado, Tupi Paulista, Rel. Vasconcellos Pereira, 04.11.1997, v.u.).

No CPC/2015, a tutela antecipada foi substituída pela tutela de urgência e pela tutela de evidência, que são modalidades de tutelas provisórias. Assim, é preciso verificar as suas hipóteses legais para o devido enquadramento, podendo ambas estar presentes em uma ação reivindicatória.

A respeito da primeira, dispõe o art. 300 do CPC/2015 que a tutela de urgência será concedida quando houver elementos que evidenciem a probabilidade do direito e o perigo de dano ou o risco ao resultado útil do processo. Para a concessão dessa tutela, o juiz pode, conforme o caso, exigir caução real ou fidejussória idônea para ressarcir os danos que a outra parte possa vir a sofrer, podendo a caução ser dispensada se a parte economicamente hipossuficiente não puder oferecê-la (art. 300, § 1.º).

A tutela de urgência pode ser concedida liminarmente ou após justificação prévia (art. 300, § 2.º). Por fim, a tutela de urgência de natureza antecipada não será concedida quando houver perigo de irreversibilidade dos efeitos da decisão (art. 300, § 3.º).

A propósito, admitindo a tutela de urgência em ação reivindicatória, seguindo a linha que aqui já era defendida, transcreve-se, somente para ilustrar:

> "Agravo de instrumento. Ação reivindicatória. Tutela de urgência. Presença dos pressupostos. A concessão de tutela de urgência exige a presença da probabilidade do direito e o perigo de dano ou o risco ao resultado útil do processo (art. 300, do NCPC). Na espécie, dos elementos trazidos aos autos, num juízo perfunctório da questão, se observa o perigo de dano da parte, no sentido de ter reformada a decisão que indeferiu pedido seu de tutela de urgência. Reformada a interlocutória que indeferiu a tutela de urgência de natureza cautelar, em razão da presença dos pressupostos elencados no artigo 300, *caput*, do CPC/15. Deferido o pedido liminar de suspensão da obra realizada no imóvel objeto da discussão. Dado provimento ao agravo de instrumento, por decisão monocrática" (TJRS, Agravo de Instrumento 0445827-03.2016.8.21.7000, 18.ª Câmara Cível, Santa Maria, Rel. Des. Marlene Marlei de Souza, j. 28.08.2017, *DJERS* 01.09.2017).

> "Agravo de instrumento. Ação reivindicatória. Tutela de urgência. Requisitos presentes. A ação reivindicatória possui fundamento no direito de sequela, disciplinado pelo art. 1.228 do Código Civil, sendo proposta pelo proprietário destituído posse, em face do não proprietário que a detém de forma injusta. A tutela de urgência será concedida quando houver elementos que evidenciem a probabilidade do direito e o perigo de dano ou risco ao resultado útil ao processo, presentes tais requisitos o deferimento da liminar é medida que se impõe" (TJMG, Agravo de Instrumento 1.0193.16.002599-8/001, Rel. Des. Sérgio André da Fonseca Xavier, j. 29.08.2017, *DJEMG* 31.08.2017).

No que concerne à tutela de evidência, enuncia o art. 311 do CPC/2015 que será concedida, independentemente da demonstração de perigo de dano ou de risco ao resultado útil do processo, quando: *a)* ficar caracterizado o abuso do direito de defesa ou o manifesto propósito protelatório da parte; *b)* as alegações de fato puderem ser comprovadas apenas documentalmente e houver tese firmada em julgamento de casos repetitivos ou em súmula vinculante;

c) se tratar de pedido reipersecutório fundado em prova documental adequada do contrato de depósito, caso em que será decretada a ordem de entrega do objeto custodiado, sob cominação de multa; e *d)* a petição inicial for instruída com prova documental suficiente dos fatos constitutivos do direito do autor, a que o réu não oponha prova capaz de gerar dúvida razoável.

Sobre a possibilidade de concessão de tutela de evidência em ação reivindicatória, não vejo qualquer impedimento, desde que preenchidos os seus requisitos legais. Trazendo tal debate, no Tribunal Gaúcho julgou-se o seguinte:

> "A tutela de evidência, conforme art. 311, do CPC/2015 (Lei n.º 13.105/2015), será concedida, independentemente de demonstração de perigo de dano ou de risco ao resultado útil do processo. Seu deferimento, todavia, exige a presença de uma das hipóteses previstas no art. 311 do CPC/2015 no caso em concreto, não é hipótese de deferimento de plano da medida de desocupação do bem, pois há dúvida quanto à situação fática exposta pela parte agravada. A prova dos autos se mostra contraditória e não permite, *in initio litis*, ter a exata extensão da relação havida entre as partes sobre o imóvel controvertido. Logo, mostra-se aconselhável que eventual desocupação pela agravante/requerida se dê apenas no momento oportuno, após a fase instrutória" (TJRS, Agravo de Instrumento 0210517-80.2017.8.21.7000, 19.ª Câmara Cível, Lajeado, Rel. Des. Eduardo João Lima Costa, j. 31.08.2017, *DJERS* 11.09.2017).

Ou, ainda, de datas mais recentes, tratando da possibilidade da tutela de evidência em ação reivindicatória, do Tribunal Fluminense e Paulista, respectivamente:

> "Agravo de instrumento. Ação reivindicatória. Ocupação coletiva. Tutela de evidência. Pleito de desocupação de imóvel e imissão de posse. Deferimento da liminar. Propriedade demonstrada. Contraprova incapaz de gerar dúvidas. Presença dos requisitos autorizadores. Artigo 311, IV, do CPC. Manutenção da decisão. Concessão de tutela de evidência em ação reivindicatória de imóvel, determinando a desocupação e imissão na posse do autor. O agravado demonstrou que é o legítimo proprietário do bem, não havendo contraprova capaz de gerar dúvidas suficientes quanto ao exercício ilegal da posse dos ocupantes. No caso, não restou evidenciado exercício da posse anterior ao ano de 2012, conforme se depreende da prova oral produzida, inexistindo nos autos qualquer documento capaz de infirmar as alegações do agravado. Trata-se, pois, de decisão revestida de absoluta juridicidade, não merecendo qualquer reparo, até porque não se enquadra em quaisquer das situações previstas na Súmula n.º 59 deste tribunal, que apenas aconselha reforma de decisões concessivas ou denegatórias de pleito liminar em casos de teratologia, violação à Lei e à prova dos autos. Manutenção da decisão. Negado provimento ao recurso" (TJRJ, Agravo de Instrumento 0012544-54.2019.8.19.0000, 17.ª Câmara Cível, Rio de Janeiro, Rel. Des. Edson Aguiar de Vasconcelos, *DORJ* 17.05.2019, p. 445).

> "Reivindicatória. Imissão na posse. Possibilidade. Tutela de evidência verificada. Uso indevidamente exercitado. Autor titular do domínio. Direito de propriedade consagrado na Carta Magna. Decisão reformada. Recurso provido" (TJSP, Agravo de Instrumento 2157777-87.2018.8.26.0000, Acórdão 12013496, 2.ª Câmara de Direito Privado, Guarulhos, Rel. Des. Giffoni Ferreira, j. 10.10.2018, *DJESP* 27.11.2018, p. 2.136).

A tendência, portanto, é que surjam arestos admitindo tal concessão de tutela de evidência em sede de ação petitória, desde que haja o enquadramento entre os elementos tratados no Código de Processo Civil.

Para terminar o estudo da ação reivindicatória, ou melhor, do direito de reivindicar a coisa, é preciso discutir outra importante questão processual, pertinente ao *caput* do art. 1.228 do CC/2002 e ao Código de Processo Civil de 2015. Isso porque o dispositivo preceitua que a ação reivindicatória pode ser proposta em face do possuidor ou do *detentor*, que injustamente tenha a coisa.

De acordo com tal redação, percebe-se que o Código Civil cria a possibilidade de a ação reivindicatória ser proposta também contra o detentor da coisa, o que lhe daria legitimidade passiva para a demanda. O exemplo típico envolve a ação proposta contra um caseiro, que ocupa o imóvel em nome de um invasor (injusto possuidor). A dúvida que surgia no sistema processual anterior era a seguinte: o Código Civil afastou o dever de o detentor nomear à autoria o possuidor, uma vez que a lei estabelece a sua legitimidade passiva?

Relembrando, a nomeação à autoria era forma de intervenção de terceiros prevista anteriormente no art. 62 do CPC/1973, pelo qual "aquele que detiver a coisa em nome alheio, sendo-lhe demandada em nome próprio, deverá nomear à autoria o proprietário ou o possuidor". A norma trazia um *dever* de nomeação, sob pena de perdas e danos, o que era retirado do art. 69 do CPC/1973: "responderá por perdas e danos aquele a quem incumbia a nomeação: I – deixando de nomear à autoria, quando lhe competir; II – nomeando pessoa diversa daquela em cujo nome detém a coisa demandada". Concluindo, o instituto era aplicável exatamente ao caso aqui descrito.

Quanto à pergunta aqui formulada, entendia Alexandre Freitas Câmara que a expressão "ou detenha" constante na parte final do art. 1.228, *caput*, do CC, deveria ser considerada não escrita, por ser inconstitucional. Isso porque o dispositivo afrontaria a garantia do devido processo legal, que é a garantia do processo justo. Eram suas palavras, pronunciadas no sistema processual anterior:

> "Imagine-se o que aconteceria quando se ajuizasse demanda reivindicatória em face do detentor de um bem. Julgado procedente a demanda, e tendo início a execução do comando contido na sentença, o possuidor do bem (em cujo nome o demandado o detém) certamente ajuizaria embargos de terceiro, sob a alegação de que não pode ter seu patrimônio alcançado pela execução de uma sentença proferida em processo de que não foi parte, sendo certo que eventual coisa julgada que ali tenha sido produzida não o alcança, uma vez que, conforme estabelecido no art. 472 do CPC, a coisa julgada só se produz para as partes entre as quais a sentença é dada, não beneficiando nem prejudicando terceiros. Além disso, ao se admitir que a demanda ajuizada em face do detentor é capaz de fazer com que o possuidor perca a posse da coisa, estar-se-á fazendo com que este seja privado de um bem sem o devido processo legal, o que contraria, frontalmente, a garantia estabelecida no art. 5.º, LIV, da Constituição da República. Vê-se, assim, que de nada adiantaria demandar em face do detentor, pois o processo assim instaurado não produziria qualquer resultado útil, o que contraria as mais nobres garantias constitucionais do processo" (CÂMARA, Alexandre Freitas. *Lições...*, 2004, v. I, p. 196).

Essa também era a opinião, entre os autores da geração contemporânea de processualistas, de Fredie Didier Jr. (*Curso...*, 2007, v. 1, p. 314-315), sem prejuízo de outros doutrinadores.

Todavia, tendo como pano de fundo a teoria do *diálogo das fontes* (Erik Jayme e Cláudia Lima Marques), da qual sou adepto, propunha-se, nas edições anteriores desta obra, uma solução de manutenção do dispositivo material. Por tal caminho, o entendimento mais viável, para prestigiar a norma civil, seria de um sentido de complementaridade entre as leis, material e processual. Essa solução era dada por Humberto Theodoro Júnior, nos seguintes termos:

> "Quando, pois, o art. 1.228 do CC em vigor proclama que o proprietário pode reivindicar sua coisa do possuidor ou detentor, não está autorizando a formação de um processo em

que apenas o detentor ocupe o polo passivo. Está simplesmente prevendo que o processo de reivindicação, manejado pelo proprietário tem eficácia contra quem quer que embarace o seu direito a ter contigo a coisa própria. Nada mais do que isto, ou seja: pouco importa saber a que título alguém conserve em seu poder a coisa do reivindicante, se não dispõe de título a este oponível.

A autorização de incluir o detentor na relação processual da reivindicatória não tem outro objetivo senão o de eliminar qualquer possibilidade de tentativa, após a sentença, de fugir ao seu cumprimento, a pretexto de ser estranho à relação processual e, por isso, não alcançável pela coisa julgada. De forma alguma, porém, se pode pretender que o art. 1.228 do CC tenha legitimado uma reivindicação apenas em face do detentor, salvo se este detiver a coisa em virtude de relação estabelecida diretamente entre o dono (reivindicante) e o réu (detentor).

Se aconteceu de a demanda desenvolver-se tão somente contra o detentor em nome de terceiro, aí, sim, ter-se-á uma sentença inexequível perante o verdadeiro titular da situação jurídica litigiosa, qual seja o que se acha realmente na condição de proprietário ou possuidor.

Nessa ordem de ideias, o texto inovador do art. 1.228 do atual Código Civil não revogou o art. 62 do CPC. Sua aplicação deve ser feita de maneira a harmonizá-lo com a figura da nomeação à autoria, e nunca no sentido de anulá-la. Ou seja, se a demanda for intentada contra ambos (detentor e possuidor), citar-se-ão os dois na posição de coocupantes da coisa litigiosa. Se, todavia, a demanda for proposta apenas contra o detentor, continuará ele com o dever de nomear à autoria o terceiro proprietário ou possuidor, em cumprimento de cujas ordens ou instruções detém a coisa litigiosa. Somente não haverá nomeação à autoria, repita-se, quando a demanda se passar entre o dono e o detentor que ele mesmo constituiu" (O novo Código Civil..., *Reflexos*..., 2007, p. 152).

O posicionamento é perfeito do ponto de vista técnico. Ademais, como aqui ficou demonstrado, a ideia de *harmonia* entre o processo e o direito material em muito me agrada.

Cabe analisar se essa posição pode ser mantida sob a vigência do CPC/2015, uma vez que a nomeação à autoria não consta do seu conteúdo como forma de intervenção de terceiros. Em verdade, pela análise de confrontações de dispositivos, o art. 62 do CPC/1973 equivale ao art. 338 do CPC/2015; o art. 69 do CPC/1973 corresponde ao art. 339 do CPC/2015 (FUX, Luiz; ASSUMPÇÃO NEVES, Daniel Amorim. *Novo CPC*..., 2015, p. 28).

De acordo com o art. 338 do CPC/2015, alegando o réu, na contestação, ser parte ilegítima ou não ser o responsável pelo prejuízo invocado, o juiz facultará ao autor, em quinze dias, a alteração da petição inicial para substituição do réu. Como se pode perceber, não há mais um *dever* de nomeação à autoria, mas uma *faculdade* de indicação do verdadeiro réu. Em complemento, realizada a substituição, o autor reembolsará as despesas e pagará os honorários ao procurador do réu excluído, que serão fixados entre três e cinco por cento do valor da causa ou, sendo este irrisório, conforme uma estimação equitativa.

No que diz respeito ao art. 339 do Estatuto Processual emergente, preceitua ele que, quando alegar sua ilegitimidade, incumbe ao réu indicar o sujeito passivo da relação jurídica discutida sempre que tiver conhecimento, sob pena de arcar com as despesas processuais e de indenizar o autor pelos prejuízos decorrentes da falta de indicação. O autor, ao aceitar a indicação, procederá, no prazo de quinze dias, à alteração da petição inicial para a substituição do réu, observando-se, ainda, as regras quanto ao pagamento de despesas e honorários do parágrafo único do dispositivo anterior. Por fim, estabelece a norma que, no prazo de quinze dias, o autor pode optar por alterar a petição inicial para incluir, como litisconsorte passivo, o sujeito indicado pelo réu.

Como bem pontua Heitor Vitor Mendonça Sica sobre a nomeação à autoria no sistema anterior e os novéis diplomas, em palavras que merecem destaque:

"Apesar de louvável o objetivo do instituto, trata-se de expediente praticamente inútil, pois seu cabimento se limita a apenas duas hipóteses muito específicas de direito material, isto é, quando o réu é mero 'detentor' da coisa litigiosa e pretende nomear o proprietário ou possuidor (CPC/1973, art. 62 c/c o CC/2002, art. 1.198) e quando o réu alegar ter causado prejuízos ao autor por ordem de outro sujeito, o qual será nomeado (CPC/1973, art. 63 e CC/2002, arts. 1.169 e ss.). Os arts. 338 e 339 do CPC/2015 propõem-se ao mesmo objetivo – correção do polo passivo –, mas em qualquer situação de direito material, não apenas aquelas previstas nos arts. 62 e 63 do diploma revogado. Trata-se de técnica que ressalva a aplicação do princípio da *perpetuatio legitimationis* e que se destina a sanear o processo, evitando-se sua extinção sem resolução do mérito, o que justifica que não mais figure entre as modalidades de intervenção de terceiros. Nessa linha, o mecanismo é passível de ser empregado mesmo em procedimentos especiais que não admitem intervenções de terceiros, como por exemplo os Juizados Especiais Cíveis, conforme assentado pelo Enunciado 42 do Fórum Permanente de Processualistas Civis" (SICA, Heitor Vitor Mendonça. *Breves comentários...*, 2015, p. 911-912).

Como se pode observar das palavras do Professor da USP, a hipótese fática do antigo art. 62 do CPC/1973 pode ser retirada do sentido geral do art. 338 do CPC/2015. Assim, parece-me que o debate permanece, sendo viável utilizar a anterior posição de Humberto Theodoro Júnior para resolver o impasse.

De toda sorte, o fato de a lei mencionar uma *faculdade* de indicação do verdadeiro réu e possibilidade de o autor corrigir o polo passivo parecem ter reduzido ainda mais a gravidade da divergência com o que consta do *caput* do art. 1.228 do Código Civil. A ação até pode ser proposta contra o detentor do bem ou contra este e o proprietário, sendo viáveis os caminhos processuais expostos pelo jurista mineiro.

Acrescente-se que parte considerável da doutrina também admite que a correção do polo passivo seja conhecida de ofício pelo juiz, o que também é uma solução salutar, no caso de demanda intentada apenas contra o detentor do bem (nos termos do Enunciado n. 296 do Fórum Permanente de Processualistas Civis; e ASSUMPÇÃO NEVES, Daniel Amorim. *Novo CPC...*, 2015, p. 129).

Superada essa interessante questão processual, a partir do que foi estudado quanto aos quatro atributos relativos à propriedade, didaticamente, é correto dizer que a propriedade pode ser entendida como um recipiente cilíndrico, ou como uma garrafa, a ser preenchido por quatro camadas, que são os atributos de **G**ozar, **R**eaver, **U**sar, **R**eivindicar. São quatro atributos que estão *presos ou aderidos* à propriedade, o que justifica a utilização do acróstico **GRUD**. O desenho a seguir demonstra bem essa simbologia:

A partir da visualização esposada, percebe-se que, se determinada pessoa tiver todos os atributos relativos à propriedade, terá a *propriedade plena*. Eventualmente, os referidos atributos podem ser distribuídos entre pessoas distintas, havendo a *propriedade restrita*. Justamente por isso, a propriedade admite a seguinte classificação:

a) *Propriedade Plena* ou *Alodial* – é a hipótese em que o proprietário tem consigo os atributos de gozar, usar, reaver e dispor da coisa. Todos esses caracteres estão em suas mãos de forma unitária, sem que terceiros tenham qualquer direito sobre a coisa. Em outras palavras, pode-se afirmar didaticamente que todos os elementos previstos no art. 1.228 do CC/2002 estão reunidos nas mãos do seu titular ou que todas as cartas estão em suas mãos.

b) *Propriedade Limitada* ou *Restrita* – é a situação em que recai sobre a propriedade algum ônus, caso da hipoteca, da servidão ou usufruto; ou quando a propriedade for resolúvel, dependente de condição ou termo, nos termos dos arts. 1.359 e 1.360 do CC/2002. O que se percebe, portanto, é que um ou alguns dos atributos da propriedade passam a ser de outrem, constituindo-se em direito real sobre coisa alheia.

No último caso, havendo a divisão entre os referidos atributos, o direito de propriedade é composto de duas partes destacáveis:

– *Nua-propriedade* – corresponde à titularidade do domínio, ao fato de ser proprietário e de ter o bem em seu nome. Costuma-se dizer que a *nua-propriedade* é aquela *despida* dos atributos do uso e da fruição (atributos diretos ou imediatos). A pessoa que a detém recebe o nome de *nu-proprietário, senhorio direto* ou *proprietário direto*.

– *Domínio útil* – corresponde aos atributos de usar, gozar e dispor da coisa. Dependendo dos atributos que possui, a pessoa que o detém recebe uma denominação diferente: superficiário, usufrutuário, usuário, habitante, promitente comprador etc.

Por tal divisão, uma pessoa pode ser o titular (o proprietário) tendo o bem registrado em seu nome ao mesmo tempo em que outra pessoa possui os atributos de usar, gozar e até dispor daquele bem em virtude de um negócio jurídico. Isso ocorre no usufruto, na superfície, na servidão, no uso, no direito real de habitação, nas concessões especiais, no direito do promitente comprador do imóvel, no penhor, na hipoteca e na anticrese.

Em suma, se o domínio útil e a nua-propriedade pertencerem à mesma pessoa, haverá propriedade plena. Caso contrário, haverá propriedade restrita.

Ilustrando de forma mais profunda, no usufruto percebe-se uma divisão proporcional dos atributos da propriedade: o nu-proprietário mantém os atributos de dispor e reaver a coisa; enquanto o usufrutuário tem os atributos de usar e fruir (gozar) da coisa. O instituto será devidamente aprofundado em capítulo próprio.

A encerrar, a partir da análise dessa classificação da propriedade, é fundamental verificar o conceito de *domínio*. Para muitos doutrinadores, a expressão propriedade é sinônima de domínio, entendimento este que é o majoritário a ser adotado na prática. Dentro dessa ideia, em seu *Dicionário Jurídico*, Maria Helena Diniz conceitua assim o domínio:

> "Direito Civil. a) Propriedade; b) qualidade de ser proprietário; c) poder de dispor de algo como seu proprietário; d) direito real em que o titular de uma coisa tem seu uso, gozo, e disposição, podendo reivindicá-la de quem injustamente a detenha, em razão do seu direito de sequela; e) poder jurídico direto, absoluto e imediato que o proprietário tem sobre a coisa que lhe pertence" (DINIZ, Maria Helena. *Dicionário...*, 2005, v. 2, p. 278).

Na mesma esteira, pontua Paulo Lôbo que "os termos domínio e propriedade são utilizados indistintamente pelo Código Civil, com o mesmo significado. Assim, por exemplo, os bens dos ausentes, após dez anos da sucessão provisória, passam ao 'domínio' do Município, ou do Distrito Federal ou da União (art. 39). No contrato de compra e venda há a obrigação de 'transferir o domínio de certa coisa' (art. 481)" (LÔBO, Paulo. *Direito...*, 2015, p. 86).

Entretanto, há quem diferencie a propriedade do domínio. Na clássica *Enciclopédia Saraiva do Direito*, obra organizada por Rubens Limongi França, pode ser encontrada a seguinte conclusão, em verbete que coube a Altino Portugal, então professor da Universidade Federal do Paraná: "no campo do direito distingue-se domínio e propriedade. Muito embora o direito de propriedade enfeixe os poderes de uso, gozo e disposição dos bens e de reavê-los do poder de quem quer que, injustamente, os possua (CC, art. 524) e, neste sentido, equivalha a domínio, que é propriedade corpórea, o termo propriedade, em sentido amplo, corresponde à soma dos direitos que formam o nosso patrimônio" (LIMONGI FRANÇA, Rubens. *Enciclopédia...*, 1977, v. 29, p. 325).

Na doutrina contemporânea, Cristiano Chaves de Farias e Nelson Rosenvald por igual demonstram distinções entre o domínio e a propriedade. São suas palavras:

> "O domínio é instrumentalizado pelo direito de propriedade. Ele consiste na titularidade do bem. Aquele se refere ao conteúdo interno da propriedade. O domínio, como vínculo real entre o titular e a coisa, é absoluto. Mas, a propriedade é relativa, posto ser intersubjetiva e orientada à funcionalização do bem pela imposição de deveres positivos e negativos de seu titular perante a coletividade. Um existe em decorrência do outro. Cuida-se de conceitos complementares e comunicantes que precisam ser apartados, pois em várias situações o proprietário – detentor da titularidade formal – não será aquele que exerce o domínio (*v.g.*, usucapião antes do registro; promessa de compra e venda após a quitação). Veremos adiante que a propriedade recebe função social, não o domínio em si" (FARIAS, Cristiano Chaves; ROSENVALD, Nelson. *Direitos reais...*, 2006, p. 179).

Também entre os contemporâneos, o saudoso Luciano de Camargo Penteado define o domínio como sendo o "estado ou situação de que tem o senhorio" (*Direito das coisas...*, 2008, p. 149). Assim, ao diferenciar os institutos, aponta que o domínio designa a submissão da coisa ao sujeito. Por outra via, a propriedade está relacionada à titularidade, à vinculação da coisa ao sujeito. Em suma, para o doutrinador, o domínio teria caráter mais estático; enquanto a propriedade, um sentido mais dinâmico (CAMARGO, Luciano de. *Direito das coisas...*, 2008, p. 150).

Os conceitos diferenciadores, de ontem e de hoje, não me convencem. Como se pode notar, existem discrepâncias entre os critérios de distinção, o que torna a matéria confusa. Por certo é que os conceitos de propriedade e de domínio são muito próximos, não se justificando, metodologicamente, as diferenciações expostas. E, como o Código Civil de 2002 adota o princípio da operabilidade, em um primeiro sentido de facilitação do Direito Privado, não há razões para a distinção.

Quanto aos princípios, acredito que aqueles que regem o domínio são os mesmos da propriedade, caso da função social. Assim, o domínio também é relativo. Por fim, quanto aos exemplos expostos por Cristiano Chaves e Nelson Rosenvald, parecem envolver por igual a propriedade, particularmente a propriedade aparente, que ainda será estudada.

3.2 DISPOSIÇÕES PRELIMINARES RELATIVAS À PROPRIEDADE CONSTANTES DO CÓDIGO CIVIL DE 2002. SUAS PRINCIPAIS LIMITAÇÕES. A FUNÇÃO SOCIAL DA PROPRIEDADE. APROFUNDAMENTOS NECESSÁRIOS

O Código Civil de 2002 (arts. 1.228 a 1.232), a exemplo do seu antecessor (arts. 524 a 529 do CC/1916), traz *disposições gerais* relativas à propriedade, que merecem ser estudadas.

Algumas dessas disposições representam, na lei civil, claras restrições ao direito de propriedade, sendo a mais notória a aclamada função social. Vejamos o conteúdo dessas normas.

Primeiramente, o *caput* do art. 1.228 traz os atributos, faculdades e direitos relativos ao domínio. Tais atributos foram abordados na seção anterior do capítulo, não havendo a necessidade de maiores aprofundamentos.

O § 1.º do art. 1.228 do CC/2002 é um dos dispositivos mais importantes da vigente lei civil, ao preceituar que "o direito de propriedade deve ser exercido em consonância com as suas finalidades econômicas e sociais e de modo que sejam preservados, de conformidade com o estabelecido em lei especial, a flora, a fauna, as belezas naturais, o equilíbrio ecológico e o patrimônio histórico e artístico, bem como evitada a poluição do ar e das águas".

A norma civil codificada passou a consagrar expressamente a função social, em um sentido de finalidade, como princípio orientador da propriedade; além de representar a principal limitação a esse direito, como reconhecem doutrina e jurisprudência, no caso da última pelos inúmeros julgados transcritos. Como é notório, não havia previsão nesse sentido no Código Civil de 1916.

A função social da propriedade constante da Constituição Federal de 1988 e do Código Civil de 2002 sofreu forte influência da clássica doutrina de Leon Duguit, "para quem a propriedade já não é o direito subjetivo do indivíduo, mas uma função social a ser exercida pelo detentor da riqueza" (MALUF, Carlos Alberto Dabus. *Limitações...*, 2011, p. 73).

Assim, como observa o Professor Titular da USP, "ao antigo absolutismo do direito, consubstanciado no famoso *jus utendi et abutendi*, contrapõe-se, hoje, a socialização progressiva da propriedade – orientando-se pelo critério da utilidade social para maior e mais ampla proteção aos interesses e às necessidades comuns" (MALUF, Carlos Alberto Dabus. *Limitações...*, 2011, p. 73-74).

Historicamente, pontual também foi a contribuição da Constituição Alemã de Weimar, de 1919, que elevou a ideia de vinculação social da propriedade à categoria de princípio jurídico, estabelecendo o art. 14 da atual Norma Fundamental Alemã que a *propriedade obriga*, devendo o seu uso servir tanto ao proprietário como ao bem de toda a coletividade (LARENZ, Karl. *Derecho Civil...*, 1978, p. 79). O mesmo dispositivo coloca o direito à herança como direito fundamental, ao lado da propriedade.

Anote-se que o Projeto de Reforma e Atualização do Código Civil pretende inserir na Lei Geral Privada a mesma previsão, passando o § 1º do seu art. 1.228 a enunciar, em boa hora, que "a propriedade atenderá à sua função social, e isto obriga o seu titular".

Adotando-se essas ideias, conforme ensina Orlando Gomes, em lições que devem ser destacadas:

> "Pode-se concluir que pela necessidade de abandonar a concepção romana da propriedade, para compatibilizá-la com as finalidades sociais da sociedade contemporânea, adotando-se, como preconiza André Piettre, uma concepção finalista, a cuja luz se definam as funções sociais desse direito. No mundo moderno, o direito individual sobre as coisas impõe deveres em proveito da sociedade e até mesmo no interesse de não proprietários. Quando tem por objeto bens de produção, sua finalidade social determina a modificação conceitual do próprio direito, que não se confunde com a política de limitações específicas ao seu uso. A despeito, porém, de ser um conceito geral, sua utilização varia conforme a vocação social do bem no qual recai o direito – conforme a intensidade do interesse geral que o delimita e conforme a sua natureza na principal *rerum divisio* tradicional. A propriedade deve ser entendida como função social tanto em relação aos bens imóveis como em relação aos bens móveis" (GOMES, Orlando. *Direitos reais...*, 2004, p. 129).

Segundo as palavras do jurista baiano, a função social pode se confundir com o próprio conceito de propriedade, diante de um *caráter inafastável de acompanhamento*, na linha do preconizado por Duguit: a propriedade deve sempre atender aos interesses sociais, ao que almeja o bem comum evidenciando-se a uma *destinação positiva* que deve ser dada à coisa. Nessa esteira, pode-se afirmar que *a propriedade é função social*.

Partilhando dessa forma de pensar, enunciado aprovado na *V Jornada de Direito Civil*, promovida pelo Conselho da Justiça Federal em 2011, com a seguinte redação a respeito da propriedade rural ou agrária: "na aplicação do princípio da função social da propriedade imobiliária rural, deve ser observada a cláusula aberta do § 1.º do art. 1.228 do Código Civil, que, em consonância com o disposto no art. 5.º, inciso XXIII, da Constituição de 1988, permite melhor objetivar a funcionalização mediante critérios de valoração centrados na primazia do trabalho" (Enunciado n. 507). O enunciado doutrinário representa aplicação do art. 12 do Estatuto da Terra, segundo o qual "à propriedade privada da terra cabe intrinsecamente uma função social e seu uso é condicionado ao bem-estar coletivo previsto na Constituição Federal e caracterizado nesta Lei".

Entendo que a função social é componente não só da propriedade rural ou agrária, mas também da propriedade urbana. Em ambos os casos, deve-se compreender a função social da propriedade com *dupla intervenção: limitadora* e *impulsionadora*, como bem leciona José de Oliveira Ascensão. As palavras do jurista merecem destaque:

> "Como se deduz das próprias expressões, no primeiro caso, a lei pretenderia apenas manter cada titular dentro de limites que se não revelassem prejudiciais à comunidade, enquanto que no segundo interviria activamente, fomentaria, impulsionaria, de maneira a que de uma situação de direito real derivasse um resultado socialmente mais valioso.
>
> Esta distinção é útil para a compreensão do material legislativo. Nomeadamente, podemos verificar com facilidade que, enquanto no século passado a lei quase se limitava a certo número de intervenções de caracter restritivo, agora multiplicam-se as intervenções impulsionadoras, de modo a aumentar o proveito que socialmente se pode extrair do bem" (ASCENSÃO, José de Oliveira. *Direito Civil...*, 2000, p. 192).

As lições do Professor Catedrático da *Universidade Clássica* de Lisboa igualmente servem para explicar a realidade brasileira. A própria Constituição Federal de 1988 traz vários preceitos que seguem a linha de *intervenção impulsionadora*, como o seu art. 186, que traça caracteres para o correto preenchimento da função social da propriedade.

Em obra lançada em 2015, o jurista Paulo Lôbo traz conclusões interessantes sobre a função social da propriedade em diversos trechos de seu precioso livro (*Direito...*, 2015). De início, afirma, com razão, que "a propriedade é o grande foco de tensão entre as correntes individualistas e solidaristas. O direito de propriedade, no Estado democrático e social de direito, como o da Constituição brasileira de 1988, termina por refletir esse conflito" (p. 95).

Esclareça-se, o que já deve estar claro, sou filiado à corrente solidarista. Mais à frente, Paulo Lôbo assevera com precisão: "já contemporaneidade, a função social afastou-se da concepção de limites externos, passando a integrar os próprios conteúdos da propriedade e da posse" (*Direito...*, 2015, p. 111). E alerta, com palavras que têm a minha concordância:

> "A interpretação das normas infraconstitucionais não pode levar ao equívoco, ainda corrente, da confusão entre função social e aproveitamento econômico. Pode haver máximo aproveitamento econômico e lesão à função social da propriedade ou da posse. Na situação concreta, não há função social quando, para a maximização dos fins econômicos,

o titular de imóvel urbano não atende às exigências fundamentais de ordenação da cidade (CF, art. 182, § 2.º) ou o titular de imóvel rural não promove o aproveitamento racional e adequado da terra, ou não utiliza os recursos naturais disponíveis, ou não preserva o meio ambiente, ou não cumpre a legislação trabalhista, ou não promove o bem-estar dos trabalhadores (CF, 186). Não são, portanto, a produtividade ou os fins econômicos que orientam a aplicação da função social da propriedade ou da posse" (LÔBO, Paulo. *Direito...*, 2015, p. 113-114).

Nessa mesma perspectiva, de *dupla intervenção* do princípio, merece ser também citada a obra de Alexandre Barbosa da Silva, lançada em 2018 e fruto de sua tese de doutorado defendida na UFPR, em que se defende a possibilidade de propriedade sem registro, o que ele considera um "expediente unicamente formal, com finalidade primordialmente econômica". Para chegar a tais conclusões o jurista cita como um dos fundamentos a função social da propriedade:

> "A perspectiva teleológica da propriedade contemporânea, constitucionalizada, assim, se realiza no cumprimento dos relevantes interesses (e necessidade) de proprietários e não proprietários, uma vez que, coexistindo solidariamente, fomentarão o maior aproveitamento das utilidades dos bens, especialmente dos imóveis. Esqueça-se, tão somente, do aspecto das propriedades coletivas. Nelas a convivência, o respeito e interação são indiscutíveis. Fala-se da propriedade em sua mais pura acepção, ou seja, a titularidade dominial e a ligação da pessoa com o bem. Na medida em que o proprietário respeita o não proprietário, e vice--versa, cada qual cumprindo adequadamente com suas participações, nas atividades jurídicas a que se comprometeram, a função social se verificará por si e a liberdade pretendida se efetivará" (SILVA, Alexandre Barbosa da. *Propriedade...*, 2018, p. 186).

As reflexões são interessantes, propondo-se uma nova perspectiva da função social.

O Código Civil de 2002 foi além de prever essa função social, pois ainda trata da sua *função socioambiental*. Há tanto uma preocupação com o ambiente natural (fauna, flora, equilíbrio ecológico, belezas naturais, ar e águas), como com o ambiente cultural (patrimônio cultural e artístico).

A título de exemplo, o proprietário de uma fazenda, no exercício do domínio, deve ter o devido cuidado para não queimar uma floresta e também para não destruir um sítio arqueológico. Reforçando quanto à ilustração, o proprietário de um imóvel em Ouro Preto ou em Olinda deve ter o devido cuidado para não causar danos a um prédio vizinho que seja tombado, sobre o qual há interesse de toda a humanidade.

O que se observa, aprofundando, é que o art. 1.228, § 1.º, do CC/2002, acabou por especializar na lei civil o que consta do art. 225 da Constituição Federal, dispositivo este que protege o meio ambiente como um bem difuso e que visa à sadia qualidade de vida das presentes e futuras gerações. Esse é o conceito de *Bem Ambiental*, que assegura a proteção de *direitos transgeracionais* ou *intergeracionais*, particularmente para os fins de responsabilidade civil, tratada na Lei 6.938/1981 (PIVA, Rui Carvalho. *Bem ambiental...*, 2001).

Vale novamente destacar, a propósito dessa correlação, a aprovação de importante enunciado doutrinário na histórica *I Jornada Jurídica de Gerenciamento e Prevenção de Crises Ambientais*, realizada pelo Conselho da Justiça Federal em novembro de 2024. Nos seus termos, a respeito dos recursos hídricos, da água, "a interpretação da função social e socioambiental da propriedade, conforme art. 5.º, XXIII; 182 *caput* e § 2.º; 186, I e II; e 225 da Constituição Federal, em face da tutela constitucional vinculada à gestão dos recursos hídricos, deve compreender todas as dimensões do direito ambiental constitucional". Tive a honra de participar desse evento e ter sido um dos defensores da sua aprovação.

Em relação à proteção das futuras gerações, no tocante à responsabilização civil por danos ambientais, ensina Lucas Abreu Barroso:

> "Cumpre lembrar que agora a obrigação de indenizar deve também encarar um novel desafio, o de satisfazer as expectativas das futuras gerações, haja vista a inserção do princípio da equidade intergeracional no texto da Constituição (art. 225, *caput*), ainda que isso importe 'algumas novidades no esquema de instrumentos jurídicos' – contudo, sem relegar os postulados da juridicidade estatal. Resulta, então, que as relações jurídicas obrigacionais, tradicionalmente pensadas ao redor do consentimento (acordo de vontades), devem cambiar seu enfoque para o interesse protegido. Somente assim será possível garantir às futuras gerações os direitos que desde logo lhes são assegurados, dentro de um critério de igualdade com os atuais participantes das obrigações civis. Todavia, realizar tal princípio consubstancia uma árdua tarefa, que ensejará permanente esforço e dedicação por parte dos estudiosos e operadores do direito de todos os tempos. O balanceamento desejável entre os interesses a proteger de hoje e do porvir 'não é fácil de ser encontrado, exigindo considerações de ordem ética, científica e econômica das gerações atuais e uma avaliação prospectiva das necessidades futuras, nem sempre possíveis de serem conhecidas e medidas no presente'. No entanto, as dificuldades que se nos apresentam não podem constituir óbice para o atendimento ao ditame contido no princípio em comento, posto não haver primazia da presente geração no cotejo com as futuras gerações, sendo impreterível tornar efetiva – paralelamente com a solidariedade social – a solidariedade intergeracional" (BARROSO, Lucas Abreu. Novas fronteiras..., In: DELGADO, Mário Luiz; ALVES, Jones Figueirêdo (Coord.). *Questões controvertidas...*, 2006, v. 5, p. 365).

Essa preocupação do doutrinador é mais do que justificada diante dos sérios problemas ambientais que vem enfrentando o Planeta Terra, particularmente aqueles decorrentes do aquecimento global. Cabe à presente e também às futuras gerações mudar o histórico de desrespeito ao meio ambiente. Essa preocupação deve atingir tanto os entes públicos quanto os privados, uma vez que o *Bem Ambiental* é um bem de todos, um bem difuso.

Por isso, tem-se afirmado que as empresas que cumprem a sua função social são, muitas vezes, aquelas que estão preocupadas com as questões ambientais. No que concerne à função social da empresa, preconiza o Enunciado n. 53, aprovado na *I Jornada de Direito Civil (2002)*, que, nos termos do art. 966 do CC, "deve-se levar em consideração o princípio da função social na interpretação das normas relativas à empresa, a despeito da falta de referência expressa".

Contudo, na prática, o que se percebe é que muitas empresas não cumprem a sua função social e, no exercício do direito de propriedade, acabam por causar danos irreparáveis ao meio ambiente. O remoto julgado a seguir, do Tribunal de Justiça de São Paulo, traz claro exemplo desse desrespeito:

> "Ação civil pública – Dano ambiental – Cavas estabelecidas em função de exploração de fontes de argila, com taludes elevados, que, sujeitos aos efeitos das águas pluviais e da erosão consequente, constituem ameaça a residências vizinhas, a matas ciliares próximas – Comprometimento do sistema hídrico natural existente – Condenação da empresa à recuperação da área – Alegações de nulidade do processo e ofensa ao devido processo legal – Não ocorrência desses vícios – Condenação nos termos do disposto na Lei 6.938/1981 – Recurso não provido" (TJSP, Apelação Cível 6.517-5, 4.ª Câmara de Direito Público, Rio Claro, Rel. Jacobina Rabello, 06.11.1997, v.u.).

Como concretização fundamental de aplicação da função socioambiental da propriedade, o Superior Tribunal de Justiça tem entendido que o novo proprietário de um imóvel é obrigado a fazer sua recuperação ambiental, mesmo não sendo o causador dos danos. Os julgamentos trazem uma interessante interação entre a proteção ambiental da propriedade e a responsabilidade objetiva que decorre em casos tais. Vejamos dois desses acórdãos, com destaque:

"Ação civil pública. Danos ambientais. Responsabilidade do adquirente. Terras rurais. Recomposição. Matas. Recurso especial. Incidência da Súmulas 7/STJ e 283/STF. I – Tendo o Tribunal *a quo*, para afastar a necessidade de regulamentação da Lei 7.803/1989, utilizado como alicerce a superveniência das Leis 7.857/1989 e 9.985/2000, bem assim o contido no art. 225 da Constituição Federal, e não tendo o recorrente enfrentado tais fundamentos, tem-se impositiva a aplicação da Súmula 283/STF. II – Para analisar a tese do recorrente no sentido de que a área tida como degradada era em verdade coberta por culturas agrícolas, seria necessário o reexame do conjunto probatório que serviu de supedâneo para que o Tribunal *a quo* erigisse convicção de que foi desmatada área ciliar. III – O adquirente do imóvel tem responsabilidade sobre o desmatamento, mesmo que o dano ambiental tenha sido provocado pelo antigo proprietário. Precedentes: REsp n.º 745.363/PR, Rel. Min. Luiz Fux, *DJ* de 18.10.2007, REsp n.º 926.750/MG, Rel. Min. Castro Meira, *DJ* de 04.10.2007 e REsp n.º 195.274/PR, Rel. Min. João Otávio de Noronha, *DJ* de 20.06.2005. IV – Agravo regimental improvido" (STJ, AgRg no REsp 471.864/SP, 1.ª Turma, Rel. Min. Francisco Falcão, j. 18.11.2008, *DJe* 01.12.2008).

"Administrativo e processual civil. Reserva florestal. Novo proprietário. Responsabilidade objetiva. 1. A responsabilidade por eventual dano ambiental ocorrido em reserva florestal legal é objetiva, devendo o proprietário das terras onde se situa tal faixa territorial, ao tempo em que conclamado para cumprir obrigação de reparação ambiental e restauração da cobertura vegetal, responder por ela. 2. A reserva legal que compõe parte de terras de domínio privado constitui verdadeira restrição do direito de propriedade. Assim, a aquisição da propriedade rural sem a delimitação da reserva legal não exime o novo adquirente da obrigação de recompor tal reserva. 3. Recurso especial conhecido e improvido" (STJ, REsp 263.383/PR, 2.ª Turma, Rel. Min. João Otávio de Noronha, j. 16.06.2005, *DJ* 22.08.2005, p. 187).

Insta anotar que algumas decisões sucessivas consideram a obrigação de recuperação ambiental uma obrigação *propter rem* ou ambulatória, que segue a coisa onde quer que ela esteja (STJ, REsp 1.237.071/PR, Rel. Min. Humberto Martins, 2.ª Turma, j. 03.05.2011, *DJe* 11.05.2011; STJ, REsp 1.109.778/SC, Rel. Min. Herman Benjamin, 2.ª Turma, j. 10.11.2009, *DJe* 04.05.2011 e STJ, REsp 1.090.968/SP, Rel. Min. Luiz Fux, 1.ª Turma, j. 15.06.2010, *DJe* 03.08.2010).

No mesmo sentido, passou a prever o art. 2.º, § 2.º, do novo Código Florestal (Lei 12.651/2012) que "as obrigações previstas nesta Lei têm natureza real e são transmitidas ao sucessor, de qualquer natureza, no caso de transferência de domínio ou posse do imóvel rural". No mesmo sentido, a Súmula 623 do próprio STJ, editada ao final de 2018, demonstrando a posição consolidada da Corte a respeito do tema: "as obrigações ambientais possuem natureza *propter rem*, sendo admissível cobrá-las do proprietário ou possuidor atual e/ou dos anteriores, à escolha do credor".

Em 2023, porém, foi feita uma ressalva pela Corte, quando do julgamento do Tema 1.204 de repercussão geral. A Primeira Seção do Tribunal passou a considerar, assim, que "as obrigações ambientais possuem natureza *propter rem*, sendo possível exigi-las, à escolha do credor, do proprietário ou possuidor atual, de qualquer dos anteriores, ou de ambos, ficando isento de responsabilidade o alienante cujo direito real tenha cessado antes da causação do dano, desde que para ele não tenha concorrido, direta ou indiretamente" (STJ, REsp 1.953.359/SP e REsp 1.962.089/MS, 1.ª Seção, Rel. Min. Assusete Magalhães, por unanimidade, j. 13.09.2023).

Concluindo, é forçoso compreender que tanto o atendimento da função social quanto o da função socioambiental da propriedade devem ser uma preocupação de todos os aplicadores e estudiosos do Direito que almejam a construção de uma sociedade livre, justa e solidária, nos termos do art. 3.º, inc. I, da Constituição Federal (*princípio da solidariedade social*).

Para que esse objetivo seja alcançado, os interesses egoísticos devem ser reduzidos, em prol do interesse de todos. A palavra *eu* cede espaço para a palavra *nós*, o que representa muito bem o princípio da socialidade, um dos baluartes da atual codificação privada, como expunha Miguel Reale. A demonstrar muito bem tal restrição ao direito de propriedade, colaciona-se julgado assim publicado no *Informativo* n. *417* do STJ:

> "Meio ambiente. Limites. Parque nacional. A recorrida alega que, afastada a possibilidade de extração das árvores mortas, caídas e secas, seu direito de propriedade estaria malferido. Contudo, tal entendimento encontra resistência no art. 1.228, § 1.º, do CC/2002. A preservação da flora, da fauna, das belezas naturais e do equilíbrio ecológico, na espécie, não depende da criação de parque nacional. A proteção ao ecossistema é essencialmente pautada pela relevância da área pública ou privada a ser protegida. Se assim não fosse, a defesa do meio ambiente somente ocorreria em áreas públicas. A formalização de qualquer das modalidades de unidade de conservação de proteção integral invalida as licenças ambientais anteriormente concedidas. Ademais, no caso, a pretendida extração é danosa ao ecossistema do parque, o que impede a concessão de novas licenças" (STJ, REsp 1.122.909/SC, Rel. Min. Humberto Martins, j. 24.11.2009).

Segundo o estudo das regras gerais a respeito da propriedade, o art. 1.228, § 2.º, do CC/2002 estipula que "são defesos os atos que não trazem ao proprietário qualquer comodidade, ou utilidade, e sejam animados pela intenção de prejudicar outrem". Trata-se da vedação do exercício irregular do direito de propriedade, do abuso de propriedade ou *ato emulativo civil* (*aemulatio*). O comando legal também acaba por limitar o exercício da propriedade, que não pode ser abusivo.

No que interessa ao conteúdo do dispositivo, deve ser feita uma ressalva, pois a norma, em sua literalidade, apenas menciona o ato abusivo quando o *proprietário emulador* não obtiver vantagens ou utilidades. Deve-se entender, igualmente, que pode estar configurado o ato emulativo se o proprietário tiver vantagens com o prejuízo alheio, mesmo que haja mera satisfação pessoal.

A título de exemplo, imagine-se o caso em que o proprietário de um apartamento, todas as noites, faz festas em sua unidade, o que causa excesso de barulho, prejudicando os vizinhos. Ora, não interessa se esse proprietário cobra ou não pelas festas, pois o *ato emulativo* pode, sim, estar configurado em ambos os casos. O raciocínio, portanto, deve ser o seguinte: se o abuso pode estar configurado quando o proprietário não tem vantagens, muito mais se ele tiver vantagens, principalmente econômicas. Na jurisprudência, vários são os julgados configurando o excesso de barulho como abuso de direito. Por todas as decisões, transcreve-se a seguinte ementa:

> "Condomínio – Multa – Barulho excessivo – Reincidência na prática da infração – Direito de propriedade que não pode dar lugar a abuso – Hipótese em que a liberdade de

conduta individual deve sofrer limitação de forma a preservar a tranquilidade e harmonia da coletividade" (2.º TACivSP – *RT* 834/290).

De qualquer forma, surge aqui uma polêmica, uma aparente contradição entre o art. 187 do CC e o último dispositivo citado. Isso porque o art. 1.228, § 2.º, do CC/2002 faz referência ao *dolo* para a configuração do abuso de direito de propriedade, ao mencionar a intenção de prejudicar outrem.

Por outro lado, o art. 187 do CC, dispositivo que traça as linhas gerais do abuso de direito, não faz referência ao dolo (ou mesmo à culpa): "também comete ato ilícito o titular de um direito que, ao exercê-lo, excede manifestamente os limites impostos pelo seu fim econômico ou social, pela boa-fé ou pelos bons costumes".

Sendo assim, em uma leitura presa ao texto da lei, o art. 1.228, § 2.º, do CC estaria a exigir o dolo para a caracterização do ato emulativo no exercício da propriedade, o que conduziria à responsabilidade subjetiva. Por outra via, segundo o entendimento majoritário da doutrina, o art. 187 do CC consolida a responsabilidade objetiva (sem culpa), no caso de abuso de direito.

Nesse último sentido, prevê o Enunciado n. 37 do CJF/STJ, aprovado na *I Jornada de Direito Civil*: "a responsabilidade civil decorrente do abuso do direito independe de culpa, e fundamenta-se somente no critério objetivo-finalístico". A mencionada contradição foi muito bem observada por Rodrigo Reis Mazzei, que assim conclui:

> "A melhor solução para o problema é a reforma legislativa, com a retirada do dispositivo no § 2.º do art. 1.228 do CC, pois se eliminará a norma conflituosa, sendo o art. 187 do mesmo diploma suficiente para regular o abuso de direito, em qualquer relação ou figura privada, abrangendo os atos decorrentes do exercício dos poderes inerentes à propriedade. Até que se faça a (reclamada) reforma legislativa, o intérprete e o aplicador do Código Civil devem implementar interpretação restritiva ao § 2.º do art. 1.228, afastando do dispositivo a intenção (ou qualquer elemento da culpa) para a aferição do abuso de direito por aquele que exerce os poderes inerentes à propriedade" (MAZZEI, Rodrigo Reis. Abuso de direito..., *Introdução...*, 2006, p. 356).

Tem razão o jurista, sendo esse o preciso raciocínio que consta do Enunciado n. 49 do CJF/STJ, aprovado na *I Jornada de Direito Civil*, pelo qual "interpreta-se restritivamente a regra do art. 1.228, § 2.º, do novo Código Civil em harmonia com o princípio da função social da propriedade e com o disposto no art. 187". Assim, deve prevalecer a regra do art. 187 do Código Civil, que serve como leme orientador para os efeitos jurídicos do ato emulativo. A correta conclusão, portanto, é que responsabilidade civil no caso de abuso de direito de propriedade é objetiva, ou seja, independentemente de culpa.

O Projeto de Reforma do Código Civil, elaborado pela Comissão de Juristas, pretende corrigir esse problema, passando o novo § 3.º do preceito a enunciar que "são defesos os atos que não tragam ao proprietário qualquer comodidade ou utilidade, ou que sejam praticados com abuso de direito, nos termos do art. 187 deste Código". A norma passará a seguir, portanto, o modelo de responsabilidade objetiva do abuso de direito, retirado do último comando, resolvendo-se um dos principais dilemas verificados nos mais de vinte anos vigência da codificação privada de 2002.

Ainda restringindo o exercício da propriedade, o § 3.º do art. 1.228 do CC/2002 trata da *desapropriação por necessidade ou utilidade pública* e da *desapropriação por interesse social*; e também do *ato de requisição, em caso de perigo público iminente*. É a redação do comando legal: "o proprietário pode ser privado da coisa, nos casos de desapropriação, por necessidade ou utilidade pública ou interesse social, bem como no de requisição, em caso de perigo público iminente".

A matéria relativa à desapropriação continua mais interessando ao Direito Administrativo do que ao Direito Privado, o que faz com que o dispositivo seja tido como um *estranho no ninho*, pois está no local errado, disciplinando instituto de natureza distinta. Todavia, pode-se dizer que a previsão legal até se justifica, para que fique claro, do ponto de vista metodológico, essa importante restrição ao domínio em prol dos interesses coletivos.

Os institutos constantes da norma já estavam tratados na codificação anterior, mas de forma diversa. De início, prescrevia o art. 590 do CC/1916 o seguinte: "também se perde a propriedade imóvel mediante desapropriação por necessidade ou utilidade pública. § 1.º Consideram-se casos de necessidade pública: I – a defesa do território nacional; II – a segurança pública; III – os socorros públicos, nos casos de calamidade; IV – a salubridade pública. § 2.º Consideram-se casos de utilidade pública: I – a fundação de povoações e de estabelecimentos de assistência, educação ou instrução pública; II – a abertura, alargamento ou prolongamento de ruas, praças, canais, estradas de ferro e, em geral, de quaisquer vias públicas; III – a construção de obras, ou estabelecimentos destinados ao bem geral de uma localidade, sua decoração e higiene; IV – a exploração de minas".

Em continuidade, previa o art. 591 do CC/1916 que "em caso de perigo iminente, como guerra ou comoção intestina (Constituição Federal, art. 80), poderão as autoridades competentes usar da propriedade particular até onde o bem público o exija, garantido ao proprietário o direito à indenização posterior". Como os dispositivos do Código Civil de 1916 estão revogados, essas modalidades expropriatórias continuam regulamentadas pelo Decreto-lei 3.365/1941, com as alterações feitas pela Lei 13.465/2017.

As referidas *desapropriações* são reconhecidas como cláusulas pétreas, estabelecendo o art. 5.º, inc. XXIV, da Constituição Federal que "a lei estabelecerá o procedimento para desapropriação por necessidade ou utilidade pública, ou por interesse social, mediante justa e prévia indenização em dinheiro, ressalvados os casos previstos nesta Constituição".

A possibilidade de *requisição, por sua vez,* consta do art. 5.º, inc. XXV, pelo qual, "no caso de iminente perigo público, a autoridade competente poderá usar de propriedade particular, assegurada ao proprietário indenização ulterior, se houver dano". Apenas para ilustrar, a requisição foi discutida pelo Supremo Tribunal Federal em caso envolvendo a proteção da saúde:

> "O Tribunal concedeu mandado de segurança impetrado contra o Decreto Presidencial 5.392/2005, que declara estado de calamidade pública do setor hospitalar do Sistema Único de Saúde – SUS no Município do Rio de Janeiro, e, dentre outras determinações, autoriza, nos termos do inciso XIII do art. 15 da Lei 8.080/1990, a requisição, pelo Ministro da Saúde, dos bens, serviços e servidores afetos a hospitais daquele Município ou sob sua gestão (...). O Min. Joaquim Barbosa, relator, entendeu ser nulo o ato presidencial impugnado ante a insuficiência de motivação expressa, porquanto ausente qualquer alusão aos motivos de fato ou de direito determinantes de sua prática. Ressaltou, ainda, a possibilidade de a requisição incidir sobre bens públicos, sem a necessidade da decretação do estado de defesa, por ser ela instituto que visa fornecer alternativas à administração para solução de problemas em casos de eminente perigo público. O Min. Carlos Britto divergiu em parte do relator. Considerou tratar-se, na espécie, não de requisição, mas de intervenção federal no município, não admitida pela Constituição Federal, com apossamento de bens, serviços, servidores e recursos públicos municipais, pela União, fora dos parâmetros do estado de defesa e do estado de sítio (CF, arts. 136 e 137 e ss., respectivamente). Concluiu, dessa forma, ter sido o município em questão desafetado de serviço que lhe é próprio, por destinação constitucional, já que a saúde pública é área de atuação de toda pessoa federada,

correspondendo a um condomínio funcional, nos termos do art. 196, da CF" (MS 25.295 – Rel. Min. Joaquim Barbosa – *Informativo* n. *384* do STF – Data: 18 a 22 de abril de 2005).

No Projeto de Reforma do Código Civil, pretende-se manter o comando, incluindo-se outra regra, para que a codificação privada passe a tratar também do direito de preferência do proprietário em caso de desapropriação, matéria mais afeita ao Direito Privado. O tema será deslocado para o § 5.º do art. 1.228, com uma melhor organização do comando: "o proprietário também pode ser privado da coisa, nos casos de desapropriação, por necessidade ou utilidade pública ou interesse social, bem como no de requisição, em caso de perigo público iminente". Ademais, o seu novo § 9º, a respeito do direito de *preempção legal*, preceituará que, "se a coisa expropriada para fins de necessidade ou utilidade pública, ou por interesse social, não tiver o destino para o qual foi desapropriada, ou não for utilizada em obras ou serviços públicos, caberá ao expropriado direito de preferência, pelo preço atual da coisa". De fato, as propostas tornam o comando mais bem sistematizado e mais efetivo.

Superada essa análise preliminar, uma vez que os temas interessam mais ao Direito Administrativo, volta-se ao estudo dos dispositivos inaugurais relativos à propriedade na atual codificação privada.

Enuncia o art. 1.229 do CC/2002 que "a propriedade do solo abrange a do espaço aéreo e subsolo correspondentes, em altura e profundidade úteis ao seu exercício, não podendo o proprietário opor-se a atividades que sejam realizadas, por terceiros, a uma altura ou profundidade tais, que não tenha ele interesse legítimo em impedi-las". Simbolicamente, pelo que consta do dispositivo, a propriedade *vai do céu ao inferno*, o que remonta ao Direito Romano, denominado como *extensão vertical da propriedade* (MALUF, Carlos Alberto Dabus. *Limitações...*, 2011, p. 105). Todavia, o proprietário deve suportar ingerências externas ao domínio, caso das passagens de água e de cabos que interessam ao bem comum. Em suma, a máxima *usque ad inferos, usque ad sidera* não é absoluta, o que é bem observado pela doutrina (MALUF, Carlos Alberto Dabus. *Limitações...*, 2011, p. 105-106).

Aplicando esse último dispositivo, entendeu o Superior Tribunal de Justiça, em julgado publicado no seu *Informativo* n. *557*, que, "no caso em que o subsolo de imóvel tenha sido invadido por tirantes (pinos de concreto) provenientes de obra de sustentação do imóvel vizinho, o proprietário do imóvel invadido não terá legítimo interesse para requerer, com base no art. 1.229 do CC, a remoção dos tirantes nem indenização por perdas e danos, desde que fique constatado que a invasão não acarretou prejuízos comprovados a ele, tampouco impossibilitou o perfeito uso, gozo e fruição do seu imóvel". Ainda nos termos da publicação do julgamento, a respeito do art. 1.229 do CC, vejamos importante trecho do acórdão:

> "Ao regular o direito de propriedade, ampara-se especificamente no critério de utilidade da coisa por seu titular. Por essa razão, o direito à extensão das faculdades do proprietário é exercido contra terceiro tão somente em face de ocorrência de conduta invasora e lesiva que lhe traga dano ou incômodo ou que lhe proíba de utilizar normalmente o bem imóvel, considerando suas características físicas normais. Como se verifica, a pretensão de retirada dos tirantes não está amparada em possíveis prejuízos devidamente comprovados ou mesmo no fato de os tirantes terem impossibilitado, ou estarem impossibilitando, o perfeito uso, gozo ou fruição do imóvel. Também inexistem possíveis obstáculos a futuras obras que venham a ser idealizadas no local, até porque, caso e quando se queira, referidos tirantes podem ser removidos sem nenhum prejuízo para quaisquer dos imóveis vizinhos. De fato, ao proprietário compete a titularidade do imóvel, abrangendo solo, subsolo e o espaço aéreo correspondentes. Entretanto, referida titularidade não é plena, estando satisfeita e completa apenas em relação ao espaço físico sobre o qual emprega efetivo exercício sobre

a coisa. Dessa forma, não tem o proprietário do imóvel o legítimo interesse em impedir a utilização do subsolo onde estão localizados os tirantes que se pretende remover, pois sobre o referido espaço não exerce ou demonstra quaisquer utilidades" (STJ, REsp 1.256.825/SP, Rel. Min. João Otávio de Noronha, j. 05.03.2015, *DJe* 16.03.2015).

Outra ingerência ao direito em estudo resta clara pela leitura do art. 1.230 do CC/2002, pelo qual a propriedade do solo não abrange as jazidas, minas e demais recursos minerais, os potenciais de energia hidráulica, os monumentos arqueológicos e outros bens referidos por leis especiais.

Observe-se mais uma evidente restrição à propriedade, para atender à sua finalidade social e aos interesses coletivos. Isso justifica a regra constante do art. 176 da Constituição Federal que "as jazidas, em lavra ou não, e demais recursos minerais e os potenciais de energia hidráulica constituem propriedade distinta da do solo, para efeito de exploração ou aproveitamento, e pertencem à União, garantida ao concessionário a propriedade do produto da lavra".

A questão das jazidas é disciplinada, no plano infraconstitucional, pelo Decreto-lei 227/1967 (Código de Mineração). O art. 14 da norma trata da pesquisa mineral, que vem a ser a execução dos trabalhos necessários à definição da jazida, sua avaliação e a determinação da exequibilidade do seu aproveitamento econômico.

No campo prático, ocorrendo essa pesquisa mineral, determina a Súmula 238 do STJ que a avaliação da indenização devida ao proprietário do solo, em razão de alvará de pesquisa mineral, é processada no Juízo Estadual da situação do imóvel.

De acordo com o parágrafo único do art. 1.230 do Código Civil, o proprietário do solo tem o direito de explorar os recursos minerais de emprego imediato na construção civil, desde que não submetidos a transformação industrial, obedecido o disposto em lei especial.

Exemplificando o que consta do dispositivo, o proprietário de um imóvel pode vender a areia que está em sua propriedade, para que ela seja empregada na construção civil. De qualquer forma, essa extração de areia não pode causar danos ambientais ou ecológicos, devendo ser respeitados os parâmetros que constam da legislação ambiental e do art. 1.228, § 1.º, do CC/2002. A questão da extração de areia foi apreciada pelo Tribunal de Justiça do Rio Grande do Sul, conforme ementa que se transcreve:

> "Direito público não especificado – Ação civil pública – Dano ambiental – Extração de areia – Inocorrência de cerceamento de defesa – Dano ambiental devidamente comprovado nos autos – Pedido juridicamente possível – Descumprimento do termo de ajustamento de conduta – Restauração do dano ambiental que não aconteceu – Redução da multa diária que é necessária. Comprovado o dano ambiental através do relatório ambiental da PATRAM, datado de set./2000, e do relatório de vistoria da Divisão de Assessoramento Técnico do Ministério Público, não há como dar guarida à tese do apelante de que a FEPAM não estabeleceu as condições necessárias para o cumprimento do termo de ajustamento, notadamente no que diz respeito à recuperação da área objeto de degradação. O termo de ajustamento de conduta foi firmado com o Ministério Público no ano de 2000, e até a presente data o apelante não providenciou a recuperação da área degradada, razão pela qual a procedência da demanda se revela impositiva. No caso, o interesse coletivo (meio ambiente ecologicamente equilibrado) deve prevalecer ao privado, sob pena de afronta a Carta Política e Social, art. 225. Contudo, diante da comprovada carência do apelante, a multa diária vai reduzida para R$ 500,00 (quinhentos reais)" (TJRS, Processo 70011914140, 3.ª Câmara Cível, Comarca de Tramandaí, Juiz relator Nelson Antônio Monteiro Pacheco, j. 23.03.2006).

Seguindo na análise das disposições preliminares que constam do Código Civil, trazendo importante característica da propriedade, estabelece o seu art. 1.231 que a propriedade se presume plena e exclusiva, até prova em contrário. Essa norma preliminar será aprofundada na próxima seção do capítulo.

Por derradeiro, dispõe o art. 1.232 do atual Código Civil Brasileiro que os frutos e mais produtos da coisa pertencem, ainda quando separados, ao seu proprietário, salvo se, por preceito jurídico especial, couberem a outrem.

Pelo alcance da norma, o proprietário, em regra, tem direito aos acessórios da coisa, caso dos frutos (bens acessórios que saem do principal sem diminuir a sua quantidade) e dos produtos (bens acessórios que saem do principal diminuindo a sua quantidade). Porém, essa regra, consagradora do princípio pelo qual o acessório segue o principal (*acessorium sequitur principale*), ou seja, da *gravitação jurídica*, comporta exceções, sendo possível que as partes envolvidas no negócio ou mesmo a lei a afaste.

Como exemplo da última hipótese, pode ser citado o art. 94 do CC/2002, preceito pelo qual o negócio jurídico que diz respeito ao principal, em regra, não repercute nas pertenças. As pertenças, bens incorporados para fins de utilidade ou embelezamento e que não constituem partes integrantes (art. 93 do CC/2002), são bens acessórios que por regra não seguem o principal, quebrando com aquele antigo *princípio da gravitação jurídica*.

3.3 PRINCIPAIS CARACTERÍSTICAS DO DIREITO DE PROPRIEDADE

A propriedade, como direito real por excelência, tem características muito próximas dos direitos reais, analisadas no Capítulo 1 do presente trabalho. Diante dessa proximidade, pode-se afirmar que são caracteres da propriedade, a constituir a sua natureza jurídica, pelo que consta do Código Civil de 2002 e da Constituição Federal:

a) *Direito absoluto, em regra, mas que deve ser relativizado em algumas situações* – Restou bem claro que a propriedade é o mais completo dos direitos reais. Diante do seu caráter *erga omnes*, ou seja, *contra todos,* é comum afirmar que a propriedade é um direito absoluto. Também no sentido de certo absolutismo, o proprietário pode desfrutar do bem como bem entender. Todavia, como se expôs, existem claras limitações dispostas no interesse do coletivo, caso da *função social e socioambiental da propriedade* (art. 1.228, § 1.º, do CC/2002). Além disso, não se pode esquecer a comum coexistência de um direito de propriedade diante dos outros direitos da mesma espécie, nos termos do art. 1.231 do CC/2002, segundo o qual se admite a prova em contrário da propriedade de determinada pessoa. Ora, o direito de propriedade até tem natureza absoluta se comparado com os direitos pessoais de caráter patrimonial. Entretanto, a propriedade deve ser relativizada se encontrar pela frente um direito da personalidade ou um direito fundamental protegido pelo Texto Maior. Por tudo isso, é forçoso deduzir que se trata de um direito absoluto, regra geral, mas que pode e deve ser relativizado em muitas situações.

b) *Direito exclusivo* – Determinada coisa não pode pertencer a mais de uma pessoa, salvo os casos de condomínio ou copropriedade, hipótese que também não retira o seu caráter de exclusividade (DINIZ, Maria Helena. *Curso...*, 2006, v. 4, p. 116). Isso justifica a presente característica, a ser retirada do art. 1.231 do CC/2002, segundo a qual a propriedade presume-se plena e exclusiva, salvo prova ou previsão em contrário (presunção relativa ou *iuris tantum*). É correto afirmar, assim, que apesar de ser um direito exclusivo, a propriedade envolve interesses indiretos de outras pessoas, e até de toda a sociedade, que almejam o atendimento à sua função social.

c) *Direito perpétuo* – O direito de propriedade permanece independentemente do seu exercício, enquanto não houver causa modificativa ou extintiva, sejam elas de origem legal ou convencional. A propriedade, por tal característica, pode ser comparada a um motor em constante funcionamento, que não para, em regra (*moto contínuo*), a não ser que surja um fato novo que interrompa o seu funcionamento. A propriedade, regra geral, não pode ser extinta pelo não uso, a não ser nos casos de usucapião, como se estudará oportunamente.

d) *Direito elástico* – Característica que é atribuída, na doutrina nacional, a Orlando Gomes, a propriedade pode ser distendida ou contraída quanto ao seu exercício, conforme sejam adicionados ou retirados os atributos que são destacáveis (GOMES, Orlando. *Direitos reais...*, 2004, p. 110). Na propriedade plena, o direito se encontra no *grau máximo de elasticidade*, havendo uma redução nos direitos reais de gozo ou fruição e nos direitos reais de garantia.

e) *Direito complexo* – Por tudo o que aqui está sendo exposto, a propriedade é um direito por demais complexo, particularmente pela relação com os quatro atributos constante do *caput* do art. 1.228 do CC/2002.

f) *Direito fundamental* – Por fim, não se pode esquecer que a propriedade é um direito fundamental, pelo que consta do art. 5.º, incs. XXII e XXIII, da Constituição Federal. Esse caráter faz com que a proteção do direito de propriedade e a correspondente função social sejam aplicados de forma imediata nas relações entre particulares, pelo que consta do art. 5.º, § 1.º, do Texto Maior (*eficácia horizontal dos direitos fundamentais*). Em reforço, o direito de propriedade pode ser ponderado frente a outros direitos tidos como fundamentais, caso da dignidade humana (art. 1.º, inc. III, da CF/1988), particularmente naqueles casos de difícil solução. Trata-se de aplicação natural da *técnica de ponderação*, desenvolvida, entre outros, por Robert Alexy, e constante do art. 489, § 2.º, do CPC/2015. A título de exemplo, como se retira de acórdão do STJ que aplicou regra do Código Civil sobre a usucapião extraordinária por posse trabalho (art. 1.238, parágrafo único) para a desapropriação indireta de um bem, "todo o sentido do Código Civil é pela ponderação entre os direitos de propriedade do particular e o interesse coletivo. No equilíbrio entre eles, está a função social da propriedade. Assim, plenamente aplicável o parágrafo único às hipóteses de desapropriação indireta, por presunção de haver o Estado implantado obras ou serviços de caráter social ou utilidade pública. A presunção é relativa, podendo ser afastada pela demonstração efetiva de inexistência de referidas obras ou serviços. Em regra, portanto, o prazo prescricional das ações indenizatórias por desapropriação indireta é decenal. Admite-se, excepcionalmente, o prazo prescricional de 15 anos, caso concreta e devidamente afastada a presunção legal" (STJ, EREsp 1.575.846/SC, 1.ª Seção, Rel. Min. Og Fernandes, j. 26.06.2019, *DJe* 30.09.2019).

3.4 A DESAPROPRIAÇÃO JUDICIAL PRIVADA POR POSSE-TRABALHO E A FUNÇÃO SOCIAL DA PROPRIEDADE. ANÁLISE DO CASO DA *FAVELA PULLMAN* (STJ). SEMELHANÇAS E DIFERENÇAS

3.4.1 Estudo da desapropriação judicial privada por posse-trabalho (art. 1.228, §§ 4.º e 5.º, do CC)

O Código Civil de 2002, como é notório, repete o modelo de outras codificações europeias, caso do BGB Alemão, do Código Civil Italiano de 1942 e do Código Português de 1966. Muitas das supostas novidades que constam da nossa atual codificação já constavam dessas outras leis do Direito Comparado; e, por isso, muitos conceitos tiveram o seu estudo praticamente esgotado, em especial na Europa. Isso ocorreu, por exemplo, em relação à boa-fé objetiva, instituto estudado amplamente em outros Países, sendo notória e conhecida a obra do jurista português Menezes Cordeiro, com mil e quatrocentas páginas, tratando sobre o tema (MENEZES CORDEIRO, António Manuel da Rocha e. *Da boa-fé...*, 2001).

De qualquer forma, pode-se dizer que a nossa atual codificação apresenta duas novidades, verdadeiras *jabuticabas jurídicas*, cuja criação, em certo sentido, pode ser atribuída à genialidade de Miguel Reale, em momento de contundente preocupação com os aspectos sociais. Por isso é que esses institutos representam muito bem a socialidade, um dos baluartes do Código Civil de 2002.

O primeiro instituto é a *função social do contrato*, princípio contratual de ordem pública que obriga a interpretação do contrato de acordo com o meio que o cerca, limitando a autonomia privada (arts. 421 e 2.035, parágrafo único, do CC). Não nos convence a afirmação de que esse princípio tem origem fascista, atribuída a Emilio Betti e Mussolini, pois a função social do contrato atual tem uma preocupação vital com os vulneráveis contratuais, além de outros pontos de aplicação.

Desapareceu o suposto caráter populista de outrora, uma vez que a função social do contrato representa, assim como ocorre com a função social da propriedade, um instrumento eficiente para o controle das injustiças negociais que atingem o nosso País. A realidade brasileira, seja no tempo ou no espaço, é bem diferente da realidade europeia, o que traz a recomendação de que mesmo os institutos *importados* sejam analisados de acordo com a nossa realidade. No tocante à propriedade, vale lembrar que as favelas dominam os ambientes dos grandes centros brasileiros.

O segundo instituto é uma forma de desapropriação privada constante dos §§ 4.º e 5.º do art. 1.228, dispositivos que merecem transcrição destacada:

> "Art. 1.228. (...).
>
> § 4.º O proprietário também pode ser privado da coisa se o imóvel reivindicado consistir em extensa área, na posse ininterrupta e de boa-fé, por mais de cinco anos, de considerável número de pessoas, e estas nela houverem realizado, em conjunto ou separadamente, obras e serviços considerados pelo juiz de interesse social e econômico relevante.
>
> § 5.º No caso do parágrafo antecedente, o juiz fixará a justa indenização devida ao proprietário; pago o preço, valerá a sentença como título para o registro do imóvel em nome dos possuidores".

O instituto representa uma das principais restrições ao direito de propriedade na atual codificação, além de trazer como conteúdo a função social da posse e do domínio. Para um maior esclarecimento e aprofundamento, será feito um paralelo entre o instituto e um dos mais notórios julgamentos do Superior Tribunal de Justiça sobre o direito de propriedade, conhecido como *caso da Favela Pullman*.

Os dispositivos e o instituto, além de não encontrarem correspondentes na codificação anterior, também não estão previstos em qualquer outra codificação do Direito Comparado. Constitui, assim, uma criação brasileira. Como esclarece o próprio Miguel Reale, na Exposição de Motivos do Anteprojeto do Código Civil de 2002, "trata-se, como se vê, de inovação do mais alto alcance, inspirada no sentido social do direito de propriedade, implicando não só novo conceito desta, mas também novo conceito de posse, que se poderia qualificar como sendo de posse-trabalho, expressão pela primeira vez por mim empregada, em 1943, em parecer sobre projeto de decreto-lei legislativo às terras devolutas do Estado de São Paulo, quando membro do seu Conselho Consultivo" (REALE, Miguel. *Exposição de Motivos...*, In: NERY JR., Nelson; NERY, Rosa Maria de Andrade. *Código Civil...*, 2005, p. 147).

As palavras de Reale justificam a terminologia *desapropriação judicial privada por posse-trabalho*, que deve ser considerada a melhor a ser empregada. Essa expressão é utilizada, com pequenas alterações, por Maria Helena Diniz, Lucas Abreu Barroso, Nelson Nery Jr. e Rosa Maria de Andrade Nery, nos seus trabalhos aqui citados. De qualquer forma, há algumas variações de terminologia, o que pode ser percebido pela leitura dos *manuais* ou obras de Direito das Coisas.

Não há dúvidas de que o instituto aqui estudado constitui uma modalidade de desapropriação e não de usucapião, como pretende parcela respeitável da doutrina (nesse sentido: GAGLIANO, Pablo Stolze. Controvérsias..., *Jus Navigandi...*, 2006). Isso porque o § 5.º do art. 1.228 do CC estabelece o pagamento de uma *justa indenização*, não admitindo o nosso sistema a usucapião onerosa.

A propósito, Jones Figueirêdo Alves e Mário Luiz Delgado elencavam quatro diferenças entre essa forma de desapropriação e a usucapião coletiva urbana, prevista no art. 10 do Estatuto da Cidade (Lei 10.257/2001). Pontue-se que a norma foi alterada pela Lei 13.465/2017, conforme anotações de atualização a seguir:

a) Na usucapião coletiva urbana, os ocupantes deveriam ser de baixa renda; na desapropriação judicial privada não há essa necessidade. Com a Lei 13.645/2017, a lei deixou de mencionar as famílias de baixa renda, passando a mencionar "núcleos urbanos informais existentes". Assim, houve a substituição de um *critério subjetivo* – levando-se em conta a situação econômica dos ocupantes – por um objetivo – a situação da área.

b) Na usucapião coletiva urbana a área deveria ter, no mínimo, 250 m², exigência que não está presente na desapropriação judicial privada, bastando uma "extensa área". Com a alteração do Estatuto da Cidade pela Lei 13.465/2017, está previsto que a área total, dividida pelo número de possuidores, deve ser inferior a 250 m², para cada possuidor. Portanto, não há mais menção a uma área mínima total, considerando-se as áreas individualizadas. De todo modo, nota-se que a lei específica continua a adotar um critério métrico relativo à área, o que não ocorre com o instituto previsto no Código Civil.

c) A usucapião coletiva somente se aplica aos imóveis urbanos enquanto a desapropriação judicial privada pode ser aplicada aos imóveis urbanos ou rurais.

d) Na usucapião não há direito à indenização, ao contrário da desapropriação judicial privada (ALVES, Jones Figueirêdo; DELGADO, Mário Luiz. *Código Civil...*, 2005, p. 608).

Conclui-se que essa forma de desapropriação é *privada*, pois atua no interesse direto e particular daquelas pessoas que, em número considerável, ocuparam extensa área. Está fundada em uma *posse qualificada*, a *posse-trabalho*, conceituada como sendo a posse sem interrupção e de boa-fé, por mais de cinco anos, "traduzida em trabalho criador, feito em conjunto ou separadamente, quer se concretize na realização de um serviço ou construção de uma morada, quer se manifeste em investimentos de caráter produtivo ou cultural. Essa posse qualificada é enriquecida pelo valor laborativo de um número considerável de pessoas (quantidade apurada com base na extensão da área produtiva), pela realização de obras, loteamentos, ou serviços produtivos e pela construção de uma residência, de prédio destinado ao ensino ou ao lazer, ou, até mesmo, de uma empresa" (DINIZ, Maria Helena. *Curso...*, 2007, p. 195).

Em verdade, a *posse-trabalho* constitui uma cláusula geral, um conceito aberto e indeterminado a ser preenchido caso a caso. Além desse, o § 4.º do art. 1.228 do CC/2002 traz outros conceitos que são legais e indeterminados e que devem ser analisados de acordo com a situação concreta. É o caso das expressões "extensa área", "considerável número de pessoas", "boa-fé" (não se sabe se é a boa-fé subjetiva ou objetiva) e "interesse social e econômico relevante".

Diante da previsão dessas expressões, o instituto demanda da comunidade jurídica e do aplicador do direito um estudo aprofundado para a tentativa do seu preenchimento. Pressentindo essa dificuldade, Gustavo Tepedino demonstra uma série de indagações que surgem do dispositivo e sustenta que "tais aspectos hão de ser ainda debatidos e amadurecidos, não havendo consenso quanto à interpretação do dispositivo" (Os direitos..., *Temas...*, 2006, p. 160).

Essa tentativa de debate foi efetivada nas *Jornadas de Direito Civil*, com considerável sucesso, diante da aprovação de quatorze enunciados, com as mais diversas aplicações, e que procuram dar efetividade prática ao instituto aqui analisado. Vejamos o teor dessas proposições doutrinárias, que auxiliam sobremaneira para a compreensão do instituto da *desapropriação judicial privada por posse-trabalho*.

3.4.2 As tentativas de orientação da desapropriação judicial privada por posse--trabalho, pelos Enunciados aprovados nas Jornadas de Direito Civil, do Conselho da Justiça Federal e do Superior Tribunal de Justiça

As *Jornadas de Direito Civil* surgiram por iniciativa do então Ministro do Superior Tribunal de Justiça e saudoso jurista Ruy Rosado de Aguiar. A partir da experiência argentina, foi adotado um sistema de aprovação de enunciados doutrinários, visando a elucidar o conteúdo do então Novo Código Civil Brasileiro.

A *I Jornada de Direito Civil* ocorreu no ano de 2002, em Brasília, com a aprovação de 137 enunciados e a participação de 130 estudiosos de todo o Brasil. Na *II Jornada de Direito Civil*, realizada no ano de 2003, não foram aprovados enunciados doutrinários de orientação.

Os enunciados voltaram a ser discutidos na *III Jornada*, já no calendário oficial do Conselho da Justiça Federal e do Superior Tribunal de Justiça, também realizada em Brasília, no ano de 2004. Participaram 101 juristas e foram aprovados 133 novos enunciados.

A *IV Jornada de Direito Civil* foi realizada no ano de 2006, com a participação de 179 juristas e a aprovação de 125 enunciados. A *V Jornada de Direito Civil* foi promovida no ano de 2011, em comemoração aos dez anos do Código Civil, com a participação de mais de 250 juristas e a aprovação de 132 enunciados.

No ano de 2013, ocorreu a *VI Jornada de Direito Civil*, com a mesma participação anterior e a aprovação de 46 enunciados.

Na *VII Jornada de Direito Civil*, promovida em setembro de 2015, mais uma vez com a participação de cerca de 250 especialistas, foram aprovados 36 enunciados.

Na *VIII Jornada de Direito*, realizada em abril de 2018, com o mesmo número de participantes, foram aprovadas 32 propostas doutrinárias. Por fim, na *IX Jornada*, realizada em maio de 2022, foram aprovados 49 enunciados, com uma grande participação após a pandemia. O número total de enunciados aprovados é de 693.

Os enunciados aprovados são considerados referências doutrinárias, como uma obra coletiva dos participantes dos eventos, citados por diversos autores de *manuais* e Códigos comentados, caso de Sílvio de Salvo Venosa; Maria Helena Diniz; Carlos Roberto Gonçalves; Gustavo Tepedino, Maria Celina Bodin de Moraes e Heloísa Helena Barboza; Pablo Stolze Gagliano e Rodolfo Pamplona Filho; Cristiano Chaves de Farias e Nelson Rosenvald;

Ricardo Fiúza e Regina Beatriz Tavares da Silva; Jones Figueirêdo Alves e Mário Luiz Delgado; Antonio Cláudio da Costa Machado e Silmara Chinellato; Cezar Peluso, Nelson Nery Jr. e Rosa Maria de Andrade Nery; Theotonio Negrão, José Roberto Ferreira Gouvêa e Luiz Guilherme Bondioli, entre outros. Também há um estudo detalhado desses enunciados no nosso *Código Civil comentado*. Doutrina e jurisprudência, escrito em coautoria com Anderson Schreiber, José Fernando Simão, Marco Aurélio Bezerra de Melo e Mario Luiz Delgado, publicado por este mesmo selo editorial.

Os enunciados aprovados constituem um roteiro seguro de interpretação do Código Civil de 2002, representando uma tentativa de preenchimento das inúmeras cláusulas gerais consagradas pela nova codificação privada. Como salienta o próprio Ministro Ruy Rosado de Aguiar, "os enunciados aprovados constituem um indicativo para a interpretação do Código Civil, estando todos diretamente relacionados a um artigo de lei, e significam o entendimento majoritário das respectivas comissões, nem sempre correspondendo à proposição apresentada pelo congressista" (AGUIAR JR., Ruy Rosado de. *III Jornada...*, 2005, p. 9).

Além dessa vertente doutrinária, as *Jornadas de Direito Civil* tornaram-se o mais importante evento do Direito Privado brasileiro. Congregam as mais diversas gerações de civilistas, possibilitam o diálogo aberto e democrático entre profissionais das mais diversas áreas, chegando a despertar até o interesse de juristas de outros países. Das *Jornadas* participam Ministros do Superior Tribunal de Justiça, Desembargadores Federais e Estaduais; Juízes Federais, Estaduais e do Trabalho; Procuradores e Promotores, Advogados e Professores de Direito de todo o País.

No que tange à *desapropriação judicial privada por posse-trabalho*, já foi dito que existem vários enunciados doutrinários aprovados, os quais serão aqui analisados por ordem numérica e de aprovação, salvo algumas conexões quanto aos assuntos.

Quando da *I Jornada de Direito Civil*, foram aprovados três enunciados, na tentativa de resolver uma série de dúvidas e problemas decorrentes do instituto.

O primeiro deles, de número 82, prescreve que "é constitucional a modalidade aquisitiva de propriedade imóvel prevista nos §§ 4.º e 5.º do art. 1.228 do novo Código Civil". O enunciado, à época, tinha interessante relevância prática, pois alguns autores defendiam, e ainda defendem, que a desapropriação judicial privada é inconstitucional, por incentivar a invasão de terras. Essa é a opinião, por exemplo, de Carlos Alberto Dabus Maluf. São as palavras do Professor Titular da Faculdade de Direito da Universidade de São Paulo:

> "As regras previstas nesses parágrafos são agravadas pela letra do art. 10 da Lei 10.257, de 10.07.2001, conhecida como Estatuto da Cidade, uma vez que nela é permitido que essa usucapião especial de imóvel urbano seja exercida em área maior de duzentos e cinquenta metros quadrados, considerando a área maior do que essa 'extensa área'. Prevê também que a população que a ocupa forme, mediante o requerimento da usucapião, um condomínio tradicional; e mais, não dá ao proprietário o direito de indenização. Tal forma de usucapião aniquila o direito de propriedade previsto na Lei Maior, configurando verdadeiro confisco, pois, como já dissemos, incentiva a invasão de terras urbanas, subtrai a propriedade do seu titular, sem ele ter direito a qualquer indenização. Essas regras, a do novo Código Civil e a do art. 10 e seus parágrafos da Lei 10.257/2001, devem ser modificadas por um projeto de lei específico, evitando-se, assim, que o Judiciário seja obrigado, por intermédio de inúmeras ações que haverão de surgir, a declará-las inconstitucionais" (MALUF, Carlos Alberto Dabus. *Código Civil...*, 2004, p. 1.133).

Com o devido respeito, não há como concordar com o entendimento que prega inconstitucionalidade da desapropriação judicial privada, pois, como se verá, o instituto visa

CAP. 3 • DA PROPRIEDADE | 141

justamente a dar uma função social à propriedade em situações em que a posse não vem atendendo a essa finalidade de interesse da coletividade.

Do mesmo evento, determina o Enunciado n. 83 do CJF/STJ que "nas ações reivindicatórias propostas pelo Poder Público, não são aplicáveis as disposições constantes dos §§ 4.º e 5.º do art. 1.228 do novo Código Civil".

Em outras palavras, o enunciado preceitua que a desapropriação judicial privada não se aplica aos imóveis públicos. Isso porque tais bens não são usucapíveis e, dessa forma, não podem ser objeto de desapropriação por interesse de particulares. A impossibilidade de usucapião de imóveis públicos está prevista em dois dispositivos da Constituição Federal: art. 183, § 3.º, e art. 191, parágrafo único. Estabelece o mesmo o art. 102 do atual Código Civil.

Entretanto e em complemento, na *IV Jornada de Direito Civil* foi aprovado o Enunciado n. 304 do CJF/STJ, determinando que "são aplicáveis as disposições dos §§ 4.º e 5.º do art. 1.228 do CC às ações reivindicatórias relativas a bens públicos dominicais, mantido, parcialmente, o Enunciado n. 83 da *I Jornada de Direito Civil*, no que concerne às demais classificações dos bens públicos".

Como se percebe, passou-se a admitir a possibilidade de aplicação do instituto aos bens públicos dominicais, aqueles que constituem patrimônio das pessoas jurídicas de direito público, como objeto de direito pessoal, ou real, de cada uma dessas entidades (art. 99, inc. III, do CC). A título de exemplo, podem ser citados os terrenos de marinha, as terras devolutas, as estradas de ferro, as ilhas formadas em rios navegáveis, os sítios arqueológicos, as jazidas de minerais com interesse público e o mar territorial.

O último enunciado está baseado na tese que sustenta a possibilidade de usucapião desses bens dominicais. Nesse sentido, Sílvio Rodrigues defendia a tese de que as terras devolutas, por interpretação do art. 188, *caput*, da CF/1988, poderiam ser objeto de usucapião, eis que "parece-me que o legislador constituinte, distinguindo as terras públicas das devolutas, criou, como já disse, um novo gênero de bens públicos dominiais, o das terras devolutas, que seriam aquelas que constituem um acervo que o Estado detém como os particulares detêm o próprio patrimônio. Tal patrimônio escapa da regra do art. 100 do CC, que declara inalienáveis os demais bens públicos classificados no dispositivo anterior, e está sujeito a usucapião" (*Direito civil...*, 2002, p. 148).

Essa tese é minoritária, o que justificaria a não aprovação do enunciado. Se a minha participação, na *IV Jornada*, tivesse sido na comissão de Direito das Coisas, talvez teria votado pela sua não aprovação, pois acredita-se que os enunciados devem traduzir o entendimento doutrinário majoritário, o que definitivamente não é o caso. De qualquer forma, os enunciados também têm como objetivo fomentar o debate sobre o Código Civil de 2002; e o debate, aqui, é intenso e interessante.

Voltando à *I Jornada de Direito Civil*, aprovou-se o Enunciado n. 84 do CJF/STJ, que resolve aparentemente o problema relativo ao pagamento da indenização, ao prever que "A defesa fundada no direito de aquisição com base no interesse social (art. 1.228, §§ 4.º e 5.º, do novo Código Civil) deve ser arguida pelos réus da ação reivindicatória, eles próprios responsáveis pelo pagamento da indenização". Em reforço, resta claro que a desapropriação judicial privada é matéria de exceção, a ser alegada pelos réus da ação reivindicatória proposta pelo proprietário.

Quanto à indenização, esse acabou sendo o entendimento majoritário, nos primeiros anos de discussão do instituto. Como a desapropriação é privada, o pagamento deveria estar a cargo dos ocupantes da área. Esse também era o nosso posicionamento até abril de 2005.

No entanto, entre os dias 5 e 6 de maio de 2005, foi realizado na Universidade Estadual de Londrina, no Estado do Paraná, um evento de discussão dos enunciados do Conselho da Justiça Federal. Naquela ocasião, Lucas Abreu Barroso defendia a tese de que, nos casos de ocupantes de baixa renda, que não teriam condição de arcar com a indenização, o seu pagamento caberia ao Estado, diante de um interesse da coletividade em se atender à função social da posse e da propriedade (Hermenêutica..., *Revista de Direito Privado*, jan. a mar. 2005). Fui convencido, então, por sua premissa teórica, e assim passei a compreender o pagamento da indenização.

Com a *IV Jornada de Direito Civil*, esse entendimento foi considerado majoritário, sendo aprovado o Enunciado n. 308 do CJF/STJ que teve, como um dos seus proponentes, o professor Lucas Barroso: "a justa indenização devida ao proprietário em caso de desapropriação judicial (art. 1.228, § 5.º) somente deverá ser suportada pela Administração Pública no contexto das políticas públicas de reforma urbana ou agrária, em se tratando de possuidores de baixa renda e desde que tenha havido intervenção daquela nos termos da lei processual. Não sendo os possuidores de baixa renda, aplica-se a orientação do Enunciado n. 84 da *I Jornada de Direito Civil*". Naquela ocasião, foram as justificativas do Professor Lucas Abreu Barroso, docente na Universidade Federal do Espírito Santo (UFES):

> "Quando a reivindicação do imóvel urbano ou rural se deparar com possuidores de baixa renda, uma vez declarada a desapropriação judicial e apurada a verba indenizatória o pagamento da mesma deverá ficar a cargo do ente federado que teria competência para desapropriá-lo na esfera administrativa. Para tanto, basta que se incorpore tal diretriz às políticas públicas em execução com a finalidade de cuidar das questões de reforma urbana ou agrária ou que se imponha esse ônus à Administração Pública no próprio instrumento decisório. A interpretação proposta para o dispositivo em análise evita duas hipóteses indesejadas: a) que os possuidores de baixa renda, não podendo pagar a justa indenização, sejam obrigados a desocupar o imóvel onde realizaram benfeitorias de relevante interesse social e econômico, cumprindo assim a função social da propriedade; b) que a posse do imóvel seja restituída ao proprietário desidioso, que, ademais, praticou abuso de direito ao não observar os ditames constitucionais e infraconstitucionais atinentes ao direito subjetivo da propriedade privada. A aplicação do instituto assim pensada, no que se refere ao pagamento da indenização, levará a efeito mais facilmente a operabilidade a que está constrito, diminuindo os conflitos sociais e representando fator de distribuição horizontal da riqueza, imprescindível para o exercício da cidadania e para a afirmação da dignidade da pessoa humana".

Esse último enunciado doutrinário visa a dar efetividade prática ao instituto da desapropriação privada, pois dificilmente os possuidores terão condições financeiras de arcar com a indenização. Além disso, acaba por valorizar a função social da posse.

Como se verá, no Projeto de Reforma do Código Civil, elaborado pela Comissão de Juristas nomeada no âmbito do Senado Federal, há proposta de incluir na norma o teor desse enunciado doutrinário, resolvendo-se mais um dilema teórico e prático, assim como outros.

Seguindo nos estudos, na *III Jornada de Direito Civil* foram aprovados apenas dois enunciados doutrinários relativos ao tema.

De acordo com o Enunciado n. 240 do CJF/STJ, "A justa indenização a que alude o § 5.º do art. 1.228 não tem como critério valorativo, necessariamente, a avaliação técnica lastreada no mercado imobiliário, sendo indevidos os juros compensatórios". O enunciado tende a afastar a incidência do art. 14 do Decreto-lei 3.365/1941, dispositivo aplicável à desapropriação tradicional, pelo qual o juiz deve nomear um perito de sua escolha para proceder à avaliação dos bens. Em reforço, afasta o pagamento de juros compensatórios, como é comum também na desapropriação tradicional. Portanto, a proposição pretende desassociar a desapropriação judicial privada das outras modalidades existentes.

O segundo enunciado aprovado na *III Jornada*, de número 241, expressa que "o registro da sentença em ação reivindicatória, que opera a transferência da propriedade para o nome dos possuidores, com fundamento no interesse social (art. 1.228, § 5.º), é condicionada ao pagamento da respectiva indenização, cujo prazo será fixado pelo juiz".

Até a sentença da ação reivindicatória o domínio ainda pertence ao autor da ação reivindicatória, apenas ocorrendo a transferência com a sentença de improcedência da ação proposta e o respectivo pagamento da indenização. Parece-me que o enunciado somente terá aplicação nos casos em que a indenização deve ser paga pelos possuidores, e não nos casos em que o Estado deve arcar com tal valor.

Sem prejuízo dos enunciados doutrinários aqui analisados, é notório que os principais avanços se deram na *IV Jornada de Direito Civil*. Desse evento, preconiza o Enunciado n. 305 do CJF/STJ que "tendo em vista as disposições dos §§ 3.º e 4.º do art. 1.228 do CC, o Ministério Público tem o poder-dever de atuar nas hipóteses de desapropriação, inclusive a indireta, que encerrem relevante interesse público, determinado pela natureza dos bens jurídicos envolvidos". Assim, em havendo desapropriação privada de um imóvel que interessa à coletividade, caso dos bens públicos dominicais, o MP tem o dever de atuação. Esse enunciado confirmava o constante do art. 82, inc. III, do CPC/1973, quanto à intervenção do Ministério Público, a saber: "Art. 82. Compete ao Ministério Público intervir: (...). III – nas ações que envolvam litígios coletivos pela posse da terra rural e nas demais causas em que há interesse público evidenciado pela natureza da lide ou qualidade da parte".

A ideia é mantida com o Código de Processo Civil de 2015, pois o seu art. 178, inciso III, determina a intervenção do Ministério Público nas demandas de litígios coletivos pela posse de terra rural ou urbana. Repise-se que, também com o CPC/2015, nas demandas petitórias coletivas será obrigatória a realização de uma audiência de mediação ou de conciliação antes da concessão de liminar, com a presença não só do Ministério Público, mas da Defensoria Pública, nos termos do seu art. 565, estudado no capítulo anterior desta obra. Acreditamos que essa última norma deva ser aplicada às hipóteses fáticas envolvendo a desapropriação judicial privada por posse-trabalho. Além desse ponto fulcral, a aplicação da desapropriação judicial privada, alegada como matéria de defesa pelos possuidores, enseja a improcedência do pedido reivindicatório (Enunciado n. 306 do CJF/STJ).

Diante da proteção constitucional do Bem Ambiental, estipula o Enunciado n. 307 do CJF/STJ que, "na desapropriação judicial (art. 1.228, § 4.º), poderá o juiz determinar a intervenção dos órgãos públicos competentes para o licenciamento ambiental e urbanístico".

A respeito do conceito de posse de boa-fé previsto no § 4.º do art. 1.228, de acordo com o Enunciado n. 309 do CJF/STJ, este não é o que trata o art. 1.201 do CC/2002. Por tal conteúdo, a boa-fé da posse dos ocupantes na desapropriação privada não é a boa-fé subjetiva, aquela que existe no plano intencional; mas a boa-fé objetiva, relacionada às condutas dos envolvidos.

A partir desse entendimento, pode-se pensar que invasores do imóvel têm a seu favor a aplicação do instituto da desapropriação privada, o que não seria possível caso a boa-fé a ser considerada fosse a subjetiva. Em casos assim, devem ser confrontadas as posses dos envolvidos, prevalecendo a *melhor posse*, aquela que atenda à função social. Em verdade, o que propõe o autor deste último enunciado, Rodrigo Reis Mazzei, é uma interpretação restritiva do conceito de boa-fé. São suas palavras:

> "Para que não ocorra a total ineficácia do dispositivo, deverá ser implementada *interpretação restritiva* ao § 4.º do art. 1.228 do CC, de modo a excluir a presença da posse de boa-fé do rol dos requisitos para a concessão da figura jurídica ali desenhada. A solução apontada é admitida, já que a interpretação restritiva, segundo Francesco Ferrara, fica autorizada nas seguintes situações: '1.º) se o texto, entendido no modo tão geral como está redigido, viria a contradizer outro texto de lei; 2.º) se a lei contém em si uma contradição íntima (é o chamado argumento *ad absurdeum*); 3.º) se o princípio, aplicado sem restrições, ultrapassa o fim que foi ordenado'. (...). Prestigiar o grave equívoco legislativo, mantendo o descompasso do art. 1.201 frente ao § 4.º do art. 1.228, com a confusão instaurada entre os conceitos de posse de boa-fé e de posse justa, implicará no esvaziamento, quase completo, do inédito instituto jurídico constante em nosso Código Civil, inutilizando-o como ferramenta útil para concretização da função social da propriedade".

A minha interpretação é diferente daquela que gerou o enunciado. Todavia, a conclusão das duas vertentes é a mesma, para a efetividade do instituto e para que seja atendida a função social da propriedade.

De acordo com o Enunciado n. 310 do CJF/STJ, também da *IV Jornada*, "interpreta-se extensivamente a expressão 'imóvel reivindicado' (art. 1.228, § 4.º), abrangendo pretensões tanto no juízo petitório quanto no possessório". O enunciado é perfeito, uma vez que estende a aplicação do instituto para os casos de ação de reintegração de posse proposta pelo proprietário, visando também à sua efetividade prática. O que se percebe é que não houve a absoluta e total separação dos juízos petitório e possessório, como propõe o comentado Enunciado n. 79 do CJF/STJ.

Prevê o Enunciado n. 311 do CJF/STJ que, "caso não seja pago o preço fixado para a desapropriação judicial, e ultrapassado o prazo prescricional para se exigir o crédito correspondente, estará autorizada a expedição de mandado para registro da propriedade em favor dos possuidores". O dispositivo também tende a proteger os possuidores, pois permanecendo inerte o proprietário na cobrança do valor da dívida, poderá ocorrer a consolidação do domínio a favor dos primeiros. Mais uma vez, deve-se entender que a ementa doutrinária não tem aplicação nos casos de o pagamento estar a cargo da administração pública.

Na *V Jornada de Direito Civil*, do ano de 2011, foi aprovado um único enunciado doutrinário, que amplia a construção, possibilitando que o instituto da desapropriação privada por posse-trabalho seja alegado em petição inicial, ou seja, em ação autônoma (Enunciado n. 496). Assim, pela nova interpretação doutrinária que se tem feito, não é cabível apenas alegar a categoria como matéria de defesa.

Por fim, cabe destacar que, nas *VI, VII, VIII e IX Jornadas de Direito Civil*, realizadas em março de 2013, setembro de 2015, abril de 2018 e maio de 2022, não foi aprovada qualquer proposta sobre o assunto, talvez porque as anteriores praticamente esgotaram o seu debate pela civilística nacional.

Em conclusão, os enunciados doutrinários tentam resolver uma série de situações práticas, sem dúvida algumas questões surgiram no famoso *caso da favela Pullman*, sobre o qual se passarei a discorrer em seguida.

Para encerrar o tópico, destaco que a importância prática desses enunciados doutrinários é tão grande que, no Projeto de Reforma do Código Civil, elaborado pela Comissão de Juristas nomeada no Senado Federal, sugere-se a sua inclusão no texto do art. 1.228, além de se propor uma melhor organização e sistematização do dispositivo.

Com isso, o seu § 4º preverá, nos moldes do que já é hoje, a respeito da *desapropriação privada por posse-trabalho*, que "o proprietário pode ser privado da coisa se o imóvel que se busca reivindicar ou reintegrar na posse consistir em extensa área, na posse ininterrupta e de boa-fé, por mais de cinco anos, de considerável número de pessoas, e estas nela houverem realizado, em conjunto ou separadamente, obras e serviços considerados pelo juiz de interesse social e econômico relevante". E tratando de forma separada do pagamento da indenização, o seu novo § 6º: "no caso do parágrafo § 4º, o juiz fixará a justa indenização devida ao proprietário pelos ocupantes; pago o preço, valerá a sentença como título para o registro do imóvel em nome dos possuidores".

Inserindo-se no texto de lei os Enunciados n. 308 e 84, das *Jornadas de Direito Civil*, o projetado § 7º: "a justa indenização devida ao proprietário, nos termos do § 6º, somente deverá ser suportada pela Administração Pública em se tratando de possuidores de baixa renda e desde que tenha havido a sua intervenção no processo, nos termos da lei processual". E, por fim, com o teor do Enunciado n. 496, pelo menos parcialmente, o § 8º: "preenchidos os requisitos do § 4º, os possuidores poderão se valer do direito de se manter na posse, mediante ação autônoma".

Em prol da efetividade do instituto, de sua operabilidade e concretude, para que seja mais bem aplicado na prática, espera-se que as proposições apontadas sejam aprovadas pelo Parlamento Brasileiro.

3.4.3 O caso da Favela Pullman e a função social da propriedade

A favela Pullman localiza-se na zona sul da cidade de São Paulo, e nela vivem, atualmente, milhares de pessoas. A favela tem origem em um antigo loteamento, de 1955, que não teve o devido destino, por muitos anos, por parte dos seus proprietários. Foi assim que ocorreu a ocupação por diversas famílias.

Após a plena ocupação da área e a favelização, os proprietários de alguns terrenos ocupados ingressaram com ação reivindicatória, que foi julgada procedente em primeira instância. Consta dos autos que tais proprietários adquiriram a área entre 1978 e 1979 e que a ação reivindicatória foi proposta em 1985.

A sentença repeliu a alegação de usucapião dos ocupantes e condenou os réus à desocupação da área, sem qualquer direito de retenção por benfeitorias e devendo pagar indenização pela ocupação desde o ajuizamento da demanda.

Os ocupantes apelaram então ao Tribunal de Justiça de São Paulo, pretendendo caracterizar a existência da usucapião especial urbana, pois incontestavelmente todos viviam no local há mais de cinco anos, e ocupavam áreas inferiores a 200 m², não possuindo qualquer um deles outra propriedade imóvel. Alegaram, portanto, a aplicação do instituto previsto no art. 1.240 do atual CC e que constava do art. 183 da Constituição Federal de 1988, a *usucapião especial ou constitucional urbana*, que ainda será devidamente estudada.

Ainda em sede de recurso, os ocupantes, subsidiariamente, pretenderam o reconhecimento da boa-fé e, consequentemente, do direito de retenção por benfeitorias. O Tribunal de Justiça do Estado de São Paulo deu provimento à apelação dos réus, para julgar improcedente a ação, invertidos os ônus sucumbenciais. Essa decisão emblemática teve como relator o Desembargador José Osório de Azevedo Júnior. Interessante aqui transcrever os principais argumentos da douta relatoria, o que pode ser considerado essencial para a compreensão do sentido da função social da propriedade. O texto é longo, mas a leitura é mais do que obrigatória, é fundamental:

"3 – A alegação da defesa de já haver ocorrido o usucapião social urbano, criado pelo art. 183 da CF/1988, não procede, porquanto, quando se instaurou a nova ordem constitucional, a ação estava proposta havia três anos.

Ainda assim, o recurso dos réus tem provimento.

4 – Os autores são proprietários de nove lotes de terreno no Loteamento Vila Andrade, subdistrito de Santo Amaro, adquiridos em 1978 e 1979. O loteamento foi inscrito em 1955. A ação reivindicatória foi proposta em 1985.

Segundo se vê do laudo e das fotografias de fls. 310 e ss., os nove lotes estão inseridos em uma grande favela, a 'Favela do Pullman', perto do Shopping Jardim Sul, Av. Giovanni Gronchi.

Trata-se de favela consolidada, com ocupação iniciada há cerca de 20 anos. Está dotada, pelo Poder Público, de pelo menos três equipamentos urbanos: água, iluminação pública e luz domiciliar. As fotos de fls. 10/13 mostram algumas obras de alvenaria, os postes de iluminação, um pobre ateliê de costureira etc., tudo a revelar uma vida urbana estável, no seu desconforto.

5 – O objeto da ação reivindicatória é, como se sabe, uma coisa corpórea, existente e bem definida. Veja-se por todos, Lacerda de Almeida:

'Coisas corpóreas em sua individualidade, móveis ou imóveis, no todo ou em uma quota-parte, constituem o objeto mais frequente do domínio, e é no caráter que apresentam de concretas que podem ser reivindicadas (...)'. (*Direito das Coisas*, Rio de Janeiro, 1908, p. 308).

No caso dos autos, a coisa reivindicada não é concreta, nem mesmo existente. É uma ficção.

Os lotes de terreno reivindicados e o próprio loteamento não passam, há muito tempo, de mera abstração jurídica. A realidade urbana é outra. A favela já tem vida própria, está, repita-se, dotada de equipamentos urbanos. Lá vivem muitas centenas, ou milhares, de pessoas. Só nos locais onde existiam os nove lotes reivindicados residem 30 famílias. Lá existe uma outra realidade urbana, com vida própria, com os direitos civis sendo exercitados com naturalidade. O comércio está presente, serviços são prestados, barracos são vendidos, alugados, tudo a mostrar que o primitivo loteamento hoje só tem vida no papel.

A diligente perita, em hercúleo trabalho, levou cerca de quatro anos para conseguir localizar as duas ruas em que estiveram os lotes, Ruas Alexandre Archipenko e Canto Bonito. Segundo a perita:

'A Planta Oficial do Município confronta com a inexistência da implantação da Rua Canto Bonito, a qual foi indicada em tracejado (fls. 306)'.

Na verdade, o loteamento, no local, não chegou a ser efetivamente implantado e ocupado. Ele data de 1955. Onze anos depois, a planta aerofotogramétrica da EMPLASA mostra que os nove lotes estavam cobertos por 'vegetação arbustiva', a qual também obstruía a rua Alexandre Archipenko (fls. 220). Inexistia qualquer equipamento urbano.

Mais seis anos e a planta seguinte (1973) indica a existência de muitas árvores, duas das quais no leito da rua. Seis barracos já estão presentes.

Essa prova casa-se com o depoimento sereno do Padre Mauro Baptista:

'Foi pároco no local até 1973, quando já havia o início da favela do 'Pullman'. Ausentou-se do local até 1979. Quando para lá retornou, encontrou a favela consolidada' (fls. 418).

Por aí se vê que, quando da aquisição, em 1978/9, os lotes já compunham a favela.

6 – Loteamento e lotes urbanos são fatos e realidades urbanísticas. Só existem, efetivamente, dentro do contexto urbanístico. Se são tragados por uma favela consolidada, por força de uma certa erosão social deixam de existir como loteamento e como lotes.

CAP. 3 · DA PROPRIEDADE | **147**

A realidade concreta prepondera sobre a 'pseudorrealidade jurídico-cartorária'. Esta não pode subsistir, em razão da perda do objeto do direito de propriedade. Se um cataclisma, se uma erosão física, provocada pela natureza, pelo homem ou por ambos, faz perecer o imóvel, perde-se o direito de propriedade.

É o que se vê do art. 589 do CC, com remissão aos arts. 77 e 78.

Segundo o art. 77, perece o direito perecendo o seu objeto. E nos termos do art. 78, I e III, entende-se que pereceu o objeto do direito quando perde as qualidades essenciais, ou o valor econômico; e quando fica em lugar de onde não pode ser retirado.

No caso dos autos, os lotes já não apresentam suas qualidades essenciais, pouco ou nada valem no comércio; e não podem ser recuperados, como adiante se verá.

7 – É verdade que a coisa, o terreno, ainda existe fisicamente.

Para o direito, contudo, a existência física da coisa não é o fator decisivo, consoante se verifica dos mencionados incisos I e III do art. 78 do CC. O fundamental é que a coisa seja funcionalmente dirigida a uma finalidade viável, jurídica e economicamente.

Pense-se no que ocorre com a denominada desapropriação indireta. Se o imóvel, rural ou urbano, foi ocupado ilicitamente pela Administração Pública, pode o particular defender-se logo com ações possessórias ou dominiais. Se tarda e ali é construída uma estrada, uma rua, um edifício público, o esbulhado não conseguirá reaver o terreno, o qual, entretanto, continua a ter existência física. Ao particular, só cabe ação indenizatória.

Isto acontece porque o objeto do direito transmudou-se. Já não existe mais, jurídica, econômica e socialmente, aquele fragmento de terra do fundo rústico ou urbano. Existe uma outra coisa, ou seja, uma estrada ou uma rua etc. Razões econômicas e sociais impedem a recuperação física do antigo imóvel.

Por outras palavras, o *jus reivindicandi* (art. 524, parte final, do CC) foi suprimido pelas circunstâncias acima apontadas. Essa é a Doutrina e a Jurisprudência consagradas há meio século no direito brasileiro.

8 – No caso dos autos, a retomada física é também inviável.

O desalojamento forçado de trinta famílias, cerca de cem pessoas, todas inseridas na comunidade urbana muito maior da extensa favela, já consolidada, implica uma operação cirúrgica de natureza ético-social, sem anestesia, inteiramente incompatível com a vida e a natureza do Direito.

É uma operação socialmente impossível.

E o que é socialmente impossível é juridicamente impossível.

Ensina L. Recaséns Siches, com apoio explícito em Miguel Reale, que o Direito, como obra humana que é, apresenta sempre três dimensões, a saber:

'A) Dimensión de hecho, la cual comprende los hechos humanos sociales en los que el Derecho se gesta y se produce; así como las conductas humanas reales en las quales el Derecho se cumple y lleva a cabo.

B) Dimensión normativa (...).

C) Dimensión de valor, estimativa, o axiológica, consistente en que sus normas, mediante las cuales se trata de satisfacer una série de necesidades humanas, esto intentan hacerlo con la exigencias de unos valores, de la justicia y de los demás valores que esta implica, entre los que figuran la autonomía de la persona, la seguridad, el bien común y otros.

(...) pero debemos precatarnos de que las tres (dimensiones) se hallan reciprocamente unidas de un modo inescindible, vinculadas por triples nexos de esencial implicación mutua' (*Introducción al Estudio del Derecho*, México, 1970, p. 45).

Por aí se vê que a dimensão simplesmente normativa do Direito é inseparável do conteúdo ético-social do mesmo, deixando a certeza de que a solução que se revela impossível do ponto de vista social é igualmente impossível do ponto de vista jurídico.

9 – O atual direito positivo brasileiro não comporta o pretendido alcance do poder de reivindicar atribuído ao proprietário pelo art. 524 do CC.

A leitura de todos os textos do CC só pode se fazer à luz dos preceitos constitucionais vigentes. Não se concebe um direito de propriedade que tenha vida em confronto com a Constituição Federal, ou que se desenvolva paralelamente a ela.

As regras legais, como se sabe, se arrumam de forma piramidal.

Ao mesmo tempo em que manteve a propriedade privada, a CF a submeteu ao princípio da função social (arts. 5.º, XXII e XXIII; 170, II e III; 182, § 2.º; 184; 186 etc.).

Esse princípio não significa apenas uma limitação a mais ao direito de propriedade, como, por exemplo, as restrições administrativas, que atuam por força externa àquele direito, em decorrência do poder de polícia da Administração.

O princípio da função social atua no conteúdo do direito. Entre os poderes inerentes ao domínio, previstos no art. 524 do CC (usar, fruir, dispor e reivindicar), o princípio da função social introduz um outro interesse (social) que pode não coincidir com os interesses do proprietário. Veja-se, a esse propósito, José Afonso da Silva, *Direito constitucional positivo*, 5. ed., p. 249-250, com apoio em autores europeus.

Assim, o referido princípio torna o direito de propriedade, de certa forma, conflitivo consigo próprio, cabendo ao Judiciário dar-lhe a necessária e serena eficácia nos litígios graves que lhe são submetidos.

10 – No caso dos autos, o direito de propriedade foi exercitado, pelos autores e por seus antecessores, de forma antissocial. O loteamento – pelo menos no que diz respeito aos nove lotes reivindicandos e suas imediações – ficou praticamente abandonado por mais de 20 (vinte) anos; não foram implantados equipamentos urbanos; em 1973, havia árvores até nas ruas; quando da aquisição dos lotes, em 1978/9, a favela já estava consolidada. Em cidade de franca expansão populacional, com problemas gravíssimos de habitação, não se pode prestigiar tal comportamento de proprietários".

Como se percebe, a decisão segue a linha antes defendida, no sentido de ser a função social um verdadeiro componente da propriedade (*propriedade é função social*). Em reforço, aplica a *intervenção impulsionadora da função social da propriedade*, conforme aqui antes foi esposado, na linha da doutrina de José de Oliveira Ascensão.

Após essa notável decisão, os autores da ação interpuseram recurso especial perante o Superior Tribunal de Justiça. Alegaram que a ação reivindicatória foi promovida com base no art. 524 do Código Civil de 1916, postulando o reconhecimento de seu direito de propriedade sobre vários lotes de terreno, requerendo fosse deferida, sobre eles, a sua posse. Sustentavam que os lotes foram invadidos pelos réus, ali construindo benfeitorias consistentes em barracos; alguns dos réus se defenderam alegando prescrição aquisitiva, por se acharem na área há mais de vinte e cinco anos e outros alegaram posse mansa e pacífica há mais de quinze; ainda outros afirmaram estar no local há oito anos, imaginando que o terreno era da municipalidade.

Quanto ao mérito, argumentaram os recorrentes que foi negada vigência ao art. 524 do Código Civil anterior, o qual assegurava aos titulares do domínio o pleno exercício das faculdades a eles inerentes, acentuando que a decisão do Tribunal de Justiça de São Paulo importava em verdadeira expropriação de bens particulares.

Do ponto de vista processual, os recorrentes alegaram que o acórdão seria nulo, por violação ao então art. 2.º do CPC/1973, que consagrava o *princípio processual da inércia da jurisdição*, porque embora negando a reivindicatória dos autores e a defesa dos réus sobre a prescrição aquisitiva, o acórdão deu provimento à apelação destes por fundamentos diversos, quais sejam o perecimento do direito de propriedade e a prevalência da função social da terra, temas não suscitados nos autos.

Consigne-se que esse dispositivo processual anterior corresponde ao art. 2.º do CPC/2015, segundo o qual, "o processo começa por iniciativa da parte e se desenvolve por impulso oficial, salvo as exceções previstas em lei".

Salientaram, em reforço, que houve contrariedade ao art. 460 do CPC/1973, pois foi proferida decisão diversa da postulada ("é defeso ao juiz proferir sentença, a favor do autor, de natureza diversa da pedida, bem como condenar o réu em quantidade superior ou em objeto diverso do que lhe foi demandado. Parágrafo único. A sentença deve ser certa, ainda quando decida relação jurídica condicional").

A norma processual em questão foi repetida pelo art. 492 do CPC/2015, com pequenas alterações de redação, passando a expressar que "é vedado ao juiz proferir decisão de natureza diversa da pedida, bem como condenar a parte em quantidade superior ou em objeto diverso do que lhe foi demandado. Parágrafo único. A decisão deve ser certa, ainda que resolva relação jurídica condicional".

Além disso, alegaram os recorrentes que foram infringidos os arts. 502, 512 e 515 do CPC/1973, pois o Tribunal de Justiça apreciou matéria não devolvida ao seu conhecimento. Todos esses diplomas também têm correspondentes no CPC/2015.

O Superior Tribunal de Justiça, em julgamento proferido no ano de 2005, confirmou a decisão do Tribunal de Justiça de São Paulo, extraindo-se a seguinte ementa:

> "Ação reivindicatória – Terrenos de loteamento situados em área favelizada – Perecimento do direito de propriedade – Abandono – CC, arts. 524, 589, 77 e 78 – Matéria de fato – Reexame – Impossibilidade – Súmula 7-STJ. I – O direito de propriedade assegurado no art. 524 do CC anterior não é absoluto, ocorrendo a sua perda em face do abandono de terrenos de loteamento que não chegou a ser concretamente implantado, e que foi paulatinamente favelizado ao longo do tempo, com a desfiguração das frações e arruamento originariamente previstos, consolidada, no local, uma nova realidade social e urbanística, consubstanciando a hipótese prevista nos arts. 589 c/c 77 e 78, da mesma lei substantiva. II – 'A pretensão de simples reexame de prova não enseja recurso especial' – Súmula 7-STJ. III. Recurso especial não conhecido" (STJ, Recurso Especial 75.659/SP (1995/0049519-8), 4.ª Turma, Rel. Min. Aldir Passarinho Junior, Recorrente: Aldo Bartholomeu e outros, Recorrido: Odair Pires de Paula e outros, j. 21.06.2005).

O que se percebe do teor do julgamento no Superior Tribunal de Justiça é que, basicamente, foram reproduzidos os argumentos do Desembargador José Osório, ou seja, acabaram prevalecendo as suas lições sobre o conceito e o conteúdo da propriedade e a legitimidade para a ação reivindicatória.

Entretanto, é importante dizer que, em complemento, o Ministro relator Aldir Passarinho Jr. acrescentou a tese de existência de abandono, previsto no art. 589, inc. III, do Código Civil de 1916, como forma de perda da propriedade imóvel. Foram os seus argumentos:

> "De efeito, consta que o loteamento, de 1955, jamais chegou a ser efetivado. Dez anos depois era um completo matagal, sem qualquer equipamento urbano, portanto inteiramente indefinidos no plano concreto, os lotes dos autores. Iniciou-se, pouco tempo após, a ocupação e favelização do local, solidificada ao longo do tempo, montada uma outra estrutura urbana indiferente ao plano original, como sói acontecer com a ocupação indisciplinada do solo por invasões, obtendo, inclusive, a chancela do Poder Público, que lá instalou luz,

água, calçamento e demais infraestruturas. Aliás, chama a atenção a circunstância de que até uma das ruas também fora desfigurada, jamais teve papel de via pública (cf. fl. 503). Assim, quando do ajuizamento da ação reivindicatória, impossível reconhecer, realmente, que os lotes ainda existiam em sua configuração original, resultado do abandono, aliás desde a criação do loteamento. Nesse prisma, perdida a identidade do bem, o seu valor econômico, a sua confusão com outro fracionamento imposto pela favelização, a impossibilidade de sua reinstalação como bem jurídico no contexto atual, tem-se, indubitavelmente, que o caso é, mesmo, de perecimento do direito de propriedade. É certo que o art. 589, § 2.º, prevê a 'arrecadação do bem vago, mas esse procedimento formal cede à realidade fática. Na prática, e o que interessa ao deslinde da questão, importa verificar se desapareceu ou não e, na espécie, a resposta é afirmativa, no que tange à propriedade dos autores-recorrentes'".

Não há dúvidas de que o Ministro relator reconheceu a função social da posse como fundamento para o *preenchimento* do conceito de função social da propriedade.

O julgado do Tribunal de Justiça de São Paulo foi brilhantemente comentado por Alcides Tomasetti Jr., que vê na decisão uma grande evolução em relação ao conceito de propriedade. Para ele:

> "O que também não surpreende: muitos livros que versam sobre o direito civil – da parte geral ao direito das coisas, especialmente – teriam de ser repensados e refeitos. E, afinal de contas, por que não aguardar, comodamente, a coisa julgada, para, depois, caso vier a se formar, fingir esquecê-la?" (Jurisprudência..., *Revista dos Tribunais...*, jan. 1996, p. 209).

Na verdade, os livros da presente coleção não precisarão ser refeitos, pois a preocupação com a socialidade os orienta desde a sua primeira edição.

O artigo do professor da USP servirá como roteiro para o paralelo que se pretende traçar a partir do presente momento.

3.4.4 Semelhanças e diferenças entre a desapropriação judicial privada e o julgamento do caso da Favela Pullman. Análise de julgados a respeito da desapropriação privada

Uma primeira indagação que poderia surgir a respeito desse importante paralelo é: o art. 1.228, §§ 4.º e 5.º, do CC poderia ser aplicado ao *caso da favela Pullman*, se estivesse, à época, em vigor? Para mim, a resposta parece ser positiva.

De início, analisando o § 4.º do art. 1.228 do Código de 2002, pode-se dizer que a área dos loteamentos é extensa e que foi ocupada por um número considerável de pessoas, milhares de cidadãos que ali habitavam e desenvolviam suas atividades.

Considerando-se o conceito de boa-fé objetiva, aquela que existe no plano da conduta, e a ideia de *melhor posse*, pode-se afirmar que a posse dos ocupantes seria de boa-fé. Interessante perceber que se fosse aplicada a boa-fé subjetiva, de ignorância de um obstáculo para a aquisição do domínio, não seria possível incidir o instituto da desapropriação privada, pela falta desse requisito por parte dos ocupantes. A propósito, ao comentar o julgado, ensina Alcides Tomasetti Jr. que:

> "A motivação do julgamento é concludente e incisiva, quer se queira, ou não, aceitar as razões do decidir. Estas razões talvez possam ser concentradas, por antecipação, no seguinte modo: a ação (em sentido material) para que o titular do domínio sobre lotes

residenciais urbanos possa haver (não se trata de reaver) a posse da coisa, tem de ser julgada em adequação ao modelo constitucional de propriedade, desacolhendo-se a pretensão real à imissão quando não seja justamente deduzida, conforme o princípio da função social" (TOMASETTI JR., Alcides. Jurisprudência..., *Revista dos Tribunais*, jan. 1996, p. 209).

A conclusão é que a ideia de função social serve para preencher o conceito de boa--fé. Confrontando-se a posse dos proprietários, que nunca deram qualquer destinação aos imóveis (*posse antissocial, diante da inércia, do ato negativo*), com a posse dos ocupantes, percebe-se que os últimos dotaram o bem de uma finalidade social (*posse social, diante da atuação coletiva, do ato positivo*). Por isso é que a sua posse é *melhor* e pode ser tida como posse de boa-fé, se confrontada com a dos autores da ação reivindicatória. Deve-se entender que a *boa conduta* desses ocupantes serve para convalidar uma posse inicialmente injusta e de má-fé, pelo ato de invasão.

Da análise das decisões, o requisito temporal de cinco anos previsto no § 4.º do art. 1.228 do CC/2002 foi preenchido, sendo a posse, também, ininterrupta. Mais um requisito está preenchido para a eventual aplicação da desapropriação judicial por posse-trabalho.

A respeito das obras realizadas, os barracos construídos poderiam ser considerados pelo juiz como de interesse social e econômico relevante, assim como estabelece o § 4.º do art. 1.228 do CC/2002. Isso é evidenciado pelo seguinte trecho da decisão do Desembargador José Osório, do Tribunal de Justiça de São Paulo: "lá existe uma outra realidade urbana, com vida própria, com os direitos civis sendo exercitados com naturalidade. O comércio está presente, serviços são prestados, barracos são vendidos, comprados, alugados, tudo a mostrar que o primitivo loteamento hoje só tem vida no papel".

Por fim, está presente o requisito processual, eis que houve uma ação reivindicatória proposta pelos proprietários dos imóveis. Assim, conclui-se pela adequação do caso a todos os requisitos constantes do § 4.º do art. 1.228 da codificação geral privada, o que aproxima o julgado do instituto aqui estudado.

Quanto ao § 5.º do art. 1.228, nota-se a principal diferença entre o julgado da Favela Pullman e a desapropriação judicial privada. Isso porque, no caso analisado, não foi arbitrada qualquer indenização aos proprietários, que alegaram usucapião da área. Talvez se a hipótese fática ocorresse atualmente, seria o caso de o juiz da causa fixar essa indenização, aplicando a desapropriação privada. Isso visa a *premiar* a conduta dos proprietários que promoveram a demanda petitória, demonstrando eventual interesse pelos imóveis. Se os proprietários não tomam essa medida, os possuidores é que terão a possibilidade de iniciativa para promoverem as competentes ações de usucapião, hipótese em que não haverá direito de indenização em favor dos proprietários.

Se o caso da Favela Pullman fosse de desapropriação judicial privada, entendo que deveria ser aplicado o Enunciado n. 308 do CJF/STJ, com a indenização a ser paga pela Administração Pública, em conformidade com as políticas de reforma urbana.

Outro ponto que diferencia o caso da Favela Pullman da desapropriação judicial privada é a aplicação da *tese do abandono* como forma de se perder a propriedade imóvel e de afastar o direito à vindicação, o que também está previsto no Código Civil de 2002, no seu art. 1.275, inc. III.

Se realmente não houve qualquer destinação ao bem, isso retiraria a possibilidade de os proprietários ingressarem com a ação reivindicatória e, portanto, o instituto da desapropriação judicial privada por posse-trabalho não seria aplicado, julgando-se o pedido improcedente por outra razão.

Compreendo que a questão é de julgamento do mérito do pedido reivindicatório. Se o juiz entender que o caso é de abandono, julgará improcedente a ação, atribuindo a posse (com a possibilidade de posterior ação de usucapião) ou a propriedade aos ocupantes – não havendo o pagamento de qualquer indenização. Se entender, no caso concreto, que não houve abandono, aplicará a desapropriação judicial privada – havendo o pagamento de indenização a favor dos proprietários. Tratando-se de famílias de baixa renda, como foi o caso, o Estado pagará a indenização.

A segunda *tática processual* serve, inclusive, para afastar a eventual argumentação de confisco de bens ou mesmo de lesão ao direito fundamental à propriedade privada. O próprio Professor Alcides Tomasetti enfatiza os méritos da *estratégia jurisdicional* adotada no caso da Favela Pullman. Jurisprudência comentada (*Revista dos Tribunais*, p. 217, jan. 1996). Como uma *segunda estratégia* para a valorização da função social da posse e da propriedade, há a possibilidade de aplicação da *desapropriação judicial privada por posse-trabalho*.

Surgem, nesse ponto, algumas questões e indagações processuais no paralelo entre o julgado e a desapropriação privada.

No *caso Pullman*, houve diversidade nos argumentos dos réus, ocupantes do imóvel. O Tribunal de Justiça de São Paulo, entretanto, conduziu o julgamento de forma totalmente distinta, havendo, supostamente, infração ao *princípio da inércia da jurisdição*. O argumento de lesão ao princípio processual foi facilmente afastado pelo Superior Tribunal de Justiça pela confirmação das teses do Desembargador José Osório e do Professor Alcides Tomasetti de que faltaria aos proprietários legitimidade para a ação petitória, uma vez que não atenderam ao requisito da função social.

Pensemos que o caso agora é de desapropriação privada. Houve a ação reivindicatória pelos proprietários e alguns possuidores alegaram a usucapião, outros a posse e outros tantos a desapropriação judicial privada por posse-trabalho. Fica a dúvida: se a usucapião pode ser alegada como matéria de defesa, conforme a Súmula 237 do Supremo Tribunal Federal, o juiz poderia aplicar para todos os possuidores o instituto da desapropriação privada?

Pelo *princípio da inércia da jurisdição*, a resposta seria igualmente negativa. Todavia, para responder positivamente, a saída seria entender que, principalmente nos casos de famílias de baixa renda – que envolvem a questão da função social da propriedade como valor constitucional –, a matéria é de ordem pública, podendo o juiz conhecê-la de ofício, o que representa exceção ao princípio da inércia, como reconhecem os próprios processualistas (NERY JR., Nelson; NERY, Rosa Maria de Andrade. *Código de Processo Civil...*, 2004, p. 387). Aliás, acredito que essa premissa pode ser tranquilamente mantida sob a vigência do CPC/2015.

Na verdade, o conhecimento de ofício será apenas de aplicação da desapropriação privada para todos os ocupantes ou possuidores. Isso acaba entrelaçando a ordem privada – uma vez que a desapropriação é de interesse particular –, com a ordem pública, pela valorização da função social da propriedade.

Com o reconhecimento dos requisitos legais, o juiz fixará uma indenização a favor dos proprietários. Isso não ocorreu no caso da *Pullman*, sendo interessante verificar que os julgadores, em uma perspectiva social, foram muito além do que consagra o Código Civil a respeito da desapropriação privada: foi negado o direito à ação petitória, pura e simplesmente sem qualquer direito à indenização. A conclusão é de que a desapropriação judicial privada por posse-trabalho, em relação ao famoso julgado, constitui até um retrocesso. Bom seria se a maioria da comunidade jurídica pensasse assim...

Apesar dessa última dedução jurídica, deve-se buscar a aplicação prática do instituto previsto no art. 1.228, §§ 4.º e 5.º, do CC/2002, criação brasileira, o que justifica a resposta inicialmente positiva para a aplicação da desapropriação judicial privada se o caso da Favela *Pullman* se repetir.

Analisando o caso concreto, parece-me que a situação descrita nos julgados está mais próxima da desapropriação judicial privada do que do abandono.

Por certo, há tempos se fazem presentes alegações e debates da *desapropriação judicial privada por posse-trabalho* na realidade prática nacional. Em um primeiro julgado, o Tribunal Regional Federal da 4.ª Região entendeu pela não incidência da categoria, pela falta de seus requisitos:

> "Civil. Ação de reintegração de posse de gleba invadida. Preliminares afastadas. Procedência da demanda. Discussão sobre domínio. Irrelevância. Posse inconteste e esbulho comprovado. Desapropriação judicial, indenização por benfeitorias e direito à retenção. Descabimento. 1. Devem ser afastadas as preliminares em hipótese na qual se mostra inexistente o cerceamento de defesa, quando irrelevante à apreciação do apelo a rejeição dos embargos declaratórios, e, ainda, diante do fato de que o Ministério Público Federal reputou regular o processamento do feito, por não ter se ocupado das questões preliminares ao embasar o seu parecer nesta instância. 2. Nas ações possessórias, a discussão acerca do domínio se mostra irrelevante. 3. O fato de a autora ser proprietária dos bens esbulhados em nada altera o deslinde do *jus possessionis*, de vez que sua posse é inconteste, embasada em licença para operação, expedida pelo órgão público competente, e por se ter como comprovado o esbulho. 4. Descabido o pedido de desapropriação judicial, por ausência de suporte fático para a regra do art. 1.228, §§ 4.º e 5.º, do CC/2002, bem como o pedido de indenização por benfeitorias e de reconhecimento do direito à retenção, porquanto os invasores, por definição, não se reputam possuidores de boa-fé" (TRF da 4.ª Região, Acórdão 2006.72.16.002588-3, 4.ª Turma, Santa Catarina, Rel. Des. Fed. Valdemar Capeletti, j. 10.12.2008, *DEJF* 25.02.2009, p. 698).

Do mesmo modo, decisão do Tribunal de Justiça de Rondônia, pela ausência o requisito da boa-fé:

> "Reintegração de posse. Valoração das provas. Atribuição do juiz. Desapropriação pela posse-trabalho. Ausência de boa-fé. Compete ao magistrado apreciar livremente as provas, desde que decida motivadamente. Configurada a suspeição das testemunhas trazidas pela parte requerida, age corretamente o juiz ao atribuir valor relativo aos seus depoimentos, confrontando-os com as demais provas existentes. Havendo circunstâncias nos autos que permitam a presunção de que o possuidor não ignora que ocupa indevidamente o imóvel, mostra-se incabível a desapropriação judicial (CC, art. 1.228, § 4.º)" (TJRO, Apelação 100.001.2006.018386-0, Rel. Des. Kiyochi Mori, *DJERO* 05.06.2009, p. 55).

Por outra via, podem ser encontrados arestos estaduais que aplicam o instituto, caso do seguinte, do Tribunal de Justiça de Minas Gerais, em que se confirmou sentença de seu deferimento:

> "Apelação cível. Desapropriação judicial. Possibilidade. Primazia da função social da propriedade. Requisitos. Presença. Recurso não provido. 1. A desapropriação judicial prevista no art. 1.228, §§ 4.º e 5.º, do Código Civil, é nova forma de limitação de ordem social a que toda propriedade deve observar como condição de sua própria existência. 2. Aludida desapropriação se concretiza, em favor dos posseiros, pela via judicial, mediante prévia e justa indenização ao proprietário. 3. Presentes os requisitos exigidos para a expropriação judicial, a sentença valerá como título para a transcrição do imóvel em nome

dos posseiros. 4. Recurso não provido" (TJMG, Apelação Cível 1.0284.08.009185-3/005, Rel. Des. Rogério Coutinho, j. 11.03.2015, *DJEMG* 20.03.2015).

Contudo, advirta-se que o julgado merecia críticas, quando lido em sua íntegra, como fizemos no *III Congresso Brasileiro de Direito Civil*, promovido pelo IBDCivil, em Recife (agosto de 2015). Isso porque foi aplicada a desapropriação judicial privada por posse-trabalho a um caso de demanda individual e não envolvendo um considerável número de pessoas. Assim, parece-me que houve um sério desvio no uso da categoria jurídica.

Esperava-se, assim, que outros acórdãos surgissem melhor aplicando o instituto da desapropriação privada, para a sua efetiva incidência, concretizando-se a função social da posse e da propriedade. Faltava, na verdade, um importante precedente sobre o tema, especialmente no âmbito do Superior Tribunal de Justiça.

No ano de 2018, esse precedente surgiu, proferido pela sua Primeira Turma. O acórdão analisou disputa envolvendo uma extensa área ocupada no Estado do Acre por numerosas famílias, no âmbito de uma ação possessória e na linha do que possibilita o Enunciado n. 310 da *IV Jornada de Direito Civil*, aqui citado. Vejamos o trecho fundamental da longa ementa do julgado, que merece ser lida para os devidos aprofundamentos:

"Hipótese em que a parte autora, a despeito de ter conseguido ordem judicial de reintegração de posse desde 1991, encontra-se privada de suas terras até hoje, ou seja, há mais de 2 (duas) décadas, sem que tenha sido adotada qualquer medida concreta para obstar a constante invasão do seu imóvel, seja por ausência de força policial para o cumprimento do mandado reintegratório, seja em decorrência dos inúmeros incidentes processuais ocorridos nos autos ou em face da constante ocupação coletiva ocorrida na área, por milhares de famílias de baixa renda. Constatada, no caso concreto, a impossibilidade de devolução da posse à proprietária, o Juiz de primeiro grau converteu, de ofício, a ação reintegratória em indenizatória (desapropriação indireta), determinando a emenda da inicial, a fim de promover a citação do Estado e do Município para apresentar contestação e, em consequência, incluí-los no polo passivo da demanda. O Superior Tribunal de Justiça já se manifestou no sentido da possibilidade de conversão da ação possessória em indenizatória, em respeito aos princípios da celeridade e economia processuais, a fim de assegurar ao particular a obtenção de resultado prático correspondente à restituição do bem, quando situação fática consolidada no curso da ação exigir a devida proteção jurisdicional, com fulcro no art. 461, § 1.º, do CPC/1973. A conversão operada na espécie não configura julgamento *ultra petita* ou *extra petita*, ainda que não haja pedido explícito nesse sentido, diante da impossibilidade de devolução da posse à autora, sendo descabido o ajuizamento de outra ação quando uma parte do imóvel já foi afetada ao domínio público, mediante apossamento administrativo, sendo a outra restante ocupada de forma precária por inúmeras famílias de baixa renda com a intervenção do Município e do Estado, que implantaram toda a infraestrutura básica no local, tornando-se a área bairros urbanos. Não há se falar em violação ao princípio da congruência, devendo ser aplicada à espécie a teoria da substanciação, segundo a qual apenas os fatos vinculam o julgador, que poderá atribuir-lhes a qualificação jurídica que entender adequada ao acolhimento ou à rejeição do pedido, como fulcro nos brocardos *iura novit curia e mihi factum dabo tibi ius* e no art. 462 do CPC/1973. Caso em que, ao tempo do julgamento do primeiro grau, a lide foi analisada à luz do disposto no art. 1.228, §§ 4.º e 5.º, do CC/2002, que trata da desapropriação judicial, chamada também por alguns doutrinadores de desapropriação por posse-trabalho ou de desapropriação judicial indireta, cujo instituto autoriza o magistrado, sem intervenção prévia de outros Poderes, a declarar a perda do imóvel reivindicado pelo particular em favor de considerável número de pessoas que, na posse ininterrupta de extensa área, por mais de cinco anos, houverem realizado obras e serviços de interesse social e econômico relevante. Os conceitos abertos existentes no art. 1.228 do CC/2002 propiciam ao magistrado uma margem considerável de discricionariedade ao analisar os requisitos para a aplicação do referido instituto, de modo que a inversão do julgado, no ponto, demandaria o reexame do conjunto fático--probatório, providência vedada no âmbito do recurso especial, em face do óbice da Súmula 7 do STJ. Não se olvida a existência de julgados desta Corte de Justiça no sentido de que 'inexiste desapossamento por parte do ente público ao realizar obras de infraestrutura em imóvel cuja invasão já se consolidara, pois a simples invasão de propriedade urbana por terceiros, mesmo sem ser repelida pelo Poder Público, não constitui desapropriação indireta' (AgRg no REsp 1.367.002/MG, Rel. Ministro Mauro Campbell Marques, Segunda Turma, julgado em 20/06/2013, *DJe* 28/06/2013). 10. Situação em que tal orientação não se aplica ao caso estudado, pois, diante dos fatos delineados no acórdão recorrido, não há dúvida de que os danos causados à proprietária do imóvel decorreram de atos omissivos e comissivos da administração pública, tendo em conta que deixou de fornecer a força policial necessária para o cumprimento do mandado reintegratório, ainda na fase inicial da invasão, permanecendo omissa quanto ao surgimento de novas habitações irregulares, além de ter realizado obras de infraestrutura no local, com o objetivo de garantir a função social da propriedade, circunstâncias que ocasionaram o desenvolvimento urbano da área e a desapropriação direta de parte do bem. O Município de Rio Branco, juntamente com o Estado do Acre, constituem sujeitos passivos legítimos da indenização prevista no art. 1.228, § 5.º, do CC/2002, visto que os possuidores, por serem hipossuficientes, não podem arcar com o ressarcimento dos prejuízos sofridos pelo proprietário do imóvel (*ex vi* do Enunciado n. 308 Conselho da Justiça Federal). A solução da controvérsia exige que sejam levados em consideração os princípios da proporcionalidade, da razoabilidade e da segurança jurídica, em face das situações jurídicas já consolidadas no tempo, de modo a não piorar uma situação em relação à qual se busca a pacificação social, visto que 'é fato público e notório que a área sob julgamento, atualmente, corresponde a pelo menos quatro bairros dessa cidade (Rio Branco), onde vivem milhares de famílias, as quais concedem função social às terras em litígio, exercendo seu direito fundamental social à moradia'. Os critérios para a apuração do valor da justa indenização serão analisados na fase de liquidação de sentença, não tendo sido examinados pelo juízo da primeira instância, de modo que não podem ser apreciados pelo Tribunal de origem, tampouco por esta Corte Superior, sob pena de supressão de instância. Recursos especiais parcialmente conhecidos e, nessa extensão, desprovidos" (STJ, REsp 1.442.440/AC, Rel. Min. Gurgel de Faria, 1.ª Turma, j. 07.12.2017, *DJe* 15.02.2018).

Como se pode perceber, o *decisum* está totalmente baseado em soluções dadas por enunciados aprovados nas *Jornadas de Direito Civil*, o que confirma a grande importância desse evento como *ponte de diálogo* entre a doutrina e a jurisprudência. Além do já citado Enunciado n. 310, que admite o debate da desapropriação privada em ação possessória, reconheceu-se a possibilidade de pagamento da indenização pela administração pública – no caso pelo Estado do Acre e pelo Município de Rio Branco –, conforme o Enunciado n. 308, também da *IV Jornada*. Foi igualmente utilizado o Enunciado n. 240, da *III Jornada de Direito Civil*, segundo o qual a justa indenização não tem como critério valorativo, necessariamente, a avaliação técnica lastreada em mercado imobiliário.

Tendo surgido esse precedente superior em mais de 15 anos de vigência do Código Civil de 2002, evidencia-se todos os desafios de aplicação gerados pelo instituto da desapropriação privada por posse-trabalho.

Como palavras finais, penso que os parâmetros constantes do último julgado superior devem orientar outras conclusões sobre a categoria nos próximos anos, notadamente na primeira e na segunda instâncias.

3.5 DA PROPRIEDADE RESOLÚVEL. O ENQUADRAMENTO DA PROPRIE-DADE FIDUCIÁRIA. PRIMEIRA ABORDAGEM

Da *Enciclopédia Saraiva de Direito*, obra coordenada por Rubens Limongi França, pode-se extrair que a propriedade resolúvel constitui aquela que pode ser extinta quer pelo advento de condição (evento futuro e incerto) ou pelo termo (evento futuro e certo), quer pela superveniência de uma causa capaz de destruir a relação jurídica.

Cumpre frisar que, para Sílvio Rodrigues, responsável pela elaboração do verbete na obra, "não é aos princípios gerais do domínio, mas aos da condição que se deve remontar para encarar o que se convencionou chamar de propriedade resolúvel" (*Enciclopédia Saraiva...*, 1977, p. 224-225). Apesar dessa importante crítica, destaque-se que a propriedade resolúvel está inserida no capítulo da lei geral privada que trata do Direito das Coisas, entre os arts. 1.359 e 1.360 do CC/2002.

Antes de analisar essas regras, é fundamental lembrar que em muitas situações envolvendo o contrato a propriedade resolúvel está presente. É o que ocorre, por exemplo, na compra e venda com cláusula de retrovenda, em que o vendedor tem a possibilidade de reaver a coisa no prazo máximo de três anos (arts. 505 a 508 do CC). Até esse prazo, pode-se afirmar que a propriedade do comprador é meramente resolúvel.

O raciocínio da propriedade resolúvel também vale para a cláusula especial de venda com reserva de domínio (arts. 521 a 528 do CC). Por esse instituto, na venda de coisa móvel, pode o vendedor reservar para si a propriedade, até que o preço esteja integralmente pago. A transferência de propriedade ao comprador somente ocorrerá no momento em que o preço esteja integralmente pago. Até esse pagamento a propriedade do vendedor é resolúvel.

Igualmente, há propriedade resolúvel do donatário na doação com cláusula de reversão. Enuncia o art. 547 do CC/2002 que o doador pode estipular que os bens doados voltem ao seu patrimônio, se sobreviver ao donatário. Recebendo o donatário o bem e ocorrendo o seu falecimento, os bens retornarão ao doador que estiver vivo, o que denota a resolubilidade da propriedade do primeiro.

Partindo para as regras específicas do Código Civil, estabelece o art. 1.359 que, resolvida a propriedade pelo implemento da condição ou pelo advento do termo, entendem-se também resolvidos os direitos reais concedidos na sua pendência. Em complemento, o proprietário, em cujo favor se opera a resolução, pode reivindicar a coisa do poder de quem a possua ou detenha. Como há relação com a condição e o termo, a propriedade resolúvel envolve questões de *eficácia* e não de validade dos negócios jurídicos correspondente.

Pelo que comanda a norma, na última hipótese citada, de doação com cláusula de reversão, o doador poderá reivindicar a coisa de quem a detenha, se o bem tiver sido vendido pelo donatário, ocorrendo o seu pré-falecimento. O que se nota é que a resolução da propriedade traz efeitos retroativos ou *ex tunc*, atingindo todos os atos correlatos. Conforme anota Maria Helena Diniz, "romper-se-ão ainda, automaticamente, todos os vínculos reais de garantia que se constituíram em sua pendência, devido ao princípio resoluto *iuris dantis resolvitur ius accipientis*" (*Código Civil...*, 2007, p. 1.088).

Por outro lado, se a propriedade se resolver por outra causa superveniente, o possuidor, que a tiver adquirido por título anterior à sua resolução, será considerado proprietário perfeito, restando à pessoa, em cujo benefício houve a resolução, ação contra aquele cuja propriedade se resolveu para haver a própria coisa ou o seu valor (art. 1.360 do CC). Aqui não há menção à condição e ao termo, mas a um fato novo, superveniente, que também gera a extinção. Os efeitos não são retroativos, mas *ex nunc* (a partir de então, da resolubilidade).

Resumindo as lições expostas, na *V Jornada de Direito Civil, promovida pelo Conselho da Justiça Federal em 2011*, aprovou-se enunciado didático, com a seguinte redação: "a resolução da propriedade, quando determinada por causa originária, prevista no título, opera *ex tunc* e *erga omnes*; se decorrente de causa superveniente, atua *ex nunc* e *inter partes*" (Enunciado n. 509).

Como exemplo dessa causa superveniente da resolução da propriedade, pode ser citada a ingratidão do donatário, que gera a revogação do contrato (art. 555 do CC). Em complemento, preceitua o art. 557 do Código Civil que podem ser revogadas por ingratidão as doações: *a)* se o donatário atentou contra a vida do doador ou cometeu crime de homicídio doloso contra ele; *b)* se cometeu contra ele ofensa física; *c)* se o injuriou gravemente ou o caluniou; *d)* se, podendo ministrá-los, recusou ao doador os alimentos de que este necessitava. Anote-se que conforme se deliberou na *I Jornada de Direito Civil*, o rol constante do último dispositivo é meramente exemplificativo, pois são admitidas outras hipóteses para a revogação da doação (Enunciado n. 33 do CJF/STJ).

Neste ponto, é importante trazer nota importante da doutrina contemporânea. Isso porque há quem entenda que o art. 1.360 do CC/2002 não traz modalidade de propriedade resolúvel, mas a propriedade *ad tempus*. Isso porque, "ao contrário da propriedade resolúvel, aqui inexiste cláusula contratual de limitação temporal da eficácia do negócio jurídico. Na propriedade *ad tempus*, a extinção do direito de propriedade decorre de um evento superveniente. Portanto, não se trata exatamente de propriedade resolúvel, porém revogável em razão de um evento futuro" (FARIAS, Cristiano Chaves de; ROSENVALD, Nelson. *Direitos reais...*, 2006, p. 354).

Esse entendimento acaba sendo o minoritário, pois a propriedade é resolúvel diante de um fato que se enquadra no plano da eficácia. Isso ocorre com a condição e com o termo (art. 1.359 do CC), bem como diante do motivo superveniente mencionado no art. 1.360 do CC/2002. Em síntese, não se filia aos doutrinadores citados, com o devido respeito.

Pois bem, superado o tratamento da propriedade resolúvel, o Código Civil de 2002 disciplina a propriedade fiduciária (arts. 1.361 a 1.368-B). A razão da proximidade legislativa está no fato de que na propriedade fiduciária há propriedade resolúvel, como ocorre na alienação fiduciária em garantia.

O Código Civil restringe-se a tratar da propriedade fiduciária de bens móveis, prevendo no seu art. 1.361 que se considera fiduciária a propriedade resolúvel de coisa móvel infungível que o devedor, com escopo de garantia, transfere ao credor. Há ainda tratamento relativo ao tema no Decreto-lei 911/1969.

Por outra via, a Lei 9.514/1997 trata da alienação fiduciária em garantia de bens imóveis, enunciando o seu art. 22 que "a alienação fiduciária regulada por esta Lei é o negócio jurídico pelo qual o fiduciante, com o escopo de garantia de obrigação própria ou de terceiro, contrata a transferência ao credor, ou fiduciário, da propriedade resolúvel de coisa imóvel". Em capítulo próprio serão demonstradas as diferenças técnicas entre as expressões *propriedade fiduciária* e *alienação fiduciária*, bem como aprofundado o estudo do tema (Capítulo 9, que fecha a presente obra).

Também serão analisadas as proposta de alteração do Projeto de Reforma do Código Civil a respeito da propriedade fiduciária, elaboradas pela Comissão de Juristas nomeada no âmbito do Senado Federal.

Neste momento é fundamental apenas a consciência de que a propriedade fiduciária, pela literalidade da lei, constitui modalidade de propriedade resolúvel. Superada essa primeira abordagem, passa-se a estudar o interessante conceito de *propriedade aparente*.

3.6 DA PROPRIEDADE APARENTE

Mais uma vez socorrendo-nos a *Enciclopédia Saraiva de Direito*, pode ser extraído o seguinte conceito de *propriedade aparente*: "é a situação na qual existe suposição de que uma pessoa tenha relação de domínio sobre o qual não recaem ônus que possam restringir os direitos decorrentes da relação de domínio" (*Enciclopédia...*, 1977, p. 183).

Na doutrina brasileira contemporânea, o tema da propriedade aparente tem sido estudado por autores da atual geração de civilistas. E não poderia ser diferente, uma vez que o Código Civil de 2002 valoriza a aparência ao consagrar a *eticidade* como um dos seus princípios fundamentais, como expõe a obra de Miguel Reale.

Entre esses doutrinadores destaca-se Vitor Frederico Kümpel, que defendeu tese de doutorado na USP, tratando da *teoria da aparência no Código Civil de 2002*. A relação do tema com a boa-fé fica clara pelas próprias palavras do autor:

> "A teoria da aparência está toda ela aparelhada na proteção do terceiro, pois é a confiança legítima do terceiro que agiu de boa-fé, objetiva e subjetiva, isto é, boa-fé padronizada e boa-fé psicológica, que faz produzir consequências jurídicas, muitas vezes em situações inexistentes ou inválidas, mas que têm que produzir efeitos jurídicos válidos. A teoria da aparência não tem que produzir efeitos nas partes originárias do negócio. Um casamento aparente (art. 1.562 do CC) é fictício para as partes e, a estas, a aparência não protege, devendo proteger apenas os terceiros que, diante da certidão do casamento, creem na relação jurídica aparente. Portanto, de modo geral, a teoria da aparência visa a proteção de terceiros, e não as partes originárias. Em alguns casos isolados pode até proteger as próprias partes" (KÜMPEL, Vitor Frederico. A teoria..., *Coleção...*, 2007, p. 55).

O raciocínio serve, obviamente, para a propriedade, seja ela móvel ou imóvel. No tocante aos direitos reais, Kümpel apresenta os seguintes requisitos da propriedade aparente (*A teoria...*, 2007, p. 310):

a) *Sujeitos da aquisição* – são somente os terceiros de boa-fé que adquirem a propriedade aparente, diante de um negócio *inter vivos, mortis causa* ou pela usucapião.

b) *Condições de aquisição* – quatro são destacadas pelo doutrinador: obtenção do título por um dos módulos aquisitivos; alienação por quem aparenta ser o dono da coisa; validade formal do título aquisitivo; boa-fé subjetiva e ética do terceiro adquirente.

No que concerne à propriedade de bens móveis, o conceito de propriedade aparente pode ser retirado da venda a *non domino*, hipótese em que um suposto proprietário vende um bem que não é seu, o que a lei considera como *ineficaz* (art. 1.268 do CC). A partir da constante valorização da boa-fé, poder-se-ia considerar essa venda até como eficaz, eis que a propriedade aparente está presente (KÜMPEL, Vítor Frederico. A teoria..., 2007, p. 301-302). Entretanto, e infelizmente, não foi isso que entendeu o Superior Tribunal de Justiça, em julgado anterior ao atual Código Civil:

> "Civil – Venda a *non domino* – Irrelevância da boa-fé dos adquirentes, posto que a venda foi feita em detrimento dos proprietários do imóvel, vítimas de sórdida fraude. Recurso especial não conhecido" (STJ, REsp 122.853/SP, 3.ª Turma, Rel. Min. Ari Pargendler, j. 23.05.2000, *DJ* 07.08.2000, p. 104).

O que se espera, contudo, é que o entendimento jurisprudencial seja alterado, uma vez que a atual codificação, em vários de seus dispositivos, valoriza a boa-fé. O próprio art. 1.268

do CC/2002 parece fazer essa ressalva a respeito da proteção da boa-fé, de forma mais abrangente do que o art. 622 do CC/1916, seu correspondente na lei anterior. A nova norma ainda será estudada no presente capítulo. Em reforço, cite-se a louvável previsão do art. 167, § 2.º, do CC, pelo qual o ato simulado, que gera nulidade absoluta, não pode prevalecer sobre os direitos de terceiros adquirentes de boa-fé (*inoponibilidade do ato simulado frente a terceiros de boa-fé*).

Relativamente à propriedade dos bens imóveis, a propriedade aparente pode surgir em casos de falsidade do registro, em que a propriedade não existe ou que o registro está em nome de outro titular. Nos dois casos, segundo a doutrina, deve-se pensar na proteção dos direitos de terceiros de boa-fé (KÜMPEL, Vítor Frederico. *A teoria...*, 2007, p. 304-305).

Cristiano Chaves de Farias e Nelson Rosenvald também exploram o tema, e trazem quatro exemplos interessantes de propriedade aparente (*Direitos reais...*, 2006, p. 258-262):

Exemplo 1. O caso do adquirente de bem alienado onerosamente pelo *herdeiro aparente,* nos termos do que consagra o art. 1.817 do CC, *in verbis*: "São válidas as alienações onerosas de bens hereditários a terceiros de boa-fé, e os atos de administração legalmente praticados pelo herdeiro, antes da sentença de exclusão; mas aos herdeiros subsiste, quando prejudicados, o direito de demandar-lhe perdas e danos".

Exemplo 2. Quanto ao pagamento indevido, a previsão do art. 879 do CC/2002, segundo o qual se aquele que indevidamente recebeu um imóvel o tiver alienado em boa-fé, por título oneroso, responde somente pela quantia recebida. Entretanto, se agiu de má-fé, além do valor do imóvel, responde por perdas e danos. Em certa medida, a norma acaba por proteger o direito do sujeito que adquiriu um imóvel indevidamente, pois a venda permanece válida, respondendo o adquirente de boa-fé somente pela quantia que recebeu.

Exemplo 3. A regra constante do art. 161 do CC/2002, que estabelece que a ação pauliana, de anulação do negócio jurídico em caso de fraude contra credores, somente poderá ser ajuizada contra o devedor insolvente, contra a pessoa que com ele celebrou o contrato ou com terceiros adquirentes de má-fé. Ao não prever que a ação seja proposta contra terceiros adquirentes de boa-fé, a propriedade aparente está sendo valorizada.

Exemplo 4. A norma do art. 167, § 2.º, do CC, aqui citada, e que para mim representa a melhor expressão da teoria da aparência no Código Civil de 2002.

Em conclusão, o tema da propriedade aparente deve ser estudado e aprofundado pela civilística nacional, eis que o Código traz o primaz da boa-fé. Como a boa-fé pode *fazer milagres* no campo prático, a valorização da propriedade aparente deve trazer uma mudança substancial do pensamento, com menos apego ao formalismo, buscando-se um Direito Civil mais concreto e efetivo, o que representa expressão do princípio da operabilidade, outro baluarte da codificação de 2002 segundo Miguel Reale.

3.7 FORMAS DE AQUISIÇÃO DA PROPRIEDADE IMÓVEL. FORMAS ORIGINÁRIAS E DERIVADAS

As formas de aquisição da propriedade constituem tema relevante de Direito das Coisas, sendo fundamental diferenciar as formas de aquisição da propriedade imóvel das formas de aquisição da propriedade móvel, que apesar de apresentarem alguns institutos em comum, trazem outros totalmente distintos, particularmente quanto aos seus efeitos. Na presente obra, começaremos pelas primeiras, relativas aos imóveis.

Como ocorre na posse e também nos demais direitos, a propriedade admite formas de aquisição originárias e derivadas. Nas formas originárias, há um contato direto da pessoa com a coisa, sem qualquer intermediação pessoal. Nas formas derivadas, há intermediação subjetiva, ou seja, por uma ou mais pessoas. O esquema a seguir demonstra quais são as formas de aquisição originária e derivada da propriedade imóvel:

Do ponto de vista prático, a distinção entre as formas originárias e derivadas é importante. Isso porque nas formas originárias a pessoa que adquire a propriedade o faz sem que esta tenha as características anteriores, de outro proprietário. Didaticamente, pode-se afirmar que *a propriedade começa do zero*, ou seja, é "resetada". É o que ocorre na usucapião, por exemplo. Já nas formas derivadas, há um sentido de continuidade da propriedade anterior, como se dá na compra e venda.

Na prática, é interessante pontuar como essa distinção influi na questão tributária. Se a propriedade é adquirida de forma originária, caso da usucapião, o novo proprietário não é responsável pelos tributos que recaiam sobre o imóvel. Essa tese foi adotada pelo Supremo Tribunal Federal, em impactante julgado, da lavra do então Ministro Djaci Falcão (STF, Recurso Extraordinário 94.586-6/RS, j. 30.08.1984). O mesmo raciocínio, todavia, não serve para a aquisição derivada, pois na compra e venda o adquirente é responsável por esses tributos.

Outro exemplo prático envolve a hipoteca. Se um imóvel gravado por este direito real de garantia for adquirido por usucapião, ela estará extinta, pois a aquisição é originária. O mesmo não pode ser dito quanto à compra e venda, forma de aquisição derivada.

Como último destaque sobre a temática, anote-se que a mesma conclusão é aplicada no âmbito do Superior Tribunal de Justiça, em sua atual composição. Conforme a assertiva n. 8, publicada na Edição n. 133 da sua ferramenta *Jurisprudência em Teses*, dedicada ao Direito das Coisas, "a usucapião é forma de aquisição originária da propriedade, de modo que não permanecem os ônus reais que gravavam o imóvel antes da sua declaração". A publicação é do ano de 2019, trazendo importantes precedentes. Como primeiro deles, destaque-se a extinção da penhora anterior do bem, realizada pela União Federal (STJ, REsp 1.545.457/SC, 1.ª Turma, Rel. Min. Regina Helena Costa, j. 27.02.2018, *DJe* 09.05.2018). Em complemento, reconhecendo a extinção da hipoteca diante dessa forma de aquisição originária, ver, por todos: STJ, Ag. Rg. no REsp 647.240/DF, 3.ª Turma, Rel. Min. Ricardo Villas Bôas Cueva, j. 07.02.2013, *DJe* 18.02.2013.

De forma pontual vejamos as formas de aquisição originária da propriedade imóvel, tratadas no Código Civil de 2002.

3.7.1 Das acessões naturais e artificiais

As acessões, consoante o art. 1.248 do CC/2002, constituem o modo originário de aquisição da propriedade imóvel em virtude do qual passa a pertencer ao proprietário tudo aquilo que foi incorporado de forma natural ou artificial. Como acessões naturais, decorrentes de fatos naturais ou fatos jurídicos *stricto sensu*, o Código Civil consagra a *formação de ilhas*, a *aluvião*, a *avulsão* e o *abandono do álveo*, institutos também tratados no Código de Águas (Decreto-lei 24.643/1934, arts. 16 a 28). Como acessões artificiais, decorrentes da intervenção humana, o atual Código disciplina as *plantações* e as *construções*. Vejamos tais institutos, em ordem sucessiva.

3.7.1.1 Da formação de ilhas

Para a geografia, a ilha é uma faixa de terra cercada de água por todos os lados. Juridicamente, conforme ensina Maria Helena Diniz, a ilha é um acúmulo paulatino de areia, cascalho e materiais levados pela correnteza, ou de rebaixamento de águas, deixando a descoberto e a seco uma parte do fundo ou do leito (*Curso...*, 2007, v. 4, p. 138).

Segundo aponta a mesma doutrinadora, interessam ao Direito Civil somente ilhas formadas em rios não navegáveis ou particulares, por pertencerem ao domínio particular, como prevê o Código de Águas. As ilhas fluviais e lacustres de zonas de fronteira, ilhas oceânicas ou costeiras pertencem à União, aos Municípios (art. 20, inc. IV, da CF/1988) ou aos Estados Federados (art. 26, incs. II e III, da CF/1988).

De toda sorte, há quem pense de maneira contrária, sobretudo entre os doutrinadores do Direito Administrativo (por todos: DI PIETRO, Maria Silvia Zanella. *Direito...*, 2012, p. 785). Isso porque, para tal corrente não existiriam mais, sob a égide da CF/1988 e da Lei 9.433/1997, *águas particulares* e, portanto, rios particulares, o que impossibilitaria a concepção de ilhas particulares. Conforme se extrai da última norma, a água é concebida como um bem do domínio público (art. 1.º, inc. I).

Apesar dessa visão, os civilistas concluem pela permanência da classificação dos rios em navegáveis (públicos) e não navegáveis (privados), merecendo análise as regras previstas na codificação privada a respeito das ilhas (ver: MALUF, Carlos Alberto Dabus. *Código Civil...*, 2012, p. 1.359; DINIZ, Maria Helena. *Código Civil...*, 2010, p. 874; TEPEDINO, Gustavo; MORAES, Maria Celina Bodin de; BARBOZA, Heloísa Helena. *Código Civil...*, 2011, v. III; VENOSA, Sílvio de Salvo. *Código Civil...*, 2010, p. 1.126-1.127).

Saliente-se que o art. 20, inc. IV, da Constituição Federal foi alterado pela Emenda Constitucional 46, do ano de 2005. Anteriormente, as ilhas eram somente bens da União quando houvesse interesse público; atualmente podem constituir bens do Município.

A atual redação do dispositivo constitucional em comento estabelece que são bens da União "as ilhas fluviais e lacustres nas zonas limítrofes com outros países; as praias marítimas; as ilhas oceânicas e as costeiras, excluídas, destas, as que contenham a sede de Municípios, exceto aquelas áreas afetadas ao serviço público e a unidade ambiental federal, e as referidas no art. 26, II".

A despeito das ilhas que se formaram em correntes comuns ou particulares, estas pertencem aos proprietários ribeirinhos fronteiros, interessando ao Direito Privado e devendo ser observadas as seguintes regras, nos termos do art. 1.249 do CC/2002:

1.ª *Regra. As ilhas que se formarem no meio do rio consideram-se acréscimos sobrevindos aos terrenos ribeirinhos fronteiros de ambas as margens, na proporção de suas testadas, até a linha que dividir o álveo em duas partes iguais.*

2.ª *Regra. As ilhas que se formarem entre a referida linha e uma das margens consideram--se acréscimos aos terrenos ribeirinhos fronteiros desse mesmo lado.*

3.ª Regra. *As ilhas que se formarem pelo desdobramento de um novo braço do rio continuam a pertencer aos proprietários dos terrenos à custa dos quais se constituíram.*

As regras constam no mesmo sentido dos arts. 24 e 25 do Código de Águas e podem gerar confusão, merecendo uma análise gráfica e esquematizada, como faz a doutrinadora anteriormente citada (DINIZ, Maria Helena. *Curso...*, 2007, v. 4, p. 139-140).

Quanto à primeira regra, prevista no art. 1.249, inc. I, do CC/2002, imagine-se o caso em que dois proprietários, a seguir expostos, são donos de duas propriedades ribeirinhas, lindeiras a um rio.

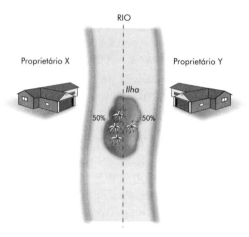

No caso anterior, percebe-se que a ilha foi formada bem no meio do rio. Para tal constatação, foi traçado um *meridiano* no meio da formação de água ou álveo. Assim, a propriedade da ilha será metade de X e metade de Y.

Em continuidade, a segunda regra (art. 1.249, inc. II, do CC) determina que se a ilha se formar do lado esquerdo do meridiano, será de propriedade de X. Se a ilha surgir do lado direito do meridiano, será de Y. Esquematizando:

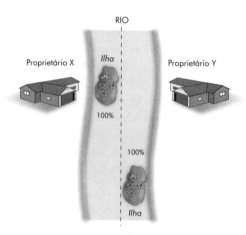

Por fim, a ilha pode ser formada diante do desdobramento de um braço de rio, ou seja, diante de um novo curso de água que se abre (terceira regra, prevista no art. 1.249, inc. III, do CC). Se isso ocorrer, a ilha pertencerá ao proprietário que margeia esse novo desdobramento, ou seja, será daquele que tem a propriedade do terreno à custa do qual o novo braço se constituiu. O desenho a seguir demonstra muito bem porque a propriedade da ilha será de Y.

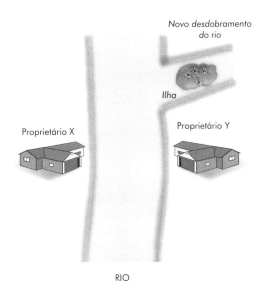

3.7.1.2 Da aluvião

Expressa o *caput* do art. 1.250 do CC/2002 que "os acréscimos formados, sucessiva e imperceptivelmente, por depósitos e aterros naturais ao longo das margens das correntes, ou pelo desvio das águas destas, pertencem aos donos dos terrenos marginais, sem indenização". Em complemento, enuncia o seu parágrafo único que "o terreno aluvial, que se formar em frente de prédios de proprietários diferentes, dividir-se-á entre eles, na proporção da testada de cada um sobre a antiga margem". O Código Civil trata de duas modalidades de aluvião, conforme por igual consta dos arts. 17 e 18 do Código de Águas.

Primeiramente, há o acréscimo paulatino de terras às margens de um curso de água, de forma lenta e imperceptível; depósitos naturais ou desvios das águas. A norma está a prever que esses acréscimos pertencem aos donos dos terrenos marginais, seguindo a regra de que o acessório segue o principal. O instituto é a *aluvião própria*, em que a *terra vem*.

A título ilustrativo, imagine-se o caso em que A tem um rancho à beira de um rio, destinado às suas pescarias. Aos poucos a sua propriedade vai aumentando, pois um movimento de águas traz terra para a sua margem. O desenho a seguir demonstra essa aquisição originária da propriedade:

Contudo, além da *aluvião própria* (arts. 1.250, *caput*, do CC, e 17 do Código de Águas), há ainda a *aluvião imprópria* (arts. 1.250, parágrafo único, do CC, e 18 do Código de Águas). As partes descobertas pelo afastamento das águas de um curso são assim denominadas, hipótese em que a *água vai*, ou seja, *do rio que vai embora*. A situação agora muda: *A* percebe que adquiriu propriedade, pois o rio que fazia frente ao seu rancho recuou. Assim, ele tem um espaço maior para construir um palanque destinado às suas pescarias. Vejamos o desenho.

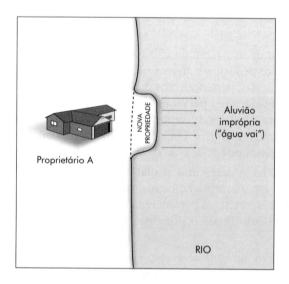

Vale dizer que a norma do art. 18 do Código de Águas é até mais específica, pois, conforme esse dispositivo, quando a *aluvião imprópria* se formar em frente a prédios pertencentes a proprietários diversos, far-se-á a divisão entre eles, em proporção a testada que cada um dos prédios apresentava sobre a antiga margem. O gráfico a seguir esclarece essa divisão no caso de aluvião imprópria.

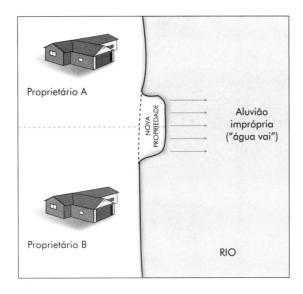

A encerrar o tópico, como interessante exemplo de debate sobre o instituto, o Tribunal de Justiça de São Paulo afastou a aplicação do art. 1.250 do Código Civil por entender que a faixa de terra objeto de reintegração de posse, pela presença de suposta aluvião, constituía área pantanosa, que seria novamente invadida pelas águas.

Nos termos do que constou da ementa do aresto, o "autor não comprovou a posse sobre a área em litígio, a qual, na verdade, tratava-se de terreno pantanoso e sujeito a enchentes, causando constantes modificações na disposição da cerca, somente posta em local correto após o assoreamento do trecho do córrego" (TJSP, Apelação 0001176-43.2007.8.26.0204, Acórdão 9717829, 13.ª Câmara de Direito Privado, General Salgado, Rel. Des. Francisco Giaquinto, j. 17.08.2016, *DJESP* 30.08.2016). Confirmou-se, assim, a sentença de primeiro grau, que havia negado a reintegração de posse.

3.7.1.3 Da avulsão

Estabelece o art. 1.251, *caput*, do CC/2002 que quando, por força natural violenta, uma porção de terra se destacar de um prédio e se juntar a outro, o dono deste adquirirá a propriedade do acréscimo, se indenizar o dono do primeiro ou, sem indenização, se, em um ano, ninguém houver reclamado.

Em sentido muito próximo, o art. 19 do Código de Águas preceitua que se verifica a avulsão quando a força súbita da corrente de água arrancar uma parte considerável de um prédio, levando-a para um outro prédio. O desenho a seguir demonstra que a *avulsão* é uma faixa de terra *avulsa*, que se desloca de um terreno, por força natural de corrente, para se juntar a outro:

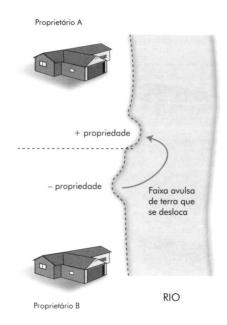

Pelo que consta da norma, verifica-se que *A ganhou* propriedade, enquanto *B* perdeu parte de sua faixa de terra ribeirinha. O que está a enunciar o *caput* do art. 1.251 do CC/2002 é que *B* poderá pleitear valores indenizatórios, no prazo decadencial de um ano, a contar da sua ocorrência. Tecnicamente, é de se criticar essa previsão de prazo. Isso porque a demanda está mais próxima de uma pretensão, ou seja, de um direito subjetivo e de um prazo prescricional (critério científico de Agnelo Amorim Filho, *RT* 300/7 e 744/725).

Complementando, dispõe o parágrafo único do art. 1.251 do CC que, se recusando ao pagamento de indenização, o dono do prédio a que se juntou a porção de terra deverá concordar que se remova a parte acrescida. Essa é igualmente a lógica constante do art. 20 do Código de Águas, pelo qual "o dono daquele poderá reclamá-lo ao deste, a quem é permitido optar, ou pelo consentimento na remoção da mesma, ou pela indenização ao reclamante".

Note-se, pelas normas, que a regra é a indenização e não sendo esta paga por quem a deve, caberá uma ação de obrigação de fazer, inclusive com as medidas de tutela específica, previstas na legislação processual, caso da multa ou *astreintes*. A estipulação da indenização mantém íntima relação com a vedação do enriquecimento sem causa, nos termos dos arts. 884 a 886 do Código Civil Brasileiro.

Tudo isso, no caso da *avulsão* decorrente de força natural. Mas se esta se der por força humana artificial, o art. 21 do Código de Águas manda aplicar as regras da *invenção* ou *descoberta*, que serão oportunamente estudadas.

3.7.1.4 Do álveo abandonado

Expressa o art. 9.º do Código de Águas que o álveo é a superfície que as águas cobrem sem transbordar para o solo natural e ordinariamente enxuto. Em outras palavras, o álveo abandonado vem a ser o rio ou a corrente de água que seca; *o rio que desaparece*.

No que concerne à aquisição da propriedade, determina o art. 1.252 do CC/2002 que o álveo abandonado de corrente pertence aos proprietários ribeirinhos das duas margens, sem que tenham indenização os donos dos terrenos por onde as águas abrirem novo curso, entendendo-se que os prédios marginais se estendem até o meio do álveo. Essa ainda é a regra, em sentido muito próximo, do art. 26 do Código de Águas.

O raciocínio, como se nota, é o mesmo da formação de ilhas: é preciso traçar um meridiano no rio, verificando-se quais as distâncias das margens, estudo que interessa mais à engenharia do que ao Direito. A partir desse estudo será possível verificar quais as proporções ou percentuais das propriedades adquiridas. O desenho a seguir explica a conclusão:

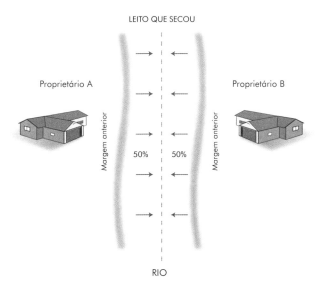

No caso exposto, a distribuição deve ser igual entre A e B, já que a distância de suas margens ao centro do rio é a mesma, ou seja, cinquenta metros. Além desse caso de *abandono total de álveo*, ele também pode ser *parcial*.

Porém, e se houver um abandono parcial do álveo e o rio voltar ao seu leito normal? A dúvida é esclarecida pelo parágrafo único do art. 26 do Código de Águas, pelo qual retornando o rio ao seu antigo leito, o abandonado volta aos seus antigos donos, salvo a hipótese do art. 27 da mesma lei, a não ser que esses donos indenizem ao Estado. Esse último dispositivo citado estabelece que se a mudança da corrente se fez por utilidade pública, o prédio ocupado pelo novo álveo deve ser indenizado; e o álveo abandonado passa a pertencer ao expropriante para que se compense da despesa feita.

3.7.1.5 Das plantações e das construções

Além das acessões naturais, o Código Civil de 2002 consagra, como formas de aquisição originária da propriedade imóvel, as acessões artificiais, que decorrem de atuação humana relativa às plantações e às construções (arts. 1.253 a 1.259).

A título de exemplo, podem ser mencionados os casos do proprietário que constrói uma ponte em sua fazenda, sobre um córrego; e de uma plantação de cana-de-açúcar realizada nessa mesma propriedade. A regra básica relativa às acessões artificiais é aquela que consta do art. 1.253 do Código Privado: "toda construção ou plantação existente em um terreno presume-se feita pelo proprietário e à sua custa, até que se prove o contrário".

Constata-se que as construções e plantações têm natureza acessória, uma vez que constituem bens imóveis por acessão física artificial, nos termos do art. 79 do CC/2002. Por isso é que seguem a sorte do principal, particularmente quanto à propriedade (*princípio da gravitação jurídica*).

De qualquer forma, deve-se entender, por razões óbvias, que a presunção prevista no art. 1.253 do Código Civil é relativa, *iuris tantum*, admitindo prova e até previsão em contrário, podendo haver um destino diverso das construções e plantações realizadas em um bem. Relativamente à previsão em contrário, concretizando, esta pode ocorrer no direito real de superfície.

Do mesmo modo, a previsão em contrário pode decorrer do chamado *direito sobre a laje*, conforme já reconhecia enunciado aprovado pelos juízes das Varas de Família da Comarca de Salvador, Bahia, *in verbis*: "nos termos do regime de bens aplicável, admite-se, em nível obrigacional, a comunicabilidade do direito sobre a construção realizada no curso do casamento ou da união estável – acessão artificial socialmente conhecida como 'direito sobre a laje' –, subordinando-se, todavia, a eficácia real da partilha ao regular registro no Cartório de Imóveis, a cargo das próprias partes, mediante recolhimento dos emolumentos e tributos devidos". A proposta de enunciado naquele Tribunal Estadual foi elaborada pelo jurista e magistrado local Pablo Stolze Gagliano, sendo interessante transcrever suas justificativas de aprovação:

> "Em direitos reais, há uma diferença técnica entre benfeitoria e acessão. A benfeitoria é uma espécie de bem acessório; é sempre artificial. Não existe benfeitoria natural; é sempre uma obra, realizada pelo homem, na estrutura de uma coisa, com o intuito de melhorá-la, conservá-la ou modificá-la. Acessão é um modo de adquirir propriedade, aumentando o volume da coisa principal. A 'laje', portanto, não é benfeitoria; é uma construção, é uma acessão artificial. A dificuldade se apresenta quando o bem a partilhar não possui registro imobiliário ou o registro está desatualizado, ou seja, não está em nome do cônjuge, mas de proprietário anterior. Nesse caso, a sentença não constitui título dominial, mas apenas soluciona a questão no âmbito do direito obrigacional; o juiz da Vara de Família, portanto, ao homologar o acordo, o faz em nível obrigacional. As partes terão, pois, um título obrigacional devidamente homologado, que, por sua vez, somente terá eficácia dominial, após a devida regularização do registro. (...). O enunciado, pois, como aprovado, soluciona a questão *em nível obrigacional*, conferindo às partes *um título executivo de obrigação de fazer*, sem prejudicar uma eventual discussão em nível dominial, que, como dito, escapa da alçada do Juízo de Família".

De toda sorte, como exposto anteriormente, o que será retomado mais à frente neste livro e em tópico próprio, a laje mereceu um tratamento em separado, por força da Lei 13.465/2017, que introduziu os arts. 1.510-A a 1.510-E no Código Civil. A grande polêmica da nova lei diz respeito à natureza jurídica da categoria, ou seja, se é um direito real sobre coisa própria ou sobre coisa alheia (direito real de gozo e fruição).

Como outro debate a respeito do art. 1.253 do Código Civil, acórdão do STJ, do ano de 2022, concluiu que "a atribuição dinâmica do ônus probatório acerca da realização de acessões/benfeitorias em imóvel de propriedade do cônjuge varão, objeto de eventual partilha em ação de divórcio, pode afastar a presunção do art. 1.253 do Código Civil de 2002". Sobre o caso concreto, julgou-se do seguinte modo:

"A participação do cônjuge varão como coproprietário do imóvel em cujas acessões/benfeitorias foram realizadas faz presumir também o esforço comum do cônjuge virago na sua realização (art. 1.660, I e IV, do CC/2002), além de que ocorreram interrupções no vínculo matrimonial, são peculiaridades que autorizam a dinamização do ônus probatório para o recorrente (art. 371, § 1.º, do CPC/2015). Definir se elas foram realizadas na constância do vínculo conjugal ou não vai proporcionar ao magistrado a segurança jurídica necessária para deliberar se devem compor ou não o acervo patrimonial a ser partilhado na ação de divórcio" (STJ, REsp 1.888.242/PR, 3.ª Turma, Rel. Min. Ricardo Villas Bôas Cueva, j. 29.03.2022, *Dje* 31.03.2022).

Superada essa regra geral e tal interessante decorrência, as construções e plantações envolvem previsões específicas, retiradas dos dispositivos seguintes, e que merecem aprofundamentos com as correspondentes exemplificações. Muitas dessas regras têm como fundamento a vedação do enriquecimento sem causa, constante entre os arts. 884 e 886 do CC/2002.

1.ª Regra. Aquele que semeia, planta ou edifica em terreno próprio com sementes, plantas ou materiais alheios, adquire a propriedade destes; mas fica obrigado a pagar-lhes o valor, além de responder por perdas e danos, se agiu de má-fé (art. 1.254 do CC).

Essa primeira regra também mantém sintonia com o *princípio da gravitação*, pelo qual o acessório segue o principal (*acessorium sequitur principale*). Imagine-se o seguinte exemplo: alguém está guardando, por ato de amizade, cimento de um parente em sua fazenda. Certo dia, essa pessoa utiliza o cimento e constrói um galpão na propriedade. No caso em questão, o fazendeiro terá a propriedade do que foi construído, mas por óbvio terá que pagar ao amigo o cimento; sem prejuízo de outros danos, pois claramente agiu de má-fé. O fazendeiro sabia perfeitamente que o cimento não era seu, havendo desrespeito à boa-fé subjetiva (art. 1.201 do CC), surgindo daí a responsabilidade civil, pois a má-fé induz à culpa.

2.ª Regra. Aquele que semeia, planta ou edifica em terreno alheio perde, em proveito do proprietário, as sementes, plantas e construções; se procedeu de boa-fé, terá direito a indenização. Se a construção ou a plantação exceder consideravelmente o valor do terreno, aquele que, de boa-fé, plantou ou edificou, adquirirá a propriedade do solo, mediante pagamento da indenização fixada judicialmente, se não houver acordo (art. 1.255, caput e parágrafo único, do CC).

Do dispositivo podem ser retiradas duas situações. De início, pense-se o caso em que alguém está ocupando a casa de um parente que está viajando para o exterior por um ano. Aproveitando a ausência do familiar, essa pessoa constrói, com material próprio, uma piscina no fundo da casa. O ocupante não terá qualquer direito, pois agiu de má-fé, eis que sabia que a propriedade não seria sua. Se agiu de boa-fé na construção, como no caso de algo que visava a proteger o imóvel de uma destruição, terá direito à indenização.

Por outra via, se realizada de boa-fé e a construção (ou mesmo a eventual plantação) tiver valor superior ao do imóvel, aquele que construiu ou plantou adquirirá a propriedade do último, tendo apenas que pagar uma indenização a ser fixada judicialmente, se não houver acordo entre as partes (art. 1.255, parágrafo único, do CC/2002). Esse último dispositivo, novidade no atual Código Civil, acaba por considerar como principal a plantação ou construção, fazendo com que o terreno o acompanhe, consagração do que se denomina como *acessão inversa ou invertida*, o que está de acordo com o princípio da função social da propriedade (MELO, Marco Aurélio Bezerra de. *Direito...*, 2007, p. 145-147).

Em certo sentido, o comando também consagra uma forma de desapropriação ou expropriação no interesse privado, como faz o art. 1.228, §§ 4.º e 5.º, do CC/2002, o que é perfeitamente possível diante da boa-fé do construtor ou plantador. Por isso é que há previsão do pagamento de uma indenização.

> 3.ª Regra. Se de ambas as partes houve má-fé, adquirirá o proprietário as sementes, plantas e construções, devendo ressarcir o valor das acessões. Presume-se má-fé do proprietário quando o trabalho de construção, ou lavoura, se fez em sua presença e sem impugnação sua (art. 1.256, caput e parágrafo único, do CC).

Para exemplificar, imagine-se a situação em que o proprietário de um imóvel deixa que alguém construa uma piscina com os seus materiais, nos fundos da casa, pensando o último que por isso poderá adquirir o domínio do bem principal. No caso descrito, há uma má-fé recíproca ou bilateral, pois ambos pretendem o enriquecimento sem causa. A conclusão é que o proprietário da casa ficará com a piscina, mas deverá indenizar o outro pelos valores gastos com a sua construção.

O dispositivo mantém uma relação direta com o art. 150 do CC/2002, pelo qual, havendo dolo recíproco ou bilateral, nenhuma das partes poderá alegá-lo. Nos dois casos, pode-se dizer que opera uma espécie de compensação, dos dolos e da má-fé de ambos.

O parágrafo único do art. 1.256 da codificação material traz ainda uma presunção relativa de má-fé, quando a construção ou a plantação foi feita na presença do proprietário do imóvel e sem qualquer impugnação. Deve-se entender que a presunção é *iuris tantum*, pois pode estar presente uma situação de vício do consentimento do proprietário, como nas hipóteses de dolo ou de coação daquele que construiu ou plantou.

Em complemento, conforme o art. 1.257 do Código Civil, o estabelecido no último dispositivo aplica-se ao caso de não pertencerem as sementes, plantas ou materiais a quem de boa-fé os empregou em solo alheio. Ademais, o parágrafo único do preceito determina que o proprietário das sementes, plantas ou materiais poderá cobrar do proprietário do solo a indenização devida, quando não puder havê-la do plantador ou construtor.

A título de ilustração, aresto do Tribunal da Cidadania aplicou tal direito de cobrança contra o proprietário do terreno, a hipótese envolvendo empresa de engenharia que realizou construção em terreno da Mitra Diocesana de Brasília. Como o Instituto Bíblico local – que a havia contratado – não realizou os pagamentos devidos, foi reconhecido o direito de reaver os valores gastos na obra em relação à Mitra Diocesana, de forma precisa e correta (STJ, REsp 963.199/DF, 4.ª Turma, Rel. Min. Raul Araújo, j. 11.10.2016, *DJe* 07.11.2016). O aresto parece correto tecnicamente, representando interessante exemplo de incidência do art. 1.257 do Código Civil.

> 4.ª Regra. Se a construção, feita parcialmente em solo próprio, invade solo alheio em proporção não superior à vigésima parte deste, adquire o construtor de boa-fé a propriedade da parte do solo invadido, se o valor da construção exceder o dessa parte, e responde por indenização que represente, também, o valor da área perdida e a desvalorização da área remanescente (art. 1.258, caput, do CC).

Como exemplo, o caso de alguém que constrói em sua propriedade uma churrasqueira com cobertura, que vem a invadir o terreno alheio em percentual não superior a 5% deste (um vigésimo ou 1/20 avos). Se a construção foi feita de boa-fé, ou seja, se o construtor não sabe da invasão, poderá adquirir a parte invadida, desde que a construção exceda o que se invadiu.

Todavia, o construtor deverá indenizar o vizinho pela área que o último perdeu e por eventual desvalorização do imóvel restante, se for o caso. Obviamente, nos termos do art. 402 do CC/2002 e do 373, inc. I, do CPC/2015 (correspondente ao art. 333, inc. I, do CPC/1973), tais danos materiais devem ser provados por quem os alega, não se ressarcindo os danos hipotéticos ou eventuais.

> *5.ª Regra. Pagando em décuplo as perdas e danos previstos no artigo 1.259, o construtor de má-fé adquire a propriedade da parte do solo que invadiu, se em proporção à vigésima parte deste e se o valor da construção exceder consideravelmente o dessa parte e não se puder demolir a porção invasora sem grave prejuízo para a construção (art. 1.258, parágrafo único, do CC).*

Sobre essa previsão, novidade na atual codificação, observa Carlos Alberto Dabus Maluf que o artigo representa uma grande inovação, eis que "prevê a indenização quando ocorre a construção em pequena parte do terreno vizinho, sendo maior a indenização na hipótese de má-fé". Para o mesmo doutrinador, "o dispositivo pretende resolver os conflitos surgidos nos grandes centros urbanos onde, não raro, é frequente a invasão de pequena parte do terreno do vizinho pelo construtor. Fere o bom senso mandar derrubar toda uma construção, às vezes envolvendo um prédio de até vinte andares, atingindo adquirentes de boa-fé" (MALUF, Carlos Alberto Dabus. *Novo Código Civil...*, 2002, p. 1.120).

A partir dessas palavras, o comando legal está a prever o pagamento de dez vezes as perdas e danos mencionados no art. 1.259 do CC/2002 ao proprietário do imóvel invadido – que incluem o valor que a invasão acresceu à construção, a área perdida e o correspondente à desvalorização do remanescente –, por parte do invasor de má-fé. Isso se o percentual da invasão for de 5% da área total invadida.

Sendo indenizado aquele que perdeu parte do bem, o construtor adquire a propriedade do que se invadiu, desde que não seja possível a demolição da parte invasora e sem que haja prejuízo à construção. Realmente, a norma é bem complicada, particularmente pela raridade de uma invasão de exatos 5%. Concluindo, até se pode duvidar de sua aplicação prática.

Na *IV Jornada de Direito Civil*, foi aprovado o Enunciado n. 318 do CJF/STJ em relação ao comando em comento, prevendo que "o direito à aquisição da propriedade do solo em favor do construtor de má-fé (art. 1.258, parágrafo único) somente é viável quando, além dos requisitos explícitos previstos em lei, houver necessidade de proteger terceiros de boa-fé".

No Projeto de Reforma do Código Civil, sugere-se uma melhora na redação desse dispositivo, organizando o seu texto em parágrafos, proposta também feita para os arts. 1.254 e 1.255, mas sem alterar a essência dos últimos.

Quanto ao art. 1.258, há ainda proposição de inclusão de uma nova regra, a respeito da boa-fé do construtor, em um novo § 3.º, e na linha do citado Enunciado n. 318. Como justificaram os membros da Subcomissão de Direito das Coisas, "a única justificativa para que o possuidor de má-fé, ainda que pagando o décuplo das perdas e danos, é se da situação de apropriação dolosa de bem alheio, houver prejuízo a terceiro que tenha adquirido o bem ou parte dele de boa-fé, o que a sugestão permite resguardar".

Nesse contexto, é mantido o *caput* do art. 1.258 do CC. Porém, o § 1º, de forma mais clara, enunciará que "o proprietário do terreno invadido poderá haver, do proprietário do terreno invasor, perdas e danos que incluam o valor da desvalorização total de seu imóvel". E o seu § 2º mais bem organizado: "pagando dez vezes o valor das perdas e danos previstos neste artigo, o construtor de má-fé adquire a propriedade da parte do solo que invadiu, desde que o valor total da indenização, em proporção com a vigésima parte do solo, exceder consideravelmente o valor dessa parte e, ainda, não se possa demolir a porção que avançou sobre o terreno alheio, sem grave prejuízo para a totalidade da construção".

Por fim, o § 3º sugerido pela Comissão de Juristas: "o direito à aquisição da propriedade do solo em favor do construtor de má-fé somente será reconhecido quando, além do atendimento aos requisitos previstos em lei, houver a necessidade de proteger terceiros de boa-fé". Sem dúvida, as proposições melhoram o texto e o tornam mais efetivo para a prática, como já vinha pontuando a doutrina, pelo enunciado antes destacado.

> 6.ª Regra. Se o construtor estiver de boa-fé, e a invasão do solo alheio exceder a vigésima parte deste, adquire a propriedade da parte do solo invadido, e responde por perdas e danos que abranjam o valor que a invasão acrescer à construção, mais o da área perdida e o da desvalorização da área remanescente. Se o construtor estiver de má-fé, será obrigado a demolir o que nele construiu, pagando as perdas e danos apurados, que serão devidos em dobro (art. 1.259 do CC).

O dispositivo complementa o comando anterior, constituindo outra novidade. A regra está relacionada com uma invasão por construtor superior a 5%, ou melhor, um vigésimo.

Em uma primeira situação, se a invasão superior a um vigésimo for de boa-fé, o construtor invasor adquire a propriedade do que foi invadido, mas responde pelas perdas e danos correspondentes ao valor que a invasão acrescer à sua construção, ao valor da área perdida e ao correspondente à desvalorização da área remanescente. Todos esses danos materiais, conforme outrora comentado, devem ser provados por quem os alega, nos termos do art. 402 da Lei Geral Privada e do art. 373, inc. I, do CPC/2015 (equivalente ao art. 333, inc. I, do CPC/1973).

A primeira parte da norma pode ser tida até como curiosa, justamente pela menção à boa-fé. Isso porque fica difícil acreditar que uma invasão substancial ou considerável seja realmente guiada pela boa-fé, seja ela subjetiva ou objetiva. Talvez por isso é que o comando legal prevê o pagamento das perdas e danos, geralmente decorrentes de um ato de má-fé, que acaba por trazer a indução da culpa. Todavia, pode-se imaginar um caso em que a obra foi totalmente guiada por um engenheiro ou outro profissional que não procedeu de forma correta no cálculo da área. Vale lembrar, a propósito, a máxima segundo a qual *a boa-fé se presume, a má-fé se prova.*

Em complemento, o dispositivo determina que, se a invasão superior a um vigésimo ou 5% tiver sido de má-fé, o proprietário do imóvel invadido poderá requerer a sua demolição, sendo cabível, do ponto de vista processual, a ação demolitória.

Além disso, poderá pedir as perdas e danos mencionados, em dobro. A prova da existência dos prejuízos já gera a sua incidência em dobro, havendo no dispositivo a consagração do caráter punitivo da responsabilidade civil (*punitive damages*).

Sobre a aplicação prática desse comando, vale transcrever o seguinte julgado do Tribunal Paulista, em tom ilustrativo, inclusive quanto ao valor fixado:

> "Reivindicatória. Invasão de parte do terreno do autor. Imóvel lindeiro. Construção efetuada com o acompanhamento do primeiro proprietário do imóvel do autor. Boa-fé dos requeridos. Caracterização. Indenização devida. Art. 1.259 do Código Civil. Arbitramento em R$ 23.293,41. Pedido que objetiva o acréscimo do pagamento de despesas de regularização cadastral e registro público, fixação de prazo para cumprimento e aplicação de multa. Possibilidade. Atos sequenciais. Respeito ao princípio da efetividade.

Prazo de 6 meses, a partir do trânsito em julgado, sob pena de multa diária de R$ 200,00, acrescida de juros e correção monetária, limitada a 90 dias. Decisão parcialmente reformada. Recurso parcialmente provido" (TJSP, Apelação 0018475-83.2008.8.26.0176, Acórdão 9041315, 2.ª Câmara de Direito Privado, Embu das Artes, Rel. Des. Álvaro Passos, j. 1.º.12.2015, *DJESP* 11.12.2015).

Deve-se concluir que o art. 1.259 do Código Civil tem incidência também para as ações possessórias. Como visto, o art. 1.210, § 2.º, do Código Civil veda a alegação de propriedade (*exceptio proprietatis*) ou de outro direito real em ação possessória. Entretanto, em muitos casos, o que pretendem as partes é o reconhecimento de uma indenização e a manutenção da construção, não havendo debate sobre a propriedade propriamente dita. Por todos os arestos que reconhecem a possibilidade de defesa fundada na regra em comento em ação de reintegração de posse, transcreve-se:

"Ação com pedido de reintegração de posse. Código Civil, artigo 1.259. Pretensão de reforma da r. sentença que julgou parcialmente procedente a demanda possessória, condenando os réus ao pagamento da indenização prevista na primeira parte do artigo 1.259 do Código Civil. Hipótese em que a sentença é *extra petita* devendo, pois, ser anulada (CPC, artigo 460). Ausência de pedido de indenização na petição inicial, não sendo dado ao autor alterar o pedido após a citação (CPC, artigo 264). Desnecessidade de instrução probatória. Julgamento da lide. Autor que não se desincumbiu do ônus que lhe cabia, nos termos do artigo 927 do Código de Processo Civil. Pedido de reintegração de posse improcedente. Recurso conhecido para, de ofício, anular a r. sentença, e, com fundamento na autorização do artigo 515, § 3.º, do CPC, pedido julgado improcedente" (TJSP, Apelação 0015575-61.2008.8.26.0198, Acórdão 8353528, 13.ª Câmara de Direito Privado, Franco da Rocha, Rel. Des. Ana de Lourdes, j. 08.04.2015, *DJESP* 15.04.2015).

"Possessória. Reintegração de posse. Construção, de boa-fé, em área que invade o lote da autora. Confirmação, através de laudo pericial, que as demarcações estão incorretas. Esbulho reconhecido. Ordem de demolição que acarretaria imensos transtornos e prejuízos ao réu. Princípio da proporcionalidade e da função social da propriedade. Aplicação do artigo 1.259 do Código Civil. Réu que deverá indenizar a autora pela área invadida e pela desvalorização do remanescente. Apuração do valor da indenização em liquidação por arbitramento. Sentença modificada. Recurso parcialmente provido" (TJSP, Apelação 0035571-98.2007.8.26.0224, Acórdão 6889648, 15.ª Câmara de Direito Privado, Guarulhos, Rel. Des. Alexandre Marcondes, j. 30.07.2013, *DJESP* 12.08.2013).

Como se retira da última ementa transcrita, a demolição da construção é medida drástica e excepcional, que deve ser ao máximo evitada, tendo em vista os princípios da função social da propriedade e da proporcionalidade. No mesmo sentido, afastando a possibilidade de demolição de muro divisório, tratando da menor onerosidade às partes e convertendo a obrigação de fazer em obrigação de pagar perdas e danos:

"Direito de vizinhança. Ação demolitória c.c. perdas e danos. Impossibilidade de demolição, no caso, tendo a invasão na construção ultrapassado metade do terreno dos autores. Aplicação do artigo 1.259 do Código Civil, realizando-se perícia para apuração dos danos. Ausência de prova inconteste de que os réus tenham agido de má-fé. Determinação de intimação da vendedora do imóvel para, se quiser, atuar como assistente no processo, haja vista a possibilidade de exercício de direito de regresso contra ela. Interesse processual ocorrente. Preliminar rejeitada. Apelo provido parcialmente, com determinações"

(TJSP, Apelação 0001225-46.2014.8.26.0299, Acórdão 10812306, 34.ª Câmara de Direito Privado, Jandira, Rel. Des. Soares Levada, j. 21.09.2017, *DJESP* 28.09.2017, p. 2.357).

"Reivindicatória c.c. pedido de demolição e cominatória. Procedência parcial, com conversão do pedido de demolição em indenização. Aplicação do art. 1.259 do Código Civil. Solução que implica menor ônus aos envolvidos. Sentença mantida. Recursos não providos" (TJSP, Apelação 9074053-91.2003.8.26.0000, Acórdão 5522494, 2.ª Câmara de Direito Privado, São Carlos, Rel. Des. Aguilar Cortez, j. 08.11.2011, *DJESP* 28.11.2011).

Com esses importantes comentários práticos, encerra-se o estudo das construções e plantações e parte-se à abordagem da usucapião imobiliária.

3.7.2 Da usucapião de bens imóveis

3.7.2.1 Aspectos materiais envolvendo a usucapião de bens imóveis. As modalidades de usucapião de imóvel admitidas pelo direito brasileiro

Ao discorrer sobra a usucapião, Caio Mário da Silva Pereira remonta a notória distinção entre a *prescrição extintiva* (tratada na Parte Geral do Código Civil) e a *prescrição aquisitiva* (referenciada na Parte Especial, entre as formas de aquisição da propriedade), apesar de não lhe agradar, cientificamente, essa divisão (*Instituições...*, 2004, v. IV, p. 137). Logo em seguida, o doutrinador conceitua a usucapião como sendo "a aquisição da propriedade ou outro direito real pelo decurso do tempo estabelecido e com a observância dos requisitos instituídos em lei" (*Instituições...*, 2004, v. IV, p. 138). Lembra o jurista, ainda, que a expressão vem do latim, *usucapio*, significando tomar pelo uso, adquirir pelo uso.

Desse modo, a usucapião constitui uma situação de aquisição do domínio, ou mesmo de outro direito real (caso do usufruto ou da servidão), pela posse prolongada, permitindo a lei que uma determinada situação de fato alongada por certo intervalo de tempo se transforme em uma situação jurídica: a aquisição originária da propriedade (RIBEIRO, Benedito Silvério. *Tratado...*, 2006, p. 169-172). Pode-se afirmar que a usucapião garante a estabilidade da propriedade, fixando um prazo, além do qual não se pode mais levantar dúvidas a respeito de ausência ou vícios do título de posse. De certo modo, a função social da propriedade acaba sendo atendida por meio da usucapião.

Quanto à grafia, é interessante notar que o Código Civil de 2002 utiliza o gênero feminino (*a usucapião*), enquanto o Código Civil de 1916 a previa de forma masculina (*o usucapião*). Em verdade, à luz do princípio da operabilidade, no sentido de facilitação do Direito Privado, tanto faz utilizar a expressão de uma ou outra forma. Em havendo insistência para a escolha entre as duas opções, é melhor fazer uso do feminino, pois assim consta do atual Código Civil, no Estatuto da Cidade (Lei 10.257/2001) e na Lei da Usucapião Agrária (Lei 6.969/1981). A escolha, portanto, é pela atualidade legislativa, como foi a opção desta obra.

De qualquer forma, é de se destacar o louvável trabalho do Desembargador do Tribunal de Justiça de São Paulo, Benedito Silvério Ribeiro, na pesquisa do uso das duas expressões. Aponta o doutrinador que utilizam a expressão no feminino: Ihering, Carnelutti, Lacerda de Almeida, Lafayette, Joaquim Ribas, Carvalho de Mendonça, José de Oliveira Ascensão, Orlando Gomes, Pontes de Miranda, Maria Helena Diniz, Sílvio Rodrigues e Luiz Edson Fachin.

Por outro lado, preferem o termo no masculino: Carvalho Santos, Washington de Barros Monteiro, Serpa Lopes, Pedro Nunes, Clóvis do Couto e Silva, Pinto Ferreira, Sílvio

CAP. 3 · DA PROPRIEDADE | 175

de Salvo Venosa, Rubens Limongi França, Jorge Americano, José Carlos de Moraes Salles, Carpenter, Ruy Barbosa e Caio Mário da Silva Pereira (RIBEIRO, Benedito Silvério. *Tratado...*, 2006, v. 1, p. 175).

Superadas essas questões conceituais, é interessante verificar que a *posse ad usucapionem* ou *usucapível*, como outrora exposto, apresenta características próprias que devem ser estudadas de forma aprofundada.

De início, anote-se que não induzem a essa posse, com vistas à usucapião, os atos de mera tolerância. Dessa forma, não é possível alegar usucapião na vigência de um contrato em que a posse é transmitida, caso da locação e do comodato, por exemplo. A questão da mera tolerância acaba por gerar polêmicas quanto à possibilidade de se usucapir um bem em condomínio, particularmente nos casos envolvendo herdeiros.

Em relação ao condomínio, várias são as decisões apontando que, havendo tolerância de uso por parte dos demais condôminos, não há que se falar em usucapião, mas somente nos casos de posse própria. Nesse sentido, pode ser destacado o julgado do Superior Tribunal de Justiça, datado do ano de 1993:

> "Usucapião – Condomínio. 1. Pode o condômino usucapir, desde que exerça posse própria sobre o imóvel, posse exclusiva. Caso, porém, em que o condomínio exercia a posse em nome dos demais condôminos. Improcedência da ação (Código Civil, arts. 487 e 640). 2. Espécie em que não se aplica o art. 1.772, § 2.º, do CC. 3. Recurso especial não conhecido" (STJ, REsp 10.978/RJ, 3.ª Turma, Rel. Min. Nilson Naves, j. 25.05.1993, *DJ* 09.08.1993, p. 15.228).

Entretanto, do ano de 1999, cite-se uma decisão do Superior Tribunal de Justiça no mínimo inovadora, cujo relator foi o então Ministro Ruy Rosado de Aguiar. Aplicando a boa-fé objetiva, particularmente a *supressio*, que é a perda de um direito ou de uma posição jurídica pelo seu não exercício no tempo, o julgado possibilitou, de forma indireta, a usucapião de uma área comum em um condomínio edilício – parte do corredor que dava acesso a alguns apartamentos. Essa foi a conclusão, mesmo havendo, aparentemente, um ato de mera tolerância por parte do condomínio:

> "Condomínio – Área comum – Prescrição – Boa-fé – Área destinada a corredor, que perdeu sua finalidade com a alteração do projeto e veio a ser ocupada com exclusividade por alguns condôminos, com a concordância dos demais. Consolidada a situação há mais de vinte anos sobre área não indispensável à existência do condomínio, é de ser mantido o *status quo*. Aplicação do princípio da boa-fé (*supressio*). Recurso conhecido e provido" (STJ, REsp 214.680/SP, 4.ª Turma, Rel. Min. Ruy Rosado de Aguiar, j. 10.08.1999, *DJ* 16.11.1999, p. 214).

Eis aqui mais um exemplo de aplicação da boa-fé objetiva aos institutos de Direito das Coisas. Entendeu-se que o não exercício da propriedade por vinte anos afastou o direito de o condomínio pleitear a coisa de volta. Indiretamente, acabou-se por reconhecer a usucapião em favor daqueles que detinham o bem, pois a eles foi destinada a posse permanente dessa parte do corredor de acesso aos apartamentos.

Maria Helena Diniz sintetiza muito bem a polêmica a respeito da possibilidade de usucapião no condomínio. Diz a doutrinadora:

> "Entendem a doutrina e a jurisprudência que é impossível a aquisição por usucapião contra os outros condôminos, enquanto subsistir o estado de indivisão (*RJTJSP 52:187*,

45:184; *JTJ* 152:209; *RT* 495:213, 547:84, 530:179), pois não pode haver usucapião de área incerta. Para que se torne possível a um condômino usucapir contra os demais, necessário seria de sua parte um comportamento de proprietário exclusivo (*RT* 427:82), ou a inversão de sua posse, abrangendo o todo e não apenas uma parte (*RT* 576:113; *RJTJESP* 62:197), ou seja, o condômino para pretender a usucapião deverá ter sobre o todo posse exclusiva, cessando o estado de comunhão" (DINIZ, Maria Helena. *Curso...*, 2007, v. 4, p. 159).

Em relação à usucapião em favor de um herdeiro contra o outro, o raciocínio deve ser o mesmo. Isso porque a herança é um bem imóvel e indivisível antes da partilha, o que decorre do princípio *saisine*, havendo um condomínio entre os herdeiros até o momento da divisão.

Exatamente nesse sentido, seguindo as lições transcritas, julgado do STJ do ano de 2018 admitiu a usucapião extraordinária na relação entre herdeiros, pois um deles exercia a posse sobre a coisa em nome próprio. Conforme trecho da ementa:

> "O condômino tem legitimidade para usucapir em nome próprio, desde que exerça a posse por si mesmo, ou seja, desde que comprovados os requisitos legais atinentes à usucapião, bem como tenha sido exercida posse exclusiva com efetivo *animus domini* pelo prazo determinado em lei, sem qualquer oposição dos demais proprietários. Sob essa ótica, tem-se, assim, que é possível à recorrente pleitear a declaração da prescrição aquisitiva em desfavor de seu irmão – o outro herdeiro/condômino –, desde que, obviamente, observados os requisitos para a configuração da usucapião extraordinária, previstos no art. 1.238 do CC/2002, quais sejam, lapso temporal de 15 (quinze) anos cumulado com a posse exclusiva, ininterrupta e sem oposição do bem. A presente ação de usucapião ajuizada pela recorrente não deveria ter sido extinta, sem resolução do mérito, devendo os autos retornar à origem a fim de que a esta seja conferida a necessária dilação probatória para a comprovação da exclusividade de sua posse, bem como dos demais requisitos da usucapião extraordinária" (STJ, REsp 1.631.859/SP, 3.ª Turma, Rel. Min. Nancy Andrighi, j. 22.05.2018, *DJe* 29.05.2018).

Em 2024, a afirmação foi repetida na Quarta Turma do STJ, asseverando-se que "a jurisprudência desta Corte se firmou no sentido de que há possibilidade da usucapião de imóvel objeto de herança pelo herdeiro que tem sua posse exclusiva, ou seja, há legitimidade e interesse de o condômino usucapir em nome próprio, desde que exerça a posse por si mesmo, ou seja, desde que comprovados os requisitos legais atinentes à usucapião extraordinária. Precedentes" (STJ, Ag. Int no AREsp 2.355.307/SP, 4.ª Turma, Rel. Min. Raul Araújo, j. 17.06.2024, *DJe* 27.06.2024). Assim, esse entendimento é hoje considerado como majoritário na jurisprudência superior em matéria de Direito Privado.

Também já se admite, no âmbito da Corte Superior, a usucapião entre cônjuges que igualmente são condôminos de bens comuns. Consoante aresto do ano de 2022, "a jurisprudência deste Tribunal Superior assenta-se no sentido de que, dissolvida a sociedade conjugal, o bem imóvel comum do casal rege-se pelas regras relativas ao condomínio, ainda que não realizada a partilha de bens, cessando o estado de mancomunhão anterior. Precedente".

Assim, "possui legitimidade para usucapir em nome próprio o condômino que exerça a posse por si mesmo, sem nenhuma oposição dos demais coproprietários, tendo sido preenchidos os demais requisitos legais. Precedentes. Ademais, a posse de um condômino sobre bem imóvel exercida por si mesma, com ânimo de dono, ainda que na qualidade de possuidor indireto, sem nenhuma oposição dos demais coproprietários, nem reivindicação dos frutos e direitos que lhes são inerentes, confere à posse o caráter de *ad usucapionem*, a legitimar a procedência da usucapião em face dos demais condôminos que resignaram do seu direito sobre o bem, desde que preenchidos os demais requisitos legais".

Sobre o caso concreto, concluiu-se que, "após o fim do matrimônio houve completo abandono, pelo recorrente, da fração ideal pertencente ao casal dos imóveis usucapidos pela ex-esposa, ora recorrida, sendo que esta não lhe repassou nenhum valor proveniente de aluguel nem o recorrente o exigiu, além de não ter prestado conta nenhuma por todo o período antecedente ao ajuizamento da referida ação. (...). Em face disso, revela-se descabida a presunção de ter havido administração dos bens pela recorrida. O que houve – e isso é cristalino – foi o exercício da posse pela ex-esposa do recorrente com efetivo ânimo de dona, a amparar a procedência do pedido de usucapião, segundo já foi acertadamente reconhecido na origem" (STJ, REsp 1.840.561/SP, 3.ª Turma, Rel. Min. Marco Aurélio Bellizze, j. 03.05.2022, *DJe* 17.05.2022). Como se percebe, há uma tendência na Corte em se admitir a usucapião em casos de condomínio comum decorrente de vínculos familiares.

Passando para outro assunto, o art. 69 do Código Civil de 1916 tratava das *coisas fora do comércio*, abrangendo aquelas que eram insuscetíveis de apropriação e as legalmente inalienáveis. Diante desse tratamento anterior, era comum a afirmação de que tais coisas não poderiam ser usucapidas, caso do ar, da luz solar e dos bens públicos. A afirmação ainda procede em parte, sendo necessário atualizar o conceito de *coisas fora do comércio*, para *bens inalienáveis*, nos termos da segunda parte do art. 86 do Código Civil de 2002, que trata da *consuntibilidade jurídica*, ou seja, da classificação dos bens quanto à possibilidade ou não de alienação.

Por esse tratamento legislativo, a posse *ad usucapionem* somente será viável se incidir sobre determinados bens. A despeito dos bens gravados com cláusula de inalienabilidade, há quem entenda pela possibilidade de usucapião, pois sendo o instituto uma forma de aquisição originária, não há qualquer relação jurídica com o proprietário anterior (MELO, Marco Aurélio Bezerra de. *Direito...*, 2007, p. 109).

Conforme restou evidenciado, *a posse ad usucapionem ou usucapível* é uma *posse especial*, que apresenta as seguintes características principais:

a) *Posse com intenção de dono* (*animus domini*) – Como exaustivamente demonstrado, a posse *ad usucapionem* deve ter como conteúdo a intenção psíquica do usucapiente de se transformar em dono da coisa. Entra em cena o conceito de posse de Savigny, que tem como conteúdo o *corpus* (domínio fático) e o *animus domini* (intenção de dono). Essa intenção de dono não está presente, pelo menos em regra, em casos envolvendo vigência de contratos, como nas hipóteses de locação, comodato e depósito. Ilustrando e concluindo pela não caracterização da intenção de dono, destaca-se o seguinte julgado: "Ação reivindicatória – Alegação defensiva de usucapião – Testemunhas contraditadas a que se deu a valoração adequada – Comodato caracterizado – Legatário que sempre residiu no local, até sua morte – Cessão graciosa de um imóvel nos fundos da casa em que residia – Ausência do 'animus domini' pelo ocupante da edícula – Indenização devida a partir do trânsito em julgado – Razoabilidade jurídica – Recurso parcialmente provido" (TJSP, Apelação com Revisão 135.688-4, 8.ª Câmara de Direito Privado, São Paulo, Rel. Nivaldo Balzano, 17.03.2003, v.u.). Todavia, é possível a alteração na causa da posse (*interversio possessionis*), admitindo-se a usucapião em casos excepcionais. Ilustre-se com a hipótese em que um locatário está no imóvel há cerca de trinta anos, não pagando os aluguéis há cerca de vinte anos, tendo o locador desaparecido. Anote-se que jurisprudência estadual tem reconhecido a usucapião em casos semelhantes (por todos: TJSP, Apelação com Revisão 337.693.4/9, Acórdão 3455115, 1.ª Câmara de Direito Privado, São Paulo, Rel. Des.

Luiz Antonio de Godoy, j. 27.01.2009, *DJESP* 20.02.2009). Na mesma linha, cite-se importante julgado do STJ, segundo o qual "nada impede que o caráter originário da posse se modifique, motivo pelo qual o fato de ter havido no início da posse da autora um vínculo locatício, não é embaraço ao reconhecimento de que, a partir de um determinado momento, essa mesma mudou de natureza e assumiu a feição de posse em nome próprio, sem subordinação ao antigo dono e, por isso mesmo, com força *ad usucapionem*" (STJ, Resp 154.733/DF, 4.ª Turma, Rel. Min. Cesar Asfor Rocha, j. 05.12.2000, *DJ* 19.03.2001, p. 111). Como outro exemplo importante, em julgado recente, julgou a Corte Superior de forma precisa e correta tecnicamente, que a posse com *animus domini* não se confunde com a detenção, "devendo ser verificada a condição subjetiva e abstrata que demonstra a intenção de ter a coisa como sua" (STJ, Ag. Int. no AREsp 2.306.673/SP, 4.ª Turma, Rel. Min. Maria Isabel Gallotti, j. 02.09.2024, *DJe* 04.09.2024).

b) *Posse mansa e pacífica* – É a posse exercida sem qualquer manifestação em contrário de quem tenha legítimo interesse, ou seja, sem a oposição do proprietário do bem. Se em algum momento houver contestação dessa posse pelo proprietário, desaparece o requisito da mansidão e, assim, a posse *ad usucapionem*.

c) *Posse contínua e duradoura, em regra, e com determinado lapso temporal* – A posse somente possibilita a usucapião se for sem intervalos, ou seja, se não houver interrupção. Contudo, como exceção a ser estudada, o art. 1.243 do CC/2002 admite a *soma de posses sucessivas* ou *accessio possessionis*. Quanto à duração, há prazos estabelecidos em lei, de acordo com a correspondente modalidade de usucapião. Cumpre destacar a aprovação de interessante enunciado na *V Jornada de Direito Civil*, com vistas à instrumentalidade processual, estabelecendo que "O prazo, na ação de usucapião, pode ser completado no curso do processo, ressalvadas as hipóteses de má-fé processual do autor" (Enunciado n. 497). Em 2018, surgiu julgado no âmbito do Superior Tribunal de Justiça aplicando o enunciado doutrinário, com o seguinte teor em sua ementa: "o prazo, na ação de usucapião, pode ser completado no curso do processo, em conformidade com o disposto no art. 462 do CPC/1973 (correspondente ao art. 493 do CPC/2015). A contestação não tem a capacidade de exprimir a resistência do demandado à posse exercida pelo autor, mas apenas a sua discordância com a aquisição do imóvel pela usucapião. A interrupção do prazo da prescrição aquisitiva somente poderia ocorrer na hipótese em que o proprietário do imóvel usucapiendo conseguisse reaver a posse para si. Precedentes. Na hipótese, havendo o transcurso do lapso vintenário na data da prolação da sentença e sendo reconhecido pelo tribunal de origem que estão presentes todos os demais requisitos da usucapião, deve ser julgado procedente o pedido autoral" (STJ, Resp 1.361.226/MG, Rel. Min. Ricardo Villas Bôas Cueva, 3.ª Turma, j. 05.06.2018, *DJe* 09.08.2018). Por fim, sobre o início do prazo, julgado do Superior Tribunal de Justiça de 2023 traz a conclusão segundo a qual "o termo inicial da prescrição aquisitiva é o do exercício da posse *ad usucapionem*, e não da ciência do titular do imóvel quanto a eventual irregularidade da posse, devendo ser afastada a aplicação da teoria da *actio nata* em seu viés subjetivo" (STJ, REsp 1.837.425/PR, 3.ª Turma, Rel. Min. Marco Aurélio Bellizze, j. 13.06.2023, *DJe* 22.06.2023). Foi afastada, portanto, a teoria estudada no Volume 1 desta coleção, aplicável à prescrição extintiva, segundo a qual o prazo teria início do conhecimento da lesão ao direito.

d) *Posse justa* – A *posse usucapível* deve se apresentar sem os vícios objetivos, ou seja, sem a violência, a clandestinidade ou a precariedade. Se a situação fática for adquirida por meio de atos violentos ou clandestinos, não induzirá posse para os fins de usucapião, enquanto não cessar a violência ou a clandestinidade (art. 1.208, 2.ª parte, do CC). Se for adquirida a título precário a posse injusta jamais se convalescerá, segundo o entendimento majoritário outrora exposto. Cabe pontuar que a jurisprudência superior tem entendido que não é possível a usucapião de imóvel objeto de roubo, sendo o confisco do bem motivo para o desaparecimento da ação de usucapião, pois a posse será tida como injusta. Concluiu-se, em complemento, pela impossibilidade de o juízo cível apreciar as alegações de ineficácia da medida constritiva, de boa-fé do possuidor e de ausência de registro do confisco no Cartório de Imóveis, "pois essa questões são da competência exclusiva do juízo criminal prolator da constrição" (STJ, REsp 1.471.563/AL, Rel. Min. Paulo de Tarso Sanseverino, 3.ª Turma, j. 26.09.2017, *DJe* 10.10.2017).

e) *Posse de boa-fé e com justo título, em regra* – Para a usucapião ordinária, seja de bem imóvel ou móvel, a lei exige a boa-fé e o justo título (arts. 1.242 e 1.260 do CC). Para outras modalidades de usucapião, tais requisitos são até dispensáveis, como se verá mais adiante, havendo uma presunção absoluta ou *iure et de iure* de sua presença.

Analisados esses requisitos básicos para a posse *ad usucapionem*, dispõe o art. 1.243 do atual Código Civil Brasileiro que o possuidor pode, para o fim de contar o tempo exigido pelos artigos antecedentes, acrescentar à sua posse a dos seus antecessores (art. 1.207); contanto que todas sejam contínuas, pacíficas e, nos casos do art. 1.242, com justo título e de boa-fé.

A primeira parte do dispositivo trata da *accessio possessionis*, que vem a ser a soma dos lapsos temporais entre os sucessores, sejam eles sucessores *inter vivos* ou *mortis causa* (*soma de posses*). Exemplificando, em caso de sucessão de empresas, uma pode somar a sua posse à da outra para usucapir um imóvel. Também ilustrando, um herdeiro pode continuar a posse do *de cujus* para os fins de usucapião.

Na *IV Jornada de Direito*, foi aprovado um enunciado doutrinário sobre o instituto da soma de posses com os fins de usucapião, o de número 317, prevendo que "a *accessio possessionis*, de que trata o art. 1.243, primeira parte, do Código Civil, não encontra aplicabilidade relativamente aos arts. 1.239 e 1.240 do mesmo diploma legal, em face da normatividade do usucapião constitucional urbano e rural, arts. 183 e 191, respectivamente".

A conclusão da última proposição doutrinária foi a de que o instituto não se aplica para os casos de usucapião especial urbana e rural, justamente diante do tratamento específico que consta da Constituição Federal de 1988. Quanto à usucapião especial urbana, como se verá, há regra específica da *accessio possessionis*, prevista no art. 9.º, § 3.º, da Lei 10.257/2001 (Estatuto da Cidade).

Ainda quanto à acessão temporal ou soma de posses, a jurisprudência tem entendido que o ônus da sua comprovação cabe a quem alega a usucapião. Nesse sentido, transcreve-se julgado do Tribunal de Justiça do Rio Grande do Sul:

> "Apelação cível – Usucapião ordinário – Ausência de requisito da temporalidade indispensável à prescrição aquisitiva – Soma de posse – Ônus dos autores – Art. 333, I, do CPC. No caso concreto, ainda que some-se a posse anterior à posse exercida pelos autores no momento da propositura da demanda, esta não atinge o lapso temporal indispensável a usucapião. Assim, embora as partes venham exercendo a posse de boa-fé, mansa e pacífica, com *animus domini*, falta-lhes o lapso temporal indispensável à prescrição aquisitiva" (TJRS, Processo 70015858889, 20.ª Câmara Cível, Comarca de Rosário do Sul, Juiz relator Glênio José Wasserstein Hekman, j. 23.08.2006).

Outro dispositivo de interesse material é o art. 1.244 do Código Civil, segundo o qual se estende ao possuidor o disposto quanto ao devedor acerca das causas que obstam, suspendem ou interrompem a prescrição, as quais também se aplicam à usucapião. Vale lembrar que na obstação ou impedimento o prazo sequer tem início; na suspensão, o prazo para e depois continua de onde parou; na interrupção, o prazo para e volta ao início, o que por regra somente pode ocorrer uma vez.

Em conclusão, devem ser aplicadas à usucapião as hipóteses previstas nos arts. 197 a 202 da codificação material privada, a seguir elencadas e adaptadas ao Direito das Coisas:

- Não correrão os prazos de usucapião entre os cônjuges, na constância da sociedade conjugal. Atente-se ao fato de que a nova modalidade de usucapião urbana, para os casos de abandono do lar conjugal (art. 1.240-A do CC), constitui exceção a essa regra. Entendo, por equiparação entre as entidades familiares, que a mesma regra vale para os casos de união estável, não correndo o prazo de usucapião entre companheiros ou conviventes. A jurisprudência do STJ tem entendido que a separação de fato do casal, por longo período, é capaz de gerar a aplicação da regra, não só para os fins de prescrição extintiva, mas também para os fins de usucapião: "a constância da sociedade conjugal, exigida para a incidência da causa impeditiva da prescrição extintiva ou aquisitiva (art. 197, I, do CC/2002), cessará não apenas nas hipóteses de divórcio ou de separação judicial, mas também na hipótese de separação de fato por longo período, tendo em vista que igualmente não subsistem, nessa hipótese, as razões de ordem moral que justificam a existência da referida norma" (STJ, Resp 1.693.732/MG, 3.ª Turma, Rel. Min. Nancy Andrighi, j. 05.05.2020, *DJe* 11.05.2020).
- Não haverá usucapião entre ascendentes e descendentes, durante o poder familiar, em regra, até quando o menor completar dezoito anos.
- Não correrão também os prazos entre tutelados ou curatelados e seus tutores ou curadores, durante a tutela ou curatela.
- Os prazos de usucapião não correm contra os absolutamente incapazes, tratados no art. 3.º do CC. Como é notório, o Estatuto da Pessoa com Deficiência (Lei 13.146/2015) alterou substancialmente o sistema de incapacidades do Código Civil. Pelo sistema anterior, eram absolutamente incapazes os menores de 16 anos, os enfermos e doentes mentais sem discernimento para a prática dos atos da vida civil e as pessoas que mesmo por causa transitória não puderem exprimir vontade. A partir de janeiro de 2016, quando a nova lei entrou em vigor, passaram a ser absolutamente incapazes apenas os menores de dezesseis anos. Em suma, não existem mais maiores que sejam absolutamente incapazes.
- Os prazos não são contados contra os ausentes do País em serviço público da União, dos Estados ou dos Municípios. Entendo que a mesma regra vale para os casos de ausência, hipótese de morte presumida da pessoa natural, tratada entre os arts. 22 a 29 do Código Civil.
- Também não contam contra os que se acharem servindo nas Forças Armadas, em tempo de guerra.
- Pendendo condição suspensiva, não se adquire um bem por usucapião. A título de exemplo, se a propriedade do bem estiver sendo discutida em sede de ação reivindicatória, não haverá início do prazo.
- Não se adquire por usucapião não estando vencido eventual prazo para a aquisição do direito.
- Não haverá contagem para o prazo de usucapião pendendo ação de evicção.
- Não se contam os prazos de usucapião quando a ação de usucapião se originar de fato que deva ser apurado no juízo criminal, não correndo a prescrição antes da respectiva sentença definitiva.
- Haverá interrupção do prazo de usucapião no caso de despacho do juiz que, mesmo incompetente, ordenar a citação, se o interessado a promover no prazo e na forma

da lei processual. Essa ação em que há a citação pode ser justamente aquela em se discute o domínio da coisa. Em *diálogo* com o Novo Código de Processo Civil, a citação retroage à data da propositura da ação. Nos termos do art. 240 do CPC/2015, "a citação válida, ainda quando ordenada por juízo incompetente, induz litispendência, torna litigiosa a coisa e constitui em mora o devedor, ressalvado o disposto nos arts. 397 e 398 da Lei n.º 10.406, de 10 de janeiro de 2002 (Código Civil). § 1.º A interrupção da prescrição, operada pelo despacho que ordena a citação, ainda que proferido por juízo incompetente, retroagirá à data de propositura da ação". Todavia, para a jurisprudência superior, "a citação na ação possessória julgada improcedente não interrompe o prazo para aquisição da propriedade por usucapião" (assertiva n. 9, da Edição n. 133 da ferramenta *Jurisprudência em Teses* do STJ, dedicada ao Direito das Coisas e publicada em 2019). São seus precedentes: STJ, Ag. Rg. no REsp 1.010.665/MS, 4.ª Turma, Rel. Min. Antonio Carlos Ferreira, j. 16.10.2014, *DJe* 21.10.2014; Ag. Rg. no REsp 944.661/MG, 3.ª Turma, Rel. Min. Ricardo Villas Bôas Cueva, j. 13.08.2013, *DJe* 20.08.2013; e REsp 1.088.082/RJ, 4.ª Turma, Rel. Min. Luis Felipe Salomão, j. 02.03.2010, *DJe* 15.03.2010.

– O prazo prescricional para a usucapião se interrompe pelo protesto judicial ou até mesmo por eventual protesto cambial, se assim se pode imaginar.

– Interromperá o prazo prescricional para a usucapião a apresentação do título de crédito em juízo de inventário ou em concurso de credores.

– Qualquer ato judicial que constitua em mora o possuidor interrompe o prazo para a usucapião.

– Por fim, por qualquer ato inequívoco, ainda que extrajudicial, que importe reconhecimento do direito alheio por parte do possuidor tem o condão de interromper o prazo para a usucapião.

Como um último aspecto relativo ao tema, a Lei 14.010/2020, que instituiu Regime Jurídico Emergencial e Transitório das relações jurídicas de Direito Privado (RJET) no período da pandemia de Covid-19, trouxe regra específica e fundamental a respeito da suspensão dos prazos de usucapião em virtude das necessárias medidas de isolamento decorrentes dessa gravíssima crise.

Nos termos do seu art. 10, ficaram suspensos os prazos de aquisição para a propriedade imobiliária ou mobiliária, nas diversas espécies de usucapião, a partir da sua entrada em vigor – o que se deu em 12 de junho de 2020 –, até 30 de outubro do mesmo ano. Por óbvio que a suspensão do prazo de usucapião visou a não surpreender o proprietário, que não pode se defender ou se manifestar contra a posse *ad usucapionem* de outrem.

Superada a análise dos seus requisitos, é o momento de apontar as modalidades de usucapião imobiliária admitidas no Direito Privado Brasileiro.

3.7.2.1.1 Da usucapião ordinária (art. 1.242 do CC)

Dispõe o art. 1.242 do atual Código Civil que: "Adquire também a propriedade do imóvel aquele que, contínua e incontestadamente, com justo título e boa-fé, o possuir por dez anos. Parágrafo único. Será de cinco anos o prazo previsto neste artigo se o imóvel houver sido adquirido, onerosamente, com base no registro constante do respectivo cartório, cancelada posteriormente, desde que os possuidores nele tiverem estabelecido a sua moradia, ou realizado investimentos de interesse social e econômico". Pela redação transcrita, o Código Privado em vigor acaba por concentrar no mesmo dispositivo duas modalidades de usucapião ordinária.

182 | DIREITO CIVIL • VOL. 4 – *Flávio Tartuce*

De início, no *caput* do dispositivo há previsão da *usucapião ordinária regular* ou *comum*, cujos requisitos são os seguintes:

a) Posse mansa, pacífica e ininterrupta com *animus domini* por 10 anos. O Código Civil de 2002 reduziu e unificou os prazos anteriormente previstos, que eram de 10 anos entre presentes e de 15 anos entre ausentes (art. 551 do CC de 1916).

b) Justo título.

c) Boa-fé, no caso a boa-fé subjetiva, existente no campo intencional ou psicológico (art. 1.201 do CC).

Relativamente à menção ao justo título, é fundamental a citação do Enunciado n. 86 do CJF/STJ, aprovado na *I Jornada de Direito Civil (2002),* prevendo que a expressão abrange todo e qualquer ato jurídico hábil, em tese, a transferir a propriedade, independentemente de registro. Em outras palavras, deve ser considerado justo título para a usucapião ordinária o instrumento particular de compromisso de compra e venda, independentemente do seu registro ou não no Cartório de Registro de Imóveis. Vários são os julgados do Superior Tribunal de Justiça adotando esse entendimento, merecendo transcrição o seguinte:

> "Civil e processual – Ação reivindicatória – Alegação de usucapião – Instrumento particular de compromisso de compra e venda – Justo título – Súmula 84-STJ – Posse – Soma – Período necessário à prescrição aquisitiva atingido. I. Ainda que não passível de registro, a jurisprudência do STJ reconhece como justo título hábil a demonstrar a posse o instrumento particular de compromisso de compra e venda. Aplicação da orientação preconizada na Súmula 84. II. Se somadas as posses da vendedora com a dos adquirentes e atuais possuidores é atingido lapso superior ao necessário à prescrição aquisitiva do imóvel, improcede a ação reivindicatória do proprietário ajuizada tardiamente. III. Recurso especial conhecido e provido" (STJ, REsp 171.204/GO, 4.ª Turma, Rel. Min. Aldir Passarinho Junior, j. 26.06.2003, *DJ* 01.03.2004, p. 186).

Em 2018, o Tribunal Superior publicou a Edição n. 110 da ferramenta *Jurisprudência em Teses,* que trata do compromisso de compra e venda. Conforme a Afirmação n. 10, a posse decorrente da promessa de compra e venda de imóvel não induz a usucapião, em regra.

Porém, exceção deve ser feita nas hipóteses em que o possuidor passa a se comportar como se dono fosse, situação em que pode estar configurada a posse *ad usucapionem*. São citados como alguns dos precedentes da tese: Ag. Int. no REsp 1.232.821/RS, Rel. Min. Raul Araújo, 4.ª Turma, j. 21.09.2017, *DJe* 20.10.2017; Ag. Int. no AREsp 987.167/SP, Rel. Min. Marco Buzzi, 4.ª Turma, j. 16.05.2017, *DJe* 22.05.2017; Ag. Int. no REsp 1.520.297/RS, Rel. Min. Ricardo Villas Bôas Cueva, 3.ª Turma, j. 23.08.2016, *DJe* 01.09.2016 e Ag. Rg. no AREsp 67.499/RS, Rel. Min. Massami Uyeda, 3.ª Turma, j. 12.06.2012, *DJe* 21.06.2012.

No ano de 2019 foi publicada a Edição n. 133 da mesma *Jurisprudência em Teses* – dedicada ao Direito das Coisas –, e a afirmação n. 6 estatui: "o contrato de promessa de compra e venda constitui justo título apto a ensejar a aquisição da propriedade por usucapião". Vislumbramos certa contradição entre essa afirmação e a anterior e, para que a jurisprudência se mantenha íntegra, estável e coerente – nos termos do art. 926 do CPC/2015 –, seria interessante retirar uma das premissas. No caso, estou aliado doutrinariamente à última, que parece traduzir a posição majoritária da doutrina, extraída do Enunciado n. 86, da *I Jornada de Direito Civil.*

No tocante à citada Súmula 84 do STJ, constante do acórdão transcrito, cumpre esclarecer o seu teor, sendo a sua redação: "é admissível a oposição de embargos de terceiro fundados em alegação de posse advinda do compromisso de compra e venda de imóvel, ainda que desprovido do registro".

O paralelo é interessante, uma vez que se o compromisso de compra e venda, registrado ou não, possibilita a oposição de embargos de terceiro, também caracteriza justo título para os fins de aquisição da propriedade pela posse prolongada. O teor da súmula é perfeito e deve ser mantido na vigência do CPC em vigor. O seu fundamento anterior era retirado do art. 1.046, § 1.º, do CPC/1973, que previa o direito do legítimo possuidor embargar como terceiro. Essa regra foi praticamente repetida pelo art. 674, § 1.º, do CPC/2015, que lhe dá fundamento.

A propósito, para demonstrar os efeitos ampliativos da sumular, recente julgado do Superior Tribunal de Justiça considerou que a legitimidade para a oposição dos embargos de terceiros também alcança a hipótese de doação não registrada na matrícula do imóvel. Conforme o seu teor, "a posse que permite a oposição desses embargos é tanto a direta quanto a indireta. As donatárias-recorridas receberam o imóvel de pessoa outra que não a parte com quem a recorrente litiga e, portanto, não é possível afastar a qualidade de 'terceiras' das recorridas, o que as legitima a opor os embargos em questão. Ao analisar os precedentes que permitiram a formação da mencionada Súmula 84/STJ, pode-se verificar que esta Corte Superior há muito tempo privilegia a defesa da posse, mesmo que seja em detrimento da averbação do ato em registro de imóveis" (STJ, REsp 1.709.128/RJ, Rel. Min. Nancy Andrighi, 3.ª Turma, j. 02.10.2018, *DJe* 04.10.2018).

Além dessa forma de usucapião prevista no *caput* do art. 1.242 do Código Civil, o seu parágrafo único trata da *usucapião ordinária por posse-trabalho*. Isso porque o prazo cai para cinco anos se o imóvel houver sido adquirido, onerosamente, com base no registro constante do respectivo cartório, cancelado posteriormente, desde que os possuidores nele tiverem estabelecido a sua moradia, ou realizado investimentos de interesse social e econômico. Em resumo, a usucapião é possível, com prazo reduzido, havendo a estudada *posse qualificada* pelo cumprimento de uma função social, em um sentido positivo.

O dispositivo material, sem dúvidas, apresenta um sério problema. Isso porque traz um requisito ao lado da posse-trabalho, qual seja, a existência de um documento hábil que foi registrado e cancelado posteriormente, caso de um compromisso de compra e venda. Tal requisito gera o que se convencionou denominar como *usucapião tabular*, especialmente entre os juristas da área de registros públicos.

Todavia, quanto ao uso do termo *tabular*, merecem ser destaque as palavras de Leonardo Brandelli, que contam com o meu total apoio, no seguinte sentido:

> "Nem o parágrafo único do art. 1.242 do Código Civil, nem o § 5.º do art. 214 da LRP estabelecem hipótese de usucapião decorrente tão só do fato do registro por tempo certo. Em ambos os casos, exige-se, além do registro, a posse, no mais das vezes qualificada, além de outros requisitos, a depender da espécie de prescrição aquisitiva, no caso do art. 214 da LRP. Dessa forma, em verdade, nenhuma das hipóteses é caso de usucapião tabular, o qual não existe em nosso direito. São, sim, casos de usucapião *secundum tabulas* – embora a hipótese do art. 1.242 nem sempre será, pois pode ter havido já o cancelamento do registro daquela que usucapiu – isto é, usucapião de acordo com o registrado, o que é coisa diversa da usucapião tabular, bem como da usucapião *contra tabulas*, que é admitida" (BRANDELLI, Leonardo. *Usucapião...*, 2016, p. 66-67).

Segundo o mesmo autor e com base em lições de juristas espanhóis, a usucapião tabular decorre somente do registro cancelado, enquanto a usucapião *secundum tabulas* necessita da presença de algum outro requisito, caso da posse efetiva, que é exigida em nosso ordenamento jurídico.

Quanto ao documento que foi registrado e cancelado posteriormente, pela literalidade da norma, pareceria, pelo expresso da texto da lei, que tal elemento é realmente imprescindível para a modalidade de usucapião que ora se estuda. Entretanto, penso o contrário, pois a *posse-trabalho* é que deve ser tida como elemento fundamental para a caracterização dessa forma de usucapião ordinária, fazendo com que o prazo caia pela metade.

Deve-se, então, concluir que a existência do título registrado e cancelado é até dispensável, pois o elemento é acidental, formal. A *posse-trabalho*, em realidade, é o que basta para presumir a existência da boa-fé (aqui é a boa-fé objetiva, que está no plano da conduta) e do justo título. Essa parece ser a melhor interpretação, fundada no princípio da função social da posse.

Destaco que no Projeto de Reforma do Código Civil seguiu-se esse caminho com o fim de retirar da norma esse requisito formal, depois de proposta formulada por mim para a Comissão de Juristas, nomeada no âmbito do Senado Federal. Com isso, o parágrafo único do art. 1.242 passará a prever, pura e simplesmente, que "será de cinco anos o prazo previsto neste artigo se os possuidores nele tiverem estabelecido a sua moradia, ou realizado investimentos de interesse social e econômico". Espera-se a sua aprovação pelo Parlamento Brasileiro para que se efetive melhor a aplicação dessa modalidade de usucapião.

Por fim, pontue-se que, na *VI Jornada de Direito Civil*, evento realizado em 2013, foi aprovado o Enunciado n. 569, estabelecendo que, "no caso do art. 1.242, parágrafo único, a usucapião, como matéria de defesa, prescinde do ajuizamento da ação de usucapião, visto que, nessa hipótese, o usucapiente já é o titular do imóvel no registro". De acordo com as suas justificativas, "a usucapião de que trata o art. 1.242, parágrafo único, constitui matéria de defesa a ser alegada no curso da ação de anulação do registro do título translativo de propriedade, sendo dispensável o posterior ajuizamento da ação de usucapião". Estou totalmente filiado ao seu teor.

3.7.2.1.2   Da usucapião extraordinária (art. 1.238 do CC)

Segundo o *caput* do art. 1.238 do Código Civil de 2002, "aquele que, por quinze anos, sem interrupção, nem oposição, possuir como seu um imóvel, adquire-lhe a propriedade, independentemente de título e boa-fé; podendo requerer ao juiz que assim o declare por sentença, a qual servirá de título para o registro no Cartório de Registro de Imóveis".

Consoante o seu parágrafo único, o prazo estabelecido no dispositivo será reduzido para dez anos se o possuidor houver estabelecido no imóvel a sua moradia habitual, ou nele realizado obras ou serviços de caráter produtivo.

A exemplo do que ocorre com a usucapião ordinária, há a *usucapião extraordinária regular* ou *comum* (*caput*) e a *usucapião extraordinária por posse-trabalho* (parágrafo único). Em relação à primeira, o prazo foi reduzido para 15 anos, uma vez que o Código Civil de 1916 previa um prazo de 20 anos (art. 550 do CC/1916).

Assim, no que diz respeito à usucapião extraordinária, é seu requisito essencial, em regra, a posse mansa e pacífica, ininterrupta, com *animus domini* e sem oposição por 15 anos. O prazo cai para 10 anos se o possuidor houver estabelecido no imóvel sua moradia habitual ou houver realizado obras ou serviços de caráter produtivo, ou seja, se a função social da posse estiver sendo cumprida pela presença da *posse-trabalho*.

O que se percebe é que nos dois casos não há necessidade de se provar a boa-fé ou o justo título, havendo uma presunção absoluta ou *iure et de iure* da presença desses elementos. O requisito, portanto, é único: a presença da posse que apresente os requisitos exigidos em lei.

Consigne-se que a nova modalidade de usucapião extraordinária, fundada na posse--trabalho, vem sendo objeto de numerosos acórdãos nacionais (por todos: STJ, REsp 1.088.082/RJ, 4.ª Turma, Rel. Min. Luis Felipe Salomão, j. 02.03.2010, *DJE* 15.03.2010; TJSC, Apelação Cível 0003848-56.2013.8.24.0014, 2.ª Câmara de Direito Público, Campos Novos, Rel. Des. Cid Goulart, *DJSC* 22.09.2017, p. 307; TJSP, Apelação 1006659-96.2013.8.26.0278, Acórdão 10786058, 1.ª Câmara de Direito Privado, Itaquaquecetuba, Rel. Des. Francisco Loureiro, j. 13.09.2017, *DJESP* 18.09.2017, p. 2541; TJSP, Apelação 994.09.273833-3, Acórdão 4552538, 6.ª Câmara de Direito Privado, Fernandópolis, Rel. Des. Roberto Solimene, j. 10.06.2010, *DJESP* 26.07.2010; TJMG, Apelação Cível 1.0317.05.048800-4/0011, 17.ª Câmara Cível, Itabira, Rel. Des. Eduardo Mariné da Cunha, j. 29.10.2009, *DJEMG* 18.11.2009). A multiplicidade de julgados demonstra que o instituto tem tido a devida efetivação social e prática, nos anos de vigência do Código Civil de 2002.

De toda sorte, no Projeto de Reforma do Código Civil, sugere-se uma melhor organização da norma, também para incluir a menção à usucapião extrajudicial, hoje tratada na Lei de Registros Públicos (Lei 6.015/1973). Além de ajustes de redação, o novo *caput* do art. 1.238 preverá que "a que, por quinze anos, sem interrupção, nem oposição, possuir como seu um imóvel, adquire-lhe a propriedade, independentemente de título e boa-fé". O atual parágrafo único do comando passará a ser um § 1º: "o prazo estabelecido neste artigo reduzir-se-á a dez anos se o possuidor houver estabelecido no imóvel a sua moradia habitual, ou nele realizado obras ou serviços de caráter produtivo".

Por fim, enunciará o seu novo § 2º que "servirá de título para o registro no Cartório de Registro de Imóveis, tanto a sentença que declarar a aquisição por usucapião, como a nota fundamentada de deferimento extrajudicial de usucapião". A inclusão da usucapião extrajudicial na Lei Geral Privada visa a retomar o seu *protagonismo legislativo*, um dos *nortes* do Anteprojeto.

3.7.2.1.3 Da usucapião constitucional, agrária ou especial rural – *pro labore* (art. 191, *caput*, da CF/1988, art. 1.239 do CC e Lei 6.969/1981)

Dispõe o *caput* do art. 191 do Texto Maior que "Aquele que, não sendo proprietário de imóvel rural ou urbano, possua como seu, por cinco anos ininterruptos, sem oposição, área de terra, em zona rural, não superior a cinquenta hectares, tornando-a produtiva por seu trabalho ou de sua família, tendo nela sua moradia, adquirir-lhe-á a propriedade".

A regra foi reproduzida, na literalidade, pelo art. 1.239 do CC/2002. O instituto da *usucapião constitucional* ou *especial rural* (*pro labore*) ainda está regulamentado pela Lei 6.969/1981, principalmente quanto às questões processuais, que merecerão estudo aprofundado em seção própria.

Essa modalidade de usucapião também é denominada como *agrária*, sobretudo pelos doutrinadores do Direito Agrário. Segundo Benedito Ferreira Marques, o termo *especial* deve ser utilizado apenas para a usucapião indígena, a seguir estudada, e não para o instituto objeto deste tópico (*Direito agrário...*, 2011, p. 98-99). De toda sorte, prefiro utilizar a expressão *especial*, majoritária na doutrina civilista nacional também para a usucapião constitucional urbana.

No que concerne aos requisitos dessa *usucapião especial rural* ou *pro labore*, podem ser apontados os seguintes:

a) Área não superior a 50 hectares (50 ha), localizada na zona rural. Vale lembrar que apesar de originalmente o art. 1.º da Lei 6.969/1981 ter previsto uma área de 25 ha, este comando não foi recepcionado pela CF/1988.

b) Posse de cinco anos ininterruptos, sem oposição e com *animus domini*.

c) Utilização do imóvel para subsistência ou trabalho (*pro labore*), podendo ser na agricultura, na pecuária, no extrativismo ou em atividade similar. O fator essencial é que a pessoa ou a família esteja tornando produtiva a terra, por força de seu trabalho.

d) Aquele que pretende adquirir por usucapião não pode ser proprietário de outro imóvel, seja ele rural ou urbano.

Não há qualquer previsão quanto ao justo título e à boa-fé, pois tais elementos se presumem de forma absoluta (presunção *iure et de iure*) pela destinação que foi dada ao imóvel, atendendo à sua função social.

No Projeto de Reforma do Código Civil, sugere-se a inclusão de um parágrafo único no seu art. 1.239 para que preveja, em *espelhamento* com a usucapião especial urbana, que "o direito previsto no *caput* não será reconhecido ao mesmo possuidor mais de uma vez". De acordo com a Subcomissão de Direito das Coisas, a proposta de alteração "busca coerência com a restrição da usucapião especial urbana (art. 1.240)", tendo sido amplamente discutida na Comissão de Juristas a aprovada após a votação entre os seus membros, no Congresso Nacional. Entre os argumentos em seu favor está o combate à grilagem de terras no ambiente agrário, o que vem em boa hora.

Voltando-se ao sistema em vigor, além desses requisitos gerais, cumpre destacar que o art. 3.º da Lei 6.969/1981 proíbe que a usucapião especial rural ocorra nas seguintes áreas:

- Áreas indispensáveis à segurança nacional.
- Terras habitadas por silvícolas.
- Áreas de interesse ecológico, consideradas como tais as reservas biológicas ou florestais e os parques nacionais, estaduais ou municipais, assim declarados pelo Poder Executivo, assegurada aos atuais ocupantes a preferência para assentamento em outras regiões, pelo órgão competente.

Em relação ao instituto da usucapião especial rural, interessante aqui comentar alguns enunciados aprovados nas *Jornadas de Direito Civil*, com conteúdo muito importante e que merecem o devido estudo.

O primeiro deles é o Enunciado n. 312 do CJF/STJ, pelo qual, "observado o teto constitucional, a fixação da área máxima para fins de usucapião especial rural levará em consideração o módulo rural e a atividade agrária regionalizada". O autor do enunciado doutrinário em análise é o professor capixaba Paulo Henrique Cunha da Silva. Foram as suas justificativas:

"Trata-se de posse *pro labore* em conjunto com a família, daí não assistir razão para que a modalidade especial de aquisição seja para áreas superiores ou inferiores a um módulo. Ora, o inciso II, do art. 4.º, do Estatuto da Terra (Lei 4.504/1964), define como propriedade familiar o imóvel rural que, direta e pessoalmente explorado pelo agricultor e sua família, lhes absorva toda a força de trabalho, garantindo-lhes a subsistência e o progresso social e econômico, com área máxima fixada para cada região e tipo de exploração, e eventualmente, trabalhado com a ajuda de terceiros, sendo o módulo rural uma unidade de medida, expressa em hectares, que busca exprimir a interdependência entre a dimensão, a situação geográfica dos imóveis rurais e a forma e condições do seu aproveitamento econômico".

O enunciado doutrinário, assim, tem a sua razão de ser, visando a um diálogo importante com o Direito Agrário, com o objetivo de *otimizar* a atividade agrária.

Aplicando esse enunciado doutrinário, recente acórdão do Superior Tribunal de Justiça concluiu que é possível que a usucapião agrária incida sobre área inferior a um módulo rural, especialmente pelo fato de estar citada na ementa aprovada na *IV Jornada de Direito Civil* apenas a área máxima, e não a mínima. Vejamos parte do seu conteúdo:

"A usucapião prevista no art. 191 da Constituição (e art. 1.239 do Código Civil), regulamentada pela Lei n. 6.969/1981, é caracterizada pelo elemento posse-trabalho. Serve a essa espécie tão somente a posse marcada pela exploração econômica e racional da terra, que é pressuposto à aquisição do domínio do imóvel rural, tendo em vista a intenção clara do legislador em prestigiar o possuidor que confere função social ao imóvel rural. O módulo rural previsto no Estatuto da Terra foi pensado a partir da delimitação da área mínima necessária ao aproveitamento econômico do imóvel rural para o sustento familiar, na perspectiva de implementação do princípio constitucional da função social da propriedade, importando sempre, e principalmente, que o imóvel sobre o qual se exerce a posse trabalhada possua área capaz de gerar subsistência e progresso social e econômico do agricultor e sua família, mediante exploração direta e pessoal – com a absorção de toda a força de trabalho, eventualmente com a ajuda de terceiros. Com efeito, a regulamentação da usucapião, por toda legislação que cuida da matéria, sempre delimitou apenas a área máxima passível de ser usucapida, não a área mínima, donde concluem os estudiosos do tema, que mais relevante que a área do imóvel é o requisito que precede a ele, ou seja, o trabalho realizado pelo possuidor e sua família, que torna a terra produtiva e lhe confere função social. Assim, a partir de uma interpretação teleológica da norma, que assegure a tutela do interesse para a qual foi criada, conclui-se que, assentando o legislador, no ordenamento jurídico, o instituto da usucapião rural, prescrevendo um limite máximo de área a ser usucapida, sem ressalva de um tamanho mínimo, estando presentes todos os requisitos exigidos pela legislação de regência, parece evidenciado não haver impedimento à aquisição usucapicional de imóvel que guarde medida inferior ao módulo previsto para a região em que se localize. A premissa aqui assentada vai ao encontro do que foi decidido pelo Plenário do Supremo Tribunal Federal, em conclusão de julgamento realizado em 29.04.2015, que proveu recurso extraordinário, em que se discutia a possibilidade de usucapião de imóvel urbano em município que estabelece lote mínimo para parcelamento do solo, para reconhecer aos recorrentes o domínio sobre o imóvel, dada a implementação da usucapião urbana prevista no art. 183 da CF" (STJ, REsp 1.040.296/ES, 4.ª Turma, Rel. Min. Marco Buzzi, Rel. p/ Acórdão Min. Luis Felipe Salomão, j. 02.06.2015, *DJe* 14.08.2015).

A propósito, pontue-se que, posteriormente ao acórdão, na *VII Jornada de Direito Civil*, realizada em setembro de 2015, foi aprovado um enunciado exatamente na linha do julgamento, deduzindo que "é possível adquirir a propriedade de área menor do que o módulo rural estabelecido para a região, por meio da usucapião especial rural" (Enunciado n. 594). Desse modo, o entendimento constante do seu teor goza de grande prestígio na atualidade, não só na jurisprudência, como também na doutrina.

Outro enunciado a ser comentado é o de número 313, cuja redação é a seguinte: "quando a posse ocorre sobre área superior aos limites legais, não é possível a aquisição pela via da usucapião especial, ainda que o pedido restrinja a dimensão do que se quer usucapir". A proposição doutrinária atinge não somente a usucapião especial rural, mas também a usucapião especial urbana (art. 1.240 do CC). Vejamos os argumentos do autor do enunciado, o magistrado e professor amazonense Aldemiro Rezende Dantas Júnior:

> "O comportamento do possuidor que, tendo exercido por cinco anos os atos possessórios sobre área superior à máxima admitida nos casos de usucapião especial, subitamente, decorrido o quinquênio, pretendesse usucapir apenas a área correspondente a tais limites (50 ha e 250 m²), se caracterizaria como verdadeiro e inaceitável *venire contra factum proprium*, surpreendendo de modo inesperado o proprietário, que ainda pensava dispor de mais prazo para, querendo, ajuizar a ação reivindicatória referente ao seu imóvel. Assim, por exemplo, suponha-se que o usucapiente exerce atos possessórios sobre área de 70 hectares, sendo que o proprietário, em virtude de estar enfrentando alguns problemas familiares, ainda não pôde agir para recuperar o seu imóvel. Esse proprietário, no entanto, embora já tenham decorrido cinco anos, está tranquilo quanto ao prazo decorrido, pois acredita que ainda dispõe de prazo suficiente para o ajuizamento da mencionada ação, eis que a usucapião, na hipótese concreta (70 ha), só ocorrerá após 15 anos de posse ininterrupta e pacífica do usucapiente (na pior das hipóteses, em 10 anos, se for a situação prevista no parágrafo único do art. 1.238). Subitamente, no entanto, o possuidor ajuíza ação de usucapião apenas em relação a uma área de 50 hectares, deixando de requerer a propriedade da área excedente. Parece evidente que o primeiro dos comportamentos do usucapiente (posse exercida sobre 70 hectares) incutiu no proprietário a confiança de que ainda faltavam alguns anos para a concretização da usucapião, e por essa razão, o segundo dos comportamentos (renúncia à área excedente a 50 hectares) se mostra contraditório em relação ao primeiro, e por isso inaceitável, uma vez que se constitui em *venire contra factum proprium*, como acima mencionado".

A ementa doutrinária transcrita traz como conteúdo mais uma aplicação da boa-fé objetiva para o Direito das Coisas, particularmente diante da vedação do comportamento contraditório (*venire contra factum proprium*). Todavia, a ela não se filia, servindo o mesmo raciocínio quanto a eventual entendimento jurisprudencial que o fundamente (por exemplo, TJRS, Processo 70014800825, 17.ª Câmara Cível, Gravataí, Juiz Rel. Alexandre Mussoi Moreira, 01.06.2006).

Isso porque o entendimento constante do enunciado doutrinário em questão acaba por presumir a má-fé daquele que pretende usucapir o bem, algo inadmissível diante de um Código Civil que presume a boa-fé nas relações privadas; ou que pelo menos propõe a boa-fé objetiva como norte interpretativo (art. 113 do CC/2002).

Além disso, o enunciado privilegia a boa-fé objetiva em detrimento da proteção da moradia e do atendimento da função social da posse. Ora, é requisito da usucapião especial rural a destinação *pro labore* ou para fins de moradia, que deve prevalecer sobre eventual alegação de comportamento contraditório (*venire contra factum proprium*), a partir da técnica de ponderação. Isso porque a proteção da moradia consta do art. 6.º, e a função social da propriedade, do art. 5.º, incs. XXII e XXIII, ambos da Constituição da República.

Em reforço, saliente-se que o enunciado doutrinário em comento está apegado a um excesso de rigor formal quanto à metragem do imóvel, que não se coaduna com o atual Código Civil Brasileiro, que traz como um dos seus fundamentos a operabilidade, no sentido de facilitação do Direito Privado. Essas as razões, em conclusão, pelas quais não há como se filiar ao teor do Enunciado n. 313 do CJF/STJ, com o devido respeito.

3.7.2.1.4   Da usucapião constitucional ou especial urbana – *pro misero* (art. 183, *caput*, da CF/1988, art. 1.240 do CC e art. 9.º da Lei 10.257/2001). A inclusão da nova usucapião especial urbana por abandono do lar conjugal pela Lei 12.424/2011 (art. 1.240-A do CC)

A *usucapião constitucional* ou *especial urbana* (*pro misero*) está consagrada no *caput* do art. 183 da Constituição Federal, pelo qual: "aquele que possuir como sua área urbana de até duzentos e cinquenta metros quadrados, por cinco anos, ininterruptamente e sem oposição, utilizando-a para sua moradia ou de sua família, adquirir-lhe-á o domínio, desde que não seja proprietário de outro imóvel urbano ou rural". A norma está reproduzida no art. 1.240 do CC/2002 e no *caput* do art. 9.º da Lei 10.257/2001 (Estatuto da Cidade).

O Estatuto da Cidade traz algumas regras complementares sobre a usucapião especial urbana. De início, prescreve que o título de domínio será conferido ao homem ou à mulher, ou a ambos, independentemente do estado civil (art. 9.º, § 1.º, da Lei 10.257/2001). Sendo assim, ilustrando, o título poderá ser concedido se eles viverem em união estável, protegida pela Constituição Federal como entidade familiar (art. 226, § 3.º).

A previsão é reproduzida pelo § 1º do art. 1.240 da Lei Civil: "o título de domínio e a concessão de uso serão conferidos ao homem ou à mulher, ou a ambos, independentemente do estado civil", cujo objetivo era justamente tutelar as pessoas que viviam em união estável, no passado. No Projeto de Reforma do Código Civil almeja-se alterar a norma com o seguinte texto: "§ 1º O título de propriedade e a concessão de uso serão conferidos à pessoa, independentemente de gênero, sexo, ou estado civil". Com isso, passará a ser possível a sua concessão em casos de união ou casamento homoafetivo, no texto expresso da norma civil, conclusão que já decorre da correta interpretação dos comandos legais.

Além disso, enuncia o § 2.º do art. 9.º do Estatuto da Cidade que o direito à usucapião especial urbana não será reconhecido ao mesmo possuidor mais de uma vez, o que confirma a ideia de que a aquisição da propriedade atende ao direito mínimo de moradia (*pro misero*), em consonância com a *teoria do patrimônio mínimo*, criada por Luiz Edson Fachin (*Estatuto...*, 2006).

Por fim, de acordo com o § 3.º do art. 9.º da Lei 10.257/2001, para os efeitos dessa modalidade de usucapião, o herdeiro legítimo continua, de pleno direito, a posse de seu antecessor, desde que já resida no imóvel por ocasião da abertura da sucessão. Eis aqui o tratamento específico da *accessio possessionis* para a usucapião especial urbana, como antes mencionado, não se aplicando, portanto, a regra geral prevista no art. 1.243 do CC/2002. Fica claro, pela literalidade da norma, que a *soma das posses* para a usucapião especial urbana somente pode ser *mortis causa* e não *inter vivos*, como é na regra geral.

Pelo que consta dos dispositivos legais mencionados, são os requisitos da usucapião constitucional ou especial urbana:

a)   Área urbana não superior a 250 m².

b)   Posse mansa e pacífica de cinco anos ininterruptos, sem oposição, com *animus domini*.

c)   O imóvel deve ser utilizado para a sua moradia ou de sua família, nos termos do que consta do art. 6.º, *caput*, da CF/1988 (*pro misero*).

d)   Aquele que adquire o bem não pode ser proprietário de outro imóvel, rural ou urbano; não podendo a usucapião especial urbana ser deferida mais de uma vez. Sobre esse elemento, recente julgado do STJ considerou que "o fato de os possuidores serem proprietários de metade do imóvel usucapiendo não recai na vedação de não possuir 'outro imóvel' urbano, contida no artigo 1.240 do Código Civil". Ainda de acordo com o julgado, que traz o debate de outros temas relevantes, "é firme a jurisprudência desta Corte no sentido de ser admissível a usucapião de bem em condomínio, desde que o condômino exerça a posse do bem com exclusividade". E mais, "a posse exercida pelo locatário pode se transmudar em posse com *animus domini* na hipótese em que ocorrer substancial alteração da situação fática". No caso concreto, em que se admitiu a usucapião, "os possuidores (i) permaneceram no imóvel por mais de 30 (trinta) anos, sem contrato de locação regular e sem efetuar o pagamento de aluguel, (ii) realizaram benfeitorias, (iii) tornaram-se proprietários da metade do apartamento, e (iv) adimpliram todas as taxas e tributos, inclusive taxas extraordinárias de condomínio, comportando-se como proprietários exclusivos do bem" (STJ, REsp 1.909.276/RJ, 3.ª Turma, Rel. Min. Ricardo Villas Bôas Cueva, j, 27.09.2022, *DJe* 30.09.2022).

Observe-se que não há menção a respeito do justo título e da boa-fé pela presunção absoluta ou *iure et de iure* de suas presenças.

Em relação à usucapião especial urbana, cumpre destacar inicialmente outros enunciados aprovados nas *Jornadas de Direito Civil*, sem prejuízo do Enunciado n. 313 da *IV Jornada* (2006), aqui citado e criticado.

O primeiro deles é o Enunciado n. 85 do CJF/STJ, da *I Jornada de Direito Civil* (2002), pelo qual, "para efeitos do art. 1.240, *caput*, do novo Código Civil, entende-se por 'área urbana' o imóvel edificado ou não, inclusive unidades autônomas vinculadas a condomínios edilícios". Na esteira da jurisprudência estadual anterior, o entendimento doutrinário consubstanciado no enunciado doutrinário está a possibilitar a usucapião especial urbana de apartamentos em condomínio edilício, tese que tem a minha concordância (TJSP, Apelação 390.646-4/3-00, 3.ª Câmara de Direito Privado, Mococa, Rel. Des. Beretta da Silveira, 05.09.2006, v.u., Voto 11.567). A afirmação foi firmada pelo Supremo Tribunal Federal, em agosto de 2020, em julgamento com repercussão geral, que confirma ser essa a posição a ser considerada, para os devidos fins práticos (STF, RE 305.416, Rel. Min. Marco Aurélio).

Em complemento, havendo usucapião de área em condomínio, expressa o Enunciado n. 314 do CJF/STJ, da *IV Jornada*, que, "para os efeitos do art. 1.240, não se deve computar, para fins de limite de metragem máxima, a extensão compreendida pela fração ideal correspondente à área comum". Em suma, para o cômputo dos 250 m² que exige a lei, somente deve ser levada em conta a área autônoma ou individual e não a fração da área comum. E não se olvide que, consoante enunciado aprovado na *VII Jornada de Direito Civil*, em 2015, também o condomínio edilício pode adquirir área por usucapião (Enunciado n. 596), o que tem minha concordância e que reconhece a personalidade jurídica ao condomínio, como ainda será desenvolvido nesta obra.

Ademais, conforme visto anteriormente, o Superior Tribunal de Justiça considerou, em 2015, a possibilidade de usucapião agrária em área inferior a um módulo rural. Mantendo a coerência, em 2016, surgiu aresto aplicando a mesma premissa para o módulo urbano. Nos termos da publicação constante do *Informativo* n. *584* da Corte, "não obsta o pedido declaratório de usucapião especial urbana o fato de a área do imóvel ser inferior à correspondente ao 'módulo urbano' (a área mínima a ser observada no parcelamento de solo urbano por determinação infraconstitucional). Isso porque o STF, após reconhecer a existência de repercussão geral da questão constitucional suscitada, fixou a tese de que, preenchidos os requisitos do artigo 183 da CF, cuja norma está reproduzida no art. 1.240

do CC, o reconhecimento do direito à usucapião especial urbana não pode ser obstado por legislação infraconstitucional que estabeleça módulos urbanos na respectiva área em que situado o imóvel (dimensão do lote) (RE 422.349-RS, Tribunal Pleno, *DJe* 05.08.2015)" (STJ, REsp 1.360.017/RJ, Rel. Min. Ricardo Villas Bôas Cueva, j. 05.05.2016, *DJe* 27.05.2016).

Também a merecer destaque, o Superior Tribunal de Justiça concluiu, em 2020, que é possível a usucapião constitucional urbana se o imóvel tiver uma utilização mista, residencial e comercial, o que também conta com o meu apoio. Em consonância com trecho da ementa do acórdão, "o art. 1.240 do CC/2002 não direciona para a necessidade de destinação exclusiva residencial do bem a ser usucapido. Assim, o exercício simultâneo de pequena atividade comercial pela família domiciliada no imóvel objeto do pleito não inviabiliza a prescrição aquisitiva buscada" (STJ, REsp 1.777.404/TO, 3.ª Turma, Rel. Min. Nancy Andrighi, j. 05.05.2020, *DJe* 11.05.2020). O *decisum* confirma o caráter *pro misero* do instituto.

Pois bem, a Lei 12.424, de 16 de junho de 2011, inclui no sistema a *usucapião especial urbana por abandono do lar*. Vejamos a redação do novo comando inserido, constante do art. 1.240-A do CC/2002:

> "Art. 1.240-A. Aquele que exercer, por 2 (dois) anos ininterruptamente e sem oposição, posse direta, com exclusividade, sobre imóvel urbano de até 250m² (duzentos e cinquenta metros quadrados) cuja propriedade divida com ex-cônjuge ou ex-companheiro que abandonou o lar, utilizando-o para sua moradia ou de sua família, adquirir-lhe-á o domínio integral, desde que não seja proprietário de outro imóvel urbano ou rural.
>
> § 1.º O direito previsto no *caput* não será reconhecido ao mesmo possuidor mais de uma vez".

O instituto traz algumas semelhanças em relação à usucapião especial urbana que já estava prevista, a qual pode ser denominada como *regular*.

De início, cite-se a metragem de 250 m², que é exatamente a mesma, procurando o legislador manter a uniformidade legislativa. Isso, apesar de que em alguns locais a área pode ser tida como excessiva, conduzindo a usucapião de imóveis de valores milionários. Ato contínuo, o novo instituto somente pode ser reconhecido uma vez, desde que o possuidor não tenha um outro imóvel urbano ou rural.

A principal novidade é a redução do prazo para exíguos dois anos, o que faz com que a nova categoria seja aquela com menor prazo previsto, entre todas as modalidades de usucapião, inclusive de bens móveis (o prazo menor era de três anos). Deve ficar claro que a tendência pós-moderna é justamente a de redução dos prazos legais, eis que o mundo contemporâneo possibilita a tomada de decisões com maior rapidez.

O abandono do lar é o fator preponderante para a incidência da norma, somado ao estabelecimento da moradia com posse direta. O comando pode atingir cônjuges ou companheiros, inclusive homoafetivos, diante do amplo reconhecimento da união homo-afetiva como entidade familiar, equiparada à união estável. Fica claro que o instituto tem incidência restrita entre os componentes da entidade familiar, sendo esse o seu âmbito de aplicação.

Nesse sentido, precioso enunciado aprovado na *V Jornada de Direito Civil*, a saber: "a modalidade de usucapião prevista no art. 1.240-A do Código Civil pressupõe a propriedade comum do casal e compreende todas as formas de família ou entidades familiares, inclusive homoafetivas" (Enunciado n. 500).

Consigne-se que, em havendo disputa, judicial ou extrajudicial, relativa ao imóvel, não ficará caracterizada a posse *ad usucapionem*, não sendo o caso de subsunção do preceito. Eventualmente, o cônjuge ou companheiro que abandonou o lar pode notificar o ex-consorte anualmente, para demonstrar o impasse relativo ao bem, afastando o cômputo do prazo. Trazendo essa ideia, vejamos dois acórdãos estaduais:

> "Acolhimento do pedido de reconhecimento de domínio pela usucapião que se mostra inviável. Instituto da usucapião familiar/conjugal, previsto no art. 1.240-A que pressupõe que o imóvel que se pretende usucapir seja, por força do regime de bens, do casal, em comunhão, decorrente do regime de bens do casamento ou da união estável, ou em condomínio. Imóvel que, no caso em tela, pertence unicamente ao primeiro réu, o qual o recebeu em doação quando ainda era menor. Demais modalidades que imprescindem do *animus domini*, não demonstrado na hipótese em exame. Permanência da autora no imóvel, juntamente com os filhos do ex-casal, que indica somente a tolerância com a situação fática acarretada pelo rompimento do vínculo conjugal. Incidência do art. 1.208 do Código Civil. Notificação extrajudicial realizada que cumpriu a finalidade de denunciar o contrato e demonstrou o interesse da usufrutuária e do nu-proprietário em reaver o imóvel, perfectibilizando-se o esbulho. Incidência do art. 582 do Código Civil" (TJRJ, Apelação 0390522-36.2016.8.19.0001, Rio de Janeiro, 5.ª Câmara Cível, Rel. Des. Heleno Ribeiro Pereira Nunes, *DORJ* 10.06.2021, p. 298).

> "Embora o réu tenha constituído nova família, não restou configurado abandono. Réu que vem pagando pensão alimentícia e exercendo o direito de visitas à filha comum do casal. Mera ocupação autorizada do imóvel comum que restou continuada diante permissão do coproprietário. Ausente requisito do *animus domini* para o seu reconhecimento" (TJSP, Apelação Cível 1002348-40.2016.8.26.0704, Acórdão 14935725, São Paulo, 10.ª Câmara de Direito Privado, Rel. Des. Elcio Trujillo, j. 19.08.2021, *DJESP* 24.08.2021, p. 1.668).

Adotando em parte essas ideias, da *IX Jornada de Direito Civil*, promovida pelo Conselho da Justiça Federal e pelo Superior Tribunal de Justiça em maio de 2002, destaque-se o Enunciado n. 664, segundo o qual "o prazo da usucapião contemplada no art. 1.240-A só iniciará seu curso caso a composse tenha cessado de forma efetiva, não sendo suficiente, para tanto, apenas o fim do contato físico com o imóvel". Consoante as suas corretas justificativas, que contaram com o meu apoio naquele evento, "em que pese o referido dispositivo legal refira-se ao abandono do lar pelo ex-cônjuge ou ex-companheiro, por tratar-se de hipótese de composse (art. 1.199, CC/2002), somente quando esta efetivamente cessar, a usucapião familiar poderá consumar-se. Assim, ainda que não mais exerça a posse direta sobre o imóvel, o ex-cônjuge ou ex-companheiro não deixará de ser compossuidor caso siga arcando com despesas do imóvel, tais como cobranças de cota condominial ou IPTU. Em tal caso, haveria, na verdade, um desdobramento da posse entre direta e indireta, e não o fim da composse, passível de dar ensejo ao decurso do prazo de prescrição aquisitiva em favor do ex-cônjuge ou companheiro que segue residindo no imóvel".

Desse modo, o requisito do abandono do lar merece uma interpretação objetiva e cautelosa. Nessa esteira, vejamos outro enunciado aprovado na *V Jornada de Direito Civil*, em 2011, que analisava muito bem a temática:

> "A aquisição da propriedade na modalidade de usucapião prevista no art. 1.240-A do Código Civil só pode ocorrer em virtude de implemento de seus pressupostos anteriormente ao divórcio. O requisito 'abandono do lar' deve ser interpretado de maneira cautelosa, mediante a verificação de que o afastamento do lar conjugal representa descumprimento

simultâneo de outros deveres conjugais, tais como assistência material e dever de sustento do lar, onerando desigualmente aquele que se manteve na residência familiar e que se responsabiliza unilateralmente pelas despesas oriundas da manutenção da família e do próprio imóvel, o que justifica a perda da propriedade e a alteração do regime de bens quanto ao imóvel objeto de usucapião" (Enunciado n. 499).

Como incidência concreta desse enunciado doutrinário anterior, não se pode admitir a aplicação da nova usucapião nos casos de atos de violência praticados por um cônjuge ou companheiro para retirar o outro do lar conjugal. Em suma, a expulsão do cônjuge ou companheiro não pode ser comparada ao abandono.

Outra aplicação da transcrita ementa doutrinária diz respeito ao afastamento de qualquer debate a respeito da culpa, com o fim de influenciar a usucapião a favor de um ou outro consorte. Na verdade, existindo qualquer controvérsia a respeito do imóvel, não há que se falar em posse *ad usucapionem* com a finalidade de gerar a aquisição do domínio.

De toda sorte, pontue-se que, na *VII Jornada de Direito Civil*, realizada em 2015, o Enunciado n. 499 do CJF foi cancelado, substituído por outro com linguagem mais clara, que parece englobar as hipóteses aqui mencionadas. Nos termos da nova ementa doutrinária, "o requisito do 'abandono do lar' deve ser interpretado na ótica do instituto da usucapião familiar como abandono voluntário da posse do imóvel somando à ausência da tutela da família, não importando em averiguação da culpa pelo fim do casamento ou união estável. Revogado o Enunciado 499" (Enunciado n. 595). Com o devido respeito, penso que o novo enunciado não inova substancialmente, trazendo como conteúdo exatamente o que estava tratado no anterior, ora cancelado, apenas com o uso de termos mais claros e objetivos.

No que concerne à questão de direito intertemporal, é correto o entendimento já defendido por Marcos Ehrhardt Jr., no sentido de que "o prazo para exercício desse novo direito deve ser contado por inteiro, a partir do início da vigência da alteração legislativa, afinal não se deve mudar as regras do jogo no meio de uma partida" (EHRHARDT JR., Marcos. Temos um novo tipo de usucapião...). A conclusão tem relação direta com a proteção do direito adquirido, retirada do art. 5.º, XXXVI, da Constituição e do art. 6.º da Lei de Introdução. Do mesmo modo, o entender constante em outro enunciado da *V Jornada de Direito Civil*: "a fluência do prazo de 2 anos, previsto pelo art. 1.240-A para a nova modalidade de usucapião nele contemplada, tem início com a entrada em vigor da Lei n.º 12.424/2011" (Enunciado n. 498). Na mesma linha, podem ser colacionados os seguintes julgados:

"Usucapião. Ação de usucapião familiar. Autora separada de fato que pretende usucapir a parte do imóvel que pertencente ao ex-cônjuge. Artigo 1240-A do Código Civil, inserido pela Lei n.º 12.424/2011. Inaplicabilidade. Prazo de 2 anos necessário para aquisição na modalidade de 'usucapião familiar' que deve ser contado da data da vigência da lei (16.06.2011). Ação distribuída em 25.08.2011. Lapso temporal não transcorrido. Sentença de indeferimento da inicial mantida. Recurso desprovido" (TJSP, Apelação 00406656920118260100, 3.ª Câmara Cível, Rel. Alexandre Marcondes, j. 25.02.2014).

"Direito de família. Divórcio litigioso. Apelação. Usucapião familiar. Artigo 1.240-A do Código Civil. Aplicação retroativa. Impossibilidade. Recurso desprovido. O artigo 1.240-A do Código Civil não possui aplicação retroativa, porque comprometeria a estabilidade das relações jurídicas" (TJMG, Apelação Cível 1.0702.11.079218-2/001, Rel. Des. José Carlos Moreira Diniz, j. 11.07.2013, *DJEMG* 16.07.2013).

"Apelação cível. Divórcio. Justiça gratuita. (...). Usucapião de bem familiar. Exegese do art. 1.240-A do Código Civil, incluído pela Lei n. 12.424, de 2011. Contagem do prazo de dois anos anterior à vigência da Lei. Impossibilidade. (...). 2 O termo inicial da contagem do prazo de dois anos para aplicação da usucapião por abandono familiar e patrimonial do imóvel comum é a data do início da vigência da Lei que instituiu essa nova modalidade de aquisição dominial. (...)" (TJSC, Apelação Cível 2013.008829-3, 2.ª Câmara de Direito Civil, Itajaí, Rel. Des. José Trindade dos Santos, j. 31.05.2013, *DJSC* 07.06.2013, p. 191).

Merece relevo mais um enunciado aprovado na *V Jornada*, que conclui que não é requisito indispensável para a nova usucapião o divórcio ou a dissolução da união estável, bastando a mera separação de fato: "as expressões 'ex-cônjuge' e 'ex-companheiro', contidas no artigo 1.240-A do Código Civil, correspondem à situação fática da separação, independentemente de divórcio" (Enunciado n. 501). Julgando dessa forma, somente para ilustrar: "o evento *a quo* para o início da contagem do prazo prescricional é a separação de fato do casal, com o abandono do lar por um dos cônjuges" (TJSP, Apelação 0023846-23.2012.8.26.0100, Acórdão 7215564, São Paulo, 2.ª Câmara de Direito Privado, Rel. Des. José Carlos Ferreira Alves, j. 03.12.2013, *DJESP* 21.01.2014).

Do mesmo evento, concluiu-se que "o conceito de posse direta do art. 1.240-A do Código Civil não coincide com a acepção empregada no art. 1.197 do mesmo Código" (Enunciado n. 502 da *V Jornada de Direito Civil*). Isso porque o imóvel pode ser ocupado por uma pessoa da família do ex-cônjuge ou ex-companheiro que pleiteia a usucapião, caso de seu filho, conforme consta do próprio dispositivo. Em casos tais, pelo teor do enunciado e minha opinião doutrinária, a usucapião é viável juridicamente.

Outra questão de debate diz respeito à competência para apreciar tal modalidade de usucapião, se da Vara Cível ou da Vara da Família. Sigo os arestos que, com precisão, concluem pela competência da primeira ou, eventualmente, da Vara de Registros Públicos, se houver, diante da presença de questão eminentemente civil, relativa ao Direito das Coisas. Nessa linha, do Tribunal Bandeirante, entre os primeiros arestos:

"Conflito Negativo de Competência. Varas Cível e de Família e Sucessões da Comarca. Processamento de pedido de 'Usucapião Familiar' (artigo 1.240-A do Código Civil). Instituto que visa à legitimação de domínio de imóvel. Ação real. Existência de instituição familiar que é apenas um dos requisitos cumulativos previstos em lei. Questão que não refere ao estado das pessoas. Efeitos registrários. Arts. 34 e 37 do Código Judiciário de SP. Varas da Família e Sucessões que detêm hipóteses de competência restritas. Tutela de caráter exclusivamente patrimonial, afastando a competência do Juízo Especializado. Conflito julgado procedente, para declarar a competência do MM. Juízo da Vara Cível" (TJSP, Conflito de Competência 0180277-60.2013.8.26.0000, Câmara Especial, Franca, Rel. Claudia Grieco Tabosa Pessoa, j. 09.12.2013, Data de registro: 12.12.2013).

Exatamente nesse sentido decidiu mais recentemente o Tribunal de Justiça de São Paulo, confirmando a posição do seu Órgão Especial:

"A questão afeta à competência para apreciação da usucapião familiar já foi solucionada pelo Órgão Especial desse Egrégio Tribunal de Justiça, cabendo às varas cíveis ou de registros públicos (onde não houver varas cíveis) apreciar a matéria" (TJSP, Apelação Cível 1020898-41.2019.8.26.0005, Acórdão 14851731, São Paulo, 8.ª Câmara de Direito Privado, Rel. Des. Silvério da Silva, j. 26.07.2021, *DJESP* 30.07.2021, p. 2.831).

Na mesma linha, julgou o Tribunal de Justiça do Distrito Federal que "a relação jurídica em discussão, de ordem eminentemente patrimonial, no que se compreende a pretensão inicial de usucapião familiar, com fundamento no art. 1.240-A do Código Civil, atrai inexoravelmente a competência do Juízo Cível. Súmula 24 do TJDFT e precedente julgado na 2.ª Câmara Cível" (TJDF, Apelação Cível 00380.18-62.2016.8.07.0001, Acórdão 134.4789, 7.ª Turma Cível, Rel. Des. Fábio Eduardo Marques, j. 09.06.2021).

Do Tribunal Fluminense, sem prejuízo de muitos outros julgados, sendo essa a posição majoritária das Cortes Estaduais Brasileiras:

> "O objeto da demanda é a aquisição originária da propriedade do imóvel em que reside a autora, de modo que a matéria a ser apreciada e julgada nos autos é de natureza eminente patrimonial, não havendo qualquer questão relativa à relação familiar. Matéria que não se encontra no rol da competência das varas de família, expressamente delimitada no art. 43 da LODJ" (TJRJ, Apelação 0012457-50.2019.8.19.0210, 15.ª Câmara Cível, Rel. Des. Ricardo Rodrigues Cardozo, *DORJ* 29.07.2020, p. 371).

Este último entendimento ganha força diante da comum situação de os autores das ações de usucapião alegarem a presença não só de uma de suas modalidades. Assim, é usual que a parte alegue não só a usucapião familiar, mas também a usucapião ordinária e a extraordinária, pela presença de requisitos cumulativos, de uma ou outra categoria. A configuração ou não de seus elementos é mais bem apreciada pelo Juízo Cível do que pelo Juízo da Família, na minha opinião doutrinária.

Não se pode negar, contudo, que a questão não é pacífica, existindo acórdãos em sentido contrário, como nas hipóteses em que a usucapião é alegada como matéria de defesa em ações de divórcio ou de dissolução de união estável. Ou, ainda, as situações concretas em que há divergência a respeito da presença ou não de uma união estável, motivadora da usucapião. Trazendo essa solução, pela competência da Vara da Família, colaciono o seguinte julgado, do Tribunal de Santa Catarina:

> "Apelação cível. Ação divórcio c/c partilha de bens. Casamento sob o regime de comunhão universal de bens. Sentença de determinou a divisão do imóvel adquirido pelos litigantes. Recurso da ré. Decisão *extra petita*. Inocorrência. Juiz que decidiu conforme interpretação dos fatos narrados pelas partes. Apelante que alega que o ex-marido abandonou o lar conjugal, e portanto o imóvel deve ser excluído da partilha, pois configurou-se a usucapião familiar. Apelado que sempre manteve contato com a filha do casal. Abandono do lar não comprovado. Requisitos da usucapião familiar (art. 1.240-A, do Código Civil) não preenchidos. Competência da vara da família da ação que versa sobre usucapião familiar. Ação conexa por identidade de objetos à ação de divórcio dado que envolve relação familiar. Sentença mantida. Recurso conhecido e desprovido. Para que se configure a usucapião familiar, é necessário que o ex-cônjuge ou ex-companheiro tenha abandonado o lar conjugal de forma dolosa, deixando o núcleo familiar a própria sorte, ignorando o que a família um dia representou. Assim, a simples saída de casa, não configura o abandono do lar, que deve ser interpretado de maneira cautelosa, com provas robustas amealhadas ao longo da instrução processual" (TJSC, Apelação Cível 0303473-85.2016.8.24.0075, Tubarão, 3.ª Câmara de Direito Civil, Rel. Des. Saul Steil, *DJSC* 12.03.2018, p. 142).

De fato, existem argumentos consideráveis para os dois caminhos a respeito da competência de apreciação da usucapião familiar. De todo modo, reafirmo o meu entendimento no sentido de se tratar de tema relacionado a matéria predominantemente civil, sendo certo que a grande maioria das demandas de usucapião, como aqui se demonstrou, trazem o debate sobre a caracterização ou não da posse *ad usucapionem*.

Para encerrar o tema, destaco que no Projeto de Reforma do Código Civil são feitas sugestões de melhora substancial do texto do seu art. 1.240-A, com o fim de resolver muitas das polêmicas expostas e trazer para o texto legal alguns dos enunciados doutrinários aprovados nas *Jornadas de Direito Civil*.

Nesse contexto, a Comissão de Juristas propõe que o seu *caput* expresse que "aquele que exercer, por 2 (dois) anos ininterruptamente e sem oposição, posse com intenção de dono, com exclusividade, sobre imóvel urbano de até 250m² (duzentos e cinquenta metros quadrados) cuja propriedade divida com ex-cônjuge ou ex-convivente que abandonou o lar, utilizando-o para sua moradia ou de sua família, adquirir-lhe-á a propriedade integral, desde que não seja proprietário de outro imóvel urbano ou rural". Como se nota, é retirada a menção à posse direta, que é controversa, como antes se expôs.

Mantém-se o § 1º do dispositivo, mas se inclui um novo § 2º-A, com o fim de deliminar o início do prazo da usucapião, em prol da segurança jurídica: "o prazo mencionado neste dispositivo, deve ser contado da data do fim da composse existente entre os ex-cônjuges ou os ex-conviventes". Em complemento, com o mesmo fim, o projetado § 3º: "presume-se como cessada a composse quando, a partir do fim da posse com intenção de dono, em conjunto, o ex-cônjuge ou ex-convivente deixa de arcar com as despesas relativas ao imóvel". A menção à posse com *animus domini* trará, sem dúvida, maior certeza na aplicação do instituto.

O mesmo se diga quanto aos propostos §§ 4º e 5º do art. 1.240-A, que projetam na lei os Enunciados n. 501 e n. 595 das *Jornadas*: "as expressões ex-cônjuge e ex-convivente, contidas neste dispositivo, correspondem à situação fática da separação, independentemente de divórcio ou de dissolução da união estável" e "o requisito do abandono do lar deve ser interpretado como abandono voluntário da posse do imóvel, não importando em averiguação da culpa pelo fim da sociedade conjugal, do casamento ou da união estável".

Penso que com a aprovação das proposições o instituto terá mais previsibilidade e certeza na sua aplicação, superando-se divergências práticas hoje existentes, sendo fundamental a sua aprovação pelo Parlamento Brasileiro, em prol da operabilidade.

Superado o estudo da usucapião especial urbana, passa-se à usucapião especial urbana coletiva, prevista no Estatuto da Cidade.

3.7.2.1.5   Da usucapião especial urbana coletiva (art. 10 da Lei 10.257/2001)

Dispõe o *caput* do art. 10 do Estatuto da Cidade, com nova redação desde junho de 2017 (Leis 10.257/2001 e 13.465/2017):

> "Art. 10. Os núcleos urbanos informais existentes sem oposição há mais de cinco anos e cuja área total dividida pelo número de possuidores seja inferior a duzentos e cinquenta metros quadrados por possuidor são suscetíveis de serem usucapidos coletivamente, desde que os possuidores não sejam proprietários de outro imóvel urbano ou rural".

O comando consagra a *usucapião especial urbana coletiva* ou, tão somente, *usucapião coletiva*, possível nos casos envolvendo imóveis localizados em zonas urbanas. Como visto outrora, a norma foi alterada pela Lei 13.465/2017, tendo a seguinte redação anterior: "as áreas urbanas com mais de duzentos e cinquenta metros quadrados, ocupadas por população de baixa renda para sua moradia, por cinco anos, ininterruptamente e sem oposição, onde não for possível identificar os terrenos ocupados por cada possuidor, são susceptíveis de serem usucapidas coletivamente, desde que os possuidores não sejam proprietários de outro imóvel urbano ou rural".

A primeira modificação diz respeito à substituição de um critério subjetivo – a ocupação por famílias de baixa renda – por um objetivo – a existência de núcleos urbanos informais. A propósito, o art. 11, inc. I, da Lei 13.465/2017 conceitua *núcleo urbano* como sendo o assentamento humano, com uso e características urbanas, constituído por unidades imobiliárias de área inferior à fração mínima de parcelamento de um módulo, independentemente da propriedade do solo, ainda que situado em área qualificada ou inscrita como rural.

Na sequência, a nova lei define o *núcleo urbano informal* como aquele clandestino, irregular ou no qual não foi possível realizar, por qualquer modo, a titulação de seus ocupantes, ainda que atendida a legislação vigente à época de sua implantação ou regularização (art. 11, inc. II). Há também previsão quanto ao *núcleo urbano informal consolidado*, o de difícil reversão, considerados o tempo da ocupação, a natureza das edificações, a localização das vias de circulação e a presença de equipamentos públicos, entre outras circunstâncias a serem avaliadas pelo Município (art. 11, inc. III). Opino que a modalidade de usucapião coletiva aplica-se também à última categoria.

Outra alteração diz respeito ao critério da área do imóvel objeto da usucapião coletiva. Antes, utilizava-se o parâmetro de área mínima de 250 m². Atualmente, a norma menciona que a área total dividida pelo número de possuidores deve ser inferior a 250 m² por possuidor. Desse modo, nota-se que o critério não é mínimo da área total, mas o máximo da área de cada usucapiente.

A terceira modificação é que não há mais menção ao destino da área para moradia, pelo menos expressamente, o que abre a possibilidade de usucapião coletiva caso o núcleo urbano informal tenha outro destino, como o estabelecimento de uma atividade comercial.

A quarta e última alteração é que a lei também não menciona a impossibilidade de identificação de cada possuidor na área a ser usucapida, pois o fator predominante é a existência do citado núcleo informal.

Em suma, são seus requisitos atuais:

a) Área urbana, sendo certo que a área total, dividida pelo número de possuidores, deve ser inferior a 250 m2 por cada possuidor.

b) Posse de cinco anos ininterruptos, sem oposição, com *animus domini*. Como se pode perceber, não há exigência de que a posse seja de boa-fé.

c) Existência no local de um núcleo urbano informal ou de um núcleo urbano informal consolidado.

d) Aquele que adquire não pode ser proprietário de outro imóvel – rural ou urbano.

Em relação a tais elementos, aprofundando, é interessante trazer à baila dois exemplos anteriores do Tribunal de Justiça de São Paulo. De início, entendeu o Tribunal pela viabilidade de soma das posses, não quanto ao tempo, mas sim quanto ao espaço, para a configuração do instituto da usucapião coletiva:

"Usucapião coletivo – Imóvel urbano – Cômodos integrantes de um mesmo imóvel – Soma das posses – Admissibilidade – Legitimidade dos possuidores em estado de composse ou litisconsórcio – Aplicação do Estatuto da Cidade (Lei 10.257/2001) – Prazo – Cômputo a partir da Constituição 88 – Cassada a sentença extintiva – Recurso provido" (TJSP, Apelação 297.047-4/1-00, 10.ª Câmara de Direito Privado, São Paulo, Rel. Testa Marchi, 14.03.2006, v.u., Voto 8.897).

Com as mudanças engendradas pela Lei 13.465/2017, tal entendimento parece superado, pois o que deve ser levado em conta não é mais a área mínima total, mas a máxima de cada possuidor, que não pode ser superior a 250 m².

O mesmo Tribunal Paulista concluiu não ser possível a usucapião especial urbana (individual) em caso envolvendo um cômodo em habitação coletiva (o popular *cortiço*). Para a Corte Estadual, o caminho processual a ser percorrido seria o da usucapião coletiva, como se pode notar da ementa a seguir transcrita:

> "Usucapião especial urbano – Ação ajuizada em caráter individual com a finalidade do reconhecimento de domínio exclusivo sobre um cômodo de habitação coletiva – Inadmissibilidade – Situação a viabilizar em tese a ação de usucapião especial urbano coletivo, na qual a legitimidade 'ad causam' é deferida a todos os moradores em litisconsórcio necessário ou à associação que os representa – Aplicação das regras dos artigos 9.º, 10 e 12 da Lei 10.257/2001 (Estatuto da Cidade) – Petição inicial indeferida – Recurso do casal autor desprovido" (TJSP, Apelação 283.033-4/0, 8.ª Câmara de Direito Privado, São Paulo, Rel. Morato de Andrade, 27.08.2003, v.u.).

Em relação ao último acórdão, penso que a tendência é a manutenção da mesma conclusão sob a égide da Lei 13.465/2017.

Os parágrafos do art. 10 do Estatuto da Cidade trazem importantes regras de cunho material e processual, sem prejuízo de outras normas instrumentais que estão estudadas em tópico próprio. Aqui não houve qualquer modificação feita pela recente norma.

Nos termos do § 1.º do art. 10 do Estatuto da Cidade, o possuidor pode, para o fim de contar o prazo exigido por esse artigo, acrescentar sua posse à de seu antecessor, contanto que ambas sejam contínuas. Em norma especial, está consagrada a possibilidade da *accessio possessionis*, ou seja, a possibilidade de o sucessor da posse somar, no aspecto temporal, a posse anterior para fins de usucapião coletiva.

No campo processual, a usucapião especial coletiva de imóvel urbano será declarada pelo juiz, mediante sentença, a qual servirá de título para registro no cartório de registro de imóveis (art. 10, § 2.º, da Lei 10.257/2001). Nessa sentença, o juiz atribuirá igual fração ideal de terreno a cada possuidor, independentemente da dimensão do terreno que cada um ocupe, salvo hipótese de acordo escrito entre os condôminos, estabelecendo frações ideais diferenciadas (art. 10, § 3.º, da Lei 10.257/2001).

A última norma consagra o estabelecimento de um condomínio a favor dos usucapientes, o que deve constar da sentença declaratória da propriedade. Esse condomínio especial constituído é indivisível, não sendo passível de extinção, salvo deliberação favorável tomada por, no mínimo, dois terços dos condôminos, no caso de execução de urbanização posterior à constituição do condomínio (art. 10, § 4.º, da Lei 10.257/2001).

Por fim, determina o comando legal que as deliberações relativas à administração do condomínio especial serão tomadas por maioria de votos dos condôminos presentes, obrigando também os demais, discordantes ou ausentes (art. 10, § 5.º, da Lei 10.257/2001).

3.7.2.1.6 Da usucapião especial indígena (art. 33 da Lei 6.001/1973)

Além das formas de usucapião elencadas no Código Civil de 2002, na Constituição Federal, na Lei Agrária e no Estatuto da Cidade, é preciso apontar e estudar a *usucapião especial indígena*, tratada pelo Estatuto do Índio (Lei 6.001/1973). Estabelece o art. 33 dessa lei especial que "o índio, integrado ou não, que ocupe como próprio, por dez anos consecutivos, trecho de terra inferior a cinquenta hectares, adquirir-lhe-á a propriedade plena".

O parágrafo único do dispositivo enuncia que ele não se aplica às terras do domínio da União, ocupadas por grupos tribais, às áreas reservadas tratadas pelo próprio Estatuto do Índio, nem às terras de propriedade coletiva de grupo tribal. Assim, essas áreas não podem ser objeto dessa forma de usucapião especial.

Pelo que consta da norma, são requisitos da usucapião indígena:

a) Área de, no máximo, 50 ha.
b) Posse mansa e pacífica por dez anos, exercida por indígena.

É pertinente lembrar que o art. 4.º da Lei 6.001/1973 classifica os indígenas da seguinte forma, o que interessa para fins dessa usucapião:

a) *Índios isolados* – quando vivem em grupos desconhecidos ou de que se possuem poucos e vagos informes por meio de contatos eventuais com elementos da comunhão nacional;
b) *Índios em vias de integração* – quando, em contato intermitente ou permanente com grupos estranhos, conservam menor ou maior parte das condições de sua vida nativa, mas aceitam algumas práticas e modos de existência comuns aos demais setores da comunhão nacional, da qual vão necessitando cada vez mais para o próprio sustento;
c) *Índios integrados* – quando incorporados à comunhão nacional e reconhecidos no pleno exercício dos direitos civis, ainda que conservem os usos, costumes e tradições característicos da sua cultura.

Como ficou claro, seja o índio integrado ou não, poderá ele adquirir área por meio da usucapião especial, o que visa a proteger a sua condição de indígena.

3.7.2.1.7 Da usucapião imobiliária administrativa decorrente da legitimação da posse, anteriormente prevista no art. 60 da Lei 11.977/2009, e seu tratamento após a Lei 13.465/2017 (arts. 25 a 27)

Além das modalidades judiciais expostas, a Lei 11.977/2009 – conhecida como *Lei Minha Casa, Minha Vida* – instituiu modalidade de usucapião administrativa ou extrajudicial, decorrente da legitimação da posse, a ser efetivada no Cartório de Registro de Imóveis, dispensando demanda judicial. Como se verá a seguir, o Código de Processo Civil de 2015 ampliou a possibilidade da usucapião extrajudicial para todas as modalidades de usucapião imobiliária aqui estudadas, desde que seguidos os procedimentos consagrados no Estatuto Processual emergente.

Pois bem, a categoria recebeu modificações substanciais por força da Lei 13.465/2017, que revogou os dispositivos legais relativos ao tratamento anterior e incluiu novos. De acordo com a nova norma, como visto, a legitimação de posse passou a ser definida como o ato do poder público destinado a conferir título, por meio do qual fica reconhecida a posse de imóvel objeto da política de Regularização Fundiária Urbana (REURB), conversível em aquisição de direito real de propriedade, com a identificação de seus ocupantes, do tempo da ocupação e da natureza da posse (art. 11, inc. VI, da Lei 13.465/2017).

A norma revogada, art. 59 da Lei 11.977/2019, previa que o Poder Público poderia legitimar a posse de ocupantes de imóveis públicos ou particulares ("a legitimação de posse devidamente registrada constitui direito em favor do detentor da posse direta para fins de moradia"). Essa legitimação da posse seria concedida aos moradores cadastrados pelo Poder Público, desde que: *a)* não fossem concessionários, foreiros ou proprietários de outro imóvel urbano ou rural; e *b)* não fossem beneficiários de legitimação de posse concedida anteriormente. A legitimação de posse também seria concedida ao coproprietário da gleba, titular de cotas ou frações ideais, devidamente cadastrado pelo Poder Público, desde que exercesse seu direito de propriedade em um lote individualizado e identificado no parcelamento registrado.

Após concessão de tal direito, estabelecia o art. 60 da Lei 11.977/2009 que o detentor do título de legitimação de posse, após 5 (cinco) anos de seu registro, poderia requerer ao oficial de registro de imóveis a conversão desse título em registro de propriedade, tendo em vista sua aquisição por usucapião, nos termos do art. 183 da Constituição Federal. Em outras palavras, convertia-se a mera legitimação da posse em propriedade, por meio da usucapião especial ou constitucional urbana individual.

Sempre ressalvei, em comentários à realidade jurídica anterior, que, no caso de bens públicos, não seria cabível essa conversão, diante da proibição que consta do § 3.º do art. 183 do Texto Maior e do art. 102 do CC/2002. Para requerer tal conversão, o adquirente deveria apresentar: I – certidões do cartório distribuidor demonstrando a inexistência de ações em andamento que versassem sobre a posse ou a propriedade do imóvel; II – declaração de que não possuía outro imóvel urbano ou rural; III – declaração de que o imóvel era utilizado para sua moradia ou de sua família; e IV – declaração de que não tinha reconhecido anteriormente o direito à usucapião de imóveis em áreas urbanas.

Se a área fosse superior a 250 m², não seria possível adquirir a área pela modalidade da usucapião especial ou constitucional urbana, mas apenas por outra categoria, caso da usucapião ordinária ou da extraordinária (art. 60, § 3.º, da Lei 11.977/2009).

Por fim, o título de legitimação de posse poderia ser extinto pelo Poder Público emitente quando constatado que o beneficiário não estava na posse do imóvel e não houvesse registro de cessão de direitos. Após o procedimento para extinção do título, o Poder Público solicitaria ao oficial de registro de imóveis a averbação do seu cancelamento (art. 60-A da Lei 11.977/2009).

Como bem observavam Cristiano Chaves de Farias e Nelson Rosenvald, em comentários ao sistema anterior, tal modalidade de usucapião constituía uma ousada forma de concretização da proteção constitucional da moradia e da função social da propriedade, estando inserida na sadia ideia de *desjudicialização dos conflitos civis* (FARIAS, Cristiano Chaves; ROSENVALD, Nelson. *Curso de direito civil...*, 2012, v. 5, p. 450-456). Ou, ainda, segundo as palavras de Melhim Namen Chalhub:

> "O Capítulo III da Lei 11.977/2009 transpõe para o direito positivo o reconhecimento da eficácia jurídica da posse com função social, e, para maior celeridade de sua conversão em propriedade, admite seja processada extrajudicialmente a usucapião de imóveis localizados em favelas e assentamentos assemelhados. Por esse meio, a lei desata amarras que, no âmbito judicial, dificultam o acesso do possuidor ao título de propriedade. A extrajudicialidade do procedimento se justifica, dentre outros fundamentos, pela necessidade de simplificar e desburocratizar os meios de realização da função social da propriedade e das cidades, e contribui decisivamente para consecução dessas funções, não havendo afronta alguma aos requisitos da aquisição da propriedade por usucapião, nem às garantias constitucionais do direito de propriedade, desde que cumprida sua função social, e, ainda,

aos requisitos do contraditório" (CHALHUB, Melhim Namen. Usucapião administrativa...,
acesso em: 24 set. 2012).

As palavras ditas quanto à extrajudicialidade também servem para justificar a categoria
instituída pelo CPC/2015, e que será estudada a seguir.

Pois bem, a legitimação da posse e a consequente usucapião administrativa estão
agora tratadas entre os arts. 25 e 27 da Lei 13.465/2017. Nos termos do primeiro comando,
a legitimação de posse, instrumento de uso exclusivo para fins de regularização fundiária,
constitui ato do poder público destinado a conferir *título*, por meio do qual fica reconhecida
a posse de imóvel objeto da Regularização Fundiária Urbana. Nesse ato constará a identificação de seus ocupantes, o tempo da ocupação e a natureza da posse, o qual é conversível
em direito real de propriedade.

Como se nota, não há mais a menção de que a legitimação da posse confere *direito
registrável*, supostamente de natureza real, mas sim um *título*. Apesar dessa mudança, como
antes destacado, opino, *a priori*, que legitimação da posse urbana continua tendo a natureza
de direito real, diante do posicionamento doutrinário relativo à legitimação da posse agrária
(por todos, ver: MARQUES, Benedito Ferreira. *Direito...*, 2011, p. 87).

Nos termos o do art. 25, § 1.º, da Lei 13.465/2017, a legitimação de posse poderá ser
transferida por *causa mortis* ou por ato *inter vivos*. Trata-se de uma expressão de novidade
no tratamento do instituto, apesar de o ora revogado art. 60-A da Lei 11.977/2009 abrir a
possibilidade de sua cessão. Agora sem qualquer dúvida, é perfeitamente possível a transmissão *inter vivos* da legitimação da posse ter natureza onerosa, o que pode trazer sérios
problemas sociais, diante das notórias práticas de especulação imobiliária em nosso País.

Ademais, está previsto no § 2.º do art. 25 da Lei 13.465/2017 que a legitimação de
posse não se aplica aos imóveis urbanos situados em área de titularidade do poder público.
Assim, fecha-se qualquer possibilidade de usucapião administrativa sobre bens públicos,
dúvida que poderia ser levantada no sistema anterior, por falta de previsão legal específica.
De todo modo, reiteramos que essa já era a conclusão retirada do art. 183, § 3.º, do Texto
Maior e do art. 102 do Código Civil, como antes destacado.

Conforme o art. 26 da Lei 13.465/2017, sem prejuízo dos direitos decorrentes do exercício
da posse mansa e pacífica no tempo, aquele em cujo favor for expedido título de legitimação
de posse, decorrido o prazo de cinco anos de seu registro, terá a conversão automática dele
em título de propriedade, por meio da usucapião constitucional urbana individual, desde
que atendidos os termos e as condições do art. 183 da Constituição Federal. Agora, por
expressa previsão, tal conversão independe de prévia provocação ou prática de ato registral.

Como se nota, ao contrário do que constava do art. 60 da Lei 11.977/2009, em casos
tais não haverá necessidade de qualquer manifestação do oficial do Cartório do Registro de
Imóveis, sendo a citada conversão automática, ou seja, *pleno iure*.

Porém, caso não estejam preenchidos os requisitos para a usucapião constitucional
urbana individual, o título de legitimação de posse poderá ser convertido em título de propriedade, desde que satisfeitos os requisitos de outras modalidades de usucapião estabelecidos
na legislação em vigor, a requerimento do interessado, perante o Cartório de registro de
imóveis competente, de local do imóvel (art. 26, § 1.º, da Lei 13.465/2017).

A título de ilustração, caso a hipótese fática seja de usucapião ordinária ou extraordinária, caberá sua conversão administrativa mediante pedido ao oficial do Cartório de
Registro de Imóveis, que decidirá sobre o preenchimento dos seus requisitos ou não. Não
há mais menção quanto aos documentos que devem ser apresentados, o que depende de

regularização administrativa pelas respectivas Corregedorias-Gerais de Justiça dos Estados, que regulamentam a atuação dos Cartórios. Caso isso não ocorra, a decisão de exigência cabe ao registrador de imóveis.

A legitimação de posse, após convertida em propriedade, constitui forma originária de aquisição de direito real. Diante dessa realidade jurídica, a unidade imobiliária com destinação urbana regularizada restará livre e desembaraçada de quaisquer ônus, direitos reais, gravames ou inscrições, eventualmente existentes em sua matrícula de origem, exceto quando disserem respeito ao próprio beneficiário (art. 26, § 2.º, da Lei 13.465/2017).

A nova previsão confirma a afirmação de que as formas originárias de aquisição da propriedade *zeram* o domínio jurídico, fazendo desaparecer todos os gravames que recaiam sobre o bem, caso dos impostos, das despesas condominiais e das garantias reais, como a hipoteca.

Por fim, quanto ao cancelamento do título da legitimação de posse pelo Poder Público, este poderá ocorrer quando constatado que as condições estipuladas na lei deixaram de ser satisfeitas, sem que seja devida qualquer indenização àquele que irregularmente se beneficiou do instrumento (art. 27 da Lei 13.465/2017).

Como visto, a *Lei Minha Casa, Minha Vida* estabelecia que a legitimação da posse seria extinta pelo Poder Público quando constatado que o beneficiário não estava na posse do imóvel e não houvesse registro de cessão de direitos. Agora, a lei utiliza um parâmetro mais abrangente, estabelecendo que caberá sua extinção toda vez que o instituto não esteja sendo utilizado para os fins de Regularização Fundiária Urbana (REURB).

Superadas a análise e a demonstração das sete formas de usucapião de bens imóveis admitidas no Direito Brasileiro, consigne-se que o Código Civil possibilita ainda a *usucapião de servidão*, prevista no seu art. 1.379 e estudada no Capítulo 6 deste livro. De qualquer forma, não se trata de aquisição da propriedade plena, mas de um direito real de gozo ou fruição, razão pela qual o instituto merece ser abordado em capítulo à parte do estudo da propriedade.

Encerrando o estudo dos aspectos materiais relativos à usucapião de imóveis, é fundamental discorrer sobre *duas questões pontuais* de aprofundamento do tema.

3.7.2.2   Da usucapião de bens imóveis e o direito intertemporal

A primeira questão pontual se refere ao direito intertemporal, ao livro complementar do atual Código Civil, intitulado "Das Disposições Finais e Transitórias" (arts. 2.028 a 2.046), e que serve para solucionar os problemas decorrentes do conflito das normas no tempo.

Na dicção do art. 2.029 da codificação privada em vigor, "até dois anos após a entrada em vigor deste Código, os prazos estabelecidos no parágrafo único do art. 1.238 e no parágrafo único do art. 1.242 serão acrescidos de dois anos, qualquer que seja o tempo transcorrido na vigência do anterior, Lei 3.071, de 1.º de janeiro de 1916".

A norma tem a sua razão de ser, sendo aplicada para os casos envolvendo a usucapião extraordinária e ordinária em que os prazos são reduzidos para dez e cinco anos, respectivamente, diante da presença da posse-trabalho. Isso porque seria injusto que o antigo proprietário do bem, contra o qual corre o prazo de usucapião, fosse surpreendido por uma repentina redução de prazos decorrente da lei.

É importante dizer que essa é a mesma justificativa para o que consta do art. 2.030 do CC/2002, aplicável à *desapropriação judicial privada por posse-trabalho*, havendo também o acréscimo ordenado no seu antecessor.

Voltando à análise do art. 2.029 da codificação material privada, é preciso elucidá--lo no campo prático, pois a sua interpretação pode levar a confusão. O dispositivo está expressando, em sua literalidade, que até dois anos da entrava em vigor do Código Civil de 2002 – ou seja, até 11 de janeiro de 2005 –, para as usucapiões mencionadas deverão ser aplicados os prazos de 12 e 7 anos, respectivamente. As adições de prazos são esclarecidas, na doutrina, por Maria Helena Diniz, nos seguintes termos:

> "Até 11 de janeiro de 2005, os prazos, no caso em tela, serão de 12 e 7 anos. Consequentemente, aqueles prazos de 10 e 5 anos apenas se aplicarão após o transcurso do primeiro biênio de vigência do novel Código, àqueles possuidores cuja situação, que se enquadrariam nos arts. 1.238 e parágrafo único e 1.242 e parágrafo único, se iniciou após sua entrada em vigor. Isto é assim porque se configurou a *posse-trabalho* e para que se possa atender ao princípio da função social da propriedade, não se aplicando, durante o primeiro biênio da vigência do novo Código Civil, o disposto no art. 2.028, nas hipóteses dos arts. 1.238 e parágrafo único e 1.242 e parágrafo único. Se, p. ex., até dois anos da entrada em vigor do novo Código Civil, alguém já vinha possuindo, desde o império do Código Civil de 1916, com *animus domini,* imóvel por 9 anos sem justo título e boa-fé, tendo nele estabelecido sua morada e o tornado produtivo, não terá de aguardar mais 11 anos para pedir a usucapião extraordinária, como previa o art. 550 do CC de 1916, que, para tanto, exigia 20 anos de posse ininterrupta, nem se lhe aplicaria o disposto no art. 2.028, pois como reside no imóvel e nele realizou obras sociais e econômicas, ter-se-á a posse *ad laborem,* logo bastar-lhe-á, ante a patrimonialidade do prazo transcorrido, esperar mais três anos para pedir a propriedade, obtendo sentença declaratória de usucapião, pois pelo art. 1.238, parágrafo único, o prazo é de 10 anos, acrescido de mais dois anos por força do art. 2.029 do CC. Deverá, então, cumprir doze anos de posse-trabalho para obter, por meio de usucapião, a propriedade daquele imóvel" (DINIZ, Maria Helena. *Código Civil...*, 2005, p. 1.620).

Como esclarece a doutrinadora, o art. 2.029 do CC/2002 será aplicado somente às duas formas especiais de usucapião, extraordinária ou ordinária, ou seja, nos casos em que houver posse-trabalho. Para os demais casos de usucapião extraordinária e ordinária, em que houve redução dos prazos, terá incidência o art. 2.028 da Lei Geral Civil, dispositivo que tenta resolver os problemas de direito intertemporal relativos à prescrição e cuja redação é a seguinte:

> "Art. 2.028. Serão os da lei anterior os prazos, quando reduzidos por este Código, e se, na data de sua entrada em vigor, já houver transcorrido mais da metade do tempo estabelecido na lei revogada".

No mesmo sentido, opina Mário Luiz Delgado, que traz a seguinte exemplificação, aplicando o dispositivo transcrito:

> "No caso da usucapião extraordinária, se em 11 de janeiro de 2003, já havia transcorrido mais da metade do prazo velho (por exemplo, onze anos), os possuidores ainda terão que aguardar nove anos para usucapir. Se só houvesse transcorrido dois anos quando da entrada em vigor do novo Código, aplicar-se-ia o prazo reduzido, porém contado da entrada em vigor do Código, o que equivale dizer que os possuidores teriam de esperar ainda quinze anos para adquirir a propriedade" (DELGADO, Mario Luiz. *Problemas...*, 2004, p. 68).

Em complemento, é notório o entendimento majoritário, tanto na doutrina quanto na jurisprudência, de que no caso de redução de prazos de prescrição, transcorrido metade ou menos da metade do prazo anterior, o prazo novo deve ser contado a partir da entrada em vigor do novo Código Civil (STJ, REsp 905.210/SP, 3.ª Turma, Rel. Min. Humberto Gomes de Barros, j. 15.05.2007, v.u.). Estou filiado a essa corrente, para os devidos fins práticos.

De toda sorte, na *VI Jornada de Direito Civil*, evento promovido pelo Conselho da Justiça Federal e pelo Superior Tribunal de Justiça em 2013, aprovou-se enunciado doutrinário em sentido diverso, concluindo que o art. 2.028 do Código não se aplica às hipóteses tratadas no *caput* dos arts. 1.238 e 1.242. Nos termos da dicção do Enunciado n. 564, "as normas relativas à usucapião extraordinária (art. 1.238, *caput*, CC) e à usucapião ordinária (art. 1.242, *caput*, CC), por estabelecerem redução de prazo em benefício do possuidor, têm aplicação imediata, não incidindo o disposto no art. 2.028 do Código Civil".

Conforme as justificativas da proposta doutrinária, "o Código Civil, quando estabeleceu regra de transição a respeito da usucapião (art. 2.029), ocupou-se apenas das hipóteses previstas nos parágrafos únicos dos arts. 1.238 e 1.242, afastando, assim, o disposto no art. 2.028. Desse modo, inexistindo norma de transição específica, os prazos estabelecidos no *caput* dos aludidos artigos incidem diretamente, em analogia ao entendimento consubstanciado no Enunciado n. 445 da Súmula do STF. O proprietário possuiria, desse modo, o prazo de *vacatio legis* do Código Civil para proceder à defesa de seus interesses".

Com o devido respeito, posiciono-me em sentido contrário ao enunciado doutrinário em comento, pois a regra de transição do art. 2.028 da codificação tem justa e correta aplicação às hipóteses citadas, uma vez que os prazos da usucapião ordinária e extraordinária foram reduzidos pela atual codificação frente à anterior. Ademais, não se pode surpreender o proprietário com a redução de prazo. Por isso, votei contra o enunciado quando da plenária da *VI Jornada de Direito Civil*.

A encerrar a análise das questões de direito intertemporal, o mesmo Mário Luiz Delgado traz interessante indagação e intrigante conclusão quanto ao art. 2.029 do CC/2002: se no caso de usucapião extraordinária por *posse-trabalho* (art. 2.038, parágrafo único, do CC), tiver transcorrido 15 anos da posse exercida, poderia já a parte requerer a usucapião, uma vez já transcorrido os mencionados 12 anos que norma intertemporal exige? O jurista responde negativamente, pois "o acréscimo de dois anos tem a finalidade exatamente de evitar uma surpresa ao proprietário". Conclui, assim, que o acréscimo de dois anos deve ocorrer de qualquer forma, contado a partir de 11 de janeiro de 2003 (DELGADO, Mario Luiz. *Problemas...*, 2004, p. 68). Essa posição me parece justa e correta tecnicamente e, mais uma vez, deve ser seguida.

3.7.2.3   A usucapião de imóveis públicos

Superada essa primeira questão controvertida, a segunda se refere à questão da usucapião dos bens públicos.

Ora, na presente obra foi mencionado que a Constituição Federal proíbe, expressamente, a usucapião de imóveis públicos, conforme os seus arts. 183, § 3.º, e 191, parágrafo único, proibições essas que atingem tanto os imóveis urbanos quanto os rurais. A proibição remonta à Súmula 340 do STF, anterior à própria Constituição e aplicável ao Código Civil de 1916, que vedava expressamente a usucapião de terras devolutas.

O Código Civil de 2002 acabou por reproduzir a regra, com sentido mais amplo, em seu art. 102, *in verbis*: "os bens públicos não estão sujeitos a usucapião". O sentido é mais amplo, pois além dos imóveis, a proibição também atinge os móveis.

CAP. 3 · DA PROPRIEDADE | 205

Todavia, repise-se, há juristas que sustentam a possibilidade de usucapião de bens públicos, caso do clássico Sílvio Rodrigues que, conforme demonstrado, defendeu no passado a tese pela qual as terras devolutas (bens públicos dominicais), poderiam ser objeto de usucapião (*Direito civil...*, 2002, p. 148). Isso porque, sendo alienáveis, também seriam prescritíveis. Todavia, tal entendimento é considerado como minoritário na doutrina.

Vale ainda ressaltar que o art. 2.º da Lei 6.969/1981 é expresso ao admitir a usucapião especial rural de terras devolutas, mas o dispositivo vem sendo encarado, por maioria, como incompatível ao art. 191, parágrafo único, da Constituição Federal de 1988. Em suma, tem-se concluído que o art. 2.º da Lei 6.969/1981 não foi recepcionado pelo Texto Maior.

Entre os contemporâneos, a tese de usucapião dos bens públicos é sustentada por Cristiano Chaves de Farias e Nelson Rosenvald, nos seguintes termos:

"A nosso viso, a absoluta impossibilidade de usucapião sobre bens públicos é equivocada, por ofensa ao princípio constitucional da função social da posse e, em última instância, ao próprio princípio da proporcionalidade. Os bens públicos poderiam ser divididos em materialmente e formalmente públicos. Estes seriam aqueles registrados em nome da pessoa jurídica de Direito Público, porém excluídos de qualquer forma de ocupação, seja para moradia ou exercício de atividade produtiva. Já os bens materialmente públicos seriam aqueles aptos a preencher critérios de legitimidade e merecimento, postos dotados de alguma função social.

Porém, a Constituição Federal não atendeu a esta peculiaridade, olvidando-se de ponderar o direito fundamental difuso à função social com o necessário dimensionamento do bem público, de acordo com a sua conformação no caso concreto. Ou seja: se formalmente público, seria possível a usucapião, satisfeitos os demais requisitos; sendo materialmente públicos, haveria óbice à usucapião. Esta seria a forma mais adequada de tratar a matéria, se lembrarmos que, enquanto o bem privado 'tem' função social, o bem público 'é' função social" (FARIAS, Cristiano Chaves de; ROSENVALD, Nelson. *Direitos reais...*, 2006, p. 267).

A tese dos doutrinadores contemporâneos é sedutora e almeja o futuro, particularmente uma substancial mudança de pensamento. Para tanto, deve-se levar em conta o princípio da função social da propriedade, plenamente aplicável aos bens públicos, como bem defendeu Silvio Ferreira da Rocha, em sua tese de livre-docência perante a PUCSP (ROCHA, Sílvio Luís Ferreira da. *Função social...*, 2005).

Por isso, a tese aqui exposta deve ser aplaudida, servindo como convite para importantes reflexões. Entretanto, para chegarmos a tanto é preciso percorrer um longo caminho. É essencial, antes de mais nada, repensar o papel do Estado no Brasil e a própria essência teórica do Direito Administrativo. É ainda necessário rever o conceito de propriedade, superdimensionando a valorização de sua função social, o que não é aceito pela maioria dos juristas e aplicadores do direito. Por fim, é fundamental também flexibilizar substancialmente o que consta da Constituição Federal, o que, infelizmente, não tem ocorrido nas óticas doutrinária e jurisprudencial.

De qualquer forma, em certo sentido de flexibilização, nossos Tribunais vinham entendendo pela possibilidade de usucapir os bens pertencentes às sociedades de economia mista, que não obstante terem natureza privada, envolvem interesses públicos. Nesse sentido:

"Usucapião – Sociedade de Economia Mista – CEB – O bem pertencente a sociedade de economia mista pode ser objeto de usucapião – Precedente – Recurso conhecido e provido" (STJ, Acórdão, REsp 120702/DF (199700124916), 398366, 4.ª Turma, Rel. Min.

Ruy Rosado de Aguiar, j. 28.06.2001, *DJ* 20.08.2001, p. 468. Veja: STJ – REsp 37906-ES (*RSTJ* 105/313)).

Ressalve-se, contudo, que a própria Corte Superior acabou por rever esse seu entendimento, passando a julgar que os imóveis pertencentes a sociedades de economia mista que possuam destinação pública não são usucapíveis. Segundo a Relatora, Ministra Nancy Andrighi, a ocupação por particulares de imóveis destinados ao uso público não pode ser protegida juridicamente, caracterizando-se como mera detenção. Sendo assim, não é possível a usucapião por nem sequer haver posse para o fim de gerar a aquisição originária da propriedade. Também se entendeu pela possibilidade de a administração pública cobrar indenização dos ocupantes, por utilização indevida da área, evitando-se o seu enriquecimento sem causa. No caso concreto, também foi salientado que área ocupada seria estratégica para a expansão dos serviços de abastecimento de água no Distrito Federal, o que serviu de reforço para a impossibilidade de usucapião (STJ, REsp 2.173.088/DF, 3.ª Turma, Rel. Min. Nancy Andrighi, j. 07.10.2024).

De toda sorte, apesar dessa mudança de entendimento, trazendo esse parcial sentido de flexibilização, o STJ entendeu que as áreas objeto de enfiteuse podem ser objeto de usucapião, mesmo havendo o envolvimento de um interesse público:

> "Usucapião – Impossibilidade jurídica – Julgamento *extra* ou *ultra petita* – Inocorrência – Não comprovação de que o terreno já fosse foreiro – Ausência de prequestionamento tocante à alegação de julgamento *extra* ou *ultra petita*. Matéria, porém, suscetível de apreciação de ofício pelo Tribunal *a quo* (art. 267, § 3.º, do CPC) – Não comprovação de que o terreno já fosse foreiro. Segundo a jurisprudência desta Corte, 'admissível o usucapião quando o imóvel já era foreiro e a constituição da enfiteuse em favor do usucapiente se faz contra o particular até então enfiteuta e não contra a pessoa jurídica de direito público que continua na mesma situação em que se achava, ou seja, como nua-proprietária' (REsp 154.123-PE). Recurso especial não conhecido" (STJ, REsp 149445/PE (199700669920), 404604, 4.ª Turma, Rel. Min. Barros Monteiro, j. 07.06.2001, *DJ* 24.09.2001, p. 307 – *RJADCOAS* 33/86. Veja: STJ – REsp 154123-PE (*RTJE* 178/204, *RJADCOAS* 4/59)).

Do último julgado, pode-se notar que a flexibilização é realmente restrita, pois apenas atinge a propriedade privada. Mas já representa um passo para seguir adiante, particularmente no tocante à função social dos bens públicos.

Como último aspecto a ser destacado, cabe pontuar que a jurisprudência superior tem entendido que "a inexistência de registro imobiliário de imóvel objeto de ação de usucapião não induz presunção de que o bem seja público (terras devolutas), cabendo ao Estado provar a titularidade do terreno como óbice ao reconhecimento da prescrição aquisitiva". Essa é a afirmação n. 7, publicada na Edição n. 133 da ferramenta *Jurisprudência em Teses* do STJ, do ano de 2019. Como um de seus precedentes, destaque-se: "esta Corte Superior possui entendimento de que a circunstância do imóvel objeto do litígio estar situado em área de fronteira não tem, por si só, o condão de torná-lo de domínio público. A ausência de transcrição no ofício imobiliário não conduz à presunção de que o imóvel se constitui em terra devoluta, cabendo ao Estado o encargo de provar a titularidade pública do bem. Precedentes" (STJ, Ag. Rg. no REsp 611.577/RS, 3.ª Turma, Rel. Min. Ricardo Villas Bôas Cueva, j. 20.11.2012, *DJe* 26.11.2012). Em certa medida, há também uma mitigação a respeito do tema que ora se estuda, pois não se pode presumir que o bem é público, para os fins de vedar a usucapião.

Superadas as duas questões controvertidas, parte-se ao estudo das questões processuais relativas à usucapião de bens imóveis.

3.7.2.4 Aspectos processuais envolvendo a usucapião de bens imóveis. Da usucapião extrajudicial incluída pelo Código de Processo Civil de 2015. Análise com base nas alterações da Lei 13.465/2017 e da Lei 14.382/2022, e na sua regulamentação administrativa pelo Conselho Nacional de Justiça

Como não poderia ser diferente, a usucapião envolve questões processuais que devem ser estudadas com atualização diante do Código de Processo Civil de 2015 que, entre outras coisas, incluiu a possibilidade de usucapião extrajudicial.

Em relação à usucapião imobiliária, a primeira norma de interesse processual a ser comentada não está no Código de Processo Civil, mas no Código Civil de 2002. Consagra o *caput* do art. 1.241 do CC que poderá o possuidor requerer ao juiz seja declarada adquirida, mediante usucapião, a propriedade imóvel. Segundo o seu parágrafo único, a declaração obtida na forma desse artigo constituirá título hábil para o registro no Cartório de Registro de Imóveis.

No Projeto de Reforma do Código Civil sugere-se a inclusão da usucapião extrajudicial no *caput* comando, hoje tratada na Lei de Registros Públicos: "Art. 1.241. Poderá o possuidor requerer, ao juiz ou ao oficial do registro de imóveis, seja declarada adquirida, mediante usucapião, a propriedade imóvel". De fato, para a retomada do *protagonismo legislativo* da Lei Geral Privada, perdido nos últimos anos, a proposta é louvável e necessária.

Além da comum utilização da usucapião em sede de petição inicial, o instituto pode ser alegado em sede de defesa ou exceção, como estabelece a Súmula 237 do STF. Dentro dessa ideia, preceitua o Enunciado n. 315 do CJF/STJ, aprovado na *IV Jornada de Direito Civil*, que "o art. 1.241 do CC permite ao possuidor que figurar como réu em ação reivindicatória ou possessória formular pedido contraposto e postular ao juiz seja declarada adquirida, mediante usucapião, a propriedade imóvel, valendo a sentença como instrumento para registro imobiliário, ressalvados eventuais interesses de confinantes e terceiros".

A sentença de improcedência serve como título de propriedade a ser registrado no Cartório de Registro de Imóveis, em favor do réu. Todas essas premissas são mantidas na vigência do CPC/2015.

Contudo, há dúvidas se realmente o registro da sentença de improcedência como título aquisitivo da propriedade vale para todos os casos de usucapião. No tocante à usucapião especial rural, não há dúvidas de que a resposta é positiva, pelo que consta do art. 7.º da Lei 6.969/1981, a saber: "a usucapião especial poderá ser invocada como matéria de defesa, valendo a sentença que a reconhecer como título para transcrição no Registro de Imóveis".

Da mesma forma, tanto em relação à usucapião especial urbana (a individual) como na usucapião especial urbana coletiva, pelo que consta do art. 13 da Lei 10.257/2001: "a usucapião especial de imóvel urbano poderá ser invocada como matéria de defesa, valendo a sentença que a reconhecer como título para registro no cartório de registro de imóveis".

E nas demais formas de usucapião, a sentença de improcedência também serve como título para fins de registro?

O entendimento majoritário anterior, particularmente entre os processualistas, é que a usucapião pode sempre ser alegada em defesa, mas que a sentença de improcedência somente poderia ser registrada nos casos destacados em lei.

Compartilhando dessa ideia, ensina Alexandre Freitas Câmara que "a sentença que reconhecer o usucapião alegado como defesa não poderá ser levada a registro junto a matrícula do imóvel no Registro de Imóveis. Isto porque a contestação não amplia o objeto do processo. Não tendo havido pedido de reconhecimento da aquisição da propriedade por usucapião, não será a sentença capaz de declarar, com força de coisa julgada, que o réu é proprietário do bem em razão do usucapião" (*Lições...*, 2005, v. III, p. 440). Em nota de rodapé, o doutrinador fluminense excetua os casos envolvendo a usucapião especial rural e urbana, transcrevendo os dispositivos aqui destacados.

Em sentido muito próximo, essa também sempre foi a opinião de Humberto Theodoro Jr. (*Curso...*, 2004, v. III, p. 188) e de Theotonio Negrão (*Código de Processo Civil...*, 2005, p. 930), trazendo ambos farta jurisprudência para balizar as suas teses. Apesar de ser essa tese apegada a valores formais, é pertinente verificar que a discussão se refere à formação da coisa julgada, razão pela qual o entendimento acaba prevalecendo, devendo permanecer sob a égide do Código de Processo Civil de 2015.

Dentro das condições fixadas pela lei material, o possuidor requer ao juiz, por intermédio de advogado, que lhe reconheça a propriedade por meio da usucapião. A sentença proferida e transitada em julgado, *com natureza declaratória*, já traz a aquisição da propriedade. Diante dessa natureza, não há necessidade de registro no Cartório de Registro de Imóveis para que tal direito esteja aperfeiçoado. O registro, assim, está no plano da eficácia do instituto. Esse é o posicionamento majoritário tanto da doutrina como da jurisprudência. A sentença tem efeitos *ex tunc*, a partir da incidência da prescrição aquisitiva, com o preenchimento de todos os requisitos da usucapião (RIBEIRO, Benedito Silvério. *Tratado...*, 2006, v. 2, p. 1.097).

Exatamente nessa linha, julgado da Segunda Seção do Superior Tribunal de Justiça, que reconheceu a usucapião imobiliária em área pendente de regularização fundiária, concluiu o seguinte:

> "A prescrição aquisitiva é forma originária de aquisição da propriedade e a sentença judicial que a reconhece tem natureza eminentemente declaratória, mas também com carga constitutiva. Não se deve confundir o direito de propriedade declarado pela sentença proferida na ação de usucapião (dimensão jurídica) com a certificação e publicidade que emerge do registro (dimensão registrária) ou com a regularidade urbanística da ocupação levada a efeito (dimensão urbanística). O reconhecimento da usucapião não impede a implementação de políticas públicas de desenvolvimento urbano. Muito ao revés, constitui, em várias hipóteses, o primeiro passo para restabelecer a regularidade da urbanização. Impossível extinguir prematuramente as ações de usucapião relativas aos imóveis situados no Setor Tradicional de Planaltina com fundamento no art. 485, VI, do NCPC em razão de uma suposta ausência de interesse de agir ou falta de condição de procedibilidade da ação" (STJ, REsp 1.818.564/DF, 2.ª Seção, Rel. Min. Moura Ribeiro, j. 09.06.2021, *DJe* 03.08.2021).

Também em decorrência da natureza declaratória é que a ação de usucapião é imprescritível, havendo apenas requisitos temporais mínimos. De qualquer forma, vale deixar claro o entendimento minoritário de Maria Helena Diniz, para quem a aquisição da propriedade por usucapião só ocorre com o registro da decisão no Cartório de Registro Imobiliário (*Curso...*, 2007, v. 4, p. 162).

Adentrando no estudo do Estatuto Processual, o Código de Processo Civil de 2015 representa uma verdadeira *revolução* na abordagem relativa à usucapião imobiliária. De início, porque não há mais um tratamento específico da ação de usucapião, entre os procedimentos especiais, como ocorria no Código de Processo Civil de 1973. Assim, não se repetiu o que constava entre os arts. 941 a 945 do Estatuto Instrumental anterior.

Pontue-se, para os devidos fins de esclarecimentos didáticos, que o art. 941 do CPC/1973 dispunha que competiria a ação de usucapião ao possuidor para que se lhe declarasse, nos termos da lei, o domínio do imóvel ou a servidão predial. O autor da demanda, expondo na petição inicial o fundamento do pedido e juntando planta do imóvel correspondente, requereria a citação daquele em cujo nome estivesse registrado o bem usucapiendo, assim como dos confinantes e, por edital, dos réus em lugar incerto e dos eventuais interessados (art. 942 do CPC/1973).

Seriam intimados por via postal, para que manifestassem interesse na causa, os representantes da Fazenda Pública da União, dos Estados, do Distrito Federal, dos Territórios e dos Municípios (art. 943 do CPC/1973). Interviria, obrigatoriamente e em todos os atos do processo, o Ministério Público (art. 944 do CPC/1973). A sentença que julgasse procedente a ação seria transcrita, mediante mandado, no registro de imóveis, satisfeitas as obrigações fiscais (art. 945 do CPC/1973).

Não obstante a falta desse tratamento específico, entre os procedimentos especiais existem duas regras esparsas no vigente Código de Processo, relativas a essa demanda de aquisição de domínio. De início, a citação dos confinantes na ação está consagrada no art. 246 do CPC/2015, a exemplo do que constava do art. 942 do anterior CPC. Nos termos do § 3.º do vigente diploma, na ação de usucapião de imóvel, os confinantes serão citados pessoalmente, exceto quando tiver por objeto unidade autônoma de prédio em condomínio, caso em que tal citação é dispensada, exceção que constitui novidade. Mais adiante, o art. 259 do CPC/2015 estabelece a necessidade de publicação de editais para todas as demandas de usucapião, para os devidos fins de publicidade.

Pois bem, diante da falta de tratamento da ação de usucapião entre os procedimentos especiais, continuam tendo aplicação as regras específicas consagradas por legislação extravagante para as modalidades de *usucapião constitucionais* (*especial rural* ou *agrária* e *especial urbana individual*) e para a *usucapião urbana coletiva*, que serão abordadas a seguir.

Entendo que a ação de usucapião imobiliária ainda é possível em qualquer uma de suas modalidades, inclusive nos casos de *usucapião ordinária* (art. 1.242 do CC/2002) ou *extraordinária* (art. 1.238 do CC/2002). O fundamento para entender que a via judicial continua possível para qualquer espécie de usucapião está na legislação material, e não na processual, especialmente no *caput* do art. 1.241 do Código Civil, aqui já demonstrado, pelo qual poderá o possuidor requerer ao juiz seja declarada adquirida, mediante usucapião, a propriedade imóvel. Segundo o seu parágrafo único, a declaração obtida na forma desse artigo constituirá título hábil para o registro no Cartório de Registro de Imóveis.

Deve-se considerar que, com o CPC de 2015, a ação de usucapião passa a seguir o chamado *procedimento comum*, antes denominado *rito ordinário*. Conforme o antes exposto art. 318 do Estatuto Processual de 2015, "aplica-se a todas as causas o procedimento comum, salvo disposição em contrário deste Código ou de lei. Parágrafo único. O procedimento comum aplica-se subsidiariamente aos demais procedimentos especiais e ao processo de execução".

Ficará o debate sobre a obrigatoriedade de atuação do Ministério Público nas ações de usucapião ordinária e extraordinária pela não reprodução do art. 944 do CPC/1973. Acredito que a resposta será positiva, mesmo com a ausência de previsão expressa. E o fundamento para tanto está no art. 178, inc. III, do CPC/2015, segundo o qual, "o Ministério Público será intimado para, no prazo de trinta dias, intervir como fiscal da ordem jurídica nas hipóteses previstas em lei ou na Constituição Federal e nos processos que envolvam: (...) III – litígios coletivos pela posse de terra rural ou urbana".

Ou, talvez, o amparo resida no art. 176 do CPC/2015, ao determinar que o MP atuará na defesa da ordem jurídica, do regime democrático e dos interesses e direitos sociais e individuais indisponíveis. Ora, a propriedade sempre desperta um interesse social, diante do seu fundamento na função social, retirada do art. 5.º, incs. XXII e XXIII, do Texto Maior.

Por fim, a atuação do *Parquet* continua obrigatória em todas as modalidades de usucapião previstas em leis específicas, como se verá, sendo incoerente que a regra não alcance as modalidades ordinária e extraordinária.

Partindo para as regras processuais previstas na legislação específica, a Lei 6.969/1981 também traz regras processuais, e de cunho especial, relativas à *usucapião especial rural ou agrária*. Sem prejuízo dos dispositivos dessa lei outrora mencionados, determina o seu art. 4.º, *caput*, que a ação de usucapião especial será processada e julgada na Comarca da situação do imóvel.

Destaque-se que essa era a regra de competência para todas as ações de usucapião, nos termos do art. 95 do CPC/1973, primeira parte, pelo qual, nas ações fundadas em direito real sobre imóveis, seria competente o foro da situação da coisa. Fez o mesmo o art. 47 do CPC/2015, *in verbis*: "para as ações fundadas em direito real sobre imóveis é competente o foro de situação da coisa".

Cumpre anotar, o que continua tendo aplicação, que a presença da União ou de quaisquer de seus entes, na ação de usucapião especial rural, não afasta a competência do foro de situação do imóvel. Essa dedução é retirada da antiga Súmula 11 do Superior Tribunal de Justiça, ainda a ser aplicada.

De acordo com o § 1.º do art. 4.º da Lei 6.969/1981, observado o disposto no art. 126 da Constituição Federal – que trata da necessidade de criação de varas especializadas pelos Tribunais de Justiça para dirimir os conflitos fundiários –, no caso de usucapião especial em terras devolutas federais, a ação será promovida na Comarca da situação do imóvel, perante a Justiça do Estado, com recurso para o Tribunal Federal de Recursos, cabendo ao Ministério Público local, na primeira instância, a representação judicial da União.

Apesar da menção expressa, reafirme-se que doutrina e jurisprudência majoritárias têm entendido que a possibilidade de usucapião rural de terras devolutas ou terras sem donos é incompatível com a própria Constituição Federal. Isso porque as terras devolutas são bens públicos dominicais ou dominiais, pertencentes ao patrimônio disponível do Estado que, como tal, não podem ser objeto de usucapião (arts. 183, § 3.º, e 191, parágrafo único, da CF/1988).

Esclareça-se que esse já era o entendimento da jurisprudência superior desde a edição da Súmula 340 do Supremo Tribunal Federal, em 1963, com a seguinte dicção: "desde a vigência do Código Civil, os bens dominicais, como os demais bens públicos, não podem ser adquiridos por usucapião". Alerte-se que o Código Civil mencionado é o de 1916. No Código Civil de 2002, o art. 102 veda expressamente a usucapião de qualquer bem público, seja móvel ou imóvel, de uso comum do povo, de uso especial ou dominical.

Pela mesma incompatibilidade, fica totalmente prejudicado o § 2.º do art. 4.º da Lei Agrária (Lei 6.969/1981), pelo qual, no caso de terras devolutas, em geral, a usucapião especial poderá ser reconhecida administrativamente, com a consequente expedição do título definitivo de domínio, para transcrição no Registro de Imóveis. A conclusão também vale para os dois parágrafos seguintes do mesmo preceito, que tratam de procedimentos administrativos para a usucapião de terras devolutas, o que é impossível desde a Constituição Federal de 1988, segundo o entendimento que ainda é majoritário.

De toda sorte, vale lembrar que sou favorável à usucapião de bens públicos dominicais, seguindo a antiga tese encabeçada por Silvio Rodrigues, para quem esses bens são prescritíveis, pelo fato de serem alienáveis.

Voltando ao rito processual para a usucapião especial rural, estatui o art. 5.º, *caput*, da Lei 6.969/1981 que será adotado o procedimento sumaríssimo, assegurada a preferência à sua instrução e julgamento. Onde se lê procedimento *sumaríssimo*, sempre se entendeu pela aplicação do *procedimento sumário*, nos termos dos arts. 275 e seguintes do CPC/1973, que foi excluído pelo CPC/2015.

A esse propósito, o art. 1.046 do Estatuto Processual em vigor é norma de direito intertemporal que não deixa dúvidas, prevendo que, ao entrar em vigor o Novo Código, suas disposições se aplicarão desde logo aos processos pendentes, ficando revogada a Lei 5.869, de 11.01.1973. Em complemento, nos termos do seu § 1.º, as disposições do antigo CPC relativas ao procedimento sumário e aos procedimentos especiais que forem revogadas aplicar-se-ão às ações propostas e não sentenciadas até o início da vigência do Novo Código. Entretanto, permanecem em vigor as disposições especiais dos procedimentos regulados em outras leis, aos quais se aplicará supletivamente o CPC de 2015 (art. 1.046, § 2.º, do Estatuto Processual de 2015).

O curioso – e isso ocorre também com outras leis especiais – é que a Lei 6.969/1981 faz menção a um procedimento que não existe mais, o que torna a incidência do último preceito do CPC/2015 sem sentido. Sendo assim, a ação de usucapião agrária passa a ser submetida ao que agora se denomina *procedimento comum*, observados os preceitos especiais que nela estão tratados. Para conduzir a tal conclusão vale citar a regra do parágrafo único do art. 1.049 do CPC/2015, segundo o qual "na hipótese de a lei remeter ao procedimento sumário, será observado o procedimento comum previsto neste Código, com as modificações previstas na própria lei especial, se houver".

A propósito, estabelece o art. 5.º, § 1.º, da Lei 6.969/1981 que, na ação de usucapião especial rural, o autor, expondo o fundamento do pedido e individualizando o imóvel, com dispensa da juntada da respectiva planta, poderá requerer, na petição inicial, designação de audiência preliminar, a fim de justificar a posse, e, se comprovada esta, será nela mantido, liminarmente, até a decisão final da causa. No entanto, conforme já anotavam Theotonio Negrão e José Roberto F. Gouvêa, a jurisprudência vinha entendendo pela desnecessidade dessa *audiência de justificação da posse* na ação de usucapião agrária, o que deve ser mantido com a emergência do CPC/2015 (NEGRÃO, Theotonio; GOUVÊA, José Roberto F. *Código Civil...*, 2007, p. 1.489).

Seguindo no estudo da Lei da Usucapião Especial Rural, prevê o seu art. 5.º, § 2.º, que o autor da ação requererá ainda a citação pessoal daquele em cujo nome esteja transcrito o imóvel usucapiendo, bem como dos confinantes e, por edital, dos réus ausentes, incertos e desconhecidos, na forma do art. 232 do CPC/1973, que tratava da citação por edital, valendo a citação para todos os atos do processo. A referência ao dispositivo anterior equivale, agora, ao art. 257 do CPC/2015.

Sem prejuízo dessa citação, serão cientificados por carta, para que manifestem interesse na causa, os representantes da Fazenda Pública da União, dos Estados, do Distrito Federal, dos Territórios e dos Municípios, no prazo de 45 dias (art. 5.º, § 3.º, da Lei 6.969/1981). Esse comando continua a ter aplicação plena, sem qualquer interferência do Estatuto Instrumental emergente.

De acordo com o parágrafo seguinte, o prazo para contestar a ação correrá da intimação da decisão que declarar justificada a posse (art. 5.º, § 4.º, da Lei 6.969/1981). Por fim, intervirá, obrigatoriamente, em todos os atos do processo, o Ministério Público (art. 5.º, § 5.º, da Lei 6.969/1981). Do mesmo modo, esses comandos não foram atingidos pelo CPC/2015, tendo aplicação normal, como sempre foi dada.

Dispõe o art. 6.º da Lei 6.969/1981 que o autor da ação de usucapião especial rural terá, se assim pedir, o benefício da assistência judiciária gratuita, inclusive para o Registro de Imóveis. Em complemento, sendo provado que o autor tinha situação econômica bastante para pagar as custas do processo e os honorários de advogado, sem prejuízo do sustento próprio e da família, o juiz lhe ordenará que pague, com correção monetária, o valor das isenções concedidas, ficando suspenso o registro da sentença até o pagamento devido (art. 6.º, parágrafo único, da Lei 6.969/1981). Ainda em relação a esse comando, não houve qualquer mudança produzida pela nova norma.

Analisados os principais aspectos processuais da *usucapião especial rural*, nos termos da Lei 6.969/1981, é importante também discorrer sobre as questões de mesma natureza que constam da Lei 10.257/2001 (Estatuto da Cidade), relativas à *usucapião especial urbana*, seja individual (art. 9.º) ou coletiva (art. 10).

Essas normas especialmente parecem ter sido mantidas pelo CPC ora em vigor, pelo que está escrito no seu art. 1.046, § 2.º. De acordo com o art. 11 da Lei 10.257/2001, na pendência da ação de usucapião especial urbana, ficarão sobrestadas quaisquer outras ações, petitórias ou possessórias, que venham a ser propostas relativamente ao imóvel usucapiendo.

O que se percebe é que a ação de usucapião especial urbana tem prioridade em relação às demais demandas, o que está fundamentado na proteção da política urbana e, em certa medida, da moradia (art. 6.º, *caput*, da CF/1988). Assim, a título de exemplo, havendo ação de usucapião, todas as ações de reintegração de posse relativas ao imóvel ficam suspensas até que a titularidade do domínio seja resolvida.

São partes legítimas para a propositura da ação de usucapião, no teor do art. 12 do Estatuto da Cidade: *a)* o possuidor, isoladamente ou em litisconsórcio, seja ele originário ou superveniente; *b)* os possuidores, em composse; *c)* a associação de moradores da comunidade, regularmente constituída, com personalidade jurídica e desde que explicitamente autorizada pelos representados, atuando como substituto processual; previsão que tem inegável função social, para uma melhor divisão das propriedades no País. A regra permanece incólume no CPC/2015.

Na ação de usucapião especial urbana, assim como ocorria com as demais ações de mesma natureza por expressão no antigo CPC, é obrigatória a intervenção do Ministério Público (art. 12, § 1.º, da Lei 10.257/2001). O autor da ação terá os benefícios da justiça e da assistência judiciária gratuita, o que inclui o cartório de registro de imóveis (art. 12, § 2.º, da Lei 10.257/2001).

Por fim sobre tal tratamento específico, dispõe o art. 14 do Estatuto da Cidade, já adaptado à realidade processual anterior, que o rito a ser observado seria o sumário, conforme os arts. 275 e seguintes do CPC de 1973. Valem as mesmas observações feitas quanto à ação de usucapião agrária. Com o desaparecimento do rito sumário, a ação passa a seguir o procedimento comum, observadas as regras específicas aqui expostas, previstas no Estatuto da Cidade para a ação de usucapião.

Essa forma de pensar também alcança a nova modalidade de usucapião especial urbana por abandono do lar, constante do art. 1.240-A do CC, incluído pela Lei 12.424, de 16.06.2011.

Para encerrar o presente tópico, cabe comentar a principal peça da *revolução* engendrada pelo Estatuto Processual de 2015 em matéria de usucapião imobiliária, qual seja, o amplo tratamento da *usucapião extrajudicial ou administrativa*. Em qualquer uma das modalidades de usucapião outrora expostas, o caminho extrajudicial passa a ser possível, o que está em sintonia com a principiologia do CPC em vigor e com a tendência de *desjudicialização das contendas*, de fuga do Judiciário. Acredito que a usucapião extrajudicial também possa atingir outros direitos reais, como a servidão, a superfície, a laje e o usufruto.

O art. 1.071 do CPC/2015 tratou da usucapião extrajudicial, por qualquer uma de suas modalidades, introduzindo o art. 216-A na Lei de Registros Públicos (Lei 6.015/1973). Diante de dificuldades práticas percebidas para a efetivação do instituto, a Lei 13.465/2017 trouxe algumas modificações substanciais no seu teor.

De acordo com o seu *caput*, sem prejuízo da via jurisdicional, é admitido o pedido de reconhecimento extrajudicial de usucapião, que será processado diretamente perante o Cartório do Registro de Imóveis da Comarca em que estiver situado o imóvel usucapiendo. Como se nota, a via extrajudicial é uma faculdade e não uma obrigação peremptória, o que confirma a tese antes defendida, de viabilidade de todas as ações de usucapião, agora pelo procedimento comum.

Confirmando essa minha afirmação, destaco importante precedente do STJ: "cinge-se a controvérsia a definir se o artigo 261-A da Lei n.º 6.015/1973, com a redação dada pelo artigo 1.071 do Código de Processo Civil de 2015, que criou a figura da usucapião extrajudicial, passou a exigir, como pré-requisito para a propositura da ação judicial, o esgotamento da via administrativa. O ajuizamento de ação de usucapião independe de pedido prévio na via extrajudicial. Precedente da Terceira Turma e exegese doutrinária" (STJ, REsp 1.796.394/RJ, 3.ª Turma, Rel. Min. Ricardo Villas Bôas Cueva, j. 24.05.2022, *DJe* 30.05.2022).

Também nos termos com o diploma citado, o pedido de usucapião deve ser feito pelo interessado, devidamente representado por advogado, o que é obrigatório. Lamenta-se a falta de menção ao defensor público, para os mais necessitados. Todavia, a viabilidade de sua atuação, não havendo a possibilidade de o interessado arcar com os custos advocatícios, pode ser retirada do art. 185 do CPC/2015, *in verbis:* "a Defensoria Pública exercerá a orientação jurídica, a promoção dos direitos humanos e a defesa dos direitos individuais e coletivos dos necessitados, em todos os graus, de forma integral e gratuita".

O art. 216-A, *caput*, estabelece, ainda, que o pedido deve ser instruído com os seguintes documentos, junto ao Cartório de Registro de Imóveis: *a)* ata notarial lavrada pelo tabelião, atestando o tempo de posse do requerente e seus antecessores, conforme o caso e suas circunstâncias, aplicando-se o disposto no art. 384 do CPC/2015; *b)* planta e memorial descritivo assinado por profissional legalmente habilitado, com prova de anotação de responsabilidade técnica no respectivo conselho de fiscalização profissional, e pelos titulares de direitos registrados ou averbados na matrícula do imóvel usucapiendo e na matrícula dos imóveis confinantes; *c)* certidões negativas dos distribuidores da comarca da situação do imóvel e do domicílio do requerente, para atestar que a posse é mansa e pacífica; *d)* justo título ou quaisquer outros documentos que demonstrem a origem, a continuidade, a natureza e o tempo da posse, tais como o pagamento dos impostos e das taxas que incidirem sobre o imóvel (requisitos para a posse *ad usucapionem*).

Vale dizer que o justo título somente deve ser tido como requisito essencial na modalidade de usucapião ordinária, pois as outras o dispensam, como visto neste estudo. Como exemplo de justo título, pode ser apontado um contrato anterior, não mais vigente e eficaz, que demonstre a cessão da posse direta. Pode ser citado, ainda, um compromisso de compra e venda do imóvel, seja ele registrado ou não na matrícula.

Ainda no que diz respeito aos requisitos, houve mudança na previsão relativa à ata notarial, por força da Lei 13.465/2017, que incluiu a menção ao art. 384 do CPC/2015, que trata do instituto. Nos termos da lei instrumental, "a existência e o modo de existir de algum fato podem ser atestados ou documentados, a requerimento do interessado, mediante ata lavrada por tabelião. Parágrafo único. Dados representados por imagem ou som gravados em arquivos eletrônicos poderão constar da ata notarial". O objetivo, sem dúvidas, foi de trazer mais certeza e segurança para o procedimento.

Também foi alterado o segundo requisito formal para a usucapião extrajudicial, pela mesma Lei 13.465/2017, eis que a norma não mais menciona somente os direitos reais registrados ou averbados. Isso porque é possível a presença de direitos pessoais patrimoniais, caso de contratos, que foram registrados ou averbados na matrícula, caso de uma locação imobiliária.

Conforme o § 1.º do novo art. 216-A da Lei de Registros Públicos, o pedido será autuado pelo registrador, prorrogando-se o prazo da prenotação até o acolhimento ou rejeição do pedido. Em suma, os efeitos do pedido dependem de uma confirmação posterior.

Eventualmente, consoante o § 2.º da mesma norma, se a planta não contiver a assinatura de qualquer um dos titulares de direitos reais e de outros direitos registrados ou averbados na matrícula do imóvel usucapiendo e na matrícula dos imóveis confinantes, estes serão notificados pelo registrador competente para manifestarem seu consentimento expresso em 15 dias. Essa notificação pode ser realizada pelo registrador pessoalmente ou pelo correio, com aviso de recebimento (A. R).

O último preceito previa, originalmente, que o silêncio desses titulares não representaria consentimento, mas discordância, o que era aplicação da regra geral do Direito Civil, segundo a qual, o silêncio não representa anuência, retirada do art. 111 do Código Civil (*quem cala não consente*). Eis aqui a grande dificuldade anterior para a concretização desse novo meio de usucapião, pois dificilmente haveria tal concordância expressa, o que não poderia ser suprido e colocaria o instituto em dúvida quanto à sua efetividade.

Com o intuito de efetivação do instituto, tornando-o possível juridicamente, a regra passou a ser a máxima *quem cala consente*. Por força da Lei 13.465/2017, o trecho final do § 2.º do art. 216-A da Lei de Registros Públicos passou a ser a locução "interpretando o silêncio como concordância". Eis aqui a principal mudança decorrente da nova norma que merece, em tal ponto, nosso apoio e elogios.

Seguindo, o § 3.º do art. 216-A da Lei de Registros Públicos prescreve que o oficial de registro de imóveis dará ciência à União, ao Estado, ao Distrito Federal e ao Município para que se manifestem, em 15 dias, sobre o pedido, o que já era previsto para algumas modalidades judiciais. Essa comunicação será feita pessoalmente, por intermédio do oficial de registro de títulos e documentos, ou, ainda, pelo correio, com aviso de recebimento, o que visa a plena ciência do Poder Público, para que não existam prejuízos ao Erário ou para que não haja usucapião de um bem público.

Igualmente para os devidos fins de publicidade, o oficial de registro de imóveis promoverá a publicação de edital em jornal de grande circulação, onde houver, para a ciência de terceiros eventualmente interessados, que podem manifestar-se em 15 dias (art. 216-A, § 4.º, da Lei de Registros Públicos, incluído pelo CPC/2015).

Para a elucidação de qualquer ponto de dúvida, poderão ser solicitadas ou realizadas diligências pelo oficial de registro de imóveis (art. 216-A, § 5.º, da Lei de Registros Públicos). A título de exemplo, podem ser citadas as hipóteses em que há dúvidas de que o bem é público ou particular. Mencione-se ainda, a ilustrar, a divergência quanto ao preenchimento dos requisitos de uma ou outra modalidade de usucapião, entre todas as analisadas no presente capítulo.

Transcorrido o prazo de 15 dias para manifestação dos interessados, sem a pendência de qualquer diligência para solução de dúvidas, e achando-se em ordem a documentação, o oficial de registro de imóveis registrará a aquisição do imóvel com as descrições apresentadas, sendo permitida a abertura de matrícula, se for o caso (art. 216-A, § 6.º, da Lei de Registros Públicos).

Novamente, aqui houve alteração da norma, por força da Lei 13.465/2017, que, mais uma vez, retirou a necessidade de concordância expressa dos titulares de direitos reais e de outros direitos registrados ou averbados na matrícula do imóvel usucapiendo, bem como da matrícula dos imóveis confinantes.

Em todas as hipóteses, é lícito ao interessado suscitar o procedimento de dúvida (art. 216-A, § 7.º, da Lei de Registros Públicos). A título de exemplo, imagine-se o caso de um proprietário que alegue a existência de um contrato de comodato, vigente, a afastar a posse com intenção de dono que gera a usucapião. Ao final das diligências, prevê o § 8.º do diploma que, se a documentação não estiver em ordem, o oficial de registro de imóveis rejeitará o pedido de usucapião extrajudicial. Em suma, passa ele a proceder como *juiz de fato e de direito* para a apreciação da usucapião, o que representa uma grande evolução na atuação dos Cartórios.

A rejeição do pedido extrajudicial não impede o ajuizamento de ação de usucapião, conforme o novo art. 216-A, § 9.º, da Lei de Registros Públicos, confirmação de que as vias judiciais e extrajudiciais são totalmente independentes e facultativas.

Eventualmente, um pedido extrajudicial rejeitado em um primeiro momento pode ser aceito perante o Poder Judiciário. Ademais, de forma correta, o Enunciado n. 117, aprovado na *II Jornada de Prevenção e Solução Extrajudicial de Litígios*, promovida em 2021, prevê que, "em caso de desistência ou suspensão do processo judicial de usucapião para utilização da via extrajudicial, poderão ser aproveitados os atos processuais já praticados na via judicial".

Em continuidade de estudo, preceitua o § 10 do diploma – alterado pela Lei do Sistema Eletrônico de Registros Públicos (SERP, Lei 14.382/2022) – que, em casos de impugnação justificada do pedido de reconhecimento extrajudicial de usucapião, o oficial de registro de imóveis remeterá os autos ao juízo competente da Comarca da situação do imóvel, cabendo ao requerente emendar a petição inicial para adequá-la ao procedimento comum. Eis uma interessante *conversão* da via extrajudicial para a judicial, seguindo a ação correspondente o rito comum. Em regra, a questão deve ser dirimida na Vara de Registros Públicos. Se não houver, a Vara Cível é a responsável pela contenda.

Porém, em casos de impugnação injustificada, essa não será admitida pelo registrador, cabendo ao interessado o eventual manejo da suscitação de dúvida nos moldes do art. 198 da própria Lei de Registros Públicos, igualmente alterado pela Lei do SERP, sendo possível tal procedimento pela via digital. Essa última inovação, introduzida pela Lei 14.382/2022, visou otimizar procedimento da usucapião extrajudicial, e veio em boa hora. Como ponderamos em obra escrita em coautoria com Carlos Eduardo Elias de Oliveira, "para viabilizar operacionalmente a suscitação de dúvida, está implícito no referido dispositivo que o registrador deverá emitir, por escrito – ainda que na forma eletrônica –, uma nota de inadmissão da impugnação e cientificar o impugnante pelo canal de comunicação pertinente – que pode ser até mesmo o *e-mail* dele" (TARTUCE, Flávio; OLIVEIRA, Carlos E. Elias de. *Lei do Sistema Eletrônico...*, 2023, p. 201).

Sobre o que vem a ser uma impugnação injustificada, anotamos, no mesmo livro, que "cabe ao registrador – na qualificação de profissional do Direito (art. 3.º, da Lei n. 8.935/1994) – fazer essa análise, levando em conta a presença ou não de uma robustez mínima da impugnação. Fundamentações manifestamente descabidas devem ser equiparadas a uma falta de justificação. Para ilustrar, suponha-se uma impugnação lacônica em que o impugnante tenha dito apenas: 'discordo do procedimento'. Não indicou ele nenhuma motivação de sua discordância. Logo, trata-se de uma impugnação injustificada, que não deve ser admitida pelo registrador" (TARTUCE, Flávio; OLIVEIRA, Carlos E. Elias de. *Lei do Sistema Eletrônico...*, 2023, p. 202).

A título de outro exemplo, na *I Jornada de Direito Notarial e Registral*, promovida pelo Conselho da Justiça Federal em agosto de 2022, aprovou-se enunciado doutrinário segundo o qual "a impugnação em usucapião extrajudicial fundada unicamente na presunção de que o imóvel constitui terra devoluta, ante a inexistência de registro da sua propriedade, deve ser considerada injustificada, nos termos do art. 216-A, § 10, da Lei n. 6.015/1973" (Enunciado n. 32).

Também para facilitar a efetivação do instituto, e para afastar eventuais polêmicas e dúvidas que existiam anteriormente, a Lei 13.465/2017 incluiu cinco parágrafos no art. 216-A da Lei de Registros Públicos.

Conforme o § 11, no caso de o imóvel usucapiendo ser unidade autônoma de condomínio edilício, fica dispensado o consentimento dos titulares de direitos reais e outros direitos registrados ou averbados na matrícula dos imóveis confinantes. Bastará, em casos tais, a notificação do síndico para se manifestar na forma do § 2.º do mesmo artigo, ou seja, se não se manifestar no prazo de quinze dias após a notificação, o seu silêncio é interpretado como concordância.

A norma, sem dúvidas, é facilitadora da usucapião imobiliária de unidades localizadas em condomínio edilício, tendo grande incidência para as modalidades ordinária, extraordinária e constitucional urbana individual. Em continuidade, nesses mesmos casos, se o imóvel confinante contiver um condomínio edilício, bastará, novamente, a notificação do síndico com os mesmos procedimentos, guiado pela máxima *quem cala consente* (art. 216-A, § 12, da Lei 6.015/1973, incluído pela Lei 13.465/2017).

Para efeito de facilitação dos procedimentos em todas as situações, o novo § 13 determina que, para os fins de notificação, caso não seja encontrado o notificando ou caso ele esteja em lugar incerto ou não sabido, tal fato será certificado pelo registrador imobiliário. Este, em continuidade, deverá promover a sua notificação por edital mediante publicação, por duas vezes, em jornal local de grande circulação, pelo prazo de quinze dias cada um, interpretado o silêncio do notificando como concordância.

Tal publicação poderá ser feita até por meio eletrônico, como no site do Tribunal local, caso o regulamento do órgão jurisdicional competente para a correição das serventias o autorize. Em tais hipóteses, fica dispensada a publicação por meio de jornal de grande circulação (art. 216-A, § 14, da Lei 6.015/1973, incluído pela Lei 13.465/2017).

No caso de ausência ou insuficiência dos documentos que demonstrem o preenchimento dos requisitos relativos à posse *ad usucapionem*, esta e os demais dados necessários poderão ser comprovados em procedimento de justificação administrativa perante a serventia extrajudicial, que obedecerá, no que couber, ao disposto no § 5.º do art. 381 do CPC/2015. Trata-se de procedimento para produção de prova, que segue o rito previsto nos arts. 382 e 383 do mesmo Estatuto Processual (art. 216-A, § 15, da Lei 6.015/1973, incluído pela Lei 13.465/2017).

Aprofundando o estudo da usucapião extrajudicial, algumas anotações devem ser feitas ao Provimento n. 65 do Conselho Nacional de Justiça (CNJ), de 14 de dezembro de 2017, que procurou regulamentá-lo administrativamente, para a atuação dos Tabelionatos de Notas, dos Cartórios de Títulos e Documentos e dos Cartórios de Registros de Imóveis. Em 2023, o conteúdo desse provimento foi incorporado ao Código Nacional de Normas do Conselho Nacional de Justiça (CNN-CNJ), entre os seus arts. 398 a 423.

Conforme o art. 399 do CNN, sem prejuízo da via jurisdicional, é admitido o pedido de reconhecimento extrajudicial da usucapião formulado pelo requerente, representado por advogado ou por defensor público, que será processado diretamente no Cartório de Registro de Imóveis da circunscrição em que estiver localizado o imóvel usucapiendo, ou a maior parte dele. Como antes sustentado, esse procedimento poderá abranger a propriedade e os demais direitos reais passíveis da usucapião, caso das servidões, do usufruto, da superfície e da laje. Será facultada aos interessados a opção pela via judicial ou pela extrajudicial; podendo ser solicitada, a qualquer momento, a suspensão do procedimento pelo prazo de trinta dias ou a desistência da via judicial para promoção da via extrajudicial. Homologada a desistência da via judicial ou deferida a suspensão, poderão ser utilizadas as provas ali produzidas.

De forma correta, na *II Jornada de Prevenção e Solução Extrajudicial dos Litígios*, promovida em agosto de 2021, aprovou-se enunciado segundo o qual, "em caso de desistência ou suspensão do processo judicial de usucapião para utilização da via extrajudicial, poderão ser aproveitados os atos processuais já praticados na via judicial" (Enunciado n. 117).

O art. 399 do CNN, assim como já estava no art. 3.º do anterior Provimento n. 65/2017, também estabelece que não se admitirá o reconhecimento extrajudicial da usucapião de bens públicos, nos termos do que consta da Constituição Federal (arts. 183, § 3.º, e 191, parágrafo único) e do Código Civil (art. 102).

Quanto aos requisitos formais para o pedido de usucapião, constam do art. 400 do CNN, sendo os mesmos da petição inicial (art. 319 do CPC/2015). Além disso, o pedido deve indicar: *a)* a modalidade de usucapião requerida e sua base legal ou constitucional; *b)* a origem e as características da posse, a existência de edificação, de benfeitoria ou de qualquer acessão no imóvel usucapiendo, com a referência às respectivas datas de ocorrência; *c)* o nome e o estado civil de todos os possuidores anteriores, cujo tempo de posse foi eventualmente somado ao do requerente para completar o período aquisitivo (*accessio possessionis*); *d)* o número da matrícula ou transcrição da área onde se encontra inserido o imóvel usucapiendo ou a informação de que não se encontra matriculado ou transcrito; e *e)* o valor atribuído ao imóvel usucapiendo.

Esse requerimento será assinado por advogado ou por defensor público constituído pelo requerente e instruído com os documentos previstos no art. 401 da mesma norma. Como do primeiro documento consta a ata notarial com a qualificação, endereço eletrônico, domicílio e residência do requerente e respectivo cônjuge ou companheiro, se houver, e do titular do imóvel lançado na matrícula objeto da usucapião que ateste: *a)* a descrição do imóvel conforme consta na matrícula do registro em caso de bem individualizado ou a descrição da área em caso de não individualização, devendo ainda constar as características do imóvel, tais como a existência de edificação, de benfeitoria ou de qualquer acessão no imóvel usucapiendo; *b)* o tempo e as características da posse do requerente e de seus antecessores; *c)* a forma de aquisição da posse do imóvel usucapiendo pela parte requerente; *d)* a modalidade de usucapião pretendida e sua base legal ou constitucional; *e)* o número de imóveis atingidos pela pretensão aquisitiva e a localização, notadamente com a informação se estão situados em uma ou em mais circunscrições; *f)* o valor do imóvel; e *g)* outras informações que o Tabelião de Notas considere necessárias à instrução do procedimento, tais como depoimentos de testemunhas ou das partes confrontantes.

Como segundo documento previsto no art. 401 do Código Nacional de Normas do CNJ, devem ser juntados a planta e o memorial descritivo do imóvel assinados por profissional legalmente habilitado e com prova da Anotação da Responsabilidade Técnica – ART ou do Registro de Responsabilidade Técnica – RTT no respectivo conselho de fiscalização profissional e pelos titulares dos direitos registrados ou averbados na matrícula do imóvel usucapiendo ou na matrícula dos imóveis confinantes ou pelos ocupantes a qualquer título.

O terceiro documento exigido pelo art. 401 do CNN é o justo título ou quaisquer outros documentos que demonstrem a origem, a continuidade, a cadeia possessória e o tempo de posse. Reafirme-se a minha posição doutrinária, no sentido de que o justo título somente é essencial nos casos de usucapião ordinária, não se aplicando para as modalidades constitucionais, por exemplo.

Como quarto elemento formal essencial são também exigidas as certidões negativas dos distribuidores da Justiça Estadual e da Justiça Federal do local da situação do imóvel usucapiendo expedidas nos últimos trinta dias, demonstrando a inexistência de ações que caracterizem oposição à posse do imóvel, em nome das seguintes pessoas: *a)* do requerente e respectivo cônjuge ou companheiro, se houver; *b)* do proprietário do imóvel usucapiendo e respectivo cônjuge ou companheiro, se houver; *c)* de todos os demais possuidores e respectivos cônjuges ou companheiros, se houver, em caso de sucessão de posse, que é somada à do requerente para completar o período aquisitivo da usucapião.

O quinto requisito previsto no art. 401 do CNN diz respeito à descrição georreferenciada nas hipóteses previstas na Lei 10.267, de 28 de agosto de 2001, que trata de imóveis agrários ou rurais, e nos decretos regulamentadores.

O sexto documento exigido é o instrumento de mandato, público ou particular, com poderes especiais e com firma reconhecida, por semelhança ou autenticidade, outorgado ao advogado pelo requerente e por seu cônjuge ou companheiro. Também consta como necessária a declaração do requerente, do seu cônjuge ou companheiro que outorgue ao defensor público a capacidade postulatória da usucapião.

Por fim, a respeito das formalidades, exige-se certidão dos órgãos municipais ou federais que demonstre a natureza urbana ou rural do imóvel usucapiendo, nos termos da Instrução Normativa do INCRA 82/2015 e da Nota Técnica do INCRA/DF/DFC 2/2016, expedida até trinta dias antes do requerimento.

Conforme os parágrafos desse mesmo art. 401 do Código Nacional de Normas, tais documentos serão apresentados no original. O requerimento também será instruído com tantas cópias quantas forem os titulares de direitos reais ou de outros direitos registrados sobre o imóvel usucapiendo e os proprietários confinantes ou ocupantes cujas assinaturas não constem da planta nem do memorial descritivo.

O documento oferecido em cópia poderá, no requerimento, ser declarado autêntico pelo advogado ou pelo defensor público, sob sua responsabilidade pessoal, sendo dispensada a apresentação de cópias autenticadas. Se for o caso, será dispensado o consentimento do cônjuge do requerente se estiverem casados sob o regime de separação absoluta de bens, entendida como a separação convencional de bens, fixada por pacto antenupcial.

Além disso, será dispensada a apresentação de planta e memorial descritivo se o imóvel usucapiendo for unidade autônoma de condomínio edilício ou loteamento regularmente instituído, bastando que o requerimento faça menção à descrição constante da respectiva matrícula. Será exigido o reconhecimento de firma, por semelhança ou autenticidade, das assinaturas lançadas na planta e no memorial que são exigidos.

O requerimento poderá ser instruído com mais de uma ata notarial, por ata notarial complementar ou por escrituras declaratórias lavradas pelo mesmo ou por diversos notários, ainda que de diferentes municípios, as quais descreverão os fatos conforme sucederem no tempo.

O valor do imóvel declarado pelo requerente será seu valor venal relativo ao último lançamento do imposto predial e territorial urbano ou do imposto territorial rural incidente ou, quando não estipulado, o valor de mercado aproximado. Na hipótese de já existir procedimento de reconhecimento extrajudicial da usucapião acerca do mesmo imóvel, a prenotação do procedimento permanecerá sobrestada até o acolhimento ou a rejeição do procedimento anterior.

Existindo procedimento de reconhecimento extrajudicial da usucapião referente à parcela do imóvel usucapiendo, o procedimento prosseguirá em relação à parte incontroversa do imóvel, permanecendo sobrestada a prenotação quanto à parcela controversa. Se o pedido da usucapião extrajudicial abranger mais de um imóvel, ainda que de titularidade diversa, o procedimento poderá ser realizado por meio de único requerimento e ata notarial, se contíguas as áreas. Tudo isso consta do art. 401 do Código Nacional de Normas, que incorporou o art. 4.º do antigo Provimento n. 65 do CNJ, ora revogado, o mais detalhista quanto às regras que devem ser observadas para a usucapião extrajudicial.

Quanto à ata notarial exigida por lei para a usucapião extrajudicial, será ela lavrada pelo Tabelião de Notas do Município em que estiver localizado o imóvel usucapiendo ou a maior parte dele, a quem caberá alertar o requerente e as testemunhas de que a prestação de declaração falsa no referido instrumento configurará crime de falsidade, sujeito às penas da lei (art. 402 do CNN).

O Tabelião de Notas poderá comparecer pessoalmente ao imóvel usucapiendo para realizar diligências necessárias à lavratura da ata notarial (§ 1.º). Podem constar da ata notarial imagens, documentos, sons gravados em arquivos eletrônicos, além do depoimento de testemunhas, para se comprovar a presença dos requisitos da usucapião, não podendo basear-se apenas em declarações do requerente (§ 2.º). Finalizada a lavratura da ata notarial, o Tabelião deve cientificar o requerente e consignar no ato que a ata notarial não tem valor como confirmação ou estabelecimento de propriedade, servindo apenas para a instrução de requerimento extrajudicial de usucapião para processamento perante o registrador de imóveis (§ 3.º).

Como se pode perceber, a norma administrativa admite a usucapião de unidade autônoma em condomínio edilício, prevendo o seu art. 403 que, se esse for regularmente constituído, e com construção averbada na matrícula, bastará a anuência do síndico do condomínio. Se, eventualmente, a unidade usucapienda localizar-se em condomínio edilício constituído de fato, ou seja, sem o respectivo registro do ato de incorporação ou sem a devida averbação de construção, será exigida a anuência de todos os titulares de direito constantes da matrícula (art. 404 do CNN). Admite-se, ainda, o reconhecimento extrajudicial da usucapião pleiteado por mais de um requerente, o que é possível nos casos de exercício comum da posse, ou seja, de composse (art. 405 do CNN).

O requerimento, juntamente com todos os documentos que o instruírem, será autuado pelo oficial do Cartório de Registro de Imóveis competente, prorrogando-se os efeitos da prenotação até o acolhimento ou a rejeição do pedido. Todas as notificações destinadas ao requerente serão efetivadas na pessoa do seu advogado ou do defensor público, por *e-mail*. A desídia do requerente, ou seja, a falta de prosseguimento quanto ao procedimento poderá acarretar o arquivamento do pedido, bem como o cancelamento da prenotação. Tudo isso consta do 406 do Código Nacional de Normas.

Se a planta exigida não estiver assinada pelos titulares dos direitos registrados ou averbados na matrícula do imóvel usucapiendo ou na matrícula dos imóveis confinantes ou ocupantes a qualquer título, e não for apresentado documento autônomo de anuência expressa, serão eles notificados pelo oficial do Cartório de Registro de Imóveis ou por intermédio do oficial do Cartório de Títulos e Documentos para que manifestem consentimento no prazo de quinze dias, considerando-se sua inércia como concordância (art. 407 do CNN). Segue-se, portanto, a máxima legal *quem cala, consente*, que consta do tratamento legal do instituto na atualidade.

Essa notificação poderá ser feita pessoalmente pelo oficial do Cartório de Registro de Imóveis ou por escrevente habilitado, se a parte notificanda comparecer em cartório (art. 407, § 1.º). Se o notificando residir em outra Comarca ou circunscrição, a notificação deverá ser realizada pelo oficial do Cartório de Títulos e Documentos dessa outra localidade, adiantando o requerente as despesas (art. 407, § 2.º, do Provimento n. 65 do CNJ).

A notificação poderá ser realizada por carta com aviso de recebimento, devendo vir acompanhada de cópia do requerimento inicial e da ata notarial, bem como de cópia da planta e do memorial descritivo e dos demais documentos que a instruíram (art. 407, § 3.º, do CNN). Se os notificandos forem casados ou conviverem em união estável, também serão notificados, em ato separado, os respectivos cônjuges ou companheiros (§ 4.º).

Deverá constar expressamente da notificação a informação de que o transcurso do prazo de quinze dias sem a manifestação do titular do direito sobre o imóvel consistirá em anuência ao pedido de reconhecimento extrajudicial da usucapião do bem imóvel (art. 407, § 5.º). Se a planta não estiver assinada por algum confrontante, este será notificado pelo oficial de Registro de Imóveis mediante carta com aviso de recebimento, para manifestar-se no prazo de quinze dias (§ 6.º). O consentimento expresso poderá ser manifestado pelos confrontantes e titulares de direitos reais a qualquer momento, por documento particular com firma reconhecida ou por instrumento público, sendo prescindível a assistência de advogado ou defensor público (§ 7.º). A concordância poderá ser manifestada ao escrevente encarregado da intimação mediante assinatura de certidão específica de concordância lavrada no ato pelo preposto (§ 8.º do art. 407 do CNN).

Tratando-se de pessoa jurídica, a notificação deverá ser entregue à pessoa com poderes de representação legal (§ 9.º). Se o imóvel usucapiendo for matriculado com descrição precisa e houver perfeita identidade entre a descrição tabular e a área objeto do requerimento da usucapião extrajudicial, fica dispensada a intimação dos confrontantes do imóvel, devendo o registro da aquisição originária ser realizado na matrícula existente (§ 10 do art. 407 do CNN-CNJ).

Sendo infrutíferas tais notificações e estando o notificando em lugar incerto, não sabido ou inacessível, o oficial do Cartório de Registro de Imóveis certificará o ocorrido e promoverá a notificação por edital, publicada por duas vezes em jornal local de grande circulação, pelo prazo de quinze dias cada uma, interpretando o silêncio do notificando como concordância (*quem cala, consente*, mais uma vez). O mesmo art. 408 do Código Nacional de Normas estabelece, em seu parágrafo único, que a notificação por edital poderá ser publicada em meio eletrônico, desde que o procedimento esteja regulamentado pelo Tribunal.

Na hipótese de algum titular de direitos reais e de outros direitos registrados na matrícula do imóvel usucapiendo e na matrícula do imóvel confinante ter falecido, poderão assinar a planta e o memorial descritivo os herdeiros legais, desde que apresentem escritura pública declaratória de únicos herdeiros com nomeação do inventariante (art. 409 do CNN).

O consentimento mencionado pelo art. 407 do provimento é considerado como outorgado, sendo dispensada a notificação, quando for apresentado pelo requerente justo título ou instrumento que demonstre a existência de relação jurídica com o titular registral. Esse documento deve estar acompanhado de prova da quitação das obrigações e de certidão do distribuidor cível, expedida até trinta dias antes do requerimento, que demonstre a inexistência de ação judicial contra o requerente ou contra seus cessionários envolvendo o imóvel usucapiendo (art. 410 do CNN-CNJ).

O próprio comando menciona alguns exemplos de documentos que podem ser considerados títulos ou instrumentos para os fins de dispensa da notificação, a saber: *a)* compromisso ou recibo de compra e venda; *b)* cessão de direitos e promessa de cessão; *c)* pré-contratos; *d)* proposta de compra; *e)* reserva de lote ou outro instrumento no qual conste a manifestação de vontade das partes, contendo a indicação da fração ideal, do lote ou unidade, o preço, o modo de pagamento e a promessa de contratar; *f)* procuração pública com poderes de alienação para si ou para outrem, especificando o imóvel; *g)* escritura de cessão de direitos hereditários, especificando o imóvel; e *h)* documentos judiciais de partilha, arrematação ou adjudicação.

Em qualquer dos casos em que tais documentos estiverem presentes, deverá ser justificado o óbice à correta escrituração das transações, para se evitar o uso da usucapião como meio de burla dos requisitos legais do sistema notarial e registral e da tributação dos impostos de transmissão incidentes sobre os negócios imobiliários. Assim, deve o registrador alertar o requerente e as testemunhas de que a prestação de declaração falsa na referida justificação configurará crime de falsidade, sujeito às penas da lei (art. 410, § 2.º, do CNN-CNJ).

A prova de quitação das obrigações será feita por meio de declaração escrita ou da apresentação do recibo de pagamento da última parcela do preço avençado ou de documento assinado pelo proprietário com firma reconhecida (art. 410, § 3.º, do CNN). A análise de todos os documentos previstos no preceito será realizada pelo oficial de Registro de Imóveis, que proferirá nota fundamentada, conforme seu livre convencimento, acerca da veracidade e idoneidade do conteúdo e da inexistência de lide relativa ao negócio objeto de regularização pela usucapião (art. 410, § 4.º, do CNN). Como se pode perceber, a norma administrativa atribui certo poder decisório ao registrador de imóveis, o que nos parece salutar.

A existência de ônus real ou de gravame na matrícula do imóvel usucapiendo não impedirá o reconhecimento extrajudicial da usucapião. A impugnação do titular do direito à usucapião poderá ser objeto de conciliação ou mediação pelo registrador. Não sendo frutífera, a impugnação impedirá o reconhecimento da usucapião pela via extrajudicial (art. 411 do CNN). A menção dos meios consensuais de solução das controvérsias é saudável, nos termos do que consta do art. 165 do CPC/2015. Além disso, como se pode notar, admite-se que registrador de imóveis conduza sessões de mediação, o que demandará a sua formação específica para tanto.

Estando o requerimento regularmente instruído com todos os documentos exigidos, o oficial do Cartório de Registro de Imóveis dará ciência à União, ao Estado, ao Distrito Federal ou ao Município pessoalmente, por intermédio do oficial do Cartório de Títulos e Documentos ou pelo correio com aviso de recebimento, para manifestação sobre o pedido no prazo de quinze dias (art. 412 do CNN).

A inércia dos órgãos públicos diante dessa notificação não impedirá o regular andamento do procedimento nem o eventual reconhecimento extrajudicial da usucapião (§ 1.º). Será admitida a manifestação do Poder Público em qualquer fase do procedimento (§ 2.º). Apresentada qualquer ressalva, óbice ou oposição dos entes públicos mencionados, o procedimento extrajudicial deverá ser encerrado e enviado ao juízo competente para o rito judicial da usucapião (§ 3.º do art. 412 do CNN).

Após a notificação dos entes públicos, o oficial do Cartório de Registros de Imóveis expedirá edital, que será publicado pelo requerente e às expensas dele, para ciência de terceiros eventualmente interessados, que poderão manifestar-se nos quinze dias subsequentes ao da publicação (art. 413 do CNN-CNJ).

O mesmo dispositivo estabelece que devem constar do edital: *a)* o nome e a qualificação completa do requerente; *b)* a identificação do imóvel usucapiendo com o número da matrícula, quando houver, sua área superficial e eventuais acessões ou benfeitorias nele existentes; *c)* os nomes dos titulares de direitos reais e de outros direitos registrados e averbados na matrícula do imóvel usucapiendo e na matrícula dos imóveis confinantes ou confrontantes de fato com expectativa de domínio; *d)* a modalidade de usucapião e o tempo de posse alegado pelo requerente; e *e)* a advertência de que a não apresentação de impugnação no prazo de quinze dias implicará anuência ao pedido de reconhecimento extrajudicial da usucapião (*quem cala, consente*).

Os terceiros eventualmente interessados poderão manifestar-se no prazo de quinze dias após o decurso do prazo do edital publicado. Estando o imóvel usucapiendo localizado em duas ou mais circunscrições ou em circunscrição que abranja mais de um município, o edital deverá ser publicado em jornal de todas as localidades. O edital poderá ser publicado em meio eletrônico, desde que o procedimento esteja regulamentado pelo órgão jurisdicional local, dispensada a publicação em jornais de grande circulação (parágrafos do art. 413 do CNN).

Para a elucidação de quaisquer dúvidas, imprecisões ou incertezas, poderão ser solicitadas ou realizadas diligências pelo oficial de registro de imóveis ou por escrevente habilitado (art. 414 do CNN). A norma ainda estabelece que no caso de ausência ou insuficiência dos documentos exigidos em lei, a posse e os demais dados necessários poderão ser comprovados em procedimento de justificação administrativa perante o oficial de registro do imóvel.

Se, ao final das diligências, ainda persistirem dúvidas, imprecisões ou incertezas, bem como a ausência ou insuficiência de documentos, o oficial do Cartório de Registro de Imóveis rejeitará o pedido mediante nota de devolução fundamentada. A rejeição do pedido extrajudicial não impedirá o ajuizamento de ação de usucapião no foro competente. Com a rejeição do pedido extrajudicial e a devolução de nota fundamentada, cessarão os efeitos da prenotação e da preferência dos direitos reais determinada pela prioridade. A rejeição do requerimento poderá ser impugnada pelo requerente no prazo de quinze dias, perante o oficial de Registro de Imóveis, que poderá reanalisar o pedido e reconsiderar a nota de rejeição no mesmo prazo ou suscitará dúvida registral.

Nos termos do art. 415 do provimento em análise, em caso de impugnação do pedido de reconhecimento extrajudicial da usucapião apresentada por qualquer dos titulares de direitos reais e de outros direitos registrados ou averbados na matrícula do imóvel usucapiendo ou na matrícula dos imóveis confinantes, por ente público ou por terceiro interessado, o oficial de registro de imóveis tentará promover a conciliação ou a mediação entre as partes interessadas. Eis mais uma norma que atribui ao registrador a possibilidade de conduzir mediação.

Sendo infrutífera essa conciliação ou a mediação e persistindo a impugnação, o oficial do Cartório de Registro de Imóveis lavrará relatório circunstanciado de todo o processamento da usucapião (art. 415, § 1.º). O oficial entregará os autos do pedido da usucapião ao requerente, acompanhados do relatório circunstanciado, mediante recibo (art. 415, § 2.º). A parte requerente poderá emendar a petição inicial, adequando-a ao procedimento judicial e apresentando-a ao juízo competente da comarca de localização do imóvel usucapiendo (art. 415, § 3.º, do CNN).

No que diz respeito ao registro do reconhecimento extrajudicial da usucapião de imóvel rural, esse somente será realizado após a apresentação dos documentos previstos no art. 416 da norma administrativa, o que visa a preencher os requisitos constitucionais da usucapião agrária. São eles: *a)* recibo de inscrição do imóvel rural no Cadastro Ambiental Rural – CAR, emitido por órgão ambiental competente, esteja ou não a reserva legal averbada na matrícula imobiliária, fazendo-se expressa referência, na matrícula, ao número de registro e à data de cadastro constantes daquele documento; *b)* certificado de Cadastro de Imóvel Rural – CCIR mais recente, emitido pelo Instituto Nacional de Colonização e Reforma Agrária – INCRA, devidamente quitado; e *c)* certificação do INCRA que ateste que o poligonal objeto do memorial descritivo não se sobrepõe a nenhum outro constante do seu cadastro georreferenciado e que o memorial atende às exigências técnicas, de acordo com as áreas e os prazos previstos na Lei 10.267/2001.

Como não poderia ser diferente, uma vez que a usucapião é forma originária de aquisição da propriedade, o registro do reconhecimento extrajudicial da usucapião de imóvel implica abertura de nova matrícula. Na hipótese de o imóvel usucapiendo encontrar-se matriculado e o pedido referir-se à totalidade do bem, o registro do reconhecimento extrajudicial de usucapião será averbado na própria matrícula existente.

Caso o reconhecimento extrajudicial da usucapião atinja fração de imóvel matriculado ou imóveis referentes, total ou parcialmente, a duas ou mais matrículas, será aberta nova matrícula para o imóvel usucapiendo, devendo as matrículas atingidas, conforme o caso, ser encerradas ou receber as averbações dos respectivos desfalques ou destaques, dispensada, para esse fim, a apuração da área remanescente.

A abertura de matrícula de imóvel edificado independerá da apresentação de *habite-se*. Tratando-se de usucapião de unidade autônoma localizada em condomínio edilício objeto de incorporação, mas ainda não instituído ou sem a devida averbação de construção, a matrícula será aberta para a respectiva fração ideal, mencionando-se a unidade a que se refere. O ato de abertura de matrícula decorrente de usucapião conterá, sempre que possível e para fins de coordenação e histórico, a indicação do registro anterior desfalcado e, no campo destinado à indicação dos proprietários, a expressão "adquirido por usucapião". Tudo isso consta do art. 417 do Código Nacional de Normas, que incorporou o antigo Provimento n. 65 do CNJ, assim como outras normas administrativas.

A norma seguinte estabelece que o reconhecimento extrajudicial da usucapião de imóvel matriculado não extinguirá eventuais restrições administrativas nem gravames judiciais regularmente inscritos. A parte requerente deverá formular pedido de cancelamento dos gravames e restrições diretamente à autoridade que emitiu a ordem. Os entes públicos ou credores podem anuir expressamente à extinção dos gravames no procedimento da usucapião (art. 418 do CNN). A norma causa estranheza, entrando em conflito com a afirmação de ser a usucapião forma originária da propriedade, o que geraria a extinção de todos os gravames que recaem sobre o bem.

Estando em ordem a documentação e não havendo impugnação, o oficial do Cartório de Registro de imóveis emitirá nota fundamentada de deferimento e efetuará o registro da usucapião (art. 419 do CNN-CNJ). Em qualquer caso, o legítimo interessado poderá suscitar o procedimento de dúvida, observado o disposto nos art. 198 e seguintes da Lei de Registros Públicos (art. 420 do CNN). O oficial do Cartório de Registro de Imóveis não poderá exigir, para o ato de registro da usucapião, o pagamento do Imposto de Transmissão de Bens Imóveis – ITBI, pois se trata de forma originária de aquisição da propriedade (art. 421 do CNN).

Estas são as últimas regras quanto aos procedimentos que merecem ser comentadas, antes previstas no Provimento n. 65 e agora no Código Nacional de Normas do CNJ. Como se percebe, a norma administrativa é cheia de detalhes. Somente a prática notarial e registral poderá demonstrar se ela atingiu o saudável equilíbrio entre a exigência de formalidades para a segurança jurídica mínima e a efetividade do instituto da usucapião administrativa.

Também a merecer destaque, decisão do STJ do ano de 2020 traz a correta conclusão no sentido de o sistema jurídico não exigir o prévio pedido de usucapião extrajudicial para se demonstrar o interesse processual no ajuizamento de ação com o mesmo fim. O aresto cita a doutrina de Clayton Maranhão e Daniel Amorim Assumpção Neves, no sentido de ser a via extrajudicial uma opção da parte, afirmação que tem o meu total apoio, determinando o retorno do processo ao juízo de primeiro grau, para dar sequência à ação de usucapião

(STJ, REsp 1.824.133/RJ, 3.ª Turma, Rel. Min. Paulo de Tarso Sanseverino, j. 11.02.2020, *DJe* 14.02.2020).

Para encerrar o tópico, acredito que essa modalidade de usucapião extrajudicial, pelo menos na teoria, veio em boa hora. As ações de usucapião sempre demoraram muito tempo, chegando a ser até inviáveis em algumas situações concretas. Se a categoria for bem aplicada, ainda mais com as alterações de facilitação decorrentes da Lei 13.465/2017, penso que trará mais benefícios à sociedade.

Todavia, pode ocorrer o contrário, e, em casos de abusos praticados, as impugnações judiciais manterão os problemas no âmbito do Poder Judiciário, ou mesmo os intensificarão. Em suma, somente o tempo e a prática reiterada dessa usucapião poderão demonstrar se ela será boa ou ruim. Aguardemos.

3.7.3 Do registro do título

O registro do título aquisitivo é a primeira forma derivada de aquisição da propriedade imóvel a ser estudada, nos termos dos arts. 1.245 a 1.247 do CC/2002. Trata-se de forma derivada, pois, conforme exposto, há uma intermediação entre pessoas e não um contato direto entre a pessoa e a coisa. Sendo forma derivada, o novo proprietário do bem é responsável pelas dívidas que recaem sobre a coisa, caso dos tributos.

Quanto à compra e venda, uma das principais formas de transmissão *inter vivos*, há regra específica nesses termos, no art. 502 do CC/2002, a saber: "o vendedor, salvo convenção em contrário, responde por todos os débitos que gravem a coisa até o momento da tradição".

Nos termos do art. 108 da codificação material privada, os contratos constitutivos ou translativos de direitos reais sobre imóveis devem ser feitos por escritura pública, se o imóvel tiver valor superior a trinta salários mínimos. A escritura pública é lavrada no Tabelionato de Notas, de qualquer local do País, não importando a localização do imóvel. Se o imóvel tiver valor igual ou inferior a trinta salários mínimos, está dispensada a escritura pública, podendo o contrato ser celebrado por instrumento particular, uma vez que, em regra, a forma é livre (art. 107 do CC), o que é consagração do *princípio da liberdade das formas*.

Esse esclarecimento inicial é útil para apontar que a escritura pública não serve para a aquisição da propriedade imóvel, sendo apenas uma formalidade que está no plano da validade dos contratos de constituição ou transmissão de bens (art. 104, inc. III, do CC – menção à forma prescrita e não defesa em lei).

O registro imobiliário, que se situa no plano da eficácia do contrato, é que gera a aquisição da propriedade imóvel, e deve ocorrer o Cartório de Registro de Imóveis do local de situação da coisa (arts. 1.º, inc. IV, e 167 a 171 da Lei 6.015/1973 – Lei de Registros Públicos).

Da mesma forma, prevê o art. 1.227 do CC de 2002, em termos gerais, que "os direitos reais sobre imóveis constituídos, ou transmitidos por atos entre vivos, só se adquirem com o registro no Cartório de Registro de Imóveis dos referidos títulos (arts. 1.245 a 1.247), salvo os casos expressos neste Código". Um dos casos expressos no Código Civil, em que se dispensa o registro, é na sucessão hereditária, como se verá.

No Projeto de Reforma e Atualização do Código Civil, elaborado pela Comissão de Juristas nomeada no Senado Federal pretende-se completar o conteúdo do seu art. 1.227, para que conste da codificação privada uma teoria geral a respeito dos atos registrais imobiliários, retomando a Lei Geral Privada o seu *protagonismo legislativo*. Com isso, o comando receberá quatros novos parágrafos. Consoante o seu novo § 1º, qualquer interessado pode ter acesso à certidão de inteiro teor da matrícula, para a comprovação da propriedade, dos direitos, dos ônus reais e das restrições sobre o imóvel, para o resguardo de seus direitos. Detectado qualquer fato que evidencie que o registro não representa a verdade dos fatos, os órgãos da corregedoria dos serviços registrários providenciarão a notificação dos interessados para as retificações necessárias (§ 2º). Se a incorreção do registro não puder ser sanada, a pedido do interessado, ou de ofício, o juiz corregedor determinará a ciência daqueles que serão atingidos pela retificação, ou pelo cancelamento do registro (§ 3º). Por fim, o art. 1.277 passará e enunciar em seu novo § 4º que, cancelado o registro, poderá o proprietário reivindicar o imóvel, independentemente da boa-fé ou do título do terceiro adquirente.

Espera-se a sua aprovação, em prol da segurança jurídica e da estabilidade das relações privadas, cabendo a sua especial atenção pelo Parlamento Brasileiro.

Acrescente-se, sobre a escritura pública, que o Provimento n. 100, de 26 de maio de 2020, do Conselho Nacional de Justiça (CNJ) passou a admitir que a escritura pública seja feita pela via digital ou eletrônica. A norma administrativa surgiu em meio ao isolamento social decorrente da pandemia de Covid-19, facilitando a realização desses atos formais e incrementando o sistema do *e-notariado*. Em 2023, o eu conteúdo foi também incorporado ao Código Nacional de Normas do CNJ. Conforme o art. 284 do CNN, assim como fazia o provimento, esta Seção estabelece normas gerais sobre a prática de atos notariais eletrônicos em todos os tabelionatos de notas do País". Assim, passou a ser totalmente possível a realização de escrituras públicas de contratos como de compra e venda e doação por esse meio eletrônico, desde que observados alguns requisitos de validade previstos na norma administrativa.

Consoante o art. 286 do Código Nacional de Normas, que equivale ao art. 3.º do antigo Provimento n. 100 do CNJ, são requisitos da prática do ato notarial eletrônico: *a)* a videoconferência notarial para captação do consentimento das partes sobre os termos do ato jurídico; *b)* a concordância expressada pelas partes com os termos do ato notarial eletrônico; *c)* a assinatura digital pelas partes, exclusivamente através do *e-notariado*; *d)* a assinatura do Tabelião de Notas com a utilização de certificado digital ICP-Brasil; e *e)* o uso de formatos de documentos de longa duração com assinatura digital.

Sobre a gravação da videoconferência notarial, nos termos do parágrafo único desse art. 286 do CNN, deverá conter ela, no mínimo: *a)* a identificação, a demonstração da capacidade e a livre manifestação das partes atestadas pelo tabelião de notas; *b)* o consentimento das partes e a concordância com a escritura pública; *c)* o objeto e o preço do negócio pactuado; *d)* a declaração da data e horário da prática do ato notarial; e *e)* a declaração acerca da indicação do livro, da página e do tabelionato onde será lavrado o ato notarial. O desrespeito a qualquer um desses requisitos de validade gera a nulidade absoluta do negócio jurídico, nos termos dos antes citados incs. IV e V do art. 166 do Código Civil.

Com o fim de evitar a *concorrência predatória* por serviços prestados remotamente, que pode ofender a fé pública notarial, o art. 289 do CNN, equivalente ao art. 6.º do Provimento n. 100 do CNJ, estabelece que "a competência para a prática dos atos regulados neste Provimento é absoluta e observará a circunscrição territorial em que o tabelião recebeu sua delegação, nos termos do art. 9.º da Lei n. 8.935/1994". Assim, não há liberdade territorial para a elaboração das escrituras públicas digitais, como se dá em relação aos atos realizados com a presença física.

Sem prejuízo de outras regras importantes, o art. 299 do CNN, substituição do art. 16 do Provimento n. 100, enuncia que os atos notariais eletrônicos reputam-se autênticos e detentores de fé pública, como regulado na legislação processual.

Além disso, está previsto, como não poderia ser diferente, que os atos notariais celebrados por meio eletrônico produzirão os mesmos efeitos previstos no ordenamento jurídico quando observarem os requisitos necessários para a sua validade, estabelecidos em lei e no próprio provimento (art. 300 do CNN-CNJ, art. 17 do antigo Provimento n. 100 do CNJ). Para aqueles que pretendem realizar atos e negócios pela via digital, necessária a sua leitura integral, o que foge ao objeto desta obra.

Apesar de uma contundente crítica que pode surgir sobre a falta de competência do CNJ para tratar do assunto, que seria de exclusividade do Poder Legislativo, a verdade é que a redução de burocracias e a digitalização dos atos e negócios civis constituem caminhos sem volta, com argumentos jurídicos muito fortes em seu favor. Sendo assim, acredito que a realização de escrituras públicas eletrônicas deve ser incrementada nos próximos anos, o que já é realidade.

Não se pode, todavia, afastar o argumento da inconstitucionalidade de o tema ser tratado por norma administrativa do Conselho Nacional da Justiça, pois cabe à União legislar sobre temas afeitos ao Direito Civil e às formalidades dos atos e negócios jurídicos, nos termos do art. 22, inc. I, da Constituição Federal.

O Projeto de Reforma do Código Civil pretende sanar esse problema, introduzindo no novo livro de *Direito Civil Digital* todo o tratamento hoje previsto no Código Nacional de Normas, o que virá em boa hora, dando legalidade aos procedimentos relativos às escrituras públicas digitais e ao *e-notariado*, e retomando o *protagonismo legislativo* da Lei Geral Privada.

Seja como for, assim como o antigo Provimento n. 100 do CNJ, com regras depois incorporadas ao Código Nacional de Normas, a Lei 14.382/2022, originária da Medida Provisória 1.085/2021, instituiu o Sistema Eletrônico dos Registros Públicos (SERP), com a digitalização dos serviços de registros de imóveis. A nova norma modernizou e simplificou os procedimentos relativos aos registros públicos de atos e negócios jurídicos, previstos na Lei 6.015/1973 (Lei de Registros Públicos), e também tratou de outros temas, alterando dispositivos do Código Civil. Ao longo desta coleção, e também desta obra, as principais alterações da Lei do SERP são analisadas, sobretudo as que impactam o Direito Civil.

Sobre esse registro público eletrônico, é essencial pontuar que, nos termo do art. 3.º da nova lei, são objetivos do novo sistema viabilizar: *a)* o registro público eletrônico dos atos e negócios jurídicos; *b)* a interconexão das serventias dos registros públicos; *c)* a interoperabilidade das bases de dados entre as serventias dos registros públicos e entre as serventias dos registros públicos e o SERP; *d)* o atendimento remoto aos usuários de todas as serventias dos registros públicos, por meio da internet; *e)* a recepção e o envio de documentos e títulos, a expedição de certidões e a prestação de informações, em formato eletrônico, inclusive de forma centralizada, para distribuição posterior às serventias dos registros públicos competentes; *f)* a visualização eletrônica dos atos transcritos, registrados ou averbados nas serventias dos registros públicos; *g)* o intercâmbio de documentos eletrônicos e de informações entre as serventias dos registros públicos, os entes públicos e os usuários em geral, inclusive as instituições financeiras e as demais instituições autorizadas a funcionar pelo Banco Central do Brasil e os tabeliães; *h)* o armazenamento de documentos eletrônicos para dar suporte aos atos registrais; *i)* a divulgação de índices e de indicadores estatísticos apurados a partir de dados fornecidos pelos oficiais dos registros públicos, *j)* a consulta às indisponibilidades de bens decretadas pelo Poder Judiciário ou por entes públicos; às restrições e aos gravames de origem legal, convencional ou processual incidentes sobre bens móveis e imóveis registrados ou averbados nos registros públicos; e aos atos em que a pessoa pesquisada conste como devedora de título protestado e não pago; garantidora real; cedente convencional de crédito; ou titular de direito sobre bem objeto de constrição processual ou administrativa; e *k)* outros serviços, nos termos estabelecidos pela Corregedoria Nacional de Justiça do Conselho Nacional de Justiça.

O mesmo art. 3.º da Lei do SERP prevê, no seu § 1.º, que os oficiais dos registros públicos de que trata a Lei 6.015/1973 integram o SERP. Além disso, está preceituado que a consulta a que se refere a norma será realizada com base em indicador pessoal ou, quando compreender bem especificamente identificável, mediante critérios relativos ao bem objeto de busca (art. 3.º, § 2.º da Lei 14.382/2022). Nesse contexto, o SERP deverá observar os padrões e os requisitos de documentos, de conexão e de funcionamento estabelecidos pela Corregedoria Nacional de Justiça do Conselho Nacional de Justiça e garantir a segurança da informação e a continuidade da prestação do serviço dos registros públicos (art. 3.º, § 3.º, da Lei 14.382/2022). Está enunciado no mesmo diploma, por fim, que o SERP terá um operador nacional, sob a forma de pessoa jurídica de Direito Privado, seja associação ou fundação, na modalidade de entidade civil sem fins lucrativos, nos termos estabelecidos pela Corregedoria Nacional de Justiça do Conselho Nacional de Justiça (art. 3.º, § 4.º, da Lei 14.382/2022.

Como está em obra escrita em coautoria com Carlos Eduardo Elias de Oliveira, "o chamariz da Lei n. 14.382/2022 é a criação do Sistema Eletrônico de Registros Públicos (SERP), e, por isso, é conhecida como Lei do SERP, denominação que será utilizada neste livro. O SERP pode ser entendido como uma espécie de central eletrônica nacional de todos os serviços notariais e registrais, que permite a prestação remota dos serviços. Quis o legislador disponibilizar um espaço único – como um site –, ao qual o cidadão poderia acorrer para buscar qualquer serviço notarial e registral de qualquer serventia do País. Objetivou também conectar operacionalmente todas as serventias extrajudiciais brasileiras para a prestação dos serviços de modo concentrado" (TARTUCE, Flávio; OLIVEIRA, Carlos E. Elias de. *Lei do Sistema Eletrônico...*, 2023, p. 3).

O sistema ainda está sendo implementado pelo Conselho Nacional de Justiça, que já deu passos importantes visando a unificação e a digitalização de todo sistema registral e notarial, inclusive com a edição de um *Código Nacional de Normas*, que contou com a minha participação em sua elaboração, como membro do conselho consultivo do Operador Nacional de Registros Públicos Eletrônicos. Nos próximos anos, o SERP, um site único com todas as serventias extrajudiciais, deverá ser totalmente implementado, o que será uma grande revolução para o Direito Privado Brasileiro.

Feitas essas notas importantes de atualização, em complemento ao que consta do art. 1.227, dispõe o vigente art. 1.245 do CC/2002 que se transfere entre vivos a propriedade mediante o *registro do título translativo* no Registro de Imóveis. O atual Código Civil substitui a antiga menção à *transcrição do título* pelo termo destacado (arts. 531 a 534 do CC/1916). Tal registro gera uma presunção relativa ou *iuris tantum* de propriedade, conforme reconhece enunciado aprovado na *V Jornada de Direito Civil* (Enunciado n. 503).

Enquanto não se registrar o título translativo, o alienante continua a ser havido como dono do imóvel (art. 1.245, § 1.º, do CC). Além disso, enquanto não se promover, por meio de ação própria, a decretação de invalidade do registro, e o respectivo cancelamento, o adquirente continua a ser havido como dono do imóvel, o que é consagração da *teoria da aparência* (art. 1.245, § 2.º, do CC).

Complementando esse art. 1.245 do CC, na *I Jornada de Direito Civil* aprovou-se o Enunciado n. 87 do CJF/STJ, prevendo que "considera-se também título translativo, para fins do art. 1.245 do novo Código Civil, a promessa de compra e venda devidamente quitada (arts. 1.417 e 1.418 do CC e § 6.º do art. 26 da Lei 6.766/1979)". O enunciado doutrinário ressalta a importância prática do compromisso de compra e venda, seja registrado ou não, para os fins de aquisição do domínio. O instituto merecerá estudo aprofundado em capítulo próprio da presente obra (Capítulo 7).

Segundo estabelecido no art. 1.246 do Código Civil Brasileiro, o registro é eficaz desde o momento em que se apresentar o título ao oficial do registro, e este o prenotar no protocolo. O dispositivo consagra o *princípio da prioridade*, também retirado da Lei de Registros Públicos, e que decorre da prenotação do título do protocolo do Cartório de Registro Imobiliário. Como bem observa Maria Helena Diniz:

> "Aquele que registrar primeiro o título aquisitivo terá a titularidade do domínio do imóvel; assim sendo, o título do segundo adquirente não terá eficácia, gerando tão somente a possibilidade de ação de perdas e danos contra o alienante, uma vez que mover uma reivindicatória seria bastante temerário, pois apenas sairia vencedor se conseguisse comprovar a falsidade do título e do registro do primeiro adquirente, e, enquanto não houver pronunciamento judicial declarando a invalidade do assento do título do primeiro adquirente e seu respectivo cancelamento (CC, art. 1.245, § 2.º), ele será o único proprietário do imóvel, e o registro feito pelo segundo adquirente será absolutamente ineficaz" (DINIZ, Maria Helena. *Código Civil...*, 2005, p. 999).

Complementando, se o teor do registro não exprimir a verdade, poderá o interessado reclamar que se retifique ou anule (art. 1.247 do CC). Essa ação de *retificação* ou *anulação* demonstra que o registro pode ser alterado, havendo falsidade (art. 213 da Lei 6.015/1973). A ação de retificação corre perante a Vara de Registros Públicos, se houver, ou na Vara Cível. Cancelado o registro, poderá o proprietário reivindicar o imóvel, independentemente da boa-fé ou do título do terceiro adquirente, pois o registro traz presunção do domínio (art. 1.247, parágrafo único, do CC). Conforme enunciado doutrinário aprovado na *VIII Jornada de Direito Civil*, promovida pelo Conselho da Justiça Federal em 2018, "a anulação do registro, prevista no art. 1.247 do Código Civil, não autoriza a exclusão dos dados invalidados do teor da matrícula" (Enunciado n. 624).

Constata-se que, após longo debate no Direito Brasileiro, que confrontou Pontes de Miranda e Clóvis do Couto e Silva, o Código Civil Brasileiro de 2002 adotou nesse comando o *sistema causal*, defendido pelo último. Assim, é possível afastar o registro imobiliário quando a sua causa não condiz com a realidade. Não se filiou, então, ao *sistema abstrato*, pelo qual o registro se bastava por si só, conforme defendia Pontes de Miranda.

De toda sorte, o comando deveria fazer concessões à boa-fé de terceiros e à teoria aparência, especialmente pelo fato de a atual codificação privada adotar a eticidade como um dos seus princípios. Sobre o tema, aliás, muito bem expôs Leonardo Brandelli em sua tese de doutorado defendida na Universidade Federal do Rio Grande do Sul (BRANDELLI, Leonardo. *Aplicação...*, 2013).

Exatamente nesse sentido, no Projeto de Reforma do Código Civil, elaborado pela Comissão de Juristas nomeada no Senado Federal, são feitas importantes propostas de alteração desse art. 1.247 para se tutelar a boa-fé. De início, sugere-se que o *caput* do comando, melhor tecnicamente, mencione o cancelamento do registro, e não apenas a sua anulação ("se o teor do registro não exprimir a verdade, poderá o interessado postular que seja retificado ou cancelado").

Consoante o seu projetado § 1º, "não se procederá ao cancelamento do registro de título aquisitivo irregular que possa atingir direitos reais adquiridos onerosamente por terceiros de boa-fé, sem que sejam ouvidos". Ademais, "não será considerado de boa-fé o terceiro que comprovadamente tinha ciência da irregularidade do título" (§ 2º). Como última proposição, "a aquisição do terceiro de boa-fé não prevalecerá em face de direitos reais adquiridos, independentemente do registro; e nas situações expressamente previstas em lei" (novo § 3º do art. 1.247 do CC).

Como bem justificaram os juristas que compuseram a Subcomissão de Direito das Coisas – Marco Aurélio Bezerra de Melo, Marcelo Milagres, Maria Cristina Santiago e Carlos Vieira Fernandes Filho –, "o direito brasileiro, em outros termos, não consagrava o princípio da fé pública registral, pois o terceiro, ainda que confiante nos dados constantes na matrícula, poderia sofrer evicção em decorrência de irregularidades no título aquisitivo de seu transmitente ou até mesmo de figurantes anteriores na cadeia sucessória do imóvel". E mais, "o art. 54 da heterogênea Lei Federal nº 13.097, promulgada em janeiro de 2015, implicaria uma mudança radical no que concerne à proteção do terceiro, uma vez que, pela leitura de seu parágrafo único (atualmente, § 1º), depreende-se a acolhida, segundo as prospecções de Clóvis Beviláqua, do princípio da fé pública registral". Assim, sem dúvida, é preciso atualizar o texto do Código Civil, exatamente como está sendo sugerido pelos especialistas, em prol da proteção da boa-fé e da necessária circulação dos atos e negócios jurídicos, protegendo-se o tráfego jurídico. Espera-se, portanto, a sua aprovação pelo Parlamento Brasileiro.

A terminar o estudo do tema, por tudo o que consta do Código Civil e da Lei de Registros Públicos, são efeitos ou características decorrentes do registro imobiliário (DINIZ, Maria Helena. *Curso...*, 2007, v. 4, p. 134-135):

a) *Publicidade do ato* – pelo registro imobiliário é levado ao conhecimento geral o direito de propriedade daquele que consta da transcrição.

b) *Legalidade* – somente é efetuado o registro imobiliário se não houver irregularidades documentais.

c) *Força probante* – diante da fé pública decorrente do registro, há presunção relativa (*iuris tantum*) de pertencer a coisa à pessoa que transcreveu. A presunção é relativa, pois a lei possibilita a ação de anulação e retificação nos casos de fraude.

d) *Continuidade* – não havendo registro em nome do alienante da coisa, caso de um vendedor, não poderá ser registrado em nome do adquirente, caso do comprador. O registro, assim, é fato de continuidade da propriedade, quando há transmissão *inter vivos*, por força de um contrato.

e) *Obrigatoriedade* – nos termos do art. 1.245 do CC, o registro imobiliário é indispensável para a aquisição da propriedade imóvel, salvo as exceções previstas para a usucapião e a sucessão.

f) *Mutabilidade ou retificação* – o registro não é imutável, podendo ser modificado se não exprimir a realidade fática ou jurídica. Por isso é que é possível a ação de alteração ou retificação.

3.7.4   Da sucessão hereditária de bens imóveis

O direito hereditário ou sucessão constitui a forma de transmissão derivada da propriedade que se dá por ato *mortis causa*, em que o herdeiro legítimo ou testamentário ocupa o lugar do *de cujus* em todos os seus direitos e deveres.

Enuncia o art. 1.784 do Código Civil que, aberta a sucessão, a herança transmite-se, desde logo, aos herdeiros legítimos e testamentários. Houve alteração substancial quando ao dispositivo, pois o art. 1.572 do Código Civil de 1916 mencionava a transmissão do domínio e da posse aos herdeiros. Agora a menção é à herança, em sentido mais amplo e mais correto tecnicamente.

Surge aqui razão de importância quanto ao momento da morte, pois ocorrendo esta e sendo aberta a sucessão, a herança transmite-se, desde logo, aos herdeiros legítimos e testamentários. Trata-se da consagração da máxima *droit de saisine*. A expressão, segundo Jones Figueirêdo Alves e Mário Luiz Delgado, tem origem na expressão gaulesa *le mort saisit le vif*, pela qual, "com a morte, a herança transmite-se imediatamente aos sucessores, independentemente de qualquer ato dos herdeiros. O ato de aceitação da herança, conforme veremos posteriormente, tem natureza confirmatória" (ALVES, Jones Figueirêdo; DELGADO, Mário Luiz. *Código Civil...*, 2005, p. 907).

As origens históricas do instituto são explicadas por Eduardo de Oliveira Leite, sendo pertinentes suas lições: "regra costumeira que era expressa pelo adágio aceito desde o século XIII em todos os lugares: 'Le mort saisit le vif' (O morto prende o vivo) ou por uma forma um pouco menos lapidar: 'Le mort saisit le vif, son hoir le plus proche, habile à lui succéder' (O morto prende o vivo, seu herdeiro mais próximo, hábil a lhe suceder). É um dos exemplos mais antigos de normas pertencendo ao direito comum costumeiro" (*Comentários...*, 2004, v. XXI, p. 8).

Nesse contexto, ocorre, no momento da morte, a *delação*, categoria pela qual os bens passam do patrimônio do falecido ao patrimônio dos herdeiros, os novos titulares do domínio. Esse é o período que *medeia* entre a abertura da sucessão e a aceitação ou renúncia da herança, como bem pondera Flávio Augusto Monteiro de Barros (MONTEIRO DE BARROS, Flávio. *Direito civil...*, 2004, v. 4, p. 186).

Observe-se que, com a mudança de redação do art. 1.784 do Código Civil, não se faz necessária a transcrição no registro de imóveis para que se verifique a transmissão da propriedade, pois o Código de 2002 insistiu "na sistemática da transmissão instantânea da propriedade dos bens hereditários aos herdeiros, legítimos ou testamentários. Mas não repetiu a disposição que estabelecia que os atos cuja transcrição era obrigatória só transferia a propriedade com ela. Assim, a discussão antes existente sobre o momento da transmissão da propriedade, criada com a vinda da Lei de Registros Públicos foi solucionada pelo novo Código Civil" (GAVIÃO DE ALMEIDA, José Luiz. *Código Civil...*, 2003, v. XVIII, p. 32).

Isso não significa dizer que a partilha dos bens não deva ser registrada no Registro de Imóveis, mas que não se debate mais qual é o exato momento de transmissão da propriedade, o que se dá com a morte do *de cujus* e não com o registro.

3.8 FORMAS DE AQUISIÇÃO DA PROPRIEDADE MÓVEL. FORMAS ORIGINÁRIAS E DERIVADAS

A aquisição da propriedade móvel representa a incorporação dos direitos de dono em um titular. Se de um lado uma pessoa adquire a propriedade de uma coisa móvel, por outro lado outra a perde, concomitantemente. Em conclusão, no presente ponto da matéria, a aquisição e a perda da propriedade são analisadas em um só momento.

O esquema a seguir demonstra quais são as formas originárias e derivadas da propriedade móvel, levando-se em conta os parâmetros outrora apontados:

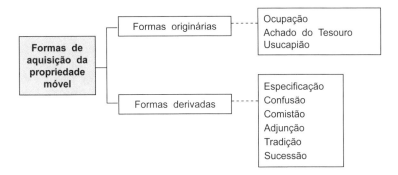

Parte-se, então, ao estudo desses institutos, de forma pontual.

3.8.1 Da ocupação e do achado do tesouro (arts. 1.264 a 1.266 do CC). O estudo da descoberta (arts. 1.233 a 1.236 do CC)

Nos termos do art. 1.263 da codificação material brasileira, aquele que assenhorear de coisa sem dono para logo lhe adquire a propriedade, não sendo essa *ocupação* defesa por lei. A pessoa que adquire um bem que não pertence a qualquer pessoa (*res nullius*), o faz de forma originária, por meio da *ocupação*.

A título de ilustração, a ocupação está presente nos casos envolvendo a caça e a pesca, nos termos do que preveem a Lei 5.197/1967 (proteção da fauna) e a Lei 11.959/2009 (que dispõe sobre a Política Nacional Sustentável da Aquicultura e Pesca). Sem prejuízo de todas as restrições constantes desses diplomas legislativos, não se pode esquecer que a ocupação desses bens não pode causar danos ambientais, nos termos do art. 225 da Constituição Federal e do que consta da Lei 6.938/1981 (Lei da Política Nacional do Meio Ambiente).

Exemplificando mais especificamente, aplicando a ideia de que a pesca é forma de ocupação e aquisição originária, o Superior Tribunal de Justiça entendeu pela não incidência do imposto de circulação de mercadorias em caso de transferência de insumos para a atividade pesqueira:

"Tributário – ICMS – Cobrança – Fornecimento de insumos a barcos pesqueiros – Transferência do pescado para industrialização. I – Para que incida o ICMS é necessário que determinada mercadoria se transfira do patrimônio de uma pessoa para o de outra. II – O fornecimento, por determinada pessoa, de insumos, para funcionamento de barcos pesqueiros, que lhe pertencem, não é fato gerador de ICMS. III – Barco pesqueiro e simples instrumento que coleta matéria-prima (*res nullius*) e a transfere a outras máquinas, que preparam o produto industrializado. IV – Se o barco e a máquina operatriz pertencem a um mesmo dono, a transferência do pescado não gera ICMS" (STJ, RMS 3.721/CE, Rel. Min. Humberto Gomes de Barros, 1.ª Turma, j. 17.10.1994, *DJ* 14.11.1994, p. 30.918).

Também pode ser objeto de ocupação a coisa abandonada por alguém, em virtude da *derrelição* (*res derelicta*). A título de exemplo pode ser citado o caso de alguém que encontra um cão abandonado por outrem, adquirindo a sua propriedade. Mas vale a ressalva, se o cão é perdido, a pessoa que o encontra não lhe adquire o domínio, até porque muitas vezes o dono o está procurando, com a estipulação de uma promessa de recompensa (arts. 854 a 860 do CC/2002).

232 | DIREITO CIVIL • VOL. 4 – *Flávio Tartuce*

Como esclarece Orlando Gomes, a *coisa abandonada* (*res derelicta*) não se confunde com a *coisa perdida* (*res perdita*), pois "quem perde uma coisa não perde a sua propriedade; privado estará, enquanto não a encontrar, de exercer o domínio, mas, nem por isso, a coisa deixará de ter dono. Ocupação, portanto, só se realiza de coisa abandonada, nunca de coisa perdida. Haverá, neste caso, invenção" (GOMES, Orlando. *Direitos reais...*, 2004, p. 202). Atualizando esse último conceito, a *invenção* do Código de 1916 (arts. 603 a 606), no Código Civil de 2002, é tratada como *descoberta* (arts. 1.233 a 1.237).

Antes de estudar a *descoberta*, outrora denominada como *invenção*, é preciso analisar as regras que constam do Código Civil de 2002 sobre o *achado do tesouro* em propriedade particular, tema que também constava do Código Civil de 1916 (arts. 607 a 609).

O art. 1.264, 1.ª parte, do CC/2002 conceitua o tesouro como sendo o depósito antigo de coisas preciosas, oculto e de cujo dono não haja memória. Em suma e em tom didático, trata-se dos velhos tesouros tão almejados pelos piratas da Idade Moderna.

As regras relativas ao tesouro mantêm relação com a vedação do enriquecimento sem causa (arts. 844 a 886 do CC), sendo as seguintes:

1.ª Regra: *O tesouro será dividido por igual entre o proprietário do prédio e o que achá-lo casualmente* (art. 1.264, 2.ª parte, do CC). Em outras palavras, se alguém achou um tesouro na propriedade alheia sem querer, com boa-fé subjetiva, haverá divisão da coisa meio a meio. Ilustrando, pensemos o caso de um pedreiro que, realizando uma obra em terreno alheio, encontrou um baú cheio de diamantes. O baú deverá ser dividido com o dono do imóvel.

2.ª Regra: *O tesouro pertencerá por inteiro ao proprietário do prédio privado, se for achado por ele, ou em pesquisa que ordenou, ou por terceiro não autorizado* (art. 1.265 do CC). Se o próprio proprietário do imóvel achou a coisa, com exceção dos casos em que o tesouro é do interesse público, o tesouro será seu. O mesmo raciocínio vale nos casos em que o proprietário determinou que empregados ou prepostos realizassem a busca do baú de diamantes e os últimos o encontraram. Obviamente, neste último caso, os empregados ou prepostos serão remunerados de acordo com o contrato de prestação de serviços celebrado entre as partes, o que não tem relação com a aquisição do bem móvel. A ideia também é aplicada se aquele pedreiro achou o baú de diamantes já sabendo que ali poderia estar (ele tinha o mapa); ou seja, se ele agiu guiado pela má-fé para adquirir um bem móvel alheio, deverá entregá-lo ao dono do terreno.

3.ª Regra: *Se o tesouro for achado em terreno aforado, será dividido por igual entre o descobridor e o enfiteuta, ou será deste por inteiro quando ele mesmo seja o descobridor* (art. 1.266 do CC). Aqui me parece que pecou o legislador ao fazer menção à enfiteuse, cuja instituição está proibida pelo Código Civil de 2002 (art. 2.038). Por um *cochilo*, o legislador perdeu a oportunidade de fazer menção a outros direitos reais sobre coisa alheia, caso da superfície. Para uma maior efetividade da norma, pode-se entender até pela aplicação da regra, por analogia, para o último instituto citado. Também para salvar o dispositivo, já que as enfiteuses tendem a desaparecer, deve-se concluir que o comando legal pode ser aplicado ao titular de domínio útil de terreno de marinha (ALVES, Jones Figueirêdo; DELGADO, Mário Luiz. *Código Civil...*, 2005, p. 630). Anoto que no Projeto de Reforma do Código Civil todos esses problemas são sanados com o novo texto que é proposto para o comando: "Art. 1.266. Achando-se em terreno objeto de direito real sobre coisa alheia, o tesouro será dividido por igual entre o descobridor e o proprietário, ou será deste por inteiro quando ele mesmo seja o descobridor". Espera-se, assim, a aprovação da proposta pelo Parlamento Brasileiro.

Consigne-se que todas as regras transcritas são aplicadas para os casos em que o tesouro é encontrado em propriedade privada. Se for encontrado em terreno público, por óbvio, será do Estado. A despeito das despesas e da remuneração daquele que encontrou, devem ser aplicadas as regras da gestão de negócios (arts. 861 a 875) e do enriquecimento sem causa (arts. 884 a 886).

Além disso, não se pode esquecer as regras previstas na Lei 3.924/1961, que trata dos monumentos arqueológicos e pré-históricos. Estabelece o art. 17 dessa lei que a posse e a salvaguarda dos bens de natureza arqueológica ou pré-histórica constituem, em princípio, direito imanente ao Estado.

Em havendo descoberta fortuita de quaisquer elementos de interesse arqueológico ou pré-histórico, histórico, artístico ou numismático, deverá ser imediatamente comunicada à Diretoria do Patrimônio Histórico e Artístico Nacional, ou aos órgãos oficiais autorizados, pelo autor do achado ou pelo proprietário do local onde tiver ocorrido (art. 18). A infringência dessa obrigação implicará a apreensão sumária do achado, sem prejuízo da responsabilidade do inventor pelos danos que vier a causar ao Patrimônio Nacional, em decorrência da omissão (art. 19).

Superadas as regras do tesouro, que raramente ocorrem na prática, é preciso abordar a antes citada *descoberta*, antiga *invenção*, que, apesar de não gerar a aquisição da propriedade móvel, em regra, com os institutos aqui estudados mantém importante relação.

Determina o art. 1.233 do CC/2002 que quem quer que ache coisa alheia perdida (*res perdita*), deverá restituí-la ao dono ou legítimo possuidor. A relação com a vedação do enriquecimento sem causa é cristalina. Eventualmente, se o descobridor da coisa não conhecer o dono, deverá tomar todas as medidas para encontrá-lo, guiado pela boa-fé. Se não o encontrar, entregará a coisa achada à autoridade competente (parágrafo único do art. 1.233 do CC).

No tocante aos procedimentos para a arrecadação e entrega da coisa de outrem, constam regras do Código de Processo Civil. Essas regras são especiais e seguem a jurisdição voluntária, constituindo capítulo relativo às *coisas vagas* (art. 746 do CPC/2015, correspondente aos arts. 1.170 a 1.171 do CPC/1973). O vigente CPC procurou simplificar os procedimentos não reproduzindo muitas das regras antes previstas.

Conforme o novo art. 746 do Estatuto Processual de 2015, recebendo do descobridor coisa alheia perdida, o juiz mandará lavrar o respectivo auto, do qual constarão a descrição do bem e as declarações do descobridor. Em complemento, recebida a coisa por autoridade policial, esta a remeterá em seguida ao juízo competente.

Por fim, depositada a coisa, o juiz mandará publicar edital na rede mundial de computadores, no sítio do Tribunal a que estiver vinculado e na plataforma de editais do Conselho Nacional de Justiça ou, não havendo sítio, no órgão oficial e na imprensa da comarca. Isso para que o dono ou o legítimo possuidor a reclame, salvo se se tratar de coisa de pequeno valor e não for possível a publicação no sítio do Tribunal, caso em que o edital será apenas afixado no átrio do edifício do fórum. Observar-se-á, quanto ao mais, o disposto em lei.

As formas de intimação pela *Internet* não constavam no sistema anterior e têm o intuito de efetivar a arrecadação, o que vem em boa hora. Em verdade, o ordenamento antecedente era pouco efetivo, o que motivou a simplificação dos procedimentos.

De acordo com o primeiro dispositivo processual anterior citado, art. 1.170 do CPC/1973, aquele que achasse coisa alheia perdida, não lhe conhecendo o dono ou legítimo possuidor, a entregaria à autoridade judiciária ou policial, que a arrecadaria, mandando lavrar o respectivo auto, dele constando a sua descrição e as declarações do inventor. Em complemento, a coisa, com o auto, seria logo remetida ao juiz competente, quando a entrega tiver sido feita à autoridade policial ou a outro juiz.

Sendo depositada a coisa, o juiz mandaria publicar edital, por duas vezes, no órgão oficial, com intervalo de dez dias, para que o dono ou legítimo possuidor a reclamasse (art. 1.171, *caput*, do CPC/1973). O edital conteria a descrição da coisa e as circunstâncias em que foi encontrada (art. 1.171, § 1.º, do CPC/1973). Tratando-se de coisa de pequeno valor, o edital seria apenas afixado no átrio do edifício do fórum (art. 1.171, § 2.º, do CPC/1973). Como se pode notar, os procedimentos foram bem simplificados, sem dúvidas.

Essas normas procedimentais constantes do CPC são completadas por dois dispositivos do atual Código Civil.

O primeiro deles é o seu art. 1.236 do CC/2002, pelo qual a autoridade competente dará conhecimento da descoberta por meio da imprensa e de outros meios de informação, somente expedindo editais se o seu valor os comportar.

Não restam dúvidas de que é preciso atualizar a norma perante as novas tecnologias, havendo proposta nesse sentido no Projeto de Reforma do Código Civil elaborado pela Comissão de Juristas. Com isso, o seu art. 1.236 passará a prever, em boa hora, que "a autoridade competente dará conhecimento da descoberta através da imprensa e de outros meios de informação, como os digitais, somente expedindo editais se o seu valor os comportar". Com isso, busca-se uma maior efetividade ou concretude da norma, em prol de sua operabilidade.

O segundo dispositivo é o art. 1.237 da atual codificação material, ao enunciar que, decorridos sessenta dias da divulgação da notícia pela imprensa, ou do edital, não se apresentando quem comprove a propriedade sobre a coisa, será esta vendida em hasta pública e, deduzidas do preço as despesas, mais a recompensa do descobridor, pertencerá o remanescente ao Município em cuja circunscrição se deparou o objeto perdido.

Mais uma vez, é necessário atualizar essa última norma para que mencione os meios digitais e eletrônicos de comunicação, o que está sendo sugerido pelo Projeto de Reforma do Código Civil, fazendo com que o comando passe a prever, em seu *caput*, o seguinte: "decorridos sessenta dias da divulgação da notícia pela imprensa, por meio digital, ou por edital, não se apresentando quem comprove a propriedade sobre a coisa, será esta vendida em hasta pública e, deduzidas do preço as despesas, mais a recompensa do descobridor, pertencerá o remanescente ao Município em cuja circunscrição se deparou o objeto perdido".

Sendo de diminuto valor, poderá o Município abandonar a coisa em favor de quem a achou, hipótese em que o descobridor adquirirá a propriedade (parágrafo único do art. 1.237 do Código Civil). O conceito do que seja bem de pequeno valor deve ser analisado caso a caso, como é a regra no Direito Privado Contemporâneo.

Feitas tais considerações de procedimentos, prevê o art. 1.234 do Código Civil que aquele que restituir a coisa achada terá direito a uma recompensa, que não pode ser inferior a cinco por cento (5%) do seu valor, e à indenização pelas despesas que houver feito com a conservação e transporte da coisa, se o dono não preferir abandoná-la. A referida recompensa é denominada *achádego*, pois decorre do ato de *achar coisa alheia*. Como se vê pela parte final do dispositivo, não querendo o dono pagar a recompensa, poderá abandoná-la, como também autoriza a norma processual, hipótese em que o descobridor, como exceção, adquire a propriedade móvel.

Na determinação do montante do *achádego*, a lei civil dispõe que deve ser considerado o esforço desenvolvido pelo descobridor para encontrar o dono, ou o legítimo possuidor, as possibilidades que teria este de encontrar a coisa e a situação econômica de ambos (art. 1.234, parágrafo único, do CC). A recompensa deve ser fixada com equidade, cabendo análise caso a caso pelo juiz da causa onde ela será fixada.

Se por um lado o descobridor tem esse *bônus*, por outro também tem um *ônus*. Isso porque, nos termos do art. 1.235 do CC, responde ele pelos prejuízos causados ao proprietário ou possuidor legítimo quando tiver procedido com dolo.

A norma é clara no sentido de que o descobridor somente responde por dolo, ou seja, havendo clara intenção de prejudicar, o que deve ser provado pela outra parte, nos termos do art. 373, inc. I, do CPC/2015. Desse modo, o descobridor não responde por culpa em sentido estrito (imprudência, negligência ou imperícia), pois há presunção relativa de sua boa-fé, que não pode induzir à sua culpa *stricto sensu*.

3.8.2 Da usucapião de bens móveis (arts. 1.260 a 1.262 do CC). Aspectos materiais

Ao contrário do que se poderia imaginar, a usucapião não é forma originária de aquisição somente da propriedade imóvel, sendo também aplicada aos bens móveis. Assim sendo, há duas formas de usucapião de móveis, a *ordinária* (art. 1.260 do CC) e a *extraordinária* (art. 1.261 do CC).

Estabelece o primeiro dispositivo citado que aquele que possuir coisa móvel como sua, contínua e incontestadamente, durante três anos, com justo título e boa-fé, adquirir-lhe-á a propriedade. Esse era o menor prazo de usucapião previsto na lei brasileira. Todavia, com a introdução no Código Civil da nova modalidade de usucapião especial urbano por abandono do lar, o menor prazo passou a ser de dois anos (art. 1.240-A).

Seguindo no estudo da categoria em apreço, nos termos do art. 1.261 do CC/2002, se a posse da coisa móvel se prolongar por cinco anos, produzirá usucapião extraordinária, independentemente de título ou boa-fé.

Resumindo, percebe-se que são requisitos da *usucapião ordinária* de bens móveis:

a) Posse mansa, pacífica em com intenção de dono por três anos.

b) Justo título e boa-fé. Para a caracterização do que seja justo título, aqui também pode ser aplicado o Enunciado n. 86 do CJF/STJ, aprovado na *I Jornada de Direito Civil*, pelo qual a expressão justo título, contida nos arts. 1.242 e 1.260 do CC/2002, abrange todo e qualquer ato jurídico hábil, em tese, a transferir a propriedade, independentemente de registro.

Por outra via, para a *usucapião extraordinária de bens móveis*, há apenas o requisito da posse de mansa, pacífica e com intenção de dono por cinco anos. Quanto ao justo título e à boa-fé, como ocorre com a usucapião extraordinária de bens imóveis, há uma presunção absoluta ou *iure et de iure* das suas presenças.

Deve ficar claro que as formas constitucionais ou especiais de usucapião imobiliária, obviamente, não se aplicam aos bens móveis.

Partindo para a exemplificação, a situação típica de usucapião mobiliária envolvia as linhas telefônicas, nos termos da Súmula 193 do STJ. Porém, como é notório, as linhas telefônicas perderam o valor de mercado de outrora, não tendo, em realidade, valor algum. Sendo assim, perdeu-se o interesse em sua usucapião.

Atualmente, são discutidas questões relativas à usucapião de veículos. Ilustrando, o Tribunal de Justiça do Rio Grande do Sul entendeu que, havendo inércia em caso envolvendo

236 | DIREITO CIVIL • VOL. 4 – *Flávio Tartuce*

a alienação fiduciária em garantia, o veículo pode ser adquirido pelo devedor fiduciante, por meio da *usucapião extraordinária*:

> "Apelação – Ação de usucapião de bem móvel – Artigo 1.261 do CC. Independentemente de justo título e boa-fé é possível deferir pretensão de aquisição originária da propriedade quando já implementado o prazo de cinco anos de posse direta decorrente de contrato de alienação fiduciária. A inércia da instituição financeira em reaver o bem de sua propriedade enseja o reconhecimento da posse *ad usucapionem*. Apelação desprovida. Unânime" (TJRS, Processo 70009337395, 13.ª Câmara Cível, Porto Alegre, Juiz relator Walda Maria Melo Pierro, 23.05.2006).

Porém, para o mesmo Tribunal, não há que se falar em usucapião mobiliária em caso de vigência de um contrato de arrendamento mercantil que está inadimplido, eis que a posse é tida como precária:

> "Apelação cível – Ação de usucapião – Posse ordinária de bem móvel – Arrendamento mercantil – Posse precária – Não preenchimento dos requisitos do art. 1.260 do CC. Em que pese ter o apelante a posse do veículo por mais de três anos, não passa de uma posse precária, porquanto existente contrato de arrendamento mercantil entre as partes e inadimplido. De modo que não teria ele como exercer a posse com *animus domini*, porquanto possui apenas e tão somente a posse direta do veículo por força do contrato de arrendamento mercantil, na simples condição de arrendatário. Donde se conclui que não se pode reconhecer o usucapião. Recurso conhecido e improvido. Unânime" (TJRS, Processo 70013344296, 13.ª Câmara Cível, Caxias do Sul, Juiz relator Sergio Luiz Grassi Beck, 08.06.2006).

A mesma premissa foi aplicada pelo Superior Tribunal de Justiça, em julgado assim publicado em seu *Informativo* n. *425*, em que o veículo objeto de alienação fiduciária foi transferido a terceiro:

> "Usucapião. Veículo. Alienação fiduciária. A autora ajuizou contra o banco ação de usucapião de bem móvel, no caso um veículo adquirido em 1995 de um terceiro que o adquiriu mediante alienação fiduciária em garantia prestada em favor do banco réu. Desde a aquisição do bem, a autora exercia posse tranquila e de boa-fé como se fosse dona. Diante da inércia da instituição financeira, pleiteou o domínio do automóvel mediante declaração de prescrição aquisitiva. Em contestação, o réu alegou a impossibilidade da usucapião, tendo em vista que, sobre o automóvel, incide gravame de alienação fiduciária e remanesce, ainda, débito de aproximadamente R$ 40 mil. Então, o cerne da questão é saber se o automóvel que conta com gravame de alienação fiduciária em garantia e transferido a terceiro pode ser adquirido por usucapião. Para o Min. Relator, a transferência a terceiro de veículo gravado como propriedade fiduciária, à revelia do proprietário (credor), constitui ato de clandestinidade, incapaz de induzir posse (art. 1.208 do CC/2002), sendo, por isso mesmo, impossível a aquisição do bem por usucapião. De fato, em contratos com alienação fiduciária em garantia, sendo inerentes ao próprio contrato o desdobramento da posse e a possibilidade de busca e apreensão do bem, conclui-se que a transferência da posse direta a terceiros – porque modifica a essência do contrato, bem como a garantia do credor fiduciário – deve ser precedida de autorização. Diante disso, a Turma conheceu do recurso e lhe deu provimento para julgar improcedente o pedido deduzido na inicial. Precedente citado: REsp 844.098/MG, *DJe* 06.04.2009" (STJ, REsp 881.270/RS, Rel. Min. Luis Felipe Salomão, j. 02.03.2010).

O raciocínio é diverso, por outra via, se não houver esse inadimplemento, havendo citação por edital dos supostos donos, que permaneceram inertes no caso concreto:

"Apelação cível – Ação de usucapião de bem móvel – Arrendamento mercantil. Preenchidos os requisitos do art. 1.261 do CC. Posse mansa e pacífica, pelo período de cinco anos, sem interrupção, com ânimo de dono. Citados os demandados, pessoalmente e por edital, deixaram passar em *albis* o prazo contestacional. Recurso conhecido e provido. Unânime" (TJRS, Processo 70014060115, 13.ª Câmara Cível, Alegrete, Juiz relator Sergio Luiz Grassi Beck, 08.06.2006).

Ainda no que diz respeito ao arrendamento mercantil de veículo ou *leasing*, o Superior Tribunal de Justiça admitiu a usucapião extraordinária mobiliária em hipótese fática em que a dívida correspectiva está prescrita. De início, reafirmou-se que "a existência de contrato de arrendamento mercantil do bem móvel impede a aquisição de sua propriedade pela usucapião, em vista da precariedade da posse exercida pelo devedor arrendatário". Porém, foi julgado o seguinte:

"Verificada a prescrição da dívida, inexiste óbice legal para prescrição aquisitiva. A pretensão de cobrança de dívida líquida constante de instrumento público ou particular, conforme o art. 206, § 5.º, I, do Código Civil, prescreve em cinco anos. No caso, apesar do contrato de arrendamento que tornava possível o manejo da ação para a cobrança das prestações em atraso e ensejava, concomitantemente, a reintegração de posse, permaneceu inerte o credor arrendante. Após o transcurso do prazo de cinco anos, no qual se verificou a prescrição do direito do credor arrendante, a autora da ação de usucapião permaneceu com a posse do veículo, que adquirira do devedor arrendatário, por mais de cinco anos, fato que ensejou a ocorrência da prescrição aquisitiva" (STJ, REsp 1.528.626/RS, 4.ª Turma, Rel. Min. Luis Felipe Salomão, Rel. p/ Acórdão Min. Raul Araújo, j. 17.12.2019, *DJe* 16.03.2020).

Questão polêmica se refere à usucapião de veículo furtado, havendo acórdãos do Superior Tribunal de Justiça pela sua impossibilidade em caso envolvendo a usucapião ordinária: "Recurso especial – Usucapião ordinário de bem móvel – Aquisição originária – Automóvel furtado. Não se adquire por usucapião ordinário veículo furtado. Recurso especial não conhecido" (STJ, REsp 247.345/MG, 3.ª Turma, Rel. Min. Nancy Andrighi, j. 04.12.2001, *DJ* 25.03.2002, p. 272).

Entretanto, há quem entenda pela admissão da usucapião extraordinária, uma vez que cessa a violência no momento posterior à prática do ilícito, tendo início a partir daí a contagem do prazo legal (FARIAS, Cristiano Chaves de; ROSENVALD, Nelson. *Direitos reais...*, 2006, p. 344).

Adotando essa posição, à qual estou filiado, surgiu aresto no ano de 2019 na Corte a merecer destaque:

"A apreensão física da coisa por meio de clandestinidade (furto) ou violência (roubo) somente induz a posse após cessado o vício (art. 1.208 do CC/2002), de maneira que o exercício ostensivo do bem é suficiente para caracterizar a posse mesmo que o objeto tenha sido proveniente de crime. As peculiaridades do caso concreto, em que houve exercício da posse ostensiva de bem adquirido por meio de financiamento bancário com emissão de registro perante o órgão público competente, ao longo de mais de 20 (vinte) anos, são suficientes para assegurar a aquisição do direito originário de propriedade, sendo irrelevante se perquirir se houve a inércia do anterior proprietário ou se o usucapiente conhecia a ação criminosa anterior à sua posse" (STJ, REsp 1.637.370/RJ, 3.ª Turma, Rel. Ministro Marco Aurélio Bellizze, j. 10.09.2019, *DJe* 13.09.2019).

A encerrar a abordagem da usucapião de veículos, deduziu o STJ, no final de 2016, que, "apesar da regra geral de que o domínio de bens móveis se transfere pela tradição, em se tratando de veículo, a falta de transferência da propriedade no órgão de trânsito correspondente limita o exercício da propriedade plena, uma vez que torna impossível ao proprietário que não consta do registro tomar qualquer ato inerente ao seu direito de propriedade, como o de alienar ou de gravar o bem". Por tal conclusão, "possui interesse de agir para propor ação de usucapião extraordinária aquele que tem a propriedade de veículo registrado em nome de terceiros nos Departamentos Estaduais de Trânsito competentes" (STJ, REsp 1.582.177/RJ, 3.ª Turma, Rel. Min. Nancy Andrighi, j. 25.10.2016, *DJe* 09.11.2016).

Superados os exemplos práticos e encerrando o estudo da usucapião de bens móveis, dispõe o art. 1.262 do Código Civil que deve ser aplicado à usucapião de bem móvel o constante nos arts. 1.243 e 1.244 da mesma codificação material. Há, portanto, uma aplicação residual de duas regras relativas à usucapião de imóvel.

A primeira delas preconiza que o possuidor pode, para o fim de contar o tempo exigido pelos artigos antecedentes, acrescentar à sua posse a dos seus antecessores (art. 1.207), contanto que todas sejam contínuas, pacíficas e, no caso do art. 1.242, com justo título e de boa-fé (*accessio possessionis*).

A segunda regra é aquela que prevê que se estende ao possuidor o disposto quanto ao devedor acerca das causas que obstam, suspendem ou interrompem a prescrição, as quais se aplicam à usucapião, tanto imobiliária quanto mobiliária.

3.8.3 Da especificação (arts. 1.269 a 1.271 do CC)

Adentrando nas formas derivadas de aquisição da propriedade móvel, a especificação consiste na transformação da coisa em uma espécie nova, diante do trabalho do especificador, não sendo mais possível o retorno à forma anterior (art. 1.269 do CC). A forma de aquisição é derivada, pois há, em certo sentido, uma relação pessoal entre o dono da coisa anterior e o especificador, aquele que efetua o trabalho.

De toda sorte, como aponta Maria Helena Diniz, há quem entenda se tratar de forma de aquisição originária, como espécie de acessão, corrente seguida por José Fernando Simão em edições anteriores desta obra, quando em coautoria: "há quem a considera como uma espécie de acessão, porém, não se pode acolher esse entendimento porque acessão requer união ou incorporação de uma coisa a outra, o que não ocorre na especificação, que é a transformação definitiva da matéria-prima em espécie nova, por meio de ato humano" (DINIZ, Maria Helena. *Curso...*, 2009, v. 4, p. 327).

Feito tal esclarecimento, a título de exemplos, há especificação nos casos da escultura em relação à pedra, da pintura em relação à tela, da poesia em relação ao papel. A modificação é substancial, pois surgiu espécie nova: a pedra agora é uma linda estátua, a tela é um belo quadro, o papel uma importante obra literária.

As regras de especificação também têm relação com a vedação do enriquecimento sem causa (arts. 884 a 886 do CC). Vejamos:

1.ª *Regra: A espécie nova surgida será de propriedade do especificador, se não for possível retornar à situação anterior* (art. 1.269 do CC). Essa é a regra fundamental e geral da especificação. A norma se justifica, pois há uma alteração substancial da coisa, o que faz com que, por uma reação física, surja outra. Em reforço, pode-se afirmar que o trabalho de alteração é considerado principal, enquanto a matéria-prima é acessória, razão pela qual a atuação do especificador deve prevalecer. De qualquer maneira, pelo que consta do art. 1.271 do CC, o especificador deverá indenizar o valor da matéria-prima ao seu dono.

2.ª *Regra: Se toda a matéria-prima for alheia e não se puder reduzir à forma preceden-te, será do especificador de boa-fé a espécie nova* (art. 1.270 do CC). Imagine-se o exemplo de um escultor que encontra uma pedra sabão em uma das ruas de Ouro Preto, elaborando uma linda escultura de um profeta de Aleijadinho. Após elaborar o trabalho, o escultor (especificador) vem a descobrir que a pedra é de terceiro. Nesse caso, a escultura será sua, pois agiu de boa-fé. Entretanto, o escultor deverá indenizar o dono da pedra pelo seu valor, o que veda o enriquecimento sem causa, em relação à matéria-prima.

3.ª *Regra: Sendo praticável, ou melhor, possível a redução ao estado anterior; ou quando impraticável, se a espécie nova se obteve de má-fé, pertencerá ao dono da matéria-prima* (art. 1.270, § 1.º, do CC). Como a má-fé induz à culpa, não poderá o especificador que age por ela guiado adquirir a propriedade do produto da transformação. Desse modo, o dono da coisa nova será o proprietário da matéria-prima. Em complemento, para o caso em que é impraticável a volta ao estado anterior, prevê o art. 1.271 do CC que o especificador de má-fé não terá direito sequer à indenização pelo trabalho. A punição em relação à má-fé, portanto, não é branda.

4.ª *Regra: Em qualquer caso, inclusive no da pintura em relação à tela, da escultura, es-critura e outro qualquer trabalho gráfico em relação à matéria-prima, a espécie nova será do especificador, se o seu valor exceder consideravelmente o da matéria-prima* (art. 1.270, § 2.º, do CC). Esse excesso considerável deve ser analisado caso a caso, levando-se em conta o valor de mercado da matéria-prima (que também pode ser relevante) e a grandiosidade do trabalho efetuado. Também aqui, pelo que consta do art. 1.271 do CC, o especificador que adquire a coisa nova deverá indenizar o dono da matéria-prima pelo seu valor. Não se pode negar que é preciso incluir na norma a menção aos trabalhos imateriais, inclusive os efetivados pelo uso de novas tecnologias, especialmente no mundo virtual. Por isso, a Comissão de Juristas en-carregada da Reforma do Código Civil sugere a seguinte redação para o dispositivo: "§ 2º Em qualquer caso, inclusive o da pintura em relação à tela, da escultura e de qualquer outro trabalho gráfico, material ou imaterial, em relação à matéria-prima, a espécie nova será do especificador, se o seu valor exceder consideravelmente o da matéria-prima". Espera-se a sua aprovação pelo Congresso Nacional, pois o texto atual é analógico e até superado.

3.8.4 Da confusão, da comistão e da adjunção (arts. 1.272 a 1.274 do CC)

Antes de mais nada, interessante esclarecer que consta em muitos Códigos publicados a expressão *comissão*, quando o certo é *comistão* (Seção IV, Capítulo III, Título III, do Livro do Direito das Coisas, antes do art. 1.272 do CC). Na realidade, houve um erro gráfico na elaboração final do CC/2002, correção que era proposta pelo antigo Projeto de Lei Ricardo Fiuza, e que deve ser feito pelo Projeto de Reforma do Código Civil, elaborado pela Co-missão de Juristas e ora em tramitação no Congresso Nacional (ALVES, Jones Figueirêdo; DELGADO, Mário Luiz. *Código Civil...*, 2005, p. 633).

Pois bem, os três institutos jurídicos por igual constituem formas derivadas de aquisição da propriedade móvel e estão presentes quando coisas pertencentes a pessoas diversas se mis-turam de tal forma que é impossível separá-las (DINIZ, Maria Helena. *Curso...*, 2009, v. 4, p. 327-329). Ressalve-se a opinião de José Fernando Simão que, a exemplo do que ocorre com a especificação, entende pelo enquadramento dos institutos como formas de aquisição originária.

Vejamos, pontualmente:

a) *Confusão* – mistura entre coisas líquidas (ou mesmo de gases), em que não é possível a separação. Para uma melhor categorização jurídica, pode ser conceituada como *confusão real*, pois relativa à propriedade móvel. A denominação é importante para diferenciar o instituto da *confusão obrigacional*, forma de pagamento indireto em que se confundem, na mesma pessoa, as qualidades de credor e de devedor (arts. 382 a 384 do CC). São exemplos de *confusão real* as misturas de água e vinho; de álcool e gasolina; de biodiesel e gasolina; de nitroglicerina (TNT). Como se pode perceber, as espécies confundidas podem ser iguais ou não.

b) *Comistão* – mistura de coisas sólidas ou secas, não sendo possível a separação. Exemplos: misturas de areia e cimento; misturas de cereais de safras diferentes, não sendo possível identificar a origem.

c) *Adjunção* – justaposição ou sobreposição de uma coisa sobre outra, sendo impossível a separação. Exemplos: tinta em relação à parede; selo valioso em álbum de colecionador.

Segundo o que consta dos arts. 1.272 a 1.274 da codificação material, há regras relativas aos institutos, que devem ser observadas diante da vedação do enriquecimento sem causa.

1.ª *Regra: As coisas pertencentes a diversos donos, confundidas, misturadas ou adjuntadas sem o consentimento deles, continuam a pertencer-lhes, sendo possível separá-las sem deterioração* (art. 1.272, *caput*, do CC/2002). Em suma, sendo possível retornar ao estado anterior (*status quo ante*), sem que isso desvalorize as coisas misturadas, esse é o caminho a ser percorrido. Por óbvio que no caso exemplificado da nitroglicerina haverá um risco substancial a evitar esse retorno à situação anterior.

2.ª *Regra: Não sendo possível a separação das coisas, ou exigindo dispêndio excessivo, permanece o estado de indivisão, cabendo a cada um dos donos quinhão proporcional ao valor da coisa com que entrou para a mistura ou agregado* (art. 1.272, § 1.º, do CC). Cada um dos proprietários dos bens móveis terá direito ao valor que corresponder ao seu quinhão. Como não é possível determinar um quinhão real, procura-se um quinhão ideal. Nesses casos, se uma das coisas puder ser considerada como principal, o dono desse principal será o dono do todo, indenizando os demais pelos valores que corresponderem aos seus quinhões (art. 1.272, § 2.º, do CC). A ilustrar, havendo mistura de areia com cimento e sendo impossível o retorno ao estado anterior, o dono da parte mais valiosa (do cimento), considerado como principal, ficará com o todo, devendo indenizar o dono do acessório (areia). O que se denota é a aplicação do princípio de que o acessório segue o principal (*acessorium sequitur principale*).

3.ª *Regra: Se a confusão, comissão ou adjunção se operou de má-fé, à outra parte que estiver de boa-fé caberá escolher entre: a) adquirir a propriedade do todo, pagando o que não for seu, abatida a indenização que lhe for devida, ou b) renunciar ao que lhe pertencer, caso em que será indenizado de forma integral* (art. 1.273 do CC/2002). A norma tem a sua razão de ser, punindo o proprietário que agiu de má-fé no ato de misturar, o que induz à sua culpa. Por isso é que são colocadas à disposição do proprietário de boa-fé duas opções, de acordo com a sua livre vontade.

4.ª *Regra: "Se da união de matérias de natureza diversa se formar espécie nova, à confusão, comissão ou adjunção aplicam-se as normas dos arts. 1.272 e 1.273"* (art. 1.274 do CC). É o caso que da mistura de minerais surja um novo. Aqui, houve um erro de digitação na literalidade da norma, pois o dispositivo manda aplicar os arts. 1.272 e 1.273 da norma geral privada. Na verdade, como há o surgimento de uma espécie nova, o caso é de especificação, devendo ser aplicados os arts. 1.270 e 1.271 do CC (ALVES, Jones Figueirêdo; DELGADO, Mário Luiz. *Código Civil...*, 2005, p. 632).

3.8.5 Da tradição

Como apontado quando do estudo da posse, a tradição (*traditio rei*) consiste na entrega da coisa ao adquirente, com a intenção de lhe transferir a sua propriedade. Conforme determina o *caput* do art. 1.267 do Código Civil, a propriedade das coisas não se transfere pelos negócios jurídicos antes da tradição. A concretizar na prática, contratos como a compra e venda e a doação, por si só, não têm o condão de gerar a aquisição da propriedade móvel, o que somente ocorre com a entrega da coisa.

Vale relembrar, mais uma vez, que a tradição pode ser:

a) *Tradição real* – é aquela que se dá pela entrega efetiva ou material da coisa.

b) *Tradição simbólica* – ocorre quando há um ato representativo da transferência da coisa. Exemplo ocorre na *traditio longa manu*, em que a coisa a ser entregue é colocada à disposição da outra parte.

c) *Tradição ficta* – é aquela que se dá por presunção, como ocorre na *traditio brevi manu*, em que o possuidor possuía em nome alheio e agora passa a possuir em nome próprio; e no constituto possessório, em que o possuidor possuía em nome próprio e passa a possuir em nome alheio.

Essa classificação da tradição, que interessa tanto à posse quanto à propriedade, pode ser retirada do parágrafo único do art. 1.267 do CC/2002, pelo qual se subentende a tradição:

– Quando o transmitente continua a possuir pelo constituto possessório (*tradição ficta*).

– Quando o transmitente cede ao adquirente o direito à restituição da coisa, que se encontra em poder de terceiro (tradição simbólica – *traditio longa manu*).

– Quando o adquirente já está na posse da coisa, por ocasião do negócio jurídico (tradição ficta – *tradição brevi manu*).

Não se pode negar que a atual redação do art. 1.267 é confusa e necessita de reparos metodológicos, o que está sendo proposto pelo Projeto de Reforma do Código Civil. De início, de forma mais completa, propõe-se que o seu *caput* expresse que "a propriedade das coisas móveis não se transfere pelos negócios jurídicos antes da tradição; a das coisas imóveis não se transfere antes do registro". E quanto ao seu parágrafo único, de forma muito melhor organizada: "presume-se relativamente a tradição nas seguintes hipóteses: I – quando o transmitente continua a possuir pelo constituto possessório; II – quando o transmitente cede ao adquirente o direito à restituição da coisa, que se encontra em poder de terceiro; ou III – quando o adquirente já está na posse da coisa, em virtude de um negócio jurídico".

Observa-se que não há alteração do texto na sua essência, mas apenas sugestões para a sua melhor compreensão, em prol da operabilidade, especialmente porque o seu parágrafo único é hoje confuso e truncado.

Voltando-se ao sistema em vigor, o art. 1.268 do Código Civil trata da alienação *a non domino*, quer dizer, aquela realizada por quem não é o dono da coisa móvel. Nessas situações, a tradição não aliena a propriedade, exceto se a coisa, oferecida ao público, em leilão ou estabelecimento comercial, for transferida em circunstâncias tais que, ao adquirente de boa-fé, como a qualquer pessoa, o alienante se afigurar dono.

De início, o dispositivo deixa claro que o caso é de ineficácia da venda, atingindo o terceiro degrau da *Escada Ponteana, em casos de bens móveis*. Não se pode dizer que o caso é de invalidade (segundo degrau), pois não há previsão de que o negócio seja nulo ou anulável, nos arts. 166, 167 ou 171 do CC/2002.

242 | DIREITO CIVIL • VOL. 4 – *Flávio Tartuce*

De todo modo, não há regra prevista e expressa a respeito dos bens imóveis, mas a conclusão também deve ser pela ineficácia da venda a *non domino* nesses casos. O Superior Tribunal de Justiça assim entendeu ainda na vigência do Código Civil de 1916:

> "Direito civil – Venda *a non domino* – Validade da escritura entre as partes – Art. 145, CC – Ineficácia em relação ao *verus dominus* – Recurso provido. I – A compra e venda de imóvel *a non domino* não é nula ou inexistente, sendo apenas ineficaz em relação ao proprietário, que não tem qualidade para demandar a anulação da escritura não transcrita. II – Os atos jurídicos são nulos nos casos elencados no art. 145, CC" (STJ, REsp 39.110/MG, 4.ª Turma, Rel. Min. Sálvio de Figueiredo Teixeira, j. 28.03.1994, *DJ* 25.04.1994, p. 9.260).

Na vigência do Código Civil de 2002, há julgado no mesmo sentido, pela ineficácia, tratando de bem imóvel e citando a doutrina de Pontes de Miranda:

> "Recursos especiais. Leilão de imóvel rural anteriormente desapropriado. Art. 535 do CPC. Venda *a non domino*. Ineficácia do negócio. Ação *ex empto*. Irregularidade das dimensões do imóvel. Lucros cessantes. Necessidade de comprovação. Dissídio jurisprudencial. (...). A venda *a non domino* é aquela realizada por quem não é o proprietário da coisa e que, portanto, não tem legitimação para o negócio jurídico. Soma-se a essa condição, o fato de que o negócio se realiza sob uma conjuntura aparentemente perfeita, instrumentalmente hábil a iludir qualquer pessoa" (STJ, REsp 1.473.437/GO, 4.ª Turma, Rel. Min. Luis Felipe Salomão, j. 07.06.2016, *DJe* 28.06.2016).

Todavia, nos anos de 2018 e 2019, surgiram acórdãos entendendo que a consequência da venda *a non domino* de imóvel é a nulidade do ato:

> "Polêmica em torno da existência, validade e eficácia de escritura pública de compra e venda do imóvel dos demandantes, lavrada em Tabelionato por terceiros que atuaram como vendedores com base em procuração pública também fraudada, constando, inclusive, dados errôneos na qualificação dos outorgantes, efetivos proprietários, como reconhecido pelas instâncias de origem. (...). Escritura de compra e venda realizada com base em procuração na qual constam nomes incorretos do casal proprietário, troca de numeração de documentos pessoais, utilização de número de identidade de outro Estado. Questões fático-probatórias. Insindicabilidade. Negligência do Tabelião que, ao confeccionar a escritura pública de compra e venda, não conferiu os dados dos supostos alienantes. Nulidade do registro mantida" (STJ, REsp 1.748.504/PE, 3.ª Turma, Rel. Min. Paulo de Tarso Sanseverino, j. 14.05.2019, *DJe* 21.05.2019).

> "Agravo interno na ação rescisória. Acórdão rescindendo. Venda de imóvel *a non domino*. Nulidade absoluta. Impossibilidade de convalidação. Ausência de violação a literal disposição de lei. Improcedência da ação rescisória. Agravo desprovido. 1. O entendimento desta Corte preconiza que, no caso de venda por quem não tem o título de propriedade do bem alienado, venda *a non domino* não tem mera anulabilidade por vício de consentimento, mas sim nulidade absoluta, impossível de ser convalidada. 2. 'Inaplicabilidade do prazo prescricional previsto no art. 178, § 9.º, V, 'b', do Código Civil, se a hipótese cuidar, como no caso, de venda por quem não tinha o título de propriedade do bem alienado em garantia (venda *a non domino*), ou seja, venda nula, não se enquadrando, assim, nos casos de mera anulação do contrato por vício de consentimento' (REsp 185.605/RJ, Rel. Ministro Cesar Asfor Rocha). 3. O acolhimento da ação rescisória fundada no art. 485, V, do CPC exige que a interpretação dada pelo decisum rescindendo seja de tal modo discrepante que viole o dispositivo legal em sua literalidade, porque, se a decisão rescindenda elege

uma dentre as interpretações cabíveis, a ação rescisória não merece prosperar. 4. Agravo interno a que se nega provimento" (STJ, AgInt na AR 5.465/TO, 2.ª Seção, Rel. Min. Raul Araújo, j. 12.12.2018, *DJe* 18.12.2018).

Diante do último acórdão, da Segunda Seção da Corte, outros julgados surgiram, com a mesma conclusão, pela nulidade do negócio, podendo ser colacionados os seguintes:

"Processual civil e civil. Agravo interno nos embargos de declaração no recurso especial. Ação declaratória. Contrato particular e compromisso de compra e venda de imóvel sem a ciência de determinados coproprietários. Nulidade do negócio jurídico reconhecida. Acórdão em consonância com jurisprudência do STJ. Súmula 83 do STJ. Agravo desprovido. 1. Na hipótese de venda a 'non domino', a transferência da propriedade negociada não ocorre, pois o negócio não produz efeito algum, padecendo de nulidade absoluta, impossível de ser convalidada, sendo irrelevante a boa-fé do adquirente. Os negócios jurídicos absolutamente nulos não produzem efeitos jurídicos, não são suscetíveis de confirmação, tampouco convalescem com o decurso do tempo. Precedentes. 2. O entendimento adotado no acórdão recorrido coincide com a jurisprudência assente desta Corte Superior, circunstância que atrai a incidência da Súmula 83/STJ. 3. Agravo interno a que se nega provimento" (STJ, AgInt nos EDcl no REsp 1.811.800/RS, 4.ª Turma, Rel. Min. Raul Araújo, j. 12.12.2022, *DJe* 14.12.2022).

"Civil e processual civil. Agravo interno no agravo em recurso especial. Tutela declaratória. Nulidade de ato jurídico. Quitação. Prescrição ou decadência. Descabimento. Venda de imóvel 'a non domino'. Nulidade absoluta. Impossibilidade de convalidação. Ausência de prova do pagamento. Litigância de má-fé. Reexame de provas. Súmula n. 7/STJ. Decisão mantida. 1. 'Os negócios jurídicos inexistentes e os absolutamente nulos não produzem efeitos jurídicos, não são suscetíveis de confirmação, tampouco não convalescem com o decurso do tempo, de modo que a nulidade pode ser declarada a qualquer tempo, não se sujeitando a prazos prescricionais ou decadenciais' (AgRg no AREsp 489.474/MA, Rel. Ministro Marco Buzzi, Quarta Turma, julgado em 08/05/2018, *DJe* 17/05/2018). 2. Segundo a jurisprudência desta Corte Superior, na venda 'a non domino', a propriedade transferida não produz efeito algum, havendo uma nulidade absoluta, impossível de ser convalidada pelo transcurso do tempo, sendo irrelevante a boa-fé do adquirente. Precedentes. 3. O recurso especial não comporta exame de questões que impliquem revolvimento do contexto fático-probatório dos autos (Súmula n. 7/STJ). 4. No caso concreto, a reforma do acórdão recorrido, quanto à ocorrência da venda 'a non domino', à nulidade da quitação e à ausência de prova do pagamento, demandaria o reexame de fatos e provas, vedado em recurso especial. 5. O Tribunal de origem, com base na interpretação dos elementos de convicção anexados aos autos, concluiu pela caracterização da litigância de má-fé. A alteração das conclusões do julgado também demandaria o reexame da matéria fática. 6. Agravo interno a que se nega provimento" (STJ, AgInt no AREsp 1.342.222/DF, 4.ª Turma, Rel. Min. Antonio Carlos Ferreira, j. 09.11.2021, *DJe* 26.11.2021).

Todas as ementas recentes indicam, portanto, que a posição atual da Corte Superior é pela nulidade absoluta da venda *a non domino*, sobretudo em casos de bens imóveis, o que deve ser seguido neste momento, para os devidos fins práticos.

Reafirmo, porém, a minha opinião doutrinária no sentido de ser a venda *a non domino, em casos relativos a bens móveis ou imóveis,* ineficaz, pela clara opção do legislador, adotada pelo art. 1.268 do Código Civil.

Anoto que o Projeto de Reforma do Código Civil pretende-se resolver definitivamente mais essa divergência, adotando-se a opção da ineficácia também em relação aos bens imóveis. Com essa finalidade, será introduzido na Lei Geral Privada um novo art. 1.247-A, prevendo que "a alienação de bem imóvel feita por aquele que não é o seu proprietário é considerada ineficaz e não se procederá ao seu registro". É fundamental a ressalva que constará em seu parágrafo único, em prol da proteção do tráfego jurídico, ou seja, da circulação dos atos e negócios jurídicos civis: "nos termos deste artigo, ressalvam-se os direitos adquiridos de boa-fé". Essa foi a proposição que prevaleceu na Comissão de Juristas, após intensos debates, e pelo *espírito democrático* que moveu o grupo de especialistas nomeado no âmbito do Senado Federal.

Voltando-se ao sistema vigente, se alguém adquiriu o bem de boa-fé, esta deve prevalecer sobre a ineficácia decorrente da venda *a non domino*. Em suma, em se tratando de bens móveis, a lei faz concessões à teoria da aparência e à eticidade, o que, infelizmente e como visto, não ocorre com os bens imóveis. A boa-fé que consta do *caput* do art. 1.268 do CC/2002, na minha opinião doutrinária, é a contratual ou objetiva, uma vez que essa boa-fé tem sido reconhecida como preceito de ordem pública, a prevalecer até sobre os casos de nulidade absoluta.

Aqui, vale dizer, a prevalência é sobre a ineficácia negocial. A ideia de que a boa-fé objetiva é preceito de ordem pública foi recepcionada na *IV Jornada de Direito Civil*, com a aprovação do Enunciado n. 363 do CJF/STJ, estabelecendo que "os princípios da probidade e da confiança são de ordem pública, sendo obrigação da parte lesada apenas demonstrar a existência da violação". Em conclusão, essa boa-fé é a objetiva e não a subjetiva, pois houve um negócio jurídico patrimonial de aquisição onerosa do bem, que acaba prevalecendo no caso concreto.

Em continuidade de estudo, o § 1.º do art. 1.268 do CC/2002 constitui novidade parcial diante do sistema anterior, prevendo que se o adquirente estiver de boa-fé e o alienante adquirir depois a propriedade, considera-se realizada a transferência desde o momento em que ocorreu a tradição. O dispositivo está a consagrar que a venda *a non domino*, inicialmente ineficaz, passa a ter eficácia plena, diante da presença da boa-fé e da aquisição superveniente por parte do alienante. A relação com a conservação dos negócios jurídicos é clara, sendo pertinente lembrar que na *I Jornada de Direito Civil* foi aprovado enunciado relacionando essa conservação à função social dos contratos (Enunciado n. 22).

A título de exemplo, se alguém vende um veículo pensando que a propriedade já lhe pertence, o que é um engano, haverá uma venda *a non domino* e, portanto, um negócio ineficaz. Mas, se o veículo foi adquirido de boa-fé e havendo a transferência posterior o ato se torna plenamente eficaz. Deve-se entender que essa eficácia superveniente tem efeitos *ex tunc* (retroativos), até a data da celebração do negócio original, uma vez que há uma confirmação posterior.

Pertinente esclarecer que a inovação do Código Civil de 2002 se refere à redação, pois o art. 622, *caput*, do CC/1916 falava em revalidação do ato. Ora, como antes exposto, a questão não envolve o plano da validade, mas o plano da eficácia. Ademais, confrontando-se dos dois comandos legais, o atual é mais abrangente, eis que a lei anterior não previa de forma tão clara a proteção da boa-fé, a tornar o ato eficaz.

Como outro aspecto importante para o estudo da tradição como forma de aquisição da propriedade móvel, enuncia o § 2.º do art. 1.268 da codificação que não transfere a propriedade a tradição, quando tiver por título um negócio jurídico nulo. Obviamente, se houver nulidade absoluta do título ou negócio que dá fundamento à tradição, não há que se falar em transmissão.

O dispositivo também mantém relação com o *modo ponteano* de encarar o Direito Civil. Como se sabe, Pontes de Miranda dividiu o negócio jurídico em três planos: plano da existência, plano da validade e plano da eficácia (PONTES DE MIRANDA, Francisco Cavalcanti. *Tratado...*, 1974, t. 3, 4 e 5).

Essa divisão é esquematizada em um desenho gráfico na forma de uma escada, daí a utilização da expressão *Escada Ponteana* ou *Pontiana*:

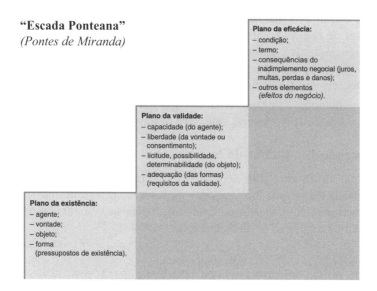

Reitere-se, como consta em volumes anteriores desta coleção, que o esquema é perfeitamente lógico, pois para que um negócio gere efeitos, é preciso que exista e que seja válido. Para que um negócio seja válido é preciso que exista. Em alguns casos até é possível que um negócio inválido gere efeitos, caso da presença de um vício do consentimento, não tendo sido proposta a ação anulatória. Aliás, o ato inválido pode passar a ser válido por meio da *convalidação*.

Mas onde se situa a tradição dentro desse esquema lógico do negócio jurídico? No plano da eficácia, em regra, como ocorre com o registro imobiliário. A título de ilustração, em casos envolvendo a compra e venda de bens móveis e imóveis, a tradição e o registro estão no *último degrau* desses atos, respectivamente. Entretanto, vale dizer que nos casos de contratos reais, como ocorre no comodato, no mútuo, no depósito e no contrato estimatório, a tradição está no plano da validade, pois tais contratos somente têm aperfeiçoamento com a entrega da coisa.

Nesse contexto, em havendo um problema no *segundo degrau da Escada Ponteana* (problema de validade do título), não há como chegar ao *terceiro degrau* (eficácia, tradição). Sendo nulo o contrato, também será nula a tradição. Admitindo-se, eventualmente, a convalidação do negócio (como ocorre na conversão do negócio nulo, art. 170 do CC), a tradição, anteriormente ineficaz, passa a ser eficaz.

Para encerrar o tópico, pontuo que o Projeto de Reforma do Código Civil, elaborado pela Comissão de Juristas, pretende fazer alterações também no seu art. 1.268. Além de uma melhor organização dos comandos, pretende-se que o *caput* mencione expressamente a ineficácia do ato, afastando-se qualquer dúvida quanto à essa afirmação: "feita por quem não seja proprietário, a tradição não importa alienação da propriedade, presente a ineficácia do ato".

Em boa hora, o seu § 1º passará a prever, de forma separada e mencionando a possibilidade do leilão virtual, que hoje prevalece na prática em muitos locais que "excepciona-se a regra do *caput* se o bem, oferecido ao público, em leilão, praça ou estabelecimento empresarial físico ou virtual, for transferido em circunstâncias tais que, ao adquirente de boa-fé, como a qualquer pessoa, o alienante se afigurar titular".

Quanto à boa-fé fé, é mantida a previsão atual no seu § 2º, segundo o qual "se o adquirente estiver de boa-fé e o alienante adquirir depois a propriedade, considera-se realizada a transferência desde o momento em que ocorreu a tradição". Por fim, o novo § 3º do comando continuará prevendo que "não transfere a propriedade a tradição, quando tiver por título um negócio jurídico nulo."

Como se pode notar, as proposições são necessárias, sobretudo no que diz respeito à possibilidade jurídica do leilão virtual, que deve passar a constar da norma.

3.8.6 Da sucessão hereditária de bens móveis

Pelo que consta do art. 1.784 do CC/2002, o direito sucessório também pode gerar a aquisição derivada da propriedade móvel, seja a sucessão legítima ou testamentária em sentido genérico (testamento, legado ou codicilo). Valem os comentários que foram feitos anteriormente para a aquisição de bens imóveis.

3.9 DA PERDA DA PROPRIEDADE IMÓVEL E MÓVEL

Sem prejuízo dos casos aqui analisados, em que ocorre de forma concomitante a aquisição e a perda da propriedade, seja imóvel ou móvel, o art. 1.275 do Código Civil elenca outras hipóteses de perda da propriedade, a saber:

a) *Pela alienação* – consiste na transmissão do direito de propriedade de um patrimônio a outro, como ocorre nos contratos de compra e venda, de troca ou permuta e no de doação. Em casos envolvendo imóveis, há necessidade do registro no Cartório de Registro Imobiliário (CRI), eis que o contrato traz apenas efeitos pessoais ou obrigacionais. Quanto aos móveis, é necessária a tradição (art. 1.267 do CC/2002).

b) *Pela renúncia* – constitui o ato unilateral pelo qual o proprietário declara, de forma expressa, a sua vontade de abrir mão de seu direito sobre a coisa. Aqui, é importante lembrar que a *renúncia*, ato unilateral, não se confunde com a *remissão*, ato bilateral que constitui o perdão de uma dívida, forma de pagamento indireto (arts. 385 a 388 do CC). Outro ponto distintivo refere-se ao fato de que a renúncia não necessariamente está relacionada com o Direito das Obrigações, podendo estar situada dentro do Direito das Coisas. O tema da renúncia à propriedade ainda merecerá aprofundamentos em outros capítulos da presente obra.

c) *Por abandono* – o proprietário deixa a coisa com a intenção de não mais tê-la consigo, surgindo o conceito de *res derelicta*, diante da *derrelição*. Surgindo a coisa abandonada, qualquer pessoa pode adquiri-la, seja por meio da ocupação (bem móvel), seja por meio da usucapião (bem móvel ou imóvel), sendo que ambas são formas de aquisição originária. Quanto ao abandono de imóvel, merecerá estudo aprofundado o que consta do art. 1.276 do Código Civil em vigor.

d) *Por perecimento da coisa* – constitui a perda do objeto, como no caso em que uma pessoa que está em um navio deixa cair uma joia em alto-mar.

e) *Por desapropriação* – o Código Civil de 2002 trata tanto da desapropriação para fins de necessidade e interesse público (art. 1.228, § 3.º), quanto daquela desapropriação no interesse privado, diante da posse-trabalho (art. 1.228, §§ 4.º e 5.º). Sem prejuízo disso, é importante dizer que o art. 8.º da Lei 10.257/2001 (Estatuto da Cidade) trata da desapropriação pelo não atendimento da função social da propriedade urbana, no contexto da política urbana, e diante do não pagamento do Imposto Predial e Territorial Urbano (IPTU) progressivo. É a redação do dispositivo: "decorridos cinco anos de cobrança do IPTU progressivo sem que o proprietário tenha cumprido a obrigação de parcelamento, edificação ou utilização, o Município poderá proceder à desapropriação do imóvel, com pagamento em títulos da dívida pública".

Seguindo em certo ponto o fundamento da última norma do Estatuto da Cidade, o Código Civil de 2002 alterou substancialmente o instituto referente à possibilidade de perda da propriedade imóvel pelo abandono do imóvel, conforme o seu art. 1.276, cuja redação é a seguinte:

"Art. 1.276. O imóvel urbano que o proprietário abandonar, com a intenção de não mais o conservar em seu patrimônio, e que se não encontrar na posse de outrem, poderá ser arrecadado, como bem vago, e passar, três anos depois, à propriedade do Município ou à do Distrito Federal, se se achar nas respectivas circunscrições.

§ 1.º O imóvel situado na zona rural, abandonado nas mesmas circunstâncias, poderá ser arrecadado, como bem vago, e passar, três anos depois, à propriedade da União, onde quer que ele se localize.

§ 2.º Presumir-se-á de modo absoluto a intenção a que se refere este artigo, quando, cessados os atos de posse, deixar o proprietário de satisfazer os ônus fiscais".

Pela leitura do comando legal percebe-se que o *caput* do dispositivo consagra o abandono do imóvel urbano, que pode ser arrecadado como vago e após três anos passará à propriedade do Município ou do Distrito Federal onde estiver situado. A inovação é substancial, pois o prazo antes previsto para o abandono de imóvel urbano era de dez anos (art. 589 do Código Civil de 1916). Já no caso de imóvel rural o prazo foi mantido, passando o bem à propriedade da União. Note-se que o *critério da localização* é o norte fundamental para a destinação final do bem imóvel abandonado.

Nota-se, ademais, que o *caput* do comando afasta a possibilidade de arrecadação se o bem estiver na posse de outrem. Conforme o Enunciado n. 597, aprovado na *VII Jornada de Direito Civil*, promovida em 2015, "a posse impeditiva da arrecadação prevista no art. 1.276 do Código Civil é posse efetiva e qualificada por sua função social". De fato, nos termos das suas corretas justificativas, que merecem destaque:

"A arrecadação é uma modalidade de aquisição da propriedade pelo Poder Público em razão de abandono do imóvel por seu titular, portanto, uma atuação em benefício da sociedade, com tom de punição ao proprietário moroso no cumprimento da função social da propriedade imobiliária. Presente, portanto, na arrecadação, o interesse público. No entanto, o legislador, resolveu impedir a deflagração do procedimento de arrecadação na hipótese de o imóvel se encontrar na posse de outrem. Evidente que o legislador se refere a alguém que esteja dando efetiva utilização ao imóvel através da moradia, cultivo ou desenvolvimento de atividade de interesse social e econômico e que por óbvio não tenha relação jurídica com o proprietário, posto que, se tiver, o imóvel não estará em estado de abandono. Essa posse de outrem não pode ser a posse simples, aquela resultante, por exemplo, da circunstância de ter cercado o imóvel, ter impedido que outros o invadissem, tamanha a importância dada pelo legislador de proteção daquele que a está exercendo. Certamente que se refere à posse-trabalho ou posse-moradia referida por Miguel Reale lastreada no princípio da socialidade, diversa da posse resultante dos 'critérios formalistas da tradição romanista, a qual não distingue a posse simples, ou improdutiva, da posse acompanhada de obras e serviços realizados nos bens possuídos' (O Projeto do Novo Código Civil, 2.ª ed., SP, Saraiva, 1999, p. 33)".

Entretanto, a principal inovação, tão criticada e comentada, consta do § 2.º do dispositivo, ao prever a presunção absoluta do abandono de imóvel (*iure et de iure*), no caso de não pagamento dos ônus fiscais, caso do IPTU, a título de exemplo.

Há quem veja flagrante inconstitucionalidade no último dispositivo, caso do Professor Titular da USP Carlos Alberto Dabus Maluf. São suas as seguintes palavras:

> "É de causar espécie a possibilidade de ser considerado abandonado o imóvel cujo proprietário não venha pagando os impostos sobre ele devidos, uma vez que a inadimplência pode ter como causa, inclusive, a discussão, administrativa ou judicial, dos valores lançados, ou mesmo motivos de força maior, sendo tal possibilidade um autêntico confisco, vedado pela CF/1988, que assegura, também, o direito de propriedade maculado por essa hipótese" (MALUF, Carlos Alberto Dabus. *Novo Código Civil...*, 2004, p. 1.166).

Comenta mais o doutrinador que o antigo *Projeto de Lei Ricardo Fiúza* pretendia extinguir a presunção absoluta referenciada pelo dispositivo. Pelo projeto de lei a presunção passaria de absoluta (*iure et de iure*) para relativa (*iuris tantum*). A proposta havia sido inicialmente aprovada pelo Deputado Vicente Arruda, revisor do primeiro projeto legislativo na Comissão de Justiça da Câmara dos Deputados, mas a proposição acabou sendo arquivada. Em minha opinião, realmente, a menção à presunção relativa é mais interessante, pois, assim, cabe análise casuística das hipóteses fáticas.

Pontue-se que alguns julgados recentes já aplicam o entendimento de que se trata de uma presunção relativa, e não absoluta. A título de ilustração, aresto do Tribunal Bandeirante, deduzindo que "consideração de que o fato de o imóvel litigioso encontrar-se desocupado não importa na presunção de abandono, nos termos do artigo 1.276, § 2.º, do Novo Código Civil" (TJSP, Apelação Cível 0205033-69.2009.8.26.0002, Acórdão 7667252, 19.ª Câmara de Direito Privado, São Paulo, Rel. Des. João Camillo de Almeida Prado Costa, j. 30.06.2014, *DJESP* 22.07.2014).

Entretanto, mesmo com a redação atual, acredita-se que é possível *salvar* o dispositivo, pelas interpretações que a ele foram dadas nas *Jornadas de Direito Civil*. Mais à frente será demonstrado, em complemento, que a Lei 13.465/2017 traz uma solução no mesmo sentido, ao disciplinar a arrecadação dos bens vagos.

De início, na *III Jornada de Direito Civil* (2004) foi aprovado o Enunciado n. 242 do CJF/STJ, determinando que "a aplicação do art. 1.276 depende do devido processo legal, em que seja assegurado ao interessado demonstrar a não cessação da posse". Pelo teor da recomendação doutrinária a caracterização do abandono de imóvel não pode ser automática, havendo a necessidade de um processo judicial para a sua declaração. Nessa demanda deve ser assegurado o direito à ampla defesa e ao contraditório, que também são direitos fundamentais. O autor do enunciado, que merece aplausos, é o Desembargador do Tribunal de Justiça do Estado do Rio de Janeiro Marco Aurélio Bezerra de Melo.

Também do mesmo autor e *Jornada*, prescreve o Enunciado n. 243 do CJF/STJ que "a presunção de que trata o § 2.º do art. 1.276 não pode ser interpretada de modo a contrariar a norma-princípio do art. 150, inc. IV, da Constituição da República". Nas palavras do seu proponente:

"Não se pode entender que o inadimplemento dos ônus fiscais já caracteriza o abandono, pois assim poder-se-ia entender que estaríamos diante de uma regra inconstitucional por ofender o artigo 150, IV, da Constituição Federal que prevê entre as limitações ao poder de tributar a regra segundo a qual ao Estado é defeso 'utilizar tributo com efeito de confisco'. Para a correta aplicação, é fundamental que se entenda o abandono como um fato jurídico pelo qual a pessoa se despoja voluntariamente de um bem. Apenas após a ocorrência do referido fato é que surgirá mais um dado a confirmar o abandono, qual seja: o não recolhimento dos tributos que incidam sobre o imóvel" (MELO, Marco Aurélio Bezerra de. *Direito das coisas...*, 2007, p. 178).

Tem razão mais uma vez o doutrinador fluminense, pois se deve encarar o art. 1.276 do CC/2002 sob o prisma do ato de abandono e não pelo não recolhimento do tributo em si. A questão se refere à categorização jurídica, que não se enquadra no art. 150, inc. IV, do Texto Maior. Em poucas palavras, é forçoso deduzir que o dispositivo não prevê o confisco de bens imóveis.

Seguindo no estudo do abandono, na *IV Jornada de Direito Civil* (2006) aprovou-se o Enunciado n. 316 do CJF/STJ, na literalidade: "eventual ação judicial de abandono de imóvel, caso procedente, impede o sucesso de demanda petitória". Dessa forma, tendo sido julgada procedente a exigida ação judicial para o reconhecimento do abandono, não há que se falar na procedência da ação reivindicatória proposta pelo antigo proprietário, que quer a coisa. Isso porque, por razões óbvias, as ações são incompatíveis entre si. Porém, se a ação reivindicatória for proposta antes do prazo de três anos, a solução é outra, como se verá a seguir, pelo estudo da recente Lei 13.465/2017.

Ainda no âmbito doutrinário, cabe destacar a aprovação de enunciado polêmico quando da *VI Jornada de Direito Civil*, evento promovido pelo Conselho da Justiça Federal e pelo Superior Tribunal de Justiça no ano de 2013. Preceitua o Enunciado n. 565 que "não ocorre a perda da propriedade por abandono de resíduos sólidos, que são considerados bens socioambientais, nos termos da Lei n. 12.305/2012". De acordo com as suas justificativas, "a Lei n. 12.305/2012, ao prever, no art. 6.º, VIII, que o resíduo sólido consiste em bem 'econômico e de valor social, gerador de trabalho e renda e promotor de cidadania', impõe deveres ao proprietário, vedando que dos resíduos disponha de forma inadequada. Assim, tendo em vista os valores incidentes na tutela dos bens socioambientais, afasta-se a possibilidade de abandono de resíduos sólidos, que devem ter a destinação final ambientalmente adequada, com disposição final em aterro".

O enunciado doutrinário é polêmico por proibir o abandono irregular de tais bens, forçando o proprietário a permanecer com eles. Por outra via, trata-se de importante aplicação do princípio da função socioambiental da propriedade, que merece a atenção de todos os estudiosos do Direito Privado.

Destaco que no Projeto de Reforma do Código Civil almeja-se incluir na norma o teor dos citados enunciados doutrinários aprovados nas *Jornadas de Direito Civil*, em prol da previsibilidade e da segurança jurídica, resolvendo-se lacunas e controvérsias hoje verificadas na aplicação do seu art. 1.276. De início, são mantidos o *caput* e o § 1º do comando citado.

Entretanto, de forma correta e necessária, o seu § 2º deixará de mencionar que a presunção é absoluta, passando a ser, pelo texto da lei, uma presunção relativa ou *iuris tantum*: "presumir-se-á a intenção a que se refere este artigo, quando, cessados os atos de posse, deixar o proprietário de satisfazer os ônus fiscais". Adota-se, portanto, a ideia do Enunciado n. 243 da *III Jornada de Direito Civil*.

Ademais, nos termos do Enunciado n. 316 da *IV Jornada*, com a inclusão também de eventual procedimento extrajudicial, em prol da *desjudicialização*, um dos *motes* e *nortes* do Projeto de Reforma, "na pendência de ação judicial ou de procedimento extrajudicial, objetivando o reconhecimento do abandono de imóvel, é vedada a proposição de ação para o reconhecimento da propriedade" (§ 3º).

Trazendo para a lei o Enunciado n. 565 da *VI Jornada,* o projetado § 4º do art. 1.276, para a tutela da função socioambiental da propriedade, de índole constitucional (art. 225 da CF/1988): "a perda da propriedade por abandono de resíduos sólidos não elimina a responsabilidade do antigo proprietário, nos termos do que está previsto na Lei nº 12.305, de 2 de agosto de 2012". Mais uma vez, como se nota, apenas se confirma na lei o entendimento hoje majoritário.

Para encerrar o estudo do tema, cumpre destacar que a Lei 13.465/2017 trouxe regras de procedimentos para arrecadação de bens vagos, para o fim de tornar efetiva a aplicação do art. 1.276 do Código Civil. Assim, nos termos do seu art. 64, os imóveis urbanos privados abandonados cujos proprietários não possuam a intenção de conservá-los em seu patrimônio ficam sujeitos à arrecadação pelo Município ou pelo Distrito Federal na condição de bem vago.

Anoto novamente que no Projeto de Reforma do Código Civil também se almeja um § 5º para o seu art. 1.276, em boa hora: "o procedimento de arrecadação de imóveis abandonados submete-se ao que está previsto no art. 64 da Lei nº 13.465, de 11 de julho de 2017".

A intenção de abandono será presumida quando o proprietário, cessados os atos de posse sobre o imóvel, não adimplir os ônus fiscais instituídos sobre a propriedade predial e territorial urbana, por cinco anos (art. 64, § 1.º, da Lei 13.465/2017). Aqui pode surgir certo conflito com o art. 1.276 do Código Civil, que menciona o prazo de três anos, como visto. Porém, é preciso conciliar as duas normas, não sendo o caso de se reconhecer qualquer antinomia. Nesse contexto, o não pagamento dos ônus fiscais por cinco anos induz à presunção relativa ou *iuris tantum* do abandono, como antes defendido, e, após três anos, o bem passa ao domínio estatal.

O procedimento administrativo de arrecadação de imóveis urbanos abandonados está tratado pelo art. 64, § 2.º, da Lei 13.465/2017. Deverá ele seguir ato do poder executivo municipal ou distrital e observará, no mínimo, as seguintes fases: *a)* abertura de processo administrativo para tratar da arrecadação; *b)* comprovação do tempo de abandono e de inadimplência fiscal; e *c)* notificação ao titular do domínio para, querendo, apresentar sua impugnação no prazo de trinta dias, contado da data de recebimento da notificação. Nota-se que o procedimento consagrado pela lei emergente é extrajudicial, perante o Poder Público, o que contraria o teor do Enunciado n. 242, da *III Jornada de Direito Civil,* que exige o procedimento judicial.

A ausência de manifestação do titular do domínio será interpretada como concordância com a arrecadação (art. 64, § 3.º, da Lei 13.465/2017). Novamente, aplica-se a máxima *quem cala consente,* exceção à regra do art. 111 do Código Civil, e que guiou a elaboração da nova lei, como ocorreu no novo tratamento da usucapião extrajudicial.

Respeitado o procedimento de arrecadação, o Município poderá realizar, diretamente ou por meio de terceiros, os investimentos necessários para que o imóvel urbano arrecadado atinja prontamente os objetivos sociais a que se destina, ou seja, a sua função social (art. 64, § 4.º, da Lei 13.465/2017).

Eventualmente, na hipótese de o proprietário reivindicar a posse do imóvel declarado abandonado, no transcorrer do triênio a que alude o art. 1.276 do Código Civil, fica assegurado ao Poder Executivo municipal ou distrital o direito ao ressarcimento prévio, e em valor atualizado, de todas as despesas em que eventualmente houver incorrido, inclusive as tributárias, em razão do exercício da posse provisória (art. 64, § 5.º, da Lei 13.465/2017).

Essa última norma demonstra que, de fato, os prazos de cinco e três anos têm diferentes incidências, não havendo qualquer conflito entre eles, repise-se. O primeiro diz respeito à presunção relativa do abandono, enquanto o segundo é requisito para que o bem seja transmitido ao Poder Público, depois de transcorrido o primeiro. Resolve-se, assim, o problema anterior relativo ao art. 1.276, § 2.º, do Código Civil, aqui demonstrado, pois a conclusão é de que a presunção do abandono é relativa.

Por derradeiro, o art. 65 da Lei 13.465/2017 enuncia que os imóveis arrecadados pelos Municípios ou pelo Distrito Federal poderão ser destinados aos programas habitacionais, à prestação de serviços públicos, ao fomento da REURB-S ou serão objeto de concessão de direito real de uso a entidades civis que comprovadamente tenham fins filantrópicos, assistenciais, educativos, esportivos ou outros, no interesse do Município ou do Distrito Federal.

Acrescente-se que a REURB-S constitui um programa de Regularização Fundiária Urbana de Interesse Social, aplicável aos núcleos urbanos informais ocupados predominantemente por população de baixa renda, assim declarados em ato do Poder Executivo Municipal (art. 13, inc. I, da Lei 13.465/2017). Esse e outros institutos serão expostos no próximo tópico do capítulo, inserido a partir da Edição 2018 deste livro, visando a um estudo geral da citada norma emergente.

3.10 ANÁLISE DA LEI 13.465/2017 E SUAS PRINCIPAIS REPERCUSSÕES PARA O DIREITO DE PROPRIEDADE. A REURB E A LEGITIMAÇÃO FUNDIÁRIA

Como se pode notar da leitura de vários trechos da presente obra, a Lei 13.465, de 11 de julho de 2017, trouxe grandes impactos para os institutos reais. Em resumo, podemos destacar como suas principais inovações, algumas delas com estudo em capítulos seguintes deste livro: *a)* introdução do direito real de laje no rol do art. 1.225 do Código Civil; *b)* regulamentação do direito real de laje, nos arts. 1.510-A a 1.510-E da codificação material e também na Lei de Registros Públicos (Lei 6.015/1973); *c)* alteração dos requisitos para a usucapião urbana coletiva, tratada pelo Estatuto da Cidade; *d)* modificações no tratamento da usucapião extrajudicial ou administrativa, tornando-a possível juridicamente e sanando algumas dúvidas (alterações no art. 216-A da Lei de Registros Públicos, incluído pelo CPC/2015); *e)* introdução de novas modalidades de condomínio: o condomínio de lotes e o condomínio urbano simples; *f)* regulamentação do sistema de arrecadação de bens vagos, para os casos de abandono do imóvel (art. 1.276 do Código Civil); *g)* revogação de todo o capítulo da *Lei Minha Casa, Minha Vida* (Lei 11.977/2009) relativo à regularização fundiária, alterando-se substancialmente a legitimação da posse e a usucapião extrajudicial dela decorrente; *h)* alterações de procedimentos relativos à alienação fiduciária em garantia de bens imóveis, protegendo mais o mercado, como ainda se verá; *i)* modificações na Medida Provisória 2.220, que trata da concessão especial de uso; *j)* modificação da Lei 9.636/1998, que regula a alienação de bens imóveis da união, facilitando-se a extinção da enfiteuse sobre terras da marinha, por meio da remição; *k)* introdução de políticas para Regularização Fundiária Urbana (REURB); e *l)* introdução no sistema do instituto da legitimação fundiária.

Como se percebe, estão listadas doze mudanças fundamentais decorrentes da nova lei, sendo certo que as dez primeiras foram ou serão abordadas em outros trechos deste livro. Neste tópico abordaremos as duas últimas inovações, com especial relevo para o estudo do Direito das Coisas, notadamente para a propriedade, devendo compor o ensino da disciplina, em todos os níveis do ensino jurídico, desde a graduação até os estudos pós-graduados.

252 DIREITO CIVIL • VOL. 4 – *Flávio Tartuce*

Antes dessa abordagem, cabe destacar que a Lei 13.465/2017 tem origem na Medida Provisória 759, de dezembro de 2016, representando uma conversão desta, tendo ambas, como conteúdo principal, a regularização fundiária, seja rural ou urbana. A norma emergente visa, mais uma vez, a resolver os graves problemas de distribuição da terra e do domínio que acometem o Brasil desde os primórdios de sua ocupação, após o seu "descobrimento" por Portugal. Tais problemas foram agravados pelo regime de sesmarias, pelo *caos dominial* decorrente do sistema de posses e pela Lei de Terras (Lei 601/1850), entre outros fatores.

De todo modo, nota-se que a nova lei ampliou muito o conteúdo da sua Medida Provisória *embrionária*, o que motivou, entre outras razões, o ingresso de ação declaratória de inconstitucionalidade por parte do Ministério Público Federal, no início de setembro de 2017 (ADI 5.771). Argumenta o MPF, de início, que "61 entidades ligadas à defesa do ambiente convencidas de que a Lei 13.465/2017 causa ampla privatização de terras públicas, florestas, águas e ilhas federais na Amazônia e na zona costeira do Brasil" solicitaram o ingresso da demanda por parte do órgão.

Sustenta, ainda, que não havia urgência para a edição da Medida Provisória 759, eivada de vício formal na origem, uma vez que "os vastos e graves problemas de terras no Brasil remontam ao período colonial, com a implantação do regime de sesmarias", pois "a grilagem de terras e desmatamento atravessaram séculos até aqui, literalmente, sem soluções de todo satisfatórias", não sendo "concebível que, de um momento para o outro, se transformem em problemas de tamanha urgência que demandem uso do instrumento excepcional e urgente que é a medida provisória, com usurpação da função legislativa ordinária do Congresso Nacional" (petição inicial da ADI 5.771).

Para o MPF também não haveria urgência no tratamento da regularização fundiária urbana, porque "também há problema estrutural, vivenciado há décadas país afora, e, por isso, incapaz de configurar urgência". É feita também uma crítica ao fato de terem sido revogadas as regras de regularização previstas na Lei 11.977/2009, pois os Municípios, já adaptados à realidade *da Lei Minha Casa, Minha Vida*, teriam que se readequar ao novo sistema, causando dúvidas e incertezas de grande impacto social negativo.

A petição inicial proposta também traz como conteúdo o fundamento de que a MP não poderia tratar de matéria reservada a Lei Complementar, eis que revogou os arts. 14 e 15 da Lei Complementar 76/1993, tratando do procedimento de rito sumário na desapropriação agrária. Haveria também vício formal pelo fato de ter alterado inúmeras normas importantes, como as Leis 8.629/1993 e 13.001/2014 (sobre Reforma Agrária), a Lei 11.952/2009 (que trata da chamada *Amazônia Legal*), a Lei 12.512/2011 (que regula programa de apoio à conservação ambiental e o programa de fomento às atividades produtivas rurais), a Lei 6.015/1973 (Registros Públicos), a Lei 11.977/2009 (*Minha Casa, Minha Vida*), entre outras. Mais uma vez, não haveria atendimento à essência do instituto pela MP "para alterar mais de uma dezena de leis aprovadas pelo parlamento, algumas delas com mais de uma década de vigência ou até com mais de quarenta anos de existência" (ADI 5.771).

Por fim, alegando que o fato de uma Medida Provisória ser convertida em lei não convalida seus vícios formais, conforme a jurisprudência do Supremo Tribunal Federal, pontua o Ministério Público Federal que "não é necessário analisar de forma destacada cada dispositivo da Lei 13.465/2017, porque, fundamentalmente, ela fere a Constituição ao tratar de seus temas centrais – regularização fundiária rural, regularização fundiária urbana e desmatamento – em descompasso com numerosas diretrizes que a ordem constitucional estipula" (petição inicial da ADI 5.771).

De fato, a norma emergente parece apresentar alguns dos sérios problemas citados, notadamente o fato de não haver urgência na Medida Provisória de origem. Em complemento, percebemos que muitos dos seus temas, com exceção do tratamento da laje, não foram devidamente debatidos perante a sociedade brasileira, causando até surpresa no meio jurídico.

Apesar de nossas resistências à nova lei, vejamos os dois pontos que foram separados para estudo neste tópico, atinentes ao direito de propriedade.

De início, a Lei 13.465/2017 instituiu mecanismos visando à Regularização Fundiária Urbana (REURB), para uma melhor distribuição das propriedades nas cidades. Também foram incluídas ferramentas para a Regularização Fundiária Rural que, pelo fato de mais interessarem à disciplina do Direito Agrário, não serão nesta obra analisadas.

Quanto ao REURB, estabelece o art. 9.º da nova norma que ficam instituídas no território nacional normas gerais e procedimentos aplicáveis a essa forma de regularização, a qual abrange medidas jurídicas, urbanísticas, ambientais e sociais destinadas à incorporação dos núcleos urbanos informais ao ordenamento territorial urbano e à titulação de seus ocupantes. Um dos objetivos da nova política, como se percebe, é de regularização de áreas favelizadas, conhecidas como *comunidades*; o que já era objetivado pela Lei 11.977/2009, notadamente pelo instituto da legitimação da posse e pela usucapião extrajudicial dela originária.

Nesse contexto de efetivação da função social da propriedade da posse urbana, os poderes públicos formularão e desenvolverão no espaço urbano as políticas de suas competências de acordo com os princípios de sustentabilidade econômica, social e ambiental e ordenação territorial, buscando a ocupação do solo de maneira eficiente, combinando seu uso de forma funcional (art. 9.º, § 1.º, da Lei 13.465/2017).

A Regularização Fundiária Urbana promovida mediante a legitimação fundiária, categoria nova que ainda será aqui estudada, somente poderá ser aplicada para os núcleos urbanos informais, comprovadamente existentes até 22 de dezembro de 2016 (art. 9.º, § 2.º, da Lei 13.465/2017). Não incide, portanto, a legitimação fundiária para os núcleos informais que surgirem depois.

Nos termos do art. 10 da nova norma, são objetivos da REURB, que devem ser observados por todas as esferas do Estado: *a)* identificar os núcleos urbanos informais que devam ser regularizados, organizá-los e assegurar a prestação de serviços públicos aos seus ocupantes, de modo a melhorar as condições urbanísticas e ambientais em relação à situação de ocupação informal anterior; *b)* criar unidades imobiliárias compatíveis com o ordenamento territorial urbano e constituir sobre elas direitos reais em favor dos seus ocupantes; *c)* ampliar o acesso à terra urbanizada pela população de baixa renda, de modo a priorizar a permanência dos ocupantes nos próprios núcleos urbanos informais regularizados; *d)* promover a integração social e a geração de emprego e renda; *e)* estimular a resolução extrajudicial de conflitos, por meio da mediação e da conciliação, em reforço à consensualidade e à cooperação entre Estado e sociedade; *f)* garantir o direito social à moradia digna e às condições de vida adequadas, nos termos do art. 6.º da Constituição Federal; *g)* garantir a efetivação da função social da propriedade, atendendo ao que consta do art. 5.º, inc. XXIII, do Texto Maior; *h)* ordenar o pleno desenvolvimento das funções sociais da cidade e garantir o bem-estar de seus habitantes (art. 182 da CF/1988); *i)* concretizar o princípio constitucional da eficiência na ocupação e no uso do solo; *j)* prevenir e desestimular a formação de novos núcleos urbanos informais; *k)* conceder direitos reais, preferencialmente em nome da mulher, como já estava previsto na Lei 11.977/2009; *l)* franquear participação dos interessados nas etapas do processo de regularização fundiária, democratizando a distribuição da terra urbana.

A aprovação municipal da Regularização Fundiária Urbana corresponde à aprovação urbanística do projeto de regularização fundiária, bem como à aprovação ambiental, se o Município tiver órgão ambiental capacitado (art. 12 da Lei 13.465/2017).

Para tanto, considera-se órgão ambiental capacitado o órgão municipal que possua em seus quadros ou à sua disposição profissionais com atribuição técnica para a análise e a aprovação dos estudos de impacto ambiental, independentemente da existência de convênio com os Estados ou a União (§ 1.º). Tais estudos ambientais deverão ser elaborados por profissional legalmente habilitado, para compatibilizar-se com o projeto de regularização fundiária (§ 2.º).

A norma estabelece, ainda, que os estudos de impacto ambiental se aplicam somente às parcelas dos núcleos urbanos informais situados nas áreas de preservação permanente, nas unidades de conservação de uso sustentável ou nas áreas de proteção de mananciais. Poderão eles ser feitos em fases ou etapas, sendo que a parte do núcleo urbano informal não afetada por esses estudos poderá ter seu projeto aprovado e levado a registro separadamente (§ 3.º).

Por fim, está previsto no dispositivo que tal aprovação ambiental da REURB poderá ser feita pelos Estados na hipótese de o Município não dispor de capacidade técnica para a aprovação dos estudos de impactos ambientais (§ 4.º do art. 12 da Lei 13.465/2017).

O art. 11 da Lei 13.465/2017 traz os conceitos fundamentais para o fim de implementação da REURB, a saber:

- *Núcleo urbano:* assentamento humano, com uso e características urbanas, constituído por unidades imobiliárias de área inferior a um módulo urbano, independentemente da propriedade do solo, ainda que situado em área qualificada ou inscrita como rural.
- *Núcleo urbano informal:* aquele clandestino, irregular ou no qual não foi possível realizar, por qualquer modo, a titulação de seus ocupantes, ainda que atendida a legislação vigente à época de sua implantação ou regularização.
- *Núcleo urbano informal consolidado:* aquele de difícil reversão, considerados o tempo da ocupação, a natureza das edificações, a localização das vias de circulação e a presença de equipamentos públicos, entre outras circunstâncias a serem avaliadas pelo Município.
- *Demarcação urbanística:* procedimento destinado a identificar os imóveis públicos e privados abrangidos pelo núcleo urbano informal e a obter a anuência dos respectivos titulares de direitos inscritos na matrícula dos imóveis ocupados, culminando com averbação na matrícula destes imóveis da viabilidade da regularização fundiária, a ser promovida a critério do Município.
- *Certidão de Regularização Fundiária (CRF):* documento expedido pelo Município ao final do procedimento da REURB, constituído do projeto de regularização fundiária aprovado, do termo de compromisso relativo à sua execução e, no caso da legitimação fundiária e da legitimação de posse, da listagem dos ocupantes do núcleo urbano informal regularizado, da devida qualificação destes e dos direitos reais que lhes foram conferidos.
- *Legitimação de posse:* ato do poder público destinado a conferir título, por meio do qual fica reconhecida a posse qualificada de imóvel objeto da REURB, conversível em aquisição de direito real de propriedade, com a identificação de seus ocupantes, do tempo da ocupação e da natureza da posse. Como visto, tal título pode ser convertido em usucapião, com novo tratamento consagrado na lei.
- *Legitimação fundiária:* mecanismo de reconhecimento da aquisição originária do direito real de propriedade sobre unidade imobiliária objeto da REURB, e que será mais à frente estudada.
- *Ocupante:* aquele que mantém poder de fato sobre lote ou fração ideal de terras públicas ou privadas em núcleos urbanos informais. Pode ser um possuidor ou detentor.

Ainda trazendo conceitos fundamentais sobre a REURB, o art. 13 da Lei 13.465/2017 enuncia que ela compreende duas modalidades. A primeira delas é a *REURB de Interesse Social (REURB-S)*, definida como a regularização fundiária aplicável aos núcleos urbanos informais ocupados predominantemente por população de baixa renda, assim declarados em ato do Poder Executivo municipal.

Com o fim de tornar possível tal política social, e proteger os possuidores desfavorecidos economicamente, tidos como hipossuficientes econômicos, o § 1.º do mesmo comando estatui que serão isentos de custas e emolumentos, entre outros, os seguintes atos registrais relacionados à REURB-S: *a)* o primeiro registro da REURB-S, o qual confere direitos reais aos seus beneficiários; *b)* o registro da legitimação fundiária; *c)* o registro do título de legitimação de posse e a sua conversão em título de propriedade; *d)* o registro da Certidão de Regularização Fundiária e do projeto de regularização fundiária, com abertura de matrícula para cada unidade imobiliária urbana regularizada; *e)* a primeira averbação de construção residencial, desde que respeitado o limite de até setenta metros quadrados (70 m²); *f)* a aquisição do primeiro direito real sobre unidade imobiliária derivada da REURB-S, caso do domínio pleno sobre imóvel; *g)* o primeiro registro do direito real de laje; e *h)* o fornecimento de certidões de registro para os atos previstos anteriormente. Os Cartórios que desobedeceram a tal regra estão submetidos a penas legais (art. 13, § 6.º, da Lei 13.465/2017).

A segunda modalidade é a *REURB de Interesse Específico (REURB-E)*, definida como a regularização fundiária aplicável aos núcleos urbanos informais ocupados por população não qualificada como de baixa renda. Em casos tais, não haverá a incidência dos benefícios acima referidos, relativos aos emolumentos e despesas registrais. Porém, nas duas modalidades de REURB não há necessidade de demonstração do pagamento de tributos ou penalidades tributárias pelo interessado, sendo vedado ao oficial de registro de imóveis exigir sua comprovação para que proceda à regularização, mais uma vez sob as penas da lei (art. 13, §§ 2.º e 6.º, da Lei 13.465/2017).

Seguindo na exposição e breve análise do comando, o § 4.º do art. 13 da norma emergente preceitua que na política de Regularização Fundiária Urbana, em qualquer uma das duas modalidades, os Municípios e o Distrito Federal poderão admitir o uso misto de atividades como forma de promover a integração social e a geração de emprego e renda no núcleo urbano informal regularizado.

Assim, não há a exigência de que o imóvel seja utilizado apenas para a moradia, sendo possível também a presença de uma pequena atividade comercial ou empresarial na área, visando a uma ocupação que atenda à finalidade coletiva. A classificação do interesse visa exclusivamente à identificação dos responsáveis pela implantação ou adequação das obras de infraestrutura essencial e ao reconhecimento do direito à gratuidade das custas e emolumentos notariais e registrais em favor daqueles a quem for atribuído o domínio das unidades imobiliárias regularizadas (art. 13, § 5.º, da Lei 13.465/2017).

O art. 14 da Lei 13.465/2017 elenca as entidades que podem requerer o projeto de REURB, em qualquer uma das suas modalidades. São elas: I) a União, os Estados, o Distrito Federal e os Municípios, diretamente ou por meio de entidades da administração pública indireta; II) os seus beneficiários, individual ou coletivamente, diretamente ou por meio de cooperativas habitacionais, associações de moradores, fundações, organizações sociais, organizações da sociedade civil de interesse público ou outras associações civis que tenham por finalidade atividades nas áreas de desenvolvimento urbano ou regularização fundiária urbana; III) os proprietários de imóveis ou de terrenos, loteadores ou incorporadores; IV) a Defensoria Pública, em nome dos beneficiários hipossuficientes; e V) o Ministério Público.

Outro dispositivo importante a respeito do REURB é o que estabelece o rol dos institutos jurídicos que podem ser empregados para a sua efetivação. Trata-se do art. 15 da Lei 13.465/2017, que traz claramente um rol exemplificativo ou *numerus apertus* ao utilizar o termo "sem prejuízo de outros que se apresentem adequados". São eles:

a) a legitimação fundiária e a legitimação de posse;

b) a usucapião imobiliária, nas modalidades ordinária, extraordinária, constitucional urbana individual e coletiva, incluindo a via extrajudicial;

c) a desapropriação judicial privada por posse-trabalho (art. 1.228, §§ 4.º e 5.º, do CC/2002);

d) a arrecadação de bens vagos, outrora estudada e prevista nos termos do art. 1.276 do Código Civil;

e) o consórcio imobiliário, tratado pelo Estatuto da Cidade (Lei 10.257/2001), agora com modificações;

f) a desapropriação por interesse social;

g) o direito de preempção ou preferência para o Poder Público adquirir a área, previsto no art. 26, inc. I, do Estatuto da Cidade;

h) a transferência do direito de construir, nos termos do art. 35, inc. III, do mesmo Estatuto da Cidade ("Lei municipal, baseada no plano diretor, poderá autorizar o proprietário de imóvel urbano, privado ou público, a exercer em outro local, ou alienar, mediante escritura pública, o direito de construir previsto no plano diretor ou em legislação urbanística dele decorrente, quando o referido imóvel for considerado necessário para fins de: (...) III – servir a programas de regularização fundiária, urbanização de áreas ocupadas por população de baixa renda e habitação de interesse social");

i) a requisição, em caso de perigo público iminente, nos termos do § 3.º do art. 1.228 do Código Civil;

j) a intervenção do poder público em parcelamento clandestino ou irregular (art. 40 da Lei 6.766/1979);

k) a alienação de imóvel pela administração pública diretamente para seu detentor;

l) a concessão de uso especial para fins de moradia;

m) a concessão de direito real de uso;

n) a doação; e

o) a compra e venda.

Expostas essas regras gerais sobre a REURB, vejamos o estudo do instituto da *legitimação fundiária*, constante dos arts. 23 e 24 da Lei 13.465/2017. A categoria parece ser algo totalmente inédito no Direito Civil Brasileiro. Nos termos da primeira norma, a legitimação fundiária constitui forma originária de aquisição do direito real de propriedade conferido por ato do poder público, exclusivamente no âmbito da REURB. Tal direito é concedido àquele que detiver em área pública ou possuir em área privada, como sua, unidade imobiliária com destinação urbana, integrante de núcleo urbano informal consolidado existente em 22 de dezembro de 2016.

Consoante o § 1.º do mesmo art. 23 da Lei 13.465/2017, a legitimação fundiária somente será concedida no âmbito da REURB-S se preenchidos os seguintes requisitos: *a)* o beneficiário não pode ser concessionário, foreiro ou proprietário exclusivo de imóvel urbano ou rural; *b)* o beneficiário não pode ter sido contemplado com legitimação de posse ou fundiária de imóvel urbano com a mesma finalidade, ainda que situado em núcleo urbano distinto, como no caso de outro Município; e *c)* em caso de imóvel urbano com finalidade não residencial, seja reconhecido pelo poder público o interesse público de sua ocupação.

Por meio da legitimação fundiária, em qualquer das modalidades da REURB, o ocupante adquire a unidade imobiliária com destinação urbana livre e desembaraçada de quaisquer ônus, direitos reais, gravames ou inscrições, eventualmente existentes em sua matrícula de origem, exceto quando disserem respeito ao próprio legitimado (art. 23, § 2.º, da Lei 13.465/2017). Mais uma vez, a nova lei confirma que a aquisição originária da propriedade *zera* o domínio jurídico, fazendo desaparecer tudo o que nele incide.

Além disso, está previsto que deverão ser transportadas as inscrições, as indisponibilidades ou os gravames existentes no registro da área maior originária para as matrículas das unidades imobiliárias que não houverem sido adquiridas por legitimação fundiária (art. 23, § 3.º, da Lei 13.465/2017).

Conforme nos informou pessoalmente Carlos Eduardo Elias de Oliveira, assessor jurídico do Senado Federal e que participou da elaboração da lei, o objetivo do instituto, ao ser tratado como forma originária de aquisição da propriedade, é de plena regularização, por parte do Poder Público Municipal, de áreas populares ou *favelizadas*. Atribuem-se as áreas a particulares, sem que exista a necessidade de pagamento de impostos, notadamente do ITCMD, que os Estados geralmente cobram quando o Município transmite a propriedade a ser regularizada ao particular. Nas suas palavras, o que gerou o instituto foi a existência de numerosas ocupações irregulares somadas às pretensões dos Municípios de sua regularização.

Entendo tratar-se de um instituto que se situa entre a legitimação da posse e a usucapião. Aguardemos o futuro, para a verificação de sua efetivação ou não, na prática do Direito Civil, caso a Lei 13.465/2017 não tenha a sua inconstitucionalidade total reconhecida.

Esclareça-se, em palavras finais, que não vemos problema técnico quando a legitimação fundiária recair sobre bem público. Porém, em se tratado de bem particular, pode surgir forte argumento no sentido de ser o instituto inconstitucional, por atentar contra o direito fundamental de propriedade (art. 5.º, inc. XXII, da CF/1988).

3.11 DOS FUNDOS DE INVESTIMENTO E A INCLUSÃO DO SEU TRATA-MENTO NO CÓDIGO CIVIL PELA LEI 13.874/2019

Como último instituto a ser analisado no presente Capítulo, é preciso estudar, pelo menos brevemente, os fundos de investimento, categoria cujo tratamento foi inserido no Código Civil pela *Lei da Liberdade Econômica* (Lei 13.874/2019), originária da MP 881, do mesmo ano. As novas previsões estão colocadas após o tratamento da propriedade fiduciária, no novo Capítulo X do título relativo à propriedade (arts. 1.368-C a 1.368-F do CC/2002).

Como já havia alertado, há um sério problema técnico a respeito dessa inserção, no livro concernente ao Direito das Coisas, o que remonta a outros trechos deste livro. Isso porque a codificação privada está toda fundada na ideia de que "coisa" é bem corpóreo ou material, sendo os fundos de investimento formados por bens incorpóreos ou imateriais. Nesse contexto de afirmação, sustentei, nos debates de conversão da Medida Provisória em lei que o instituto deveria ser tratado por lei especial. No mesmo sentido, merecem destaque as palavras de Marco Aurélio Bezerra de Melo, que também contestou a necessidade de urgência para o tratamento do tema por medida provisória:

> "Por fim e não menos importante é o estranhamento desta matéria tão relevante para o interesse do país ser tratada por Medida Provisória sem os requisitos constitucionais,

isto é, carente da explícita relevância e urgência a que se refere o artigo 62 da Constituição Federal e encartada com a sua natureza condominial no artigo que trata da propriedade fiduciária de modo genérico.

É verdade que o instituto possui traços de negócio fiduciário (*trust*) e a comunhão de investidores pode formar um condomínio, mas deveria ganhar corpo normativo por meio de uma lei especial, nos mesmos moldes da bem-sucedida lei do fundo de investimento imobiliário (Lei 8.668/93), tomando-se como base este regramento e também a citada Instrução Normativa 555/14 da Comissão de Valores Mobiliários com as correções e novas tomadas de rumo que se fizerem necessárias durante o processo legislativo que, por certo, não prescindirá da oitiva da academia e dos operadores do Direito que tenham experiência prática e afinidade doutrinária com o tema.

A ideia de tratar do fundo de investimento de um modo geral por lei federal especial e conferir maior segurança jurídica ao investidor e aos administradores e gestores pode ser promissora no sentido de incremento à economia, com a geração de bens, renda e, por conseguinte, de empregos, mas é preciso que o texto da futura lei seja o resultado de rápidas, mas atentas reflexões que, por certo, trarão luzes sobre pontos não abordados nessa tentativa tímida de regulamentação.

Enfim, muito ainda há a se discutir acerca dessa temática junto ao Congresso Nacional durante a tramitação da Medida Provisória, sendo estas apenas as nossas primeiras impressões restritas ao texto posto" (MELO, Marco Aurélio Bezerra de. Apreciação preliminar..., Disponível em: <http://genjuridico.com.br/2019/05/03/apreciacao-preliminar-dos-fundos--de-investimento-na-mp-881-19/>. Acesso em: 3 maio 2019).

Apesar da força das palavras transcritas a respeito de eventual inconstitucionalidade, fiz sugestão ao Senador Rodrigo Pacheco para que os fundos de investimento fossem regulados como letras do art. 49 da Lei de Fundo de Capitais (Lei 4.728/1965) – proposta de Emenda 172, na tramitação da MP 881 no Congresso Nacional. Todavia, essa proposição acabou por não ser acatada na conversão em lei, fazendo com que tenhamos essa grave *atecnia* no tratamento do instituto, sem prejuízo de outros problemas que serão demonstrados.

Não se olvide, contudo, que, caso aprovado o Projeto de Reforma do Código Civil, elaborado pela Comissão de Juristas nomeada no Senado Federal, com a inclusão na Lei Geral Privada de previsão de que é possível a existência de propriedade ou de titularidades quanto aos bens imateriais, no novo art. 1.228-A, essa atecnia acabará sendo sanada e totalmente superada.

Pois bem, conforme o novo art. 1.368-C do Código Civil, "o fundo de investimento é uma comunhão de recursos, constituído sob a forma de condomínio de natureza especial, destinado à aplicação em ativos financeiros, bens e direitos de qualquer natureza". Trata-se de reprodução do art. 3.º da Instrução Normativa 555/2014 da Comissão de Valores Imobiliários (CVM), que passa a ser dotado de estrita legalidade. Na sequência, o comando estabelece em seu § 1.º que não se aplicam ao fundo de investimento as disposições constantes dos arts. 1.314 ao 1.358-A da própria codificação material, ou seja, não incidem as regras relativas ao condomínio, em qualquer uma de suas modalidades.

Esta última norma não constava do texto original da MP 881 e revela outra grande falta de técnica. De início, porque prevê que os fundos de investimento constituem uma comunhão de recursos para depois afirmar que há um condomínio, sendo o último próprio e comum para os bens corpóreos, o que retoma o problema antes exposto.

Todavia, a norma estabelece na sequência que não serão adotadas as regras relativas ao condomínio, previstas na codificação. Ora, como seria possível haver um condomínio sem a aplicação das suas regras? O texto ficou confuso – podendo gerar problemas práticos e categóricos – e sem efetividade, na minha opinião doutrinária.

Observo que o Projeto de Reforma do Código Civil, elaborado pela Comissão de Juristas, pretende resolver esse grave problema técnico, passando o art. 1.368-C a prever que "o fundo de investimento é uma comunhão de recursos, de natureza especial destinado aos investimentos em bens e direitos de qualquer natureza". Sem dúvida, muito melhor a menção de se tratar de uma comunhão, e não de um condomínio.

Voltando-se ao sistema em vigor, § 2.º do art. 1.368-C do Código Civil, esse sim com previsão anterior na Medida Provisória, preceitua que competirá à Comissão de Valores Mobiliários (CVM) disciplinar o disposto no preceito, o que já era feito pela sua citada Instrução 555/2014. Sobre a sua constituição e registro, estabelece o art. 6.º dessa normatização específica que o fundo será constituído por deliberação de um administrador, a quem incumbe aprovar, no mesmo ato, o seu regulamento.

Ademais, o art. 7.º da mesma norma administrativa prevê que o funcionamento do fundo depende do prévio registro na CVM, o qual será procedido por meio do encaminhamento, pelo administrador, dos documentos e informações previstos no art. 8.º do mesmo comando, por meio do Sistema de Envio de Documentos disponível na página da CVM na rede mundial de computadores, e considerar-se-á automaticamente concedido na data constante do respectivo protocolo de envio.

Esses documentos e informações para o registro são os seguintes: *a)* regulamento do fundo, elaborado de acordo com as disposições da instrução normativa; *b)* declaração do administrador de que o regulamento do fundo está plenamente aderente à legislação vigente; *c)* declaração do seu administrador de que firmou os contratos necessários, se for o caso, e de que estes se encontram à disposição da CVM; *d)* nome do auditor independente, responsável pelo fundo; *e)* inscrição do fundo no CNPJ; e *f)* lâmina de informações essenciais, elaborada de acordo com a anexo previsto na própria instrução, no caso de fundo aberto que não seja destinado exclusivamente a investidores qualificados (art. 8.º da Instrução 555/2014 da CVM).

No Projeto de Reforma do Código Civil almeja-se incluir no § 2º do seu art. 1.368-C a menção ao regulamento de cada fundo, uma vez que, segundo a Subcomissão de Direito das Coisas, "o fundo de investimento é regido pelo regulamento, tal como disciplina com rigor técnico, enunciados os diversos direitos e obrigações, o artigo 48 da novel Resolução 175 da Comissão de Valores Mobiliários. Esse esclarecimento é tão relevante para a previsibilidade, transparência e segurança jurídica dos fundos de investimento que merece referência expressa no Código Civil que com a entrada em vigor da Lei de Liberdade Econômica (Lei 13.874/2019) andou bem em disciplinar o instituto, no que tange às suas regras gerais mais importantes". Nesse contexto, de melhor técnica, a norma enunciará que "o regulamento do fundo de investimento disporá sobre os direitos e de deveres conferidos às cotas, competindo à Comissão de Valores Mobiliários disciplinar o disposto no *caput* deste artigo".

Voltando-se ao Código Civil em vigor, o § 3.º do art. 1.368-C, também sem precedentes na Medida Provisória anterior, enuncia que o registro dos regulamentos dos fundos de investimentos na Comissão de Valores Mobiliários é condição suficiente para garantir a sua publicidade e a oponibilidade de efeitos em relação a terceiros, ou seja, para efeitos *erga omnes*. No Projeto de Reforma, mais uma vez há proposta importante de modificação da norma, para que conste também o registro das atas das assembleias posteriores, além dos regulamentos.

Sobre o regulamento do fundo de investimentos, o art. 1.368-D do Código Civil prevê que ele poderá estabelecer: *a)* a limitação da responsabilidade de cada investidor ao valor de suas cotas; *b)* a limitação da responsabilidade, bem como parâmetros de sua aferição, dos prestadores de serviços do fundo de investimento, perante o condomínio e entre si, ao cumprimento dos deveres particulares de cada um, sem solidariedade; e *c)* classes de cotas com direitos e obrigações distintos, com possibilidade de constituir patrimônio segregado ou separado para cada classe de investidor, não estando esta última previsão no texto originário da Medida Provisória que lhe deu origem.

Sobre a limitação da responsabilidade, penso que o regulamento não pode afastar, por si só, a incidência da responsabilidade objetiva e solidária prevista no Código de Defesa do Consumidor, em havendo investidor que seja caracterizado como destinatário final fático e econômico do serviço financeiro oferecido, caso de uma pessoa natural que não desenvolva a atividade de investimentos de forma profissional, mas apenas para incremento de suas rendas e de seu patrimônio.

Pontue-se que, nos debates de conversão do texto da MP 881 em lei, havia uma proposta de exclusão prévia da subsunção da Lei 8.078/1990 aos fundos de investimento, o que acabou não prosperando. A propósito, se tivesse sido convertida em lei essa proposição, penso que caberia a declaração de sua inconstitucionalidade, por afastar a efetiva tutela do consumidor, nos termos do art. 5.º, inc. XXXIII, da CF/1988.

No âmbito da jurisprudência superior, merece destaque julgado que não afastou a incidência do CDC a determinado fundo de investimento, mas considerou que não deveria haver a responsabilização do administrador e do gestor do fundo frente a investidor, diante dos altos riscos naturais decorrentes do negócio firmado. Vejamos a ementa desse importante precedente:

> "Recurso especial. Consumidor. Responsabilidade civil. Administrador e gestor de fundo de investimento derivativo. Desvalorização do real. Mudança da política cambial. Prejuízo do consumidor. Risco inerente ao produto. Recurso provido. 1. Em regra, descabe indenização por danos materiais ou morais a aplicador em fundos derivativos, pois o alto risco é condição inerente aos investimentos nessas aplicações. Tanto é assim que são classificados no mercado financeiro como voltados para investidores experientes, de perfil agressivo, podendo o consumidor ganhar ou perder, sem nenhuma garantia de retorno do capital. Como é da lógica do mercado financeiro, quanto maior a possibilidade de lucro e rentabilidade de produto oferecido, maiores também os riscos envolvidos no investimento. 2. No caso em exame, o consumidor buscou aplicar recursos em fundo agressivo, objetivando ganhos muito maiores do que os de investimentos conservadores, sendo razoável entender-se que conhecia plenamente os altos riscos envolvidos em tais negócios especulativos, mormente quando se sabe que o perfil médio do consumidor brasileiro é o de aplicação em caderneta de poupança, de menor rentabilidade e maior segurança. 3. Não fica caracterizado defeito na prestação do serviço por parte do gestor de negócios, o qual, não obstante remunerado pelo investidor para providenciar as aplicações mais rentáveis, não assumiu obrigação de resultado, vinculando-se a lucro certo, mas obrigação de meio, de bem gerir o investimento, visando à tentativa de máxima obtenção de lucro. Não pode ser considerado defeituoso serviço que não garante resultado (ganho) financeiro ao consumidor. 4. Recurso especial conhecido e provido" (STJ, REsp 799.241/RJ, 4.ª Turma, Rel. Min. Raul Araújo, j. 14.08.2012, *DJe* 26.02.2013).

Como se percebe, o acórdão destaca que o gestor de negócios presente nesses fundos de investimento assume obrigação de meio, e não de resultado. Com o devido respeito, penso que não cabe a automática exclusão de responsabilidades frente a qualquer consumidor, sendo pertinente considerar a sua condição de discernimento quanto ao contratado para que essa responsabilidade seja analisada.

Em outro julgado importante sobre o tema, do ano de 2019, o Superior Tribunal de Justiça analisou toda a divergência a respeito da natureza dos fundos de investimentos. Vejamos o que consta do voto do Ministro Relator:

"A despeito do desencontro de teses no âmbito doutrinário, para os fins que aqui interessam, importa reconhecer que: *a)* as normas aplicáveis aos fundos de investimento dispõem expressamente que eles são constituídos sob a forma de condomínio; *b)* nem todos os dispositivos legais que disciplinam os condomínios são indistintamente aplicáveis aos fundos de investimento, sujeitos a regramento específico; *c)* embora destituídos de personalidade jurídica, aos fundos de investimento são imputados direitos e deveres, tanto em suas relações internas quanto externas; e *d)* não obstante exercerem suas atividades por intermédio de seu administrador/gestor, os fundos de investimento podem ser titulares, em nome próprio, de direitos e obrigações" (STJ, REsp 1.834.003/SP, 3.ª Turma, Rel. Min. Ricardo Villas Bôas Cueva, j. 17.09.2019, *DJe* 20.09.2019).

Ao final, acabaram por concluir os julgadores pela legitimidade passiva do administrador de um fundo de investimento em demanda em que se pretendia a reparação de supostos danos resultantes da inadequada liquidação da comunhão de recursos financeiros. Nos seus exatos termos, "a satisfação integral do passivo antes da partilha do patrimônio líquido entre os cotistas está, em regra, inserida entre as atribuições do administrador, sendo dele a responsabilidade, em tese, por eventuais prejuízos que guardem nexo de causalidade com a inobservância desse mister. Independentemente de previsão legal ou regulamentar específica, a realização do ativo, a satisfação do passivo e a partilha do acervo líquido entre os cotistas são atribuições dos liquidantes das massas patrimoniais em geral" (STJ, REsp 1.834.003/SP, 3.ª Turma, Rel. Min. Ricardo Villas Bôas Cueva, j. 17.09.2019, *DJe* 20.09.2019).

Ainda a respeito do tema, o novo § 1.º do art. 1.368-D, correspondente ao antigo art. 1.368-E, que constava da MP, preceitua que a adoção da responsabilidade limitada por fundo de investimento constituído sem a limitação de responsabilidade somente abrangerá fatos ocorridos após a respectiva mudança em seu regulamento. Além disso, a avaliação de responsabilidade dos prestadores de serviço dos fundos deverá levar sempre em consideração os riscos inerentes às aplicações nos mercados de atuação do fundo de investimento e a natureza de obrigação de meio de seus serviços, exatamente como se retira do último *decisum*, o que não exclui a incidência do CDC (§ 2.º).

Esse mesmo comando prevê no seu último parágrafo que o patrimônio segregado ou separado só responderá por obrigações vinculadas à classe de investidor respectiva, nos termos do regulamento. Assim, é preciso analisar qual a qualificação em que se enquadra a pessoa que realizou os investimentos, conforme os termos assinados. Em havendo negócio jurídico de adesão, o que é comum, sempre necessário interpretá-lo da maneira mais favorável ao aderente (art. 423 do CC).

Anoto novamente que no Projeto de Reforma do Código Civil, esse art. 1.368-D recebe um novo § 4º para prever que "as regras de limitação e de exclusão de responsabilidades previstas neste dispositivo poderão ser desconsideradas em casos de fraude, dolo, má-fé e atos ilícitos, nos termos da lei". Com isso, abre-se a possibilidade de eventual responsabilização dos prestadores de serviços, com base no Código de Defesa do Consumidor, como expus há pouco.

Como penúltima regra inserida, o atual art. 1.368-E da codificação prescreve que os fundos de investimento respondem diretamente pelas obrigações legais e contratuais por eles assumidas, e os prestadores de serviço não respondem por essas obrigações. Entretanto, respondem os últimos pelos prejuízos que causarem quando procederem com dolo ou má-fé.

Como a má-fé induz à culpa, pode-se dizer que a responsabilidade prevista na última locução é, ao menos, de natureza subjetiva. Também é possível sustentar a responsabilidade objetiva fundada no CDC, ou decorrente do abuso de direito, quando a boa-fé é desrespeitada, nos termos do art. 187 do Código Civil e o Enunciado n. 37 da *I Jornada de Direito Civil*. Mais uma vez, não acredito que essa norma tenha o condão de afastar a aplicação do CDC, o que depende da análise das peculiaridades do caso concreto.

Eventualmente, se o fundo de investimento com limitação de responsabilidade não possuir patrimônio suficiente para responder por suas dívidas, aplicam-se as regras de insolvência previstas nos arts. 955 a 965 do Código Civil, que tratam das preferências e privilégios creditórios (art. 1.368-E, § 1.º, do CC). Essa declaração de insolvência pode ser requerida judicialmente por credores, por deliberação própria dos cotistas do fundo de investimento, nos termos de seu regulamento, ou pela Comissão de Valores Mobiliários (art. 1.368-E, § 2.º, do CC).

Por óbvio, essa insolvência não afasta a possibilidade de aplicação da desconsideração da personalidade jurídica, prevista no art. 50 do Código Civil, quanto à teoria maior, ou no art. 28, § 5.º, do CDC, presente no último caso a teoria menor. Assim, é possível a eventual responsabilização pessoal dos gestores e administradores dos fundos.

A respeito dessa última afirmação, destaco importante aresto do Superior Tribunal de Justiça, do ano de 2022 e com grande repercussão prática, segundo o qual o fundo de investimento pode sofrer os efeitos da aplicação da desconsideração da personalidade jurídica. Vejamos trecho de sua ementa:

> "As normas aplicáveis aos fundos de investimento dispõem expressamente que eles são constituídos sob a forma de condomínio, mas nem todos os dispositivos legais que disciplinam os condomínios são indistintamente aplicáveis aos fundos de investimento, sujeitos a regramento específico ditado pela Comissão de Valores Mobiliários (CVM). Embora destituídos de personalidade jurídica, aos fundos de investimento são imputados direitos e deveres, tanto em suas relações internas quanto externas, e, não obstante exercerem suas atividades por intermédio de seu administrador/gestor, os fundos de investimento podem ser titular, em nome próprio, de direitos e obrigações. O patrimônio gerido pelo Fundo de Investimento em Participações (FIP) pertence, em condomínio, a todos os investidores (cotistas), a impedir a responsabilização do fundo por dívida de um único cotista, de modo que, em tese, não poderia a constrição judicial recair sobre todo o patrimônio comum do fundo de investimento por dívidas de um só cotista, ressalvada a penhora da sua cota-parte. A impossibilidade de responsabilização do fundo por dívidas de um único cotista, de obrigatória observância em circunstâncias normais, deve ceder diante da comprovação inequívoca de que a própria constituição do fundo de investimento se deu de forma fraudulenta, como forma de encobrir ilegalidades e ocultar o patrimônio de empresas pertencentes a um mesmo grupo econômico. Comprovado o abuso de direito, caracterizado pelo desvio de finalidade (ato intencional dos sócios com intuito de fraudar terceiros), e/ou confusão patrimonial, é possível desconsiderar a personalidade jurídica de uma empresa para atingir o patrimônio de outras pertencentes ao mesmo grupo econômico" (STJ, REsp 1.965.982/SP, 3.ª Turma, Rel. Min. Ricardo Villas Bôas Cueva, j. 05.04.2022, *DJe* 08.04.2022).

Como não poderia ser diferente, estou totalmente alinhado às conclusões do *decisum*, cujo conteúdo deve ser repetido não só no Tribunal da Cidadania, como nas Cortes Estaduais.

No Projeto de Reforma do Código Civil, esse entendimento é incluído na norma, além de regras relativas à falência dos fundos de investimento, afastada a aplicação da defesa da insolvência civil, com normas insuficientes. Como justificaram os juristas componentes da Subcomissão de Direito das Coisas, "propõe-se com a presente alteração que seja aplicado aos fundos de investimento com limitação de responsabilidade do cotista o regime de falência, atualmente previsto na Lei 11.101/05, ao invés do regime da insolvência civil (arts. 955 a 965, CC), cujo procedimento é tratado de forma muito incipiente no Código Civil, o que resulta em lacunas procedimentais importantes e que poderiam resultar em grave insegurança jurídica para as partes envolvidas. Neste sentido, a Lei 11.101/05 revela-se um regramento mais robusto e adequado para a atender às necessidades da complexidade e da própria empresarialidade dos fundos de investimento". Nesse contexto, o § 1º do art. 1.368-E enunciará, de forma mais técnica e efetiva, que "os fundos de investimento, sujeitam-se às regras previstas na Lei nº 11.105, de 9 de fevereiro de 2005, no que couber e sem prejuízo do disposto nos parágrafos seguintes". E mais, "a falência dos fundos de investimentos pode ser requerida judicialmente por credores, por deliberação própria dos seus cotistas, nos termos do seu regulamento, ou pela Comissão de Valores Mobiliários" (§ 2º).

Sobre a questão da responsabilização, o seu *caput* prescreverá que "os fundos de investimento respondem diretamente pelas obrigações legais e contratuais por eles assumidas, e os prestadores de serviço não respondem por essas obrigações, mas respondem pelos prejuízos que causarem quando procederem com fraude, dolo ou má-fé; ou quando praticarem algum ato ilícito". Competirá aos fundos de investimentos, mediante prévia deliberação da assembleia geral de cotistas, a ação reparação de danos contra os prestadores de serviço, pelos prejuízos causados ao seu patrimônio (projetado o § 3º do art. 1.365-D).

Além disso, qualquer cotista poderá promover essa ação de reparação de danos, em nome próprio, se não for proposta no prazo de três meses da deliberação da assembleia geral (§ 4º). Se a assembleia geral dos cotistas decidir não promover a ação de reparação de danos, poderá ela ser proposta por cotistas que representem 5% (cinco por cento), pelo menos, do patrimônio do fundo (§ 5º). Novamente segundo a Subcomissão de Direito das Coisas, essas propostas "dizem respeito a criação de uma disciplina que assegure a legitimidade ordinária do fundo para a propositura de ação indenizatória em face de seus prestadores de serviço, bem como a legitimidade processual aos cotistas, em caráter residual, caso a assembleia geral de cotistas desaprove a propositura da referida demanda. Uma vez que pode haver limitação de responsabilidade de cotistas e o que o fundo deverá, neste caso, fazer uso exclusivamente do seu patrimônio para fazer frente às suas obrigações, considerando ainda sua autonomia patrimonial e capacidade de contratar, é importante que se estabeleça uma disciplina de ressarcimento do fundo por prejuízos a ele causados e não dos cotistas de forma individualizada. Assim, se propõe a ação de responsabilidade de forma similar àquela prevista no art. 159 da Lei das Sociedades Anônimas".

Sobre a aplicação da desconsideração da personalidade jurídica, o § 6º do art. 1.358-D do Código Civil expressará, em deixar qualquer dúvida, que "a insolvência, falência ou a responsabilização dos fundos de investimento não afasta a possibilidade de aplicação da desconsideração da personalidade jurídica, prevista no art. 50 deste Código Civil, e na legislação específica, quando couber". Como se nota, em regra, incide a *teoria maior* da desconsideração, consagrada no citado comando da Lei Privada. Como exceção, poderá ainda ser aplicada a *teoria menor*, prevista no art. 28 do CDC, tratando-se de relação de consumo.

Por fim, também em boa hora, insere-se um § 7º no art. 1.358-D, com uma necessária abertura normativa, assegurando que "a Comissão de Valores Mobiliários poderá disciplinar outros temas relativos à responsabilidade dos fundos de investimento". Todas as proposições visam a uma melhora no ambiente de negócios no Brasil, em prol da certeza, da segurança e da previsibilidade, com regras claras para trazer maiores investimentos para o País.

Voltando-se ao texto vigente, com conteúdo até desnecessário, o novo art. 1.368-F do Código Civil, outra previsão que não constava originalmente da Medida Provisória, passou a estatuir que o fundo de investimento constituído por lei específica e regulamentado pela Comissão de Valores Mobiliários deverá, no que couber, seguir as disposições da codificação.

Tal conclusão já poderia ser retirada do novo art. 1.368-C, § 2.º, do Código Civil a respeito da regulamentação da CVM. Sobre fundo de investimento tratado por lei especial, podem ser citados os de cunho imobiliário, regulados pela Lei 8.668/1993, especialmente quanto ao seu regime tributário, e sujeitos também às novas regras introduzidas pela *Lei da Liberdade Econômica*.

3.12 RESUMO ESQUEMÁTICO

Propriedade = Direito que alguém possui em relação a um bem determinado. Direito Fundamental protegido no art. 5.º, XXII, CF/88 que deve atender sempre a uma função social.

A propriedade é preenchida a partir dos atributos que constam do art. 1.228 do CC:

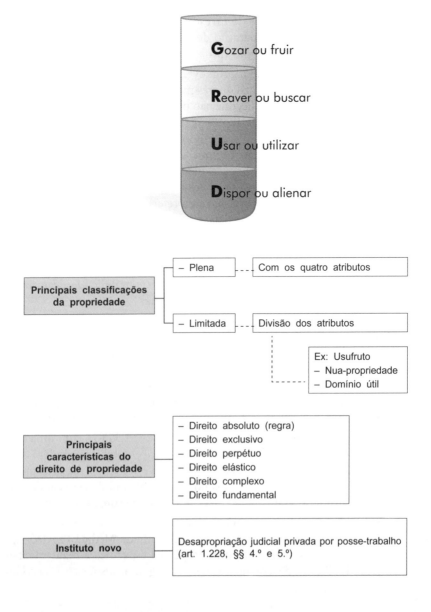

CAP. 3 • DA PROPRIEDADE

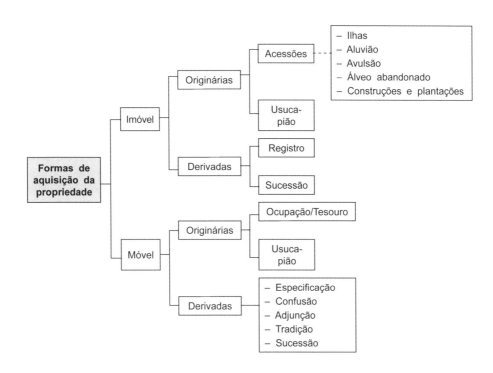

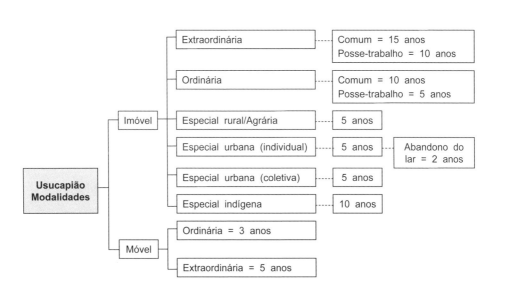

3.13 QUESTÕES CORRELATAS

01. (TRF – 5ª Região – CESPE– Juiz Federal Substituto – 2015) Roberto, juntamente com sua família, ocupou, cercou e construiu uma casa, um curral e um pequeno lago artificial em uma terra pública situada em área rural. O poder público, ao tomar ciência da ocupação, ajuizou ação de reintegração de posse. Em defesa, Roberto alegou que a posse se dera de boa-fé e que ele já havia feito um pedido administrativo requerendo a regularização da propriedade. O réu ainda alegou que, caso o pedido do poder público fosse procedente, ele deveria ser indenizado pelas benfeitorias erigidas, com direito de retenção. A respeito dessa situação hipotética, assinale a opção correta.

(A) Com exceção do lago artificial, Roberto fará jus a indenização pelas demais benfeitorias erigidas no imóvel.

(B) Roberto terá direito à indenização pela casa, mas lhe será descontado o valor correspondente ao tempo de permanência no imóvel.

(C) O direito de retenção pelas benfeitorias necessárias não poderá ser deferido.

(D) A posse não pode ser considerada de má-fé, o que torna indenizáveis as benfeitorias úteis e necessárias feitas por Roberto.

02. (SEFAZ – PI – FCC – Auditor Fiscal da Fazenda Nacional – 2015) Em relação à propriedade, é correto afirmar:

(A) A propriedade imóvel é transferida com a escrituração de compromisso de compra e venda.

(B) A propriedade imóvel é transferida com a subscrição de compromisso de compra e venda.

(C) Em regra, os frutos, ainda quando separados, pertencem ao proprietário da coisa.

(D) A tradição transfere a propriedade ainda que tenha por título negócio jurídico nulo.

(E) O proprietário tem o direito, contra o dono de propriedade vizinha, de fazer cessar as interferências prejudiciais ao sossego, ainda que sejam justificadas pelo interesse público.

03. (MPE – SP – MPE/SP – Promotor de Justiça – 2015) O art. 1.244 do Código Civil reza que: "Estende-se ao possuidor o disposto quanto ao devedor acerca das causas que obstam, suspendem ou interrompem a prescrição, as quais também se aplicam a usucapião." Assim, entre as alternativas apresentadas abaixo, marque aquela em que a usucapião poderá ser alegada:

(A) entre cônjuges na constância do casamento.

(B) entre tutelados e seus tutores, durante a tutela.

(C) contra os que se acharem servindo nas Forças Armadas, em tempo de guerra.

(D) contra os outros condôminos, uma vez cessado o estado de indivisão e comprovada a posse exclusiva da coisa.

(E) contra os ausentes do País em serviço público da União, dos Estados e dos Municípios.

04. (FCC – TJ-AL – Juiz Substituto – 2015) A propriedade do solo:

(A) abrange a do subsolo apenas para explorar os recursos minerais de emprego imediato na construção civil, desde que não submetidos a transformação industrial.

(B) abrange a do espaço aéreo e subsolo correspondentes, em altura e profundidade úteis ao seu exercício, não podendo o proprietário opor-se a atividades que sejam realizadas, por terceiros, a uma altura ou profundidade tais, que não tenha ele interesse legítimo em impedi-las.

(C) não abrange a do subsolo, por isso o proprietário não pode opor-se a atividades que sejam realizadas por terceiros no subsolo, ainda que tenha interesse em impedi-las.

(D) não abrange a do espaço aéreo, mas abrange a do subsolo.

(E) não abrange a do espaço aéreo e o subsolo correspondentes, em qualquer altura ou profundidade, mesmo que úteis ao seu exercício, podendo, entretanto, obter autorização administrativa para sua utilização, desde que não prejudique terceiros ou o interesse público.

CAP. 3 · DA PROPRIEDADE | 267

05. (TRF 4ª Região – Juiz Federal Substituto – 2016) Assinale a alternativa incorreta.

Acerca da usucapião de bens imóveis:

(A) O prazo da usucapião extraordinária é de 10 anos, podendo ser reduzido para 5 anos se o possuidor houver estabelecido no imóvel sua moradia habitual ou nele realizado obras ou serviços de caráter produtivo.

(B) O prazo da usucapião especial por abandono do lar, também conhecida como conjugal, é de 2 anos.

(C) O prazo da usucapião *pro labore*, também conhecida como especial rural, é de 5 anos.

(D) O prazo da usucapião documental, também conhecida como tabular, é de 5 anos.

(E) O prazo da usucapião especial coletiva de bem imóvel, previsto no Estatuto das Cidades, é de 5 anos.

06. (VUNESP – Prefeitura de Sertãozinho – SP – Procurador – 2016) Com relação à propriedade imóvel, é correto afirmar que:

(A) não se admite a renúncia à propriedade imóvel quando há débitos de natureza *propter rem* perante a municipalidade.

(B) no caso de abandono do imóvel urbano pelo proprietário, havendo sua arrecadação como bem vago, o domínio passará ao Estado ou ao Distrito Federal, se achar-se nas respectivas circunscrições.

(C) a aquisição pelo registro do título somente tem eficácia a partir do efetivo registro pelo oficial do cartório competente, que não poderá ultrapassar o prazo de 30 (trinta) dias.

(D) na aquisição por usucapião, em regra não se admite que o possuidor acrescente à sua posse a dos seus antecessores, com o objetivo de cumprir o requisito temporal.

(E) a prescrição aquisitiva é forma originária de aquisição da propriedade.

07. (MPE – SC – Promotor de Justiça – 2016) Aquele que possuir, como sua, área urbana ou rural, de até duzentos e cinquenta metros quadrados, por cinco anos ininterruptamente e sem oposição, utilizando-a para sua moradia ou de sua família, adquirir-lhe-á o domínio, desde que não seja proprietário de outro imóvel urbano ou rural.

08. (PC-GO – CESPE – Delegado de Polícia Substituto – 2017) Em cada uma das opções seguintes, é apresentada uma situação hipotética, seguida de uma assertiva a ser julgada, a respeito de posse, propriedade e direitos reais sobre coisa alheia. Assinale a opção que apresenta assertiva correta conforme a legislação e a doutrina pertinentes.

(A) Durante o prazo de vigência de contrato de locação de imóvel urbano, o locatário viajou e, ao retornar, percebeu que o imóvel havia sido invadido pelo próprio proprietário. Nesse caso, o locatário não pode defender sua posse, uma vez que o possuidor direto não tem proteção possessória em face do indireto.

(B) Determinado indivíduo realizou, de boa-fé, construção em terreno que pertencia a seu vizinho. O valor da construção excede consideravelmente o valor do terreno. Nessa situação, não havendo acordo, o indivíduo que realizou a construção adquirirá a propriedade do solo mediante pagamento da indenização fixada pelo juiz.

(C) Caio realizou a doação de um bem para Fernando. No contrato celebrado entre ambos, consta cláusula que determina que o bem doado volte para o patrimônio do doador se ele sobreviver ao donatário. Nessa situação, a cláusula é nula, pois o direito brasileiro não admite a denominada propriedade resolúvel.

(D) Roberto possui direito real de superfície de bem imóvel e deseja hipotecar esse direito pelo prazo de vigência do direito real. Nesse caso, a estipulação de direito real de garantia é ilegal porque a hipoteca somente pode ser constituída pelo proprietário do bem.

(E) Determinado empregador cedeu bem imóvel de sua propriedade a seu empregado, em razão de relação de confiança decorrente de contrato de trabalho. Nesse caso, ainda que desfeito o vínculo trabalhista, é juridicamente impossível a conversão da detenção do empregado em posse.

268 | DIREITO CIVIL • VOL. 4 – *Flávio Tartuce*

09. (TJSP – VUNESP – Juiz Substituto – 2017) Não sendo proprietário de imóvel, Nelson passa a ocupar como seu, no ano de 2005, imóvel localizado em área urbana de Brasília, com 450 metros quadrados. Ali estabelece sua moradia habitual, tornando pública a posse. O imóvel é de propriedade de Fábio, embaixador brasileiro em atividade na Bélgica desde o ano 2000. Quando retorna ao Brasil no ano de 2008, Fábio se aposenta e fixa residência em Santa Catarina. No ano de 2016, Nelson propõe ação de usucapião contra Fábio.

Considerando ser incontroverso que Nelson exerce a posse, sem quaisquer vícios, assinale a alternativa correta.

(A) A ação é procedente, pois foram preenchidos todos os requisitos legais da usucapião especial urbana: posse com animus domini, por 5 (cinco) anos, já que Nelson estabeleceu no imóvel sua moradia habitual, sem interrupção e oposição, não sendo proprietário de outro imóvel urbano ou rural.

(B) A ação é procedente, pois foram preenchidos todos os requisitos legais da usucapião extraordinária: posse com animus domini por 10 (dez) anos, já que Nelson estabeleceu no imóvel sua moradia habitual, sem interrupção ou oposição.

(C) A ação é improcedente, pois, embora dispensados o justo título e a boa-fé, e tendo a posse sido contínua e pacífica, não foi preenchido o pressuposto temporal de 15 (quinze) anos.

(D) A ação é improcedente, pois, embora a posse tenha sido exercida com *animus domini*, de forma contínua e pacífica, faltou o preenchimento do requisito temporal de 10 (dez) anos, em razão da existência de causa impeditiva atinente à ausência de Fábio do país, o que impediu a contagem do prazo da prescrição aquisitiva entre 2005 e 2008.

10. (Câmara de Sumaré/SP – VUNESP – Procurador Jurídico – 2017) Assinale a alternativa correta sobre a propriedade e sua utilização.

(A) O direito do proprietário de não ter prejudicado o seu sossego prevalece sobre o interesse público que poderia justificar determinada poluição sonora.

(B) É lícito privar o proprietário de sua faculdade de usar o bem por requisição decorrente de perigo público iminente.

(C) No direito brasileiro o abandono, pelo proprietário, não é causa de perda da propriedade.

(D) A propriedade é princípio da ordem econômica, razão pela qual o exercício do direito de propriedade não pode sofrer limitações.

(E) O proprietário não tem o direito de exigir do dono do prédio vizinho a sua demolição, ainda que este ameace ruína.

11. (DPE/SC – FCC – Defensor Público Substituto – 2017) Considere as assertivas abaixo a respeito dos requisitos para a usucapião familiar, inserida no Código Civil pela Lei n° 12.424/2011.

I. boa-fé e justo título.

II. posse ininterrupta e sem oposição pelo prazo de dois anos.

III. posse direta e com exclusividade sobre imóvel urbano de até 250 m² (duzentos e cinquenta metros quadrados).

IV. usucapiente não seja proprietário de outro imóvel urbano ou rural.

V. o usucapiente seja proprietário de parte do imóvel juntamente com ex-cônjuge ou ex-companheiro que abandonou o lar.

Está correto o que se afirma APENAS em:

(A) II, IV e V.

(B) II, III e IV.

(C) II, III, IV e V.

(D) I, II, IV e V.

(E) I, II, III e IV.

CAP. 3 · DA PROPRIEDADE | 269

12. **(MPE/RR – CESPE – Promotor de Justiça Substituto – 2017) Pedro reside com a sua família, por mais de quinze anos, sem interrupção nem oposição, em um imóvel, de trezentos metros quadrados, de propriedade de João. Mesmo sem comprovar boa-fé quanto à posse, Pedro ajuizou ação por meio da qual pleiteia que seja julgado procedente seu pedido de propriedade do imóvel.**

Nessa situação hipotética, observa-se um caso de usucapião:

(A) pró-família.

(B) habitacional.

(C) extraordinária.

(D) pró-labore.

13. **(PC/AC – IBADE – Delegado de Polícia Civil – 2017) Sobre o instituto da usucapião especial urbana, é correto afirmar que:**

(A) pode ser reconhecida extrajudicialmente, sendo a aquisição do respectivo imóvel registrada pelo oficial do registro de imóveis competente.

(B) trata-se de modo de aquisição secundária da propriedade de bem imóvel.

(C) necessita do consentimento do cônjuge para ser requerida, mesmo nos casos de separação de fato.

(D) o prazo de cinco anos de posse ininterrupta pode começar a ser contado em período anterior à entrada em vigor da Constituição Federal de 1988.

(E) exige justo título para ser reconhecida.

14. **(TRF – 2.ª Região – Juiz Federal Substituto – 2017) Em maio de 2015, Gaio intenta ação objetivando ver reconhecida a usucapião sobre imóvel de 150 m2, localizado em terreno de marinha, com enfiteuse regularmente constituída em favor de Tício, em 1980. Gaio mostra que, diante do aparente abandono local, desde 1997 passou a exercer posse contínua e não incomodada sobre a área, com ânimo de proprietário, realizando melhorias e pagando as despesas, impostos e foro sobre o bem. Os autos revelam que Tício fora interditado em 2004, e afirmado, segundo a lei vigente, absolutamente incapaz. Desde então não ocorreu a mudança de seu quadro de interdição. Considerados corretos todos os dados acima, assinale a opção certa:**

(A) No caso, é viável a usucapião extraordinária do domínio direto.

(B) Em tese, estão presentes e descritos os pressupostos para a usucapião especial urbana do domínio útil.

(C) Não é viável, nem em tese, reconhecer usucapião, seja do domínio direto, seja do domínio útil, já que o imóvel é público.

(D) A jurisprudência é assente ao admitir, em terreno de marinha objeto de aforamento, a possibilidade de usucapião extraordinária do domínio útil, mas no caso os pressupostos não estão presentes.

(E) Estão presentes os pressupostos para a declaração da usucapião extraordinária do domínio útil, mas não estão descritos os pressupostos necessários para a usucapião especial urbana.

15. **(UECE – FUNECE – Advogado – 2017) Segundo o Código Civil Brasileiro, aquele que:**

(A) não sendo proprietário de imóvel rural ou urbano, possua como sua, por dois anos ininterruptos, sem oposição, área de terra em zona rural não superior a cinquenta hectares, tornando-a produtiva por seu trabalho ou de sua família, tendo nela sua moradia, adquirir-lhe-á a propriedade.

(B) possuir, como sua, área urbana de até duzentos e cinquenta metros quadrados, por cinco anos ininterruptamente e sem oposição, utilizando-a para sua moradia ou de sua família, adquirir-lhe-á o domínio, desde que não seja proprietário de outro imóvel urbano ou rural.

(C) por dez anos, sem interrupção, nem oposição, possuir como seu um imóvel, adquire-lhe a propriedade, independentemente de título e boa-fé; podendo requerer ao juiz que assim o declare por sentença, a qual servirá de título para o registro no Cartório de Registro de Imóveis.

(D) exercer, por 5 (cinco) anos ininterruptamente e sem oposição, posse direta, com exclusividade, sobre imóvel urbano de até 250 m² (duzentos e cinquenta metros quadrados) cuja propriedade divida com ex-cônjuge ou ex-companheiro que abandonou o lar, utilizando-o para sua moradia ou de sua família, adquirir-lhe-á o domínio integral, desde que não seja proprietário de outro imóvel urbano ou rural.

270 | DIREITO CIVIL • VOL. 4 – *Flávio Tartuce*

16. **(Prefeitura de Paranavaí – PR – Procurador do Município – FAUEL – 2018) Sobre a aquisição da propriedade móvel e imóvel, assinale a alternativa INCORRETA.**

(A) Adquire-se a propriedade imóvel, entre vivos, por meio do registro do título translativo no cartório de registro de imóveis competente.

(B) A aluvião diz respeito aos acréscimos formados, sucessiva e imperceptivelmente, por depósitos e aterros naturais ao longo das margens das correntes, ou pelo desvio das águas destas, os quais pertencem aos donos dos terrenos marginais, sem indenização.

(C) Aquele que possuir coisa móvel como sua, contínua e incontestadamente durante três anos, com justo título e boa-fé, adquirir-lhe-á a propriedade.

(D) O imóvel urbano que o proprietário abandonar, com a intenção de não mais o conservar em seu patrimônio, e que se não encontrar na posse de outrem, poderá ser arrecadado, como bem vago, e passar, três anos depois, à propriedade da União.

(E) Aquele que exercer, por 2 (dois) anos ininterruptamente e sem oposição, posse direta, com exclusividade, sobre imóvel urbano de até 250m² (duzentos e cinquenta metros quadrados) cuja propriedade divida com ex-cônjuge ou ex-companheiro que abandonou o lar, utilizando-o para sua moradia ou de sua família, adquirir-lhe-á o domínio integral, desde que não seja proprietário de outro imóvel urbano ou rural.

17. **(DPE-PE – Defensor Público – CESPE – 2018) Francisco comprou, em janeiro de 2014, um lote de 240 m² de Antônio, que se apresentou como proprietário do imóvel. Francisco construiu uma casa de alvenaria, instalando-se no local com sua família. Depois de três anos de posse mansa e pacífica, Danilo, o verdadeiro proprietário, ajuizou ação para reaver a posse do imóvel. Só então, Francisco descobriu que fora vítima de uma fraude, pois Antônio havia falsificado os documentos para induzi-lo a erro.**

Considerando essa situação hipotética, assinale a opção correta.

(A) Francisco não poderá adquirir o terreno mediante pagamento de indenização a Danilo, ainda que a construção exceda consideravelmente o valor do terreno.

(B) Não tendo observado a fraude no momento da contratação, Francisco não poderá pleitear indenização em face de Antônio.

(C) Danilo perderá o terreno em favor de Francisco, cabendo-lhe apenas o direito à indenização.

(D) Francisco adquiriu, em 2017, a propriedade do imóvel pela usucapião especial urbana, ficando, nesse caso, dispensado de pagar indenização a Danilo.

(E) Francisco, que agira de boa-fé, perderá em favor de Danilo os direitos sobre as construções realizadas no terreno, devendo, no entanto, ser indenizado.

18. **(PGE-AP – Procurador do Estado – FCC – 2018) Adquire a propriedade pela usucapião**

(A) somente aquele que por quinze anos sem interrupção, nem oposição, possuir como seu um imóvel, independentemente de justo título e boa-fé.

(B) o cônjuge abandonado pelo outro que exercer por dois anos ininterruptamente e sem oposição posse direta sobre imóvel urbano de até 250 m2, onde conviviam, utilizando-o para sua moradia, qualquer que seja o regime de bens do casamento.

(C) o agricultor que cultivar área de terras devolutas de até 100 ha com trabalho próprio e de sua família, por prazo superior a dez (10) anos ininterruptos e sem oposição, desde que não possua outro imóvel rural ou urbano.

(D) aquele que, não sendo proprietário de imóvel rural ou urbano, possua como sua, por cinco anos ininterruptos, sem oposição, área de terra em zona rural não superior a cinquenta hectares, tornando-a produtiva por seu trabalho ou de sua família, tendo nela sua moradia, desde que a área seja particular, qualquer que seja o estado do proprietário constante do registro imobiliário.

(E) o índio, integrado ou não, que ocupe como próprio, por dez anos consecutivos, trecho de terra inferior a cinquenta hectares.

19. **(TJ-CE – Juiz Substituto – CESPE – 2018) João propôs ação de usucapião extraordinária em uma das varas cíveis da comarca de Fortaleza – CE.**

Nessa situação hipotética,

(A) a sentença servirá de título para registro no cartório de imóveis, em caso de procedência da ação.

CAP. 3 · DA PROPRIEDADE | 271

(B) a petição inicial deve conter comprovação dos requisitos de boa-fé e do justo título de João.

(C) o requisito temporal não pode ser completado no curso do processo, em nenhuma hipótese.

(D) o juiz deverá verificar se o autor comprovou a posse ininterrupta por pelo menos cinco anos.

(E) o período de posse precária poderá ser considerado para fins de verificação do cumprimento do requisito temporal dessa modalidade de usucapião.

20. (MGS – Advogado – Nosso Rumo – 2017) Em relação às disposições inerentes aos Direitos Reais, é INCORRETO afirmar que

(A) dentre outros previstos, são direitos reais o usufruto, o penhor e a hipoteca.

(B) o proprietário tem a faculdade de usar, gozar e dispor da coisa, e o direito de reavê-la do poder de quem quer que injustamente a possua ou detenha.

(C) aquele que semeia, planta ou edifica em terreno próprio com sementes, plantas ou materiais alheios, adquire a propriedade destes; mas fica obrigado a pagar-lhes o valor, além de responder por perdas e danos, se agiu de má-fé.

(D) o descobridor responde pelos prejuízos causados ao proprietário ou possuidor legítimo, quando tiver procedido com culpa ou dolo.

21. (Procurador da República – PGR – 2017) Ao deslocamento de uma porção de terra, por força natural violenta, desprendendo-se de um prédio para se juntar a outro, dá-se o nome de:

(A) Aluvião.

(B) Álveo.

(C) Achado.

(D) Avulsão.

22. (TJ-PE – Analista Judiciário – Função Judiciária- IBFC – 2017) Sobre os direitos reais, conceito jurídico delimitado pelo Código Civil, analise os itens abaixo:

I. O Direito real de propriedade abrange o solo. Este, por sua vez, compreende o espaço aéreo e subsolo correspondentes, em altura e profundidade úteis ao seu exercício, podendo o proprietário opor-se a atividades que sejam realizadas espaços, sendo sua realização, portanto, precedida de autorização expressa daquele.

II. O usucapião de coisa móvel se verifica quando determinado indivíduo, de boa-fé, ter a coisa como sua, de forma contínua e incontestada, pelo prazo de 4 (quatro) anos.

II. A avulsão ocorre quando o indivíduo, trabalhando em matéria-prima em parte alheia, obtiver espécie nova cuja propriedade será sua.

IV. É vedado ao dono do prédio que não tiver acesso à via pública constranger o vizinho a lhe dar passagem, mesmo que por meio de pagamento de indenização.

Assinale a alternativa correta.

(A) Apenas I é incorreto

(B) II e III são corretos

(C) I e II são corretos

(D) Apenas II e IV são incorretos

(E) I, II, III e IV são incorretos

23. (Câmara Legislativa do Distrito Federal – Consultor Legislativo – Desenvolvimento Urbano – FCC – 2018) Distingue-se a legitimação fundiária da legitimação de posse, ambas previstas na Lei n.º 13.465/2017, porque:

(A) somente a primeira destina-se à regularização fundiária de caráter urbano, restrita aos núcleos de interesse social e destinada à outorga de títulos definitivos de propriedade aos beneficiários.

(B) a legitimação de posse destina-se somente à regularização fundiária de interesse social de natureza urbana, razão pela qual não permite conversão em direito de propriedade.

(C) a legitimação de posse pode incidir sobre terrenos de titularidade pública, desde que não abranja edificações, ocupadas ou não.

(D) a legitimação fundiária implica expedição de títulos de domínio em área pública ou privada, enquanto a legitimação de posse admite outorga de título passível de ser convolado em propriedade, preenchidos os requisitos do usucapião especial urbano.

(E) ambas se destinam a área urbana, independentemente das características e metodologia da ocupação, mas somente a legitimação de posse outorga título definitivo de proprietário.

24. (Procurador Jurídico – Campinas – FCC – 2019) Na usucapião *pro labore*, o tempo de permanência ininterrupta na área rural e demais requisitos para que possa o ocupante requerer que o juiz o declare detentor do domínio são

(A) vinte anos de posse, sem oposição, zona rural, área produtiva por seu trabalho ou de sua família, com ânimo de moradia.

(B) cinco anos de posse, único imóvel rural ou urbano, sem oposição, zona rural, área produtiva por seu trabalho ou de sua família, com ânimo de moradia.

(C) dez anos de posse, sem oposição, único imóvel rural ou urbano, área produtiva por seu trabalho ou de sua família, com ânimo de moradia.

(D) dez anos de posse, único imóvel rural ou urbano, zona rural, área produtiva por seu trabalho ou de sua família, com ânimo de moradia.

(E) cinco anos de posse, independente de ser o único imóvel, sem oposição, zona rural, área produtiva por seu trabalho ou de sua família, com ânimo de moradia.

25. (Advogado – Câmara de Piracicaba – SP – VUNESP – 2019) Quanto à aquisição e perda da propriedade, é correto afirmar:

(A) enquanto não se promover, por meio de ação própria, a decretação de invalidade do registro, e o respectivo cancelamento, o adquirente continua a ser havido como dono do imóvel.

(B) aquele que, não sendo proprietário de imóvel rural ou urbano, possua como sua, por cinco anos ininterruptos, sem oposição, área de terra em zona rural não superior a duzentos e cinquenta hectares, tornando-a produtiva por seu trabalho ou de sua família, tendo nela sua moradia, adquirirá a propriedade.

(C) a usucapião especial urbana por abandono do lar corresponde à forma de aquisição derivada da propriedade do bem imóvel em sua totalidade.

(D) o imóvel urbano abandonado pelo proprietário, com a intenção de não mais o conservar em seu patrimônio, mesmo na posse de outra pessoa, poderá ser arrecadado, como bem vago, e passar, três anos depois, à propriedade do Município ou à do Distrito Federal, caso se encontre nas respectivas circunscrições.

(E) a propriedade móvel, por ser transmitida pela tradição, não permite sua aquisição pela usucapião.

26. (Procurador Jurídico – Prefeitura de Poá – SP – VUNESP – 2019) Manoel ocupa uma área de terra que faz divisa do Brasil com o Paraguai. Se encontra na posse mansa e pacífica desse imóvel há mais de quinze anos. Não possui justo título. Tal área é rural, de 30 hectares, usada para a sobrevivência da família de Manoel, que tem cultivo de soja, pois é uma região tipicamente agrícola. É o único imóvel que possui. Manoel acaba de receber a citação de uma ação promovida pela União afirmando que o simples fato de ser área de fronteira já remete a classificação do imóvel em área pública e, por isso, terá que desocupá-lo em 60 dias. Diante desse quadro, assinale a alternativa correta.

(A) Por ser classificada qualquer área de fronteira como bem público, nos termos da lei, Manoel não poderá arguir usucapião sobre o imóvel e terá que desocupá-lo.

(B) Por se tratar de área rural com menos de 50 hectares, e estar ocupado há mais de 15 anos, Manoel poderá requerer a usucapião rural.

(C) Tendo a área ocupada 50 hectares, sendo rural, Manoel pode alegar usucapião ordinário, que não exige justo título para sua configuração.

(D) Como se trata de área rural, independentemente do tamanho, Manoel pode alegar a aquisição do bem por usucapião *pro labore*.

(E) No caso em tela, se aplica a impossibilidade de usucapir o bem, pois terras rurais de fronteiras não podem ser objeto de usucapião.

CAP. 3 · DA PROPRIEDADE | 273

27. **(Promotor de Justiça Substituto – MPE-SP – 2019) Considere as situações a seguir.**

I. Joana Dantas é possuidora de um terreno na cidade de Nova Horizontina por quinze anos, sem interrupção nem oposição, não possuindo título nem boa-fé.

II. Jaciara Ferreira exerce, por três anos ininterruptamente e sem oposição, posse direta, com exclusividade, sobre um apartamento de cento e cinquenta metros quadrados na cidade de Porto Feliz, o qual utiliza como sua moradia e cuja propriedade dividia com seu ex-cônjuge, Lindomar Silva, que abandonou o lar, não sendo ela proprietária de outro imóvel urbano ou rural.

III. Jandira é possuidora de área de terra em zona rural com cem hectares, por cinco anos ininterruptos, sem oposição, tornando-a produtiva pelo seu trabalho e tendo nela sua moradia, não sendo proprietária de imóvel rural ou urbano.

De acordo com o Código Civil brasileiro, em regra, o domínio integral do respectivo imóvel será adquirido apenas

(A) nas situações II e III.

(B) nas situações I e II.

(C) nas situações I e III.

(D) na situação I.

(E) na situação III.

28. **(Promotor de Justiça Substituto – MPE-SP – 2019) Em relação à aquisição da propriedade imóvel, assinale a alternativa correta.**

(A) Adquire-se propriedade por avulsão em decorrência de acréscimos formados, sucessiva e imperceptivelmente, por depósitos e aterros naturais ao longo das margens das correntes, ou pelo desvio das águas desta.

(B) Adquire a propriedade de área de terra em zona rural não superior a 50 hectares aquele que a possua como sua, por cinco anos ininterruptos, sem oposição, tornando-a produtiva por seu trabalho ou de sua família, tendo nela sua moradia, desde que não seja proprietário de imóvel rural ou urbano.

(C) Aquele que, por dez anos, sem interrupção nem oposição, possuir como seu um imóvel urbano adquire-lhe a propriedade, desde que tenha boa-fé, mesmo sem justo título.

(D) O aumento que o rio acresce às terras de modo vagaroso recebe o nome de aluvião, e estes acréscimos pertencem aos donos dos terrenos marginais, mediante indenização.

(E) Adquire-se a propriedade por abandono de álveo quando houver acréscimo de terras às margens de um rio, provocado pelo desvio de águas por força natural violenta, desde que sejam indenizados os donos dos terrenos por onde as águas abrirem novo curso.

29. **(Advogado – Prefeitura de Timbó – SC – FURB – 2019) Analise as afirmativas referentes ao direito de propriedade e identifique a(s) correta(s):**

I – A propriedade é considerada um direito fundamental pela Constituição da República e, ressalvada sua função social relacionada à proteção ao meio ambiente, não encontra limites na legislação atual.

II – A usucapião é modo originário de aquisição da propriedade, mediante o exercício da posse pacífica e contínua, durante certo período de tempo previsto em lei.

III – Sendo a propriedade um direito real, a renúncia não é considerada uma forma de perdê-la.

IV – Toda construção ou plantação existente em um terreno presume-se feita pelo proprietário e à sua custa, até que se prove o contrário.

Assinale a alternativa correta:

(A) Apenas a afirmativa III está correta.

(B) Apenas as afirmativas I e II estão corretas.

(C) Apenas as afirmativas II e IV estão corretas.

(D) Apenas as afirmativas III e IV estão corretas.

(E) Apenas a afirmativa I está correta.

274 DIREITO CIVIL • VOL. 4 – *Flávio Tartuce*

30. **(Titular de Serviços de Notas e de Registros – Remoção – TJ-SC – IESES – 2019) Assinale a alternativa que corresponda à afirmativa FALSA:**

I. A árvore, cujo tronco estiver na linha divisória, presume-se pertencer em comum aos donos dos prédios confinantes.

II. O álveo abandonado de corrente pertence aos proprietários ribeirinhos das duas margens, sem que tenham indenização os donos dos terrenos por onde as águas abrirem novo curso, entendendo-se que os prédios marginais se estendem até o meio do álveo.

III. Aquele que semeia, planta ou edifica em terreno alheio perde, em proveito do proprietário, as sementes, plantas e construções; se procedeu de boa-fé, terá direito a indenização.

IV. O aluvião consiste em uma porção de terra que se destaca de um prédio e se junta a outro, por força natural violenta, sendo certo que o dono deste adquirirá a propriedade do acréscimo, se indenizar o dono do primeiro ou, sem indenização, se, em um ano, ninguém houver reclamado.

- (A) IV.
- (B) I.
- (C) III.
- (D) II.

31. **(Titular de Serviços de Notas e de Registros – Provimento – TJ-RS – VUNESP – 2019) Caroline é proprietária de um terreno localizado em área urbana, em zona periférica e muito violenta da cidade. Caroline não consegue alienar o imóvel para terceiros, de modo que o bem apenas lhe traz ônus, tais como despesas para evitar a invasão e tributos imobiliários. Desse modo, não deseja mais preservar o imóvel em seu patrimônio. Nesse cenário, Caroline procurou um advogado que a orientou a renunciar à propriedade. Os efeitos da renúncia à propriedade do terreno estão subordinados**

- (A) à comprovação, por qualquer ato ou documento inequívoco, de que Caroline tentou alienar o imóvel.
- (B) ao registro do ato renunciativo no Cartório de Registro de Imóveis.
- (C) à lavratura do ato renunciativo ao direito de propriedade.
- (D) à apresentação do ato renunciativo perante a municipalidade, em se tratando de imóvel urbano.
- (E) à cessação dos atos de posse, deixando Caroline de satisfazer os ônus fiscais.

32. **(Fiscal de Tributos – Prefeitura de Morro Agudo – SP – VUNESP – 2020) Assinale a alternativa correta acerca do direito de propriedade.**

- (A) A propriedade do solo abrange a do espaço aéreo e subsolo correspondentes, mas não as jazidas, minas e demais recursos minerais.
- (B) O proprietário pode ser privado da coisa, nos casos de expropriação, quando houver perigo público iminente, bem como no de requisição, por necessidade ou utilidade pública ou interesse social.
- (C) Quem quer que ache coisa alheia perdida há de restituí-la ao dono ou legítimo possuidor, mas, não o conhecendo, poderá tomá-la para si.
- (D) Aquele que possuir, como sua, área urbana de até 450 metros quadrados, por 5 anos ininterruptamente e sem oposição, utilizando-a para sua moradia ou de sua família, adquirir-lhe-á o domínio.
- (E) Transfere-se entre vivos a propriedade mediante o registro do título translativo no Registro de Imóveis, o qual será eficaz a partir da sua publicação.

33. **(Analista Jurídico – Prefeitura de Betim – MG – Instituto AOCP – 2020) Sobre o Direito das Coisas, assinale a alternativa correta.**

- (A) Ao possuidor de má-fé serão ressarcidas somente as benfeitorias úteis; não lhe assiste o direito de retenção pela importância destas, nem o de levantar as voluptuárias.
- (B) Decorridos, no mínimo, 180 (cento e oitenta) dias da divulgação da notícia pela imprensa, ou do edital, não se apresentando quem comprove a propriedade sobre a coisa, será esta vendida em hasta pública e, deduzidas do preço as despesas mais a recompensa do descobridor, pertencerá o remanescente ao Município em cuja circunscrição se deparou o objeto perdido.
- (C) Aquele que possuir coisa móvel como sua, contínua e incontestadamente durante 02 (dois) anos, com justo título e boa-fé, adquirir-lhe-á a propriedade.

CAP. 3 · DA PROPRIEDADE | 275

(D) Em caso de alienação de qualquer das unidades sobrepostas, terão direito de preferência, em igualdade de condições com terceiros, os titulares da construção-base e da laje, nessa ordem, que serão cientificados por escrito para que se manifestem no prazo de 15 (quinze) dias, salvo se o contrato dispuser de modo diverso.

(E) O imóvel urbano que o proprietário abandonar, com a intenção de não mais o conservar em seu patrimônio, e que se não encontrar na posse de outrem, poderá ser arrecadado, como bem vago, e passar, três anos depois, à propriedade do Município ou à do Distrito Federal, se se achar nas respectivas circunscrições.

34. (Juiz Substituto – TJ-MS – FCC – 2020) Examine o seguinte enunciado legal: Aquele que, trabalhando em matéria-prima em parte alheia, obtiver espécie nova, desta será proprietário, se não se puder restituir à forma anterior. Esta disposição refere-se à

(A) adjunção.

(B) ocupação.

(C) extinção.

(D) confusão.

(E) especificação.

35. (Assessor jurídico – Câmara de Uberlândia-MG – Fundep – 2021) Não é uma circunstância em que se perde a propriedade:

(A) Por alienação.

(B) Pela renúncia.

(C) Por abandono.

(D) Pela remição.

36. (Procurador – Setec-Campinas – Instituto Mais – 2021) Sobre o instituto da usucapião, de acordo com a jurisprudência do Superior Tribunal de Justiça, assinale a alternativa correta.

(A) Tanto a usucapião ordinária quanto a extraordinária dependem da comprovação da boa-fé inequívoca do possuidor.

(B) É possível a usucapião de bem móvel proveniente de crime após cessada a clandestinidade ou a violência.

(C) É vedado o reconhecimento da usucapião de bem imóvel quando a implementação do requisito temporal ocorrer somente no curso da demanda.

(D) Obsta o pedido declaratório de usucapião especial urbana o fato de a área do imóvel ser inferior à correspondente ao "módulo urbano" (a área mínima a ser observada no parcelamento de solo urbano por determinação infraconstitucional).

37. (Defensor Público – DPE-GO – FCC – 2021) Em relação à usucapião, adquire a propriedade do bem imóvel aquele que exercer a posse direta, com *animus domini* por

(A) dez anos, podendo ser considerado o tempo de posse do herdeiro, contanto que os períodos de posse ocorram sem interrupção, nem oposição, mediante justo título e boa-fé.

(B) quinze anos, sem interrupção, nem oposição, independentemente de justo título e boa-fé, sem possibilidade de redução do prazo no caso do imóvel ser considerado como moradia habitual do possuidor.

(C) dez anos, sem interrupção, nem oposição, mediante justo título e boa-fé, independentemente da capacidade civil do proprietário.

(D) quinze anos, sem interrupção, nem oposição, desde que prove o justo título e boa-fé.

(E) quinze anos, sem interrupção, nem oposição, desde que não seja proprietário de outro imóvel urbano ou rural.

38. (Titular de Serviços de Notas e Registros – TJTO – IESES – 2022) A respeito da propriedade em geral regulamentada no Código Civil, sem prejuízo a outras previsões em leis especiais, leia as assertivas:

I. A propriedade do solo não abrange as jazidas, minas e demais recursos minerais.

II. A propriedade do solo abrange os potenciais de energia hidráulica.

III. A propriedade do solo não abrange os monumentos arqueológicos.

IV. A propriedade do solo abrange a do subsolo correspondente, em profundidade útil ao seu exercício, não podendo o proprietário opor-se a atividades que sejam realizadas por terceiros, a uma profundidade tal, que não tenha ele interesse legítimo em impedi-las.

Com base nas assertivas acima, assinale a alternativa correta:

(A) Todas as assertivas estão corretas.
(B) Estão corretas apenas as assertivas I, II e III.
(C) Apenas a assertiva II está correta.
(D) Estão corretas apenas as assertivas I, III e IV.

39. **(Juiz Federal Substituto – TRF-4ª Região – 2022) Dadas as assertivas abaixo, assinale a alternativa CORRETA.**

I – A aquisição de bem imóvel por usucapião poderá ocorrer sob a forma judicial ou extrajudicial.

II – Não é permitida a acessão de posses para fins de contagem do tempo exigido para a usucapião.

III – Na usucapião familiar, será possível adquirir a propriedade dividida com ex-cônjuge ou ex--companheiro que abandonou o lar, mesmo que seja proprietário de outro imóvel urbano ou rural.

IV – A usucapião extraordinária exige, para sua configuração, a posse *ad usucapionem* bem como o lapso temporal, independentemente de boa-fé.

(A) Estão incorretas apenas as assertivas I e IV.
(B) Estão incorretas apenas as assertivas II e III.
(C) Estão incorretas apenas as assertivas II e IV.
(D) Estão corretas apenas as assertivas I e II.
(E) Estão corretas apenas as assertivas I e III.

40. **(Defensor Público – DPE-PR – Instituto AOCP – 2022) Sobre usucapião de bens imóveis, segundo o Código Civil e a jurisprudência do STJ em relação ao tema, assinale a alternativa correta.**

(A) O proprietário pode ser privado da coisa se o imóvel reivindicado consistir em extensa área, na posse ininterrupta e de boa-fé, por mais de cinco anos, de considerável número de pessoas, e estas nela houverem realizado, em conjunto ou separadamente, obras e serviços considerados pelo juiz de interesse social e econômico relevante, ocasião em que o juiz fixará a justa indenização devida ao proprietário.

(B) Não se reconhece a usucapião do domínio útil de bem público sobre o qual tinha sido, anteriormente, instituída enfiteuse.

(C) A ocupação de bem público configura posse se o possuidor ignora o vício ou o obstáculo que impede a aquisição da coisa.

(D) Adquire a propriedade do imóvel aquele que, contínua e incontestadamente, com justo título e boa-fé, o possuir por cinco anos, se o houver adquirido, onerosamente, com base no registro constante do respectivo cartório, cancelado posteriormente, desde que os possuidores nele tiverem estabelecido a sua moradia ou realizado investimentos de interesse social e econômico.

(E) Terras em faixas de fronteira sem registro imobiliário presumem-se terras devolutas, cabendo ao ente federativo comprovar a titularidade desses terrenos quando situados em área rural.

41. **(Procurador Municipal – Prefeitura de Varginha-MG – Objetiva – 2022) Consoante GONÇALVES, considerando-se apenas os seus elementos essenciais, enunciados no art. 1.228 do Código Civil, pode-se definir o direito de propriedade como o poder jurídico atribuído a uma pessoa de usar, gozar e dispor de um bem, corpóreo ou incorpóreo, em sua plenitude e dentro dos limites estabelecidos na Lei, bem como de reivindicá-lo de quem injustamente o detenha. De acordo com as lições do autor sobre o tema, marcar C para as afirmativas Certas, E para as Erradas e, após, assinalar a alternativa que apresenta a sequência CORRETA:**

( ) Embora o direito hereditário seja modo de aquisição da propriedade imóvel, e o domínio e a posse da herança transmitam-se aos herdeiros desde a abertura da sucessão, não podem estes reivindicar os bens que a integram sem a existência formal de partilha.

CAP. 3 · DA PROPRIEDADE | 277

( ) Para a consumação da usucapião ordinária, não se exige que o possuidor tenha justo título nem boa-fé. Tal exigência também não é feita na usucapião especial. O justo título (*titulus*) é, entretanto, requisito indispensável para a aquisição da propriedade pela usucapião extraordinária.

( ) Mesmo estando obrigado a restituir a coisa achada, assegura-se ao descobridor o direito a uma recompensa, denominada achádego, sendo que o critério legal para o seu arbitramento permite que se considerem as circunstâncias em que se deu a descoberta. Todavia, o direito à recompensa somente é devido se o dono ou possuidor da coisa tiver interesse em recebê-la.

( ) Tanto no caso da usucapião especial urbana, como no da usucapião familiar, é necessário que o usucapiente não seja proprietário de outro imóvel urbano ou rural e exerça posse mansa, pacífica e ininterrupta sobre imóvel urbano de até 125 metros quadrados, para fins de sua moradia ou de sua família, não sendo permitida a concessão da medida mais de uma vez em favor da mesma pessoa.

(A) C - C - E - C.

(B) E - C - C - C.

(C) C - E - E - E.

(D) E - E - C - E.

42. **(Juiz substituto – TJSC – FGV – 2022) Enquanto estava fora do Brasil, Artur permitiu que Dulcineia ocupasse sua casa de veraneio. Quando retornou, descobriu que ela realizou uma obra que removeu uma coluna que, desnecessária à sustentação, ocupava uma parte da garagem e, agora liberada, permite o estacionamento de mais um automóvel. Diante disso, Dulcineia:**

(A) não tem qualquer direito em face de Artur;

(B) tem direito ao ressarcimento do valor da obra, se estava de boa-fé, sem a faculdade de reter o imóvel até seu pagamento;

(C) tem direito ao ressarcimento do valor da obra, independentemente de estar de boa-fé ou má-fé, sem a faculdade de reter o imóvel até seu pagamento;

(D) tem direito ao ressarcimento do valor da obra, com a faculdade de reter o imóvel até o seu pagamento, se estava de boa-fé;

(E) tem direito ao ressarcimento do valor da obra, com a faculdade de reter o imóvel até o seu pagamento, independentemente de estar de boa-fé ou má-fé.

43. **(Prefeitura de Campos do Jordão-SP – IPEFAE – Procurador – 2023) A propriedade é um direito que pode ser exercido por pessoas físicas e/ou por pessoas jurídicas. De acordo com o Código Civil brasileiro em vigor, estão corretas as alternativas abaixo, exceto:**

(A) O proprietário tem a faculdade de usar, gozar e dispor da coisa.

(B) É direito do proprietário reaver a coisa do poder de quem quer que injustamente a possua ou detenha.

(C) O proprietário também pode ser privado da coisa se o imóvel reivindicado consistir em extensa área, na posse ininterrupta e de boa-fé, por mais de dez anos, de considerável número de pessoas, e estas nela houverem realizado, em conjunto ou separadamente, obras e serviços considerados pelo juiz de interesse social e econômico relevante.

(D) O proprietário pode ser privado da coisa, nos casos de desapropriação, por necessidade ou utilidade pública ou interesse social, bem como no de requisição, em caso de perigo público iminente.

44. **(Prefeitura de Morungaba-SP – Avança SP – Procurador Jurídico – 2023) Com relação à propriedade analise os itens a seguir e, ao final, assinale a alternativa correta:**

I – O proprietário tem a faculdade de usar, gozar e dispor da coisa, e o direito de reavê-la do poder de quem quer que injustamente a possua ou detenha.

II – O direito de propriedade deve ser exercido em consonância com as suas finalidades econômicas e sociais e de modo que sejam preservados, de conformidade com o estabelecido em lei especial, a flora, a fauna, as belezas naturais, o equilíbrio ecológico e o patrimônio histórico e artístico, bem como evitada a poluição do ar e das águas.

III – O proprietário pode ser privado da coisa, nos casos de desapropriação, por necessidade ou utilidade pública ou interesse social, bem como no de requisição, em caso de perigo público iminente.

278 | DIREITO CIVIL • VOL. 4 – *Flávio Tartuce*

(A) Apenas o item I é verdadeiro.
(B) Apenas o item II é verdadeiro.
(C) Apenas o item III é verdadeiro.
(D) Apenas os itens I e II são verdadeiros.
(E) Todos os itens são verdadeiros.

45. (MPE-RR – Instituto AOCP – Promotor de Justiça substituto – 2023) Em relação ao Direito de Propriedade, é correto afirmar que

(A) o direito de propriedade é transmitido por seu titular ao sucessor, por ato *inter vivos*, pelo registro do título no respectivo Cartório de Registro.
(B) o proprietário deve exercer seu direito de propriedade com observância da ordem pública, dos fins econômicos e sociais, assegurando o cumprimento da função social da propriedade.
(C) o proprietário tem o direito subjetivo de livremente usar, fruir e dispor de seu bem, e o direito de reavê-lo do poder de quem quer que o possua ou detenha.
(D) o usufruto é direito real sobre uma coisa alheia constituído pelo titular do direito de sua propriedade, mediante a lavratura de escritura pública.

46. (TRF-1ª Região – FGV – Juiz Federal substituto – 2023) Quanto ao Direito das Coisas, é correto afirmar, segundo o Código Civil, que:

(A) acessão natural é uma forma de aquisição derivada da propriedade;
(B) aquele que restituir coisa achada terá direito a recompensa em valor não inferior a 5% do valor do bem;
(C) o imóvel que o proprietário abandonar, com a intenção de não mais o conservar em seu patrimônio, poderá ser arrecadado, cinco anos depois, à propriedade da União;
(D) Daquele que possuir coisa móvel como sua, contínua e incontestadamente durante, no mínimo, dez anos, com justo título e boa-fé, adquirir-lhe-á a propriedade;
(E) aquele que, por quinze anos ininterruptos e sem oposição, possuir como seu um imóvel, adquirir-lhe-á a propriedade, desde que sua posse seja de boa-fé.

47. (MPE-SC – Cespe/Cebraspe – Promotor de Justiça substituto – 2023) Com base nas normas do Código Civil sobre o direito das coisas, julgue o item que se segue.

A resolução de uma propriedade por meio de implemento de condição resolve também os direitos reais concedidos na sua pendência.

( ) Certo
( ) Errado

48. (Câmara de Americana-SP – Procurador Jurídico – Avança SP – 2024) Acerca da propriedade, é CORRETO o que se afirma em:

(A) O proprietário, desde que esteja na posse da coisa, tem a faculdade de usar, gozar, dispor e o direito de reavê-la do poder de quem quer que injustamente a possua ou detenha.
(B) O proprietário pode ser privado da coisa se o imóvel reivindicado consistir em extensa área, na posse ininterrupta e de boa-fé, por mais de quatro anos, de considerável número de pessoas, e estas nela houverem realizado, em conjunto ou separadamente, obras e serviços considerados pelo juiz de interesse social e econômico relevante.
(C) A propriedade do solo abrange as jazidas, minas e demais recursos minerais, os potenciais de energia hidráulica, os monumentos arqueológicos e outros bens referidos por leis especiais.
(D) A propriedade do solo abrange a do espaço aéreo e subsolo correspondentes, em altura e profundidade úteis ao seu exercício, podendo o proprietário opor-se a atividades que sejam realizadas, por terceiros, a qualquer altura ou profundidade abrangidos pela propriedade.
(E) Os frutos e mais produtos da coisa pertencem, ainda quando separados, ao seu proprietário, salvo se, por preceito jurídico especial, couberem a outrem.

49. (TCE-PA – Auditor de Controle Externo – FGV – 2024) Patrícia é dona da Fazenda Santa Helena, localizada no interior brasileiro. A fazenda foi adquirida em 2007 por meio de instrumento particular sem registro no órgão público competente. Nos últimos anos, Patrícia

CAP. 3 · DA PROPRIEDADE | 279

vem explorando os recursos minerais do subsolo causando diversas erosões no solo e prejudicando os rios que abastecem as propriedades vizinhas.

Com base no tema posse e propriedade, assinale a afirmativa correta.

(A) A jurisprudência brasileira admite a possibilidade de comprovação da propriedade imobiliária por meio de prova testemunhal.

(B) A propriedade do solo abrange, pelo princípio da atração jurídica, as jazidas, as minas e os demais recursos minerais.

(C) Patrícia tem direito absoluto em relação a sua fazenda, podendo aproveitar os recursos naturais de acordo com seu interesse privado.

(D) O Direito brasileiro consagra que a propriedade do solo inclui o subsolo, contudo o espaço aéreo pertence à União.

(E) Os atos que não trazem ao proprietário qualquer comodidade, ou utilidade, e sejam animados pela intenção de prejudicar outrem, são defesos no ordenamento jurídico brasileiro.

50. **(TJSC – Oficial de Justiça – FGV – 2024) Lindeira era casada com Pignoratício há vinte anos, quando, depois de uma briga, ele abandonou o lar, deixando-a com o filho do casal, Juninho. Quatro anos depois, como nunca mais tivera notícia de seu marido, pretende a usucapião do imóvel que dividia com o Pignoratício, do qual ambos eram proprietários e que media 100 m².**

Nesse caso, é correto afirmar que Lindeira, que permaneceu todos esses anos ininterruptamente no imóvel:

(A) poderá usucapir o domínio integral, desde que não seja proprietária de outro bem imóvel;

(B) ainda não completou o prazo quinquenal de usucapião, o qual, contudo, poderá ser atingido no curso da demanda;

(C) não poderá usucapir o domínio integral, porque, como ainda está formalmente casada, embora já tenha transcorrido o prazo de dois anos aplicável, não corre a prescrição aquisitiva contra pignoratício;

(D) poderá usucapir o domínio integral, mesmo que seja proprietária de outro bem imóvel;

(E) ainda não completou o prazo decenal de usucapião, o qual, contudo, poderá ser atingido no curso da demanda.

51. **(MPE-RO – Promotor de Justiça substituto – Vunesp – 2024) Ubirajara, indígena integrado, ocupou como próprio, por cinco anos, trecho de terra equivalente a cinquenta hectares. Diante da situação hipotética, é correto afirmar que Ubirajara**

(A) Poderá usucapir, desde que as terras não sejam do domínio da União e não estejam ocupadas por grupos tribais.

(B) Não poderá usucapir as terras, uma vez que, para obter o benefício da usucapião indígena, é necessário o prazo mínimo de dez anos e que o trecho seja inferior a cinquenta hectares.

(C) Poderá usucapir as terras, se não for proprietário de outro imóvel.

(D) Poderá usucapir as terras, se comprovar que as utilizou para subsistência própria ou do grupo tribal.

(E) Não poderá usucapir as terras, uma vez que, para obter o benefício da usucapião especial indígena, é necessário que ele seja um indígena não integrado.

52. **(1º Exame Nacional da Magistratura – ENAM – FGV – 2024) Acerca dos modos de aquisição de bens imóveis, analise as afirmativas a seguir.**

I. O negócio jurídico de alienação do bem não possui eficácia real, portanto não transfere a propriedade do imóvel. Nada obstante, o negócio é existente, válido e eficaz pelo simples acordo de vontade, produzindo, assim, eficácia obrigacional, a vincular as partes ao ajustado.

II. A transferência da coisa imóvel somente ocorre com o seu registro no Registro de Imóveis competente, cuja validade prescinde do negócio jurídico celebrado. Assim, no Direito brasileiro, o registro firma presunção *iuris et de iure* da propriedade.

280 | DIREITO CIVIL • VOL. 4 – *Flávio Tartuce*

III. A usucapião configura aquisição originária típica, pela qual a propriedade é adquirida sem o concurso do proprietário anterior, embora o adquirente por usucapião suceda juridicamente ao proprietário, adquirindo dele a propriedade em aquisição dita indireta.

Está correto o que se afirma em

(A) I, apenas.

(B) I e II, apenas.

(C) I e III, apenas.

(D) II e III, apenas.

(E) I, II e III.

53. **(AL-PR – Analista Legislativo – Advogado – FGV – 2024) Entre 2006 e 2023, Simone Arendt teve a posse mansa e pacífica de um imóvel localizado no município de Três Forquilhas, RS, com área aproximada de cem metros quadrados. Simone residiu sozinha no imóvel durante o período, tendo falecido em janeiro de 2024, deixando três filhos e nenhum bem imóvel. O imóvel não possui registro imobiliário no ofício competente, além de ter área inferior ao módulo estabelecimento na legislação local.**

A respeito do tema usucapião, assinale a afirmativa correta.

(A) A inexistência de registro imobiliário induz a presunção absoluta de que o bem seja público, na categoria de terras devolutas, inibindo a propositura da ação de usucapião.

(B) A usucapião é forma de aquisição derivada da propriedade, de modo que permanecem os ônus reais que gravavam o imóvel antes de sua declaração, como é o caso do usufruto.

(C) O falecimento de Simone interrompe o prazo para aquisição do bem pela usucapião, não tendo os herdeiros legitimidade para a propositura da ação.

(D) O reconhecimento da usucapião extraordinária, mediante o preenchimento dos requisitos específicos, não pode ser obstado em razão de a área usucapienda ser inferior ao módulo estabelecido em lei municipal.

(E) A posse exclusiva do bem e a inexistência de sentença judicial inibem a propositura da ação de usucapião, visto que a decisão judicial é imprescindível para aquisição pela prescrição aquisitiva.

GABARITO

01 – C	02 – C	03 – D
04 – B	05 – A	06 – E
07 – ERRADO	08 – B	09 – D
10 – B	11 – C	12 – C
13 – A	14 – D	15 – B
16 – D	17 – E	18 – E
19 – A	20 – D	21 – D
22 – E	23 – D	24 – B
25 – A	26 – B	27 – B
28 – B	29 – C	30 – A
31 – B	32 – A	33 – E
34 – E	35 – D	36 – B
37 – A	38 – D	39 – B

40 – D	41 – D	42 – D
43 – D	44 – E	45 – B
46 – B	47 – CERTO	48 – E
49 – E	50 – A	51 – B
52 – A	53 – D	

DIREITO DE VIZINHANÇA

Análise a partir do Código Civil, da Constituição Federal e da Legislação Ambiental

Sumário: 4.1 Conceito de direito de vizinhança – 4.2 Do uso anormal da propriedade – 4.3 Das árvores limítrofes – 4.4 Da passagem forçada e da passagem de cabos e tubulações – 4.5 Das águas – 4.6 Dos limites entre prédios e do direito de tapagem – 4.7 Do direito de construir – 4.8 Resumo esquemático – 4.9 Questões correlatas – Gabarito.

4.1 CONCEITO DE DIREITO DE VIZINHANÇA

O Código Civil de 2002 (arts. 1.277 a 1.313), a exemplo do seu antecessor (arts. 554 a 587), continua regulando os direitos de vizinhança (Capítulo V do Livro que trata do Direito das Coisas). Na atual norma material codificada, a matéria está dividida em sete seções:

a) Do uso anormal da propriedade (Seção I, arts. 1.277 a 1.281 do CC).

b) Das árvores limítrofes (Seção II, arts. 1.282 a 1.284 do CC).

c) Da passagem forçada (Seção III, art. 1.285 do CC).

d) Da passagem de cabos e tubulações (Seção IV, arts. 1.286 e 1.287), novidade introduzida pela codificação de 2002, que não constava da codificação anterior.

e) Das águas (Seção V, arts. 1.288 a 1.296 do CC).

f) Dos limites entre prédios e do direito de tapagem (Seção VI, arts. 1.297 e 1.298 do CC).

g) Do direito de construir (Seção VII, arts. 1.299 a 1.313 do CC).

Em uma visão clássica conceitual, Washington de Barros Monteiro assevera que "Os direitos de vizinhança constituem limitações impostas pela boa convivência social, que se inspira na lealdade e na boa-fé. A propriedade deve ser usada de tal maneira que torne possível a coexistência social. Se assim não se procedesse, se os proprietários pudessem invocar uns contra os outros seu direito absoluto e ilimitado, não poderiam praticar qualquer direito, pois as propriedades se aniquilariam no entrechoque de suas várias faculdades" (*Curso...*, 2003, v. 3, p. 135). A ideia de perpetuação social da propriedade é, portanto, inerente aos direitos de vizinhança, dentro do contexto de funcionalização dos institutos. Por isso, pode-se afirmar que as normas relativas à matéria também têm natureza de ordem pública, porque interessam muito mais do que almejam as partes envolvidas, ou seja, aos proprietários dos terrenos vizinhos.

Em reforço, de forma bem didática, Rubens Limongi França conceitua as relações de vizinhança como sendo "o complexo de direitos e obrigações recíprocos que regulam o direito da propriedade imóvel entre os vizinhos" (*Instituições...*, 1996, p. 464). Segundo Paulo Lôbo, "os direitos de vizinhança compreendem o conjunto de normas de convivência entre os titulares de direito de propriedade ou de posse de imóveis localizados próximos uns aos outros. (...). As normas de regência dos direitos de vizinhança são preferentemente cogentes, porque os conflitos nessa matéria tendem ao litígio e ao aguçamento de ânimos. Na dimensão positiva, vizinhos são os que devem viver harmonicamente no mesmo espaço, respeitando reciprocamente os direitos e deveres comuns" (LÔBO, Paulo. *Direito...*, 2015, p. 177).

Também entre os contemporâneos, o saudoso Luciano de Camargo Penteado utilizava o termo *situações jurídicas vicinais*, lecionando que "a multiplicidade de dificuldades que a proximidade física dos imóveis traz, quer nas hipóteses em que os mesmos são usados para fins de habitação, quer para fins de empresa, demanda de imediato e por si mesma, um tratamento de caráter essencialmente casuístico para a matéria" (*Direito das coisas...*, 2008, p. 319).

Resumindo o conteúdo que será estudado, deve ser feito importante e fundamental esclarecimento quanto ao conceito de vizinhança. Esse esclarecimento pode ser retirado da obra de Orlando Gomes, que, ao conceituar o direito de vizinhança, ensina que "a vizinhança é um fato que, em Direito, possui o significado mais largo do que na linguagem comum. Consideram-se prédios vizinhos os que podem sofrer repercussão de atos propagados de prédios próximos ou que com estes possam ter vínculos jurídicos. São direitos de vizinhança os que a lei estatui por força desse fato" (*Direitos reais...*, 2004, p. 215).

Na doutrina contemporânea, esse ponto é igualmente esclarecido por Aldemiro Rezende Dantas Jr., no sentido de que a *vizinhança não se confunde com a contiguidade*, pois a primeira se liga ao "prédio que sofre a influência em virtude de atos praticados em um outro, vale dizer, vizinhos são os prédios quando um deles sofre interferência em virtude de atos que no outro foram praticados" (DANTAS JR., Aldemiro Rezende. *Direito...*, 2007, p. 55). Em suma, *prédios vizinhos podem não ser prédios contíguos*, já que os primeiros são aqueles que repercutem juridicamente uns nos outros, enquanto os últimos são aqueles que estão um ao lado do outro. Observo que no Projeto de Reforma do Código Civil há proposta de se incluir essa afirmação em um novo parágrafo do art. 1.227, que virá em última hora, a saber: "consideram-se vizinhos os prédios dispostos de maneira a que o uso de um possa interferir no uso do outro, ainda que o prédio vizinho não seja necessariamente o contíguo". Espera-se a sua aprovação pelo Parlamento Brasileiro, em prol da segurança jurídica.

Ainda a propósito do tema, o último doutrinador traz conceito interessante a respeito do direito de vizinhança, merecendo destaque as suas palavras:

> "Outro conjunto de restrições que são impostas ao direito de propriedade, no entanto, como já foi dito acima, apresenta por motivação direita a proteção a interesses privados,

podendo ser apontado como exemplos, mais especificamente, os direitos de vizinhança, dentre outros. É que 'a vizinhança, por si só, pode dar origem a conflitos', e o escopo da lei, nesses casos, é o de harmonizar as relações entre os vizinhos, evitando ou pelo menos, quando não os puder evitar, apresentando as soluções para os conflitos que possam vir a surgir em tais relações. Essas regras formam o chamado direito de vizinhança, que nada mais é do que um conjunto de direitos e deveres impostos aos vizinhos pelo simples fato de serem vizinhos.

Apresentando em outras palavras o que foi dito no parágrafo anterior, como cada imóvel não se encontra isolado no espaço, sendo confinante com outros, são inúmeras as situações em que podem surgir conflitos de interesses entre os proprietários de dois prédios confinantes (ou tão somente entre próximos um do outro, sem que sejam necessariamente confinantes, como logo adiante se verá), daí porque o legislador cuidou de estabelecer uma série de normas destinadas a prevenir tais conflitos ou, quando impossível a prevenção, destinadas a solucioná-los, sendo que num e noutro caso isso foi buscado, como já se disse, através da limitação das faculdades do proprietário, em benefício da paz social" (DANTAS JR., Aldemiro Rezende. *Direito...*, 2007, p. 52).

Por todos os conceitos, observa-se que as normas relativas aos direitos da vizinhança constituem claras limitações ao direito de propriedade, em prol do bem comum, da paz social. Continuando essa ideia, não se pode esquecer que as obrigações que surgem da matéria são obrigações ambulatórias ou *propter rem*, uma vez que acompanham a coisa onde quer que ela esteja.

Imperioso notar que essas limitações revelam-se, muitas vezes, de forma bem específica, como ocorre com as regras relativas às árvores limítrofes. Ademais, as regras que constam do Código Civil repercutem no aspecto material e processual, com a viabilidade de medidas instrumentais para a proteção da propriedade prejudicada. Toda a proteção constante do Código Civil, como não poderia ser diferente, não exclui outras, constantes em leis especiais, como é o caso, por exemplo, do Estatuto da Cidade (Lei 10.257/2001). Além disso, não se pode esquecer que a proteção das regras de vizinhança sempre deve ser analisada a partir do que consta do Texto Maior, particularmente pela proteção ambiental prevista na Constituição Federal de 1988.

Deve ficar claro que, na presente análise, não será esquecida a crítica contundente formulada pelo Ministro Luiz Edson Fachin, no sentido de que o Código Civil de 2002 mantém, do ponto de vista estrutural, os mesmos vícios de abstração e de apego ao patrimonialismo que marcaram o seu antecessor (FACHIN, Luiz Edson. Direitos..., *Questões controvertidas...*, 2004, p. 193). Vejamos, pontualmente.

4.2 DO USO ANORMAL DA PROPRIEDADE

O dispositivo fundamental relativo ao uso anormal da propriedade é o art. 1.277 do CC/2002, prevendo o seu *caput* que "o proprietário ou o possuidor de um prédio tem o direito de fazer cessar as interferências prejudiciais à segurança, ao sossego e à saúde dos que o habitam, provocadas pela utilização de propriedade vizinha". Como esclarece Luciano de Camargo Penteado, há no dispositivo uma verdadeira *cláusula geral de tutela das situações jurídicas vicinais*, diante dos conceitos abertos que são utilizados – segurança, sossego e saúde (*Direito das coisas...*, 2008, p. 342).

Pois bem, algumas outras conclusões fundamentais podem ser retiradas do dispositivo, com grande relevância para a prática, especialmente para a propositura de ações judiciais nas relações entre vizinhos.

A primeira delas é que as normas de direito de vizinhança não protegem somente o proprietário, mas igualmente o possuidor, uma vez que o último também pode tomar as devidas medidas em casos de perturbações praticadas por terceiros.

A segunda conclusão é que o dispositivo consagra uma ampla proteção, relacionada com a *segurança*, o *sossego* e a *saúde* dos habitantes do imóvel. Esses três parâmetros consagram a *regra dos três Ss*, que deve ser observada para a configuração do exercício regular do direito de propriedade ou não. Ilustrando, em havendo excesso de barulho decorrente de um prédio vizinho, o possuidor ou proprietário pode tomar as medidas necessárias para a sua cessação. Uma demanda coletiva pode ser reconhecida como medida cabível a afastar tais atentados à saúde, como entendeu o Tribunal de Justiça de São Paulo no aresto a seguir:

> "Ação civil pública. Liminar. Meio ambiente. Ruído excessivo causado por clube. Tratamento acústico em suas instalações determinado, bem como embargos das atividades, até a comprovação da obtenção da licença de localização e funcionamento. Medida de proteção do bem-estar da vizinhança e da comunidade, coibindo a produção de energia sonora nociva à saúde. Resolução CONAMA 1, de 08.03.1990. Validade da concessão da liminar. Possibilidade da ampla defesa do requerido no âmbito da ação civil pública. Recurso improvido" (TJSP, Agravo de Instrumento 535.404-5/9, Câmara Especial do Meio Ambiente, Santos, Rel. Renato Nalini, 20.04.2006, v.u., Voto 11.160).

Em reforço à ilustração, cite-se curioso julgado do mesmo Tribunal, em que se concluiu que a existência de oito cães em pequeno imóvel traria lesão aos direitos de vizinhança, devendo o número de animais ser reduzido para dois: "Direito de vizinhança. Uso nocivo da propriedade. Oito cães em pequeno quintal. Ruídos e odores excessivos. Sentença mantida para limitar a dois animais. Recurso improvido" (TJSP, Apelação Cível 846.178-0/0, 36.ª Câmara de Direito Privado, São Paulo, Rel. Pedro Baccarat, 24.08.2006, v.u., Voto 1.465).

O art. 1.277 do CC/2002 acaba por trazer, na sua essência, uma preocupação com a proteção ambiental, nos termos do que consta o art. 225 da Constituição Federal. Nesse sentido, preconiza o Enunciado n. 319 do CJF/STJ, aprovado na *IV Jornada de Direito Civil*, que "a condução e a solução das causas envolvendo conflitos de vizinhança devem guardar estreita sintonia com os princípios constitucionais da intimidade, da inviolabilidade da vida privada e da proteção ao meio ambiente". A proteção é mais ampla do que se imagina, pois nos termos do art. 21 do CC/2002 e do art. 5.º, X, da Constituição, a vida privada e a intimidade também merecem amparo nas questões de vizinhança.

Da mesma forma, a merecer destaque, na *II Jornada de Prevenção e Solução Extrajudicial dos Litígios*, promovida pelo Conselho da Justiça Federal em 2021, aprovou-se ementa doutrinária proposta por mim, segundo a qual "a mediação é meio eficiente e prioritário para resolver os conflitos de vizinhança, devendo sempre garantir a intimidade e a inviolabilidade da vida privada dos vizinhos, conforme estabelece o Enunciado n. 319 da *IV Jornada de Direito Civil*" (Enunciado 166). Trata-se de um conteúdo com grandes repercussões práticas, que incrementa a utilização da mediação, nos termos do que está previsto no art. 165 do CPC/2015.

Além disso, a utilização da propriedade, quanto ao direito de vizinhança, não pode gerar abuso do direito, nos termos dos arts. 187 e 1.228, § 2.º, do CC/2002. Nessa trilha, vale transcrever a fórmula proposta por Carlos Alberto Dabus Maluf: "aquele que não usa da sua propriedade de modo ordinário, segundo as condições normais da situação do imóvel, do tempo e do lugar, mas antes procede com abuso do seu direito, sem o respeito devido à esfera de ação e aos interesses dos vizinhos, sem proveito próprio sério e legítimo, com mero intuito malévolo, ou por espírito de chicana, bem assim aquele que cria risco novo, exercendo uma atividade legítima, mas nociva a terceiros, será responsável pelos danos que produzir a estes e às coisas destes" (MALUF, Carlos Alberto Dabus. *Limitações...*, 2011, p. 68).

A relação entre o direito de vizinhança e a vedação do abuso de direito já foi reconhecida há tempos pelo Superior Tribunal de Justiça, conforme se extrai da ementa a seguir:

> "Direito civil. Servidões legais e convencionais. Distinção. Abuso de direito. Configuração. Há de se distinguir as servidões prediais legais das convencionais. As primeiras correspondem aos direitos de vizinhança, tendo como fonte direta a própria lei, incidindo independentemente da vontade das partes. Nascem em função da localização dos prédios, para possibilitar a exploração integral do imóvel dominante ou evitar o surgimento de conflitos entre os respectivos proprietários. As servidões convencionais, por sua vez, não estão previstas em lei, decorrendo do consentimento das partes. Na espécie, é incontroverso que, após o surgimento de conflito sobre a construção de muro lindeiro, as partes celebraram acordo, homologado judicialmente, por meio do qual foram fixadas condições a serem respeitadas pelos recorridos para preservação da vista da paisagem a partir do terreno dos recorrentes. Não obstante inexista informação nos autos acerca do registro da transação na matrícula do imóvel, essa composição equipara-se a uma servidão convencional, representando, no mínimo, obrigação a ser respeitada pelos signatários do acordo e seus herdeiros. – Nosso ordenamento coíbe o abuso de direito, ou seja, o desvio no exercício do direito, de modo a causar dano a outrem, nos termos do art. 187 do CC/2002. Assim, considerando a obrigação assumida, de preservação da vista da paisagem a partir do terreno dos recorrentes, verifica-se que os recorridos exerceram de forma abusiva o seu direito ao plantio de árvores, descumprindo, ainda que indiretamente, o acordo firmado, na medida em que, por via transversa, sujeitaram os recorrentes aos mesmos transtornos causados pelo antigo muro de alvenaria, o qual foi substituído por verdadeiro 'muro verde', que, como antes, impede a vista panorâmica. Recurso especial conhecido e provido" (STJ, REsp 935.474/RJ, 3.ª Turma, Rel. Min. Ari Pargendler, Rel. p/ Acórdão Min. Nancy Andrighi, j. 19.08.2008, *DJe* 16.09.2008).

Nesse contexto de aplicação da vedação do abuso de direito, sabe-se que a responsabilidade civil que dele deriva é objetiva ou independente de culpa, como se retira do tão citado Enunciado n. 37, aprovado na *I Jornada de Direito Civil*, entendimento hoje considerado majoritário. Justamente por isso, no Projeto de Reforma e Atualização do Código Civil, a Comissão de Juristas sugere a inclusão de um novo art. 938-A na Lei Geral Privada, no título relativo à Responsabilidade Civil, prevendo que "quem ocupa imóvel, situado em logradouro público ou inserido como unidade de condomínio edilício, loteamento ou condomínio de lotes, responde pelos danos ao sossego, à segurança e à saúde da vizinhança". A conclusão, sem dúvida, será que a norma consagra um modelo objetivo de imputação do dever de indenizar.

A terceira constatação da leitura do art. 1.277 do CC/2002 é que amplas medidas são colocadas à disposição daquele que está sendo perturbado. A título de exemplo, podem ser citadas as medidas de tutela específica cabíveis nas obrigações de fazer e de não fazer, nos termos do Código de Processo Civil; a ação de dano infecto; a ação de nunciação de obra nova e mesmo a drástica medida da ação demolitória, que tem caráter excepcional.

Obviamente, o vizinho perturbado igualmente pode ingressar ainda com uma ação de reparação por danos materiais e morais suportados na relação vicinal. Concretizando tal dedução, no que tange a danos imateriais, extrai-se acórdão publicado no *Informativo* n. 500 do Superior Tribunal de Justiça, do ano de 2012:

> "Dano moral. Direito de vizinhança. Infiltração. É devido o pagamento de indenização por dano moral pelo responsável por apartamento de que se origina infiltração não reparada

por longo tempo por desídia, a qual provocou constante e intenso sofrimento psicológico ao vizinho, configurando mais do que mero transtorno ou aborrecimento. Salientou-se que a casa é, em princípio, lugar de sossego e descanso, não podendo, portanto, considerar de somenos importância os constrangimentos e aborrecimentos experimentados pela recorrente em razão do prolongado distúrbio da tranquilidade nesse ambiente – ainda mais quando foi claramente provocado por conduta culposa da recorrida e perpetuado por sua inércia e negligência em adotar providência simples, como a substituição do rejunte do piso de seu apartamento. De modo que tal situação não caracterizou um mero aborrecimento ou dissabor comum das relações cotidianas, mas, sim, situação excepcional de ofensa à dignidade, passível de reparação por dano moral. Com essas e outras considerações, a Turma deu provimento ao recurso, determinando o retorno dos autos à origem a fim de que, incluída indenização por danos morais, prossiga o julgamento da apelação da recorrente. Precedentes citados: REsp 157.580/AM, *DJ* 21.02.2000, e REsp 168.073/RJ, *DJ* 25.10.1999" (STJ, REsp 1.313.641/RJ, Rel. Min. Sidnei Beneti, j. 26.06.2012).

Em complemento a essa ampla proteção que consta do *caput* do atual art. 1.277 do CC/2002, dispõe o seu parágrafo único que devem ser proibidas as interferências externas, considerando-se a natureza da utilização e a localização do prédio. Além disso, devem ser atendidas as normas que distribuem as edificações em zonas, e os limites ordinários de tolerância dos moradores da vizinhança.

O último dispositivo traz outros dois critérios para a determinação da existência ou não do uso anormal da propriedade, quais sejam, a natureza da utilização e a localização do prédio. Por óbvio que se uma área em uma localidade praiana é destinada a bares noturnos (conforme normas regulamentares do próprio Município) deve existir uma tolerância maior ao barulho. O raciocínio não é o mesmo se a casa noturna se localizar em uma região essencialmente residencial.

Em relação à divisão das edificações por zonas, no tocante às áreas urbanas, o Estatuto da Cidade trata do *plano diretor*, entre os seus arts. 39 a 42. Enuncia a citada norma que a propriedade urbana cumpre sua função social quando atende às exigências fundamentais de ordenação da cidade expressas no plano diretor, assegurando o atendimento das necessidades dos cidadãos quanto à qualidade de vida, à justiça social e ao desenvolvimento das atividades econômicas (art. 39, *caput*, da Lei 10.257/2001).

Destaque-se, ainda, o *Estudo de Impacto de Vizinhança* (EIV), tratado entre os arts. 36 e 38 do Estatuto da Cidade. De acordo com as lições de Luciano de Camargo Penteado, tal estudo consiste em um relatório que aponta os efeitos que uma nova construção irá impor aos habitantes da redondeza, sendo exigido consoante as leis locais dos municípios, nos termos do art. 36 da Lei 10.257/2001 (*Direito das coisas...*, 2008, p. 349). O art. 37 da mesma norma dispõe que o EIV será executado de forma a contemplar os efeitos positivos e negativos do novo empreendimento ou atividade.

Para tanto, deve ser levada em conta a qualidade de vida da população local, bem como outros critérios, tais como: *a)* o adensamento populacional; *b)* os equipamentos urbanos e comunitários; *c)* o uso e a ocupação do solo; *d)* a valorização imobiliária; *e)* a geração de tráfego e a demanda do transporte público; *f)* a ventilação e a iluminação; *g)* a paisagem urbana e o patrimônio natural e cultural. Por fim, dispõe o art. 38 do Estatuto da Cidade que a elaboração do referido estudo não substitui a elaboração e a aprovação do Estudo de Impacto Ambiental (EIA), nos termos da legislação ambiental. Em suma, ambos os estudos não são excludentes, mas complementares.

O plano diretor, aprovado por lei municipal, é considerado o instrumento regulamentar básico da política de desenvolvimento e expansão urbana (art. 40, *caput*, da Lei 10.257/2001), repercutindo nas questões de vizinhança, uma vez que acaba por determinar a existência ou não do uso anormal da propriedade.

Prevê ainda o Estatuto da Cidade que o plano diretor é parte integrante do processo de planejamento municipal, devendo o plano plurianual, as diretrizes orçamentárias e o orçamento anual incorporar as diretrizes e as prioridades nele contidas (art. 40, § 1.º, da Lei 10.257/2001). O plano diretor deverá englobar o território do Município como um todo (art. 40, § 2.º, da Lei 10.257/2001). A lei que instituir o plano diretor deverá ser revista, pelo menos, a cada dez anos; exigindo-se ampla publicidade e participação popular na sua elaboração e fiscalização de sua ampliação (art. 40, §§ 3.º e 4.º, da Lei 10.257/2001). Tais revisões visam a adaptação da norma interna às realidades sociais das cidades.

O art. 41 do Estatuto da Cidade determina que o plano diretor, como mecanismo de organização dos municípios, é obrigatório: *a)* nas cidades com mais de vinte mil habitantes; naquelas integrantes de regiões metropolitanas e aglomerações urbanas; *b)* nas cidades onde o Poder Público municipal pretenda utilizar os instrumentos previstos no § 4.º do art. 182 da CF/1988 (parcelamento ou edificação compulsórios, IPTU progressivo ou desapropriação mediante o pagamento de títulos da dívida pública); *c)* nas cidades integrantes de áreas de especial interesse turístico; e *d)* naquelas inseridas na área de influência de empreendimentos ou atividades com significativo impacto ambiental de âmbito regional ou nacional.

O art. 42 da Lei 10.257/2001 consagra os requisitos mínimos do plano diretor, merecendo destaque as previsões quanto à organização dos municípios. O plano diretor é essencial para a organização das cidades, porém a sua ausência não afasta a possibilidade de verificação de que há ou não violação das normas regulamentares da vizinhança. Dentro dessa ideia, pertinente transcrever julgado do Tribunal de Justiça de Rondônia, demonstrando que os problemas urbanos são típicos a cada região do País e que o plano diretor não precisa estar presente para que essas questões sejam analisadas pelo aplicador do direito:

> "Dano ambiental. Direito de vizinhança. Ofensa. Ausência de plano-diretor municipal. Residência. Madeireira. Providências para cessação ou diminuição da emissão de resíduos e ruídos. Ocorrendo ofensa a direito de vizinhança oriundo de dano ambiental causado pela madeireira vizinha, razoável é impor-se a esta a obrigação de adotar as medidas necessárias e eficazes para fazer cessar totalmente ou, não sendo isso possível, ao menos minorar substancialmente a emissão de resíduos e de ruídos aos níveis razoáveis e suportáveis aceitos pelos órgãos de controle da Saúde e do Meio Ambiente" (TJRO, Apelação Cível 100.009.2003.003423-8, Origem: 00920030034238, Pimenta Bueno/RO, 2.ª Vara Cível, Rel. Des. Renato Mimessi, 04.10.2005).

Em tom crítico, apesar de toda essa previsão legislativa, a questão relativa ao planejamento das cidades está longe de ser, ao menos, satisfatória. Basta sobrevoar uma grande cidade brasileira para se chegar a essa constatação. O que se vê, na prática, são condomínios organizados rodeados por casas e barracos que se sobrepõem uns em cima dos outros. Vale dizer, contudo, que muitos desses condomínios também não são devidamente organizados, pois a regularização é somente aparente. Em grandes cidades como São Paulo, Rio de Janeiro e Salvador a situação chega a ser caótica.

Voltando ao Código Civil, nos termos do seu art. 1.278, o direito a que se refere o artigo antecedente não prevalece quando as interferências forem justificadas por interesse público, caso em que o proprietário ou o possuidor, causador delas, pagará ao vizinho indenização cabal. A título de ilustração, o proprietário deve tolerar a construção de açudes ou a passagem de rede elétrica por sua propriedade, cabendo, eventualmente, uma indenização.

Mais especificamente, cumpre transcrever julgado do Tribunal de Justiça do Rio Grande do Sul em que se discutiu a passagem de rede elétrica:

"Agravo de instrumento. 'Servidão de passagem'. Rede elétrica. Laudo técnico extrajudicial demonstrando o percurso mais indicado para a instalação de rede elétrica, que não pode passar por cima de açude existente no local. Programa 'Luz no Campo'. Prejuízos não demonstrados. A passagem de eletroduto pelo imóvel dos agravantes deverá, *oportuno tempore*, restar devidamente indenizada pelos agravados" (TJRS, Processo 70011730066, 18.ª Câmara Cível, Camaquã, Juiz Rel. Mario Rocha Lopes Filho, 14.07.2005).

Sem prejuízo dessas regras, ainda que por decisão judicial devam ser toleradas as interferências, poderá o vizinho exigir a sua redução, ou eliminação, quando estas se tornarem possíveis (art. 1.279 do CC/2002). Ocorrendo modificação das circunstâncias, é possível também alterar, reduzindo ou até eliminando, as interferências externas da propriedade. Imagine-se o exemplo em que o proprietário tolerou a construção do açude em sua propriedade, mas este secou, não havendo mais razão de ser da interferência. Em tal situação, o proprietário do terreno poderá recuperar plenamente a utilização do imóvel. No Projeto de Reforma do Código Civil, em prol da *extrajudicialização*, um dos nortes que orientou a Comissão de Juristas, sugere-se a inclusão no seu art. 1.279 também das restrições administrativas, passando a norma a enunciá-las.

Segundo o que consta do art. 1.280 do CC/2002, o proprietário ou o possuidor tem direito a exigir do dono do prédio vizinho a demolição, ou a reparação deste, quando ameace ruína, bem como que lhe preste caução pelo dano iminente. Em complemento ao que já foi afirmado, o comando legal acaba por prever quatro ações à disposição do vizinho nas situações de uso anormal da propriedade: a ação de obrigação de fazer ou de não fazer, *a ação demolitória, a ação de nunciação de obra nova* e *a ação de dano infecto*, que merecem ser exemplificadas.

Em reforço, a norma consagra a possibilidade de o prejudicado pleitear perdas e danos, com a reparação também dos danos imateriais, conforme antes se destacou. Quanto à ação de nunciação de obra nova, reitere-se que o CPC/2015 não trata mais da demanda entre os procedimentos especiais.

Como primeira concretização, quanto à ação demolitória, o Tribunal de Justiça de São Paulo entendeu ser cabível a demanda no caso de construção de muro divisório de modo anormal, havendo legitimidade passiva da construtora do imóvel:

"Direito de vizinhança. Construção. Ação demolitória de muro divisório cumulada com refazimento ou indenização. Legitimidade passiva 'ad causam' da construtora evidenciada, eis que proprietária do imóvel causador dos danos. Responsabilidade solidária com o corréu que assumiu a obra que, outrossim, auferiu os proveitos da construção, bem como o corréu engenheiro, responsável pelo andamento da construção. Sentença, à guisa do princípio da adstrição ou da congruência, que se mostra 'ultra petita', e que deve ser reduzida aos limites do pedido. Litigância de má-fé não evidenciada. Recurso parcialmente provido" (TJSP, Apelação Cível com Revisão 986.075-0/0, 25.ª Câmara de Direito Privado, São José do Rio Preto, Rel. Des. Antônio Benedito Ribeiro Pinto, 19.09.2006, v.u., Voto 9.201).

Na mesma linha, o Tribunal Bandeirante concluiu que cabe a demolição de muro divisório nos casos de invasão do imóvel vizinho: "Direito de vizinhança. Construção. Ação demolitória. Muro divisório. Invasão do terreno pelo autor comprovada pelo laudo pericial e matrícula dos imóveis. Inexistência de má-fé por parte do réu, que justifica a substituição da demolição pela composição em perdas e danos. Recurso provido em parte" (TJSP, Apelação Cível 899.515-0/9, 26.ª Câmara de Direito Privado, São José do Rio Preto, Rel. Vianna Cotrim, 14.08.2006, v.u., Voto 12.458).

Do Tribunal de Justiça do Rio Grande do Sul, é interessante a decisão que determinou a demolição da construção de um restaurante, pois oferecia risco às demais unidades:

"Ação demolitória. Uso nocivo da propriedade. Obras de implantação de restaurante. Prescrição. Risco e desconforto às demais unidades. Ação demolitória. Ausência de dano à propriedade propriamente dita. Demanda manejada contra obras que atentariam contra o direito de vizinhança. Dano permanente. Prescrição afastada. Prova de atentado ao sossego e de imposição de risco aos usuários das demais unidades. Art. 554, CCB/1916. Ação procedente. Demolição determinada. Deram provimento" (TJRS, Processo 70013511514, 19.ª Câmara Cível, Porto Alegre, Juiz Rel. Carlos Rafael dos Santos Júnior, 13.02.2007).

O mesmo raciocínio foi adotado pelo Tribunal de Justiça de São Paulo, mas para fundamentar ação de dano infecto, aquela em que se fixa uma caução a favor da vítima do uso anormal da propriedade:

"Direito de vizinhança. Poluição sonora. Estabelecimento comercial. Produção excessiva de ruídos sonoros com aparelhos musicais. Local situado em zona mista, predominantemente residencial. Fixação de limite para ruído externo em 50 db em função de perícia realizada. Ação relativa a dano infecto parcialmente procedente. Recurso desprovido" (TJSP, Apelação 801.141-0/0, 26.ª Câmara de Direito Privado, Jundiaí, Rel. Des. Vianna Cotrim, 08.05.2006, v.u., Voto 11.925).

Sobre o prazo da ação demolitória, tem-se entendido pela aplicação do prazo geral de prescrição, que era de vinte anos no Código Civil de 1916 (art. 177) e é de dez anos no Código Civil de 2002 (art. 205), a contar da conclusão da obra. Nesse sentido, por todos os arestos estaduais:

"Direito de vizinhança. Obrigação de fazer. Ação demolitória de muro divisório. Prescrição. Ocorrência. Prazo decenal que se conta da data da conclusão da obra. Testemunhas que comprovaram a conclusão da construção em julho de 2009. Ação ajuizada apenas em novembro de 2019. Sentença mantida. Recurso desprovido" (TJSP, Apelação cível 1013160-03.2019.8.26.0037, Acórdão 14435872, Araraquara, 36.ª Câmara de Direito Privado, Rel. Des. Milton Carvalho, j. 09.03.2021, *DJESP* 16.03.2021, p. 2.142).

"Condomínio. Ação demolitória c.c. restituição de área comum. Realização de obras irregulares que, de acordo com a prova testemunhal produzida nos autos, ocorreu no ano de 1976. Fato ocorrido na vigência do Código Civil de 1916. Direito pessoal. Prazo vintenário. Prescrição. Ocorrência. Recurso desprovido" (TJSP, Apelação 0003265-22.2013.8.26.0562, Acórdão 11461313, Santos, 35.ª Câmara de Direito Privado, Rel. Des. Gilberto Leme, j. 14.05.2018, *DJESP* 22.05.2018, p. 1.923).

De todo modo, não se pode negar que a ação demolitória é medida excepcional, como se retira de muitos outros julgados. Como primeiro deles, para ilustrar: "a ação demolitória é medida excepcional, de caráter punitivo, prevista no capítulo relativo aos direitos de vizinhança, cuja finalidade é a demolição da obra que não se adéqua às normas legais vigentes e cujos vícios trazem prejuízos a prédios vizinhos" (TJMG, Apelação Cível 0710052-17.2012.8.13.0079, Contagem, 12.ª Câmara Cível, Rel. Des. José Augusto Lourenço dos Santos, j. 19.09.2019, *DJEMG* 26.09.2019). Ou ainda, sem prejuízo de muitos outros: "pretensão de reforma parcial da decisão para que haja demolição da parte limítrofe dos imóveis, respeitando-se recuo de 1,5m, com acompanhamento de engenheiro civil, sob a responsabilidade do primeiro agravado, quando da retirada de todos os elementos ligados à parede da proprietária, sob a responsabilidade do primeiro agravado. Necessária dilação probatória. Demandas em curso a respeito dos mesmos fatos, em fase de cumprimento de sentença. Necessidade de cognição mais aprofundada acerca dos fatos. Demolição é medida excepcional, somente autorizada quando demonstrada a sua imprescindibilidade" (TJRJ, Agravo de Instrumento 0031139-62.2023.8.19.0000, Armação dos Búzios, 3.ª Câmara de Direito Público, Rel. Des. Cláudia Pires dos Santos Ferreira, *DORJ* 24.11.2023, p. 364).

No Projeto de Reforma do Código Civil há proposta de se incluir norma nesse sentido, em um novo parágrafo único do seu art. 1.280, a saber: "em todos os casos, a demolição deve ser considerada medida excepcional". Espera-se a aprovação da proposta pelo Congresso brasileiro, confirmando-se o entendimento hoje majoritário.

Encerrando as regras relativas ao uso anormal da propriedade, enuncia o art. 1.281 do atual Código Privado que o proprietário ou o possuidor de um prédio, em que alguém tenha direito de fazer obras, pode, em havendo dano iminente, exigir do autor delas as necessárias garantias contra o prejuízo eventual.

Essas garantias podem ser pessoais (caso da fiança) ou reais (penhor, hipoteca e anticrese), e devem ser fixadas proporcionalmente, de acordo com o vulto das obras realizadas e dos imóveis envolvidos. Não sendo possível a fixação dessas garantias de forma consensual, poderá ser necessário ajuizar uma *ação de dano infecto*, cujo objetivo principal, como se sabe, é justamente a fixação de garantias a favor do proprietário ou possuidor.

4.3 DAS ÁRVORES LIMÍTROFES

Na sequência das regras relativas ao uso anormal da propriedade, o Código de 2002 trata das *árvores limítrofes*. Segundo o seu art. 1.282, a *árvore limítrofe* é aquela cujo tronco está na linha divisória de dois prédios, presumindo-se pertencer em comum aos donos dos prédios confinantes. Há uma presunção de constituição de um condomínio das partes específicas, presunção esta que é relativa (*iuris tantum*), pois a árvore pode ter sido plantada por apenas um dos proprietários confinantes.

Na prática, em relação a essas árvores, caberão as mesmas medidas judiciais previstas nos casos envolvendo o direito de vizinhança. A título de exemplo, se o vizinho utiliza essa árvore com intuito nocivo, caberá ação de execução de obrigação de fazer ou de não fazer, com a possibilidade de fixação da multa ou *astreintes*, e sem prejuízo das perdas e danos. Dentro dessa ideia, pode-se colacionar julgado do Tribunal de Justiça de São Paulo, com interessante conclusão quanto às perdas e danos:

> "Direito de vizinhança. Ação para cumprimento de obrigação de fazer c.c. indenização por perdas e danos. Árvores altas e limítrofes ao muro divisório. Obrigação de fazer prejudicada pela venda dos imóveis no curso da lide. Perda do objeto do pedido. Conjunto probatório, no entanto, favorável à indenização. Ação procedente neste tópico. Sentença reformada. Recurso provido" (TJSP, Apelação Cível 833.616-0/6, 26.ª Câmara de Direito Privado, Campinas, Rel. Norival Oliva, 14.05.2007, v.u., Voto 14.437).

Do Tribunal de Justiça de Santa Catarina, transcreve-se outro julgado, que entendeu pela inviabilidade de ação de dano infecto, em caso envolvendo as árvores limítrofes.

A conclusão foi assim, pois a árvore a ser cortada estava em extinção, o que demonstra que o instituto das árvores limítrofes deve necessariamente ser analisado diante da proteção do *Bem Ambiental*, nos termos do art. 225 da Constituição Federal:

> "Ação de dano infecto. Direito de vizinhança. Árvore da espécie *araucaria angustifolia* na divisa dos imóveis. Danos e perturbações. Queda de grimpas e galhos. Prejuízos não comprovados. Pareceres do corpo de bombeiros, Ibama e Secretaria do Meio Ambiente da Prefeitura Municipal. Perigo iminente não evidenciado. Desnecessário o corte. Espécie ameaçada de extinção. Sentença mantida. Recurso desprovido. Não há deferir pedido de corte de espécie em extinção quando demonstrado, por perícia realizada pela prefeitura municipal e relatórios dos órgãos competentes, que a árvore do tipo *Araucaria angustifolia* não apresenta comprometimento de seus troncos ou galhos a ponto de causar danos ao terreno lindeiro, já que em perfeito estado de conservação. A queda de galhos ou folhas no terreno dos vizinhos, quando ocorrida apenas em situações esporádicas – vendavais –, não caracteriza mau uso da propriedade a ponto de autorizar a derrubada de árvores" (TJSC, Apelação Cível 2006.015061-9, de Lages, Rel. Des. Fernando Carioni, 19.09.2006, *DJSC Eletrônico* n. 86, edição de 01.11.2006, p. 29).

Esclarecida a questão da proteção ambiental, estatui o art. 1.283 do Código Civil Brasileiro que as raízes e os ramos de árvore que ultrapassarem a estrema do prédio poderão ser cortados, até o plano vertical divisório, pelo proprietário do terreno invadido. Em regra, a lei defere o *direito de corte* ao proprietário do imóvel que sofreu a invasão. Nos termos de aresto do Tribunal Paulista, a norma consagra um direito potestativo do vizinho ao corte, o que não impede o pedido judicial para que o vizinho proprietário da árvore invasora tome providências cabíveis para que o fato não volte a ocorrer (TJSP, Apelação 1008229-64.2015.8.26.0564, Acórdão 10201173, 25.ª Câmara de Direito Privado, São Bernardo do Campo, Rel. Des. Hugo Crepaldi, j. 23.02.2017, *DJESP* 09.03.2017).

De qualquer modo, esse direito não pode comprometer a vida da árvore limítrofe, diante da função socioambiental da propriedade. A norma não se aplica ao corte de árvore que pertence ao bem público, o que pode caracterizar a presença de crime de dano: "Denúncia. Dano qualificado. Crime cometido contra o patrimônio público. Corte de galhos de árvores pertencentes à Municipalidade. Peça formalmente perfeita que descreve fatos que constituem o delito. Impossibilidade de rejeição com base em constituir a conduta mero ilícito administrativo, já punido. Suporte probatório suficiente para autorizar o recebimento. Inteligência do art. 163, parágrafo único, III, do CP" (TACrim/SP, *RT* 653/306).

Como última regra relativa ao tratamento das árvores limítrofes, dispõe o art. 1.284 da codificação privada que "os frutos caídos de árvore do terreno vizinho pertencem ao dono do solo onde caíram, se este for de propriedade particular". Eis uma das poucas exceções à regra pela qual o acessório segue o principal (*princípio da gravitação jurídica*). Isso porque o dono das mangas não é o dono da mangueira, mas sim o dono do terreno onde as mangas caíram.

Como ensina Marco Aurélio Bezerra de Melo, "encontramos na literatura jurídica a fundamentação dessa regra de origem germânica ligada à ideia de que se o vizinho sofre as interferências nocivas que os frutos caídos acarretam, nada mais justo que possa também usufruir dos proveitos, trazendo à baila a ideia de que a pessoa que tem o bônus também deve arcar com o ônus. Informa Pontes de Miranda que o fundamento está no brocardo *wer den bösen Tropfen geniesst, geniesst auch den guten* (*Quem traga as gotas más que trague as boas*). O fruto cai, suja, mancha, atrai insetos, apodrece; o dono da árvore não vai limpar o chão, ou o terraço, ou a calçada do vizinho – que justificativa teria para ir buscar ou exigir os frutos bons que caírem" (MELO, Marco Aurélio Bezerra de. *Direito das coisas...*, 2007, p. 195). Com esse importante esclarecimento, teórico e prático, encerra-se o estudo do instituto das árvores limítrofes.

4.4 DA PASSAGEM FORÇADA E DA PASSAGEM DE CABOS E TUBULAÇÕES

A categoria da passagem forçada continua alocada na parte que trata do direito de vizinhança, uma vez que constitui típico instituto relativo ao tema. Preceitua o *caput* do art. 1.285 do CC que "o dono do prédio que não tiver acesso a via pública, nascente ou porto, pode, mediante pagamento de indenização cabal, constranger o vizinho a lhe dar passagem, cujo rumo será judicialmente fixado, se necessário".

Confrontando o dispositivo com o art. 559 do CC/1916, percebe-se que houve a substituição da expressão "imóvel encravado", havendo atual menção àquele que não tem saída para a rua. Na essência, as expressões são sinônimas, querendo dizer a mesma coisa; a expressão de outrora ainda pode ser utilizada, para fins didáticos e práticos. Visando entender a problemática relativa à passagem forçada, pode ser elaborado o seguinte desenho, com uma *visão aérea*:

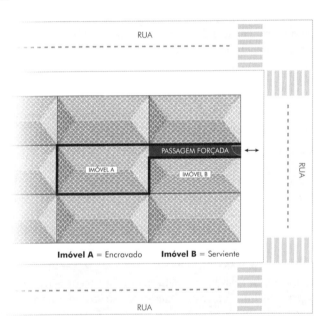

Como se pode notar no desenho, o imóvel *A* não tem saída para a rua, pois está cercado de casas por todos os lados. Sendo assim, haverá a necessidade de uma saída por *B*, para que o imóvel *A* tenha utilidade. O imóvel *A* é denominado *imóvel encravado*, enquanto B é o *imóvel serviente*, uma vez que por ele haverá a passagem.

A função social da propriedade é o fundamento do instituto, nos termos do que prevê o art. 5.º, incs. XXII e XXIII, da CF/1988 e o art. 1.228, § 1.º, do CC/2002. No caso descrito, se não houvesse a passagem, o imóvel encravado não teria qualquer finalidade social. Como adentrar no imóvel? Pulando de paraquedas?

O Código Civil de 2002, com o intuito de melhor explicar e regulamentar a categoria jurídica, introduziu três parágrafos relativos a questões práticas da passagem forçada.

De início, dispõe o § 1.º do art. 1.285 do CC/2002 que sofrerá o constrangimento o vizinho cujo imóvel mais natural e facilmente se prestar à passagem. Segue-se o espírito anterior de que a passagem forçada deve ser instituída da maneira menos gravosa ou onerosa aos prédios vizinhos.

Se ocorrer eventual alienação parcial do prédio serviente, de modo que uma das partes perca o acesso à via pública, nascente ou porto, o proprietário da outra deve tolerar a passagem (art. 1.285, § 2.º, do CC). A obrigação de tolerar a passagem forçada deve acompanhar a coisa, constituindo uma obrigação ambulatória ou *propter rem.*

A regra de tolerância nos casos de alienação deve ser aplicada ainda quando, antes da alienação, existia passagem através de imóvel vizinho, não estando o proprietário deste constrangido, depois, a dar uma outra (art. 1.285, § 3.º, do CC). No Projeto de Reforma do Código Civil sugere-se a melhora da redação desse preceito, para que passe a ser mais compreensível. No texto proposto, "o alienante não será obrigado a conceder nova passagem, se antes da alienação já havia outra passagem através do imóvel vizinho, nos termos do parágrafo anterior".

Diante do exposto, é claro e notório que a passagem forçada não se confunde com as servidões. Isso porque a primeira é instituto de direito de vizinhança; enquanto as segundas constituem um direito real de gozo ou fruição. Além dessa diferença, a passagem forçada é obrigatória, diante da função social da propriedade; enquanto as servidões são facultativas. Na passagem forçada há necessariamente o pagamento de uma indenização ao imóvel serviente; enquanto nas servidões a indenização somente será paga se houver acordo entre os proprietários dos imóveis envolvidos.

Por fim, quanto ao aspecto processual, de um lado há a *ação de passagem forçada*; do outro a *ação confessória*, fundada em servidões. A questão está devidamente aprofundada no Capítulo 6, que trata dos direitos reais de gozo ou fruição. De toda sorte, pontue-se que as expressões que denominam as demandas são doutrinárias, o que deve ser mantido na emergência do CPC/2015.

Pois bem, na jurisprudência a ação de passagem forçada já trouxe aplicações interessantes. Dentre elas destaca-se decisão do Superior Tribunal de Justiça que traz orientação pela qual o instituto da passagem forçada deve ser analisado de acordo com a evolução das ciências e com os ônus que deve suportar o proprietário do imóvel encravado. A conclusão decorrente dessas ideias é que não há necessidade de que o imóvel beneficiado seja *absolutamente encravado*:

> "Civil. Direitos de vizinhança. Passagem forçada (CC, [1916] art. 559). Imóvel encravado. Numa era em que a técnica da engenharia dominou a natureza, a noção de imóvel encravado já não existe em termos absolutos e deve ser inspirada pela motivação do instituto da passagem forçada, que deita raízes na supremacia do interesse público; juridicamente, encravado é o imóvel cujo acesso por meios terrestres exige do respectivo proprietário despesas excessivas para que cumpra a função social sem inutilizar o terreno do vizinho, que em qualquer caso será indenizado pela só limitação do domínio. Recurso especial conhecido e provido em parte" (STJ, REsp 316.336/MS, 3.ª Turma, Rel. Min. Ari Pargendler, j. 18.08.2005, *DJ* 19.09.2005, p. 316).

O julgado transcrito está totalmente de acordo com o teor do Enunciado n. 88, aprovado na *I Jornada de Direito Civil*, pelo qual "o direito de passagem forçada, previsto no art. 1.285 do CC, também é garantido nos casos em que o acesso à via pública for insuficiente ou inadequado, consideradas inclusive as necessidades de exploração econômica". O Tribunal Gaúcho igualmente tem se orientado por tal tese:

"Passagem forçada. Constatação de se tratar de imóvel encravado. É dispensável que o prédio seja absolutamente encravado, sendo suficiente, para o deferimento da proteção pleiteada, que o caminho indicado seja o mais adequado a atender às necessidades da postulante. Inteligência do art. 1.285, do CC. Desfazimento da construção sobre essa erigida que se mostra impositiva" (TJRS, Processo 70016115818, 20.ª Câmara Cível, Caxias do Sul, Juiz Rel. José Aquino Flores de Camargo, 16.08.2006).

Observo que no Projeto de Reforma do Código Civil, elaborado pela Comissão de Juristas, além de propostas de melhora da redação do art. 1.285, sugere-se a inclusão de um novo parágrafo, incorporando-se à norma o enunciado em questão. Pelo comando projetado, "o direito de passagem forçada também é garantido nos casos em que o acesso à via pública, à nascente ou ao porto for insuficiente ou inadequado, consideradas as necessidades de utilização social ou econômica de passagem" (§ 1º). Adota-se, mais uma vez, a posição majoritária da doutrina e da jurisprudência brasileira, com o fim de resolver os problemas práticos que surgem no âmbito do Direito Privado.

No que concerne à legitimidade para a ação de passagem forçada, a jurisprudência deduz, com razão, que ela atinge não somente o proprietário, mas também o possuidor do imóvel encravado: "Ilegitimidade 'ad causam'. Legitimidade ativa. Direito de vizinhança. Passagem forçada. Ação proposta por possuidor de imóvel encravado. Admissibilidade. Desnecessidade de ser proprietário do imóvel. Legitimidade reconhecida. Recurso provido" (TJSP, Apelação 7.031.282-2, 24.ª Câmara de Direito Privado, Mairiporã, Rel. Roberto Mac Cracken, 06.04.2006, v.u., Voto 146).

Esclareça-se que para o Tribunal Paulista, a ação de passagem forçada também cabe ao condômino se a sua fração real estiver em situação de encravamento (TJSP, Apelação 1.342.495-6, 11.ª Câmara de Direito Privado, Taubaté, Rel. Des. Gilberto Pinto dos Santos, 31.08.2006, v.u., Voto 8.136).

Superados tais exemplos, ao lado da passagem forçada, o Código Civil de 2002 passou a disciplinar a *passagem de cabos e tubulações* como instituto de direito da vizinhança, nos seus arts. 1.286 e 1.287.

De acordo com o primeiro dispositivo, mediante recebimento de indenização que atenda, também, à desvalorização da área remanescente, o proprietário é obrigado a tolerar a passagem, por meio de seu imóvel, de cabos, tubulações e outros condutos subterrâneos de serviços de utilidade pública, em proveito de proprietários vizinhos, quando de outro modo for impossível ou excessivamente onerosa.

O instituto está fundado na função social da propriedade, havendo, em reforço, um interesse público indireto, pois as passagens de cabos e tubulações atendem aos interesses de outras pessoas. O regime jurídico é muito próximo do da passagem forçada, o que justifica a proximidade legislativa. A propósito, destaque-se que remoto julgado do Tribunal Gaúcho reconheceu essa aproximação, no sentido de ser obrigatório ao vizinho suportar a passagem de tubulação de esgoto por seu imóvel (TJRS, Acórdão 70024051872, 20.ª Câmara Cível, Ijuí, Rel. Des. Niwton Carpes da Silva, j. 06.08.2008, *DOERS* 22.08.2008, p. 97).

Arestos mais recentes têm seguido essa afirmação, utilizando a expressão *passagem forçada de esgoto* (TJPR, Apelação Cível 1687464-9, 18.ª Câmara Cível, Mangueirinha, Rel. Des. Marcelo Gobbo Dalla Dea, j. 14.06.2017, *DJPR* 26.06.2017, p. 501; TJSP, Apelação 1006606-65.2016.8.26.0002, Acórdão 9692751, 25.ª Câmara de Direito Privado, São Paulo, Rel. Des. Edgard Rosa, j. 11.08.2016, *DJESP* 18.08.2016; TJSP, Apelação 1009611-62.2014.8.26.0068, Acórdão 9756385, 37.ª Câmara de Direito Privado, Barueri, Rel. Des. João Pazine Neto, j. 30.08.2016, *DJESP* 12.09.2016).

Do ano de 2019, corretamente aplicando o instituto, no Tribunal de Justiça de Minas Gerais julgou-se o seguinte:

"Segundo art. 1.286 do Código Civil, o proprietário é obrigado a tolerar a passagem, através de seu imóvel, de cabos, tubulações e outros condutos subterrâneos de serviços de utilidade pública, em proveito de proprietários vizinhos, quando de outro modo for impossível ou excessivamente oneroso o acesso a tais utilidades. Reconhecendo a prova pericial que a alternativa para o imóvel da autora acessar a rede de esgoto pública é excessivamente onerosa, deve ser permitida a passagem da tubulação no terreno da parte requerida, mormente a rede ser utilizada por outras residências, inexistindo prejuízo ao réu" (TJMG, Apelação Cível 0107462-44.2017.8.13.0693, 14.ª Câmara Cível, Três Corações, Rel. Des. Estevão Lucchesi, j. 13.06.2019, *DJEMG* 26.06.2019).

No Projeto de Reforma do Código Civil, almeja-se incluir norma no mesmo sentido, prevendo um novo § 2º do seu art. 1.286: "aplicam-se às hipóteses deste artigo, no que couber, as regras do art. 1.285, relativas à passagem forçada".

Em verdade, essa introdução original dos institutos no Código de 2002 se deu, segundo a doutrina, diante da evolução tecnológica, pois não se imaginava, quando da elaboração do Código Civil de 1916, a existência constante de linhas de transmissão e energia elétrica, telefonia e processamento de dados ou de grandes adutoras subterrâneas (MALUF, Carlos Alberto. *Código Civil...*, 2004, p. 1.173).

O desenho a seguir demonstra um esquema relativo a uma tubulação de água, que deve ser concebida em regime de passagem forçada:

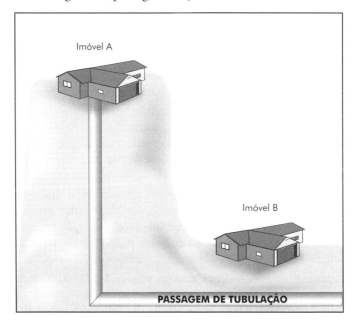

Da figura percebe-se que o imóvel *A* não tem como escoar as águas de seu prédio. Assim sendo, o imóvel *B*, serviente ou onerado, concederá a passagem das tubulações, até porque não é do interesse da coletividade que o esgoto fique represado no outro imóvel, o que causará um prejuízo ambiental.

Contudo, no caso descrito, o proprietário de *B* pode requerer que a instalação dos tubos seja realizada da maneira menos onerosa ou gravosa, princípio que também é aplicado para a passagem forçada (*princípio da menor onerosidade*). Essa é a regra do parágrafo único do art. 1.286 do CC/2002, *in verbis*: "o proprietário prejudicado pode exigir que a instalação seja feita de modo menos gravoso ao prédio onerado, bem como, depois, seja removida, à sua custa, para outro local do imóvel".

Ainda quanto ao instituto, determina o art. 1.287 do CC/2002 que, se as instalações oferecerem grave risco, será facultado ao proprietário do prédio onerado exigir a realização de obras de segurança.

Concluindo em relação ao instituto, o que se percebe é que a mudança foi substancial quanto à categorização jurídica. Isso porque a passagem de cabos e tubulações, na órbita privada, era tratada como servidão. Agora não mais, pois o correto enquadramento do tema está no direito de vizinhança, com um sentido de obrigatoriedade.

4.5 DAS ÁGUAS

As águas constituem partes integrantes do Bem Ambiental (art. 225 da CF/1988) e, sendo assim, merecem ampla proteção, para atender à *função socioambiental da propriedade*. Nesse sentido, vale lembrar o teor de enunciado doutrinário aprovado na histórica *I Jornada Jurídica de Gerenciamento e Prevenção de Crises Ambientais*, realizada pelo Conselho da Justiça Federal em novembro de 2024, e da qual tive a honra de participar. Nos seus termos, "a água, como bem ambiental de uso comum do povo e essencial à sadia qualidade de vida considerada pela jurisprudência do Supremo Tribunal Federal um bem jurídico autônomo, tem sua gestão estabelecida pela Constituição Federal, conforme indicado em seu art. 225, que deve ser necessariamente observado e aplicado regularmente por todos os órgãos investidos de poder e, particularmente, em face de crises hídricas no contexto das mudanças climáticas".

Quanto ao direito de vizinhança, há regras específicas entre os arts. 1.288 a 1.296 do CC/2002, dispositivos que devem necessariamente ser analisados de acordo com a *proteção transgeracional ambiental*.

Inaugurando o tratamento do direito de vizinhança, determina o art. 1.288 do Código Privado que o dono ou o possuidor do prédio inferior é obrigado a receber as águas que correm naturalmente do superior, não podendo realizar obras que embaracem o seu fluxo. Isso justifica a instituição da passagem obrigatória de tubulações, nos termos do art. 1.286 do CC/2002.

Porém, enuncia ainda o art. 1.288 da codificação material que a condição natural e anterior do prédio inferior não pode ser agravada por obras feitas pelo dono ou possuidor do prédio superior. Ilustrando, a construção das tubulações não pode simplesmente aniquilar a funcionalidade do prédio inferior, uma vez que a passagem deve ser da maneira menos gravosa, conforme se expôs (*princípio da menor onerosidade*).

Sob outro prisma, se, eventualmente, o proprietário do prédio inferior realizar obras que impeçam o escoamento das águas, caberá ação visando a afastar tal obstrução, sem prejuízo de eventuais perdas e danos, pelo ato ilícito praticado. Nessa linha de raciocínio, da atual jurisprudência:

> "Apelação cível. Ação cominatória cumulada com indenização por danos materiais e morais. Pleito recursal limitado à reparação. Direito de vizinhança. Curso natural das águas pluviais de imóvel superior. Construção em imóvel inferior. Obstáculo ao escoamento. Impossibilidade. Ato ilícito configurado. Reparação dos danos materiais. Dano moral configurado. Sentença reformada. 1. Configura-se a prática de ato ilícito pelo dono do

prédio inferior que ao realizar obras em seu imóvel, impossibilita o escoamento das águas pluviais que corriam naturalmente do imóvel superior, o que causa o desmoronamento de parte desta residência. 2. Se os elementos dos autos colacionados pelo próprio Réu, aliados às suas alegações, demonstram a conduta ilícita, ante violação ao disposto no art. 1.288 do Código Civil, impõe-se a procedência do pedido indenizatório, nos limites da pretensão recursal, pelos danos materiais e morais suportados pelo Autor em decorrência do *eventus damni*" (TJMG, Apelação Cível 2213112-02.2007.8.13.0433, 16.ª Câmara Cível, Montes Claros, Rel. Desig. Des. José Marcos Vieira, j. 27.10.2010, *DJEMG* 17.12.2010).

Não se pode negar, assim, que o preceito em estudo deve ser analisado sob o prisma da função social da propriedade, como reconheceu julgado do Superior Tribunal de Justiça de 2019: "o art. 1.288 do CC/02 há de ser interpretado à luz do princípio constitucional da função social, que qualifica a propriedade como uma relação jurídica complexa, em que se estabelecem direitos e deveres recíprocos, a partir da articulação entre o interesse do titular e a utilidade social". Ao final, entendeu-se, de forma correta, o seguinte:

> "O prédio inferior é obrigado a tolerar o fluxo de águas pluviais apenas quando este decorrer da ação da natureza; do contrário, havendo atuação humana no prédio superior que, de qualquer forma, interfira no curso natural das águas pluviais, causando prejuízo ao proprietário ou possuidor do prédio inferior, a este será devida a respectiva indenização. Hipótese em que, embora os recorrentes não tenham realizado obras no imóvel, ficou comprovado que a atividade de pasto por eles exercida no prédio superior provocou o agravamento da condição natural e anterior do prédio inferior, surgindo, pois, o dever de indenizar" (STJ, REsp 1.589.352/PR, 3.ª Turma, Rel. Min. Nancy Andrighi, j. 02.04.2019, *DJe* 04.04.2019).

Nos casos de escoamento artificial de águas, de um prédio superior para outro inferior, poderá o dono deste reclamar que se desviem, ou se lhe indenize o prejuízo que sofrer. Da indenização será deduzido o valor do benefício obtido, conforme preconiza o art. 1.289 do CC, incluído seu parágrafo único. O dispositivo vem recebendo críticas contundentes da doutrina contemporânea. Para Marco Aurélio Bezerra de Melo:

> "A norma transcrita representa um retrocesso à concepção individualista da propriedade quiratária, pois permite que o dono do prédio inferior exija o desvio das águas artificial-mente canalizadas pelo dono do prédio superior. Isso pode inviabilizar, eventualmente, uma melhor exploração do prédio superior. Expliquemos melhor. Pode acontecer de o dono do prédio superior ter realizado com outra pessoa a canalização de águas, mediante a servidão predial de aqueduto (art. 1.378) a fim de plantar arroz e não encontre outra forma de escoar as águas que não seja para prédio inferior. Se este exigir o desvio das águas, tornará impossível o plantio da referida cultura" (*Direito das coisas...*, 2007, p. 199).

Em certo sentido, tem razão o desembargador carioca, que propõe a aplicação do art. 92 do Código de Águas pelo qual "mediante indenização, os donos dos prédios inferiores, de acordo com as normas da servidão legal de escoamento, são obrigados a receber as águas das nascentes artificiais".

Entretanto, outra solução seria o enquadramento da hipótese no art. 1.286 do CC/2002, que trata da passagem de tubulações. Por esse caminho, a passagem pode ser tida como obrigatória, levando-se em conta a finalidade social dos imóveis envolvidos.

O art. 1.290 da codificação material privada trata das nascentes das águas e do escoamento das águas pluviais. Determina esse comando legal que o proprietário de nascente, ou do solo onde caem águas pluviais, satisfeitas as necessidades de seu consumo, não pode impedir ou desviar o curso natural das águas remanescentes pelos prédios inferiores. As nascentes são conceituadas pelo art. 89 do Código de Águas nos seguintes termos: "consideram-se 'nascentes' para os efeitos deste Código, as águas que surgem naturalmente ou por indústria humana, e correm dentro de um só prédio particular, e ainda que o transponham, quando elas não tenham sido abandonadas pelo proprietário do mesmo".

Confrontando-se as duas normas, percebe-se que a regra do Código Civil está de acordo com o que consta do art. 90 do Código de Águas, pelo qual "o dono do prédio onde houver alguma nascente, satisfeitas as necessidades de seu consumo, não pode impedir o curso natural das águas pelos prédios inferiores".

Em conclusão do que consta de todos esses dispositivos, o proprietário do imóvel da nascente é obrigado a permitir o escoamento das águas pelos prédios inferiores, pois o curso de água que do seu imóvel surge tem importante finalidade social. Essa preocupação com a coletividade também inspira o art. 94 do Código de Águas, segundo o qual o proprietário de uma nascente não pode desviar o seu curso quando desta se abasteça uma população.

Vale dizer que o mesmo raciocínio de permissão serve, nos termos do Código Civil, para as águas pluviais, aquelas decorrentes das chuvas, conforme dispõe o art. 102 do Código das Águas. Prevê ainda o Decreto-lei 24.643/1934 que as águas pluviais pertencem ao dono do prédio onde caírem diretamente, podendo ele dispor delas à vontade, salvo existindo direito em sentido contrário (art. 103, *caput*).

A ressalva feita pela norma é que ao dono do prédio onde caírem as águas pluviais não é permitido: 1.º) desperdiçar essas águas em prejuízo dos outros prédios que delas se possam aproveitar, sob pena de indenização aos proprietários dos mesmos; 2.º) desviar essas águas de seu curso natural para lhes dar outro, sem consentimento expresso dos donos dos prédios que irão recebê-las (art. 103, parágrafo único, do Decreto 24.643/1934).

A vedação da poluição das águas, como estabelece o § 1.º do art. 1.228 do CC/2002, consta igualmente do seu art. 1.291, pelo qual o possuidor do imóvel superior não poderá poluir as águas indispensáveis às primeiras necessidades da vida dos possuidores dos imóveis inferiores. A parte final do último dispositivo é altamente criticável, pois expressa que "(...) as demais, que poluir, deverá recuperar, ressarcindo os danos que estes sofrerem, se não for possível a recuperação ou o desvio do curso artificial das águas".

Ora, a lei está admitindo, em sua literalidade, a possibilidade de poluição de águas, tidas como *não essenciais*, algo inadmissível em tempos atuais, diante da constante preocupação com o Bem Ambiental, o que culmina na adoção dos princípios da *precaução* e da *prevenção*.

Nesse contexto, o dispositivo acaba por ferir a ampla proteção legislativa do meio ambiente, sobretudo a que consta do art. 225 da Constituição e da Lei 6.938/1981. Por isso, entendo que o comando legal deveria ser imediatamente revogado, em razão de sua inconstitucionalidade, ou mesmo ter a sua redação alterada. Atualmente, nem a sua parte inicial pode ser *salva*, uma vez que não se pode admitir a poluição de quaisquer águas, eis que todas são essenciais ao mundo contemporâneo. Como bem adverte o Ministro do Supremo Tribunal Federal Luiz Edson Fachin:

> "A mercantilização do dano ambiental que coroa a interpretação equivocada do princípio do 'poluidor-pagador' pode conduzir a conclusões como surgem da literalidade do art. 1.291: somente é proibida a poluição das águas indispensáveis à sobrevivência; quanto às demais, haveria uma pretensa 'faculdade', desde que com posterior reparação do prejuízo. Em uma sociedade na qual tudo teria valor de troca, poder-se-ia 'comprar' o 'direito' de

poluir, com a *reificação* total do próprio meio ambiente. Essa hermenêutica – que pode decorrer da redação pouco elogiável do Código Civil – não é aceitável. A ilicitude da poluição se estende tanto ao possuidor que polui águas essenciais como àquele que polui águas não indispensáveis à vida dos possuidores dos prédios inferiores. Trata-se de um juízo que extrapola interesses individuais de natureza econômica, dizendo respeito à manutenção de um meio ambiente equilibrado" (FACHIN, Luiz Edson. Direitos de vizinhança..., *Questões...,* 2004, p. 205).

Para tentar *salvar* o comando legal, na *III Jornada de Direito Civil*, aprovou-se o Enunciado n. 244 do CJF/STJ, prevendo que "o art. 1.291 deve ser interpretado conforme a Constituição, não sendo facultada a poluição das águas, quer sejam essenciais ou não às primeiras necessidades da vida". Um dos autores da proposta que gerou o enunciado doutrinário é o desembargador do Tribunal de Justiça do Estado do Rio de Janeiro e doutrinador Marco Aurélio Bezerra de Melo, coautor do nosso *Código Civil comentado,* que, em síntese, assim fundamentou suas conclusões:

> "Através do artigo em tela, estabeleceu o legislador como limite quantitativo e qualitativo para a descarga de quaisquer rejeitos, as águas indispensáveis às primeiras necessidades da vida dos possuidores dos imóveis inferiores. Quanto às demais águas, eventualmente poluídas, ou seja, sem concorrência de culpa, trouxe a lume o princípio de direito ambiental denominado 'poluidor-pagador', incumbindo ao particular ou empresa poluidora o custo total da despoluição provocada. (...)
>
> O artigo em tela refere-se ao possuidor, dando ênfase, portanto, àquele que usa efetivamente o bem, explorando-o economicamente, podendo o mesmo confundir-se com a pessoa do proprietário, ou com a de qualquer outro possuidor em nome próprio ou alheio. Por outro lado, os tribunais têm entendido que a legitimidade para figurar no polo ativo da demanda é daquele que assume a qualidade de 'vizinho' prejudicado pela interferência nociva das águas particulares, seja possuidor ou detentor a qualquer título (v. Fachin, *Código Civil*, p. 109).
>
> Hoje, no entanto, sabemos que os recursos naturais não são inesgotáveis, e que o desenvolvimento e o progresso dependem tanto de uma indústria forte e moderna, quanto da pureza da água dos rios públicos ou particulares, mantendo-se a integridade dos ecossistemas naturais. O direito ao meio ambiente sadio é direito fundamental previsto no art. 225 da Constituição da República, cabendo não só ao Estado defendê-lo, mas cada um tem o direito de exigir do Estado e de terceiros que se abstenham de agressões ao mesmo. A poluição capaz de afetar a vida dos possuidores contíguos ao imóvel poluente afeta ainda equilíbrio ecológico de grande área, daí porque o conceito de 'ambiente' em casos tais deverá ser chamado a servir de solução, ampliando o conteúdo das normas de direito estritamente privado".

As razões do jurista citado estão perfeitamente corretas, pois, quando se fala em Direito Ambiental, deve ser dada absoluta prioridade à precaução, não sendo admitida, em qualquer hipótese, a facultatividade da poluição. Por isso, talvez, o melhor caminho seja reconhecer a inconstitucionalidade do art. 1.291 do CC/2002 ou alterar o seu conteúdo.

Exatamente nesse sentido, de alteração do conteúdo da norma, no Projeto de Reforma do Código Civil, elaborado pela Comissão de Juristas nomeada no âmbito do Senado Federal, sugere-se que passe a prever o seguinte: "o possuidor do imóvel superior não poderá poluir as águas que correm, natural ou artificialmente, para os imóveis inferiores". Além dessa proibição peremptória, o seu novo parágrafo único passará a enunciar que, "em caso de poluição das águas que correm, deverá o possuidor promover a devida recuperação ambiental, sem prejuízo da indenização cabível e de eventuais sanções administrativas e criminais". Com isso, o comando passará a *dialogar* perfeitamente com a legislação ambiental e também com a Constituição Federal de 1988.

Superado o estudo desse polêmico dispositivo, dispõe o art. 1.292 do atual Código Privado que o proprietário tem o direito de construir barragens, açudes, ou outras obras para represamento de água em seu prédio. Se as águas represadas invadirem prédio alheio, será o seu proprietário indenizado pelo dano sofrido, deduzido o valor do benefício obtido. Mais uma vez deve ser dito que o direito de construção ou represamento não pode gerar danos ao meio ambiente, havendo necessidade da fiscalização das atividades pelas autoridades administrativas, com o Estudo de Impacto Ambiental (EIA) e o Relatório de Impacto ao Meio Ambiente (RIMA).

O art. 1.293 do Código Civil de 2002 trata do direito à construção do *aqueduto*, canais de recebimento ou transporte das águas. É a redação literal do dispositivo:

> "Art. 1.293. É permitido a quem quer que seja, mediante prévia indenização aos proprietários prejudicados, construir canais, através de prédios alheios, para receber as águas a que tenha direito, indispensáveis às primeiras necessidades da vida, e, desde que não cause prejuízo considerável à agricultura e à indústria, bem como para o escoamento de águas supérfluas ou acumuladas, ou a drenagem de terrenos.
>
> § 1.º Ao proprietário prejudicado, em tal caso, também assiste direito a ressarcimento pelos danos que de futuro lhe advenham da infiltração ou irrupção das águas, bem como da deterioração das obras destinadas a canalizá-las.
>
> § 2.º O proprietário prejudicado poderá exigir que seja subterrânea a canalização que atravessa áreas edificadas, pátios, hortas, jardins ou quintais.
>
> § 3.º O aqueduto será construído de maneira que cause o menor prejuízo aos proprietários dos imóveis vizinhos, e a expensas do seu dono, a quem incumbem também as despesas de conservação".

Da leitura do comando legal, a conclusão é que o aqueduto deve atender a uma função social. Isso não afasta a possibilidade de fixação de uma indenização em favor dos vizinhos, se a sua instituição gerar prejuízos a outrem. O *princípio da menor onerosidade* também deve reger o instituto, o que resta claro pela sua instituição subterrânea. Conforme reconhece recente acórdão do Superior Tribunal de Justiça sobre o tema, que merece destaque:

> "Os direitos de vizinhança são manifestação da função social da propriedade, caracterizando limitações legais ao próprio exercício desse direito, com viés notadamente recíproco e comunitário. O que caracteriza um determinado direito como de vizinhança é a sua imprescindibilidade ao exercício do direito de propriedade em sua função social. O direito à água é um direito de vizinhança, um direito ao aproveitamento de uma riqueza natural pelos proprietários de imóveis que sejam ou não abastecidos pelo citado recurso hídrico, haja vista que, de acordo com a previsão do art. 1.º, I e IV, da Lei 9.433/97, a água é um bem de domínio público, e sua gestão deve sempre proporcionar o uso múltiplo das águas. Se não existem outros meios de passagem de água, o vizinho tem o direito de construir aqueduto no terreno alheio independentemente do consentimento de seu vizinho; trata-se de imposição legal que atende ao interesse social e na qual só se especifica uma indenização para evitar que seja sacrificada a propriedade individual" (STJ, REsp 1.616.038/RS, 3.ª Turma, Rel. Min. Nancy Andrighi, j. 27.09.2016, *DJe* 07.10.2016).

Assim, nota-se que o regime do *aqueduto* instituído pelo Código Civil passou a ser o mesmo da passagem de cabos e tubulações, ou seja, próximo à passagem forçada, pois preceitua o art. 1.294 do CC que "aplica-se ao direito de aqueduto o disposto nos arts. 1.286 e 1.287".

Em conclusão, o que se percebe é que também o aqueduto deixou de ser uma simples servidão, como dispunham os arts. 117 a 138 do Código de Águas. Essa mudança de regime, passando a existir um sentido obrigatório, foi reconhecida na *III Jornada de Direito Civil*, com a aprovação do Enunciado n. 245, prevendo que, "embora omisso acerca da possibilidade de canalização forçada de águas por prédios alheios, para fins industriais ou agrícolas, o art. 1.293 não exclui a possibilidade da canalização forçada pelo vizinho, com prévia indenização aos proprietários prejudicados". Merecem destaque as razões do enunciado, proposto pela Defensora Pública do Rio de Janeiro Ana Rita Vieira Albuquerque:

> "Ainda que não conste expressamente da norma, demonstrada que seja, diante do caso concreto, a necessidade do proprietário de determinado imóvel de canalização das águas através da propriedade alheia para fins agrícolas ou industriais, poderá o juiz ponderar acerca dos interesses em jogo, e dar à água a destinação mais consentânea à função social da propriedade e ao bem comum de acordo com as prioridades estabelecidas pelas leis especiais que regem a matéria. Assinale-se, no entanto, que nos termos do art. 20 da Lei que rege a Política Nacional de Irrigação, Lei 6.662/1979, alterada pela Lei 8.657/1993 o uso das águas públicas, para irrigação e atividades decorrentes, por pessoas físicas ou jurídicas, dependerá de prévia concessão ou autorização do Ministério do Interior. O regime de outorga de direitos de uso de recursos hídricos por parte do Poder Público, deve assegurar o controle quantitativo e qualitativo dos usos da água e o direito de acesso à água (Lei 9.433/1997, art. 11). Os usos preponderantes da água são classificados pela Resolução CONAMA 20/1986 em função da qualidade estabelecida, sendo certo que a prioridade é a do abastecimento doméstico, dispondo o art. 1.º, III, da Lei 9.433/1997, que, 'em situações de escassez, o uso prioritário dos recursos hídricos é o consumo humano e a dessedentação dos animais'. Quanto ao setor agrícola é contemplado pela Lei 8.171/1991, que estabelece a política agrícola, dispondo o art. 85, IV, quanto à irrigação e à drenagem que 'compete ao Poder Público apoiar estudos para a execução de obras de infraestrutura e outras relevantes ao aproveitamento das bacias hidrográficas, áreas de rios perenizados ou vales irrigáveis, com vista na melhor e mais racional utilização das águas para irrigação'. Diante dos dados estimativos de que a produção de alimentos deverá dobrar até 2.020 para satisfazer o aumento populacional, não se pode desprezar a importância da canalização da água para facilitar a exploração agrícola e industrial, principalmente através dos sistemas de irrigação, modernizando a agricultura e suprindo nossas necessidades no mercado interno e externo".

Em complemento, na *VII Jornada de Direito Civil*, realizada em 2015, foi aprovado enunciado segundo o qual "na redação do art. 1.293, 'agricultura e indústria' não são apenas qualificadores do prejuízo que pode ser causado pelo aqueduto, mas também finalidades que podem justificar sua construção" (Enunciado n. 598). O objetivo do enunciado doutrinário é afastar um erro técnico redacional no comando, conforme se retira das suas justificativas. Vejamos o seu texto:

> "Houve um erro de revisão no art. 1.293 do Código Civil durante sua tramitação no Senado: onde se lê '(...) e, desde que não cause prejuízo considerável à agricultura e à indústria, bem como para o escoamento de águas (...)', deve-se ler '(...) e, desde que não cause prejuízo considerável, à agricultura e à indústria, bem como para o escoamento de águas(...)'. O art. 1.293, da maneira em que inicialmente aprovado pela Câmara dos Deputados, possuía uma vírgula depois da palavra 'considerável'. Assim, aquedutos poderiam ser instituídos para quatro finalidades: (a) primeiras necessidades, (b) agricultura e indústria, (c) escoamento de águas e (d) drenagem de terrenos. O parâmetro do 'prejuízo considerável' foi sugerido pelo Dep. Francisco Amaral (Emenda n. 675 da Câmara) como meio de impedir

que, em todas essas quatro hipóteses, a construção de aquedutos pudesse causar lesões sérias ao direito de propriedade de terceiros. O Relator Especial da matéria aceitou essa emenda em parte: manteve o critério do 'prejuízo considerável' para as hipóteses (b), (c) e (d), mas deliberadamente retirou a hipótese (a) ('primeiras necessidades') de seu alcance. Com esse conteúdo, o texto foi aprovado pelos Deputados. O Sen. Josaphat Marinho, na revisão ortográfica geral que fez no Projeto de Código Civil (Emenda n. 332 do Senado), enganou-se ao ajustar o art. 1.293: pensando que a vírgula que estava entre 'considerável' e 'à agricultura' era redundante, ele retirou-a. Essa vírgula, contudo, não deveria ter sido suprimida: ela era crucial para que o texto do art. 1.293 tivesse o sentido que os demais parlamentares queriam atribuir a ele".

O Projeto de Reforma do Código Civil pretende corrigir esse equívoco, além de retirar do *caput* a menção às águas que sejam "indispensáveis às primeiras necessidades da vida", pois atualmente todas elas cumprem com esse requisito, tendo em vista a proteção do bem ambiental, de índole constitucional (art. 225 da CF/1988), que abrange os recursos hídricos.

Nesse contexto, o *caput* do seu art. 1.293 passará a prever que "é permitido a quem quer que seja, mediante o pagamento de prévia indenização aos proprietários prejudicados, construir canais, através de prédios alheios, para receber as águas a que tenha direito, bem como canais para o escoamento ou drenagem de águas excedentes". Na sequência, o seu § 1º preverá que "ao proprietário prejudicado, em tais casos, assiste direito à reparação pelos danos que futuramente lhe advenham da infiltração ou irrupção das águas, bem como da deterioração das obras destinadas a canalizá-las". São mantidas as regras previstas nos §§ 2º e 3º do comando, a respeito da exigência de canalização subterrânea e da menor onerosidade. Por fim, nos termos do novo § 4º, "sem prejuízo da indenização devida ao prejudicado, o aqueduto poderá ser ampliado para o melhor atendimento às necessidades da agricultura, da pecuária e da indústria, conforme as circunstâncias do caso". Com isso, são afastados os problemas atuais existente na norma.

Feitas tais considerações, ainda no que concerne ao *aqueduto*, determina o art. 1.295 do CC em vigor que ele não impedirá que os proprietários cerquem os imóveis e construam sobre ele, sem prejuízo para a sua segurança e conservação. Obviamente que essas obras, sendo necessárias para que o aqueduto cumpra sua função social, não podem ser impedidas. Desse modo, prevê o mesmo comando legal que os proprietários dos imóveis poderão usar das águas do aqueduto para as primeiras necessidades da vida.

Também é de se duvidar da constitucionalidade da redação do *caput* do art. 1.296 do CC, pelo qual, "havendo no aqueduto águas supérfluas, outros poderão canalizá-las, para os fins previstos no art. 1.293, mediante pagamento de indenização aos proprietários prejudicados e ao dono do aqueduto, de importância equivalente às despesas que então seriam necessárias para a condução das águas até o ponto de derivação". O parágrafo único do dispositivo estabelece que terão preferência quanto a essas *águas supérfluas* os vizinhos que sejam proprietários dos imóveis atravessados pelo aqueduto.

As dúvidas que surgem são as seguintes: diante da escassez de água que atinge o Planeta Terra, existem realmente *águas supérfluas*? A redação do dispositivo não fere a proteção constante do art. 225 da Constituição Federal de 1988?

A lesão à proteção ambiental resta clara na atual redação da norma. Mas, talvez, como supérfluas poderiam se enquadrar as águas poluídas. Entretanto, é imperioso apontar que as ciências têm encontrado meios de sua despoluição. De qualquer forma, salvando o dispositivo, há quem entenda que essas águas são aquelas excedentes, não essenciais para o titular do direito de aqueduto e, sendo assim, podem ser utilizadas pelos vizinhos (MELO, Marco Aurélio Bezerra de. *Direito das coisas...*, 2007, p. 201).

Mais uma vez, parece-me que o melhor caminho é o de reconhecer a inconstitucionalidade do art. 1.296 do CC/2002, por lesão à proteção ambiental prevista no art. 225 da CF/1988; o que o comando seja alterado.

No Projeto de Reforma do Código Civil adota-se o último caminho, sugerindo a Comissão de Juristas que o seu art. 1.296 passe a enunciar o seguinte: "havendo no aqueduto águas excedentes, outros poderão canalizá-las, para os fins previstos no art. 1.293, mediante o pagamento de indenização aos proprietários prejudicados e ao dono do aqueduto, de importância equivalente às despesas que então seriam necessárias para a condução das águas até o ponto de derivação".

Penso que a proposição é interessante, cabendo a sua apurada análise pelo Parlamento Brasileiro.

4.6 DOS LIMITES ENTRE PRÉDIOS E DO DIREITO DE TAPAGEM

Superado o tratamento das águas, o Código Civil de 2002 traz regras relativas ao limite entre prédios – em que realmente surgem vários confrontos entre os vizinhos –, e o *direito de tapagem*, que vem a ser o direito que o proprietário de um imóvel tem de cercar, murar, valar e tapar de qualquer modo o seu prédio urbano ou rural, nos termos do *caput* do art. 1.297 do Código Civil.

Em continuidade, prevê ainda o último dispositivo citado que o proprietário pode constranger o seu confinante a proceder com ele à demarcação entre os dois prédios, a aviventar rumos apagados e a renovar marcos destruídos ou arruinados, repartindo-se proporcionalmente entre os interessados as respectivas despesas.

Em suma, o artigo reconhece, em sua segunda parte, a possibilidade da *ação demarcatória*, assegurada ao proprietário, nos termos do art. 946, inc. I, do CPC/1973 e repetido pelo art. 569, inc. I, do CPC/2015: "para obrigar o seu confinante a estremar os respectivos prédios, fixando-se novos limites entre eles ou aviventando-se os já apagados". A ação demarcatória continua a seguir o procedimento ou rito especial, na esteira das regras constantes entre os arts. 574 a 587 do CPC/2015, equivalentes, com alterações e supressões, aos arts. 950 a 966 do CPC/1973.

O § 1.º do art. 1.297 do CC/2002 dispõe a existência de um *condomínio necessário* entre os proprietários confinantes relativo aos intervalos, muros, cercas e os tapumes divisórios, sebes vivas, cercas de arame ou de madeira, valas ou banquetas – *tapumes comuns* ou *ordinários*.

Nesse ponto da matéria é importante fazer menção às *ofendículas*, que para Washington de Barros Monteiro constituem elementos predispostos a lesar, ferir ou ofender caso alguém pretenda ingressar na propriedade alheia, o que constituíram *defesas preventivas*. Como exemplos, podem ser citadas as colocações de cacos de vidro em cima de muros, de grades de ferro com lanças ou mesmo das atuais cercas elétricas (*Curso...*, 2003, v. 3, p. 159). Para a maioria da doutrina do Direito Penal, tais instrumentos são considerados como hipóteses de *legítima defesa preordenada*. Na visão civil, em regra, esses instrumentos representam o exercício regular de um direito, no caso do direito de propriedade (art. 188, inc. I, do CC). Todavia, o art. 187 do CC serve como parâmetro, para que as *ofendículas* não constituam abuso de direito, gerando o dever de indenizar. Aprofundando, na hipótese fática de uma cerca elétrica colocada nos limites de um imóvel, é interessante que o proprietário que a introduziu como proteção afixe uma placa informando do perigo. O dever de informar, como se sabe, é anexo à boa-fé objetiva, um dos requisitos legais para a configuração do abuso de direito.

Voltando ao § 1.º do art. 1.297 do CC/2002, é importante salientar que a norma traz uma presunção relativa desse condomínio necessário, pois se admite prova em contrário (presunção *iuris tantum*). Conforme o trecho final do dispositivo, os condôminos são obrigados, de conformidade com os costumes da localidade, a concorrer, em partes iguais, para as despesas de sua construção e conservação. Na trilha de aresto do Tribunal da Cidadania, do ano de 2013, "o caso concreto, a Corte de origem afastou a aplicação, no caso dos autos, do artigo 1.297, § 1.º, do Código Civil, pois restou comprovado que o muro divisório dos imóveis dos litigantes estava sob o cuidado dos Recorrentes, consignando, ainda, que a regra insculpida em referido dispositivo legal é meramente relativa, podendo ser ilidida por prova em contrário, como ocorreu na espécie" (STJ, AgRg no AREsp 399.367/ES, 3.ª Turma, Rel. Min. Sidnei Beneti, j. 21.11.2013, *DJe* 06.12.2013).

Entretanto, mais recentemente, em 2023, o mesmo Tribunal Superior concluiu pela imposição da divisão das despesas relativas ao muro divisório, uma vez que "o direito de tapagem disposto do art. 1.297 do Código Civil prevê o direito ao compartilhamento de gastos decorrentes da construção de muro comum aos proprietários lindeiros" (STJ, REsp 2.035.008/SP, 4.ª Turma, Rel. Min. Maria Isabel Gallotti, j. 02.05.2023, *DJe* 05.05.2023, v.u.). Foi afastada a necessidade de acordo prévio para a divisão dessas despesas, que pode ser imposta pelo julgador.

Como novidade na lei material, frente ao Código Civil de 1916, o § 2.º do art. 1.297 do CC/2002 determina que as sebes vivas, as árvores, ou plantas quaisquer, que servem de marco divisório, só podem ser cortadas, ou arrancadas, de comum acordo entre proprietários. Apesar desse reconhecimento legislativo, note-se que as sebes, as árvores e as plantas fazem parte da fauna, não sendo tolerável, em regra, a sua destruição, diante da proteção do Bem Ambiental.

O § 3.º do art. 1.297 admite a construção de *tapumes especiais* para impedir a passagem de animais de pequeno porte, ou para outro fim. Essa construção pode ser exigida de quem provocou a necessidade deles, pelo proprietário, que não está obrigado a concorrer para as despesas.

O que se percebe, portanto, nos termos da norma jurídica, é que os *tapumes comuns* envolvem as divisórias em geral, caso das cercas e muros que dividem a propriedade, havendo divisão das despesas pelos confinantes. Já os *tapumes especiais* são aqueles que vedam a passagem dos animais, devendo arcar por eles os proprietários dos bens semoventes. Ilustrando os últimos podem ser citados os mata-burros e as cercas de arame que vedam a passagem de aves (DINIZ, Maria Helena. *Código Civil...*, 2005, p. 1.044).

Encerrando o tratamento do direito de tapagem, sendo confusos os limites entre as propriedades, em falta de outro meio, se determinarão de conformidade com a posse justa (art. 1.298 do CC). Pelo mesmo comando legal, não sendo essa posse justa provada, o terreno contestado se dividirá por partes iguais entre os prédios, ou, não sendo possível a divisão cômoda, se adjudicará a um deles, mediante indenização ao outro.

Assim, a prioridade é a definição dos limites pela posse justa (art. 1.200 do CC/2002). Não havendo tal prova, haverá determinação, em ação demarcatória, da linha divisória das propriedades. Isso fica claro pelo que consta dos arts. 578 a 581 do CPC/2015 – correspondentes, com poucas modificações, aos arts. 955 e 958 do CPC/1973 –, que tratam da referida demanda, a saber:

"Art. 578. Após o prazo de resposta do réu, observar-se-á o procedimento comum.

Art. 579. Antes de proferir a sentença, o juiz nomeará um ou mais peritos para levantar o traçado da linha demarcanda.

Art. 580. Concluídos os estudos, os peritos apresentarão minucioso laudo sobre o traçado da linha demarcanda, considerando os títulos, os marcos, os rumos, a fama da vizinhança, as informações de antigos moradores do lugar e outros elementos que coligirem.

Art. 581. A sentença que julgar procedente o pedido determinará o traçado da linha demarcanda.

Parágrafo único. A sentença proferida na ação demarcatória determinará a restituição da área invadida, se houver, declarando o domínio ou a posse do prejudicado, ou ambos".

Percebe-se que o trabalho será de engenharia, a fim de se determinar por trabalho técnico qual a propriedade de cada um. Se a divisão da área não for cômoda, levando-se em conta a função social da propriedade e o caso concreto (particularmente o *animus* dos envolvidos), caberá ação de adjudicação da área por um dos confinantes, sendo indenizado o outro.

4.7 DO DIREITO DE CONSTRUIR

O direito de construir é o último tópico relativo ao direito de vizinhança, surgindo igualmente neste ponto situações conflituosas e endêmicas relativas à propriedade. As regras são detalhadas e, como se verá ao final, envolvem tanto questões materiais quanto processuais. Vejamos.

De início, o Código Civil reconhece ao proprietário, como regra geral, amplos direitos de construir, prevendo o seu art. 1.299 que o proprietário pode levantar em seu terreno as construções que lhe aprouver, salvo o direito dos vizinhos e os regulamentos administrativos. Quanto aos direitos de vizinhos, podem ser citados os limites constantes do art. 1.228, § 2.º (configuração do abuso de direito), e do art. 1.277 do Código Civil (uso anormal da propriedade).

No que concerne aos regulamentos administrativos, cite-se o plano diretor, que visa à organização das cidades, conforme dispõe o Estatuto da Cidade (Lei 10.257/2001). Em todos os casos, não se pode esquecer que as funções social e socioambiental da propriedade também representam claras restrições ao direito de construir (arts. 5.º, incs. XXII e XXIII, 225 da CF/1988 e 1.228, § 1.º, do CC/2002).

Em todas as hipóteses envolvendo abusos no direito de construir caberá, por parte do proprietário prejudicado, a *ação demolitória*, que seguia rito ordinário, atual procedimento comum, na vigência do CPC de 2015 (art. 318). Isso sem prejuízo de outras medidas processuais, caso da ação de nunciação de obra nova, da ação reivindicatória, das ações possessórias, da ação de obrigação de fazer e de não fazer, ou mesmo da ação de indenização pelos danos sofridos.

Pois bem, após essa regra geral, que já traz claras limitações, o que se percebe nos demais dispositivos relativos ao tema são específicas restrições ao direito de construir.

Isso fica claro pelo teor do art. 1.300 do CC/2002, pelo qual o proprietário construirá de maneira que o seu prédio não despeje águas, diretamente, sobre o prédio vizinho. O dispositivo tem um sentido mais amplo do que o art. 575 do CC/1916, seu correspondente, que previa: "o proprietário edificará de maneira que o beiral do seu telhado não despeje sobre o prédio vizinho, deixando entre este e o beiral, quando por outro modo o não possa evitar, um intervalo de 10 (dez) centímetros, pelo menos".

308 | DIREITO CIVIL • VOL. 4 – *Flávio Tartuce*

O objetivo de ambas as normas, de hoje e de outrora, é proteger contra o *estilicídio*, que vem a ser o despejo de água, principalmente de chuva, em outra propriedade. A título de exemplo, quanto ao tema, interessante trazer acórdão do Tribunal de Relação de Coimbra, Portugal:

"I – A figura jurídica do 'estilicídio' visa atender às situações criadas pelos proprietários que deixam ficar os beirados dos telhados dos seus prédios urbanos a gotejar sobre prédios vizinhos.

II – Uma vez constituída tal servidão – art. 1365.º do CC – o proprietário do prédio serviente não pode levantar edifício ou construção que impeça esse escoamento das águas pluviais gota a gota, devendo realizar as obras necessárias para que o dito escoamento se faça sobre o seu prédio, sem prejuízo para o prédio dominante.

III – Porém, o dono do prédio beneficiado com a dita servidão não pode agravar essa forma de escoamento, designadamente reunindo essas diversas quedas numa caleira e daí encaminhar as águas para um ponto de queda único" (Tribunal de Relação de Coimbra, Processo 3905/2005, Tribunal Judicial de São Pedro do Sul, Dr. Jaime Ferreira, 31.01.2006).

Em complemento sobre o estilicídio, cabe trazer à ilustração outra decisão portuguesa, agora do Tribunal Judicial de Seia:

"A vocação da figura do abuso do direito tem como objectivo primordial – funcionando como uma 'válvula de segurança' do sistema – obstar à consumação de certos direitos que, embora válidos em tese, na abstracção da hipótese legal, acabam por constituir, quando concretizados, uma clamorosa ofensa da Justiça, entendida enquanto expressão do sentimento jurídico socialmente dominante. Configurará uma situação de abuso do direito se quando alguém, embora legítimo detentor de um determinado direito, formal e substancialmente válido, o exercita circunstancialmente fora do seu objectivo ou da finalidade que justifica a sua existência, em termos que ofendam, de modo gritante, o sentimento jurídico, seja criando uma desproporção objectiva entre a utilidade do exercício do direito e as consequências a suportar por aquele contra quem é invocado, seja prejudicando ou comprometendo o gozo do direito de outrem. A obrigação legal de suportar o escoamento das águas pluviais só existe quando elas caem gota a gota nos prédios ditos servientes. O proprietário pode evitar que a água goteje do seu telhado, por exemplo, conduzindo-a através de algerozes a longo das paredes do prédio, ou dando ao telhado uma inclinação tal que a água pluvial escorra para o terreno do mesmo proprietário, não estando, por isso, obrigado a respeitar o intervalo legal do artigo 1365.º, n.º 1 do C. Civil. Fazendo-o não se constitui servidão de estilicídio sobre o prédio vizinho, precisamente porque não há gotejamento nem recepção de águas pluviais por parte desse prédio. A indemnização atribuída por danos de natureza não patrimonial respeita apenas aos danos que, pela sua gravidade, mereçam a tutela do direito, como é o caso da ofensa dos direitos à integridade física, saúde e qualidade de vida, entre outros, devendo tal danos ser seleccionados com extremo rigor" (Tribunal Judicial de Seia, Apelação 539/08, Portugal, 2.º Juízo, Rel. José Avelino Gonçalves, 11.02.2014).

Protegendo o direito à privacidade, e seguindo o exemplo do que constava do art. 573 do Código Civil de 1916, o art. 1.301 do Código Civil de 2002 prevê que é proibido abrir janelas, ou fazer eirado, terraço ou varanda, a menos de metro e meio do terreno vizinho. Para a Terceira Turma do Superior Tribunal de Justiça trata-se de uma restrição que "possui caráter objetivo, traduzindo verdadeira presunção de devassamento, que não se limita à visão, englobando outras espécies de invasão (auditiva, olfativa e principalmente física)". Assim, "a aferição do descumprimento do disposto na referida regra legal independe da aferição de aspectos subjetivos relativos à eventual atenuação do devassamento visual, se direto ou oblíquo, se efetivo ou potencial" (STJ, Recurso Especial 1.531.094/SP, Rel. Min. Ricardo Villas Bôas Cueva, julgado em outubro de 2016).

Esse dispositivo é aplicado aos imóveis urbanos, pois, nos casos de imóveis rurais, a limitação é de três metros, conforme o art. 1.303 do CC/2002.

Não restam dúvidas de que há uma relação direta entres os comandos de direito da vizinhança e a proteção da vida privada da pessoa natural, nos termos do art. 5.º, inc. X, da Constituição e do art. 21 do Código Civil em vigor. Vários são os julgados em que se reconhece essa proteção da intimidade, cabendo a transcrição dos seguintes:

"Direito de vizinhança. Violação. Ocorrência. Construção de eirado sem observância do recuo legal. Infração ao disposto no artigo 573 do CC. Varanda que invade, em visão, a intimidade da autora. Limitação ao direito de vizinhança. Desnecessidade, porém, de demolição, sendo suficiente a correção da falha, cuja possibilidade foi demonstrada. Recurso parcialmente provido" (TJSP, Apelação Cível 135.348-1, Bananal, Rel. Jorge Almeida, 18.02.1991).

"Direito de vizinhança. Construção. Irregularidades na edificação. Responsabilidade da dona da obra nova, pelos prejuízos causados ao prédio vizinho. Determinação de fechamento em definitivo das janelas que devassam a intimidade do outro imóvel, bem como reparação pela desvalorização do bem no mercado imobiliário. Decisão mantida. Recurso improvido" (TJSP, Apelação Cível 1.024.839-0/0, 35.ª Câmara de Direito Privado, Ubatuba, Rel. José Malerbi, 25.06.2007, v.u., Voto 13.008).

Nesse sentido, continua com plena aplicação a Súmula 120 do Supremo Tribunal Federal, pela qual "parede de tijolos de vidro translúcido pode ser levantada a menos de metro e meio do prédio vizinho, não importando a servidão sobre ele".

Ainda com o objetivo de proteção da intimidade, prevê o § 1.º do art. 1.301 do CC, quanto aos imóveis urbanos, que as janelas cuja visão não incida sobre a linha divisória, bem como as perpendiculares, não poderão ser abertas a menos de setenta e cinco centímetros. Assim prevendo, o Código Civil de 2002 acaba por cancelar a Súmula 414 do Supremo Tribunal Federal, que enunciava: "não se distingue a visão direta da oblíqua na proibição de abrir janela, ou fazer terraço, eirado, ou varanda, a menos de metro e meio do prédio de outrem". Isso porque o Código Civil de 2002 passou a disciplinar, de forma distinta, a visão oblíqua, havendo previsão não a um metro e meio, mas a setenta e cinco centímetros.

Em continuidade, também há distinção quanto às aberturas para luz ou ventilação, pois o § 2.º do art. 1.302 do CC/2002 estabelece que as referidas proibições a elas não se aplicam, desde que as aberturas não sejam maiores de dez centímetros de largura sobre vinte de comprimento e construídas a mais de dois metros de altura de cada piso.

O prazo decadencial para a propositura da ação visando a desfazer a obra em desrespeito ao que consta dos arts. 1.300 e 1.301 (ação demolitória) está previsto no dispositivo seguinte, o art. 1.302 do CC, *in verbis*: "o proprietário pode, no lapso de ano e dia após a conclusão da obra, exigir que se desfaça janela, sacada, terraço ou goteira sobre o seu prédio; escoado o prazo, não poderá, por sua vez, edificar sem atender ao disposto no artigo antecedente, nem impedir, ou dificultar, o escoamento das águas da goteira, com prejuízo para o prédio vizinho".

Conforme julgado do Superior Tribunal de Justiça do ano de 2014, relativo ao comando equivalente no Código Civil de 1916, esse prazo decadencial para a propositura da

310 | DIREITO CIVIL • VOL. 4 – *Flávio Tartuce*

ação demolitória não tem aplicação quando a construção controvertida – uma escada – tiver sido edificada integralmente em terreno alheio. Nos termos da publicação constante do *Informativo* n. *553* da Corte, que merece destaque:

> "Importante esclarecer que o prazo decadencial para propositura de ação demolitória previsto no art. 576 do CC/1916 tem incidência apenas nas situações em que a construção controvertida é erigida no imóvel contíguo e embaraça, de qualquer modo, a propriedade vizinha. A construção de uma escada integralmente em terreno alheio não se amolda ao comando do art. 576 do CC/1916, visto que não há, nesse caso, construção em terreno vizinho de forma suspensa que possa ser equiparada a uma janela, sacada, terraço ou goteira. Ademais, segundo a doutrina, o prazo decadencial previsto no art. 576 tem aplicação limitada às espécies nele mencionadas. Desse modo, em outros casos, que refogem àquelas espécies expressamente tratadas, é possível ajuizar utilmente a ação demolitória ainda que escoado o prazo de ano e dia da obra lesiva, aplicando-se os prazos prescricionais gerais" (STJ, REsp 1.218.605/PR, Rel. Min. Ricardo Villas Bôas Cueva, j. 02.12.2014, *DJe* 09.12.2014).

Feita essa anotação jurisprudencial, como aponta a melhor doutrina contemporânea, a lei acaba por prever uma presunção absoluta de concordância com a obra se a ação não foi proposta no referido prazo (MELO, Marco Aurélio Bezerra de. *Direito das coisas...*, 2007, p. 209). Todavia, como anota Maria Helena Diniz, baseada em jurisprudência, o confinante ainda tem o direito de propor a ação de nunciação de obra nova, "que somente poderá ser deferida durante a construção para obstar que na edificação levantada no prédio vizinho se abra janela a menos de metro e meio da linha divisória ou se faça beiral que deite água no seu terreno (*RTJ* 100:426, *RJTJSP* 66:181, *RT* 551:87, 548:56, *RSTJ* 103:161)" (DINIZ, Maria Helena. *Código Civil...*, 2005, p. 1.048).

Saliente-se que não há previsão de prazo decadencial em se tratando de vãos, ou aberturas para luz, seja qual for a quantidade, altura e disposição, pois o vizinho poderá, a todo tempo, levantar a sua edificação, ou contramuro, ainda que lhes vede a claridade (art. 1.302, parágrafo único, do CC).

Em reforço a toda essa disciplina de organização das cidades, determina o art. 1.304 do CC/2002 que nas cidades, vilas e povoados cuja edificação estiver adstrita a alinhamento, o dono de um terreno pode nele edificar, madeirando na parede divisória do prédio contíguo, se ela suportar a nova construção. Porém, nessa hipótese, o proprietário que assim o procedeu terá de embolsar ao vizinho metade do valor da parede e do chão correspondentes. Trata-se do que se denomina como *direito de travejamento* ou de *madeiramento*, ou seja, de colocar uma trave, viga ou madeira no prédio vizinho nos casos em que há o referido alinhamento.

Na doutrina clássica, o instituto é esclarecido por Washington de Barros Monteiro, em obra devidamente atualizada por Carlos Alberto Dabus Maluf, no seguinte sentido:

> "No art. 1.304 o Código outorga ao proprietário o direito de madeirar na parede divisória do prédio contíguo, caso ela suporte a nova construção. Corresponde esse direito à servidão de meter trave (*de tigni immittendi*) e subordinado está a duas condições: a) que a nova construção se levante em cidade, vila ou povoado; b) que a edificação esteja obrigada a determinado alinhamento. Se não existe este, pode o proprietário edificar pouco mais à frente, ou pouco mais atrás, evitando assim o madeiramento no prédio contíguo, a ser usado apenas como último recurso. Desde que o proprietário venha, porém, a madeirar o prédio adjacente, terá de embolsar o vizinho meio valor da parede e do chão correspondente" (MALUF, Carlos Alberto Dabus. *Curso...*, 2003, v. 3, p. 165).

O *direito de travejamento* ou *de madeiramento* consta ainda do art. 1.305, *caput*, do CC/2002, no tocante à parede-meia, pois segundo esse comando legal, o confinante, que primeiro construir, pode assentar a parede divisória até meia espessura no terreno contíguo, sem perder por isso o direito a haver meio valor dela se o vizinho a travejar, caso em que o primeiro fixará a largura e a profundidade do alicerce. Aplicando a norma do Tribunal Gaúcho:

> "Construção de muro. Parede-meia. Possibilidade. Sendo lícito ao confinante construir sobre parede divisória, se não ultrapassar a meia espessura, e se o fizer primeiro, improcede o pedido de demolição. Exegese do art. 1.305 do Código Civil. Negaram provimento. Unânime" (TJRS, Apelação Cível 496307-24.2012.8.21.7000, 18.ª Câmara Cível, Vacaria, Rel. Des. Pedro Celso Dal Pra, j. 28.02.2013, *DJERS* 06.03.2013).

Reforçando a disciplina da parede-meia ou parede divisória, prevê o parágrafo único do art. 1.305 do Código Civil, que se esta pertencer a um dos vizinhos e não tiver capacidade para ser travejada pelo outro, não poderá este último fazer-lhe alicerce ao pé sem prestar caução àquele, pelo risco a que expõe a construção anterior. Eventualmente, caberá a ação de dano infecto para se exigir a caução.

Em verdade, o que se percebe quanto à parede-meia ou parede divisória de dois imóveis é a existência de um condomínio necessário. Sendo dessa forma, o condômino da parede-meia pode utilizá-la até ao meio da espessura, não pondo em risco a segurança ou a separação dos dois prédios (art. 1.306 do CC). Segundo o mesmo dispositivo, um condômino deve sempre avisar previamente o outro das obras que ali pretende fazer; não pode, sem consentimento do outro, fazer, na parede-meia, armários, ou obras semelhantes, correspondendo a outras, da mesma natureza, já feitas do lado oposto. Tudo isso sem prejuízo das medidas judiciais cabíveis, caso da ação de nunciação de obra nova, da ação de dano infecto ou mesmo da ação demolitória.

A menção ao dever de informar mantém relação com a boa-fé objetiva, e a violação desse dever, havendo obras posteriores, pode gerar a configuração do abuso de direito, nos termos do art. 187 do CC/2002. Sendo assim, a responsabilidade do agente em abuso é objetiva, segundo o que consta do Enunciado n. 37 do CJF/STJ, aprovado na *I Jornada de Direito Civil*, que traduz a posição da doutrina majoritária.

Como novidade no que concerne à parede-meia, frente ao Código de 1916, o art. 1.307 do Código de 2002 introduziu o *direito de alteamento*, que é o direito que tem o proprietário de aumentar a sua altura. De acordo com o último comando legal, qualquer dos confinantes pode altear a parede divisória, se necessário reconstruindo-a, para suportar o alteamento. O confinante que realiza as obras arcará com todas as despesas, o que inclui as de conservação, ou com metade, se o vizinho adquirir meação também na parte aumentada.

A proteção da parede-meia veda que se encoste a ela chaminés, fogões, fornos ou quaisquer aparelhos ou depósitos suscetíveis de produzir infiltrações ou interferências prejudiciais ao vizinho (art. 1.308 do CC). A vedação permite ao proprietário lindeiro que demande a nunciação ou a demolição da obra. Aqui, há um intuito de proteger a sua estrutura, uma vez que a parede-meia tem flagrante função social. Trata-se, em suma, de clara restrição aos direitos dos condôminos necessários. Como exceção, determina o parágrafo único do dispositivo que a vedação não abrange as chaminés ordinárias e os fogões de cozinha.

Para encerrar, cumpre comentar os cinco dispositivos que fecham, no Código Civil, o tratamento do tema relativo ao direito de construir.

O primeiro dispositivo tem relação com a proteção das águas e melhor seria se estivesse situada no tópico que trata do tema. Dispõe o art. 1.309 do CC/2002 que são proibidas construções capazes de poluir, ou inutilizar, para uso ordinário, a água do poço, ou nascente alheia, a elas preexistentes. A norma já constava do Código Civil de 1916 (art. 584) e ganhou reforço pela proteção constitucional do Bem Ambiental (art. 225 da CF/1988).

No mesmo sentido, porém mais específico, o art. 1.310 do Código proíbe que o proprietário faça escavações ou quaisquer obras que tirem ao poço ou à nascente de outrem a água indispensável às suas necessidades normais.

Como outra novidade frente à codificação de 1916, o Código Civil de 2002 veda a realização de obras ou serviços suscetíveis de provocar desmoronamento ou deslocação de terra, ou que comprometa a segurança do prédio vizinho. Nos termos do art. 1.311, *caput*, tais obras somente são possíveis após haverem sido feitas as obras acautelatórias.

Realizada a obra em desrespeito ao que dispõe o dispositivo, serão cabíveis a ação de nunciação de obra nova, de dano infecto ou mesmo a ação demolitória. Sem prejuízo disso, o proprietário do prédio vizinho tem direito a ressarcimento pelos prejuízos que sofrer, não obstante haverem sido realizadas as obras acautelatórias (art. 1.311, parágrafo único, do CC).

A responsabilidade civil, com a aplicação do *princípio da reparação integral dos danos*, é reconhecida como caminho a ser percorrido pelo proprietário prejudicado, sem prejuízo da demolição das construções feitas (art. 1.312 do CC).

Desse modo, além da destruição das obras que infringem as normas civis, o prejudicado pode requerer a reparação dos *danos materiais*, nas categorias de danos emergentes (o que a pessoa efetivamente perdeu) e lucros cessantes (o que a pessoa razoavelmente deixou de lucrar); *danos morais* (lesão a direitos da personalidade) e *danos estéticos* (havendo algum dano físico no caso concreto – Súmula n. 387 do STJ).

Analisando o *estado da arte* do tema no Brasil, esses são os danos reparáveis segundo a nossa jurisprudência. Entretanto, conforme salientado no Volume 2 desta coleção, há uma tendência de ampliação dos *novos danos*, o que inclui os *danos morais coletivos* e dos *danos sociais*, que por igual podem estar caracterizados em decorrência de uma obra ilegal ou ilegítima. Para aprofundamentos, recomenda-se a leitura daquele volume da presente coleção. Reconhecendo o direito de cumulação dos danos, cumpre transcrever decisões jurisprudenciais:

"Dano moral. Responsabilidade civil. Nunciação de obra nova/demolitória c/c indenização. Danos comprovadamente causados ao imóvel do autor em virtude de construção de edifício pelo réu. Autor que teve que se retirar de sua residência com seus familiares, e de lá permanecer afastado por longo período. Caracterização dos danos morais. Indenização fixada com atenção especial para o grande sofrimento do autor e para a também expressiva culpa do causador dos danos. Recurso do réu improvido e provido em parte do autor" (TJSP, Apelação Cível 818.468-00/2, 25.ª Câmara de Direito Privado, São Paulo, Rel. Ricardo Pessoa de Mello Belli, 29.11.2005, v.u., Voto 455).

"Direito de vizinhança. Construção. Ação demolitória de muro divisório cumulada com refazimento ou indenização. Legitimidade passiva 'ad causam' da construtora evidenciada, eis que proprietária do imóvel causador dos danos. Responsabilidade solidária com o corréu que assumiu a obra que, outrossim, auferiu os proveitos da construção, bem como o corréu engenheiro, responsável pelo andamento da construção. Sentença, à guisa do princípio da adstrição ou da congruência, que se mostra 'ultra petita', e que deve ser reduzida aos limites do pedido. Litigância de má-fé não evidenciada. Recurso parcialmente provido" (TJSP, Apelação Cível com Revisão 986.075-0/0, 25.ª Câmara de Direito Privado, São José do Rio Preto, Rel. Des. Antônio Benedito Ribeiro Pinto, 19.09.2006, v.u., Voto 9.201).

Todavia, muitas vezes, como na presente obra foi demonstrado, o que se percebe é que a jurisprudência determina a substituição da demolição pela satisfação das perdas e danos tão somente se isso for possível. O julgado a seguir evidencia muito bem essa tendência:

"Nunciação de obra nova. Construção. Muro na divisa do terreno. Alegação de invasão do imóvel do autor, além de ter prejudicado a passagem de luz e ventilação de seu imóvel. Desacolhimento. Prova pericial firme no sentido de que se o muro lindeiro, em sua extremidade, invadiu a área do autor em 7,0 cm, o terreno deste, em sua testada, adentrou no imóvel do réu em 22 cm, resultando em área invadida pelo autor a maior. Hipótese, ainda, que o prédio do autor tem menos de 1,5 metro de recuo em relação ao muro. Desacordo da construção com as regras pertinentes. Malefícios decorrentes da falta de adequada ventilação e luminosidade que surgiriam de qualquer maneira. Demolição e reconstrução do muro que acarretam maior custo que o pagamento da indenização. Pretensão demolitória substituída para perdas e danos, com perda da faixa de terreno pelos autores. Validade. Limitação do pedido à demolição que não podia subsistir. Ação improcedente. Recurso desprovido" (TJSP, Apelação 831.188-0/3, 35.ª Câmara de Direito Privado, Pereira Barreto, Rel. Mendes Gomes, 19.06.2006, v.u., Voto 10.852).

Como última regra relativa ao direito de vizinhança, o art. 1.313 do atual Código Civil, em decorrência da realização de obras, reconhece que o proprietário ou ocupante é obrigado a tolerar que o vizinho adentre no seu imóvel (*direito de penetração*), desde que haja prévio aviso, nas seguintes hipóteses:

a) Se o vizinho, temporariamente, dele for usar, quando indispensável à reparação, construção, reconstrução ou limpeza de sua casa ou do muro divisório. A título de exemplo, o proprietário deve tolerar a entrada do vizinho para reparos em paredes ou corte de galhos de árvores. Esse *direito de tolerância* é aplicado aos casos de limpeza ou reparação de esgotos, goteiras, aparelhos higiênicos, poços e nascentes e ao aparo de cerca viva (art. 1.313, § 1.º, do CC). Também a ilustrar, do Tribunal Bandeirante: "há previsão legal para que se autorize o vizinho a adentrar em imóvel com o fito de efetuar os necessários reparos na parede e/ou no muro (art. 1.313, I, do Código Civil). Não há prova no sentido de que a realização da pintura irá causar danos a qualquer dos imóveis. São frágeis, a par disso, as alegações de que sua neta correria risco" (TJSP, Apelação 0001668-07.2011.8.26.0653, Acórdão 7629768, 9.ª Câmara Extraordinária de Direito Privado, Vargem Grande do Sul, Rel. Des. Adilson de Araújo, j. 10.06.2014, *DJESP* 24.06.2014).

b) Para o vizinho apoderar-se de coisas suas, inclusive animais que ali se encontrem casualmente. Para ilustrar: o vizinho entra no imóvel de outrem para pegar uma bola de futebol ou um gato perdido. Uma vez sendo entregue a coisa buscada pelo vizinho, o proprietário, por razões óbvias, pode impedir novas entradas no imóvel (art. 1.313, § 2.º, do CC).

Mesmo havendo essa tolerância prevista em lei, se do seu exercício provier dano ao proprietário, terá o prejudicado direito a ressarcimento, aplicando-se o princípio da reparação integral dos danos, cobrindo a indenização dos três tipos de danos reparáveis no Brasil: danos materiais, danos morais e danos estéticos, se for o caso (art. 1.313, § 3.º, do CC).

Ilustrando, imagine-se o caso em que as obras de reparos realizadas pelo vizinho fizeram desmoronar o telhado de uma casa, que veio a atingir os seus proprietários, causando-lhes danos físicos e patrimoniais.

Como derradeira nota sobre o comando, no Projeto de Reforma do Código Civil são feitas propostas de ajustes nesse art. 1.313, especialmente para que os animais não sejam mais tratados como coisas, premissa adotada na proposição de um novo art. 91-A da Lei Geral

Privada. Nesse contexto, a norma passará a prever, de forma separada, que o proprietário ou ocupante do imóvel é obrigado a tolerar que o vizinho entre no prédio, mediante prévio aviso, para: "II – apoderar-se de coisas suas que aí se encontrem casualmente; ou III – resgatar animais de sua propriedade, posse ou detenção que tenham invadido o terreno alheio".

Além disso, o seu § 3º passará a prever a reparação dos danos, e não o seu ressarcimento, expressão mais ampla e que engloba os danos imateriais ou extrapatrimoniais: "se do exercício do direito assegurado neste artigo provier dano, terá o prejudicado direito à sua reparação".

Destaco que são feitas outras proposições no mesmo sentido a respeito da matéria do Direito de Vizinhança, o que vem boa hora, para facilitar a compreensão do tema e a aplicação prática das normas correlatas.

4.8 RESUMO ESQUEMÁTICO

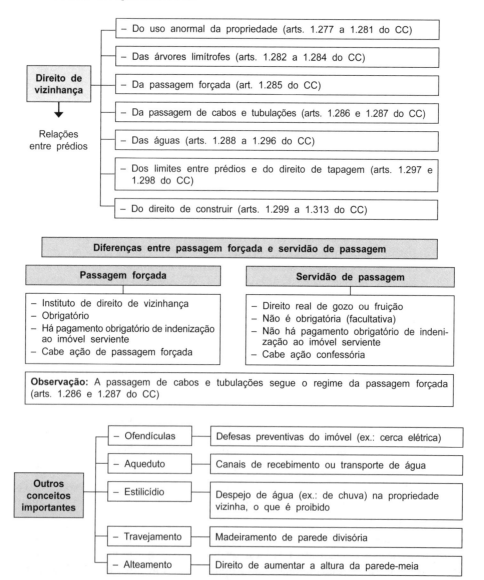

CAP. 4 · DIREITO DE VIZINHANÇA | 315

4.9 QUESTÕES CORRELATAS

01. (PGR – PGR – Procurador da República – 2015) Assinale a alternativa correta:

(A) O direito de passagem forçada não comporta oposição do vizinho, cabendo ao juiz fixar o rumo da passagem de forma mais cômoda e menos onerosa para as partes.

(B) O proprietário do prédio inferior e obrigado a receber as águas naturais e as impróprias provenientes de nascente existente no prédio superior.

(C) O proprietário de prédio urbano ou rural não pode levantar edificações nem abrir janelas a menos de um metro e meio da propriedade vizinha.

(D) O vizinho sempre deve contribuir para as despesas de construção de muro divisório entre as propriedades, independentemente de sua necessidade.

02. (DPE – MT – FGV – Advogado – 2015) Em relação ao direito de vizinhança, assinale a afirmativa correta.

(A) Os frutos caídos de árvore do terreno vizinho pertencem ao dono da árvore, já que são classificados como bens de natureza acessória.

(B) O proprietário ou o possuidor tem direito a exigir do dono do prédio vizinho a demolição ou a reparação deste, quando ameace ruína, bem como que lhe preste caução pelo dano iminente.

(C) O dono do prédio que não tiver acesso à via pública pode constranger o vizinho a lhe dar passagem, independentemente do pagamento de indenização.

(D) Todo aquele que violar as proibições referentes ao direito de vizinhança é obrigado a demolir as construções feitas, sendo dispensada a indenização por perdas e danos.

(E) É defeso abrir janelas, ou fazer terraço ou varanda, a menos de dois metros do terreno vizinho.

03. (VUNESP – Câmara Municipal de Poá/SP – Procurador – 2016) Assinale a alternativa correta sobre a passagem de água sob o enfoque das regras do direito de vizinhança.

(A) O proprietário de nascente, ou do solo onde caem águas pluviais, satisfeitas as necessidades de seu consumo, pode impedir e desviar o curso natural das águas remanescentes pelos prédios inferiores.

(B) O aqueduto impedirá que os proprietários cerquem os imóveis e construam sobre ele, sem prejuízo para a sua segurança e conservação.

(C) O possuidor do imóvel superior não poderá poluir as águas indispensáveis às primeiras necessidades da vida dos possuidores dos imóveis inferiores; as demais, que poluir, deverá recuperar, ressarcindo os danos que estes sofrerem, se não for possível a recuperação ou o desvio do curso artificial das águas.

(D) O dono ou o possuidor do prédio inferior não é obrigado a receber as águas que correm naturalmente do superior, podendo realizar obras que embaracem o seu fluxo.

(E) O proprietário não tem direito de construir barragens, açudes ou outras obras para represamento de água em seu prédio; se as águas represadas invadirem prédio alheio, será o seu proprietário indenizado pelo dano sofrido, deduzido o valor do benefício obtido.

04. (CESPE – TELEBRAS – Advogado – 2015) Acerca do direito de propriedade, julgue o próximo item.

Estende-se ao espaço aéreo e à superfície a obrigação do proprietário de um imóvel de tolerar a passagem, através desse seu bem, de cabos e fiações, aéreos ou subterrâneos, de serviços de utilidade pública realizados em proveito de proprietários vizinhos se não houver outra opção ou se outras opções forem excessivamente onerosas.

05. (TJMG – CONSULPLAN – Titular de Serviços de Notas e de Registros – Provimento – 2017) José da Silva, morador e possuidor do imóvel da Rua Espinosa, 55 é "vizinho de muro" de Pedro Souza, que é dono/proprietário de imóvel na mesma rua no nº 57. A casa de Pedro está sem cuidados, com escoras na parede e na laje, e ele de lá mudou-se por recomendação do corpo de bombeiros, que fez vistoria e concluiu não ter o imóvel "segurança para

316 | DIREITO CIVIL • VOL. 4 – *Flávio Tartuce*

moradia". Ocorre que não deu nenhuma satisfação ao vizinho José da Silva e simplesmente afastou-se do endereço. Nesse caso, é correto afirmar:

(A) José da Silva não tem direito a exigir de Pedro a demolição, ou a reparação do imóvel vizinho e nem que lhe preste caução pelo dano iminente, já que são imóveis separados por muro, cada um tem a sua escritura e respectiva matrícula, não se comunicando as propriedades.

(B) José da Silva tem direito apenas de exigir a reparação do imóvel vizinho, já que não lhe é dado juridicamente interferir sobre demolição de bem alheio e somente o Poder Público Municipal tem Poder de Polícia para impor esse sanção.

(C) José da Silva tem direito a exigir de Pedro a demolição, ou a reparação do imóvel vizinho ou, então, que lhe preste caução pelo dano iminente.

(D) José da Silva somente teria direito a exigir de Pedro a demolição, ou a reparação do imóvel vizinho ou então que lhe preste caução pelo dano iminente do bem, se comprovasse que o vizinho agiu com dolo ou culpa nos danos e avarias que o imóvel apresenta.

06. (Prefeitura de Sorocaba – SP – Procurador do Município – VUNESP – 2018) Assinale a alternativa correta sobre os direitos de vizinhança e sobre a responsabilidade civil de indenizar.

(A) É subjetiva a responsabilidade do condomínio pelos danos provenientes das coisas que dele caírem, ainda que não identificado o autor do ato ilícito.

(B) Os ramos de árvores que ultrapassarem o limite de determinado prédio não poderão ser cortados pelo proprietário do terreno invadido, salvo se o ramo estiver impedindo ou limitando a utilização da propriedade.

(C) Pelo instituto da passagem forçada, proporciona-se passagem adicional a um prédio cujo acesso à via pública seja inconveniente, em razão de sua localização ou de suas dimensões.

(D) O possuidor de determinado imóvel pode exigir do dono do prédio vizinho, quando este ameace desabamento, a prestação de caução pelo dano iminente.

(E) O proprietário ou ocupante de imóvel não é obrigado a tolerar que o vizinho entre em seu prédio para recuperar coisas suas, ainda que mediante aviso prévio.

07. (Prefeitura de Jaguariúna – SP – Procurador Jurídico – Orhion Consultoria – 2018) Sobre o direito de vizinhança, assinale a alternativa CORRETA:

(A) O confinante, que primeiro construir, pode assentar a parede divisória até meia espessura no terreno contíguo, sem perder por isso o direito a haver meio valor dela se o vizinho a travejar, caso em que o primeiro fixará a largura e a profundidade do alicerce.

(B) O dono do prédio que não tiver acesso a via pública, nascente ou porto, pode, sem qualquer contraprestação, constranger o vizinho a lhe dar passagem, cujo rumo será judicialmente fixado, se necessário.

(C) Em se tratando de vãos, ou aberturas para luz, seja qual for a quantidade, altura e disposição, o vizinho poderá, a todo tempo, levantar a sua edificação, ou contramuro, desde que não lhes vede a claridade.

(D) Nas cidades, vilas e povoados cuja edificação estiver adstrita a alinhamento, o dono de um terreno pode nele edificar, madeirando na parede divisória do prédio contíguo, se ela suportar a nova construção; mas terá de embolsar ao vizinho o valor correspondente da parede e do chão correspondentes.

08. (Nosso Rumo – 2017 – CREA-SP – Analista Advogado) Assinale a alternativa INCORRETA acerca dos Direitos de Vizinhança.

(A) O proprietário tem direito a cercar, murar, valar ou tapar de qualquer modo o seu prédio, urbano ou rural, e pode constranger o seu confinante a proceder com ele à demarcação entre os dois prédios, a aviventar rumos apagados e a renovar marcos destruídos ou arruinados, repartindo-se proporcionalmente entre os interessados as respectivas despesas.

(B) Mediante recebimento de indenização que atenda, também, à desvalorização da área remanescente, o proprietário é obrigado a tolerar a passagem, através de seu imóvel, de cabos, tubulações e outros condutos subterrâneos de serviços de utilidade pública, em proveito de proprietários vizinhos, quando de outro modo for impossível ou excessivamente onerosa. O proprietário prejudicado pode

CAP. 4 · DIREITO DE VIZINHANÇA | 317

exigir que a instalação seja feita de modo menos gravoso ao prédio onerado, bem como, depois, seja removida, à sua custa, para outro local do imóvel. Se as instalações oferecerem grave risco, será facultado ao proprietário do prédio onerado exigir a realização de obras de segurança.

(C) O dono do prédio que não tiver acesso à via pública, nascente ou porto, pode, mediante pagamento de indenização cabal facultativo, constranger o vizinho a lhe dar passagem, cujo rumo será judicialmente fixado, se necessário.

(D) Os frutos caídos de árvore do terreno vizinho pertencem ao dono do solo onde caíram, se este for de propriedade particular.

(E) As raízes e os ramos de árvore, que ultrapassarem a estrema do prédio, poderão ser cortados, até o plano vertical divisório, pelo proprietário do terreno invadido.

09. (Direito – IF-MT – 2018) Acerca do direito de construir, nos termos do Código Civil, é incorreto afirmar:

(A) O proprietário pode levantar em seu terreno as construções que lhe aprouver, salvo o direito dos vizinhos e os regulamentos administrativos.

(B) O proprietário construirá de maneira que o seu prédio não despeje águas, diretamente, sobre o prédio vizinho.

(C) É permitido abrir janelas, ou fazer eirado, terraço ou varanda, a menos de metro e meio do terreno vizinho.

(D) As janelas cuja visão não incida sobre a linha divisória, bem como as perpendiculares, não poderão ser abertas a menos de setenta e cinco centímetros.

(E) O proprietário prejudicado poderá exigir que seja subterrânea a canalização que atravessa áreas edificadas, pátios, hortas, jardins ou quintais.

10. (Juiz Leigo – TJ-RN – COMPERVE – 2018) Dona Jura tem um boteco que, há aproximadamente três anos, vem prejudicando o sossego e a tranquilidade do condomínio vizinho. A partir das quartas-feiras, o som ao vivo e o barulho dos clientes festejando impossibilitam a tranquilidade de quem mora no condomínio. Dona Jura possui todas as autorizações para o funcionamento do boteco, inclusive autorização judicial, e cumpre com o determinado pela legislação para conter o barulho do bar. Segundo o Código Civil, o condomínio

(A) tem o direito de fazer cessar as interferências prejudiciais ao sossego daqueles que ali habitam, provocadas pela utilização de propriedade vizinha.

(B) tem de suportar a interferência, considerando-se a natureza da utilização, a localização do prédio, atendidas as normas que distribuem as edificações em zonas e os limites extraordinários de tolerância dos moradores da vizinhança.

(C) tem de suportar a interferência, uma vez que o seu direito não prevalece, já que as interferências são justificadas por interesse público, caso em que o proprietário ou o possuidor, causador delas, pagará ao vizinho indenização cabal.

(D) tem o direito fazer cessar as interferências prejudiciais ao sossego, sendo intolerável a atividade do boteco, mesmo oferecendo medidas alternativas para reduzir seu impacto.

11. (Advogado – COREN-PR – UFPR – 2018) A moradia é um direito fundamental social. As regras relativas aos direitos de vizinhança estão previstas no Código Civil de 2002. Com relação ao assunto, identifique como verdadeiros (V) ou falsos (F) as seguintes afirmativas:

( ) O proprietário ou o possuidor tem direito a exigir do dono do prédio vizinho a demolição, ou a reparação deste, quando ameace ruína, bem como que lhe preste caução pelo dano iminente.

( ) A árvore, cujo tronco estiver na linha divisória entre dois imóveis confinantes, presume-se pertencer ao proprietário do terreno onde as raízes da árvore estiverem fincadas.

( ) Os frutos caídos de árvore do terreno vizinho pertencem ao dono do solo onde caíram, se este for de propriedade particular.

( ) A construção de tapumes especiais para impedir a passagem de animais de pequeno porte deve ter suas despesas repartidas proporcionalmente entre os proprietários dos prédios confinantes.

318 | DIREITO CIVIL • VOL. 4 – *Flávio Tartuce*

Assinale a alternativa que apresenta a sequência correta, de cima para baixo.

(A) V – F – F – V.

(B) F – F – V – F.

(C) V – V – F – V.

(D) F – V – F – V.

(E) V – F – V – F.

12. (Procurador do Município – Prefeitura de Sorocaba – SP – VUNESP – 2018) Assinale a alternativa correta sobre os direitos de vizinhança e sobre a responsabilidade civil de indenizar.

(A) É subjetiva a responsabilidade do condomínio pelos danos provenientes das coisas que dele caírem, ainda que não identificado o autor do ato ilícito.

(B) Os ramos de árvores que ultrapassarem o limite de determinado prédio não poderão ser cortados pelo proprietário do terreno invadido, salvo se o ramo estiver impedindo ou limitando a utilização da propriedade.

(C) Pelo instituto da passagem forçada, proporciona-se passagem adicional a um prédio cujo acesso à via pública seja inconveniente, em razão de sua localização ou de suas dimensões.

(D) O possuidor de determinado imóvel pode exigir do dono do prédio vizinho, quando este ameace desabamento, a prestação de caução pelo dano iminente.

(E) O proprietário ou ocupante de imóvel não é obrigado a tolerar que o vizinho entre em seu prédio para recuperar coisas suas, ainda que mediante aviso prévio.

13. (Titular de Serviços de Notas e de Registros – Remoção – NC-UFPR – TJ-PR – 2019) Sobre os direitos de vizinhança, considere as seguintes afirmativas:

1. Quando as águas, artificialmente levadas ao prédio superior, ou aí colhidas, correrem dele para o inferior, poderá o dono deste reclamar que se desviem, ou se lhe indenize o prejuízo que sofrer.

2. O proprietário de nascente, ou do solo onde caem águas pluviais, satisfeitas as necessidades de seu consumo, poderá impedir, ou desviar o curso natural das águas remanescentes pelos prédios inferiores.

3. O dono ou o possuidor do prédio inferior é obrigado a receber as águas que correm naturalmente do superior, não podendo realizar obras que embaracem o seu fluxo.

4. O proprietário ou o possuidor de um prédio tem o direito de fazer cessar as interferências prejudiciais à segurança, ao sossego e à saúde dos que o habitam, provocadas pela utilização de propriedade vizinha.

Assinale a alternativa correta.

(A) Somente a afirmativa 1 é verdadeira.

(B) Somente as afirmativas 2 e 3 são verdadeiras.

(C) Somente as afirmativas 1, 2 e 4 são verdadeiras.

(D) Somente as afirmativas 1, 3 e 4 são verdadeiras.

(E) Somente as afirmativas 2, 3 e 4 são verdadeiras.

14. (Titular de Serviços de Notas e de Registros – Remoção – CONSULPLAN – TJ-MG – 2019) De acordo com o CCB, a respeito dos direitos de vizinhança, analise as afirmativas a seguir.

I. As limitações ou restrições de vizinhança independem de reconhecimento convencional.

II. O proprietário ou o possuidor tem direito de exigir do dono do prédio vizinho a demolição ou a reparação deste, quando ameace ruína, bem como lhe preste caução pelo dano iminente.

III. O mau uso da propriedade deve ser analisado, em regra, pelo critério de normalidade ou anormalidade de sua utilização.

IV. A passagem forçada é o direito que tem o dono de prédio rústico ou urbano, que se encontra encravado, de constranger o vizinho a lhe dar passagem, mediante o pagamento de indenização cabal, cujo rumo será judicialmente fixado, se necessário. Estão corretas as afirmativas

(A) I, II, III e IV.

(B) II e IV, apenas.

CAP. 4 · DIREITO DE VIZINHANÇA | 319

(C) I, II e III, apenas.

(D) I, III e IV, apenas.

15. **(Advogado – Câmara de Patrocínio – MG – FUNDEP (Gestão de Concursos) – 2020) O uso e gozo por parte dos proprietários e possuidores de prédios vizinhos podem ser limitados pelas regras dos direitos de vizinhança previstas no Código Civil. A respeito desse tema, assinale a alternativa correta**

(A) O direito do proprietário encravado à passagem forçada não é gratuito, sendo a indenização pela limitação a forma mais apropriada de arcar com os prejuízos dela decorrentes.

(B) O proprietário de prédio imediatamente ou mediatamente inferior é obrigado a receber e escoar as águas pluviais, nascentes ou correntes que naturalmente escorram do superior, desde que previamente indenizado.

(C) Cuida-se de presunção iure et de iure o condomínio necessário de paredes, muros e valas de divisas entre dois imóveis distintos, cabendo aos respectivos titulares dos imóveis o compartilhamento das despesas de conservação.

(D) É proibida a abertura de janelas em prédios urbanos a menos de dois metros da linha divisória, aumentando para cinco metros do terreno vizinho a distância para a construção de edificações em imóveis rurais.

16. **(Promotor de Justiça substituto – MPE-AP – Cespe/Cebraspe – 2021) De acordo com o Código Civil, em habitação predial, para que sejam proibidas interferências prejudiciais à segurança, ao sossego e à saúde dos seus habitantes pela utilização de propriedade vizinha, deve-se considerar**

(A) o propósito de habitação.

(B) a possibilidade de remoção.

(C) a real existência de incômodo.

(D) a localização do prédio.

(E) a anterioridade da posse.

17. **(Defensor Público – DPE-PB – FCC – 2022) De acordo com o regramento dos direitos de vizinhança disciplinados pelo Código Civil, considere:**

I. Os ramos de árvore que ultrapassarem os limites de um prédio, poderão ser cortados, até o plano vertical divisório, pelo proprietário do terreno invadido, sendo desnecessária a autorização do dono do local em que a árvore estiver plantada.

II. O proprietário poderá levantar em seu terreno as construções que lhe aprouver, sendo permitido, em zonas urbanas, abrir janelas, terraços ou varandas a menos de metro e meio do terreno vizinho, independentemente de anuência do proprietário adjacente para o qual a construção se volta.

III. O ocupante de imóvel, mediante prévio aviso, é obrigado a tolerar que o vizinho entre no prédio para apoderar-se de coisas suas que ali se encontrem causalmente.

Está correto o que se afirma em

(A) II, apenas.

(B) I, II e III.

(C) II e III, apenas.

(D) I e III, apenas.

(E) I, apenas.

18. **(Defensor Público Substituto – DPE-MS – FGV – 2022) Renata vem sofrendo grandes dificuldades em fruir com tranquilidade de sua chácara, por conta dos transtornos decorrentes de obras que vêm sendo realizadas na propriedade de seu vizinho, Evandro. Depois de anos de desleixo, com construções de integridade questionável, Evandro foi obrigado a realizar algumas dessas obras por imposição do poder público, para reparar inclusive violações à regulamentação ambiental aplicável àquela área.**

Sobre o caso, é correto afirmar que:

(A) por se tratar de obras justificadas por interesse público, não pode Renata pretender de Evandro indenização pelos prejuízos sofridos, mas poderá exigir a sua redução, ou eliminação, quando estas se tornarem possíveis;

(B) no tocante às construções de integridade questionável, ante o risco de ruína iminente, poderá Renata exigir de Evandro não somente a demolição ou reparação delas, mas também que lhe preste caução pelo dano iminente;

(C) se as obras no terreno de Evandro ensejarem curso de água para o terreno de Renata, ela poderá exigir que ele seja desviado ou que ela seja indenizada pelos prejuízos sofridos, independentemente de o novo curso de água lhe trazer algum benefício;

(D) Renata poderá recusar que a tubulação subterrânea de serviços de utilidade pública destinada ao terreno de Evandro passe pelo seu terreno, salvo se ele comprovar que seja impossível proceder de outro modo.

19. **(TJES – FGV – Juiz substituto – 2023) Existindo dois prédios contíguos, um pertencente a João e outro a José, havia a necessidade de construir um muro divisório entre as propriedades. João começou a construir e pediu a José que contribuísse com 50% da obra. Entretanto, José disse que não contribuiria, já que quem queria construí-lo era João.**

Com base no Código Civil e na jurisprudência do Superior Tribunal de Justiça, é correto afirmar que:

(A) José tem a obrigação de contribuir. O muro vai demarcar a divisão com sua propriedade, sendo sua obrigação custear metade;

(B) José não tem a obrigação de contribuir. João até pode construir o muro, mas às suas expensas;

(C) José tem a obrigação de contribuir. Mas, caso não o faça durante a obra, João não terá direito a ressarcimento após ela concluída;

(D) João não pode construir o muro divisório sem a autorização de José;

(E) José não tem a obrigação de contribuir durante a obra, sendo direito potestativo seu custear ou não o muro divisório. João não terá direto a ressarcimento após o muro pronto.

20. **(Prefeitura de Piratininga-SP – Objetiva – Fiscal de Rendas Municipais – 2023) Conforme disposto na Lei nº 10.406/2002 — Código Civil, sobre o uso anormal da propriedade, analisar os itens abaixo:**

I. O proprietário ou o possuidor de um prédio tem o direito de fazer cessar as interferências prejudiciais à segurança, ao sossego e à saúde dos que o habitam, provocadas pela utilização de propriedade vizinha.

II. O proprietário ou o possuidor não tem direito a exigir do dono do prédio vizinho a demolição, ou a reparação deste, quando ameace ruína, mas pode exigir que lhe preste caução pelo dano iminente.

III. Ainda que por decisão judicial devam ser toleradas as interferências, poderá o vizinho exigir a sua redução, ou eliminação, quando estas se tornarem possíveis.

Estão corretos:

(A) Somente os itens I e II.

(B) Somente os itens I e III.

(C) Somente os itens II e III.

(D) Todos os itens.

21. **(Prefeitura Municipal de São Carlos-SP – Nosso Rumo – Procurador Municipal – 2023) Julgue os itens a seguir.**

I. Os frutos caídos de árvore do terreno vizinho pertencem ao dono do solo onde caíram, se este for de propriedade particular.

II. É permitido abrir janelas, ou fazer eirado, terraço ou varanda, a menos de um metro e meio do terreno vizinho.

III. Na zona rural, não será permitido levantar edificações a menos de três metros do terreno vizinho.

Estão corretos os itens:

CAP. 4 · DIREITO DE VIZINHANÇA | 321

(A) I, apenas.
(B) I e II, apenas.
(C) II, apenas.
(D) II e III, apenas.
(E) I e III, apenas.

22. **(TJSP – Juiz substituto – Vunesp – 2024) Em relação às restrições decorrentes do direito de vizinhança, é correto afirmar:**

(A) O legislador adotou o critério da pré-ocupação como determinante para a invocação do direito de vizinhança, conferindo proteção aos primeiros ocupantes.

(B) O exercício do direito por parte do possuidor pressupõe comprovada posse justa e de boa-fé.

(C) O proprietário ou o possuidor de um prédio tem o direito de fazer cessar as interferências prejudiciais à segurança, ao sossego e à saúde dos que o habitam, considerando-se a natureza da utilização e a localização do prédio, independentemente de culpa.

(D) A aferição da normalidade do uso e da interferência entre vizinhos não está subordinada a parâmetros e balizas legais, permitida a discricionariedade judicial.

23. **(1º Exame Nacional da Magistratura – ENAM – FGV – 2024) Frederico e Guilherme são proprietários de terrenos vizinhos em uma região rural no interior de Goiás. Entre seus terrenos, há algumas frondosas pitangueiras.**

Sobre essas árvores e seus frutos, assinale a afirmativa correta.

(A) Se Guilherme plantar em seu próprio terreno usando sementes furtadas de Frederico, perderá, em benefício deste, a parte do imóvel em que as árvores florescerem.

(B) Se os frutos da árvore cujo tronco está no terreno de propriedade de Frederico caírem no solo do terreno de Guilherme, Frederico poderá ingressar no imóvel para recolhê-los.

(C) Caso Frederico plante uma pitangueira na parte do terreno que pertence a Guilherme, perderá a árvore em proveito deste, sem direito a ressarcimento, ainda que tenha agido de boa-fé.

(D) Caso a árvore cujo tronco estiver precisamente na linha divisória se enraizar por ambos os terrenos, presume-se que a planta se tornará objeto de condomínio entre Frederico e Guilherme.

(E) Se os ramos da árvore, cujo tronco está situado no terreno de Frederico, atravessarem o plano vertical divisório e entrarem no terreno de Guilherme, este precisará de prévia autorização judicial para cortá-los.

GABARITO

01 – A	02 – B	03 – C
04 – ERRADO	05 – C	06 – D
07 – A	08 – C	09 – C
10 – A	11 – E	12 – D
13 – D	14 – A	15 – A
16 – D	17 – D	18 – B
19 – A	20 – B	21 – E
22 – C	23 – D	

DO CONDOMÍNIO

5

Sumário: 5.1 Introdução. Conceito, estrutura jurídica e modalidades – 5.2 Do condomínio voluntário ou convencional: 5.2.1 Dos direitos e deveres dos condôminos; 5.2.2 Da administração do condomínio voluntário; 5.2.3 Da extinção do condomínio voluntário ou convencional. O direito de preferência tratado pelo art. 504 do Código Civil – 5.3 Do condomínio legal ou necessário – 5.4 Do condomínio edilício: 5.4.1 Conceito e estrutura interna. Regras gerais básicas. A questão da natureza jurídica do condomínio edilício; 5.4.2 Da instituição e da convenção do condomínio. O controle do conteúdo da convenção condominial; 5.4.3 Direitos e deveres dos condôminos. Estudo das penalidades no condomínio edilício. O condômino antissocial; 5.4.4 Da administração do condomínio edilício; 5.4.5 Da extinção do condomínio edilício – 5.5 Novas modalidades de condomínios instituídas pela Lei 13.465/2017. Condomínio de lotes e condomínio urbano simples – 5.6 A multipropriedade ou *time sharing*. Estudo da Lei 13.777/2018 – 5.7 Resumo esquemático – 5.8 Questões correlatas – Gabarito.

5.1   INTRODUÇÃO. CONCEITO, ESTRUTURA JURÍDICA E MODALIDADES

Verifica-se a existência do condomínio quando mais de uma pessoa tem a propriedade sobre determinado bem, seja ele móvel ou imóvel. De acordo com as lições de Rubens Limongi França, o condomínio "é a espécie de propriedade em que dois ou mais sujeitos são titulares, em comum, de uma coisa indivisa (*pro indiviso*), atribuindo-se a cada condômino uma parte ou fração ideal da mesma coisa" (LIMONGI FRANÇA, Rubens. *Instituições...*, 1996, p. 497). Ou ainda, conforme Caio Mário da Silva Pereira, "dá-se condomínio, quando a mesma coisa pertence a mais de uma pessoa, cabendo a cada uma delas igual direito, idealmente, sobre todo e cada uma de suas partes" (PEREIRA, Caio Mário da Silva. *Instituições...*, 2012, v. IV, p. 151).

Na situação condominial vários são os sujeitos ativos em relação ao direito de propriedade que é único, o que justifica a utilização dos termos *copropriedade* e *compropriedade*. Didaticamente, pode-se dizer que no condomínio duas ou mais pessoas têm os atributos da propriedade ao mesmo tempo, o GRUD.

Na linha do exposto por Carlos Alberto Dabus Maluf, foi adotado no Brasil o sistema de *condomínio por quotas* – de acordo com a concepção romana e seguida pela grande maioria dos Países –, e não a *propriedade coletiva* ou *comunhão de mão comum* do direito germânico (MALUF, Carlos Alberto Dabus. *O condomínio...*, 1989, p. 1-2). O jurista cita, entre outros exemplos de condomínio, aqueles que são constituídos em decorrência do regime de bens do casamento, a comunhão nas sociedades, o condomínio de paredes e cercas, a comunhão nos edifícios de apartamentos autônomos e a comunhão hereditária. Advirta-se, contudo, que, no caso de condomínio formado no regime de bens de casamento, foi adotada a ideia de *comunhão de mão comum*, ou condomínio germânico.

Nesse contexto de dedução, a respeito da estrutura jurídica do condomínio, leciona Washington de Barros Monteiro que o Direito Brasileiro consagrou a *teoria da propriedade integral ou total*. Desse modo, há no condomínio uma propriedade "sobre toda a coisa, delimitada naturalmente pelos iguais direitos dos demais consortes; entre todos se distribui a utilidade econômica da coisa; o direito de cada condômino, em face de terceiros, abrange a totalidade dos poderes imanentes ao direito de propriedade; mas, entre os próprios condôminos, o direito de cada um é autolimitado pelo de outro, na medida de suas quotas, para que possível se torne sua coexistência" (MONTEIRO, Washington de Barros. *Curso...*, 2003, v. 3, p. 205-206).

Essa concepção é clara pela previsão do art. 1.314 do Código Civil de 2002, segundo o qual cada condômino pode usar da coisa conforme sua destinação, sobre ela exercer todos os direitos compatíveis com a indivisão, reivindicá-la de terceiro, defender a sua posse e alhear a respectiva parte ideal, ou gravá-la. Como se nota, todos os condôminos têm, em suas mãos e ao mesmo tempo, os quatro atributos do domínio.

Como se pode perceber pela simples organização desta obra, o condomínio tem *natureza real*, havendo um conjunto de coisas e não de pessoas. Desse modo, o condomínio não tem natureza contratual, sendo regido pelos princípios do Direito das Coisas. Nessa linha, as lições de Clóvis Beviláqua, que procurava diferenciar o condomínio da sociedade, afirmando que "a sociedade forma-se como os outros contratos, pelo concurso das vontades; o condomínio, além desse modo de formação, aliás escassamente usado, resulta mais de casos para os quais, como a herança, não intervém a vontade do consorte. (...). Finalmente, a sociedade é figura contratual pertencente ao direito das obrigações, e o condomínio é direito real e, naturalmente, se enquadra no direito das coisas" (BEVILÁQUA, Clóvis. *Direito...*, p. 220).

Diante dessa constatação, entre outras, afirma-se que não há relação de consumo entre os condôminos, que exige uma situação obrigacional, conclusão retirada do seguinte julgado do Superior Tribunal de Justiça, relativo à construção de obra em regime de condomínio:

> "Civil e processual. Agravo no agravo de instrumento. Recurso especial. Ação de restituição. Contrato de edificação por condomínio. CDC. Inaplicabilidade. Incidência da Lei n. 4.591/64. – Na hipótese de contrato em que as partes ajustaram a construção conjunta de um edifício de apartamentos, a cada qual destinadas respectivas unidades autônomas, não se caracteriza, na espécie, relação de consumo, regendo-se os direitos e obrigações pela Lei n. 4.591/64. Agravo não provido" (STJ, AgRg no Ag 1.307.222/SP, 3.ª Turma, Rel. Min. Nancy Andrighi, j. 04.08.2011, *DJe* 12.08.2011).

Como se verá ainda no presente capítulo, entende-se da mesma forma no tocante ao condomínio edilício, tema que receberá uma atenção especial por este livro.

Apesar da falta de previsão literal, o condomínio pode ser enquadrado no inc. I do art. 1.225 pela menção que se faz à propriedade, eis que a sua concepção é de uma copropriedade, comunhão de vários domínios ao mesmo tempo, o que justifica a expressão denominativa. De qualquer modo, na linha do defendido por esta obra, no sentido de ser o rol do art. 1.225 do CC meramente exemplificativo, o condomínio constitui um direito real criado pela lei, no caso tratado pela própria codificação privada.

O condomínio admite algumas classificações, levando-se em conta três diferentes critérios, o que é ponto inicial para o estudo da categoria (BEVILÁQUA, Clóvis. *Direito...*, p. 220; MALUF, Carlos Alberto Dabus. *O condomínio...*, 1989, p. 54-56; DINIZ, Maria Helena. *Curso...*, 2009, v. 4, p. 209-210). De início, quanto à origem, o condomínio é classificado em *voluntário, incidente* e *necessário*.

O *condomínio voluntário* ou *convencional* é aquele que decorre do acordo de vontade dos condôminos, como exercício da autonomia privada. Em suma, nasce de um negócio jurídico bilateral ou plurilateral, em que há uma composição de interesses dos envolvidos, com finalidades específicas. A título de exemplo, alguns amigos compram um imóvel para investimentos em comum, situação concreta que também pode ser regulada pela Lei 13.777/2018, que trata da multipropriedade, como se verá. Ou ainda, na esteira de acórdão antes citado, a situação de pessoas que resolvem fazer uma construção em condomínio, em regime de incorporação imobiliária. No silêncio do instrumento de sua instituição, presume-se que a propriedade estará dividida em partes iguais, de acordo com o número de envolvidos (*concursu partes fiunt*).

Destaque-se que o condomínio edilício, via de regra, tem essa origem, mas com estudo e tratamento em separado pela legislação. Por isso é que o condomínio abordado inicialmente pelo Código Civil, entre os seus arts. 1.314 e 1.326, é denominado como *tradicional*.

O *condomínio incidente* ou *eventual* origina-se de motivos estranhos à vontade dos condôminos, como nas hipóteses envolvendo o recebimento de bens como herança. Como é notório, aberta a sucessão pelo falecimento de alguém, a herança transmite-se, desde logo, aos herdeiros legítimos e testamentários (art. 1.784 do CC/2002). Desse modo, até a partilha há a instituição de um condomínio entre os sucessores.

Na classificação relativa à origem, há, ainda, o *condomínio necessário* ou *forçado*, decorrente de determinação de lei, como consequência inevitável do estado de indivisão da coisa. Nasce dos direitos de vizinhança, tal como nas hipóteses de paredes, muros, cercas e valas (art. 1.327 do CC/2002).

Como segundo critério classificatório, há a divisão do condomínio quanto ao objeto ou conteúdo, dividindo-se o condomínio em *universal* e *particular*.

No *condomínio universal ou total* está compreendida a totalidade do bem, inclusive os seus acessórios, caso de frutos e benfeitorias. Em regra, o condomínio tem essa natureza, incidindo o *princípio da gravitação jurídica*, segundo o qual o acessório segue o principal. Por outra via, o *condomínio particular, parcial* ou *restrito* abrange determinadas coisas ou efeitos, o que geralmente é delimitado no ato de instituição ou por acordo entre as partes. A título de exemplo, as partes instituem que o condomínio atinge apenas as terras de uma fazenda, não englobando os frutos ali produzidos.

Por fim, quanto à forma ou divisão, o condomínio é *pro diviso* ou *pro indiviso*, classificação essa que, como visto, igualmente atinge a posse, pela ideia de composse (art. 1.199 do CC/2002).

No caso de *condomínio pro diviso*, é possível fixar, no plano corpóreo e fático, qual o direito de propriedade de cada comunheiro. Há, portanto, uma fração real atribuível a cada condomínio, não existindo o condomínio no plano fático, mas apenas juridicamente (DINIZ, Maria Helena. *Curso...*, 2009, v. 4, p. 210). A título de ilustração, podem ser citadas as partes autônomas ou individuais em um condomínio edilício.

Em havendo *condomínio pro indiviso*, não é possível determinar, de modo corpóreo, qual o direito de cada um dos condôminos que têm uma fração ideal. Em suma, o condomínio existente nos dois planos, seja fático, seja jurídico (DINIZ, Maria Helena. *Curso...*, 2009, v. 4, p. 210). Podem ser mencionadas as partes comuns no condomínio edilício.

Superada essa classificação introdutória, vejamos o estudo da matéria, levando-se em conta a organização da atual codificação geral privada. Veremos, também e na sequência, as novas modalidades de condomínio, tidas como especiais, que foram incluídas no sistema jurídico nacional, por força da Lei 13.465/2017 e da Lei 13.777/2018, a última sobre a multipropriedade ou *time sharing*.

5.2 DO CONDOMÍNIO VOLUNTÁRIO OU CONVENCIONAL

5.2.1 Dos direitos e deveres dos condôminos

Como ficou claro, o condomínio voluntário ou convencional é aquele que decorre do exercício da autonomia privada. Anote-se que o tratamento do Código Civil de 2002 a respeito dessa categoria exclui o condomínio em edificações ou edilício, que tem regulamentação em separado na codificação. Ilustrando, como hipótese de condomínio voluntário, imagine-se a situação em que cinco amigos adquirem uma casa no litoral do Brasil, para compartilharem o uso, a fruição e os gastos relativos ao imóvel, o que, reitere-se, pode ser regulado também pela Lei 13.777/2018, como se verá. Ou, ainda, situação em que os herdeiros convencionam que os bens partilhados fiquem em condomínio em relação a todos.

O primeiro tópico a respeito do instituto na codificação material privada refere-se aos direitos e deveres dos condôminos. Enuncia o outrora citado art. 1.314 do CC/2002 que cada condômino pode usar da coisa conforme sua destinação, sobre ela exercer todos os direitos compatíveis com a indivisão, reivindicá-la de terceiro, defender a sua posse e alhear a respectiva parte ideal, ou gravá-la. Repise-se que, pela norma, fica claro que cada condômino tem a propriedade plena e total sobre a coisa, o que é limitado pelos direitos dos demais.

Em relação à utilização da coisa segundo a sua destinação, essa é plena a favor de qualquer um dos condôminos, desde que compatível com a sua destinação. Como bem aponta Marco Aurélio S. Viana, "dúvida não fica quanto à submissão de cada condômino à vontade da maioria, que delibera a utilização que se deva dar à coisa. Um imóvel admite várias destinações: ser alugado, ser cultivado ou adaptado para pastagem, ou sementeira. Cabe aos condôminos eleger uma das destinações que o imóvel permite, e, uma vez deliberado, essa é a destinação a que fica adstrito o comunheiro. (...). A deliberação dos condôminos vincula a todos quanto à utilização prática" (VIANA, Marco Aurélio S. *Comentários...*, 2003, v. XVI, p. 326).

Em complemento, estabelece o parágrafo único do art. 1.314 da codificação material que nenhum dos condôminos pode alterar a destinação da coisa comum, sob pena do ingresso da ação cabível. Ilustrando, não pode um condômino dar uma destinação residencial ao imóvel, quando a maioria decidiu pela destinação comercial.

Se o bem é utilizado por um dos condôminos, este passa a dever uma remuneração aos demais, denominada na prática como *aluguel*. Sobre o tema, vejamos um primeiro aresto, da Corte Especial do Superior Tribunal de Justiça, relativo a condomínio de bem em herança, em que se aplica, por analogia, regras relativas ao condomínio voluntário:

> "Processual civil. Direito das coisas. Condomínio. Pagamento de alugueres. Frutos. Exercício do direito. Concomitância. Impedimento do usufruto. Resistência real. Cobrança. 1. Ação cujo objeto mediato revela pretensão de condômina-herdeira ao pagamento de

alugueres em razão do uso exclusivo de bem imóvel recebido como herança inviabilizando o uso comum por outros condôminos. 2. O artigo 1.319 do novo Código Civil, correspondente ao artigo 627 do Código Bevilácqua, assim dispõe: 'Cada condômino responde aos outros pelos frutos que percebeu da coisa e pelo dano que lhe causou'. 3. A exegese do referido dispositivo pressupõe relação negocial onerosa entre um dos condôminos e o terceiro, posto cediço em doutrina que 'o não uso da coisa comum por alguns dos condôminos não lhe dá o direito a aluguer, ou prestação, que fique em lugar de uso que teria podido exercer, salvo negócio jurídico entre os condôminos' (Pontes de Miranda, in 'Tratado de Direito Privado', Borsoi, Tomo XII, 1955, pág. 41). 4. O uso exclusivo do condômino que enseja a pretensão de percebimento de aluguéis pressupõe oposição daquele titular em relação aos demais comunheiros, os quais, na forma da lei, podem postular a alienação judicial do bem em face da indivisão incompatível com a coabitação. 5. É que o condômino que habita o imóvel comum engendra exercício regular de direito somente encetando 'abuso de direito' se impede os demais do manejo de qualquer dos poderes inerentes ao domínio. 6. Isto por que, o instituto do Condomínio assenta-se na ideia de comunidade de direitos e tem como primado a possibilidade de todos os condôminos exercerem a um só tempo os atributos da propriedade, desde que de forma compatível com a situação de pluralidade de proprietários. 7. *In casu*, no exercício da ampla cognição a Turma que lavrou o acórdão embargado assentou que: 'na hipótese dos autos, uma única moradora, em imóvel de 130 m² não impede, pela sua simples presença no local, que outro condômino usufrua do bem e, como não há notícia de possível resistência a esta utilização, impõe-se a conclusão de que a utilização exclusiva, neste período, se deu por total desinteresse dos demais interessados, situação que não pode ensejar o pagamento de valores a título de aluguel da fração ideal'. 8. Subjaz, assim, consectária com a justiça da decisão, que o condômino deve comprovar de plano qual o cerceamento ou resistência ao seu direito à fruição da quota parte que lhe é inerente do bem imóvel, a fim de justificar a cobrança de frutos em razão de aluguel, o que inocorreu *in casu*. 9. Embargos de divergência desacolhidos" (STJ, EREsp 622.472/RJ, Corte Especial, Rel. Min. Luiz Fux, j. 05.10.2005, *DJ* 07.11.2005, p. 73).

Na verdade, não se trata de *aluguel*, pois esse é próprio da locação e não do condomínio, havendo falta de técnica na utilização da expressão. Assim, melhor se falar em *indenização pela fruição exclusiva do bem comum*. Anote-se que a jurisprudência nacional igualmente fixa tal *aluguel* no caso de utilização de imóvel em condomínio por um dos cônjuges, após o divórcio do casal. Nesse sentido:

> "Condomínio. Pedido de arbitramento de alugueres em decorrência do uso exclusivo pelo ex-marido de imóvel comum. Admissibilidade. Inteligência dos arts. 1.314 e 1.315 do Código Civil. Obrigação de pagar aluguéis pela utilização da parte da ex-mulher, que incide a partir da citação. Sentença parcialmente procedente. Recurso desprovido" (TJSP, Apelação 0007839-23.2009.8.26.0047, Acórdão 6320628, 7.ª Câmara de Direito Privado, Assis, Rel. Des. Mendes Pereira, j. 07.11.2012, *DJESP* 30.11.2012).

Porém, com total razão, a jurisprudência superior tem entendido que não é obrigatório o arbitramento de *aluguel* ao ex-cônjuge que reside, após o divórcio, em imóvel de propriedade comum do ex-casal com filho menor do casal. Nos termos de acórdão da Quarta Turma do STJ, "o uso exclusivo do imóvel comum por um dos ex-cônjuges – após a separação ou o divórcio e ainda que não tenha sido formalizada a partilha – autoriza que aquele privado da fruição do bem reivindique, a título de indenização, a parcela proporcional a sua quota-parte sobre a renda de um aluguel presumido, nos termos do disposto nos artigos 1.319 e 1.326 do Código Civil. Tal obrigação reparatória – que tem por objetivo afastar o enriquecimento sem causa do coproprietário – apresenta como fato gerador o uso exclusivo do imóvel comum por um dos ex-consortes, a partir da inequívoca oposição daquele que se encontra destituído da fruição do bem, notadamente quando ausentes os requisitos ensejadores da chamada 'usucapião familiar' prevista no artigo 1.240-A do citado Codex". Todavia, a respeito do fato de um dos cônjuges viver no imóvel com pelo menos um dos filhos de ambos, julgou-se o seguinte:

> "Há dois fundamentos que afastam a pretensão indenizatória da autora da ação de arbitramento de aluguel. Um principal e prejudicial, pois a utilização do bem pela descendente dos coproprietários – titulares do dever de sustento em razão do poder familiar (filho menor) ou da relação de parentesco (filho maior) – beneficia a ambos, motivo pelo qual não se encontra configurado o fato gerador da obrigação reparatória, ou seja, o uso do imóvel comum em benefício exclusivo de ex-cônjuge. Como fundamento secundário, o fato de o imóvel comum também servir de moradia para a filha do ex-casal tem a possibilidade de converter a 'indenização proporcional devida pelo uso exclusivo do bem' em 'parcela *in natura* da prestação de alimentos' (sob a forma de habitação), que deverá ser somada aos alimentos *in pecunia* a serem pagos pelo ex-cônjuge que não usufrui do bem – o que poderá ser apurado em ação própria –, sendo certo que tal exegese tem o condão de afastar o enriquecimento sem causa de qualquer uma das partes" (STJ, REsp 1.699.013/DF, 4.ª Turma, Rel. Min. Luis Felipe Salomão, j. 04.05.2021, *DJe* 04.06.2021).

O condômino pode exercer todos os direitos compatíveis com a indivisão. Assim, poderá gozar do bem, retirando os seus frutos, caso da locação, eis que os aluguéis constituem frutos civis ou rendimentos. Questão de dúvida diz respeito à possibilidade de um condômino locar o bem sem autorização dos demais. Nos termos do antes citado parágrafo único do art. 1.314 do CC/2002, nenhum dos condôminos pode dar posse, uso ou gozo dela a estranhos, sem o consenso dos outros. Cabe a locação do bem comum se isso for decidido pela maioria dos condôminos, nos termos da parte final do art. 1.323 do CC/2002. Em casos de cessão sem autorização, por óbvio, caberá ação de reintegração de posse ou reivindicatória em face do terceiro. Em suma, a falta de autorização não atinge a validade da locação, mas a sua eficácia.

Ademais qualquer um dos condôminos pode, isoladamente, propor ação possessória para proteção do bem, não havendo a necessidade de que todos os condôminos constem do polo ativo da demanda (por todos: TJSP, Apelação Cível 0104515-56.2010.8.26.0222, Acórdão 6496897, 11.ª Câmara de Direito Privado, Guariba, Rel. Des. Rômolo Russo, j. 07.02.2013, *DJESP* 21.02.2013; e TJSP, Apelação 0016723-42.2010.8.26.0003, Acórdão 6478728, 11.ª Câmara de Direito Privado, São Paulo, Rel. Des. Moura Ribeiro, j. 31.01.2013, *DJESP* 13.02.2013).

Em complemento, conforme a correta conclusão prática, "quando duas ou mais pessoas possuem o domínio da mesma coisa, tem-se um condomínio, podendo o condômino reivindicar a coisa, no todo ou em parte, nos termos do art. 1.314 do Código Civil" (TJMG, Apelação Cível 0103304-81.2010.8.13.0016, Rel. Des. Sebastião Pereira de Souza, j. 04.07.2012, *DJEMG* 13.07.2012). Essa reivindicação, nos termos da lei, independe de qualquer autorização dos demais condôminos.

Deve ficar claro que não cabe reintegração de posse por um dos condôminos contra os demais, presentes a composse e o condomínio *pro indiviso*. A ilustrar, do Tribunal Paulista:

> "Coisa comum. Reintegração de posse. Autor que, na qualidade de coproprietário, pretende a reintegração na posse de bem utilizado pelos demais proprietários. Carência da ação corretamente decretada. Copossuidores que ostentam a mesma qualidade da posse, não havendo como deferir ao autor a reintegração pretendida. Esbulho não configurado.

CAP. 5 · DO CONDOMÍNIO | 329

Eventual indenização pelo uso exclusivo do imóvel que poderá ser pleiteada em ação própria, mas não a escolhida. Além da composse, as partes são coproprietárias do bem, de sorte que prevalece a regra constante no art. 1.314 do Código Civil. Condômino que não pode afastar o outro da posse da coisa comum. Precedentes desta Câmara. Sentença mantida. Recurso improvido" (TJSP, Apelação 994.06.018116-3, Acórdão 4555957, 8.ª Câmara de Direito Privado, Socorro, Rel. Des. Salles Rossi, j. 16.06.2010, *DJESP* 07.07.2010).

Em outras palavras, somente caberá ação possessória de um condômino em face dos demais se o condomínio for *pro diviso*, ou seja, se for possível identificar qual a fração real de cada condômino. Em casos de condomínio *pro indiviso*, como há o amparo do direito de todos, a citada demanda não é cabível.

Por fim, estabelece a parte final do art. 1.314, *caput*, do CC que o condômino pode alhear a respectiva parte ideal, ou gravá-la, presente o condomínio *pro diviso*. Essa alienação ou gravação independe de qualquer autorização dos demais condôminos. Há, na verdade, um direito de preferência a favor dos demais proprietários, tratado pelo art. 504 da própria codificação privada, norma que ainda será abordada nessa seção.

No que interessa à venda ou doação da parte dos demais condôminos, obviamente, não cabe a transmissão, sob pena de caracterização da alienação *a non domino*, por quem não é dono, hipótese de ineficácia do ato praticado.

No tocante à constituição de direito real sobre bem em condomínio, merece destaque o § 2.º do art. 1.420 do CC/2002, segundo o qual "A coisa comum a dois ou mais proprietários não pode ser dada em garantia real, na sua totalidade, sem o consentimento de todos; mas cada um pode individualmente dar em garantia real a parte que tiver". Fica a dúvida a respeito da ineficácia ou invalidade do ato praticado. Se for percorrido o caminho da alienação *a non domino*, a hipótese é de ineficácia. Porém, parece-me que a hipótese se enquadra no art. 166, inc. VI, segunda parte, do Código Civil, sendo caso de *nulidade virtual*, eis que a lei proíbe a prática do ato sem cominar sanção.

Seguindo no estudo dos deveres presentes no condomínio voluntário, o condômino é obrigado, na proporção de sua parte, a concorrer para as despesas de conservação ou divisão da coisa e a suportar os ônus a que estiver sujeito (art. 1.315 do CC/2002). Pelo parágrafo único da norma, há uma presunção relativa ou *iuris tantum* de igualdade das partes ideais dos condôminos, o que não afasta previsão em contrário entre os próprios condôminos. Leciona Marco Aurélio S. Viana que, "se as posições dos condôminos são *qualitativamente idênticas*, isso não implica em que sejam *quantitativamente idênticas*. Por isso eles concorrem na proporção de suas partes. Nada impede que elas sejam diferentes, tendo uns maior cota parte do que os outros" (VIANA, Marco Aurélio S. *Comentários...*, 2003, v. XVI, p. 332).

Não se olvide que a obrigação de pagar as despesas condominiais – em qualquer hipótese de condomínio – constitui uma obrigação *propter rem* ou *própria da coisa*, que acompanha o bem onde quer que ele esteja (*obrigação ambulatória*). Essa obrigação gera consequências específicas, algumas de maior gravidade, como a possibilidade de penhora do bem de família, tema que será ainda aprofundado.

A jurisprudência tem entendido que esse dever de pagar as despesas existe mesmo no caso de *condomínio de fato*, ainda não instituído juridicamente, como no caso de imóvel em construção. Nessa linha, decidiu o Tribunal Paulista:

"Compra e venda. Ação de ressarcimento de danos materiais e morais. Agravo retido. Alegação dos réus de impedimento de testemunhas. Impedimento não caracterizado (art. 405, CPC). Indenização material decorrente de despesas com benfeitorias necessárias e úteis. Obrigação de ressarcir os autores devida, mesmo que não esteja o condomínio formalmente constituído, visto que os réus são proprietários de 4 apartamentos no empreendimento (arts. 884, 1.219 e 1.315 do Código Civil)" (TJSP, Apelação Cível 0012447-70.2006.8.26.0079, Acórdão 6444798, 2.ª Câmara de Direito Privado, Botucatu, Rel. Des. Eves Amorim, j. 18.12.2012, *DJESP* 23.01.2013).

A conclusão é plausível, estando amparada na vedação do enriquecimento sem causa, nos termos do art. 884 da codificação privada.

Eventualmente, pode o condômino eximir-se do pagamento das despesas e dívidas, renunciando à parte ideal, conforme a novidade constante do art. 1.316 do Código Civil em vigor. Segundo as anotações de Sílvio de Salvo Venosa, "a renúncia, para o sentido do dispositivo, deve ser expressa, pois esse ato abdicativo nunca se presume. O condômino pode assim renunciar à sua parte ideal, a qual aproveita a todos os demais consortes" (*Código...*, 2010, p. 1.189). Para o doutrinador, a renúncia deve ser feita por escritura pública em se tratando de imóvel com valor superior a trinta salários mínimos, nos termos do art. 108 do CC. Diz, ainda, que, "se houver apenas dois condôminos, com a renúncia de um, desaparece o condomínio" (VENOSA, Sílvio de Salvo. *Código...*, 2010, p. 1.189).

Nos termos do § 1.º do art. 1.316 do CC, se os demais condôminos assumirem as despesas e as dívidas, a renúncia lhes aproveita, adquirindo a parte ideal de quem renunciou, na proporção dos pagamentos que fizerem. Filia-se a Luiz Edson Fachin, para quem se opera uma sub-rogação, "pois, quando os demais condôminos avocam o passivo, a renúncia lhes dá vantagem, adquirindo eles a quota ideal de quem renunciou, na proporção dos estipêndios que fizerem" (FACHIN, Luiz Edson. *Comentários...*, 2003, v. 15, p. 183). Anote-se que essa posição é igualmente compartilhada por Francisco Eduardo Loureiro (*Código...*, 2010, p. 1.325).

Todavia, se não houver condômino que faça os pagamentos, a coisa comum será dividida de forma igualitária entre os condôminos restantes, ou seja, ocorrerá a extinção do condomínio (art. 1.316, § 2.º, do CC/2002). A norma causa estranheza, pois a melhor solução seria dividir a parte do renunciante entre os demais condôminos, caso este não seja constituído apenas por duas pessoas. A divisão deveria ser na proporção das quotas dos outros condôminos, na linha de outras previsões relativas à matéria. Contudo, a premissa da extinção confirma a ideia de que o condomínio voluntário é algo não desejável pelas partes e pelo direito.

Trazendo debate a respeito da inovação, do Tribunal de Justiça de São Paulo, acórdão que afastou a subsunção do preceito em caso envolvendo condomínio de bens entre ex-cônjuges, pois a renúncia não restou comprovada. Nesse contexto, julgou pela presença do dever de pagar as despesas condominiais (TJSP, Apelação 0115801-93.2007.8.26.0009, Acórdão 5113914, 33.ª Câmara de Direito Privado, São Paulo, Rel. Des. Eros Piceli, j. 09.05.2011, *DJESP* 16.05.2011).

Por fim, quanto ao art. 1.316 da norma geral privada, o antigo Projeto Ricardo Fiúza pretendia introduzir mais um parágrafo na norma, preceituando que "a renúncia prevista no *caput* deste artigo poderá ser prévia e reciprocamente outorgada entre os condôminos quando da celebração do acordo que tornar indivisa a coisa comum" (§ 3.º). A sua justificativa prática está na incidência da proposição para os casos envolvendo condomínios relativos a *shopping centers* (ALVES, Jones Figueirêdo; DELGADO, Mário Luiz. *Código...*, 2005, p. 654). No presente momento, a *renúncia prévia* deve ser vista com ressalvas, uma vez que não tratada expressamente pela lei, envolvendo tema delicado, qual seja, a extinção do exercício da propriedade. No Projeto de Reforma do Código Civil não foi feita proposição semelhante.

CAP. 5 · DO CONDOMÍNIO | 331

Presente dívida contraída por todos os condôminos, sem se discriminar a parte de cada um na obrigação, nem se estipular solidariedade, entende-se que cada qual se obrigou proporcionalmente ao seu quinhão na coisa comum (art. 1.317 do CC/2002). Destaque-se que a previsão da cláusula de solidariedade ou *in solidum* não é comum na prática. Em suma, a obrigação dos condôminos é divisível e proporcional às suas quotas correspondentes, o que é plenamente justo e equânime. Apesar de ser divisível a obrigação, não se aplica a regra geral de divisão igualitária de acordo com número de partes, a máxima *concursu partes fiunt*, retirada do art. 257 da mesma codificação material privada. Prevalece, em casos tais, a divisão proporcional.

As dívidas contraídas por um dos condôminos em proveito da comunhão, e durante ela, obrigam o contratante. Porém, este tem ação regressiva contra os demais (art. 1.318 do CC). Segundo as lições de Carlos Alberto Dabus Maluf, "O condômino não é representante dos demais condôminos, nem está autorizado a realizar despesas em proveito comum. Por isso, obriga-se individualmente. Ora, como o benefício é de todos, o Código Civil de 2002 dá-lhe ação regressiva" (MALUF, Carlos Alberto Dabus. *Código...*, 2012, p. 1.442).

A exemplificar, se naquele caso do imóvel litorâneo dos cinco amigos houver uma dívida trabalhista relativa ao bem em nome de um deles, responderá este condômino, com direito de cobrança, via regresso, contra os demais consortes, sempre na proporção de suas participações no condomínio. Cumpre relevar que o último doutrinador citado acompanha o antigo entendimento de Virgílio Sá Pereira e Eduardo Espínola, que defendem o reembolso apenas das despesas necessárias e úteis, não das voluptuárias, o que é tido como majoritário (MALUF, Carlos Alberto Dabus. *Código...*, 2012, p. 1.442).

Ainda a respeito dos deveres e responsabilidades, enuncia o art. 1.319 do CC/2002 que cada condômino responde aos outros pelos frutos que percebeu da coisa e pelo dano que lhe causou. Os frutos aqui previstos, desde que colhidos ou percebidos, podem ser *naturais*, *industriais* (decorrentes de atividade humana concreta e efetiva) ou *civis* (rendimentos privados, caso do aluguel de imóvel). Estabelece o art. 1.326 da mesma codificação, em complemento, que os frutos da coisa comum, não havendo previsão em contrário, serão partilhados na proporção dos quinhões. Concretizando, se o imóvel em condomínio for locado a terceiro, os aluguéis devem ser divididos na proporção de cada um dos consortes.

Pois bem, frise-se que é o art. 1.319 do CC/2002 a norma que justifica o pagamento do outrora citado *aluguel*, caso um condômino utilize plenamente a coisa. Sem prejuízo dos arestos outrora colacionados, vejamos outro, relativo a condomínio entre ex-cônjuges, que traz interessante aplicação prática, pronunciado pelo Superior Tribunal de Justiça:

"Direito civil. Família. Recurso especial. Ação de cobrança de indenização entre ex--cônjuges, em decorrência do uso exclusivo de imóvel ainda não partilhado. Estado de condomínio. Indenização correspondente a metade do valor da renda de estimado aluguel, diante da fruição exclusiva do bem comum por um dos condôminos. Concorrência de ambos os condôminos nas despesas de conservação da coisa e nos ônus a que estiver sujeita. Possível dedução. Arts. 1.319 e 1.315 do CC/02. Com a separação do casal cessa a comunhão de bens, de modo que, embora ainda não operada a partilha do patrimônio comum do casal, é facultado a um dos ex-cônjuges exigir do outro, que estiver na posse e uso exclusivos de determinado imóvel, a título de indenização, parcela correspondente à metade da renda de um presumido aluguel, devida a partir da citação. Enquanto não dividido o imóvel, a propriedade do casal sobre o bem remanesce, sob as regras que regem o instituto do condomínio, notadamente aquela que estabelece que cada condômino responde aos outros pelos frutos que percebeu da coisa, nos termos do art. 1.319 do CC/02. Assim, se apenas um dos condôminos reside no imóvel, abre-se a via da indenização àquele que se encontra privado da fruição da coisa. Subsiste, em igual medida, a obrigação de ambos os condôminos, na proporção de cada parte, de concorrer para as despesas inerentes à manutenção da coisa, o que engloba os gastos resultantes da necessária regularização do imóvel junto aos órgãos competentes, dos impostos, taxas e encargos que, porventura, onerem o bem, além, é claro, da obrigação de promover a sua venda, para que se ultime a partilha, nos termos em que formulado o acordo entre as partes. Inteligência do art. 1.315 do CC/02. Recurso Especial parcialmente provido" (STJ, REsp 983.450/RS, 3.ª Turma, Rel. Min. Fátima Nancy Andrighi, j. 02.02.2010, *DJe* 10.02.2010).

Mais recentemente, e na mesma linha, concluiu a Segunda Seção da Corte que "na separação e no divórcio, sob pena de gerar enriquecimento sem causa, o fato de certo bem comum ainda pertencer indistintamente aos ex-cônjuges, por não ter sido formalizada a partilha, não representa automático empecilho ao pagamento de indenização pelo uso exclusivo do bem por um deles, desde que a parte que toca a cada um tenha sido definida por qualquer meio inequívoco. Na hipótese dos autos, tornado certo pela sentença o quinhão que cabe a cada um dos ex-cônjuges, aquele que utiliza exclusivamente o bem comum deve indenizar o outro, proporcionalmente" (STJ, REsp 1.250.362/RS, 2.ª Seção, Rel. Min. Raul Araújo, j. 08.02.2017, *DJe* 20.02.2017).

Essa posição está, assim, consolidada na Corte. De toda sorte, como importante ressalva, o Tribunal da Cidadania julgou, em 2022, ser "incabível o arbitramento de aluguel em desfavor da coproprietária vítima de violência doméstica, que, em razão de medida protetiva de urgência decretada judicialmente, detém o uso e gozo exclusivo do imóvel de cotitularidade do agressor". Nos termos do voto do relator, que conta com o meu total apoio:

> "Impor à vítima de violência doméstica e familiar obrigação pecuniária consistente em locativo pelo uso exclusivo e integral do bem comum, na dicção do art. 1.319 do CC/2002, constituiria proteção insuficiente aos direitos constitucionais da dignidade humana e da igualdade, além de ir contra um dos objetivos fundamentais do Estado brasileiro de promoção do bem de todos sem preconceito de sexo, sobretudo porque serviria de desestímulo a que a mulher buscasse o amparo do Estado para rechaçar a violência contra ela praticada, como assegura a Constituição Federal em seu art. 226, § 8º, a revelar a desproporcionalidade da pretensão indenizatória em tais casos. Ao ensejo, registre-se que a interpretação conforme a constituição de lei ou ato normativo, atribuindo ou excluindo determinado sentido entre as interpretações possíveis em alguns casos, não viola a cláusula de reserva de plenário, consoante já assentado pelo Supremo Tribunal Federal no RE 572.497 AgR/RS, Rel. Min. Eros Grau, *DJ* 11/11/2008, e no RE 460.971, Rel. Min. Sepúlveda Pertence, *DJ* 30/3/2007 (ambos reproduzindo o entendimento delineado no RE 184.093/SP, Rel. Moreira Alves, publicado em 29/4/1997)" (STJ, REsp 1.966.556/SP, 3.ª Turma, Rel. Min. Marco Aurélio Bellizze, j. 08.02.2022, v.u.).

Por derradeiro, ainda em comentários ao art. 1.319 do CC/2002, em relação à responsabilidade pelo dano à coisa, essa é subjetiva, dependente de dolo ou culpa, nos termos do art. 186 da própria lei geral privada. Não se cogita a responsabilidade objetiva, por ausência de previsão legal e pela não configuração de uma atividade de risco na assunção da condição de condômino.

Dessa forma, não incidem as previsões constantes do art. 927, parágrafo único, do CC/2002, geradoras da responsabilidade sem culpa. Ainda a respeito dessa responsabilidade do condômino, aduz Maria Helena Diniz, com base em jurisprudência, que, "se, porventura, um dos consortes vier a danificar o imóvel, deverá pagar proporcionalmente à quota-parte de cada comunheiro o valor do prejuízo que causou" (DINIZ, Maria Helena. *Código...*, 2010, p. 921).

Essas são as regras fundamentais relativas aos direitos e deveres dos condôminos, seguindo o estudo da administração do condomínio voluntário ou convencional.

5.2.2 Da administração do condomínio voluntário

Após consagrar as regras relativas aos direitos e deveres dos condôminos, o Código Civil Brasileiro de 2002 elenca preceitos relativos à administração do condomínio voluntário ou convencional, o que é fundamental para a sua manutenção e funcionamento.

De início, prevê o art. 1.323 do CC/2002 que, deliberando a maioria sobre a administração da coisa comum, escolherá o *administrador*, que poderá ser estranho ao condomínio. Esse administrador age com um *mandato legal*, representando todos os condôminos nos seus interesses. A possibilidade de escolha de quem não é condômino abre a possibilidade de atuação de um *administrador profissional*, que será devidamente remunerado. No caso de condomínio tradicional – que não seja o edilício –, melhor utilizar o termo *administrador*, e não a expressão *síndico*.

O mesmo comando estabelece que a maioria dos condôminos pode resolver alugá--la, havendo um *direito de preferência de locação*, em condições iguais, do condômino em relação àquele que não o é. O legislador não estabeleceu qual a consequência para o caso de o condômino ser preterido nessa locação. Entendo que o melhor caminho é aplicar, por analogia, a mesma solução consagrada para o caso de preterição do direito de compra do condômino, nos termos do art. 504 do CC, norma que ainda será analisada. O parágrafo único deste último preceito igualmente serve para estabelecer qual a ordem de preferência entre os próprios condôminos. Na doutrina, essa é a opinião de Francisco Eduardo Loureiro, a quem se filia (*Código*..., 2010, p. 1.335).

Quanto aos aluguéis, reafirme-se a regra do art. 1.326 do CC, segundo a qual "os frutos da coisa comum, não havendo em contrário estipulação ou disposição de última vontade, serão partilhados na proporção dos quinhões". A norma é equânime e justa ao estabelecer a divisão de acordo com a participação de cada condômino. Eventualmente, podem os condôminos estabelecer o contrário, ou seja, uma outra forma de divisão dos frutos, desde que isso não traduza grande desproporção ou onerosidade excessiva.

O condômino que usufrui exclusivamente de tais valores deve reparar os demais em tal proporção, sob pena de caracterização do enriquecimento sem causa. Conforme instigante acórdão do Tribunal Paulista, é possível ação de cobrança de aluguéis recebidos exclusivamente por uma das herdeiras (TJSP, Apelação 9219161-78.2008.8.26.0000, Acórdão 6207268, 10.ª Câmara de Direito Privado, São Paulo, Rel. Des. Marcia Regina Dalla Déa Barone, j. 18.09.2012, *DJESP* 16.10.2012). Mais uma vez, tem-se a aplicação, por analogia, das regras do condomínio voluntário ao condomínio incidental.

Também atua com mandato legal o condômino que administrar o bem sem oposição dos outros, presumindo-se se tratar de representante comum (art. 1.324 do CC). Como bem apontado pela doutrina, trata-se de um *mandato tácito*, que visa à proteção de terceiros, notadamente de boa-fé, não outorgando poderes para a gravação ou alienação da coisa comum (VENOSA, Sílvio de Salvo. *Código*..., 2010, p. 1.194).

Em suma, esse *mandato legal tácito* apenas abrange a administração do bem. A título de exemplo, podem ser encontrados acórdãos que concluem que a norma incide para o caso da ex-esposa que administra o imóvel que ainda está em condomínio com o ex-marido, ocupando o bem com os filhos (TJSP, Apelação Cível 235.562-4/8-00, 4.ª Câmara de Direito Privado, Campinas, Rel. Des. Ênio Santarelli Zuliani, j. 20.04.2006).

Igualmente ilustrando tem-se aplicado a categoria do mandatário tácito para os casos de condomínio edilício irregularmente constituído, sem registro. Nesse contexto, concluiu o Tribunal de Justiça do Rio de Janeiro que "isso, contudo, não retira daquela que se diz 'administradora informal' do condomínio o ônus de demonstrar terem os demais condôminos assim a designado – já que, segundo afirma, teria sido realizada reunião específica para tanto –, até para que seja possível verificar a regularidade da representação do demandante" (TJRJ, Apelação Cível 2008.001.17043, 3.ª Câmara Cível, Paracambi, Rel. Des. Ronaldo Rocha Passos, j. 28.04.2009, *DORJ* 05.06.2009).

A encerrar o estudo da administração do condomínio voluntário, quanto às decisões dos condôminos, estabelece o *caput* do art. 1.325 da codificação material que a maioria será calculada pelo valor dos quinhões, e não pelo número de condôminos. Segundo parte da doutrina, essa forma de cálculo, com base no valor econômico, é a mais correta (MONTEIRO, Washington de Barros; MALUF, Carlos Alberto Dabus. *Curso...*, 2009, v. 3, p. 248; VENOSA, Sílvio de Salvo. *Código...*, 2010, p. 1.196). Assim, entende-se como maioria absoluta aquela cujos quinhões superam, economicamente, 50% do montante da propriedade.

De toda sorte, para Marco Aurélio Bezerra de Melo, o critério do valor econômico não é seguro, causando muita discordância, "cada qual considerando que a sua quota ideal é a mais valiosa que a de seu consorte. Melhor seria a adoção do disposto no art. 1.331, § 3.º, do Código Civil com redação dada pela Lei 10.931/04 que ao definir a fração ideal no condomínio edilício se vale da segura análise da área total em relação a parte inseparável, o que pode fisicamente ser comprovado" (MELO, Marco Aurélio Bezerra. *Direito...*, 2007, p. 227). Tem razão o Desembargador do Tribunal do Rio de Janeiro, representando o seu posicionamento uma unificação em matéria de condomínio, utilizando-se o mesmo critério tanto para o condomínio comum quanto para o condomínio edilício. De qualquer modo, esse entendimento, para ser efetivado, depende de alteração legislativa, *de lege ferenda*.

As deliberações dos condôminos têm força vinculativa obrigatória, sendo tomadas por maioria absoluta (art. 1.325, § 1.º, do CC). Em outras palavras, aplica-se a força obrigatória da convenção, a máxima *pacta sunt servanda*, sendo soberana a decisão. Ilustrando, se a maioria decidir que imóvel rural seja objeto de contrato de parceria agrícola, não cabe ação para reaver a coisa proposta por somente um dos condôminos (TJSP, Apelação 992.08.023596-3, Acórdão 4287148, 30.ª Câmara de Direito Privado, Jaú, Rel. Des. Orlando Pistoresi, j. 20.01.2010, *DJESP* 09.02.2010).

Eventualmente, a deliberação pode ser tida como nula, se entrar em conflito com normas de ordem pública ou preceitos constitucionais, tema que será aprofundado quando do estudo do condomínio edilício. Sobre a força da decisão da maioria, concluiu o Superior Tribunal de Justiça que "os artigos 1.323 e 1.325, § 1.º, do Código Civil, que conferem à maioria dos condôminos, reunida, poder para definir a destinação do bem, espelham prerrogativa inerente à propriedade, não sendo suficientes para autorizar a persecução desse direito em sede de ação possessória" (STJ, AgRg no REsp 1.005.009/MG, 3.ª Turma, Rel. Min. Sidnei Beneti, j. 16.06.2009, *DJe* 24.06.2009).

Não sendo possível alcançar maioria absoluta, decidirá o juiz, a requerimento de qualquer condômino, ouvidos os outros (art. 1.325, § 2.º). Assim, possibilita-se uma ação judicial para que o juiz supra a falta de consenso. A norma está desatualizada frente à atual tendência de desjudicialização ou extrajudicialização dos conflitos, de *fuga do Judiciário*. O mesmo pode ser afirmado quanto ao § 3.º do art. 1.325, segundo o qual, havendo dúvida quanto ao valor do quinhão para as deliberações, será este avaliado judicialmente.

Anoto, para encerrar o tópico, que no Projeto de Reforma do Código Civil, elaborado pela Comissão de Juristas nomeada no âmbito do Senado Federal, há proposta de se incluir eventual atuação de árbitro no § 2º do dispositivo em comento, o que virá em boa hora: "não sendo possível alcançar maioria absoluta, decidirá o juiz ou quem atuar como árbitro, a requerimento de qualquer condômino, ouvidos os outros". Seguiu-se a linha da *extrajudicialização*, um dos *nortes* do Anteprojeto elaborado pelos especialistas.

5.2.3 Da extinção do condomínio voluntário ou convencional. O direito de preferência tratado pelo art. 504 do Código Civil

Para encerrar o estudo do condomínio voluntário ou tradicional, vejamos as regras relativas à sua extinção, constantes tanto do Código Civil quanto do Código de Processo Civil. O tema é de grande relevo, diante da máxima romana segundo a qual o condomínio seria a *mater discordiarum*, ou seja, a mãe da discórdia. Por isso, os doutrinadores contemporâneos continuam a afirmar que a *transitoriedade é característica típica do condomínio voluntário*, como bem apontado por Gustavo Tepedino, Maria Celina Bodin de Moraes e Heloísa Helena Barboza (*Código...*, 2011, v. III, p. 664). A legislação reconhece tal característica e facilita a sua dissolução.

De início, como regra geral, preceitua o Código Civil que a todo tempo será lícito ao condômino exigir a divisão da coisa comum, respondendo o quinhão de cada um pela sua parte nas despesas da divisão (art. 1.320). Desse modo, o bem em condomínio, em regra, é um bem divisível, nos termos do art. 87 do CC/2002, *in verbis*: "Bens divisíveis são os que se podem fracionar sem alteração na sua substância, diminuição considerável de valor, ou prejuízo do uso a que se destina".

Não se olvide, entretanto, a existência de bens indivisíveis por força de lei, o que igualmente abrange o condomínio. Cite-se, com grande interesse para o Direito Privado, o módulo rural, fixado regionalmente, e que equivale à pequena propriedade rural (com essa conclusão: STJ, REsp 1.284.708/PR, 3.ª Turma, Rel. Min. Massami Uyeda, j. 22.11.2011, *DJe* 09.12.2011; e REsp 230.363/PB, 2.ª Turma, Rel. Min. João Otávio de Noronha, j. 12.04.2005, *DJ* 05.09.2005, p. 333).

Como prevê o art. 65 do Estatuto da Terra, o imóvel rural não é divisível em áreas de dimensão inferior à constitutiva do módulo de propriedade rural, o que abrange a sucessão *causa mortis* e as partilhas judiciais ou amigáveis. O preceito excepciona os parcelamentos de imóveis rurais fixados pelo órgão fundiário federal (INCRA), quando promovidos pelo Poder Público, em programas oficiais de apoio à atividade agrícola familiar, cujos beneficiários sejam agricultores que não possuam outro imóvel rural ou urbano (§ 5.º).

Voltando à regra de divisão, não sendo viável o caminho amigável, caberá a *divisão judicial*, sendo a ação correspondente imprescritível, ou melhor, não sujeita à prescrição ou à decadência. A não sujeição a prazo decorre do termo "a todo tempo", constante do *caput* do art. 1.320 do CC/2002, conforme bem aponta a doutrina, para quem há um *direito potestativo* à citada extinção (por todos: DINIZ, Maria Helena. *Código...*, 2010, p. 922; TEPEDINO, Gustavo; MORAES, Maria Celina Bodin de; BARBOZA, Heloísa Helena. *Código...*, 2011, p. 665; VENOSA, Sílvio de Salvo. *Código...*, 2010, p. 1.191).

Destaque-se que a não sujeição a prazo é acompanhada pela melhor jurisprudência (por todos: TJSP, Apelação 0035326-56.2011.8.26.0577, Acórdão 6446961, 4.ª Câmara de Direito Privado, São José dos Campos, Rel. Des. Carlos Henrique Miguel Trevisan, j. 17.01.2013, *DJESP* 04.02.2013).

Da jurisprudência superior merece destaque, por todos: "será lícito ao condômino, a qualquer tempo, exigir a divisão da coisa comum, sendo a respectiva ação de divisão, imprescritível.

Interpretação do art. 1.320 do Código Civil. Correto o deferimento do pedido de alienação judicial do imóvel, pois a utilização exclusiva do bem por parte da requerida impossibilita a parte agravada de dispor do bem. Constitui, finalmente, direito potestativo do condômino de bem imóvel indivisível promover a extinção do condomínio mediante alienação judicial da coisa" (STJ, Ag. Int. no Ag. Int. no AREsp 2.215.613/SP, Rel. Min. Maria Isabel Gallotti, 4.ª Turma, j. 09.10.2023, *DJe* 16.10.2023).

Podem os condôminos acordar que fique indivisa a coisa comum por prazo não superior a cinco anos, suscetível de prorrogação ulterior (art. 1.320, § 1.º, do CC). Essa *indivisão convencional* também não pode exceder o prazo de cinco anos nas hipóteses de doação e testamento (art. 1.320, § 2.º), sob pena de ineficácia do prazo superior, nas duas hipóteses.

Havendo requerimento de qualquer interessado e sendo *graves as razões* – o que constitui uma cláusula geral a ser preenchida caso a caso –, pode o juiz determinar a divisão da coisa comum antes do prazo estabelecido pelas partes (art. 1.320, § 3.º, do CC). Podem ser citadas, a título de exemplo, as hipóteses em que um dos condôminos está dando uma destinação ilícita ao bem comum, ou destruindo-o. Mencione-se, ainda, uma incompatibilidade social insustentável entre os consortes, que não podem mais conviver, chegando até o ponto de se agredirem fisicamente.

Analisando todos esses comandos, transcreve-se instigante acórdão do Tribunal de Justiça do Distrito Federal, que aplica a máxima que veda o comportamento contraditório (*venire contra factum proprium*), não afastando a extinção do condomínio sob condição suspensiva:

> "Alienação judicial de coisa comum. Condomínio. Imóvel. Partilha. Transação. Condição suspensiva. Maioridade de filho. Divisão da coisa antes do implemento da condição. Impossibilidade. Comportamento contraditório. Grave razão para divisão. Não comprovação. Segurança jurídica. Coisa julgada. Prevalência. Prequestionamento. Sentença mantida. 1) Formulado acordo homologado judicialmente em que as partes pactuam a partilha de imóvel e estabelecem condição suspensiva para que a alienação se dê somente após o filho mais novo do casal alcançar a maioridade, resta impossibilitada a venda prematura do imóvel simplesmente por não ser mais a cláusula conveniente. 2) Incorre em comportamento manifestamente contraditório a parte que livremente pactua cláusula suspensiva e posteriormente alega que a condição supera o prazo de 05 (cinco) anos previsto no artigo 1.320, § 1.º, do Código Civil. 3) Inexistente a comprovação de alegados problemas pessoais, financeiros e de saúde, afasta-se a grave razão apta a ensejar a divisão do bem comum antes de ocorrida a condição suspensiva, conforme disposto no artigo 1.320, § 3.º, do Código Civil. 4) Apesar de ser lícito ao condômino exigir a divisão de imóvel comum e a extinção do condomínio a qualquer tempo, conforme previsto no artigo 1.320 do Código Civil, conclui-se que, no caso, a regra deve ser afastada a fim de privilegiar a cláusula suspensiva pactuada, a coisa julgada e a segurança jurídica. 5) O prequestionamento que se exige, que possibilita o oferecimento de recursos extraordinário e especial, é ter sido a matéria que permitiria a apresentação dos recursos lembrada, ventilada pelas partes, ou por uma delas, não sendo exigência, para que ela se faça presente, manifestação explícita do órgão julgador sobre o tema. 6) Recurso conhecido e negado provimento. Sentença mantida" (TJDF, Recurso 2012.12.1.004297-6, Acórdão 651.279, 5.ª Turma Cível, Rel. Des. Luciano Vasconcelos, *DJDFTE* 06.02.2013, p. 394).

Na verdade, a decisão fica em xeque, diante da regra segundo a qual o prazo de indivisão convencional não pode ser superior a cinco anos (art. 1.320, § 1.º, do CC/2002). Mesmo tendo sido homologado judicialmente o acordo em contrário, é plausível defender que a previsão legal não pode ser contrariada, tratando-se de preceito de ordem pública. A única hipótese que se admite, pelo próprio permissivo legal, é a prorrogação posterior do prazo.

No tocante à divisão judicial, o vigente Código de Processo Civil elenca a ação de divisão entre os procedimentos especiais. Nos termos do art. 569, inc. II, do CPC/2015, repetindo a lógica do art. 946, inc. II, do CPC/1973, cabe a ação de divisão ao condômino para obrigar os demais consortes a estremar os quinhões. Nessa demanda serão citados todos os condôminos, se ainda não houver transitado em julgado a sentença homologatória da divisão (art. 572, § 1.º, do CPC/2015, correspondente ao art. 949 do CPC/1973). O próprio Estatuto Processual continua a estabelecer, com riqueza de detalhes, todos os procedimentos relativos a essa ação (arts. 588 a 598 do CPC/2015, equivalentes aos arts. 967 a 981 do CPC/1973, com alterações).

Voltando ao Código Civil, aplicam-se à divisão do condomínio, no que couber, as regras de partilha de herança (art. 1.321 do CC/2002). Cabe analisar quais dos preceitos relativos à partilha da herança têm ou não subsunção à divisão de bem em condomínio.

Como bem salientam Gustavo Tepedino, Maria Celina Bodin de Moraes e Heloísa Helena Barboza, o art. 2.013 parece estar excluído dessa incidência, ao estabelecer que "o herdeiro pode sempre requerer a partilha, ainda que o testador o proíba, cabendo igual faculdade aos seus cessionários e credores, pelo menos em parte". Segundo os doutrinadores, "o prazo estipulado para a indivisão suspende o exercício do direito potestativo de dividir o bem condominial (*v.* comentários ao art. 1.320), não já o direito de requerer a partilha" (*Código...*, 2011, v. III, p. 666).

Ainda segundo os juristas, os arts. 2.014 a 2017 têm plena incidência para a divisão da coisa comum, o que conta com meu apoio doutrinário. Diante dessas aplicações: *a)* pode o testador ou o instituidor do condomínio indicar os bens e valores que devem compor os quinhões de cada um dos consortes, deliberando ele próprio a partilha, que prevalecerá, salvo se o valor dos bens não corresponder às quotas estabelecidas; *b)* se os condôminos forem capazes, poderão fazer partilha amigável, por escritura pública, por termo nos autos da ação de divisão, ou por escrito particular, homologado pelo juiz; *c)* será sempre judicial a partilha se os condôminos divergirem, assim como se algum deles for incapaz; *d)* no partilhar os bens, observar-se-á, quanto ao seu valor, natureza e qualidade, a maior igualdade possível (TEPEDINO, Gustavo; MORAES, Maria Celina Bodin; BARBOZA, Heloísa Helena. *Código...*, 2011, v. III, p. 666).

Quanto aos comandos sucessivos, parecem ser incompatíveis com a divisão em vida relativa ao condomínio, até porque mencionam herdeiros específicos. O art. 2.018 do CC/2002 estabelece que é válida a partilha feita por ascendente, por ato entre vivos ou de última vontade, contanto que não prejudique a legítima dos herdeiros necessários. Em relação ao art. 2.019 do CC, preceitua que os bens insuscetíveis de divisão cômoda, que não couberem na meação do cônjuge sobrevivente ou no quinhão de um só herdeiro, serão vendidos judicialmente, partilhando-se o valor apurado, a não ser que haja acordo para serem adjudicados a todos.

No que tange ao art. 2.020 da codificação material, este prevê que os herdeiros em posse dos bens da herança, o cônjuge sobrevivente e o inventariante são obrigados a trazer ao acervo os frutos que perceberam, desde a abertura da sucessão. Porém, têm direito ao reembolso das despesas necessárias e úteis que fizeram, e respondem pelo dano a que, por dolo ou culpa, deram causa. Tal norma não incide quanto ao condomínio, pela existência de regras próprias, outrora analisadas.

De acordo com o art. 2.021 do CC/2002, quando parte da herança consistir em bens remotos do lugar do inventário, litigiosos, ou de liquidação morosa ou difícil, poderá proceder-se, no prazo legal, à partilha dos outros, reservando-se aqueles para uma ou mais sobrepartilhas, sob a guarda e a administração do mesmo ou diverso inventariante, e consentimento da maioria dos herdeiros. Tal norma é igualmente incompatível com a divisão pretendida no condomínio, obviamente por não existirem outros bens a partilhar na ação de divisão. Por fim, o art. 2.022 do CC trata de sobrepartilha de bens sonegados, o que mais uma vez não tem subsunção para o caso do condomínio, uma vez que o instituto da sonegação é próprio do Direito das Sucessões.

Feitos esses esclarecimentos, se a coisa for indivisível, e os consortes não quiserem adjudicá-la a um só, indenizando os outros, será ela vendida e repartido o apurado (art. 1.322 do CC). Desse modo, consagra o preceito a possibilidade de *alienação judicial* da coisa comum e indivisível, caso não haja acordo para a sua venda, com o consenso de todos os condôminos. O termo *indenizar* está mal colocado, uma vez que não se trata de reparação civil, mas de pagamento relativo à compra total do bem.

Alguns julgados equiparam aos bens indivisíveis os bens divisíveis de difícil fracionamento. A título de ilustração:

> "Alienação de coisa comum. Imóvel cuja divisão se mostra excessivamente onerosa e inviável, razão pela qual deve ser equiparado ao indivisível. Declaração de extinção de condomínio e venda do bem em hasta pública, observando-se o artigo 1.115 do Código de Processo Civil. Sentença mantida. Recurso não provido" (TJSP, Apelação 0121234-08.2007.8.26.0000, Acórdão 6470221, 10.ª Câmara de Direito Privado, São Carlos, Rel. Des. Roberto Maia, j. 29.01.2013, *DJESP* 15.02.2013).

O Código de Processo Civil de 1973 tratava dessa alienação entre os seus arts. 1.113 a 1.119, como procedimento de rito especial, sob a denominação "Das Alienações Judiciais". No CPC de 2015, o tema é tratado apenas em um dispositivo (art. 730), como se verá a seguir, de forma bem simplificada.

Preceituava o Estatuto Processual anterior, na primeira norma, que nos casos expressos em lei e sempre que os bens depositados judicialmente fossem de fácil deterioração, estivessem avariados ou exigissem grandes despesas para a sua guarda, o juiz, de ofício ou a requerimento do depositário ou de qualquer das partes, mandaria aliená-los em leilão. Uma das situações previstas em lei era justamente a alienação do bem em condomínio.

Conforme constava da própria Norma Instrumental, no seu art. 1.117, inc. II, seria alienada em leilão a coisa comum indivisível ou que, pela divisão, se tornasse imprópria ao seu destino, verificada previamente a existência de desacordo quanto à adjudicação a um dos condôminos.

Anote-se que essa alienação judicial incluía os bens semoventes, bens móveis que se movimentam por força própria, caso dos animais, que poderiam estar em condomínio (art. 1.113, § 1.º, do CPC/1973). Diante do contraditório e da ampla defesa, quando uma das partes requeresse a alienação judicial, o juiz ouviria sempre a outra antes de decidir (art. 1.113, § 2.º, do CPC/1973). A alienação judicial seria efetivada independentemente de leilão, se todos os interessados fossem capazes e nisso conviessem expressamente (art. 1.113, § 3.º, do CPC/1973).

Os bens a serem alienados seriam avaliados por um perito nomeado pelo juiz em alguns casos, a saber: *a)* se não houvesse avaliação anterior, o que é bem comum na prática; e *b)* se tivessem sofrido alteração em seu valor, situação igualmente normal no mercado imobiliário (art. 1.114 do CPC/1973). Em leilão judicial, a alienação seria feita pelo maior lance oferecido, ainda que fosse inferior ao valor da avaliação (art. 1.115 do CPC anterior). Apesar da literalidade do último preceito, não se poderia admitir que o bem fosse leiloado por preço vil ou muito inferior ao seu valor real de mercado, sob pena de caracterização do enriquecimento sem causa.

Efetuada a alienação e deduzidas as despesas, o preço da coisa seria depositado em juízo, ficando nele sub-rogados os ônus ou responsabilidades a que estivessem sujeitos os bens (art. 1.116 do CPC/1973). A título de exemplo desses ônus, poderiam ser citadas as obrigações *propter rem*, caso dos tributos relativos ao imóvel.

Com grande relevância prática, o art. 1.118 do Código de Processo Civil de 1973 estabelecia uma ordem de preferência para a aquisição do bem judicialmente, pela via do leilão.

O dispositivo era completado pelo art. 1.322 do Código Civil, *caput* e parágrafo único. A ordem a ser observada era a seguinte, pela interação desses comandos, o que continua a ter aplicação, diante da persistência do dispositivo do Código Civil no sistema:

1.º) Em condições iguais, o condômino terá preferência em relação a estranho, ou seja, a terceiro que não seja coproprietário.

2.º) Entre os condôminos, terá preferência o condômino que tiver benfeitorias de maior valor.

3.º) Se não houver benfeitorias no bem, terá preferência o condômino proprietário de quinhão maior.

4.º) Se nenhum dos condôminos tem benfeitorias na coisa comum e participam todos do condomínio em partes iguais, será realizada uma *primeira licitação* entre os estranhos. Antes de adjudicada a coisa àquele que ofereceu maior lanço, procede-se uma *segunda licitação* entre os condôminos, a fim de que a coisa seja adjudicada a quem afinal oferecer melhor lanço, preferindo, em condições iguais, o condômino ao estranho. Esclareça-se que, se o lanço oferecido pelo estranho for maior ao do condômino, o primeiro terá preferência. Em caso de igualdade ou de lanço maior do último, o bem será atribuído ao condômino, obviamente.

Em todos os casos, se a coisa fosse alienada sem observância das preferências legais, o condômino prejudicado poderia requerer, antes da assinatura da carta, o depósito do preço e adjudicação da coisa para si (art. 1.119 do CPC/1973). De acordo com o seu parágrafo único, nessa ação seriam citados o adquirente e os demais condôminos para dizerem de seu direito, observando-se, quanto ao procedimento, o mesmo rito previsto para as medidas cautelares, nos termos do art. 803 do próprio Estatuto Processual anterior. Acreditamos que essa última norma ainda tem aplicação, pelo menos em parte, pois o seu sentido pode ser retirado do art. 504 do Código Civil, especialmente quanto ao direito de preferência.

Reafirme-se que o Código de Processo Civil de 2015 não repetiu todas as regras procedimentais quanto à ação de alienação judicial. Apenas brevemente, o seu art. 730 passou a estabelecer que "nos casos expressos em lei, não havendo acordo entre os interessados sobre o modo como se deve realizar a alienação do bem, o juiz, de ofício ou a requerimento dos interessados ou do depositário, mandará aliená-lo em leilão, observando-se o disposto na Seção I deste Capítulo e, no que couber, o disposto nos arts. 879 a 903". A Seção I do Capítulo trata dos procedimentos de jurisdição voluntária (arts. 719 a 725). Já os arts. 879 a 903 regulam a alienação.

Veremos ainda qual será o impacto da mudança, sendo certo que o sentido de alguns dispositivos não reproduzidos ainda se mantém, por correspondência existente no Código Civil (caso do antigo art. 1.118 do CPC/1973, que tem substrato no art. 1.322 do Código Civil).

Cabe pontuar que no Projeto de Reforma do Código Civil pretende-se uma melhora na organização e na redação do diploma civil, passando o art. 1.322 a ter dois parágrafos, mas sem modificação de seu conteúdo. Assim, o seu novo *caput* preverá que, em termos gerais, "quando a coisa for indivisível e os consortes não quiserem adjudicá-la a um só, indenizando os outros, será vendida e repartido o apurado". Consoante o seu novo § 1º, "para os fins deste artigo, tem preferência na venda, em condições iguais de oferta, o condômino ao estranho e, entre os condôminos, aquele que tiver na coisa benfeitorias de maior valor e, não havendo condôminos com benfeitorias de maior valor, o de quinhão maior". Por fim, o projetado § 2º: "se nenhum dos condôminos tiver benfeitorias na coisa comum e participarem todos do condomínio em partes iguais, será realizada licitação entre estranhos e, antes de adjudicada a coisa àquele estranho que ofereceu maior lance, proceder-se-á à licitação entre os condôminos, a fim de que a coisa venha a ser adjudicada a quem entre os condôminos oferecer o melhor lance, preferindo, em condições iguais, o condômino ao estranho".

Após o estudo dessa alienação judicial, cabe abordar, finalmente, o *direito de preempção, preferência ou prelação legal* a favor do condômino no caso de venda da quota da coisa comum, tratado pelo art. 504 da codificação privada. De acordo com a norma material, o condômino, enquanto pender o estado de indivisão da coisa, não poderá vender a sua parte a estranho, se o outro condômino a quiser, *tanto por tanto*, ou seja, em igualdade de condições. O condômino, a quem não se der conhecimento da venda, poderá, depositando o preço, haver para si a parte vendida a estranhos, se o requerer no prazo de cento e oitenta dias, sob pena de decadência. Trata-se, portanto, de um *direito potestativo* a favor do condômino, contrapondo-se a um estado de sujeição contra os demais consortes.

Como resta claro pela leitura do dispositivo, a restrição tem aplicação em casos de negócios jurídicos celebrados por um dos condôminos com terceiros, em detrimento do direito de outros condôminos. Não incide, portanto, para vendas entre os próprios condôminos. Confirmando a afirmação, na *VIII Jornada de Direito Civil*, promovida pelo Conselho da Justiça Federal em abril de 2018, aprovou-se o Enunciado n. 623, a saber: "ainda que sejam muitos os condôminos, não há direito de preferência na venda da fração de um bem entre dois coproprietários, pois a regra prevista no art. 504, parágrafo único, do Código Civil visa somente a resolver eventual concorrência entre condôminos na alienação da fração a estranhos ao condomínio".

Nessa mesma linha, julgado do STJ do ano de 2016, afastando a aplicação de normas antes aqui abordadas:

> "A alienação/cessão de frações ideais entre condôminos refoge à finalidade intrínseca ao direito de preferência, uma vez que não se trata de hipótese de ingresso de terceiro/estranho à comunhão, mas de manutenção dos consortes (à exceção daquele que alienou integralmente a sua parcela), apenas com alterações no percentual da parte ideal daquele que adquiriu a parte de outrem. Inaplicabilidade dos artigos 1.322 do Código Civil e 1.118 do Código de Processo Civil, visto que não instituem qualquer direito de prelação, mas, tão somente, os critérios a serem adotados em caso de extinção do condomínio pela alienação da coisa comum. Ademais, tratando-se de restrição à liberdade de contratar, o instituto em comento – direito de preferência – deve ser interpretado de forma restritiva. Assim, se a lei de regência – artigo 504 – apenas o institui em relação às alienações a estranhos, não cabe ao intérprete, extensivamente, aplicar tal norma aos casos de compra e venda entre consortes" (STJ, REsp 1.137.176/PR, 4.ª Turma, Rel. Min. Marco Buzzi, j. 16.02.2016, *DJe* 24.02.2016).

Também parece cristalino, pela dicção do texto legal, que a restrição somente incide para os casos de condomínio de bem indivisível, seja imóvel ou móvel. Ademais, o condomínio deve ser *pro indiviso*, em que não é possível determinar, no plano concreto, qual a parcela de propriedade de cada condômino. Imagine-se a hipótese em que um irmão quer vender a sua parte no apartamento que divide com outro irmão. Ou, ainda, a situação de uma moto que está em condomínio entre dois amigos. Em havendo condomínio *pro diviso*, como no caso da unidade de condomínio edilício, o direito de preferência não se aplica.

Todavia, a questão elucidada nunca foi pacífica, ou seja, sempre houve quem entendesse pela possibilidade de a limitação incidir igualmente para os casos de bens divisíveis. Tanto isso é verdade que, na *IV Jornada de Direito Civil*, José Osório de Azevedo Jr., um dos grandes especialistas no tema da compra e venda no Brasil, fez proposta de enunciado doutrinário no seguinte sentido: "O preceito do art. 504 do Código Civil aplica-se tanto às hipóteses de coisa indivisível como às de coisa divisível". Foram as suas justificativas:

> "O texto é praticamente o mesmo do art. 1.139 do código anterior. As alterações apenas se referem à indicação de que o prazo é de decadência (em relação a que não havia dúvida) e que o período é de 180 dias, e não de seis meses, dificultando a contagem. Durante os 86 anos de vigência do velho Código, o direito brasileiro não chegou a uma conclusão segura sobre a interpretação a ser dada ao texto: se literal e restrita, ou se sistemática e ampla. Por outras palavras, se a preferência do condômino só ocorre quando se trata de coisa indivisível ou se acontece em qualquer hipótese de condomínio, seja a coisa indivisível ou não. Beviláqua criticou o texto, que foi trasladado do velho CC Português pelo Senado. O direito português aboliu, em 1930, a restrição e fez com que o direito de preferência também incida nos casos de venda de coisa divisível. O CC/1966, art. 1.409, manteve essa orientação. O Projeto Orlando Gomes, art. 466, também estabelece expressamente o direito de preferência na venda da coisa comum, divisível ou indivisível. O STJ julga nos dois sentidos: a) Direito de preferência – Condomínio – Condômino – Restringe-se esse direito à hipótese de coisa indivisível e não simplesmente indivisa. (STJ, REsp 60.656/SP, Rel. Min. Eduardo Ribeiro, j. 06.08.1996, *DJU* 29.10.1996). b) Condomínio – Coisa divisível – Alienação de fração ideal – Direito de preferência – Artigo 1.139 do CC. O condômino não pode alienar o seu quinhão a terceiro, sem prévia comunicação aos demais consortes, a fim de possibilitar a estes o exercício do direito de preferência, tanto por tanto, seja a coisa divisível ou não (STJ, REsp 71.731/SP, 4.ª Turma, Rel. Min. Cesar A. Rocha, *DJU* 13.10.1998). O CC/2002 perdeu a oportunidade de dirimir a controvérsia. Urge dar ao texto interpretação sistemática, harmonizando-o com o preceito do art. 1.314, § único, a saber: Art. 1.314 – Cada condômino pode usar da coisa conforme sua destinação, sobre ela exercer todos os direitos compatíveis com a indivisão, reivindicá-la de terceiro, defender a sua posse e alhear a respectiva parte ideal, ou gravá-la. Parágrafo único. Nenhum dos condôminos pode alterar a destinação da coisa comum, nem dar posse, uso ou gozo dela a estranhos, sem o consenso dos outros. Não é coerente exigir o consenso dos condôminos para transmitir posse a estranhos e afastar essa exigência em caso de transmissão de propriedade, e, consequentemente, da própria posse. Em abono dessa tese, também se observam os art. 1.794 e 1.795, a propósito de venda de quota hereditária. Aqui o CC inovou e deixou expresso o direito de preferência dos herdeiros, sem qualquer distinção quanto à indivisibilidade dos bens que compõem o acervo. Quanto a esse ponto, também diverge a jurisprudência: Pela preferência: STJ, REsp 33.176, Rel. Min. Cláudio Santos, j. 03.10.1995, indicando precedentes – REsp 4.180 e 9.934. Em sentido contrário: REsp 60.656-0/SP, 3.ª Turma, j. 06.08.1996, *DJU* 29.10.1996, *RT* 737/192. Diante do exposto, propõe-se o enunciado *supra*, prestigiando a interpretação sistemática em detrimento da literal, que é a mais tosca de todas".

Como se retira das justificativas da proposta de enunciado, a questão sempre foi polêmica na jurisprudência do Superior Tribunal de Justiça. Todavia, restou como majoritário, naquele evento, o entendimento de que a restrição somente se aplicaria aos casos de condomínio de coisa indivisível e *pro indiviso*. Ora, a norma do art. 504 do CC/2002 é restritiva da autonomia privada, da liberdade individual, e, sendo assim, não admite interpretação extensiva ou analogia. Tais argumentos foram utilizados para afastar a aprovação da proposta, o que contou com a minha concordância, quando da *IV Jornada de Direito Civil*, no ano de 2006.

Em 2015, o Superior Tribunal de Justiça voltou a julgar essa divergência, acabando por seguir o entendimento constante da proposta de enunciado doutrinário, especialmente em casos de bens divisíveis que se encontram em situação de indivisibilidade. Conforme consta da ementa do acórdão, que teve como relator o Ministro Salomão:

> "Ao conceder o direito de preferência aos demais condôminos, pretendeu o legislador conciliar os objetivos particulares do vendedor com o intuito da comunidade de coproprietários. Certamente, a função social recomenda ser mais cômodo manter a propriedade entre os titulares originários, evitando desentendimento com a entrada de um estranho no grupo. Deve-se levar em conta, ainda, o sistema jurídico como um todo, notadamente o parágrafo único do art. 1.314 do CC/2002, que veda ao condômino, sem prévia aquiescência dos outros, dar posse, uso ou gozo da propriedade a estranhos (que são um *minus* em relação à transferência de propriedade), somado ao art. 504 do mesmo diploma, que proíbe que o condômino em coisa indivisível venda a sua parte a estranhos, se outro consorte a quiser, tanto por tanto. Não se pode olvidar que, muitas vezes, na prática, mostra-se extremamente difícil a prova da indivisibilidade. Precedente: REsp 9.934/SP, Rel. Ministro Sálvio de Figueiredo Teixeira, Quarta Turma. Na hipótese, como o próprio acórdão reconhece que o imóvel *sub judice* se encontra em estado de indivisão, apesar de ser ele divisível, há de se reconhecer o direito de preferência do condômino que pretenda adquirir o quinhão do comunheiro, uma vez preenchidos os demais requisitos legais" (STJ, REsp 1.207.129/MG, 4.ª Turma, Rel. Min. Luis Felipe Salomão, j. 16.06.2015, *DJe* 26.06.2015).

Assim, a jurisprudência superior acabou por acompanhar posição contrária daqueles que participaram da *IV Jornada de Direito Civil*, inclusive a minha, honrosamente citado no último *decisum*. Desse modo, para os devidos fins práticos, no caso de o condomínio ser *pro indiviso* e o bem indivisível ou mesmo divisível, cada condômino só pode vender sua parte a estranhos se antes oferecer aos outros condôminos. Tal situação poderá abranger tanto os bens móveis quanto os imóveis.

O condômino preterido em seu direito de preferência poderá ingressar em juízo e haver o bem para si. Conforme reconhece parte da doutrina, trata-se de uma *ação anulatória* de compra e venda, que seguia rito ordinário no sistema anterior, correspondente ao atual procedimento comum (DINIZ, Maria Helena. *Código...*, 2010, p. 416). Entretanto, há quem entenda que a *ação é de adjudicação*, pois o principal efeito da ação é constituir positivamente a venda para aquele que foi preterido (AZEVEDO, Álvaro Villaça. *Comentários...*, 2005, v. VII, p. 246).

Esse último entendimento parece ser o mais correto tecnicamente, mas o primeiro também é muito adotado, inclusive pela jurisprudência do Superior Tribunal de Justiça (STJ, REsp 174.080/BA, 4.ª Turma, Rel. Min. Sálvio de Figueiredo Teixeira, j. 26.10.1999, *DJ* 13.12.1999, p. 153). Em reforço, tendo em vista o princípio da boa-fé objetiva, o depósito deve ser integral para que a parte preterida em seu direito de preferência exercite esse seu direito.

Quanto ao início da contagem do prazo de 180 dias, entende Maria Helena Diniz, citando jurisprudência, que esse se dará com a ciência da alienação – *RT* 432/229 e 543/144 (DINIZ, Maria Helena. *Código...*, 2010, p. 416). Essa conclusão parece ser a mais correta, em sintonia com a informação e a boa-fé. Eventualmente, tal ciência pode ocorrer mesmo após o registro imobiliário, devendo o julgador decidir de acordo com as *máximas de experiência*.

Sendo muitos os condôminos, deverá ser respeitada a seguinte ordem, conforme o parágrafo único do art. 504 do Código Civil:

1.º) Terá preferência o condômino que tiver benfeitorias de maior valor.

2.º) Na falta de benfeitorias, terá preferência o dono do quinhão maior.

3.º) Não falta de benfeitorias e sendo todos os quinhões iguais, terá preferência aquele que depositar judicialmente o preço.

Os dois primeiros tópicos da ordem descrita estão em sintonia com o art. 1.322 do CC/2002 e o art. 1.118 do CPC/1973, antes estudados. Eis mais um argumento para se sustentar a persistência do conteúdo do último comando processual, mesmo não tendo sido ele repetido pelo CPC/2015.

Os seus fundamentos estão na vedação do enriquecimento sem causa. Todavia, ressalte-se que todas as normas mencionadas podem gerar situações de injustiça. Imagine-se o caso de um condômino que tenha um quinhão de 1% e que tenha realizado benfeitorias no imóvel. Outro condômino tem um quinhão de 80% e não introduziu benfeitoria alguma. Pelos preceitos citados, o primeiro terá a preferência, o que não parece correto. Assim, as ordens previstas podem ser quebradas em alguns casos, levando-se em conta a boa-fé e a função social da propriedade.

No caso criado como exemplo, o condômino de quinhão ínfimo pode ter introduzido benfeitorias visando justamente a ter reconhecida a preferência, não podendo essa sua conduta ser privilegiada em todos os casos de preempção.

Também é importante deixar claro que a preferência do condômino não se confunde com outras preferências previstas no ordenamento jurídico. No presente contexto, podem ser citadas a *preempção convencional* (arts. 513 a 520 do CC) e o direito de preferência do locatário (art. 33 da Lei 8.245/1991), institutos abordados no Volume 3 da presente coleção.

Encerrando o estudo do tema, tudo o que foi aqui desenvolvido demonstra a necessidade de reparos no art. 504. Nesse contexto, a Comissão de Juristas encarregada da Reforma do Código Civil propõe que o seu *caput* passe a mencionar expressamente o início do prazo decadencial, a saber: "não pode um condômino em coisa indivisível vender a sua parte a estranhos, se outro consorte a quiser, tanto por tanto, podendo o condômino, a quem não se der conhecimento da venda, depositar o preço, haver para si a parte vendida a estranhos, se o requerer no prazo de cento e oitenta dias, sob pena de decadência, a contar do registro da venda ou da ciência do negócio, o que ocorrer primeiro".

Também se sugere melhora nas regras relativas à pluralidade de condôminos preferentes, passando o seu novo § 1.º a prever, para vedar o abuso de direito, que, "sendo muitos os condôminos, preferirá o que tiver benfeitorias de maior valor e, na falta de benfeitorias, o de quinhão maior, não se admitindo a inclusão de benfeitorias de valor irrisório para se obter vantagem indevida". Ademais, consoante o projetado § 2º, mais técnico e claro, "nas hipóteses do § 1º, se as partes forem iguais, haverão a parte vendida os comproprietários, que a quiserem, depositando previamente o preço".

Espera-se, portanto, a sua aprovação pelo Congresso Nacional, em prol da segurança jurídica e da estabilidade para as relações privadas.

5.3 DO CONDOMÍNIO LEGAL OU NECESSÁRIO

Além da origem na autonomia privada dos condôminos, a compropriedade pode ser decorrente da imposição da norma jurídica, surgindo, nesse contexto, o condomínio legal ou necessário, denominado também como *condomínio forçado*. As suas situações típicas envolvem o direito de vizinhança outrora estudado, a saber, as meações de paredes, cercas, muros e valas (art. 1.327 do CC/2002).

Como exemplo concreto, imagine-se que duas fazendas são limítrofes, havendo entre elas um mata-burro, vala colocada para impedir a passagem de animais. Em relação ao mata-burro há um condomínio necessário entre os proprietários das fazendas.

A própria codificação estabelece, no preceito citado, a aplicação dos arts. 1.297, 1.298, 1.304, 1.305, 1.306 e 1.307 para os casos de condomínio necessário. Sem prejuízo do abordado no capítulo anterior, repise-se que os 1.297 e 1.298 tratam do *direito de tapagem* relativo a propriedades lindeiras ou confinantes, com o rateio das despesas entre os coproprietários.

Aproveitando o exemplo citado, esclareça-se que, nos termos do art. 1.297, § 3.º, a construção de tapumes especiais para impedir a passagem de animais de pequeno porte pode ser exigida de quem provocou a necessidade deles, pelo proprietário, que não está obrigado a concorrer para as despesas. Assim, se no caso descrito apenas um dos fazendeiros de propriedade lindeira tiver criação de gado – dedicando-se o outro à plantação de milho, sem uso de animais –, o primeiro terá que arcar inteiramente com a construção e manutenção do mata-burro.

No tocante aos arts. 1.304 a 1.307, os preceitos têm relação com o direito de construir, o que interessa diretamente ao condomínio necessário. O art. 1.304 do CC/2002 consagra o *direito de madeiramento* na parede divisória. O comando seguinte é relativo ao *travejamento*. O art. 1.306 da norma geral privada, com grande aplicação, estabelece restrições ao uso da parede-meia, outra situação típica de condomínio necessário, prevendo a sua utilização até o meio da espessura. Por fim, o art. 1.307 do Código Civil trata do *direito de alteamento*. Todos os institutos estão tratados no capítulo anterior desta obra.

O proprietário que tem o *direito de estremar*, dividir com marcos, um imóvel com paredes, cercas, muros, valas ou valados, possui do mesmo modo o direito de adquirir a meação na parede, muro, valado ou cerca do vizinho, instituindo-se o condomínio necessário. Esse mesmo proprietário terá direito a metade do que atualmente valer a obra e o terreno por ela ocupado (art. 1.328 do CC). Assim, o proprietário do outro imóvel terá que pagar ao realizador do marco o valor correspondente a metade do que valer a obra, sob pena de caracterização do enriquecimento sem causa. Como bem esclarecem Gustavo Tepedino, Maria Celina Bodin de Moraes e Heloísa Helena Barboza, o valor pago não será o que foi gasto à época da construção da obra, mas o do momento da aquisição da meação, ou seja, "da metade ideal sobre a qual incide o direito" (*Código...*, 2011, v. III, p. 671).

Pontua Maria Helena Diniz uma série de procedimentos que devem ser observados em casos tais. *A priori*, aquele que pretende realizar a obra divisória deverá comunicar o fato ao vizinho para obter a sua concordância, inclusive quanto à partilha das despesas, o que está em sintonia como dever de informar relativo à boa-fé objetiva.

Não havendo concordância, deverá ingressar em juízo para intimar a pagar a sua parte relativa à obra, instituindo-se o *condomínio necessário compulsório*. Se o condômino não tomar tais providências, haverá presunção de que realizou a obra às suas custas, "mas o confinante terá o direito de adquirir meação nela, desde que embolse o seu autor da metade do valor atual, bem como do terreno por ela ocupado" (DINIZ, Maria Helena. *Código...*, 2010, p. 927).

Obviamente, se a necessidade de obras decorrer de conduta irregular culposa de um dos vizinhos, não se aplica a solução do art. 1.328 do CC. Nesse sentido, julgado do Tribunal Paulista, com a correta solução:

"Direito de vizinhança. Construção de muro de arrimo. Ônus das obras devem ser suportados pelo vizinho que realizou o aterramento, sem observância das técnicas necessárias para evitar danos ao imóvel vizinho. Inaplicabilidade da regra do artigo 1.328 do CC/2002. Culpa do requerido evidenciada, devendo arcar integralmente com as despesas para construção do muro de arrimo. Sentença mantida. Recurso não provido" (TJSP, Apelação 9197798-98.2009.8.26.0000, Acórdão 5585489, 35.ª Câmara de Direito Privado, Adamantina, Rel. Des. Manoel Justino Bezerra Filho, j. 05.12.2011, *DJESP* 13.12.2011).

Não havendo acordo entre os dois proprietários quanto ao preço da obra, será este arbitrado por peritos, a expensas de ambos os confinantes (art. 1.329 do CC). Essa fixação pode ser judicial ou extrajudicial. No primeiro caso, é cabível uma *ação de fixação do preço da obra divisória*, que pode ser proposta por qualquer um dos proprietários.

Eventualmente, o valor pode ser fixado em outra ação proposta, como naquela mencionada nos comentários de Maria Helena Diniz. Há quem entenda que a ação judicial somente será cabível depois de esgotada a via da perícia extrajudicial, como o Ministro Luiz Edson Fachin, que opina pela falta de interesse de agir caso não seja observado tal requisito (FACHIN, Luiz Edson. *Comentários...*, 2003, v. 15, p. 221). Com o devido respeito, parece-me que não há obrigatoriedade em se observar tal formalidade, sendo mera opção do condomínio optar pela via judicial ou extrajudicial.

Em casos de fixação do pagamento dessa meação, qualquer que seja o seu valor, enquanto aquele que pretender a divisão não o pagar ou o depositar, nenhum uso poderá fazer da parede, muro, vala, cerca ou qualquer outra obra divisória (art. 1.330 do CC). Em outras palavras, a aquisição da propriedade da parede, muro, cerca ou vala somente ocorrerá com o pagamento da meação relativa à obra.

A vedação do uso da obra divisória mantém relação direta com a vedação do enriquecimento sem causa e com o caráter ético que inspira a atual codificação material. Em algumas situações concretas, cabem medidas judiciais para afastar o uso pretendido, caso de uma ação de obrigação de não fazer, com fixação de multa diária (*astreintes*), nos termos da legislação processual. Marco Aurélio S. Viana comenta, ainda, sobre a possibilidade de ação possessória ou petitória no caso de o vizinho usar a coisa sem prévio pedido de meação (*Comentários...*, 2003, p. 369).

A encerrar o estudo do tema, cumpre destacar que o Código Civil de 1916 tratava, logo após o condomínio em parede, muros, cercas e valas, do *compáscuo* (art. 646), definido como "a utilização em comum de pradarias, campos ou terrenos de qualquer espécie para pastagem em comum de gado pertencente a proprietários diversos" (PEREIRA, Caio Mário da Silva. *Instituições...*, 2012, v. IV, p. 158).

Afastando-se do modelo agrário e ruralista anterior, o Código Civil de 2002 não tratou do instituto, que será regulado por legislação pública municipal no caso de pastos localizados em terras públicas ou terrenos baldios, o que já constava da codificação anterior. Quanto aos terrenos particulares, na falta de legislação própria, aplicam-se as regras ora estudadas relativas ao condomínio voluntário (PEREIRA, Caio Mário da Silva. *Instituições...*, 2012, v. IV, p. 158).

5.4 DO CONDOMÍNIO EDILÍCIO

5.4.1 Conceito e estrutura interna. Regras gerais básicas. A questão da natureza jurídica do condomínio edilício

O Código Civil Brasileiro de 2002 passou a disciplinar o condomínio edilício, o que é tido como uma feliz inovação, eis que esse fenômeno real muito interessa à contemporaneidade, merecendo um tratamento específico na codificação material privada. Como é notório, a matéria era disciplinada pela Lei 4.591/1964 – conhecida como *Lei Caio Mário da Silva Pereira*, por ter sido o jurista o seu idealizador intelectual –, que teve alguns de seus dispositivos incorporados pela norma geral privada.

A origem do instituto é atribuída ao Direito Romano – apesar da falta de unanimidade das fontes –, estando relacionada a *insula*, casa construída por andares, em que viviam coletivamente os plebeus (LOPES, João Batista. *Condomínio...*, 2008, p. 25; PEREIRA, Caio Mário da Silva. *Instituições...*, 2012, v. IV, p. 158; MALUF, Carlos Alberto Dabus; MARQUES, Márcio Antero Motta Ramos. *Condomínio...*, 2009, p. 1).

De qualquer modo, foram a explosão demográfica, a necessidade de novas moradias e a crise habitacional – especialmente após a I Guerra Mundial – que geraram a necessidade de sua instituição jurídica e sua inclusão nas legislações privadas.

Sempre gerou divergência a utilização do termo designativo para a modalidade que ora se aborda. Como sinaliza Nelson Kojranski, Carlos Maximiliano preferia a expressão *condomínio relativo ou moderníssimo*; enquanto Hely Lopes Meirelles utilizava os termos *condomínio por planos horizontais* e *condomínio horizontal*. Aponta o saudoso advogado especializado no ramo imobiliário que, com a promulgação da Lei 4.591/1964, a controvérsia de nomenclatura foi mantida e até intensificada. Caio Mário da Silva Pereira preconizava o termo *propriedade horizontal*, eis que as propriedades estão uma sobre as outras, postadas horizontalmente. Já Nascimento Franco chamava a categoria de *condomínio em edifícios* (KOJRANSKI, Nelson. *Condomínio...*, 2011, p. 2).

Conforme relatam Jones Figueirêdo Alves e Mário Luiz Delgado, doutrinadores que participaram no processo de elaboração da atual lei geral civil, o termo *condomínio edilício* foi introduzido na legislação por Miguel Reale, por se tratar de uma expressão nova de incontestável origem latina, muito utilizada, por exemplo, pelos italianos (ALVES, Jones Figueirêdo; DELGADO, Mário Luiz. *Código...*, 2005, p. 660). Há quem critique o uso da expressão, caso de José Fernando Simão, uma vez que a palavra *edilício*, na nossa tradição civilística, tem relação com as *ações edilícias*, comuns nos casos de vícios redibitórios (arts. 441 a 445).

Exposta toda essa controvérsia dos estudiosos, a verdade é que as expressões apontadas podem ser utilizadas para demonstrar essa importante categoria, com grande aplicação no mundo atual.

O Código Civil de 2002 consolidou o tratamento que constava da primeira parte da Lei 4.591/1964 (arts. 1.º a 27). Sendo assim, filia-se à corrente doutrinária majoritária que sustenta a revogação tácita de tais comandos, nos termos do art. 2.º, § 1.º, da Lei de Introdução, eis que a codificação regulou inteiramente a matéria (nesse sentido: MALUF, Carlos Alberto Dabus; MARQUES, Márcio Antero Motta Ramos. *Condomínio...*, 2009, p. 12; FARIAS, Cristiano Chaves; ROSENVALD, Nelson. *Direitos...*, 2006, p. 509; VENOSA, Sílvio de Salvo. *Código...*, 2010, p. 1.198; MELO, Marco Aurélio Bezerra de. *Direito...*, 2007, p. 231). Por tal caminho, daquela Lei específica subsiste apenas o tratamento referente às incorporações imobiliárias, a partir do seu art. 28.

De qualquer modo, a questão não é pacífica, pois juristas como Maria Helena Diniz entendem pela coexistência da lei específica com o Código Civil, analisando as regras de ambas as legislações (DINIZ, Maria Helena. *Código...*, 2010, p. 928-929).

Cumpre destacar que sempre segui o entendimento doutrinário que pregava a aplicação das regras do condomínio edilício para categorias similares. Nesse sentido, o Enunciado n. 89 do CJF/STJ, da *I Jornada de Direito Civil (2002)*, *in verbis*: "o disposto nos arts. 1.331 a

1.358 do novo Código Civil aplica-se, no que couber, aos condomínios assemelhados, tais como loteamentos fechados, multipropriedade imobiliária e clubes de campo".

A multipropriedade imobiliária, geralmente, envolve vários prédios que são compartilhados no tempo, inclusive com intuito de lazer. O tema foi abordado por Gustavo Tepedino, em tese de doutorado defendida na Itália, lecionando o jurista que se trata da "relação jurídica de aproveitamento econômico de uma coisa móvel ou imóvel, repartida em unidades fixas de tempo, de modo que diversos titulares possam, cada qual a seu turno, utilizar-se da coisa com exclusividade e de maneira perpétua" (TEPEDINO, Gustavo. *Multipropriedade...*, 1993, p. 1). Ainda de acordo com o autor, esses empreendimentos usualmente envolvem estruturas hoteleiras e de lazer e a duplicidade de regime jurídico típica do condomínio edilício (TEPEDINO, Gustavo. *Multipropriedade...*, 1993, p. 108). O tema, como já apontado, foi regulado pela Lei 13.777/2018, que merecerá uma análise aprofundada no presente capítulo.

Sobre outra modalidade especial, anote-se a existência de anterior decisão do Supremo Tribunal Federal que concluiu pela não incidência das regras relativas ao condomínio edilício no tocante à cobrança de taxas de administração para os condomínios fechados de casas (*condomínios de fato ou de lotes*), tratados como associações de moradores. A ementa do julgado foi assim publicada:

> "Associação de moradores. Mensalidade. Ausência de adesão. Por não se confundir a associação de moradores com o condomínio disciplinado pela Lei 4.591/1964, descabe, a pretexto de evitar vantagem sem causa, impor mensalidade a morador ou a proprietário de imóvel que a ela não tenha aderido. Considerações sobre o princípio da legalidade e da autonomia da manifestação de vontade – artigo 5.º, incisos II e XX, da Constituição Federal" (STF, RE 432.106, Rel. Min. Marco Aurélio, 1.ª Turma, j. 20.09.2011).

Com o devido respeito, nunca me alinhei a tal entendimento jurisprudencial, inclusive quanto ao pagamento das quotas da citada associação. Deve ficar claro que, no âmbito estadual, a questão sempre dividiu as Cortes. Não era diferente a situação de conflito na jurisprudência do Superior Tribunal de Justiça. De início, eram encontrados acórdãos que aplicavam ao condomínio de fato as mesmas regras relativas ao condomínio edilício, entendimento ao qual sempre se filiou, na linha do entendimento doutrinário esposado no enunciado da *Jornada de Direito Civil* antes citado (STJ, REsp 261.669/SP, 4.ª Turma, Rel. Min. Barros Monteiro, j. 10.08.2004, *DJ* 16.11.2004, p. 281).

Por outra via, pelo menos parcialmente em sentido contrário, arestos de datas mais próximas do STJ concluíam que o membro do condomínio de fato somente responderia pelas despesas de sua administração se tiver usufruído dos serviços prestados, o que se fundamenta na máxima que veda o enriquecimento sem causa (STJ, AgRg no Ag 1.401.918/RJ, Rel. Min. Massami Uyeda, 3.ª Turma, j. 21.06.2011, *DJe* 01.08.2011 e STJ, AgRg no REsp 976.740/RJ, Rel. Min. Vasco Della Giustina (Desembargador Convocado do TJ/RS), 3.ª Turma, j. 03.09.2009, *DJe* 29.10.2009).

Todavia, em 2015, a questão foi pacificada no Tribunal da Cidadania que, em sede de julgamento de incidente de recursos repetitivos acabou por concluir pela não aplicação das mesmas regras do condomínio edilício, na linha do que já tinha julgado o Supremo Tribunal Federal. Vejamos a publicação constante do *Informativo* n. *562* do Tribunal da Cidadania:

> "As taxas de manutenção criadas por associações de moradores não obrigam os não associados ou os que a elas não anuíram. As obrigações de ordem civil, sejam de natureza real, sejam de natureza contratual, pressupõem, como fato gerador ou pressuposto, a existência

de uma lei que as exija ou de um acordo firmado com a manifestação expressa de vontade das partes pactuantes, pois, em nosso ordenamento jurídico positivado, há somente duas fontes de obrigações: a lei ou o contrato. Nesse contexto, não há espaço para entender que o morador, ao gozar dos serviços organizados em condomínio de fato por associação de moradores, aceitou tacitamente participar de sua estrutura orgânica. (...). De fato, a jurisprudência não pode esvaziar o comando normativo de um preceito fundamental e constitucional em detrimento de um corolário de ordem hierárquica inferior, pois, ainda que se aceite a ideia de colisão ou choque de princípios – liberdade associativa (art. 5.º, XX, da CF) *versus* vedação ao enriquecimento sem causa (art. 884 do CC) –, o relacionamento vertical entre as normas – normas constitucionais e normas infraconstitucionais, por exemplo – deve ser apresentado, conforme a doutrina, de tal forma que o conteúdo de sentido da norma inferior deve ser aquele que mais intensamente corresponder ao conteúdo de sentido da norma superior. Ademais, cabe ressaltar que a associação de moradores é mera associação civil e, consequentemente, deve respeitar os direitos e garantias individuais, aplicando-se, na espécie, a teoria da eficácia horizontal dos direitos fundamentais" (STJ, REsp 1.280.871/SP e REsp 1.439.163/SP, 2.ª Seção, Rel. Min. Ricardo Villas Bôas Cueva, Rel. para acórdão Min. Marco Buzzi, j. 11.03.2015, *DJe* 22.05.2015).

Como se pode perceber, a votação não foi unânime, apesar de a questão parecer estar então pacificada, pela existência de decisões nas duas Cortes Superiores do País. Tanto isso é verdade que, em 2016, a última conclusão passou a compor a Edição n. 68 da ferramenta *Jurisprudência em Teses*, do Superior Tribunal de Justiça. Conforme a sua premissa de número 12, "as taxas de manutenção criadas por associações de moradores não obrigam os não associados ou que a elas não anuíram".

De toda sorte, como se verá de forma separada no último tópico deste capítulo, tal entendimento parecia estar superado, pelo menos em parte. Isso porque a Lei 13.465, de julho de 2017, introduziu tratamento relativo ao condomínio de lotes no Código Civil, passando o § 2.º do novo art. 1.358-A da codificação material a estabelecer que "aplica-se, no que couber, ao condomínio de lotes o disposto sobre condomínio edilício neste Capítulo, respeitada a legislação urbanística".

A afirmação vale para os condomínios fechados que fizerem a opção de conversão para o regime de condomínio de lotes; ou para os novos condomínios que surgirem com a adoção desse caminho de instituição. Para os condomínios fechados anteriores, em que não houver mudança a respeito de sua situação jurídica, seriam aplicados, pelo menos *a priori,* os precedentes da jurisprudência superior ora citados.

De todo modo, em novo julgamento proferido em sede de repercussão geral, em dezembro de 2020, o STF mudou a sua posição anterior, incluindo ressalvas a respeito da possibilidade de cobrança das taxas de associações de moradores, como ainda será visto no presente capítulo (Recurso Extraordinário 695.911 – Tema 492).

Feita tal importante anotação, que ainda merece os devidos aprofundamentos, no que diz respeito à estrutura interna do condomínio edilício, o que é fundamental para a sua compreensão, preconiza o art. 1.331 do CC/2002 que pode haver, em edificações, duas modalidades de propriedades, denominadas como *partes*.

Como *primeira categoria*, existem *partes* que são *propriedade exclusiva* dos condôminos, presente a modalidade *pro diviso*, ora abordada (*áreas autônomas* ou *exclusivas*). A própria lei estabelece que esse é o caso dos apartamentos, dos escritórios, das salas, das lojas, das sobrelojas ou abrigos para veículos, com as respectivas frações ideais no solo e nas outras partes comuns. Como componentes da propriedade exclusiva – havendo uma *fração real* –, tais partes podem ser alienadas e gravadas livremente por seus proprietários, não havendo *direito de preferência ou preempção* a favor dos outros condôminos, nos termos do antes abordado art. 504 do CC. Assim, tais áreas podem ser, com liberdade no exercício da autonomia privada, vendidas, doadas, hipotecadas, entre outras instituições cabíveis sobre o bem.

A norma em questão – § 1.º do art. 1.331 do Código Civil – foi alterada pela Lei 12.607, de 4 de abril de 2012. Passou, assim, a determinar que os abrigos de veículo não poderão ser alienados ou alugados a pessoas estranhas ao condomínio, salvo autorização expressa na convenção de condomínio. A alteração tem justificativa na proteção da segurança do condomínio, bem como na sua funcionalidade. Insta verificar que muitas convenções de condomínio já traziam tal proibição. De toda sorte, como se verá a seguir, mesmo quando constar tal autorização na convenção, deve ser feita a ressalva do direito de preferência para locação da vaga de garagem.

Como consequência dessa norma, o Superior Tribunal de Justiça, em 2022, julgou que, "conforme lições doutrinárias e precedentes de outros Tribunais, a restrição relacionada à alienação de abrigo de veículos deve prevalecer inclusive para as alienações judiciais, hipótese em que a hasta pública ocorrerá no universo limitado dos demais condôminos. No caso, inexistindo autorização na convenção do Condomínio recorrente, o Recurso Especial deve ser parcialmente provido, de modo que a hasta pública do abrigo para veículo penhorado nos autos seja restrita aos seus condôminos" (STJ, REsp 2.008.627/RS, 2.ª Turma, Rel. Min. Assusete Magalhães, j. 13.09.2022, *DJe* 20.09.2022). A minha posição doutrinária está citada no *decisum*, honrosamente.

Vale lembrar, a propósito da última decisão, o teor da Súmula n. 449 da Corte, prevendo que "a vaga de garagem que possui matrícula própria no registro de imóveis não constitui bem de família para efeito de penhora". A súmula não conta com meu apoio doutrinário. Isso porque, pelo princípio da gravitação jurídica, a impenhorabilidade da vaga de garagem – de natureza acessória – deve seguir a sorte do bem principal. Além disso, a sumular dá uma interpretação restritiva à proteção da moradia, na contramão de todos os arestos antes destacados, que seguem o caminho totalmente inverso.

Em acréscimo, vale lembrar a restrição ora em estudo, no sentido de que a alienação das vagas de garagem para terceiros somente é possível se houver aprovação dos demais condôminos. A conclusão, por óbvio, deve ser a mesma em caso de adjudicação dessas vagas, como ressalva para a sumular, razão pela qual o próprio Superior Tribunal de Justiça julgou em 2024 que, "ao interpretar o art. 1.331, § 1º, do CC/2002, que veda a alienação das vagas de garagem a pessoas estranhas ao condomínio sem autorização expressa na convenção condominial, em conjunto com o entendimento consolidado na Súmula n. 449 do STJ, que autoriza a penhora de vaga de garagem com matrícula própria, é imperativo restringir a participação na hasta pública exclusivamente aos condôminos" (STJ, REsp 2.095.402/SC, Rel. Min. Antonio Carlos Ferreira, 4.ª Turma, por unanimidade, j. 06.08.2024, *DJe* 08.08.2024).

Importante anotar que no Projeto de Reforma do Código Civil são feitas sugestões para esse art. 1.331 e, quanto às vagas de garagem, a ideia é que o próprio comando trate do direito de preferência na venda ou locação, revogando-se o seu art. 1.338. Segundo justificaram os membros da Subcomissão de Direito das Coisas, "a alteração feita pela Lei 12.607/2012 resolveu a omissão legislativa tão criticada com relação a possibilidade de a convenção de condomínio ou assembleia de condôminos também poder vedar a venda e a locação de abrigo para veículos a pessoas estranhas ao condomínio (enunciados 91 e 320 da I e IV Jornada de Direito Civil, respectivamente). A complementação sugerida leva a que se torne desnecessário o artigo 1338 do Código Civil, pois o dispositivo contará com a importante previsão do direito de preferência entre os condôminos e, subsidiariamente, entre possuidores".

Além disso, o projetado § 2° do art. 1.331, em que a hipótese passará a ser tratada, receberá redação mais clara e efetiva, prevendo que, "salvo autorização expressa na convenção condominial, os abrigos para veículos não poderão ser alienados ou alugados a pessoas estranhas ao condomínio, mas poderão ser alienados ou alugados a outros condôminos, livremente, ainda que a possibilidade não esteja prevista na convenção". Sobre o citado direito de preferência, de forma mais técnica, constará do seu § 3°, a saber: "se a convenção condominial permitir a alienação de vagas de garagem, terão preferência os condôminos a estranhos tanto por tanto". De fato, as proposições melhoram a redação do art. 1.331, esperando-se a sua aprovação pelo Parlamento Brasileiro.

Em continuidade de estudo do sistema vigente, como *segunda modalidade* dominial relativa à estrutura interna do condomínio em edificações, existem *partes* que são *propriedade comum* dos condôminos (*áreas comuns*), caso do solo, da estrutura do prédio, do telhado, da rede geral de distribuição de água, do esgoto, do gás e da eletricidade, da calefação e da refrigeração centrais, e das demais partes comuns, inclusive do acesso ao logradouro público (art. 1.331, § 2.°, do CC). Tais partes não podem ser alienadas separadamente, ou divididas, pois constituem, *in solidum*, o todo condominial imobiliário.

Para a jurisprudência do Superior Tribunal de Justiça, não há óbice para que um condômino reforme ou utilize, de forma exclusiva, área comum do condomínio, desde que exista autorização da assembleia geral (premissa número 16 da Edição n. 68 da sua ferramenta *Jurisprudência em Teses*, de 2016). A título de exemplo, cite-se, nos prédios com um apartamento por andar, o uso do *hall* do elevador privativo da unidade.

De todo modo, em relação a tais áreas, a cada unidade imobiliária caberá, como parte inseparável, uma *fração ideal no solo* e nas outras partes comuns, que será identificada em forma decimal ou ordinária no instrumento de instituição do condomínio (art. 1.331, § 3.°, do CC/2002). Não há que se falar em fração real, pois, obviamente, esta não pode ser determinada em relação a tais partes.

O dispositivo em comento foi alterado logo após a entrada em vigor da codificação, pela Lei 10.931/2004. A sua redação anterior estabelecia que a fração ideal no solo e nas outras partes comuns seria proporcional ao valor da unidade imobiliária, o qual se calculava em relação ao conjunto da edificação.

Na linha do que foi exposto quando do estudo do condomínio voluntário, explica Marco Aurélio Bezerra de Melo que "o critério atual é mais seguro do que o do valor, pois este somente poderia ser utilizado, a nosso sentir, no momento da instituição do condomínio edilício na hipótese de incorporação imobiliária, ocasião em que a própria incorporadora estabeleceria o valor de cada unidade em relação ao conjunto da edificação" (*Direito...*, 2007, p. 234). Tem plena razão o jurista, sendo salutar a alteração legislativa, que deveria também atingir o condomínio voluntário, como antes exposto.

Anote-se que, pela lei, o terraço de cobertura é parte comum do condomínio, salvo disposição contrária da escritura de constituição do condomínio (art. 1.331, § 5.°, do CC/2002). É usual que muitos condomínios destinem a área da cobertura para a propriedade exclusiva. Mas também são comuns as incorporações imobiliárias em que as coberturas constituem áreas comuns de lazer, como piscina, sauna e churrasqueira. A análise é casuística, portanto, não se esquecendo de que o segundo caso, no silêncio da convenção, é a regra legal.

Sem prejuízo dessas situações bem definidas, segundo a doutrina, no condomínio edilício é possível a utilização exclusiva de área "comum" que, pelas próprias características da edificação, não se preste ao "uso comum" dos demais condôminos (Enunciado n. 247 do CJF/STJ, da *III Jornada de Direito Civil*). Como exemplos, podem ser mencionados as vigas, os canos e os pilares existentes nos apartamentos. Ou ainda, no caso de apenas uma unidade por andar, o *hall* de entrada, após o elevador, que geralmente é fechado com chave pelo condômino, que além de utilizá-lo livremente, introduz objetos de decoração e armários.

O Projeto de Reforma do Código Civil pretende incluir essa possibilidade em um novo parágrafo do art. 1.331, que passará a prever que, nos casos envolvendo a propriedade comum, "a assembleia, especialmente convocada para tanto, pode ceder, por maioria dos votos dos condôminos, a um ou mais condôminos, em caráter precário, oneroso ou gratuito, o exercício exclusivo de posse sobre pequenos espaços comuns".

Consoante justificaram os membros da Subcomissão de Direito das Coisas, que citam outras concreções, "a proposta apenas normatiza o que vem sendo uma prática comum nos condomínios edilícios com a cessão, gratuita ou onerosa, de espaços para exploração exclusiva como lojas, mercadinhos, entre outras. A jurisprudência do Superior Tribunal de Justiça caminha nesse sentido, ao decidir que 'é possível a reforma ou a utilização exclusiva de no condomínio edilício é possível a utilização exclusiva de área 'comum' que, pelas próprias características da edificação, não se preste ao 'uso comum' dos demais condôminos' (Ag. Rg. nos EAREsp. 467.865/RJ, Rel. Min. Ricardo Cueva, 3.T, *DJe* 8/10/2015)".

Também é citado por eles o enunciado doutrinário mencionado e, mais uma vez, almeja-se positivar na lei o entendimento hoje majoritário entre os civilistas, o que virá em boa hora, em prol da esperada segurança jurídica.

Ainda conforme o Código Civil ora em vigor, nenhuma unidade imobiliária pode ser privada do acesso ao logradouro público (art. 1.331, § 4.º, do CC/2002). A previsão tem relação direta com a função social da propriedade, uma vez que o imóvel sem saída não atinge a sua finalidade, o que justifica o rígido tratamento da passagem forçada, abordado no capítulo anterior desta obra. O condomínio, igualmente, não pode dificultar esse acesso, em hipótese alguma, constituindo ato ilícito a comum prática de se desligar os elevadores ou impossibilitar o seu acesso para as unidades inadimplentes.

Como outrora foi anotado, há no condomínio, substancialmente, uma relação entre coisas, e não entre pessoas. Sendo assim, conforme pacífica conclusão da jurisprudência, não há que se falar em relação jurídica de consumo entre os condôminos (STJ, REsp 239.578/SP, 5.ª Turma, Rel. Min. Felix Fischer, j. 08.02.2000, *DJU* 28.02.2000, p. 122; TJPR, Apelação Cível 0537835-0, 9.ª Câmara Cível, Curitiba, Rel. Des. Rosana Amaral Girardi Fachin, *DJPR* 08.05.2009, p. 309; TJMG, Apelação Cível 1.0701.03.047894-8/001, 17.ª Câmara Cível, Uberaba, Rel. Des. Lucas Pereira, j. 06.09.2006, *DJMG* 05.10.2006). No mesmo sentido, a afirmação número 10 constante da Edição n. 68 da ferramenta *Jurisprudência em Teses*, do Superior Tribunal de Justiça, publicada em 2016: "nas relações jurídicas estabelecidas entre condomínio e condôminos não incide o Código de Defesa do Consumidor". Relembre-se que, como os condôminos são componentes da relação entre as coisas, falta a alteridade própria das relações de consumo.

No que interessa à sua natureza jurídica, cabe discorrer sobre a questão polêmica, que confronta a doutrina clássica e a doutrina contemporânea.

Como é notório, a doutrina clássica do CC/1916 via o condomínio edilício como um *ente despersonalizado* ou *despersonificado*, tido como uma *quase pessoa jurídica* (por todos: MONTEIRO, Washington de Barros. *Curso...*, 2003, v. 3, p. 2.224). Como argumento, sustentava-se, e ainda se alega, que o condomínio edilício não poderia ser tido como uma pessoa jurídica de Direito Privado, pois o seu rol, constante do art. 16 da codificação anterior, seria taxativo (LOPES, João Batista. *Condomínio...*, 2008, p. 60-61).

Frise-se que esse é o entendimento ainda majoritário, seguido pela grande maioria dos julgados estaduais (ver: TJSP, Apelação 0131250-84.2008.8.26.0000, Acórdão 5678811, 8.ª Câmara de Direito Privado, São Bernardo do Campo, Rel. Des. Ribeiro da Silva, j. 08.02.2012, *DJESP* 22.02.2012; TJRS, Apelação Cível 195619-72.2011.8.21.7000, 9.ª Câmara Cível, Porto Alegre, Rel. Des. Leonel Pires Ohlweiler, j. 14.09.2011, *DJERS* 19.09.2011; TJSP, Apelação 994.03.111583-5, Acórdão 4332653, 1.ª Câmara de Direito Privado, São Paulo, Rel. Des. Paulo Eduardo Razuk, j. 02.02.2010, *DJESP* 22.04.2010; TJMG, Agravo de Instrumento 1.0024.00.016519-1/0011, 16.ª Câmara Cível, Belo Horizonte, Rel. Des. Sebastião Pereira de Souza, j. 06.05.2009, *DJEMG* 10.07.2009).

Apesar de tal posição ainda ser a majoritária, cumpre destacar que há forte entendimento entre os doutrinadores contemporâneos e os da nova geração no sentido de considerar o condomínio edilício como pessoa jurídica. Seguindo essa linha, na *I Jornada de Direito Civil* (2002) foi aprovado o Enunciado n. 90 do CJF/STJ, pelo qual "Deve ser reconhecida personalidade jurídica ao condomínio edilício nas relações jurídicas inerentes às atividades de seu peculiar interesse".

Na *III Jornada* (2004), por iniciativa dos juristas Gustavo Tepedino (UERJ) e Frederico Viegas de Lima (UnB), ampliou-se o sentido da ementa anterior, aprovando-se o Enunciado n. 246: "fica alterado o Enunciado n. 90, com supressão da parte final: 'nas relações jurídicas inerentes às atividades de seu peculiar interesse'. Prevalece o texto: 'Deve ser reconhecida personalidade jurídica ao condomínio edilício'".

Há tempos fui convencido da tese da personalidade jurídica do condomínio edilício por um dos seus principais expoentes, o Professor Frederico Henrique Viegas de Lima, por ocasião do *II Congresso de Direito Civil Torquato Castro*, realizado em Recife entre os dias 26 e 29 de setembro de 2007. Ressalte-se que esse jurista defendeu tese de pós-doutorado na Universidade de Genève (Suíça), tratando especificamente do assunto, estudo publicado no Brasil no segundo semestre do ano de 2010 (LIMA, Frederico Henrique Viegas de. *Condomínio...*, 2010).

Como amparo primaz dessa premissa, basta concluir que o rol das pessoas jurídicas de Direito Privado, constante do art. 44 do CC/2002, é exemplificativo (*numerus apertus*), conforme ensina o próprio Viegas em sua tese. Nesse último sentido é o Enunciado n. 144 do CJF/STJ, da *III Jornada de Direito Civil* (2004), *in verbis*: "a relação das pessoas jurídicas de Direito Privado, constante do art. 44, incs. I a V, do Código Civil, não é exaustiva".

Essa forma de pensar está de acordo com a sistemática filosófica do CC/2002, que adotou um sistema aberto e dinâmico, inspirado na *Teoria Tridimensional do Direito* de Miguel Reale, seu principal idealizador. A demonstrar a repercussão social da tese e o seu impacto para a comunidade, Frederico Viegas de Lima discorre o seguinte:

> "A personificação jurídica da comunidade de coproprietários em condôminos especiais em edificações é decorrente das necessidades econômicas e sociais da atualidade. (...).
>
> O direito brasileiro, buscando preencher o vazio legislativo, diante do reconhecimento de uma lacuna verdadeira, passou a admitir sua personificação jurídica, mediante o trabalho doutrinário. A jurisprudência, até o presente momento, não possui definição firme a respeito dela. (...).
>
> No Brasil, na atualidade, temos uma proliferação dos grandes condomínios – *il super-condominios*, na doutrina italiana. Compõe-se de um grande espaço de terreno onde se instalam não somente as edificações dos condomínios especiais em edificações, mas também uma série de equipamentos que facilitam a vida moderna, tais como vagas de garagem, piscinas, quadras poliesportivas e até mesmo campos de golfe. Isso sem falar em lojas e até

mesmo em escolas. O principal fundamento para tanto é que no Brasil existem, até mesmo nas grandes cidades, grandes imóveis que permitem a instalação de grandes condomínios, cobrando importância crescente à admissão da personificação jurídica de comunidade de coproprietários em condomínios especiais em edificações" (LIMA, Frederico Henrique Viegas de. *Condomínio...*, 2010, p. 189-191).

Na jurisprudência do Superior Tribunal de Justiça podem ser encontrados arestos que concluem que o condomínio edilício pode ser considerado como pessoa jurídica para fins tributários, o que torna viável o seu reconhecimento para todas as finalidades, inclusive privatísticas. Merecendo destaque e as devidas reflexões, colaciona-se:

> "Tributário. Condomínios edilícios. Personalidade jurídica para fins de adesão à programa de parcelamento. REFIS. Possibilidade. 1. Cinge-se a controvérsia em saber se condomínio edilício é considerado pessoa jurídica para fins de adesão ao REFIS. 2. Consoante o art. 11 da Instrução Normativa RFB 568/2005, os condomínios estão obrigados a inscrever-se no CNPJ. A seu turno, a Instrução Normativa RFB 971, de 13 de novembro de 2009, prevê, em seu art. 3.º, § 4.º, III, que os condomínios são considerados empresas – para fins de cumprimento de obrigações previdenciárias. 3. Se os condomínios são considerados pessoas jurídicas para fins tributários, não há como negar-lhes o direito de aderir ao programa de parcelamento instituído pela Receita Federal. 4. Embora o Código Civil de 2002 não atribua ao condomínio a forma de pessoa jurídica, a jurisprudência do STJ tem-lhe imputado referida personalidade jurídica, para fins tributários. Essa conclusão encontra apoio em ambas as Turmas de Direito Público: REsp 411832/RS, Rel. Min. Francisco Falcão, Primeira Turma, julgado em 18/10/2005, *DJ* 19/12/2005; REsp 1064455/SP, Rel. Ministro Castro Meira, Segunda Turma, julgado em 19/08/2008, *DJe* 11/09/2008. Recurso especial improvido" (STJ, REsp 1.256.912/AL, Rel. Min. Humberto Martins, 2.ª Turma, j. 07.02.2012, *DJe* 13.02.2012).

A evolução a respeito da matéria igualmente atinge os Tribunais Estaduais. Do Tribunal do Espírito Santo extrai-se ementa que julgou: "mesmo não tendo o Código Civil lhe atribuído o caráter de pessoa jurídica, pratica o condomínio, em nome próprio, uma séria de atos da vida civil, como a contratação de funcionários e serviços, compra de bens, etc. Sendo assim, é de ser reconhecida sua existência formal ou, mesmo, sua personalidade jurídica para certos fins" (TJES, Apelação Cível 0008052-41.2005.8.08.0024, 4.ª Câmara Cível, Rel. Des. Telemaco Antunes de Abreu Filho, j. 17.09.2012, *DJES* 26.09.2012).

De todo modo, em 2020, julgado da Terceira Turma do Superior Tribunal de Justiça afastou a possibilidade de um condomínio edilício ser indenizado por danos morais, justamente pela falta de sua personalidade jurídica. Conforme trecho da ementa, "no âmbito das Turmas que compõem a Segunda Seção do STJ, prevalece a corrente de que os condomínios são entes despersonalizados, pois não são titulares das unidades autônomas, tampouco das partes comuns, além de não haver, entre os condôminos, a *affectio societatis*, tendo em vista a ausência de intenção dos condôminos de estabelecerem, entre si, uma relação jurídica, sendo o vínculo entre eles decorrente do direito exercido sobre a coisa e que é necessário à administração da propriedade comum". Assim sendo, ainda nos termos do acórdão, "caracterizado o condomínio como uma massa patrimonial, não há como reconhecer que seja ele próprio dotado de honra objetiva, senão admitir que qualquer ofensa ao conceito que possui perante a comunidade representa, em verdade, uma ofensa individualmente dirigida a cada um dos condôminos, pois quem goza de reputação são os condôminos e não o condomínio, ainda que o ato lesivo seja a este endereçado. Diferentemente do que ocorre com as pessoas jurídicas, qualquer repercussão econômica negativa será suportada, ao fim e ao cabo, pelos próprios condôminos, a quem incumbe contribuir para todas as despesas condominiais, e/ou pelos respectivos proprietários, no caso de eventual desvalorização dos imóveis no mercado imobiliário". Por fim, concluiu-se pela presença de "hipótese em que se afasta o dano moral do condomínio, ressaltando que, a par da possibilidade de cada interessado ajuizar ação para a reparação dos danos que eventualmente tenha suportado, o ordenamento jurídico autoriza o condomínio a impor sanções administrativas para o condômino nocivo e/ou antissocial, defendendo a doutrina, inclusive, a possibilidade de interdição temporária ou até definitiva do uso da unidade imobiliária" (STJ, REsp 1.736.593/SP, 3.ª Turma, Rel. Min. Nancy Andrighi, j. 11.02.2020, *DJe* 13.02.2020).

Fica evidenciado, portanto, que nas Turmas de Direito Privado da Corte Superior prevalece a *visão clássica*, que nega a personalidade jurídica do condomínio. O *decisum* demonstra toda a divergência doutrinária sobre o tema, expondo o meu entendimento.

A encerrar tal debate, na linha das palavras de Frederico Viegas, do ponto de vista prático, a personalidade jurídica do condomínio edilício traz algumas vantagens, podendo ser destacadas três como principais.

Como *primeira vantagem*, as reuniões de condomínio são profissionalizadas e facilitadas, delas participando apenas condôminos eleitos, com direito a voto, a exemplo do que ocorre com as associações. Com isso, afasta-se a situação caótica muitas vezes verificada nas assembleias, em que condôminos chegam a cair nas *vias de fato* em suas discussões. O sistema democrático é mantido, uma vez que os *condôminos dirigentes* são eleitos pelos pares.

A *segunda vantagem* é que os *condomínios edilícios pessoas jurídicas* podem prestar serviços diversificados diretamente aos seus condôminos, como atividades de recreação e esportivas e serviços de transporte. Conforme destacou Frederico Viegas em sua palestra, na realidade atual, condomínios das grandes cidades constituem associações para esses fins, o que passa a ser desnecessário com a tese que se propõe. Com o reconhecimento como pessoa jurídica, os *supercondomínios* têm ampla liberdade para o desenvolvimento de suas atividades, o que traz amplas consequências sociais.

A *terceira e última vantagem* é a ampla possibilidade de os condomínios pessoas jurídicas celebrarem contratos para aquisição de imóveis, por adjudicação. Essa é a grande discussão jurídica que está por trás do debate a respeito da natureza jurídica do condomínio edilício, havendo julgados que afastam essa possibilidade justamente pela falta de personalidade jurídica:

> "Registro de imóveis. Dúvida julgada procedente. Pretendido registro de carta de arrematação. Condomínio especial como adquirente. Ausência de personalidade jurídica. Inviabilidade da aquisição. Recusa mantida. Recurso não provido" (TJSP, Apelação Cível 100.185-0/2-00, Guarujá, Conselho Superior da Magistratura, 04.09.2003, v.u. Nesse mesmo sentido: Apelação Cível 000.002.6/1-00, Guarulhos, Conselho Superior da Magistratura, Rel. Luiz Tâmbara, 04.09.2003, v.u.; *JTJ* 273/597 e 277/599).

A propósito, essa possibilidade de adjudicação pelo condomínio edilício passou a ser expressamente admitida pela Lei 13.777/2018 quanto às unidades que estão em multipropriedade, em havendo débitos condominiais, nos termos do que consta do novo art. 1.358-S do Código Civil, o que reforça sobremaneira a tese seguida, da personalidade jurídica do condomínio. O tema ainda será devidamente analisado neste capítulo do livro. De toda sorte, a questão a respeito da possibilidade de adjudicação das unidades pelos condomínios nunca foi pacífica, sendo encontrados acórdãos que seguem o caminho diverso:

"Registro de imóveis. Carta de arrematação. Condomínio exequente como arrematante. Inteligência do artigo 63, § 3.º, da Lei 4.591/1964. Viabilidade da aquisição apesar da ausência de personalidade jurídica. Anuência necessária dos condôminos em assembleia geral, porém, não demonstrada. Impossibilidade do registro. Recurso provido" (TJSP, Apelação Cível 256-6/0, São Paulo, Conselho Superior da Magistratura, Rel. José Mário Antonio Cardinale, 10.02.2005, v.u.).

Espera-se que a problemática seja estabilizada com a aprovação de um dos projetos de lei que visam à inclusão do condomínio edilício no rol das pessoas jurídicas de Direito Privado, que consta do art. 44 do Código Civil. Pode ser citado, com esse fim, o Projeto de Lei 7.983/2014, do Deputado Arthur Oliveira Maia. Conforme as justificativas da proposição: "ressalte-se que essa ausência de personalidade jurídica combinada com a capacidade de ser parte em juízo tem causado sérios problemas para os condomínios. Um deles consiste na impossibilidade de o Condomínio registrar em cartório bens imóveis auferidos em ação de cobrança contra condômino inadimplente. Ou seja, o Condomínio pode litigar, mas não pode adquirir alguns bens por não ter personalidade jurídica. Ora, essa é uma situação teratológica que não deve persistir em nosso ordenamento jurídico. Sendo assim, é de bom alvitre que essa lacuna seja suprimida. É por isso que a aprovação deste projeto de lei é de grande importância para os condomínios".

No Projeto de Reforma e Atualização do Código Civil, elaborado pela Comissão de Juristas nomeada no âmbito do Senado Federal, segue-se o mesmo caminho, mas com a positivação do tema não na sua Parte Geral, mas no livro de Direito das Coisas. Com isso, o art. 1.332 receberá um § 1º, prevendo que "ao condomínio edilício poderá ser atribuída personalidade jurídica, para a prática de atos de seu interesse".

Com o afastamento dessa divergência, a propriedade é concretamente funcionalizada, transformando-se o condomínio em forma de investimento. Ilustrando na prática, o condomínio pode adquirir os imóveis dos condôminos inadimplentes, locando-os posteriormente a terceiros. Com isso, os condôminos restantes adquirem o domínio da unidade, além de usufruírem da locação, que reduz o valor da contribuição mensal.

Com *estrutura* e *função*, imagina-se que está totalmente justificada a tese da personalidade jurídica do condomínio edilício, devendo ser alterado o entendimento doutrinário e jurisprudencial até o presente momento consolidado e modificada a lei com esses fins.

5.4.2 Da instituição e da convenção do condomínio. O controle do conteúdo da convenção condominial

Para a constituição e estruturação condominial são essenciais dois atos, fulcrais para os regimes de propriedades antes estudados. Esses dois atos são a *instituição* e a *constituição* do condomínio edilício.

O primeiro deles cria o condomínio, representando um *ato de gestação*. A instituição é um trabalho complexo, que envolve questões jurídicas e de outras matérias, como a engenharia e a arquitetura. Nos termos do art. 1.332 do CC/2002, a instituição do condomínio edilício pode ser feita por ato entre vivos ou por testamento, devidamente registrado no Cartório de Registro de Imóveis.

Como notório e corriqueiro ato de instituição *inter vivos*, cite-se o negócio jurídico de incorporação imobiliária, definido por lei como sendo "a atividade exercida com o intuito de promover e realizar a construção, para alienação total ou parcial, de edificações ou conjunto de edificações compostas de unidades autônomas" (art. 28, parágrafo único, da Lei 4.591/1964).

São requisitos formais para a instituição do condomínio (art. 1.332 do CC/2002), sob pena de sua ineficácia:

I) A discriminação e individualização das unidades de propriedade exclusiva, estremadas uma das outras e das partes comuns, o que constitui um trabalho essencialmente de engenharia.

II) A determinação da fração ideal atribuída a cada unidade, relativamente ao terreno e às partes comuns.

III) O fim a que as unidades se destinam, o que é fundamental para a funcionalização concreta do condomínio edilício. Como bem salientam Gustavo Tepedino, Maria Celina Bodin de Moraes e Heloísa Helena Barboza, "a definição expressa da finalidade do condomínio edilício é essencial para que não haja desvio de uso pelos condôminos, a quem cabe observá-la, sob pena de aplicação das sanções cabíveis, estabelecendo-se relação de vizinhança entre os condôminos. Assim, por exemplo, um médico ou terapeuta não poderá usar o seu imóvel, localizado em prédio com finalidade residencial definida pelos condôminos, para atender os seus pacientes, salvo a concordância, expressa ou tácita, dos demais condôminos (*Código...*, 2011, v. III, p. 684).

No Projeto de Reforma do Código Civil são feitas sugestões de dois novos parágrafos para o art. 1.332. O primeiro deles, como antes pontuado, preverá, em boa hora e resolvendo enorme divergência teórica e prática, que "ao condomínio edilício poderá ser atribuída personalidade jurídica, para a prática de atos de seu interesse".

Ademais, consoante a proposta do § 2º, "são títulos hábeis para o registro da propriedade condominial no competente ofício de registro de imóveis, a escritura de instituição firmada pelo titular único de edificação composta por unidades autônomas e a convenção de condomínio, nos termos dos arts. 1.332 a 1.334 deste Código". Com isso, traz-se para a Lei Geral Privada o texto da Lei 4.591/1964, com vistas à retomada de seu *protagonismo legislativo*, aqui tão citado.

Como justificaram os membros da Subcomissão de Direito das Coisas – Desembargadores Marco Aurélio Bezerra de Melo e Marcelo Milagres, e Professores e Advogados Maria Cristina Santiago e Carlos Vieira Fernandes Filho –, o texto sugerido "retrata a literalidade do bem formulado Enunciado 504 da V Jornada de Direito Civil e não discrepa do que possibilita o artigo 44 da Lei 4.591/64, o qual prescreve que após o 'habite-se' é que se permite a averbação da construção em correspondência às frações ideais discriminadas na matrícula do terreno. A constituição do condomínio edilício de direito é ato anterior e com a futura alienação das unidades autônomas passará a existir de fato. A alteração se mostra importante, pois equivocadamente, vez por outra, registradores de imóveis não procedem ao registro da escritura de instituição de condomínio pela equivocada fundamentação de inexistência de compropriedade, gerando insegurança jurídica na consecução do empreendimento". Com a alteração do texto, portanto, são reduzidas burocracias e dificuldades na implementação dos empreendimentos imobiliários.

No que concerne à *convenção de condomínio*, essa constitui o *estatuto coletivo* que regula os interesses das partes, havendo um típico negócio jurídico decorrente do exercício da autonomia privada.

Enuncia o art. 1.333 do CC/2002 que a convenção que constitui o condomínio edilício deve ser subscrita pelos titulares de, no mínimo, dois terços das frações ideais, tornando-se, desde logo, obrigatória para os titulares de direito sobre as unidades, ou para quantos sobre elas tenham posse ou detenção. Para ser oponível contra terceiros (efeitos *erga omnes*), a convenção do condomínio deverá ser registrada no Cartório de Registro de Imóveis. Todavia, consigne-se que, conforme a Súmula 260 do STJ, a convenção de condomínio aprovada, ainda que sem registro, é eficaz para regular as relações entre os condôminos (efeitos *inter partes*), o que é salutar.

No Projeto de Reforma e atualização do Código Civil pretende-se incluir o teor sumular como novo parágrafo único do art. 1.333, positivando-se o seu teor e trazendo-se segurança jurídica para as partes envolvidas. Nos termos da projeção, "a convenção de condomínio não registrada é eficaz para regular as relações entre os condôminos, mas para ser oponível a terceiros e a futuros adquirentes deverá ser registrada perante o oficial do Cartório de Registro de Imóveis".

Como se nota, a convenção é regida pelo princípio da força obrigatória da convenção (*pacta sunt servanda*). Porém, na realidade contemporânea, não se pode esquecer que tal preceito não é absoluto, encontrando fortes limitações nas normas de ordem pública, nos preceitos constitucionais e em princípios sociais, caso da boa-fé objetiva (art. 422 do CC) e da função social dos pactos e contratos (art. 421 do CC). Deve a convenção condominial, especialmente as suas cláusulas, ser analisada de acordo com a realidade que a cerca (*ética da situação*), sendo essa a expressão da socialidade e da eticidade, pilares conceituais da atual codificação civil e do Direito Privado Contemporâneo.

Na teoria e na prática, a grande dificuldade está em saber os limites de licitude das estipulações da convenção condominial, sendo pertinente a análise de alguns casos concretos comuns ao mercado imobiliário.

Como primeira ilustração, surge polêmica referente à presença de animais nas dependências do condomínio. Três situações podem ser apontadas, pois usuais na prática: *a)* a convenção de condomínio proíbe a estada de animais; *b)* a convenção é omissa sobre o assunto; *c)* a convenção permite os animais no condomínio. Nos dois últimos casos, em regra, a permanência dos animais é livre, a não ser que o animal seja perturbador ou incompatível com o bem-estar e a boa convivência dos condôminos.

Ademais, mesmo nos casos em que há proibição na convenção de condomínio, a boa jurisprudência tem entendido que é permitida a permanência do animal de estimação, desde que ele não perturbe o sossego, a saúde e a segurança dos demais coproprietários. Nessa linha, transcreve-se:

> "Condomínio. Ação declaratória c.c. obrigação de fazer. Parcial procedência. Condôminos que mantêm cachorro de pequeno porte (raça *Yorkshire*) em sua unidade condominial. Convenção condominial que proíbe a manutenção de qualquer espécie de animal nas dependências do condomínio. Abusividade, na hipótese. Inexistência de qualquer espécie de risco aos demais condôminos. Provas no sentido de que referido animal não causa qualquer transtorno aos moradores. Entendimento jurisprudencial que permite a permanência de animais de pequeno porte (hipótese dos autos) nas dependências do condomínio. Ausência de risco ao sossego e segurança dos condôminos (art. 10, III, Lei 4.591/1964). Sentença mantida. Recurso improvido" (TJSP, Apelação 994.05.049285-2, Acórdão 4383110, 8.ª Câmara de Direito Privado, Sorocaba, Rel. Des. Salles Rossi, j. 17.03.2010, *DJESP* 12.04.2010).

> "Obrigação de fazer. Condomínio edilício. Ação objetivando a retirada de animais domésticos. Convenção condominial proibindo a permanência de qualquer animal nos apartamentos ou nas dependências internas do condomínio. Pedido julgado improcedente. Apelação. Mudança de um dos corréus. Falta de interesse recursal superveniente. Inadmissibilidade do recurso em relação aos demais litisconsortes. Norma interna que não pode

arredar o direito do condômino de usufruir de sua unidade autônoma, mantendo junto de si animal de pequeno ou de médio porte que não cause incômodo aos vizinhos nem ponha em risco a integridade física dos moradores. Recurso desprovido na parte conhecida" (TJSP, Apelação 994.03.096149-9, Acórdão 4271082, 5.ª Câmara de Direito Privado, Limeira, Rel. Des. J. L. Mônaco da Silva, j. 16.12.2009, *DJESP* 19.02.2010).

Releve-se, ainda, acórdão do Tribunal de Justiça de Pernambuco, da lavra do Des. Jones Figueirêdo Alves, concluindo que é possível permitir a permanência de animal de grande porte em condomínio edilício, desde que este não perturbe a paz e o sossego da coletividade. O *decisum* foi assim ementado, em resumo:

> "Ação de obrigação de fazer. Condomínio. Criação de animal de grande porte. Proibição. Norma interna e sua relativização. Interpretação teleológica. Congraçamento entre os direitos individuais e coletivos. Cão de conduta dócil. Sossego, salubridade e segurança preservados. Apelo provido" (TJPE, Apelação Cível 259.708-6, 4.ª Câmara de Direito Privado, Origem: 19.ª Vara Cível da Capital, decisão de 31 de outubro de 2012).

O julgado cita trecho de edição anterior desta obra, ainda em coautoria com José Fernando Simão, deduzindo que, "com efeito, a permanência de um animal em um prédio só pode ser proibida se houver violação do sossego, da salubridade e da segurança dos condôminos (art. 1.336, IV, Código Civil). No ponto, invoca-se o clássico paradigma dos três 'S', para 'uma devida eficiência de análise do caso concreto ao desate meritório'. Bem a propósito, o magistério de Flávio Tartuce e José Fernando Simão, sustenta: '... Sendo expressa a proibição de qualquer animal, não há que prevalecer a literalidade do texto que representa verdadeiro exagero na restrição do direito de uso da unidade autônoma, que é garantido por lei (art. 1.335, I, do CC e art. 19 da Lei n.º 4.591/1964), valendo o entendimento pelo qual se deve afastar a literalidade da convenção para a análise do caso concreto'".

Em artigo publicado no *site* "Migalhas", Jones Figueirêdo Alves comenta o acórdão e menciona o caso do *domador de ursos*, geralmente utilizado em aulas de Teoria Geral do Direito para ilustrar a concepção da equidade:

> "Antes de mais, retenha-se a alegoria do domador de ursos, citada por Luis Recasens Siches na sua consagrada obra *Filosofía del Derecho* que a seu turno refere a Radbruch e aquele toma por premissa a hipótese de Petrasyski, onde se relata o caso: '(...) En el andén de una estación ferroviaria de Polonia había un letrero que transcribía un artículo del reglamento de ferrocarriles, cuyo texto rezaba: 'Se prohíbe el paso al andén con perros'. Sucedió una vez que alguien iba a penetrar en el andén acompañado de un oso. El empleado que vigilaba la puerta le impidió el acceso. Protestó la persona que iba acompañada del oso, diciendo que aquel artículo del reglamento prohibía solamente pasar al andén con perros, pero no con otra clase de animales; y de ese modo surgió un conflicto jurídico, que se centró en torno de la interpretación de aquel artículo del reglamento. No cabe la menor duda de que, si aplicamos estrictamente los instrumentos de la lógica tradicional, tendremos que reconocer que la persona que iba acompañada del oso tenía indiscutible derecho a entrar ella junto con el oso al andén. No hay modo de incluir a los osos dentro del concepto 'perros'. Pois bem: em ser assim, deverá haver na estimação da norma, a devida congruência entre meios e fins, para que sua eficácia exalte a sua própria razão de ser. Toda norma deve ser interpretada teleologicamente, ou seja, pela ideia-força que a construiu" (ALVES, Jones Figueirêdo. *Perros...*, Disponível em: <http://www.migalhas.com.br/dePeso/16,MI167049,21048-Perros+e+Osos>. Acesso em: 3 maio 2013).

Exatamente no mesmo sentido, no ano de 2019 surgiu acórdão no Superior Tribunal de Justiça firmando a tese no sentido ser "ilegítima a restrição genérica contida em convenção condominial que proíbe a criação e guarda de animais de quaisquer espécies em unidades autônomas". Como consta de sua ementa, que tem o meu total apoio:

> "Se a convenção não regular a matéria, o condômino pode criar animais em sua unidade autônoma, desde que não viole os deveres previstos nos arts. 1.336, IV, do CC/2002 e 19 da Lei n.º 4.591/1964. Se a convenção veda apenas a permanência de animais causadores de incômodos aos demais moradores, a norma condominial não apresenta, de plano, nenhuma ilegalidade. Se a convenção proíbe a criação e a guarda de animais de quaisquer espécies, a restrição pode se revelar desarrazoada, haja vista determinados animais não apresentarem risco à incolumidade e à tranquilidade dos demais moradores e dos frequentadores ocasionais do condomínio. Na hipótese, a restrição imposta ao condômino não se mostra legítima, visto que condomínio não demonstrou nenhum fato concreto apto a comprovar que o animal (gato) provoque prejuízos à segurança, à higiene, à saúde e ao sossego dos demais moradores" (STJ, REsp 1.783.076/DF, 3.ª Turma, Rel. Min. Ricardo Villas Bôas Cueva, j. 14.05.2019, *DJe* 24.05.2019).

Os acórdãos e as lições expostas tornam a convenção *letra morta*, em prol de uma interpretação mais condizente com os valores coletivos e sociais (*funcionalização social*). Mesmo no caso do último julgado superior transcrito, nota-se que a convenção que veda a proibição de animais que causam incômodos somente confirma a regra dos 3Ss, prevista no art. 1.336, inc. IV, do Código Civil.

Na doutrina, tem-se entendido de forma semelhante. Tanto isso é verdade que, na *VI Jornada de Direito Civil*, foi aprovado o Enunciado n. 566, de autoria de Cesar Calo Peghini, estabelecendo que "a cláusula convencional que restringe a permanência de animais em unidades autônomas residenciais deve ser valorada à luz dos parâmetros legais de sossego, insalubridade e periculosidade". A justificativa do enunciado doutrinário menciona as "especificidades do caso concreto, como por exemplo, a utilização terapêutica de animais de maior porte. Evita-se, assim, a vedação abusiva na convenção".

Outra questão polêmica relativa à convenção diz respeito à vedação de que algumas pessoas, previamente apontadas, frequentem o condomínio no caso de aquisição ou locação de unidade, caso de estudantes, artistas, jogadores de futebol, homossexuais, garotas de programa ou pessoas pertencentes a algum grupo identificável. Para Nelson Kojranski, por exemplo, a cláusula da convenção que proíbe o uso de apartamentos para "repúblicas de estudantes" é perfeitamente lícita, "por ter sido imposta pelos próprios condôminos" (*Condomínio...*, 2011, p. 160).

Com o devido respeito, em todos os casos citados, a *cláusula de restrição pessoal* é nula de pleno direito, por ser ilícita e discriminatória, por razões diferentes, representando clara lesão à máxima, segunda a qual todos são iguais perante a lei, constante do art. 5.º, *caput,* do Texto Maior. Há um prejulgamento de condutas alheias, que representa claro preconceito, levando à ilicitude do objeto do negócio jurídico, nos termos do art. 166, inc. II, do Código Civil.

No plano prático, o antigo Tribunal de Alçada Civil de São Paulo deu interpretação restritiva à cláusula da convenção, entendendo que ela não poderia ser imposta a república de estudantes:

> "Possessória. Liminar. Apartamento locado a estudantes. Condomínio que não permite a ocupação a pretexto de que a convenção proibira 'república de estudantes no prédio'. Convenção que apenas impede o uso da unidade residencial de forma nociva ou perigosa

ao sossego, à salubridade e à segurança dos demais condôminos. Proprietário que não pode ser impedido de locar, de fruir o bem. Condomínio que tem como impedir o uso nocivo da propriedade. Inquilinos que não podem ser proibidos de ocupar a unidade locada. Liminar deferida. Recurso provido" (1.º TACSP, Recurso 1154593-4, 11.ª Câmara, Rel. Juíza Constança Gonzaga Junqueira de Mesquita, j. 15.05.2003).

Porém, tal entendimento não é pacífico na jurisprudência, eis que acórdão mais recente do Tribunal Paulista julgou pela licitude da cláusula, agindo o condomínio em exercício regular de direito ao não admitir a instituição da república. O aresto afasta eventual dever de indenizar do condomínio, por suposta discriminação:

"Indenização. Recurso contra sentença de improcedência em ação visando reparação por danos materiais e morais decorrentes de proibição de ocupação de imóvel locado em edifício residencial. Intenção de estabelecer-se habitação coletiva, popularmente denominada república de estudantes universitários, contrariando normas internas do condomínio. Exercício regular de direito. Danos inocorrentes. Apelo improvido" (TJSP, Apelação Cível 0026126-25.2010.8.26.0071, Acórdão 6481027, 8.ª Câmara de Direito Privado, Bauru, Rel. Des. Luiz Ambra, j. 30.01.2013, *DJESP* 08.02.2013).

Aliás, aproveita-se o tema exposto para pontuar que parece ser discriminatória – talvez ainda herança dos tempos de escravidão deste País – a divisão dos elevadores em sociais e de serviço. Melhor seria a existência de elevadores unificados, inclusive para uma fusão de convivência de classes sociais, admitindo-se apenas restrições de ordem objetiva (exemplos: banhistas, voltando da praia, entregas de cargas). E de nada adianta a existência de leis municipais vedando expressamente a discriminação nos elevadores se a diferenciação ainda é mantida em "Casa Grande e Senzala", homenageando Gilberto Freyre.

Outra dúvida recorrente quanto ao controle das cláusulas da convenção de condomínio diz respeito à possibilidade de se vedar o uso de áreas comuns ao condômino inadimplente, outra hipótese em que se faz presente a citada *restrição pessoal*. Mais uma vez, minha resposta é negativa, por lesão ao direito de propriedade (art. 5.º, inc. XXII, da CF/1988) e, em algumas situações, à própria dignidade da pessoa humana (art. 1.º, inc. III, da CF/1988). Vejamos duas decisões estaduais, que analisam hipóteses diferentes:

"Condomínio. Medida cautelar. Direito de uso do salão de festas do condomínio obstado ao condômino inadimplente. Inadmissibilidade. Imposição injustificada de restrição ao uso das áreas comuns em decorrência da inadimplência. Violação ao direito de propriedade. Discussão da dívida em regular ação de cobrança e em consignatória, ambas em trâmite. Sentença mantida. Improvida a irresignação recursal" (TJSP, Apelação 0150356-03.2006.8.26.0000, Acórdão 5227201, 8.ª Câmara de Direito Privado, São Paulo, Rel. Des. Luiz Ambra, j. 29.06.2011, *DJESP* 15.07.2011).

"Responsabilidade civil. Condomínio. Impedimento a que condômino votasse e frequentasse áreas comuns a pretexto de que inadimplente. Acordo para pagamento do débito que foi homologado e vinha sendo regularmente cumprido. Ilicitude reconhecida. Dano moral havido e mensurado de maneira adequada, considerada a dupla finalidade da indenização. Sentença mantida. Recurso desprovido" (TJSP, Apelação 9175155-25.2004.8.26.0000, Acórdão 4855011, 1.ª Câmara de Direito Privado, São Paulo, Rel. Des. Claudio Godoy, j. 30.11.2010, *DJESP* 13.01.2011).

Acrescente-se que, na mesma linha, posicionou-se a Terceira Turma do Superior Tribunal de Justiça, com citação ao meu entendimento doutrinário. Conforme acórdão publicado no *Informativo* n. *588* da Corte, de 2016, que merece destaque, pela sua grande importância prática:

> "O condomínio, independentemente de previsão em regimento interno, não pode proibir, em razão de inadimplência, condômino e seus familiares de usar áreas comuns, ainda que destinadas apenas a lazer. Isso porque a adoção de tal medida, a um só tempo, desnatura o instituto do condomínio, a comprometer o direito de propriedade afeto à própria unidade imobiliária, refoge das consequências legais especificamente previstas para a hipótese de inadimplemento das despesas condominiais e, em última análise, impõe ilegítimo constrangimento ao condômino (em mora) e aos seus familiares, em manifesto descompasso com o princípio da dignidade da pessoa humana. O direito do condômino ao uso das partes comuns, seja qual for a destinação a elas atribuída, não decorre da situação (circunstancial) de adimplência das despesas condominiais, mas sim do fato de que, por lei, a unidade imobiliária abrange, como inseparável, uma fração ideal no solo (representado pela própria unidade) bem como nas outras partes comuns, que será identificada em forma decimal ou ordinária no instrumento de instituição do condomínio (§ 3.º do art. 1.331 do CC). (...). Aliás, é de se indagar qual seria o efeito prático da medida imposta (restrição de acesso às áreas comuns), senão o de expor o condômino inadimplente e seus familiares a uma situação vexatória perante o meio social em que residem. Além das penalidades pecuniárias, é de se destacar, também, que a lei adjetiva civil, atenta à essencialidade do cumprimento do dever de contribuir com as despesas condominiais, estabelece a favor do condomínio efetivas condições de obter a satisfação de seu crédito, inclusive por meio de procedimento que privilegia a celeridade" (STJ, REsp 1.564.030/MG, Rel. Min. Marco Aurélio Bellizze, j. 09.08.2016, *DJe* 19.08.2016).

Demonstrando certa pacificação do tema no âmbito da Corte Superior, em 2019 surgiu julgado da sua Quarta Turma, com mesma conclusão e novamente citando o nosso entendimento, afirmando que "é ilícita a disposição condominial que proíbe a utilização de áreas comuns do edifício por condômino inadimplente e seus familiares como medida coercitiva para obrigar o adimplemento das taxas condominiais" (REsp 1.699.022/SP). São utilizados outros argumentos, sendo o principal a existência de um rol taxativo de penalidades no Código Civil. Conforme está na sua ementa, que merece destaque:

> "Em verdade, o próprio Código Civil estabeleceu meios legais específicos e rígidos para se alcançar tal desiderato, sem qualquer forma de constrangimento à dignidade do condômino e dos demais moradores. O legislador, quando quis restringir ou condicionar o direito do condômino, em razão da ausência de pagamento, o fez expressamente (CC, art. 1.335). Ademais, por questão de hermenêutica jurídica, as normas que restringem direitos devem ser interpretadas restritivamente, não comportando exegese ampliativa. O Código Civil estabeleceu meios legais específicos e rígidos para se alcançar tal desiderato, sem qualquer forma de constrangimento à dignidade do condômino inadimplente: a) ficará automaticamente sujeito aos juros moratórios convencionados ou, não sendo previstos, ao de um por cento ao mês e multa de até dois por cento sobre o débito (§ 1.º, art. 1.336); b) o direito de participação e voto nas decisões referentes aos interesses condominiais poderá ser restringido (art. 1.335, III); c) é possível incidir a sanção do art. 1.337, *caput*, do CC, sendo obrigado a pagar multa em até o quíntuplo do valor atribuído à contribuição para as despesas condominiais, conforme a gravidade da falta e a sua reiteração; d) poderá haver a perda do imóvel, por ser exceção expressa à impenhorabilidade do bem de família (Lei n.º 8.009/90, art. 3.º, IV)" (STJ, REsp 1.699.022/SP, 4.ª Turma, Rel. Min. Luis Felipe Salomão, j. 28.05.2019, *DJe* 1.º.07.2019).

Na esteira desses julgamentos, defendemos que, além da nulidade da cláusula da convenção, deve ser reconhecida, de fato, a responsabilidade civil do condomínio por ato ilícito, nos termos dos arts. 186 e 927 do Código Civil. A forma de pensar é exatamente a mesma nos casos em que o condomínio desliga o elevador em relação à unidade inadimplente ou interrompe serviços essenciais, caso da água e da luz. Nessas situações, a lesão à dignidade humana é flagrante, devendo a indenização ser fixada com caráter exemplar e pedagógico. Igualmente entendendo pela ilicitude da conduta do condomínio em casos tais:

> "Apelação cível. Ação de anulação de cláusula contratual cumulada com indenização por danos materiais e morais. Sentença improcedente. Inconformismo. Acolhimento. Preliminar afastada. Corte no fornecimento de água em desfavor de condômino inadimplente é medida abusiva e vexatória. Danos morais cabíveis. Despesas com aquisição de galões para suportar a suspensão da água. Danos materiais incidentes. Sentença reformada. Apelo provido (Voto 25318)" (TJSP, Apelação 0101092-93.2006.8.26.0007, Acórdão 6389464, 8.ª Câmara de Direito Privado, São Paulo, Rel. Des. Ribeiro da Silva, j. 05.12.2012, *DJESP* 18.01.2013).

> "Apelação cível. Ação de retomada de área comum e suspensão de fornecimento de água, luz, elevador e manutenção. Preliminares de ilegitimidade ativa, inépcia da petição inicial e carência de ação por impossibilidade jurídica do pedido afastadas. Mérito. Condomínio. Assembleia autorizando o corte no fornecimento de serviços e retomada da área comum. Condômino inadimplente. Exercício arbitrário das próprias razões. Coação configurada. Necessidades essenciais à dignidade da pessoa humana. Meios vexatórios e inapropriados. Princípio da proporcionalidade. Aplicabilidade. Meio impróprio. Ação de cobrança já ajuizada. Honorários advocatícios corretamente fixados. Litigância de má-fé. Inocorrência. Ausência de má-fé do condomínio. Não aplicação da multa do art. 18 do CPC. Manutenção da sentença recursos desprovidos" (TJPR, Apelação Cível 0472015-8, 9.ª Câmara Cível, Curitiba, Rel. Des. José Augusto Gomes Aniceto, *DJPR* 14.08.2009, p. 351).

Alerte-se que a questão da interrupção do serviço essencial pelo condomínio não é pacífica, eis que podem ser encontrados julgamentos que entendem pela sua possibilidade (TJSP, Apelação 9078394-87.2008.8.26.0000, Acórdão 5289747, 33.ª Câmara de Direito Privado, São Paulo, Rel. Des. Carlos Nunes, j. 01.08.2011, *DJESP* 05.08.2011 e TJMG, Apelação Cível 1.0188.02.001191-5/001, 15.ª Câmara Cível, Nova Lima, Rel. Desig. Des. Unias Silva, j. 23.03.2006, *DJMG* 11.05.2006). Essa forma de pensar não tem amparo jurídico, pois não tem o condomínio tal direito assegurado por lei.

O Código Civil apenas estabelece sanções pecuniárias em hipóteses de inadimplemento, que serão oportunamente analisadas. Em reforço, trata-se de uma valorização exagerada do *pacta sunt servanda* os casos em que consta da convenção uma cláusula de admissão dessa infeliz conduta, em flagrante conflito com os ditames constitucionais e com a tendência dirigista e intervencionista do Direito Civil Contemporâneo.

Outra situação que tem sido muito debatida mais recentemente, no que concerne às restrições de direitos que eventualmente podem constar das convenções de condomínio, diz respeito à colocação dos imóveis para locação via aplicativos digitais, em sistema de economia de compartilhamento. O principal debate envolve o AirBnB, que originalmente quer dizer "Cama de Ar e Café da Manhã" ("Air Bed and Breakfast"). Sucessivamente, já surgem discussões relativas a outros aplicativos, notadamente nas grandes cidades.

Diante de uma grande circulação de pessoas dos imóveis, a colocar em risco a segurança do condomínio, existem julgados estaduais que admitem restrições dessa natureza em convenções ou mesmo por decisão de assembleias condominiais extraordinárias. Utiliza-se, ainda, o argumento de desvirtuamento da destinação do imóvel, pela presença de um suposto serviço de hotelaria. Nesse sentido, do Tribunal Paulista:

"Agravo de Instrumento. Condomínio. Tutela de Urgência de Natureza Antecedente. Pretensão a que possa livremente locar seus imóveis por temporada e mediante uso de aplicativos, bem como para que seja afastada a restrição de uso das áreas comuns pelos inquilinos. Locação por uso de aplicativos ou páginas eletrônicas ('Airbnb' e afins) que possui finalidade característica de hotelaria ou hospedaria. Deliberações tomadas em Assembleia Geral Extraordinária, por medidas de segurança aos condôminos" (Tribunal de Justiça de São Paulo, Agravo de Instrumento nº 2013529-28.2018.8.26.0000, Rel. Bonilha Filho, j. 26.02.2018).

"Agravo de instrumento. Ação visando à anulação de deliberação condominial. Utilização do apartamento como hospedagem, por meio da plataforma eletrônica 'Air BNB'. Impossibilidade. Edifício de caráter residencial. Liminar revogada. Recurso provido" (TJSP; Agravo de Instrumento 2133212-93.2017.8.26.0000, Rel. Des. Pedro Baccarat, 36.ª Câmara de Direito Privado; Foro Regional II – Santo Amaro, j. 27.09.2017, data de registro 27.09.2017).

"Agravo de instrumento. Interposição contra decisão que deferiu a tutela de urgência com determinação à ré a abstenção de locar ou ceder o imóvel com finalidade característica de hotelaria ou hospedaria, sob pena de multa diária de R$ 1.000,00. Possibilidade de se determinar a antecipação dos efeitos da tutela determinada, diante da presença de elementos que evidenciam a probabilidade do direito e o perigo de dano ou risco ao resultado útil do processo, nos termos dos artigos 294 e 300 do Código de Processo Civil de 2015. Observação com relação ao teto da incidência da multa *(astreintes)* em caso de eventual descumprimento da decisão. Decisão mantida, com observação" (TJSP, Agravo de Instrumento 2047686-61.2017.8.26.0000, 33.ª Câmara de Direito Privado, Foro de Rio Claro, Rel. Des. Mario A. Silveira, j. 29.05.2017, data de registro 08.06.2017).

Porém, não estou filiado a essa forma de julgar, pois se trata de uma restrição ao direito de propriedade não expressa em lei, o que afronta ao direito fundamental previsto no art. 5.º, inc. XXII, da Constituição. Como tenho sustentado, não cabem proibições prévias como essa, devendo as questões restritivas serem analisadas sempre *a posteriori*, inclusive com a imposição das sanções previstas no Código Civil, se for o caso. Seguindo em parte tal entendimento, quanto à impossibilidade dessa restrição ser decidida em assembleia extraordinária, do mesmo Tribunal Paulista:

"Agravo de instrumento. Ação de anulação de assembleia condominial. Obrigação de fazer. Tutela antecipada. Plataforma Airbnb. Decisão da assembleia condominial ineficaz. Art. 1351 do CC. Não há na Convenção do Condomínio regra expressa que vede a locação da unidade para temporada, tampouco de utilização da plataforma Airbnb, facilidade tecnológica recente. O artigo 1.351 do Código Civil prevê que a alteração da convenção do condomínio depende de aprovação de 2/3 (dois terços) dos votos dos condôminos. Por outro lado, a própria convenção prevê um quórum ainda mais qualificado, de 3/4 (três quartos) dos votos para alteração da convenção. Decisão tomada por 17 das 59 unidades de proibir o uso da plataforma Airbnb no Condomínio não cumpre os requisitos legais. Decisão ineficaz, cujos efeitos devem ser suspensos até decisão final de mérito. Recurso improvido" (TJSP, Agravo de instrumento 2118946-67.2018.8.26.0000, Acórdão 11695443, 30.ª Câmara de Direito Privado, São Paulo, Rel. Des. Maria Lúcia Pizzotti, j. 08.08.2018, *DJESP* 15.08.2018, p. 2.147).

Em outubro de 2019, o tema começou a ser debatido no âmbito da Quarta Turma do Superior Tribunal de Justiça, concluindo o primeiro julgador a votar que, pelas peculiaridades do caso concreto, não seria possível vedar a utilização do imóvel para locação em aplicativo digital (Recurso Especial 1.819.075/RS, Rel. Min. Luis Felipe Salomão). De início, foi afastada a caracterização da atividade de locação como hospedagem comercial e, com isso, a alteração da destinação do imóvel. Como constou do voto do Ministro Relator, "a alegação de alta rotatividade de pessoas no imóvel, de ausência de vínculo entre os ocupantes e do suposto incremento patrimonial dos proprietários – no caso em exame, não demonstradas por provas adequadas –, mesmo assim não servem, a meu sentir, à configuração de atividade de exploração comercial dos imóveis, sob pena de desvirtuar a própria classificação legal da atividade, pressupondo a atividade de empresário". Entendeu-se, desse modo, haver uma figura próxima à locação por temporada, não sendo possível uma proibição genérica para essa destinação do imóvel.

Além disso, de forma correta, julgou o Ministro Salomão que a lei não estabelece qualquer limitação a esse exercício do direito de gozo do bem e, sendo assim, não é possível juridicamente, pelo menos *a priori*, limitá-lo. Novamente de acordo com o seu voto, "a jurisprudência do STJ é firme no sentido de que a solução deve partir da análise do caráter da norma restritiva, passando pelos critérios de legalidade, razoabilidade, legitimidade e proporcionalidade da medida de restrição frente ao direito de propriedade" (Recurso Especial 1.819.075/RS, 4.ª Turma, Rel. Min. Luis Felipe Salomão, j. 17.10.2019).

Assim, entendeu o julgador que, "de modo a analisar o caso em julgamento, não se propõe uma análise sobre a questão fática principal examinada nos julgados invocados, mas sim a tese jurídica que se pode transplantar para o deslinde desta questão, qual seja, o afastamento de desarrazoada proibição de uso e gozo da propriedade por convenção de condomínio". E considerou-se, ao final, como "ilícita a prática de privar o condômino do regular exercício do direito de propriedade, em sua vertente de exploração econômica. Como é sabido, por uma questão de hermenêutica jurídica, as normas que limitam direitos devem ser interpretadas restritivamente, não comportando exegese ampliativa" (Recurso Especial 1.819.075/RS, *DJe* 21.10.2019).

De toda sorte, esclareça-se que o voto não fechava totalmente a possibilidade de a convenção estabelecer limitações ao uso de tais aplicativos, que devem ser confrontadas com a utilização abusiva posterior da unidade e sua destinação natural, bem como o emprego de outras medidas, como o cadastramento dos hóspedes na portaria.

Em abril de 2021, a Quarta Turma do STJ encerrou esse julgamento e, por maioria, concluiu que "é vedado o uso de unidade condominial com destinação residencial para fins de hospedagem remunerada, com múltipla e concomitante locação de aposentos existentes nos apartamentos, a diferentes pessoas, por curta temporada". Conforme se retira da sua publicação:

> "Tem-se um contrato atípico de hospedagem, que expressa uma nova modalidade, singela e inovadora de hospedagem de pessoas, sem vínculo entre si, em ambientes físicos de padrão residencial e de precário fracionamento para utilização privativa, de limitado conforto, exercida sem inerente profissionalismo por proprietário ou possuidor do imóvel, sendo a atividade comumente anunciada e contratada por meio de plataformas digitais variadas. Assim, esse contrato atípico de hospedagem configura atividade aparentemente lícita, desde que não contrarie a Lei de regência do contrato de hospedagem típico, regulado pela Lei n. 11.771/2008, como autoriza a norma do art. 425 do Código Civil" (STJ, REsp 1.819.075/RS, Rel. p/ acórdão Min. Raul Araújo, j. 20.04.2021).

Em suma, prevaleceram as regras específicas do contrato de hospedagem sobre a análise das restrições condominiais. Com o devido respeito, apesar de ter sido citado no voto do

Ministro Raul Araújo, fico com as afirmações do Ministro Salomão, apesar da realidade do caso concreto, tendo havido a locação de vários cômodos do imóvel para a hospedagem.

No final do mesmo ano de 2021, no mês de novembro, a Terceira Turma concluiu de igual modo. Consoante o voto do Ministro Relator, Ricardo Villas Bôas Cueva, "o estado de ânimo daqueles que utilizam seus imóveis para fins residenciais não é o mesmo de quem se vale de um espaço para aproveitar suas férias, valendo lembrar que as residências são cada vez mais utilizadas para trabalho em regime de *home office,* para o qual se exige maior respeito ao silêncio, inclusive no período diurno". Além disso, de acordo com ele, há lacuna normativa a respeito do tema e "o legislador não deve se ater apenas às questões econômicas, tributárias e administrativas. Deve considerar, acima de tudo, interesses dos usuários e das pessoas que moram próximas aos imóveis passíveis de exploração econômica. Justamente por serem novas, essas práticas ainda escondem inúmeras deficiências, a exemplo da falta de segurança dos próprios usuários" (STJ, REsp 1.884.483/PR, 3.ª Turma, Rel. Min. Ricardo Villas Bôas Cueva, j. 23.11.2021).

Como último julgado a ser mencionado, em 2023, essas conclusões foram repetidas em novo aresto da Quarta Turma do STJ, que merecem destaque:

> "Agravo interno. Embargos de declaração. Recurso especial. Processual civil. Ação de obrigação de não fazer. Contrato de locação. Edifício residencial. Locação fracionada. Hospedagem atípica. Uso não residencial. Contrariedade à convenção de condomínio. Precedentes. Decisão mantida. Recurso não provido. 1. O direito de o proprietário condômino usar, gozar e dispor livremente do seu bem imóvel, nos termos dos arts. 1.228 e 1.335 do Código Civil de 2002 e 19 da Lei 4.591/64, deve harmonizar-se com os direitos relativos à segurança, ao sossego e à saúde das demais múltiplas propriedades abrangidas no Condomínio, de acordo com as razoáveis limitações aprovadas pela maioria de condôminos, pois são limitações concernentes à natureza da propriedade privada em regime de condomínio edilício. 2. Existindo na Convenção de Condomínio regra impondo destinação residencial, mostra-se indevido o uso das unidades particulares que, por sua natureza, implique o desvirtuamento daquela finalidade residencial (CC/2002, arts. 1.332, III, e 1.336, IV). 3. Nos termos da jurisprudência desta Corte, a exploração econômica de unidades autônomas mediante locação por curto ou curtíssimo prazo, caracterizadas pela eventualidade e pela transitoriedade, não se compatibiliza com a destinação exclusivamente residencial atribuída ao condomínio réu. Precedentes da Terceira e Quarta Turmas do STJ. 4. Agravo interno a que se nega provimento" (STJ, Ag. Int nos EDcl no REsp 1.933.270/RJ, 4.ª Turma, Rel. Min. Maria Isabel Gallotti, j. 06.03.2023, *DJe* 10.03.2023).

Reafirmo que não concordo com essa forma de julgar, sendo possível tais rígidas restrições ao direito de gozo somente por previsão legal. De toda sorte, o entendimento constante nos três acórdãos parece ser a consolidação da posição da Segunda Seção da Corte, devendo ser considerado para os devidos fins práticos até o presente momento.

De todo modo, não se pode negar que é urgente a regulamentação da temática na legislação, o que está sendo proposto pelo Projeto de Reforma do Código Civil, após intensos debates na Comissão de Juristas nomeada no âmbito do Senado Federal. Acabou prevalecendo a proposição de se incluir um novo § 1º no seu art. 1.336, estabelecendo que, "nos condomínios residenciais, o condômino ou aqueles que usam sua unidade, salvo autorização expressa na convenção ou por deliberação assemblear, não poderão utilizá-la para fins de hospedagem atípica, seja por intermédio de plataformas digitais, seja por quaisquer outras modalidades de oferta". Como justificaram os membros da Subcomissão de Direito das Coisas, "a proposta busca regulamentar as condições para locação do imóvel, no âmbito do condomínio residencial, em curtos intervalos de tempo, com destaque para a utilização das conhecidas plataformas digitais de hospedagem. Nesse sentido, destaque-se a decisão no Recurso Especial n.º 1.819.075/RS, Rel. Min. Raul Araújo".

Como se pode notar, prevaleceu a conclusão na linha do que foi julgado pelo Superior Tribunal de Justiça, no sentido de que a locação por aplicativos de curtíssima temporada, em condomínios residenciais, somente será permitida se houver autorização expressa na convenção ou deliberação assemblear, por decisão em maioria simples, sendo essa, também na minha opinião, a melhor forma de regular o tema em lei, até porque a maioria dos imóveis residenciais no Brasil não tem vocação para esse tipo de locação, sobretudo para fins turísticos.

Foi vencido o sub-relator da Comissão de Direito das Coisas, Desembargador do Tribunal de Justiça do Rio de Janeiro Marco Aurélio Bezerra de Melo, que pretendia ser regra geral a permissão para a locação por aplicativos, valorizando-se a liberdade e a autonomia privada. Essa sua visão não prevaleceu em seu grupo de trabalho e também entre os membros da Comissão de Juristas, apesar de razões fortes.

Em verdade, as duas correntes têm argumentos consideráveis, não se podendo mais admitir a falta de regulamentação do assunto, que interessa à sociedade brasileira. Trata-se de um tema que clama por uma normatização imediata, em prol da segurança jurídica, da previsibilidade da estabilidade das relações privadas. Aguarda-se, assim, a sua profunda discussão no Parlamento Brasileiro, para que a temática seja positivada em nosso País.

Transpostos tais debates, como conteúdo, a convenção deve determinar, além dos requisitos do art. 1.332, os elementos obrigatórios constantes do art. 1.334 do atual Código Civil.

De início, da convenção devem constar a quota proporcional e o modo de pagamento das contribuições dos condôminos para atender às despesas ordinárias e extraordinárias do condomínio (art. 1.334, inc. I, do CC/2002). Como se verá a seguir, essas despesas constituem obrigações *propter rem*, *próprias da coisa* ou ambulatórias, seguindo o bem com quem quer que ele esteja.

Como bem adverte Marco Aurélio S. Viana, se não há previsão a respeito de tais pagamentos, "o rateio se faz na proporção das frações ideais. Aplica-se supletivamente a disposição do inciso I, do art. 1.336. Por isso é possível que o rateio das despesas ordinárias se faça em quotas iguais, pouco importando a fração ideal das unidades autônomas, ou, se outra forma que melhor atenda à vida condominial. Nada impede que na convenção encontremos disposição excluindo determinadas unidades de certas despesas, ou estabelecendo critérios diferentes para a divisão das despesas extraordinárias" (VIANA, Marco Aurélio S. *Comentários...*, 2003, v. XVI, p. 416).

Aresto do Superior Tribunal de Justiça seguiu essa linha, com citação a esta obra, julgando que "como não fora aprovada convenção condominial até a data de realização das assembleias impugnadas, não se deve permitir a forma de rateio adotada pelo condomínio em prejuízo aos demais comunheiros, devendo ser utilizado como base de cálculo a fração ideal pertencente a cada condômino" (STJ, REsp 1.213.551/SP, 4.ª Turma, Rel. Min. Luis Felipe Salomão, j. 17.09.2015, *DJe* 20.10.2015). Mais recentemente, em 2016, a premissa passou a compor a Edição n. 68 da ferramenta *Jurisprudência em Teses* da Corte: "a convenção do condomínio pode fixar o rateio das contribuições condominiais de maneira diversa da regra da fração ideal pertencente a cada unidade" (tese número 9).

Em outra decisão importante sobre o comando, julgou a mesma Corte Superior, em acórdão que tem o meu total apoio doutrinário, que "a convenção outorgada pela construtora/incorporadora não pode estabelecer benefício de caráter subjetivo a seu favor com a finalidade de reduzir ou isentar do pagamento da taxa condominial. A taxa condominial é fixada de acordo com a previsão orçamentária de receitas e de despesas, bem como para constituir o fundo de reserva com a finalidade de cobrir eventuais gastos de emergência. A redução ou isenção da cota condominial a favor de um ou vários condôminos implica oneração dos demais, com evidente violação da regra da proporcionalidade prevista no inciso I do art. 1.334 do CC/2002" (STJ, REsp 1.816.039/MG, 3.ª Turma, Rel. Min. Ricardo Villas Bôas Cueva, j. 04.02.2020, *DJe* 06.02.2020).

Da convenção deve também constar a forma de administração do condomínio edilício (art. 1.334, inc. II, do CC). A título de exemplo, mencione-se a possibilidade de reeleição sucessiva ou não do síndico e do subsíndico; bem como a duração de seus mandatos. Ou, ainda, se haverá ou não a constituição de um conselho fiscal e qual será a duração de sua atuação.

A convenção determinará a competência das assembleias, a forma de sua convocação e o *quorum* exigido para as deliberações (art. 1.334, inc. III, do CC). Como é cediço, há a *assembleia geral ordinária* e a *extraordinária*. Nos termos do art. 1.350 da própria codificação material privada, a primeira assembleia visa a aprovar o orçamento das despesas anuais, a determinar as contribuições dos condôminos e a prestação de contas, e, eventualmente, a eleger o síndico, o subsíndico e a alterar o regimento interno.

As assembleias gerais extraordinárias poderão ser convocadas pelo síndico ou por um quarto dos condôminos, tendo qualquer finalidade de discussão, desde que relevante ao condomínio (art. 1.355 do CC). Em relação aos quóruns, existem algumas frações mínimas que devem ser observadas, por traduzirem normas de ordem pública, conforme ainda será estudado neste capítulo.

A convenção expressará, ainda, as sanções a que estão sujeitos os condôminos ou os possuidores (art. 1.334, inc. IV, do CC), sem prejuízo de outras sanções já estabelecidas em lei, e que serão devidamente estudadas neste capítulo. A título de exemplo, cite-se a usual hipótese de imposição de multa de um salário mínimo ao condômino desordeiro, que desrespeitar as regras relativas ao silêncio. Ou, ainda, a multa de 5% da quota condominial no caso do condômino que circular com seu veículo nas áreas comuns em velocidade incompatível com a via, oferecendo riscos aos demais condôminos.

Por fim, quanto aos incisos do diploma em estudo, da convenção condominial constará o regimento interno do condomínio (art. 1.334, inc. V, do CC). Trata-se do regulamento geral, que traz as regras fundamentais a respeito do cotidiano do condomínio, tais como a utilização das áreas comuns, as restrições de uso, os horários de funcionamento e suas limitações, as proibições e permissões genéricas ou específicas, entre outros conteúdos possíveis.

Conforme o Enunciado n. 248 do CJF/STJ, da *III Jornada de Direito Civil*, "o *quorum* para alteração do regimento interno do condomínio edilício pode ser livremente fixado na convenção", o que visa uma maior mobilidade, adaptando-se o regulamento condominial às mudanças sociais e à realidade condominial. Em suma, não se exige o mesmo *quorum* para a alteração da convenção, fixado na lei como preceito de ordem pública, que não pode ser afastado.

Cabe destacar que esse último enunciado doutrinário foi aplicado em julgado do STJ do ano de 2013, assim publicado no seu *Informativo* n. *527*:

> "A alteração de regimento interno de condomínio edilício depende de votação com observância do quórum estipulado na convenção condominial. É certo que o art. 1.351 do CC, em sua redação original, previa quórum qualificado de dois terços dos condôminos para a modificação do regimento interno do condomínio. Ocorre que o mencionado

dispositivo teve sua redação alterada pela Lei 10.931/2004, a qual deixou de exigir para tanto a observância de quórum qualificado. Assim, conclui-se que, com a Lei 10.931/2004, foi ampliada a autonomia privada dos condôminos, os quais passaram a ter maior liberdade para definir o número mínimo de votos necessários para a alteração do regimento interno. Nesse sentido é, inclusive, o entendimento consagrado no Enunciado n. 248 da *III Jornada de Direito Civil* do CJF, que dispõe que o quórum para alteração do regimento interno do condomínio edilício pode ser livremente fixado em convenção. Todavia, deve-se ressaltar que, apesar da nova redação do art. 1.351 do CC, não configura ilegalidade a exigência de quórum qualificado para votação na hipótese em que este tenha sido estipulado em convenção condominial aprovada ainda na vigência da redação original do art. 1.351 do CC" (STJ, REsp 1.169.865/DF, Rel. Min. Luis Felipe Salomão, j. 13.08.2013).

Como se nota, as citações aos enunciados aprovados nas *Jornadas de Direito Civil* tornaram-se comuns na jurisprudência superior brasileira, citados em importantes precedentes superiores.

A propósito, nos termos de enunciado aprovado na *V Jornada de Direito Civil*, de 2011, "a escritura declaratória de instituição e convenção firmada pelo titular único de edificação composta por unidades autônomas é título hábil para registro da propriedade horizontal no competente Registro de Imóveis, nos termos dos arts. 1.332 a 1.334 do Código Civil" (Enunciado n. 504). Como visto, há proposta de inclusão do teor desse enunciado doutrinário, como novo § 2º do art. 1.332, pelo Projeto de Reforma do Código Civil, elaborado pela Comissão de Juristas nomeada no Senado Federal, o que virá em boa hora.

Dessa forma, não há necessidade da presença obrigatória de mais de um proprietário do imóvel para a instituição e a convenção, o que normalmente ocorre nos casos de incorporação imobiliária, em que não há ainda condôminos definidos, mas apenas o construtor--incorporador.

A convenção do condômino poderá ser feita por escritura pública ou por instrumento particular, o que está de acordo com o princípio da operabilidade no sentido de simplicidade (art. 1.334, § 1.º, do CC). Em outras palavras, facilita-se a convenção, afastando-se maiores despesas para que o condomínio seja criado e passe a gerar efeitos jurídicos em relação aos seus componentes.

Por derradeiro, devem ser equiparados aos proprietários, para os fins de tratamento a respeito da convenção do condomínio, salvo disposição em contrário, os promitentes compradores e os cessionários de direitos relativos às unidades autônomas (art. 1.334, § 2.º, do CC). Em relação aos promitentes compradores, a equiparação abrange tanto o compromisso de compra e venda registrado como o não registrado na matrícula.

Como é notório, o primeiro negócio é corriqueiro nos casos de aquisição de unidades por financiamento, notadamente envolvendo incorporações imobiliárias, surgindo do compromisso de compra e venda registrado na matrícula o direito real de aquisição do compromissário comprador. Em relação aos cessionários, a norma é aplicada ao *gaveteiro*, parte do popular *contrato de gaveta*, figura tão comum no mercado imobiliário nacional.

Para encerrar o tópico, quanto ao Projeto de Reforma do Código Civil, são feitas propostas de melhora da redação do art. 1.334, especialmente para nele incluir a necessidade de a convenção determinar, em um novo inciso III, "o modo de escolha do síndico, do subsíndico e do conselho consultivo, com a previsão das suas atribuições, além das já previstas em lei". Consoante as justificativas da Subcomissão de Direito das Coisas, "a modificação visa suprir uma omissão no atual Código Civil que não faz referência ao modo de escolha do síndico e do Conselho Consultivo, suas atribuições impostas pela convenção, além das

CAP. 5 · DO CONDOMÍNIO | 369

legais, assim como de sua eventual remuneração, tal qual prevê expressamente o artigo 9º, § 3º, *e*, *f*, e *g*, da Lei 4.591/64. A par da importância de tais previsões no corpo da convenção de condomínio, importa destacar que o entendimento majoritário e que se vê nas exigências cartorárias é a de inclusão das referidas previsões que passam a constar do rol de cláusulas obrigatórias da convenção de condomínio".

Além disso, sobre o regimento interno, o novo inciso VI do art. 1.334 enunciará como requisito da convenção "o regimento interno cujo quórum de alteração pode ser definido livremente pela convenção". Mais uma vez segundo as justificativas dos especialistas nomeados no âmbito do Senado Federal, essa alteração "visa esclarecer que o quórum qualificado para fins de alteração da convenção de condomínio (⅔) não se aplica necessariamente para a alteração do regimento interno que é um ato jurídico de menor relevância e perenidade do que a convenção. Essa é a orientação da melhor doutrina sobre o tema e se vê consagrada no enunciado 248 da III Jornada de Direito Civil".

Como se pode perceber, novamente, insere-se na norma jurídica a posição hoje considerada majoritária entre os civilistas, em prol da segurança jurídica e da estabilidade das relações privadas. Espera-se, assim, a sua aprovação pelo Parlamento Brasileiro.

5.4.3 Direitos e deveres dos condôminos. Estudo das penalidades no condomínio edilício. O condômino antissocial

Como ocorre com o condomínio voluntário ou convencional, a codificação privada traz regras importantes a respeito dos direitos e deveres dos condôminos, bem como das penalidades que surgem da violação dos últimos. De início, enuncia o art. 1.335 do CC quais são direitos dos condôminos, o que merece um estudo pontual.

Os condôminos podem usar, fruir e livremente dispor das suas unidades, faculdades que decorrem automaticamente da *teoria da propriedade integral ou total* adotada pelo sistema brasileiro no que diz respeito ao instituto (art. 1.335, inc. I, do CC/2002). Como demonstrado em vários trechos desta obra, o exercício dos atributos do domínio encontra limitações em outros direitos e preceitos da legislação.

Assim, o exercício da propriedade não pode representar abuso de direito, nos termos do sempre citado art. 187 do CC/2002, servindo como parâmetros a função social da propriedade, a boa-fé e os bons costumes. Devem ser lembradas, também, as regras relativas ao direito de vizinhança, notadamente o art. 1.277 da codificação, que trata do uso anormal da propriedade, consagrando a *regra dos três "Ss"*, a partir dos parâmetros da segurança, do sossego e da saúde dos demais proprietários. Quanto ao direito de dispor, repise-se que não há direito de preferência dos demais condôminos do caso de alienação da unidade exclusiva condominial.

Ainda sobre esse primeiro inciso do dispositivo, recente acórdão do STJ deduziu que "a cláusula prevista em convenção de condomínio de *shopping center*, permitindo a alguns condôminos (lojistas) o uso, gozo e fruição de áreas comuns, não é, em regra, nula, pois aqueles exercem, apenas relativamente, os direitos assegurados em geral pelo art. 1.335 do Código Civil" (STJ, REsp 1.677.737/RJ, 3.ª Turma, Rel. Min. Paulo de Tarso Sanseverino, j. 19.06.2018, *DJe* 29.06.2018).

Constitui direito de o condômino usar das partes comuns, conforme a sua destinação, e contanto que não exclua a utilização dos demais compossuidores (art. 1.335, inc. II). Em havendo exclusão do direito de outrem, caberá ao condomínio ou ao próprio condômino prejudicado ingressar com a ação cabível, que pode ser a ação de reintegração de posse, a ação reivindicatória ou uma ação de obrigação de fazer. Tratando da última demanda, por exemplo, da jurisprudência:

> "Condomínio. Ação de obrigação de não fazer, uso de box de garagem para fins de depósito de objetos. Destinação específica do espaço para o estacionamento de veículos, conforme a convenção condominial. Necessidade de respeito à destinação da área. Aplicação do disposto no art. 1.335, inciso II, do Código Civil. Eventual uso indevido do espaço por outros condôminos. Circunstância que não abona a conduta da ré, cabendo-lhe, no máximo, representar ao Síndico para que adote as medidas necessárias com vistas ao respeito da disposição contida na Convenção. Sentença mantida. Apelo improvido" (TJSP, Apelação com Revisão 520.521.4/4, Acórdão 3570512, 3.ª Câmara de Direito Privado, Santos, Rel. Des. Donegá Morandini, j. 11.11.2008, *DJESP* 15.05.2009).

Em relação à ação reivindicatória, julgado do Superior Tribunal de Justiça analisou a legitimidade para tanto. Assim, merece destaque o seguinte trecho do acórdão, com preciosas lições:

> "Há duas espécies de condomínios (para deixar de lado ponderações acerca de outras formas mais sofisticadas, irrelevantes ao deslinde dessa causa, como a multipropriedade): *a)* condomínio geral ou tradicional e *b)* condomínio edilício ou por unidades autônomas. Enquanto para o condomínio geral há expressa previsão legal acerca da legitimação concorrente de todos os condôminos para eventual ação reivindicatória de toda a propriedade, tal não sucede com o condomínio edilício. No condomínio edilício, verifica-se a presença de (1) área privativa ou unidade autônoma, (2) área comum de uso exclusivo e (3) área comum de uso comum. Esta pode ser: (3.a) essencial ao exercício do direito de propriedade da unidade autônoma ou (3.b) não essencial ao exercício do direito de propriedade da unidade autônoma. Em se tratando de assenhoreamento de área comum de condomínio edilício por terceiro, a competente ação reivindicatória só poderá ser ajuizada pelo próprio condomínio, salvo se o uso desse espaço comum for: (1) exclusivo de um ou mais condôminos ou (2) essencial ao exercício do direito de usar, fruir ou dispor de uma ou mais unidades autônomas. Nesses dois casos excepcionais, haverá legitimação concorrente e interesse de agir tanto do condomínio como dos condôminos diretamente prejudicados. Todavia, nessas hipóteses de legitimação concorrente em condomínio edilício, a coisa julgada formada em razão do manejo de ação reivindicatória dos condôminos diretamente prejudicados não inibirá a futura propositura de outra demanda reivindicatória pelo condomínio. (...)" (STJ, REsp 1.015.652/RS, 3.ª Turma, Rel. Min. Massami Uyeda, j. 02.06.2009, *DJe* 12.06.2009).

O condômino tem, ainda, o direito de votar nas deliberações da assembleia e delas participar, estando quite, ou seja, estando em dia com suas obrigações condominiais (art. 1.335, inc. III, do CC). Anoto que no Projeto de Reforma do Código Civil pretende-se deixar essa previsão mais compreensível, prevendo que é direito dos condôminos "votar nas deliberações da assembleia, estando adimplente com as suas obrigações e os seus deveres perante o condomínio".

O condômino pode participar das assembleias pessoalmente ou por procurador especialmente constituído e com poderes específicos, sendo a última situação corriqueira na prática. Eventual condômino inadimplente que queira participar da assembleia deve quitar o débito, o que pode ser feito judicial ou extrajudicialmente, inclusive por meio da ação de consignação em pagamento (TJMG, Apelação Cível 1.0024.04.501945-2/001, 13.ª Câmara Cível, Belo Horizonte, Rel. Des. Eulina do Carmo Almeida, j. 23.11.2006, *DJMG* 19.01.2007).

A respeito do direito de voto do locatário, há quem entenda que ele não mais persiste, diante da revogação do art. 24, § 4.º, da Lei 4.591/1964, não reproduzido pela atual codificação privada (LOPES, João Batista. *Condomínio*..., 2008, p. 134). Todavia, como a lei passou a ser omissa a respeito do tema, nos termos do art. 4.º da Lei de Introdução às Normas do Direito Brasileiro, a questão deve ser resolvida com a analogia, os costumes e os princípios gerais de direito. Ora, é costumeiro o direito de participação do locatário – o que, aliás, geralmente consta da convenção –, devendo ele ser preservado, por uma questão de *democracia condominial*. Como outro argumento relevante, pode ser ventilada a aplicação do princípio da isonomia, retirada do art. 5.º da Constituição da República, tendo a exclusão do direito do locatário caráter discriminatório, na minha opinião doutrinária.

Destaco que o Projeto de Reforma do Código Civil pretende deixar mais claras as regras sobre a limitação de participação em assembleia, com a introdução de um novo art. 1.335-A na Lei Geral Privada. Nos termos dessa proposição, "a convenção poderá limitar o direito de participação e de voto nas assembleias de condôminos que: I – estiverem inadimplentes para com o dever de contribuir para as despesas, ordinárias ou extraordinárias, do condomínio ou de rateio extraordinário aprovado em assembleia, qualquer que seja a sua finalidade; II – estiverem inadimplentes quanto aos valores do reembolso de reparos ou de indenizações a que eles próprios tenham sido condenados a pagar; III – tiverem sido apenados na forma do art. 1.337 deste Código; IV – descumprirem quaisquer dos deveres elencados no art. 1.336 deste Código". A proposta resolverá a questão relativa ao locatário, pois a convenção poderá limitar a sua participação nos casos descritos na norma.

Também se almeja a limitação da participação em assembleias por procuração, havendo, de fato, muitos exageros no seu uso, na prática. Consoante a proposição, de um parágrafo único desse art. 1.335-A, "a convenção poderá, também, limitar a possibilidade de representação convencional dos condôminos nas assembleias". Nas justificativas apresentadas pela Subcomissão de Direito das Coisas, ela "visa evitar o abuso do poder de representação mediante instrumento de mandato (procuração). Tem sido prática 1 (um) único condômino com várias procurações para participar em assembleias. Busca-se incentivar deliberações mais participativas". De fato, têm total razão os juristas, esperando-se a sua aprovação pelo Parlamento Brasileiro.

Voltando-se ao sistema vigente, sem dúvida, uma das matérias que mais interessa ao condomínio edilício é a relacionada aos deveres dos condôminos e às penalidades impostas pela lei ao inadimplente. Vejamos, então, os deveres preconizados pelo art. 1.336 do Código Civil.

O condômino deve contribuir para as despesas do condomínio na proporção das suas frações ideais, salvo disposição em contrário na convenção (inc. I). A possibilidade de previsão em contrário é novidade introduzida pela Lei 10.931/2004. Assim, em regra, o proprietário da cobertura que equivale a dois apartamentos deve pagar o dobro da verba condominial única. Porém, a convenção pode estipular que o pagamento daquele equivale a 1,5 da unidade dos demais.

O condômino tem o dever de não realizar obras que comprometam a segurança da edificação (art. 1.336, inc. II, do CC). Em casos de desrespeito a esse preceito, além das penalidades pecuniárias, caberá ação de nunciação de obra nova ou mesmo ação demolitória proposta pelo condomínio ou por qualquer condômino. A exemplificar, envolvendo também a próxima previsão:

> "Agravo de instrumento. Nunciação de obra nova. Pedido de liminar. Concessão. 1.
> Caso em que o exame da prova dos autos permite observar que a obra realizada pelos

372 DIREITO CIVIL • VOL. 4 – *Flávio Tartuce*

agravados na parte externa de seu imóvel (cobertura) contraria convenção de condomínio, estando em desacordo com determinação majoritária dos condôminos. Hipótese em que a obra implica alteração da fachada do edifício, sem que haja autorização unânime dos condôminos para tanto. 2. Situação, outrossim, em que o acúmulo de materiais põe em risco a segurança do prédio, conforme apurado em laudo pericial. Requisitos do art. 273, *caput* e inciso I, do CPC verificados. Liminar deferida. Recurso a que se dá provimento" (TJRS, Agravo de Instrumento 70028934248, 17.ª Câmara Cível, Taquara, Rel. Des. Luiz Renato Alves da Silva, j. 02.07.2009, *DOERS* 12.08.2009, p. 62).

Todavia, se a obra não oferecer riscos ou mesmo trouxer vantagens à comunidade condominial, não há que se falar em violação a tal dever. A título de exemplo, cite-se a realização de obra de junção de duas unidades, em que a parede removida não traz qualquer prejuízo à estrutura do prédio. Conforme reconhece a jurisprudência, "não há que se falar em reconstituição ao *status quo ante* quando o projeto original de um edifício não é substancialmente alterado pelas obras realizadas por um dos condôminos, sobretudo se não há prova do prejuízo causado ao direito de propriedade dos seus condôminos" (TJMG, Apelação Cível 1.0024.04.256408-8/0011, 16.ª Câmara Cível, Belo Horizonte, Rel. Des. Sebastião Pereira de Souza, j. 31.10.2007, *DJEMG* 29.02.2008).

O condômino não pode alterar a forma e a cor da fachada, das partes e esquadrias externas, o que visa a manter a harmonia estética do condomínio (art. 1.336, inc. III, do CC/2002). Imagine-se, por exemplo, se cada condômino resolvesse pintar a fachada de sua unidade com as cores do seu time do coração. A situação seria caótica, inclusive com desrespeito às normas da boa urbanística.

Nessa linha, partindo para outra ilustração concreta, conforme recente julgado do Tribunal da Cidadania, publicado no seu *Informativo* n. *568*:

"O condômino não pode, sem a anuência de todos os condôminos, alterar a cor das esquadrias externas de seu apartamento para padrão distinto do empregado no restante da fachada do edifício, ainda que a modificação esteja posicionada em recuo, não acarrete prejuízo direto ao valor dos demais imóveis e não possa ser vista do térreo, mas apenas de andares correspondentes de prédios vizinhos. (...). De fato, fachada não é somente aquilo que pode ser visualizado do térreo. Assim, isoladamente, a alteração pode não afetar diretamente o preço dos demais imóveis do edifício, mas deve-se ponderar que, se cada proprietário de unidade superior promover sua personalização, empregando cores de esquadrias que entender mais adequadas ao seu gosto pessoal, a quebra da unidade arquitetônica seria drástica, com a inevitável desvalorização do condomínio. Registre-se, por fim, que não se ignoram as discussões doutrinárias e jurisprudenciais a respeito da alteração de fachada, mais especificamente acerca de fechamento de varandas com vidros incolores, instalação de redes de segurança e até substituição de esquadrias com material diverso do original quando este não se encontra mais disponível no mercado. Entretanto, na hipótese em apreço, foi utilizada esquadria de cor diversa do conjunto arquitetônico, alteração jamais admitida e em flagrante violação do texto legal" (STJ, REsp 1.483.733/RJ, Rel. Min. Ricardo Villas Bôas Cueva, j. 25.08.2015, *DJe* 1.º.09.2015).

A questão do fechamento da fachada da varanda ou sacada por vidro translúcido gera controvérsia. Estou filiado à corrente que prega a sua possibilidade, desde que não altere substancialmente a estética do prédio, nos termos do que estabelece a convenção ou do que seja aprovado em assembleia (TJSP, Apelação 9193741-13.2004.8.26.0000, Acórdão 5575957, 5.ª Câmara de Direito Privado, Campinas, Rel. Des. J. L. Mônaco da Silva, j. 30.11.2011,

DJESP 18.01.2012 e TJMG, Apelação 1.0024.04.391299-7/001, 15.ª Câmara Cível, Rel. Viçoso Rodrigues, Data da publicação 08.08.2006). Como bem leciona Caio Mário da Silva Pereira, "tem-se entendido, generalizadamente, que não importa em alteração interdita o fechamento de área voltada para o exterior, varanda ou terraço, por vidraças encaixilhadas em esquadrias finas, de vez que a sua transparência não quebra a harmonia do conjunto" (PEREIRA, Caio Mário da Silva. *Condomínio...*, 1993, p. 156).

Pelo mesmo caminho, a colocação de tela de segurança nas varandas e janelas, em regra, é livre, devendo seguir a padronização constante igualmente da convenção, geralmente com o uso de redes brancas.

Outro problema frequente tem relação com os aparelhos de ar-condicionado colocados nas partes externas do condomínio. O condômino, em regra, deve respeitar as regras de colocação nas áreas próprias para tanto, conforme consta da convenção ou do regimento interno. Fora disso, cabe à assembleia decidir se a colocação representa ou não alteração da fachada. Em casos de litígio, o julgamento é caso a caso, conforme se retira das seguintes ementas, com tom ilustrativo e sem prejuízo de outros arestos:

> "Apelação. Ação de obrigação de fazer. Aparelhos de ar-condicionado instalados em marquise de condomínio de edifício, considerada área comum. Convenção Condominial que proíbe a alteração de fachada. Sentença mantida por seus próprios fundamentos. Aplicação do artigo 252 do Regimento Interno deste E. Tribunal de Justiça. Negado provimento ao recurso" (V. 12464) (TJSP, Apelação 9156217-06.2009.8.26.0000, Acórdão 6594863, 3.ª Câmara de Direito Privado, São Bernardo do Campo, Rel. Des. Viviani Nicolau, j. 19.03.2013, *DJESP* 03.04.2013).

> "Agravo inominado. Art. 557, § 1.º, do CPC. Agravo de instrumento. Restauração da fachada. Retirada dos aparelhos de ar-condicionado. Recurso interposto contra a decisão que deu provimento a agravo de instrumento, na forma do art. 557, § 1.º, *a*, do CPC, a fim de determinar o prosseguimento da obra com a consequente retirada dos aparelhos de ar-condicionado. Péssima condição da fachada do bloco D do condomínio. Eminente possibilidade de queda de reboco. Condições retratadas que foram devidamente comprovadas. Imperiosidade de uma ponderação de interesses a fim de averiguar o que melhor atende aos condôminos, buscando o bem comum e a adoção de medidas que causarão o menor desconforto possível aos interessados. Impõe-se a prevenção de acidentes e, portanto, a imediata restauração da fachada. Retirada provisória dos aparelhos de ar-condicionado que não trará qualquer prejuízo aos agravados. Manutenção da r. decisão agravada. Recurso conhecido e desprovido" (TJRJ, Agravo de Instrumento 0004759-56.2010.8.19.0000, 19.ª Câmara Cível, Rel. Des. Ferdinaldo do Nascimento, j. 31.08.2010, *DORJ* 22.09.2010, p. 208).

Como último dever, o condômino deve dar às suas partes a mesma destinação que tem a edificação, e não as utilizar de maneira prejudicial ao sossego, salubridade e segurança dos demais condôminos, tradução da *regra dos três "Ss"*, aqui antes mencionada. Também não pode o condômino contrariar os bons costumes, o que constitui uma cláusula geral, a ser preenchida pelo julgador caso a caso (art. 1.336, inc. IV, do CC).

Em relação ao último dever, alguns problemas do cotidiano devem ser expostos e analisados.

Primeiro, a questão da lei do silêncio e do excesso de barulho no apartamento. Geralmente, as convenções de condomínio estabelecem um período de tempo para que seja respeitada a dita regra do silêncio (ex. antes das sete horas da manhã e depois das dez horas da noite). Todavia, ressalte-se que a paz condominial sempre deve estar presente, em qualquer horário, seja o condomínio residencial ou não. Ilustrando, não se pode admitir que um condômino utilize uma unidade para ensaios de sua banda de *rock*, sem que a sua unidade tenha o devido revestimento acústico. Nessa linha:

> "A convenção do condomínio prevê, no art. 8.º, letra 'd', a vedação de barulho 'com volume excessivo ou em horas destinadas ao repouso ou descanso'. Ou seja, o simples de fato de estar fora do horário de repouso não autoriza o barulho desmedido. As pessoas que vivem em condomínio têm que ter bom senso e respeito aos demais condôminos. Isto inclui o cuidado com os excessos, ainda que fora do horário de descanso. Assim, já tendo o autor sido notificado anteriormente (fl. 36) e tendo o fato se repetido, ocasionando novas reclamações, não há razões que justifiquem o afastamento da multa imposta pelo condomínio. Sentença confirmada por seus próprios fundamentos" (TJRS, Recurso Cível 34065-45.2011.8.21.9000, Santa Cruz do Sul, 3.ª Turma Recursal Cível, Rel. Des. Ricardo Torres Hermann, j. 15.03.2012, *DJERS* 19.03.2012).

Ainda a respeito do tema do excesso de barulho, tratando de hipótese em que houve violação da regra do silêncio no horário previsto para o repouso noturno, do mesmo Tribunal Gaúcho:

> "Uso nocivo da propriedade. Condomínio e vizinhança. Perturbação do sossego. Poluição sonora causada por utilização abusiva de aparelho de som (rádio e cd) em horário de repouso noturno. Descumprimento às normas atinentes ao convívio social. Manutenção da condenação à abstenção de tal prática. 1. Havendo a perturbação do sossego em face de utilização indevida de aparelho de som (com volume excessivo) pelo réu, mostra-se adequado o pedido de abstenção de tal prática quando comprovada a perturbação, em função do barulho, comprometedora do sossego familiar. 2. A obrigação de não fazer (abstenção de manter o aparelho de som em volume alto), respeitando o horário de descanso, 22h, imposta na sentença de primeiro grau, visa a garantir o convívio pacífico da vizinhança e está respaldada pelas normas que regulam as relações sociais previstas na Legislação Civil. Sentença mantida por seus próprios fundamentos. Recurso improvido" (TJRS, Recurso Cível 71001517911, Sapiranga, 1.ª Turma Recursal Cível, Rel. Des. Ricardo Torres Hermann, j. 27.03.2008, *DOERS* 02.04.2008, p. 114).

De toda maneira, o condômino perturbado pelo barulho praticado por outrem deve manter o bom senso em suas condutas, não agindo igualmente de forma desproporcional ao reagir contra o ato alheio, sob pena de caracterização de outro ato ilícito. Tratando de reação desproporcional de condômino e de condutas culposas recíprocas, a ensejar dupla reparação civil, vejamos:

> "Juizados Especiais Cíveis. Ação de reparação por danos morais. Festa de aniversário do requerente em salão de festas do condomínio. Muito barulho. Reclamações de todos os condôminos. Determinação de redução do volume do som gradativo após as 22 horas. Não respeitada. Condômina às 00:35 desce de sua unidade e se dirige ao salão de festas para reclamar do barulho e joga o bolo no chão. Situação capaz de ensejar danos morais. Valor da condenação reduzida ante a existência de culpa recíproca. Recurso conhecido e parcialmente provido. 1. Na hipótese dos autos, o autor alega que a requerida adentrou em sua festa de aniversário, que ocorria no salão de festa do bloco em que ambas as partes residem, e derrubou o bolo no chão. Considerada, pelo MM. Juiz de direito, situação passível de ser acobertada pela reparação por danos morais, devido ao fato de que tal atitude teve o condão de acabar com sua festa de aniversário, vez que após as discussões, bem como derrubada do bolo, todos os convidados restaram constrangidos não havendo mais clima

para que a festa continuasse. Certo é que o Juízo de 1.ª instância entendeu pelo dever de indenizar da requerida, vez que esta tentou resolver a controvérsia pelo uso de seus próprios meios, partindo para as vias de fato, ao jogar o bolo no chão conforme depoimento prestado à fl. 56, sendo inclusive necessário que a requerida fosse protegida pelos funcionários da portaria que após o ocorrido quase foi agredida pelos convidados da festa. Nos termos do art. 186, do Código Civil 'aquele que, por ação ou omissão voluntária, negligência ou imprudência, violar direito e causar dano a outrem, ainda que exclusivamente moral, comete ato ilícito'. 2. Caracterizada situação capaz de ensejar a reparação por danos morais, o *quantum* arbitrado deverá observar as seguintes finalidades: compensatória, punitiva e preventiva, além do grau de culpa do agente, do potencial econômico e características pessoais das partes, a repercussão do fato no condomínio e a natureza do direito violado, sendo respeitados os critérios da equidade, proporcionalidade e razoabilidade. O valor arbitrado a título de danos morais deve ser reduzido para R$ 500,00 (quinhentos reais), haja vista a configuração de culpa concorrente, vez que o excesso de barulho advindo da festa realizada pelo autor ocasionou a realização de várias reclamações, conforme relatos de fls. 53 a 60. A atitude de total desobediência do autor às regras do condomínio ao se recusar a baixar o volume da festa, teve por resultado os danos à pessoa da ré, que foram sopesados na fixação do dano moral. 3. Recurso conhecido e parcialmente provido. Sem custas e honorários em face da ausência de recorrente vencido. Dispensados voto e relatório na forma do art. 46 da Lei n.º 9.099/95" (TJDF, Recurso 2009.01.1.127315-4, Acórdão 604.988, 2.ª Turma Recursal dos Juizados Especiais do Distrito Federal, Rel. Juiz João Fischer, *DJDFTE* 27.07.2012).

No que concerne à utilização da área conforme a destinação do condomínio, não se pode abster totalmente o condômino de trabalhar no imóvel, desde que isso não perturbe o sossego dos demais condôminos. Essa afirmação ganha força diante dos tempos pandêmicos que vivemos nos últimos anos, por conta da Covid-19, em que o *home office* foi incrementado em todo o País, como medida de isolamento e distanciamento social, e depois mantido em muitas empresas. A título de exemplo, este livro foi escrito e tem sido atualizado em uma unidade de condomínio residencial, localizado em São Paulo, Capital, sem que qualquer outro condômino fosse prejudicado ou incomodado.

Como bem salienta Marco Aurélio S. Viana, apresentando casos práticos, não se pode impedir que um advogado receba colegas em sua residência para debater um caso; ou que um professor ministre aulas em sua casa. E arremata: "o que se examina é a ofensa ao sossego e à segurança dos moradores. E mesmo que o estatuto condominial vede a prática, isso não é obstáculo, porque o que autoriza e referenda a cláusula restritiva de exercício de direitos é a ofensa aos direitos dos demais comunheiros" (*Comentários...*, 2003, v. XVI, p. 424). Não se pode esquecer que o direito ao trabalho é um direito social e fundamental (art. 7.º da CF/1988) que deve ser preservado ao máximo, conforme se retira da ementa a seguir:

"Civil. Ação cominatória. Direito de vizinhança. Condômino que ministra aulas de educação física. Horário comercial. Não demonstração de violação dos limites ordinários de tolerância. Direito ao trabalho e à livre-iniciativa. Honorários advocatícios. Nos termos do art. 1.277 do Código Civil, os limites ordinários de tolerância dos moradores devem ser analisados no caso concreto, a fim de se configurar, ou não, a violação aos direitos de vizinhança. Não há que se falar em violação dos direitos de vizinhança se o empreendimento comercial do condômino, consistente no ministério de aulas coletivas de educação física em sua residência, em horário comercial, além de não ser vedado pelo Estatuto do Condomínio, não produz barulho que supere os decibéis toleráveis para a legislação. Ademais, a circulação de alguns alunos em horário comercial não tem o condão de afetar, de maneira drástica, o sossego dos moradores do condomínio. O direito ao trabalho e à livre-iniciativa, insculpidos no *caput* do art. 170 da Constituição Federal, apenas pode ser limitado mediante previsão legal ou quando em legítimo conflito com outro direito fundamental. Mantém-se o valor arbitrado a título de honorários advocatícios se em conformidade com os parâmetros fixados nas alíneas do § 3.º do art. 20 do CPC" (TJDF, Recurso 2006.08.1.004799-7, Acórdão 384.239, 4.ª Turma Cível, Rel. Desig. Des. Sérgio Bittencourt, *DJDFTE* 04.11.2009, p. 136).

Outro problema relativo aos *bons costumes* surge quando o condômino desenvolve atividade que por si só causa constrangimento aos demais moradores, caso da prostituição. Conforme se extrai da jurisprudência, até é possível fazer cessar a atividade, desde que isso seja devidamente comprovado por quem a alega:

> "Ação cominatória. Obrigação de não fazer. Uso ilícito de unidade autônoma, a violar os bons costumes. Alegação de utilização de loja como ponto de prostituição. Ausência de prova de desvio de uso. Condomínio autor que protestou por julgamento antecipado da lide, sem a realização de audiência de conciliação ou mesmo de instrução. Insuficiência de provas, fundadas somente em abaixo-assinado vago em imputações e nas alegações da própria inicial. Ação improcedente. Sentença mantida. Recurso não provido" (TJSP, Apelação Cível 436.450.4/2, Acórdão 3174270, 4.ª Câmara de Direito Privado, São Paulo, Rel. Des. Francisco Eduardo Loureiro, j. 07.08.2008, *DJESP* 01.09.2008).

Esclareça-se mais uma vez que entendo que não é possível a presença de cláusulas discriminatórias na convenção a respeito de determinadas pessoas, conforme antes exposto. Porém, é viável fazer cessar condutas que violem os bons costumes, por meio de ação de obrigação de fazer e de não fazer, bem como impor sanções patrimoniais aos condôminos infratores.

Para fundamentar tais conclusões, merecem ser citadas as corretas palavras de Paulo Lôbo, no seguinte sentido: "os bons costumes devem ser observados pelo condômino. Trata--se de conceito indeterminado, cujo conteúdo apenas a situação concreta pode permitir preencher. De modo geral, os bons costumes são os que a comunidade, onde se localiza a edificação, observa de modo espontâneo, consolidado no tempo. Não são bons costumes os valores, ainda que majoritários, que expressem preconceito e desrespeito às diferenças, principalmente culturais, das pessoas e de grupos sociais minoritários, em violação a direitos fundamentais assegurados pela Constituição" (LÔBO, Paulo. *Direito...*, 2015, p. 234).

No que diz respeito ao Projeto de Reforma do Código Civil, anoto que a Comissão de Juristas sugere ajustes nos incisos do seu art. 1.336, para que passe a prever que são deveres dos condôminos: "III – não alterar a forma e a cor da fachada, das partes e das esquadrias externas nem pendurar, permanentemente, objetos nas janelas, a não ser que autorizados pela convenção a fazê-lo e desde que pelo lado interno de sua unidade; IV – dar às suas partes a mesma destinação que tem a edificação; V – não utilizar as unidades de maneira prejudicial ao sossego, salubridade e segurança dos possuidores; VI – não permitir a entrada de pessoas em sua unidade, que tenham sido apenadas na forma do art. 1.337 deste Código e seus parágrafos; VII – reembolsar o condomínio a propósito de danos que, por omissão ou ação sua, causar à estrutura do edifício ou às coisas comuns; VIII – noticiar o condomínio sobre ter alienado a unidade, sob pena de continuar a responder pelas despesas condominiais".

Como se pode notar, no novo inciso III é incluída a proibição a respeito do ato de pendurar objetos, como roupas, nas janelas, bem como a possibilidade de a convenção de condomínio regular as proibições nele previstas. Os incisos IV e V representam apenas um desdobramento do atual inciso IV, mais bem organizados metodologicamente.

De todo modo, como previsão inédita, o inciso VI do art. 1.336 trará como dever o de não permitir a entrada de pessoas em sua unidade, que tenham sido apenadas com a pena de expulsão, que se almeja incluir na codificação privada, como ainda será aqui estudado. Além disso, intenta-se incluir o dever de reembolsar o condomínio a propósito de danos que, por omissão ou ação sua, causar à estrutura do edifício ou às coisas comuns, no novo inciso VII. Por fim, o projetado inciso VIII, em boa hora e em prol do dever de informação, preverá a obrigação de noticiar o condomínio sobre ter alienado a unidade, sob pena de continuar a responder pelas despesas condominiais.

De volta ao sistema vigente, partindo-se para o estudo das penalidades ao condômino, enuncia o § 1.º do art. 1.336 do Código Civil, na redação que foi alterada pela Lei 14.905/2024, que aquele que não pagar a sua contribuição ficará sujeito aos juros moratórios convencionados ou, não sendo previstos, aos juros estabelecidos no art. 406 da codificação privada, além de multa de até dois por cento sobre o débito.

Pela alteração de 2024, não há mais menção aos juros de 1% (um por cento) ao mês, mas sim à taxa do art. 406 da Lei Geral Privada, que passou a ser, como regra geral, a SELIC, descontado dela o valor da correção monetária, que passou a ser o IPCA, também como premissa geral, pela alteração do seu art. 395, parágrafo único. Substituiu-se, portanto, um índice objetivo e fixo dos juros, já consagrado para a realidade condominial, por um índice variável e confuso, que se distancia da desejada segurança jurídica. O tema está aprofundado no Volume 2 desta coleção, com a sua necessária análise crítica.

Feita essa nota de atualização a respeito dos juros, eis uma das principais inovações da codificação de 2002, perante o sistema anterior, pois a multa foi reduzida de 20% sobre o débito (art. 12, § 3.º, da Lei 4.591/1964) para os citados 2% (dois por cento).

Deve ficar claro que, segundo corrente seguida por mim, é nula qualquer estipulação que *disfarce* ou simule uma multa superior a 2%, eis que a norma é de ordem pública. Nesse contexto, é nulo o conhecido *desconto por pontualidade*, conforme reconhece enunciado doutrinário aprovado na *V Jornada de Direito Civil*: "é nula a estipulação que, dissimulando ou embutindo multa acima de 2%, confere suposto desconto de pontualidade no pagamento da taxa condominial, pois configura fraude à lei (Código Civil, art. 1.336, § 1.º) e não redução por merecimento" (Enunciado n. 505).

Alguns arestos seguem essa correta conclusão: TJSC, Apelação Cível 2011.043381-8, 2.ª Câmara de Direito Civil, Capital, Rel. Des. José Trindade dos Santos, j. 17.04.2013, *DJSC* 26.04.2013, p. 285; TJSP, Apelação Cível 0005425-29.2010.8.26.0108, Acórdão 6658926, 31.ª Câmara de Direito Privado, Jundiaí, Rel. Des. Paulo Ayrosa, j. 16.04.2013, *DJESP* 24.04.2013; TJSP, Apelação 9136346-58.2007.8.26.0000, Acórdão 5370103, 34.ª Câmara de Direito Privado, São Paulo, Rel. Des. Cristina Zucchi, j. 29.08.2011, *DJESP* 30.09.2011 e TJDF, Recurso 2010.00.2.017915-4, Acórdão 469.110, 1.ª Turma Cível, Rel. Des. Flavio Rostirola, *DJDFTE* 15.12.2010, p. 68.

Tal posicionamento, contudo, não é pacífico, pois alguns julgadores entendem que o desconto de pontualidade tem natureza distinta da multa, tendo apenas a última caráter sancionatório. Diante dessa diferenciação, não haveria óbice para a cumulação (TJDF, Recurso 2012.01.1.058202-4, Acórdão 653.033, 1.ª Turma Cível, Rel. Des. Simone Lucindo, *DJDFTE* 22.02.2013, p. 10; TJRS, Apelação Cível 448049-17.2011.8.21.7000, 16.ª Câmara Cível, Sapiranga, Rel. Des. Paulo Sérgio Scarparo, j. 26.01.2012, *DJERS* 31.01.2012). Decisão anterior do Superior Tribunal de Justiça concluiu dessa forma, sendo a publicação da ementa:

"Condomínio. Cobrança de cotas atrasadas. Desconto. 1. O desconto para o pagamento antecipado de cotas condominiais não é penalidade, representando estímulo correto em época de alta inflação, como no caso. 2. Recurso especial conhecido, mas improvido" (STJ, REsp 236.828/RJ, Rel. Min. Carlos Alberto Menezes Direito, 3.ª Turma, j. 31.08.2000, *DJ* 23.10.2000, p. 137). *Decisum* mais recente da Corte Superior confirmou tal dedução: STJ AgRg no REsp 1.217.181/DF, Rel. Min. Massami Uyeda, 3.ª Turma, j. 04.10.2011, *DJe* 13.10.2011.

Com o devido respeito, tal confirmação não deveria ter ocorrido, eis que o País não convive mais com a realidade inflacionária, o que dava fundamento ao primeiro julgado da Corte Superior.

Como questão controvertida que surgiu nos primeiros anos da vigência do CC/2002, restou a dúvida se a inovação a respeito da redução da multa para 2% teria aplicação imediata, abrangendo os condomínios constituídos na vigência da legislação anterior. O Superior Tribunal de Justiça acabou por concluir que sim, conforme ementas a seguir destacadas, que influenciaram a jurisprudência de todo o País:

"Condomínio. Multa. Aplicação do art. 1.336, § 1.º, do Código Civil de 2002. Precedentes da Corte. 1. Já assentou esta Terceira Turma que a 'natureza estatutária da convenção de condomínio autoriza a imediata aplicação do regime jurídico previsto no novo Código Civil, regendo-se a multa pelo disposto no respectivo art. 1.336, § 1.º' (REsp n.º 722.904/RS, de minha relatoria, *DJ* de 1.º.07.2005). 2. Recurso especial conhecido e provido" (STJ, REsp 663.436/SP, 3.ª Turma, Rel. Min. Carlos Alberto Menezes Direito, j. 16.03.2006, *DJ* 1.º.08.2006, p. 432).

"Processual civil e civil. Condomínio. Taxas condominiais. Multa condominial de 20% prevista na convenção, com base no art. 12, § 3.º, da Lei 4.591/1964. Redução para 2% quanto à dívida vencida na vigência do novo Código Civil. Necessidade. Revogação pelo estatuto material de 2002 do teto anteriormente previsto por incompatibilidade. Recurso provido. 1 – *In casu*, a Convenção Condominial fixou a multa, por atraso no pagamento das cotas, no patamar máximo de 20%, o que, à evidência, vale para os atrasos ocorridos antes do advento do novo Código Civil. Isto porque, o novo Código trata, em capítulo específico, de novas regras para os condomínios. 2 – Assim, por tratar-se de obrigação periódica, renovando-se todo mês, a multa deve ser aplicada em observância à nova situação jurídica constituída sob a égide da lei substantiva atual, prevista em seu art. 1.336, § 1.º, em observância ao art. 2.º, § 1.º, da LICC, porquanto há revogação, nesse particular, por incompatibilidade, do art. 12, § 3.º, da Lei 4.591/1964. Destarte, a regra convencional, perdendo o respaldo da legislação antiga, sofre, automaticamente, os efeitos da nova, à qual não se pode sobrepor. 3 – Recurso conhecido e provido para restabelecer a sentença de primeiro grau" (STJ, REsp 762.297/RS, 4.ª Turma, Rel. Min. Jorge Scartezzini, j. 11.10.2005, *DJ* 07.11.2005, p. 307).

Os arestos representam aplicação do art. 2.035, *caput*, do CC e da *Escada Ponteana*, ou seja, a divisão do negócio jurídico em três planos: plano da existência, plano da validade e plano da eficácia. De acordo com o preceito citado, "a validade dos negócios e demais atos jurídicos, constituídos antes da entrada em vigor deste Código, obedece ao disposto nas leis anteriores, referidas no art. 2.045, mas os seus efeitos, produzidos após a vigência deste Código, aos preceitos dele se subordinam, salvo se houver sido prevista pelas partes determinada forma de execução".

Explicando o seu conteúdo, a norma estabelece que, quanto ao plano da validade, incide a norma do momento da sua constituição ou celebração. Por isso, quanto aos negócios celebrados na vigência do Código Civil de 1916, aplica-se essa anterior codificação no que diz respeito aos seus requisitos de validade. No que tange à eficácia, incide a norma do momento da sua produção de efeitos, ou seja, o Código Civil de 2002, salvo se as partes convencionarem de forma contrária.

Ora, como a multa está no *plano da eficácia*, interessando aos efeitos da convenção de condomínio, deve ser aplicada a norma do momento da produção dos seus efeitos. Como se extrai do último julgado, se o inadimplemento ocorrer na vigência do CC/2002, vale a norma nele prevista, mesmo que a convenção tenha previsto o contrário.

A convenção não prevalece, uma vez que a redução da multa é questão de ordem pública, relacionada com a função social da propriedade e dos contratos. Entra em cena, nesse ínterim, a regra do parágrafo único do próprio art. 2.035 do CC/2002, segundo o qual: "Nenhuma convenção prevalecerá se contrariar preceitos de ordem pública, tais como os estabelecidos por este Código para assegurar a função social da propriedade e dos contratos".

Esclareça-se que, na doutrina, houve e ainda há grande debate a respeito da aplicação imediata ou não da multa, mesmo aos condomínios anteriores. Carlos Alberto Dabus Maluf, por exemplo, era e ainda é um dos juristas que sustenta a aplicação da nova multa apenas para os novos condomínios, diante da proteção do ato jurídico perfeito, constante do art. 5.º, inc. XXXVI, da Constituição Federal e do art. 6.º da Lei de Introdução. Para ele, em obra em coautoria:

> "As convenções são atos negociais firmados entre particulares e disciplinam condutas de caráter privado, regras que podem ser modificadas pelos condôminos, tendo caráter eminentemente negocial; não disciplinam, nem poderiam disciplinar ou transigir, norma de direito indisponível. Assim, a lei nova não pode afetar convenções já existentes, uma vez que não se trata, no caso, de norma de ordem pública, única hipótese em que a lei nova tem aplicação imediata em se tratando de ato jurídico perfeito" (MALUF, Carlos Alberto Dabus; MARQUES, Márcio Antero Motta Ramos. *Condomínio...*, 2009, p. 91).

Demonstra o jurista grande controvérsia na jurisprudência paulista a respeito do assunto, estando dividido o então Segundo Tribunal de Justiça de São Paulo, até o surgimento dos acórdãos do Superior Tribunal de Justiça. Doutrinariamente, Dabus Maluf cita, pelo mesmo caminho, as opiniões de Pablo Stolze Gagliano, Nelson Kojranski e Antonio Jeová dos Santos. Em pesquisa por mim realizada, constatei que compartilham dessa mesma opinião Marco Aurélio S. Viana, Carlos Roberto Gonçalves e Marco Aurélio Bezerra de Melo.

De qualquer modo, tal posicionamento doutrinário não é unânime, pois tantos outros autores seguem o entendimento da Corte Superior, concluindo que a redução da multa de vinte para dois por cento traduz preceito de ordem pública, que não pode ser contrariado pelas partes, o que é compartilhado por mim (a título de exemplo: DINIZ, Maria Helena. *Código...*, 2010, p. 935; LOUREIRO, Francisco Eduardo. *Código...*, 2010, p. 1.360; FARIAS, Cristiano Chaves; ROSENVALD, Nelson. *Curso...*, 2012, v. 5, p. 738; VENOSA, Sílvio de Salvo. *Código...*, 2010, p. 1.207; ALVES, Jones Figueirêdo; DELGADO, Mário Luiz. *Código...*, 2005, p. 666; SILVA, Luiz Antonio Rodrigues da. Pequena..., *Condomínio...*, 2005, p. 315-318).

Quanto ao argumento de que as normas condominiais são de ordem privada, esclareça--se que, *em regra*, há tal natureza. Entretanto, existem preceitos e interesses de ordem pública que dizem respeito ao condomínio edilício, como ocorre com o antes abordado controle das cláusulas da convenção, que encontra limites nas normas constitucionais.

Frise-se, porém, que é preciso verificar em qual momento ocorreu o inadimplemento para a correspondente incidência da multa. Resumindo, se o inadimplemento ocorreu na vigência da lei anterior, incide a multa de vinte por cento; se na vigência do CC/2002, a multa é de dois por cento. Nos dois casos não importa quando o condomínio foi constituído e se há previsão em contrário na convenção.

Em praticamente todos os doutrinadores pesquisados encontra-se a afirmação de que a redução da multa de vinte para dois por cento constitui um incentivo ao inadimplemento, o que acabou representando uma verdade nos anos iniciais do Código Civil de 2002. Todavia, a melhora da situação econômica do País acabou por enfraquecer tal afirmação. Além disso, outros instrumentos passaram a ser utilizados para a efetivação do recebimento do crédito pelo condomínio, com as pesadas multas do art. 1.337 do Código Civil, que ainda serão aqui abordadas.

Na verdade, vejo com bons olhos a redução da multa moratória condominial para os dois por cento, em sintonia com o que estabelece o Código de Defesa do Consumidor para as relações de consumo (art. 52, § 2.º, da Lei 8.078/1990). Em complemento, é tendência a redução das multas e penalidades nos negócios privados, o que pode ser retirado do art. 413 do Código Civil, estudado no Volume 2 desta coleção.

E não me parece ser o percentual de multa o que motiva alguém, no âmbito pessoal e psicológico, a inadimplir com uma obrigação. Razões de outra ordem é que geram o descumprimento obrigacional em nosso País, especialmente as dificuldades financeiras e a má educação financeira do *brasileiro médio*. Por fim, argumente-se que o Código Civil de 2002 estabelece como novidade outras penalidades, em montantes superiores, que podem ser mais eficientes do que um simples percentual de multa sobre a obrigação principal.

De todo modo, vencida a minha posição doutrinária, destaco que no Projeto de Reforma do Código Civil almeja-se o aumento do percentual da multa moratória condominial, para 10% (dez por cento), passando o comando que trata do tema a prever que "o condômino que não pagar os valores do rateio ordinário ou extraordinário de despesas, ou aquele que não fizer o reembolso de valores a que foi condenado a pagar ao condomínio, a qualquer título, ficará sujeito aos juros moratórios convencionados ou, não sendo previstos, aos juros estabelecidos no art. 406 deste Código, bem como à multa de até dez por cento sobre o débito, sendo vedada a estipulação de cláusula de desconto em razão da antecipação de pagamento".

Como se pode notar, além desse aumento da multa, pretende-se introduzir na lei a nulidade de eventual abono por pontualidade, que disfarce multa superior ao limite legal, conforme o Enunciado n. 505, da *V Jornada de Direito Civil*, tema aqui já tratado. Vejamos a esse propósito as justificativas da Subcomissão de Direito das Coisas:

> "A cláusula penal de dois por cento para uma obrigação relevante como a de pagar cota condominial que justifica até mesmo o afastamento da proteção do bem de família leva a que esta obrigação acessória não cumpra o seu papel coercitivo para o adimplemento. O fato é que houve uma confusão entre a estabilidade econômica que havia no ano dos últimos debates no Congresso Nacional e utilizaram o critério adotado no Código de Defesa do Consumidor. E há aí duas incorreções: a primeira é que cláusula penal nada tem a ver com atualização da obrigação, e a segunda, pois condômino não é contratante vulnerável como o consumidor à luz da lei e da Constituição Federal. Essa orientação, inclusive, justificou a aprovação do enunciado modificativo 96 (2002), o qual propunha cláusula penal de 10%. Há vinte anos que a comunidade jurídica e os outros atores que lidam com os condomínios aguardam essa modificação em razão do aumento da inadimplência. Com relação aos juros moratórios, o ideal é que sejam legais e não convencionados a fim de evitar fraude à lei com relação ao valor exato da sanção pecuniária em razão do inadimplemento.
>
> A inclusão da vedação ao abono-pontualidade já foi registrada no enunciado 505 da V Jornada de Direito Civil, tendo em vista a sua potencialidade para fraudar a lei no tocante ao verdadeiro valor que deve pagar o condômino impontual".

Aguardemos qual será a posição do Parlamento Brasileiro a respeito dessas proposições, sendo a proibição do abono por pontualidade bem-vinda para a segurança e a previsibilidade das relações jurídicas condominiais.

Seguindo com o estudo do comando em vigor, o § 2.º do art. 1.336 do Código Civil determina que 2/3 dos condôminos restantes podem deliberar a imposição de multa no montante de até cinco vezes o valor da quota condominial para o condômino que: *a)* realizar obras que comprometam a segurança da edificação; *b)* alterar a forma e a cor da fachada, das partes e esquadrias externas; *c)* der destinação diferente à sua parte daquela prevista para a edificação; *d)* utilizar a sua parte de forma a prejudicar o sossego, a salubridade e a segurança dos demais possuidores ou em contrariedade aos bons costumes.

Como se pode notar, a presente penalidade tem aplicação bem restrita, exigindo um *quorum* qualificado, que dificilmente será obtido na prática. Para *funcionalizar* o instituto, em prol do princípio da operabilidade, entendo que é possível alterar a convenção para prever outro *quorum*, pois esta norma relativa à votação é de ordem privada.

A título de exemplo, é possível estipular que o *quorum* será de 2/3 sobre os presentes na assembleia, e não sobre o restante dos condôminos, o que é igualmente a forma de pensar de alguns juristas (ver: TEPEDINO, Gustavo; MORAES, Maria Celina Bodin de; BARBOZA, Heloísa Helena. *Código*..., 2011, v. III, p. 693; MALUF, Carlos Alberto Dabus; MARQUES, Márcio Antero Ramos. *Condomínio*..., 2009, p. 104; MELO, Marco Aurélio Bezerra. *Direito*..., 2007, p. 257; DINIZ, Maria Helena. *Código*..., 2010, p. 935). Todavia, quanto ao valor da multa, deve-se respeitar o teto de cinco vezes o valor da quota condominial, pois, em tal parte, a norma representa preceito de ordem pública.

Em verdade, é preciso alterar as normas a respeito dos quóruns, hoje muito exigentes e distantes do que se vê na prática, o que está sendo proposto pelo Projeto de Reforma do Código Civil. Nesse contexto, para a norma em exame, propõe-se a seguinte redação: "o condômino que não cumprir quaisquer dos deveres estabelecidos nos incisos I a VII, pagará a multa prevista no ato constitutivo ou na convenção condominial, não podendo ser superior a cinco vezes o valor de suas contribuições mensais, independentemente das perdas e danos que se apurarem; não havendo disposição expressa, caberá à assembleia geral, por dois terços no mínimo dos condôminos presentes na assembleia, deliberar sobre a cobrança da multa". Sem dúvida que o quórum de dois terços dos presentes à assembleia atende melhor à realidade condominial contemporânea.

Merece ainda ser destacado que, em boa hora, a Comissão de Juristas sugere que seja incluído um novo art. 1.336-A na codificação privada para que as regras relativas aos deveres e sanções aos condôminos sejam estendidas a todos os moradores das unidades, inclusive locatários, usufrutuários, compromissários compradores e comodatários. Nos seus termos, "estão sujeitos às mesmas disposições do artigo antecedente todos os que, por ordem, por concessão ou autorização do proprietário ou por titularidade de direito real sobre coisa alheia, habitam, usam ou fruem a unidade, a qualquer título". Com isso, não restarão mais dúvidas quanto à imposição das obrigações estudadas, em prol de um bom convívio no ambiente condominial, compartilhado por todos.

Voltando-se à norma vigente, com tom mais amplo, dispõe o art. 1.337, *caput*, do CC/2002 que o condômino que não cumprir reiteradamente com os seus deveres perante o condomínio poderá, por deliberação de 3/4 dos condôminos restantes, ser constrangido a pagar multa de até o quíntuplo (cinco vezes) do valor atribuído à quota condominial, conforme a gravidade das faltas e a reiteração, independentemente das perdas e danos.

Em complemento, de acordo com o parágrafo único do mesmo art. 1.337, o condômino ou o possuidor que, por seu reiterado comportamento antissocial, gerar incompatibilidade de convivência com os demais condôminos ou possuidores, poderá ser constrangido a pagar multa correspondente ao décuplo – dez vezes – do valor atribuído à contribuição para as despesas condominiais, até ulterior deliberação da assembleia.

Como se pode perceber, os *quoruns* qualificados exigidos, mais uma vez, são difíceis de serem alcançados na prática, razão pela qual a convenção pode trazer outra previsão (admitindo a premissa, implicitamente: TJSP, Apelação 9080440-15.2009.8.26.0000, Acórdão 6549920, 34.ª Câmara de Direito Privado, São Paulo, Rel. Des. Nestor Duarte, j. 25.02.2013, *DJESP* 13.03.2013).

Repise-se, mais uma vez, que as normas são de ordem privada nesse ponto. Quanto aos tetos dos valores das multas, não cabe contrariar as normas, tidas como de ordem pública, a exemplo do comentado quanto ao art. 1.336, § 2.º. As duas penalidades do art. 1.337 são aplicadas ao chamado *condômino antissocial*, aquele que não se configura com a realidade social e coletiva do condomínio. Tal caracterização depende de análise caso a caso.

De imediato, entende-se que as penalidades não só podem como devem ser aplicadas ao condômino que não cumpre reiteradamente com as obrigações pecuniárias condominiais. Nesse sentido, da jurisprudência estadual:

> "Despesas condominiais. Cumulação das multas previstas nos arts. 1.336, § 1.º, e 1.337, *caput*, do CC de 2002. Possibilidade. Não configuração de *bis in idem*. Inadimplemento reiterado conforme critério definido pelos próprios condôminos e que não esvazia a previsão do art. 1.336, § 1.º. Apelo não provido" (TJSP, Apelação com Revisão 916995008, 30.ª Câmara de Direito Privado, Rel. Juiz Luiz Felipe Nogueira, j. 29.11.2007).

> "Processo civil e civil. Condomínio. Atrasos reiterados de pagamento das taxas condominiais. Aplicação de pena pecuniária. Art. 1.337 do Código Civil. Possibilidade. A multa moratória prevista no art. 1.336 do Código Civil diverge daquela prevista no art. 1.337 do aludido CODEX. Nesse sentido, o art. 1.337 do CC é mais amplo do que o § 2.º do art. 1.336, porque abrange todos os deveres do condômino perante o condomínio, previstos na Lei, convenção ou regimento interno, inclusive o inadimplemento do pagamento da contribuição condominial do inciso I. Observa-se, portanto, que o parágrafo único do art. 1.337 regula a aplicação de pena agravada, quando a conduta ilícita, além de grave e reiterada, não só de caráter antissocial, gerar incompatibilidade de convivência com os demais condôminos. Realizada a assembleia geral, com o *quorum* específico e, uma vez aprovada a aplicação da penalidade prevista no citado art. 1.337 do CC, respeitados os parâmetros ali expostos, a inobservância do pagamento regular das taxas condominiais enseja a aplicação da citada penalidade, sem que isso configure qualquer irregularidade ou afronta ao ordenamento civil. Recurso conhecido e provido" (TJDF, Recurso 2007.01.1.114280-3, Acórdão 429.193, 6.ª Turma Cível, Rel. Des. Ana Maria Duarte Amarante Brito, *DJDFTE* 25.06.2010, p. 111).

Mais recentemente, tal posição foi confirmada pela Quarta Turma do Superior Tribunal de Justiça, em acórdão que teve como relator o Ministro Luis Felipe Salomão (REsp 1.247.020). Segundo o julgador, diante da reiterada inadimplência do condômino, "a conduta do recorrente se amolda ao preceito legal do *caput* do artigo 1.337 do CC/2002, pois se trata de evidente devedor contumaz de débitos condominiais, apto a ensejar a aplicação da penalidade pecuniária ali prevista". Ainda conforme o acórdão, "a multa prevista no § 1.º do art. 1.336 do CC/2002 detém natureza jurídica moratória, enquanto a penalidade pecuniária regulada pelo art. 1.337 tem caráter sancionatório, uma vez que, se for o caso, o condomínio pode exigir inclusive a apuração das perdas e danos" (STJ, REsp 1.247.020/DF, 4.ª Turma, Rel. Min. Luis Felipe Salomão, j. 15.10.2015, *DJe* 11.11.2015).

CAP. 5 · DO CONDOMÍNIO | **383**

De toda sorte, esclareça-se que a questão não é pacífica no âmbito da doutrina. José Fernando Simão, por exemplo, em edições anteriores desta obra, posicionava-se de forma contrária a tal entendimento, pois entende que, em casos de inadimplemento, somente incide a multa de dois por cento, constante do § 1.º do art. 1.336, sob pena de caracterização do *bis in idem*.

Com o devido respeito, parece-me que o condômino que não cumpre reiteradamente com suas obrigações econômicas enquadra-se perfeitamente como antissocial perante os demais, diante do não pagamento dos encargos que são coletivos. Como se verá a seguir, o Projeto de Reforma do Código Civil, elaborado pela Comissão de Juristas adota essa solução, resolvendo-se mais essa divergência em prol da segurança jurídica e da esperada estabilidade das relações privadas.

Como outro exemplo, imagine-se o condômino que se excede constantemente quanto ao barulho, perturbando os demais consortes de forma reiterada por seu comportamento desrespeitoso e não se sujeitando às advertências e multas impostas (nessa linha de pensamento: TJSP, Apelação 992.09.071793-6, Acórdão 4239982, 36.ª Câmara de Direito Privado, Santos, Rel. Des. Arantes Theodoro, j. 10.12.2009, *DJESP* 02.03.2010).

Trata-se do típico ser humano egoísta e não solidário, que não se preocupa com os outros e com a coletividade. Não se olvide que a conduta deve ser reiterada, não se impondo em casos de atos isolados, conforme reconhece nossa jurisprudência (TJDF, Recurso 2007.01.1.127409-7, Acórdão 473.599, 3.ª Turma Cível, Rel. Des. Mario-Zam Belmiro, *DJDFTE* 26.01.2011, p. 115 e TJSP, Apelação 994.05.073323-7, Acórdão 4455637, 9.ª Câmara de Direito Privado, São Paulo, Rel. Des. José Luiz Gavião de Almeida, j. 13.04.2010, *DJESP* 26.05.2010).

Na esteira da melhor doutrina e jurisprudência, deduz-se que as multas previstas no art. 1.337 do CC/2002 somente podem ser instituídas após a prévia comunicação ao infrator, assinalando-lhe prazo para justificar a sua conduta, exercendo o direito de defesa (TJSP, Apelação 992.07.020168-3, Acórdão 4579037, 35.ª Câmara de Direito Privado, São Paulo, Rel. Des. José Malerbi, j. 05.07.2010, *DJESP* 26.07.2010).

Nesse caminho, o Enunciado n. 92, da *I Jornada de Direito Civil*, do ano de 2002, com redação precisa: "as sanções do art. 1.337 do novo Código Civil não podem ser aplicadas sem que se garanta direito de defesa ao condômino nocivo". Eventual previsão na convenção que afaste esse direito deve ser tida como nula, por ilicitude do objeto, uma vez que o direito à ampla defesa e ao contraditório é amparado constitucionalmente (art. 5.º, inc. LV, da CF/1988 e art. 166, inc. II, do CC). Trata-se de mais um exemplo de controle interno da convenção condominial diante de preceitos constitucionais e normas de ordem pública.

No plano concreto, recente acórdão do Superior Tribunal de Justiça, mais uma vez de relatoria do Ministro Luís Felipe Salomão, aplicou muito bem esse controle, com citação ao meu trabalho doutrinário, julgando do seguinte modo:

> "Por se tratar de punição imputada por conduta contrária ao direito, na esteira da visão civil-constitucional do sistema, deve-se reconhecer a aplicação imediata dos princípios que protegem a pessoa humana nas relações entre particulares, a reconhecida eficácia horizontal dos direitos fundamentais que, também, deve incidir nas relações condominiais, para assegurar, na medida do possível, a ampla defesa e o contraditório. Com efeito, buscando concretizar a dignidade da pessoa humana nas relações privadas, a Constituição Federal, como vértice axiológico de todo o ordenamento, irradiou a incidência dos direitos fundamentais também nas relações particulares, emprestando máximo efeito aos valores constitucionais. Precedentes do STF. Também foi a conclusão tirada das *Jornadas de Direito Civil do CJF*: En. 92: Art. 1.337: As sanções do art. 1.337 do novo Código Civil não podem ser aplicadas

sem que se garanta direito de defesa ao condômino nocivo" (STJ, REsp 1.365.279/SP, 4.ª Turma, Rel. Min. Luis Felipe Salomão, j. 25.08.2015, *DJe* 29.09.2015).

Como se percebe, além de citar o aludido Enunciado 92 do CJF, o julgador leva em conta a ideia de *constitucionalização do Direito Civil* e a aplicação imediata das normas fundamentais nas relações privadas (eficácia horizontal).

Pois bem, o Código Civil Brasileiro de 2002 não traz expressamente a possibilidade de expulsão do *condômino antissocial*, tese defendida por parte da doutrina, caso de Álvaro Villaça Azevedo (*Curso...*, 2014, p. 95), Cristiano Chaves de Farias e Nelson Rosenvald, entre outros (*Direitos...*, 2006, p. 532).

No mesmo trilhar, vejamos enunciado aprovado na *V Jornada de Direito Civil*: "verificando-se que a sanção pecuniária mostrou-se ineficaz, a garantia fundamental da função social da propriedade (arts. 5.º, XXIII, CF/1988 e 1.228, § 1.º, CC) e a vedação ao abuso do direito (arts. 187 e 1.228, § 2.º, CC) justificam a exclusão do condômino antissocial, desde que a ulterior assembleia prevista na parte final do parágrafo único do artigo 1.337 do Código Civil delibere a propositura de ação judicial com esse fim, asseguradas todas as garantias inerentes ao devido processo legal" (Enunciado n. 508). Da jurisprudência, acolhendo a tese, em caso de extrema gravidade:

> "Apelação cível. Condomínio edilício vertical. Preliminar. Intempestividade. Inocorrência. Apelo interposto antes da decisão dos embargos. Ratificação. Desnecessidade. Exclusão de condômino nocivo. Limitação do direito de uso/habitação, tão somente. Possibilidade, após esgotada a via administrativa. Assembleia geral realizada. Notificações com oportunização do contraditório. *Quorum* mínimo respeitado (3/4 dos condôminos). Multa referente ao décuplo do valor do condomínio. Medida insuficiente. Conduta antissocial contumaz reiterada. Graves indícios de crimes contra a liberdade sexual, redução à condição análoga a de escravo. Condômino que aliciava candidatas a emprego de domésticas com salários acima do mercado, mantendo-as presas e incomunicáveis na unidade condominial. Alta rotatividade de funcionárias que, invariavelmente saiam do emprego noticiando maus-tratos, agressões físicas e verbais, além de assédios sexuais entre outras acusações. Retenção de documentos. Escândalos reiterados dentro e fora do condomínio. Práticas que evoluíram para investida em moradora menor do condomínio, conduta antissocial inadmissível que impõe provimento jurisdicional efetivo. Cabimento. Cláusula geral. Função social da propriedade. Mitigação do direito de uso/habitação. Dano moral. Não conhecimento. Matéria não deduzida e tampouco apreciada. Honorários sucumbenciais fixados em R$ 6.000,00 (seis mil reais). Mantença" (TJPR, Apelação Cível 957.743-1, 10.ª Câmara Cível, Curitiba, Rel. Des. Arquelau Araujo Ribas, j. 13.12.2012).

Mesmo em casos graves como o julgado, não me filio a tal corrente, por violar o princípio de proteção da dignidade da pessoa humana (art. 1.º, inc. III, da CF/1988) e a solidariedade social (art. 3.º, inc. I, da CF/1988); bem como a concreção da tutela da moradia (art. 6.º da CF/1988). Em suma, a tese da expulsão do condômino antissocial viola preceitos máximos de ordem pública, sendo alternativas viáveis as duras sanções pecuniárias previstas no art. 1.337 do CC/2002. Entendo que, para que essa exclusão ou expulsão seja possível, é necessário que conste da lei, com parâmetros mínimos, como está sendo proposto pelo Projeto de Reforma do Código Civil, como será exposto a seguir. Nessa linha, afastando essa possibilidade, da jurisprudência:

> "Cerceamento de defesa. Indeferimento de quesitos suplementares. Decisão não recorrida. Preclusão. Preliminar rejeitada. Obrigação de fazer. Alteração de fachada de prédio

residencial para fins comerciais. Desfazimento da obra C.C. Indenização e expulsão do condômino. Improcedência da demanda. Inconformismo. Admissibilidade em parte. Porta colocada em desconformidade com o projeto original. Decurso do tempo que, por si só, não caracteriza *supressio*. Obrigação de restituir a fachada original. Expulsão de condômino que não tem previsão legal. Precedente desta Corte. Danos causados pela reforma interna da unidade que devem ser indenizados. Fiador que é parte ilegítima para responder perante o condomínio pelos prejuízos causados pela locatária. Sentença reformada em parte. Recurso parcialmente provido. Preliminar rejeitada e recurso provido em parte" (TJSP, Apelação 9220040-22.2007.8.26.0000, Acórdão 6448392, 5.ª Câmara de Direito Privado, São Paulo, Rel. Des. J. L. Mônaco da Silva, j. 16.01.2013, *DJESP* 01.02.2013).

"Expulsão de condômino por comportamento antissocial. Impossibilidade. Ausência de previsão legal. O Código Civil permite no art. 1.337 a aplicação de multas que podem ser elevadas ao décuplo em caso de incompatibilidade de convivência com os demais condôminos. Multa mensal que tem como termo inicial a citação e o final a publicação da r. Sentença, a partir de quando somente será devida por fatos subsequentes que vierem a ocorrer e forem objeto de decisão em assembleia. Recursos parcialmente providos" (TJSP, Apelação Cível 668.403.4/6, Acórdão 4122049, 4.ª Câmara de Direito Privado, Barueri, Rel. Des. Maia da Cunha, j. 1.º.10.2009, *DJESP* 27.10.2009).

Ou, ainda, de data mais recente, levando-se em conta as consequências geradas pela pandemia de Covid-19:

"Apelação. Condomínio. Ação de exclusão de ocupante antissocial. Sentença de improcedência. Ausência de previsão legal expressa no ordenamento jurídico que permita a expulsão de condômino por mau comportamento. Aplicação estrita do disposto no art. 1.337 do Código Civil de 2002. Ainda que o direito de propriedade esteja limitado em sua função social, devendo o condômino observar regras mínimas de bom comportamento e convívio, a medida de expulsão não encontra amparo legal. Hipótese em que o condomínio pode aplicar multas de elevado valor, como forma de compelir o proprietário a sair de sua zona de conforto e tomar providências quanto à sua locatária. Expulsão que se mostra ainda mais temerária quando se observa estarmos diante de situação emergencial em razão da pandemia da COVID-19, além de ser a Ré pessoa de extrema vulnerabilidade por ser pessoa idosa. Sentença mantida. Honorários majorados" (TJSP, Apelação 1029307-52.2018.8.26.0001, 34.ª Câmara Cível, Rel. Des. Costa Wagner, j. 26.01.2021).

Do mesmo modo, repisa-se, não se filia à tese de impedir a entrada de supostas *pessoas indesejadas* no condomínio (*expulsão antecipada*), muito menos de limitação do uso das áreas comuns para os condôminos antissociais, caso do estacionamento, do elevador, da piscina, do salão de festas, da área de lazer e da churrasqueira, como bem salienta a melhor doutrina (MALUF, Carlos Alberto Dabus; MARQUES, Márcio Antero Ramos. *Condomínio...*, 2009, p. 109). Nas duas hipóteses, fica notória a violação à dignidade da pessoa humana, conforme se tem julgado, inclusive com a condenação do condomínio por danos morais, diante de conduta vexatória. A ilustrar, da prática:

"Ação de indenização. Condomínio. Cobrança vexatória. Proibição ao uso de área comum com o nítido intuito de constranger a condômina inadimplente. Dano moral caracterizado. Ainda que seja confessa a inadimplência da autora, não pode, o requerido, proibir a utilização do estacionamento, como forma de buscar seu crédito. Exposição pública que se revela abusiva e configura verdadeira represália ao inadimplemento, atingindo a honra da demandante. Abalo moral sofrido que autoriza a indenização. Que, no caso, tem efeito reparador para atenuar o mal sofrido e servir como efeito pedagógico ao ofensor. Valor da indenização. Majoração. Descabimento. Condenação que bem atenta ao caráter punitivo--pedagógico. Redução do valor arbitrado em sentença para R$ 1.000,00 – um mil reais. Apelo da autora desprovido. Apelo do réu parcialmente provido" (TJRS, Apelação Cível 70021221452, 20.ª Câmara Cível, Porto Alegre, Rel. Des. José Aquino Flôres de Camargo, j. 28.11.2007, *DOERS* 31.01.2008, p. 44).

"Condomínio. Despesas condominiais. Indenização. Dano moral. Condômino impedido de utilizar a área comum sem motivo justificado. Inadimplência deste. Irrelevância. Cabimento. Impedido o condômino de utilização de área comum sem motivo justificado, porquanto a inadimplência não justifica tal penalidade, enseja a reparação em *quantum* adequado, fixado na sentença" (2.º TACSP, Apelação sem Revisão 659.976-00/6, 4.ª Câmara, Rel. Juiz Júlio Vidal, j. 1.º.04.2003).

Mais uma vez, nas interpretações aqui expostas, analisa-se o Direito Civil a partir da Constituição Federal de 1988 e dos princípios constitucionais, na esteira da *visão civil--constitucional do sistema* (Direito Civil Constitucional).

Para tanto, é preciso reconhecer que os princípios constitucionais que protegem a pessoa humana têm aplicação imediata nas relações entre particulares (*eficácia horizontal*), inclusive nas relações entre condôminos e condomínio, na linha de recente aresto do Superior Tribunal de Justiça aqui antes transcrito. Não se olvide que essa incidência está amparada no art. 5.º, § 1.º, da CF/1988, segundo o qual as normas que definem direitos fundamentais têm aplicação imediata. Do vigente CPC merece sempre ser destacado o seu art. 8.º, segundo o qual, ao aplicar o ordenamento jurídico, o julgador sempre deve levar em conta o princípio de proteção da dignidade da pessoa humana.

Como se pode perceber, muitos são os dilemas que envolvem o art. 1.337 do Código Civil e as punições para o condomínio antissocial. Para resolvê-los, o Projeto de Reforma do Código Civil, elaborado pela Comissão de Juristas nomeada no âmbito do Senado Federal, pretende inserir na norma os entendimentos hoje considerados como majoritários pela doutrina e pela jurisprudência nacional.

De início, quanto ao seu *caput*, além de se incluir menção ao morador da unidade, pretende-se reduzir o quórum para dois terços, visando a uniformizá-lo com os demais, e porque o quórum atual de três quartos é muito difícil de ser alcançado na prática. Ademais, sugere-se que essa fração incida sobre os participantes da assembleia, o que melhor se coaduna com a prática condominial, na linha do que também é proposto para o dispositivo anterior.

Nesse contexto, o comando passará a prever que "o condômino, o possuidor ou o morador que não cumprem reiteradamente seus deveres perante o condomínio poderá, por deliberação de dois terços dos condôminos presentes na assembleia, vir a ser constrangido a pagar multa correspondente a até cinco vezes o valor atribuído à contribuição para as despesas condominiais, conforme a gravidade e reiteração das faltas, independentemente das perdas e danos que se apurem".

O atual parágrafo único passará a ser o novo § 1º do art. 1.337, com melhoras para a sua compreensão quanto ao montante da multa: "o condômino ou possuidor que, por seu reiterado comportamento antissocial, gerarem incompatibilidade de convivência com os demais condôminos ou possuidores, poderá ser constrangido a pagar multa correspondente a dez vezes o valor atribuído à contribuição para as despesas condominiais, sem prejuízo das perdas e danos". O comando receberá um § 2º e, na linha da jurisprudência dominante, preverá em boa hora, como antes exposto, que "as multas previstas neste dispositivo também se aplicam ao condômino que seja devedor contumaz".

A expulsão ou exclusão do condômino nocivo, tão pleiteada por muitos especialistas e pessoas que vivem a prática condominial, passará a constar dos §§ 3º e 4º do art. 1.337, na linha do Enunciado n. 508 da *V Jornada de Direito Civil*. Pela proposta, verificando-se que a sanção pecuniária se mostrou ineficaz, ulterior assembleia poderá deliberar, por 2/3 dos condôminos presentes, pela exclusão do condômino antissocial, a ser efetivada mediante decisão judicial, que proíba o seu acesso à unidade autônoma e às dependências do condomínio. Eventualmente, caso seja cessada a causa que deu ensejo à exclusão do condômino antissocial, poderá este requerer seja readmitido, mediante o mesmo quórum de condôminos, o que virá em boa hora, pois não se pode admitir uma *expulsão eterna*.

Também se propõe que todas as sanções do comando sejam fixadas "levando-se em consideração a gravidade das faltas cometidas e a sua reiteração, devendo ser garantido ao condômino o direito à ampla defesa perante a assembleia" (novo § 5º do art. 1.337). Trata-se de inserção na norma do Enunciado n. 92, da *I Jornada de Direito Civil*, confirmado pela jurisprudência do STJ, como antes demonstrado.

Por fim, pelo novo § 6º proposto para o art. 1.337, "se os atos antissociais forem praticados por um dos membros da família do proprietário ou do titular de outro direito real do imóvel ou se praticado por apenas um dos moradores da unidade, somente sobre este recairá a sanção de proibição de acesso à unidade". As sanções, assim, terão reconhecido o seu caráter personalíssimo ou *intuitu personae*, o que também virá em boa hora, em prol de uma maior segurança na imposição dessas graves penalidades, evitando-se injustiças.

Espera-se a aprovação das propostas pelo Congresso Nacional, pois o art. 1.337 apresenta hoje muitas lacunas, sendo urgente a necessidade de se regulamentar a exclusão do condômino nocivo, diante da realidade prática condominial em nosso País.

Superado o estudo das penalidades ao condômino e partindo para o estudo de outros direitos e deveres estabelecidos pela codificação, o vigente art. 1.338 do CC/2002 preconiza que, resolvendo o condômino alugar área no abrigo para veículos, preferir-se-á, em condições iguais, qualquer dos condôminos a estranhos, e, entre todos, os possuidores. Trata-se de mais um *direito de preferência, preempção ou prelação legal* a favor do condômino. No caso de violação desse direito, opino que os condôminos preteridos podem constituir a locação em seu favor, em efeito semelhante ao que consta do art. 504 do CC/2002.

Sobre a inovação, que não constava da legislação anterior, preceitua o Enunciado n. 91 do CJF/STJ que "a convenção de condomínio, ou a assembleia geral, pode vedar a locação de área de garagem ou abrigo para veículos estranhos ao condomínio". Em suma, foi reconhecido na *I Jornada de Direito Civil* que a convenção de condomínio poderia proibir a venda ou locação a estranhos ao condomínio, na linha da recente alteração legislativa do art. 1.331, § 1.º, do CC/2002, antes comentada.

Em complemento, aprovou-se na *IV Jornada de Direito Civil* o Enunciado do n. 320 do CJF/STJ: "o direito de preferência de que trata o art. 1.338 deve ser assegurado não apenas nos casos de locação, mas também na hipótese de venda da garagem". Entendo que o enunciado doutrinário traz uma imprecisão, ao aplicar por analogia norma restritiva de direitos. Na verdade, somente há direito de preferência na venda no caso de condomínio de coisa indivisível (art. 504 do CC), o que pode não ser o caso da vaga de garagem (geralmente não o é). Porém, destaque-se que o teor do enunciado deve ser considerado como majoritário, para os devidos fins.

Atente-se ao fato de que o debate exposto somente será relevante se houver na convenção de condomínio previsão expressa autorizando a locação ou a alienação de vaga de garagem a terceiros. Isso, diante da recente alteração do art. 1.331, § 1.º, do CC pela Lei

12.607/2012, fazendo tal exigência. Sendo assim, parece que o Enunciado n. 91, da *I Jornada*, restou prejudicado, eis que a lei acabou por confirmar, em parte, o seu conteúdo.

Vale lembrar, ainda, que o Projeto de Reforma do Código Civil pretende revogar expressamente o seu art. 1.338 e concentrar a temática nele prevista no art. 1.331, o que é melhor tecnicamente, como outrora demonstrado.

Superado esse ponto, determina o art. 1.339 do CC/2002 que os direitos de cada condômino às partes comuns são inseparáveis de sua propriedade exclusiva. São, do mesmo modo, inseparáveis das frações ideais correspondentes as unidades imobiliárias, com as suas partes acessórias. Nos casos deste artigo, é proibido alienar ou gravar os bens em separado, ou seja, alienar o uso das partes exclusivas sem alienar o das partes comuns (§ 1.º).

Todavia, é permitido ao condômino alienar *parte acessória* de sua unidade imobiliária a outro condômino, só podendo fazê-lo a terceiro se essa faculdade constar do ato constitutivo do condomínio, e se a ela não se opuser a respectiva assembleia geral (§ 2.º do art. 1.339 do CC). Para a última hipótese, cite-se a alienação somente da vaga de garagem a terceiro, desde que preenchidos os requisitos legais. Como visto, reafirme-se, diante da recente alteração do art. 1.331 pela Lei 12.607/2012, que a alienação de vaga de garagem somente é possível se houver cláusula permissiva expressa na convenção.

As despesas relativas a partes comuns de uso exclusivo de um condômino, ou de alguns deles, incumbem a quem delas se serve (art. 1.340 do CC/2002). Como exemplo, mais uma vez pode ser mencionado o *hall* de elevador privativo, notadamente nos prédios em que há um apartamento por andar.

Na hipótese de condomínio de lojas ou mistos, tem-se entendido pela impossibilidade de cobrança das quotas condominiais daqueles que não usufruem de determinados acessórios constantes do condomínio, caso dos elevadores e dos interfones. Assim julgando:

> "Apelação cível. Apelados proprietários de loja e sobreloja em condomínio edilício. Sentença ajustada ao pedido inicial. Inexistência de coisa julgada. Cobrança de despesas de condomínio. Elevador e interfone. Uso exclusivo das unidades habitacionais. Incidência do artigo 1.340 do Código Civil de 2002. Precedentes. Recurso conhecido e não provido. O artigo 1.340 do Código Civil dispõe que 'as despesas relativas a partes comuns de uso exclusivo de um condômino, ou de alguns deles, incumbem a quem delas se serve'. Portanto, os proprietários de loja e sobreloja voltadas para a rua não devem arcar com despesas relativas a interfone e elevador, que não utilizam" (TJSC, Apelação Cível 2011.074731-5, 4.ª Câmara de Direito Civil, São José, Rel. Desig. Des. Victor José Sebem Ferreira, j. 17.08.2012, *DJSC* 24.08.2012, p. 265).

> "Condomínio edilício. Edifício misto, composto de apartamentos e lojas. Assembleia geral que determina que as lojas participem do rateio de todas as despesas de condomínio, inclusive daquelas que, em tese, não revertem em seu proveito. Incidência da norma cogente do art. 1.340 do Código Civil, que consagra a vedação do enriquecimento sem causa. Dúvida fundada sobre a regularidade da deliberação, que não constou da ordem do dia e aparentemente violou texto da convenção de condomínio. Elementos suficientes para ocasionarem a suspensão da deliberação. Presença dos requisitos do art. 273 do CPC. Agravo provido" (TJSP, Agravo de Instrumento 990.10.107801-5, Acórdão 4538242, 4.ª Câmara de Direito Privado, São Paulo, Rel. Des. Francisco Loureiro, j. 27.05.2010, *DJESP* 30.06.2010).

Como se retira do último acórdão estadual, o art. 1.340 do Código Civil deve ser considerado preceito de ordem pública, pela relação com a vedação do enriquecimento sem causa, o que é correto do ponto de vista jurídico.

Na mesma esteira da conclusão dos arestos, acrescente-se, ementa publicada na Edição n. 68 da ferramenta *Jurisprudência em Teses*, do STJ, segundo a qual "a loja térrea, com acesso próprio à via pública, não concorre com gastos relacionados a serviços que não lhe sejam úteis, salvo disposição condominial em contrário" (tese de número 17).

Pelo mesmo raciocínio, ao proprietário do terraço de cobertura incumbem as despesas da sua conservação, de modo que não haja danos às unidades imobiliárias inferiores (art. 1.344 do CC). Ilustre-se com a conservação da piscina e da churrasqueira que se encontram na cobertura do prédio, compondo parte exclusiva.

Nunca se pode esquecer que as despesas condominiais constituem obrigações *propter rem* ou *próprias da coisa*, denominadas *obrigações ambulatórias*, pois seguem a coisa onde quer que ela se encontre (concluindo dessa forma, por todos: STJ, AgRg no AREsp 148.547/SP, 4.ª Turma, Rel. Min. Maria Isabel Gallotti, j. 16.04.2013, *DJe* 23.04.2013; AgRg no REsp 1.299.228/RS, 4.ª Turma, Rel. Min. Marco Buzzi, j. 04.09.2012, *DJe* 14.09.2012; AgRg no REsp 947.460/RS, 4.ª Turma, Rel. Min. Maria Isabel Gallotti, j. 27.03.2012, *DJe* 10.04.2012). No mesmo sentido, cite-se a premissa número 3, da Edição n. 68 da ferramenta *Jurisprudência em Teses*, do STJ, do ano de 2016: "As cotas condominiais possuem natureza *propter rem*, razão pela qual os compradores de imóveis respondem pelos débitos anteriores à aquisição".

Isso pode ser retirado do art. 1.345 do CC, segundo o qual o adquirente de unidade responde pelos débitos do alienante, em relação ao condomínio, inclusive multas e juros moratórios. Como se nota, essa *natureza híbrida* (*direito pessoal + real*) abrange as penalidades, que são acessórios da dívida, caso daquelas previstas nos arts. 1.336 e 1.337 da codificação.

Interpretando esse dispositivo, e aplicando a natureza *propter rem* dos débitos condominiais, a jurisprudência superior tem entendido que "o promitente vendedor que readquire a titularidade do direito real sobre o bem imóvel anteriormente alienado pode ser responsabilizado pelos débitos condominiais posteriores à alienação e contemporâneos à posse do promissário comprador, sem prejuízo de ulterior direito de regresso". Essa é a afirmação n. 5, publicada na Edição n. 133 da ferramenta *Jurisprudência em Teses* do STJ, do ano de 2019. Vejamos um dos precedentes da tese, que cita o julgado paradigmático a respeito do assunto:

> "Agravo interno no recurso especial. Civil e processual civil. Ação de exoneração de dívida condominial. Compromisso de compra e venda. Rescisão. Reaquisição da titularidade do imóvel. Responsabilidade do promissário vendedor. Agravo improvido. 1. A jurisprudência do Superior Tribunal de Justiça firmou-se no sentido de que 'o promitente vendedor, sem prejuízo do seu direito de regresso, pode ser responsabilizado pelos débitos condominiais posteriores à alienação e contemporâneos à posse do promissário comprador, se readquirir a titularidade do direito real sobre o bem imóvel anteriormente alienado' (AgInt nos EDcl no REsp 1.407.443/PR, 4.ª Turma, Rel. Min. Luis Felipe Salomão, *DJe* 17.09.2018). 2. Conforme reiteradamente decidido por esta Corte, 'Em regra, o promitente vendedor não pode ser responsabilizado pelos débitos condominiais posteriores à alienação, contemporâneos à posse do promissário comprador, pois, ao alienar o imóvel, tem a intenção de desvincular-se do direito real sobre o bem. Entretanto, quando o promitente vendedor obtém a retomada do bem anteriormente alienado, em virtude da reaquisição, sua condição de proprietário e/ou titular de direito real sobre a coisa não se rompe, razão por que o adquirente de imóvel em condomínio responde pelas cotas condominiais em atraso, ainda que anteriores à aquisição, ressalvado o seu direito de regresso contra o antigo proprietário/possuidor' (AgInt no REsp 1.229.639/PR, 4.ª Turma, Rel. Min. Marco Buzzi, *DJe* 20.10.2016). 3. Agravo interno não provido" (STJ, Ag. Int. no REsp 1565327/PR, 4.ª Turma, Rel. Min. Raul Araújo, j. 21.03.2019, *DJe* 02.04.2019).

Ademais, de forma correta, tem-se entendido que "o adquirente de imóvel deve pagar as taxas condominiais desde o recebimento das chaves ou, em caso de recusa ilegítima, a partir do momento no qual as chaves estavam à sua disposição". Isso porque "a recusa em receber as chaves constitui, em regra, comportamento contrário aos princípios contratuais, principalmente à boa-fé objetiva, desde que não esteja respaldado em fundamento legítimo" (STJ, REsp 1.847.734/SP, 3.ª Turma, Rel. Min. Ricardo Villas Bôas Cueva, j. 29.03/2022, *DJe* 31.03.2022).

Entretanto, quebrando esse caráter *propter rem* em caso específico, entendeu o Superior Tribunal de Justiça que, "residindo um dos coproprietários no imóvel e sendo apenas ele o beneficiário dos serviços postos à disposição pelo condomínio, deve ele estar no polo passivo da ação de cobrança de quotas condominiais, ressalvado o seu direito de reembolso ante os demais proprietários" (STJ, REsp 500.185/RJ, 3.ª Turma, Rel. Min. Nancy Andrighi, j. 18.08.2005, *DJ* 10.10.2005, p. 356). Trata-se de uma exceção, em que se considera o caráter pessoal diante do uso exclusivo do bem em condomínio.

Também interpretando a norma, e como consequência da natureza *propter rem* da dívida condominial, a jurisprudência superior conclui que a ação de cobrança de débitos condominiais pode ser proposta também contra o arrendatário do imóvel. Nos termos de preciso arresto do Superior Tribunal de Justiça:

> "As despesas condominiais, compreendidas como obrigações *propter rem*, são de responsabilidade daquele que detém a qualidade de proprietário da unidade imobiliária, ou ainda pelo titular de um dos aspectos da propriedade, tais como a posse, o gozo, a fruição, desde que esse tenha estabelecido relação jurídica direta com o condomínio. Na hipótese sob julgamento, a primeira recorrida, não obstante não seja a proprietária do ponto comercial, é arrendatária do mesmo, exercendo a posse direta sobre o imóvel. Inclusive, é quem usufrui dos serviços prestados pelo Condomínio, não sendo razoável que não possa ser demandada para o pagamento de despesas condominiais inadimplidas" (STJ, REsp 1.704.498/SP, 3.ª Turma, Rel. Min. Nancy Andrighi, j. 17.04.2018, *DJe* 24.04.2018).

Não se olvide que a obrigação *propter rem* relativa às contribuições condominiais tem o condão de quebrar a impenhorabilidade do bem de família, seja ele voluntário – instituído por escritura pública, nos termos do art. 1.711 do CC –, seja ele legal, por força automática da Lei 8.009/1990. Quanto ao bem de família voluntário, é clara a redação do art. 1.715 do CC/2002, *in verbis*: "o bem de família é isento de execução por dívidas posteriores à sua instituição, salvo as que provierem de tributos relativos ao prédio, ou de despesas de condomínio".

Quanto ao bem de família legal, a quebra decorre de interpretação do art. 3.º, inc. IV, da Lei 8.009/1990, que menciona a exceção fundada em taxas e contribuições relativas ao imóvel. Por interpretação jurisprudencial, inclusive do Supremo Tribunal Federal, em tal exceção incluem-se as dívidas condominiais (STF, RE 439.003/SP, Rel. Eros Grau, j. 06.02.2007, *Informativo* n. *455*, 14 de fevereiro de 2007). Na mesma esteira, transcreve-se a ementa número 1 da Edição n. 68 da ferramenta *Jurisprudência em Teses*, do STJ, citando precedentes: "é possível a penhora do bem de família para assegurar o pagamento de dívidas oriundas de despesas condominiais do próprio bem".

Além disso, quanto à possibilidade de cobrança dessas despesas no caso de compromisso de compra e venda, o Superior Tribunal de Justiça acabou por consolidar sua posição em 2015, conforme aresto publicado no seu *Informativo* n. *560*. Em resumo, concluiu-se da seguinte forma no julgado, o que merece ser destacado:

"A respeito da legitimidade passiva em ação de cobrança de dívidas condominiais, firmaram-se as seguintes teses: a) o que define a responsabilidade pelo pagamento das obrigações condominiais não é o registro do compromisso de compra e venda, mas a relação jurídica material com o imóvel, representada pela imissão na posse pelo promissário comprador e pela ciência inequívoca do condomínio acerca da transação; b) havendo compromisso de compra e venda não levado a registro, a responsabilidade pelas despesas de condomínio pode recair tanto sobre o promitente vendedor quanto sobre o promissário comprador, dependendo das circunstâncias de cada caso concreto; e c) se ficar comprovado (i) que o promissário comprador se imitira na posse e (ii) o condomínio teve ciência inequívoca da transação, afasta-se a legitimidade passiva do promitente vendedor para responder por despesas condominiais relativas a período em que a posse foi exercida pelo promissário comprador" (STJ, REsp 1.345.331/RS, 2.ª Seção, Rel. Min. Luis Felipe Salomão, j. 08.04.2015, *DJe* 20.04.2015).

Consigne-se que estou filiado à solução do julgado, por ser perfeitamente lógica e em consonância com a boa-fé. Igualmente sobre esse tema, cabe pontuar que há premissa publicada na Edição n. 68 da ferramenta *Jurisprudência em Teses* da Corte, *in verbis*: "havendo compromisso de compra e venda não levado a registro, a responsabilidade pelas despesas de condomínio pode recair tanto sobre o promitente vendedor quanto sobre o promissário comprador, dependendo das circunstâncias de cada caso concreto" (tese n. 4).

Anoto que o Projeto de Reforma do Código Civil, elaborado pela Comissão de Juristas, pretende inserir essa conclusão jurisprudencial no art. 1.345, em um novo § 2º, que preceituará o seguinte: "o comprador, promitente comprador ou cessionário, portadores de títulos que não estejam registrados no Registro de Imóveis, serão os únicos responsáveis pelo pagamento das cotas condominiais, se ficar comprovado que se imitiram na posse do bem ou que o condomínio teve ciência inequívoca dos negócios jurídicos celebrados, como, por exemplo, pela comunicação a que alude o inciso VIII do art. 1.336, deste Código". Com essa inclusão normativa, a temática encontrará a necessária estabilidade, de grande relevância para a prática condominial.

Ademais, sugere-se incluir no *caput* menção ao art. 502 da Lei Geral Privada, que trata da compra e venda, e que tem a seguinte redação: "o vendedor, salvo convenção em contrário, responde por todos os débitos que gravem a coisa até o momento da tradição". Sem dúvidas, com esse acréscimo a regra ficará mais clara e efetiva, passando o art. 1.345 a expressar o seguinte: "o adquirente de unidade responde pelos débitos do alienante, em relação ao condomínio, inclusive multas e juros moratórios, observado o disposto no art. 502 deste Código, em caso de alienação onerosa".

O comando receberá também um § 1º, pelo qual "consideram-se adquirentes, para os fins de aplicação deste artigo, o devedor fiduciante e o arrendatário, nos casos de alienação fiduciária de bens imóveis e de arrendamento mercantil". Como visto, há entendimento da jurisprudência superior adotando essa solução e, como justificaram os membros da Subcomissão de Direito das Coisas, "a alienação fiduciária em garantia de bens imóveis e o arrendamento mercantil imobiliário (*leasing* imobiliário) constituem negócios fiduciários nos quais o interesse econômico (adquirir o bem imóvel) se divorcia do que é feito juridicamente, ou seja, com escopo de garantia, o bem imóvel é de propriedade do credor fiduciário e o arrendante são proprietários do bem, mas sobre ele não exercem poderes dominiais que não seja o de reaver em caso de inadimplemento. No caso da alienação fiduciária, a proposta apenas ratifica o contido no artigo 23, § 2º, da Lei Especial 9.514/1997 com a redação dada pela Lei Federal 14.620/2023, sendo importante trazer para o Código Civil a fim de tornar mais acessível essa importante disposição". Sem dúvida que essa sugestão igualmente trará mais previsibilidade e segurança para as relações privadas condominiais.

A respeito do prazo para cobrança das quotas condominiais em aberto, o mesmo Tribunal da Cidadania acabou por consolidar a posição de incidência da prescrição de cinco anos, prevista no inc. I do § 5.º do art. 206 do CC/2002, presente uma obrigação assumida em instrumento público ou particular, a contar do dia seguinte ao vencimento da prestação (STJ, REsp 1.483.930/DF, 2.ª Seção, Rel. Min. Luis Felipe Salomão, julgado em 23.11.2016, *DJe* 01.02.2017). O julgamento tem força vinculativa para outras decisões, nos termos de vários preceitos do CPC/2015, especialmente do seu art. 489, § 1.º, incs. V e VI.

A encerrar o estudo dos deveres existentes no condomínio edilício, preconiza o art. 1.346 do CC/2002 que é obrigatório o seguro de toda a edificação contra o risco de incêndio ou destruição, total ou parcial. Como leciona Maria Helena Diniz, a seguradora a ser contratada será escolhida pelo síndico e, ocorrendo o sinistro, a indenização será paga aos condôminos na proporção de seus quinhões (DINIZ, Maria Helena. *Código...*, 2010, p. 940). A não contratação do seguro pode gerar a destituição do síndico por irresponsabilidade diante do condomínio.

5.4.4 Da administração do condomínio edilício

O bom funcionamento da *máquina condominial* depende da atuação de um grupo de pessoas e de órgãos estabelecidos em lei. Vejamos, de forma separada.

5.4.4.1 O síndico

A assembleia condominial deve escolher um síndico, que é o administrador-geral do condomínio, ou seja, o seu *presidente* ou *gerente*. Há, desse modo, um *mandato legal*, atuando o síndico em nome dos demais condôminos. Conforme o art. 1.347 do CC/2002, o síndico poderá não ser condômino, ou seja, admitem-se os *síndicos profissionais*, devidamente remunerados para o exercício de suas atribuições. Na cidade de São Paulo, há um crescimento de sua atuação, diante da falta de interesse dos próprios moradores em assumirem a atribuição.

Permite-se, ainda, que o síndico seja um locatário, e não proprietário de unidade. Sobre o tema, entendeu o Tribunal Paulista que haveria impropriedade na exigência imposta em convenção, no sentido de ter o síndico "habilitação técnica" para a administração condominial. O julgamento foi no sentido de tal condição não constar do diploma legal em estudo (TJSP, Apelação com Revisão 567.613.4/8, Acórdão 3561837, 7.ª Câmara de Direito Privado, Bauru, Rel. Des. Élcio Trujillo, j. 01.04.2009, *DJESP* 04.05.2009).

O prazo de administração não pode ser superior a dois anos, mas poderá renovar-se, sem qualquer limitação. Eventualmente, a convenção pode dispor ao contrário quanto aos dois aspectos, inclusive quanto ao número de mandatos sucessivos possíveis, respeitado o prazo de dois anos para cada mandato. O antigo Projeto Ricardo Fiúza pretendia alterar o dispositivo, passando a prever que a renovação somente pode ocorrer uma vez, o que visa a evitar *ditaduras dos síndicos* por longos períodos (ALVES, Jones Figueirêdo; DELGADO, Mário Luiz. *Código...*, 2005, p. 675-676). Filia-se plenamente à proposta, mais consentânea com a democracia e a alternância no poder que se espera da realidade condominial.

Quanto à remuneração do síndico, esta pode estar presente ou não. Geralmente, na prática, prevalecem as situações de descontos totais ou parciais do pagamento das quotas condominiais. A remuneração ainda pode ser direta em dinheiro, como ocorre nos *super-condomínios* encontrados em cidades como São Paulo e Rio de Janeiro.

No Projeto de Reforma do Código Civil, elaborado pela Comissão de Juristas nomeada no âmbito do Senado Federal, almeja-se incluir regra no art. 1.347 sobre a possibilidade de remuneração dos síndicos, que poderá ser até pessoa jurídica, visando a sua profissionalização que já ocorre em grandes centros. Além disso, passará ele a prever sobre a nomeação do subsíndico, muito comum na realidade condominial. Assim, nos termos do proposto *caput* da norma, "a assembleia escolherá um síndico que poderá não ser condômino, para administrar o condomínio, por prazo não superior a dois anos, cujo mandato poderá ser renovado". Em complemento, consoante o projetado § 1º, "o síndico poderá ser remunerado ou não, admitindo-se que seja pessoa natural ou jurídica". Por fim, será facultada a "escolha de um subsíndico a quem caberá substituir o síndico em suas faltas ou impedimentos, sem prejuízo de outras competências que lhe sejam atribuídas na convenção" (§ 2º).

Voltando-se ao sistema vigente, o art. 1.348 do CC/2002 elenca quais são as atribuições do síndico. De início, deve ele convocar a assembleia dos condôminos, seja ela ordinária ou extraordinária (inc. I). A convocação deve se dar com maior publicidade possível. Na prática, é comum que as convocações sejam enviadas por correspondência a todos os condôminos, constando, ainda, aviso nas áreas comuns, caso dos elevadores.

O síndico deve representar, ativa e passivamente, o condomínio, praticando, em juízo ou fora dele, os atos necessários à defesa dos interesses comuns (inc. II). Não se pode esquecer que o condomínio edilício tem legitimidade ativa processual, notadamente para as ações de cobrança das quotas condominiais (art. 75, XI, do CPC/2015 e art. 12, IX, do CPC/1973), devendo estar representado pelo síndico em tais demandas.

Conforme o inciso III do art. 1.348 do CC, o síndico deve dar imediato conhecimento à assembleia da existência de procedimento judicial ou administrativo, de interesse do condomínio, caso de eventual penalidade imposta pelo Poder Público. Cite-se, ainda, uma eventual ação de reparação civil proposta por terceiro em face do condomínio.

Deve o síndico cumprir e fazer cumprir a convenção, o regimento interno e as determinações da assembleia, ou seja, os acordos e estatutos coletivos, em prol da função social da propriedade. (art. 1.348, inc. IV, do CC). Nesse contexto, deve diligenciar a conservação e a guarda das partes comuns e zelar pela prestação dos serviços que interessem aos possuidores das unidades, sejam eles proprietários ou não (inc. V).

O síndico deve elaborar o orçamento da receita e da despesa relativa a cada ano, o que é fundamental para a boa administração do condomínio (inc. VI do art. 1.348). Tem o dever de cobrar dos condôminos as suas contribuições, bem como impor e cobrar as multas devidas, o que inclui as penalidades por excesso de barulho e de uso incompatível das partes comuns ou exclusivas (inc. VII). Deve prestar contas à assembleia, anualmente e quando exigidas (inc. VIII).

Segundo alguns julgados estaduais, o desrespeito a esse dever pode ensejar ação de prestação de contas por qualquer condômino, incluindo-se no polo passivo a administradora que auxilia o síndico em sua atuação (TJSP, Apelação 0208597-19.2010.8.26.0100, Acórdão 6673813, 8.ª Câmara de Direito Privado, São Paulo, Rel. Des. Salles Rossi, j. 10.04.2013, *DJESP* 30.04.2013). De todo modo, para o Superior Tribunal de Justiça, o condômino, individualmente e de forma isolada, não possui legitimidade para propor ação de prestação de contas, pois a obrigação do síndico é de prestar contas à assembleia de condomínio (STJ, Ag. Int. no AREsp 2.408.594/SP, Rel. Min. João Otávio de Noronha, 4.ª Turma, j. 16.09.2024, *DJe* 18.09.2024).

Em casos tais, para o mesmo Superior Tribunal de Justiça, a legitimidade passiva na ação cautelar de exibição de documentos é do síndico e não do condomínio. Essa é a premissa de número 14, que consta da Edição n. 68 da ferramenta *Jurisprudência em Teses*, daquela Corte Superior. São citados os seguintes precedentes, formadores da tese:

Ag. Rg. no AREsp 430.735/MG, Rel. Min. Ricardo Villas Bôas Cueva, 3.ª Turma, j. 16.06.2016, *DJE* 24.06.2016; REsp 827.326/MG, Rel. Min. José Delgado, 1.ª Turma, j. 18.05.2006, *DJ* 08.06.2006; REsp 557.379/DF, Rel. Min. Barros Monteiro, 4.ª Turma, j. 05.02.2004, *DJ* 03.05.2004 e REsp 224.429/RJ, Rel. Min. Nancy Andrighi, 3.ª Turma, j. 15.05.2001, *DJ* 11.06.2001). Em 2024, essa afirmação se repetiu em outro acórdão (STJ, Ag. Int. no AREsp 2.408.594/SP, Rel. Min. João Otávio de Noronha, 4.ª Turma, j. 16.09.2024, *DJe* 18.09.2024.)

Ainda quanto aos deveres, conforme antes exposto, o síndico deve realizar o seguro da edificação, o que é obrigatório por força de lei (inc. IX do art. 1.348 do CC). A falta de realização desse seguro, o que é comum na prática, pode ensejar a destituição do síndico, frise-se.

Poderá a assembleia investir outra pessoa, em lugar do síndico, em poderes de representação (art. 1.348, § 1.º, do CC). É o caso de uma administradora, que pode atuar em nome do condomínio edilício, o que é bem comum nas grandes cidades. Nota-se que a lei prevê, aqui, a possibilidade de atuação somente de uma administradora, sem que o prédio tenha um síndico eleito.

O síndico pode transferir a outrem, total ou parcialmente, os poderes de representação ou as funções administrativas, mediante aprovação da assembleia, salvo disposição em contrário da convenção (art. 1.348, § 2.º, do CC). Trata-se do *subsíndico*, que pode ser tido como o *vice-presidente* do condomínio edilício, atuando geralmente quando o síndico não puder fazê-lo. Aplicam-se ao subsíndico os mesmos preceitos relativos ao síndico, inclusive quanto aos seus deveres e responsabilidades.

Em casos excepcionais, cabe a destituição do síndico por meio de assembleia, que exige maioria absoluta de seus membros. A destituição cabe se ele praticar irregularidades, não prestar contas ou não administrar convenientemente o condomínio (art. 1.349 do CC/2002). Para ilustrar, da jurisprudência, destaquem-se as hipóteses de confusão patrimonial e desorganização gerencial praticadas pelo administrador (TJDF, Recurso 2008.04.1.011460-3, Acórdão 439.063, 6.ª Turma Cível, Rel. Des. José Divino de Oliveira, *DJDFTE* 20.08.2010, p. 97).

Cabe pontuar que julgados interpretam o art. 1.349 do Código Civil no sentido de a maioria absoluta ali referida dizer respeito aos condôminos presentes na assembleia especialmente designada para tal fim, o que parece ser correto. Assim decidindo, por todos:

> "O quórum exigido no Código Civil para a destituição do cargo de síndico do condomínio é a maioria absoluta dos condôminos presentes na assembleia geral extraordinária. Interpretação literal e teleológica do artigo 1.349 do Código Civil" (STJ, REsp 1.266.016/DF, 3.ª Turma, Rel. Min. Paulo de Tarso Sanseverino, j. 18.12.2014, *DJe* 05.02.2015).

Como bem salientam Gustavo Tepedino, Maria Celina Bodin de Moraes e Heloísa Helena Barboza, existia um velho debate doutrinário sobre a possibilidade de destituição do síndico sem motivo, ou seja, *ad nutum*. Os doutrinadores apontam J. Nascimento Franco como jurista que entende por tal possibilidade; e Caio Mário da Silva Pereira em sentido contrário, concluindo o último que a destituição deve ser motivada em irregularidades (*Código...*, 2011, v. III, p. 713).

Como não poderia ser diferente, filia-se à segunda corrente, pois meros caprichos, sem relevância, não podem ser amparados pelo Direito. Ademais, essa última parece ter sido a corrente adotada expressamente pelo art. 1.349 da atual codificação privada, ao mencionar justos motivos para a destituição.

No processo de destituição, deve-se amparar a ampla defesa e o contraditório ao síndico, sob pena de não valer e ser ineficaz a destituição, na prática. Tem-se se exigido a observância das formalidades prescritas e determinadas pela assembleia ou pela convenção, como no caso a seguir:

"Assembleia. Destituição de síndico. Imprescindível a observância de intervalo entre a primeira e a segunda convocação. Descumprida tal formalidade, impõe-se a anulação da assembleia. Ação de consignação julgada procedente pelo período de sua propositura até 20.12.2008, data de encerramento de mandato. Recurso provido" (TJSP, Apelação 9282448-15.2008.8.26.0000, Acórdão 6499653, 9.ª Câmara de Direito Privado, São Paulo, Rel. Des. Piva Rodrigues, j. 29.01.2013, *DJESP* 26.02.2013).

A destituição do síndico não afasta sua eventual responsabilidade civil ou criminal, de cunho pessoal. Cite-se, ainda, a hipótese do síndico que desvia valores do condomínio e adquire bens próprios, agindo com intuito de enriquecimento ilícito.

Como último tema a ser exposto a respeito das atribuições do síndico, em tempos de pandemia de Covid-19 debateu-se a possibilidade de o síndico limitar a utilização não só de áreas comuns, mas também de propriedade exclusiva, diante da necessidade de respeitar às normas de distanciamento social determinadas pelo Poder Público.

O então Projeto de Lei 1.179, que originou a Lei 14.010/2020, criando um Regime Jurídico Emergencial Transitório de Direito Privado (RJET), diante dessa profunda crise sanitária, trouxe regra nesse sentido, aprovada inicialmente no Senado e na Câmara dos Deputados. Conforme o seu art. 11, em caráter emergencial, até 30 de outubro de 2020, além dos poderes conferidos pelo art. 1.348 do Código Civil, poderia o síndico restringir a utilização das áreas comuns para evitar a contaminação pelo coronavírus (Covid-19), respeitado o acesso à propriedade exclusiva dos condôminos.

Poderia, ainda, o que gerou grande polêmica e motivou o veto, restringir ou proibir a realização de reuniões e festividades e o uso dos abrigos de veículos por terceiros, inclusive nas áreas de propriedade exclusiva dos condôminos, como medida provisoriamente necessária para evitar a propagação do coronavírus (Covid-19), vedada qualquer restrição ao uso exclusivo pelos condôminos e pelo possuidor direto de cada unidade.

A norma também previa, em seu parágrafo único, que não se aplicariam essas restrições e proibições para casos de atendimento médico, de obras de natureza estrutural ou para a realização de benfeitorias necessárias. Nesse contexto, as obras essenciais estariam autorizadas em tempos pandêmicos, outro tema que também gerou muitos debates, inclusive no âmbito do Poder Judiciário. Mantendo a decisão que determinou a realização de obras, com o fim de evitar a propagação do vírus, do Tribunal do Rio de Janeiro:

"Deve ser mantida a decisão que defere a tutela de urgência para suspender as obras realizadas em unidade imobiliária, a pedido do condomínio, se entendem os representantes do mesmo que há risco de disseminação da Covid 19. Inexistência de flexibilização de todas as atividades que não autoriza o retorno das obras emergenciais" (TJRJ, Agravo de Instrumento 0045433-27.2020.8.19.0000, 11.ª Câmara Cível, Rio de Janeiro, Rel. Des. Luiz Henrique de Oliveira Marques, *DORJ* 25.09.2020, p. 459).

Porém, em sentido contrário, do Tribunal Paulista, analisando a mudança da realidade pandêmica:

"Decisão de primeiro grau que deferiu a tutela de urgência para o fim de permitir à autora a realização de obras em sua unidade condominial. Inconformismo do requerido.

Efeito suspensivo concedido inicialmente, para obstar a obra. Alteração das regras de flexibilização e distanciamento social, por conta da pandemia gerada pela Covid 19, após a interposição do recurso, com protocolo de abertura emitido pelo recorrente, permitindo a realização de obras não essenciais, caso dos autos. Decisão mantida, com observação, no sentido de que se o município retornar para a fase vermelha o condomínio pode restringir o acesso para obras não essenciais" (TJSP, Agravo de Instrumento 2129707-89.2020.8.26.0000, Acórdão 13900545, 29.ª Câmara de Direito Privado, Campinas, Rel. Des. Jayme de Oliveira, j. 26.08.2020, *DJESP* 02.09.2020, p. 4.136).

A emergência da norma teria o escopo de evitar essa indesejada judicialização do tema. Entretanto, o comando foi inteiramente vetado pelo Sr. Presidente da República, por entender tratar-se de uma desmedida intervenção do Estado nas relações privadas. Conforme as razões do veto, "a propositura legislativa, ao conceder poderes excepcionais para os síndicos suspenderem o uso de áreas comuns e particulares, retira a autonomia e a necessidade das deliberações por assembleia, em conformidade com seus estatutos, limitando a vontade coletiva dos condôminos".

As próprias razões do veto demonstram ser possível que a assembleia dos condôminos, seja ela ordinária ou extraordinária e por aprovação de 2/3, aprovasse a possibilidade de limitações de uso, notadamente das áreas comuns, diante da pandemia.

Destaque-se a existência de julgado que considerou até ser possível a determinação unilateral do síndico quanto a essas restrições, como estava no projeto de lei, afastando a possibilidade de sua destituição. De acordo com o acórdão, do Tribunal Paulista:

> "Pela análise dos elementos constantes nos autos, em juízo de cognição sumária, tem-se que a apreciação da tutela de suspensão da deliberação em assembleia extraordinária de destituição da síndica deve mesmo ser mantida visando maiores subsídios e observada a ampla defesa, pois não se vislumbra, dos elementos de prova, motivação justificada da deliberação assemblear, nos termos do art. 1.349 do Código Civil, bem como, o argumento de vedação de uso de áreas comuns está na área de atribuição da síndica, no interesse da coletividade no momento de pandemia" (TJSP, Agravo de Instrumento 2168665-47.2020.8.26.0000, Acórdão 13915585, 32.ª Câmara de Direito Privado, São Paulo, Rel. Des. Kioitsi Chicuta, j. 31.08.2020, *DJESP* 04.09.2020, p. 3.034).

Também a respeito desse tema, a regra legal teria evitado a judicialização do assunto.

Sobre as áreas de propriedade exclusiva, penso que as restrições somente seriam possíveis caso fossem aprovadas em lei, o que acabou não ocorrendo, sendo essa a principal polêmica da norma emergencial. Trata-se da única regra que não foi reestabelecida no Congresso Nacional, que derrubou todos os outros vetos presidenciais, diante das divergências retiradas do seu conteúdo.

A esse propósito, em aresto de 2022, o Superior Tribunal de Justiça acabou por concluir que o síndico não poderia ter impedido o acesso de condômino às áreas de sua propriedade exclusiva, quando ativa e aguda estava a pandemia de Covid-19. O aresto ponderou os direitos envolvidos, pontuando ser a propriedade um direito fundamental e demonstrando a existência de outras medidas que poderiam ter sido adotadas. Vejamos um trecho do acórdão, que traz afirmações há pouco expostas:

> "O direito de propriedade confere ao seu detentor a faculdade de usar, gozar e dispor da coisa, e o direito de reavê-la do poder de quem quer que injustamente a possua ou detenha, sendo ele um direito fundamental (art. 1.228 do CC/2002 e art. 5.º, XXII, da

CRFB). Considerando que o síndico é o administrador do condomínio, com a competência para praticar os atos necessários à defesa dos interesses comuns (arts. 1.347 e 1.348, II, do CC/2002 e 22, *caput* e § 1.º, da Lei nº 4.591/1964), cabe a ele adotar as medidas necessárias para proteger a saúde e a vida dos condôminos, ainda que isso implique em restrições a outros direitos, como o de propriedade, especialmente em situações excepcionais, como na pandemia da doença COVID-19, desde que tais restrições sejam proporcionais. Na hipótese de conflitos entre direitos fundamentais, para avaliar se é justificável uma determinada medida que restringe um direito para fomentar outro, deve-se valer da regra da proporcionalidade, a qual se divide em três subregras: adequação, necessidade e proporcionalidade em sentido estrito. A medida restritiva ao direito de propriedade, consistente em impedir, de forma absoluta, o proprietário de entrar em sua unidade condominial é adequada para atingir o objetivo pretendido, qual seja, evitar a disseminação da COVID-19, assegurando o direito à saúde e à vida dos condôminos. Entretanto, a medida não é necessária, tendo em vista a existência de outros meios menos gravosos e igualmente adequados, como a implementação, pelo síndico, de um cronograma para que os proprietários possam acessar suas respectivas unidades condominiais em horários pré-determinados, mantendo vedado o acesso ao público externo. Hipótese em que se reconhece a indevida restrição ao direito de propriedade do recorrente pela medida adotada pelo síndico do condomínio recorrido de vedar totalmente o acesso do prédio aos proprietários; e, consequentemente, o direito de o recorrente adentrar em sua unidade condominial" (STJ, REsp 1.971.304/SP, 3.ª Turma, Rel. Min. Nancy Andrighi, j. 14.06.2022, *DJe* 21.06.2022).

Considerando-se as peculiaridades do caso concreto, concordo totalmente com a solução que foi dada pelos julgadores.

5.4.4.2 As assembleias (ordinária e extraordinária). Quóruns e deliberações

Duas são as reuniões entre os condôminos tratadas pela legislação, e tidas como fundamentais para a sua organização.

De início há a *assembleia geral ordinária*, prevista pelo art. 1.350 do CC/2002. Essa será convocada pelo síndico, anualmente e na forma prevista na convenção, a fim de aprovar o orçamento das despesas, as contribuições dos condôminos e a prestação de contas, e, eventualmente, eleger-lhe o substituto e alterar-lhe o regimento interno. Se o síndico não convocar a *assembleia geral ordinária*, um quarto dos condôminos poderá fazê-lo (art. 1.350, § 1.º, do CC). Se a assembleia não se reunir, o juiz decidirá a respeito da questão, a requerimento de qualquer condômino (art. 1.350, § 2.º, do CC). O último dispositivo está na contramão da tendência atual, que é a de *desjudicialização* dos conflitos civis.

A segunda modalidade é a *assembleia extraordinária*, para tratar de temas relevantes ou urgentes referentes ao condomínio. Essa poderá ser convocada pelo síndico ou por um quarto dos condôminos (art. 1.355 do CC). A assembleia extraordinária poderá, por exemplo, decidir sobre uma obra emergencial, sobre a destituição do síndico, sobre a violação específica de deveres e a imposição de sanções a condômino, sobre o pagamento de taxa extra, sobre a destinação das áreas comuns, sobre o sorteio das garagens, entre outros assuntos do dia a dia condominial.

A respeito dos temas e da convocação dessa assembleia, decidiu o Superior Tribunal de Justiça o seguinte:

"Da convocação para a assembleia geral extraordinária deve constar a ordem do dia com a clara especificação dos assuntos a serem deliberados, tendo em vista que a sua pauta é variável e deve ser dada a conhecer aos condôminos a fim de que possam se preparar para discuti-la e votá-la ou ainda para que, entendendo irrelevante a matéria, deixem de comparecer. Para a assembleia geral ordinária, já existe expressa previsão legal acerca de determinadas matérias a serem deliberadas, as quais estão dispensadas de constar da ordem do dia. Quanto às demais matérias, entretanto, o rigor com a divulgação e a clareza é igual ao da assembleia geral extraordinária" (STJ, REsp 654.496/RJ, 4.ª Turma, Rel. Min. João Otávio de Noronha, j. 05.11.2009, *DJe* 16.11.2009).

Diante da crise decorrente da pandemia de Covid-19, e do necessário distanciamento social, a assembleia geral ordinária e também a que visa à destituição do síndico, passaram a poder ser realizadas pelo meio virtual ou à distância, por força do art. 12 da Lei 14.010/2020 (RJET). Conforme o seu teor, "a assembleia condominial, inclusive para os fins dos arts. 1.349 e 1.350 do Código Civil, e a respectiva votação poderão ocorrer, em caráter emergencial, até 30 de outubro de 2020, por meios virtuais, caso em que a manifestação de vontade de cada condômino será equiparada, para todos os efeitos jurídicos, à sua assinatura presencial".

A título de exemplo, passou a ser possível realizar a assembleia com plataformas digitais como o Zoom ou o Teams. Como se pode perceber, não há menção expressa à assembleia extraordinária, mas ela também poderia ser efetivada por esse meio, no meu entender, pela utilização do termo "inclusive", que dá um sentido exemplificativo à previsão legal.

As realizações intensas dessas assembleias virtuais no ano de 2020 revelaram uma maior participação dos condôminos, passando a ser imperiosa uma lei que trouxesse a possibilidade de sua realização definitiva. Enquanto isso não ocorria, seria possível alterar a convenção de condomínio ou mesmo o seu regimento interno, para que a medida fosse efetivada. Como sustentava, trata-se de medida que veio para se tornar definitiva e não apenas transitória.

A Lei 14.309/2022 passou a possibilitar a realização de assembleias condominiais virtuais, na linha do que estava previsto no RJET, introduzindo no Código Civil o novo art. 1.354-A, com seis parágrafos tratando dos seus procedimentos. Consoante o seu *caput*, a convocação, a realização e a deliberação de quaisquer modalidades de assembleia poderão dar-se de forma eletrônica, desde que: *a*) tal possibilidade não seja vedada na convenção de condomínio, o que raramente ocorre na prática; e *b*) sejam preservados aos condôminos os direitos de voz, de debate e de voto, por meio das plataformas digitais, o que é essencial, por óbvio.

Do instrumento de convocação, deverá constar que a assembleia será realizada por meio eletrônico, bem como as instruções sobre acesso (*v.g.* como o envio do *link* e suas orientações), manifestação e forma de coleta de votos dos condôminos quando da reunião virtual (art. 1.354-A, § 1.º, do CC).

A norma também afasta a responsabilização civil da administração do condomínio por problemas decorrentes dos equipamentos de informática, da conexão à internet dos condôminos ou de seus representantes, bem como de quaisquer outras situações que não estejam sob o seu controle (art. 1.354-A, § 2.º, do CC). Entre as últimas, pode ser citada, por exemplo, eventual agressão verbal entre os condôminos, quando da reunião virtual, sendo certo que a administração do condomínio não pode responder civilmente por essa ocorrência.

Sobre os procedimentos, somente após a somatória de todos os votos e a sua divulgação será lavrada a respectiva ata, também eletrônica, e encerrada a assembleia geral (art. 1.354-A, § 3.º, do CC). Como não poderia ser diferente, a assembleia eletrônica deverá obedecer aos preceitos de instalação, de funcionamento e de encerramento previstos no edital de convocação e poderá ser realizada de forma híbrida, (art. 1.354-A, § 4.º, do CC). Assim, é perfeitamente possível que alguns condôminos estejam presentes no salão de festas do prédio e outros acompanhando pela plataforma Zoom, o que tende a gerar um aumento de participação nas assembleias.

Eventualmente, normas complementares relativas às assembleias eletrônicas poderão ser previstas no regimento interno do condomínio e definidas mediante aprovação da maioria simples dos presentes em assembleia convocada para essa finalidade (art. 1.354-A, § 5.º, do CC). A título de ilustração, é possível estabelecer que os votos eletrônicos sejam secretos, feitos por meio da plataforma.

Por fim, o § 6.º do novo comando prevê que os documentos pertinentes à ordem do dia poderão ser disponibilizados de forma física ou eletrônica aos participantes, o que igualmente visa à digitalização dos procedimentos, tendência do Direito Civil contemporâneo.

Merece destaque, ainda, o parágrafo único do art. 12 do RJET, fruto de proposta formulada por mim, uma vez que não constava do original Projeto de Lei 1.179/2020, e que prorrogou os mandatos dos síndicos vencidos a partir de 20 de março de 2020 até 30 de outubro do mesmo ano, caso não fosse possível a realização de assembleias presenciais para tais fins. Pontue-se que surgiram decisões judiciais determinando a prorrogação de mandatos de síndico, pelo que consta do preceito. A título de ilustração, do Tribunal do Rio de Janeiro:

> "Presença dos requisitos necessários ao deferimento de tutela antecipada. Prorrogação do mandato que, ante a impossibilidade da realização de assembleia por meios virtuais, é admitida pelo art. 12, parágrafo único, da Lei nº 14.010/2020. Inviabilidade de se deixar o condomínio sem administração adequada. Irresignação com suposta má gestão do síndico que deve ser objeto de demanda própria" (TJRJ, Agravo de Instrumento 0034595-25.2020.8.19.0000, 2.ª Câmara Cível, Rio de Janeiro, Rel. Des. Alexandre Freitas Câmara, *DORJ* 02.09.2020, p. 302).

A última regra relativa ao condomínio edilício constante da Lei 14.010/2020 tratava da obrigatoriedade de o síndico prestar contas dos seus atos de administração mesmo no período da pandemia, sob pena de sua destituição (art. 13). Como antes pontuei, o art. 11 do então projeto, que tratava da possibilidade de o síndico fazer uso de medidas restritivas durante a pandemia, foi vetado pelo Sr. Presidente da República.

Feitas essas importantes notas, ainda no tocante às duas assembleias aqui estudadas, devem ser observados alguns preceitos fundamentais sobre os *quoruns* e votações. Tenho entendido há tempos que esses *quoruns* mínimos que serão abordados encerram normas de ordem pública que não podem ser contrariadas pelos envolvidos, mesmo que conste regra em contrário da convenção. Eventual desrespeito ao *quorum* mínimo gera a nulidade do ato, por ilicitude do objeto e fraude à lei imperativa (art. 166, incs. II e VI, do CC).

De início, depende da aprovação de 2/3 (dois terços) dos votos dos condôminos a alteração da convenção, bem como a mudança da destinação do edifício ou da unidade imobiliária (art. 1.351 do CC). O dispositivo foi inicialmente alterado pela Lei 10.931/2004, eis que a redação anterior mencionava 2/3 dos condôminos e não dos votos da assembleia, o que dificilmente seria atingido na prática. Assim, louva-se essa primeira modificação legislativa, que deveria atingir outros comandos da codificação, que mencionam fração sobre o total dos condôminos.

Em 2022, houve nova modificação do art. 1.351 do CC, por meio da Lei 14.405, uma vez que estava antes previsto que a mudança da destinação do edifício, ou da unidade imobiliária, dependeria da aprovação pela unanimidade dos condôminos, passando a se aplicar a regra dos 2/3. A alteração acaba por privilegiar os interesses do mercado, sobretudo de incorporadoras imobiliárias que pretendam adquirir prédios inteiros e alterar a sua destinação. Como fez a comissão de Direito Civil da OABSP, presidida pelo Professor Nestor Duarte, filiei-me contra a modificação, pois ela representa um grave atentado ao direito de propriedade, sendo a regra da unanimidade a mais correta, até porque já estava consolidada na realidade jurídica brasileira. De todo modo, a alteração legislativa entrou e vigor e deve ser aplicada na prática.

Ainda sobre o mesmo art. 1.351 da codificação privada, merece ser comentado o Enunciado n. 665, aprovado na *IX Jornada de Direito Civil*, em maio de 2022, a saber: "a reconstrução de edifício realizada com o propósito de comercialização das unidades durante a obra sujeita-se ao regime da incorporação imobiliária e torna exigível o registro do Memorial de Incorporação". A ementa doutrinária, que contou com o meu apoio, almeja trazer mais segurança à obra realizada, constando de parte de suas justificativas que "é exigível o registro do Memorial de Incorporação, porque esse é o ato registral hábil para qualificar o direito de propriedade resultante da reconfiguração das frações ideais, unidades e partes comuns do futuro edifício. Além disso, é o meio legal de identificação do responsável pelo empreendimento, e exibição do projeto e dos documentos que comprovem sua aptidão legal e empresarial para transmitir a propriedade das unidades, celebrar contratos, promover a construção, por si ou por terceiros, e entregar as futuras unidades".

Pontue-se que, mesmo constando cláusula segundo a qual a convenção de condomínio é irrevogável e irretratável, será possível a sua modificação, inclusive tendo sido esta celebrada na vigência da codificação material anterior. Conforme *decisum* publicado no *Informativo n. 554* do Tribunal da Cidadania, com precisão:

> "Ainda que, na vigência do CC/1916, tenha sido estipulado, na convenção original de condomínio, ser irrevogável e irretratável cláusula que prevê a divisão das despesas do condomínio em partes iguais, admite-se ulterior alteração da forma de rateio, mediante aprovação de 2/3 dos votos dos condôminos, para que as expensas sejam suportadas na proporção das frações ideais. De fato, não há como obrigar – sem que haja previsão legal – que os atuais condôminos ou os eventuais futuros adquirentes das unidades fiquem eternamente submetidos às regras impostas na convenção original. Basta imaginar a existência de condomínios centenários, cujas unidades imobiliárias já passaram por várias gerações de proprietários sem que remanescesse nenhum proprietário original. Nesse cenário, ao admitir a perpetuação de cláusula pétrea, estar-se-ia engessando de maneira desarrazoada a vontade dos condôminos e a soberania das deliberações assembleares, que nem mesmo pela unanimidade de votos poderiam alterar as cláusulas gravadas pela irrevogabilidade e pela irretratabilidade. Na hipótese em análise, reforça a legitimidade da alteração o fato de ser aprovada pela maioria dos condôminos e de obedecer ao quórum legal de 2/3 dos condôminos (art. 1.351 do CC/2002), observando-se a forma de rateio (na proporção da fração ideal) prevista no novo Código Civil (art. 1.336, I), o que afasta qualquer alegação, por parte de eventual condômino que não concorde com a modificação, de ofensa aos princípios da razoabilidade, da proporcionalidade ou da vedação ao enriquecimento ilícito. Além disso, tendo em vista a natureza estatutária da convenção de condomínio, que autoriza a aplicação imediata do regime jurídico previsto no novo Código Civil, não há espaço para falar em violação do direito adquirido e do ato jurídico perfeito (REsp 722.904/RS, 3.ª Turma, *DJ* 1.º.07.2005; e REsp 1.169.865/DF, 4.ª Turma, *DJe* 02.09.2013)" (STJ, REsp 1.447.223/RS, Rel. originário Min. Paulo de Tarso Sanseverino, Rel. para acórdão Min. Ricardo Villas Bôas Cueva, j. 16.12.2014, *DJe* 05.02.2015).

A ementa do julgado merece louvor por interpretar a convenção de condomínio de acordo com a realidade social.

Como última nota a respeito do art. 1.351, no Projeto de Reforma do Código Civil, elaborado pela Comissão de Juristas nomeada no âmbito do Senado Federal, pretende-se incluir um parágrafo único no comando, prevendo que, "nos casos em que as alterações previstas no *caput* forem pedidas pelo Poder Público, para os fins de aproveitamento de edificação subutilizada, será suficiente a aprovação por maioria simples dos condôminos". De fato, como bem justificaram os membros da Subcomissão de Direito das Coisas, a proposta se justifica para concretizar a função social da propriedade.

Voltando-se ao texto vigente, nos termos do art. 1.341 da codificação privada, a realização de obras no condomínio depende: *a)* se voluptuárias, de mero luxo ou recreio, do voto de dois terços dos condôminos (exemplo: construção de uma piscina); *b)* se úteis, de facilitação do seu uso, do voto da maioria dos condôminos (exemplo: melhora do sistema de abertura das garagens).

As obras ou reparações necessárias podem ser realizadas, independentemente de autorização, pelo síndico ou, em caso de omissão ou impedimento deste, por qualquer condômino (art. 1.341, § 1.º, do CC). Podem ser citados a troca dos extintores ou o reparo do elevador.

Se as obras ou reparos necessários forem urgentes e importarem em despesas excessivas, determinada sua realização, o síndico ou o condômino que tomou a iniciativa delas dará ciência à assembleia, que deverá ser convocada imediatamente (art. 1.341, § 2.º). Não sendo urgentes, as obras ou reparos necessários, que importarem em despesas excessivas, somente poderão ser efetuadas após autorização da assembleia, especialmente convocada pelo síndico, ou, em caso de omissão ou impedimento deste, por qualquer dos condôminos (§ 3.º). O condômino que realizar obras ou reparos necessários será reembolsado das despesas que efetuar, não tendo direito à restituição das que fizer com obras ou reparos de outra natureza, embora de interesse comum (§ 4.º).

Conforme o art. 1.342 do CC/2002, a realização de obras, em partes comuns, em acréscimo às já existentes, a fim de lhes facilitar ou aumentar a utilização, depende da aprovação de dois terços dos votos dos condôminos. A título de ilustração, cite-se a ampliação do parquinho infantil.

Ainda de acordo com o mesmo dispositivo, não são permitidas construções, nas partes comuns, suscetíveis de prejudicar a utilização, por qualquer dos condôminos, das partes próprias, ou comuns. Aplicando a última previsão, vejamos julgado do Tribunal Paulista, em ação de embargo de obra (ação de nunciação de obra nova):

"Nunciação de obra nova. Condomínio edilício. Obras em partes comuns. Preliminares de carência da ação e cerceamento de defesa afastadas. A deliberação tomada na assembleia geral extraordinária é nula de pleno direito. Não observação do *quorum* de dois terços dos condôminos, para a disposição de partes comuns (art. 1.342 do CC/02). Nulidade absoluta. Falta de requisito legal para a validade da deliberação (art. 168 do CC/02). É irrelevante se a obra havia ou não sido autorizada verbalmente pelo síndico, que não tem poder de disposição das partes comuns do edifício. Unificação de dois apartamentos contíguos. Durante a obra, o réu se apropriou de parte comum do edifício, para o que não havia sido autorizado pela maioria qualificada de dois terços dos condôminos. Realizou o réu modificações no *hall* de acesso das unidades do andar, desfigurando-o, para o que também não havia sido autorizado. Confirmado o embargo da obra, determinando-se o retorno ao *statu quo ante*. Sentença mantida. Recurso improvido" (TJSP, Apelação 0324563-73.2009.8.26.0000, Acórdão 5600925, 1.ª Câmara de Direito Privado, São Paulo, Rel. Des. Paulo Eduardo Razuk, j. 06.12.2011, *DJESP* 23.01.2012).

A construção de outro pavimento ou, no solo comum, de outro edifício, destinado a conter novas unidades imobiliárias, depende da aprovação da unanimidade dos condôminos (art. 1.343 do CC).

Mencione-se, a construção de um novo pavimento de garagem. Com razão, aplicando a norma por analogia, entendeu o Tribunal de Minas Gerais que, "havendo previsão legal expressa no sentido de que a construção de outros pavimentos no edifício depende da aprovação unânime dos condôminos, há de se exigir o mesmo *quorum* para se proceder à retificação das frações ideais das unidades condominiais, como preceitua o art. 1.343 do Código Civil" (TJMG, Apelação Cível 1.0024.04.199097-9/001, 6.ª Câmara Cível, Belo Horizonte, Rel. Des. José Domingues Ferreira Esteves, j. 21.06.2005, *DJMG* 05.08.2005).

A respeito das deliberações, salvo quando exigido *quorum* especial, serão tomadas, em primeira convocação, por maioria de votos dos condôminos presentes que representem pelo menos metade das frações ideais (art. 1.352 do CC). Os votos serão proporcionais às frações ideais no solo e nas outras partes comuns pertencentes a cada condômino, salvo disposição diversa da convenção de constituição do condomínio (art. 1.352, parágrafo único, do CC). Assim, a convenção pode estipular que todos os condôminos têm direitos iguais nos votos.

Em segunda convocação, a assembleia poderá deliberar por maioria dos votos dos presentes, salvo quando exigido *quorum* especial (art. 1.353 do CC). Concretizando a norma e servindo de bom exemplo, decidiu-se que, "considerando que a aprovação em assembleia realizada em segunda convocação para a construção da academia prescindia de *quorum* especial, a assinatura da maioria dos condôminos presentes mostrou-se escorreita para a deliberação da obra, em observância ao art. 1353 do Código Civil" (TJDF, Recurso 2010.06.1.013952-9, Acórdão 661.081, 1.ª Turma Cível, Rel. Des. Simone Lucindo, *DJDFTE* 18.03.2013, p. 209).

Em prol da redução de burocracias e da efetividade das decisões assembleares, a Lei 14.309/2022 introduziu parágrafos no dispositivo, possibilitando a sessão permanente das assembleias condominiais. Nos termos do novo § 1.º do art. 1.353 do CC, quando a deliberação exigir quórum especial previsto em lei ou em convenção, e ele não for atingido, a assembleia poderá, por decisão da maioria dos presentes, autorizar o presidente a converter a reunião em sessão permanente, desde que cumulativamente: *a)* sejam indicadas a data e a hora da sessão em seguimento, que não poderá ultrapassar sessenta dias, e identificadas as deliberações pretendidas, em razão do quórum especial não atingido; *b)* fiquem expressamente convocados os presentes e sejam obrigatoriamente convocadas as unidades ausentes, na forma prevista em convenção; *c)* seja lavrada ata parcial, relativa ao segmento presencial da reunião da assembleia, da qual deverão constar as transcrições circunstanciadas de todos os argumentos até então apresentados relativos à ordem do dia, que deverá ser remetida aos condôminos ausentes; e *d)* seja dada continuidade às deliberações no dia e na hora designados, e seja a ata correspondente lavrada em seguimento à que estava parcialmente redigida, com a consolidação de todas as deliberações.

Além disso, passou a norma a prever que os votos consignados na primeira sessão ficarão registrados, sem que haja necessidade de comparecimento dos condôminos para sua confirmação, os quais poderão, se estiverem presentes no encontro seguinte, requerer a alteração do seu voto até o desfecho da deliberação pretendida (§ 2.º do art. 1.353 do CC).

Por fim, está previsto que a sessão permanente poderá ser prorrogada tantas vezes quantas necessárias, desde que a assembleia seja concluída no prazo total de noventa dias, contado da data de sua abertura inicial (§ 3.º do art. 1.353 do CC). Todas as modificações incidem sem a necessidade de alteração da convenção condominial.

No tocante à votação, a assembleia não poderá deliberar se todos os condôminos não forem convocados para a reunião (art. 1.354 do CC). Devem ser utilizados meios idôneos e amplos de informação e publicidade.

Na prática, como outrora exposto, é comum o envio de correspondência a todos os condôminos, mediante a assinatura de lista colocada na portaria ou na sede da administração do condomínio. Além disso, devem constar avisos nas áreas comuns do condomínio. O desrespeito ao dever de informação gera a nulidade absoluta do ato da assembleia, servindo como fundamento a fraude à lei imperativa (art. 166, inc. VI, do CC). Assim deduzindo, a título de exemplo:

> "Ação de cobrança. Condomínio instituído há mais de 40 anos. Assembleia extraordinária visando a inclusão das lojas no rateio das despesas condominiais. Convocação. Ausência de prova. Nulidade do ato. Inteligência do art. 1.354 do Código Civil. A assembleia não poderá deliberar se todos os condôminos não forem convocados para a reunião" (TJSP, Apelação 0000080-44.2011.8.26.0562, Acórdão 6434877, 26.ª Câmara de Direito Privado, Santos, Rel. Des. Renato Sartorelli, j. 19.12.2012, *DJESP* 18.01.2013).

Como se pode perceber, o respeito ao dever de informação decorrente da boa-fé objetiva é fundamental para a convocação das assembleias, sob pena de nulidade do ato.

5.4.4.3   *O conselho fiscal*

Poderá haver no condomínio um conselho fiscal, órgão consultivo financeiro, composto de três membros, eleitos pela assembleia, conforme previsto na convenção (art. 1.356 do CC). Esse conselho não é obrigatório, mas facultativo. O prazo de atuação não pode ser superior a dois anos, de acordo com o mandato do síndico.

Compete ao conselho dar parecer sobre as contas do síndico, aprovando-as ou rejeitando-as. O Tribunal do Distrito Federal concluiu em polêmico julgado que "emerge da interpretação teleológica do artigo 1.356 do Código Civil que, em não sendo obrigatória a instituição do conselho fiscal para examinação das contas do condomínio como pressuposto para a linear gestão da entidade, é prescindível o prévio exame das contas por órgão fiscal constituído para essa finalidade, notadamente quando a convenção condominial não contempla disposição diversa, resultando da regulação legal que a aprovação das contas por assembleia prévia e regularmente convocada, independentemente de prévia oitiva do órgão auxiliar, não padece de vício formal passível de ensejar sua invalidação" (TJDF, Recurso 2009.01.1.195911-3, Acórdão 547.481, 1.ª Turma Cível, Rel. Des. Teófilo Caetano, *DJDFTE* 22.11.2011, p. 116). A *decisio* fica em xeque por tornar inútil a existência do conselho fiscal.

De qualquer modo, como destacam Carlos Alberto Dabus Maluf e Márcio Antero Motta Ramos Marques, citando jurisprudência, as decisões do conselho devem ser submetidas à assembleia, o que é a melhor solução, diante do regime democrático que deve imperar no condomínio edilício (MALUF, Carlos Alberto Dabus; MARQUES, Márcio Antero Motta Ramos. *Condomínio...*, 2009, p. 128).

Por derradeiro, conforme decidiu o Tribunal Paulista, com razão e na contramão do julgado anterior, os membros do conselho fiscal têm o direito de examinar a documentação condominial, "passada e presente, mesmo que as contas tenham sido aprovadas em assembleias, com espeque no artigo 1.356 do Código Civil e cláusula 16.ª da Convenção do Condomínio. Função inerente ao Conselho Fiscal de verificar a regularidade das contas apresentadas pelo réu durante sua gestão no cargo de síndico" (TJSP, Apelação 994.05.075398-9,

404 | DIREITO CIVIL • VOL. 4 – *Flávio Tartuce*

Acórdão 4669505, 8.ª Câmara de Direito Privado, São Paulo, Rel. Des. Salles Rossi, j. 25.08.2010, *DJESP* 13.09.2010).

5.4.5 Da extinção do condomínio edilício

Nos termos do Código Civil de 2002, o condomínio edilício poderá ser extinto em duas hipóteses tão somente, em situações muito raras na prática. Confrontando o instituto com o condomínio voluntário, nota-se que o condomínio edilício tende a ser perpétuo, ao contrário daquela outra categoria que é indesejável pelos condôminos.

A primeira situação de extinção do condomínio edilício é se a edificação for total ou consideravelmente destruída, ou ameace ruína (art. 1.357 do CC). Em casos tais, os condôminos deliberarão em assembleia sobre a reconstrução ou venda, por votos que representem metade mais uma das frações ideais.

Conforme os parágrafos do comando legal, deliberada a reconstrução, poderá o condômino eximir-se do pagamento das despesas respectivas, alienando os seus direitos a outros condôminos, mediante avaliação judicial da sua quota. Realizada a venda, em que se preferirá, em condições iguais de oferta, o condômino ao estranho, será repartido o apurado entre os condôminos, proporcionalmente ao valor das suas unidades imobiliárias.

Como bem observa Marco Aurélio Bezerra de Melo, o art. 1.357 da codificação geral privada não pode ser interpretado ao *pé da letra*, sob pena de caracterização do absurdo. Isso porque, "note-se que o prédio encontra-se parcial ou totalmente destruído ou em ameaça de ruína, de modo que o que restou do bem foi a área comum do solo e os materiais. Não mais subsiste economicamente a unidade imobiliária, de modo que o rateio deverá ser proporcional à fração ideal de cada condômino e não ao valor de suas ex-unidades imobiliárias" (*Direito...*, 2007, p. 272). Mais uma vez, tem razão o Desembargador do Tribunal de Justiça do Rio de Janeiro.

O segundo caso de extinção é o de desapropriação do imóvel. Em casos tais, a indenização será repartida na proporção das quotas dos condôminos, nos termos de diretriz que consta do art. 1.358 da codificação privada. Como salientam Gustavo Tepedino, Maria Celina Bodin de Moraes e Heloísa Helena Barboza, a Lei 4.591/1964 tratava expressamente da desapropriação parcial do imóvel, que ainda é possível, "desde que não seja violado, de forma transversa, o direito de propriedade dos condôminos que continuarem comproprietários. Note-se que, nesse caso, não se aplica o disposto no preceito em comento, eis que a indenização caberia ao titular da unidade desapropriada" (*Código...*, 2011, v. III, p. 720). Em suma, o art. 1.358 da codificação apenas incide para as hipóteses de desapropriação total do imóvel.

5.5 NOVAS MODALIDADES DE CONDOMÍNIOS INSTITUÍDAS PELA LEI 13.465/2017. CONDOMÍNIO DE LOTES E CONDOMÍNIO URBANO SIMPLES

Com o intuito de melhorar a qualidade da distribuição da terra urbana, visando à formalização dominial de muitas áreas e com o objetivo de resolver alguns problemas e dilemas anteriores, a Lei 13.465/2017 introduziu novas modalidades de condomínio, que passam a ser estudadas nesta obra, por interessarem diretamente à disciplina do Direito das Coisas: *a)* o condomínio de lotes, incluindo a modalidade de acesso controlado; e *b)* o condomínio urbano simples.

Começando pelo condomínio de lotes, a norma emergente incluiu, por força do seu art. 58, uma seção no tratamento relativo ao condomínio na codificação material (art. 1.358-A do CC/2002). Entendo que o objetivo foi de alcançar os chamados loteamentos fechados, regulamentando-os e atribuindo-lhes formalidade. Como observa Marco Aurélio Bezerra de Melo, mesmo no sistema anterior, já era possível a instituição de um *condomínio horizontal* ou *deitado,* "que não teria por fim reconhecer como unidade autônoma um apartamento, sala, casa, isto é, uma edificação, mas sim um lote de terreno apto à edificação, isto é, dotado de infraestrutura básica para tanto, segundo os ditames da Lei 4.591/64, no que tange à incorporação imobiliária e da Lei 6.766/79, que disciplina a divisão do solo urbano, além, à toda evidência, da observância das normas edilícias da localidade em atenção à competência constitucional delegada aos municípios (arts. 30, VIII, e 182, CF)" (MELO, Marco Aurélio Bezerra de. *Direito civil...*, 2018, p. 282).

Conforme o *caput* do primeiro preceito que trata do instituto, pode haver, em terrenos, partes designadas de lotes que são propriedade exclusiva e partes que são propriedade comum dos condôminos. Como se nota, os loteamentos passam a seguir, sem qualquer dúvida, o mesmo regime do condomínio edilício, com a divisão em áreas comuns – de convivência de todos – e exclusivas – com posse direta exercida somente por cada um dos condomínios.

Acrescente-se que o conceito de loteamento é retirado do art. 2.º, § 1.º, da Lei 6.766/1979, que trata do parcelamento do solo urbano. Nos seus termos, considera-se loteamento a subdivisão de gleba em lotes destinados a edificação, com abertura de novas vias de circulação, de logradouros públicos ou prolongamento, modificação ou ampliação das vias existentes.

Também conforme a lei especial, o lote é definido como o terreno servido de infraestrutura básica cujas dimensões atendam aos índices urbanísticos definidos pelo plano diretor ou lei municipal para a zona em que se situa (art. 2.º, § 4.º, da Lei 6.766/1979). Como mecanismos de infraestrutura, há previsão quanto aos equipamentos urbanos de escoamento das águas pluviais, iluminação pública, esgotamento sanitário, abastecimento de água potável, energia elétrica pública e domiciliar e vias de circulação (art. 2.º, § 5.º, da Lei 6.766/1979).

Expostos tais conceitos básicos, e retornando-se à visualização do novo tratamento constante do Código Civil, estabelece o § 1.º do art. 1.358-A que a fração ideal de cada condômino poderá ser proporcional à área do solo de cada unidade autônoma, ao respectivo potencial construtivo ou a outros critérios indicados no ato de instituição. Segue-se, mais uma vez, o modelo do condomínio edilício, notadamente o que consta do art. 1.331, § 3.º, da própria codificação material, segundo o qual "a cada unidade imobiliária caberá, como parte inseparável, uma fração ideal no solo e nas outras partes comuns, que será identificada em forma decimal ou ordinária no instrumento de instituição do condomínio". Nos dois casos poderão as partes envolvidas dispor sobre a fração ideal de cada condomínio, o que representa importante e fundamental valorização da autonomia privada.

Em complemento, como visto, o que representa um notável avanço, preceitua o novo § 2.º do art. 1.358-A do CC/2002 que aplica-se, no que couber, ao condomínio de lotes o disposto sobre condomínio edilício neste Capítulo, respeitada a legislação urbanística. Assim, no meu entendimento, resolveu-se o problema anterior a respeito da obrigatoriedade do pagamento das contribuições no condomínio de lotes. Com a aplicação das regras gerais do condomínio edilício, cada condômino do loteamento estará sujeito aos deveres previstos no art. 1.336 do Código Civil, aqui antes estudados, e às penalidades ali consagradas, inclusive para os casos de condômino nocivo ou antissocial.

Como apontava em edições anteriores desta obra, estava superada, portanto e quanto aos condomínios de lotes, decisão anterior do Supremo Tribunal Federal que concluiu pela não incidência das regras relativas ao condomínio edilício no tocante à cobrança de taxas de administração para os loteamentos fechados de casas, tratados como associações de moradores (STF, RE 432.106, 1.ª Turma, Rel. Min. Marco Aurélio, j. 20.09.2011). Igualmente, está superada a posição consolidada no Superior Tribunal de Justiça, em julgamento de incidente de recursos repetitivos, praticamente pacificando a questão (REsp 1.280.871/SP e REsp 1.439.163/SP, 2.ª Seção, Rel. Min. Ricardo Villas Bôas Cueva, Rel. para acórdão Min. Marco Buzzi, j. 11.03.2015, *DJe* 22.05.2015, publicado no seu *Informativo* n. *562*).

A minha posição doutrinária, repise-se, era no mesmo sentido do Enunciado n. 89 do CJF/STJ, da *I Jornada de Direito Civil, in verbis*: "o disposto nos arts. 1.331 a 1.358 do novo Código Civil aplica-se, no que couber, aos condomínios assemelhados, tais como loteamentos fechados, multipropriedade imobiliária e clubes de campo". O teor da proposta doutrinária, salvo melhor juízo, parece compor o novo art. 1.358-A, § 2.º, do Código Civil. Sendo assim, a jurisprudência superior deveria se posicionar de maneira diferente a partir da vigência da Lei 13.465/2017, determinando a obrigatoriedade do pagamento das contribuições nos condomínios de lotes, sob pena das sanções estabelecidas no art. 1.336 do Código Civil.

Porém, como eu aqui adverti, a afirmação valeria para os antigos loteamentos fechados que forem convertidos para o novo sistema, observadas as regras administrativas para tal conversão; e também para os novos condomínios de lotes, que forem constituídos. Para os loteamentos fechados que não se adaptarem à legislação emergente em comento, continuam tendo incidência o entendimento jurisprudencial antes citado, pelo menos *a priori*.

Pois bem, a minha posição doutrinária, e também do Des. Marco Aurélio Bezerra de Melo, acabou por ser adotada, pelo menos parcialmente, pelo Supremo Tribunal Federal em novo julgamento sobre o tema. Em dezembro de 2020, a Corte reafirmou que, em regra, as associações de moradores de loteamentos urbanos não podem cobrar taxa de manutenção e conservação de proprietários não associados antes da Lei 13.465/2017 ou de anterior lei local que discipline a questão. A decisão, por maioria de votos, foi proferida no julgamento do Recurso Extraordinário 695.911, com repercussão geral (Tema 492).

Todavia foram incluídas ressalvas na linha do que sustentávamos, sendo a tese de repercussão geral fixada nos seguintes termos:

> "É inconstitucional a cobrança por parte de associação de taxa de manutenção e conservação de loteamento imobiliário urbano de proprietário não associado até o advento da Lei 13.465/2017, ou de anterior lei municipal que discipline a questão, a partir da qual se torna possível a cotização dos titulares de direitos sobre lotes em loteamentos de acesso controlado, que: (i) já possuindo lote, adiram ao ato constitutivo das entidades equiparadas a administradoras de imóveis ou (ii) sendo novos adquirentes de lotes, o ato constitutivo da obrigação esteja registrado no competente Registro de Imóveis".

A nova tese também traz como aplicação o novo art. 36-A da Lei 6.766/1979, incluído pela Lei 13.465/2017, nos seguintes termos:

> "As atividades desenvolvidas pelas associações de proprietários de imóveis, titulares de direitos ou moradores em loteamentos ou empreendimentos assemelhados, desde que não tenham fins lucrativos, bem como pelas entidades civis organizadas em função da solidariedade de interesses coletivos desse público com o objetivo de administração, conservação, manutenção, disciplina de utilização e convivência, visando à valorização dos imóveis que compõem o empreendimento, tendo em vista a sua natureza jurídica, vinculam-se, por critérios de afinidade, similitude e conexão, à atividade de administração de imóveis.

Parágrafo único. A administração de imóveis na forma do *caput* deste artigo sujeita seus titulares à normatização e à disciplina constantes de seus atos constitutivos, cotizando-se na forma desses atos para suportar a consecução dos seus objetivos".

Esse deve ser o novo entendimento a ser adotado, para os devidos fins práticos.

Sucessivamente, surgiram julgados do STJ interpretando a tese do STF, destacando a relevância jurídica da anuência e ciência dos adquirentes dos imóveis para que a taxa de administração seja cobrada. Em um primeiro aresto, julgou-se que "é inválida a cobrança taxa de manutenção de loteamento fechado – por administradora constituída sob a forma de associação, de proprietários de lote não associados ou que a ela não anuíram expressamente – às relações jurídicas constituídas antes da entrada em vigor da Lei n. 13.465/2017 ou de anterior lei municipal". Nos termos do voto da Ministra Relatora, essa anuência expressa com o encargo "pode ser manifestada, por exemplo, mediante contrato, previsão na escritura pública de compra e venda do lote ou de estipulação em contrato-padrão depositado no registro imobiliário do loteamento. Após a entrada em vigor da Lei nº 13.465/2017 ou de anterior lei municipal disciplinando a matéria, é possível a cobrança, por associação de moradores, de taxa de manutenção de titulares de direito sobre lotes localizados em loteamento de acesso controlado desde que, já possuindo lote, adiram ao ato constitutivo da associação ou sendo novos adquirentes de lotes, o ato constitutivo da obrigação esteja registrado no competente Registro de Imóveis. Tema 882/STJ e Tema 492/STF" (STJ, REsp 1.991.508/SP, 3.ª Turma, Rel. Min. Nancy Andrighi, j. 09.08.2022, *DJe* 12.08.2022, v.u.).

Por outra via, a Corte entendeu, no mesmo ano de 2022 o seguinte:

"É lícita a cobrança das taxas associativas por administradora de loteamento nos casos em que há previsão expressa no contrato padrão de compra e venda registrado no respectivo cartório de imóveis ao qual anuiu o comprador, não sendo aplicável o entendimento firmado no julgamento do recurso especial repetitivo objeto do Tema nº 882/STJ" (STJ, Ag. Int. no REsp 1.888.571/SP, 3.ª Turma, Rel. Min. Ricardo Villas Bôas Cueva, j. 08.08.2022, *DJe* 15.08.2022).

Portanto, a ciência ou concordância do comprador passou a ser essencial para a conclusão a respeito da cobrança do valor da taxa associativa.

Seguindo com o tratamento na Lei Geral Privada, o art. § 3.º do novo art. 1.358-A prevê que, para fins de incorporação imobiliária, a implantação de toda a infraestrutura ficará a cargo do empreendedor. Segundo Carlos Eduardo Elias de Oliveira, assessor jurídico do Senado Federal e que participou do processo de elaboração da Lei 13.465/2017 naquela Casa Legislativa, o dispositivo é óbvio, mas pode criar potenciais problemas no futuro. Isso porque "é plenamente possível entender que, na realidade, ele se destina a proteger os adquirentes de 'lotes na planta' (incorporação é vender 'imóveis futuros' que serão incorporados ao solo), de maneira que eventual cláusula dos contratos de alienação feitas pelo incorporador poderá ser tida por nula se deixar as obras de infraestrutura para serem executadas pelos compradores dos lotes" (OLIVEIRA, Carlos Eduardo Elias de. Novidades..., acesso em: 27 set. 2017).

Na sequência de seu texto, o jurista propõe uma interpretação restritiva do comando, para se entender que "ele se destina apenas a proteger o interesse público de que o condomínio de lotes não crie uma área desértica e sem o suporte adequado. Daí decorre que esse dispositivo não impede o incorporador de repassar os custos ou a obrigação de fazer essas obras aos compradores dos lotes. Esse repasse, porém, não exonerará o incorporador de responder perante a Administração Pública por omissões na realização dessas obras, ressalvado – se for o caso – o direito de regresso contra os compradores dos lotes"

(OLIVEIRA, Carlos Eduardo Elias de. Novidades..., acesso em: 27 set. 2017). Essa também é a minha opinião doutrinária.

Além dessas regras inseridas no Código Civil, outras normas sobre o condomínio de lotes merecem comentários. De início, o art. 45 da Lei 13.465/2017 enuncia que, quando se tratar de imóvel sujeito a regime de condomínio geral a ser dividido em lotes com indicação, na matrícula, da área deferida a cada condômino, o Município poderá indicar, de forma individual ou coletiva, as unidades imobiliárias correspondentes às frações ideais registradas, sob sua exclusiva responsabilidade, para a especialização das áreas registradas em comum. O seu objetivo, sem dúvidas, é de regularizar os loteamentos fechados, com o aval do Município, como antes foi exposto. Em complemento, se as informações referidas não constarem do projeto de regularização fundiária aprovado pelo Município, as novas matrículas das unidades imobiliárias serão abertas mediante requerimento de especialização, formulado pelos interessados, dispensada a outorga de escritura pública para indicação da quadra e do lote (parágrafo único desse art. 45 da Lei 13.465/2017).

Outras alterações importantes foram feitas na já citada Lei 6.766/1979. No seu art. 2.º, que traz conceitos fundamentais sobre o parcelamento do solo urbano, foi incluído o § 7.º, segundo o qual o lote poderá ser constituído sob a forma de imóvel autônomo ou de unidade imobiliária integrante de condomínio de lotes. Assim, podem ser visualizadas no artigo duas modalidades de loteamento. A primeira delas é o *loteamento tradicional*, em que os lotes são imóveis autônomos.

A segunda modalidade é o *loteamento condominial*, situação na qual os lotes constituem unidades autônomas de um condomínio. Para essa modalidade, estatui o novo art. 4.º, § 4.º, da Lei 6.766/1979 que poderão ser instituídas limitações administrativas e direitos reais sobre coisa alheia em benefício do poder público, da população em geral e da proteção da paisagem urbana, tais como servidões de passagem, usufrutos e restrições à construção de muros. Isso para tornar viável o convívio do loteamento condominial com a sociedade, atendendo à sua função social. Dentre todas as restrições, a que mais ocorre na prática é a servidão de passagem. Eventualmente, se o loteamento encravar algum outro imóvel, é possível a presença do instituto da passagem forçada, estudado em tópico relativo ao Direito de Vizinhança.

Há ainda o *loteamento de acesso controlado*, tratado pelo novo § 8.º do art. 2.º da Lei 6.766/1979, cujo controle de acesso será regulamentado por ato do poder público municipal. Em casos tais, é vedado o impedimento de acesso a pedestres ou a condutores de veículos, não residentes, devidamente identificados ou cadastrados, o que depende de regulamentação por cada Município, mais uma vez para atender à função social da propriedade.

O antes citado art. 36-A da Lei 6.766/1976, dispositivo que merece ser comentado para as devidas diferenciações práticas e também incluído pela Lei 13.465/2017, prevê que as atividades desenvolvidas pelas associações de proprietários de imóveis, titulares de direitos ou moradores em loteamentos ou empreendimentos assemelhados, desde que não tenham fins lucrativos, bem como pelas entidades civis organizadas em função da solidariedade de interesses coletivos desse público com o objetivo de administração, conservação, manutenção, disciplina de utilização e convivência, visando à valorização dos imóveis que compõem o empreendimento, tendo em vista a sua natureza jurídica, vinculam-se, por critérios de afinidade, similitude e conexão, à atividade de administração de imóveis. Conforme o seu parágrafo único, a administração de imóveis existentes sob essa formação sujeita seus titulares à normatização e à disciplina constantes de seus atos constitutivos, cotizando-se na forma desses atos para suportar a consecução dos seus objetivos, inclusive quanto a contribuições para a sua administração.

Trata-se do que se denomina na prática de *condomínio de fato*, como se retira da obra de Marco Aurélio Bezerra de Melo, que inclui nele o *loteamento de acesso controlado*. Segundo o autor, em entendimento que conta com o meu apoio, "os atuais artigos 2.º, § 8.º, e 36-A, da Lei 6.766/79, com redação dada pela Lei 13.465/2017, de 11 de julho de 2017, parecem não deixar dúvidas do retorno ao ordenamento jurídico do condomínio de fato com todas as suas implicações jurídicas, atingindo aqueles que participaram da sua formação, assim como outros adquirentes que adquiriram a sua unidade depois da instituição do condomínio de fato" (MELO, Marco Aurélio Bezerra de. *Direito civil...*, 2018, p. 286).

O doutrinador levantava também a dúvida sobre o reconhecimento de inconstitucionalidade das normas, pelo Supremo Tribunal Federal, pelo fato de conduzirem à conclusão pela obrigatoriedade de pagamento das contribuições pelos seus moradores. A sua resposta, como a minha, era negativa, pois "não se está afirmado que a pessoa é obrigada a associar-se, mas sim que o interesse da coletividade no tocante à funcionalização da propriedade deve prevalecer e que não é lícito o enriquecimento sem causa (art. 884, CC) que se dará com o gozo das benesses condominiais sem a devida contraprestação. Eventuais abusos na cobrança como, por exemplo, inexistência de contraprestação, há de ser identificados pelos tribunais estaduais a quem compete aferir no mundo dos fatos a seriedade ou não dos condomínios de fato" (MELO, Marco Aurélio Bezerra de. *Direito civil...*, 2018, p. 286). Como antes pontuado, a posição do último autor conduziu à mudança de entendimento do STF a respeito do assunto, em julgamento proferido em sede de repercussão geral, em dezembro de 2020, admitindo a aplicação de leis locais a respeito da cobrança das taxas associativas (Tema 492).

Como último comentário sobre a categoria do condomínio de lotes, sigo, desde o surgimento do tratamento legal, a posição doutrinária que entende ser o regime de instituição do condomínio de lotes o de incorporação imobiliária, nos termos dos arts. 28 e seguintes da Lei 4.591/1964, entendimento liderado por Rodrigo Toscano de Brito e pelo sempre citado Marco Aurélio Bezerra de Melo. Assim sendo, é possível a instituição de patrimônio de afetação em casos tais, conforme previsto na mesma legislação.

Adotando tais premissas, na *VIII Jornada de Direito Civil* (2018), aprovou-se o Enunciado n. 625, com a seguinte dicção: "a incorporação imobiliária que tenha por objeto o condomínio de lotes poderá ser submetida ao regime do patrimônio de afetação, na forma da lei especial". Anoto que o Projeto de Reforma do Código Civil pretende incluir no art. 1.358-B um novo § 4º, prevendo que, "a critério do incorporador, a incorporação imobiliária que tenha por objeto o condomínio de lotes, poderá ser submetida ao regime do patrimônio de afetação, na forma da lei especial". Com isso, mais uma vez, será inserida na lei a posição hoje considerada como majoritária na doutrina.

Voltando-se ao sistema vigente, a Medida Provisória 1.085, de 27 de dezembro de 2021, incluiu nova previsão no § 2.º do art. 1.358-A do Código Civil, estabelecendo que "o regime jurídico das incorporações imobiliárias de que trata o Capítulo I do Título II da Lei nº 4.591, de 16 de dezembro de 1964, equiparando-se o empreendedor ao incorporador quanto aos aspectos civis e registrários" (inc. II). Nesse ponto, por consolidar a correta posição doutrinária, sou totalmente favorável à sua conversão em lei, o que acabou ocorrendo por força da Lei do SERP (Lei 14.382/2022).

Partindo-se para o estudo do *condomínio urbano simples*, prescreve o art. 61 da Lei 13.465/2017 que, quando um mesmo imóvel contiver construções de casas ou cômodos, poderá ser instituído, inclusive para fins de REURB, condomínio urbano simples. Nessa instituição devem ser respeitados os parâmetros urbanísticos locais. Devem também ser discriminadas, na matrícula, a parte do terreno ocupada pelas edificações, as partes de utilização exclusiva e as áreas que constituem passagem para as vias públicas ou para as unidades entre si.

Em relação à categoria, aplica-se o disposto na própria lei que o instituiu e, em complemento e no que couber, o disposto nos arts. 1.331 a 1.358 do Código Civil. Assim, novamente, reconhece-se a subsunção subsidiária das regras relativas ao condomínio edilício.

Mais uma vez, segundo pontua Carlos Eduardo Elias de Oliveira, embora a categoria tenha recebido nova nomenclatura, "trata-se, na realidade, de uma espécie de condomínio edilício que dispensa algumas formalidades em razão da sua pequena dimensão. Esse condomínio aplica-se a situações de terrenos onde haja mais de uma construção e em que o seu titular queira tornar cada uma dessas construções uma unidade autônoma de condomínio. Diante da sua simplicidade, o condomínio urbano simples dispensa a apresentação de convenção de condomínio" (OLIVEIRA, Carlos Eduardo Elias de. Novidades..., acesso em: 27 set. 2017). O assessor do Senado Federal esclarece, em continuidade, que a expressão "cômodos" foi mal-empregada, devendo ser entendida como um complemento à menção a "construções". De fato, em uma primeira leitura parece que a norma está tratando de condomínio dentro de um mesmo imóvel supostamente com habitação coletiva, o popular *cortiço*, também conhecido como *pensão de quartos*.

Todavia, esse não é o caso, ainda segundo Carlos Eduardo Elias, que pontua duas situações possíveis para o condomínio urbano simples. A primeira delas ocorre quando o terreno contiver várias edificações, como acontece na chamada "casa dos fundos". A segunda situação está presente quando o terreno contiver uma edificação na qual haja mais de um cômodo com acesso autônomo. E arremata, com razão e tendo o meu apoio doutrinário: "não se pode admitir o condomínio urbano simples para cômodos que estejam funcional e espacialmente conectados, como no caso de quartos de um mesmo apartamento. É preciso haver autonomia funcional e de acesso no cômodo para ele constituir uma unidade autônoma de condomínio urbano simples" (OLIVEIRA, Carlos Eduardo Elias de. Novidades..., acesso em: 27 set. 2017). De todo modo, o condomínio urbano simples não se limita a imóveis residenciais, podendo a categoria ser aplicada a imóveis em que há atividade comercial, por exemplo. Nesse sentido é o Enunciado n. 26, aprovado na *I Jornada de Direito Notarial e Registral,* em agosto de 2022.

Seguindo no seu estudo, conforme o art. 62 da Lei 13.465/2017, a instituição do condomínio urbano simples será registrada na matrícula do respectivo imóvel. Nesse registro, assim como ocorre com o condomínio edilício, devem ser identificadas as partes comuns ao nível do solo, as partes comuns internas à edificação, se houver, e as respectivas unidades autônomas, dispensada a apresentação de convenção de condomínio, como antes exposto.

Após o registro da instituição do condomínio urbano simples, deverá ser aberta uma matrícula própria para cada unidade autônoma. A cada uma dessas matrículas caberá, como parte inseparável, uma fração ideal do solo e das outras partes comuns, se houver, representada na forma de percentual (art. 62, § 1.º, da Lei 13.465/2017). As unidades autônomas constituídas em matrícula própria poderão ser alienadas e gravadas livremente por seus titulares, como ocorre com o condomínio edilício (art. 62, § 2.º, da Lei 13.465/2017).

Na linha da posição doutrinária por último transcrita, a norma expressa que nenhuma unidade autônoma poderá ser privada de acesso ao logradouro público (art. 62, § 3.º, da Lei 13.465/2017). Afasta-se, assim e definitivamente, a impressão de que se trata de condomínio em habitação coletiva. Quanto à gestão das partes comuns, esta será feita de comum acordo entre os condôminos, podendo ser formalizada por meio de instrumento particular (art. 62,

§ 3.º, da Lei 13.465/2017). Penso que há a plena possibilidade de os condôminos escolherem um administrador ou síndico, bem como compor um conselho fiscal, como ocorre com o condomínio edilício.

Por derradeiro, a novel legislação exprime que, no caso da REURB-S – regularização fundiária aplicável aos núcleos urbanos informais ocupados predominantemente por população de baixa renda, assim declarados em ato do Poder Executivo municipal –, a averbação das edificações poderá ser efetivada a partir de mera *notícia*, a requerimento do interessado (art. 63 da Lei 13.465/2017). Dessa *notícia registral* constarão a área construída e o número da unidade imobiliária, dispensada a apresentação de habite-se e de certidões negativas de tributos e contribuições previdenciárias.

A dispensa do habite-se merece críticas, pois muitas vezes a sua ausência diz respeito a problemas estruturais que acometem o imóvel. Ademais, temos sérias dúvidas sobre como os registradores de imóveis receberão, com bons olhos, a citada *notícia*. Como palavras finais, aguardemos se essa nova categoria terá, de fato, a devida efetivação na realidade prática brasileira.

5.6 A MULTIPROPRIEDADE OU *TIME SHARING*. ESTUDO DA LEI 13.777/2018

A Lei 13.777, de 20 de dezembro de 2018, incluiu no Código Civil de 2002 um capítulo referente à multipropriedade ou *time-sharing*, tratando, sob o regime condominial, como nova espécie de condomínio. Em resumo, a nova legislação cuida dos seguintes aspectos relativos à categoria: *a)* disposições gerais; *b)* regras quanto à sua instituição; *c)* direitos e obrigações do multiproprietário; *d)* transferência da multipropriedade; *e)* previsões de preceitos a respeito da sua administração; e *f)* disposições específicas relativas às unidades autônomas de condomínios edilícios (arts. 1.358-B a 1.358-U). Também foram feitas inclusões na Lei 6.015/1973, que tratam dos registros públicos.

Como aqui antes pontuado, o Superior Tribunal de Justiça reconheceu a natureza real do *time-sharing*, seguindo a definição do Professor Gustavo Tepedino, no sentido de que se trata de "uma espécie de condomínio relativo a locais de lazer no qual se divide o aproveitamento econômico de bem imóvel (casa, chalé, apartamento) entre os cotitulares em unidades fixas de tempo, assegurando-se a cada um o uso exclusivo e perpétuo durante certo período do ano" (STJ, REsp 1.546.165/SP, 3.ª Turma, Rel. Min. Ricardo Villas Bôas Cueva, Rel. p/ acórdão Min. João Otávio de Noronha, j. 26.04.2016, *DJe* 06.09.2016).

Observe-se, de imediato, que a multipropriedade tratada atualmente no Código Civil apenas diz respeito a imóveis, não alcançando bens móveis como veículos automotores, aeronaves e embarcações em geral. O objetivo da lei foi de supostamente atrair investimentos para o setor de turismo no Brasil quanto a tais empreendimentos. Porém, parece-me que o legislador pecou por falta de técnica e a regulamentação legislativa traz muitas dúvidas e poucas soluções.

A título de exemplo de hipóteses concretas de imóveis em multipropriedade, podem ser delineadas duas situações. Uma primeira, mais amadora, ocorre quando pessoas que mantêm alguma proximidade adquirem um mesmo imóvel e fracionam o seu uso do tempo. A título de exemplo, quatro amigos adquirem uma propriedade de lazer em área não urbana, como uma chácara ou um sítio, e fracionam no tempo o seu uso. Ou, ainda, a hipótese em que os mesmos quatro amigos compram uma casa na praia, no mesmo regime. No sistema anterior, seriam aplicadas a tais ilustrações as regras do condomínio comum, aqui antes analisadas. Atualmente, é possível a aplicação também das regras relativas à multipropriedade.

A segunda situação, mais profissional, envolve os empreendimentos hoteleiro, em sistema de *pool* e com uma empresa administradora central. Cite-se o caso em que os referidos quatro amigos adquiriram um quarto de um hotel que foi lançado na praia da Barra da Tijuca, no Rio de Janeiro. O legislador parece ter mais pensado nesta última situação, criando regras específicas para ela, como se verá a seguir em um estudo crítico.

Em verdade, a lei em vigor apresenta muitos problemas técnicos e práticos, o que se almeja alterar pelo Projeto de Reforma do Código Civil, elaborado pela Comissão de Juristas nomeada no âmbito do Congresso Nacional.

Iniciando-se pelas disposições gerais, sobre o conceito de multipropriedade, o art. 1.358-B do CC/2002 trata de outras leis incidentes, prevendo que "a multipropriedade reger-se-á pelo disposto neste Capítulo e, de forma supletiva e subsidiária, pelas demais disposições deste Código e pelas disposições das Leis n.ºs 4.591, de 16 de dezembro de 1964, e 8.078, de 11 de setembro de 1990 (Código de Defesa do Consumidor)". A primeira lei referenciada é a Lei de Condomínio em Edificações e de Incorporação Imobiliária que, no meu entendimento aqui antes exposto, somente continua em vigor quanto ao segundo instituto, a partir do seu art. 28. Assim, a título de exemplo, em havendo multipropriedade instituída dentro de uma incorporação, devem ser observados as obrigações e direitos do incorporador (arts. 32 a 47 da Lei 4.591/64).

No tocante à incidência do Código de Defesa do Consumidor e de todo o seu manto protetivo, cite-se a existência da situação tida como mais profissional, de imóveis em regime de multipropriedade fracionada no tempo em hotéis ou *pool* hoteleiros, devendo o adquirente ser tratado como consumidor, notadamente diante da existência de um prestador de serviços profissional no outro polo da relação negocial. No plano prático, trazendo a aplicação do direito de arrependimento de 7 dias do art. 49 do CDC a negócio de aquisição de imóvel no regime tratado pela nova lei, do Tribunal Paulista:

> "Multipropriedade. Sentença de procedência. Apelo da requerida. Inadmissibilidade, quanto ao pedido principal de reforma. Hipótese em que sequer foi celebrado compromisso de compra e venda. Simples proposta, assinada em circunstâncias de venda emocional e que não enseja retenção de arras. Exercício de direito de arrependimento assegurado ao consumidor, porquanto exercido nos termos do art. 49 do CDC. Admissibilidade, todavia, do pedido subsidiário, para que haja afastamento da repetição do indébito. Restituição que deve ocorrer na forma simples. Acertada, todavia, a estipulação de juros a partir da citação (art. 405 do CC). Sentença reformada em pequena parte, apenas para o fim de afastar a restituição em dobro" (TJSP, Apelação Cível 1014995-79.2016.8.26.0506, Acórdão 12301251, 5.ª Câmara de Direito Privado, Ribeirão Preto, Rel. Des. Fábio Podestá, j. 14.03.2019, *DJESP* 18.03.2019, p. 2.097).

Ainda a merecer citação, sobre a incidência do CDC, extrai-se de acórdão do Tribunal do Distrito Federal o seguinte:

> "A relação jurídica existente entre as partes é tipicamente de consumo, porquanto o objeto da presente demanda é a promessa de compra e venda de unidade imobiliária no regime de multipropriedade (cotas imobiliárias) e tanto o promissário comprador quanto a promitente vendedora se enquadram na conceituação de consumidor e de fornecedor descritas, respectivamente, nos arts. 2.º e 3.º do Código de Defesa do Consumidor. Comprovados aos autos que a resolução do contrato se deu por culpa exclusiva da construtora, em razão da publicidade enganosa, a devolução dos valores deve ser integral, não se admitindo nenhum tipo de abatimento, sob pena de enriquecimento ilícito" (TJDF, Apelação

Cível 2016.07.1.018473-6, Acórdão 113.9087, 2.ª Turma Cível, Rel. Des. César Loyola, j. 21.11.2018, *DJDFTE* 27.11.2018).

Sobre a definição legal do instituto, estabelece o novo art. 1.358-C do Código Civil que a "multipropriedade é o regime de condomínio em que cada um dos proprietários de um mesmo imóvel é titular de uma fração de tempo, à qual corresponde a faculdade de uso e gozo, com exclusividade, da totalidade do imóvel, a ser exercida pelos proprietários de forma alternada". Tentando esclarecer a definição legal, Carlos Eduardo de Oliveira leciona que "a multipropriedade pode ser definida como um parcelamento temporal do bem em unidades autônomas periódicas. É pulverizar um bem físico no tempo por meio de uma ficção jurídica. Enxergar a multipropriedade como um condomínio fruto de um parcelamento temporal – e ficto! – do bem elucida bem o instituto" (OLIVEIRA, Carlos Eduardo Elias de. Considerações..., p. 3 e 7. Disponível em: <www.flaviotartuce.adv.br>. Acesso em: 25 ago. 2019). Para ele, é atécnico afirmar que multipropriedade imobiliária é um direito real, havendo, na verdade, um *regime jurídico*.

Com o devido respeito, faltou técnica ao legislador na definição da categoria, especialmente ao prever que cada multiproprietário é titular de uma fração de tempo. Na verdade, há a titularidade da propriedade em condomínio, que corresponde ao uso fracionado no tempo, definição que está mais bem sintonizada com a conceituação antes exposta, do Professor Gustavo Tepedino. Diante dessa afirmação, entendo haver sim um direito real. Como se verá, a opção de construção do legislador pode gerar alguns problemas práticos, muito além da simples teoria. Por isso, prefiro utilizar o termo domínio multiproprietário.

O Projeto de Reforma do Código Civil pretende corrigir esse equívoco, passando o *caput* do art. 1.358-C a expressar que a multipropriedade é o regime de condomínio em que cada um dos proprietários tem, de forma fracionada no tempo, a exclusividade das faculdades de uso e gozo sobre a totalidade do imóvel, a serem exercidas pelos proprietários de forma alternada. Com isso, não se menciona mais o direito sobre uma fração de técnico, que é atécnico, como acabei de pontuar.

Voltando-se ao sistema vigente, conforme o parágrafo único do mesmo art. 1.358-C, a multipropriedade não se extinguirá automaticamente, se todas as frações de tempo forem do mesmo multiproprietário. O objetivo é manter o regime da multipropriedade visando a eventual alienação futura das propriedades fracionadas. Dito de outra forma, atende-se à função social da propriedade no sentido de sua manutenção.

As duas características gerais dos imóveis objeto da multipropriedade estão descritas no art. 1.358-D da atual codificação privada, sendo as seguintes: *a)* a indivisibilidade, não se sujeitando a ação de divisão ou de extinção de condomínio; *b)* a inclusão dos acessórios móveis que o guarnecem, diante do princípio da gravitação jurídica, segundo o qual o acessório segue o principal, caso das instalações em geral, dos equipamentos e do mobiliário destinados ao seu uso e o gozo. No último caso, imagine-se o caso de uma unidade imobiliária em um hotel, com todos os eletrodomésticos necessários para atender à sua destinação econômica.

A indivisibilidade também se aplica a cada uma das frações de tempo que atinge o imóvel em multipropriedade (art. 1.358-E do CC/2002), sendo vedado o desdobro temporal. Como ensina mais uma vez Carlos Eduardo Elias de Oliveira:

> "O período de tempo de cada unidade periódica é indivisível, de modo que não pode o multiproprietário fazer um 'desdobro' de sua unidade, com o objetivo de desaglutiná-la em outras unidades periódicas menores. É vedado o que chamamos de 'desdobro temporal'.

Ex.: quem tem uma unidade periódica no mês de janeiro não pode extinguir a própria unidade periódica para, em seu lugar, criar outras duas, a primeira vinculada aos dias 1.º ao 14 de janeiro e a segunda atrelada aos dias 15 a 31 de janeiro. Enfim, a fração de tempo estabelecida para cada unidade periódica é indivisível" (OLIVEIRA, Carlos Eduardo Elias de. Análise..., p. 17. Disponível em: <www.flaviotartuce.adv.br>. Acesso em: 26 ago. 2019).

A norma ainda dispõe que o período correspondente a cada fração de tempo será de, no mínimo, 7 (sete) dias, seguidos ou intercalados, e poderá ser estabelecido de três modos: *a) fixo e determinado*, no mesmo período de cada ano; *b) flutuante*, caso em que a determinação do período será realizada de forma periódica, mediante procedimento objetivo que respeite, em relação a todos os multiproprietários, o princípio da isonomia, devendo ser previamente divulgado; ou *c) misto*, combinando os sistemas fixo e flutuante (§ 1.º).

Voltando ao exemplo dos quatro amigos, no primeiro caso, a utilização do imóvel é sempre fixa: de janeiro a março para o primeiro; de abril a junho ao segundo; de julho a setembro ao terceiro e de outubro a dezembro para o último. Tal sistema, regra geral, tem sérios problemas práticos. Imagine se o imóvel estiver em uma cidade praiana. Nesse caso, não haverá interesse de fruição econômico no inverno; o mesmo valendo para um imóvel na montanha, como em Campos do Jordão, em janeiro.

Pelo *sistema flutuante* é possível estabelecer uma variação de uso do imóvel, como no caso de um proprietário que terá o direito entre janeiro a março em um ano e entre abril e junho em outro. Como ilustração de procedimento objetivo que deve e pode ser aplicado, cite-se o sorteio, devendo sempre ser aplicada a máxima da igualdade nessa variação entre os comunheiros. Esse é o sistema que melhor atende aos interesses dos multiproprietários e concretiza a função social da propriedade.

Por fim, pelo sistema misto, é possível conciliar os dois sistemas anteriores. Assim, eu um ano o uso fracionado é fixo, enquanto no outro é variável ou flutuante, estabelecendo-se um sistema de rodízio entre os multiproprietários. Esse sistema também pode ser interessante, apesar de ser preferível o anterior.

Como a lei menciona que o período de tempo de fruição mínimo é de sete dias, nota-se que é possível que até 52 pessoas diferentes sejam multiproprietários de um mesmo imóvel. Diante da antiga afirmação de que o condomínio é "a mãe de todas as discórdias", não se pode negar que, quanto maior o número de multiproprietários, maior será o conflito entre eles. Penso, nesse contexto, que houve um exagero do legislador quanto ao número excessivo dessa possibilidade. De toda forma, Carlos Eduardo Elias de Oliveira pondera que, "para evitar a pulverização temporal dos imóveis, com criação de unidades periódicas imprestáveis à luz da função social (imagine uma unidade periódica de apenas 10 segundos), é vedado que o período de cada unidade periódica seja inferior a 7 dias, que poderão ser seguidos ou intercalados, respeitada, porém, a necessidade de todos os multiproprietários terem uma quantidade mínima de dias seguidos em pé de igualdade" (OLIVEIRA, Carlos Eduardo Elias de. Análise..., p. 17-18. Disponível em <www.flaviotartuce.adv.br>. Acesso em: 26 ago. 2019).

Sem dúvidas, uma pulverização de tempo ainda maior traria grandes prejuízos e numerosas dificuldades práticas. Ainda segundo o mesmo autor: "entendemos que não por força uma interpretação restritiva do § 1.º do art. 1.358-E do CC. A finalidade do período mínimo de 7 dias para a unidade periódica é, em nome da função social e da dignidade da pessoa humana, garantir ao multiproprietário uma utilização minimamente digna de seu direito real de propriedade periódico. Não está na finalidade do dispositivo considerar que 7 dias é o tempo mínimo para reparação do bem. Entender diferente é entregar o imóvel a um tempo de detestável ociosidade nos anos. Assim, o ato de instituição do condomínio multiproprietário tem liberdade para definir o período que lhe aprouver para a unidade periódica de conservação" (OLIVEIRA, Carlos Eduardo Elias de. Análise..., p. 17-18. Disponível em <www.flaviotartuce.adv.br>. Acesso em: 26 ago. 2019).

Voltando-se ao art. 1.358-E, o seu § 2.º, concretizando a isonomia, preceitua que todos os multiproprietários terão direito a uma mesma quantidade mínima de dias seguidos durante o ano, podendo haver a aquisição de frações maiores que a mínima, com o correspondente direito ao uso por períodos também maiores.

A título de ilustração, é possível que naquele exemplo dos quatro amigos o primeiro tenha o direito de utilização por oito meses e os demais por dois meses, o que decorre do modo como cada um contribuiu para a aquisição do imóvel. Em suma, a regra é a divisão igualitária, diante da máxima *concursu partes fiunt*, o que encerra uma presunção relativa, que pode ser afastada por convenção dos proprietários.

Sobre a instituição da multipropriedade, o art. 1.358-F do Código Civil estabelece que esta se dá por ato entre vivos ou testamento, registrado no competente Cartório de Registro de Imóveis, do local onde se encontra o bem, devendo constar daquele ato a duração dos períodos correspondentes a cada fração de tempo. Sobre a instituição por ato *inter vivos*, cite-se a possibilidade de uma incorporação imobiliária com a constituição de um condomínio, que pode se dar por escritura pública ou escrito particular. Enquanto não houver o registro imobiliário, a instituição terá apenas efeitos entre as partes, a exemplo do que ocorre com a convenção de condomínio não registrada, nos termos da Súmula 260 do Superior Tribunal de Justiça.

O art. 1.358-G do Código Civil elenca as cláusulas e previsões que podem constar na convenção de condomínio em multipropriedade. O rol é meramente exemplificativo ou *numerus apertus*, pois o próprio comando estabelece que os multiproprietários podem inserir outras previsões. Todavia, há uma obrigatoriedade dessas previsões, pois a norma utiliza a expressão "determinará":

a) Previsão sobre os poderes e deveres dos multiproprietários, especialmente em matéria de instalações, equipamentos e mobiliário do imóvel, de manutenção ordinária e extraordinária, de conservação e limpeza e de pagamento da contribuição condominial. A título de ilustração, as partes podem fracionar e eleger quem será o responsável pelos reparos e troca dos eletrodomésticos que guarnecem o imóvel em determinados períodos.

b) O número máximo de pessoas que podem ocupar simultaneamente o imóvel no período correspondente a cada fração de tempo. Nesta previsão haverá debate sobre a existência de uma restrição pessoal inadmissível, que restringe prévia e indevidamente o exercício do direito de propriedade, notadamente o direito de uso. A título de exemplo, se, naquele exemplo do sítio fracionado entre os quatro amigos, um deles quiser passar as festas de fim de ano com cerca de 50 familiares, sem que isso traga qualquer prejuízo, a restrição de uso para 20 pessoas se justifica? Entendo, *a priori*, que não. Como antes exposto, a regra dos 3s – relativa à proteção do sossego, da segurança e da salubridade – é que deve guiar as regras relativas ao condomínio, e não meros entraves prévios, mesmo os determinados pelas partes interessadas.

c) As regras de acesso do administrador condominial ao imóvel para cumprimento do dever de manutenção, conservação e limpeza, visando a atender os interesses de todos. De todo modo, esse acesso não pode representar lesão à intimidade do multiproprietário e das pessoas que com ele convivem, como no caso de um administrador que pretende abusar do direito de acesso, pois alguém está supostamente destruindo algum equipamento que guarnece o imóvel.

d) A criação de fundo de reserva para reposição e manutenção dos equipamentos, instalações e mobiliário, o que é fundamental para a operação da multipropriedade, notadamente para que o bem fique em condições de atender à sua finalidade de uso.

e) O regime aplicável em caso de perda ou destruição parcial ou total do imóvel, inclusive para efeitos de participação no risco ou no valor do seguro, da indenização ou da parte restante.

f) As multas impostas ao multiproprietário nas hipóteses de descumprimento de deveres, sendo possível aplicar o teor do art. 1.337 do Código Civil quanto ao condomínio nocivo ou antissocial, como antes desenvolvemos.

Não obstante essas previsões mínimas, o art. 1.358-H da codificação privada enuncia que o instrumento de instituição da multipropriedade ou a convenção de condomínio em multipropriedade poderá estabelecer o limite máximo de frações de tempo no mesmo imóvel que poderão ser detidas pela mesma pessoa natural ou jurídica. Assim, é possível determinar que cada multiproprietário somente pode ter cinco quotas, o que visa a afastar um "regime ditatorial" a ser exercido por um dos proprietários.

O comando ainda prevê, como exceção à regra geral, que, em caso de instituição da multipropriedade para posterior venda ou cessão onerosa das frações de tempo a terceiros, o atendimento a eventual limite de frações de tempo por titular estabelecido no instrumento de instituição será obrigatório somente após a venda das frações. A última regra visa a afastar eventuais entraves econômicos causados pela cláusula de limitação quanto à titularidade das frações.

Mais uma vez, o Projeto de Reforma do Código Civil pretende retirar da norma menção à *fração de tempo*, pois o que se aliena é a quota em multipropriedade, e não o tempo em si. Com isso, o parágrafo único do art. 1.358-H, de forma mais correta tecnicamente, passará a prever que, "em caso de instituição da multipropriedade para posterior venda de suas frações a terceiros, o atendimento a eventual limite das frações de tempo por titular, estabelecido no instrumento de instituição, será obrigatório somente após a venda de todas as frações".

Seguindo no estudo da Lei 13.777/2018, a norma consagra os direitos e obrigações – ou deveres – do multiproprietário. Começando pelos direitos (art. 1.358-I), são eles, além daqueles previstos no instrumento de instituição e na convenção de condomínio em multipropriedade:

I) Direito de usar e gozar, durante o período correspondente à sua fração de tempo, do imóvel e de suas instalações, equipamentos e mobiliário, como os eletrodomésticos que se encontram no imóvel.

II) Direito de ceder ou transferir a fração de tempo em locação ou em comodato.

III) Direito de alienar a fração de tempo, por ato entre vivos ou por causa de morte, a título oneroso ou gratuito, ou onerá-la, devendo a alienação e a qualificação do sucessor, ou a oneração, ser informadas ao administrador. Como se observa, é possível quanto ao direito em multipropriedade a sua venda, doação, instituição de hipoteca, transferência por alienação fiduciária em garantia ou mesmo por testamento. Em todos os casos, diante do dever de informar decorrente da boa-fé objetiva, deve haver a comunicação do administrador da multipropriedade.

IV) Direito de participar e votar, pessoalmente ou por intermédio de representante ou procurador, desde que esteja quite com as obrigações condominiais, em: *a)* assembleia geral do condomínio em multipropriedade, e o voto do multiproprietário correspondederá à quota de sua fração de tempo no imóvel; *b)* assembleia geral do condomínio edilício, quando for o caso, e o voto do multiproprietário corresponderá à quota de sua fração de tempo em relação à quota de poder político atribuído à unidade autônoma na respectiva convenção de condomínio edilício. A previsão a respeito da necessidade de estar o coproprietário adimplente com suas obrigações, para que tenha o direito de voto, segue o exemplo do que já ocorre com o condomínio edilício (art. 1.335, inc. III, do CC).

Destaco que no Projeto de Reforma do Código Civil, mais uma vez, pretende-se retirar da norma todas as menções sobre a fração de tempo, passando a mencionar a propriedade fracionada no tempo, o que é mais correto tecnicamente, como antes exposto.

Por outra via, a lei elenca muitos mais deveres ou obrigações do multiproprietário, conforme o art. 1.358-J do Código Civil, sem prejuízo daqueles previstos no instrumento de instituição e na convenção de condomínio em multipropriedade, a saber:

I) Dever de pagar a contribuição condominial do condomínio em multipropriedade e, quando for o caso, do condomínio edilício, ainda que renuncie ao uso e gozo, total ou parcial, do imóvel, das áreas comuns ou das respectivas instalações, equipamentos e mobiliário. A previsão final do comando fere o direito de propriedade, pois não há justificativa plausível de persistência do dever de pagar as contribuições caso haja renúncia à propriedade, podendo-se falar em sua inconstitucionalidade, diante do art. 5.º, incs. XXII e XXIII, da Constituição Federal, que tratam do direito fundamental à propriedade e a sua correspondente função social. Por isso, o Projeto de Reforma do Código Civil pretende retirar da norma essa locução final, o que virá em boa hora. De todo modo, ressalte-se que essas contribuições têm natureza *propter rem*, assim como ocorre com a contribuição condominial no condomínio edilício (art. 1.345 do CC).

II) Dever de responder por danos causados ao imóvel, às instalações, aos equipamentos e ao mobiliário por si, por qualquer de seus acompanhantes, convidados ou prepostos ou por pessoas por ele autorizadas. A responsabilidade por ato de preposto ou convidado tem natureza objetiva ou independentemente de culpa, enquadrando-se nas previsões dos arts. 932, inc. III, e 933 do Código Civil.

III) Diante do dever de informar decorrente da boa-fé objetiva, dever de comunicar imediatamente ao administrador os defeitos, avarias e vícios no imóvel dos quais tiver ciência durante a utilização, sob pena de responder civilmente, especialmente se esses danos pudessem ser minorados, caso tivesse ocorrido a comunicação prévia.

IV) Dever de não modificar, alterar ou substituir o mobiliário, os equipamentos e as instalações do imóvel, mais uma vez sob pena de sua responsabilização civil, com destaque para os danos patrimoniais sofridos pelos demais multiproprietários.

V) Dever de manter o imóvel em estado de conservação e limpeza condizente com os fins a que se destina e com a natureza da respectiva construção, sob pena da imposição de uma obrigação de fazer a devida limpeza ou de responder civilmente pelo descumprimento desse dever.

VI) Dever de usar o imóvel, bem como suas instalações, equipamentos e mobiliário, conforme seu destino e natureza, atendendo-se também à regra dos 3 s, prevista no art. 1.335, inc. IV, ou seja, atentando-se para os parâmetros da segurança, saúde e sossego.

VII) Dever de usar o imóvel exclusivamente durante o período correspondente à sua fração de tempo, sob pena de ter que pagar aos demais proprietários pelo uso excessivo, além do pactuado. Eventualmente, cabe uma ação de reintegração de posse por outros condôminos, caso o multiproprietário se negue a deixar o imóvel.

VIII) Dever de desocupar o imóvel, impreterivelmente, até o dia e hora fixados no instrumento de instituição ou na convenção de condomínio em multipropriedade, sob pena de multa diária ou *astreintes*, conforme convencionado no próprio instrumento pertinente ou fixado pelo juiz. Eventualmente, caso essa multa seja excessiva, caberá sua redução pelo Poder Judiciário, sendo certo que o próprio STJ já fixou parâmetros para a fixação das *astreintes*, a saber: "No tocante especificamente ao balizamento de seus valores, são dois os principais vetores de ponderação: a) efetividade da tutela prestada, para cuja realização as *astreintes* devem ser suficientemente persuasivas; e b) vedação ao enriquecimento sem causa do beneficiário, porquanto a multa não é, em si, um bem jurídico perseguido em juízo. O arbitramento da multa coercitiva e a definição de sua exigibilidade, bem como eventuais alterações do seu valor e/ou periodicidade, exige do magistrado, sempre dependendo das circunstâncias do caso concreto, ter como norte alguns parâmetros: i) valor da obrigação e importância do bem jurídico tutelado; ii) tempo para cumprimento (prazo razoável e periodicidade); iii) capacidade econômica e de resistência do devedor; iv) possibilidade de adoção de outros meios pelo magistrado e dever do credor de mitigar o próprio prejuízo (*duty to mitigate de loss*)" (STJ, Ag. Int. no Ag. Rg. no AREsp 738.682/RJ, 4.ª Turma, Rel. Min. Maria Isabel Gallotti, Rel. p/ acórdão Min. Luis Felipe Salomão, j. 17.11.2016, *DJe* 14.12.2016). Reitere-se, por oportuno, a possibilidade de ingresso de uma ação de reintegração de posse caso não ocorra a devolução do bem pelo multiproprietário que desrespeita aquilo que foi pactuado.

IX) Por fim, a lei estabelece o dever de permitir a realização de obras ou reparos urgentes, não só os determinados pelo Poder Público, como os que a maioria entendeu como necessários para que o imóvel cumpra com a sua função.

Sobre as penalidades aos condôminos multiproprietários, o § 1.º do mesmo art. 1.358-J preceitua que, conforme previsão que deverá constar da respectiva convenção de condomínio em multipropriedade, o multiproprietário estará sujeito a: *a)* multa, no caso de descumprimento de qualquer de seus deveres; *b)* multa progressiva e perda temporária do direito de utilização do imóvel no período correspondente à sua fração de tempo, no caso de descumprimento reiterado de deveres. Como se pode perceber, a lei traz até a medida drástica de perda temporária do direito de uso, um dos atributos diretos da propriedade.

Como observação pertinente, tais penalidades não afastam a instituição de outras, como aquelas existentes quanto ao condômino nocivo ou antissocial, quando houver o descumprimento reiterado dos deveres, e que podem chegar até a dez vezes o valor da quota condominial (art. 1.337 do CC). De toda sorte, sendo a multa fixada na convenção exagerada, penso ser cabível a sua redução, com base no art. 413 do Código Civil. Sobre a possibilidade de perda temporária do direito de uso em caso de reiteração de descumprimento, entendo que ela colide com o direito fundamental de propriedade, nos termos do art. 5.º, inc. XXIII, da CF/1988, o que ainda merecerá maiores aprofundamentos.

O art. 1.358-J ainda prescreve, em seu § 2.º, que a responsabilidade pelas despesas referentes a reparos no imóvel, bem como suas instalações, equipamentos e mobiliário, será: *a)* de todos os multiproprietários, quando decorrente uso normal e do desgaste natural do imóvel, o que é proporcional e razoável; *b)* exclusivamente do multiproprietário responsável pelo uso anormal, sem prejuízo de multa, quando decorrentes de uso anormal do imóvel.

Como parâmetros para a definição do uso anormal, serve mais uma vez de sustento a *regra dos 3s*, retirada do sempre citado art. 1.277 do Código Civil: "o proprietário ou o possuidor de um prédio tem o direito de fazer cessar as interferências prejudiciais à segurança, ao sossego e à saúde dos que o habitam, provocadas pela utilização de propriedade vizinha".

A título de exemplo, imagine-se a hipótese do proprietário que realizou uma interferência indevida no sítio em multipropriedade, construindo um *deck* para parar sua lancha. Além de responder por tal despesa, arcará com a multa que foi fixada previamente pelas partes, sem prejuízo de sua eventual responsabilização civil frente a terceiros.

Como última regra relativa aos direitos e deveres dos multiproprietários, mais uma vez a exemplo do que ocorre com o condomínio edilício (art. 1.334, § 2.º), o art. 1.358-K estatui que, para os efeitos do disposto a respeito do tema, são equiparados aos multiproprietários os promitentes compradores e os cessionários de direitos relativos a cada fração de tempo. Assim, aquilo que foi previamente determinado na instituição ou convenção da multipropriedade acaba por atingi-los, mesmo que tenham participado da deliberação do conteúdo, o que visa a efetivação prática da convenção.

Sobre a transferência da multipropriedade, o art. 1.358-L do Código Civil estabelece que a sua produção de efeitos perante terceiros, ou seja, os seus efeitos *erga omnes*, dar-se-ão na forma da lei civil e não dependerão da anuência ou cientificação dos demais multiproprietários. Para que ocorra essa eficácia perante terceiros, portanto, basta o registro da transmissão no Cartório do Registro de Imóveis. A lei, equivocadamente, fala em *transmissão da fração de tempo*. Em verdade, o tempo ainda não é reconhecido como bem jurídico tutelado de maneira consolidada no Direito Brasileiro. Assim, preferimos falar em transferência do direito de propriedade que se encontra fracionado entre pessoas diversas.

Conforme o § 1.º do art. 1.358-L, não haverá direito de preferência na alienação de fração de tempo, salvo se estabelecido no instrumento de instituição ou na convenção do condomínio em multipropriedade em favor dos demais multiproprietários ou do instituidor do condomínio em multipropriedade.

Em suma, não se aplica o direito de preempção ou prelação legal existente no caso de condomínio de coisa indivisível, como impõe o art. 504 do Código Civil, com o correspondente direito de adjudicação caso o condomínio seja preterido em sua preferência. Na multipropriedade, essa preempção é exceção, e não regra, devendo estar convencionada diante do atendimento de sua função social e econômica.

Sem prejuízo dessa regra, como pontua Marco Aurélio Bezerra de Melo, "contudo, se, no âmbito do poder de disposição, resolver o interesse em alugar a fração de tempo, aplicar-se-á o art. 1.323 do Código Civil, no qual há a obrigatoriedade de o condômino dar preferência aos demais condôminos em idênticas condições ao que se estabeleceria para um estranho" (MELO, Marco Aurélio Bezerra. *Código...*, 2019, p. 983). A dúvida relativa a essa posição doutrinária diz respeito à aplicação de norma restritiva por analogia. Mas, na verdade, tem-se um condomínio em ambos os casos, justificando-se a subsunção invocada.

Além disso, o art. 1.358-L, § 2.º, do CC/2002 prevê que o adquirente "será solidariamente responsável com o alienante pelas obrigações de que trata o § 5.º do art. 1.358-J deste Código caso não obtenha a declaração de inexistência de débitos referente à fração de tempo no momento de sua aquisição". Mais uma vez com base na doutrina de Marco Aurélio Bezerra de Melo, constante do nosso *Código Civil comentado*, nota-se a existência de um erro técnico no dispositivo, diante da vedação do último preceito:

> "O § 2.º deste artigo contém um erro material, pois o artigo se refere ao § 5.º do art. 1.358-J que fora vetado pelo Poder Executivo por receio de que houvesse o posicionamento de que não existiria solidariedade passiva em relação aos demais condôminos no tocante às

obrigações tributárias inadimplidas eventualmente por algum multiproprietário com relação à sua quota de responsabilidade. (...). Feita essa observação, na realidade, a lei estabelece que a obrigação *propter rem* decorrente das despesas condominiais da multipropriedade e do condomínio edilício, se houver, serão transferidas para o adquirente, assemelhando-se ao que prevê o art. 1.345 do Código Civil, o qual estabelece que o adquirente de unidade responde pelos débitos do alienante, em relação ao condomínio, inclusive multas e juros moratórios, sendo essa a regra genérica para o condomínio, enquanto que na multipropriedade, como reproduzido acima, há a previsão de solidariedade entre o adquirente e o alienante" (MELO, Marco Aurélio Bezerra. *Código...*, 2019, p. 983-984).

A hipótese, como se percebe, é de solidariedade passiva legal quanto aos débitos condominiais, o que visa a manter a higidez econômica da administração da multipropriedade. O Projeto de Reforma do Código Civil pretende corrigir mais erro técnico, passando o § 2º do art. 1.358-L a prever que "o adquirente será solidariamente responsável com o alienante pelos tributos, contribuições condominiais e outros encargos que já incidam sobre o imóvel, caso não obtenha a declaração de inexistência de débitos referente à fração de tempo no momento de sua aquisição". Espera-se, assim, a sua aprovação pelo Parlamento Brasileiro.

A propósito da efetivação da última regra, o art. 1.358-M prevê que a administração do imóvel e de suas instalações, equipamentos e mobiliário será de responsabilidade da pessoa indicada no instrumento de instituição ou na convenção de condomínio em multipropriedade, ou, na falta de indicação, de pessoa escolhida em assembleia geral dos condôminos. Esse administrador tem as mesmas atribuições do síndico, que atua no condomínio edilício. Não há qualquer óbice para que as partes convencionem também a presença de um subsíndico e um conselho fiscal.

Conforme o mesmo comando, esse administrador exercerá, além daquelas previstas no instrumento de instituição e na convenção de condomínio em multipropriedade, as seguintes atribuições:

I)   De coordenação da utilização do imóvel pelos multiproprietários durante o período correspondente a suas respectivas frações de tempo. A título de exemplo, o administrador poderá decidir sobre alguma questão sobre a qual divergem os condôminos.

II) Determinação, no caso dos sistemas flutuante ou misto, dos períodos concretos de uso e gozo exclusivos de cada multiproprietário em cada ano. Ilustrando, em havendo fracionamento sobre períodos festivos, como carnaval, festas juninas, ou natal, as atribuições de uso fracionado serão decididas por ele.

III) Decidir e efetivar a manutenção, a conservação e a limpeza do imóvel, o que inclui a necessidade de sua reforma.

IV) A troca ou substituição de instalações, equipamentos ou mobiliário, inclusive, caso dos eletrodomésticos como aparelho de televisão, de som, ar-condicionado, camas, armários e aparelhos de internet em *wi-fi*. Cabe ao administrador, nesse contexto, determinar o momento da troca ou da substituição; providenciar os orçamentos necessários para tanto e submeter os orçamentos à aprovação pela maioria simples dos condôminos em assembleia. Nos termos do § 2.º do próprio art. 1.358-M, a convenção de condomínio em multipropriedade poderá regrar de forma diversa atribuindo-a, por exemplo, à decisão de um ou a quórum qualificado dos condomínios.

V)   Elaboração do orçamento anual, com previsão das receitas e despesas, visando ao atendimento da finalidade a que se destina.

VI) Realizar a cobrança das quotas de custeio de responsabilidade dos multiproprietários.

VII) Efetivar o pagamento, por conta do condomínio edilício ou voluntário, com os fundos comuns arrecadados, de todas as despesas comuns.

O instrumento de instituição do condomínio em multipropriedade poderá prever fração de tempo destinada à realização, no imóvel e em suas instalações, em seus equipamentos e em seu mobiliário, de reparos indispensáveis ao exercício normal do direito de multipropriedade (art. 1.358-N do CC). Concretizando, se o imóvel estiver localizado em cidade praiana, poderá ser determinado que a reforma será realizada no mês de julho, no inverno.

Essa fração de tempo relativa aos reparos ou reformas poderá ser atribuída: *a)* ao próprio instituidor da multipropriedade; ou *b)* aos multiproprietários, proporcionalmente às respectivas frações (art. 1.358-N, § 1.º). Em caso de emergência, como se o imóvel for destruído por fortes chuvas, esses reparos poderão ser feitos durante o período correspondente à fração de tempo de um dos multiproprietários, que posteriormente deve ser compensado pela obstação do uso (art. 1.358-N, § 2.º).

Após as regras relativas à administração, foram inseridas disposições específicas referentes à multipropriedade instituída em unidades autônomas de condomínios edilícios. Nesse tratamento é que a lei apresenta os maiores problemas técnicos, na minha opinião doutrinária.

Enuncia o art. 1.358-O do Código Civil que o condomínio edilício poderá adotar o regime de multipropriedade em parte ou na totalidade de suas unidades autônomas, mediante duas possibilidades. A primeira é a previsão no instrumento de instituição do condomínio edilício, o que complementa o que consta do antes estudado art. 1.332 da codificação.

O parágrafo único do comando previsto no art. 1.358-O determina que, em casos tais, a iniciativa e a responsabilidade para a instituição do regime da multipropriedade serão atribuídas às mesmas pessoas e observarão os mesmos requisitos indicados nas alíneas *a, b* e *c* e no § 1.º do art. 31 da Lei 4.591, de 16 de dezembro de 1964, que trata da incorporação imobiliária. Essas pessoas e requisitos são: *a)* o proprietário do terreno, o promitente comprador, o cessionário deste ou promitente cessionário com título que apresente os documentos do art. 32 da mesma norma; *b)* o construtor; e *c)* o ente da Federação imitido na posse, a partir de decisão proferida em processo judicial de desapropriação em curso ou o cessionário deste, conforme comprovado mediante registro no Cartório de Imóveis competente.

A segunda possibilidade de inserção da multipropriedade em condomínio edilício se dá por deliberação da *maioria absoluta dos condôminos.* E a expressão "maioria absoluta" gera dúvidas práticas. Equivale ela à metade dos votos mais um, como é comum nas decisões relativas às pessoas jurídicas? Ou maioria absoluta representa 2/3 dos votos, que é comum para alteração da convenção, como consta do art. 1.351 do CC? Entendo que o legislador deveria ter deixado clara tal previsão, o que pode gerar dúvidas. Pela prática condominial, pelos usos comuns, nos termos do art. 113 do Código Civil, na falta de previsão a respeito dessa fração, deve-se aplicar o quórum de 2/3.

O Projeto de Reforma do Código Civil pretende corrigir a norma, resolvendo mais esse dilema e melhorando o seu conteúdo. Com isso, o art. 1.358-O do CC/2002 enunciará, em seu *caput,* que "o condomínio edilício já instituído poderá passar a adotar o regime de multipropriedade, quanto à parte ou quanto à totalidade de suas unidades autônomas, por deliberação tomada em instrumento público de retificação da instituição do condomínio, que será levada a registro". Em complemento, preverá o seu parágrafo único, "se não houver unanimidade dos condôminos quanto à transformação, será convocada assembleia para deliberar especificamente quanto a essa pretensão e a deliberação de dois terços da totalidade dos condôminos, tomada em ata registrada, será levada a registro em complemento à instituição do condomínio". Com isso, resolve-se mais um grave problema na regulamentação do instituto na Lei Civil, sendo imperiosa a sua aprovação pelo Parlamento Brasileiro.

Voltando-se ao sistema vigente, sobre a convenção de condomínio nesses imóveis em que há multipropriedade, o art. 1.358-P traz outros requisitos, além dos que constam dos arts. 1.332, 1.334 e, se for o caso, do 1.358-G do próprio Código Privado, a saber:

I) A identificação das unidades sujeitas ao regime da multipropriedade, no caso de empreendimentos mistos, em que existam imóveis em que há multipropriedade e outros não.

II) A indicação da duração das frações de tempo de cada unidade autônoma sujeita ao regime da multipropriedade.

III) A forma de rateio, entre os multiproprietários de uma mesma unidade autônoma, das contribuições condominiais relativas à unidade, que, salvo se disciplinada de forma diversa no instrumento de instituição ou na convenção de condomínio em multipropriedade, será proporcional à fração de tempo de cada multiproprietário, do mesmo modo como consta a respeito do condomínio edilício (art. 1.336, inc. I, do CC).

IV) A especificação das despesas ordinárias de condomínio, cujo custeio será obrigatório, independentemente do uso e gozo do imóvel e das áreas comuns.

V) Os órgãos de administração da multipropriedade, que pode ter um síndico, um subsíndico e um conselho fiscal, como ocorre comumente no condomínio edilício.

VI) A indicação, se for o caso, de que o empreendimento conta com sistema de administração de intercâmbio, na forma prevista no § 2.º do art. 23 da Lei 11.771, de 17 de setembro de 2008, seja do período de fruição da fração de tempo, seja do local de fruição, caso em que a responsabilidade e as obrigações da companhia de intercâmbio limitam-se ao contido na documentação de sua contratação.

VII) A competência para a imposição de sanções e o respectivo procedimento, especialmente nos casos de mora no cumprimento das obrigações de custeio e nos casos de descumprimento da obrigação de desocupar o imóvel até o dia e hora previstos. Para a imposição dessas sanções deve-se sempre atentar para o direito à ampla defesa e ao contraditório, como consta do antes estudado Enunciado n. 92, da *I Jornada de Direito*, quanto ao condomínio nocivo ou antissocial (art. 1.337 do CC). O Projeto de Reforma do Código Civil pretende alterar a norma para incluir menção à ampla defesa do seguinte modo: "a competência para a imposição de sanções, sempre atendido o direito à ampla defesa, e o respectivo procedimento, especialmente nos casos de mora no cumprimento das obrigações de custeio e nos casos de descumprimento da obrigação de desocupar o imóvel até o dia e hora previstos".

VIII) O quórum exigido para a deliberação de adjudicação da fração de tempo na hipótese de inadimplemento do respectivo multiproprietário, o que ainda será aqui abordado.

IX) O quórum exigido para a deliberação de alienação, pelo condomínio edilício, da fração de tempo adjudicada em virtude do inadimplemento do respectivo multiproprietário.

A lei trata, ainda, sobre o regimento interno dos condomínios edilícios em que há imóveis em multipropriedade (art. 1.358-Q do CC). São cláusulas obrigatórias em casos tais, sobre o cotidiano condominial:

I) Os direitos dos multiproprietários sobre as partes comuns do condomínio edilício, com as respectivas frações.

II) Os direitos e obrigações do administrador, inclusive quanto ao acesso ao imóvel para cumprimento do dever de manutenção, conservação e limpeza; o que novamente não pode ferir a privacidade dos seus ocupantes.

III) As condições e regras para uso das áreas comuns, como a piscina, o salão de festas e a academia e a quadra esportiva.

IV) Os procedimentos a serem observados para uso e gozo dos imóveis e das instalações, equipamentos e mobiliário destinados ao regime da multipropriedade, caso dos eletrodomésticos do imóvel.

V) O número máximo de pessoas que podem ocupar simultaneamente o imóvel no período correspondente a cada fração de tempo, o que novamente não pode restringir previamente o direito de uso, como no exemplo anterior de uma numerosa família que pretende passar as festas de fim de ano no imóvel.

VI) As regras de convivência entre os multiproprietários e os ocupantes de unidades autônomas não sujeitas ao regime da multipropriedade, quando se tratar de empreendimentos mistos, com alguns imóveis em regime de multipropriedade e outros não. Nesta previsão existirá debate intenso quanto à possibilidade de limitação de locação do imóvel em sistema de aplicativos, como antes pontuado quando do estudo do condomínio edilício, sendo certo que reitero a minha opinião doutrinária pela impossibilidade de vedação prévia.

VII) A forma de contribuição, destinação e gestão do fundo de reserva específico para cada imóvel, para reposição e manutenção dos equipamentos, instalações e mobiliário, sem prejuízo do fundo de reserva do próprio condomínio edilício.

VIII) A possibilidade de realização de assembleias não presenciais, inclusive por meio eletrônico, prática que não só pode como deve atingir o condomínio edilício sem imóveis em regime de multipropriedade.

IX) Os mecanismos de participação e representação dos titulares dos bens em multipropriedade.

X) O funcionamento do sistema de reserva, os meios de confirmação e os requisitos a serem cumpridos pelo multiproprietário quando não exercer diretamente sua faculdade de uso.

XI) A descrição dos serviços adicionais, se existentes, e as regras para seu uso e custeio. A ilustrar, imaginem-se os serviços de hotelaria que eventualmente possam ser oferecidos pelo condomínio.

Ademais, novamente como ocorre com o condomínio edilício, a norma estatui que o regimento interno poderá ser instituído por escritura pública ou por instrumento particular (art. 1.358-Q, parágrafo único).

Em flagrante inconstitucionalidade, ferindo a livre-iniciativa prevista no art. 170 do Texto Maior, expressa o novo art. 1.358-R do Código Civil que o condomínio edilício em que tenha sido instituído o regime de multipropriedade em parte ou na totalidade de suas unidades autônomas terá necessariamente um administrador profissional. Além do claro objetivo de reserva de mercado, fica a dúvida: quais os requisitos para o enquadramento como síndico profissional? A norma estabelece apenas, no seu § 5.º, que ele pode ser ou não um prestador de serviços de hospedagem. Há necessidade de alguma certificação profissional? O presente autor, que já atuou como síndico e subsíndico, escreve e leciona sobre o assunto, pode ser enquadrado como tal?

Além dessas dúvidas que já existem no caso concreto, a verdade é que me parece que tal restrição não pode ser imposta por colidir com a Constituição Federal de 1988. Por isso, no Projeto de Reforma do Código Civil pretende-se reparar o comando para que não mencione mais o "administrador profissional" e passa a administrar que ele seja também uma pessoa jurídica: "o condomínio edilício em que tenha sido instituído o regime de multipropriedade em parte ou na totalidade de suas unidades autônomas, terá necessariamente um administrador, que pode ser pessoa natural ou jurídica". Com isso, resolve-se mais um sério problema técnico na regulamentação da multipropriedade.

Voltando-se à norma vigente, sobre o prazo de duração do contrato de administração, ele será livremente convencionado, seja na convenção ou por assembleia dos condôminos (art. 1.358-R, § 1.º, do CC). Além disso, impõe-se que esse administrador do condomínio seja também o administrador de todos os condomínios em multipropriedade de suas unidades autônomas, o que mais uma vez parece ferir a livre-iniciativa (art. 1.358-R, § 2.º, do CC).

Esse administrador atua como mandatário legal de todos os multiproprietários, exclusivamente para a realização dos atos de gestão ordinária da multipropriedade, incluindo manutenção, conservação e limpeza do imóvel e de suas instalações, equipamentos e mobiliário (art. 1.358-R, § 3.º, do CC). O administrador poderá modificar o regimento interno quanto aos aspectos estritamente operacionais da gestão da multipropriedade no condomínio edilício (art. 1.358-R, § 4.º, do CC).

Como outra novidade de grande impacto, a Lei 13.777/2018 inclui a possibilidade de o condomínio edilício adjudicar a unidade multiproprietária inadimplente, resolvendo aquela polêmica que antes aqui foi exposta, que passa pelo debate de ser o condomínio edilício ou não uma pessoa jurídica. Prevê o novo art. 1.358-S do Código Civil que, "na hipótese de inadimplemento, por parte do multiproprietário, da obrigação de custeio das despesas ordinárias ou extraordinárias, é cabível, na forma da lei processual civil, a adjudicação ao condomínio edilício da fração de tempo correspondente".

A norma acabou por confirmar a visão contemporânea, por mim seguida, no sentido de ser sim o condomínio edilício uma pessoa jurídica de Direito Privado, conforme consta do antes citado Enunciado n. 90, da *I Jornada de Direito Civil*. Abre-se, portanto, a possibilidade jurídica plena para que o condomínio edilício adjudique todas as unidades inadimplentes, sejam de qualquer natureza, o que deve ser acompanhado amplamente pela jurisprudência.

Além disso, conforme o parágrafo único do art. 1.358-S, na hipótese de o imóvel objeto da multipropriedade ser parte integrante de empreendimento em que haja sistema de locação das frações de tempo, no qual os titulares possam ou sejam obrigados a locar suas frações de tempo exclusivamente por meio de uma administração única, repartindo entre si as receitas das locações independentemente da efetiva ocupação de cada unidade autônoma, poderá a convenção do condomínio edilício regrar que, em caso de inadimplência: *a)* o inadimplente fique proibido de utilizar o imóvel até a integral quitação da dívida; e *b)* a fração de tempo do inadimplente passe a integrar o *pool* da administradora.

Eis outra inconstitucionalidade na Lei 13.777/2018, que fere o direito fundamental de propriedade (art. 5.º, inc. XXII, da CF/1988), pois restringe automaticamente o atributo de uso e gozo, sem ação judicial. Pode-se falar, ainda, em inconstitucionalidade, por desrespeito à ampla defesa e ao contraditório (art. 5.º, inc. LV, da CF/1988).

Espero que assim decida e conclua o Poder Judiciário nacional, ficando claro que o legislador procurou fazer com que razões e motivações econômicas prevalecessem sobre institutos categóricos clássicos, inclusive com proteção constitucional. Como leciona novamente Marco Aurélio Bezerra de Melo, Desembargador do Tribunal de Justiça do Rio de Janeiro, "essa cláusula, em qualquer outra situação de condomínio edilício, não resiste a uma análise séria frente à Constituição Federal, conforme já assinalamos por ocasião da análise dos limites normativos da convenção de condomínio (item 6.1 deste capítulo). Assim, de ordinário, a inadimplência, ainda que reiterada, não pode possibilitar a privação do uso da unidade autônoma em atenção à proteção constitucional da propriedade privada (arts. 5.º, XXII, e 170, II) e, não raro, do próprio direito fundamental social da moradia (art. 6.º)" (MELO, Marco Aurélio Bezerra de. *Código...*, 2019, p. 988).

A par dessas lições doutrinárias, o Projeto de Reforma do Código Civil propõe a revogação expressa desse art. 1.358-S, a englobar o seu *caput* e o parágrafo único, o que virá em boa hora, diante dessas flagrantes inconstitucionalidades e de outros sérios problemas que passo a expor.

Sem prejuízo disso, em havendo o citado inadimplemento, o mesmo art. 1.358-S do CC/2002 enuncia que a administradora do sistema de locação fica automaticamente munida de poderes e obrigada a, por conta e ordem do inadimplente, utilizar a integralidade dos valores líquidos a que o inadimplente tiver direito para amortizar suas dívidas condominiais, seja do condomínio edilício, seja do condomínio em multipropriedade, até sua integral quitação, devendo eventual saldo ser imediatamente repassado ao multiproprietário.

Houve, portanto, a instituição de uma *anticrese legal* em favor da administradora, que poderá locar as unidades e utilizar os aluguéis para amortizar o que lhe é devido. Como essa medida é decorrência das anteriores, também há inconstitucionalidade na sua previsão.

Também com sério problema a respeito de sua constitucionalidade, mais uma vez por haver uma restrição indevida ao direito de propriedade, o art. 1.358-T do Código Civil estabelece que o multiproprietário somente poderá renunciar de forma translativa a seu direito de multipropriedade em favor do condomínio edilício. A renúncia translativa ou *in favorem* é estudada no âmbito do Direito das Sucessões, sendo aquela que beneficia determinada pessoa, equivalendo a uma doação.

A inconstitucionalidade se faz presente pela restrição da renúncia, não sendo possível a pura ou simples, sem a atribuição a qualquer um que seja, ou a outra pessoa que não o condomínio, caso de outro condômino. Mais uma vez, o objetivo do legislador foi de propiciar uma melhor efetivação econômica da multipropriedade, retirando a possibilidade de intervenção do Estado, caso a multipropriedade fique sem dono. Porém, esbarrou-se no texto constitucional. Por isso, como antes pontuado, é melhor revogar o comando, o que está sendo proposto pelo Projeto de Reforma do Código Civil.

Ademais, a lei, em mais uma flagrante inconstitucionalidade, preceitua que essa renúncia translativa só é admitida se o multiproprietário estiver em dia com as contribuições condominiais, com os tributos imobiliários e, se houver, com o foro ou a taxa de ocupação (art. 1.358-T, parágrafo único, do CC). Nota-se, mais uma vez, uma restrição indevida e incabível ao direito de propriedade, pelo simples fato de estar o multiproprietário inadimplente, razão pela qual a Comissão de Juristas encarregada da Reforma do Código Civil sugere a sua revogação expressa.

Como última regra constante do Código Civil, o seu art. 1.358-U prescreve que as convenções dos condomínios edilícios, os memoriais de loteamentos e os instrumentos de venda dos lotes em loteamentos urbanos poderão limitar ou impedir a instituição da multipropriedade nos respectivos imóveis, vedação que somente poderá ser alterada no mínimo pela maioria absoluta dos condôminos. Mais uma vez, existe polêmica sobre esse quórum, que deve ser entendido como de 2/3, pois essa é a prática condominial nos condomínios edilícios.

E, como não poderia ser diferente, o Projeto de Reforma do Código Civil pretende sanar esse dilema, passando a norma a enunciar expressamente qual é o quórum a ser aplicado, com a seguinte dicção: "Art. 1.358-U. As convenções dos condomínios edilícios, os memoriais de loteamentos e os instrumentos de venda dos lotes em loteamentos urbanos poderão limitar ou impedir a instituição da multipropriedade nos respectivos imóveis, vedação que somente poderá ser alterada no mínimo pela deliberação de dois terços dos condôminos".

Como outra temática importante sobre o instituto, oportuno anotar que a Lei 13.777/2018 incluiu modificações na Lei de Registros Públicos (Lei 6.015/73). A primeira delas é que passa a ser possível, nos termos do seu art. 176, § 1.º, inc. II, número 6, o registro no Cartório de Imóveis dos bens em regime de multipropriedade, sendo necessária uma matrícula para cada uma dessas frações, o que gerará grandes problemas práticos. Sobre tal necessidade, vejamos mais uma vez as palavras de Carlos Eduardo Elias de Oliveira, que apresenta as justificativas desta exigência:

> "Há necessidade de abertura de matrícula para cada unidade periódica. Isso significa que cada unidade imobiliária é um imóvel autônomo, como sucede com as unidades no condomínio edifício. É o que reza o princípio da unitariedade matricial, segundo o qual cada imóvel tem de corresponder a uma matrícula. Também dá conta disso o fato de que uma mesma pessoa pode ser titular de todas as unidades periódicas relativas a um mesmo imóvel sem extinção do condomínio multiproprietário (art. 1.358-C, parágrafo único, CC).
>
> Portanto, a multipropriedade cria um direito de propriedade periódico a cada multiproprietário. Em outras palavras, o multiproprietário é titular de um direito real sobre coisa própria, porque titula um direito de propriedade com dimensão espaço-temporal. (...). Por curiosidade, destaque-se que Portugal não disciplinou a multipropriedade como um condomínio, mas como um direito real de habitação periódico. Preferiu, pois, disciplinar o instituto como um direito real sobre coisa alheia" (OLIVEIRA, Carlos Eduardo Elias de. Considerações..., p. 6-7. Disponível em: <www.flaviotartuce.adv.br>. Acesso em: 26 ago. 2019).

Isso é confirmado pelo novo § 10 do seu art. 176, segundo o qual, quando o imóvel se destinar ao regime da multipropriedade, além da matrícula do imóvel, haverá uma matrícula para cada fração de tempo, na qual se registrarão e averbarão os atos referentes à respectiva fração de tempo. Além disso, cada fração de tempo poderá, em função de legislação tributária municipal, ser objeto de inscrição imobiliária individualizada (§ 11). Em havendo fração de tempo adicional destinada à realização de reparos, constará da matrícula relativa à fração de tempo principal de cada multiproprietário e não será objeto de matrícula específica (§ 12).

Como último tema a ser pontuado neste tópico, o Código Civil nada trata hoje a respeito da multipropriedade mobiliária que tem se expandido na prática nos últimos anos, sobretudo tratando-se de aeronaves, veículos e embarcações, sendo imperiosa e urgente a sua inclusão na Lei Geral Privada, no meu entender.

Por isso, a Comissão de Juristas encarregada da Reforma do Código Civil, e constituída no âmbito do Senado Federal, sugere a inclusão de um novo art. 1.358-V da Lei Civil, com um tratamento legal mínimo para essa hipótese. De início, o seu *caput* preverá que "aplica-se, no que couber, o disposto sobre condomínio multiproprietário imobiliário para o condomínio multiproprietário mobiliário, observado o disposto neste Capítulo". Em continuidade, a instituição desse condomínio multiproprietário de móveis e a oponibilidade da convenção perante terceiros serão aperfeiçoados pelo registro do instrumento de sua instituição no Cartório de Títulos e Documentos do domicílio de cada um dos condôminos ou, tratando-se de veículos ou de embarcações, na repartição competente para o licenciamento ou a inscrição respectiva, fazendo-se a anotação de todos os proprietários no certificado de registro (§ 1º).

Feito esse registro, a coisa será tida como de propriedade de todos os multiproprietários que, solidariamente, respondem, com garantia real de penhor, pelos créditos de terceiros, derivados de: *a)* danos por fato da coisa; e *b)* obrigações decorrentes de reparos, guarda ou conservação da coisa, assumidas por qualquer titular da unidade mobiliária (§ 2º do novo art. 1.358-V). A previsão do penhor é importante para a satisfação dessas obrigações em relação a terceiros, trazendo a eles a esperada segurança jurídica.

Se não for realizado esse registro, responderá o proprietário único, o possuidor ou o detentor, pelos danos relacionados à coisa, sem prejuízo de ficar demonstrado que havia multipropriedade de fato e existente corresponsabilidade solidária de todos os multiproprietários, nos casos e na forma do art. 942 do próprio Código Civil (§ 3º do novo art. 1.358-V). Ficará assegurado aos condôminos multiproprietários o direito de regresso contra o titular da unidade mobiliária periódica em razão de cuja conduta surgiu o crédito, independentemente de sua culpa (§ 4º).

Como exceção dessa responsabilização pelos danos causados ou decorrentes do bem móvel, o condômino multiproprietário não responderá por obrigações civis, tributárias e administrativas decorrentes das demais unidades mobiliárias periódicas ou do uso da coisa pelo respectivo condômino multiproprietário (§ 5º). Nos casos de danos provocados a terceiros em razão do uso da coisa, é vedada a responsabilização dos condôminos multiproprietários cujo período de uso não coincida com a data do dano, respeitado, porém, o penhor legal previsto na norma anterior (projetado § 6º do art. 1.358-V).

Também serão considerados como bem móvel a unidade mobiliária periódica, os direitos reais sobre ela e as respectivas ações relacionadas a esses bens, com todos os efeitos jurídicos correlatos (§ 7º). Cite-se, como exemplo, o direito de nua propriedade que se tenha sobre uma aeronave, em caso de instituição de seu usufruto.

Como última previsão proposta pela Comissão de Juristas, a averbação de eventual contrato de administração multiproprietária, na hipótese de condomínio multiproprietário mobiliário, também deve ser registrada na forma do que está no próprio comando (projetado § 8º do art. 1.358-V do Código Civil). Em prol da segurança jurídica, da previsibilidade e da estabilidade das relações privadas, espera-se a sua aprovação pelo Parlamento Brasileiro.

Como se pode perceber, além das inconstitucionalidades, omissões e desvios categóricos citados e analisados, a Lei 13.777/2018 apresenta muitos problemas práticos e lacunas, que devem ser solucionados pela doutrina e pela jurisprudência, até a aprovação do Projeto de Reforma do Código Civil.

Na verdade, o prazo da *vacatio legis* da Lei da Multipropriedade deveria ter sido prorrogado, para que a comunidade jurídica tivesse mais bem debatido o seu conteúdo. Não tendo isso ocorrido, cabe aos nossos Tribunais fazer a correção das diversas falhas cometidas pelo legislador, até que a lei seja alterada, o que é urgente.

5.7 RESUMO ESQUEMÁTICO

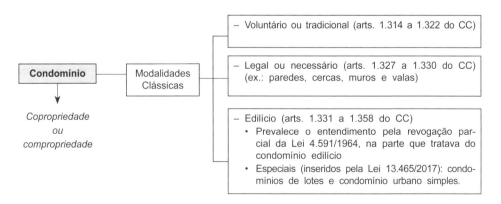

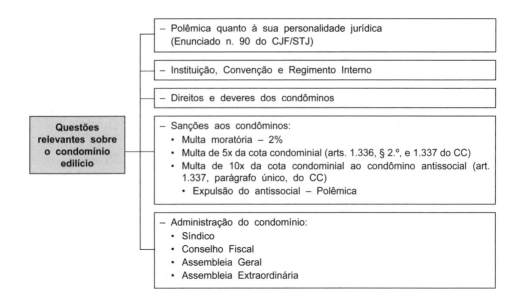

5.8 QUESTÕES CORRELATAS

01. (TJ – SC – FCC – Juiz Substituto – 2015) No condomínio edilício, cada condômino concorrerá nas despesas do condomínio na proporção

(A) da respectiva área de suas unidades autônomas, salvo disposição em contrário na convenção, e se não pagar ficará sujeito aos juros moratórios convencionados, ou não sendo previstos, os de dois por cento ao mês e multa de até dez por cento sobre o débito.

(B) das suas frações ideais, salvo disposição em contrário na convenção, e se não pagar ficará sujeito aos juros moratórios convencionados ou, não sendo previstos, os de um por cento ao mês e multa de até dois por cento sobre o débito.

(C) da respectiva área de suas unidades autônomas, salvo disposição em contrário na convenção, e se não pagar ficará sujeito aos juros moratórios convencionados ou, não sendo previstos, os de um por cento ao mês e multa de até dois por cento sobre o débito.

(D) de suas frações ideais, não podendo a convenção estabelecer outro critério de cobrança, e se não pagar ficará sujeito aos juros moratórios convencionados ou, não sendo previstos, os de um por cento ao mês e multa de até dois por cento sobre o débito.

(E) das suas frações ideais, salvo disposição em contrário na convenção e se não pagar ficará sujeito aos juros moratórios convencionados ou, não sendo previstos, os de dois por cento ao mês e multa de até vinte por cento sobre o débito.

02. (TJ – PE – FCC – Juiz Substituto – 2015) Em Assembleia Geral Extraordinária do Condomínio Edifício Parque das Aves, e para a qual todos os condôminos foram convocados, por maioria absoluta de votos foi deliberada a cobrança de uma contribuição mais alta dos condôminos em cujas unidades haviam sido realizadas reformas que as valorizaram e cujos proprietários ocupam as duas vagas de garagem pertencentes a cada apartamento, enquanto a maioria dos moradores só ocupava uma delas. Essa deliberação é

(A) inválida, porque, salvo disposição em contrário na convenção, a contribuição para as despesas do condomínio deve ser proporcional à fração ideal atribuída a cada unidade.

(B) inválida, porque, em um condomínio, deve ser igual a contribuição dos condôminos, independentemente do valor da unidade autônoma.

(C) válida, porque a decisão foi tomada em assembleia geral extraordinária, por maioria absoluta, atendendo à disposição legal que rege a matéria concernente à cobrança de despesas condominiais.

CAP. 5 · DO CONDOMÍNIO | **429**

(D) inválida, porque salvo disposição em contrário da convenção, a contribuição para as despesas do condomínio deve ser proporcional à área de cada unidade.

(E) válida, porque as decisões tomadas em assembleia regularmente convocada sempre obrigam a todos os condôminos.

03. (TJ – MS – IESES – Titular de Serviços de Notas e de Registros – 2014) Sobre o condomínio, responda as questões:

I – No condomínio voluntário, cada condômino é obrigado, na proporção de sua parte, a concorrer para as despesas de conservação ou divisão da coisa, e a suportar os ônus a que estiver sujeita.

II – Se o condômino renunciar à sua parte ideal, poderá eximir-se do pagamento das despesas e dívidas da coisa.

III – O condômino que assume o pagamento das dívidas do condômino renunciante adquire a sua parte ideal na proporção dos pagamentos que fizer.

Assinale a correta:

(A) Todas as assertivas são verdadeiras.

(B) Todas as assertivas são falsas.

(C) Apenas a assertiva II é verdadeira.

(D) Apenas as assertivas I e II são verdadeiras.

04. (TJ – SP – VUNESP – Titular de Serviços de Notas e de Registros – 2014) Assinale a alternativa correta.

(A) Quando a coisa for indivisível, e os consortes não quiserem adjudicá-la a um só, indenizando os outros, será vendida e repartido o apurado, preferindo-se, na venda, em condições iguais de oferta, o condômino ao estranho, e entre os condôminos o de quinhão maior, mesmo que outro tenha realizado benfeitorias mais valiosas.

(B) Não é admitida a renúncia da parte ideal pelo condômino, ainda que para se eximir do pagamento das despesas e dívidas.

(C) Por ser fonte de litígio, será lícito ao condômino exigir, a qualquer tempo, a divisão da coisa comum, desde que não haja acordo estipulando a indivisibilidade por prazo não maior de dez anos, vedada a prorrogação ulterior e ressalvada a possibilidade da divisão judicial antes do prazo acordado, a requerimento de qualquer interessado e se graves as razões apresentadas.

(D) Se o teor do registro não exprimir a verdade, poderá o interessado reclamar que se retifique ou anule e, uma vez cancelado, poderá o proprietário reivindicar o imóvel, independentemente da boa-fé ou do título do terceiro adquirente, salvo se decorrido o prazo de usucapião tabular.

05. (VUNESP – TJ-SP – Titular de Serviços de Notas e Registros – 2016) É correto asseverar, acerca do condomínio, que:

(A) a convenção do condomínio dever ser registrada no Registro de Imóveis, com eficácia constitutiva.

(B) no condomínio edilício, salvo a unidade do zelador, nenhuma outra pode ser privada de acesso à via pública.

(C) a cada unidade imobiliária caberá, como parte inseparável, uma fração ideal no solo e nas demais partes comuns.

(D) no condomínio geral, cada condômino pode usar a coisa no limite proporcional de sua parte ideal.

06. (CESPE – DPE-RN – Defensor Público – 2015) No que se refere às disposições acerca de condomínio, aos direitos sobre coisa alheia e à propriedade fiduciária, assinale a opção correta

(A) A alienação da nua propriedade em hasta pública é, segundo o Código Civil, causa de extinção do direito real de usufruto.

(B) Para o STJ, afronta o direito de propriedade e sua função social a decisão da assembleia geral de condôminos que determina a suspensão de serviços essenciais em decorrência da inadimplência de taxa condominial, já que o débito deve ser cobrado pelos meios legais.

430 | DIREITO CIVIL • VOL. 4 – *Flávio Tartuce*

(C) O Código Civil não veda ao condômino dar posse, uso ou gozo da propriedade a estranhos sem a prévia aquiescência dos demais condôminos.

(D) De acordo com a legislação civil, o direito de superfície pode ser transferido a terceiro mediante prévio pagamento do valor estipulado pelo concedente para a respectiva transferência.

(E) O contrato celebrado pelas partes que tenha por objeto a constituição da propriedade fiduciária poderá conter cláusula que autorize o proprietário fiduciário a ficar com a coisa alienada em garantia, caso a dívida não seja paga no vencimento.

07. (FCC – TJ-SE – Juiz Substituto – 2015) No condomínio em edificações, o síndico será eleito na forma prevista:

(A) em lei, cujo mandato será de 1 ano, permitidas reeleições, sendo que as funções administrativas podem ser delegadas a outras pessoas, de livre escolha da assembleia geral dos condôminos.

(B) em lei, cujo mandato não poderá exceder a prazo máximo fixado também em lei, sendo que as funções administrativas podem ser delegadas a pessoas de sua confiança e sob a sua inteira responsabilidade, mediante aprovação da assembleia geral dos condôminos, salvo disposição em contrário da convenção.

(C) na convenção, cujo mandato não poderá exceder o prazo máximo estabelecido em lei, o qual poderá renovar-se, sendo que as funções administrativas podem ser delegadas a pessoas de sua confiança e sob a sua inteira responsabilidade, mediante aprovação da assembleia geral dos condôminos, salvo disposição em contrário da convenção.

(D) na convenção, cujo mandato será de prazo fixado em lei, admitida a reeleição por uma única vez, sendo que as funções administrativas poderão ser delegadas a pessoas físicas ou jurídicas de sua confiança e sob sua responsabilidade, mediante aprovação da assembleia geral de condôminos.

(E) na convenção, cujo mandato será de 2 anos, admitidas reeleições, sendo que as funções administrativas poderão ser delegadas a pessoas de sua confiança e sob sua responsabilidade, independentemente de aprovação da assembleia dos condôminos, desde que ratificada a escolha por um conselho fiscal, salvo disposição em contrário na convenção.

08. (CONSULPLAN – TJ-MG – Titular de Serviços e Notas e de Registro – 2015) Sobre o condomínio edilício, nos termos do Código Civil brasileiro, analise as seguintes afirmações:

I – As despesas relativas a partes comuns de uso exclusivo de um condômino, ou de alguns deles, incumbem a quem delas se serve.

II – A realização de obras no condomínio, se voluptuárias, dependem do voto de dois terços dos condôminos.

III – O adquirente de unidade responde pelos débitos do alienante, em relação ao condomínio, salvo multas e juros moratórios.

Está correto somente o que se afirma em:

(A) I

(B) II

(C) I e II

(D) I e III

09. (VUNESP – TJ-SP – Titular de Serviços de Notas e Registros – 2016) Conforme a jurisprudência do Conselho Superior da Magistratura do Tribunal de Justiça do Estado de São Paulo, o condomínio edilício:

(A) embora desprovido de personalidade jurídica, tem irrestrita aptidão para adquirir bens imóveis, pois sujeito de direito.

(B) pode adquirir bens imóveis, nas situações envolvendo alienação judicial de unidades autônomas de condôminos que deixaram de pagar as contribuições condominiais.

(C) tem personalidade jurídica, e não apenas para fins tributários.

(D) o condomínio edilício, embora sujeito de direito, não pode adquirir propriedade imóvel.

CAP. 5 · DO CONDOMÍNIO | 431

10. **(MPE-PR – Promotor Substituto – 2017) Sobre condomínio em edifícios, assinale a alternativa incorreta:**

(A) As partes suscetíveis de utilização independente podem ser alienadas e gravadas livremente por seus proprietários.

(B) Os abrigos para veículos não poderão ser alienados ou alugados a pessoas estranhas ao condomínio, salvo autorização expressa na convenção de condomínio.

(C) O condomínio edilício pode ser instituído por ato *inter vivos*, sendo vedada sua instituição por testamento.

(D) É sempre obrigatório o seguro de toda a edificação contra o risco de incêndio ou destruição, total ou parcial.

(E) As despesas relativas a partes comuns de uso exclusivo de um condômino, ou de alguns deles, incumbem a quem delas se serve.

11. **(TJMG – CONSULPLAN – Titular de Serviços de Notas e de Registros – Remoção – 2017) Nos termos do Código Civil, relativamente a condomínio, não constituem deveres do condômino:**

(A) Não realizar obras que comprometam a segurança da edificação.

(B) Não alterar a forma e a cor da fachada, das partes e esquadrias externas.

(C) Contribuir para as despesas do condomínio e apenas na proporção das suas frações ideais.

(D) Dar às suas partes a mesma destinação que tem a edificação, e não as utilizar de maneira prejudicial ao sossego, salubridade e segurança dos possuidores, ou aos bons costumes.

12. **(TRF – 2ª Região – Juiz Federal Substituto – 2017) Caio, Tício, Mévio e Sinfrônio são condôminos de um apartamento. Caio vende sua parte a Tício, sem consultar os outros comproprietários. Assinale a opção correta:**

(A) Mévio, titular da maior fração ideal sobre o bem, pode obter a resolução da venda e adjudicar para si a parte vendida, depositando o preço pago por Tício dentro do prazo decadencial indicado em lei.

(B) Sinfrônio, titular de benfeitorias mais valiosas incorporadas ao bem, pode obter a resolução do negócio e adjudicar a parte vendida, depositando judicialmente o preço pago dentro do prazo decadencial indicado em lei.

(C) Mévio, titular da maior fração ideal sobre o bem, pode obter a resolução da venda e adjudicar para si a parte alienada, depositando o preço pago por Tício no prazo prescricional indicado em lei.

(D) Sinfrônio, titular de benfeitorias mais valiosas incorporadas ao bem, pode obter a resolução do negócio e adjudicar a parte vendida, depositando judicialmente o preço pago no prazo prescricional indicado em lei.

(E) Nem Mévio e nem Sinfrônio têm direito de preferência sobre a parte alienada.

13. **(TJRO – IESES – Titular de Serviços de Notas e de Registros – Remoção – 2017) São atribuições dos síndicos de condomínios edilícios, entre outras:**

I. Realizar o seguro da edificação.

II. Elaborar o orçamento da receita e da despesa relativa a cada ano.

III. Convocar a assembleia dos condôminos.

IV. Cobrar dos condôminos as suas contribuições, bem como impor e cobrar as multas devidas.

A sequência correta é:

(A) Apenas as assertivas II, III, IV estão corretas.

(B) Apenas as assertivas II e IV estão corretas.

(C) As assertivas I, II, III e IV estão corretas.

(D) Apenas a assertiva IV está correta.

432 | DIREITO CIVIL • VOL. 4 – *Flávio Tartuce*

14. **(TJMG – CONSULPLAN – Titular de Serviços de Notas e de Registros – Remoção – 2017) Acerca do condomínio edilício, assinale a alterativa correta:**

(A) Depende da aprovação de 2/3 (dois terços) dos votos dos condôminos a alteração da convenção; a mudança da destinação do edifício, ou da unidade imobiliária, depende da aprovação pela unanimidade dos condôminos.

(B) A convenção que constitui o condomínio edilício deve ser subscrita pelos titulares de, no mínimo, cinquenta por cento das frações ideais e torna-se, desde logo, obrigatória para os titulares de direito sobre as unidades, ou para quantos sobre elas tenham posse ou detenção.

(C) Institui-se o condomínio edilício por ato entre vivos, registrado no Cartório de Registro de Imóveis, não podendo ser constituído por testamento.

(D) As partes suscetíveis de utilização independente sujeitam-se a propriedade exclusiva, podendo ser alienadas e gravadas livremente por seus proprietários a quem quer que seja, inclusive os abrigos para veículos, se silente a convenção de condomínio.

15. **(TJMG – CONSULPLAN – Titular de Serviços de Notas e de Registros – Remoção – 2017) Quanto às despesas de condomínio e deveres dos condôminos, na forma do artigo 1.336 do Código Civil, é correto afirmar que:**

(A) O condômino que não pagar a sua contribuição ficará sujeito aos juros moratórios de 1% ao mês, já que não pode convenção de condomínio impor taxa de juros para caso de mora, sob pena de estar legislando, e mais a multa de 2% sobre o débito.

(B) O condômino que não pagar a sua contribuição ficará sujeito aos juros moratórios de um por cento ao mês e multa de até 10% sobre o débito, multa esta se prevista na Convenção de Condomínio.

(C) O condômino que não pagar a sua contribuição ficará sujeito aos juros moratórios convencionados ou, não sendo previstos, os de um por cento ao mês e multa de até 10% sobre o débito, já que não se trata de relação de consumo e, sim, de legislação específica sobre condomínio.

(D) O condômino que não pagar a sua contribuição ficará sujeito aos juros moratórios convencionados, se previstos na Convenção de Condomínio, se aprovada esta com as formalidades e requisitos legais, e mais multa de até dois por cento sobre o débito.

16. **(ALERJ – FGV – Procurador – 2017) Em condomínio edilício, verificou-se o uso exclusivo de área comum, durante mais de 30 (trinta) anos, por condôminos proprietários de duas unidades autônomas, sendo estes os únicos com acesso ao local, contando também com autorização do condomínio por deliberação em assembleia e tendo realizado diversas benfeitorias no local.**

Diante da pretensão do condomínio de retomar a área comum, alegando interesse na construção de estacionamento, a solução adequada, de acordo com a jurisprudência do Superior Tribunal de Justiça, consiste em:

(A) garantir a retomada da área comum pelo condomínio, condenando os proprietários a ressarcir o condomínio em razão do enriquecimento sem causa que obtiveram pelo uso exclusivo da área comum, para cuja conservação concorrem, de forma equânime, todos os condôminos;

(B) declarar a aquisição da propriedade da área comum pelos condôminos em razão da usucapião, tendo em vista o período superior a 30 (trinta) anos em que exerceram a posse sobre o bem;

(C) garantir a retomada da área comum pelo condomínio, vez que posse exercida por coproprietários de unidades autônomas sobre área comum não é dotada de animus domini e, portanto, não pode gerar a aquisição por usucapião;

(D) garantir a retomada da área comum pelo condomínio, com a indenização de benfeitorias realizadas pelos proprietários que a utilizaram com exclusividade;

(E) manter a situação dos proprietários das unidades autônomas sobre a área comum, por aplicação do princípio da boa-fé objetiva, que incide para tutelar a legítima expectativa dos proprietários que, por mais de 30 (trinta) anos, utilizaram com exclusividade a área com autorização da assembleia.

17. **(TJ-AM – Titular de Serviços de Notas e de Registros – Provimento – ESES – 2018) Em relação ao condomínio, assinale a correta:**

(A) Não pode o condômino eximir-se do pagamento das despesas e dívidas, renunciando à parte ideal.

CAP. 5 · DO CONDOMÍNIO | 433

(B) Não podem os condôminos acordar que fique indivisa a coisa comum por prazo determinado, sendo lícito exigir a divisão da coisa comum a qualquer tempo.

(C) O condomínio de coisa indivisível não pode vender a sua parte a estranhos, se outro consorte a quiser, tanto por tanto. Sendo muitos os condôminos, preferirá o que tiver benfeitorias de maior valor e, na falta de benfeitorias, o de quinhão maior.

(D) Cada condômino pode usar da coisa conforme sua destinação, sobre ela exercer todos os direitos compatíveis com a indivisão, reivindicá-la de terceiro, defender a sua posse e alhear a respectiva parte ideal, ou gravá-la., bem como dar posse, uso ou gozo dela a estranhos, independente do consenso dos outros.

18. (Prefeitura de Jaguariúna – SP – Procurador Jurídico – Orhion Consultoria – 2018) Sobre condomínio, assinale a alternativa INCORRETA:

(A) O proprietário que tiver direito a estremar um imóvel com paredes, cercas, muros, valas ou valados, tê-lo-á igualmente a adquirir meação na parede, muro, valado ou cerca do vizinho, embolsando-lhe metade do gasto havido com a obra.

(B) Cada condômino pode usar da coisa conforme sua destinação, sobre ela exercer todos os direitos compatíveis com a indivisão, reivindicá-la de terceiro, defender a sua posse e alhear a respectiva parte ideal, ou gravá-la.

(C) Cada condômino responde aos outros pelos frutos que percebeu da coisa e pelo dano que lhe causou.

(D) Deliberando a maioria sobre a administração da coisa comum, escolherá o administrador, que poderá ser estranho ao condomínio; resolvendo alugá-la, preferir-se-á, em condições iguais, o condômino ao que não o é.

19. (TJ-MG – Titular de Serviços de Notas e de Registros – Provimento – CONSULPLAN – 2017) No condomínio edilício, são direitos dos condôminos, EXCETO:

(A) em dar a sua unidade destinação diversa da estipulada.

(B) fruir livremente das suas unidades.

(C) usar as partes comuns, conforme sua destinação, desde que não exclua a utilização dos demais possuidores.

(D) participar das assembleias e votar nas deliberações, desde que estejam quites com as contribuições para as despesas.

20. (TJ-RJ – Juiz Leigo – VUNESP – 2018) Márcio, Hilda e Daniel, irmãos, decidiram, juntos, comprar uma casa de veraneio em Búzios. Márcio comprou duas quotas, Hilda uma e Daniel duas. Ficou estabelecido que haveria um rodízio para a utilização da casa.

Sobre a situação hipotética, assinale a alternativa correta.

(A) Hilda poderá alterar a destinação da casa de veraneio para pousada nos períodos estabelecidos para a sua utilização.

(B) Cada um dos três condôminos é obrigado a concorrer com um terço das despesas de conservação da casa de veraneio e a suportar os ônus a que estiver sujeita.

(C) A todo tempo será lícito ao condômino exigir a divisão da coisa comum, respondendo o quinhão de cada um pela sua parte nas despesas da divisão.

(D) Se Hilda contraiu uma dívida em proveito da comunhão e durante ela, a dívida obriga, automaticamente, a todos os condôminos.

(E) Hilda, Márcio e Daniel podem acordar que fique indivisa a coisa comum por prazo não maior de cinco anos, insuscetível de prorrogação.

21. (Defensor Público – DPE-DF – CESPE – 2019) A respeito de condomínio em multipropriedade, julgue o item subsequente.

A multipropriedade somente poderá ser instituída por ato entre vivos registrado em cartório de registro de imóveis, com a necessária indicação da duração dos períodos de cada fração de tempo.

( ) Certo

( ) Errado

434 | DIREITO CIVIL • VOL. 4 – *Flávio Tartuce*

22. **(Defensor Público – DPE-DF – CESPE – 2019) A respeito de condomínio em multipropriedade, julgue o item subsequente.**

O regime da multipropriedade poderá ser adotado por condomínio edilício na totalidade de suas unidades autônomas, por meio da deliberação da maioria absoluta dos condôminos.

( ) Certo

( ) Errado

23. **(Titular de Serviços de Notas e de Registros – Provimento – TJ-RS – VUNESP – 2019) Assinale a alternativa correta sobre o condomínio em multipropriedade.**

(A) A instituição da multipropriedade independe de registro do ato no Cartório de Registro de Imóveis.

(B) A multipropriedade se extinguirá automaticamente se todas as frações de tempo forem do mesmo multiproprietário.

(C) O imóvel objeto da multipropriedade não se sujeita à ação de extinção de condomínio.

(D) A transferência do direito de multipropriedade dependerá da cientificação dos demais multiproprietários, devendo ser respeitado o direito de preferência destes.

(E) Ao condomínio edilício é vedado adotar o regime de multipropriedade apenas em parte de suas unidades autônomas.

24. **(Titular de Serviços de Notas e de Registros – Remoção – TJ-PR – NC-UFPR – 2019) Marta, síndica do Condomínio Portal da Luz, tornou-se conhecida entre os moradores por aplicar multas infundadas e exigir obrigações não previstas em Convenção de Condomínio, tampouco em Regimento Interno. O caso mais emblemático surgiu quando Marta proibiu os moradores de receberem visitantes entre o período de Natal e Ano Novo, sob o pretexto de que haveria muito barulho e poderia, assim, haver reclamações dos moradores das unidades autônomas. Levando em consideração o caso acima e com base no Código Civil brasileiro, assinale a alternativa correta.**

(A) Não poderá a assembleia extraordinária investir outra pessoa, em lugar da síndica, em poderes de representação, restando aos moradores ajuizar ação competente a fim de resguardar os seus interesses individuais.

(B) Mesmo que Marta decida colaborar com a administração do condomínio e com o sossego dos moradores desistindo da gestão do condomínio, ainda assim somente poderá ser destituída por meio de ação autônoma, não podendo transferir a outrem, total ou parcialmente, os poderes de representação que lhe foram outorgados por meio de votação em assembleia específica.

(C) Marta somente poderá ser destituída do cargo de síndica após ouvidos o Ministério Público, em se tratando de Condomínio Edilício.

(D) Marta pode ser destituída da administração do condomínio pelo voto de um terço (1/3) dos membros da assembleia extraordinária, constituída para o fim específico de sanar os abusos da síndica.

(E) Marta pode ser destituída da administração do condomínio pelo voto da maioria absoluta dos membros da assembleia extraordinária, constituída para o fim específico de sanar os abusos da síndica.

25. **(Titular de Serviços de Notas e de Registros – Remoção – TJ-RS – VUNESP – 2019) Acerca do condomínio em multipropriedade, é correto afirmar que**

(A) o instrumento de instituição da multipropriedade poderá estabelecer o limite máximo de frações de tempo no mesmo imóvel que poderão ser detidas pela mesma pessoa natural ou jurídica.

(B) a multipropriedade se extinguirá automaticamente, se todas as frações de tempo forem do mesmo multiproprietário.

(C) o imóvel objeto da multipropriedade é indivisível, não se sujeitando à ação de divisão ou de extinção de condomínio, mas não inclui as instalações, os equipamentos e o mobiliário destinados a seu uso e gozo.

(D) o período correspondente a cada fração de tempo será de, no mínimo, 30 (trinta) dias, seguidos ou intercalados, e poderá ser fixo e determinado, no mesmo período de cada ano ou flutuante.

(E) a transferência do direito de multipropriedade e a sua produção de efeitos perante terceiros dar-se-ão na forma da lei civil e não dependerão da anuência dos demais multiproprietários que têm, salvo disposição em sentido contrário, direito de preferência na aquisição de fração de tempo.

CAP. 5 · DO CONDOMÍNIO | 435

26. **(Procurador do Estado – PGE-PB – Cespe/Cebraspe – 2021) Condomínio edilício tem natureza jurídica de**

(A) associação.

(B) ente despersonalizado.

(C) sociedade de fato.

(D) sociedade simples.

(E) fundação.

27. **(Promotor de Justiça – MPE-RS – MPE-RS – 2021) No que toca ao regime legal da multipropriedade, é correto afirmar que**

(A) a multipropriedade se extinguirá automaticamente se todas as frações de tempo se consolidarem no mesmo proprietário.

(B) a transferência do direito de multipropriedade e a sua eficácia perante terceiros, de acordo com a regra geral, não dependerão da anuência ou da cientificação dos demais multiproprietários.

(C) o multiproprietário poderá alterar o mobiliário e os equipamentos do imóvel.

(D) o imóvel objeto da multipropriedade é indivisível, não se sujeita à ação de divisão, mas é compatível com a ação de extinção de condomínio.

(E) cada fração de tempo será de, no mínimo, sete dias e poderá ser dividida.

28. **(Juiz Substituto – TJSC – FGV – 2022) Vinícius comprou de Rejane um apartamento em um condomínio edilício, mas depois da imissão na posse e transcrição no registro veio a descobrir que a antiga proprietária deixou inadimplidas obrigações antigas relativas à taxa condominial, as quais o condomínio está agora exigindo de Vinícius. Sobre o caso, é correto afirmar que Vinícius:**

(A) não é responsável pelo adimplemento dessas obrigações, que são de responsabilidade do proprietário ao tempo de seu vencimento, cabendo ao condomínio exigi-las diretamente de Rejane;

(B) é responsável pelo adimplemento dessas obrigações, mas não pode o próprio apartamento ser penhorado em caso de inadimplemento, nem tem direito de regresso em face de Rejane;

(C) é responsável pelo adimplemento dessas obrigações, mas não pode o próprio apartamento ser penhorado em caso de inadimplemento, e ele tem direito de regresso em face de Rejane;

(D) é responsável pelo adimplemento dessas obrigações, podendo inclusive ter o próprio apartamento penhorado em caso de inadimplemento, mas tem direito de regresso em face de Rejane;

(E) é responsável pelo adimplemento dessas obrigações, podendo inclusive ter o próprio apartamento penhorado em caso de inadimplemento, e não tem direito de regresso em face de Rejane.

29. **(Promotor de Justiça Substituto – MPE-SP – MPE-SP – 2022) A legislação hoje em vigor prevê a realização de assembleias virtuais (por meio eletrônico, na forma de videoconferências) pelos condomínios edilícios?**

(A) Não, embora os tempos modernos demandem a futura criação de lei em tal sentido, mormente em época de pós-pandemia e diante do progresso das telecomunicações.

(B) Sim, desde que se trate de assembleias gerais extraordinárias e haja a regular convocação, pelo correio, com antecedência mínima de 10 dias.

(C) Não, pois não haveria a segurança necessária e nem todos os condôminos têm a obrigação de contar com meios de acesso ao ambiente virtual, em especial os de idade avançada, havendo que se respeitar o Estatuto do Idoso.

(D) Não, sendo tal exigência inconstitucional por gerar discriminação e ferir o direito de ir e vir e os princípios da legalidade e da isonomia constitucional.

(E) Sim, desde que não sejam vedadas na convenção de condomínio e fiquem preservados aos condôminos os direitos de voz, de debate e de voto.

436 | DIREITO CIVIL • VOL. 4 – *Flávio Tartuce*

30. **(TJES – FGV – Juiz substituto – 2023) Maria, João, Paulo e Pedro são proprietários de um apartamento em condomínio civil. Maria quer vendê-lo. Deu ciência aos demais proprietários e todos sinalizaram que querem exercer direito de preferência.**

Com base no Código Civil, é correto afirmar que:

(A) não há direito de preferência entre João, Paulo e Pedro, sendo que aquele que oferecer a maior quantia poderá ficar com a parte de Maria;

(B) há direito de preferência entre João, Paulo e Pedro, sendo que, no caso, preferirá, em um primeiro momento, o condômino que tiver o maior quinhão.

(C) há direito de preferência entre João, Paulo e Pedro, sendo que, no caso, preferirá, em um primeiro momento, o condômino que tiver o maior número de benfeitorias realizadas;

(D) há direito de preferência entre João, Paulo e Pedro, sendo que, no caso, preferirá, em um primeiro momento, o condômino que oferecer a maior quantia;

(E) há direito de preferência entre João, Paulo e Pedro, sendo que, no caso de todos os condôminos terem interesse, a parte a ser alienada será sempre dividida entre eles de forma equânime.

31. **(TJMS – FGV – Juiz substituto – 2023) Um imóvel, objeto de multipropriedade, segundo o Código Civil:**

(A) é indivisível e não se sujeita à demanda de extinção de condomínio;

(B) é divisível e se sujeita à demanda de extinção de condomínio;

(C) é indivisível, mas se sujeita à demanda de extinção de condomínio, devendo ser indenizado àquele que ficou sem o imóvel;

(D) é divisível, mas não se sujeita à demanda de extinção de condomínio, já que o Código Civil tem previsão expressa nesse sentido;

(E) pode ser divisível ou indivisível, a depender do contrato que o formalizou. Sendo divisível, será possível a demanda de extinção do condomínio. Sendo indivisível, esta não será possível.

32. **(TRT-18ª Região – FCC – Oficial de Justiça Avaliador Federal – 2023) De acordo com o Código Civil, o condomínio edilício**

Alternativas

(A) pode tanto ser instituído por ato entre vivos como por testamento.

(B) é automaticamente instituído sempre que duas ou mais pessoas forem proprietárias de frações ideais de um mesmo edifício, independentemente de qualquer ato de vontade.

(C) só pode ser instituído por convenção, que é desde logo oponível a terceiros, independente do seu registro no Cartório de Registro de Imóveis.

(D) é regido por uma convenção, que só pode ser alterada mediante aprovação de todos os condôminos.

(E) é regido por uma convenção, que deve ser necessariamente feita por escritura pública, sob pena de não ter validade.

33. **(TJSP – Titular de Serviços de Notas e de Registros – Vunesp – 2024) Proprietário de unidade autônoma em condomínio edilício passa a locar seu imóvel por meio de plataformas digitais, para hospedagens de curta duração, com menos de 90 (noventa) dias. Advertido pelo condomínio de que deverá cessar tal prática, sob pena de multa, uma vez que a respectiva convenção prevê a destinação exclusivamente residencial do edifício, o condômino ajuíza ação visando ao reconhecimento da legalidade da sua conduta. Nesse caso, a locação**

(A) não deve ser permitida, porquanto se trata de contrato atípico de hospedagem, que desvirtua a natureza exclusivamente residencial do edifício prevista na convenção do condomínio, devido à alta rotatividade de pessoas, que oferece riscos potenciais à segurança, ao sossego e à saúde dos demais condôminos.

(B) deve ser permitida, pois, embora a hospedagem seja atípica e de curta duração, não desvirtua a natureza exclusivamente residencial do edifício, na medida em que os hóspedes utilizam a unidade autônoma locada da mesma forma que o proprietário a utilizaria, e não para outras finalidades, como a comercial.

CAP. 5 · DO CONDOMÍNIO | 437

(C) deve ser permitida, pois, à falta de proibição expressa na convenção de condomínio, o proprietário pode usar, fruir e dispor livremente de sua unidade autônoma.

(D) não deve ser permitida, pois, para tanto, a convenção do condomínio teria de ser previamente alterada para admitir expressamente essa possibilidade, por deliberação em assembleia tomada pela maioria simples dos condôminos.

34. (DPE-PR – Defensor Público substituto – Fundatec – 2024) Sobre condomínio edilício e multipropriedade, assinale a alternativa INCORRETA.

(A) É possível a mudança da destinação do edifício ou unidade imobiliária com aprovação da maioria simples dos condôminos presentes.

(B) Quando a deliberação exigir quórum especial previsto em lei ou em convenção e ele não for atingido, a assembleia poderá, por decisão da maioria dos presentes, autorizar o presidente a converter a reunião em sessão permanente, podendo a sessão permanente ser prorrogada tantas vezes quantas necessárias, desde que a assembleia seja concluída no prazo total de 90 dias, contados da data de sua abertura inicial.

(C) A assembleia eletrônica deverá obedecer aos preceitos de instalação, de funcionamento e de encerramento previstos no edital de convocação e poderá ser realizada de forma híbrida, com a presença física e virtual de condôminos concomitantemente no mesmo ato.

(D) Multipropriedade é o regime de condomínio em que cada um dos proprietários de um mesmo imóvel é titular de uma fração de tempo, à qual corresponde a faculdade de uso e gozo, com exclusividade, da totalidade do imóvel, a ser exercida pelos proprietários de forma alternada, sendo que o período correspondente a cada fração de tempo será de, no mínimo, 7 dias, seguidos ou intercalados.

(E) O condomínio edilício em que tenha sido instituído o regime de multipropriedade em parte ou na totalidade de suas unidades autônomas terá necessariamente um administrador profissional, sendo que este poderá modificar o regimento interno quanto aos aspectos estritamente operacionais da gestão da multipropriedade no condomínio edilício.

35. (TJAC – Analista Judiciário – IV-UFG – 2024) Leia o caso a seguir.

Uma pessoa adquire o direito de usar e gozar da totalidade de um bangalô num resort, com exclusividade, por um período de cada ano. Nos demais períodos, o direito de uso e gozo pertence, com exclusividade, a outros adquirentes. O ato é regularmente registrado no cartório de registro de imóveis competente.

A situação narrada descreve o denominado condomínio em multipropriedade, sendo direito do adquirente, nos termos do Código Civil,

(A) usar e gozar da propriedade a qualquer tempo.

(B) ceder a fração de tempo em locação ou comodato.

(C) adquirir com preferência as frações dos demais multiproprietários.

(D) ingressar com ação de extinção do condomínio contra os demais multiproprietários.

36. (MPE-RO – Promotor de Justiça substituto – Vunesp – 2024) Júlia e Flávia, em regime de condomínio, são multiproprietárias de um imóvel na cidade de Alto Paraíso, do qual cada uma delas é titular de uma fração de tempo, à qual corresponde a faculdade de uso e gozo, com exclusividade, da totalidade do imóvel, a ser exercida por elas de forma alternada. Júlia foi transferida em seu emprego para Fortaleza, razão pela qual decidiu vender a sua fração de tempo à sua prima, Ana. Diante da situação hipotética, assinale a alternativa correta.

(A) Não é necessária a anuência de Flávia para que ocorra a venda para Ana.

(B) Flávia tem direito de preferência, que deverá ser exercido no prazo de 30 dias, sobre a venda de fração de tempo por Júlia.

(C) Caso Júlia decida vender para Flávia, a multipropriedade se extinguirá automaticamente, considerando ser ela a proprietária de todas as frações de tempo.

(D) Júlia será subsidiariamente responsável pelas obrigações condominiais caso Ana não obtenha a declaração de inexistência de débitos referente à fração de tempo no momento de sua aquisição.

(E) É necessária a cientificação de Flávia para que Júlia possa vender a sua fração de tempo.

DIREITO CIVIL • VOL. 4 – Flávio Tartuce

37. **(PGE-SP – Procurador do Estado – Vunesp – 2024)** Um terreno onde cada um dos proprietá-rios tem a propriedade exclusiva sobre o seu lote, havendo partes de propriedade comuns dos condôminos, bem como outras partes onde foram instituídos direitos reais sobre coisa alheia em benefício do poder público, da população em geral e da proteção da paisagem urbana, denomina-se condomínio

(A) de lotes.

(B) de acesso controlado.

(C) misto.

(D) em multipropriedade.

(E) urbano simples.

GABARITO

01 – B	02 – A	03 – A
04 – D	05 – C	06 – B
07 – C	08 – C	09 – B
10 – C	11 – C	12 – E
13 – C	14 – A	15 – D
16 – E	17 – C	18 – A
19 – A	20 – C	21 – ERRADO
22 – CERTO	23 – C	24 – E
25 – A	26 – B	27 – B
28 – D	29 – E	30 – C
31 – A	32 – A	33 – A
34 – A	35 – B	36 – A
37 – A		

6

DOS DIREITOS REAIS DE GOZO OU FRUIÇÃO

Sumário: 6.1 Generalidades sobre os direitos reais de gozo e fruição – 6.2 Da superfície: 6.2.1 Conceito, partes e estrutura. Código Civil de 2002 *versus* Estatuto da Cidade; 6.2.2 Regras fundamentais a respeito do direito real de superfície; 6.2.3 Da extinção do direito real de superfície e suas consequências – 6.3 Das servidões: 6.3.1 Conceito, características, constituição e institutos afins; 6.3.2 Principais classificações das servidões; 6.3.3 Do exercício das servidões; 6.3.4 Da extinção da servidão – 6.4 Do usufruto: 6.4.1 Conceito, partes, estrutura interna e figuras afins; 6.4.2 Principais classificações do usufruto; 6.4.3 Regras fundamentais relativas ao usufruto. A questão da inalienabilidade do direito real; 6.4.4 Dos direitos e deveres do usufrutuário; 6.4.5 Da extinção do usufruto – 6.5 Do uso – 6.6 Da habitação – 6.7 Das concessões especiais de uso e para fins de moradia. Direitos reais de gozo ou fruição introduzidos pela Lei 11.481/2007 no CC/2002 – 6.8 Do direito real de laje – 6.9 Da enfiteuse. Breves palavras – 6.10 Resumo esquemático – 6.11 Questões correlatas – Gabarito.

6.1 GENERALIDADES SOBRE OS DIREITOS REAIS DE GOZO E FRUIÇÃO

Os direitos reais de gozo ou fruição são situações reais em que há a divisão dos atributos relativos à propriedade ou domínio, do GRUD, antes exposto. Como o próprio nome indica, transmitem-se a outrem os atributos de gozar ou fruir a coisa, com maior ou menor amplitude.

Há, portanto, nos institutos que serão abordados situações de propriedade restrita ou limitada, ou, em outras palavras, casos em que o titular do domínio não concentra, em suas únicas mãos, todos os atributos da propriedade descritos no art. 1.228 do Código Civil. Ao contrário da propriedade plena, em que está presente o *ius in re propria* (direito sobre coisa própria), nos direitos reais ora em estudo há o *ius in re aliena* (direito sobre coisa alheia).

Na esteira das clássicas palavras de Rubens Limongi França, "a propriedade ou domínio não constitui uma relação jurídica *una*. Antes, é um *complexo de relações jurídicas* a que correspondem outros tantos direitos subjetivos. Esses direitos subjetivos podem ser descompostos ou desmembrados sendo que, a cada um, corresponde determinado direito real, suscetível de ser adjudicado a outrem, que não o *dominus*" (LIMONGI FRANÇA, Rubens. *Instituições...*, 1999, p. 475). Ou ainda, entre os contemporâneos, como ensina Luciano

DIREITO CIVIL • VOL. 4 – *Flávio Tartuce*

de Camargo Penteado, tais direitos "visam conferir ao titular da situação jurídica a possibilidade de realizar algum tipo de função utilidade sobre o bem objeto de propriedade de outro sujeito de direito. A partir do momento em que se institui um direito desta natureza, passa a haver, no sistema jurídico, uma relação jurídica entre o proprietário e o seu titular, relação jurídica esta que se denomina de relação jurídica real" (PENTEADO, Luciano de Camargo. *Direito...*, 2008, p. 402).

Como bem leciona Clóvis Beviláqua, os direitos reais de gozo e fruição estão submetidos a três regramentos fundamentais: *a)* os direitos reais sobre imóveis constituem-se e transmitem-se, entre vivos, por escritura pública e registro imobiliário; *b)* os direitos reais aderem ao imóvel nas mutações da propriedade; *c)* os direitos reais sobre móveis, quando constituídos ou transmitidos por ato entre vivos, só se adquirem pela tradição, entrega da coisa (BEVILÁQUA, Clóvis. *Direito das coisas...*, v. I, p. 269-270).

Pois bem, são direitos reais de gozo ou fruição tipificados pelo art. 1.225 do Código Civil de 2002:

a)   A superfície (inciso II).

b)   As servidões (inciso III).

c)   O usufruto (inciso IV).

d)   O uso (inciso V).

e)   A habitação (inciso VI).

f)   A concessão de uso especial para fins de moradia (inciso XI).

g)   A concessão de direito real de uso (inciso XII).

h)   A laje (inciso XIII).

Cumpre destacar que as concessões mencionadas nos itens *f* e *g* foram incluídas pela Lei 11.481/2007, não encontrando regulamentação no Código Civil, mas em legislação específica que será aqui abordada dentro dos limites de proposta deste livro. A laje (item *h*), incluída pela Lei 13.465/2017, será tratada no presente capítulo, apesar do grande debate doutrinário a respeito de se tratar de um direito real sobre coisa própria ou sobre coisa alheia (direito real de gozo ou fruição).

Ademais, mesmo tendo sido a enfiteuse banida pela atual codificação – substituída que foi pela superfície –, algumas palavras serão expostas a respeito do instituto. Vejamos, de forma pontual e detalhada.

6.2   DA SUPERFÍCIE

6.2.1   Conceito, partes e estrutura. Código Civil de 2002 *versus* Estatuto da Cidade

Com origem no Direito Romano, o direito de superfície passou a ser regido pelo Código Civil de 2002 entre os seus arts. 1.369 a 1.377, sendo certo que já havia previsão no Estatuto da Cidade a respeito da categoria (arts. 21 a 24 da Lei 10.257/2001).

Como pontua Marco Aurélio Bezerra de Melo, o tratamento a respeito da categoria no Código Civil de 1916 foi retirado por parecer ociosa a sua criação. De fato, juristas clássicos como Clóvis Beviláqua e Carvalho Santos não viam funcionalidade no instituto, principalmente diante da máxima *superficies solo cedit*, ou seja, a superfície soma-se ao solo, que seria absoluta (MELO, Marco Aurélio Bezerra de. *Direito...*, 2007, p. 281).

Na atual codificação material privada, o direito real de superfície surgiu para substituir a enfiteuse, banida pela nova codificação, nos termos do art. 2.038 do CC/2002, comando que ainda será abordado neste capítulo. Quando do surgimento do instituto, nos anos iniciais do Código Civil, apontava-se que a superfície seria bem mais vantajosa do que a enfiteuse, pelas diferenças marcantes entre os institutos. *Primeiro*, porque a superfície pode ser gratuita ou onerosa, enquanto a enfiteuse era sempre onerosa. *Segundo*, pois a superfície é temporária ou não, enquanto a enfiteuse é necessariamente perpétua, o que era uma grande desvantagem, pois a perpetuidade não é mais marca dos novos tempos. *Terceiro*, porque na enfiteuse havia a condenável figura do laudêmio, não presente na superfície.

De todo modo, até a presente data, passados mais de quinze anos da vigência do Código Civil, a superfície não teve a concreção que se esperava; inclusive para os fins de regularização de áreas favelizadas, como muitos defendiam e esperavam. Na prática, tenho visto a superfície sendo utilizada em empreendimentos de enorme vulto econômico, como em parcerias imobiliárias de construção de estádios de futebol e de grandes edifícios. Mesmo na doutrina, poucos são os trabalhos recentes específicos sobre o assunto, destacando-se a obra de Rodrigo Reis Mazzei, um dos raros advogados que efetivam a superfície na prática, de forma reiterada (*Direito...*, 2013).

A superfície é o instituto real pelo qual o proprietário concede a outrem, por tempo determinado ou indeterminado, gratuita ou onerosamente, o direito de construir ou plantar em seu terreno. Tal direito real de gozo ou fruição recai sempre sobre bens imóveis, mediante escritura pública, devidamente registrada no Cartório de Registro de Imóveis. Essa é a ideia constante do art. 1.369 do CC/2002. A escritura pública somente será necessária para as constituições nos casos de imóveis com valor superior a trinta salários mínimos, nos termos do art. 108 da mesma codificação material. Apesar do silêncio da lei, sigo a corrente que sustenta ser viável a constituição por testamento (MAZZEI, Rodrigo Reis. *Direito...*, 2013, p. 179).

A cessão presente na superfície é bem parecida com a locação imobiliária, pois engloba o uso e o gozo da coisa. Isso, apesar da menção às construções e plantações que, via de regra, não estão presentes na locação. Em reforço, não se olvide que a superfície constitui direito real, com efeitos específicos após o registro no Cartório competente, englobando o gozo da coisa. Ademais, a locação é contrato, com eficácia obrigacional.

Eventualmente, podem estar presentes alguns efeitos perante terceiros na locação imobiliária, como é o caso do direito de preferência que surge com o registro do contrato na matrícula do imóvel. Conforme consta do art. 33 da Lei 8.245/1991, o locatário preterido no seu direito de preferência poderá reclamar do alienante as perdas e danos ou, depositando o preço e demais despesas do ato de transferência, haver para si o imóvel locado, se o requerer no prazo de seis meses, a contar do registro do ato no cartório de imóveis. Esse último efeito, aproximado dos institutos reais, somente está presente se o contrato de locação estiver averbado, pelo menos trinta dias antes da alienação, junto à matrícula do imóvel.

Feito tal esclarecimento, constata-se que o direito de superfície é o mais amplo dos direitos reais de gozo ou fruição, em que figuram como partes dois sujeitos. O primeiro deles é o *proprietário*, também denominado *fundieiro*, aquele que cede o uso do bem imóvel a outrem. Na outra ponta da relação jurídica está o *superficiário*, que recebe a coisa para a realização de construções e plantações, tendo os atributos de usar e gozar do bem imóvel.

Como define Ricardo Pereira Lira, grande estudioso do assunto, o direito de superfície é um "direito real autônomo, temporário ou perpétuo, de fazer e manter a construção ou plantação sobre ou sob terreno alheio, é a propriedade – separada do solo – dessa plantação ou construção, bem como é a propriedade decorrente da aquisição feita ao dono do solo de construção ou plantação nele já existente" (LIRA, Ricardo Pereira. *Elementos...*, 1997, p. 9). Ou, ainda, como quer Rodrigo Reis Mazzei: "o direito de superfície pode ser conceituado como direito real complexo e autônomo, de ter temporariamente construção e/ou plantação em imóvel alheio, conferindo ao titular os poderes de uso, gozo e disposição sobre os implantes" (MAZZEI, Rodrigo Reis. *Direito...*, 2013, p. 266).

Observa-se na superfície a divisão de dois patrimônios distintos entre as partes, sobre os quais recaem encargos e ônus autônomos. Nessa linha, o Enunciado n. 321 do CJF/STJ, da *IV Jornada de Direito Civil*, assim dispõe: "os direitos e obrigações vinculados ao terreno e, bem assim, aqueles vinculados à construção ou à plantação formam patrimônios distintos e autônomos, respondendo cada um dos seus titulares exclusivamente por suas próprias dívidas e obrigações, ressalvadas as fiscais decorrentes do imóvel".

Pode-se dizer, em síntese, que ambos os envolvidos têm os atributos do domínio com limitações pelos direitos da outra parte. O enunciado doutrinário foi proposto por Melhim Namem Chalhub, outro jurista fluminense que se dedica ao estudo da matéria. Foram as suas justificativas, naquela ocasião:

> "Por efeito da concessão do direito de superfície, a autonomia conferida ao direito de cada um dos contratantes – concedente e concessionário – implica naturalmente a criação de patrimônios separados, igualmente autônomos.
>
> Essa autonomia e a segregação patrimonial daí decorrente são da natureza do direito de superfície e são particularizadas de maneira explícita em alguns dispositivos. São os casos, por exemplo, do art. 1.376 do Código Civil e do § 3.º do art. 21 do Estatuto da Cidade. De acordo com o art. 1.376, em caso de desapropriação a indenização será atribuída ao proprietário e ao superficiário, separadamente, em correspondência com o valor do direito real de cada um deles. O § 3.º do art. 21 do Estatuto da Cidade atribui ao superficiário a responsabilidade pelos encargos e tributos que incidirem sobre a propriedade superficiária, 'arcando, ainda, proporcionalmente à sua parcela de ocupação efetiva, com os encargos e tributos sobre a área objeto da concessão do direito de superfície, salvo disposição em contrário do contrato respectivo'. Embora o Código Civil seja omisso a esse respeito, a doutrina tem entendido que a regra é supletiva, admitindo-se que as partes os distribuam entre si, respondendo o concedente pelos que incidem sobre o solo e o concessionário pelos que incidem sobre a construção, tendo sido a matéria, também, objeto de Enunciado (n.º 93) da *I Jornada de Direito Civil*.
>
> A segregação foi também explicitada no Enunciado n.º 249 da *III Jornada de Direito Civil*, que reconhece autonomia do solo e da propriedade superficiária para constituição de direitos reais de gozo e de garantia.
>
> De fato, o princípio da separação patrimonial é essencial para que o direito de superfície cumpra sua função econômica e social. Com efeito, uma das principais motivações do dono de um terreno, ao conceder a superfície, é tirar proveito do imóvel sem ter que desembolsar e, bem assim, sem ter que responder pela execução da construção e pela exploração do negócio inerente à construção ou à plantação. De outra parte, não se justifica, em princípio, que o concessionário se responsabilize pelos ônus inerentes ao terreno, salvo se a exploração do negócio comportar e tal responsabilização for previamente negociada entre as partes.
>
> Em suma, a responsabilidade patrimonial do proprietário e do superficiário é condicionada pela autonomia dos seus respectivos direitos de propriedade, daí porque permanecem segregados os direitos, inclusive creditórios, e as obrigações dos patrimônios dos quais façam parte o terreno e a construção. Em consequência, o terreno não responde pelo passivo do superficiário, vinculado à construção, do mesmo modo que a construção, ou a plantação, não responde pelo passivo do proprietário do terreno, permanecendo os

direitos e obrigações de cada uma das partes, inerentes à concessão da superfície, blinda-dos em relação aos da outra parte. Limita-se, assim, a responsabilidade do superficiário às obrigações, encargos e tributos vinculados exclusivamente à edificação e aos negócios nela explorados e a responsabilidade do proprietário aos encargos, tributos e obrigações vinculados ao terreno, sendo incomunicáveis os patrimônios assim formados".

As justificativas doutrinárias de Melhim Namem Chalhub são pertinentes e têm o meu total apoio, por explicarem muito bem a estrutura superficiária. A propósito dessa estrutura, o Código de Processo Civil de 2015, por sugestão de Rodrigo Mazzei, passou a admitir a penhora fracionada sobre os direitos do proprietário-fundieiro e do superficiário.

Conforme o seu art. 791, *caput*, se a execução tiver por objeto obrigação de que seja sujeito passivo o proprietário de terreno submetido ao regime do direito de superfície, ou o superficiário, responderá pela dívida, exclusivamente, o direito real do qual é titular o executado, recaindo a penhora ou outros atos de constrição exclusivamente sobre o terreno, no primeiro caso, ou sobre a construção ou a plantação, na segunda hipótese.

Também diante dessa divisão patrimonial, estabelece o § 1.º do art. 791 do CPC/2015 que os atos de constrição sobre os patrimônios distintos na superfície serão averbados separadamente na matrícula do imóvel. Deve constar, para os devidos fins registrais, a identificação do executado, do valor do crédito e do objeto sobre o qual recai o gravame. Deve ainda o oficial do registro imobiliário destacar o bem que responde pela dívida – se o terreno, a construção ou a plantação –, de modo a assegurar a publicidade da responsabili-dade patrimonial de cada um deles, pelas dívidas e obrigações que a eles estão vinculadas.

Para as enfiteuses que ainda persistem, anteriores ao Código Civil de 2002, determina o § 2.º do mesmo art. 791 do CPC/2015 a aplicação, no que couber, desse mesmo regime de penhora fracionada, conforme os patrimônios que são formados. O instituto da enfiteuse ainda será explicado mais à frente.

Ainda sobre o tema, é preciso definir se o Código Civil de 2002, ao tratar do instituto, revogou ou não as regras constantes do Estatuto da Cidade. Segundo a corrente seguida nesta obra, a resposta é negativa, estando mantidos os dois institutos nas leis separadas, de acordo com suas delimitações. Nesse sentido, o Enunciado n. 93 do CJF/STJ, da *I Jornada de Direito Civil* (2002): "as normas previstas no Código Civil sobre o direito de superfície não revogam as normas relativas a direito de superfície constantes do Estatuto da Cidade (Lei 10.257/2001), por ser instrumento de política de desenvolvimento urbano".

Como determina o art. 1.377 do CC/2002, o direito de superfície, constituído por pessoa jurídica de direito público interno, rege-se pela codificação privada, no que não for diversamente disciplinado por lei especial.

Desse modo, para a superfície assim instituída, deverá ser aplicado o Estatuto da Ci-dade (arts. 21 a 24 da Lei 10.257/2001) no caso de imóveis urbanos. Isso, sem prejuízo de outros preceitos, relacionados ao Direito Agrário, no caso de imóveis em que há a atividade agrária, caso da Lei 4.504/1964 (Estatuto da Terra), da Lei 4.947/1966 (Lei do INCRA – Instituto Nacional de Colonização e Reforma Agrária) e da Lei 8.629/1993 (Lei da Refor-ma Agrária). Existem julgados que concluem pela incidência, ainda, da Lei de Licitações (Lei 8.666/1993), nos casos de concessões de superfície de bens públicos (TJMA, Recurso 0000809-08.2005.8.10.0051, Acórdão 122236/2012, 4.ª Câmara Cível, Rel. Des. Paulo Sérgio Velten Pereira, j. 13.11.2012, *DJEMA* 23.11.2012).

Nota-se que há claras diferenças entre a superfície do CC/2002 e a do Estatuto da Cidade. De início, o instituto da superfície constante do Código Civil pode envolver tanto um imóvel urbano quanto um rural. Já a superfície do Estatuto da Cidade, obviamente, somente envolve imóveis urbanos. A respeito da superfície relacionada a imóvel rural, de forma correta, o Enunciado n. 18, aprovado na *I Jornada de Direito Notarial e Registral*, em agosto de 2022, estabelece que é "registrável a constituição do direito real de superfície na matrícula de imóvel rural, independentemente de o art. 167, I, 39 e II, 20, da Lei n. 6.015/1973, referirem-se a imóveis urbanos".

Como segunda diferença, o direito de superfície da codificação geral privada está relacionado a uma exploração do imóvel mais restrita, envolvendo construções ou plantações (art. 1.369, *caput*, do CC). A superfície da lei específica é relativa a qualquer tipo de exploração dentro do contexto da política urbana (art. 21, § 1.º, do Estatuto da Cidade).

A terceira diferença é relativa à utilização do imóvel. No Código Civil, em regra, não há autorização para a utilização do subsolo e do espaço aéreo, apesar da divergência que será exposta no presente capítulo (art. 1.369, parágrafo único). O Estatuto da Cidade é expresso no que concerne à utilização do subsolo e do espaço aéreo (art. 21, § 1.º).

A quarta diferença está relacionada ao prazo. A superfície do Código Civil é por prazo determinado (art. 1.369). A categoria do Estatuto da Cidade é por prazo determinado ou não (art. 21, *caput*). Cabe ao intérprete visualizar o quadro abaixo, para o devido preenchimento categórico, a partir das diferenças:

Direito de superfície do CC/2002	Direito de Superfície do Estatuto da Cidade
Imóvel urbano ou rural.	Imóvel urbano.
Exploração mais restrita: construções e plantações.	Exploração mais ampla: qualquer utilização de acordo com a política urbana.
Em regra, não há autorização para utilização do subsolo e do espaço aéreo.	Em regra, é possível utilizar o subsolo ou o espaço aéreo.
Cessão somente por prazo determinado.	Cessão por prazo determinado ou indeterminado.

Em resumo, deve-se buscar, primeiro, o enquadramento na categoria tratada pela lei especial. Não sendo isso possível – como no caso de imóveis rurais –, aplica-se o Código Civil de 2002, que tem caráter residual.

Para afastar a revogação das regras do Estatuto da Cidade sobre o instituto, defendida por alguns juristas, caso de Pablo Stolze Gagliano (GAGLIANO, Pablo Stolze. *Código...*, 2004, v. XIII, p. 25), invoca-se o art. 2.043 do CC/2002, pelo qual: "até que por outra forma se disciplinem, continuam em vigor as disposições de natureza processual, administrativa ou penal, constantes de leis cujos preceitos de natureza civil hajam sido incorporados a este Código". Ora, os comandos do Estatuto da Cidade têm natureza administrativa, o que justifica a sua manutenção.

Em reforço, uma norma especial anterior, como o Estatuto da Cidade, deve prevalecer sobre uma norma geral posterior, como o CC/2002, eis que o critério da especialidade é mais forte que o cronológico. Como bem pondera Sílvio de Salvo Venosa, "esse estatuto entrou em vigor antes do Código Civil. Ambos os ordenamentos devem ser harmonizados, não só porque o Estatuto da Cidade é um microssistema, como também por ser uma lei complementar à Constituição" (VENOSA, Sílvio de Salvo. *Código...*, 2010, p. 1.236).

Em suma, as duas formas de superfície coexistem no sistema privado nacional, até porque, como se verá, algumas regras são comuns a ambos os casos.

Para encerrar o tópico, anoto que no Projeto de Reforma do Código Civil, elaborado pela Comissão de Juristas nomeada no âmbito do Senado Federal, pretende-se resolver alguns dilemas relativos à superfície. Quanto ao último assunto, o art. 1.377 receberá um parágrafo único com os seguintes dizeres: "as normas previstas neste Código sobre o direito real de superfície não revogam as constantes da Lei nº 10.257, de 10 de julho de 2001".

6.2.2 Regras fundamentais a respeito do direito real de superfície

Analisada a estrutura do direito real em estudo, vejamos suas regras fundamentais, tendo como parâmetros o Código Civil de 2002 e o Estatuto da Cidade.

De início, nos termos do parágrafo único do art. 1.369 do CC/2002, o direito de superfície não autoriza a realização de obras no subsolo, salvo se tal utilização for inerente à concessão. Como visto, a regra do Estatuto da Cidade dispõe o contrário, prescrevendo o seu art. 21, § 1.º, que o direito de superfície abrange o direito de utilizar o solo, o subsolo ou o espaço aéreo relativo ao terreno, na forma estabelecida no contrato respectivo, atendida a legislação urbanística.

Sobre a previsão constante da codificação e os limites da superfície, comentam Cristiano Chaves de Farias e Nelson Rosenvald que sobre a superfície "excepcionalmente se viabilizará no subsolo ou no espaço aéreo. No subsolo, o direito de superfície precisa ultrapassar dois óbices: não podem existir recursos minerais, caso em que a União adquire a propriedade (art. 20, IX, da CF/1988); a utilização do espaço seja fundamental para o empreendimento (*v.g.*, construção de *shopping*, com necessidade de garagem no subterrâneo), na forma do parágrafo único do art. 1.369 do Código Civil. Quanto ao espaço aéreo, a previsão é expressa no art. 21, § 1.º, da Lei 10.257/2001, sendo uma de suas aplicações práticas a aquisição por condomínios da superfície do terreno vizinho, com o fim de impedir qualquer edificação no imóvel contíguo acima de limites que inviabilizem o sossego, privacidade e, mesmo, o campo visual das superfícies" (FARIAS, Cristiano Chaves de; ROSENVALD, Nelson. *Direitos...*, 2006, p. 406).

Apesar da clareza do dispositivo do Código Civil, alguns estudiosos entendem que mesmo a superfície submetida a essa norma deve abranger o uso do solo e do subsolo. Nesse sentido, o Enunciado n. 568, aprovado quando da *VI Jornada de Direito Civil* (2013), *in verbis*: "o direito de superfície abrange o direito de utilizar o solo, o subsolo ou o espaço aéreo relativo ao terreno, na forma estabelecida no contrato, admitindo-se o direito de sobrelevação, atendida a legislação urbanística". Assim, entendeu-se que é possível afastar, por força do contrato, a norma do parágrafo único do art. 1.369 do CC, considerada como preceito de ordem privada.

Ademais, amparou-se doutrinariamente o *direito de sobrelevação*, conhecido como *direito de laje*, situação muito comum em áreas favelizadas. Com isso, criou-se a *superfície de segundo grau*, verdadeiro direito real, que não estava tratado no rol do art. 1.225 do CC. A hipótese parece ser de criação de direito real por exercício da autonomia privada, o que representa um grande avanço quanto ao tema. A justificativa do enunciado expressava que "a norma estabelecida no Código Civil e no Estatuto da Cidade deve ser interpretada de modo a conferir máxima eficácia ao direito de superfície, que constitui importante instrumento de aproveitamento da propriedade imobiliária".

De todo modo, como se verá a seguir, a Lei 13.465/2017 inseriu um tratamento relativo à laje no Código Civil de 2002, além da previsão no rol do art. 1.225 da mesma codificação privada. Assim sendo, o direito de laje, como direito real de gozo ou fruição, deixa de ter amparo na autonomia privada e passa a ter fundamento na lei.

446 | DIREITO CIVIL • VOL. 4 – *Flávio Tartuce*

Ainda sobre os limites da instituição da superfície, prevê o Enunciado n. 249 do CJF/STJ, da *III Jornada de Direito Civil* (2004), que "a propriedade superficiária pode ser autonomamente objeto de direitos reais de gozo e de garantia, cujo prazo não exceda a duração da concessão da superfície, não se lhe aplicando o art. 1.474". Ilustrando, é possível hipotecar o direito do superficiário pelo prazo de vigência do direito real. O enunciado doutrinário foi aprovado em momento anterior à alteração do art. 1.473 do CC/2002 pela Lei 11.481/2007, que introduziu expressamente a possibilidade de hipoteca sobre a propriedade superficiária (inc. X).

Pelo mesmo raciocínio, é perfeitamente possível adquirir por usucapião o direito à superfície, se houver interesse do usucapiente, assim como ocorre com outros direitos reais de gozo, caso das servidões. Esse, aliás, parece ser o entendimento majoritário da doutrina, que deve ser seguido, apesar de resistências (nesse sentido, pela usucapião, DINIZ, Maria Helena. *Curso...*, 2009, v. 4, p. 476-477; ALVES, Jones Figueirêdo; DELGADO, Mário Luiz. *Código...*, 2005, p. 696; FIGUEIRA JR., Joel Dias. *Código...*, 2008, p. 1.472; MELO, Marco Aurélio Bezerra de. *Direito...*, 2007. p. 290; BARROS, Flávio Augusto Monteiro de. *Manual...*, 2005, v. 3, p. 118; GONÇALVES, Carlos Roberto. *Direito...*, 2010, v. 5, p. 447). Entendo que é possível a usucapião extrajudicial ou administrativa de superfície, nos moldes como foi introduzido pelo CPC/2015 na Lei de Registros Públicos (art. 216-A da Lei 6.015/1973, devidamente atualizado pela Lei 13.465/2017).

Seguindo a corrente sobre a viabilidade da usucapião da superfície, Rodrigo Reis Mazzei aponta duas distintas situações tratadas pela doutrina relacionadas à usucapião de superfície e que parecem ter sido tratadas pelo Código Civil de 2002. A primeira delas diz respeito à existência prévia da superfície, a gerar a usucapião. A segunda tem relação com as hipóteses de não existir a concessão superficiária formalizada, passando alguém a adotar a postura de superficiário (MAZZEI, Rodrigo Reis. *Direito...*, 2013, p. 178).

Em sentido contrário, o entendimento de Gustavo Tepedino, Maria Celina Bodin de Moraes e Heloísa Helena Barboza, para quem "não seria possível usucapir, na prática, o domínio sobre a construção ou plantação desvinculado do domínio da propriedade" (*Código...*, 2011, v. III, p. 756).

Também em sede doutrinária, conforme o Enunciado n. 250 do Conselho da Justiça Federal, admite-se a *constituição do direito de superfície por cisão*. Como aponta a doutrina contemporânea, a hipótese está presente quando o proprietário aliena por superfície plantação ou construção já existente no terreno (FARIAS, Cristiano Chaves de; ROSENVALD, Nelson. *Direitos...*, 2006, p. 404; MELO, Marco Aurélio Bezerra de. *Direito...*, 2007. p. 292). Para mim, não haveria qualquer óbice para tal instituição. Como ensina Rodrigo Reis Mazzei, existem duas modalidades básicas de concessão por cisão:

a) *Cisão ordinária* – o objeto da concessão não inclui obrigação do superficiário em fazer qualquer melhoramento na construção ou plantação, ou seja, no implante.

b) *Cisão qualificada* – conforme pactuação dos envolvidos, acordo entre as partes, o superficiário tem o dever de fazer melhoramentos no implante, na plantação ou construção (MAZZEI, Rodrigo Reis. *Direito...*, 2013, p. 333).

Voltando-se ao Projeto de Reforma do Código Civil elaborado pela Comissão de Juristas nomeada no Senado Federal, são inseridos novos parágrafos no seu art. 1.369 para resolver alguns problemas práticos relativos ao instituto, incluindo-se na norma alguns dos enunciados doutrinários expostos. Assim, nos termos do novo § 2º, que traz para o texto o Enunciado n. 251, da *III Jornada de Direito Civil*, "o direito real de superfície pode ser constituído por cisão". Conforme o seu § 3º, "o direito real de superfície pode ser adquirido por usucapião". Como outra regra importante, que representa o Enunciado n. 321, da *IV Jornada*, "os direitos e deveres vinculados ao terreno em superfície e os relativos à construção ou à plantação formam patrimônios distintos e autônomos, respondendo cada um de seus titulares exclusivamente por suas próprias dívidas e obrigações, ressalvadas as de natureza fiscal".

Por fim, o § 5º "admite-se, na superfície, a cessão do direito de sobrelevação, desde que atendida a legislação específica", o que é o Enunciado n. 568, da *VI Jornada*, e representará a sua criação pelo exercício da autonomia privada. Todas as propostas trazem ao instituto da superfície maior estabilidade e segurança jurídica, sendo imperiosas as suas aprovações pelo Parlamento Brasileiro.

Feitas essas notas, como restou claro, a superfície, seja tratada pelo Código Civil ou pelo Estatuto da Cidade, pode ser gratuita ou onerosa (art. 1.370 do CC e art. 21, § 2.º, da Lei 10.257/2001). Nos termos do dispositivo do Código Civil, se a superfície for concedida onerosamente, as partes poderão convencionar se o pagamento da remuneração será feito de uma só vez ou de forma parcelada.

A remuneração presente na superfície onerosa é denominada *solarium* ou *cânon superficiário*, tendo o primeiro termo origem romana, como bem apontam Maria Helena Diniz (*Código...*, 2010, p. 953) e Caio Mário da Silva Pereira (*Instituições...*, 2012, v. IV, p. 210). A expressão *cânon* é similar à enfiteuse, diante da aproximação entre os institutos, eis que em ambos há uma cessão de coisa para o uso, apesar das diferenças antes apontadas.

No caso do pagamento parcelado da remuneração, parece ter razão o entendimento que aponta pela necessidade, em regra, de indicação do *preço global* da concessão, o que está em sintonia com a eticidade, um dos fundamentos do Código Civil de 2002 (MAZZEI, Rodrigo Reis. *Direito...*, 2013, p. 184). Eventualmente, caso tal fixação não seja viável, é possível a estipulação de um *preço estimativo*, "até porque, dento da pretensão de usar o direito de superfície como vetor facilitador para atingir a função social da propriedade, não vemos óbice em que o preço (ou parte do mesmo) seja pago através de participação do proprietário nos frutos (naturais ou civis) que o superficiário colha a partir da implantação do direito de superfície" (MAZZEI, Rodrigo Reis. *Direito...*, 2013, p. 184).

O superficiário deve zelar pelo imóvel como se fosse seu, respondendo pelos encargos e tributos que incidem sobre o bem (art. 1.371 do CC). Em sentido próximo, estabelece o art. 21, § 3.º, do Estatuto da Cidade que "o superficiário responderá integralmente pelos encargos e tributos que incidirem sobre a propriedade superficiária, arcando, ainda, proporcionalmente à sua parcela de ocupação efetiva, com os encargos e tributos sobre a área objeto da concessão do direito de superfície, salvo disposição em contrário do contrato respectivo".

Ensina Pablo Stolze Gagliano que a previsão do Código Civil onera por demais o superficiário, que acabará arcando com os encargos e tributos relativos a todo o imóvel, inclusive das áreas que não foram ocupadas, o que constituiria um absurdo jurídico (GAGLIANO, Pablo Stolze. *Código...*, 2004, v. XIII, p. 32). Por tal razão, consta proposta de alteração do dispositivo da codificação pelo antigo Projeto de Lei Ricardo Fiúza, que passaria a ter a seguinte redação: "o superficiário responderá integralmente pelos encargos e tributos que incidirem sobre a propriedade superficiária, arcando, ainda, proporcionalmente, à sua parcela de ocupação efetiva, com os encargos e tributos sobre a área objeto da concessão do direito de superfície, salvo estipulação em contrário". Como se nota, a proposta visa a equalizar o tratamento da matéria, trazendo a mesma regra já prevista na Lei 10.257/2001, o que viria em boa hora.

Com o fim de abrandar a atual redação do comando do Código Civil, há possibilidade de divisão das despesas pelo teor do Enunciado n. 94 do CJF/STJ, da *I Jornada de Direito Civil*: "as partes têm plena liberdade para deliberar, no contrato respectivo, sobre o rateio dos encargos e tributos que incidirão sobre a área objeto da concessão do direito de superfície". Entendeu-se, naquele evento, que a norma relativa ao tema é de ordem privada e não ou cogente ou de ordem pública, podendo ser contrariada pelas partes, na linha do que consagra o Estatuto da Cidade.

No Projeto de Reforma do Código Civil, ora em tramitação, sugere-se a inclusão desse enunciado doutrinário no texto da lei, o que virá em boa hora, passando a ser o parágrafo único do art. 1.371, a saber: "as partes têm plena liberdade para deliberar, sobre o rateio dos encargos e tributos que incidirão sobre a área objeto da concessão do direito de superfície". Valoriza-se a autonomia privada e resolve-se mais um dilema surgido com a codificação privada de 2002.

De acordo com ambos os textos legais ora vigentes, pode haver transferência da superfície a terceiros, bem como sua transmissão aos herdeiros do superficiário, com falecimento deste (art. 1.372 do CC e art. 21, §§ 4.º e 5.º, do Estatuto da Cidade). Em suma, permite-se a transmissão da superfície por ato *inter vivos* ou evento *mortis causa*, o que demonstra que o instituto não é personalíssimo (*intuitu personae*), ao contrário do que ocorre com o usufruto.

Aliás, esse é um ponto distintivo existente entre as duas categorias. O dispositivo do Código Civil citado (art. 1.372, parágrafo único) não permite a estipulação de pagamento de qualquer quantia pela transferência, como ocorria com o laudêmio, na enfiteuse. No caso da categoria tratada pelo Estatuto da Cidade, não há tal proibição, pelo menos expressamente. De toda sorte, vale citar a posição contundente de Rodrigo Mazzei, para quem não é possível a cobrança de valor referente à transmissão também na superfície regida pelo Estatuto da Cidade, o que parece ser correto (MAZZEI, Rodrigo Reis. *Direito...*, 2013, p. 186). A cobrança de percentuais sobre valores de transmissão não está em sintonia com a atual principiologia do Direito Privado, notadamente com a boa-fé e a função social.

A encerrar as regras fundamentais a respeito do instituto, se ocorrer a alienação do imóvel ou do direito de superfície, o superficiário ou o proprietário terão, reciprocamente, direito de preferência em igualdade de condições com terceiros (art. 1.373 do CC e art. 22 do Estatuto da Cidade). Observa-se nos comandos uma *preempção ou prelação legal em mão dupla*, que atinge tanto o fundieiro quanto o superficiário. Porém, o grande problema do dispositivo é que ele não trata da consequência caso tal direito de preferência não seja respeitado.

Três correntes doutrinárias – ou até quatro –, podem ser apontadas a respeito do tema.

Para uma *primeira corrente*, o fundieiro ou superficiário preterido somente pode pleitear perdas e danos da outra parte, o que é aplicação da cláusula de preferência da compra e venda (arts. 513 a 520 do CC/2002). Subsume-se o art. 518 do CC, pelo qual: "Responderá por perdas e danos o comprador, se alienar a coisa sem ter dado ao vendedor ciência do preço e das vantagens que por ela lhe oferecem. Responderá solidariamente o adquirente, se tiver procedido de má-fé". A essa corrente estão filiados Pablo Stolze Gagliano (*Código...*, 2004, v. XIII, p. 42), Sílvio de Salvo Venosa (*Código...*, 2010, p. 1.238), Jones Figueirêdo Alves e Mário Luiz Delgado (*Código...*, 2005, p. 697).

Para uma *segunda vertente doutrinária*, deve-se aplicar, por analogia, o art. 33 da Lei de Locação (Lei 8.245/1991), cabendo alienação da coisa mediante o depósito do preço ou perdas e danos. Essa corrente é liderada por Maria Helena Diniz (*Código...*, 2010, p. 954) e Marco Aurélio Bezerra de Melo (*Direito...*, 2007. p. 294).

Para *a terceira corrente doutrinária*, aplica-se o art. 504 do CC/2002, que trata do direito de preferência ou prelação legal a favor do condômino no condomínio de coisa indivisível. A aplicação por analogia está fundada na proximidade real entre os institutos, o que não ocorre nos caminhos percorridos pelas correntes anteriores. O prazo decadencial para a ação de adjudicação da coisa é de 180 dias, a contar da ciência da alienação realizada ao terceiro. Filia-se inicialmente a essa corrente, apesar de ser a quarta corrente, a seguir exposta, também sedutora. Do mesmo modo entendem Cristiano Chaves de Farias e Nelson Rosenvald (*Direitos...*, 2006, p. 408), Rodrigo Reis Mazzei (*Direito...*, 2013, p. 190), Gustavo Tepedino, Maria Celina Bodin de Moraes e Heloísa Helena Barboza (*Código...*, 2011, v. III, p. 961).

Também compartilhando desse modo de pensar, vejamos enunciado aprovado na *V Jornada de Direito Civil*, evento promovido pelo Conselho da Justiça Federal e pelo Superior Tribunal de Justiça em 2011: "ao superficiário que não foi previamente notificado pelo proprietário para exercer o direito de preferência previsto no art. 1.373 do CC, é assegurado o direito de, no prazo de seis meses, contado do registro da alienação, adjudicar para si o bem mediante depósito do preço" (Enunciado n. 510). A única ressalva a fazer ao enunciado é que ele deveria mencionar o prazo de 180 dias, e não seis meses.

Com a emergência da Lei 13.465/2017, pode ser ventilada uma *quarta corrente*, na mesma linha de se reconhecer o direito de adjudicação em favor daquele que foi preterido no seu direito de preferência na superfície, mas com a aplicação analógica do novo art. 1.510-D do Código Civil, que trata da preempção no direito de laje. Como ainda se verá, este último dispositivo é completo a respeito das consequências da violação da norma de prelação legal e, diante de sua proximidade em relação à superfície, poderia ser a ela aplicada, o que merece ser debatido entre os civilistas brasileiros.

Eis outra polêmica que o Projeto de Reforma do Código Civil pretende resolver, a contento. Pela proposta de um novo art. 1.373, o seu *caput* passará a prever que, em caso de alienação do imóvel ou do direito de superfície, o superficiário ou o proprietário tem direito de preferência, em igualdade de condições, devendo ser cientificado por escrito para que se manifeste no prazo de trinta dias, salvo se o contrato dispuser de modo diverso. Nos termos do seu projetado § 1º, o superficiário ou o proprietário a quem não se der conhecimento da alienação poderá, mediante depósito do respectivo preço, haver para si a parte alienada a terceiros, se o requerer no prazo decadencial de cento e oitenta dias, contado da data de alienação.

Por fim, consoante o seu novo § 2º, se houver mais de uma superfície, terá preferência, sucessivamente, o titular das ascendentes e o titular das descendentes, assegurada a prioridade para a superfície mais próxima à unidade sobreposta a ser alienada. O texto foi proposto por mim, como Relator-Geral da Comissão de Juristas, estando inspirado pelo conteúdo do art. 1.510-D da própria Lei Geral Privada, sendo imperiosa a aprovação do texto para se afastar mais essa divergência.

Encerrada a análise dessa controvérsia doutrinária, que em breve deverá ser analisada pelo Parlamento Brasileiro, parte-se à abordagem da extinção da superfície.

6.2.3   Da extinção do direito real de superfície e suas consequências

Tanto o Código Civil de 2002 quanto o Estatuto da Cidade estabelecem hipóteses legais comuns de extinção do direito real que ora se estuda.

A primeira hipótese de extinção da superfície ocorre com o advento do termo final, o que é expresso no art. 23, inc. I, do Estatuto da Cidade é implícito ao art. 1.374 da codificação material privada. Assim, vencido o prazo estipulado pelas partes, o negócio jurídico celebrado é reputado extinto automaticamente, sem a necessidade de notificação do superficiário. Caso a coisa não seja devolvida, o fundieiro proprietário poderá ingressar com a ação de reintegração de posse em face do superficiário, demanda que sempre é cabível nos casos de superfície.

A superfície pode extinguir-se antes do termo final se o superficiário der ao terreno destinação diversa daquela para a qual lhe foi concedida (art. 1.374 do CC/2002 e art. 24, § 1.º, da Lei 10.257/2001). As regras tratam do inadimplemento do negócio superficiário, quando a parte desrespeita a lógica do ato de constituição, dando ao bem uma finalidade que não foi prevista pelas partes. Ilustrando, as partes fixaram que o imóvel deveria ser utilizado para plantações e o superficiário realiza construções, violando aquilo que foi pactuado.

Vale dizer que, com tom mais genérico, o Estatuto da Cidade preceitua que a categoria será extinta pelo descumprimento das obrigações contratuais assumidas pelo superficiário (art. 23, inc. II). O Projeto de Lei 699/2011 – antigo PL 6.960/2002 – pretendia introduzir regra semelhante no Código Civil, a fim de unificar o tratamento da matéria, o que viria em boa hora. Faz o mesmo o Projeto de Reforma do Código Civil, elaborado pela Comissão de Juristas, pelo qual o dispositivo passará a ter a seguinte redação, em boa hora: "Art. 1.374. Antes do termo final, resolver-se-á a concessão se o superficiário der ao terreno destinação diversa daquela para que foi concedida ou pelo descumprimento das obrigações por ele assumidas".

Apesar de a lei mencionar a existência de *obrigações contratuais*, cabe esclarecer que a superfície não é um contrato, mas um direito real. Assim, tecnicamente, seria melhor que o Estatuto da Cidade utilizasse o termo *deveres negociais*. De toda forma, apesar da expressão, deve-se entender que a superfície será extinta pela resolução, ou seja, pelo inadimplemento do que está estabelecido entre as partes.

Além da destinação diversa dada à coisa, imagine-se um caso em que o fundieiro estipula uma proibição de determinada cultura no imóvel, o que motiva a extinção do negócio caso seja desrespeitada a cláusula correspondente. Ou, ainda, cite-se o não pagamento do *solarium* ou cânon por parte do superficiário, o que igualmente representa a violação de um dever decorrente do negócio jurídico em questão.

A superfície fixada por prazo indeterminado, nos termos do Estatuto da Cidade, também pode ser extinta pela resilição, aplicando-se, por analogia, a regra do art. 473 do Código Civil. A aplicação da analogia se dá diante do fato de não ser a superfície um contrato, estando a regra relacionada a esse último instituto jurídico. Sendo dessa forma, caberá denúncia por qualquer uma das partes, desde que notificada a outra parte, de forma judicial ou extrajudicial. Para que a afirmação passe a constar da norma, trazendo segurança ao instituto, o Projeto de Reforma do Código Civil sugere a inclusão de um parágrafo único no seu art. 1.374, com a seguinte redação: "em se tratando de superfície fixada sem tempo determinado, cabe a sua extinção pela resilição unilateral, nos termos do art. 473 deste Código".

Não se olvide que, tendo sido realizados investimentos consideráveis no negócio jurídico superficiário, a resilição poderá ser postergada, de acordo com a natureza e o vulto dos investimentos (art. 473, parágrafo único, do CC). Concretizando, imagine-se que, em vigor uma superfície regida pelo Estatuto da Cidade e por prazo indeterminado, o fundieiro notifica o superficiário a devolver o imóvel. Cabe ao último, diante de investimentos vultosos feitos nas construções, manter-se no imóvel por mais alguns anos, devendo o prazo ser fixado pelo juiz da causa de acordo com a expressão do que foi investido. A última regra tem caráter ético indiscutível, mantendo relação direta com a boa-fé objetiva, a conservação do negócio jurídico e a função social da posse.

A extinção da superfície também pode decorrer do *distrato* entre as partes e da *consolidação*, fusão, na mesma pessoa, das qualidades de fundieiro e superficiário (DINIZ, Maria Helena. *Curso...*, 2009, v. 4, p. 481). No caso de distrato, deve ser observada, por analogia, a regra do art. 472 do CC, segundo o qual o distrato exige a mesma forma do contrato. Assim, se a superfície foi constituída por escritura pública – por envolver imóvel com valor superior a trinta salários mínimos (art. 108 do CC) –, o distrato superficiário também deve ser feito por escritura. Já a consolidação está relacionada a casos em que o superficiário adquire a propriedade do fundieiro; ou o fundieiro adquire o direito real do superficiário.

Maria Helena Diniz menciona a extinção da superfície pela renúncia do superficiário, o que parece ser outra hipótese de resilição unilateral (DINIZ, Maria Helena. *Curso...*, 2009, v. 4, p. 482). De fato, se a propriedade pode ser renunciada, a conclusão deve ser a mesma quanto ao mero direito de superfície. Outras três hipóteses mencionadas pela jurista, e que devem ser consideradas, são: *a)* pelo perecimento do terreno gravado; *b)* pelo não uso do direito de construir ou de plantar dentro do prazo acordado; e *c)* pelo falecimento do superficiário, sem deixar ele herdeiros (DINIZ, Maria Helena. *Curso...*, 2009, v. 4, p. 482). De fato, as hipóteses tratadas pelo Código Civil não são exaustivas, existindo outros casos de extinção, como bem destaca Rodrigo Mazzei (*Direito...*, 2013, p. 191).

A última situação de extinção da superfície a ser exposta se dá com a desapropriação do terreno sobre o qual recaiu o direito real de gozo ou fruição. Determina o art. 1.376 do CC/2002 que, em casos tais, a indenização cabe ao proprietário e ao superficiário no valor correspondente ao direito de cada um. A norma apresenta mais uma lacuna, ao não estabelecer como deve ser a divisão da indenização. Tentando preencher o conteúdo da regra, foi aprovado o Enunciado n. 322 do CJF/STJ, na *IV Jornada de Direito Civil*, prevendo que "o momento da desapropriação e as condições da concessão superficiária serão considerados para fins da divisão do montante indenizatório (art. 1.376), constituindo-se litisconsórcio passivo necessário simples entre proprietário e superficiário".

Em suma, devem ser levados em conta, por exemplo, os seguintes montantes: valor real do terreno, valor pago a título de *solarium*, plantações e construções realizadas no bem, valores dos investimentos realizados pelo superficiário para a concretização destas construções e plantações; bem como as despesas que tiveram as partes para a concretização do negócio. Mais uma vez, a fim de trazer maior previsibilidade e segurança jurídica para a superfície, a Comissão de Juristas encarregada da Reforma do Código Civil, sugere a inclusão de um parágrafo único no seu art. 1.376, com o texto do Enunciado n. 322 da *IV Jornada*, e prevendo que "o momento da desapropriação e as condições da superfície serão considerados para fins da divisão do montante indenizatório". Espera-se, novamente, a sua aprovação pelo Parlamento Brasileiro.

Com a extinção da superfície, o proprietário passa a ter a propriedade plena sobre o terreno; o que inclui a construção, ou a plantação, as acessões e as benfeitorias, independentemente de indenização, se as partes não estipularem o contrário (art. 1.375 do CC e art. 24, *caput*, do Estatuto da Cidade). Tal situação é denominada pela doutrina como *reversão*, "isto é, a cessão da suspensão do princípio *superficie solo cedit* e não só a recuperação da base do imóvel que deu sustentação ao implante, mas também a absorção no patrimônio do proprietário do material que foi introduzido pelo superficiário, independentemente de indenização, caso esta não tenha sido prevista na concessão" (MAZZEI, Rodrigo Reis. *Direito...*, 2013, p. 196).

Os comandos são específicos e inerentes à própria natureza da categoria, afastando as normas gerais aplicáveis ao possuidor de boa-fé, como é o caso do superficiário. Consigne-

-se que a grande vantagem da superfície para o proprietário ou fundieiro é justamente a de adquirir todos os acessórios que recaem sobre o bem, sem que exista qualquer dever de indenizar ou compensar o superficiário.

Como ocorre com a sua constituição, diante do princípio da publicidade registral, a extinção da superfície deverá ser registrada no Cartório de Registro de Imóveis. Norma nesse sentido consta do art. 24, § 2.º, do Estatuto da Cidade, sendo idêntica a conclusão quanto à superfície regida pelo Código Civil de 2002.

6.3 DAS SERVIDÕES

6.3.1 Conceito, características, constituição e institutos afins

Iniciando o estudo da categoria, esclareça-se que o Código Civil Brasileiro de 2002 utiliza o termo *servidões* (arts. 1.378 a 1.389) em vez de *servidões prediais*, que constava da codificação anterior (arts. 695 a 712). Entre os clássicos, como se extrai da obra de Washington de Barros Monteiro, atualizada por Carlos Alberto Dabus Maluf, a codificação anterior utilizava a locução *prediais* para distingui-las das *servidões pessoais* (usufruto, uso e habitação). Como a expressão constituía "resíduo inócuo da terminologia tradicional" acabou por ser retirada (MONTEIRO, Washington de Barros. *Curso...*, 2003, v. 3, p. 276). Ademais, o termo *servidões prediais* acaba por ser pleonástico, uma vez que a servidão, por razões óbvias, somente pode recair sobre imóveis ou prédios.

Por meio desse instituto real, um prédio proporciona utilidade a outro, gravando o último, que é do domínio de outra pessoa. Em suma, a servidão reapresenta um *tapete de concessão* em benefício de outro proprietário, simbologia que *serve como luva* para representar a servidão de passagem, sua situação mais comum.

Esclareça-se, contudo, que a servidão é altamente flexível e plurimórfica, podendo assumir outras formas no mundo prático. Vale transcrever, pela perfeição didática, o conceito de servidão de Rubens Limongi França, ainda utilizando o termo predial, constante do CC/1916:

> "Servidão predial é o desmembramento da propriedade imposto a certo imóvel (prédio serviente) em benefício de outro (prédio dominante), de tal forma que o titular do primeiro perde, em favor do titular do segundo, o uso, o gozo e a disponibilidade de uma parte dos seus direitos, o que pode consistir em ficar obrigado aquela a tolerar que este se utilize do imóvel serviente para determinado fim" (LIMONGI FRANÇA, Rubens. *Instituições...*, 1999, p. 484).

Nos termos do art. 1.378 do CC, "a servidão proporciona utilidade para o prédio dominante, e grava o prédio serviente, que pertence a diverso dono, e constitui-se mediante declaração expressa dos proprietários, ou por testamento, e subsequente registro no Cartório de Registro de Imóveis".

Anote-se que há proposta de alteração do dispositivo, por meio do antigo PL 6.960/2002, de autoria do Deputado Ricardo Fiúza –, que passaria a ter a seguinte redação: "Art. 1.378. A servidão proporciona utilidade para o prédio dominante, e grava o prédio serviente, que pertence a diverso dono, podendo ser constituída: I – por contrato oneroso ou gratuito; II – por testamento; III – por usucapião; IV – por destinação do proprietário, na forma prevista no art. 1.379. § 1.º Os modos previstos nos incisos III e IV se aplicam exclusivamente às servidões aparentes. § 2.º Os títulos constitutivos das servidões de que tratam os incisos I e II, como também as sentenças que declarem, em ação própria, as servidões de que cuidam os incisos III e IV, serão obrigatoriamente registrados na matrícula do prédio serviente, no cartório de Registro de Imóveis. § 3.º As servidões não aparentes só podem ser constituídas por um dos modos previstos nos incisos I e II deste artigo e subsequente registro no cartório de Registro de Imóveis, na forma do parágrafo antecedente". No Projeto de Reforma do Código Civil há apenas proposição de se separar o *caput* do parágrafo único, passando o último a prever como a servidão pode ser constituída, nos moldes do que já é hoje.

Explicam Jones Figueirêdo Alves e Mário Delgado que a proposição visa a tornar mais claras as hipóteses em que se adquire a servidão, incluindo a aquisição por destinação do proprietário, que ainda será aqui analisada (*Código...*, 2005, p. 700). Pelo seu claro intuito didático e metodológico, a proposta conta com meu total apoio doutrinário.

Pois bem, nos termos da definição doutrinária exposta, os prédios envolvidos na servidão são assim denominados: *a) prédio dominante* – aquele que tem a servidão a seu favor; *b) prédio serviente* – imóvel que serve o outro, em detrimento do seu domínio. Como se pode perceber, nas servidões os qualificativos se referem aos prédios, e não às partes, como ocorre nos demais direitos reais de gozo.

A servidão, direito real peculiar que é, apresenta algumas características bem delineadas pela doutrina (TEPEDINO, Gustavo; MORAES, Maria Celina Bodin de; BARBOZA, Heloísa Helena. *Código...*, 2011, v. III, p. 769-770), a saber:

a) *Predialidade* – como exposto, só se admitem servidões sobre prédios, ou seja, sobre bens imóveis corpóreos, excluindo-se os bens móveis e imateriais. De todo modo, com os fins de deixar o texto do Código Civil mais claro e compreensível, há proposta no seu Projeto de Reforma elaborado pela Comissão de Juristas, para que o termo "prédio" seja substituído por "imóvel", o que atinge, por exemplo, os seus arts. 1.380 a 1.387. No caso do art. 1.386, também se sugere a retirada do termo "predial", pois toda a servidão tratada nesses comandos é predial.

b) *Acessoriedade* – as servidões não podem existir sozinhas, havendo necessidade de um prédio sobre o qual recaem.

c) *Ambulatoriedade* – a servidão acompanha o prédio no caso de sua transmissão.

d) *Indivisibilidade* – a servidão não se adquire nem se perde por partes, como regra, sendo indivisível (*servitutes dividi no possunt*). A regra, prevista pelo art. 1.386 do CC, comporta exceção, como se verá.

e) *Perpetuidade* – no sentido de não se poder estabelecer uma servidão por tempo determinado. Ressalte-se que a presente característica não afasta a possibilidade de extinção da servidão.

Em complemento a essas características, são expostos alguns princípios para o instituto, que remontam ao Direito Romano. Rubens Limongi França aponta os seguintes (*Instituições...*, 1999, p. 486):

– *Nulli res sua servit* – não existe servidão sobre a própria coisa de alguém.

– *Servitus in faciendo consistere nequit* – a servidão não sujeita a pessoa, mas a coisa.

– *Servitus servitutis non potest* – não se admite a subservidão, a servidão da servidão ou *servidão de segundo grau*.

– *Praedia debent esse vicina* – em princípio, os prédios relativos à servidão devem ser vizinhos, havendo uma relação jurídica de interferência entre eles. Relembre-se, na linha do exposto no Capítulo 4 desta obra, que prédios vizinhos não são necessariamente contíguos.

454 | DIREITO CIVIL • VOL. 4 – *Flávio Tartuce*

– *Servitutum numerus no est clausus* – não há que se falar de enquadramento da servidão em relação taxativa, diante das várias formas que a figura pode assumir no plano concreto.

Não se olvide, além de tudo isso, que a servidão não se presume, outra característica fundamental, podendo ter as mais variadas origens de constituição.

De início, a servidão pode decorrer de negócio jurídico *inter vivos* ou *mortis causa*, nos termos do citado art. 1.378 do Código Civil. Em suma, institui-se o direito real por contrato ou testamento, devidamente registrado no Cartório de Registro de Imóveis. Deve ficar claro que o termo *contrato* deve ser entendido como *instrumento* e não como categoria. Como já restou evidenciado, a servidão não é contrato, mas direito real.

A servidão pode igualmente decorrer de usucapião, apesar de ser rara a sua hipótese. Mais uma vez atualizando a obra, entendo que é possível a usucapião extrajudicial ou administrativa de servidão, nos termos da inclusão realizada na Lei de Registros Públicos pelo art. 1.071 do CPC/2015 (art. 216-A, atualizado pela Lei 13.465/2017).

Estabelece o *caput* do art. 1.379 do Código Civil que o exercício incontestado e contínuo de uma servidão aparente, por dez anos, nos termos do art. 1.242, autoriza o interessado a registrá-la em seu nome no Registro de Imóveis, valendo-lhe como título a sentença que julgar consumada a usucapião (*usucapião ordinária de servidão*).

Porém, nos termos do seu parágrafo único, se o possuidor não tiver título, o prazo da usucapião será de vinte anos (*usucapião extraordinária de servidão*). Como se pode notar, o CC/2002 consagra um prazo de vinte anos para a usucapião extraordinária de servidão, superior ao maior prazo previsto para a usucapião extraordinária, qual seja, o prazo de quinze anos da modalidade extraordinária (art. 1.238, *caput*, do CC).

Diante desse contrassenso legal, também para a servidão, parte da doutrina entende pela aplicação do prazo máximo de quinze anos. Nesse sentido, contando com meu apoio, o Enunciado n. 251 do CJF/STJ, da *III Jornada de Direito Civil* (2004): "o prazo máximo para o usucapião extraordinário de servidões deve ser de 15 anos, em conformidade com o sistema geral de usucapião previsto no Código Civil". O enunciado doutrinário é seguido, dentre outros, por Francisco Loureiro, Pablo Stolze Gagliano, Gustavo Tepedino, Maria Celina Bodin de Moraes e Heloísa Helena Barboza, nas obras aqui citadas.

Aliás, o Professor Tepedino é um dos autores da proposta que gerou o enunciado doutrinário, ao lado de Eduardo Kraemer e Daniela Trejos Vargas. Merecem destaques as justificativas do segundo proponente, Professor Eduardo Kraemer, no seguinte sentido:

> "É surpreendente o art. 1.379, parágrafo único, do CC, eis que o mesmo estabelece o prazo de 20 anos para a consumação da usucapião extraordinária. O prazo não apresenta qualquer logicidade com o restante das usucapiões previstas no Código Civil, especialmente àquela prevista no art. 1.238, *caput*, do CC. A aquisição da propriedade exige apenas 15 anos, não é razoável que a aquisição de um direito de menor amplitude tenha que aguardar 15 anos. A proposta busca um tratamento simétrico para questões semelhantes. É razoável que o dispositivo seja interpretado sistematicamente objetivando que a aquisição da propriedade e das servidões tenha prazo idêntico – 15 anos".

De toda sorte, no plano prático, fica difícil contrapor o texto legal, como bem exposto por Lucas Abreu Barroso (O prazo..., *A realização...*, 2011). Alguns poucos acórdãos podem ser encontrados, aplicando o prazo de vinte anos, sem qualquer ressalva (por todos: TJRS, Apelação Cível 250039-27.2011.8.21.7000, 18.ª Câmara Cível, Guaporé, Rel. Des. Pedro Celso

Dal Pra, j. 30.06.2011, *DJERS* 06.07.2011 e TJMS, Apelação Cível em Procedimento Especial 2010.012621-9/0000-00, Angélica, 3.ª Turma Cível, Rel. Des. Rubens Bergonzi Bossay, *DJEMS* 01.06.2010, p. 48).

Melhor seria, para afastar definitivamente a polêmica, que o prazo fosse reduzido por reforma legislativa, o que constava do antigo Projeto Ricardo Fiúza. A proposição visava a introduzir a menção à usucapião no art. 1.378 do CC, sem qualquer expressão de prazo. Assim, os lapsos temporais seriam os mesmos da propriedade, uniformizando o tratamento da matéria. Na verdade, na situação atual, se o prazo de usucapião da propriedade é maior, fica em xeque a utilidade da usucapião somente da servidão.

No Projeto de Reforma do Código Civil, elaborado pela Comissão de Juristas nomeada no âmbito do Senado Federal, a ideia é outra, para que os prazos sejam ajustados ao que já ocorre com o direito de propriedade, mas mantendo-se o texto. Assim, consoante o novo *caput* do art. 1.379, "o exercício incontestado e contínuo de uma servidão aparente, por dez anos, nos termos do art. 1.242 deste Código, autoriza o interessado a registrá-la em seu nome no Registro de Imóveis, valendo-lhe como título a sentença que julgar consumado a usucapião". E, conforme o parágrafo único do comando, "será de quinze anos o prazo previsto pelo *caput*, caso falte título à servidão aparente". Entre as duas proposições, entendo que esta última é a melhor.

No plano concreto, podem ser encontrados julgados bem interessantes a respeito da usucapião de servidão. De início, vejamos ementa do Tribunal de Justiça do Rio Grande do Sul:

> "Apelação cível. Servidões. Ação confessória de servidão aparente com pedido liminar de reintegração de posse. Requisitos preenchidos para fins de registro da servidão com base na usucapião. Presença de justo título. Artigo 1.379, *caput*, do Código Civil. Procedência do pedido. I. As servidões aparentes são aquelas que se revelam por obras ou sinais exteriores, demonstrando que alguém concedeu visibilidade à propriedade. Por sua ostensividade, revelam sua abrangência e deferem ações possessórias para a sua tutela, assim como a exterioridade eventualmente propiciará a usucapião. E isso porque o uso prolongado de uma servidão sem oposição faz presumir a inércia do proprietário vizinho, ao passo que o registro da sentença produzirá a necessária publicidade. II. Comprovado, no caso concreto, o preenchimento dos requisitos previstos no *caput* do artigo 1.379 do Código Civil, ou seja, exercício incontestado e contínuo, com justo título (*in casu,* promessa de compra e venda), de uma servidão aparente, por no mínimo dez anos. Posse do autor que, somada com a posse dos antecessores, quase alcançava vinte anos por ocasião da audiência de instrução, conforme relato de testemunhas. Assim, mostra-se procedente o pedido de registro da servidão, bem assim a proteção possessória almejada, forte na Súmula n. 415 do Supremo Tribunal Federal. Afastamento das condenações impostas ao autor a título de construção de cerca e pagamento dos custos da demolição da cerca anterior. Sucumbência invertida. Recurso provido à unanimidade" (TJRS, Apelação Cível 473891-62.2012.8.21.7000, 17.ª Câmara Cível, Garibaldi, Rel. Des. Liege Puricelli Pires, j. 13.12.2012, *DJERS* 28.01.2013).

Nota-se no aresto, mais uma vez, a utilização do compromisso de compra e venda como justo título, a ensejar o preenchimento dos requisitos da usucapião ordinária de servidão.

Por outra via, a jurisprudência tem sido rígida e criteriosa quanto ao preenchimento dos requisitos da usucapião da servidão. A título de exemplo:

> "Possessória. Servidão de passagem. Imóvel rural. Pretensão à abertura de novo caminho entre a propriedade dos suplicantes e antiga servidão de passagem reconhecida pelos apelados. Existência de outro caminho para chegar à citada servidão. Tentativa de utilizar

atalho para mera comodidade. Não caracterização de obstáculo ao reconhecimento de servidão. Servidão deve proporcionar utilidade para o prédio dominante (art. 1.378, CC/02). Hipótese, todavia, em que uso da passagem foi iniciado há menos de dez anos e não é aparente. Requisitos do art. 1.379 do CC/02 ausentes. Interdito proibitório procedente. Apelação improvida" (TJSP, Apelação 991.07.004339-9, Acórdão 4553380, 19.ª Câmara de Direito Privado, Cunha, Rel. Des. Ricardo Negrão, j. 25.05.2010, *DJESP* 13.07.2010).

"Usucapião. Servidão. Art. 1.379 do Código Civil. Posse que deve apresentar todos os requisitos da usucapião, especialmente a exclusividade e o ânimo de dono, o que não tem a exercida pelo autor em conjunto com os confrontantes. Improcedência acertada. Recurso improvido" (TJSP, Apelação 592.796.4/0, Acórdão 3393124, 4.ª Câmara de Direito Privado, Porto Ferreira, Rel. Des. Maia da Cunha, j. 11.12.2008, *DJESP* 23.01.2009).

A variação do entendimento jurisprudencial demonstra que é necessário alterar o texto da lei, trazendo segurança jurídica para as servidões, em prol da estabilidade esperada para as situações privadas reais.

Superado esse ponto, com razão, tem-se entendido pela possibilidade de alegação da usucapião de servidão como matéria de defesa. Com destaque, colaciona-se *decisum* do Tribunal de Minas Gerais, que faz menção expressa ao prazo de vinte anos, sem qualquer ressalva mais uma vez. A conclusão final é pelo não preenchimento dos requisitos da usucapião, pois cabe ao usucapiente comprovar os requisitos previstos em lei:

"Civil. Processual civil. Apelação cível. Interdito proibitório. Servidão de passagem. Usucapião. Requisitos. Ausência de comprovação. A usucapião pode ser arguida como matéria de defesa na ação possessória, nos termos do enunciado n.º 237 da Súmula do STF. Conforme o art. 1.379 do Código Civil, exige-se exercício incontestado e contínuo de uma servidão aparente pelo prazo decenal, caso haja justo título ou no prazo vintenário caso o possuidor não tiver título. Incumbe aos interessados, em cujo favor se opera a prescrição aquisitiva, a prova de existência dos pressupostos exigidos pela Lei, como lhes impõe a regra de distribuição do ônus da prova prevista no art. 333 do CPC. Apelo improvido" (TJMG, Apelação Cível 1.0261.07.046868-9/0011, 13.ª Câmara Cível, Formiga, Rel. Des. Barros Levenhagen, j. 21.08.2008, *DJEMG* 08.09.2008).

Além da constituição da servidão por usucapião, é possível que o direito real derive da destinação do proprietário. Como consta da clássica obra de Washington de Barros Monteiro, tal hipótese se afigura quando "o proprietário, em caráter permanente (*perpetui usus causa*), reserva determinada serventia, de prédio seu, em favor de outro. Se, futuramente, os dois imóveis passam a pertencer a proprietários diversos, a serventia vem a constituir servidão" (MONTEIRO, Washington de Barros. *Curso...*, 2003, v. 3, p. 282). Trata-se, assim, de uma instituição que decorre de ato unilateral, citada, também, por Clóvis Beviláqua (BEVILÁQUA, Clóvis. *Direito das coisas...*, v. I, p. 297). A falta de menção dessa modalidade de aquisição parece justificar a alteração do art. 1.378 do CC, na linha do que consta do Projeto 699/2011.

Por fim, é possível que a servidão decorra de sentença judicial, prolatada em *ação confessória*, demanda que visa a declarar a prevalência ou não do direito real. O termo *confessória* tem origem romana, na máxima *confessoria ei qui servitutem sibi competere contendit*. Diante dessa origem histórica, acreditamos que o nome da demanda será mantido sob a égide do CPC/2015, seguindo a ação o procedimento comum.

Como se extrai do clássico Conselheiro Lafayette, a ação confessória é cabível quando estão presentes *duas ordens de lesões* à servidão. A *primeira ordem* é relativa à lesão que

CAP. 6 • DOS DIREITOS REAIS DE GOZO OU FRUIÇÃO | **457**

suprime totalmente o exercício, como quando o possuidor do prédio gravado impede a tirada de água. A *segunda ordem* está relacionada a simples perturbações do direito, como na hipótese de o dono do prédio serviente viciar a fonte de água (PEREIRA, Lafayette Rodrigues. *Direito...*, 1943, v. I, p. 442). Da jurisprudência estadual, vejamos dois julgados que envolvem a citada demanda:

> "Ação confessória. Servidão de passagem. Obstrução. Prova dos autos que confirma a passagem contínua e permanente há anos, conforme depoimentos das testemunhas. A servidão encontra-se devidamente registrada no ofício imobiliário. Sentença mantida. Apelo desprovido. Unânime" (TJRS, Apelação Cível 575852-17.2010.8.21.7000, 20.ª Câmara Cível, Pelotas, Rel. Des. Rubem Duarte, j. 27.04.2011, *DJERS* 06.05.2011).

> "Agravo. Tutela antecipada. Ação confessória. Pretensão de restabelecer o fornecimento de água, via servidão de aqueduto. Ausência dos requisitos necessários à concessão. Carência de provas a corroborar a alegação do agravante. Recurso não provido" (TJSP, Agravo de Instrumento 990.10.390473-7, Acórdão 4817822, 13.ª Câmara de Direito Privado, São Pedro, Rel. Des. Heraldo de Oliveira, j. 10.11.2010, *DJESP* 09.12.2010).

Não se olvide que, além da ação confessória, aquela que reconhece o direito à servidão, é cabível a *ação negatória de servidão*, por parte do proprietário do pretenso imóvel serviente, que quer afastar o direito alheio. Essa ação também deve seguir o *procedimento comum* constante do CPC/2015. Em ambas as demandas, a causa deve ser analisada sempre tendo como pano de fundo a função social da propriedade e da posse, sendo esses os nortes orientadores do magistrado ao reconhecer ou não o direito à servidão.

A encerrar o presente tópico, cumpre confrontar a servidão com institutos afins. Inicialmente, repise-se que a servidão não se confunde com a passagem forçada. A servidão é facultativa, não sendo obrigatório o pagamento de uma indenização. A passagem forçada é compulsória, assim como é o pagamento da indenização. A servidão é direito real de gozo ou fruição. A passagem forçada é instituto de direito de vizinhança, presente somente na situação em que o imóvel encravado não tem saída para a via pública (art. 1.285 do CC/2002). A servidão envolve os imóveis dominante e serviente; na passagem forçada estão presentes o imóvel encravado e o serviente. Na servidão cabe a citada ação confessória; na passagem forçada, para a defesa do direito, a ação cabível é denominada ação de passagem forçada.

Em reforço, pode-se dizer que a passagem forçada constitui uma servidão legal e obrigatória; ao contrário da servidão propriamente dita, que é convencional. Concluindo desse modo, da jurisprudência superior, em acórdão que envolve ainda o abuso de direito:

> "Direito civil. Servidões legais e convencionais. Distinção. Abuso de direito. Configuração. – Há de se distinguir as servidões prediais legais das convencionais. As primeiras correspondem aos direitos de vizinhança, tendo como fonte direta a própria lei, incidindo independentemente da vontade das partes. Nascem em função da localização dos prédios, para possibilitar a exploração integral do imóvel dominante ou evitar o surgimento de conflitos entre os respectivos proprietários. As servidões convencionais, por sua vez, não estão previstas em lei, decorrendo do consentimento das partes. – Na espécie, é incontroverso que, após o surgimento de conflito sobre a construção de muro lindeiro, as partes celebraram acordo, homologado judicialmente, por meio do qual foram fixadas condições a serem respeitadas pelos recorridos para preservação da vista da paisagem a partir do terreno dos recorrentes. Não obstante inexista informação nos autos acerca do registro da transação na matrícula do imóvel, essa composição equipara-se a uma servidão convencional, representando, no mínimo, obrigação a ser respeitada pelos signatários do acordo

e seus herdeiros. – Nosso ordenamento coíbe o abuso de direito, ou seja, o desvio no exercício do direito, de modo a causar dano a outrem, nos termos do art. 187 do CC/02. Assim, considerando a obrigação assumida, de preservação da vista da paisagem a partir do terreno dos recorrentes, verifica-se que os recorridos exerceram de forma abusiva o seu direito ao plantio de árvores, descumprindo, ainda que indiretamente, o acordo firmado, na medida em que, por via transversa, sujeitaram os recorrentes aos mesmos transtornos causados pelo antigo muro de alvenaria, o qual foi substituído por verdadeiro 'muro verde', que, como antes, impede a vista panorâmica. Recurso especial conhecido e provido" (STJ, REsp 935.474/RJ, 3.ª Turma, Rel. Min. Ari Pargendler, Rel. p/ Acórdão Min. Nancy Andrighi, j. 19.08.2008, *DJe* 16.09.2008).

Ou ainda, mais recentemente, como se extrai de *decisum* de mesma relatoria do STJ, apontando tais diferenças e citando outro acórdão, também superior:

> "Em primeiro lugar, contudo, deve-se repisar a distinção entre 'passagem forçada' e 'servidão de passagem' já estabelecida nos autos, mas ainda relevantes para o deslinde do julgamento. Apesar de ambas limitarem o uso pleno da propriedade, entre elas há uma diferença de origem e de finalidade. As servidões são criadas, via de regra, por ato voluntário de seus titulares e, por meio delas, não se procura atender uma necessidade imperativa, mas a concessão de uma facilidade maior ao prédio dominante. As passagens forçadas, por sua vez, decorrem diretamente da lei e têm a finalidade de evitar um dano, nas circunstâncias em que o prédio se encontra encravado, isto é, sem acesso à via pública, o que impediria seu aproveitamento. Em outras palavras, 'trata-se de uma restrição legal ao direito de propriedade que se destina a propiciar saída para a via pública ou para outro local dotado de serventia e pressupõe, portanto, o isolamento ou a insuficiência de acesso do imóvel que pretende o direito à passagem forçada' (REsp 316.045/SP, 3.ª Turma, *DJe* 29.10.2012). (...)" (STJ, REsp 1.642.994/SC, 3.ª Turma, Rel. Min. Nancy Andrighi, j. 14.05.2019, *DJe* 16.05.2019).

Aliás, apesar de alguns doutrinadores classificarem as servidões, quanto à origem, em *legais* e *convencionais*, entendo que é melhor não seguir tal divisão. Isso porque as servidões legais não são propriamente servidões, mas institutos forçados relativos ao direito de vizinhança, nos termos dos arts. 1.285 e 1.286 da codificação material privada.

A servidão também não se confunde com os *atos de tolerância* e com as *simples faculdades*, como bem esclarece Orlando Gomes (*Direitos reais...*, 2004, p. 321). Segundo o jurista, os atos de tolerância são precários e a sua repetição não enseja a servidão, podendo ser proibidos a qualquer tempo. Nesse sentido, da jurisprudência superior:

> "Civil e processual. Servidão de passagem. Imóveis pertencentes a uma mesma proprietária. Não configuração do ônus. CC, art. 695. Mera tolerância da titular dos imóveis. Recurso especial. Prova. Reexame. Impossibilidade. Dissídio jurisprudencial não configurado. (...). Firmado pelo acórdão, na interpretação da prova, que não se configurou a servidão, mas mera tolerância da antiga proprietária dos imóveis, o reexame da questão recai no óbice da Súmula n. 7 do STJ. Caso, ademais, em que os imóveis pertenciam à mesma dona, de sorte que os pressupostos do art. 695 do Código Civil não se acham configurados" (STJ, REsp 117.308/MG, 4.ª Turma, Rel. Min. Aldir Passarinho Junior, j. 29.08.2000, *DJ* 09.10.2000, p. 150).

Quanto às simples faculdades, estas não ensejam a posse, ao contrário do que ocorre com as servidões.

A categoria que ora se aborda igualmente difere da *servidão administrativa*. Como bem leciona Marco Aurélio Bezerra de Melo, a diferença entre as categorias decorre do fato de a servidão do Direito Civil consistir em um gravame real de um prédio sobre o outro, retirando o proprietário do imóvel dominante a utilidade para o seu bem do imóvel serviente. Na servidão administrativa, instituto de Direito Público, a afetação se dá no interesse do serviço público, e não do particular (MELO, Marco Aurélio Bezerra. *Direito...*, 2007, p. 313).

Por fim, a *servidão* não se confunde com a *serventia*, pois a última constitui qualquer restrição instituída sobre um imóvel, como exercício do direito de propriedade sobre outro bem, do mesmo dono. Em regra, a serventia não cria a servidão, pois a última envolve imóveis de proprietários distintos.

A título de exemplo, imagine-se que alguém é proprietário de duas casas lindeiras e, por uma delas, constitui uma passagem a fim de dar mais funcionalidade à atividade do outro imóvel. Caso um dos imóveis seja vendido a terceiro, há que se falar em servidão predial.

Existe proposta de alteração do art. 1.379 do Código Civil, a fim de esclarecer as diferenças entre os dois institutos. Por força do antigo Projeto Ricardo Fiúza e na linha do exemplo exposto, o comando passaria a ter a seguinte redação: "Se, em um dos imóveis do mesmo proprietário, houver sinal exterior que revele serventia de um em favor do outro em caráter permanente, a serventia assumirá a natureza de servidão no momento em que os imóveis passarem a ter donos diversos, salvo declaração em contrário no título de transferência do domínio do imóvel alienado primeiramente. § 1.º Aplicar-se-á o disposto neste artigo quando dois imóveis pertencentes a donos diversos resultarem de desmembramento de um imóvel único do mesmo proprietário anterior, que neste estabelecera serventia visível, por meio da qual uma de suas partes prestava determinada utilidade à outra, em caráter permanente, salvo declaração em contrário no título de transferência da parte que primeiramente for alienada. § 2.º Não se aplicará o disposto neste artigo quando a utilidade prestada pela serventia consistir numa necessidade cujo atendimento pode ser exigido por meio de um direito decorrente da vizinhança predial, caso em que o exercício de tal direito não obrigará o seu titular ao pagamento de nenhuma indenização pela utilização da serventia".

Diante de seu importante caráter técnico, estou totalmente filiado à proposta de alteração legislativa, sendo certo que, por um lapso, não foi feita proposta semelhante no Projeto de Reforma do Código Civil elaborado pela Comissão de Juristas nomeada no Senado Federal, em 2023 e 2024. Talvez seja o caso de incluí-la na sua tramitação no Congresso Nacional.

6.3.2 Principais classificações das servidões

Desde a doutrina clássica até a contemporânea, praticamente todos os civilistas discorrem sobre a classificação das servidões, tema que tem consequências práticas relevantes, como se verá (sobre o tema: BEVILÁQUA, Clóvis. *Direito das coisas...*, v. I, p. 300-305; LIMONGI FRANÇA, Rubens. *Instituições...*, 1999, p. 485; DINIZ, Maria Helena. *Curso...*, 2009, v. 4, p. 412-415; GONÇALVES, Carlos Roberto. *Direito...*, 2010, v. 5, p. 457-459; MONTEIRO, Washington de Barros. *Curso...*, 2003, v. 3, p. 279-281). Vejamos, de forma pontual.

I) *Classificação quanto à natureza dos prédios envolvidos:*

a) *Servidão rústica* – em casos de prédios localizados fora de área urbana, ou seja, em terreno rural. Exemplos: servidão para tirar água, para condução de gado, de pastagem, para tirar areia ou pedras.

b) *Servidão urbana* – se o imóvel estiver localizado em área urbana. Exemplos: servidão para escoar água da chuva, para não impedir a entrada de luz, para passagem de som, para usufruir de vista ou de janela.

Deve ficar claro que a doutrina civilista leva em conta a localização do imóvel e não a sua destinação, ao contrário do que é concebido pelo Direito Agrário. Em suma, o critério é o mesmo previsto para os fins de usucapião.

Entre os clássicos, Washington de Barros Monteiro elenca uma série de servidões rústicas e urbanas que devem ser consideradas, inclusive diante de sua importante origem romana. Ensina o jurista, com várias concreções:

> "São servidões urbanas: *tigni immittendi* (meter trava na parede do vizinho), *oneris ferendi* (direito de apoiar sua construção no edifício do vizinho), *stillicidii vel fluminis recipiendi* (direito de fazer com que as águas pluviais vertam para o vizinho, gota a gota, ou mediante calhas), *luminis* (direito de abrir janelas na própria parede, ou na do vizinho, para obter luz), *ne luminibus officiatur* (obrigação do dono do prédio serviente em não criar obstáculo à entrada de luz no prédio dominante), *prospectu* (direito de gozar de vista, ou da janela ou do terraço de sua casa), *ne prospectui officiatur* (obrigação do proprietário do prédio serviente de não perturbar a perspectiva desfrutada pelo dominante), *altius non tollendi* (não edificar além de certa altura), *fumini immittendi* (lançar fumo) e *jus proiciendi* (avançar cano ou sacada na propriedade vizinha). As servidões rústicas ou rurais são as seguintes: *aquae haustus* (tomada d'água), *aquaeductus* (de aqueduto), *iter*, *actus*, *via* (trânsito), *servitus pascendi* (de pastagem), *pecoris ad aquam ad pulsus* (condução do gado ao poço vizinho), *calcis coquendae* (cozer cal), *cretae lapidis eximendae* (extrair pedra), *arenae fodiendae* (tirar areia) e *silvae caedendae* (caçar na propriedade alheia). O número de umas e de outras era ilimitado" (MONTEIRO, Washington de Barros. *Curso...*, 2003, v. 3, p. 279-280).

O elenco demonstra quão flexível é o direito real de gozo e fruição que ora é abordado.

II) Classificação quanto às condutas das partes:

a) *Servidão positiva* – exercida por ato positivo ou comissivo por parte do proprietário do prédio dominante. Exemplo: servidão de passagem ou trânsito.

b) *Servidão negativa* – decorre de ato omissivo ou abstenção do prédio serviente. Exemplo: servidão de não construir edificação no terreno.

Explica José de Oliveira Ascensão que a classificação acima é incompleta e insatisfatória. Assim, os alemães desenvolveram a ideia de *servidão desvinculativa*, "aquela em que o sujeito activo fica *liberto de uma restrição legal*, que condicionaria o exercício do direito real no próprio prédio, em benefício de prédio alheio. Nestes casos, o titular ora serviente perde o direito de exigir a abstenção daquela forma de exercício ao titular do prédio vizinho" (ASCENSÃO, José de Oliveira. *Direito civil...*, 2000, p. 497). O jurista cita o exemplo de uma servidão de não trabalhar com materiais nocivos, que apresentam riscos. E arremata: "Se o titular pactua com os vizinhos uma modificação em termos reais dessa situação que lhe permite exercer essas actividades, teremos a terceira modalidade".

III) Classificação quanto ao modo de exercício:

a) *Servidão contínua* – aquela que é exercida independentemente de ato humano. Exemplos: servidão de passagem de som, de imagem, de energia, de luz. Ressalte-se que a doutrina clássica sempre citou, aqui, o exemplo da passagem de água. Porém, como visto e em regra, o regime da passagem de cabos e tubulações passou a se enquadrar no regime de passagem forçada, pelo que consta do art. 1.286 do Código Civil de 2002.

CAP. 6 · DOS DIREITOS REAIS DE GOZO OU FRUIÇÃO | 461

b) *Servidão descontínua* – depende da atuação humana de forma sequencial, com intervalos. Exemplos: servidão de passagem ou trânsito de pessoas, servidão para tirar água de terreno alheio, servidão de pastagem.

IV) Classificação quanto à forma de exteriorização:

a) *Servidão aparente* – está evidenciada no plano real e concreto, havendo sinal exterior (*visível a olho nu*). Exemplos: servidão de passagem ou trânsito, servidão de imagem, servidão de vista (através da janela).

b) *Servidão não aparente* – aquela que não se revela no plano exterior, não perceptível a olho nu. Exemplos: servidão de não construir, servidão de não passar por determinada via, servidão de não abrir janela e a *servidão de caminho*, que consiste em transitar pelo prédio alheio, sem que haja marca visível (DINIZ, Maria Helena. *Curso...*, 2009, v. 4, p. 415).

Em relação às duas últimas classificações, há relevante interação, que admite as mais diversas composições. Sendo assim, tanto a servidão aparente quanto a não aparente podem ser contínuas ou descontínuas. Vejamos os exemplos a seguir:

– *Servidão aparente contínua* – servidão de passagem de som, como os vãos em muros que podem ser percebidos na chegada da cidade de São Paulo, pela rodovia dos Bandeirantes.

– *Servidão aparente descontínua* – servidão de trânsito de pessoas, um dos casos mais corriqueiros de servidão.

– *Servidão não aparente contínua* – servidão de energia solar, sem qualquer obra aparente.

– *Servidão não aparente descontínua* – servidão de não construir.

Questão de grande relevo diz respeito à Súmula 415 do Supremo Tribunal Federal, segundo a qual "servidão de trânsito, não titulada, mas tornada permanente, sobretudo pela natureza das obras realizadas, considera-se aparente, conferindo direito à proteção possessória". Em suma, somente a servidão aparente propicia a proteção possessória, o que não alcança a servidão não aparente, como regra. Lembre-se de que a ideia foi adotada pelo art. 1.213 do CC/2002, segundo o qual "o disposto nos artigos antecedentes não se aplica às servidões não aparentes, salvo quando os respectivos títulos provierem do possuidor do prédio serviente, ou daqueles de quem este o houve".

Como bem salientam Gustavo Tepedino, Maria Celina Bodin de Moraes e Heloísa Helena Barboza, não é da nossa tradição jurídica admitir a tutela possessória em casos de servidão, especialmente a ação de reintegração de posse. Tal conclusão está baseada na antiga lição de Savigny, no sentido de ser a servidão uma *quase posse* (*Código...*, 2011, v. III, p. 779). Contudo, parece-me que tal posição não foi totalmente adotada pela atual codificação, que admite implicitamente a tutela possessória das servidões aparentes e, excepcionalmente, também das não aparentes.

6.3.3 Do exercício das servidões

O atual Código Civil elenca regras a respeito do exercício das servidões, o que, implicitamente, representa preceitos relativos a deveres dos proprietários dos imóveis dominante e serviente.

Para começar, dispõe o art. 1.380 do CC/2002 que o dono de uma servidão – proprietário do imóvel dominante – pode fazer todas as obras necessárias à sua conservação e uso (*admincula servitutis*). Caso o dono do imóvel serviente impeça a realização de tais obras necessárias, são cabíveis medidas para forçar a aplicação do comando. Ilustrando, "a criação de obstáculos ao ingresso na propriedade serviente para adoção de medidas de conservação, conforme prevê o art. 1.380 do CC/2002, diante de erosão do solo a ameaçar torres de energia elétrica, configura esbulho possessório, autorizando a concessão da reintegração de posse de interesse" (TJSP, Apelação 9117594-38.2007.8.26.0000, Acórdão 5513897, 24.ª Câmara de Direito Privado, Paraguaçu Paulista, Rel. Des. Nelson Jorge Júnior, j. 27.10.2011, *DJESP* 09.11.2011).

Igualmente, tem-se concluído pela possibilidade de ação de manutenção de posse, desde que a servidão seja aparente, no caso de desrespeito à regra em comento. Nessa linha, estando demonstrada "a presença dos requisitos art. 927 do CPC, é possível o deferimento da liminar de manutenção de posse no caso de existência de servidão de passagem. A servidão não é ato de mera tolerância ou cortesia por parte do prédio serviente, pois consiste em direito real sobre coisa alheia e não se presume, devendo, portanto, ser interpretada restritivamente. A teor do disposto no art. 1.380 do Código Civil, o dono de uma servidão poderá realizar todas as obras necessárias à sua conservação e uso, não podendo o proprietário do prédio serviente impedi-la ou embaraçá-la" (TJMG, Agravo de Instrumento 1.0284.08.009213-3/0021, 10.ª Câmara Cível, Guarani, Rel. Des. Electra Benevides, j. 15.12.2009, *DJEMG* 15.01.2010).

Pontue-se que a norma processual mencionada no aresto é o CPC/1973, o que não prejudica a sua conclusão, que deve ser a mesma sob a vigência do CPC/2015. Além das duas demandas citadas, resta ainda o caminho da ação de obrigação de fazer e não fazer (TJSP, Agravo de Instrumento 7298398-5, Acórdão 3368364, 14.ª Câmara de Direito Privado, Rio Claro, Rel. Des. Ligia Cristina de Araújo Bisogni, j. 05.11.2008, *DJESP* 16.12.2008).

Estabelece o mesmo art. 1.380 do Código Civil que, se a servidão pertencer a mais de um prédio (denominada *servidão conjunta*), serão as despesas rateadas entre os respectivos donos, em regra, de forma igualitária e proporcional. A divisão igualitária e proporcional das despesas remonta ao *concursu partes fiunt* do Direito das Obrigações, constante do art. 257 do Código Civil.

Em regra, as obras mencionadas pelo art. 1.380 da codificação material devem ser feitas pelo dono do prédio dominante, se o contrário não dispuser expressamente o título da servidão (art. 1.381 do CC). Com razão, segundo Maria Helena Diniz, a norma está fundada na constatação pela qual é o dono do prédio dominante que se beneficia do ônus real (DINIZ, Maria Helena. *Código...*, 2010, p. 959). Em síntese, aquele que tem o benefício deve ter o ônus (*ubi emolumentum, ibi onus*). Conforme bem concluiu o Tribunal Mineiro, "impõe-se a responsabilidade do prédio dominante pela conservação da servidão de passagem, não titulada, mas aparente e permanente" (TJMG, Apelação Cível 2.0000.00.486241-7/000, 16.ª Câmara Cível, Pedralva, Rel. Desig. Des. Sebastião Pereira de Souza, j. 19.04.2006, *DJMG* 05.05.2006).

Anoto que o Projeto de Reforma do Código Civil, em boa hora, pretende incluir nesse último comando menção ao acordo em sentido contrário das partes, em prol da autonomia privada, passando ele a prever que "as obras a que se refere o artigo antecedente devem ser feitas pelo dono do imóvel dominante, se o contrário não dispuser expressamente o título ou a convenção entre as partes".

Retornando-se ao texto em vigor, nos termos do art. 1.382 do Código Privado, se a obrigação referente às obras incumbir ao dono do prédio serviente, por convenção entre as partes, este poderá exonerar-se, abandonando, total ou parcialmente, a propriedade ao dono do dominante. Como novidade da atual codificação frente à anterior e em complemento, pelo parágrafo único do preceito, se o proprietário do prédio dominante se recusar a receber a propriedade do serviente, ou parte dela, caberá ao último custear as obras realizadas.

Segundo bem aponta a doutrina nacional, trata-se de hipótese de *abandono liberatório da propriedade*, em favor de determinada pessoa, no caso, em benefício do proprietário do imóvel dominante, e somente dele (DINIZ, Maria Helena. *Código...*, 2010, p. 960; VENOSA, Sílvio de Salvo. *Código...*, 2010, p. 1.247; TEPEDINO, Gustavo; MORAES, Maria Celina Bodin de; BARBOZA, Heloísa Helena. *Código...*, 2011, v. III, p. 786). Conforme se depreende dessa mesma doutrina, tal abandono configura característica típica de uma obrigação ambulatória ou *propter rem*, seguindo a coisa com quem quer que ela esteja.

Ressalve-se que, para alguns autores, caso de Francisco Eduardo Loureiro, não se trata de um abandono propriamente dito, mas de cessão de posição jurídica (*Código...*, 2010, p. 144). Nesse ponto, o magistrado é acompanhado por Cristiano Chaves de Farias e Nelson Rosenvald, para quem, "o 'abandono' não é um direito potestativo do titular do prédio serviente, mas um negócio jurídico de transmissão de posição jurídica" (FARIAS, Cristiano Chaves; ROSENVALD, Nelson. *Curso...*, 2012, p. 799). Ainda segundo Francisco Loureiro, a norma do art. 1.382 do CC é preceito de ordem privada, podendo ser afastado ou renunciado pela parte, o que parece ser conclusão correta.

Apesar dos últimos argumentos, sigo o entendimento de que a norma em comento trata, sim, de um abandono liberatório e personalíssimo, em benefício do proprietário do imóvel dominante, na linha dos juristas antes citados.

Ainda no que se refere ao exercício da servidão, o dono do prédio serviente não poderá embaraçá-lo, sob as penas da lei (art. 1.383 do CC). Como apontado por José Fernando Simão em edições anteriores desta obra em então coautoria, o embaraço praticado por terceiro pode ser de duas maneiras:

> "Se a servidão for negativa, o embaraço se dá quando se realiza o ato que não é permitido. Exemplo dessa situação ocorre quando o dono do prédio serviente constrói acima da altura permitida. Por outro lado, em sendo a servidão positiva, como a de trânsito, o embaraço ocorre quando o dono do prédio serviente não permite o exercício. Para ilustrar, se há uma ponte que permite a passagem e o dono do prédio serviente a explode, impedindo a passagem, ocorre o embaraço" (TARTUCE, Flávio; SIMÃO, José Fernando. *Direito civil...*, 2013, v. 4, p. 355).

Em caso de incômodo no exercício da servidão, dono do prédio dominante poderá fazer uso das ações possessórias, caso da ação de interdito proibitório e da ação de reintegração de posse, desde que a servidão seja aparente como regra, nos termos do art. 1.213 do CC. Tal conclusão não afasta a possibilidade da ação de obrigação de fazer e de não fazer, conforme o Estatuto Processual em vigor. Cabe, ainda, a ação de nunciação ou embargo de obra nova, como vem entendendo a jurisprudência estadual (TJSP, Agravo de Instrumento 0002750-24.2013.8.26.0000, Acórdão 6513918, 19.ª Câmara de Direito Privado, São Carlos, Rel. Des. Mário de Oliveira, j. 18.02.2013, *DJESP* 01.03.2013).

Ilustrando, ainda, com interessante conclusão a respeito das demandas possessórias em caso de embaraço no exercício da servidão, vejamos ementa do Tribunal de Justiça de Goiás:

> "Apelação cível. Reintegração de posse. Servidão de passagem. Comprovação. Proteção possessória deferida ante o embaraço criado pelo dono do prédio serviente. I – Servidão

que não é titulada, mas tornada aparente, e suscetível de proteção possessória. II – A existência de outra estrada vicinal de acesso ao imóvel dominante não inviabiliza a ação. III – Em matéria de servidão, uma vez comprovada a sua existência, onde ressai que a estrada em questão é aberta a passagem de proprietários rurais da região, injustificável o embaraço criado pelo proprietário do prédio serviente, de sorte que a proteção da posse se impõe à luz do disposto no art. 1.210 c/c o art. 1.383, ambos do novo Código Civil brasileiro. Apelo conhecido e improvido" (TJGO, Apelação Cível 96027-4/188, Processo 200600481730, 1.ª Câmara Cível, Santa Cruz de Goiás, Rel. Des. Luiz Eduardo de Sousa, j. 04.07.2006, *DJGO* 14.09.2006).

Ou, ainda, do Tribunal de Justiça de São Paulo, concretizando a análise que se deve fazer da utilidade e mansidão da servidão consolidada no tempo: "se há décadas o imóvel conta com garagem lateral cujo ingresso se dá por meio de portão existente no corredor de acesso a vila vizinha, e especialmente quando sua utilização sempre se deu de forma tranquila, pacífica e sem oposição, a excepcionalidade da situação não autoriza o arbitrário levantamento de muro que bloqueie a porta, com fundamento nos arts. 1.299, 1.379 e 1.383 do Código Civil" (TJSP, Apelação 9182495-78.2008.8.26.0000, Acórdão 6191759, 17.ª Câmara de Direito Privado, São Paulo, Rel. Des. Nelson Jorge Júnior, j. 12.09.2012, *DJESP* 24.10.2012).

Do mesmo Tribunal de Justiça de São Paulo, vejamos acórdão relativo à ação de manutenção de posse e servidão de busca de água no terreno alheio, com menção à vedação do desperdício desse importante recurso natural:

> "Reintegração de posse. Servidão de água do terreno vizinho. Alegação de redução da vazão no cano que leva água para o rancho do autor. Procedência no primeiro grau. A servidão é aparente, denominada *servitus aquae haustus*, ou direito de buscar água em nascente do terreno vizinho, e que pode ser alargado, como permite o art. 1.385, do Código Civil. As fotos demonstram que sobra água no reservatório, enquanto o réu reduziu aquela vazão de água que vai para o rancho do autor. Não há dúvida de que houve sim a turbação, na medida em que o réu reduziu a vazão de água para o rancho do autor; adotou condutas reprováveis de tampar canos e retirar mangueiras; as fotos mostram que existe água de sobra na mina e no reservatório, tanto que um cano da bitola de 4 polegadas descarta água no Rio Grande. É absurdo completo ou injustiça genuína que a água seja jogada fora, e o autor não possa dela se utilizar, se necessita da água, e o réu não será prejudicado em absolutamente nada. Prioridade na tramitação deferida ao apelante. Negaram provimento ao recurso" (TJSP, Apelação 9172495-19.2008.8.26.0000, Acórdão 5506750, 18.ª Câmara de Direito Privado, Igarapava, Rel. Des. Jurandir de Souza Oliveira, j. 19.10.2011, *DJESP* 21.11.2011).

Além das demandas preventivas citadas, o ato de embaraço praticado pelo proprietário do imóvel serviente também possibilita, ao dono do imóvel dominante, o ingresso de uma ação de reparação civil de todos os danos suportados, inclusive extrapatrimoniais, aplicando-se o princípio da reparação dos danos (art. 944, *caput*, do CC).

Deduzindo pela possibilidade de cumulação da ação de reintegração de posse com indenização em caso de embaraço ao imóvel dominante, do Tribunal do Distrito Federal:

> "Direito civil e processual civil. Ação possessória. Pedido e causa de pedir. Alteração. Imóvel rural não encravado. Turbação. Servidão de passagem. Embaraço ao livre curso das águas. Construção de cerca. Indenização. (...). A tolerância do possuidor quanto à utilização de estrada por vizinho, mesmo durante anos, não lhe confere qualquer direito

CAP. 6 • DOS DIREITOS REAIS DE GOZO OU FRUIÇÃO | 465

sobre o seu uso. Compete aos titulares de imóveis marginais aos cursos d'água conservá-los livres de embaraços que provoquem prejuízos a terceiro. É lícito ao autor cumular, na ação de manutenção de posse, o pedido possessório com o de recebimento de indenização por perdas e danos e a imposição de pena em caso de reincidência (art. 921, do CPC). Apelo improvido. Sentença mantida" (TJDF, Recurso 2004.08.1.005682-9, Acórdão 330.164, 3.ª Turma Cível, Rel. Des. Arnoldo Camanho de Assis, *DJDFTE* 17.11.2008, p. 94).

Por fim quanto ao art. 1.383 do CC/2002, vale a ressalva feita por Sílvio de Salvo Venosa, no sentido da necessidade de analisar o embaraço com temperança, de acordo com as regras relativas ao direito de vizinhança. E exemplifica: "não é abusivo o ato do dono do prédio serviente que, por exemplo, determina o uso de cadeado ou outro meio de segurança no acesso à passagem na servidão de trânsito, desde que não a vede ou impeça" (*Código...*, 2010, p. 1.247).

Ato contínuo de estudo, preconiza o art. 1.384 do CC/2002 que a servidão pode ser removida, de um local para outro, pelo dono do prédio serviente e à sua custa, se em nada diminuir as vantagens do prédio dominante. Também pode ser removida pelo dono do imóvel dominante e à sua custa, se *houver considerável incremento da utilidade* e não prejudicar o prédio serviente. Como bem salientam Jones Figueirêdo Alves e Mário Luiz Delgado, a grande inovação do preceito – frente ao Código Civil de 1916 – é admitir também ao dono do imóvel dominante mudar a servidão de um local para outro, desde que arque com as despesas, "não prejudique o prédio serviente, e a mudança proporcione otimização do no uso da servidão" (*Código...*, 2005, p. 702).

Nota-se, pela norma, que a remoção da servidão somente é possível se mantida a função social do direito real de fruição, o que serve para preencher o conceito legal indeterminado de *considerável incremento da utilidade*. Concluindo por essa possibilidade:

"Servidão de passagem. Mudança do caminho atual, que corta a propriedade ao meio. Remoção da passagem para um dos lados, junto à divisa. Admissibilidade. Situação menos onerosa ao prédio serviente e que não trará prejuízo ao prédio dominante. Aplicação do disposto no art. 1.384 do Código Civil. Recurso parcialmente provido. Para uso da faculdade pelo dono do prédio serviente, basta demonstrar a vantagem na mudança, vantagem que consistirá na redução do ônus ao seu prédio, tornando-o mais produtivo e com menores embaraços ao aproveitamento, sem prejudicar o prédio dominante" (TJSP, Apelação 7351895-1, Acórdão 3685126, 11.ª Câmara de Direito Privado, Mirassol, Rel. Des. Gilberto dos Santos, j. 04.06.2009, *DJESP* 08.07.2009).

Por outra via, ilustrando hipótese em que a remoção da servidão acarretou prejuízos e perda de utilidade da coisa, da Corte Estadual de Minas Gerais:

"Direito civil. Processual civil. Reintegração de posse-servidão de passagem. Acordo de vontades. Manutenção das servidões preexistentes. Esbulho. Comprovação dos requisitos do art. 927 do CPC. Reforma da sentença. Recurso provido. Sendo a hipótese de servidão aparente de passagem, e não de passagem forçada, indene de dúvidas ser a mesma passível de proteção possessória, eis que sua utilização configura inarredavelmente exercício de alguns dos poderes da propriedade, amoldando-se então perfeitamente ao conceito de posse insculpido no art. 1.196 do Código Civil – Súmula 415 do Supremo Tribunal Federal. Precedentes. O direito real de servidão de trânsito, ao contrário do direito de vizinhança à passagem forçada, prescinde do encravamento do imóvel dominante, consistente na ausência de saída pela via pública, fonte ou porto. A obstrução arbitrária de uma servidão de trânsito, atenta contra direitos preexistentes e contra o acordo pactuado, podendo-se dizer que a estrada nova substituiu a estrada velha, causando maior gravame aos apelantes, sendo impossível sua remoção, conforme se depreende do art. 1.384 do Código Civil de 2002" (TJMG, Apelação Cível 1.0142.07.020073-8/0011, 16.ª Câmara Cível, Carmo do Cajuru, Rel. Des. Sebastião Pereira de Souza, j. 23.09.2009, *DJEMG* 06.11.2009).

Em suma, o que se percebe, na prática, é que a possibilidade de remoção deve ser analisada caso a caso, sem perder de vista a funcionalidade da servidão e a utilidade desta. Em complemento, a remoção não pode configurar abuso de direito, o que é bem observado por Marco Aurélio Bezerra de Melo, nos seguintes dizeres: "como o direito atual não se compadece com o exercício emulativo ou caprichoso do direito, para que não haja a mudança do local da servidão por qualquer das partes, mister será demonstrar a potencialização da utilização do prédio e a ausência e prejuízo ao legítimo exercício do direito decorrente da servidão predial" (*Direito...*, 2007, p. 318).

A servidão é regida pelo *princípio de menor onerosidade ao imóvel serviente* ou pelo regramento do *civiliter modo* (MALUF, Carlos Alberto Dabus. *Código...*, 2008. p. 1.489; DINIZ, Maria Helena. *Código...*, 2010, p. 961).

Prevê expressamente o art. 1.385 do Código Civil de 2002 que o exercício da servidão será restringido às necessidades do prédio dominante, evitando-se, quanto possível, agravar o encargo ao prédio serviente. Para a efetivação dessas premissas, o dispositivo consagra os seguintes preceitos específicos, nos seus parágrafos, que afastam interpretações extensivas a respeito das servidões:

1.º – Constituída para certo fim, a servidão não se pode ampliar a outro. Exemplo: se a servidão é para pastagem de gado, não pode incluir a cultura agrícola no mesmo campo rural. Ou ainda, se a servidão é de passagem de água de chuva, não é possível também passar a água de esgoto.

2.º – Nas servidões de trânsito, a de maior inclui a de menor ônus, e a menor exclui a mais onerosa. Exemplos: se a servidão é de passagem de carros, inclui a passagem de pessoas, motos e bicicletas. Todavia, a recíproca não é verdadeira. Uma passagem de motos e bicicletas não inclui a passagem de carros.

3.º – Se as necessidades da cultura, ou da indústria, do prédio dominante impuserem à servidão maior largueza, o dono do serviente é obrigado a sofrê-la; mas tem direito a ser indenizado pelo excesso. Assim, imagine-se que a servidão foi imposta para passagem de animais de menor porte, inicialmente. Todavia, o dono do imóvel dominante passa a ter uma atividade relativa a animais maiores. O dono do imóvel serviente é obrigado a tolerá-lo, tendo direito, porém, a uma indenização pela tolerância. A norma tende a conservar a servidão, dentro de suas possibilidades e de acordo com a função social da posse e da propriedade.

Vários são os julgados que fazem incidir as regras expostas. Vejamos alguns, a fim de ilustrar a obra. De início, transcreve-se ementa do Tribunal de Minas Gerais, bem ilustrativa a respeito da segunda regra acima transcrita:

"Manutenção de posse. Requisitos. Art. 927, CPC. Servidão de passagem. Estrada rural. Objetos colocados fora do leito carroçável. Turbação não configurada. Quem se proclama possuidor deve ultrapassar os requisitos legais atinentes à matéria (CPC, art. 927), incumbindo-lhe o ônus da prova (CPC, art. 333, I). A servidão de passagem é um encargo imposto ao prédio. Serviente. Em proveito exclusivo de outro prédio. Dominante. Pertencente a dono diferente. Nos termos do § 2.º do art. 1.385, do Código Civil, 'nas servidões de trânsito, a de maior inclui a de menor ônus, e a menor exclui a mais onerosa'. Sendo objeto da servidão apenas a estrada, a manutenção da posse abrange somente o leito carroçável, sendo incabível o pleito de retirada de troncos, mourões e outros objetos colocados ao lado da estrada, mas fora do leito carroçável" (TJMG, Apelação Cível 0008183-10.2010.8.13.0086, 18.ª Câmara Cível, Brasília de Minas, Rel. Des. Mota e Silva, j. 13.12.2011, *DJEMG* 16.01.2012).

Da mesma Corte Mineira, colaciona-se trecho de outra decisão que interpreta muito bem o sentido do art. 1.385 do CC/2002, aduzindo o seguinte:

> "Reza o art. 1.385 do Código Civil que a servidão não se constitui para propiciar ao dono do prédio dominante a realização de caprichos, mas sim para permitir-lhe a razoável satisfação de necessidades ligadas à utilização do imóvel de que é titular. Como disciplina o mesmo artigo, nas servidões de trânsito, que têm por finalidade a ligação de um prédio a outro, a de maior inclui a de menor ônus, enquanto a menor exclui a mais onerosa. Ademais, as pessoas que detêm servidão para um prédio não podem ampliá-lo a outro, contíguo, intermédio ou que venha a se juntar a prédio dominante" (TJMG, Agravo de Instrumento 1.0701.08.219712-3/0011, 10.ª Câmara Cível, Uberaba, Rel. Des. Cabral da Silva, j. 17.03.2009, *DJEMG* 03.04.2009).

Corretamente, o aresto afastou a passagem de veículos, quando a servidão convencionava apenas a passagem de pessoas.

Do Tribunal de Justiça do Rio Grande do Sul, destaque-se a conclusão: "Sendo a servidão de alagamento de área, não pode o dominante fazer o uso da área para passagem de gado quando da estiagem, inclusive abrindo porteiras na cerca alheia" (TJRS, Apelação Cível 70023724420, 19.ª Câmara Cível, Dom Pedrito, Rel. Des. Guinther Spode, j. 08.07.2008, *DOERS* 18.07.2008, p. 7).

Do Tribunal Paulista, o correto julgamento a respeito do preceito em estudo: "A constituição da servidão de passagem visa beneficiar o prédio dominante, que necessita de acesso para alcançar as vias públicas, não podendo extravasar, entretanto, o limite da servidão instituída, evitando-se agravar o encargo do prédio serviente. Inteligência do art. 1.385 do Código Civil 2002" (TJSP, Agravo de Instrumento 7328851-8, Acórdão 3604029, 17.ª Câmara de Direito Privado, Franca, Rel. Des. Walter Fonseca, j. 15.04.2009, *DJESP* 27.05.2009).

Como última ilustração, do antigo Primeiro Tribunal de Alçada Civil de São Paulo: "Servidão de trânsito. Pretendida ampliação de uso para estacionamento de veículos. Inadmissibilidade. CC/2002, art. 1.385, *caput*, C.C. §§ 1.º e 2.º" (1.º TACSP, Processo 1283225-8, 12.ª Câmara, Rel. Des. Manuel Matheus Fontes, j. 04.05.2004).

Por derradeiro, o exercício da servidão é ainda regido pelo *princípio da indivisibilidade* (*servitutes dividi non possunt*), retirado do art. 1.386 do CC/2002, um dos regramentos fundamentais a respeito da categoria, como antes exposto. Determina esse comando que as servidões prediais são indivisíveis, e subsistem, no caso de divisão dos imóveis, em benefício de cada uma das porções do prédio dominante, e continuam a gravar cada uma das partes do prédio serviente.

Assim, se um imóvel serviente é fracionado e dividido entre três herdeiros, o gravame real continua a existir em relação aos novos proprietários. A mesma premissa vale no caso de o imóvel fracionado ser o dominante, inclusive se qualquer um dos imóveis for mantido em condomínio. Obviamente, diante dessa indivisibilidade, se defendida a servidão por um dos consortes do prédio dominante, a todos aproveitarão a ação proposta (DINIZ, Maria Helena. *Código...*, 2010, p. 962).

468 | DIREITO CIVIL • VOL. 4 – *Flávio Tartuce*

A regra vale salvo se, por natureza, ou por destino, só se aplicarem a certa parte de um ou de outro. Ilustrando, imagine-se que um imóvel serviente tem a restrição de servidão de passagem apenas no seu lado direito. Se esse imóvel for dividido em duas partes, entre dois herdeiros, apenas o proprietário da parte direita terá a restrição, não o dono da parte esquerda.

Encerrando, diante dessa indivisibilidade da servidão, entendeu o Superior Tribunal de Justiça que "não é possível ao juízo negar cumprimento a uma servidão estabelecida em registro público, com fundamento na invalidade ou na caducidade desse registro, se não há uma ação proposta para esse fim específico pelo titular do prédio serviente. O que motiva a existência de registros públicos é a necessidade de conferir a terceiros segurança jurídica quanto às relações neles refletidas. Para que se repute ineficaz a servidão, é preciso que seja retificado o registro, e tal retificação somente pode ser requerida em ação na qual figurem, no polo passivo, todos os proprietários dos terrenos nos quais tal servidão se desmembrou, notadamente considerando a indivisibilidade desse direito real" (STJ, REsp 1.124.506/RJ, 3.ª Turma, Rel. Min. Nancy Andrighi, j. 19.06.2012, *DJe* 14.11.2012). O aresto é perfeito tecnicamente, tendo o meu apoio doutrinário.

6.3.4 Da extinção da servidão

A encerrar o tratamento da servidão, o Código Civil de 2002 consagra as seguintes possibilidades de sua extinção.

a) Extinção por renúncia do proprietário do imóvel dominante

A hipótese está tratada pelo art. 1.388, inc. I, do CC/2002, cabendo ao dono do prédio serviente o direito de pleitear por meios judiciais o cancelamento do registro, embora o dono do prédio dominante impugne.

Tal renúncia constitui exercício de direito potestativo unilateral por parte do dono do imóvel dominante, devendo ser exercido por meio de escritura pública, se o imóvel tiver valor superior a 30 salários mínimos (art. 108 do CC). Tal renúncia, diante da regra do art. 114 do Código Civil, não se presume. No caso da servidão, além da declaração expressa, há necessidade do seu registro no Cartório de Registro Imobiliário (TJSP, APL 7207949-1, Acórdão 3489012, 21.ª Câmara de Direito Privado E, São Paulo, Rel. Des. Richard Paulro Pae Kim, j. 19.02.2009, *DJESP* 13.03.2009).

b) Extinção pela cessação da utilidade ou comodidade da servidão

A situação está igualmente tratada pelo art. 1.388, agora inciso II, cabendo o pedido judicial ao dono do imóvel serviente e posterior cancelamento registral. Trata-se de hipótese de fim da causa da servidão, ou desaparecimento de sua função social (*frustração do objeto*).

Concretizando-a, entendeu o Tribunal Paulista pela extinção da servidão de passagem por desaparecimento da utilidade pelo fato de os proprietários do imóvel dominante terem adquirido novos lotes que possibilitavam a saída para a mesma rua com a mesma comodidade anterior (TJSP, Apelação 9117266-40.2009.8.26.0000, Acórdão 5017876, 18.ª Câmara de Direito Privado, Bebedouro, Rel. Des. Rubens Cury, j. 01.03.2011, *DJESP* 15.04.2011).

Outro exemplo envolve *decisum* do Tribunal de Justiça do Rio Grande do Sul, que julgou pela extinção da servidão de passagem diante de abertura de novo acesso à via pública, a retirar a necessidade da sua permanência ao imóvel serviente (TJRS, Apelação Cível 70017095803, 18.ª Câmara Cível, São Sebastião do Caí, Rel. Des. Cláudio Augusto Rosa Lopes Nunes, j. 04.12.2008, *DOERS* 27.03.2009, p. 104).

Obviamente, se tal utilidade e comodidade ainda existem não há que se falar em extinção da servidão. Por esse caminho concluiu o Tribunal Catarinense, em caso bem peculiar:

"A servidão é constituída com o objetivo de conferir valorização, utilidade ou comodidade ao imóvel dominante, não se relacionando, necessariamente, à existência de encravamento. Admite-se a extinção da servidão quando comprovada a inexistência da comodidade ou utilidade que lhe deu origem (art. 1.388, II, do Código Civil). Utilidade que, no caso, se tem para o acesso de pessoas e automóveis à propriedade dominante. Servidão que não pode ser extinta tendo em vista que sempre foi utilizada como meio de acesso e a sua inutilização é temporária, porque ninguém reside no bem do demandado, bem como porque a servidão foi indevidamente modificada pelo proprietário do prédio serviente e, por fim, uma vez que o imóvel que se apresenta em substituição, como meio de acesso à via pública, possui declividade acentuada que impediria o tráfego de automóveis ao prédio dominante. Não provimento da apelação" (TJSC, Apelação Cível 2008.046116-1, 2.ª Câmara de Direito Civil, Blumenau, Rel. Des. Gilberto Gomes de Oliveira, j. 27.09.2012, *DJSC* 16.10.2012, p. 120).

O conteúdo do acórdão tem o meu apoio integral.

c) Extinção pelo resgate da servidão por parte do dono do prédio serviente

Igualmente viável por força do art. 1.388, inc. III, da codificação material, mais uma vez se houver pedido judicial do proprietário do imóvel serviente e cancelamento do registro. Conforme leciona Maria Helena Diniz, esse "ato de resgate, equivalente a uma renúncia expressa, convencional e onerosa, consiste em escritura pública subscrita por ambos os interessados, constando o preço da liberação do ônus real, sua quitação e autorização para que se proceda ao cancelamento do seu assento" (DINIZ, Maria Helena. *Código...*, 2010, p. 964).

Entendo que a escritura pública somente será necessária nos casos de imóveis com valor superior a 30 salários mínimos, nos termos do art. 108 do CC/2002. Nota-se, portanto, que o resgate constitui hipótese de resilição bilateral, similar ao distrato, tratado pelo art. 472 do CC quanto aos contratos.

d) Extinção pela reunião dos dois prédios no domínio da mesma pessoa

Trata-se de hipótese de *confusão real*, quando, na mesma pessoa, confundem-se as qualidades de proprietário do imóvel dominante e serviente (art. 1.389, inc. I, do CC). Não se pode confundir a categoria com a *confusão obrigacional*, forma de pagamento, quando, na mesma pessoa, confundem-se as qualidades de credor e de devedor (art. 381 do CC).

A confusão pode decorrer de ato *inter vivos* ou evento *mortis causa*. Assim, imagine-se a situação em que o proprietário do imóvel serviente adquire o imóvel dominante e vice-versa. Ou, ainda, o proprietário do imóvel serviente é único herdeiro do dono do imóvel dominante, recebendo o bem como herança, pelo falecimento do último.

Como bem salientava José Fernando Simão em edições anteriores desta obra, quando em coautoria, "uma pergunta interessante que pode surgir é a seguinte: se um dos prédios for alienado a terceiros, a servidão ressurge? A resposta é negativa. Uma vez extinta, só será criada novamente pela vontade das partes. Não há um fenômeno semelhante à pós-eficacização do crédito que se verifica quando cessada a confusão obrigacional (art. 384 do CC). Em outras palavras, não há o *efeito Fênix*" (TARTUCE, Flávio; SIMÃO, José Fernando. *Direito civil...*, 2013, v. 4, p. 357). O entendimento continua contando com meu apoio doutrinário.

e) Extinção pela supressão das respectivas obras por efeito do contrato ou de outro título expresso

De início, ressalte-se que a expressão *contrato* deve ser lida com ressalvas, no sentido de instrumento de constituição da servidão. Por óbvio, a servidão não é contrato, mas direito real de gozo ou fruição.

Mais uma vez, a hipótese – tratada pelo inc. II do art. 1.389 do CC/2002 – tem relação com a perda de utilidade da servidão, de sua função social. Como bem salientam Gustavo Tepedino, Maria Celina Bodin de Moraes e Heloísa Helena Barboza, a supressão das obras gera uma presunção relativa de perda da finalidade. Porém, para que não pairem dúvidas a respeito da persistência ou não da servidão, deve constar de documento a supressão das obras que fundamentam a necessidade do direito real (*Código...*, 2011, v. III, p. 798).

f) Extinção pelo não uso pelo prazo de dez anos contínuos

Trata-se do *desuso da servidão*, presumindo-se pelo tempo a sua inutilidade. Diante da lógica adotada pelo Código Civil, o prazo citado é decadencial e não prescricional, como querem alguns autores, caso de Marco Aurélio Bezerra de Melo (*Direito...*, 2007, p. 321). Como é notório, os prazos de prescrição foram concentrados nos arts. 205 e 206 da codificação, sendo os demais, todos, de natureza decadencial, o que atinge a norma do art. 1.389, inc. III, do CC/2002 (GAGLIANO, Pablo Stolze. *Código...*, 2004, v. XIII, p. 101). Em reforço, a extinção está relacionada a direito potestativo, no caso a servidão, o que confirma a tese de que o prazo é de decadência.

A norma é clara ao estabelecer que o prazo deve ser contínuo. Assim, se houver interrupção por qualquer motivo, o prazo inicia-se novamente. Como bem pondera Sílvio de Salvo Venosa, o prazo de não uso tem início da ação ou atividade contrária à abstenção: "Nas servidões positivas, o não uso caracteriza-se pela não utilização: não se utiliza mais a servidão de trânsito; não se vai mais buscar água no terreno serviente, por exemplo. O prazo de não uso flui a partir do último ato praticado" (*Código...*, 2010, p. 1.252).

Da jurisprudência superior, destaque-se ementa segundo a qual entendeu o Superior Tribunal de Justiça o seguinte:

> "A servidão foi constituída por ato jurídico voluntário, do então proprietário do prédio serviente, devidamente transcrito no registro de imóveis competente, por isso é válida e eficaz. Os artigos 573, § 2.º, e 576 do Código Civil de 1916 regulam as relações de vizinhança, sendo, portanto, imprestáveis para a solução de controvérsias relativas à servidão predial. Como o artigo 710 do Código Civil de 1916 estabelecia que as servidões prediais extinguiam-se pelo não uso durante dez anos contínuos, o consectário lógico é que, dentro deste período, o proprietário do prédio dominante poderia fazer uso de ação real para resguardar os seus interesses, no que tange à servidão" (STJ, REsp 207.738/SP, 4.ª Turma, Rel. Min. Luis Felipe Salomão, j. 05.04.2011, *DJe* 29.04.2011).

Obviamente, o não uso por dez anos deve ser provado pela parte que alega a extinção da servidão e que tenha interesse na sua não permanência (TJMG, Apelação Cível 1.0043.06.009457-0/0021, 12.ª Câmara Cível, Areado, Rel. Des. José Flávio de Almeida, j. 09.12.2009, *DJEMG* 11.01.2010 e 1.º TACSP, Agravo de Instrumento AI 801989-6, 8.ª Câmara, Rel. Juiz Carlos Alberto Lopes, j. 26.04.2000).

g) Extinção da servidão por desapropriação dos imóveis envolvidos

A extinção por desapropriação está implícita no art. 1.387 do CC/2002, incidindo qualquer uma das hipóteses de desapropriação consagradas no Direito Brasileiro, inclusive a desapropriação judicial privada por posse-trabalho (art. 1.228, §§ 4.º e 5.º, do CC).

CAP. 6 · DOS DIREITOS REAIS DE GOZO OU FRUIÇÃO | 471

Como bem salientam Cristiano Chaves de Farias e Nelson Rosenvald, a quem se filia, as hipóteses descritas no Código Civil não são taxativas, eis que a servidão pode ser extinta de qualquer modo como se extingue a propriedade. Os juristas citam o caso de extinção da servidão em decorrência da presença de uma propriedade resolúvel, sujeita a condição ou a termo, ocorrendo o ato extintivo. Ou, ainda, o perecimento, por qualquer razão, de alguns dos imóveis ou da própria servidão, a gerar a extinção do direito real (*Curso...*, 2012, p. 806).

Na mesma linha, pondera Paulo Lôbo que "a enumeração legal não é taxativa, como tem salientado a doutrina, inclusive estrangeira (Weill, Terré, Simler, 1988, p. 797). Tem sido admitida a extinção da servidão, além das hipóteses previstas em lei, quando um dos prédios vem a ser definitivamente destruído (por exemplo, avanço definitivo do mar) ou quando o título de propriedade de quem instituiu ou constituiu a servidão vem a ser invalidado, ou quando a servidão é desapropriada, ou por se ter realizada a condição ou pelo decurso do prazo fixo" (FARIAS, Cristiano Chaves; ROSENVALD, Nelson. *Direito...*, 2015, p. 252).

Conforme expressão do art. 1.387 do CC/2002, salvo nas desapropriações, a servidão, uma vez registrada, só se extingue, com respeito a terceiros, quando cancelada no registro de imóveis. Trata-se de consagração específica de um dos regramentos fundamentais dos direitos reais de gozo ou fruição, outrora analisados.

De acordo com o parágrafo do preceito, se o prédio dominante estiver hipotecado, e a servidão se mencionar no título hipotecário, será também preciso, para cancelá-la, o consentimento do credor. Isso porque não se pode afastar o interesse do último quanto do direito real existente sobre a coisa.

Trata-se de ato de concordância, e não de mera ciência. Sendo assim, o credor hipotecário deve ser notificado judicial ou extrajudicialmente para que se manifeste em prazo razoável. Caso não haja tal declaração do credor, não se pode presumir que a servidão está extinta, diante da regra geral segundo a qual quem cala não consente, retirada do art. 111 da codificação privada, *in verbis*: "O silêncio importa anuência, quando as circunstâncias ou os usos o autorizarem, e não for necessária a declaração de vontade expressa" (GAGLIANO, Pablo Stolze. *Código...*, 2004, v. XIII, p. 95). Em suma, mister se faz presente a declaração expressa do credor hipotecário, pois a extinção da servidão está prejudicando o seu direito quanto à garantia.

Para encerrar o tópico relativo às servidões, importante pontuar que a Comissão de Juristas encarregada da Reforma do Código Civil pretende inserir no sistema a possibilidade de extinção ou cancelamento extrajudicial da servidão, mediante um procedimento perante o Cartório de Registro de Imóveis, seguindo-se a tendência de *extrajudicialização* do Direito Privado, um dos nortes do Projeto de Reforma. Nesse contexto, o art. 1.388 da Lei Civil passará a enunciar que "o dono do imóvel serviente tem direito, pelos meios judiciais ou extrajudiciais, ao cancelamento do registro: I – quando o titular houver renunciado à sua servidão; II – quando tiver cessado, para o imóvel dominante, a utilidade ou a comodidade, que determinou a constituição da servidão; III – quando o dono do imóvel serviente resilir contrato que funda a servidão". Como se pode perceber, no último inciso passa a ser mencionada a resilição, que é melhor tecnicamente.

Sobre o procedimento extrajudicial de extinção, novo § 1º desse art. 1.388 passará a prever que "o cancelamento do registro pelo meio extrajudicial se dará diretamente perante o Cartório de Registro de Imóveis, cabendo ao oficial analisar a presença dos requisitos previstos neste dispositivo, por prova estritamente documental, e a concordância do titular do direito de servidão". E mais, "em casos de existência de dúvidas pelo oficial de Registro de Imóveis, a parte interessada será remetida à via judicial" (§ 2º).

Seguindo, são feitas propostas de aperfeiçoamentos do seu art. 1.389, passando ele a prever que "também se extingue a servidão, pelos meios previstos no artigo antecedente, ficando ao dono do imóvel serviente a faculdade de fazê-la cancelar, mediante a prova da extinção: I – pela reunião dos dois imóveis no domínio da mesma pessoa; II – pela supressão das respectivas obras por efeito do pactuado entre as partes, ou de outro título expresso; III – pelo seu não uso, durante cinco anos contínuos, não se admitindo interrupções; IV – pela desapropriação dos imóveis envolvidos; V – pela destruição de um ou dos dois imóveis sobre os quais recaem a servidão; ou VI – pelo inadimplemento de obrigações assumidas pelas partes".

Como se pode notar, além da redução do prazo de não uso de dez para cinco anos, que segue outras proposições do projeto, é incluída expressamente no dispositivo a extinção da servidão pela desapropriação dos imóveis, pela sua destruição ou pelo inadimplemento de obrigações das partes, o que vem em boa hora, mais uma vez para trazer maior previsibilidade e segurança jurídica para o instituto.

6.4 DO USUFRUTO

6.4.1 Conceito, partes, estrutura interna e figuras afins

O usufruto pode ser apontado como o direito real de gozo ou fruição por excelência, pois há a divisão igualitária dos atributos da propriedade (GRUD) entre as partes envolvidas. Como define Clóvis Beviláqua, "o usufruto é o direito real, conferido a alguma pessoa, durante certo tempo, que a autoriza a retirar, de coisa alheia, frutos e utilidades, que ele produza" (*Direito das coisas...*, v. 1, p. 309). Ou ainda, segundo Limongi França: "usufruto é o desmembramento da propriedade, de caráter temporário, em que o titular tem o direito de usar e perceber frutos da coisa, sem afetar-lhe a substância" (*Instituições...*, 1999, p. 490).

Como primeira parte, há o usufrutuário que, como o próprio nome já diz, tem os atributos de usar (ou utilizar) e fruir (ou gozar) a coisa – GU. Repise-se que esses são os atributos diretos, que formam o *domínio útil*. Diante do fracionamento dos atributos da propriedade, o usufrutuário mantém a posse direta sobre o bem, tendo o contato corpóreo imediato.

A outra parte é o nu-proprietário, que tem os atributos de reivindicar (ou buscar) e dispor (ou alienar) a coisa – RD. É assim chamado justamente por estar *despido* dos atributos diretos, relativos ao domínio útil, que estão com o usufrutuário. Tem a posse indireta ou mediata da coisa, diante do exercício do direito real.

Do ponto de vista estrutural, o que se nota no usufruto é o fracionamento perfeito e uniforme dos atributos do domínio, conforme o esquema a seguir:

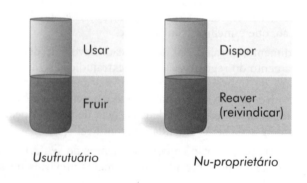

Da simbologia criada podem ser extraídas algumas perguntas, fundamentais para a compreensão do instituto do usufruto, na teoria e na prática, e geralmente utilizadas nas minhas aulas e exposições sobre o tema.

De início, indaga-se se o nu-proprietário pode locar o imóvel objeto de usufruto. A resposta é negativa, eis que somente o usufrutuário tem o atributo de gozar ou fruir, faculdade que é relacionada à possibilidade de alugar o bem, retirando seus frutos civis ou rendimentos.

Como segunda dúvida: o nu-proprietário pode usar a coisa? Em regra, não, apenas o usufrutuário pode utilizar a coisa, por ter tal atributo. Na verdade, até é possível que o nu-proprietário utilize a coisa, mas não em decorrência pura do usufruto, mas de outra cessão. A título de ilustração, o usufrutuário pode celebrar contrato de locação com o nu--proprietário, surgindo desse contrato o direito de uso a favor do último.

O usufrutuário pode vender o bem? A resposta é, mais uma vez, negativa. Isso porque somente o nu-proprietário pode fazê-lo, por ter o atributo de disposição ou alienação. Em reforço, como se verá a seguir, o usufruto é inalienável, por força do art. 1.393 do atual Código Civil.

Das duas partes, quem pode ingressar com a ação reivindicatória da coisa em usufruto? Somente o nu-proprietário, que é aquele que tem o direito de reaver ou buscar a coisa de quem injustamente a possua ou detenha (atributo R).

Todavia, de maneira equivocada na minha opinião, existem julgados superiores que reconhecem a legitimidade do usufrutuário no ingresso da ação reivindicatória, o que decorreria dos atributos de usar e fruir a coisa. Nesse sentido, vejamos dois acórdãos recentes do Superior Tribunal de Justiça, que dizem respeito a usufruto vitalício:

> "Administrativo e civil. Imóvel rural objeto de desapropriação para fins de reforma agrária. Usufrutuário vitalício. Direito real. Presença de legitimidade e interesse para a propositura de ação declaratória de produtividade. 1. O cerne da questão é a legitimidade de usufrutuário vitalício de imóvel desapropriando propor ações que tenham como objeto a defesa da propriedade. 2. O usufrutuário, enquanto possuidor direto do bem, pode valer-se das ações possessórias contra o possuidor indireto (nu-proprietário) e, enquanto titular de um direito real limitado (usufruto), também tem legitimidade/interesse para o ajuizamento de ações de caráter petitório (tal como a reivindicatória) contra o nu-proprietário ou contra terceiros. Precedente: REsp 1.202.843/PR, 3.ª Turma, Rel. Min. Ricardo Villas Bôas Cueva, *DJe* 28.10.2014. Agravo regimental improvido" (STJ, AgRg no REsp 1.291.197/MG, 2.ª Turma, Rel. Min. Humberto Martins, j. 12.05.2015, *DJe* 19.05.2015).

> "Recurso especial. Ação petitória. Ação reivindicatória. Usufruto. Direito real limitado. Usufrutuário. Legitimidade e interesse. 1. Cuida-se que ação denominada 'petitória--reivindicatória' proposta por usufrutuário, na qual busca garantir o seu direito de usufruto vitalício sobre o imóvel. 2. Cinge-se a controvérsia a definir se o usufrutuário tem legitimidade/interesse para propor ação petitória/reivindicatória para fazer prevalecer o seu direito de usufruto sobre o bem. 3. O usufrutuário – na condição de possuidor direto do bem – pode valer-se das ações possessórias contra o possuidor indireto (nu-proprietário) e – na condição de titular de um direito real limitado (usufruto) – também tem legitimidade/interesse para a propositura de ações de caráter petitório, tal como a reivindicatória, contra o nu-proprietário ou contra terceiros" (STJ, REsp 1.202.843/PR, 3.ª Turma, Rel. Min. Ricardo Villas Bôas Cueva, j. 21.10.2014, *DJe* 28.10.2014).

Pela própria estrutura do usufruto aqui demonstrada, e com o devido respeito, não se filia a essa forma de julgar, mesmo sendo o caso de usufruto vitalício, devendo ser mantida a legitimidade apenas ao nu-proprietário, que tem o atributo correspondente à ação reivindicatória.

Por fim, quem pode ingressar com ação possessória relativa ao bem? Ambos, pois são possuidores: o usufrutuário é possuidor direto; o nu-proprietário, indireto. Como visto no Capítulo 2 desta obra, basta que a parte tenha *um dos atributos do domínio* para que tenha posse (art. 1.196 do CC). Surge de tal conclusão a possibilidade de ingresso de ação possessória, pelas duas partes.

Explicada a sua estrutura interna, nos termos do art. 1.390 do CC/2002, o usufruto pode recair em um ou mais bens, móveis ou imóveis, em um patrimônio inteiro, ou parte deste, abrangendo-lhe, no todo ou em parte, os frutos e utilidades. Tal dispositivo tem relação com a classificação do usufruto, que será analisada no próximo tópico.

A encerrar o presente tópico, é preciso diferenciar o usufruto de institutos que lhe são próximos, e que podem causar confusão.

Inicialmente, o usufruto não se confunde com a locação, apesar de no último caso igualmente existir uma cessão de uso e, eventualmente, também de gozo. O usufruto é direito real; a locação é contrato. O primeiro gera efeitos *erga omnes*, o segundo efeito *inter partes*, em regra. O usufruto é extinto com a morte do usufrutuário, o que não ocorre na locação, em regra, no caso de falecimento do locatário. Por fim, o usufruto pode ser gratuito ou oneroso; a locação é sempre onerosa.

Aliás, cumpre destacar que se o usufruto for gratuito, não se confunde com o comodato (empréstimo de bem infungível ou insubstituível), mais uma vez porque o primeiro é direito real e o segundo é contrato. Sendo assim, o usufruto gera efeitos *erga omnes*, contra todos; o comodato gera efeitos *inter partes*.

O usufruto não se confunde, apesar da proximidade, com a superfície, o que já foi apontado no presente trabalho. Como visto, permite-se a transmissão da superfície por ato *inter vivos* ou evento *mortis causa*, o que demonstra que o instituto não é personalíssimo (*intuitu personae*), ao contrário do que ocorre com o usufruto. Como será demonstrado, no caso de falecimento do usufrutuário, a categoria é extinta.

Em reforço, a superfície constitui um direito real de gozo e fruição em que os atributos da propriedade são transmitidos com maior amplitude. O superficiário tem, por exemplo, o direito de disposição da superfície e direito de preferência, o que não ocorre no usufruto. Por fim, no caso de desapropriação do bem, o superficiário deve ser indenizado proporcionalmente, o que não ocorre no usufruto.

Por derradeiro, é comum, desde os clássicos, diferenciarem o usufruto do fideicomisso (ver, por exemplo: MONTEIRO, Washington de Barros; MALUF, Carlos Alberto Dabus. *Curso...*, 2009, v. 3, p. 347). Na minha opinião doutrinária, a diferenciação é despicienda, pois os institutos pouco têm em comum. De toda sorte, o usufruto é instituto de direito real; o fideicomisso é categoria sucessória, forma de substituição testamentária. No usufruto, a propriedade é desmembrada entre usufrutuário e nu-proprietário, de forma igualitária quanto aos atributos do domínio. No fideicomisso, as partes envolvidas têm a propriedade plena, todos os atributos do domínio, mas de forma sucessiva. Por fim, o usufruto recai sobre pessoas já existentes, concebidas e nascidas. O fideicomisso abrange apenas a prole eventual pelo Código Civil de 2002, ou seja, os não concebidos ao tempo da morte do testador (art. 1.952). Ressalte-se que essa última regra praticamente retirou a relevância prática do instituto.

A fim de facilitar, as diferenças entre usufruto e fideicomisso estão no quadro abaixo:

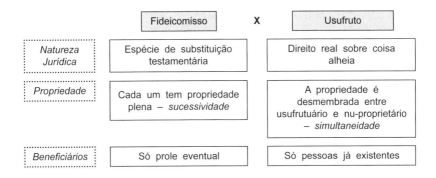

6.4.2 Principais classificações do usufruto

Desde os autores clássicos até os contemporâneos, é comum o estudo da classificação do usufruto, de acordo com a variedade de critérios a seguir expostos (por todos: LIMONGI FRANÇA, Rubens. *Instituições*..., 1999, p. 491-493; MONTEIRO, Washington de Barros; MALUF, Carlos Alberto Dabus. *Curso*..., 2013, v. 3, p. 348-350; DINIZ, Maria Helena. *Curso*..., 2009, v. 4, p. 436-440; GONÇALVES, Calor Roberto. *Direito*..., 2010, v. 5, p. 484-486). Tais classificações geram o que também é denominado pela doutrina consultada de *espécies de usufruto*. Vejamos, pontualmente.

6.4.2.1 Classificação quanto ao modo de instituição ou quanto à origem

De início, quanto à origem, o usufruto será *legal* quando decorre da norma jurídica e não da vontade das partes, sendo desnecessário o seu registro no Cartório de Registro de Imóveis, conforme consta expressamente do art. 167, I, n. 7, da Lei 6.015/1973 (Lei de Registros Públicos). Trata-se, portanto, de exceção à regra do registro imobiliário, constante do art. 1.391 do CC, dispositivo que ainda será devidamente estudado neste capítulo.

Como primeiro exemplo de *usufruto legal*, cite-se o usufruto dos pais sobre os bens dos filhos menores (art. 1.689, inc. I, do CC/2002). Cumpre destacar que o art. 1.693 da própria codificação material exclui de tal usufruto alguns bens, a saber: *a)* os bens adquiridos pelo filho havido fora do casamento, antes do reconhecimento; *b)* os valores auferidos pelo filho maior de dezesseis anos, no exercício de atividade profissional e os bens com tais recursos adquiridos; *c)* os bens deixados ou doados ao filho, sob a condição de não serem usufruídos, ou administrados, pelos pais; *d)* os bens que aos filhos couberem na herança, quando os pais forem excluídos da sucessão.

O segundo exemplo de usufruto legal envolve aquele instituído a favor do cônjuge, que estiver na posse dos bens particulares do outro, havendo rendimento comum (art. 1.652, inc. I, do CC). A concretizar, imagine-se a mulher que está na posse de imóvel do marido, que gera aluguéis, devendo ser tratada como usufrutuária em casos tais.

Por fim, não se pode esquecer que a codificação anterior previa um usufruto legal, como direito sucessório, em favor do cônjuge sobrevivente, chamado de *usufruto vidual*. De acordo com o art. 1.611, *caput*, do CC/1916, na falta de descendentes ou ascendentes, a herança seria atribuída ao cônjuge sobrevivente se, ao tempo da morte do outro, não estava dissolvida a sociedade conjugal. Em complemento, conforme o seu § 1.º, o cônjuge viúvo, se o regime de bens do casamento não fosse o da comunhão universal de bens, teria direito, enquanto durasse a viuvez, ao usufruto da quarta parte dos bens do cônjuge falecido, se houvesse filho deste ou do casal, e à metade se não houvesse filhos, embora sobrevivam ascendentes do falecido. Anote-se que os comandos foram incluídos na lei geral privada por força do Estatuto da Mulher Casada (Lei 4.121/1962).

Além do cônjuge, o sistema anterior estabelecia o usufruto legal a favor do companheiro ou convivente. Conforme o art. 2.º da Lei 8.971/1994, o convivente participaria da sucessão do companheiro falecido nas seguintes condições: *a)* teria direito, enquanto não constituísse nova união, ao usufruto de quarta parte dos bens do falecido, se houvesse filhos do falecido ou comuns; *b)* teria direito, enquanto não constituísse nova união, ao usufruto da metade dos bens do *de cujus*, se não houvesse filhos, embora sobrevivessem ascendentes; *c)* na falta de descendentes e de ascendentes, o companheiro sobrevivente teria direito à totalidade da herança.

Sigo o entendimento, majoritário na doutrina e na jurisprudência, de extinção das modalidades de *usufruto legal sucessório*, conforme está aprofundado no Volume 6 da presente coleção. Como é notório, as regras anteriores foram revogadas, eis que o Código Civil de 2002 substitui o usufruto pela concorrência sucessória. O art. 1.829 do Código Civil estabelece, em seus incisos I e II, a concorrência do cônjuge com os descendentes e ascendentes do falecido. O art. 1.790 da codificação, regulamentando especificamente o direito sucessório do companheiro, consagrou a concorrência sucessória do convivente com os descendentes do falecido. Todavia, como está ali desenvolvido, o STF reconheceu, em julgamento de 2017, a inconstitucionalidade dessa norma (STF, Recurso Extraordinário 878.694/MG, Rel. Min. Luís Roberto Barroso, publicado no seu *Informativo* n. *864*, com repercussão geral).

Quanto ao art. 1.611 do CC/1916, o preceito foi revogado expressamente pelo art. 2.045 do CC/2002, não pairando maiores controvérsias (nesse sentido, incidentalmente: STJ, REsp 594.699/RS, 4.ª Turma, Rel. Min. Luis Felipe Salomão, j. 01.12.2009, *DJe* 14.12.2009).

Em relação ao art. 2.º da Lei 8.971/1994, parece existir uma incompatibilidade com o sistema atual de concorrência sucessória, agora unificada no art. 1.829 do Código Civil, sendo o caso de revogação tácita, por força do art. 2.º, § 1.º, da Lei de Introdução. Todavia, como não há clareza quanto à revogação, há quem entenda pela subsistência da norma (GARCIA, Gustavo Filipe Barbosa. Sucessão..., *Novidades...*, 2007, p. 170-172). Julgado do Tribunal de Justiça do Paraná adotou tal conclusão (TJPR, Agravo de Instrumento 366.279-3, Rel. Des. Fernando Wolff Bodziak, j. 25.04.2007).

O segundo tipo usufrutuário, na classificação quanto à origem, é o *usufruto voluntário ou convencional*, aquele que decorre do exercício da autonomia privada, podendo ter origem em testamento ou em contrato, como é o caso da doação. O usufruto voluntário decorrente de contrato admite a seguinte subclassificação, apontada por Flávio Augusto Monteiro de Barros: *a) usufruto por alienação* – o proprietário concede o usufruto a terceiro e conserva a nua propriedade; *b) usufruto por retenção ou deducto* – o proprietário reserva para si o usufruto e transfere a propriedade a um terceiro (BARROS, Flávio Augusto Monteiro de. *Manual...*, 2005, v. 3, p. 131).

O *usufruto convencional deducto* geralmente é utilizado como forma de *planejamento sucessório*. Assim, é comum na prática, na hipótese de falecimento de um dos cônjuges que possuem relevante patrimônio imobiliário, dividir os imóveis em lotes, que serão escolhidos ou sorteados entre os filhos, a quem se atribui a nua propriedade, dividida de forma equânime e nos limites da proteção da legítima.

Tal divisão é efetivada por meio de doação do sobrevivente ou testamento do falecido. O cônjuge supérstite mantém o usufruto vitalício dos bens imóveis e, quando do seu falecimento, este é extinto. Percorrendo tal caminho, são evitados maiores conflitos entre os filhos, pois, quando do falecimento do segundo ascendente, todos os bens já estão divididos. Tenho recomendado tal forma de solução sucessória em consultas e pareceres.

CAP. 6 · DOS DIREITOS REAIS DE GOZO OU FRUIÇÃO | **477**

A terceira modalidade, quanto à origem, é do *usufruto misto*, aquele que decorre de usucapião, como bem aponta Maria Helena Diniz (*Curso...*, 2009, v. 4, p. 437). Como leciona a jurista, o prazo para a usucapião do usufruto deve ser o mesmo previsto para a usucapião ordinária (dez anos) ou extraordinária (quinze anos), o que depende ou não da presença do justo título e da boa-fé. Ressalte-se que o art. 1.391 do CC/2002 reconhece expressamente a possibilidade de se adquirir o usufruto por usucapião, não havendo o mesmo debate doutrinário existente em relação à superfície. De toda sorte, raras são as suas situações concretas. No Projeto de Reforma do Código Civil, em boa hora, pretende-se inserir um parágrafo único nesse dispositivo, prevendo que "a usucapião de usufruto sujeita-se aos mesmos prazos e requisitos da usucapião da propriedade, no que couber".

Por fim, quanto à origem, havia ainda o *usufruto judicial*, fixado pelo juiz da execução e tratado anteriormente entre os arts. 716 a 724 do Código de Processo Civil de 1973. Os preceitos processuais então em vigor foram alterados pela Lei 11.382/2006, a fim de facilitar e tornar mais operável tal constituição judicial. No CPC/2015, tais comandos equivalem aos arts. 867 a 869, que não tratam mais de usufruto judicial, mas de penhora de frutos e rendimentos da coisa móvel ou imóvel. Diante dessa nova regulamentação, desapareceu essa modalidade de usufruto judicial, o que foge do interesse didático e metodológico desta obra, de conteúdo material.

De toda sorte, cabe anotar que, no sistema processual anterior, o juiz poderia conceder ao exequente o usufruto de móvel ou imóvel, quando o reputasse menos gravoso ao executado e eficiente para o recebimento do crédito.

Na nova legislação instrumental, e de acordo com o art. 867 do CPC/2015, o juiz pode ordenar a penhora de frutos e rendimentos de coisa móvel ou imóvel quando a considerar mais eficiente para o recebimento do crédito e menos gravosa ao executado. Sendo ordenada essa penhora de frutos e rendimentos, o juiz nomeará administrador-depositário, que será investido de todos os poderes que concernem à administração do bem e à fruição de seus frutos e utilidades, perdendo o executado o direito de gozo do bem, até que o exequente seja pago do principal, dos juros, das custas e dos honorários advocatícios (art. 868 do CPC/2015).

Apesar das alterações legislativas de facilitação processual anteriores, a verdade é que o usufruto judicial sempre foi pouco operável, notadamente pelos custos de perícia e de nomeação de um administrador, que deve sempre ser remunerado. Além disso, como havia retirada de frutos de bem em garantia, a figura parecia se confundir com a anticrese, direito real de garantia que ainda será estudado. Tal conclusão era apontada por José Fernando Simão, a quem se filiava, em edições anteriores desta obra (TARTUCE, Flávio; SIMÃO, José Fernando. *Direito civil...*, 2013, v. 4, p. 363). Diante dessas constatações, parece ter vindo em boa hora o novo tratamento do então usufruto judicial como simples penhora sobre frutos no CPC de 2015.

6.4.2.2 *Classificação quanto ao objeto que recai*

Duas são as modalidades quanto ao critério mencionado. De início, o *usufruto próprio* ou *regular* é aquele que recai sobre bens infungíveis e inconsumíveis. Ao final, o usufrutuário deve restituir os bens que recebeu.

Por outra via, o *usufruto impróprio, irregular* ou *quase usufruto* recai sobre bens fungíveis e consumíveis. O usufrutuário se torna proprietário da coisa, podendo aliená-la a terceiros ou consumi-la. Por razões óbvias, ao final do usufruto, deverá ser restituído o equivalente à coisa, aplicando-se as mesmas regras do mútuo, conforme determina o art. 1.392, § 1.º, do CC/2002. Pelo comando citado, não sendo possível devolver coisa do mesmo gênero, caberá a restituição em dinheiro.

Uma hipótese de usufruto impróprio diz respeito a títulos de crédito. Estatui o art. 1.395 do Código Civil que, em casos tais, o usufrutuário tem o direito de perceber os frutos e cobrar as respectivas dívidas relativas ao título.

Para alguns doutrinadores, caso de Caio Mário da Silva Pereira, a última modalidade não constitui um usufruto propriamente dito, mas uma modalidade de aquisição da coisa, com o encargo de restituição, pois o usufruto "consiste na utilização e fruição da coisa sem alteração na sua substância, o que é incompatível com o consumo ao primeiro uso" (*Instituições...*, 2012, v. IV, p. 255). Tal conclusão justificaria o termo *quase usufruto*, normalmente utilizado pelos civilistas.

Da jurisprudência do Tribunal do Rio Grande do Sul, concluiu-se que "o usufruto legal recai sobre todos os bens do *de cujus*, inclusive valores pecuniários aplicados, pois o dinheiro é um bem móvel consumível. Havendo valores correspondentes a quotas que estão sendo administradas por fundos fiscais, é cabível determinar a sua sobrepartilha. Recurso provido" (TJRS, Agravo de Instrumento 70025261751, 7.ª Câmara Cível, Porto Alegre, Rel. Des. Sérgio Fernando Silva de Vasconcellos Chaves, j. 05.11.2008, *DOERS* 10.11.2008, p. 35). Como se percebe, o julgado admite o usufruto sobre bens fungíveis.

6.4.2.3 Classificação quanto à extensão

Levando-se em conta a sua extensão ou amplitude na relação com bens acessórios, o *usufruto total ou pleno* é aquele que abrange todos os acessórios da coisa e os seus acrescidos, o que constitui regra, salvo previsão em contrário (art. 1.392, *caput*, do CC). Trata-se de uma decorrência natural do princípio da gravitação jurídica, segundo o qual o acessório segue o principal. A título de exemplo, o usufruto sobre o apartamento abrange a vaga de garagem. Todavia, entende o STJ que, se a vaga de garagem tiver matrícula própria, havendo uma atribuição própria na fração ideal, não se aplica tal premissa, pois não há relação de acessoriedade (STJ, REsp 39.676/SP, 3.ª Turma, Rel. Min. Cláudio Santos, j. 28.11.1994, *DJ* 19.12.1994, p. 35.308).

Por outra via, o *usufruto parcial* ou *restrito* tem seu conteúdo delimitado na instituição, podendo não abranger todos os acessórios da coisa objeto do instituto. A própria lei estabelece exceções à regra do usufruto total nos parágrafos do art. 1.392 do CC/2002.

Conforme o seu § 1.º, se, entre os acessórios e os acrescidos, houver coisas consumíveis, terá o usufrutuário o dever de restituir, findo o usufruto, as que ainda houver e, das outras, o equivalente em gênero, qualidade e quantidade, ou, não sendo possível, o seu valor, estimado ao tempo da restituição. Essa é a norma que trata justamente do *quase usufruto*, antes abordado.

De acordo com o § 2.º do art. 1.392 da codificação material, se houver no prédio em que recai o usufruto florestas ou os recursos minerais, devem o dono e o usufrutuário prefixar-lhe a extensão do gozo e a maneira de exploração. No caso de minas, jazidas e recursos minerais com interesse público não se aplica a regra, pois tais bens são considerados públicos da União, nos termos do art. 20 da Constituição Federal (TEPEDINO, Gustavo; MORAES, Maria Celina Bodin de; BARBOZA, Heloísa Helena. *Código...*, 2011, v. III, p. 810; LOUREIRO, Francisco Eduardo. *Código...*, 2010, p. 1.460).

O que se nota é que a norma civil tem pouca incidência prática. Para o último doutrinador citado, no caso de recursos minerais, a abrangência diz respeito apenas aos de emprego imediato na construção civil, nos termos do parágrafo único do art. 1.230 do CC. Em relação às florestas, o usufruto apenas tem relação com aquelas destinadas para a extração de madeira, "uma vez que as matas nativas não podem ser destruídas em face da legislação ambiental" (LOUREIRO, Francisco Eduardo. *Código...*, 2010, p. 1.460). Em todos os casos, não se pode esquecer a proteção do Bem Ambiental, nos termos do art. 225 da CF/1998 e do art. 1.228, § 1.º, do CC/2002.

Se o usufruto recai sobre universalidade ou quota-parte de bens, como é o caso da herança, o usufrutuário tem direito à parte do tesouro achado por outrem e ao preço pago pelo vizinho do prédio usufruído, para obter meação em parede, cerca, muro, vala ou valado (art. 1.392, § 3.º, do CC). Assim, duas são as hipóteses em que se reconhece direito a favor do usufrutuário.

No primeiro caso, por exemplo, um baú com diamantes é encontrado por terceiro de boa-fé no imóvel em usufruto. O baú deverá ser dividido entre o terceiro e o usufrutuário. Na segunda hipótese, a título de ilustração, se o vizinho paga ao proprietário valor pela construção de um mata-burro, o usufrutuário terá direito a tal valor.

Ainda quanto à extensão, mas com o sentido de abrangência sobre os bens do proprietário, alguns autores apresentam a classificação em *usufruto universal* e *particular*, divisão à qual se filia (DINIZ, Maria Helena. *Curso...*, 2009, v. 4, p. 438-439). O *usufruto universal* ou *geral* recai sobre universalidade de bens, como o patrimônio e a herança.

Por outra via, o *usufruto particular* tem por objeto bens individualizados ou determinados. Imagine-se o usufruto que recai somente sobre uma casa do proprietário. Ambas as modalidades são admitidas pelo outrora citado art. 1.390 do CC/2002, com os destaques que interessam à presente classificação: "O usufruto pode recair *em um* ou *mais bens*, móveis ou imóveis, em um patrimônio *inteiro, ou parte deste*, abrangendo-lhe, no todo ou em parte, os frutos e utilidades".

6.4.2.4 Classificação quanto à duração

Como último critério classificatório, quanto à duração, o *usufruto temporário ou a termo* se dá quando da instituição já se estabelece seu prazo de duração. A fluência desse prazo gera a extinção do usufruto, nos termos do art. 1.410, inc. II, do CC. Ressalte-se que, se for usufrutuária a pessoa jurídica, seu termo máximo de duração será de trinta anos, conforme o art. 1.410, inc. III, do CC/2002.

Ressalte-se que o prazo de trinta anos é o maior prazo estabelecido pela atual codificação privada, o que remonta às regras constantes das Ordenações do Reino de Portugal, que vigoraram no Brasil antes do Código Civil de 1916.

Por outra via, o *usufruto vitalício* está presente caso seja estipulado a favor de pessoa natural, sem previsão de prazo ou termo final, ocasião em que é considerado como vitalício e se extingue com a morte do usufrutuário (arts. 1.410, inc. I, e 1.411 do CC/2002). Tal modalidade é muito comum na prática, notadamente nas hipóteses em que o usufruto é utilizado como forma de planejamento sucessório, na linha antes exposta. Obviamente, pelo prazo máximo acima mencionado, não existe usufruto vitalício a favor de pessoa jurídica.

Deve-se atentar ao fato de que a morte do nu-proprietário não é causa de extinção do usufruto, transmitindo-se tal qualidade aos seus herdeiros. O tema ainda será aprofundado no presente capítulo.

6.4.3 Regras fundamentais relativas ao usufruto. A questão da inalienabilidade do direito real

Expostas as modalidades de usufruto, vejamos as suas regras fundamentais, sem prejuízo dos preceitos antes analisados.

Expressa o art. 1.391 do Código Civil que o usufruto de imóveis, quando não resulte de usucapião, constituir-se-á mediante registro no Cartório de Registro de Imóveis, regramento fundamental dos direitos reais de gozo. Ressalte-se que, – além do usufruto decorrente de usucapião –, em havendo usufruto legal, caso dos decorrentes de Direito de Família, não há necessidade de tal registro, conforme consta expressamente do art. 167, I, n. 7, da Lei 6.015/1973 (Lei de Registros Públicos). Nos casos de usufruto convencional antes expostos, o registro imobiliário é fundamental. Conforme já entendeu a jurisprudência superior, com razão, "a pessoa que alega ter direito a usufruto que não consta do Registro Imobiliário não tem legitimidade para promover a anulação dos atos, atingindo terceiros adquirentes" (STJ, REsp 444.928/DF, Rel. Min. Ruy Rosado de Aguiar, 4.ª Turma, j. 17.10.2002, *DJ* 02.12.2002, p. 320).

Dispositivo dos mais polêmicos, prescreve o art. 1.393 do CC/2002 que "não se pode transferir o usufruto por alienação; mas o seu exercício pode ceder-se por título gratuito ou oneroso". O dispositivo tem sentido bem diferente do art. 717 do CC/1916, seu equivalente na codificação anterior, que dispunha: "o usufruto só se pode transferir, por alienação, ao proprietário da coisa; mas o seu exercício pode ceder-se por título gratuito ou oneroso".

Em resumo, nota-se que a regra sempre foi a de *intransmissibilidade do usufruto*, exceção feita na lei anterior para a possibilidade de o usufrutuário ceder o domínio útil ao nu-proprietário, de forma gratuita ou onerosa. No tocante à cessão do exercício do usufruto, sempre foi ela permitida. A título de ilustração, podem ser citadas as possibilidades de se ceder o bem usufrutuário em comodato ou locação.

A propósito da inalienabilidade do usufruto, entendia-se que ele seria igualmente impenhorável, por força da dicção do art. 649, inc. I, do CPC/1973, segundo o qual, seriam absolutamente impenhoráveis os bens inalienáveis. A jurisprudência vinha aplicando tal comando ao usufruto (por todos: STJ, AgRg no Ag 851.994/PR, 1.ª Turma, Rel. Min. José Delgado, j. 11.09.2007, *DJ* 01.10.2007, p. 225). Acredita-se que esse entendimento seja mantido na vigência do CPC/2015, pois o preceito anterior equivale ao art. 833, I, do Estatuto Processual emergente, com a ressalva que o novo comando faz menção apenas aos bens penhoráveis, tendo sido retirada a expressão "absolutamente" em uma clara função de abrandamento.

Todavia, sempre se admitiu a penhora dos frutos que decorrem do instituto, conforme reconheceu o próprio Superior Tribunal de Justiça em decisão publicada no seu *Informativo* n. *443*:

> "Penhora. Usufruto. Imóvel. Residência. O tribunal *a quo* reconheceu a possibilidade da penhora do direito ao exercício de usufruto vitalício da ora recorrente. Porém, o usufruto é um direito real transitório que concede a seu titular o gozo de bem pertencente a terceiro durante certo tempo, sob certa condição ou vitaliciamente. O nu-proprietário do imóvel, por sua vez, exerce o domínio limitado à substância da coisa. Na redação do art. 717 do CC/1916, vigente à época dos fatos, deduz-se que o direito de usufruto é inalienável, salvo quanto ao proprietário da coisa. Seu exercício, contudo, pode ser cedido a título oneroso ou gratuito. Resulta daí a jurisprudência admitir que os frutos decorrentes dessa cessão podem ser penhorados, desde que tenham expressão econômica imediata. No caso, o imóvel é ocupado pela própria devedora, que nele reside, não produzindo qualquer fruto que possa ser penhorado. Assim, não é cabível a penhora do exercício do direito ao usufruto do imóvel ocupado pelo recorrente, por ausência de amparo legal. Logo, a Turma deu provimento ao recurso. Precedentes citados: REsp 925.687/DF, *DJ* 17.09.2007; REsp 242.031/SP, *DJ* 29.03.2004, e AgRg no Ag 851.994/PR, *DJ* 1.º.10.2007" (STJ, REsp 883.085/SP, Rel. Min. Sidnei Beneti, j. 19.08.2010).

CAP. 6 · DOS DIREITOS REAIS DE GOZO OU FRUIÇÃO | 481

Acredito que essa posição também será conservada com o CPC de 2015, que passou a tratar da penhora dos frutos em substituição ao usufruto judicial, como antes foi aqui exposto.

Ademais, deve ser mantida a premissa de que a impenhorabilidade do usufruto não abrange a nua propriedade, que admite a constrição. Assim, "da interpretação conjunta dos arts. 524 e 713 do CC/16, fica evidente a opção do legislador pátrio em permitir a cisão, mesmo que temporária, dos direitos inerentes à propriedade: de um lado o direito de uso e gozo pelo usufrutuário, e de outro o direito de disposição e sequela pelo nu-proprietário. A nua propriedade pode ser objeto de penhora e alienação em hasta pública, ficando ressalvado o direito real de usufruto, inclusive após a arrematação ou a adjudicação, até que haja sua extinção" (STJ, REsp 925.687/DF, 3.ª Turma, Rel. Min. Nancy Andrighi, j. 09.08.2007, *DJ* 17.09.2007, p. 275). Ressalte-se que, com as respectivas alterações, o art. 524 do CC/1916 equivale ao atual art. 1.228; o antigo art. 713 é o vigente art. 1.390 do CC/2002.

De toda sorte, conforme a própria Corte Superior, "não é possível a penhora da nua propriedade do único bem imóvel do devedor, destinado à moradia de sua genitora em virtude de usufruto vitalício, pois, nos termos da jurisprudência do STJ, a nua propriedade não é suscetível de constrição quando o imóvel é considerado bem de família" (STJ, REsp 950.663/SC, 4.ª Turma, Rel. Min. Luis Felipe Salomão, j. 10.04.2012, *DJe* 23.04.2012). Essa tese igualmente tende a ser mantida na vigência da nova legislação processual.

Pois bem, a questão controvertida que surge da atual redação do art. 1.393 do CC é a seguinte: é ainda possível que o usufrutuário ceda ao proprietário o domínio útil, ou seja, os direitos de usar e fruir, de forma gratuita ou onerosa? Duas correntes bem definidas surgem na doutrina.

Para uma *primeira corrente*, está mantida a possibilidade de alienação do usufruto pelo usufrutuário ao nu-proprietário, hipótese de sua extinção por *consolidação*, nos termos do art. 1.410, inc. I, do CC/2002. Essa é a opinião de Ricardo Aronne (*Código...*, 2004, p. 997), Carlos Alberto Dabus Maluf. (*Código...*, 2008. p. 1.500), José Fernando Simão (TARTUCE, Flávio; SIMÃO, José Fernando. *Direito civil...*, 2013, v. 4, p. 366), Carlos Roberto Gonçalves (*Direito...*, 2010, v. 5, p. 479), Flávio Augusto Monteiro de Barros (*Manual...*, 2005, v. 3, p. 133) e Marco Aurélio S. Viana (*Comentários...*, 2003, v. XVI, p. 633).

Anote-se que julgados do Superior Tribunal de Justiça vêm ainda admitindo a possibilidade de alienação do usufruto ao nu-proprietário. Nesse caminho: "'a renúncia ao usufruto não importa fraude à execução, porquanto, a despeito de os frutos serem penhoráveis, o usufruto é direito impenhorável e inalienável, salvo para o nu-proprietário' (REsp 1.098.620/SP, Rel. Min. Luiz Fux, Primeira Turma, *DJe* 3/12/09). Agravo regimental não provido" (STJ, AgRg-REsp 1.214.732/RS, 1.ª Turma, Rel. Min. Benedito Gonçalves, j. 17.11.2011, *DJE* 22.11.2011). Em suma, essa primeira corrente parece ser a majoritária.

Para uma *segunda corrente doutrinária*, não é permitida, de forma absoluta, a referida alienação, pois a intenção do legislador de 2002 foi a de retirar tal possibilidade do sistema. Em suma, não é possível que o usufrutuário transmita sua condição de forma onerosa mesmo ao nu-proprietário, eis que o usufruto tem clara natureza personalíssima (*intuitu personae*). Essa é a opinião de Maria Helena Diniz (*Código...*, 2010, p. 969), Caio Mário da Silva Pereira (*Instituições...*, 2004, v. IV, p. 298), Marco Aurélio Bezerra de Melo (*Direito...*, 2007, p. 332-333), Pablo Stolze Gagliano. (*Código...*, 2004, v. XIII, p. 133-134), Jones Figueirêdo Alves e Mário Luiz Delgado (*Código...*, 2005, p. 706).

Estou doutrinariamente filiado à segunda corrente, por duas razões. *Primeiro*, pelo argumento do caráter personalíssimo do usufruto. *Segundo,* porque parece incompatível com a natureza do instituto a transmissão da categoria, inclusive onerosa. Lembre-se de que o

482 | DIREITO CIVIL • VOL. 4 – *Flávio Tartuce*

próprio Código Civil vedou a possibilidade de cobrança de novos laudêmios (art. 2.038), por seguir o entendimento da falta de ética na situação. A dedução deve ser a mesma no caso de usufruto, no atual sistema.

Com o devido respeito, não nos convence o argumento de que a intransmissibilidade absoluta do usufruto "tem sido considerada restrição excessiva", um "entrave à maximização do aproveitamento econômico do bem gravado com usufruto" (TEPEDINO, Gustavo; MORAES, Maria Celina Bodin de; BARBOZA, Heloísa Helena. *Código...*, 2011, v. III, p. 812). Outros institutos podem preencher a citada *motivação econômica*, atualmente, caso da locação.

Para encerrar o tópico, destaco que essa é outra polêmica que o Projeto de Reforma do Código Civil pretende resolver, adotando-se a primeira corrente, hoje majoritária na jurisprudência superior, e vencida a minha posição doutrinária. Com isso, o art. 1.393 receberá um parágrafo único, prevendo que "admite-se a alienação do usufruto ao nu-proprietário da coisa, desde que a avença não prive o usufrutuário do necessário à sua sobrevivência".

A posição prevaleceu entre os membros da Comissão de Juristas e pelo *espírito democrático* que orientou os nossos trabalhos, visando a trazer segurança e a esperada estabilidade para o instituto.

6.4.4 Dos direitos e deveres do usufrutuário

Seguindo no estudo do instituto, o atual Código Civil – na linha do seu antecessor – estabelece quais são os direitos e os deveres do usufrutuário. Pela ordem da condição, são *direitos do usufrutuário*:

a) Direito à posse, uso, administração e percepção dos frutos (art. 1.394 do CC)

Tais direitos decorrem diretamente da natureza do usufruto, conforme estruturação demonstrada no início do tópico. A posse mencionada é a direta, eis que o usufrutuário tem o contato corpóreo com o bem. O uso permite a utilização livre do bem, com as devidas restrições encontradas na legislação. Como se extrai da clássica obra de Beviláqua, "a faculdade de administrar é inerente ao usufruto, para que a coisa usufruída possa ser utilizada, explorada e, no interesse do usufrutuário, aumentada a sua capacidade econômica" (BEVILÁQUA, Clóvis. *Direito das coisas...*, v. 1, p. 313).

A retirada dos frutos também é inerente à categoria. Cumpre lembrar que os frutos são bens acessórios que saem do principal sem diminuir sua quantidade. A regra abrange os frutos naturais, decorrentes da essência do bem principal, caso das frutas propriamente ditas. Inclui, ainda, os frutos industriais, decorrentes da atividade humana concreta, caso do cimento produzido por uma fábrica. Por fim, há os frutos civis, os rendimentos, caso dos juros de capital e dos aluguéis de imóvel. Não se pode esquecer que, por força do art. 1.393 do CC, o usufrutuário pode locar o bem a qualquer pessoa, inclusive ao nu-proprietário.

Quando o usufruto recai em títulos de crédito, o usufrutuário tem direito a perceber os frutos e a cobrar as respectivas dívidas, o que do mesmo modo decorre da própria natureza do direito real (art. 1.395, *caput*, do CC). Cobradas as dívidas, o usufrutuário aplicará, de imediato, a importância em títulos da mesma natureza, ou em títulos da dívida pública federal, com cláusula de atualização monetária segundo índices oficiais regularmente estabelecidos (art. 1.395, parágrafo único, do CC).

A situação de retirada de frutos de títulos de crédito, caso de cheques e duplicatas, não é comum, mas é possível juridicamente. Assim, o usufrutuário tem direito aos juros de uma cártula, podendo cobrá-los do devedor. A hipótese é apontada como caso de *usufruto de direito* (GAGLIANO, Pablo Stolze. *Código...*, 2004, v. XIII, p. 140).

CAP. 6 · DOS DIREITOS REAIS DE GOZO OU FRUIÇÃO | 483

b) Salvo direito adquirido por outrem, o usufrutuário tem direito aos frutos naturais, pendentes ao começar o usufruto, sem encargo de pagar as despesas de produção desses frutos (art. 1.396, caput, do CC)

A norma complementa o teor do art. 1.394 do CC/2002 quanto aos frutos. Destaque-se que, além dos frutos, os produtos também são do usufrutuário: "frutos e produtos pertencem ao usufrutuário, que os colhe, sem haver necessidade de distinguir estas classes de utilidades" (BEVILÁQUA, Clóvis. *Direito das coisas...*, v. 1, p. 341). Lembre-se de que os produtos saem do bem principal diminuindo a sua quantidade.

Os frutos pendentes são aqueles que não foram colhidos. Ilustrando, iniciado o usufruto de uma fazenda repleta de laranjeiras com laranjas, o usufrutuário terá direito a recolhê-las e a consumi-las.

Porém, os frutos naturais, pendentes ao tempo em que cessa o usufruto, pertencem ao dono da coisa (nu-proprietário), também sem compensação das despesas (art. 1.396, parágrafo único, do CC). No exemplo acima, se ao término do usufruto as laranjeiras estiverem cheias de laranjas, serão do nu-proprietário.

Não se pode esquecer que, em ambos os casos, a colheita indevida dos frutos caracteriza a culpa, devendo responder aquele que a realizou quando o ato não era cabível. Percebe-se, pelas normas transcritas, que o usufrutuário tem *bônus e ônus*, na mesma proporção.

Norma aplicável à realidade rural ou agrária, enuncia o art. 1.397 do CC/2002 que as crias dos animais pertencem ao usufrutuário, deduzidas quantas bastem para inteirar as cabeças de gado existentes ao começar o usufruto, hipótese de compensação legal. Em suma, os bezerros que nascerem durante o usufruto servem para compensar os animais que se perderem durante o usufruto. Segue-se o clássico entendimento, segundo o qual se os novos animais se perderem sem culpa do usufrutuário, de modo que não possa ocorrer a citada compensação, ambas as partes sofrem o prejuízo (BEVILÁQUA, Clóvis. *Código Civil...*, 1977, p. 1.186).

No tocante aos frutos civis, rendimentos privados, os vencidos na data inicial do usufruto pertencem ao proprietário. Já os vencidos na data em que cessa o usufruto pertencem ao usufrutuário (art. 1.398 do CC). Ilustrando, se o imóvel é locado pelo usufrutuário, os aluguéis colhidos durante o usufruto e os pendentes, por óbvio, lhe pertencem.

c) O usufrutuário tem o direito de usufruir em pessoa, ou mediante arrendamento, do prédio objeto do contrato (art. 1.399 do CC)

Como outra decorrência natural do usufruto, o usufrutuário pode exercer o direito de uso pessoalmente, ou transferir o bem, em locação ou arrendamento. No caso de imóvel urbano, levando-se em conta a sua destinação, aplica-se a Lei 8.245/1991. No caso de imóvel rural ou rústico, incidem o Estatuto da Terra (Lei 4.504/1964), a legislação agrária e o Código Civil, no que couber.

Porém, a parte final do comando em análise traz uma ressalva, eis que o usufrutuário não pode alterar sua destinação econômica, sem expressa autorização do proprietário. A regra vale para os casos de usufruto convencional, em que se estabelece qual é a finalidade da instituição. A ilustrar, se o imóvel tiver destinação residencial, para que passe a ter uma finalidade empresarial na locação de terceiro, há necessidade de autorização do nu-proprietário. Ou, ainda, o caso julgado da hipótese em que o usufrutuário deixou de explorar a criação de gado para exercer atividade agrícola (TJPR, Apelação Cível 0629633-3, 17.ª Câmara Cível, Paranavaí, Rel. Juiz Conv. Fabian Schweitzer, *DJPR* 24.03.2010, p. 191).

Segundo Maria Helena Diniz, o desrespeito a essa premissa gera o dever do usufrutuário em repor as coisas na situação anterior ou então o dever de indenizar o nu-proprietário (*Código...*, 2010, p. 973). Todavia, não se pode desconsiderar a possibilidade de extinção do usufruto pela cessação do motivo que a origina, nos termos do art. 1.410, inc. IV, do CC/2002. Segue-se, então, a linha defendida por José Fernando Simão em edições anteriores desta obra, opinando o jurista pela extinção do usufruto por resolução, havendo desrespeito à parte final do art. 1.399 da codificação material (TARTUCE, Flávio; SIMÃO, José Fernando. *Direito civil...*, 2013, v. 4, p. 370). Destaque-se que existem julgados que entendem por tal possibilidade de extinção do usufruto (por todos: TJMG, APCV 1.0317.08.091322-9/002, Rel. Des. Pereira da Silva, j. 19.03.2013, *DJEMG* 05.04.2013).

Anoto que no Projeto de Reforma do Código Civil são feitos pequenos ajustes no comando, para que passe a ser mais compreensível e enuncie o seguinte: "Art. 1.399. O usufrutuário pode usufruir pessoalmente, mediante arrendamento ou locação, o imóvel, mas não mudar a sua destinação econômica, sem expressa autorização do proprietário". Como se pode notar, uma das ideias seguidas pela Comissão de Juristas foi de fazer ajustes técnicos nos comandos, tornando-os mais claros e efetivos, caso desse preceito.

Ato contínuo, a atual codificação privada elenca os *deveres do usufrutuário*, a saber:

a) O usufrutuário tem o dever de zelar pela coisa

Como decorrência natural do usufruto, o usufrutuário deve zelar pela coisa como se ela fosse sua. Para tanto, a doutrina, seja clássica ou contemporânea, utiliza a antiga figura do *bonus paterfamilias*, ou seja, do *bom chefe familiar* (BEVILÁQUA, Clóvis. *Direito das coisas...*, v. 1, p. 319-350; e VENOSA, Sílvio de Salvo. *Código...*, 2010, p. 1.263).

b) O usufrutuário, antes de assumir o usufruto, tem o dever de inventariar, à sua custa, os bens que receber, determinando o estado em que se acham, e de dar a caução usufrutuária, pessoal ou real, se essa for exigida pelo dono da coisa (art. 1.400 do CC)

De início, nota-se que o usufrutuário tem o dever de inventariar os bens que receber, ou seja, deve informar qual é o objeto do usufruto ao nu-proprietário, informando quais são e o estado de todos os bens usufruídos. Trata-se de verdadeira prestação de contas, que deve ser arcada pelo usufrutuário. Segundo Maria Helena Diniz, o inventário pode ser dispensado no caso de imóveis, se constar do próprio título do usufruto. Ainda segundo a autora, a ausência de tal inventário gera uma presunção relativa ou *iuris tantum* de que o usufrutuário recebeu os bens em bom estado de conservação (DINIZ, Maria Helena. *Código...*, 2010, p. 973). Como se vê, não há uma rígida obrigatoriedade nessa prestação de contas.

Quanto à caução ou garantia, essa visa a garantir a conservação e a entrega da coisa ao final do usufruto, conforme consta do próprio dispositivo legal. Essa caução é dispensada em relação ao doador que faz reserva de usufruto, em *usufruto deducto* (art. 1.400, parágrafo único, do CC). Como se extrai da norma, a caução pode ser real – caso de um penhor ou de uma hipoteca –, ou pessoal (fidejussória, caso de uma fiança). Obviamente, a garantia deve ser idônea, de modo a garantir o interesse relativo ao usufruto.

No Projeto de Reforma do Código Civil pretende-se deixar o dispositivo mais claro, separando o seu teor para torná-lo mais compreensível. Assim, nos termos do seu novo *caput*, "o usufrutuário, antes de assumir o usufruto, inventariará, à sua custa, os bens que receber, determinando o estado em que se acham". E, conforme o seu § 1º, "o usufrutuário deverá, ainda, dar caução, pessoal ou real, se for exigida pelo dono, com os fins de velar pela conservação dos bens e entregá-los findo o usufruto". Também se insere um novo § 2º para suprir lacuna hoje existente e prever, com importante valorização da autonomia privada, que, "se o usufruto tiver sido instituído por decorrência de doação, ou por testamento, o doador ou o testador fixarão as regras quanto a esse dever, ou dispensarão o usufrutuário da garantia".

O usufrutuário que não quiser ou não puder dar caução suficiente, perderá o direito de administrar o usufruto. Em casos tais, os bens serão administrados pelo proprietário, que ficará obrigado, mediante caução, a entregar ao usufrutuário o rendimento deles, deduzidas as despesas de administração, entre as quais se incluirá a quantia fixada pelo juiz como remuneração do administrador (art. 1.401 do CC). Como se pode notar, a citada caução ou garantia não é obrigatória. Mais uma vez há proposta de tornar a regra mais compreensível, separando-a em *caput* e parágrafo único, no Projeto de Reforma do Código Civil.

Deve ficar claro que o usufrutuário não é obrigado a pagar as deteriorações resultantes do exercício regular do usufruto (art. 1.402 do CC). A título de ilustração, ao fim do usufruto de um imóvel, o usufrutuário não tem o dever legal de devolvê-lo reparado de todas as deteriorações suportadas no curso do usufruto. De igual modo, o nu-proprietário não pode cobrar tais valores. Como a norma é de ordem privada, não há qualquer óbice de se convencionar o contrário.

Ainda, não deverá o usufrutuário indenizar as deteriorações que decorrerem de caso fortuito (evento totalmente imprevisível) ou força maior (evento previsível, mas inevitável). Porém, em havendo culpa ou exercício irregular de direito a causar a deterioração da coisa, o usufrutuário terá que indenizar o proprietário, o que pode ser retirado da parte final do art. 1.400; bem como dos arts. 186, 187 e 927 do CC/2002, que tratam do ato ilícito e do dever de indenizar.

c) O usufrutuário tem o dever de pagar as despesas ordinárias de conservação dos bens, levando-se em conta o estado em que os recebeu (art. 1.403, inc. I, do CC)

Tais despesas ordinárias são naturais da posse direta e do uso da coisa, devendo caber, por óbvio, ao usufrutuário. Aplicando o preceito, vejamos interessante ementa do Tribunal Paulista, que serve como ilustração:

> "Imóvel doado à autora por seus pais, que reservaram para si o usufruto do bem. Ré casada com o usufrutuário, falecido em 2004, pelo regime patrimonial da separação obrigatória de bens. Realização de pintura, cujo preço foi acertado quando o usufrutuário ainda vivia, assim como a compra da maior parte dos materiais necessários à execução da obra. Usufruto em vigência. Aplicação do art. 1.403 do Código Civil. Impossibilidade de considerar indenizável a pintura da casa por ser obra de conservação do bem, realizada pelo usufrutuário, quando vigência o usufruto. Eventuais compras feitas somente com intuito de finalização da obra anteriormente encomendada. Impossibilidade de atribuir à autora qualquer obrigação de indenizar. Inexistência do direito de retenção da ré" (TJSP, Apelação 9130954-06.2008.8.26.0000, Acórdão 6684800, 10.ª Câmara de Direito Privado, São Paulo, Rel. Des. João Carlos Saletti, j. 23.04.2013, *DJESP* 10.05.2013).

Por outra via, estabelece a lei que incumbem ao nu-proprietário, e não ao usufrutuário, as *reparações extraordinárias da coisa* e as *reparações ordinárias não módicas* (art. 1.404 do CC). O mesmo comando ressalva que, em casos tais, o usufrutuário pagará ao nu-proprietário os juros do capital despendido com as reparações que forem necessárias à conservação, ou aumentarem o rendimento da coisa usufruída. São *consideradas reparações ordinárias não módicas* as despesas superiores a dois terços do líquido rendimento em um ano (§ 1.º).

Por fim, de acordo com o mesmo preceito, se o dono não fizer as reparações a que está obrigado, e que são indispensáveis à conservação da coisa, o usufrutuário pode realizá-las, cobrando daquele a importância despendida (§ 2.º).

d) O usufrutuário tem o dever de pagar as prestações e os tributos devidos pela posse ou rendimento da coisa usufruída (art. 1.403, inc. II, do CC)

De início, como prestações devidas pela posse do bem devem ser incluídas as despesas ordinárias de condomínio, conforme tem entendido a melhor jurisprudência, à qual se filia (TJRS, Apelação Cível 158212-32.2011.8.21.7000, 8.ª Câmara Cível, Pelotas, Rel. Des. Alzir Felippe Schmitz, j. 22.09.2011, *DJERS* 29.09.2011; e TJRJ, Apelação Cível 2006.001.65456, 20.ª Câmara Cível, Rel. Des. Joao Carlos Braga Guimaraes, j. 31.01.2007).

Como tributos que recaem sobre o bem, podem ser citados o IPTU – no caso de imóveis urbanos – e o ITR – para os imóveis rurais. O requisito fundamental para tal incidência tributária é a posse direta ou o rendimento sobre o bem, o que faz com que o dever recaia sobre o usufrutuário. Assim deduzindo:

> "A condição para que seja o usufrutuário responsável pelo pagamento dos tributos incidentes sobre o imóvel, prevista no inciso II do art. 933 do CC/1916, é a posse ou o rendimento da coisa usufruída. Considerando que ao apelado foi reconhecido o direito de receber alugueres, que correspondem a rendimento da coisa usufruída, é responsável pelo pagamento dos tributos. Não provado o pagamento dos tributos pelo apelante, improcede o pedido de cobrança firmado contra o apelado" (TJMG, Apelação Cível 1.0024.06.130445-7/001, Rel. Des. Mota e Silva, j. 04.12.2012, *DJEMG* 11.12.2012).

Na mesma linha, colaciona-se julgado antigo do Superior Tribunal de Justiça, assim ementado:

> "Usufruto. Pagamento do IPTU. 1. O usufrutuário, que colhe os proveitos do bem, é o responsável pelo pagamento do IPTU, nos termos do art. 733, II, do Código Civil, na proporção de seu usufruto. 2. Recurso especial conhecido e provido" (STJ, REsp 203.098/SP, 3.ª Turma, Rel. Min. Carlos Alberto Menezes Direito, j. 09.12.1999, *DJ* 08.03.2000, p. 106).

De fato, essa é a posição que prevalece para a prática do tema.

e) Se o usufruto recair em patrimônio, ou parte deste, será o usufrutuário obrigado aos juros da dívida que onerar o patrimônio ou a parte dele (art. 1.405 do CC)

Tal dever somente está presente em caso de usufruto que diz respeito à universalidade jurídica de bens (patrimônio, herança). Em havendo dívidas sobre esta, os juros estarão a cargo do usufrutuário. Exemplificando, se o usufruto recair sobre imóveis financiados que formam a universalidade, quem deve arcar com os juros contratados é aquele que tem a posse direta da coisa. Não havendo estipulação, os juros serão legais, na forma do art. 406 do CC/2002.

f) O usufrutuário é obrigado a dar ciência ao dono de qualquer lesão produzida contra a posse da coisa, ou os direitos deste (art. 1.406 do CC)

Trata-se de dever que decorre da boa-fé objetiva, do dever anexo de informação, que deve estar presente em qualquer relação privada. Vale lembrar que o usufrutuário pode fazer uso de qualquer um dos mecanismos possessórios para a defesa da coisa, por ser possuidor direto. Nesses casos, deverá comunicar o nu-proprietário sobre a propositura de ação de reintegração de posse, por exemplo.

Como se extrai da obra de Gustavo Tepedino, Maria Celina Bodin de Moraes e Heloísa Helena Barboza, pode ser encontrado antigo acórdão do Superior Tribunal de Justiça que reconheceu ao usufrutuário a possibilidade de ingressar até com ação reivindicatória (TEPEDINO, Gustavo; MORAES, Maria Celina Bodin de; BARBOZA, Heloísa Helena. *Código*..., 2011, v. III, p. 828). A decisão foi assim ementada:

> "Usufruto. Ação proposta pelo usufrutuário, pleiteando a restituição do imóvel (lote), do qual foi despojado. 1. Legitimidade ativa para a ação reivindicatória. O usufrutuário tem as ações que defendem a posse e, no tempo petitório, ao lado da confessória, tem também a ação reivindicatória. Doutrina sobre o tema. Não ocorrência, no particular, de ofensa ao art. 524 do Cód. Civil, uma vez julgado precedente o pedido de reivindicação, com imissão na posse do imóvel. 2. Julgamento antecipado da lide. Caso em que, não havendo necessidade de outras provas, era, mesmo, de conhecimento direto do pedido. 3. Arbitramento de perdas e danos, pela irregular utilização do imóvel. Inexistência de ofensa ao art. 1.060 do Cód. Civil. 4. Recurso especial de que a turma deixou de conhecer" (STJ, REsp 28.863/RJ, 3.ª Turma, Rel. Min. Nilson Naves, j. 11.10.1993, *DJ* 22.11.1993, p. 24.947).

Com o devido respeito, não se filia ao entendimento transcrito. Pela estrutura do usufruto, antes explicada, somente o nu-proprietário tem o direito de reaver a coisa. Ademais, a ação confessória é própria da servidão, e não do usufruto.

g) Se a coisa usufrutuária estiver segurada, incumbe ao usufrutuário pagar, durante o usufruto, as contribuições do seguro (art. 1.407, caput, *do CC)*

Não há obrigatoriedade em se fazer o seguro da coisa usufruída. Todavia, se tal contrato for celebrado, o prêmio, contribuição paga pelo segurado, é considerado como despesa ordinária que decorre do uso, razão pela qual deve ser paga pelo usufrutuário.

Porém, feito o seguro pelo usufrutuário, caberá ao proprietário o direito dele resultante contra o segurador, ou seja, o direito de receber a indenização (art. 1.407, § 1.º). Isso porque a indenização ou capital segurado diz respeito à perda da coisa, ou seja, à essência da propriedade.

Em qualquer hipótese, o direito do usufrutuário fica sub-rogado no valor da indenização do seguro, hipótese de sub-rogação legal (art. 1.407, § 2.º). Não importa, em casos tais, quem contratou o seguro, conforme a unanimidade da doutrina consultada.

Se um imóvel sujeito a usufruto for destruído sem culpa do proprietário, não será este obrigado a reconstruí-lo. Além disso, o usufruto não será restabelecido se o proprietário reconstruir à sua custa o prédio. Porém, se a indenização do seguro for aplicada à reconstrução do prédio, haverá restabelecimento do usufruto (art. 1.408 do CC).

Seguindo nos estudos, se a coisa objeto de usufruto for desapropriada, a indenização ou capital segurado ficará sub-rogada no ônus do usufruto, em lugar do prédio, ou seja, tais valores serão do usufrutuário enquanto supostamente vigente o instituto. Pelo mesmo art. 1.409 do CC, em havendo perda ou deterioração da coisa por ato de terceiro, terá direito o usufrutuário à indenização ou capital segurado de acordo com o seu direito e o dano sofrido.

Por derradeiro, cumpre destacar que o Código Civil não trata dos direitos e deveres do nu-proprietário. Para se chegar a eles, basta analisar quais são os direitos e deveres do usufrutuário, uma vez que, pela equivalência ou proporcionalidade das prestações existentes no usufruto, é possível identificar quais são as benesses e os ônus colocados sobre o dono da coisa.

6.4.5 Da extinção do usufruto

A encerrar o estudo do usufruto, é preciso visualizar as hipóteses de sua extinção, tratadas pelo art. 1.410 do CC/2002. Vejamos.

488 | DIREITO CIVIL • VOL. 4 – *Flávio Tartuce*

a) Extinção do usufruto pela renúncia do usufrutuário (art. 1.410, inc. I, do CC)

A renúncia é hipótese de resilição unilateral, exercida por parte do usufrutuário, nos termos do art. 473, *caput*, do próprio Código Privado. Em suma, trata-se de um ato unilateral, que não depende da ciência ou concordância do nu-proprietário.

Conforme advertido por José Fernando Simão em edições anteriores deste livro, então em coautoria, diante da inalienabilidade do usufruto, não se admite a renúncia *in favorem*, ou seja, em benefício de determinada pessoa (TARTUCE, Flávio; SIMÃO, José Fernando. *Direito civil...*, 2013, v. 4, p. 372). Assim, pode-se afirmar que não se admite a renúncia translativa do usufruto.

A renúncia pode ser expressa ou tácita, devendo sempre ser inequívoca (DINIZ, Maria Helena. *Código...*, 2010, p. 978). A última conclusão decorre da regra segundo a qual a renúncia se interpreta restritivamente (art. 114 do CC).

Por fim, anote-se que a renúncia deverá ser feita por escritura pública quando se tratar de imóveis com valor superior a 30 salários mínimos, conforme determina o art. 108 da codificação.

b) Extinção do usufruto por morte do usufrutuário (art. 1.410, inc. I, do CC)

Diante do seu caráter personalíssimo ou *intuitu personae*, a morte do usufrutuário gera a extinção do direito real. A premissa vale, em regra, para o usufruto vitalício, uma vez que o temporário é extinto por seu termo final. A título de exemplo, no caso antes citado, de *planejamento sucessório*, sendo estipulado o usufruto para o cônjuge sobrevivente, a sua morte consolidará a propriedade plena aos filhos do casal.

A conclusão acima não obsta que o usufruto temporário também seja extinto pela morte do usufrutuário, caso o evento ocorra antes do termo final. Conforme a jurisprudência superior, "ocorrendo a extinção do usufruto, o nu-proprietário reveste-se do pleno domínio do imóvel, estando, portanto, apto a ajuizar ação de despejo em face da locatária" (STJ, REsp 736.954/MG, Rel. Min. Laurita Vaz, 5.ª Turma, j. 24.04.2007, *DJ* 28.05.2007, p. 392). Esclareça-se que, em regra, tal legitimidade cabe ao usufrutuário, que tem o atributo de fruir, a englobar o direito de locar a coisa.

Como outro exemplo concreto de relevo, concluiu a Terceira Turma do STJ, em julgamento de 2021, que "a morte da arrendadora/usufrutuária (causa de extinção do usufruto, nos termos do art. 1.410, I, do CC) durante a vigência do contrato de arrendamento rural, sem a respectiva restituição ou reivindicação possessória pelo proprietário, tornando precária e injusta a posse exercida pelos sucessores daquela, não constitui óbice ao exercício dos direitos provenientes do contrato de arrendamento rural, no interregno da efetiva posse, pelo espólio da usufrutuária perante o terceiro arrendatário, porquanto diversas e autônomas as relações jurídicas de direito material de usufruto e de arrendamento" (STJ, REsp 1.758.946/SP, 3.ª Turma, Rel. Min. Marco Aurélio Bellizze, j. 08.06.2021, *DJe* 11.06.2021).

Deve ficar claro, mais uma vez, que a morte do nu-proprietário não gera a extinção do usufruto, seguindo o direito de propriedade, com o usufruto, aos seus sucessores. A confusão das hipóteses é comum, na teoria e na prática.

Em complemento, merece comentário o art. 1.411 do CC/2002, segundo o qual, constituído o usufruto em favor de duas ou mais pessoas (*usufruto simultâneo ou conjunto*), extinguir-se-á a parte em relação a cada uma das que falecerem. Isso, salvo se, por estipulação expressa, o quinhão desses couber ao sobrevivente. Pela norma, em regra, não há *direito de acrescer entre os usufrutuários*, ou seja, falecendo um deles, o seu direito não é consolidado ao nu-proprietário, mas aos herdeiros do falecido. Para resumir, há uma espécie de *consolidação parcial* da propriedade plena.

Porém, no ato de instituição do usufruto, pode constar o *direito de acrescer convencional*, o que constitui exceção no sistema civil. Exemplificando, se há usufruto de um imóvel em favor de dois usufrutuários (A e B), falecendo um deles (A), a sua quota de usufruto (50%), em regra, consolida-se ao nu-proprietário (C). Todavia, é possível convencionar que, falecendo um dos usufrutuários (A), o seu direito é transmitido ou acrescido ao do outro (B).

Do mesmo modo, para ilustrar todas as deduções expostas, com conteúdo bem interessante, do Tribunal Paulista:

> "Prestação de contas. Ocorrência de doação de dois imóveis com instituição de usufruto vitalício em favor dos doadores. Morte de um dos usufrutuários. Hipótese de usufruto simultâneo, em que é possível que este sobreviva à morte de um dos usufrutuários. Inteligência do art. 740, do Código Civil de 1916 (a que corresponde o art. 1.411, do Código Civil de 2002). Direito de acrescer estipulado em relação a um dos imóveis, somando-se a parte ideal do falecido à parte da usufrutuária sobrevivente. Inocorrência de extinção do usufruto. Ausência, entretanto, de estipulação do direito de acrescer em relação ao outro imóvel. Extinção de 50% do usufruto verificada, consolidando-se nas mãos dos nus proprietários. Plena legitimidade dos autores e interesse de agir deles em relação à quota parte do imóvel que foi consolidada nas mãos dos nus proprietários. Extinção afastada nesta parte. Inteligência do art. 515, § 3.º, do Código de Processo Civil. Obrigação dos réus de prestar contas de valores recebidos e pagos aos autores evidenciada. Sucumbência recíproca caracterizada. Recurso parcialmente provido" (TJSP, Apelação com Revisão 324.701.4/7, Acórdão 4068740, 1.ª Câmara de Direito Privado, Guariba, Rel. Des. Luiz Antonio de Godoy, j. 15.09.2009, *DJESP* 1.º.10.2009).

O inteiro teor do julgado merece ser lido e analisado, para os devidos aprofundamentos do assunto.

c) Extinção do usufruto pelo termo final de sua duração (dies ad quem) *ou vencimento do prazo, em havendo usufruto temporário (art. 1.410, inc. II, do CC)*

A extinção pelo termo final somente se dá no caso de usufruto temporário. Repise-se que, eventualmente, o fim do usufruto poderá ocorrer antes mesmo do termo fixado, como no caso de morte do usufrutuário, o que ressalta a natureza personalíssima do instituto.

Apesar da falta de previsão expressa na lei, a doutrina entende ser possível a extinção do usufruto diante de uma condição resolutiva, o que conta com meu apoio doutrinário (TEPEDINO, Gustavo; BODIN DE MORAES, Maria Celina; BARBOZA, Heloísa Helena. *Código...*, 2011, v. III, p. 834; FARIAS, Cristiano Chaves; ROSENVALD, Nelson. *Curso...*, 2012, p. 844). A título de exemplo, imagine-se que o usufruto é instituído enquanto o usufrutuário prestar um serviço ao nu-proprietário. Se cessar a obrigação de fazer, o usufruto estará extinto e resolvido.

d) Extinção da pessoa jurídica, em favor de quem o usufruto foi constituído, ou, se ela perdurar, pelo decurso de 30 anos da data em que se começou a exercer (art. 1.410, inc. III, do CC)

No caso de ser a pessoa jurídica a beneficiada, o prazo máximo de duração do usufruto é de trinta anos, limite temporal esse que é o maior estabelecido na atual codificação, ao lado de outras previsões. Pela própria dicção legal, a extinção do usufruto poderá ocorrer em momento anterior, se a pessoa jurídica for extinta antes desse tempo.

Vale lembrar que o Código Civil de 1916 consagrava um prazo de cem anos na hipótese aqui estudada (art. 741). O *prazo secular* já era tido como exagerado pela doutrina clássica da codificação anterior, alvo de muitas críticas. A tendência atual é de redução dos prazos, diante de uma maior celeridade das informações na realidade contemporânea. Justamente por isso o Código Civil de 2002 reduziu o prazo geral de prescrição de vinte para dez anos. A redução dessa forma de extinção em cem para trinta anos segue tal tendência.

e) Extinção do usufruto pela cessação do motivo de que se origina (art. 1.410, inc. IV, do CC)

O Código Civil de 2002 substituiu a expressão "causa" por "motivo", de forma correta. Isso porque a causa é uma razão objetiva do conteúdo da relação, sendo invariável. Já o motivo constitui um elemento subjetivo da causa, sendo variável. Sendo assim, o termo motivo constitui uma cláusula geral, um conceito legal indeterminado a ser preenchido caso a caso.

A título de ilustração, Maria Helena Diniz cita o usufruto a favor do pai sobre os bens do filho menor sob o poder familiar, havendo extinção do usufruto com a maioridade do filho, pois o direito real perde sua razão de ser (DINIZ, Maria Helena. *Código...*, 2010, p. 979).

Da jurisprudência, colaciona-se exemplo do Tribunal Mineiro com interessante conclusão: "uma vez que o usufruto se extingue com a cessação do motivo que o origina, no caso em que o benefício foi instituído em acordo firmado em ação de alimentos, a fim de que os aluguéis da locação do imóvel fossem destinados ao sustento dos menores, netos da instituidora, a extinção ocorre perante as mesmas condições que levariam à extinção da obrigação de alimentos" (TJMG, Apelação Cível 1.0016.10.009887-6/001, Rel. Des. Heloisa Combat, j. 04.04.2013, *DJEMG* 10.04.2013).

Cite-se, ainda, a hipótese em que o usufruto é instituído para os fins de tutela da moradia de determinada pessoa, tendo desaparecido essa necessidade, pelo fato de a pessoa ter recebido um imóvel em doação ou adquirido o bem por meio de contrato de compra e venda.

f) Extinção do usufruto pela destruição da coisa (art. 1.410, inc. V, do CC)

Obviamente, se a coisa objeto do usufruto perecer, não há mais razão de ser para a sua permanência, diante do desaparecimento do objeto. O comando aplica-se tanto aos bens móveis quanto aos imóveis.

O próprio dispositivo faz ressalva quanto às regras relativas ao seguro do bem objeto do usufruto, nos termos dos arts. 1.407 a 1.409 da codificação material. Conforme antiga ementa do Tribunal do Rio de Janeiro:

> "O usufruto não se extingue com a destruição da coisa que estiver segurada, pois o Código Civil o transfere para a indenização proveniente do seguro. A usufrutuária está legitimada ao exercício da ação para demandar a reparação, mesmo que o seguro tenha sido pago pelo locatário. Cuidando-se de seguro do imóvel e de seu conteúdo, que pertencia ao então locatário e que por ele já foi indenizado, e não havendo nos autos prova segura do valor do prejuízo a ser reparado, deve o mesmo ser apurado em liquidação. Faz *jus* a usufrutuária também à indenização por perda de alugueres, na forma estipulada no contrato. Por essas indenizações, contudo, responde a seguradora só até o limite estabelecido na apólice. Sentença parcialmente reformada" (TJRJ, Apelação Cível 1572/1999, 13.ª Câmara Cível, Rio de Janeiro, Rel. Des. Nametala Machado Jorge, j. 08.04.1999).

A regra tem incidência nos casos de destruição total, subsumindo-se igualmente para as situações de destruição parcial que geram a perda da utilidade da coisa, dentro da ideia de função social.

g) Extinção pela consolidação (art. 1.410, inc. VI, do CC)

A extinção por *consolidação* está presente quando na mesma pessoa se confundem as qualidades de usufrutuário e proprietário. O termo é utilizado para explicar a hipótese de concentração dos quatro atributos da propriedade na mesma pessoa. Como primeiro exemplo, um pai doa imóvel ao filho com reserva de usufruto. Com o falecimento do pai, o filho, seu único sucessor, consolida a propriedade plena em seu nome. Ainda ilustrando, imagine-se que o usufrutuário adquire onerosamente a propriedade do bem.

Há quem entenda pela possibilidade de extinção do usufruto quando se aliena, ao mesmo tempo, a nua propriedade e o usufruto a terceiro. Nesse sentido, julgado do Tribunal de Justiça do Paraná:

> "Agravo de instrumento. Ação de rescisão de contrato cumulada com reintegração de posse em fase de execução de acordo judicial. Escritura assinada a destempo devido a atraso na expedição de alvará. Fato que não pode ser imputado aos vendedores. Condição considerada cumprida. Extinção do usufruto ante a consolidação 'plena potestas'. Alienação da nua propriedade e do usufruto concomitantemente. Possibilidade. Exegese do artigo 1.410, inciso VI, do Código Civil. Possibilidade. Recurso conhecido e provido" (TJPR, Agravo de Instrumento 0437572-6, 5.ª Câmara Cível, Curitiba, Rel. Des. Marco Antonio de Moraes Leite, *DJPR* 11.01.2008, p. 47).

Repise-se, entendo não ser possível tal forma de disposição concomitante, diante da inalienabilidade absoluta do usufruto retirada do art. 1.393 do CC/2002.

h) Extinção por culpa do usufrutuário (art. 1.410, inc. VII, do CC)

A extinção por culpa do usufrutuário está presente quando ele aliena, deteriora ou deixa arruinar os bens, não lhes acudindo com os reparos de conservação, ou quando, no usufruto de títulos de crédito, não dá às importâncias recebidas a aplicação prevista no parágrafo único do art. 1.395 do CC/2002.

A culpa mencionada deve ser entendida em sentido amplo, a englobar o dolo (intenção de causar prejuízo) e a culpa em sentido estrito (imprudência, negligência ou imperícia). Além da extinção do usufruto, o usufrutuário passa a responder por perdas e danos. Essa culpa deve ser provada por quem a alega, devendo, ainda, ser pessoal, do próprio usufrutuário. Anote-se que o Tribunal de Justiça de São Paulo entendeu pela permanência do usufruto no caso de deterioração do imóvel causada por locatário, ou seja, por terceira pessoa (TJSP, Apelação 0001788-85.2010.8.26.0297, Acórdão 6597924, 7.ª Câmara de Direito Privado, Jales, Rel. Des. Gilberto de Souza Moreira, j. 30.01.2013, *DJESP* 15.05.2013).

Há uma tendência jurisprudencial em ampliar a ideia de culpa para outras hipóteses, além das descritas no inciso em análise. Nessa linha, acórdão do Tribunal Gaúcho deduzindo pela extinção por desrespeito aos deveres básicos do usufrutuário, o que parece correto:

> "Apelação. Ação de extinção de usufruto. Inadimplência da usufrutuária, quanto às cotas condominiais e ao IPTU. Ajuizamento de ação de cobrança e de execução fiscal. No caso, sendo tais despesas de responsabilidade da usufrutuária, o inadimplemento implica em descumprimento ao disposto no art. 1.403 do Código Civil, além de configurar a hipótese do inciso VII do art. 1.410 do Código Civil, de modo que se justifica a extinção do usu-fruto. Precedentes jurisprudenciais. Apelação provida" (TJRS, Apelação Cível 70025896556, 20.ª Câmara Cível, Porto Alegre, Rel. Des. Niwton Carpes da Silva, j. 12.11.2008, *DOERS* 10.12.2008, p. 84).

Ou, ainda, podem ser citadas decisões do Tribunal de São Paulo aduzindo pela extinção do usufruto por culpa, quando o usufrutuário desrespeita direito de preferência de condômino pretendendo alienar o bem a terceiro (por todos: TJSP, Apelação 9128236-02.2009.8.26.0000, Acórdão 6284846, 10.ª Câmara de Direito Privado, Regente Feijó, Rel. Des. Élcio Trujillo, j. 23.10.2012, *DJESP* 13.11.2012). Ressalte-se que o usufrutuário sequer tem esse direito de alienação.

Tal tendência de ampliação é salutar, pois a culpa pode estar relacionada a casos de maior gravidade do que consta do próprio comando estudado. De qualquer modo, a culpa pode ser mitigada frente a outros valores.

Encerra-se o tópico com elogiável *decisum* do Tribunal Paulista, que afastou a extinção do usufruto por culpa na falta de pagamento de tributos pelo usufrutuário. Segundo o relator, o jurista e magistrado José Luiz Gavião de Almeida, "No caso *sub examine*, o atraso nas quitações fiscais, já superado, foi explicado. E tristemente se sabe de dificuldades econômicas da mãe a quem a autora se volta, não com sentimento filial, mas sim materialista. A Justiça não pode se considerar satisfeita se o valor de sua decisão prestigia o econômico em conflito com o humano (Chain Perelman, in *Lógica jurídica*, 1998, p. 96). A Justiça, no caso *sub judice*, vê relação de duas grandezas: a sentimental e a econômica. A primeira é prevalente, diz respeito à família, à dignidade da pessoa humana. Não se configurou a hipótese do art. 1.410, inc. VIII, do CC, culpa de usufrutuária no diligenciar a quitação dos tributos. A causa foi a dificuldade econômica. É de origem romana o usufruto concedido ao *pater familias* sobre *bona adventitia* do *filius*. A autora rebelou-se contra a história" (TJSP, Apelação 9150450-55.2007.8.26.0000, 9.ª Câmara de Direito Privado, Jacareí, Rel. Des. José Luiz Gavião de Almeida, j. 17.01.2012, v.u.). A conclusão é perfeita, tendo meu total apoio doutrinário.

i) Extinção pelo não uso, ou não fruição, da coisa em que o usufruto recai (art. 1.410, inc. VIII, do CC)

Sobre tal previsão, determina o Enunciado n. 252 do CJF/STJ, da *III Jornada de Direito Civil*, que "a extinção do usufruto pelo não uso, de que trata o art. 1.410, inc. VIII, independe do prazo previsto no art. 1.389, inc. III, operando-se imediatamente. Tem-se por desatendida, nesse caso, a função social do instituto". Concorda-se com o enunciado doutrinário, que representa aplicação do princípio da função social da posse, fazendo prevalecer o requisito qualitativo sobre o quantitativo. Assim, não se filia à rígida aplicação do prazo geral de dez anos retirado do art. 205 (prazo geral de prescrição) ou do art. 1.389, inc. III (prazo de extinção da servidão). Essa opinião é compartilhada por Cristiano Chaves de Farias e Nelson Rosenvald (*Curso...*, 2012, p. 845) e Maria Helena Diniz (*Código...*, 2010, p. 979).

De toda sorte, ressalte-se que há outra corrente, majoritária, que entende pela incidência do prazo de dez anos, seja por um ou outro dispositivo. Assim pensam juristas como Gustavo Tepedino, Maria Celina Bodin de Moraes, Heloísa Helena Barboza (*Código...*, 2011, v. III, p. 837), Francisco Eduardo Loureiro (*Código...*, 2010, p. 1.479), Sílvio de Salvo Venosa (*Direito civil...*, 2007, v. 5, p. 459), Carlos Roberto Gonçalves (*Direito...*, 2010, v. 5, p. 503), Marco Aurélio S. Viana (*Comentários...*, 2003, v. XVI, p. 672) e Marco Aurélio Bezerra de Melo (*Direito...*, 2007, p. 350). Nesse mesmo sentido, da jurisprudência mineira: TJMG, Apelação Cível 1.0395.04.006172-7/0011, 15.ª Câmara Cível, Manhumirim, Rel. Des. Wagner Wilson, j. 13.03.2008, *DJEMG* 09.04.2008. Como se vê, a questão é polêmica.

Em complemento, esse não uso deve ser inequívoco, não se podendo presumir o abandono do bem. Nesse trilhar, decisão do Tribunal Gaúcho:

CAP. 6 · DOS DIREITOS REAIS DE GOZO OU FRUIÇÃO | **493**

"Apelação cível. Ação de extinção de usufruto julgada improcedente. Alegação de abandono da coisa e não uso pelo usufrutuário. Para que o não exercício do usufruto dê motivo a sua extinção há mister resulte claro e provado o abandono da coisa ou o intento de renúncia do usufrutuário a ela. Na hipótese dos autos as circunstâncias de que se têm notícia longe estão, a meu sentir, de configurar prova de demissão por parte do réu do *animus* do exercício do usufruto. Sentença mantida. Apelo desprovido. Unânime" (TJRS, Apelação Cível 424781-31.2011.8.21.7000, 20.ª Câmara Cível, Canoas, Rel. Des. Rubem Duarte, j. 12.09.2012, *DJERS* 24.09.2012).

Como outro aspecto importante, não se olvide que, em todos os casos apontados, a extinção do usufruto relacionado a bens imóveis somente ocorrerá com o cancelamento do registro perante o Cartório de Registro de Imóveis, nos termos do art. 167, inc. I, n.º 7, da Lei de Registros Públicos (Lei 6.015/1973).

Para encerrar o tópico, anoto que no Projeto de Reforma do Código Civil, elaborado pela Comissão de Juristas, são feitas propostas e aprimoramento desse seu art. 1.410, do seguinte modo: *a)* o inciso II passará a usar a expressão "termo final" que é mais correta; *b)* o seu inciso III expressará a extinção "pela extinção da pessoa jurídica, em favor de quem o usufruto foi constituído, ou, se ela perdurar, pelo decurso de quinze anos da data em que se começou a exercer", reduzindo-se um prazo de trinta anos pela metade, que não mais se justifica na contemporaneidade; *c)* no inciso IV expressa-se a cessação da causa de que se origina, termo que é melhor tecnicamente; e *d)* no inciso VI, "pela consolidação da propriedade", o que igualmente nos pareceu mais preciso. Espera-se, para uma melhora técnica desse art. 1.410 da Lei Civil a sua aprovação pelo Parlamento Brasileiro.

6.5 DO USO

O direito real de uso pode ser constituído de forma gratuita ou onerosa, havendo a cessão apenas do atributo de utilizar a coisa, seja ela móvel ou imóvel (o U do GRUD). Por isso se justifica as nomenclaturas *usufruto anão, nanico* ou *reduzido*, utilizadas tanto pela doutrina clássica quanto pela contemporânea. A transmissão de atributos dominiais, como se nota, é menor do que ocorre no usufruto.

São partes do direito real em comento: *a)* o *proprietário*, aquele que faz a cessão real da coisa; e *b)* o *usuário*, que tem o direito personalíssimo de uso ou utilização da coisa. Recaindo sobre imóvel, o direito real de uso deve ser registrado no Cartório de Registro de Imóveis (art. 167, I, n. 7, da Lei 6.015/1973). A natureza real da categoria, com efeitos *erga omnes*, diferencia o instituto da locação.

Na prática, rara é a sua ocorrência. Para ilustrar, pode ser citada a cessão real de uso de jazigos em cemitérios, conforme o antigo julgado a seguir:

"Civil. Ação de cobrança. Cessão de direito real de uso de jazigo perpétuo. Obrigação contratual do cessionário de pagar as taxas anuais de manutenção do cemitério. Exigência descabida da construção antecipada de jazigos. Ação procedente. Reconvenção improcedente. I – Não há cerceamento de defesa, se o fato é confessado pela parte adversa, sendo, porém, considerado irrelevante para o deslinde da causa. II – Tendo a cessionária pago durante muitos anos seguidos a taxa de manutenção, não pode agora recusá-la, dando ao contrato interpretação diversa, sob pena de comportamento contraditório. III – Não pode ser considerada inadimplida a obrigação ainda inexigível" (TJPR, Apelação Cível 0053038-1, Acórdão 16739, 2.ª Câmara Cível, Curitiba, Rel. Juiz Conv. Munir Karam, *DJPR* 29.11.1999).

Do Superior Tribunal de Justiça, merece destaque acórdão que reconhece a presença do direito real e determina, ainda, a incidência do Código de Defesa do Consumidor, em *diálogo das fontes*:

"Recurso especial. Ação civil pública. Ministério Público. Direito funerário e do consumidor. Cemitério particular. Contrato de cessão do uso de jazigos e prestação de outros serviços funerários. Aplicabilidade do CDC reconhecida. Limitação da multa moratória em 2%. Restituição simples da quantia indevidamente cobrada. I – Inexistência de violação ao art. 535 do CPC. II – Legitimidade do Ministério Público para o ajuizamento de ação civil pública visando à defesa de interesses e direitos individuais homogêneos pertencentes a consumidores, decorrentes, no caso, de contratos de promessa de cessão e concessão onerosa do uso de jazigos situados em cemitério particular. III – Inteligência do art. 81, par. único, III, do CDC. Precedente específico da Quarta Turma deste Superior Tribunal de Justiça. IV – Aplicabilidade do Código de Defesa e Proteção do Consumidor à relação travada entre os titulares do direito de uso dos jazigos situados em cemitério particular e a administradora ou proprietária deste, que comercializa os jazigos e disponibiliza a prestação de outros serviços funerários. V – Inteligência dos arts. 2.º e 3.º do CDC. Precedentes proferidos em casos similares. VI – Distinção do caso apreciado no Recurso Especial 747.871/RS, em que a Egrégia Quarta Turma deste Superior Tribunal de Justiça afirmou a inaplicabilidade do CDC diante do 'ato do Poder Público que permite o uso de cemitério municipal'. Doutrina. VII – Limitação, a partir da edição da Lei 9.298/96, que conferiu nova redação ao art. 52, § 1.º, do CDC, em 2% da multa de mora prevista nos contratos em vigor e nos a serem celebrados entre a recorrente e os consumidores de seus serviços. VIII – Doutrina. Precedente da Terceira Turma. IX – Restituição simples das quantias indevidamente cobradas, tendo a cobrança, nos termos do par. único do art. 42 do CDC, derivado de 'engano justificável'. X – Redistribuição do ônus relativo ao pagamento das custas processuais, prejudicada a apreciação da violação do art. 21 do CPC. XI – Recurso especial provido em parte" (STJ, REsp 1.090.044/SP, 3.ª Turma, Rel. Min. Paulo de Tarso Sanseverino, j. 21.06.2011, *DJe* 27.06.2011).

Como outra ilustração a respeito da presença de um direito real de uso em casos de jazigos perpétuos, em aresto de 2024 entendeu o mesmo Tribunal Superior que a resolução do contrato ou do negócio jurídico que lhe dá fundamento implica "o retorno das partes ao estado anterior à avença, devendo a titularidade do direito real retornar ao mantenedor do cemitério, com a restituição do respectivo valor pago, admitindo-se a retenção de percentual suficiente para indenizar pelo tempo de privação de uso do jazigo" (STJ, REsp 2.107.107/SP, Rel. Min. Nancy Andrighi, 3.ª Turma, por unanimidade, j. 16.04.2024, *DJe* 19.04.2024).

A conclusão foi no sentido de se tratar de um direito real de uso com características especiais. Consoante o *decisum*, "na jurisprudência desta Corte, nos poucos precedentes sobre o tema, definiu-se que o *jus sepulchri* (direito de sepultura) em cemitérios públicos é regido pelo direito público, enquanto o *jus sepulchri* em cemitério particular é regido pelo direito privado, aplicando-se, inclusive, o Código de Defesa do Consumidor (REsp 747.871/RS, Segunda Turma, *DJe* 18.11.2008; e REsp 1.090.044/SP, Terceira Turma, *DJe* 27.06.2011)". E mais:

"A par das diversas classificações defendidas (enfiteuse, propriedade limitada ou resolúvel, servidão etc.), tem-se que o *jus sepulchri* mais se assemelha ao direito real de uso do jazigo, que pode ser cedido pelo cemitério particular ao interessado. Não se trata, todavia, de um comum direito real de uso, previsto no Código Civil. Dentre as suas diferenças, o Código prevê a sua extinção pela morte do usuário, por aplicação subsidiária do art. 1.410, enquanto a doutrina é pacífica no sentido de que uma das características essenciais do *jus sepulchri* é a sua transferência por ocasião do falecimento do titular, sendo admitida, ainda, a cessão onerosa entre vivos, quando se trata de jazigo vazio em cemitério particular. Como é cediço, no âmbito do direito privado, o contrato pode ser extinto antes de sua execução por causas supervenientes à sua formação, por meio da resolução ou resilição (ambas genericamente chamadas de rescisão contratual). Registra-se que a jurisprudência desta Corte reconhece a possibilidade de a própria parte inadimplente pleitear a resolução do contrato, diante da insuportabilidade das prestações (REsp n. 1.300.418/SC, Segunda Seção, *DJe* 10/12/2013)" (STJ, REsp 2.107.107/SP, Rel. Min. Nancy Andrighi, 3.ª Turma, por unanimidade, j. 16.04.2024, *DJe* 19.04.2024).

De fato, essas peculiaridades do direito real ao jazigo perpétuo devem ser consideradas no caso concreto, sobretudo com a possibilidade de resolução do negócio ou do contrato, nos termos do que foi firmado entre as partes. Anoto, a propósito, que o projeto de Reforma do Código Civil pretende incluir a previsão de um novo art. 1.412-A na codificação privada, segundo o qual "admite-se o direito real de uso nas concessões de jazigos em cemitérios".

Por óbvio que, na futura interpretação da alteração legislativa, as citadas características especiais devem ser observadas, na linha do que está no último acórdão e que conta com o meu apoio doutrinário.

Conforme o art. 1.412 do CC/2002, o usuário utilizará a coisa e perceberá os seus frutos, quanto o exigirem as necessidades suas e de sua família. Assim, a fruição somente é possível para atender às necessidades básicas da família, o que está em sintonia com a ideia de *patrimônio mínimo*, tão defendida pela doutrina contemporânea, caso do Ministro do STF Luiz Edson Fachin. Levam-se em conta as necessidades pessoais do usuário conforme a sua condição social e o lugar onde viver (§ 1.º do art. 1.412). Para tanto, a lei considera como componentes da família o cônjuge do usuário, os seus filhos solteiros e as pessoas do seu serviço doméstico (§ 2.º do mesmo diploma).

A última norma é totalmente superada pela ampliação do conceito de família percebida nos últimos anos. A superação é notada, inicialmente, pela injustificada menção ao companheiro ou convivente, que goza de proteção constitucional (art. 226, § 3.º, da CF/1988).

Ainda, conforme reconheceu o Ministro Luis Felipe Salomão, em notório julgado sobre o casamento homoafetivo, "inaugura-se com a Constituição Federal de 1988 uma nova fase do direito de família e, consequentemente, do casamento, baseada na adoção de um explícito poliformismo familiar em que arranjos multifacetados são igualmente aptos a constituir esse núcleo doméstico chamado 'família', recebendo todos eles a 'especial proteção do Estado'. Assim, é bem de ver que, em 1988, não houve uma recepção constitucional do conceito histórico de casamento, sempre considerado como via única para a constituição de família e, por vezes, um ambiente de subversão dos ora consagrados princípios da igualdade e da dignidade da pessoa humana. Agora, a concepção constitucional do casamento – diferentemente do que ocorria com os diplomas superados – deve ser necessariamente plural, porque plurais também são as famílias e, ademais, não é ele, o casamento, o destinatário final da proteção do Estado, mas apenas o intermediário de um propósito maior, que é a proteção da pessoa humana em sua inalienável dignidade" (STJ, REsp 1.183.378/RS, 4.ª Turma, Rel. Min. Luis Felipe Salomão, j. 25.10.2011, *DJe* 01.02.2012).

Merece destaque o conceito de família, em sentido genérico, desenvolvido por Pablo Stolze Gagliano e Rodolfo Pamplona Filho, no sentido de tratar-se de "um núcleo existencial integrado por pessoas unidas por um vínculo socioafetivo, teleologicamente vocacionada a permitir a realização plena dos seus integrantes" (*Novo curso...*, 2011, p. 45). Na esteira desses entendimentos, leis recentes trazem conceitos ampliados de família, havendo séria

496 | DIREITO CIVIL • VOL. 4 – *Flávio Tartuce*

dúvida se tais construções devem ser utilizadas apenas nos limites das próprias legislações ou para todos os efeitos jurídicos.

De início, a Lei Maria da Penha (Lei 11.340/2006) dispõe no seu art. 5.º, inc. II, que se deve entender como família a comunidade formada por indivíduos que são ou se consideram aparentados, unidos por laços naturais, por afinidade ou por vontade expressa. Na mesma linha, a Lei 12.010/2009, que trata da adoção, consagrou o conceito de família extensa ou ampliada, que vem a ser aquela que se estende para além da unidade de pais e filhos ou da unidade do casal, formada por parentes próximos com os quais a criança ou adolescente convive e mantém vínculos de afinidade e afetividade (alteração do art. 25 do Estatuto da Criança e do Adolescente – Lei 8.069/1990).

Como se pode notar, as novas categorias valorizam o afeto, a interação existente entre as pessoas no âmbito familiar, evidenciando a superação do art. 1.412, § 2.º, da atual codificação.

Para resolver mais esse problema, o Projeto de Reforma do Código Civil, elaborado pela Comissão de Juristas nomeada no âmbito do Senado Federal, pretende dar ao comando um novo texto, prevendo que "as necessidades da família do usuário compreendem as de seu cônjuge ou convivente, de seus filhos com menos de dezoito anos de idade ou incapazes ou, devidamente comprovado, daqueles que formam a família parental do usufrutuário". Com isso, penso que todos os problemas apontados serão superados, até porque o projeto adota a ideia que o casamento e a união estável serão constituídos por duas pessoas, não importando o seu gênero.

Ato contínuo de estudo do sistema em vigor, determina o art. 1.413 do CC/2002 a aplicação ao uso, por analogia, das mesmas regras do usufruto, desde que não sejam com ele incompatíveis. Assim, por exemplo, incidem os mesmos casos de extinção por último estudados (art. 1.410 do CC).

Por fim, como se verá, a Lei 11.481/2007 incluiu no art. 1.225 do Código Civil outras hipóteses de concessão real do uso do bem, categorias que ainda serão estudadas no presente capítulo.

6.6 DA HABITAÇÃO

O direito real de habitação constitui o mais restrito dos direitos reais de fruição, eis que apenas é cedida uma parte do atributo de usar, qual seja, o direito de habitar o imóvel (fração do U do GRUD). São partes da habitação: *a)* o *proprietário*, que transmite o direito; e *b)* o *habitante*, que tem o direito de moradia em seu benefício.

Tal direito real pode ser *legal* ou *convencional*, decorrendo o último de ato *inter vivos* ou testamento. Recaindo sobre imóvel, o direito real de habitação convencional deve ser registrado no Cartório de Registro de Imóveis (art. 167, I, n. 7, da Lei 6.015/1973), norma que não se aplica ao direito de habitação legal que decorre do Direito das Sucessões.

Quanto ao *direito real de habitação legal*, o art. 1.831 do CC/2002 reconhece ao cônjuge sobrevivente, seja qual for o regime de bens do casamento, a prerrogativa relativamente ao imóvel destinado à residência da família, desde que seja o único daquela natureza a inventariar. Na esteira da melhor jurisprudência, não importa se o imóvel é comum ou exclusivo do falecido, reconhecendo-se o direito real em ambos os casos (STJ, REsp 826.838/RJ, 3.ª Turma, Rel. Min. Castro Filho, j. 25.09.2006, *DJU* 16.10.2006, p. 373).

A norma visa a proteger o *direito de moradia* do cônjuge, direito fundamental reconhecido pelo art. 6.º da Constituição Federal. Em sintonia com o comando, reafirme-se a célebre tese do *patrimônio mínimo*, de Luiz Edson Fachin, pela qual se deve assegurar à pessoa um mínimo de direitos patrimoniais para a manutenção de sua dignidade (FACHIN, Luiz Edson. *Estatuto...*, 2001). Leciona Zeno Veloso que tal direito real de habitação é personalíssimo, tendo como destinação específica a moradia do titular, que não poderá emprestar ou locar o imóvel a terceiro. Aponta ainda o jurista paraense não parecer justo manter tal direito se o cônjuge constituir nova família (VELOSO, Zeno. *Código...*, 2008, p. 2.018).

Com o devido respeito às lições, em casos excepcionais, entendo que as duas regras podem ser quebradas ou mitigadas, aplicando-se a *ponderação* a favor da moradia. De início, imagine-se que o cônjuge loca esse imóvel por questão de necessidade mínima, utilizando o aluguel do imóvel para a locação de outro, destinado para a sua moradia. Em casos tais, entendo que o direito pode ser mantido, conforme já decidiu, analisando socialmente a questão o Tribunal Gaúcho:

> "Agravo Interno. Agravo de Instrumento. Decisão monocrática. Inventário. Bem locado. Direito real de aquisição do cônjuge sobrevivente. Ainda que o cônjuge não resida no imóvel, sendo este o único bem, possui direito real de habitação. Estando o imóvel locado, e sendo o valor dos aluguéis utilizados na subsistência do cônjuge, o valor deve ser auferido integralmente pelo cônjuge. Deram Parcial Provimento" (TJRS, Agravo 70027892637, 8.ª Câmara Cível, Caxias do Sul, Rel. Des. Rui Portanova, j. 12.03.2009, *DOERS* 20.03.2009, p. 40).

No que toca à constituição de nova família, vislumbra-se a hipótese em que o cônjuge habitante não tem boas condições financeiras, ao contrário dos outros herdeiros, descendentes, que são inclusive proprietários de outros imóveis. Seria justo desalojar o cônjuge pelo simples fato de constituir nova família? Entendo que não, ponderando-se a favor da moradia e da família.

Ainda com o fito de tutela da pessoa humana, merece críticas o Enunciado n. 271 do CJF/STJ, da *III Jornada de Direito Civil*, pelo qual: "o cônjuge pode renunciar ao direito real de habitação, nos autos do inventário ou por escritura pública, sem prejuízo de sua participação na herança". Entendo que o direito real de habitação é irrenunciável, por envolver a consagração do direito fundamental à moradia nas relações privadas (art. 6.º da CF/1988). Repise-se que, nessa linha, a jurisprudência do STJ entende que o bem de família, pela mesma razão, é irrenunciável (ver, por todos: STJ, AgRg-Ag 426.422/PR, 3.ª Turma, Rel. Des. Conv. Paulo Furtado, j. 27.10.2009, *DJE* 12.11.2009 e AgRg-Ag 1.114.259/RS, 3.ª Turma, Rel. Min. Sidnei Beneti, j. 26.05.2009, *DJE* 08.06.2009).

A despeito de ter a atual codificação privada consagrado expressamente o direito real de habitação do cônjuge, não o fez quanto ao companheiro. Todavia, apesar do silêncio do legislador, prevalece o entendimento pela manutenção de tal direito sucessório. Nesse sentido, o Enunciado n. 117 do CJF/STJ, da *I Jornada de Direito Civil*: "o direito real de habitação deve ser estendido ao companheiro, seja por não ter sido revogada a previsão da Lei n. 9.278/1996, seja em razão da interpretação analógica do art. 1.831, informado pelo art. 6.º, *caput*, da CF/1988".

Como se nota, dois são os argumentos que constam do enunciado doutrinário. O primeiro é que não houve a revogação expressa da Lei 9.278/1996, na parte que tratava do citado direito real de habitação. De acordo com o seu art. 7.º, parágrafo único, "dissolvida a união estável por morte de um dos conviventes, o sobrevivente terá direito real de habitação, enquanto viver ou não constituir nova união ou casamento, relativamente ao imóvel destinado à residência da família". O segundo argumento, mais forte, é a prevalência do citado direito diante da proteção constitucional da moradia, retirada do art. 6.º da CF/1988, o que está em sintonia com o Direito Civil Constitucional. Assim, aplica-se, por analogia, a regra do art. 1.831 do CC, equalizando-se o tratamento do cônjuge e do companheiro.

Com a decisão do Supremo Tribunal Federal, do ano de 2017, que concluiu pela inconstitucionalidade do art. 1.790 do Código Civil (Recurso Extraordinário 878.694/MG, julgado em maio de 2017, publicado no *Informativo* n. *864 da Corte*), a tese de aplicação analógica do art. 1.831 para os casos de união estável ganha força. Nesse sentido, vale destacar o seguinte trecho do voto do Ministro Relator Luís Roberto Barroso: "não é legítimo desequiparar, para fins sucessórios, os cônjuges e os companheiros, isto é, a família formada pelo casamento e a formada por união estável. Tal hierarquização entre entidades familiares é incompatível com a Constituição".

De fato, o entendimento segundo o qual o companheiro tem o citado direito real de habitação prevalece na doutrina nacional. Em *tabela doutrinária* desenvolvida por Francisco Cahali, assim deduzem Christiano Cassettari, Giselda Hironaka, Guilherme Calmon Nogueira da Gama, Gustavo René Nicolau, Jorge Fujita, José Fernando Simão, Luiz Paulo Vieira de Carvalho, Maria Berenice Dias, Maria Helena Diniz, Maria Helena Daneluzzi, Rodrigo da Cunha Pereira, Rolf Madaleno, Sebastião Amorim, Euclides de Oliveira, Sílvio de Salvo Venosa e Zeno Veloso; além do autor desta obra (CAHALI, Francisco José. *Direito...*, 2007, p. 189-192).

Não é diferente a conclusão da jurisprudência, havendo inúmeros julgados que concluem pela manutenção do direito real de habitação a favor do companheiro (por todos: STJ, REsp 821.660/DF, 3.ª Turma, Rel. Min. Sidnei Beneti, j. 14.06.2011, v.u.; TJSP, Agravo de Instrumento 990.10.007582-9, Acórdão 4569452, 1.ª Câmara de Direito Privado, Araçatuba, Rel. Des. De Santi Ribeiro, j. 29.06.2010, *DJESP* 28.07.2010; TJRS, Apelação Cível 70029616836, 7.ª Câmara Cível, Porto Alegre, Rel. Des. André Luiz Planella Villarinho, j. 16.12.2009, *DJERS* 06.01.2010, p. 35; TJDF, Recurso 2006.08.1.007959-5, Acórdão 355.521, 6.ª Turma Cível, Rel. Des. Ana Maria Duarte Amarante Brito, *DJDFTE* 13.05.2009, p. 145; TJSP, Apelação 573.553.4/2, Acórdão 4005883, 4.ª Câmara de Direito Privado, Guarulhos, Rel. Des. Ênio Santarelli Zuliani, j. 30.07.2009, *DJESP* 16.09.2009; TJSP, Apelação com Revisão 619.599.4/5, Acórdão 3692033, 6.ª Câmara de Direito Privado, São Paulo, Rel. Des. Percival Nogueira, j. 18.06.2009, *DJESP* 14.07.2009). No âmbito do Superior Tribunal de Justiça, essa posição é consolidada, como se retira da afirmação n. 11, publicada na Edição n. 133 da ferramenta *Jurisprudência em Teses* da Corte, dedicada ao Direito das Coisas e publicada em 2019: "o direito real de habitação pode ser exercido tanto pelo cônjuge como pelo companheiro supérstites".

De toda sorte, a conclusão nunca foi unânime, pois há quem entenda que tal direito não persiste mais, tendo o legislador feito *silêncio eloquente*: Francisco José Cahali e Inácio de Carvalho Neto. No mesmo sentido podem ser encontrados alguns julgados (cite-se: TJSP, Apelação 991.06.028671-7, Acórdão 4621644, 22.ª Câmara de Direito Privado, São Paulo, Rel. Des. Campos Mello, j. 26.07.2010, *DJESP* 12.08.2010; e TJSP, Apelação com Revisão 473.746.4/4, Acórdão 4147571, 7.ª Câmara de Direito Privado B, Fernandópolis, Rel. Des. Daise Fajardo Nogueira Jacot, j. 27.10.2009, *DJESP* 10.11.2009).

Entretanto, como está exposto e aprofundado no Volume 6 desta coleção, penso que a última posição está enfraquecida e tende a desparecer. Isso, diante da decisão de 2017 do Supremo Tribunal Federal, que equiparou as duas entidades familiares – casamento e união estável –, para os fins sucessórios, reconhecendo a inconstitucionalidade do art. 1.790 do Código Civil (*Informativo* n. *864* do STF).

O caráter gratuito da habitação é claro no art. 1.414 do CC/2002, pelo qual o titular deste direito não a pode alugar, nem emprestar, mas simplesmente ocupá-la com sua família. Eventual desrespeito a essa norma acarreta a retomada do imóvel, por desvio de função. Repise-se a minha posição, antes manifestada, de que a locação pode ocorrer para a proteção indireta da moradia.

Ademais, a norma deixa claro o caráter personalíssimo da categoria (*intuitu personae*), não sendo possível ceder o direito a terceiros, eis que o instituto visa à moradia específica do beneficiado.

Dessa forma, não é viável juridicamente que o habitante institua um benefício semelhante em favor de terceiro, sendo proibido o *direito real de habitação de segundo grau*. Como a norma é de ordem pública, não cabe previsão em contrário no instrumento de instituição, sob pena de *nulidade virtual* (art. 166, inc. VII, segunda parte, do CC). Julgando desse modo:

> "Agravo retido. Decisão que deferiu liminar de reintegração de posse. Presença dos requisitos. Manutenção da sentença de procedência, ademais, que corrobora a liminar deferida. Perda de objeto. Agravo retido não conhecido. Possessória. Ação de reintegração de posse de imóvel urbano. Alegação do réu no sentido de ser possuidor de boa-fé, tendo ele locado o imóvel da possuidora direta, que detém direito real de habitação. Invalidade do contrato de locação, tendo em vista as expressas vedações do artigo 1.414 do Código Civil, que obsta a cessão do direito real de habitação. Sentença mantida por seus próprios fundamentos. Art. 252 do Regimento Interno do Tribunal de Justiça. Recurso improvido" (TJSP, Apelação 9207183-41.2007.8.26.0000, Acórdão 5657154, 16.ª Câmara de Direito Privado, São Paulo, Rel. Des. Jovino de Sylos Neto, j. 08.11.2011, *DJESP* 13.03.2012).

Ainda sobre esse art. 1.414, anoto que no Projeto de Reforma do Código Civil, elaborado pela Comissão de Juristas nomeada no âmbito do Senado Federal, pretende-se inserir na norma, em boa hora, a possibilidade de o imóvel ser ocupado pessoalmente pelo beneficiário do direito real. Nos seus termos, "quando o uso consistir no direito de habitar gratuitamente casa alheia, o titular deste direito não a pode alugar, nem emprestar, mas simplesmente ocupá-la, pessoalmente ou com sua família". Com isso é suprida mais uma lacuna hoje existente na Lei Civil.

Retornando-se ao sistema vigente, em havendo *direito real de habitação simultâneo*, conferido a mais de uma pessoa, qualquer delas que sozinha habite a casa não terá de pagar aluguel à outra, ou às outras, o que ressalta o seu caráter gratuito (art. 1.415 do CC/2002). Porém, esse habitante exclusivo não pode as inibir de exercerem, querendo, o direito, que também lhes compete, de habitá-la. Em suma, é possível o *compartilhamento compulsório do imóvel*.

Por fim, são aplicáveis à habitação, no que não for contrário à sua natureza, as disposições relativas ao usufruto (art. 1.416 do CC). Desse modo, cabem as formas de extinção previstas pelo art. 1.410 do CC. Ressalve-se que, para o Superior Tribunal de Justiça, a renúncia ao direito de usufruto não atinge o direito real de habitação, conclusão que tutela a moradia:

> "Direito real de habitação. Art. 1.611, § 2.º, do CC de 1916. Usufruto. Renúncia do usufruto: repercussão no direito real de habitação. Registro imobiliário do direito real de habitação. Precedentes da Corte. 1. A renúncia ao usufruto não alcança o direito real de habitação, que decorre de lei e se destina a proteger o cônjuge sobrevivente mantendo-o no imóvel destinado à residência da família. 2. O direito real de habitação não exige o registro imobiliário" (STJ, REsp 565.820/PR, 3.ª Turma, Rel. Min. Carlos Alberto Menezes Direito, j. 16.09.2004, *DJ* 14.03.2005, p. 323).

Entendo do mesmo modo como está exposto no *decisum,* que tem o meu total apoio doutrinário.

6.7 DAS CONCESSÕES ESPECIAIS DE USO E PARA FINS DE MORADIA. DIREITOS REAIS DE GOZO OU FRUIÇÃO INTRODUZIDOS PELA LEI 11.481/2007 NO CC/2002

Como visto, a Lei 11.481/2007 introduziu dois direitos reais de gozo ou fruição relativos a imóveis no art. 1.225 do CC/2002: a concessão de uso especial para fins de moradia (inc. XI) e a concessão de direito real de uso (inc. XII). Tais direitos reais referem-se a áreas públicas, geralmente invadidas e *urbanizadas* por favelas. Houve um claro intuito de *regularização jurídica* das áreas favelizadas, dentro da política de reforma urbana, para que a situação de *antidireito* passe a ser tratada pelo Direito.

De início, a *concessão de direito real de uso* já constava do arts. 7.º e 8.º do Decreto-lei 271/1967 com as alterações da Lei 11.481/2007. Enuncia a primeira norma, em seu *caput*, que é instituída a concessão de uso de terrenos públicos ou particulares remunerada ou gratuita, por tempo certo ou indeterminado, como direito real resolúvel, para fins específicos de regularização fundiária de interesse social, urbanização, industrialização, edificação, cultivo da terra, aproveitamento sustentável das várzeas, preservação das comunidades tradicionais e seus meios de subsistência ou outras modalidades de interesse social em áreas urbanas.

Conforme se sustentava em edições anteriores desta obra, essa concessão de uso tem natureza híbrida, com características da superfície e do direito real de uso, posição que é compartilhada por Cristiano Chaves de Farias e Nelson Rosenvald (*Curso...*, 2012, p. 850). De toda sorte, frise-se que a concessão é feita pelo Poder Público. Por todas essas peculiaridades, prefiro utilizar o termo *concessão especial de uso*.

A concessão de uso poderá ser contratada, por instrumento público ou particular, ou por simples termo administrativo firmado pelo órgão estatal. Tal documento será inscrito em livro especial, no Cartório de Registro de Imóveis (art. 7.º, § 1.º, do Decreto-lei 271/1967). Desde a inscrição da concessão de uso, o concessionário fruirá plenamente do terreno para os fins estabelecidos no instrumento de constituição, e responderá por todos os encargos civis, administrativos e tributários que venham a incidir sobre o imóvel e suas rendas, caso de impostos prediais (art. 7.º, § 2.º, do Decreto-lei 271/1967).

A concessão será resolvida antes de seu termo final, se o concessionário der ao imóvel destinação diversa da estabelecida no instrumento de concessão, ou descumpra cláusula resolutória do ajuste, perdendo, nesse caso, as benfeitorias de qualquer natureza que tenha introduzido no imóvel (art. 7.º, § 3.º, do Decreto-lei 271/1967). A título de exemplo, imagine-se que a concessão visa a prestação de serviços comunitários, passando o usuário a desenvolver atividade empresarial lucrativa. A regra é semelhante à prevista para a superfície, tratada pelo art. 1.374 do CC/2002.

A concessão de uso, salvo disposição em contrário no instrumento, transfere-se por ato *inter vivos*, ou por sucessão legítima ou testamentária, como os demais direitos reais sobre coisas alheias, registrando-se a transferência no Cartório de Registro de Imóveis (art. 7.º, § 4.º, do Decreto-lei 271/1967).

Nota-se, portanto, que a categoria não tem caráter personalíssimo ou *intuitu personae*, ao contrário do usufruto e do direito real de uso tratado pela codificação. Assim, fica em xeque a expressão "como os demais direitos reais sobre coisas alheias", uma vez que alguns direitos reais de gozo ou fruição não admitem a livre transmissão.

O § 5.º do mesmo art. 7.º exige a anuência prévia de entes estatais para a efetivação da concessão, por claro interesse público, nos seguintes moldes: *a)* do Ministério da Defesa e dos Comandos da Marinha, do Exército ou da Aeronáutica, quando se tratar de imóveis que estejam sob sua administração; e *b)* do Gabinete de Segurança Institucional da Presidência de República, nos casos de áreas indispensáveis à segurança do território nacional, especialmente localizadas na faixa de fronteira e as relacionadas com a preservação e a exploração dos recursos naturais de qualquer tipo. Destaque-se que os comandos foram incluídos também pela Lei 11.481, de 2007, diante dos superiores interesses envolvidos.

Por fim, o art. 8.º do Decreto-lei 271/1967 enuncia que é permitida a concessão de uso do espaço aéreo sobre a superfície de terrenos públicos ou particulares, tomada em projeção vertical, nos termos e para os fins do instituto. O preceito aproxima o instituto da superfície tratada pelo Estatuto da Cidade, nos termos do seu art. 21, § 1.º.

Por outra via, a *concessão de uso especial para fins de moradia* consta da Medida Provisória 2.220/2001, que ainda continua em tramitação. A citada MP recebeu algumas alterações pela Lei 13.465/2017, analisadas a seguir.

Dispõe a dita Medida Provisória, em seu art. 1.º, que aquele que, até 22 de dezembro de 2016, possuiu como seu, por cinco anos, ininterruptamente e sem oposição, até duzentos e cinquenta metros quadrados de imóvel público situado em área urbana, utilizando-o para sua moradia ou de sua família, tem o direito à concessão de uso especial para fins de moradia em relação ao bem objeto da posse, desde que não seja proprietário ou concessionário, a qualquer título, de outro imóvel urbano ou rural. A única alteração feita pela Lei 13.465/2017 diz respeito à menção ao novo lapso temporal, com o fim de ampliar a extensão do direito real. A norma anterior previa a data de 30 de junho de 2001, quando surgiu a Medida Provisória 759/2016.

Apesar da similaridade, não se trata de usucapião urbana, pois o instituto recai sobre bens públicos, que não admitem tal forma de aquisição originária. A natureza real da categoria foi reconhecida por recente julgado do Superior Tribunal de Justiça, que admitiu a possibilidade de sua partilha em sede de união estável constituída pelo regime da comunhão parcial de bens (STJ, REsp 1.494.302/DF, 4.ª Turma, Rel. Min. Luis Felipe Salomão, julgado em 13.06.2017, *DJe* 15.08.2017). Conforme a publicação do *decisum*, constante do *Informativo* n. *609* da Corte, a sua "natureza contratual foi afastada pela doutrina, por ser uma atividade vinculada, voltada a reconhecer ao ocupante, preenchidos os requisitos, o direito subjetivo à concessão para moradia. No caso analisado, a concessão feita pelo Estado voltou-se a atender a morada da família, havendo, inclusive, expedição de instrumento em favor do casal, para a regularização do uso e da posse do imóvel. Nesse ponto, fato é que a concessão permitiu à família o direito privativo ao uso do bem. Diante desse contexto, é plenamente possível a meação dos direitos sobre o imóvel em comento. Apesar de não haver a transferência de domínio, a concessão também se caracteriza como direito real, oponível *erga omnes*, notadamente com a inclusão do inciso XI ao art. 1.225 do Código Civil".

A natureza da categoria é de uma cessão de moradia próxima ao direito real de habitação. Porém, há algumas peculiaridades, acima descritas, relativas aos requisitos do imóvel público. Em reforço, como se verá, o instituto não é personalíssimo, ao contrário do que ocorre com a habitação.

Conforme o § 1.º do diploma, a concessão de uso especial para fins de moradia será conferida de forma gratuita ao homem ou à mulher, ou a ambos, independentemente do estado civil. A norma deve ser atualizada, a incluir casais homoafetivos. Tal direito não será reconhecido ao mesmo concessionário mais de uma vez (§ 2.º). Admite-se a soma de posses ou *accessio possessionis*, ou seja, o herdeiro legítimo continua, de pleno direito, na posse de seu antecessor, desde que já resida no imóvel por ocasião da abertura da sucessão (§ 3.º).

Mais uma vez, observa-se a repetição de regras semelhantes à usucapião constitucional ou especial urbana.

O art. 2.º da MP admite a *concessão de uso especial para fins de moradia coletiva*. A categoria vale para os imóveis que, até 22 de dezembro de 2016, estiverem ocupados por população de baixa renda para sua moradia, por cinco anos, ininterruptamente e sem oposição, cuja área total dividida pelo número de possuidores seja inferior a 250 m² por possuidor. A concessão só é viável se os possuidores não forem proprietários ou concessionários, a qualquer título, de outro imóvel urbano ou rural. Mais uma vez, evidenciam-se similaridades com a usucapião, agora com a modalidade urbana coletiva, tratada pelo art. 10 do Estatuto da Cidade.

Três foram as modificações decorrentes da Lei 13.465/2017. De início, mais uma vez, substituiu-se a data de 30 de junho de 2001 por 22 de dezembro de 2016, para ampliar a abrangência da categoria. Além disso, não há mais a menção à área total superior a 250 m², prevendo a norma que a área total dividida pelo número de possuidores deve ser inferior a 250 m², por possuidor. Por fim, a norma não enuncia mais a exigência de impossibilidade de identificação da área de cada possuidor. As duas últimas alterações mantêm a coerência com a modificação do tratamento da usucapião coletiva, prevista no art. 10 do Estatuto da Cidade.

Os três parágrafos da norma trazem regras complementares importantes. De início, admite-se a soma de posses ou *accessio possessionis*, pois o possuidor pode, para o fim de contar o prazo exigido por este artigo, acrescentar sua posse à de seu antecessor, contanto que ambas sejam contínuas. Ademais, nessa concessão de uso para moradia coletiva, será atribuída igual fração ideal de terreno a cada possuidor, independentemente da dimensão do terreno que cada um ocupe, salvo hipóteses de acordo escrito entre os ocupantes, estabelecendo frações ideais diferenciadas. Por fim, a fração ideal atribuída a cada possuidor não poderá ser superior a duzentos e cinquenta metros quadrados.

As concessões de moradia, individual e coletiva, serão garantidas igualmente aos ocupantes, regularmente inscritos, de imóveis públicos, com até duzentos e cinquenta metros quadrados, da União, dos Estados, do Distrito Federal e dos Municípios, que estejam situados em área urbana, na forma do regulamento (art. 3.º da MP). Porém, com razão, se a ocupação acarretar risco à vida ou à saúde dos ocupantes, o Poder Público garantirá ao possuidor o exercício do direito dessas concessões em outro local (art. 4.º da MP).

A solução de concessão da moradia em outro local também é facultada ao Poder Público na hipótese de ocupação de imóvel: *a)* de uso comum do povo; *b)* destinado a projeto de urbanização; *c)* de interesse da defesa nacional, da preservação ambiental e da proteção dos ecossistemas naturais; *d)* reservado à construção de represas e obras congêneres; ou *e)* situado em via de comunicação. Como se nota, todos os casos listados nesse art. 5.º da MP envolvem interesses coletivos, de ordem pública.

O título de concessão de uso especial para fins de moradia será obtido pela *via administrativa*, perante o órgão competente da Administração Pública ou, em caso de recusa ou omissão deste, *pela via judicial*. No âmbito administrativo, a Administração Pública terá o prazo máximo de doze meses para decidir o pedido formulado pelo requerente da concessão, contado da data de seu protocolo.

Na hipótese de bem imóvel da União ou dos Estados, o interessado deverá instruir o requerimento de concessão de uso especial para fins de moradia com certidão expedida pelo Poder Público municipal, que ateste a localização do imóvel em área urbana e a sua destinação para moradia do ocupante ou de sua família. Em caso de necessidade de ação judicial, a concessão de uso especial para fins de moradia será declarada pelo juiz, mediante sentença. O título conferido por via administrativa ou por sentença judicial servirá para efeito de registro no cartório de registro de imóveis. Tudo isso consta do art. 6.º da Medida Provisória.

Assim como ocorre com a concessão especial do direito real de uso, o direito de concessão de uso especial para fins de moradia é transferível por ato *inter vivos* ou *causa mortis* (art. 7.º da Medida Provisória 2.220/2001). No último caso, a transmissão pode se dar por testamento ou sucessão legítima. Frise-se, nesse contexto, que a concessão especial para fins de moradia não é *intuitu personae* ou personalíssima.

A extinção do direito à concessão de uso especial para fins de moradia está tratada pelo art. 8.º da MP, sendo as suas hipóteses:

"I – Se o concessionário der ao imóvel destinação diversa da moradia para si ou para sua família.

II – Se o concessionário adquirir a propriedade ou a concessão de uso de outro imóvel urbano ou rural, uma vez que a concessão deve ser única".

Em ambos os casos, a extinção será averbada no cartório de registro de imóveis, por meio de declaração do Poder Público concedente (art. 8.º, parágrafo único, da MP).

Ressalve-se, quanto à primeira hipótese de extinção, que é facultado ao Poder Público competente dar autorização de uso àquele que, até 22 de dezembro de 2016, possuir como seu, por cinco anos, ininterruptamente e sem oposição, até duzentos e cinquenta metros quadrados de imóvel público situado em área com características e finalidade urbanas, utilizando-o para *fins comerciais* (art. 9.º da MP, alterado pela Lei 13.465/2017, mais uma vez quanto à data).

Quebra-se, excepcionalmente, com a natureza do instituto, que tem por fim a tutela da moradia. Pelo próprio dispositivo, tal autorização será somente gratuita, admitindo-se que o possuidor acrescente sua posse à de seu antecessor, contanto que ambas sejam contínuas (*accessio possessionis*).

Encerrando o tópico, nos casos dos dois direitos reais introduzidos na codificação, deve ficar bem claro que os institutos constituem alternativas de regularização fundiária possível, eis que não se pode adquirir as citadas áreas públicas por usucapião (arts. 183, § 3.º, e 191, parágrafo único, da CF/1988). Espera-se, por questão de justiça e democrática distribuição das terras, que os institutos tenham a efetiva concreção prática no Brasil, fato que não ocorreu até o presente momento.

6.8 DO DIREITO REAL DE LAJE

Como exposto em outros trechos desta obra, a Lei 13.465/2017 introduziu um tratamento relativo à laje, além de sua previsão no rol dos direitos reais, previsto no art. 1.225 do Código Civil (inc. XIII). O objetivo da introdução do instituto, mais uma vez, é de regularização de *áreas favelizadas,* conhecidas popularmente como *comunidades*.

O tema já havia sido abordado por grandes juristas no âmbito do direito de superfície, com uso dessa expressão popular e de cunho social, que ganhou certo apego jurídico. Dentre eles, podem ser citados os Professores Ricardo Pereira Lira, Rodrigo Reis Mazzei e Marco Aurélio Bezerra de Melo. Em muitas localidades brasileiras, como ocorre no Rio de Janeiro, as lajes são "vendidas", ou seja, transferidas onerosamente e de forma definitiva para terceiros. Também é comum a sua transmissão gratuita entre pessoas da mesma família.

A norma trouxe grandes avanços diante da sua Medida Provisória *embrionária*, a MP 759/2016, que foi alvo de muitas críticas doutrinárias. Da nossa parte, tivemos cautela em não incluir neste livro comentários à citada MP, pois sabíamos que ela passaria por profundas alterações estruturais, o que acabou ocorrendo.

Confrontando-se o texto da MP e a nova lei, constata-se que a primeira introduzia apenas um dispositivo no Código Civil, o art. 1.510-A, com oito parágrafos. A Lei 13.465/2017, muito mais abrangente, inclui os arts. 1.510-A a 1.510-E na codificação material, tendo o primeiro preceito a mesma quantidade de parágrafos. A principal crítica que se fazia à norma era o fato de conceituar o direito real de laje como "a possibilidade de coexistência de unidades imobiliárias autônomas de titularidades". Como pontuam Pablo Stolze Gagliano e Salomão Viana:

> "Houve, aqui, manifesto aprimoramento, em relação ao texto da Medida Provisória n.º 759, de 22 de dezembro de 2016. Efetivamente, do texto anterior, que não era preciso, extraía-se a definição do direito de laje como uma 'possibilidade de coexistência'. Com efeito, não se afigura adequado conceituar um direito real como uma 'possibilidade'" (GAGLIANO, Pablo Stolze; VIANA, Salomão. Direito..., acesso em: 28 set. 2017).

Nesse contexto, são muito conhecidas as críticas anteriores formuladas por Otávio Luiz Rodrigues Júnior, que participou do processo de elaboração da nova norma. Segundo o jurista, "especificamente quanto ao Código Civil, o artigo 25 da MP 759, de 2016, alterou a redação do artigo 1.225 do código, ao incluir o inciso XIII, que institui a 'laje' como novo direito real. A laje é definida no novo artigo 1.510-A, de um modo extremamente atécnico. A laje é um direito real que 'consiste na possibilidade de coexistência de unidades imobiliárias autônomas de titularidades distintas situadas em uma mesma área, de maneira a permitir que o proprietário ceda a superfície de sua construção a fim de que terceiro edifique unidade distinta daquela originalmente construída sobre o solo'. Um direito que é uma possibilidade! Trata-se de uma nova categoria, a qual se recomenda ao estudo nos cursos de Filosofia" (RODRIGUES JR., Otávio Luiz. Um ano..., acesso em: 28 set. 2017). Estou filiado às palavras transcritas, tendo a lei anterior um conteúdo muito melhor do que a sua MP originária.

Pois bem, o *caput* do art. 1.510-A do Código Civil estabelece que "o proprietário de uma construção-base poderá ceder a superfície superior ou inferior de sua construção a fim de que o titular da laje mantenha unidade distinta daquela originalmente construída sobre o solo". Resolveu-se o citado problema da *atecnia*, mas foi criado um outro, esse sim de natureza técnica profunda. A grande dúvida quanto ao novo tratamento legal diz respeito ao fato de ser a laje um direito real sobre coisa própria ou sobre coisa alheia (direito real de gozo ou fruição). A forma de tratamento dada pelo Código Civil não ajuda a resolver tal dilema, uma vez que a laje foi inserida após o tratamento dos direitos reais de garantia sobre coisa alheia, fechando o livro do Direito das Coisas.

Realizando pesquisa em textos publicados na *internet, obras jurídicas* e consultando diretamente alguns colegas juristas, a questão, de fato, é tormentosa e divide a doutrina contemporânea. Assim, são adeptos da existência de um direito real sobre coisa própria: Marco Aurélio Bezerra de Melo, Nelson Rosenvald, Fernando Sartori, Fábio Azevedo, Carlos Eduardo Elias de Oliveira, Leonardo Brandelli, Vitor Kümpel e Bruno de Ávila Borgarelli. Por outra via, entendendo existir um direito real sobre coisa alheia: José Fernando Simão, Pablo Stolze Gagliano, Rodolfo Pamplona Filho, Salomão Viana, Cristiano Chaves de Farias, Rodrigo Mazzei, Frederico Viegas de Lima, Maurício Bunazar, Cesar Calo Peghini, Eduardo Busatta, Alexandre Barbosa, Luciano Figueiredo, João Ricardo Brandão Aguirre, Pablo Malheiros da Cunha Frota e Rodrigo Toscano de Brito. Vejamos os argumentos de uma e outra corrente.

Entre os que entendem tratar-se de direito real sobre coisa própria, Carlos Eduardo Elias de Oliveira argumenta da seguinte forma:

"A natureza jurídica é esclarecida pela leitura dos arts. 1.510-A e seguintes do Código Civil e do novo § 9.º que foi acrescido ao art. 176 da Lei de Registros Públicos (conforme art. 56 da nova Lei). Na forma como foi redigido o Código Civil nesse ponto, o Direito Real de Laje é uma espécie de Direito Real de Propriedade sobre um espaço tridimensional que se expande a partir da laje de uma construção-base em direção ascendente ou a partir do solo dessa construção em direção subterrânea. Esse espaço tridimensional formará um poliedro, geralmente um paralelepípedo ou um cubo. A figura geométrica dependerá da formatação da sua base de partida e também dos limites impostos no ato de instituição desse direito real e das regras urbanísticas. Teoricamente, esse espaço poderá corresponder a um poliedro em forma de pirâmide ou de cone, se isso for imposto no ato de instituição ou em regras urbanísticas. Esse espaço pode ser suspenso no ar quando o direito real for instituído sobre a laje do prédio existente no terreno ou pode ser subterrâneo quando o direito real for instituído no subsolo. Enfim, o Direito de Laje é um Direito Real de Propriedade e faculta ao seu titular todos os poderes inerentes à propriedade (usar, gozar e dispor), conforme art. 1.510-A, § 3.º, do Código Civil" (OLIVEIRA, Carlos Eduardo Elias de. Direito..., acesso em: 28 set. 2017).

Como se nota da leitura do trecho transcrito, o assessor jurídico do Senado Federal, que também participou do processo de elaboração da nova lei, traz uma simbologia geométrica interessante para demonstrar a ideia de laje como direito real sobre coisa própria.

Como argumento suplementar, pontua o mesmo autor que se trata de um direito real sobre coisa própria pelo fato de existir a abertura de uma matrícula própria, após a sua transmissão, nos termos do art. 1.510-A, § 3.º, do CC/2002 e do novo art. 176, § 9.º, da Lei de Registros Públicos, igualmente incluído pela Lei 13.465/2017. Conforme o último dispositivo, "a instituição do direito real de laje ocorrerá por meio da abertura de uma matrícula própria no registro de imóveis e por meio da averbação desse fato na matrícula da construção-base e nas matrículas de lajes anteriores, com remissão recíproca". Segundo ele, "se o Direito Real de Laje fosse um direito real sobre coisa alheia, ele – por esse princípio registral – não poderia gerar uma matrícula própria" (OLIVEIRA, Carlos Eduardo Elias de. Direito..., acesso em: 28 set. 2017). Também é citado o fato de a laje não ter sido incluída no rol dos direitos e bens que podem ser hipotecados, constante do art. 1.473 do Código Civil, assim como ocorreu com a propriedade superficiária. Se direito real sobre coisa alheia fosse, ali estaria prevista.

No mesmo sentido, Vitor Frederico Kümpel e Bruno de Ávila Borgarelli seguem o entendimento de que se trata de um direito real sobre coisa própria. Segundo as suas lições, que aqui merecem destaque:

"Na realidade, prefere-se ver o direito de laje como direito real sobre coisa própria.

Recorde-se que o direito real sobre coisa própria é aquele em que há uma unidade de poder, toda ela circunscrita a um único titular, que é exatamente o caso da laje. Não há uma divisão de poder, como ocorre nos direitos reais sobre coisa alheia de fruição, garantia ou aquisição. Não há dois titulares; o titular do imóvel-base não guarda vínculo jurídico real com o titular da laje superior ou inferior. O que há entre eles são direitos e deveres, na medida em que existem áreas comuns, tal qual ocorre nos direitos de vizinhança (o que será visto na próxima coluna).

A relação jurídica estabelecida entre o titular da propriedade da construção-base e os titulares das lajes é grandemente informada pelo negócio jurídico constitutivo do direito em discussão. Derivam-se efeitos no plano obrigacional, ordinariamente. Não se está a negar que o negócio jurídico molde uma parte da relação jurídica real. Essa questão se relaciona à ampliação dos poderes negociais em termos de modulação das situações reais, fenômeno usualmente reconduzido ao contemporâneo enfraquecimento do princípio da tipicidade dos direitos reais (ou ao que quer que se entenda por essa chamativa rubrica).

Mas o eventual espaço para essa autorregulamentação não é capaz de influenciar decisivamente a qualificação do direito real (isto é, sua colocação junto a uma daquelas duas principais categorias dos direitos reais). Tanto menos no caso do direito real de laje. Uma vez edificada a construção sobreposta (ou subterrânea), aberta a matrícula e registrado o imóvel em nome do pretendente, consolida-se a situação jurídica marcada pelo exercício exclusivo de poderes sobre a unidade.

As regras do condomínio edilício, recorde-se, incidem excepcionalmente sobre a edificação em lajes; não levam a qualquer conclusão sobre o exercício de poderes jurídico-reais nesta última situação. Servem tão somente para regulamentar (de modo muito provavelmente falho, como se verá na próxima coluna) as múltiplas situações problemáticas que surgirão do arranjo. Aliás, mesmo no condomínio edilício há titularidade exclusiva sobre as unidades. Ver na laje um direito real sobre coisa alheia é inseri-la em uma categoria para a qual certamente não foi criada.

Em síntese: é o direito real de laje um direito real sobre coisa própria, limitado externamente por uma série de deveres que incidem em outras tantas situações jurídico-reais, e que em nenhuma destas situações têm o poder de neutralizar o caráter de verdadeiro proprietário atribuído ao titular" (KÜMPEL, Vitor; BORGARELLI, Bruno de Ávila. Algumas..., acesso em: 28 set. 2017).

Em sentido contrário, muitos juristas sustentam que há uma grande proximidade do direito real de laje com a superfície, o que justifica o seu reconhecimento como direito real sobre coisa alheia, como direito real de gozo ou fruição, argumento que, *a priori*, me convence. Ademais, parece-me, como bem pontuado por José Fernando Simão em debates sobre o tema, que o proprietário da construção-base, ora denominado como cedente ou *lajeiro*, mantém o direito de reaver a estrutura da coisa, da construção-base, o que acaba por englobar também a laje. O cessionário, ou *lajeário*, tendo um direito real sobre coisa alheia, um direito real de gozo ou fruição, não tem o direito de reivindicá-la contra terceiro, mas apenas de ingresso de demandas possessórias. Penso que a abertura de uma matrícula própria, aspecto formal e acessório, não tem a força de mudar a natureza jurídica da categoria, para direito real sobre coisa própria. Nessa mesma linha posicionam-se Pablo Stolze Gagliano e Rodolfo Pamplona Filho, para quem:

"Diferentemente de outros direitos reais na coisa alheia, o direito de laje tem, em seu conteúdo, um singular *animus*, equiparável ao de domínio, embora não se caracterize pela sua estrutura peculiar, como direito real na coisa própria (propriedade), na medida em que, derivando de mera cessão de uso, gratuita ou onerosa, da superfície do imóvel que lhe é inferior, resulta na coexistência de unidades autônomas em uma mesma área. Em síntese, o sujeito a quem a laje se vincula não deve ser considerado 'proprietário' da unidade construída, mas sim titular do direito real de laje sobre ela, o que lhe concederá faculdades amplas, similares àquelas derivadas do domínio" (GAGLIANO, Pablo Stolze; PAMPLONA FILHO, Rodolfo. *Manual...*, 2017, p. 1.116).

As lições transcritas foram citadas em recente julgado do Superior Tribunal de Justiça, publicado em setembro de 2017, que já aborda o novo tratamento legislativo e conclui pela presença de um direito real sobre coisa alheia (*Informativo* n. *610* da Corte). Trata-se de demanda que investiga a presença de vícios redibitórios em área de suposta laje, concluindo--se, ao final, o seguinte:

> "Apesar de realmente ter-se reconhecido um vício oculto inicial, a coisa acabou por não ficar nem imprópria para o consumo, nem teve o seu valor diminuído, justamente em razão do saneamento posterior, que permitiu a construção do gabarito nos termos em que contratado. Ademais, não houve a venda de área em extensão inferior à prometida, já que o direito de uso de dois pavimentos – inferior e cobertura –, acabou sendo efetivamente cumprido, perdendo fundamento o pedido estimatório inicial, notadamente por não ter a coisa perdido seu valor, já que recebida em sua totalidade" (STJ, REsp 1.478.254/RJ, 4.ª Turma, Rel. Min. Luis Felipe Salomão, j. 08.08.2017, *DJe* 04.09.2017).

Segundo o Relator, Ministro Salomão, ao analisar as inclusões feitas pela Lei 13.465/2017, "o foco da norma foi o de regulamentar realidade social muito comum nas cidades brasileiras, conferindo, de alguma forma, dignidade à situação de inúmeras famílias carentes que vivem alijadas de uma proteção específica, dando maior concretude ao direito constitucional à moradia (CF, art. 6.º). Criou-se, assim, um direito real sobre coisa alheia (CC, art. 1.510-A), na qual se reconheceu a proteção sobre aquela extensão – superfície sobreposta ou pavimento inferior – da construção original, conferindo destinação socioeconômica à referida construção" (REsp 1.478.254/RJ).

Advirta-se que, ao final, a decisão afasta a caracterização da situação como direito real de laje, nos termos do tratamento que foi dado pela novel legislação. Conforme o voto do Ministro Relator: "no entanto, a presente hipótese, apesar de também ser conhecida como 'laje', não se tipifica ao novel instituto, já que se está, em verdade, diante de uma projeção de parte ideal do mesmo apartamento – o terraço cobertura (espécie de acessão/benfeitoria) – de titularidade única, com o mesmo número de matrícula, sem desdobramento da propriedade, não se tratando de unidade autônoma nem funcionalmente independente". O que merece ser destacado, nesse primeiro pronunciamento do STJ sobre o tema, é o reconhecimento da laje como direito real como coisa alheia, o que justifica o seu estudo no presente capítulo.

Além do problema relativo à natureza jurídica da laje, deve ser citada a crítica de Marco Aurélio Bezerra de Melo no sentido de ser o tratamento legal do instituto exageradamente formalista, o que "pode não atingir com a eficiência esperada os fins da demanda por regularização fundiária das habitações construídas sobre imóveis alheios nos assentos humanos informais". Para o Desembargador do Tribunal Fluminense, a premissa adotada pela lei é de reconhecimento da propriedade formal da construção base, "o que não ocorre na realidade das favelas". Ainda segundo ele:

> "A venda de lajes traz consigo um problema sério no tocante à segurança das comunidades, sobretudo de riscos de desabamento e outros acidentes, mas não há como negar que diante do crescente déficit de moradias diante da explosão demográfica mundial, aumento da expectativa de vida e, algumas vezes, a própria falta de comprometimento pública e da sociedade com essa questão, a verticalização das favelas foi a solução encontrada e, para tanto, aquele que é o dono do solo acaba por alienar definitivamente o direito de construir sobre a sua edificação" (MELO, Marco Aurélio Bezerra de. *Direito civil...*, 2018, p. 375).

Nesse contexto social, a sugestão formulada pelo jurista é de inserção de dispositivos no Código Civil tratando da *posse da laje*, a ser reconhecida também como um direito real autônomo. A proposição é interessante, devendo ser debatida pelos juristas, notadamente se o instituto, tal como tratado na atual legislação, não atender à sua desejada funcionalidade.

Seguindo no estudo pontual do novo tratamento constante do Código Civil, o § 1.º do art. 1.510-A prescreve que o direito real de laje contempla o espaço aéreo ou o subsolo de terrenos públicos ou privados, tomados em projeção vertical, como unidade imobiliária autônoma. Porém, a laje não contempla as demais áreas edificadas ou não pertencentes ao proprietário da construção-base. Há, assim, grande proximidade com a superfície prevista no Estatuto da Cidade, uma vez que o art. 21, § 1.º, da Lei 10.257/2001 determina que "o direito de superfície abrange o direito de utilizar o solo, o subsolo ou o espaço aéreo relativo ao terreno, na forma estabelecida no contrato respectivo, atendida a legislação urbanística".

Também como ocorre com a superfície, o titular do direito real de laje – cessionário ou *lajeário* – responderá pelos encargos e tributos que incidirem sobre a sua unidade (art. 1.510-A, § 2.º, do CC/2002). Mais uma vez, entendo que a norma é de ordem privada, podendo haver disposição em sentido contrário, por acordo entre as partes, dividindo as despesas de forma proporcional, por exemplo.

Como visto, a cessão da laje autoriza a abertura de matrícula própria (art. 1.510-A, § 3.º, do CC). Os titulares ou cessionários da laje poderão dela usar, gozar e dispor. A norma não menciona o direito de reaver ou reivindicar por parte do *lajeário*, pois esse atributo permanece com o cedente ou proprietário da construção-base (*lajeiro*). Aqui há, claramente, um fundamento legal importante para a posição de que se trata de um direito real sobre coisa alheia e não sobre coisa própria.

Também a conduzir a tal dedução, está expresso na lei que a instituição do direito real de laje não implica a atribuição de fração ideal de terreno ao titular da laje ou a participação proporcional em áreas já edificadas (art. 1.510-A, § 4.º, do CC). Não há, portanto, a existência de um condomínio entre as partes envolvidas, ou seja, internamente. Entretanto, as partes do direito real de laje, especialmente o cessionário, devem respeitar, externamente, as regras condominiais impostas ao imóvel, caso este se localize em edifício sob esse regime.

Nesse sentido, o novo art. 1.510-C do Código Civil é claro, ao dispor que, "sem prejuízo, no que couber, das normas aplicáveis aos condomínios edilícios, para fins do direito real de laje, as despesas necessárias à conservação e fruição das partes que sirvam a todo o edifício e ao pagamento de serviços de interesse comum serão partilhadas entre o proprietário da construção-base e o titular da laje, na proporção que venha a ser estipulada em contrato". Eis outra norma de ordem privada, que admite previsão em sentido contrário, entre as partes envolvidas com a laje. Quando a lei menciona o termo "contrato", entende-se negócio jurídico, pois não há um contrato no sentido categórico do tema, mas um direito real.

O mesmo dispositivo elenca quais são as partes estruturais que servem todo o edifício, o que guarda similaridade com as partes comuns do condomínio edilício. Nos termos do § 1.º do art. 1.510-C da codificação privada, são elas: *a)* os alicerces, colunas, pilares, paredes-mestras e todas as partes restantes que constituam a estrutura do prédio; *b)* o telhado ou os terraços de cobertura, ainda que destinados ao uso exclusivo do titular da laje; *c)* as instalações gerais de água, esgoto, eletricidade, aquecimento, ar-condicionado, gás, comunicações e semelhantes que sirvam a todo o edifício; e, *d)* em geral, as coisas que sejam afetadas ao uso de todo o edifício, caso de escadas externas que dão acesso aos vários andares do prédio, inclusive às lajes.

Em qualquer caso, a lei assegura aos interessados o direito de promover reparações urgentes na construção na forma do parágrafo único do art. 249 da própria Norma Geral Privada (art. 1.510-C, § 2.º, do CC/2002). A norma mencionada no preceito diz respeito à *autotutela civil* das obrigações de fazer fungível, cabível nos casos de urgência, independentemente de autorização judicial.

De acordo com o seu conteúdo, presente a necessidade de um reparo na laje, um dos interessados pode fazê-lo diretamente, cobrando em momento posterior o montante correspondente à outra parte. Em regra, reconhece-se a divisão igualitária das despesas, diante da máxima *concursu partes fiunt*. Porém, cedente e cessionário podem dispor internamente em sentido contrário. Não se pode esquecer que o exercício de tal direito de reparo não pode configurar abuso, servindo como parâmetro o art. 187 da própria codificação privada.

Voltando ao art. 1.510-A, prevê o seu § 5.º que os Municípios e o Distrito Federal poderão dispor sobre posturas edilícias e urbanísticas associadas ao direito real de laje. Valem as regras relativas ao plano diretor de cada cidade, visando a sua função social, nos termos do que consta do art. 2.º da Lei 10.257/2001 e do art. 182 da Constituição Federal de 1988. A título de exemplo, as normas municipais podem limitar o número de lajes, a altura das construções ou mesmo proibi-las em algumas localidades, por oferecerem riscos à população, como em áreas íngremes.

Acrescente-se que o Decreto 9.310/2018, que regulamenta a Lei 13.465/2018, exige, para fins de regularização fundiária urbana (REURB), que o direito real de laje tenha a comprovação de que a unidade imobiliária é estável, ou seja, sem o risco de ruína (art. 63). Nos termos da mesma norma, essa estabilidade da unidade imobiliária depende das condições da edificação para o uso a que se propõe, dentro da realidade em que se situa o imóvel.

Em havendo direito de laje dentro da política de regularização fundiária urbana de interesse social (REURB-S), caberá ao Poder Público Municipal ou Distrital a comprovação dessa estabilidade. Por fim, consta da norma que, para aprovação e registro do direito real de laje em unidades imobiliárias que compõem a REURB, fica dispensada a apresentação do *habite-se* e, na RURB-S, das certidões negativas de tributos e de contribuições previdenciárias.

Além disso, o titular da laje poderá ceder a superfície de sua construção para a instituição de um sucessivo direito real de laje. Tal cessão somente é possível desde que haja autorização expressa dos titulares da construção-base e das demais lajes, respeitadas, mais uma vez, as posturas edilícias e urbanísticas vigentes (art. 1.510-A, § 6.º, do Código Civil). Pontue-se que a MP 759/2016 vedava a possibilidade de lajes sucessivas ou *sobrelevação*, o que contrariava a posição doutrinária então existente, liderada por Ricardo Pereira Lira e Rodrigo Mazzei, no tratamento da superfície.

A solução agora é outra, tendo o meu apoio, desde que as novas construções não tragam riscos, não só para os envolvidos com o direito real, mas também a terceiros e para a sociedade como um todo. Como bem leciona Carlos Eduardo Elias de Souza sobre o último comando:

> "Daí decorre que, por meio das lajes sucessivas, poder-se-á ter várias unidades autônomas sobrepostas em linha ascendente (espaço aéreo) ou descendente (subsolo). A laje de primeiro grau é a que, em primeiro lugar, repousa sobre ou sob a construção-base. A de segundo grau é a que segue após a laje de primeiro grau. E assim sucessivamente. De qualquer forma, como a laje sucessiva pressupõe uma laje anterior (a de segundo grau presume, por exemplo, a laje de primeiro grau), é pressuposto inafastável que haja uma construção já realizada no caso de direitos reais de lajes no espaço aéreo. Em outras palavras, somente se poderá registrar um direito real de laje de segundo grau se, na matrícula da laje anterior, já tiver sido averbada alguma construção. Não se pode estabelecer direitos reais de lajes sucessivos no espaço aéreo sem a existência material e concreta de uma construção. A propósito, uma prova de que a existência concreta de construção é requisito

para o direito real de laje no espaço aéreo é a previsão expressa de extinção da laje no caso de ruína do prédio sem posterior reedificação (art. 1.510-E, CC). É diferente do que sucede com as lajes subterrâneas, pois, como o subsolo possui existência concreta, não há necessidade de se exigir uma prévia averbação de uma construção na laje anterior. Veja que a ruína da construção não extingue os direitos de lajes subterrâneas exatamente em razão da intangibilidade desse espaço (art. 1.510-E, I, CC)" (OLIVEIRA, Carlos Eduardo Elias de. *Direito...*, acesso em: 28 set. 2017).

Na linha das palavras transcritas, podem coexistir, perfeitamente e em um mesmo edifício, lajes de *primeiro* e de *segundo grau*, sejam de forma *ascendente* – para o espaço aéreo – ou *descendente* – para o subsolo.

Porém, em todos os casos, é expressamente vedado ao titular da laje prejudicar com obras novas ou com falta de reparação a segurança, a linha arquitetônica ou o arranjo estético do edifício, observadas as posturas previstas em legislação local, o que mais uma vez é repetição de norma prevista para o condomínio edilício (art. 1.510-C do Código Civil). O desrespeito a essa regra possibilita o ingresso de uma ação de obrigação de fazer ou de não fazer por parte daqueles que se sentirem prejudicados, caso do cedente ou dos proprietários de lajes anteriores. Vale lembrar que, nos termos do art. 497, parágrafo único, do CPC/2015, presente eventual ilícito, a concessão de medidas de tutela específica em tais ações independe da prova de culpa, dolo ou dano.

Seguindo, como inovação salutar, a lei estabelece um *direito de preferência bilateral*, do cedente e do cessionário, em casos de alienação de qualquer uma das unidades sobrepostas (art. 1.510-D do Código Civil). Essa preferência é em igualdade de condições de terceiros, havendo uma ordem legal, no sentido de primeiro se atribuir a preferência aos titulares da construção-base (*lajeiros*) e depois aos titulares da laje (*lajeários*). O beneficiário da preferência deverá ser cientificado por escrito para que se manifeste no prazo decadencial de trinta dias, salvo se o negócio jurídico instituidor da laje dispuser de forma contrária.

Entendo que o prazo previsto em lei é lapso temporal *mínimo*, podendo apenas ser aumentado, e não diminuído. Vale lembrar que os prazos de decadência podem ser alterados por convenção das partes (decadência convencional), o que não ocorre na prescrição. Quanto à cientificação ou notificação da outra parte, a sua forma é livre, desde que escrita, podendo ser feita judicialmente, por Cartório de Títulos e Documentos, por carta com aviso de recebimento ou mesmo de modo eletrônico, desde que possa ser posteriormente comprovado.

Conforme o § 1.º do art. 1.510-D do Código Civil, o titular da construção-base ou da laje a quem não se der conhecimento da alienação poderá, mediante depósito do respectivo preço, haver para si a parte alienada a terceiros, se o requerer no prazo decadencial de cento e oitenta dias, contado da data de alienação. Ao contrário do que ocorreu com a superfície, na linha do que foi antes demonstrado, o legislador foi feliz ao estabelecer a consequência caso uma das partes seja preterida no seu direito de preferência, bem como ao estabelecer o início do prazo decadencial para o ingresso da ação adjudicatória. Sem qualquer dúvida no tocante à laje, seguiu-se a mesma solução existente na venda de coisa comum ou em condomínio, tratada pelo art. 504 do próprio Código Civil.

Entretanto, se houver mais de uma laje, terão preferência, sucessivamente, os titulares das lajes ascendentes e depois os titulares das lajes descendentes, assegurada a prioridade para a laje mais próxima à unidade sobreposta a ser alienada (art. 1.510-D, § 2.º, do CC/2002). De forma didática, sendo vários os preferentes, pode-se dizer que a preferência *sobe*, para depois *descer*, e que a laje mais próxima exclui a mais remota.

Como se pode notar, a norma é completa a respeito das consequências do desrespeito ao direito de preferência existente na laje, ao contrário do art. 1.373 do CC que, quanto à superfície, não trouxe essas decorrências de forma suficiente e com precisos detalhes. Reitere-se que é possível ventilar, com a sua emergência, a aplicação analógica das regras previstas nesse art. 1.510-D para a superfície, diante da notória e conhecida proximidade entre os institutos.

A última regra inserida no Código Civil é o seu art. 1.510-E, que trata da extinção do direito real de laje pela ruína da construção-base. A norma traz duas exceções para essa extinção. A primeira delas diz respeito à laje instituída sobre o subsolo, o que, por motivos físicos, não gera a sua extinção.

Nos termos originais do que estava na lei, a segunda hipótese de exceção seria "se a construção-base *não* for reconstruída no prazo de cinco anos". Como muitos perceberam, a expressão negativa destacada foi mal-empregada. Na verdade, a norma queria dizer que, se a construção-base fosse *reconstruída* no prazo decadencial de cinco anos, não haveria a extinção do direito real em questão. O Decreto 9.310/2018, que regulamenta a Lei 13.465/2017, corrigia esse erro no seu art. 62. Fez o mesmo a Lei 14.382/2022 (Lei do SERP), que retirou a expressão negativa, dando sentido correto ao art. 1.510-E do Código Civil.

De todo modo, a última norma não afasta o direito a eventual reparação civil contra o culpado pela ruína (art. 1.510-E, parágrafo único, do CC/2002). Vale lembrar que, nos termos do art. 937 do Código Civil, o dono do prédio ou construção responde objetivamente por sua ruína. Além dessa responsabilidade sem culpa, é possível responsabilizar subjetivamente, mediante dolo ou culpa, aquele que foi o real responsável pelo evento danoso, na relação entre cedente e cessionário.

Vistas as regras previstas no Código Civil, vale comentar dois dispositivos que foram incluídos no Código de Processo Civil pelo art. 57 da Lei 13.465/2017. Trata-se de dois incisos que foram acrescentados ao art. 799 do CPC/2015, que regulamenta incumbências de intimação pelo exequente na ação de execução. Nos termos do seu novo inciso X, cabe a ele requerer a intimação do titular da construção-base, bem como, se for o caso, do titular de lajes anteriores, quando a penhora recair sobre o direito real de laje. E como não poderia ser diferente, conforme o seu inciso XI, deve ele também requerer a intimação do titular das lajes, quando a penhora recair sobre a construção-base. Por coerência, segue-se o mesmo modelo previsto para a superfície, tratado nos incs. V e X do mesmo art. 799 do Estatuto Processual.

Apesar da clareza dos comandos, Pablo Stolze Gagliano e Salomão Viana, em estudo interdisciplinar, demonstram um problema processual nas regras que foram inseridas, que merecem especial atenção. Vejamos suas palavras:

> "Sucede que o art. 799 do CPC integra, em verdade, um conjunto de dispositivos do qual se extrai um significativo complexo de normas voltadas para a proteção dos interesses de terceiros. Esse conjunto é integrado também pelos arts. 804 e 889 do próprio CPC e os elencos de terceiros constantes em tais dispositivos, malgrado amplo, não é exaustivo. Por meio do complexo normativo extraível dos mencionados dispositivos estabelece-se um quadro de cuidados a serem adotados quando a penhora recai sobre bens que, de algum modo, sofrem reflexos de uma eventual relação jurídica mantida entre um terceiro e o executado. Assim, por exemplo, se a penhora recair sobre um bem gravado por hipoteca, o credor hipotecário deve ser intimado da penhora (CPC, art. 799, I) e cientificado, com pelo menos cinco dias úteis de antecedência, a respeito da data marcada para início do leilão (CPC, art. 889, V), caso contrário o ato de alienação será ineficaz em relação a ele (CPC, art. 804, *caput*). Situação similar ocorre com todos os terceiros mencionados nos

três dispositivos, o que conduz o intérprete à clara – e correta – conclusão de que o mesmo elenco de terceiros que devem ser intimados da ocorrência da penhora (CPC, art. 799), também deve ser cientificado a respeito da data designada para início do leilão (CPC, art. 889) e goza da proteção da norma segundo a qual, havendo alienação do bem sem que os mencionados atos de comunicação tenham sido praticados, a alienação será, quanto ao terceiro, ineficaz. É por isso que falhou o legislador: os acréscimos feitos no texto do art. 799 deveriam também ser realizados nos enunciados dos arts. 804 e 889. Não o foram, porém, o que é lamentável. À vista do equívoco cometido, deve o intérprete, portanto, ficar atento e, sempre que se deparar com situações fáticas decorrentes da existência de relação jurídica de direito material entre o executado e terceiro, com algum tipo de reflexo, mesmo indireto, sobre o bem penhorado, lembrar-se de que os elencos mencionados nos arts. 799, 804 e 889, além de não serem exaustivos, comunicam-se entre si" (GAGLIANO, Pablo Stolze; VIANA, Salomão. Direito..., acesso em: 28 set. 2017).

Essa também é a minha opinião doutrinária, devendo as mesmas regras ser incluídas nos dispositivos citados, sob pena de as inovações perderem sentido. Adotando tal entendimento, na *II Jornada de Direito Processual Civil*, promovida pelo Conselho da Justiça Federal em setembro de 2018, aprovou-se o Enunciado n. 150, com o meu total apoio: "aplicam-se ao direito de laje os arts. 791, 804 e 889, III, do CPC".

Outra questão que merece relevo, pelas suas repercussões práticas, está no texto do Enunciado n. 669, da *IX Jornada de Direito Civil*, realizada em maio de 2022. Nos seus corretos termos, "é possível o registro do direito real de laje sobre construção edificada antes da vigência da lei, desde que respeitados os demais requisitos previstos tanto para a forma quanto para o conteúdo material da transmissão". Conforme as suas corretas justificativas, "não há qualquer restrição a que o titular da construção-base, objetivando regularizar situação previamente existente (laje edificada), venha a estabelecer novo registro, constituindo a laje, mesmo sem que com isso tenha de transmiti-la a terceiro. Ocorre que este fato, poderá implicar em redução do valor global do IPTU, conforme determina o art. 156, § 1.º, I, o que não peca por qualquer inviabilidade legal. A constituição de uma nova laje, mesmo que em nome do titular da construção-base não é fato presumidamente contrário ao direito, ou que se faça apenas para reduzir o tributo. Contudo, se provada a ausência de causa para a constituição, ou melhor, se demonstrada que a causa única da criação da laje é a redução da alíquota (para os casos em que isto se der) do imposto predial urbano, é compreensível possa o ente prejudicado afastar a dicotomia objetiva e reconhecer a aplicação de norma de incidência majorada".

Ainda cabe expor sobre uma polêmica que já é debatida, qual seja a possibilidade de usucapião do direito real de laje. Como exposto em tópico anterior, a polêmica atingiu igualmente a superfície, no passado. Mais uma vez, estou filiado à corrente que não vê qualquer óbice para a usucapião, assim como ocorre com os demais direitos reais sobre coisa alheia, caso da servidão. Nessa linha, a propósito, o Enunciado n. 627, aprovado na *VIII Jornada de Direito Civil*, realizada pelo Conselho da Justiça Federal em abril de 2018: "o direito real de laje em terreno privado é passível de usucapião".

Todavia, por falta de previsão legal expressa, penso que é possível a usucapião da laje em uma das modalidades de usucapião expostas neste livro, inclusive pela via extrajudicial, nos termos do que consta do art. 216-A da Lei de Registros Públicos, incluído pelo CPC/2015 e recentemente alterado pela mesma Lei 13.465/2017.

Para encerrar o tópico, o Projeto de Reforma do Código Civil pretende resolver algumas pendências e problemas relativos ao direito de laje, inclusive quanto à possibilidade de sua usucapião. Assim, inicialmente o seu art. 1.510-A receberá dois novos parágrafos, com as seguintes dicções: "§ 7º O direito real de laje poderá ser objeto de garantia real, independentemente da construção-base. § 8º O direito real de laje pode ser adquirido por usucapião".

Além disso, seguindo-se sugestão do Desembargador do Tribunal de Justiça do Rio de Janeiro Marco Aurélio Bezerra de Melo, pretende-se inserir no sistema a *posse da laje como direito autônomo*. Consoante as justificativas da Subcomissão de Direito das Coisas, "o direito real de laje na forma como veio positivado pela Lei 13.465/17 não tem o condão de atingir com a eficiência esperada os fins da demanda por regularização fundiária das habitações construídas sobre imóveis alheios nos assentamentos humanos informais. Essa frustração pode se verificar porque o denominado direito de laje surge de modo informal, em tais comunidades, a partir de ocupações irregulares que não possuem assento registral imobiliário, afastando-se da premissa trazida pelo artigo 1.510-A, do Código Civil. O citado dispositivo legal prevê que o direito real de laje se assentará a partir da existência de propriedade formal da construção-base, fato que, repise-se, não ocorre na realidade de tais comunidades".

Sendo assim, após alterações efetivadas pela Relatoria-Geral, sugere-se um novo art. 1.510-F na codificação privada, com seis parágrafos. Nos seus termos, admite-se, além do direito real à laje, a autonomia da sua posse. Essa posse como direito autônomo poderá ser cedida a título gratuito ou oneroso e transferível por ato entre vivos ou *causa mortis*. Os sucessores legítimos e testamentários não ficarão impedidos de exercer essa posse ainda que sejam proprietários de outro imóvel urbano ou rural. O possuidor da laje poderá, para o fim de contar o prazo exigido para a sua usucapião, acrescentar sua posse à de seu antecessor, contanto que ambas sejam contínuas, sendo reconhecida a *accessio possessionis*, para esses fins. A norma também estabelece que os direitos decorrentes dessa posse autônoma da laje poderão ser objeto de garantia real imobiliária, uma vez reconhecida a usucapião da laje.

Porém, dependerá essa posse autônoma da laje da comprovação de que a unidade imobiliária atende a critérios de habitabilidade, entendendo-se como tal as condições da edificação ao uso a que se propõe dentro da realidade em que se situa o imóvel, não sendo necessária a expedição de *habite-se*. Por fim, a unidade imobiliária sobre a qual recai a posse da laje deverá ter saída própria, direta ou indiretamente, para via pública e possuir designação numérica ou alfabética para fins de identificação. Ambas as propostas visam a tornar o instituto efetivo e possível no campo fático.

Mais uma vez segundo as justificativas da Subcomissão de Direito das Coisas, "lamentavelmente, com a entrada em vigor do decreto federal regulamentador nº 9.310/18 (arts. 58 a 63) não houve qualquer avanço com relação ao reconhecimento formal da juridicidade da posse de lajes. Nesse ângulo de visada, a proposta possibilita o reconhecimento de usucapião especial pró-moradia, tendo objeto o espaço aéreo possuído por aquele que gratuita ou onerosamente adquiriu a posse da laje para nela edificar a sua moradia". Espera-se, assim, a aprovação da proposta pelo Parlamento Brasileiro, com vistas a efetivar a função social da propriedade e da posse, buscadas pela introdução do direito real de laje no sistema jurídico nacional.

6.9 DA ENFITEUSE. BREVES PALAVRAS

A enfiteuse constitui um antiquíssimo instituto jurídico. Sua definição constava do art. 678 do CC/1916, segundo o qual "Dá-se a enfiteuse, aforamento, ou emprazamento, quando por ato entre vivos, ou de última vontade, o proprietário atribui a outro o domínio útil do imóvel, pagando a pessoa, que o adquire, e assim se constitui enfiteuta, ao senhorio direto uma pensão, ou foro, anual, certo e invariável". A codificação anterior tratava a enfiteuse como direito real de gozo ou fruição.

Além da previsão de pagamento do foro anual, o enfiteuta era obrigado a pagar os ônus e tributos do imóvel (art. 682 do CC/1916). A enfiteuse era tida como perpétua (art. 679 do CC/1916). A enfiteuse por tempo limitado considerava-se arrendamento, e com tal era regida. Ademais, sempre que se realizasse a transferência do domínio útil, por venda ou doação em pagamento pelo enfiteuta, o senhorio direto, que não usasse do seu direito de preferência, teria direito de receber do alienante o laudêmio, que seria de dois e meio por cento sobre o preço da alienação, se outro não se tivesse sido fixado no título de aforamento (art. 686 do CC/1916).

Sua finalidade, no remoto passado grego e romano, era incentivar a ocupação de terras não utilizadas, evitando-se eventuais invasões ou a falta de produtividade. Por isso, estabelecia o art. 680 do CC/1916 que só poderiam ser objeto de enfiteuse terras não cultivadas ou terrenos que se destinassem a edificação (terrenos baldios, vazios).

Na realidade brasileira, a enfiteuse recaía sobre áreas do interesse nacional, caso de terras de marinha, hipótese que ainda subsiste; sobre aldeias indígenas (caso de Alphaville, na Grande São Paulo) e em outras áreas específicas, caso da enfiteuse em favor da família real, na cidade de Petrópolis, Rio de Janeiro. A partir da segunda metade do século XX, a enfiteuse perdeu sua utilidade prática, passando a ser vista como um instituto velho e superado pelos civilistas.

Diante dessa realidade, o Código Civil de 2002 retirou a sua menção do rol dos direitos reais, não havendo tratamento específico na atual codificação a respeito de enfiteuses sobre bens particulares. Mais do que isso, proíbe-se a constituição de novas enfiteuses e subenfiteuses, na linha de críticas doutrinárias que eram feitas à categoria. Vale lembrar que a subenfiteuse é a enfiteuse criada pelo enfiteuta em favor de um terceiro (*enfiteuse de segundo grau*). Vejamos a completa dicção do art. 2.038 do Código Civil vigente, importante norma de direito intertemporal, que justifica as menções acima feitas no passado:

> "Art. 2.038. Fica proibida a constituição de enfiteuses e subenfiteuses, subordinando-se as existentes, até sua extinção, às disposições do Código Civil anterior, Lei 3.071, de 1.º de janeiro de 1916, e leis posteriores.
>
> § 1.º Nos aforamentos a que se refere este artigo é defeso:
>
> I – cobrar laudêmio ou prestação análoga nas transmissões de bem aforado, sobre o valor das construções ou plantações;
>
> II – constituir subenfiteuse.
>
> § 2.º A enfiteuse dos terrenos de marinha e acrescidos regula-se por lei especial".

Constata-se, assim, que as enfiteuses entre particulares continuam regulamentadas pelo Código Civil de 1916 (arts. 678 a 694), apesar da revogação total e expressa da codificação anterior, nos termos do art. 2.045 do Código Civil de 2002 ("Revogam-se a Lei n.º 3.071, de 1.º de janeiro de 1916 – Código Civil e a Parte Primeira do Código Comercial, Lei n.º 556, de 25 de junho de 1850").

Conforme salientado por José Fernando Simão em edições anteriores desta obra, a hipótese é de *ultratividade*, "em que uma lei revogada continua a produzir efeitos após sua revogação. Como curiosidade, é de se salientar que por verdadeiro cochilo legislativo o art. 1.266 do atual Código Civil prevê que 'achando-se em terreno aforado, o tesouro será dividido por igual entre o descobridor e o enfiteuta, ou será deste por inteiro quando ele mesmo seja o descobridor'. Portanto, o achado do tesouro em terreno sobre o qual recai enfiteuse está sujeito à regra do CC/2002 e não à do CC/1916, em que pese o fato de o conteúdo do dispositivo – não a redação – ser idêntico ao do art. 609 do CC revogado" (TARTUCE, Flávio; SIMÃO, José Fernando. *Direito civil...*, 2013, v. 4, p. 322). Essa *ultratividade* visa à proteção do direito adquirido e do ato jurídico perfeito, nos termos do art. 5.º, inc. XXXVI, da CF/1988.

Em relação às enfiteuses sobre terrenos da marinha, relativas à União, essas são regidas atualmente pelo Decreto-lei 9.760/1946, pelo Decreto-lei 2.398/1987 e pela Lei 9.636/1998 – com modificações da Lei 13.465/2017 –, conforme consta do art. 2.038, § 2.º, do CC/2002. De toda sorte, estava no antigo Projeto Ricardo Fiúza proposta de alteração da última norma, para a extinção sucessiva também das enfiteuses sobre terrenos de marinha. Assim, o § 2.º do art. 2038 passaria a dispor que "Igualmente proíbe-se a constituição de enfiteuse e subenfiteuse dos terrenos de marinha e acrescidos, subordinando-se as existentes às disposições contidas na legislação específica".

Além disso, seria acrescentado um § 3.º fixando um prazo máximo de dez anos para a sua extinção paulatina, *in verbis*: "Fica definido o prazo peremptório de dez anos para a regularização das enfiteuses existentes e pagamentos dos foros em atraso, junto à repartição pública competente. Decorrido esse período, todas as enfiteuses que se encontrarem regularmente inscritas e em dia com suas obrigações, serão declaradas extintas, tornando-se propriedade plena privada. As demais, reverterão de pleno direito para o patrimônio da União". São as justificativas da proposição:

> "A sugestão é do professor Joel Dias Figueira Júnior. Diz ele que 'verificou-se o acolhimento do instituto da enfiteuse para os terrenos de marinha e acrescidos, em que pese estarmos diante de um alvissareiro Código Civil que vem a lume no alvorecer de um novo século e início de milênio, tornando ainda mais difícil justificar a sua manutenção em sede pública e o seu banimento na área privada. O próprio legislador tratou de remeter a regulamentação do instituto para as leis especiais. Nesse caso, o que vamos encontrar, efetivamente, é uma lei extravagante de conteúdo muito pouco palatável no que concerne à renovação do pagamento do foro (Lei 9.636, de 15 de maio de 1998 – *DOU* 18/05/98 que dispõe sobre a regularização, administração, aforamento e alienação de bens imóveis de domínio da União, altera dispositivos dos Decretos-leis n.º 9.760, de 05 de setembro de 1946, e n.º 2.398, de 21 de dezembro de 1987, e que regulamenta o § 2.º do artigo 49 do Ato das Disposições Constitucionais Transitórias, e dá outras providências. Por sua vez, essa lei foi regulamentada através do Decreto 3.725, de 10 de janeiro de 2001 (*DOU* 11.01.2001). Desses dois sistemas normativos (lei e decreto regulamentador) o que se constata, de uma forma geral, é uma disfunção do próprio instituto da enfiteuse, com sérios prejuízos aos titulares do domínio útil ou ocupantes de imóveis dominiais da União. Se por um lado o recadastramento de toda a orla marítima brasileira é medida extremamente salutar e digna de louvor, assim como a retomada dos bens irregulares, por outro lado, exigir de todos os foreiros um novo pagamento atualizado pela ocupação de seus imóveis é providência sem qualquer precedente ou paralelo. Ademais, pagar novamente pelo domínio útil (com base em valores atualizados de mercado) dos imóveis que já ocupam há vários anos, a título de aforamento, mesmo aqueles titulares que tenham suas obrigações regularizadas e em dia, junto ao SPU (art. 13 da Lei 9.636/98), é medida que afronta o bom senso e o direito; diga-se o mesmo no que concerne à perda dos direitos já existentes transformados em cessão de uso oneroso, por prazo indeterminado (art. 17 da Lei 9.636/98), caso não exerçam a preferência de opção pelo aforamento em tempo hábil (= representa o pagamento pelo domínio útil). *Data venia*, afigura-se um desacerto jurídico a manutenção do § 2.º do art. 2.038 do novo CC, tendo-se em conta que o regime enfitêutico haveria de ter sido extinto por completo do nosso sistema jurídico, reservando-se para a União,

através de leis especiais, a definição de determinadas faixas de terras de marinha, para a identificação de pontos estratégicos para a defesa nacional e não manter tais imóveis em sua titularidade, na qualidade de senhorio direto, o que representa uma evidente e inadmissível disfunção da propriedade nos dias atuais. Trata-se, na verdade, da manutenção de um vetusto modelo jurídico que se destina, no caso, lamentavelmente, nos termos dos diplomas legais mencionados, de maneira descomedida, a enriquecer os cofres públicos da União, num sistema semelhante àquele encontrado no Brasil colonial'. Concordo com a sugestão. Por isso, considerando-se o que já foi dito, bem como as fortes resistências que se vêm formando em todo o País contra as malsinadas normas (Lei 9.636/98 e Decreto 3.725/01) deve o Congresso Nacional modificar a redação do § 2.º do art. 2.038. A extinção do regime enfitêutico dos chamados terrenos de marinha e acrescidos, de forma gradativa e bem programada, haverá de trazer à União benefícios diversos, políticos, sociais, econômicos e financeiros. Apenas a título exemplificativo, basta lembrar que o recadastramento e a simples cobrança do foro àqueles que se encontram inadimplentes ou em atraso com suas obrigações, permitindo-se desta forma a regularização da situação atual, e a consequente retomada integral do imóvel para o patrimônio da União, caso se verifique o não cumprimento das determinações em determinado prazo a ser concedido, representará também uma importante fonte de receita e até mesmo a possibilidade de transformação plena da propriedade imóvel para o seu patrimônio, sem causar os inconvenientes do atual sistema e, de maneira concomitante, através da extinção paulatina da enfiteuse. Nada obstante, a medida conferirá ao titular do domínio útil a possibilidade efetiva de adquirir a propriedade plena do imóvel, após o cumprimento de determinadas condições definidas em lei, sem prejuízo da reserva de determinadas áreas para a defesa nacional, conforme expressamente previsto no art. 20 da CF/88. Só assim a propriedade, em sua plenitude, atingirá os seus fins sociais. Registre-se que não há qualquer necessidade de modificação da Constituição Federal, art. 20, VII (Art. 20. São bens da União: ... VII – os terrenos de marinha). A definição do que se compreende por 'terrenos de marinha' deve ocorrer através de lei especial que versará sobre a matéria em questão, no que concerne às áreas que serão mantidas e posteriormente consideradas como 'terrenos de marinha', mantendo-se assim a Lei Maior sem qualquer retoque".

Estou totalmente filiado à proposta, sacramentando a morte do instituto, ultrapassado e antifuncional. Em reforço, retira-se mais uma burocracia exigida para a compra e venda de imóveis litorâneos, qual seja, a *certidão negativa de débitos enfitêuticos*. No Projeto de Reforma do Código Civil, elaborado pela Comissão de Juristas nomeada no Senado Federal, nada se debateu sobre o assunto, o que poderá ser incluído na sua tramitação no Congresso Nacional, penso eu.

A propósito, a recente Lei 13.465/2017 trouxe algumas ferramentas jurídicas para facilitar a extinção das enfiteuses existentes pela *remição* do foro. Fundamentalmente, o seu art. 93 incluiu o art. 16-A na Lei 9.636/1998, estabelecendo que, para os terrenos submetidos ao regime enfitêutico, ficam autorizadas a remição do foro e a consolidação do domínio pleno para o foreiro mediante o pagamento do valor correspondente ao domínio direto do terreno, cujo prazo de validade da avaliação será de, no máximo, doze meses, e das obrigações pendentes na Secretaria do Patrimônio da União (SPU), inclusive aquelas objeto de parcelamento, excluídas as benfeitorias realizadas pelo foreiro.

A nova norma também estabelece que ficam dispensadas do pagamento pela remição as pessoas consideradas carentes ou de baixa renda (§ 1.º). Além disso, está previsto que a remição do foro e a correspondente consolidação do domínio pleno para o foreiro poderão ser efetuadas à vista ou de forma parcelada, permitida a utilização dos recursos do FGTS para pagamento total, parcial ou em amortização de parcelas e liquidação do saldo devedor

(§ 2.º). As demais condições para a remição do foro dos imóveis submetidos ao regime enfitêutico serão estabelecidas em ato da Secretaria do Patrimônio da União (§ 3.º). O foreiro que não optar por essa forma de aquisição da propriedade continuará submetido ao regime enfitêutico (§ 4.º). Por fim, a Secretaria do Patrimônio da União verificará a regularidade cadastral dos imóveis a serem alienados e procederá aos ajustes eventualmente necessários durante todo o processo de alienação (§ 5.º do art. 16-A da Lei 9.636/1998, incluído pela Lei 13.465/2017).

Em resumo, e para arrematar, diante do novo tratamento do Código Civil de 2002, não há mais razão em se estudar a enfiteuse nos programas de Direito Civil, seja na graduação ou na pós-graduação. Em provas e concursos públicos, o tema sequer consta da grande maioria dos editais. Quanto à aplicação prática para o Direito Civil, essa é quase inexistente.

Nesse contexto, optei, a partir da 6.ª edição deste livro, de 2014, em não mais tratar da matéria com profundidade, como fez o nosso legislador civil, trazendo apenas as noções básicas da categoria. Já é hora de deixar para trás a antiga e superada enfiteuse, com resquícios das barbaridades feudais. Como bem expõe Paulo Lôbo, "a enfiteuse sempre foi objeto de reação negativa da maioria dos autores, por ser instituto tipicamente medieval, segundo a cultura da época de superposição de titularidades, para remuneração do senhorio feudal parasitário, que reservava para si o domínio direto perpétuo da coisa" (*Direito...*, 2015, p. 239).

Em complemento, vale transcrever as palavras de Frederico Henrique Viegas de Lima sobre o tema, a fim de encerrar o presente capítulo:

"É inquestionável, também, para finalizar, que devem olhar para frente, adequando o Direito Civil aos novos conceitos, principalmente os retirados da experiência do homem. Neste entorno não há mais lugar para relações, jurídicas e não jurídicas, fundamentadas em preceitos senhoriais e feudais, onde sempre existiu a vantagem de uma das partes. Assim, se a enfiteuse não se adaptou às novas necessidades da sociedade ao longo dos anos, como consequência, ela deve sair do nosso ordenamento jurídico" (LIMA, Frederico Henrique Viegas de. *Direito imobiliário...*, 2004, p. 144).

A doutrina deve seguir esse caminho, deixando para trás, paulatinamente, palavras de maior profundidade sobre a enfiteuse.

6.10 RESUMO ESQUEMÁTICO

Direitos reais de gozo ou fruição tratados pelo CC/2002

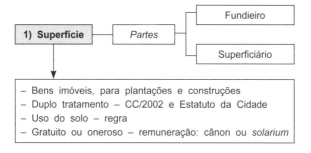

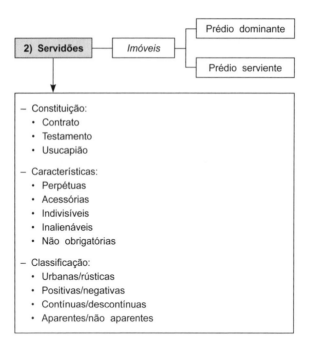

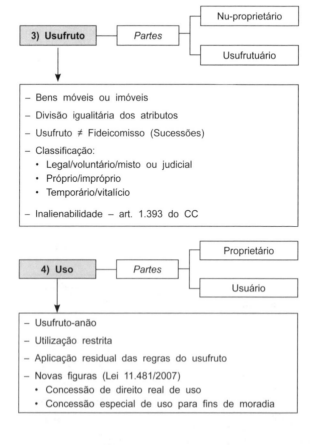

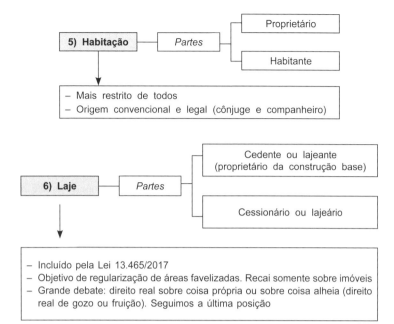

6.11 QUESTÕES CORRELATAS

01. (TJ – SC – FCC – Juiz Substituto – 2015) O usufruto pode recair

(A) apenas sobre imóveis urbanos, tendo o usufrutuário o direito de neles habitar, administrá-los e perceber os frutos, não podendo, porém, ceder o seu exercício.

(B) sobre bens móveis ou imóveis, devendo o usufrutuário deles utilizar, não podendo alugá-los ou emprestá-los.

(C) apenas sobre um ou mais bens, móveis ou imóveis, abrangendo-lhe os frutos e utilidades, mas não pode recair em um patrimônio inteiro.

(D) em um ou mais bens, móveis ou imóveis, em um patrimônio inteiro, ou parte deste, abrangendo-lhe, no todo ou em parte, os frutos e utilidades.

(E) em um ou mais bens, móveis ou imóveis, dependendo no caso de imóveis, de registro e pode ser transferido por alienação, a título gratuito ou oneroso.

02. (DPE – PE – CESPE – Defensor Público – 2015) A respeito da responsabilidade civil, da posse, do usufruto, do contrato de locação e das práticas comerciais no âmbito do direito do consumidor, julgue o item que se segue.

Ainda que o usufruto tenha sido estabelecido com prazo determinado, o falecimento do usufrutuário não gera direito à sucessão hereditária legítima desse usufruto.

03. (CESPE – PC-PE – Delegado de Polícia – 2016) O direito real, que se notabiliza por autorizar que seu titular retire de coisa alheia os frutos e as utilidades que dela advierem, denomina-se

(A) usufruto.
(B) uso.
(C) habitação.
(D) propriedade.
(E) servidão.

520 | DIREITO CIVIL • VOL. 4 – *Flávio Tartuce*

04. (VUNESP – TJ-SP – Titular de Serviços de Notas e Registros – 2016) Sobre o direito de servidão, é correto afirmar que

(A) não pode ser extinto unilateralmente, por simples renúncia.

(B) pode ser resgatado pelo dono do prédio serviente.

(C) não exige, para o seu cancelamento, a anuência do credor, caso o imóvel dominante esteja hipotecado.

(D) não é passível de usucapião.

05. (VUNESP – Câmara Municipal de Poá-SP – Procurador – 2016) Sobre o exercício da servidão, é correto afirmar que

(A) o dono do prédio serviente não poderá embaraçar de modo algum o exercício legítimo da servidão.

(B) a servidão não pode ser removida, de um local para outro, pelo dono do prédio serviente e à sua custa, se em nada diminuir as vantagens do prédio dominante, ou pelo dono deste e à sua custa, se houver considerável incremento da utilidade e não prejudicar o prédio serviente.

(C) o dono de uma servidão pode fazer todas as obras necessárias à sua conservação e uso, e, se a servidão pertencer a mais de um prédio, serão as despesas suportada apenas pelo beneficiário da servidão.

(D) as servidões prediais são divisíveis e subsistem, no caso de divisão dos imóveis, em benefício de cada uma das porções do prédio dominante, e continuam a gravar cada uma das partes do prédio serviente, salvo se, por natureza ou destino, só se aplicarem a certa parte de um ou de outro.

(E) quando a obrigação de passagem incumbir ao dono do prédio serviente, este não se exonerará abandonando, total ou parcialmente, a propriedade ao dono do dominante.

06. (FAURGS – TJ-RS – Juiz Substituto – 2016) Assinale a alternativa correta acerca do direito de superfície no Código Civil.

(A) O proprietário pode conceder a outrem o direito de construir em seu terreno, por tempo indeterminado, mediante instrumento particular, devidamente registrado no Cartório de Títulos e Documentos.

(B) O direito de superfície abrange a autorização para obra no subsolo, salvo se expressamente excluído no instrumento de concessão celebrado entre as partes.

(C) O superficiário não responde pelos encargos e tributos que incidirem sobre o imóvel.

(D) O direito de superfície não pode ser transferido a terceiros, exceto, por morte do superficiário, aos seus herdeiros.

(E) O proprietário, extinta a concessão, passará a ter a propriedade plena sobre o terreno, construção ou plantação, independentemente de indenização, se as partes não houverem estipulado o contrário.

07. (MPDFT – Promotor de Justiça – 2015) Coisa é matéria e tem amplitude genérica, compreendendo todos os objetos exteriores móveis e imóveis. Sobre o direito das coisas, julgue as seguintes afirmações:

I – A propriedade do solo abrange o subsolo, com suas minas e jazidas, estando os potenciais de energia elétrica dissociados da propriedade do solo porque compõem o patrimônio da União para efeito de exploração ou aproveitamento.

II – O proprietário pode conceder o direito de construir ou de plantar em seu terreno, por tempo determinado, sendo o direito de superfície um direito real sobre imóvel, que somente se adquire com o registro no Cartório de Registro de Imóveis.

III – Com a edição do Código Civil de 2002, foi extinto o direito real da enfiteuse, com exceção do relativo aos terrenos de marinha.

IV – O usufrutuário tem o direito de usufruir exclusivamente de bem imóvel assumindo as despesas ordinárias de sua conservação, inclusive os impostos e taxas que supõem o uso e fruto da propriedade.

V – O dito popular de que "achado não é roubado" encontra respaldo no Código Civil Brasileiro, quando trata da descoberta de coisa alheia perdida, permitindo ao descobridor a apropriação da coisa quando não encontrar o dono ou legítimo possuidor.

A partir do julgamento das afirmações anteriores, escolha a alternativa **correta:**

CAP. 6 · DOS DIREITOS REAIS DE GOZO OU FRUIÇÃO | 521

(A) Estão corretas somente as assertivas I e V.

(B) Estão corretas somente as assertivas I e III.

(C) Estão corretas somente as assertivas II e IV.

(D) Estão corretas somente as assertivas III e V.

(E) Estão corretas todas as assertivas.

08. (Câmara de Itaquaquecetuba – SP – Procurador Jurídico – VUNESP – 2018) Por meio do direito de superfície, o proprietário pode conceder a outrem o direito de construir ou de plantar em seu terreno, por tempo determinado, mediante escritura pública, devidamente registrada no Cartório de Registro de Imóveis.

Sobre o instituto, é correto afirmar que

(A) por se tratar de direito real sobre imóveis, sua instituição será onerosa, devendo as partes estipular se o pagamento será feito de uma só vez.

(B) o direito de superfície pode transferir-se a terceiros e, por morte do superficiário, aos seus herdeiros.

(C) poderá o concedente, na escritura de instituição, fixar desde logo o valor devido pelo superficiário nos casos de transferência de seu direito para terceiros.

(D) em caso de alienação do imóvel ou do direito de superfície não há para o superficiário ou para o proprietário direito de preferência.

(E) o direito de superfície não pode ser constituído por pessoa jurídica de direito público interno dada a sua natureza não patrimonial.

09. (FCC – 2018 – PGE-TO – Procurador do Estado) O proprietário de um imóvel onde foi edificado um galpão comercial de grandes dimensões precisa otimizar as receitas decorrentes da exploração desse bem. Uma das alternativas que lhe foram apresentadas foi a construção de um espaço para a realização de feiras e eventos, atraindo, assim, mais interessados em utilizar também o galpão comercial. Considerando que não há área livre de terreno suficiente para a edificação do espaço pretendido, o proprietário

(A) poderá transferir o direito de construir de seu terreno para que o adquirente o exerça em outro imóvel, considerando a impossibilidade de aproveitamento do imóvel para a finalidade pretendida.

(B) poderá edificar a construção no espaço aéreo do galpão comercial, desde que tecnicamente possível e que seja o responsável direto pela exploração, vedada a cessão a terceiros.

(C) poderá conceder onerosamente o direito de superfície de seu imóvel, sendo permitido ao superficiário construir e explorar o espaço de eventos no espaço aéreo do galpão, revertendo ao dono do terreno as acessões e benfeitorias ao fim do contrato.

(D) deverá providenciar projeto de reforma do galpão comercial, para fins de ampliar a dimensão de área construída e então viabilizar a destinação das acessões para o segmento de feiras e eventos.

(E) deverá outorgar a terceiros o direito de construir em seu terreno, de forma que não seja responsável pelos investimentos necessários para implantação do projeto, remanescendo com o direito de retomar o domínio pleno do imóvel quando da extinção do contrato.

10. (VUNESP – 2018 – Prefeitura de Bauru – SP – Procurador Jurídico) Sobre o direito real de servidão, assinale a alternativa correta.

(A) A servidão não pode ser removida de um local para outro, por se tratar de direito real relativo ao imóvel.

(B) Uma das hipóteses de extinção da servidão é pela morte do titular do prédio serviente.

(C) A servidão predial, em regra, é automaticamente dividida em caso de divisão dos imóveis, devendo apenas posteriormente ser levada a registro.

(D) O dono do prédio serviente é obrigado a sofrer a imposição de maior largueza à servidão no caso de necessidade da indústria do prédio dominante, mas tem direito a ser indenizado pelo excesso.

(E) Quando constituída para certo fim, pode se ampliar para outro, desde que com o pagamento das despesas e indenização correspondente.

522 | DIREITO CIVIL • VOL. 4 – *Flávio Tartuce*

11. (AL-RO – Analista Legislativo – Processo Legislativo – FGV – 2018) Américo e Regina são proprietários de duas fazendas vizinhas. Américo pratica atividade agrícola e necessita adentrar o terreno de Regina para construção de um aqueduto (única forma de garantir irrigação), razão pela qual as partes concordaram em instituir direito real para este fim e o registraram no Cartório de Registro de Imóveis.

Sobre os direitos de Américo, assinale a resposta correta.

(A) Trata-se de direito real de servidão, oponível, inclusive, a qualquer comprador do imóvel de Regina.

(B) Na hipótese de venda de um dos imóveis, o acordo é extinto de pleno direito.

(C) Cuida-se de direito real de uso, pelo que Regina faz jus à remuneração, em razão da utilização de seu terreno.

(D) O fim da atividade agrícola de Américo, seja por que período for, não importa na extinção do direito acordado.

(E) Sobrevindo o falecimento de Regina, o acordo se mantém até seus herdeiros concordarem com o direito.

12. (VUNESP – 2018 – TJ-SP – Titular de Serviços de Notas e de Registros – Provimento) Com relação ao usufruto, é correto afirmar:

(A) o usufruto não pode ter por objeto bens consumíveis ou fungíveis.

(B) o direito de usufruto não pode ser adquirido por usucapião.

(C) no usufruto simultâneo ou conjuntivo, o direito de acrescer entre os usufrutuários, ocorrendo o falecimento de um deles, depende de estipulação expressa.

(D) o exercício do usufruto é impenhorável.

13. (PauliPrev – SP – Procurador Autárquico – VUNESP – 2018) Usufruto é o direito real de fruir as utilidades e frutos de uma coisa sem alterar-lhe a substância, enquanto temporariamente destacado da propriedade. Sobre esse direito real, é correto afirmar que

(A) o usufruto pode recair em um ou mais bens, desde que imóveis.

(B) em regra, o usufruto não se estende aos acessórios do imóvel e seus acrescidos.

(C) o usufruto pode ser transferido por alienação.

(D) se o acessório do usufruto for consumível, o usufrutuário deve restituir os acessórios que ainda houver e indenizar os acessórios consumidos com o valor estimado ao tempo da constituição do usufruto.

(E) o usufruto do imóvel, quando não resultar de usucapião, constituir-se-á mediante registro no Cartório de Registro de Imóveis.

14. (PGE-PE – Procurador do Estado – CESPE – 2018) Por meio de escritura pública devidamente registrada, Pedro concedeu a Rodolfo a propriedade, por prazo determinado, de construção que efetuar em área de seu terreno.

Essa relação reflete o direito de

(A) superfície.

(B) servidão contínua contratual.

(C) uso.

(D) usufruto temporário.

(E) habitação.

15. (PGE-SP – Procurador do Estado – VUNESP – 2018) Sobre o direito real de laje, é correto afirmar:

(A) pressupõe a coexistência de unidades imobiliárias, autônomas ou não, de titularidades distintas e situadas na mesma área, de modo a permitir que o proprietário ceda a superfície de sua construção a outrem para que ali construa unidade distinta daquela originalmente construída sobre o solo.

(B) a ruína da construção-base não implica extinção do direito real de laje se houver sua reconstrução no prazo de 10 anos.

CAP. 6 • DOS DIREITOS REAIS DE GOZO OU FRUIÇÃO | 523

(C) as unidades autônomas constituídas em matrícula própria poderão ser alienadas por seu titular sem necessidade de prévia anuência do proprietário da construção-base.

(D) confere ao seu titular o direito de sobrelevações sucessivas, mediante autorização expressa ou tácita do proprietário da construção-base, desde que observadas as posturas edilícias e urbanísticas vigentes.

(E) contempla espaço aéreo e subsolo, tomados em projeção vertical, atribuindo ao seu titular fração ideal de terreno que comporte construção.

16. (TJ-MG – Juiz de Direito Substituto – CONSULPLAN – 2018) Quanto ao direito de laje, assinale a afirmativa INCORRETA.

(A) Os titulares da laje, unidade imobiliária autônoma constituída em matrícula própria, poderão dela usar, gozar e dispor.

(B) No caso de alienação de qualquer das unidades sobrepostas, terão direito de preferência, em igualdade de condições com terceiros, os titulares da construção-base e da laje, nessa ordem.

(C) A instituição do direito real de laje implica a atribuição de fração ideal de terreno ao titular da laje ou a participação proporcional em áreas já edificadas.

(D) O seu titular poderá ceder a superfície de sua construção para a instituição de um sucessivo direito real de laje, desde que haja autorização expressa dos titulares da construção-base e das demais lajes, e que sejam respeitadas as posturas edilícias e urbanísticas vigentes.

17. (Titular de Serviços de Notas e de Registros – Remoção – TJ-MG – CONSULPLAN – 2019) De acordo com o Código Civil brasileiro, analise as afirmativas sobre a servidão.

I. A servidão proporciona utilidade para o prédio dominante e grava o prédio serviente, que deve sempre pertencer a dono diverso.

II. A servidão não aparente pode ser adquirida por usucapião, atendidos os requisitos legais para o seu reconhecimento.

III. As obras necessárias à conservação e uso da servidão devem ser feitas pelo dono do prédio dominante, se o contrário não dispuser expressamente o título.

IV. A servidão não se presume. Na dúvida, interpreta-se contra a servidão.

Estão corretas as afirmativas

(A) I, II, III e IV.

(B) II e IV, apenas.

(C) I, II e III, apenas.

(D) I, III e IV, apenas.

18. (Procurador – Prefeitura de Valinhos – SP – VUNESP – 2019) Sobre o exercício da servidão, assinale a alternativa correta.

(A) O dono do prédio serviente poderá embaraçar, se o caso, o exercício da servidão.

(B) A servidão não pode ser removida, de um local para outro, pelo dono do prédio serviente.

(C) Constituída para certo fim, a servidão não se pode ampliar a outro.

(D) Se a servidão pertencer a mais de um prédio, serão as despesas custeadas pelo maior.

(E) As servidões prediais são divisíveis sempre e subsistem no caso de divisão dos imóveis.

19. (Advogado – CAU-MG – FUNDEP – 2019) De acordo com a doutrina civilista e as disposições próprias do Código Civil quanto ao direito de laje, assinale a alternativa incorreta.

(A) Lajeário é aquele que titulariza o direito de laje, seja da laje em sobrelevação ou da laje em infra-partição, derivado tal direito de uma propriedade ou de uma laje.

(B) A laje pode ser constituída tanto de forma ascendente quanto descendente em relação à construção original, não importando se trata-se de construção sobre o solo ou construção que já se fez em laje.

(C) A laje deve ser objeto de valoração própria, dada sua extensão, qualidade, localização etc., e não há previsão legal acerca de qualquer percentual fixo derivado do imóvel original.

(D) A lei civil veda que um terreno que contenha apenas uma estrutura de laje superior, não envelopada ou sem qualquer outra forma de acabamento, tenha constituído no espaço que lhe seja subjacente, um direito de laje.

524 | DIREITO CIVIL • VOL. 4 – *Flávio Tartuce*

20. **(Promotor de Justiça – MPE-SC – 2019) Dispõe o Código Civil que a servidão proporciona utilidade para o prédio dominante, grava o prédio serviente, que pertence a diverso dono, e constitui-se mediante declaração expressa dos proprietários, registrada no cartório de registro de imóveis, não podendo ser removida de um local para outro sem a anuência do proprietário do prédio dominante.**

( ) Certo

( ) Errado

21. **(Inspetor Fiscal de Rendas – Prefeitura de Guarulhos – SP – VUNESP – 2019) Acerca do usufruto, assinale a alternativa correta.**

(A) Não se pode transferir o usufruto por alienação e nem o seu exercício pode ceder-se por título oneroso.

(B) O usufruto de imóveis não pode ser adquirido pela usucapião.

(C) O usufrutuário deve usufruir em pessoa, sendo vedado o arrendamento, bem como a mudança da destinação econômica do prédio.

(D) Quando o usufruto recai em títulos de crédito, o usufrutuário tem direito a perceber os frutos e a cobrar as respectivas dívidas.

(E) Constituído o usufruto em favor de duas ou mais pessoas, o quinhão do falecido se transfere ao sobrevivente, salvo estipulação em sentido contrário.

22. **(Advogado – Prefeitura de Ervália – MG – FUNDEP – 2019) Analise as seguintes afirmativas sobre os direitos reais e assinale com V as verdadeiras e com F as falsas.**

( ) As normas previstas no Código Civil sobre direito de superfície não revogam as relativas a direito de superfície constantes do Estatuto da Cidade (Lei nº 10.257/2001) por ser instrumento de política de desenvolvimento urbano.

( ) A destinação diversa dada pelo superficiário ao terreno objeto do direito de superfície é causa de suspensão do contrato por até 90 (noventa) dias, não havendo que se falar em extinção do direito de superfície sem que seja dada a prévia oportunidade ao contratante de regularizar a adequação da área.

( ) O direito de laje, instituído como direito real, somente se caracterizará em construções verticais ascendentes ou descendentes, concedendo ao titular do novo direito a possibilidade de manutenção de unidade autônoma da edificação original.

( ) A propriedade fiduciária gera a imediata transferência da propriedade do fiduciante ao credor fiduciário, como premissa para que o vendedor possa imediatamente receber o preço e se satisfazer. Já na reserva de domínio, a relação jurídica se circunscreve a vendedor e comprador, pois o próprio alienante realiza o financiamento da aquisição em prestações.

Assinale a sequência correta.

(A) F V V F

(B) V V F F

(C) V F V V

(D) F F F V

23. **(Juiz Substituto – TJ-SC – CESPE – 2019) Se, mediante escritura pública, o proprietário de um terreno conceder a terceiro, por tempo determinado, o direito de plantar em seu terreno, então, nesse caso, estará configurado o**

(A) direito de superfície.

(B) direito de uso.

(C) usufruto resolutivo.

(D) usufruto impróprio.

(E) comodato impróprio.

24. **(Procurador – Prefeitura de Conceição de Macabu – RJ – GUALIMP – 2020) O Código Civil Brasileiro dispõe que o usufruto pode recair em um ou mais bens, móveis ou imóveis, em um patrimônio inteiro, ou parte deste, abrangendo-lhe, no todo ou em parte, os frutos e**

CAP. 6 · DOS DIREITOS REAIS DE GOZO OU FRUIÇÃO | 525

utilidades. **Sobre o usufruto e os acessórios da coisa, assinale a alternativa correta, com base no Código Civil:**

(A) O usufruto não se estende aos acessórios da coisa e seus acrescidos.

(B) O usufruto obrigatoriamente se estende aos acessórios da coisa e seus acrescidos.

(C) O usufruto nunca poderá se estender aos acessórios da coisa e seus acrescidos.

(D) O usufruto estende-se aos acessórios da coisa e seus acrescidos.

25. **(Analista Judiciário – TRE-PA – IBFC – 2020) São direitos reais, dentre outros, o usufruto, a habitação e o direito do promitente comprador do imóvel, previstos expressamente no diploma civil. Sobre os referidos institutos, analise as afirmativas abaixo e dê valores Verdadeiro (V) ou Falso (F):**

( ) O usufruto pode ser transferido por alienação, mas o seu exercício pode ceder-se por título gratuito ou oneroso.

( ) O promitente comprador adquire direito real à aquisição do imóvel, mediante promessa de compra e venda, em que se pactuou ou não arrependimento, caso celebrada por instrumento público, ainda que não registrada no Cartório de Registro de Imóveis.

( ) Constituído o usufruto em favor de duas ou mais pessoas, transferir-se-á proporcionalmente aos sobreviventes a parte relativa aos usufrutuários falecidos, salvo se, por estipulação expressa ou tácita, vier a ser extinto o quinhão desses.

( ) Se o direito real de habitação for conferido a mais de uma pessoa, qualquer delas que sozinha habite a casa terá de pagar aluguel à outra, ou às outras, mas não as pode inibir de exercerem, querendo, o direito, que também lhes compete, de habitá-la.

Assinale a alternativa que apresenta a sequência correta de cima para baixo.

(A) V, V, V, V

(B) V, F, V, F

(C) F, V, F, V

(D) F, F, F, F

26. **(Juiz Substituto – TJ-MS – FCC – 2020) O proprietário pode conceder a outrem o direito de construir ou de plantar em seu terreno, por tempo determinado, mediante escritura pública devidamente registrada no Cartório de Registro de Imóveis. Este enunciado refere-se**

(A) ao direito de superfície.

(B) à servidão.

(C) ao arrendamento.

(D) ao usufruto.

(E) à anticrese.

27. **(Titular de Serviços de Notas e Registros – TJMS – Instituto Consulplan – 2021) Compreende--se a servidão como a restrição imposta a um prédio para uso e utilidade do outro. Assinale a alternativa que diverge das previsões legais do Código Civil a respeito das servidões.**

(A) Na servidão de trânsito, a de maior inclui a de menor ônus.

(B) É vedado ao dono do prédio serviente embaraçar o exercício legítimo da servidão.

(C) Quando a servidão alcançar mais de um prédio, seus donos devem ratear as despesas de obras necessárias, assim como as manutenções.

(D) A finalidade da servidão constituída para fins específicos pode ser ampliada mediante manifestação de vontade do dono do prédio dominante.

28. **(Defensor Público – DPE-RR – FCC – 2021) No âmbito do direito urbanístico, considere os itens a seguir:**

I. O direito real de laje contempla o espaço aéreo ou o subsolo de terrenos públicos ou privados, tomados em projeção vertical, como unidade imobiliária autônoma, não contemplando as demais áreas edificadas ou não pertencentes ao proprietário da construção-base.

526 | DIREITO CIVIL • VOL. 4 – *Flávio Tartuce*

II. A legitimação de posse constitui forma originária de aquisição do direito real de propriedade conferido por ato do poder público, exclusivamente no âmbito da Reurb, àquele que detiver em área pública ou possuir em área privada, como sua, unidade imobiliária com destinação urbana, integrante de núcleo urbano informal consolidado existente em 22 de dezembro de 2016.

III. Multipropriedade é o regime de condomínio em que cada um dos proprietários de um mesmo imóvel é titular de uma fração de tempo, à qual corresponde a faculdade de uso e gozo, com exclusividade, da totalidade do imóvel, a ser exercida pelos proprietários de forma alternada.

IV. Aquele que, até 22 de dezembro de 2016, possuiu como seu, por cinco anos, ininterruptamente e sem oposição, até duzentos e cinquenta metros quadrados de imóvel público situado em área com características e finalidade urbanas, e que o utilize para sua moradia ou de sua família, tem o direito real de uso para fins de moradia em relação ao bem objeto da posse, desde que não seja proprietário ou concessionário, a qualquer título, de outro imóvel urbano ou rural.

Está correto o que se afirma APENAS em

(A) III e IV.

(B) I, II e IV.

(C) I e II.

(D) I e III.

(E) I, II e III.

29. **(Juiz substituto – TJGO – FCC – 2021) João, proprietário de um imóvel rural, denominado Fazenda São João, de difícil acesso a estrada, adquiriu servidão de passagem com dois mil metros de extensão, pela Fazenda dos Coqueiros, de propriedade de Pedro, levando o título aquisitivo ao Registro de Imóveis. Falecendo João, sua Fazenda foi partilhada entre seus filhos Antônio e José, que promoveram a divisão geodésia, passando, cada qual, a ser dono de um imóvel com registro distinto no Registro Imobiliário. Em seguida, José vendeu seu imóvel para Joaquim. Nesse caso, a servidão**

(A) subsiste, em benefício de cada porção do prédio dominante, salvo se a servidão se aplicar apenas a certa parte de um dos imóveis resultantes da divisão.

(B) não subsiste, salvo se houver ratificação por escritura pública, outorgada pelo dono do prédio serviente, aos sucessores do proprietário do prédio dominante.

(C) não subsiste, porque a alienação do prédio dominante ou do prédio serviente sempre implica extinção da servidão.

(D) subsiste para Antônio, que é dono do imóvel dominante por sucessão hereditária, mas não subsiste para Joaquim, tendo em vista o princípio da relatividade do contrato, não prejudicando nem beneficiando terceiro.

(E) não subsiste, porque as servidões são intransmissíveis, salvo se outra coisa se dispuser em testamento ou contrato.

30. **(Advogado – Prefeitura de Maravilha-SC – Unoesc – 2021) Dentre os direitos reais de fruição, o usufruto ganha destaque nas relações familiares, de forma a assegurar determinados direitos aos usufrutuários. Com base nisso, é possível afirmar que:**

(A) O nu-proprietário não pode vender o imóvel sem autorização do usufrutuário.

(B) O bem pertence ao usufrutuário até seu falecimento, quando passará à propriedade do nu-proprietário.

(C) O usufrutuário terá os poderes de usar e gozar da coisa, o que inclui locá-la ou arrendá-la. Mas os poderes de alienação permanecem com o nu-proprietário.

(D) Em caso de morte do usufrutuário, o direito é inventariado e transmitido aos seus herdeiros.

31. **(Advogado – Prefeitura de Maravilha-SC – Unoesc – 2021) No que concerne ao direito de propriedade e seus desdobramentos, analise as assertivas seguintes.**

I. Escritura e registro são figuras jurídicas diversas. Escritura pública é uma forma de título translativo entre vivos, assim como contratos particulares, sentenças ou termos administrativos, quando admitidos em lei. Assim, é possível dizer que por vezes, quando admitido por lei, alguém pode ser proprietário de um bem por conta de um registro que não decorreu de uma escritura pública.

II. No condomínio geral, os proprietários possuem fração ideal do todo, não determinada ou localizada, devendo oferecer aos condôminos a respectiva parte, antes de vendê-la a estranhos.

CAP. 6 · DOS DIREITOS REAIS DE GOZO OU FRUIÇÃO | **527**

No condomínio edilício, contudo, há partes exclusivas de cada proprietário e outras partes comuns, compartilhadas com os demais condôminos, sem direito de preferência em caso de alienação.

III. A usucapião é uma forma de aquisição de propriedade que independe de registro para se concretizar, servindo este tão somente para lhe dar publicidade.

IV. A passagem forçada pressupõe que um imóvel esteja sem acesso suficientemente adequado à via pública, ou seja, encravado. Gera direito de indenização ao proprietário que terá que conceder a passagem, ao mesmo tempo que é um dever seu concedê-la, já que nenhum imóvel pode ser privado de acesso às vias públicas.

V. O direito de servidão não é passível de ser adquirido por usucapião.

Estão corretos os itens:

(A) I, II, III, IV e V.
(B) I, II, III e IV.
(C) II, III e V.
(D) I, IV e V.

32. **(Promotor de Justiça Substituto – MPE-SE – CESPE/CEBRASPE – 2022) De acordo com o Código Civil, se o uso consistir no direito de habitar gratuitamente um imóvel alheio, o titular do direito poderá**

(A) ocupá-lo com a família e perceber os frutos dele advindos.
(B) ocupá-lo com a família e locar parte do imóvel.
(C) simplesmente ocupá-lo com a família.
(D) ocupá-lo com a família ou locá-lo.
(E) ocupá-lo com a família ou emprestá-lo à descendente.

33. **(Procurador do Distrito Federal – PG-DF – CESPE/CEBRASPE – 2022) Acerca do registro público e do usufruto, julgue o item seguinte.**

No usufruto, não havendo ajuste em contrário, as despesas provenientes da conservação do bem e os tributos dele decorrentes serão atribuições do usufrutuário.

(   ) Certo
(   ) Errado

34. **(Juiz de Direito substituto – TJMG – FGV – 2022) No tocante às diretrizes gerais da política urbana, quanto ao direito de superfície, assinale a afirmativa correta.**

(A) O direito de superfície pode ser transferido a terceiros, obedecidos os termos do contrato respectivo.
(B) Em caso de alienação do terreno, ou do direito de superfície, o proprietário terá direito de preferência em detrimento do superficiário à oferta de terceiros.
(C) A concessão do direito de superfície será sempre gratuita.
(D) O proprietário urbano poderá conceder a outrem o direito de superfície de seu terreno, somente por tempo determinado, previamente estabelecido em contrato.

35. **(Procurador Municipal – Prefeitura de Florianópolis-SC – FEPESE – 2022) Assinale a alternativa correta de acordo com o Código Civil Brasileiro.**

(A) O usufruto de bem imóvel poderá recair em um ou mais bens, desde que constitua um patrimônio inteiro, e abranja, no todo, os frutos e as utilidades provenientes do bem.
(B) O usufrutuário tem direito à posse, uso e administração do bem, sendo vedado, contudo, perceber os frutos da sua exploração.
(C) O usufruto somente se extingue com a morte ou dissolução do usufrutuário, cancelando-se o registro no Cartório de Registro de Imóveis.
(D) Quando o usufruto recai em títulos de crédito, o usufrutuário tem direito a perceber os frutos e a cobrar as respectivas dívidas.
(E) O usufrutuário é responsável pelo pagamento das deteriorações resultantes do exercício regular do usufruto.

DIREITO CIVIL • VOL. 4 – Flávio Tartuce

36. **(Procurador – Prefeitura de Novo Hamburgo-RS – AOCP – 2022) Em relação ao tema das servidões, informe se é verdadeiro (V) ou falso (F) o que se afirma a seguir e assinale a alternativa com a sequência correta.**

( ) O dono de uma servidão pode fazer todas as obras necessárias à sua conservação e uso, e, se a servidão pertencer a mais de um prédio, serão as despesas rateadas entre os respectivos donos.

( ) As servidões prediais são indivisíveis, e subsistem, no caso de divisão dos imóveis, em benefício de cada uma das porções do prédio dominante, e continuam a gravar cada uma das do prédio serviente, salvo se, por natureza, ou destino, só se aplicarem a certa parte de um ou de outro.

( ) Salvo nas desapropriações, a servidão, uma vez registrada, só se extingue, com respeito a terceiros, quando cancelada.

( ) Também se extingue a servidão, ficando ao dono do prédio serviente a faculdade de fazê-la cancelar, mediante a prova da extinção: pela reunião dos dois prédios no domínio da mesma pessoa; pela supressão das respectivas obras por efeito de contrato, ou de outro título expresso, ou pelo não uso, durante dez anos contínuos.

(A) V – V – F – F.

(B) V – F – V – F.

(C) V – V – V – F.

(D) V – V – V – V.

(E) F – V – V – F.

37. **(TJAM – TJAM – Titular de Serviços de Notas e de Registros – 2023) A respeito do direito de superfície, assinale a alternativa correta de acordo com a regra geral prevista no Código Civil.**

(A) O superficiário não responderá pelos encargos e tributos que incidirem sobre o imóvel.

(B) A concessão da superfície somente pode se dar de maneira onerosa, sendo permitido às partes se o pagamento será feito de uma só vez, ou parceladamente.

(C) O direito de superfície pode transferir-se a terceiros e, por morte do superficiário, aos seus herdeiros.

(D) O direito de superfície autoriza obra no subsolo, salvo se for inerente ao objeto da concessão.

38. **(PGM-RJ – Cesp/Cebraspe – Procurador Geral do Município de Natal – 2023) Nos termos estabelecidos no Código Civil, a servidão**

(A) pode ser removida de um local para outro.

(B) inadmite a renúncia pelo titular.

(C) pode ampliar-se a fim diverso do que fora constituída.

(D) constitui-se pelo uso contínuo.

(E) agrava o encargo ao prédio serviente.

39. **(Prefeitura de Rio Branco-AC – Ibade – Procurador Municipal – 2023) Sobre a servidão de passagem e seus efeitos, é correto afirmar que:**

(A) as servidões prediais são divisíveis e subsistem, no caso de divisão dos imóveis, em benefício de cada uma das porções do prédio dominante, e continuam a gravar cada uma das do prédio serviente.

(B) a servidão, uma vez registrada, só se extingue, com respeito a terceiros, quando cancelada, inclusive nos casos de desapropriação.

(C) quando a obrigação incumbir ao dono do prédio serviente, este não poderá exonerar-se, abandonando, total ou parcialmente, a propriedade ao dono do dominante.

(D) nas servidões de trânsito, a de maior inclui a de menor ônus, e a menor exclui a mais onerosa.

(E) o dono do prédio serviente poderá, conforme situações específicas na lei, embaraçar o exercício legítimo da servidão.

CAP. 6 · DOS DIREITOS REAIS DE GOZO OU FRUIÇÃO | 529

40. **(AGU – Cespe/Cebraspe – Procurador Federal – 2023) Fernanda concedeu a Marcos, mediante escritura pública registrada em cartório de imóveis, o direito de ele plantar em terreno de propriedade dela, durante dez anos.**

Nessa situação hipotética, Marcos adquiriu

(A) concessão por avulsão.

(B) direito de uso e usufruto de propriedade alheia.

(C) direito de superfície.

(D) concessão de uso especial.

(E) direito de usufruto limitado.

41. **(Prefeitura de São Miguel Arcanjo-SP – Avança SP – Procurador Jurídico – 2023) Quanto ao usufruto, assinale a alternativa INCORRETA.**

Alternativas

(A) É impossível que o usufruto recaia em mais do que um bem móvel ou imóvel.

(B) O usufrutuário tem direito à posse, uso, administração e percepção dos frutos.

(C) O usufrutuário não é obrigado a pagar as deteriorações resultantes do exercício regular do usufruto.

(D) Não se pode transferir o usufruto por alienação; mas o seu exercício pode ceder-se por título gratuito ou oneroso.

(E) O usufrutuário é obrigado a dar ciência ao dono de qualquer lesão produzida contra a posse da coisa ou os direitos deste.

42. **(Prefeitura de Balneário Camboriú-SC – Fepese – Procurador do Município – 2023) A respeito do direito real de laje, assinale a alternativa correta com fundamento na legislação brasileira.**

(A) A ruína da construção-base não implica extinção do direito real de laje se este tiver sido instituído sobre o subsolo.

(B) O direito real de laje contempla o espaço aéreo ou o subsolo de terrenos privados, não se aplicando a terrenos públicos.

(C) Os titulares da laje, unidade imobiliária autônoma constituída em matrícula própria, poderão dela usar e gozar, mas não poderão dela dispor.

(D) Em caso de alienação de unidades sobrepostas, terão direito de preferência, em igualdade de condições com terceiros, os titulares da laje e da construção-base, nessa ordem.

(E) Se a construção-base for reconstruída no prazo de 10 anos não implica extinção do direito real de laje.

43. **(TJSP – Titular de Serviços de Notas e de Registros – Vunesp – 2024) Sobre o usufruto, é correto afirmar que**

(A) as taxas de condomínio e as prestações do IPTU de imóvel objeto de usufruto devem ser pagas pelo nu-proprietário, porquanto se trata de obrigações *propter rem*.

(B) constituído o usufruto em favor de duas pessoas, no caso de morte de uma delas, o usufruto não se extingue em relação ao quinhão da que faleceu, uma vez que este se acresce ao do usufrutuário sobrevivente, à falta de previsão expressa em sentido contrário no título constitutivo.

(C) o usufruto de imóvel constituído por escritura pública é existente, válido e eficaz entre nu-proprietário e usufrutuário, ainda que não esteja registrado no fólio real, uma vez que o registro constitui apenas requisito de eficácia perante terceiros.

(D) o usufrutuário deve usufruir em pessoa do bem objeto de usufruto, só podendo ceder a posse direta a terceiro, a título gratuito ou oneroso, mediante expressa autorização do nu-proprietário.

44. **(TJSC – Analista Jurídico – FGV – 2024) O Condomínio do Edifício Viver Feliz constituiu servidão de passagem em favor do Condomínio Mundo Animal pelo prazo de vinte anos mediante o pagamento de R$ 1.000.000,00 (um milhão de reais). Ocorre que os condôminos do prédio dominante utilizam a servidão para passear com seus cachorrinhos, o que, além de trazer mau cheiro ao local, propiciou alguns acidentes, inclusive um ataque de um cão.**

Por isso, o Edifício Viver Feliz deseja extinguir a servidão, o que é impugnado pelo Condomínio Mundo Animal.

530 | DIREITO CIVIL • VOL. 4 – *Flávio Tartuce*

Nesse caso, à luz da disciplina legal das servidões:

(A) É possível o cancelamento judicial da servidão, devolvendo-se proporcionalmente o preço pago para instituí-la;

(B) É possível o cancelamento judicial da servidão, ocasionando a perda, por justa causa, do preço pago para instituí-la.

(C) Não é possível a extinção da servidão, nem o exercício de pretensão indenizatória a esse título, porque são características essenciais dos direitos reais o uso, gozo e a fruição plenos.

(D) Não é possível a extinção da servidão, mas apenas seu resgate judicial, mesmo sem acordo.

(E) Não é possível a extinção da servidão, apenas a regulação de seu uso, até judicialmente, com eficácia obrigacional (não real).

45. (TJAP – Analista Judiciário – FGV – 2024) Geilda morava em uma mansão em Macapá. Quando sua filha Geruza casou, permitiu que ela construísse, sobre a superfície superior, um segundo andar que passou a ser moradia do casal, inclusive com matrícula própria no Registro Geral de Imóveis.

O caso descrito caracteriza:

(A) benfeitoria útil.

(B) multipropriedade.

(C) direito real de laje.

(D) condomínio edilício.

(E) direito de superfície.

46. (TRT-11ª Região – Analista Judiciário – FCC – 2024) O titular do direito real de habitação, ao habitar gratuitamente imóvel alheio, pode

(A) ceder, gratuita ou onerosamente, o exercício do direito a terceiros.

(B) emprestá-lo a outrem, desde que continue responsável pela manutenção do imóvel.

(C) ocupá-lo sozinho, sendo vedado que outras pessoas de sua família ali residam.

(D) simplesmente ocupá-lo com sua família.

(E) alugá-lo, desde que reverta parte do valor à manutenção do imóvel.

47. (Câmara Municipal de São Paulo-SP – Procurador Legislativo – FGV – 2024) Otaviano Augusto é proprietário de um imóvel em São Gotardo, Caxias do Sul, RS sob matrícula nº XXXX. No local, há uma passagem por meio de um corredor que se encontra afastado e murado, que permite, inclusive, o trânsito de automotores pela propriedade de Trajano Nero há mais de 30 anos.

Há quatro meses foi colocada uma porteira no local impedindo o acesso e o trânsito. Trajano notificou Otaviano alegando a existência de uma estrada no fundo da propriedade, com 5 metros de largura desde a estrada pública até o imóvel, que gera a desnecessidade da passagem por suas terras. Trajano decidiu alienar o imóvel pois, com o falecimento de sua esposa, Cleópatra, pretende morar na Itália e teme que passagem desvalorize o bem.

Diante da situação hipotética narrada, assinale a afirmativa correta.

(A) A existência de um acesso impede a passagem de Otaviano, visto não ser seu imóvel encravado.

(B) A servidão de passagem, por ser um direito real sobre a coisa alheia, só pode ser constituída por acordo entre as partes.

(C) Caso o dono do imóvel demonstre que o acesso à via pública não atende à função econômica do bem pode, mediante pagamento de indenização cabal, constranger o vizinho a lhe dar passagem.

(D) O exercício incontestado e contínuo de uma servidão aparente, que é o caso de situação de Otaviano, autoriza a aquisição por meio da usucapião.

(E) As servidões prediais e aparentes são divisíveis, não subsistindo no caso de partilha do bem em caso de morte e nem alcançam eventuais adquirentes do bem.

48. (Câmara Municipal de São Paulo-SP – Procurador Legislativo – FGV – 2024) Ariosto, no intuito de beneficiar suas sobrinhas, Betânia e Cecília, decidiu ceder, a favor delas, conjun-

CAP. 6 · DOS DIREITOS REAIS DE GOZO OU FRUIÇÃO | 531

tamente, com cláusula de acrescer, o usufruto sobre um imóvel de sua titularidade. Assim o fez em negócio jurídico elaborado por escritura pública e levado a registro na matrícula do imóvel, no Ofício imobiliário. O imóvel em questão tem natureza comercial e já estava alugado à varejista Mexicanas Ltda.

Diante deste fato, assinale a afirmativa correta.

(A) As usufrutuárias têm direito à posse, ao uso, à administração e à percepção dos frutos, mas não podem alienar o imóvel, sendo possível transferir apenas o usufruto por alienação.

(B) Às usufrutuárias pertencem os aluguéis vencidos na data inicial do usufruto e os aluguéis vincendos, até a data em que cessar o usufruto.

(C) Falecendo Betânia, o seu quinhão caberá, necessariamente, à Cecília, não podendo Ariosto, ou qualquer de seus herdeiros, reivindicar para si a consolidação da propriedade sobre o quinhão de Betânia.

(D) Em se tratando de usufruto constituído sem prazo determinado, o direito real sobre a coisa alheia será perpétuo na esfera jurídica dos usufrutuários, podendo transmiti-lo a seus herdeiros.

(E) Ao contrário da locação, as usufrutuárias podem usufruir do prédio mediante arrendamento, assim como mudar a sua destinação econômica, sem necessitar de prévia autorização do nu-proprietário.

GABARITO

01 – D	02 – CERTO	03 – A
04 – B	05 – A	06 – E
07 – C	08 – B	09 – C
10 – D	11 – A	12 – C
13 – E	14 – A	15 – C
16 – C	17 – D	18 – C
19 – D	20 – ERRADO	21 – D
22 – C	23 – A	24 – D
25 – D	26 – A	27 – D
28 – D	29 – A	30 – C
31 – B	32 – C	33 – CERTO
34 – A	35 – D	36 – D
37 – C	38 – A	39 – D
40 – C	41 – A	42 – A
43 – C	44 – E	45 – C
46 – D	47 – D	48 – C

DO DIREITO REAL DE AQUISIÇÃO. O COMPROMISSO IRRETRATÁVEL DE COMPRA E VENDA DE IMÓVEIS

Sumário: 7.1 Primeiras palavras sobre o compromisso de compra e venda. Evolução histórica legislativa – 7.2 Diferenças conceituais entre o compromisso de compra e venda registrado e não registrado na matrícula do imóvel – 7.3 Requisitos de validade e fatores de eficácia do compromisso irretratável de compra e venda de imóvel – 7.4 Inadimplemento das partes no compromisso irretratável de compra e venda de imóvel. Análise com base na Lei 13.786/2018: 7.4.1 Inadimplemento por parte do promitente vendedor; 7.4.2 Inadimplemento por parte do compromissário comprador. Análise de acordo com a Lei 13.786/2018 – 7.5 Questões controvertidas atuais sobre o compromisso irretratável de compra e venda. Interações entre os direitos reais e pessoais. A Súmula 308 do Superior Tribunal de Justiça e suas decorrências. O "contrato de gaveta". Outras questões atuais relativas à *crise* do mercado imobiliário – 7.6 Resumo esquemático – 7.7 Questões correlatas – Gabarito.

7.1 PRIMEIRAS PALAVRAS SOBRE O COMPROMISSO DE COMPRA E VENDA. EVOLUÇÃO HISTÓRICA LEGISLATIVA

A figura do compromisso de compra e venda é de grande relevância para o Direito Privado Brasileiro, com especial interesse ao meio imobiliário, eis que, no País, a grande maioria dos imóveis que são transmitidos onerosamente passa pela prévia celebração desse negócio jurídico. Nesse contexto, constata-se que o compromisso de compra e venda envolve a aquisição da moradia, tema delicado, eis que assegurada como um direito social e fundamental pelo art. 6.º da Constituição Federal.

Pontua Valter Farid Antonio Júnior, em dissertação de mestrado sobre o tema, que "o acesso à moradia digna passa necessariamente pela questão dos meios de aquisição previstos no direito positivo. Em tempos em que os elevados preços das unidades imobiliárias contrapõem aos baixos rendimentos de grande parte da população brasileira, o contrato de compromisso de compra e venda assume enorme importância, por permitir aos menos abastados a compra facilitada do imóvel próprio" (ANTONIO JÚNIOR, Valter Farid. *Compromisso...*, 2009, p. 4). Tem plena razão o jurista, sendo pertinente analisar as abusividades que geralmente são percebidas nos contratos de aquisição de imóveis.

Como bem salienta Luciano de Camargo Penteado, com as similaridades percebidas no nosso sistema, "o contrato de compromisso de compra e venda é uma criação tipicamente brasileira. Surgiu com a finalidade específica de propiciar às partes uma espécie de garantia anômala, ao mesmo tempo em que permite uma economia de custos na negociação entre as partes pelo diferimento do momento da outorga da escritura" (PENTEADO, Luciano de Camargo. *Direito...*, 2012, p. 505). Em suma, trata-se de uma figura genuinamente nacional, que deve ser interpretada e analisada de acordo com o contexto social e as regras de convivência pacífica.

O instituto em estudo conta com antiga regulamentação no Direito Brasileiro, seja de forma direta ou indireta, pela diferenciação que se verá a seguir a respeito dos compromissos de compra e venda registrados ou não na matrícula do imóvel. A abordagem dessa evolução histórica legislativa é fundamental para que se compreenda a atual sistemática da categoria, bem como as suas decorrências no campo prático.

O Código Civil de 1916 não tratava especificamente do compromisso de compra e venda, trazendo apenas regra sobre o contrato preliminar, no campo dos direitos obrigacionais e com eficácia *inter partes*. Dispunha o art. 1.088 da codificação anterior que "quando o instrumento público for exigido como prova do contrato, qualquer das partes pode arrepender-se, antes de o assinar, ressarcindo à outra as perdas e danos resultantes do arrependimento, sem prejuízo do estatuído nos arts. 1.095 a 1.097". Os últimos comandos citados diziam respeito às arras ou sinal, equivalendo, em parte, aos atuais arts. 417 a 420, que tratam do instituto dentro da teoria geral das obrigações.

Sucessivamente, a primeira norma especial que passou a regulamentar o compromisso de compra e venda foi o Decreto-lei 58, de 10 de dezembro de 1937, que dispõe sobre o loteamento e a venda de terrenos para pagamento em prestações. Os "considerandos" dessa lei já reconheciam a amplitude social do instituto para a aquisição de imóveis, o *boom* imobiliário urbano vivenciado à época, bem como o restrito tratamento que era dado pela codificação civil de 1916.

Em 1979, surgiu a Lei 6.766, conhecida como Lei do Parcelamento do Solo Urbano, que encampou vários dos posicionamentos da jurisprudência anterior, como a previsão de irretratabilidade do compromisso de compra e venda registrado na matrícula do imóvel, sem a possibilidade de se estabelecer a cláusula de arrependimento. Antes disso, anote-se que a Lei de Registros Públicos (Lei 6.015/1973) já previa a possibilidade de registro dos contratos de compromisso de compra e venda de imóvel, com ou sem cláusula de arrependimento (art. 167, item 1, número 9). A Lei de Incorporações Imobiliárias (Lei 4.591/1964) também trata do assunto, ao regular tais negócios de aquisição de imóveis.

O Código Civil de 2002 acabou consolidando, pelo menos em parte, esse tratamento anterior. De início, foi o compromisso de compra e venda registrado na matrícula do imóvel reconhecido como um *direito real de aquisição*, nos termos do art. 1.225, inc. VII, do Código Civil. Desse modo, encerrou-se polêmica a respeito do enquadramento do instituto entre as categorias reais. Como é cediço, alguns juristas viam na figura uma natureza de garantia real, caso de Darcy Bessone (*Direitos...*, 1988). Outros, como Silvio Rodrigues, concebiam o compromisso de compra e venda registrado como um direito real de gozo ou fruição (RODRIGUES, Silvio. *Direito...*, 2002, v. 5, p. 314).

Não deixa dúvidas a própria organização da codificação privada em vigor. Os *direitos reais de gozo ou fruição* estão tratados entre os arts. 1.369 a 1.416 (na sequência: superfície, servidões, usufruto, uso e habitação). Os *direitos reais de garantia*, regulamentados entre os arts. 1.419 a 1.510 (penhor, hipoteca e anticrese). Com a emergência, à Lei 13.465/2017, após os direitos reais de garantia, foi inserido o tratamento relativo à laje que, na vertente doutrinária que sigo, também tem natureza de *direito real de gozo ou fruição,* sendo um direito real sobre coisa alheia (arts. 1.510-A a 1.510-E).

O compromisso de compra e venda de imóvel consta dos arts. 1.417 e 1.418, no *meio do caminho* entre as categorias destacadas. Assim, aliás, deve ser entendido o instituto, por sua natureza diferenciada dos dois grandes grupos de direitos reais tratados, antes e depois, pelo Código Civil em vigor. A numeração dos capítulos desta obra demonstra tal enquadramento.

Na doutrina contemporânea, vários estudiosos demonstram a natureza do compromisso de compra e venda registrado como *direito real de aquisição*, tema que parece ter sido pacificado pelo Código de 2002. De início, Maria Helena Diniz leciona que "o compromisso irretratável de compra e venda de imóvel, em razão de ausência de cláusula de arrependimento (...) devidamente assentado no competente Registro de Imóveis, equivale a um direito real ilimitado, direito de aquisição, assecuratório do *contrahere* futuro, não só em relação às partes contratantes como *erga omnes*" (*Código...*, 2010, p. 983). Igualmente, citando os *clássicos* Caio Mário da Silva Pereira e Serpa Lopes, ensinam Gustavo Tepedino, Maria Celina Bodin de Moraes e Heloísa Helena Barboza que "A promessa irrevogável de venda registrada no RGI configura direito real. A doutrina, de forma praticamente unânime, designa-o como direito real do promitente comprador do imóvel, no rol dos direitos reais limitados, considerado *direito real de aquisição*" (*Código...*, 2011, v. III, p. 849).

Por fim, as lições de Cristiano Chaves de Farias e Nelson Rosenvald, para quem "a promessa de compra e venda como *direito real à aquisição* surge quando o instrumento público ou particular da promessa é objeto de registro no Cartório de Registro de Imóveis" (*Curso...*, 2012, p. 967). No âmbito da jurisprudência, por todos os julgados que do mesmo modo concluem, destaque-se: "o direito real de propriedade não se confunde com o direito real do promitente comprador, que se consubstancia em um direito à aquisição do imóvel condicionado ao cumprimento da obrigação de pagar a quantia contratualmente estabelecida" (STJ, REsp 1.501.549/RS, 3.ª Turma, Rel. Min. Nancy Andrighi, j. 08.05.2018, *DJe* 11.05.2018).

Demonstrada tal consolidação técnica, superando um velho debate, consigne-se que o compromisso de compra e venda registrado é chamado de *irretratável* justamente pela impossibilidade de cláusula de arrependimento, tema que ainda será aprofundado no presente capítulo.

Todavia, há outra norma emergente a ser destacada, a Lei 13.786, de 27 de dezembro de 2018, conhecida como "Lei dos Distratos" e que fez surgir um debate técnico sobre a afirmação de haver ou não um compromisso irretratável. O diploma trouxe alterações nas citadas Leis 4.591/1964 e 6.766/1979, visando a proteger o mercado imobiliário, que passa por profunda crise. Adianto o meu entendimento de que se trata de uma norma totalmente desequilibrada, de excessiva proteção dos incorporadores e construtores, em detrimento dos adquirentes, conforme veremos de outros trechos deste capítulo, em dura visão crítica.

Para solucionar os problemas atuais existentes sobre o tema, é preciso conciliar as citadas normas especiais com os dispositivos do Código Civil. Como não houve consolidação na codificação de muitos preceitos anteriores, estes continuam em vigor. Nesse contexto de compatibilização das normas, deve-se utilizar, mais uma vez, a *teoria do diálogo das fontes*, de Erik Jayme e Cláudia Lima Marques, que procura uma possível harmonia entre todas as regras existentes no sistema, em um *diálogo de complementaridade.* A tese ganha importância pelo fato de ser o compromisso de compra e venda, muitas vezes e como regra geral, uma relação jurídica de consumo.

Nos termos dos arts. 2.º e 3.º da Lei 8.078/1990, há uma relação jurídica de consumo quando um fornecedor profissional que desenvolve atividade, com vantagens diretas e indiretas, fornece um produto ou presta um serviço a um consumidor. Este último deve ser *destinatário final*, fático e econômico, do produto ou serviço. *Destinatário final fático* significa que o consumidor é o último da cadeia de consumo, ou seja, não há qualquer sujeito após ele. *Destinatário final econômico* quer dizer que o consumidor não utiliza o produto ou o serviço para lucro, vantagens ou repasse a terceiros.

Ora, é justamente o que ocorre nos negócios de financiamentos para aquisição de imóveis celebrados com construtoras e incorporadoras, e intermediados por instituições financeiras, havendo, em geral e na prática, a celebração de um compromisso de compra e venda registrado na matrícula do imóvel. Após longo período de financiamento, pago o preço, é outorgada a escritura definitiva pela construtora ou incorporadora. O vendedor é profissional na atividade que desenvolve, dela retirando lucro. O comprador é destinatário final fático e econômico do imóvel que está sendo adquirido, pois, via de regra, o bem será destinado para a sua moradia e de sua família.

Na jurisprudência do Superior Tribunal de Justiça numerosos são os julgados que reconhecem a incidência do Código de Defesa do Consumidor para o compromisso irretratável de compra e venda, especialmente quando o imóvel é adquirido para uso próprio e destinado à moradia (a título de exemplo: STJ, AgRg no REsp 1.207.682/SC, 3.ª Turma, Rel. Min. Sidnei Beneti, j. 11.06.2013, *DJe* 21.06.2013; REsp 332.947/MG, 4.ª Turma, Rel. Min. Aldir Passarinho Junior, j. 24.10.2006, *DJ* 11.12.2006, p. 360; EDcl no REsp 334.829/DF, 3.ª Turma, Rel. Min. Nancy Andrighi, j. 05.03.2002, *DJ* 29.04.2002, p. 242; REsp 193.245/RJ, 2.ª Turma, Rel. Min. Francisco Peçanha Martins, j. 22.05.2001, *DJ* 25.06.2001, p. 154; REsp 287.248/MG, 4.ª Turma, Rel. Min. Aldir Passarinho Junior, j. 07.12.2000, *DJ* 05.03.2001, p. 175; AgRg no Ag 96.986/SP, 3.ª Turma, Rel. Min. Waldemar Zveiter, j. 01.12.1998, *DJ* 03.05.1999, p. 142; AgRg no Ag 177.869/SP, 3.ª Turma, Rel. Min. Carlos Alberto Menezes Direito, j. 17.09.1998, *DJ* 09.11.1998, p. 100; REsp 60.065/SP, 4.ª Turma, Rel. Min. Ruy Rosado de Aguiar, j. 15.08.1995, *DJ* 02.10.1995, p. 32.377; REsp 59.494/SP, 3.ª Turma, Rel. Min. Waldemar Zveiter, j. 22.04.1996, *DJ* 01.07.1996, p. 24.048; REsp 109.331/SP, 4.ª Turma, Rel. Min. Ruy Rosado de Aguiar, j. 24.02.1997, *DJ* 31.03.1997, p. 9.638).

Destaque-se, nessa ordem, julgado da Corte que debateu a possibilidade de o Ministério Público ingressar com ação civil pública com o fim de afastar abusividades em contratos celebrados com grupo de pessoas:

"Processual civil. Ação civil pública. Contrato de compra e venda de imóvel. Aumento abusivo do valor das prestações. Legitimidade ativa do Ministério Público. Direito à moradia. 1. Hipótese em que o Ministério Público ajuizou Ação Civil Pública em defesa de mutuários de baixa renda cujos imóveis foram construídos em sistema de mutirão, com compromisso de compra e venda firmado com o Município de Andradas, pelo prazo de 15 anos. Após o pagamento por 13 anos na forma contratual, o Município editou lei que majorou as prestações para até 20% da renda dos mutuários. O Tribunal de origem declarou a ilegitimidade *ad causam* do Ministério Público. 2. O art. 127 da Constituição da República e a legislação federal autorizam o Ministério Público a agir em defesa de interesse individual indisponível, categoria na qual se insere o direito à moradia, bem como na tutela de interesses individuais homogêneos, mesmo que disponíveis, como, p. ex., na proteção do consumidor. Precedentes do STJ. 3. O direito à moradia contém extraordinário conteúdo social, tanto pela ótica do bem jurídico tutelado – a necessidade humana de um teto capaz de abrigar, com dignidade, a família –, quanto pela situação dos sujeitos tutelados, normalmente os mais miseráveis entre os pobres. 4. Registre-se que o acórdão recorrido consignou não existir, no Município de Andradas, representação da Defensoria Pública do Estado de Minas Gerais, além do fato de a Subseção da OAB somente indicar advogado dativo para as ações de alimento. 5. Recurso Especial provido" (STJ, REsp 950.473/MG, 2.ª Turma, Rel. Min. Herman Benjamin, j. 25.08.2009, *DJe* 27.04.2011).

Louva-se, no último acórdão, toda a preocupação do relator com a *tutela da moradia*, encartada na Constituição Federal de 1988 como um direito fundamental. Há debate interessante a respeito da aplicação do CDC às hipóteses fáticas em que o imóvel é adquirido para os fins de investimento. O meu entendimento doutrinário é no sentido de que somente pode ser afastada a incidência da Lei Consumerista no caso de haver um adquirente que seja um investidor estritamente profissional, notadamente uma pessoa jurídica, cuja principal atividade seja atuar no mercado imobiliário na compra e venda de imóveis e em negócios afins. A título de exemplo, se um profissional liberal, pessoa natural de outra área como um médico ou advogado, procura incrementar os seus ganhos e rendas com tais aquisições, isso não tem o condão de afastar a incidência da Lei 8.078/1990.

Além disso, há que se considerar a aplicação do CDC para as situações em que se tem a aquisição para fins de investimento, mas o comprador está em situação de hipossuficiência técnica, a atrair a incidência da *teoria finalista mitigada* e, como consequência, da lei especial protetiva. Exatamente nesse sentido, vejamos julgado do Superior Tribunal de Justiça que tem o meu apoio:

> "O adquirente de unidade imobiliária, mesmo não sendo o destinatário final do bem e apenas possuindo o intuito de investir ou auferir lucro, poderá encontrar abrigo da legislação consumerista com base na teoria finalista mitigada se tiver agido de boa-fé e não detiver conhecimentos de mercado imobiliário nem *expertise* em incorporação, construção e venda de imóveis, sendo evidente a sua vulnerabilidade. Em outras palavras, o CDC poderá ser utilizado para amparar concretamente o investidor ocasional (figura do consumidor investidor), não abrangendo em seu âmbito de proteção aquele que desenvolve a atividade de investimento de maneira reiterada e profissional" (STJ, REsp 1.785.802/SP, 3.ª Turma, Rel. Min. Ricardo Villas Bôas Cueva, j. 19.02.2019, *DJe* 06.03.2019).

Ademais, a minha posição é no sentido de que eventuais abusividades em tais negócios não passam necessariamente pelo fato de haver ou não um contrato de consumo, mas sim pela existência de um contrato de adesão, que não dá margem ou opção de negociação a quem adquire os imóveis, a gerar a subsunção das regras de proteção do aderente, constantes dos arts. 423 e 424 do Código Civil. Pelo primeiro comando, tais negócios devem ser interpretados da maneira mais favorável ao aderente. Pelo segundo, é imperioso reconhecer a nulidade absoluta das cláusulas que impliquem a renúncia antecipada do aderente a direito resultante da natureza do negócio. Vale lembrar que essa proteção do aderente foi ampliada pela *Lei da Liberdade Econômica* (Lei 13.874/2019), que inseriu regra de sempre haver uma interpretação contrária ao estipulante do conteúdo do negócio, por força do novo art. 113, § 1.º, inc. IV, do CC/2002.

Exposta essa controvérsia, este capítulo procurará, para o compromisso de compra e venda de imóvel, a interação entre todas as normas citadas: o Decreto-lei 58/1937, a Lei 6.766/1979, a Lei 4.591/1964, o Código Civil de 2002, o Código de Defesa do Consumidor, a recente Lei 13.786/2018 e, ainda, a Constituição Federal de 1988.

Adianto que no Projeto de Reforma do Código Civil, elaborado pela Comissão de Juristas nomeada no Senado Federal, são feitas proposições de ajustes pontuais a respeito dos arts. 1.417 e 1.418 da Lei Civil. Um deles é justamente de preservar esse tratamento da legislação especial, prevendo o sugerido parágrafo único do primeiro dispositivo que "o tratamento do compromisso de compra e venda registrado na matrícula do imóvel, constante neste Código, não exclui o previsto em leis especiais".

Antes desse estudo de interação, é primordial diferenciar duas figuras jurídicas, quais sejam, o compromisso de compra e venda registrado na matrícula do imóvel e aquele que não é registrado.

7.2 DIFERENÇAS CONCEITUAIS ENTRE O COMPROMISSO DE COMPRA E VENDA REGISTRADO E NÃO REGISTRADO NA MATRÍCULA DO IMÓVEL

Uma das conclusões retiradas deste capítulo é que há uma conexão entre os direitos reais e os contratos quando se estuda o compromisso de compra e venda de imóvel como categoria jurídica. A tendência de aproximação entre os direitos reais e os direitos pessoais patrimoniais, aliás, foi bem exposta no Capítulo 1 desta obra, podendo ser realçada pela presente seção.

Isso porque duas são as figuras jurídicas possíveis de compromisso, o que depende do registro ou não do instrumento negocial na matrícula no registro imobiliário. A diferenciação dos institutos é fulcral para a compreensão do tema do compromisso de compra e venda.

A primeira figura é o *compromisso de compra e venda de imóvel não registrado na matrícula do imóvel*. Nesse caso há um contrato preliminar com efeitos obrigacionais *inter partes*, gerando uma *obrigação de fazer* o contrato definitivo. Na prática, é comum a sua celebração nos contratos de compra e venda de imóvel celebrados a curto prazo, com pagamento à vista ou em poucas prestações.

O contrato preliminar, pré-contrato ou *pactum de contrahendo* encontra-se tratado na atual codificação privada, como novidade, entre os arts. 462 a 466. Seu objetivo é sempre a celebração do contrato definitivo no futuro, havendo um *negócio jurídico preparatório*. Esclareça-se que a fase de contrato preliminar não é obrigatória entre as partes, sendo dispensável. Em muitos casos práticos, diante da agilidade na obtenção das informações sobre o imóvel e sobre o vendedor, tem-se dispensado a celebração desse pacto prévio.

Prevê o primeiro dispositivo relativo ao tema que o contrato preliminar, exceto quanto à forma, terá os mesmos requisitos essenciais do contrato definitivo (art. 462 do CC). Em suma, o contrato preliminar exige os mesmos requisitos de validade do negócio jurídico ou contrato previstos no art. 104 do CC/2002, com exceção da forma prescrita ou não defesa em lei: capacidade e legitimidade das partes, vontade livre, objeto lícito, possível, determinado ou pelo menos determinável.

Não sendo celebrado o contrato definitivo pelo promitente vendedor, o compromissário ou promitente comprador terá três opções, conforme consta dos comandos seguintes que tratam do assunto.

Como *primeira opção*, poderá ingressar com ação de obrigação de fazer, fixando o juiz um prazo razoável para que a outra parte celebre o contrato definitivo (art. 463 do CC/2002). Isso, desde que não conste do instrumento a previsão de *cláusula de arrependimento* e o preço tenha sido pago. Nota-se, portanto, que no compromisso de compra e venda de imóvel não registrado é possível a estipulação dessa cláusula, que dá às partes um direito potestativo de extinção do contrato. Em havendo cláusula de arrependimento ou não, existem regras específicas a respeito das arras ou sinal, nos termos dos arts. 417 a 420 do CC/2002, tema tratado no Volume 2 desta coleção.

Como *segunda opção*, esgotado o prazo para que a outra parte celebre o contrato definitivo, poderá o juiz suprir a vontade da parte inadimplente, conferindo caráter definitivo ao contrato preliminar (art. 464 do CC). Esse efeito é similar ao da adjudicação compulsória, mas *inter partes*. Por isso, continua aplicável a Súmula 239 do Superior Tribunal de Justiça, segundo a qual o direito à adjudicação compulsória, quando exercido em face do promitente vendedor, não se condiciona ao registro do compromisso de compra e venda na matrícula do imóvel.

No plano doutrinário, o Enunciado n. 95 do CJF/STJ, da *I Jornada de Direito Civil* do ano de 2002, consagra a continuidade prática da súmula, *in verbis:* "o direito à adjudicação compulsória (art. 1.418 do novo Código Civil), quando exercido em face do promitente vendedor, não se condiciona ao registro da promessa de compra e venda no cartório de registro imobiliário (Súmula n. 239 do STJ)". A própria jurisprudência do STJ continua a aplicar e mencionar a ementa de resumo em julgados recentes (por todos: STJ, Ag. Rg. no REsp 1.134.942/MG, 4.ª Turma, Rel. Min. Marco Buzzi, j. 17.12.2013, *DJe* 04.02.2014 e REsp 941.464/SC, 4.ª Turma, Rel. Min. Luis Felipe Salomão, j. 24.04.2012, *DJe* 29.06.2012).

Por fim, como *terceira opção*, se o contrato e o seu objetivo não interessarem mais ao compromissário ou promitente comprador, poderá ele requerer a conversão da obrigação de fazer em obrigação de dar perdas e danos (art. 465 do CC). Concretizando, se após um longo prazo em que não é outorgada a escritura definitiva, o comprador não tiver mais qualquer interesse no imóvel, pois adquiriu outro bem, poderá ter como extinto o contrato preliminar e exigir danos materiais (nas categorias danos emergentes e lucros cessantes) e danos morais.

Anote-se que a jurisprudência superior tem entendido que, em regra, o mero descumprimento do contrato, preliminar ou definitivo, não enseja a reparação imaterial. Todavia, em casos excepcionais, de longa demora na celebração do contrato definitivo, o dano moral pode estar presente. A ementa a seguir sintetiza tal forma de pensar, tratando de hipótese de compromisso de compra e venda registrado:

> "Recurso especial. Ação de rescisão de compromisso de compra e venda de imóvel. Mora da construtora promitente vendedora. Restituição integral das parcelas pagas. Cabimento. Impontualidade na entrega do imóvel. Dano moral. Inexistência, em regra. Precedentes. Recurso especial parcialmente provido. I – O consumidor está autorizado, por nosso ordenamento jurídico, a pleitear a rescisão contratual, bem como a devolução imediata dos valores pagos. II – Decorrente da rescisão contratual, em virtude da mora injustificada da Construtora, promitente vendedora, a devolução integral das parcelas pagas é medida de rigor e está em consonância com a orientação preconizada por esta Corte Superior. III – Todavia, salvo circunstância excepcional que coloque o contratante em situação de extraordinária angústia ou humilhação, não há dano moral. Isso porque, o dissabor inerente à expectativa frustrada decorrente de inadimplemento contratual se insere no cotidiano das relações comerciais e não implica lesão à honra ou violação da dignidade humana. Precedentes. IV – Recurso especial parcialmente provido" (STJ, REsp 1.129.881/RJ, 3.ª Turma, Rel. Min. Massami Uyeda, j. 15.09.2011, *DJe* 19.12.2011).

Mais especificamente, reconhecendo a possibilidade de reparação moral, pelo fato de o imóvel ter sido entregue muito tempo após o prazo estipulado, vejamos publicação constante do *Informativo* n. 473 daquela Corte Superior:

> "Incorporação imobiliária. Há mais de 12 anos houve a assinatura do contrato de promessa de compra e venda de uma unidade habitacional. Contudo, passados mais de nove anos do prazo previsto para a entrega, o empreendimento imobiliário não foi construído

por incúria da incorporadora. Nesse contexto, vê-se que a inexecução causa séria e fundada angústia no espírito do adquirente a ponto de transpor o mero dissabor oriundo do corriqueiro inadimplemento do contrato, daí ensejar, pela peculiaridade, o ressarcimento do dano moral. Não se desconhece a jurisprudência do STJ quanto a não reconhecer dano moral indenizável causado pelo descumprimento de cláusula contratual, contudo há precedentes que excepcionam as hipóteses em que as circunstâncias atinentes ao ilícito material têm consequências severas de cunho psicológico, mostrando-se como resultado direto do inadimplemento, a justificar a compensação pecuniária, tal como ocorre na hipótese. Outrossim, é certo que a Lei n. 4.591/1964 (Lei do Condomínio e Incorporações) determina equiparar o proprietário do terreno ao incorporador, imputando-lhe responsabilidade solidária pelo empreendimento. Mas isso se dá quando o proprietário pratica atividade que diga respeito à relação jurídica incorporativa, o que não ocorreu na hipótese, em que sua atuação, conforme as instâncias ordinárias, limitou-se à mera alienação do terreno à incorporadora, o que não pode ser sindicado no especial, por força da Súm. n. 7-STJ. Dessarte, no caso, a responsabilidade exclusiva pela construção do empreendimento é, sem dúvida, da incorporadora. Precedentes citados: REsp 1.072.308/RS, *DJe* 10.06.2010; REsp 1.025.665/RJ, *DJe* 09.04.2010; REsp 617.077/RJ, *DJe* 29.04.2011; AgRg no Ag 631.106/RJ, *DJe* 08.10.2008, e AgRg no Ag 1.010.856/RJ, *DJe* 1.º.12.2010" (STJ, REsp 830.572/RJ, Rel. Min. Luis Felipe Salomão, j. 17.05.2011).

Mais uma vez, o julgado se refere a compromisso de compra e venda de imóvel registrado. Porém, o raciocínio é o mesmo no caso de não estar o compromisso inscrito na matrícula do imóvel. Na verdade, deve-se pensar que, em algumas situações, o descumprimento contratual pode representar lesão a direitos fundamentais amparados pelo Texto Maior, caso da moradia. Nessa linha, o Enunciado n. 411 do CJF/STJ, da *V Jornada de Direito Civil*, originário de proposta formulada por mim: "o descumprimento de contrato pode gerar dano moral quando envolver valor fundamental protegido pela Constituição Federal de 1988".

A segunda figura a ser estudada, para os devidos fins de confrontação categórica, é o *compromisso de compra e venda de imóvel registrado na matrícula do imóvel*. Na prática, frise-se, tais negócios são, no geral, utilizados nas vendas financiadas a longo prazo, notadamente por meio de incorporações imobiliárias. Não se trata de um contrato preliminar, mas de um negócio jurídico definitivo, "perfeito e acabado. Não se trata de um contrato preliminar típico" (VENOSA, Sílvio de Salvo. *Código...*, 2010, p. 1.375).

Assim, se ocorrer tal registro, estar-se-á diante de um direito real de aquisição a favor do comprador, reconhecido expressamente pelos arts. 1.225, inc. VII, e 1.417 do CC/2002. No mesmo sentido, o art. 5.º do Decreto-lei 58/1937 estabelece que averbação do compromisso de compra e venda na matrícula atribui ao compromissário comprador direito real oponível a terceiros, quanto à alienação ou oneração posterior.

Em complemento, o art. 25 da Lei 6.766/1979 continua a dispor que são irretratáveis os compromissos de compra e venda, cessões e promessas de cessão que atribuem direito a adjudicação compulsória e, estando registrados, conferem direito real oponível a terceiros. No mesmo sentido, o art. 32, § 2.º, da Lei 4.591/1964, regra prevista para a incorporação imobiliária: "os contratos de compra e venda, promessa de venda, cessão ou promessa de cessão de unidades autônomas são irretratáveis e, uma vez registrados, conferem direito real oponível a terceiros, atribuindo direito a adjudicação compulsória perante o incorporador ou a quem o suceder, inclusive na hipótese de insolvência posterior ao término da obra". Os preceitos, especialmente no tocante à adjudicação compulsória, têm origem na antiga Súmula 413 do Supremo Tribunal Federal, de 1964, que previa: "o compromisso de compra e venda de imóveis, ainda que não loteados, dá direito a execução compulsória, quando reunidos os requisitos legais".

Esclareça-se, por oportuno, a dicção do art. 463, parágrafo único, do CC/2002, segundo o qual "o contrato preliminar deverá ser levado ao registro competente". A questão é esclarecida pelo Enunciado n. 30 do Conselho da Justiça Federal e do Superior Tribunal de Justiça, aprovado na *I Jornada de Direito Civil*: "a disposição do parágrafo único do art. 463 do novo Código Civil deve ser interpretada como fator de eficácia perante terceiros". Em suma, a palavra "deve", constante do comando legal em questão, tem que ser interpretada como sendo um "pode", o que traduz o entendimento majoritário dos civilistas brasileiros.

Destaque-se que o Projeto de Reforma do Código Civil pretende corrigir esse equívoco para que a norma passe a prever no seu art. 463 que o contrato preliminar poderá ser levado ao registro competente. Com isso, será resolvida divergência verificada nos mais de vinte anos de aplicação prática da codificação material de 2002.

A irretratabilidade da figura em estudo já era reconhecida pela Súmula 166 do Supremo Tribunal Federal, de dezembro de 1963, que culminou com a elaboração do último comando e do art. 1.417 do CC/2002: "É inadmissível o arrependimento no compromisso de compra e venda sujeito ao regime do Dec.-lei 58, de 10.12.1937".

Nesse ponto, sempre se sustentou haver outra diferença substancial em relação ao compromisso de compra e venda não registrado na matrícula, uma vez que a última figura admite cláusula de arrependimento, como visto. No caso do compromisso de compra e venda registrado na matrícula, a cláusula de arrependimento deve ser considerada como nula, por *nulidade absoluta virtual*, eis que a lei proíbe a prática do ato sem cominar sanção (art. 166, inc. VI, segunda parte, do CC/2002).

Todavia, com a Lei 13.786/2018, essa afirmação da presença de um *compromisso irretratável* é colocada em dúvida, pelo menos em parte e para alguns negócios. Isso porque passou-se a estabelecer expressamente a possibilidade de aplicação do direito de arrependimento do art. 49 do Código de Defesa do Consumidor para os casos de aquisição de imóveis em estandes de venda. Como é notório, tal comando protetivo fixa o prazo de sete dias para o exercício de um direito potestativo de extinção unilateral do negócio, quando a venda for realizada fora do estabelecimento empresarial, justamente como ocorre nos estandes, onde ainda são utilizados meios agressivos de *marketing* para a realização do negócio.

A nova norma incluiu, de início, um novo art. 35-A na Lei de Incorporações impondo a obrigatoriedade de elaboração de um *quadro-resumo* nesses contratos, para o fim de deixar mais transparente o pacto celebrado, atendendo-se à boa-fé objetiva. Uma das exigências, nos termos do seu inciso VIII, diz respeito às "informações acerca da possibilidade do exercício, por parte do adquirente do imóvel, do direito de arrependimento previsto no art. 49 da Lei n.º 8.078, de 11 de setembro de 1990 (Código de Defesa do Consumidor), em todos os contratos firmados em estandes de vendas e fora da sede do incorporador ou do estabelecimento comercial". Exatamente no mesmo sentido foi incluído um art. 26-A na Lei 6.766/1979 para os contratos por ela abrangidos, ou seja, para os loteamentos em geral, mencionando-se o loteador, em vez do incorporador.

Sucessivamente, a Lei 4.591/1964 recebeu também um art. 67-A, que regula o desfazimento do contrato celebrado exclusivamente com o incorporador, mediante distrato ou resolução por inadimplemento absoluto de obrigação do adquirente. Nos termos do seu § 10, os contratos firmados em estandes de vendas e fora da sede do incorporador permitem ao adquirente o exercício do direito de arrependimento, durante o prazo improrrogável de sete dias, com a devolução de todos os valores eventualmente antecipados, inclusive a comissão

542 | DIREITO CIVIL • VOL. 4 – *Flávio Tartuce*

de corretagem. Confirma-se, assim, o teor do art. 49 do CDC, quanto à existência de um direito potestativo do adquirente.

Todavia, de forma totalmente sem sentido, o novo § 11 da norma estatui que "caberá ao adquirente demonstrar o exercício tempestivo do direito de arrependimento por meio de carta registrada, com aviso de recebimento, considerada a data da postagem como data inicial da contagem do prazo a que se refere o § 10 deste artigo". Eis sério engano técnico do legislador, pois, se aplicada a literalidade da norma, o direito de arrependimento passa a ser eterno. O prazo de arrependimento, nos termos literais do art. 49 do CDC, deve ser contado da celebração do negócio, e não da postagem da carta para o seu exercício. A norma clama, portanto, por alteração legislativa. Até que isso ocorra, deve ser desconsiderada pelos julgadores, pela ausência de sentido jurídico. Esse é apenas um dos problemas técnicos da nova lei.

Por fim, a respeito do exercício desse direito potestativo, o § 12 do art. 67-A da Lei 4.591/1964 enuncia que, transcorrido o prazo de sete dias sem o exercício do direito de arrependimento, será observada a irretratabilidade do compromisso e da incorporação imobiliária. Assim, nota-se que o compromisso de compra e venda de imóvel registrado na matrícula passou a ser irretratável apenas depois do prazo de arrependimento, em se tratando de imóvel adquirido em estandes de vendas. Antes desse lapso, não se pode mais falar de irretratabilidade, o que não deixa de ser um certo desvio categórico.

Advirta-se que, para os demais negócios – não abrangidos pela Lei 4.591/1964 e em que a venda não se dá em estandes –, o compromisso registrado na matrícula será sempre irretratável. Cumpre observar que não foram incluídas regras semelhantes às últimas previsões na Lei 6.766/1979, que regula os imóveis em loteamento e similares.

Outra questão a ser pontuada é que, nos termos do art. 26 da Lei 6.766/1979 e do art. 1.417 do Código Civil, os compromissos de compra e venda, as cessões ou promessas de cessão que admitem registro poderão ser feitos por escritura pública ou por instrumento particular. Assim, não é obrigatória a solenidade da escritura pública, o que também ocorre com o compromisso de compra e venda não registrado.

Seguindo na abordagem técnica do instituto, a categoria em estudo, em havendo o registro, tem *efeitos reais erga omnes*, gerando uma *obrigação de dar* a coisa. Tanto isso é verdade que, não sendo essa entregue, caberá *ação de adjudicação compulsória* por parte do compromissário comprador, em face do promitente vendedor ou de terceiro. Para que a coisa seja entregue, o preço da coisa deve ser depositado, de forma integral ou substancial (art. 1.418 do CC/2002). Além da adjudicação compulsória, é possível que o compromissário comprador pleiteie a rescisão do contrato e exija perdas e danos, inclusive morais, na linha do último julgado do Superior Tribunal de Justiça transcrito. O exemplo típico envolve a demora excessiva em se entregar o imóvel.

Na verdade, a presença de uma *obrigação de dar* ou de *fazer* no compromisso de compra e venda registrado divide a doutrina. De início, a existência de uma *obrigação de fazer* é afirmada por juristas como Luciano de Camargo Penteado (*Direito...*, 2012, p. 506), Sílvio de Salvo Venosa (*Código...*, 2010, p. 1.277), Gustavo Tepedino, Maria Celina Bodin de Moraes e Heloísa Helena Barboza (*Código...*, 2011, v. III, p. 849). A maioria dos arestos superiores segue tal entendimento (a ilustrar: STJ, REsp 737.047/SC, 3.ª Turma, Rel. Min. Nancy Andrighi, j. 16.02.2006, *DJ* 13.03.2006, p. 321; e REsp 426.149/RS, 4.ª Turma, Rel. Min. Ruy Rosado de Aguiar, j. 05.09.2002, *DJ* 28.10.2002, p. 325).

Por outra via, há quem entenda pela existência de uma *obrigação de dar*, caso de Maria Helena Diniz (*Código...*, 2010, p. 985), doutrinadora que me influenciou. No mesmo sentido, leciona Orlando Gomes que, "assim sendo, está excluída a possibilidade de ser o compromisso de venda e compra um contrato preliminar, porque só é possível adjudicação compulsória nas obrigações de dar e, como todos sabem, o contrato preliminar ou promessa de contratar gera uma obrigação de fazer, a de celebrar o contrato definitivo" (GOMES, Orlando. *Direitos...*, 2004, p. 361). Na mesma esteira, José Osório de Azevedo Jr. há muito tempo sustenta que, "em matéria de imóveis, o compromisso de venda equivale à venda. Não é pelo fato de serem dois respectivos regimes jurídicos que não se pode fazer tal afirmação" (AZEVEDO JR., José Osório de. *Compromisso...*, 1992, p. 66). Na prática jurisprudencial, infelizmente, esse último entendimento parece ser o minoritário.

Exposta a controvérsia, a encerrar a presente seção, é forçoso conceituar o compromisso de compra e venda de imóvel registrado, tido como um negócio jurídico pelo qual o vendedor se compromete, de forma irretratável e tendo sido pago o preço, a transferir ao comprador a propriedade de um determinado imóvel. Trata-se de um direito real de aquisição reconhecido pelo ordenamento jurídico brasileiro que, como tal, gera efeitos *erga omnes*.

As partes do negócio são o promitente vendedor e o compromissário comprador. O último também pode ser denominado como promitente comprador, eis que o próprio Código Civil utiliza tal nomenclatura, no seu art. 1.225, inc. VII.

Nesse sentido, aliás, o Projeto de Reforma do Código Civil pretende que o *caput* do art. 1.417 passe a mencionar as duas expressões, a saber: "mediante promessa ou compromisso de compra e venda, em que se não pactuou arrependimento, celebrada por instrumento público ou particular, e registrada no cartório de registro de imóveis, adquire o compromissário ou promitente comprador direito real à aquisição do imóvel". Com isso, resolve-se qualquer debate que ainda possa existir, na teoria ou na prática, quanto à correta nomenclatura a ser utilizada.

7.3 REQUISITOS DE VALIDADE E FATORES DE EFICÁCIA DO COMPROMISSO IRRETRATÁVEL DE COMPRA E VENDA DE IMÓVEL

Como todo negócio jurídico, o compromisso de compra e venda deve apresentar requisitos de validade e fatores de eficácia, o que igualmente muito interessa à prática. Em relação ao plano da existência, como a nossa legislação não o adotou expressamente, está *embutido* no plano da validade.

Iniciando-se pelos requisitos de validade, repise-se que o art. 104 do Código Civil elenca a capacidade das partes; o objeto lícito, possível, determinado ou determinável; a forma prescrita ou não defesa em lei. Acrescente-se a vontade livre, sem os vícios do consentimento, retirada do primeiro elemento. Presente um dos defeitos da vontade, como o erro, o dolo, a coação, o estado de perigo ou a lesão, o compromisso será anulável, conforme o art. 171, inc. II, do CC.

Em relação à capacidade das partes, o compromisso de compra e venda celebrado por absolutamente incapaz, sem a devida representação, deve ser reputado nulo de pleno direito (art. 166, inc. I, do CC). Em havendo um compromisso constituído por relativamente incapaz, sem a devida assistência, o negócio é anulável (art. 171, inc. I, do CC).

Da capacidade retira-se a *legitimação*, qualidade especial para o ato que se estuda. Nesse ponto entram em cena questões interessantes a respeito do compromisso irretratável de compra e venda. De início, insta verificar se a celebração do compromisso de compra e venda por pessoa casada exige ou não a outorga conjugal, a englobar a outorga uxória e a marital, nos termos dos arts. 1.647 a 1.649 da codificação material privada.

Na linha do que era defendido em edições anteriores desta obra, deve ser considerada como necessária a outorga conjugal para o compromisso irretratável de compra e venda, com exceção de ser o vendedor casado pelo regime da separação absoluta de bens, entendida esta como a separação convencional (art. 1.647, inc. I, do CC). Em suma, sendo o vendedor casado pelos regimes da comunhão universal, comunhão parcial, participação final nos aquestos ou separação obrigatória de bens, a vênia conjugal é necessária, sob pena de anulabilidade do compromisso (art. 1.649 do CC).

A ação anulatória está sujeita a prazo decadencial de dois anos, a contar da dissolução da sociedade conjugal, podendo ser proposta pelo cônjuge que deveria ter dado a outorga ou por seus herdeiros (art. 1.650 do CC). No caso do regime da participação final nos aquestos, raro na prática, o pacto antenupcial pode dispensar a outorga conjugal para atos relativos a bens imóveis (art. 1.656 do CC). Todas as premissas valem apenas para o vendedor, e não para o comprador do imóvel, pois para o ato de compra a outorga não é necessária.

Na doutrina, esse parece ser o entendimento majoritário, como bem sintetiza Marco Aurélio Bezerra de Melo: "no atual direito civil, a controvérsia está pacificada, sendo anulável o compromisso sem a observância do requisito do consentimento" (*Direito...*, 2007, p. 367). Na mesma linha, Gustavo Tepedino, Maria Celina Bodin de Moraes e Heloísa Helena Barboza citam como fundamento o art. 11, § 2.º, do Decreto-lei 58/1937, segundo o qual, para os compromissos abrangidos pela lei, "é indispensável a outorga uxória quantos seja casado o vendedor" (*Código...*, 2011, v. III, p. 1.418). Deve-se atualizar a última norma, entendendo como outorga uxória também a marital. Da antiga jurisprudência paulista, concluindo pela exigência da vênia do cônjuge:

> "Compromisso de compra e venda. Imóvel. Anulação pretendida quase vinte anos depois. Admissibilidade. Falta de outorga uxória. Compromisso valorizado como direito real de múltiplas e extraordinárias consequências. Determinada retomada do julgado em Primeiro Grau, com ênfase para a questão do interesse econômico da mulher em anular o negócio antigo. Artigo 76 do Código Civil. Recurso provido para esse fim" (TJSP, Apelação Cível 62.485-4, 3.ª Câmara de Direito Privado, Cardoso, Rel. Des. Ênio Santarelli Zuliani, j. 09.02.1999).

Por outra via, consigne-se que, no caso de compromisso de compra e venda não registrado, entende-se pela desnecessidade da outorga, diante da existência de efeitos meramente obrigacionais do ato, o que está plenamente correto (STJ, AgRg no REsp 1.141.156/AM, 4.ª Turma, Rel. Min. Luis Felipe Salomão, j. 11.04.2013, *DJe* 17.04.2013; REsp 677.117/PR, 3.ª Turma, Rel. Min. Nancy Andrighi, j. 02.12.2004, *DJ* 24.10.2005, p. 319).

Em outro julgado da Corte Superior, diferenciando-se os efeitos reais e pessoais do compromisso, exigindo-se a outorga no primeiro caso, assentou-se com menção ao CPC anterior:

> "Deveras, a decisão hostilizada salientou que a ação ajuizada – ação de rescisão contratual – era pessoal, e não real imobiliária, não se aplicando, portanto, o art. 10 do CPC. Assim, como a demanda se fundava no direito contratual, gerando apenas efeitos obrigacionais, desnecessária se tornava a outorga uxória e a citação do cônjuge. O acórdão paradigma, por seu turno, versou sobre ação reivindicatória, que é uma ação real, fundada no direito de propriedade. Sendo assim, seria necessária a citação da mulher do demandado" (STJ, AgRg nos EREsp 677.117/PR, 2.ª Seção, Rel. Min. Jorge Scartezzini, j. 08.03.2006, *DJ* 20.03.2006, p. 190).

Igualmente no que toca à legitimação, também tem aplicação ao compromisso irretratável de compra e venda, devidamente registrado, o art. 496 do Código Civil, que exige, na venda de ascendente para descendente, a autorização dos demais descendentes e do cônjuge do alienante, sob pena de anulabilidade do ato. Vale lembrar que, pela dicção legal, a autorização do cônjuge é dispensada no regime da separação legal ou obrigatória, imposta nos casos do art. 1.641 da codificação material.

Deve ser esclarecido que a aplicação do art. 496 do CC/2002 para o compromisso de compra e venda não representa analogia ou interpretação extensiva, o que não seria possível, pois a norma é restritiva da autonomia privada.

Trata-se de uma *interpretação declarativa*, uma vez que, na linha doutrinária antes esposada, acredito que o compromisso irretratável equivale à compra e venda, gerando uma obrigação de dar e não de fazer. Tal exigência pode ser encontrada em interessante julgado do Tribunal Paulista (TJSP, Apelação 0031978-59.2007.8.26.0451, Acórdão 5182705, 5.ª Câmara de Direito Privado, Piracicaba, Rel. Des. James Siano, j. 08.06.2011, *DJESP* 13.07.2011). Mais uma vez, esclareça-se que no compromisso de compra e venda não registrado na matrícula não se deve aplicar a exigência em comento, uma vez que os seus efeitos são meramente obrigacionais.

Ainda no plano da validade, partindo para o objeto do compromisso, se esse for ilícito, impossível, indeterminado ou indeterminável, nulo será o negócio correspondente, por força do art. 166, inc. II, do CC. Ilustrando, em havendo simulação, a gerar a ilicitude do objeto, o compromisso de compra e venda deve ser reputado nulo, também por força do art. 167 da mesma norma civil privada. Pontue-se que a simulação passou a ser relacionada à ordem pública, gerando sempre a nulidade do ato eivado desse vício social.

Também sobre os requisitos de validade, repise-se e aprofunde-se que a Lei 13.786/2018 traz a necessidade de inclusão de um *quadro-resumo* nos negócios de aquisição de imóveis regidos pela Lei 4.591/1964 (novo art. 35-A) e pela Lei 6.766/1979 (novo art. 26-A), com o fim de torná-los mais transparentes, atendendo-se à boa-fé objetiva.

Conforme esses comandos, são seus requisitos: *a)* o preço total a ser pago pelo imóvel; *b)* o valor da parcela do preço a ser tratada como entrada, a sua forma de pagamento, com destaque para o valor pago à vista, e os seus percentuais sobre o valor total do contrato (somente nos casos de incorporação); *c)* o valor referente à corretagem, suas condições de pagamento e a identificação precisa de seu beneficiário; *d)* forma de pagamento do preço, com indicação clara dos valores e vencimentos das parcelas; *e)* os índices de correção monetária aplicáveis ao contrato e, quando houver pluralidade de índices, o período de aplicação de cada um; *f)* as consequências do desfazimento do contrato, seja por meio de distrato, seja por meio de resolução contratual motivada por inadimplemento de obrigação do adquirente ou do incorporador e loteador, com destaque negritado para as penalidades aplicáveis e para os prazos para devolução de valores ao adquirente; *g)* as taxas de juros eventualmente aplicadas, se mensais ou anuais, se nominais ou efetivas, o seu período de incidência e o sistema de amortização; *h)* as informações acerca da possibilidade do exercício, por parte do adquirente do imóvel, do direito de arrependimento previsto no art. 49 do CDC; em todos os contratos firmados em estandes de vendas e fora da sede do incorporador e loteador ou do estabelecimento comercial; *i)* o prazo para quitação das obrigações pelo adquirente após a obtenção do auto de conclusão da obra pelo incorporador e do termo de vistoria de obras nos casos de loteamentos; *j)* as informações acerca dos ônus que recaiam sobre o imóvel, em especial quando o vinculem como garantia real do financiamento destinado à construção do investimento; *k)* o número do registro do memorial de incorporação e do registro do loteamento ou desmembramento, a matrícula do imóvel e a identificação do Cartório de Registro de Imóveis competente; e *l)* o termo final para obtenção do auto de conclusão da obra (*habite-se*) e os efeitos contratuais da intempestividade do inadimplemento pelo incorporador; o termo final para a execução do projeto e a data do protocolo do pedido de emissão do termo de vistoria de obras, em se tratando de loteamento.

Nos termos do Enunciado n. 653, aprovado na *IX Jornada de Direito Civil*, em maio de 2022, esse "quadro-resumo a que se refere o art. 35-A da Lei n. 4.591/1964 é obrigação do incorporador na alienação de imóveis em fase de construção ou já construídos".

Alguns especialistas em Direito Imobiliário – muitos deles defensores dos interesses das construtoras – elogiam essa previsão legislativa, no sentido de buscar atender à boa-fé e à transparência. Todavia, em muitos casos, o que parece é que o *quadro-resumo* será utilizado para justificar as abusividades que a nova lei traz nos dispositivos seguintes.

Conforme os §§ 1.º do novo art. 35-A da Lei 4.591/1964 e do novo art. 26-A da Lei 6.766/1979, identificada a ausência de quaisquer dessas informações do quadro-resumo, será concedido prazo de trinta dias para aditamento do contrato e saneamento da omissão, findo o qual, essa omissão, se não sanada, caracterizará justa causa para a *rescisão* contratual por parte do adquirente.

O termo destacado não foi adequadamente utilizado pelo legislador, até porque compreendo que essa categoria jurídica repercute no plano da eficácia, e não da validade do contrato. O meu entendimento é no sentido de que a *rescisão é gênero*, enquanto a *resolução* – extinção do contrato por inadimplemento – e a *resilição* – extinção pelo exercício de direito potestativo bilateral ou unilateral – *são espécies*.

Ora, a falta de informações no quadro-resumo gera a invalidade de todo o contrato, e não a sua ineficácia, especificamente a nulidade absoluta do pacto, por desrespeito ao princípio da boa-fé objetiva. Tal conclusão tem fundamento nos arts. 187 e 166, inc. II, do Código Civil e no art. 51, inc. IV, do CDC. Em suma, a exigência do quadro-resumo passa a ser outro requisito de validade do compromisso de compra venda celebrado no âmbito dessas duas leis. Eis outra grave falha técnica do legislador, o que demonstra que a Lei 13.786/2018, além de desequilibrada, é ruim tecnicamente.

Voltando-se ao tratamento da lei específica, os §§ 2.º do novo art. 35-A da Lei 4.591/1964 e do novo art. 26-A da Lei 6.766/1979 prescrevem que a efetivação das consequências do desfazimento do contrato, por distrato ou resolução por inadimplemento do adquirente, dependerá de anuência prévia e específica do comprador a seu respeito, mediante assinatura junto a essas cláusulas, que deverão ser redigidas conforme o disposto no § 4.º do art. 54 do CDC.

Conforme esse comando consumerista, "as cláusulas que implicarem limitação de direito do consumidor deverão ser redigidas com destaque, permitindo sua imediata e fácil compreensão". Não se atendendo ao teor do comando, novamente o caso é de nulidade absoluta da cláusula – e por consequência de todo o quadro-resumo e do contrato –, com base no art. 51, inc. IV, do próprio Código de Defesa do Consumidor.

É possível debater, em todos esses casos de invalidade, a incidência do *princípio da conservação do negócio jurídico*, retirada especificamente do art. 51, § 2.º, da Lei 8.078/1990, segundo o qual "a nulidade de uma cláusula contratual abusiva não invalida o contrato, exceto quando de sua ausência, apesar dos esforços de integração, decorrer ônus excessivo a qualquer das partes". Essa ideia de preservação da autonomia privada também está na primeira parte do art. 184 do CC, eis que, respeitada a intenção das partes, a invalidade parcial de um negócio jurídico não o prejudicará na parte válida, se esta for separável.

A priori, não há problema em aplicar os comandos, que concretizam a função social do contrato em sua eficácia interna (Enunciado n. 22, da *I Jornada de Direito Civil*). Porém, se o contrato continuar a trazer ônus ao adquirente, notadamente quanto às informações prestadas – e é bem possível que isso ocorra, diante do caráter desequilibrado da nova lei –, a decretação de nulidade de todo o pacto é imperiosa.

Quanto à forma prescrita em lei, frise-se, mais uma vez, que o compromisso de compra e venda pode ser feito por instrumento público ou particular (art. 11 do Decreto-lei 58/1937, art. 26 da Lei 6.766/1979 e art. 1.417 do CC/2002). Não se trata, assim, de um negócio jurídico solene, mas não solene, pois a escritura pública é dispensada pela realidade legislativa. Porém, a forma escrita é necessária, havendo um negócio jurídico formal.

A encerrar a presente seção, no que concerne à eficácia, frise-se que, para gerar os efeitos expostos neste capítulo, o compromisso de compra e venda deve ser registrado na matrícula do imóvel, no Cartório de Registro Imobiliário (CRI, RGI ou RI). Trata-se de uma condição necessária para os efeitos *erga omnes*, diante do surgimento de um direito real.

7.4 INADIMPLEMENTO DAS PARTES NO COMPROMISSO IRRETRATÁVEL DE COMPRA E VENDA DE IMÓVEL. ANÁLISE COM BASE NA LEI 13.786/2018

Tema sempre em debate na jurisprudência nacional diz respeito ao inadimplemento do compromisso irretratável de compra e venda, devendo este importante tópico ser dividido conforme o inadimplemento se dá pelo promitente vendedor ou pelo compromissário comprador. A Lei 13.786/2018 procurou tratar do tema, estando em tais aspectos os maiores desequilíbrios do diploma, o que demanda uma análise crítica.

Deve ficar claro que o que se estuda diz respeito ao descumprimento do que foi contratado e não ao arrependimento das partes, uma vez que esse não é possível no compromisso de compra e venda registrado, seja por cláusula contratual, seja por exercício de direito, com exceção da aplicação do art. 49 do CDC para as vendas de imóveis nos estandes, submetidas à Lei 4.591/1964, conforme regulado pela lei emergente e aqui antes analisado. Por outra via, o arrependimento é plenamente viável no compromisso de compra e venda não registrado, conforme também foi anteriormente examinado.

7.4.1 Inadimplemento por parte do promitente vendedor

Determina o exposto art. 1.417 do CC/2002 que, mediante promessa de compra e venda, em que não se pactuou arrependimento, celebrada por instrumento público ou particular, e registrada no Cartório de Registro de Imóveis, adquire o promitente comprador direito real à aquisição do imóvel.

Como ficou claro, esse direito real possibilita a reivindicação da coisa em face de qualquer terceiro que eventualmente a adquiriu indevidamente. Nesse sentido, é claro o Enunciado n. 253 do CJF/STJ: "o promitente comprador, titular de direito real (art. 1.417), tem a faculdade de reivindicar de terceiro o imóvel prometido à venda".

O enunciado doutrinário propicia, também, que o compromissário comprador oponha embargos de terceiro em ação em que o bem prometido tenha sido constrito judicial, direito que igualmente existe no caso de não ter sido o compromisso registrado na matrícula do imóvel, por força da Súmula 84 do Superior Tribunal de Justiça ("é admissível a oposição de embargos de terceiro fundados em alegação de posse advinda de compromisso de compra e venda de imóvel, ainda que desprovido de registro"). Eis outra aproximação das duas categorias.

Pela dicção legal, o promitente ou compromissário comprador, titular desse direito real, pode exigir do promitente vendedor, ou de terceiros, a quem os direitos deste forem cedidos, a outorga da escritura definitiva de compra e venda, conforme o disposto no instrumento preliminar; e, se houver recusa, requerer ao juiz a adjudicação do imóvel (art. 1.418 do CC).

A norma tem aplicação a dois casos de inadimplemento do promitente vendedor. No primeiro, a parte se nega a outorgar a escritura definitiva, cabendo ação diretamente contra ela. No segundo, o promitente vendedor alienou o bem contra o terceiro, cabendo a ação de adjudicação compulsória contra ambos, em litisconsórcio necessário. Não cabe alegação de que o terceiro adquirente é de boa-fé, pois quando da compra do bem constava da matrícula do imóvel o registro do compromisso.

Pela norma, mais uma vez, fica claro que o fim a que almeja o instituto é a entrega da coisa, ou seja, uma *obrigação de dar*. Para que a ação de adjudicação compulsória seja viável, reafirme-se, o compromissário comprador deve ter pagado o preço, total ou substancialmente.

Questão de intenso debate diz respeito à possibilidade de se exigir a multa diária ou *astreintes* na ação de adjudicação compulsória. Há tempos entendo pela sua viabilidade, até porque o art. 461-A do CPC/1973 possibilitava a tutela específica nas obrigações de dar. Essa posição é mantida sob a égide do CPC/2015, que trata dessa mesma possibilidade no seu art. 498, *in verbis:* "Na ação que tenha por objeto a entrega de coisa, o juiz, ao conceder a tutela específica, fixará o prazo para o cumprimento da obrigação. Parágrafo único. Tratando-se de entrega de coisa determinada pelo gênero e pela quantidade, o autor individualizá-la-á na petição inicial, se lhe couber a escolha, ou, se a escolha couber ao réu, este a entregará individualizada, no prazo fixado pelo juiz".

Ato contínuo, se, apesar da multa e prazos fixados, o promitente vendedor não cumprir sua obrigação, a sentença valerá como título hábil a transferir a propriedade e será registrada no Cartório de Registro de Imóveis. Ademais, a multa ou *astreintes* pode decorrer de previsão contratual ou de imposição pelo juiz da causa. A fixação por contrato não obsta que o juiz modifique o seu valor, aumentando-o ou reduzindo-o, de acordo com a efetividade que se espera e as circunstâncias do caso concreto (art. 461, § 6.º, do CPC/1973, reproduzido parcialmente, mas com mesmo sentido, pelo art. 537, § 1.º, I, do CPC/2015).

A questão da fixação da multa, todavia, nunca foi pacífica. No sistema processual antecedente, Marco Aurélio Bezerra de Melo, por exemplo, mudou sua opinião anterior, passando a seguir o entendimento de Alexandre Freitas Câmara, que sustenta a impossibilidade de fixação da *astreintes*. Para o processualista, aplicar-se-ia o art. 466-B do CPC/1973, que afastava qualquer necessidade de fixação da penalidade: "E isto se dá pela simples razão de que não há aqui qualquer motivo para exercer sobre o devedor alguma pressão psicológica, uma vez que a sentença, por si só, já produz todos os efeitos que a declaração de vontade do devedor produziria" (CÂMARA, Alexandre Freitas. *A nova...*, 2007, p. 65-66; MELO, Marco Aurélio Bezerra de. *Direito...*, 2007, p. 369).

Vale transcrever o art. 466-B do Estatuto Processual anterior, que foi incluído pela Lei 11.232/2005, para as devidas reflexões: "se aquele que se comprometeu a concluir um contrato não cumprir a obrigação, a outra parte, sendo isso possível e não excluído pelo título, poderá obter uma sentença que produza o mesmo efeito do contrato a ser firmado".

Na jurisprudência podem ser encontrados julgados anteriores que seguiam a referida tese, defendida pelos Desembargadores do Tribunal Fluminense citados. Por todos:

> "Obrigação de fazer. Outorga de escrituras definitivas de imóveis vendidos em leilão e cujos preços foram quitados pelos compradores. Sentença de procedência. Alegação do réu

de que a autora adquiriu apenas direitos creditórios, e não direitos de aquisição sobre os imóveis. Venda de imóveis retomados de devedores pelo Banco e revendidos à autora na modalidade de leilão, cuja ata instrui a inicial. Negócio posteriormente instrumentalizado em contrato rotulado de venda e cessão de crédito. Inadmissibilidade do comportamento do Banco, que aliena imóveis em leilão, recebe o preço, mas se recusa a outorgar as escrituras de venda e compra. Desnecessidade de fixação de *astreintes*, pois a princípio, salvo outros entraves formais, a própria sentença substitui o consentimento injustamente negado pelo Banco. Majoração dos honorários advocatícios, fixados por equidade, uma vez que a sentença de adjudicação compulsória não tem natureza condenatória. Recurso da ré desprovido. Recurso da autora provido em parte" (TJSP, Apelação 0020992-62.2011.8.26.0562, Acórdão 6754171, 6.ª Câmara de Direito Privado, Santos, Rel. Des. Francisco Loureiro, j. 23.05.2013, *DJESP* 04.06.2013).

Com o devido respeito, tal *efeito psicológico* sempre se justificou plenamente, até porque a satisfação pela sentença pode demorar muito, pela realidade dos trâmites processuais que temos no Brasil. Em complemento, cabe anotar que o CPC/2015 não reproduziu literalmente o antigo art. 466-B do CPC/1973, o que afasta a argumentação desenvolvida pelos juristas citados. Ademais, na prática, igualmente existem ementas anteriores que admitiam a fixação de *astreintes* na ação de adjudicação compulsória, servindo para ilustrar:

"Agravo de instrumento. Adjudicação compulsória. 'Astreintes'. Multa diária fixada em R$ 200,00 e limitada à quantia de R$ 20.000,00. Majoração para R$ 500,00 e sem limitação do correspondente valor, para conferir efetividade ao comando judicial. Necessidade de intimação pessoal do devedor e do decurso do respectivo prazo inteligência da Súmula n.º 410 do STJ. Recurso parcialmente provido" (TJSP, Agravo de Instrumento 0258959-63.2012.8.26.0000, Acórdão 6737056, 8.ª Câmara de Direito Privado, São Paulo, Rel. Des. Theodureto Camargo, j. 15.05.2013, *DJESP* 23.05.2013).

"Processo civil. Agravo de instrumento. Ação de adjudicação compulsória cumulada com obrigação de fazer. Execução de sentença. Multa cominatória. Exceção de pré-executividade rejeitada. Alegação de não incidência da multa por falta de intimação pessoal para o cumprimento da obrigação. Súmula n.º 410 do STJ. Intimação pessoal realizada. Litigância de má-fé. Não verificação. Decisão agravada mantida. 1 – A prévia intimação pessoal do devedor constitui condição necessária para a cobrança da multa pelo descumprimento da obrigação de fazer ou não fazer. Inteligência da Súmula n.º 410 do STJ. 2 – Constatado que a agravante foi devidamente intimada para o cumprimento da obrigação, após ingresso dos agravados com execução provisória da sentença condenatória, mostra possível e legítima a cobrança das *astreintes*. 3 – Tendo a agravante sido intimada pessoalmente a cumprir espontaneamente a obrigação, em consonância com o estabelecido na Súmula n.º 410 do STJ, deve a decisão agravada, que rejeitou a exceção de pré-executividade oposta pela agravante para que a cobrança de multa diária fosse excluída, em face de sua não intimação pessoal, ser mantida, senão pelas razões expendidas pelo d. Magistrado, mas por outras. 4 – Não verificadas as hipóteses previstas no art. 17 do CPC, incabível a condenação por litigância de má-fé. 5 – Agravo de instrumento conhecido e desprovido. Decisão que rejeitou a exceção pré-executividade mantida" (TJDF, Recurso 2012.00.2.022802-3, Acórdão 639.948, 1.ª Turma Cível, Rel. Des. Alfeu Gonzaga Machado, *DJDFTE* 12.12.2012, p. 263).

Exposta a controvérsia, outra questão diz respeito ao prazo para a propositura da ação de adjudicação compulsória. Mais uma vez, na linha do que era defendido quando a obra era escrita em coautoria com José Fernando Simão, é forçoso concluir que essa ação, por sua natureza essencialmente declaratória, é imprescritível, ou melhor, não está sujeita a prazo de prescrição ou de decadência. Em reforço para a premissa, a demanda envolve, via de regra, o direito fundamental à moradia, tutelado pelo art. 6.º do Texto Maior. Vale aqui transcrever as lições de José Osório de Azevedo Jr., no mesmo sentido:

"A melhor solução é mesmo a de se admitir a imprescritibilidade da ação de adjudicação compulsória. Se o compromissário não perdeu o seu direito em razão de aquisição por parte de outrem; se o direito e a paz social recomendam a regularização e definição das situações jurídicas, particularmente no sensível campo da propriedade imobiliária; se a todo direito corresponde uma ação que o assegura; não pode manter a situação contraditória em que o compromissário permanece com o seu direito sobre o imóvel e o compromitente fica desobrigado de dar escritura. Impõe-se a intervenção do Judiciário para resolver a pendência, com a presteza e simplicidade necessárias, sem o aguardo de longos prazos e sem os percalços da ação de usucapião" (AZEVEDO JR., José Osório. *Compromisso...*, 1992, p. 70).

Na jurisprudência do Superior Tribunal de Justiça são encontrados julgados que seguem tal entendimento, o mais correto, na minha opinião doutrinária:

"Promessa de compra e venda. Inscrição (registro). Prescrição. 1. A promessa gera direito a aquisição e dispõe de direito real. Só se perde a propriedade (direito real) pela sua aquisição por outrem (por exemplo, pelo usucapião); não se perde a propriedade pelo não uso. Em caso tal, é inaplicável o disposto no art. 177 do CC" (STJ, REsp 76.927/MG, 3.ª Turma, Rel. Min. Nilson Naves, j. 21.11.1997, *DJ* 13.04.1998, p. 115).

"Promessa de compra e venda. Escritura definitiva. Adjudicação. Prescrição. Não prescreve o direito de a promissária compradora obter a escritura definitiva do imóvel, direito que só se extingue frente ao de outrem, amparado pelo usucapião. Recurso não conhecido" (STJ, REsp 369.206/MG, 4.ª Turma, Rel. Min. Cesar Asfor Rocha, Rel. p/ Acórdão Min. Ruy Rosado de Aguiar, j. 11.03.2003, *DJ* 30.06.2003, p. 254).

Acrescente-se que, mais recentemente, a tese da imprescritibilidade da ação de adjudicação compulsória foi confirmada em 2015, em acórdão de relatoria do Ministro Luís Felipe Salomão, com citação à minha posição doutrinária (STJ, REsp 1.216.568/MG, j. ago. 2015). Ressalve-se apenas que o julgamento conclui pela imprescritibilidade da demanda diante da existência de um direito potestativo, não sujeito a prazo previsto em lei, estando relacionado a uma ação constitutiva negativa.

Também pela imprescritibilidade da ação de adjudicação compulsória filiam-se Gustavo Tepedino, Maria Celina Bodin de Moraes e Heloísa Helena Barboza, no caso de ser o compromisso de compra e venda de imóvel registrado na matrícula. Porém, os doutrinadores sinalizam que a ação de adjudicação compulsória está sujeita ao prazo prescricional de cinco anos relativo aos instrumentos públicos e particulares (art. 206, § 5.º, inc. I, do CC/2002), no caso de compromissos de compra e venda não registrados. Segundo demonstram os juristas, assim se posiciona o mesmo Superior Tribunal de Justiça (*Código...*, 2011, v. III, p. 852. Citam, por exemplo: STJ, REsp 939/GO, REsp 219.538 e REsp 299.485/SP).

Com o devido respeito, penso que a ação de adjudicação compulsória deve ser imprescritível nos dois casos. *Primeiro*, porque a falta de registro do compromisso não retira a sua natureza declaratória. *Segundo*, diante da tutela da moradia, que também pode envolver os compromissos de compra e venda não registrados. *Terceiro*, pelo sadio diálogo de aproximação entre os direitos reais e os direitos pessoais patrimoniais, especialmente quanto aos seus efeitos.

A Lei do Sistema Eletrônico dos Registros Públicos (SERP – Lei 14.382/2022), seguindo a linha de extrajudicialização, passou a admitir o procedimento de adjudicação compulsória no Cartório de Registro de Imóveis. Assim, ao lado da anterior adjudicação compulsória judicial passou a ser possível a opção extrajudicial. Consoante o novo art. 216-B da Lei de Registros Públicos (Lei 6.015/1973), sem prejuízo da via jurisdicional, a adjudicação compulsória de imóvel objeto de promessa de venda ou de cessão poderá ser efetivada extrajudicialmente no serviço de registro de imóveis da situação do imóvel.

Anoto que no Projeto de Reforma do Código Civil há proposição de incluir no seu art. 1.418 a possibilidade de que a adjudicação compulsória seja efetivada extrajudicialmente. A norma receberá um parágrafo único com a seguinte redação: "se houver recusa do promitente vendedor ou de terceiros, o compromissário comprador poderá requerer ao juiz ou ao oficial do Cartório de Registro de Imóveis, a adjudicação compulsória judicial ou extrajudicial do imóvel, na forma da legislação especial". A proposição em nada inova no sistema, mas apenas retoma o *protagonismo legislativo* do Código Civil, em matéria de Direito Privado, atualizando-se o comando legal.

Voltando-se ao sistema vigente, em setembro de 2023, o Conselho Nacional de Justiça (CNJ) editou o Provimento n. 150, com detalhamento das normativas relativas ao instituto, que acabou sendo incorporado ao Código Nacional de Normas (CNN), no seu art. 440, com várias letras.

Sempre entendi que tal procedimento é cabível tanto no caso de compromisso de compra e venda registrado quanto na hipótese de não constar da matrícula do imóvel, uma vez que a norma não faz distinção entre essas figuras jurídicas. Essa afirmação era feita, mesmo com o veto ao § 2.º do preceito pelo Sr. Presidente da República, e que acabou sendo derrubado pelo Congresso Nacional e será exposto a seguir.

Além disso, nos dois casos, esse caminho, pela extrajudicialização, é facultativo, e não obrigatório, como tem decidido a nossa jurisprudência em outras hipóteses envolvendo procedimentos perante os Cartórios.

A norma estabelece que são legitimados a requerer a adjudicação o promitente comprador ou qualquer dos seus cessionários ou promitentes cessionários, ou seus sucessores, bem como o promitente vendedor, representados por advogado (§ 1.º do novo art. 216-B da Lei de Registros Públicos). O mesmo parágrafo estabelece que o pedido de adjudicação compulsória extrajudicial, nessas situações, deverá ser instruído com os seguintes documentos, sob pena de não ter o seu prosseguimento no Cartório: *a)* instrumento de promessa de compra e venda ou de cessão ou de sucessão, quando for o caso; *b)* prova do inadimplemento, caracterizado pela não celebração do título de transmissão da propriedade plena no prazo de quinze dias, contado da entrega de notificação extrajudicial pelo oficial do registro de imóveis da situação do imóvel, que poderá delegar a diligência ao oficial do registro de títulos e documentos; *c)* ata notarial lavrada por Tabelião de Notas da qual constem a identificação do imóvel, o nome e a qualificação do promitente comprador ou de seus sucessores constantes do contrato de promessa, a prova do pagamento do respectivo preço e da caracterização do inadimplemento da obrigação de outorgar ou receber o título de propriedade; *d)* certidões dos distribuidores forenses da Comarca da situação do imóvel e do domicílio do requerente que demonstrem a inexistência de litígio envolvendo o contrato de promessa de compra e venda do imóvel objeto da adjudicação; *e)* comprovante de pagamento do respectivo Imposto sobre a Transmissão de Bens Imóveis (ITBI); e *f)* procuração com poderes específicos.

A exigência da ata notarial havia sido vetada pelo Sr. Presidente da República, sob o argumento de contrariedade ao interesse público, "pois o processo de adjudicação compulsória de imóvel é instruído de forma documental, não havendo necessidade de lavratura de ata notarial pelo tabelião de notas. Assim, tal previsão cria exigência desnecessária que irá encarecer e burocratizar o procedimento, e poderia fazer com que o imóvel permanecesse na informalidade". Porém, esse veto foi derrubado pelo Congresso Nacional, em dezembro de 2022, o que veio em boa hora, pois a ata notarial traz segurança considerável para o procedimento de adjudicação compulsória extrajudicial, assim como ocorre com a usucapião que segue o mesmo caminho.

Outra norma que havia sido vetada pelo Sr. Presidente da República, o § 2.º do comando em estudo enuncia que "o deferimento da adjudicação independe de prévio registro dos instrumentos de promessa de compra e venda ou de cessão e da comprovação da regularidade fiscal do promitente vendedor". As justificativas do veto diziam respeito à falta de exigência da comprovação da regularidade fiscal, novamente por suposta contrariedade ao interesse público, uma vez que "o controle da regularidade fiscal dos contribuintes, por um lado, exerce indiretamente cobrança sobre o devedor pela imposição de ressalva à realização de diversos negócios e, por outro lado, procura prevenir a realização de negócios ineficazes entre devedor e terceiro que comprometam o patrimônio sujeito à satisfação do crédito fazendário".

Com o devido respeito, não me parece haver nessa exigência um obstáculo relevante para a efetivação do direito à adjudicação compulsória extrajudicial. Ademais, o veto atingiu a menção ao compromisso de compra e venda não registrado na matrícula do imóvel, o que poderia trazer uma dúvida relevante para a doutrina e jurisprudência quanto à incidência do procedimento nessa situação, tão comum na prática. Assim, penso ter sido correta a derrubada do veto pelo Congresso Nacional.

Como última regra legal a respeito do procedimento, o § 3.º do art. 216-B da Lei 6.015/1973 prevê que, à vista dos documentos anteriormente aludidos, o oficial do registro de imóveis da circunscrição em que se situa o imóvel procederá ao registro do domínio em nome do promitente comprador, servindo de título a respectiva promessa de compra e venda ou de cessão ou o instrumento que comprove a sucessão. Como exemplo do último, cite o formal de partilha que demonstra a transmissão da condição de compromissário comprador a um herdeiro.

Como antes pontuado, o Conselho Nacional de Justiça editou o Provimento n. 150, de setembro de 2023, procurando regulamentar a matéria, o que foi incorporado ao seu Código Nacional de Normas, em seu art. 440, com várias letras.

A normatização surgiu de um trabalho conjunto do Conselho Consultivo e da Câmara Reguladora do Operador Nacional de Registros Públicos Eletrônicos (ONR), do CNJ, contando com sugestões minhas. A normatização divide o procedimento em quatro fases: *a)* requerimento inicial, perante o Oficial do Registro de Imóveis; *b)* notificação; *c)* anuência ou impugnação do requerido; *d)* qualificação e registro. Vejamos as suas regras fundamentais.

Dentre as regras gerais, o art. 440-B do Código Nacional de Normas (CNN) estabelece que podem dar fundamento à adjudicação compulsória quaisquer atos ou negócios jurídicos que impliquem promessa de compra e venda ou promessa de permuta, bem como as relativas cessões ou promessas de cessão, contanto que não haja direito de arrependimento exercitável. O direito de arrependimento exercitável não impedirá a adjudicação compulsória se o imóvel tiver sido objeto de parcelamento do solo urbano ou de incorporação imobiliária, com o prazo de carência já decorrido.

Sobre a legitimidade para a adjudicação compulsória, caberá a qualquer adquirente ou transmitente constantes dos referidos atos e negócios jurídicos, bem como a quaisquer cedentes, cessionários ou sucessores. O requerente deverá estar assistido por advogado ou defensor público, constituídos mediante procuração específica (art. 440-C do CNN).

O requerente poderá cumular pedidos referentes a imóveis diversos, contanto que, cumulativamente: *a)* todos os imóveis estejam na circunscrição do mesmo ofício de registro de imóveis; *b)* haja coincidência de interessados ou legitimados, ativa e passivamente; e *c)* da cumulação não resulte prejuízo ou dificuldade para o bom andamento do processo (art. 440-D).

A atribuição para o processo e para a qualificação e registro da adjudicação compulsória extrajudicial será do ofício de registro de imóveis da atual situação do imóvel. Se o registro do imóvel ainda estiver na circunscrição de ofício de registro de imóveis anterior, o requerente apresentará a respectiva certidão. Será admitido o processo de adjudicação compulsória ainda que estejam ausentes alguns dos elementos de especialidade objetiva ou subjetiva, se, a despeito disso, houver segurança quanto à identificação do imóvel e dos proprietários descritos no registro (art. 440-E).

Quanto à ata notarial prevista em lei, será lavrada por Tabelião de Notas de escolha do requerente, salvo se envolver diligências no local do imóvel, e observadas, no caso de ata notarial eletrônica, as regras de competência territorial previstas no Código Nacional de Normas, como no caso dos atos eletrônicos (art. 440-F). Além de seus demais requisitos, para fins de adjudicação compulsória, a ata notarial conterá: *a)* a referência à matrícula ou à transcrição, e a descrição do imóvel com seus ônus e gravames; *b)* a identificação dos atos e negócios jurídicos que dão fundamento à adjudicação compulsória, incluído o histórico de todas as cessões e sucessões, bem como a relação de todos os que figurem nos respectivos instrumentos contratuais; *c)* as provas do adimplemento integral do preço ou do cumprimento da contraprestação à transferência do imóvel adjudicando; *d)* a identificação das providências que deveriam ter sido adotadas pelo requerido para a transmissão de propriedade e a verificação de seu inadimplemento; e *e)* o valor venal atribuído ao imóvel adjudicando, na data do requerimento inicial, segundo a legislação local (art. 444-G).

Como outra norma relevante, está previsto no Código Nacional de Normas – art. 444-G, § 6.º – que, para os fins de prova de quitação, na ata notarial, poderão ser objeto de constatação, além de outros fatos ou documentos: *a)* ação de consignação em pagamento com valores depositados; *b)* mensagens, inclusive eletrônicas, em que se declare quitação ou se reconheça que o pagamento foi efetuado; *c)* comprovantes de operações bancárias; *d)* informações prestadas em declaração de imposto de renda; *e)* recibos cuja autoria seja passível de confirmação; *f)* averbação ou apresentação de termo de quitação da transferência, de imóvel a sociedade, quando integrar quota social; e *g)* notificação extrajudicial destinada à constituição em mora.

A pendência de processo judicial de adjudicação compulsória não impedirá a via extrajudicial, caso se demonstre suspensão daquele por, no mínimo, noventa dias úteis (art. 444-H do CNN).

Sobre o procedimento em si, quanto ao *requerimento inicial*, o interessado apresentará, para protocolo, ao oficial de registro de imóveis, requerimento de instauração do processo de adjudicação compulsória. Os efeitos da prenotação prorrogar-se-ão até o deferimento ou rejeição do pedido (art. 440-K).

Consoante o art. 440-L, o requerimento inicial atenderá, no que couber, os requisitos do art. 319 do Código de Processo Civil, trazendo, em especial: *a)* identificação e endereço do requerente e do requerido, com a indicação, no mínimo, de nome e número de CPF ou CNPJ; *b)* a descrição do imóvel, sendo suficiente a menção ao número da matrícula ou transcrição e, se necessário, a quaisquer outras características que o identifiquem; *c)* se for o caso, o histórico de atos e negócios jurídicos que levaram à cessão ou à sucessão de titularidades, com menção circunstanciada dos instrumentos, valores, natureza das estipulações, existência ou não de direito de arrependimento e indicação específica de quem haverá de constar como requerido; *d)* a declaração do requerente, sob as penas da lei, de que não pende processo judicial que possa impedir o registro da adjudicação compulsória, ou prova de que tenha sido extinto ou suspenso por mais de noventa dias úteis; *e)* o pedido de que o requerido seja notificado a se manifestar, no prazo de quinze dias úteis; e *f)* o pedido de deferimento da adjudicação compulsória e de lavratura do registro necessário para a transferência da propriedade.

O requerimento inicial será instruído, necessariamente, pela ata notarial e pelo instrumento do ato ou negócio jurídico em que se funda a adjudicação compulsória (art. 440-M). Caso seja incerto ou desconhecido o endereço de algum requerido, a sua notificação por edital será solicitada pelo requerente, mediante demonstração de que tenham esgotado todos os meios ordinários de localização (art. 440-O). Também se consideram requeridos e deverão ser notificados o cônjuge e o companheiro, nos casos em que a lei exija o seu consentimento para a validade ou eficácia do ato ou negócio jurídico que dá fundamento à adjudicação compulsória, como nas hipóteses envolvendo o compromisso de compra e venda registrado na matrícula (art. 440-P).

No que diz respeito à *segunda fase*, de *notificação*, se o requerimento inicial preencher seus requisitos, o oficial de registro de imóveis notificará o requerido, passando-se para a segunda fase do procedimento (art. 440-R do CNN). O instrumento da notificação será elaborado pelo oficial do registro de imóveis, que o encaminhará pelo correio, com aviso de recebimento, facultado o encaminhamento por oficial de registro de títulos e documentos (art. 440-T). Se o requerido for pessoa jurídica, será eficaz a entrega da notificação a pessoa com poderes de gerência geral ou de administração ou, ainda, a funcionário responsável pelo recebimento de correspondências (art. 440-U).

Nos condomínios edilícios ou outras espécies de conjuntos imobiliários com controle de acesso, a notificação será válida quando entregue a funcionário responsável pelo recebimento de correspondência (art. 440-V). Se o requerido for falecido, poderão ser notificados os seus herdeiros legais, contanto que estejam comprovados a qualidade destes, o óbito e a inexistência de inventário judicial ou extrajudicial, e, em havendo inventário, bastará a notificação do inventariante (art. 440-W). Eventualmente, caso sejam infrutíferas as tentativas de notificação pessoal, e não sendo possível a localização do requerido, o oficial de registro de imóveis procederá à notificação por edital (art. 440-X do CNN).

Passando para a *terceira fase*, de *anuência* ou *impugnação*, a primeira regra de relevo é o art. 440-Y do Código Nacional de Normas, segundo o qual a anuência do requerido poderá ser declarada a qualquer momento por instrumento particular, com firma reconhecida, por instrumento público ou por meio eletrônico idôneo, na forma da lei. Essa anuência também poderá ser declarada perante o oficial de registro de imóveis, em cartório, ou perante o preposto encarregado da notificação, que lavrará certidão no ato da notificação. Mera anuência, desacompanhada de providências para a efetiva celebração do negócio translativo de propriedade, implicará o prosseguimento do processo extrajudicial.

Entretanto, o requerido poderá apresentar impugnação por escrito, no prazo de quinze dias úteis (art. 440-Z). O oficial de registro de imóveis notificará o requerente para que se manifeste sobre a impugnação em quinze dias úteis e, com ou sem a manifestação, proferirá decisão, no prazo de dez dias úteis. Se entender viável, antes de proferir decisão, o oficial de registro de imóveis poderá instaurar a conciliação ou a mediação dos interessados (art. 440-AA do CNN).

Porém, o oficial de registro de imóveis indeferirá a impugnação, indicando as razões que o levaram a tanto, dentre outras hipóteses, quando: *a)* a matéria já houver sido examinada e refutada em casos semelhantes pelo juízo competente; *b)* não contiver a exposição, ainda que sumária, das razões da discordância; *c)* versar matéria estranha à adjudicação compulsória; e *d)* for de caráter manifestamente protelatório. Como se pode perceber, a normativa atribuiu ao Oficial do Registro de Imóveis poder decisório, na linha do que foi reconhecido pela Lei do SERP, sendo essa a tendência legislativa (art. 440-AB do CNN).

Se for rejeitada a impugnação, o requerido poderá recorrer, no prazo de dez dias úteis, e o oficial de registro de imóveis notificará o requerente para se manifestar, em igual prazo, sobre o recurso (art. 440-AC do CNN). Acolhida a impugnação, o oficial de registro de imóveis notificará o requerente para que se manifeste em dez dias úteis. Se não houver insurgência do requerente contra o acolhimento da impugnação, o processo será extinto e cancelada a prenotação (art. 440-AD).

Por fim, quanto a essa *terceira fase*, com ou sem manifestação sobre o recurso ou havendo manifestação de insurgência do requerente contra o acolhimento, os autos serão encaminhados ao juízo que, de plano ou após instrução sumária, examinará apenas a procedência da impugnação. Acolhida a impugnação, o juiz determinará ao oficial de registro de imóveis a extinção do processo e o cancelamento da prenotação. Rejeitada a impugnação, o juiz determinará a retomada do processo perante o oficial de registro de imóveis. Em qualquer das hipóteses, a decisão do juízo esgotará a instância administrativa acerca da impugnação, presente um suprimento judicial (art. 440-AE).

A *quarta* e *última fase* do procedimento de adjudicação compulsória extrajudicial, nos termos da normativa do Conselho Nacional de Justiça, é da *qualificação* e do *registro* da adjudicação compulsória extrajudicial. Não havendo impugnação, afastada a que houver sido apresentada, ou anuindo o requerido ao pedido, o oficial de registro de imóveis, em dez dias úteis: *a)* expedirá nota devolutiva para que se supram as exigências que ainda existirem; ou *b)* deferirá ou rejeitará o pedido, em nota fundamentada. Em caso de exigência ou de rejeição do pedido, caberá suscitação de dúvida pelo Registrador de Imóveis (art. 440-AF).

Os direitos reais, ônus e gravames que não impeçam atos de disposição voluntária da propriedade – caso do usufruto, das servidões, das dívidas condominiais e dos impostos devidos que recaiam sobre o imóvel – não obstarão a adjudicação compulsória (art. 440-AG). Da mesma forma, a indisponibilidade de bens não impede o processo de adjudicação compulsória, mas o pedido será indeferido, caso não seja cancelada até o momento da decisão final do oficial de registro de imóveis (art. 440-AH). Também não é condição para o deferimento e registro da adjudicação compulsória extrajudicial a comprovação da regularidade fiscal do transmitente, a qualquer título, nos termos do que já está previsto na Lei do SERP (art. 440-AI).

Com exatidão sobre o que já se afirmou, o art. 440-AJ do Código Nacional de Normas prevê que, para as unidades autônomas em condomínios edilícios, não é necessária a prévia prova de pagamento das cotas de despesas comuns. É também passível de adjudicação compulsória o bem da massa falida, contanto que o relativo ato ou negócio jurídico seja anterior ao reconhecimento judicial da falência; premissa que igualmente vale para os casos de recuperação judicial (art. 440-AK). Todos esses afastamentos de eventuais entraves para a adjudicação compulsória extrajudicial visam dar efetividade prática ao instituto, tendo por objetivo a regularização dos imóveis, o que é salutar.

Como última regra a ser destacada, o art. 440-AL do Código Nacional de Normas exige, porém, o pagamento do imposto de transmissão (ITBI), devendo ele ser comprovado pelo requerente antes da lavratura do registro, dentro de cinco dias úteis, contados da notificação que para esse fim lhe enviar o oficial de registro de imóveis. Eventualmente, esse prazo poderá ser sobrestado, se comprovado justo impedimento. Todavia, não havendo pagamento do imposto, o processo será extinto.

Conforme se pode perceber, a normatização do Conselho Nacional de Justiça é cheia de detalhes, procurando dar certeza, segurança e estabilidade ao instituto da adjudicação compulsória extrajudicial. Acredito que o instituto terá ampla aplicação nos próximos anos, incrementando a atividade extrajudicial, desburocratizando e dando efetividade ao Direito Privado Brasileiro, o que é sempre desejável.

Estudada a adjudicação compulsória extrajudicial, com as devidas atualizações, como última regra a respeito do procedimento, o § 3.º do art. 216 da Lei 6.015/1973 prevê que, à vista dos documentos aludidos, o oficial do registro de imóveis da circunscrição onde se situa o imóvel procederá ao registro do domínio em nome do promitente comprador, servindo de título a respectiva promessa de compra e venda ou de cessão ou o instrumento que comprove a sucessão. Como exemplo do último, cite o formal de partilha que demonstra a transmissão da condição de compromissário comprador a um herdeiro.

Além desses aspectos, não se olvide, mais uma vez, que o inadimplemento por parte do promitente vendedor não afasta a possibilidade de o compromissário comprador ter o negócio como extinto e exigir perdas e danos. Nessas últimas podem estar incluídos os danos morais, como naqueles casos, outrora citados, de grande demora na entrega do imóvel.

A Lei 13.786/2018 procurou tratar do inadimplemento do contrato de aquisição de imóveis por parte do incorporador ou promitente vendedor, incluindo um novo art. 43-A na Lei 4.591/1964. Nos termos do seu *caput*, "a entrega do imóvel em até 180 (cento e oitenta) dias corridos da data estipulada contratualmente como data prevista para conclusão do empreendimento, desde que expressamente pactuado, de forma clara e destacada, não dará causa à resolução do contrato por parte do adquirente nem ensejará o pagamento de qualquer penalidade pelo incorporador".

Como se percebe, deu-se legitimidade à *cláusula de tolerância de atraso da obra* em até 180 dias, prática que já era comum no mercado, e que será analisada no último tópico deste capítulo. Adianto o meu entendimento no sentido de haver nessa previsão um grande desequilíbrio e um sentido de injustiça, já que não é permitido ao adquirente que atrase um dia sequer com as suas obrigações contratuais.

Seguindo na análise do novo comando, o seu § 1.º prevê que, se a entrega do imóvel ultrapassar esse prazo de 180 dias – e desde que o adquirente não tenha dado causa ao atraso –, poderá ser promovida por este a resolução do contrato por inadimplemento do vendedor, sem prejuízo da devolução da integralidade de todos os valores pagos e da multa estabelecida, em até sessenta dias corridos contados da resolução, corrigidos com base no índice contratualmente estabelecido para a correção monetária das parcelas do preço do imóvel. Esse preceito, portanto, trata do inadimplemento absoluto do contrato, com a volta das partes ao estado em que se encontravam antes da celebração do negócio.

A mora ou inadimplemento relativo está tratado no § 2.º do art. 43-A na Lei 4.591/1964, segundo o qual, se a entrega do imóvel estender-se por prazo superior aos citados cento e oitenta dias, e não se tratar de resolução do contrato, será devida ao adquirente adimplente, por ocasião da entrega da unidade, indenização de 1% do valor efetivamente pago à incorporadora, para cada mês de atraso, com atualização *pro rata die,* ou seja diária, corrigido monetariamente conforme índice estipulado em contrato. Esses valores servem para indenizar o adquirente pelo não uso ou fruição do imóvel, ou seja, para cobrir eventuais locatícios relativos a outro imóvel onde se encontra residindo o adquirente, já que não recebeu o que lhe era devido no prazo estipulado. A sua natureza, portanto, é de cláusula penal moratória.

Isso fica evidente pelo novo § 3.º do art. 43-A na Lei 4.591/1964 que assim se expressa e veda a sua cumulação com a multa do § 1.º, que teria natureza compensatória, confirmando-se a antiga lição que afasta a possibilidade de soma das penalidades. De ficar claro que o pagamento desses valores não afasta a possibilidade de pleito de indenização por danos morais pelo descumprimento do negócio, como antes desenvolvido.

Sem prejuízo dessas alterações legislativas, para encerrar o presente tópico, merecem ser analisadas as decisões do Superior Tribunal de Justiça a respeito da *inversão da cláusula penal nos negócios imobiliários*, pela Segunda Seção da Corte e com repercussão geral (Temas 970 e 971 – REsp 1.498.484/DF, 2.ª Seção, Rel. Min. Luis Felipe Salomão, por maioria, j. 22.05.2019, *DJe* 25.06.2019; e REsp 1.631.485/DF, 2.ª Seção, Rel. Min. Luis Felipe Salomão, por maioria, j. 22.05.2019, *DJe* 25.06.2019, respectivamente).

Os acórdãos esclarecem que as teses alcançam apenas os negócios anteriores à nova lei e que ela não tem aplicação retroativa. Conforme trecho do voto do Relator, após citar farta doutrina sobre o tema, "penso que não se pode cogitar de aplicação simples e direta da nova Lei n. 13.786/18 para a solução de casos anteriores ao advento do mencionado Diploma legal (retroatividade da lei, com consequente modificação jurisprudencial, com ou sem modulação). Ainda que se possa cogitar de invocação de algum instituto da nova lei de regência para auxiliar nas decisões futuras, e apenas como norte principiológico – pois haveria mesmo necessidade de tratamento mais adequado e uniforme para alguns temas controvertidos –, é bem de ver que a questão da aplicação ou não da nova legislação a contratos anteriores a sua vigência está a exigir, segundo penso, uma pronta solução do STJ, de modo a trazer segurança e evitar que os jurisdicionados que firmaram contratos anteriores sejam surpreendidos, ao arrepio do direito adquirido e do ato jurídico perfeito" (REsp 1.498.484/DF).

Nessa ocasião, atuei na audiência pública realizada em agosto de 2018 como convidado do Tribunal e defendi a possibilidade dessa inversão, o que acabou sendo adotado no segundo julgamento. Conforme a tese ali fixada, "no contrato de adesão firmado entre o comprador e a construtora/incorporadora, havendo previsão de cláusula penal apenas para o inadimplemento do adquirente, deverá ela ser considerada para a fixação da indenização pelo inadimplemento do vendedor. As obrigações heterogêneas (obrigações de fazer e de dar) serão convertidas em dinheiro, por arbitramento judicial" (REsp 1.631.485/DF).

Como aqui defendi, o que foi considerado no julgamento para a análise da abusividade não foi o fato de o contrato ser ou não de consumo, mas o seu caráter como negócio de adesão. Como expressamente consta do voto do Ministro Salomão, "nessa esteira, como bem abordado pelo jurista Flávio Tartuce na audiência pública levada a efeito, os contratos de aquisição imobiliária, para além de serem contratos de consumo ou não (como no caso de imóveis adquiridos por investidores), são usualmente de adesão, 'em que não há margem para negociação, ao passo que, pelo menos em regra, claro, existem exceções, as cláusulas são predispostas e são impostas ao adquirente'".

Ao contrário do que alguns insistem em sustentar – por não admitirem a derrota da tese que defendem –, a Corte concluiu sim pela inversão da cláusula penal. Porém, adotando o entendimento exposto pelo Professor José Fernando Simão na citada audiência pública, a conclusão foi no sentido de não ser essa conversão da multa automática, ou seja, não se pode adotar exatamente o mesmo percentual fixado contra o consumidor em seu favor.

Vejamos, nesse sentido, trecho da manifestação do jurista, citada nos acórdãos:

> "Se a construtora – e depois vou dar uma solução jurídica que me parece adequada – impuser – e segundo o Professor Flávio Tartuce, eventualmente, indevidamente – uma cláusula penal em desfavor do consumidor, o problema é que a previsão de descumprimento daquela cláusula penal é para a prestação do consumidor. Invertê-la em desfavor da construtora é ignorar a natureza jurídica das prestações. As prestações não são iguais. Inversão de cláusula penal é criar cláusula penal em desfavor de alguém desconsiderando a diferença de prestações: dar e fazer, dar e não fazer ou fazer e não fazer. Defendeu a nulidade da cláusula abusiva, por ineficácia ou invalidação, no lugar da inversão pretendida pelo recorrente".

Como se pode perceber, José Fernando Simão defendia a tese de nulidade da cláusula penal, por ser unilateral e violadora da função social do contrato (art. 2.035, parágrafo único, do Código Civil), o que foi adotado apenas no voto vencido da Ministra Maria Isabel Gallotti. Não se pode negar que esse entendimento também é bem plausível e poderia trazer um impacto econômico até maior para as construtoras e incorporadoras vendedoras. Todavia, foi adotada a sua posição no julgamento final de que a inversão não poderia ser automática e com o mesmo parâmetro, pela diferença das naturezas das obrigações, conforme consta da tese transcrita.

A título de exemplo, geralmente os contratos fixam uma cláusula penal por inadimplemento dos consumidores entre 1% a 2% do valor total do contrato. Como não há previsão dessa penalidade pelo atraso na entrega do imóvel, já que é o vendedor quem impõe todo o conteúdo do contrato e por óbvio não colocará tal previsão em seu desfavor, é imperioso inverter essa multa. Em regra, o percentual que consta do instrumento vale como parâmetro, incidindo mensalmente sobre o valor total do contrato.

Entretanto, em sendo essa penalidade excessiva – como será em muitos casos de inversão automática –, caberá a sua diminuição, tendo como fundamento a redução equitativa da cláusula penal, prevista no art. 413 do Código Civil, *in verbis:* "a penalidade deve ser reduzida equitativamente pelo juiz se a obrigação principal tiver sido cumprida em parte, ou se o montante da penalidade for manifestamente excessivo, tendo-se em vista a natureza e a finalidade do negócio".

Concretizando, imagine-se que o valor do contrato é de R$ 500.000,00 e há atraso na entrega do apartamento e ausência de multa em face do vendedor, prevendo o contrato multa de 2% a ser invertida, o que gerará o direito a um valor de R$ 10.000,00 por mês de atraso em benefício do comprador. Como se verá da outra tese firmada pelo STJ nesse emblemático julgamento, essa multa serve para reparar os locatícios, ou seja, os lucros cessantes suportados pelos adquirentes, na locação de outro imóvel. Por óbvio que o valor é excessivo, eis que um imóvel desse valor é alugado entre R$ 1.000,00 a R$ 2.500,00, o que depende da região e da cidade onde se encontra.

Esclareça-se que, no meu entendimento, cabe ao vendedor – que deu causa ao inadimplemento e não incluiu a cláusula de penalidade em violação à boa-fé e à função social do contrato – comprovar que o valor da inversão automática da cláusula penal está exagerada, via de regra por laudo pericial de especialista no mercado imobiliário onde se encontra o bem imóvel. Não havendo tal comprovação, vale o parâmetro estabelecido no instrumento, ou seja, a inversão será automática.

Pois bem, a segunda tese fixada pelo Superior Tribunal de Justiça foi no sentido de que "a cláusula penal moratória tem a finalidade de indenizar pelo adimplemento tardio da obrigação, e, em regra, estabelecida em valor equivalente ao locativo, afasta-se sua cumulação com lucros cessantes" (REsp 1.498.484/DF, 2.ª Seção, Rel. Min. Luis Felipe Salomão, por maioria, j. 22.05.2019, *DJe* 25.06.2019 – Tema 970). É preciso também esclarecer o conteúdo dessa afirmação, tendo em vista os debates que foram travados na audiência pública da qual participamos e os próprios conteúdos dos acórdãos.

O que acabou prevalecendo foi a posição do Professor Sylvio Capanema, de que a cláusula penal fixada contra o adquirente tem natureza moratória, mas, caso invertida, passa a ser uma multa compensatória. Vejamos novos trechos dos votos do Ministro Relator:

> "Sylvio Capanema, também comungando da opinião revelada pelos outros expositores, afirmou a natureza compensatória da cláusula penal, traduzindo sua cumulação com lucros cessantes, ou com qualquer outra verba a título de perdas e danos, em um *bis in idem* repudiado pela ordem jurídica brasileira. Asseverou que a cláusula penal não é punitiva, mas, ao contrário, substitui a obrigação que visa garantir, não havendo, portanto, como cumulá-la com qualquer outra análoga a perdas e danos, sob pena de enriquecimento indevido do próprio credor". E, mais à frente: "como é notório e bem exposto em audiência pública pelo jurista Sylvio Capanema de Souza, habitualmente, nos contratos de promessa de compra e venda, há cláusula estabelecendo multa que varia de 0,5% a 1% do valor total do imóvel a cada mês de atraso, pois representa o aluguel que o imóvel alugado, normalmente, produziria ao locador" (STJ, REsp 1.498.484/DF, 2.ª Seção, Rel. Min. Luis Felipe Salomão, por maioria, j. 22.05.2019, *DJe* 25.06.2019 – Tema 970).

Tal posição acabou por me convencer, não sendo possível a cumulação da cláusula penal compensatória com os lucros cessantes, pelo que consta do art. 410 do Código Civil: "quando se estipular a cláusula penal para o caso de total inadimplemento da obrigação, esta converter-se-á em alternativa a benefício do credor". Pelo teor do preceito, não cabe a cumulação de cláusula penal com perdas e danos, pelo menos em regra, o que também se retira do parágrafo único do art. 416 da própria codificação "ainda que o prejuízo exceda ao previsto na cláusula penal, não pode o credor exigir indenização suplementar se assim não foi convencionado. Se o tiver sido, a pena vale como mínimo da indenização, competindo ao credor provar o prejuízo excedente").

Ao final, entendo que o Superior Tribunal de Justiça chegou a um correto e justo equilíbrio no julgamento das duas questões relativas à cláusula penal nos negócios imobiliários, e que tais posições não só podem como devem guiar as interpretações de conteúdo da Lei 13.786/2018 que, infelizmente e como se verá a seguir, distanciou-se da equidade e do desejável equilíbrio contratual, beneficiando sobremaneira a parte mais forte da avença, a construtora ou incorporadora.

7.4.2 Inadimplemento por parte do compromissário comprador. Análise de acordo com a Lei 13.786/2018

Por outra via, em havendo inadimplemento por parte do compromissário comprador, caberá, por parte do promitente vendedor, uma *ação de rescisão do contrato, cumulada com a reintegração de posse do imóvel*. Não se pode esquecer que, antes da propositura da ação, deve o credor interpelar judicial ou extrajudicialmente o devedor, constituindo-o em mora (mora *solvendi ex persona*).

560 | DIREITO CIVIL • VOL. 4 – *Flávio Tartuce*

Essa exigência foi instituída pelo Decreto-lei 745/1969, recentemente alterado pela Lei 13.097/2015, com a seguinte redação em vigor:

"Art. 1.º Nos contratos a que se refere o art. 22 do Decreto-Lei n.º 58, de 10 de dezembro de 1937, ainda que não tenham sido registrados junto ao Cartório de Registro de Imóveis competente, o inadimplemento absoluto do promissário comprador só se caracterizará se, interpelado por via judicial ou por intermédio de cartório de Registro de Títulos e Documentos, deixar de purgar a mora, no prazo de 15 (quinze) dias contados do recebimento da interpelação.

Parágrafo único. Nos contratos nos quais conste cláusula resolutiva expressa, a resolução por inadimplemento do promissário comprador se operará de pleno direito (art. 474 do Código Civil), desde que decorrido o prazo previsto na interpelação referida no *caput*, sem purga da mora".

Quanto à notificação, na mesma linha, prevê o art. 32 da Lei 6.766/1979 que, vencida e não paga a prestação, o contrato será considerado rescindido trinta dias depois de constituído em mora o devedor.

A jurisprudência superior sempre entendeu que a constituição em mora seria necessária mesmo havendo compromisso de compra e venda não registrado, o que, mais uma vez, aproximava os institutos, nos termos da Súmula 76 do STJ.

Entendia-se anteriormente que a existência de cláusula resolutiva expressa não afastaria a necessidade do ato anterior. Para exemplificar:

"Processual civil. Ação de rescisão de promessa de compra e venda, cumulada com pedido de reintegração de posse. Cláusula resolutiva expressa. Ineficácia. Necessidade de prévia interpelação para constituição do devedor em mora. Decreto-lei 745/1969, art. 1.º. Aplicação imediata. I – 'A falta de registro do compromisso de compra e venda de imóvel não dispensa a prévia interpelação para constituir em mora o devedor' (Súmula 76/STJ). II – A exigência de notificação prévia, instituída pelo art. 1.º do Decreto-lei 745/1969, para a constituição em mora do devedor, tem aplicação imediata, por se tratar de norma de direito processual. III – A falta de interpelação para constituição da mora acarreta a extinção do processo. IV – Recurso especial conhecido e provido" (STJ, REsp 45.845/SP, 3.ª Turma, Rel. Min. Antônio de Pádua Ribeiro, j. 06.08.2002, *DJ* 23.09.2002, p. 350).

Em suma, não se aplicaria para o compromisso de compra e venda, registrado ou não, o art. 474 do Código Civil em sua literalidade, segundo o qual a cláusula resolutiva expressa opera de pleno direito, sem a necessidade de qualquer ato da parte interessada. A necessidade de notificação prévia do compromissário comprador seguia a linha do dever de informação, um dos deveres anexos que decorrem da boa-fé objetiva, sendo salutar tal exigência, na minha opinião doutrinária.

Porém, como antes se destacou, a Lei 13.097/2015 alterou esse panorama, pois foi incluída uma ressalva no parágrafo único do art. 1.º do Decreto-lei 745/1969, passando este a estabelecer a dispensa da notificação prévia do compromissário comprador inadimplente, em havendo cláusula resolutiva expressa. Assim, o inadimplemento operará de pleno direito, desde que decorrido o prazo de quinze dias, sem a purgação da mora pelo devedor.

Apesar da expressa previsão legal, entendo que ela fica em dúvida, quanto à eficácia, em havendo contrato de consumo, o que acaba sendo a regra nas aquisições de imóvel feitas por compromisso de compra e venda. Isso porque a nova previsão legal coloca o consumidor adquirente em situação flagrantemente desfavorável, o que viola vários preceitos do Código de Defesa do Consumidor, especialmente aqueles que consagram o princípio da boa-fé objetiva.

Como última observação a respeito da cláusula resolutiva expressa, importante precedente do Superior Tribunal de Justiça, do ano de 2021, dispensou a ação de resolução contratual em caso de cláusula resolutiva expressa incluída em compromisso de compra e venda, possibilitando o manejo direto da ação de reintegração de posse.

O *decisum* revê a posição anterior da própria Quarta Turma, constando da sua publicação o seguinte:

> "Inobstante a previsão legal (art. 474 do Código Civil) que dispensa as partes da ida ao Judiciário quando existente a cláusula resolutiva expressa por se operar de pleno direito, esta Corte Superior, ao interpretar a norma aludida, delineou a sua jurisprudência, até então, no sentido de ser 'imprescindível a prévia manifestação judicial na hipótese de rescisão de compromisso de compra e venda de imóvel para que seja consumada a resolução do contrato, ainda que existente cláusula resolutória expressa, diante da necessidade de observância do princípio da boa-fé objetiva a nortear os contratos' (REsp 620.787/SP, 4.ª Turma, Rel. Ministro Luis Felipe Salomão, *DJe* 27.04.2009). Na situação em exame, revela-se incontroverso que: (i) há cláusula resolutiva expressa no bojo do compromisso de compra e venda de imóvel firmado entre as partes; (ii) a autora procedeu à notificação extrajudicial do réu, considerando, a partir do prazo para a purga da mora, extinto o contrato decorrente de inadimplemento nos termos de cláusula contratual específica entabulada pelas partes, sem ajuizar prévia ação de rescisão do pacto; e (iii) a pretensão deduzida na inicial (reintegração na posse do imóvel) não foi cumulada com o pedido de rescisão do compromisso de compra e venda. Desse modo, caso aplicada a jurisprudência sedimentada nesta Corte Superior, sem uma análise categórica dos institutos a ela relacionados e das condições sobre as quais ancorada a compreensão do STJ acerca da questão envolvendo a reintegração de posse e a rescisão de contrato com cláusula resolutória expressa, sobressairia a falta de interesse de agir da autora (na modalidade inadequação da via eleita), por advir a posse do imóvel da celebração do compromisso de compra e venda cuja rescisão supostamente deveria ter sido pleiteada em juízo próprio. Entende-se, todavia, que casos como o presente reclamam solução distinta, mais condizente com as expectativas da sociedade hodierna, voltadas à mínima intervenção estatal no mercado e nas relações particulares, com foco na desjudicialização, simplificação de formas e ritos e, portanto, na primazia da autonomia privada" (STJ, REsp 1.789.863/MS, 4.ª Turma, Rel. Min. Marco Buzzi, m.v., j. 10.08.2021).

De fato, os últimos argumentos são fortes, especialmente o afeito à extrajudicialização dos conflitos, devendo ser privilegiados para resolver a questão até porque, no caso concreto, houve a prévia notificação extrajudicial do devedor para constituí-lo em mora, atendendo-se ao dever de informar relacionado à boa-fé objetiva, como antes defendi.

Sob o outro prisma, poderá o compromissário comprador "desistir" do negócio, o que equivale ao inadimplemento, pois não se admite, no compromisso de compra e venda registrado, a cláusula de arrependimento, aquela que dá às partes um direito potestativo à extinção. Não há, portanto, uma desistência ou arrependimento, que equivaleria ao exercício de um direito potestativo. Prevê a Súmula 1 do Tribunal de Justiça de São Paulo que "o compromissário comprador de imóvel, mesmo inadimplente, pode pedir a rescisão do contrato e reaver as quantias pagas, admitida a compensação com gastos próprios de administração e propaganda feitos pelo compromissário vendedor, assim como com o valor que se arbitrar pelo tempo de ocupação do bem".

Ato contínuo de estudo, conforme a Súmula 3 do mesmo Tribunal Estadual, sendo reconhecido que o compromissário comprador tem direito à devolução das parcelas pagas por conta do preço, e que as partes deverão ser repostas ao estado anterior, independentemente de reconvenção. Assim sendo, restituída parte do que foi pago ao comprador, com os abatimentos de administração contratual, o imóvel será devolvido ao promitente vendedor.

Na mesma linha, deduz o Superior Tribunal de Justiça que "o juiz, ao decretar a resolução de contrato de promessa de compra e venda de imóvel, deve determinar ao promitente vendedor a restituição das parcelas do preço pagas pelo promitente comprador, ainda que não tenha havido pedido expresso nesse sentido" (STJ, REsp 1.286.144/MG, Rel. Min. Paulo de Tarso Sanseverino, j. 07.03.2013, publicado no seu *Informativo* n. *518*).

A questão se estabilizou de tal forma na jurisprudência que, em 2015, o mesmo STJ editou a sua Súmula 543, expressando que, "na hipótese de resolução de contrato de promessa de compra e venda de imóvel submetido ao Código de Defesa do Consumidor, deve ocorrer a imediata restituição das parcelas pagas pelo promitente comprador – integralmente, em caso de culpa exclusiva do promitente vendedor/construtor, ou parcialmente, caso tenha sido o comprador quem deu causa ao desfazimento".

Na esteira da jurisprudência do Superior Tribunal de Justiça, conclui-se pela nulidade da cláusula que prevê a perda de todas as parcelas pagas pelo compromissário comprador. Repita-se que o compromisso de compra e venda registrado – em especial nas hipóteses de incorporação imobiliária – constitui um negócio de consumo, regido pela Lei 8.078/1990. Por isso, incide o art. 53 do CDC que consagra a nulidade da cláusula que determina a perda de todas as parcelas pagas nos financiamentos em geral (*cláusula de decaimento*). Por todos os arestos, concluindo desse modo:

> "Direito civil. Promessa de compra e venda. Desistência. Possibilidade. Devolução das parcelas pagas. Retenção de 25% a título de indenização. 1. O entendimento firmado no âmbito da Segunda Seção é no sentido de ser possível a resilição do compromisso de compra e venda, por parte do promitente comprador, quando se lhe afigurar economicamente insuportável o adimplemento contratual. 2. É direito do consumidor, nos termos da jurisprudência cristalizada da Corte, a restituição dos valores pagos ao promitente vendedor, sendo devida a retenção de percentual razoável a título de indenização, o qual ora se fixa em 25% do valor pago. 3. Recurso especial provido" (STJ, REsp 702.787/SC, 4.ª Turma, Rel. Min. Luis Felipe Salomão, j. 1.º.06.2010, *DJe* 08.06.2010).

> "Agravo regimental. Agravo de instrumento. Civil. Promessa de compra e venda de imóvel. Rescisão contratual. Iniciativa do devedor. Devolução de quantias pagas. Percentual de retenção. Sucumbência recíproca. Súmula 07/STJ. Perda do sinal. Impossibilidade. Arras confirmatórias. 1. A jurisprudência desta Corte Superior prega ser possível a resilição contratual do compromisso de compra e venda por iniciativa do devedor, quando ele não possuir mais condições econômicas para arcar com o pagamento das prestações pactuadas com a promitente-vendedora (construtora ou incorporadora), mormente se estas se tornarem excessivamente onerosas. 2. A resolução unilateral, nesses casos, enseja a restituição das parcelas pagas pelo promissário-comprador, mas não em sua totalidade, haja vista a incidência de parcela de retenção para fazer frente ao prejuízo causado com o desgaste da unidade imobiliária e as despesas com administração, corretagem, propaganda e outras congêneres suportadas pela empresa vendedora. 3. Se o Tribunal de origem fixou o percentual de retenção com base na razoabilidade, examinando, para tanto, o acervo fático e probatório dos autos, alterar tal entendimento encontra óbice na Súmula 07 do STJ. (...)" (STJ, AgRg no Ag 717.840/MG, 3.ª Turma, Rel. Min. Vasco Della Giustina (Desembargador Convocado do TJ/RS), j. 06.10.2009, *DJe* 21.10.2009).

Com o devido respeito, os julgados parecem confundir os termos *resolução* – que significa inadimplemento – e *resilição* – extinção do contrato diante de um direito potestativo, atribuído pela lei. Nos casos em que o compromissário comprador não consegue pagar o preço, a hipótese parece ser de resolução, e não de resilição. Assim, não se filia, em hipótese alguma, ao uso do termo *distrato* para os casos tais, como se tornou comum na prática e que acabou sendo adotado, mais uma vez com falta de técnica, por artigos da Lei 13.786/2018 aqui antes citados. O distrato se dá nas hipóteses em que as duas partes, de comum acordo, querem a extinção do contrato (art. 472 do CC). E, de fato, distrato não há em tais situações, mas descumprimento ou resolução contratual.

Como se nota, a cláusula de perda de todas as parcelas pagas é considerada nula. Na minha opinião doutrinária, a cláusula é nula mesmo se o contrato não for de consumo, por clara lesão à função social do contrato e da boa-fé objetiva, havendo ilicitude do seu objeto (art. 166, inc. II, do CC). Reitero o que foi afirmado quanto ao fato de ser o contrato de adesão, estando a nulidade motivada no antes citado art. 424 do Código Civil.

Todavia, mesmo sendo reconhecida tal nulidade, o promitente vendedor pode reter um percentual do montante do que foi pago pelo compromissário comprador, com os fins de cobrir as despesas e os prejuízos decorrentes do inadimplemento. Na linha do primeiro julgado transcrito, a jurisprudência do Superior Tribunal de Justiça vinha fixando o percentual de 25% do montante do que foi pago. Confirmando a premissa:

> "Agravo regimental nos embargos de declaração no agravo de instrumento. Compromisso de compra e venda. Resilição unilateral pelo comprador. Retenção. Percentual de 25% das parcelas pagas. Precedentes. 1. A jurisprudência desta Corte encontra-se consolidada no sentido da adoção do percentual de 25% (vinte e cinco por cento) de retenção pela vendedora para o caso de resilição unilateral por insuportabilidade do comprador no pagamento das parcelas. 2. Agravo regimental não provido" (STJ, AgRg nos EDcl no Ag 1.136.829/SP, 3.ª Turma, Rel. Min. Ricardo Villas Bôas Cueva, j. 14.05.2013, *DJe* 24.05.2013).

Todavia, outros parâmetros são encontrados no próprio STJ, como 20% do valor pago (STJ, RCDEsp no AREsp 208.018/SP, 3.ª Turma, Rel. Min. Sidnei Beneti, j. 16.10.2012, *DJe* 05.11.2012) ou até 40% (STJ, AgRg no Ag 1.283.663/SP, 3.ª Turma, Rel. Min. Sidnei Beneti, j. 14.12.2010, *DJe* 03.02.2011).

Mais recentemente, surgiu uma outra posição no Tribunal da Cidadania, determinando a retenção de valores entre 10% e 25% do valor pago. Nesse sentido, vejamos:

> "A jurisprudência desta Corte de Justiça, nas hipóteses de rescisão de contrato de promessa de compra e venda de imóvel por inadimplemento do comprador, tem admitido a flutuação do percentual de retenção pelo vendedor entre 10% e 25% do total da quantia paga. Em se tratando de resolução pelo comprador de promessa de compra e venda de imóvel em construção, ainda não entregue no momento da formalização do distrato, bem como em se tratando de comprador adimplente ao longo de toda a vigência do contrato, entende-se razoável o percentual de 10% a título de retenção pela construtora dos valores pagos, não se distanciando do admitido por esta Corte Superior. É abusiva a disposição contratual que estabelece, em caso de resolução do contrato de compromisso de compra e venda de imóvel pelo comprador, a restituição dos valores pagos de forma parcelada" (STJ, AgRg no AREsp 807.880/DF, 4.ª Turma, Rel. Min. Raul Araújo, j. 19.04.2016, *DJe* 29.04.2016).

Exatamente nessa linha, a afirmação n. 6 constante da Edição n. 110 da ferramenta *Jurisprudência em Teses* da Corte, publicada em 2018: "no caso de rescisão de contratos envolvendo compra e venda de imóveis por culpa do comprador, é razoável ao vendedor que a retenção seja arbitrada entre 10% e 25% dos valores pagos, conforme as circunstâncias de cada caso, avaliando-se os prejuízos suportados".

De fato, a fixação de um percentual sempre fixo pode ser injusta, devendo as peculiaridades do caso concreto e o tempo de adimplemento influenciar no percentual a ser devolvido. Muitos dos julgados tratam a hipótese como sendo de incidência de uma multa, mas, na verdade, o montante a ser devolvido tem natureza de indenização. Por isso, entendo que promitente vendedor deve provar o prejuízo suportado, caso a caso.

Quanto à forma de devolução das quantias pagas, totalmente correta a linha adotada pela Súmula 2, do Tribunal de Justiça de São Paulo, no sentido de que a devolução das quantias pagas deve ser feita de uma vez só, não se sujeitando à mesma forma de parcelamento prevista para a aquisição do bem. Não era diferente a conclusão anterior do Superior Tribunal de Justiça, conforme se retira de acórdão há pouco citado: "Esta Corte já decidiu que é abusiva a disposição contratual que estabelece, em caso de resolução do contrato de compromisso de compra e venda de imóvel, a restituição dos valores pagos de forma parcelada, devendo ocorrer a devolução imediatamente e de uma única vez" (STJ, RCDEsp no AREsp 208.018/SP, 3.ª Turma, Rel. Min. Sidnei Beneti, j. 16.10.2012, *DJe* 05.11.2012). Essa forma de julgar é confirmada pela Súmula 543 do STJ, editada em 2015, ora transcrita.

Ademais, algumas breves palavras devem ser ditas a respeito de alguns valores abusivos que eram e ainda são cobrados do compromissário comprador, notadamente nos casos de longos financiamentos celebrados para a aquisição da casa própria, a tornar tais negócios verdadeiras *armadilhas* para os adquirentes.

Cite-se, por exemplo, a cobrança do Serviço de Assessoria Técnica Imobiliária (SATI), destinada a pagar os advogados da construtora, em especial por terem redigido os contratos. O valor geralmente corresponde a 0,8% sobre o preço do imóvel adquirido. Ora, impor um procurador obrigatório ao consumidor é cláusula abusiva, nula de pleno direito, por interpretação do art. 51, inc. VII, do CDC. E mesmo que assim não fosse, a cláusula, mais uma vez, viola a função social do contrato e a boa-fé objetiva, sendo nula por ilicitude do seu conteúdo (art. 166, inc. II, do CC). A abusividade é flagrante pelo fato de que o valor é cobrado até de especialistas em Direito, como advogados, promotores, juízes e professores, que não necessitam de tal assessoria.

Também há abusividade, no meu entender, na cobrança de taxa de corretagem, com a aquisição de imóvel direto no *stand* de vendas, sem a intermediação ou atuação concreta de corretor. Sempre opinei que tais valores, inclusive a SATI, não poderiam ser cobrados dos consumidores, fazendo que fosse cabível a sua devolução em dobro, incidindo plenamente a regra do parágrafo único do art. 42 do CDC.

Demonstrando toda a polêmica a respeito do assunto, vejamos aresto anterior do Tribunal de Justiça de São Paulo, que conclui pela impossibilidade da devolução em dobro dos referidos valores, pela ausência da prova de má-fé:

> "Verbas de assessoria imobiliária. Devolução dos valores. Possibilidade, segundo o Enunciado n.º 38.3 desta Câmara, exibindo as vendedoras legitimidade para a restituição: 'O adquirente que se dirige ao *stand* de vendas para a aquisição do imóvel não responde pelo pagamento das verbas de assessoria imobiliária (corretagem e taxa SATI). É da responsabilidade da vendedora o custeio das referidas verbas, exibindo legitimidade para eventual pedido de restituição'. Devolução em dobro, entretanto, afastada. Má-fé não demonstrada. Incidência do enunciado pela Súmula n.º 159 do STF. 5. Despesas de condomínio e taxas de IPTU exigidas antes da entrega das chaves. Impossibilidade, segundo o Superior Tribunal de Justiça: 'Para efeitos do art. 543-C do CPC, firmam-se as seguintes teses:

A) O que define a responsabilidade pelo pagamento das obrigações condominiais não é o registro do compromisso de compra e venda, mas a relação jurídica material com o imóvel, representada pela imissão na posse pelo promissário comprador e pela ciência inequívoca do condomínio acerca da transação'. Devolução em dobro dos valores, entretanto, afastada. Ausência de má-fé na realização da cobrança. 6. Indenização por danos materiais. Arbitramento de lucros cessantes. Admissibilidade, segundo o entendimento do STJ também adotado pela Câmara (Enunciado n.º 38.5). Necessidade, entretanto, de arbitramento da verba no equivalente ao aluguel do imóvel a contar da data de constituição das vendedoras em mora até a efetiva entrega das chaves. Apuração do valor devido em liquidação de sentença. 7. Indenização por danos morais. Acolhimento do pleito indenizatório. Frustração relacionada à aquisição do imóvel que importou em lesão extrapatrimonial" (TJSP, Apelação Cível 0006490-36.2013.8.26.0114, Acórdão 8762314, 3.ª Câmara de Direito Privado, Campinas, Rel. Des. Donegá Morandini, j. 31.08.2015, *DJESP* 04.09.2015).

Como se observa, o aresto reconheceu que a cobrança da taxa de corretagem em casos tais seria abusiva, ao lado da taxa SATI (Serviço de Assessoria Técnica Imobiliária).

Em 2016, a Segunda Seção do Superior Tribunal de Justiça analisou a questão em sede de julgamento de incidente de recursos repetitivos, pacificando a matéria. Acabou por concluir que a taxa SATI é, sim, abusiva, cabendo sua devolução simples, e não em dobro. Quanto à taxa de corretagem, entendeu a Corte Superior que não haveria abusividade na sua cobrança, diante do esclarecimento prévio feito ao consumidor do seu pagamento, em consonância com o princípio da boa-fé objetiva. A Lei 13.786/2018, como é notório, passou a prever expressamente que a taxa de corretagem será sempre de responsabilidade do adquirente em casos de seu inadimplemento. Vejamos as três ementas que firmaram as teses anteriores:

"Recurso especial repetitivo. Direito civil e do consumidor. Processual civil. Incorporação imobiliária. Venda de unidades autônomas em estande de vendas. Corretagem. Cláusula de transferência da obrigação ao consumidor. Alegação de abusividade. Teoria da asserção. Legitimidade passiva da incorporadora. Validade da cláusula. Serviço de Assessoria Técnico-Imobiliária (SATI). Cobrança. Descabimento. Abusividade. 1. Tese para os fins do art. 1.040 do CPC/2015: 1.1. Legitimidade passiva 'ad causam' da incorporadora, na condição de promitente-vendedora, para responder pela restituição ao consumidor dos valores pagos a título de comissão de corretagem e de taxa de assessoria técnico-imobiliária, nas demandas em que se alega prática abusiva na transferência desses encargos ao consumidor. 2. Caso concreto: 2.1. Aplicação da tese ao caso concreto, rejeitando-se a preliminar de ilegitimidade. 2.2. 'Validade da cláusula contratual que transfere ao promitente-comprador a obrigação de pagar a comissão de corretagem nos contratos de promessa de compra e venda de unidade autônoma em regime de incorporação imobiliária, desde que previamente informado o preço total da aquisição da unidade autônoma, com o destaque do valor da comissão de corretagem' (tese firmada no julgamento do REsp 1.599.511/SP). 2.3. 'Abusividade da cobrança pelo promitente-vendedor do serviço de assessoria técnico-imobiliária (SATI), ou atividade congênere, vinculado à celebração de promessa de compra e venda de imóvel' (tese firmada no julgamento do REsp 1.599.511/SP). 2.4. Improcedência do pedido de restituição da comissão de corretagem e procedência do pedido de restituição da SATI. 3. Recurso especial provido, em parte" (STJ, REsp 1.551.951/SP, 2.ª Seção, Rel. Min. Paulo de Tarso Sanseverino, j. 24.08.2016, *DJe* 06.09.2016).

"Recurso especial repetitivo. Direito civil e do consumidor. Incorporação imobiliária. Venda de unidades autônomas em estande de vendas. Corretagem. Serviço de Assessoria Técnico-Imobiliária (SATI). Cláusula de transferência da obrigação ao consumidor. Prescrição trienal da pretensão. Enriquecimento sem causa. 1. Tese para os fins do art. 1.040 do

CPC/2015: 1.1. Incidência da prescrição trienal sobre a pretensão de restituição dos valores pagos a título de comissão de corretagem ou de serviço de assistência técnico-imobiliária (SATI), ou atividade congênere (art. 206, § 3.º, IV, CC). 1.2. Aplicação do precedente da Segunda Seção no julgamento do Recurso Especial n. 1.360.969/RS, concluído na sessão de 10/08/2016, versando acerca de situação análoga. 2. Caso concreto: 2.1. Reconhecimento do implemento da prescrição trienal, tendo sido a demanda proposta mais de três anos depois da celebração do contrato. 2.2. Prejudicadas as demais alegações constantes do recurso especial. 3. Recurso especial provido" (STJ, REsp 1.551.956/SP, 2.ª Seção, Rel. Min. Paulo de Tarso Sanseverino, j. 24.08.2016, *DJe* 06.09.2016).

"Recurso especial repetitivo. Direito civil e do consumidor. Incorporação imobiliária. Venda de unidades autônomas em estande de vendas. Corretagem. Cláusula de transferência da obrigação ao consumidor. Validade. Preço total. Dever de informação. Serviço de Assessoria Técnico-Imobiliária (SATI). Abusividade da cobrança. I – Tese para os fins do art. 1.040 do CPC/2015: 1.1. Validade da cláusula contratual que transfere ao promitente-comprador a obrigação de pagar a comissão de corretagem nos contratos de promessa de compra e venda de unidade autônoma em regime de incorporação imobiliária, desde que previamente informado o preço total da aquisição da unidade autônoma, com o destaque do valor da comissão de corretagem. 1.2. Abusividade da cobrança pelo promitente-vendedor do serviço de assessoria técnico-imobiliária (SATI), ou atividade congênere, vinculado à celebração de promessa de compra e venda de imóvel. II – Caso concreto: 2.1. Improcedência do pedido de restituição da comissão de corretagem, tendo em vista a validade da cláusula prevista no contrato acerca da transferência desse encargo ao consumidor. Aplicação da tese 1.1. 2.2. Abusividade da cobrança por serviço de assessoria imobiliária, mantendo-se a procedência do pedido de restituição. Aplicação da tese 1.2. III – Recurso especial parcialmente provido" (STJ, REsp 1.599.511/SP, 2.ª Seção, Rel. Min. Paulo de Tarso Sanseverino, j. 24.08.2016, *DJe* 06.09.2016).

Como se pode perceber, a Corte Superior aplicou, ainda, o prazo prescricional de três anos para a repetição de indébito da taxa SATI, por subsunção do art. 206, § 3.º, IV, do Código Civil, que trata da ação relativa ao enriquecimento sem causa.

Lamento o teor da decisão, pois entendo que ambas as taxas são claramente abusivas, conduzindo ao enriquecimento sem causa das construtoras e dos corretores. Além disso, a repetição de indébito deveria ser em dobro, para os dois valores, aplicando-se o art. 42, parágrafo único, do CDC.

Por fim, o prazo a ser aplicado é o de dez anos, previsto no art. 205 do Código Civil, por ser mais favorável ao consumidor, em consonância com a *teoria do diálogo das fontes*. Cite-se, a esse propósito, que o STJ tem até sumular estabelecendo que o consumidor tem esse prazo maior para repetir tarifas abusivas, como as de água e esgoto (Súmula 412). Houve, assim, uma contradição do julgamento em relação a essa súmula, com o devido respeito.

Em 2018, o Superior Tribunal de Justiça ampliou o pensamento a respeito da possibilidade de cobrança da taxa de corretagem dos adquirentes nos contratos imobiliários vinculados ao programa social *Minha Casa, Minha Vida*, regido pela Lei 11.977/2009. Nos termos do aresto:

"Ressalvada a denominada Faixa 1, em que não há intermediação imobiliária, é válida a cláusula contratual que transfere ao promitente-comprador a obrigação de pagar a comissão de corretagem nos contratos de promessa de compra e venda do Programa Minha Casa, Minha Vida, desde que previamente informado o preço total da aquisição da unidade autônoma, com o destaque do valor da comissão de corretagem. Solução do caso concreto: Considerando que as partes convencionaram que o valor correspondente à comissão de corretagem seria pago diretamente pelo proponente ao corretor, impõe-se julgar improcedente o pedido de repetição dos valores pagos a esse título" (STJ, REsp 1601149/RS, 2.ª Seção, Rel. Min. Paulo de Tarso Sanseverino, Rel. p/ Acórdão Min. Ricardo Villas Bôas Cueva, j. 13.06.2018, *DJe* 15.08.2018).

Em verdade, penso que esses julgamentos trouxeram um infeliz impacto social, uma vez que as pessoas não mais procuram os negócios de financiamento da casa própria ou de imóveis para investimento, informados por situações anteriores de pagamento de montantes extorsivos.

Outra patente abusividade envolve os "juros no pé", que são cobrados dos adquirentes consumidores antes mesmo da entrega do imóvel. A jurisprudência do Superior Tribunal de Justiça, com razão, entendia pela impossibilidade de cobrança, pela ausência de capital principal sobre o qual incidiriam os juros. Por todos:

> "Direito civil e do consumidor. Promessa de compra e venda de imóvel. Cobrança de juros compensatórios durante a obra. 'Juros no pé'. Abusividade. Inexistência de empréstimo, financiamento ou qualquer uso de capital alheio. 1. Em contratos de promessa de compra e venda de imóvel em construção, descabe a cobrança de juros compensatórios antes da entrega das chaves do imóvel – 'juros no pé' –, porquanto, nesse período, não há capital da construtora/incorporadora mutuado ao promitente comprador, tampouco utilização do imóvel prometido. 2. Em realidade, o que há é uma verdadeira antecipação de pagamento, parcial e gradual, pelo comprador, para um imóvel cuja entrega foi contratualmente diferida no tempo. Vale dizer, se há aporte de capital, tal se verifica por parte do comprador para com o vendedor, de sorte a beirar situação aberrante a cobrança reversa de juros compensatórios, de quem entrega o capital por aquele que o toma de empréstimo. 3. Recurso especial improvido" (STJ, REsp 670.117/PB, 4.ª Turma, Rel. Min. Luis Felipe Salomão, j. 14.09.2010, *DJe* 23.09.2010).

Porém, em sede de incidente de recursos repetitivos, houve uma reviravolta no entendimento anterior do STJ, que passou a entender pela legalidade da cobrança, um verdadeiro absurdo jurídico, na minha opinião doutrinária:

> "Embargos de divergência. Direito civil. Incorporação imobiliária. Imóvel em fase de construção. Cobrança de juros compensatórios antes da entrega das chaves. Legalidade. 1. Na incorporação imobiliária, o pagamento pela compra de um imóvel em fase de produção, a rigor, deve ser à vista. Nada obstante, pode o incorporador oferecer prazo ao adquirente para pagamento, mediante parcelamento do preço. Afigura-se, nessa hipótese, legítima a cobrança de juros compensatórios. 2. Por isso, não se considera abusiva cláusula contratual que preveja a cobrança de juros antes da entrega das chaves, que, ademais, confere maior transparência ao contrato e vem ao encontro do direito à informação do consumidor (art. 6.º, III, do CDC), abrindo a possibilidade de correção de eventuais abusos. 3. No caso concreto, a exclusão dos juros compensatórios convencionados entre as partes, correspondentes às parcelas pagas antes da efetiva entrega das chaves, altera o equilíbrio financeiro da operação e a comutatividade da avença. 4. Precedentes: REsp n. 379.941/SP, Relator Ministro Carlos Alberto Menezes Direito, Terceira Turma, julgado em 3/10/2002, *DJ* 2/12/2002, p. 306, REsp n. 1.133.023/PE, REsp n. 662.822/DF, REsp n. 1.060.425/PE e REsp n. 738.988/DF, todos relatados pelo Ministro Aldir Passarinho Júnior, REsp n. 681.724/DF, relatado pelo Ministro Paulo Furtado (Desembargador convocado do TJBA), e REsp n. 1.193.788/SP, relatado pelo Ministro Massami Uyeda. 5. Embargos de divergência providos, para reformar o acórdão embargado e reconhecer a legalidade

da cláusula do contrato de promessa de compra e venda de imóvel que previu a cobrança de juros compensatórios de 1% (um por cento) a partir da assinatura do contrato" (STJ, EREsp 670.117/PB, 2.ª Seção, Rel. Min. Sidnei Beneti, Rel. p/ Acórdão Min. Antonio Carlos Ferreira, j. 13.06.2012, *DJe* 26.11.2012).

A ementa traz a ousadia de citar a boa-fé e a transparência quando, na verdade, os "juros no pé" representam violação não só desse princípio, como também da função social do contrato e da propriedade.

Como temos afirmado em aulas e palestras, os contratos para aquisição de imóvel de forma financiada no Brasil, a longo prazo, são verdadeiras *arapucas* aos adquirentes. Isso, não só por tais abusividades, mas por outras, como cobrança de juros abusivos, anatocismo (juros sobre juros), cobrança de valores que configuram lesão (como a comissão de permanência), multas excessivas, entre outros. Por isso não recomendo a celebração desses contratos, que tendem a gerar superendividamento dos adquirentes.

Há uma verdadeira exploração do *brasileiro comum*, que sonha com a sua casa própria. O *sonho* se transforma em *pesadelo* na realidade. Infelizmente, a piorar a situação, muitos desses contratos, abusivos na essência, são subsidiados por bancos com capital público, dando a falsa sensação, aos adquirentes, de que são negócios justos e seguros. Triste realidade vive o País, o que acabou por ser incrementado pelo desequilibrado tratamento que a Lei 13.786/2018 trouxe a respeito do inadimplemento dos adquirentes.

De início, sobre os imóveis construídos em regime de incorporação, a Lei 4.591/1964 recebeu um novo art. 67-A, com longas e complexas previsões. Conforme o seu *caput*, em caso de desfazimento do contrato celebrado exclusivamente com o incorporador, mediante "distrato" ou resolução por inadimplemento absoluto de obrigação do adquirente, este terá direito à restituição das quantias que houver pago diretamente ao incorporador, atualizadas com base no índice contratualmente estabelecido para a correção monetária das parcelas do preço do imóvel, com a dedução de alguns valores, previstos em dois incisos.

O primeiro deles é a integralidade da comissão de corretagem, o que acabou por confirmar o entendimento do Superior Tribunal de Justiça aqui antes citado, infelizmente. O segundo valor a ser abatido diz respeito à pena convencional, à multa compensatória, que não poderá exceder a 25% da quantia paga. Aqui, procurou-se mais uma vez seguir suposto posicionamento daquela Corte a respeito do valor a ser deduzido pelo vendedor. Porém, como antes exposto, existiam julgados mais recentes que previam a dedução de apenas 10% do que foi pago, sendo possível a redução, no meu entender, com base no antes citado art. 413 do Código Civil.

Nos termos do § 1.º do novo art. 67-A da Lei de Incorporações, para exigir a pena convencional do adquirente inadimplente, não é necessário que o incorporador alegue prejuízo, o que somente confirma o teor do art. 416, *caput*, do Código Civil.

Todavia, estabelece o comando seguinte que, em função do período em que teve disponibilizada a unidade imobiliária, responde ainda o adquirente, em caso de resolução ou de "distrato", pelos seguintes valores: *a)* quantias correspondentes aos impostos reais incidentes sobre o imóvel, caso do IPTU; *b)* cotas de condomínio e contribuições devidas a associações de moradores; *c)* valor correspondente à fruição do imóvel, equivalente à 0,5% sobre o valor atualizado do contrato, *pro rata die*, ou seja diariamente; *d)* demais encargos incidentes sobre o imóvel e despesas previstas no contrato (§ 2.º). Sobre as dívidas condominiais e os demais encargos é preciso investigar, no caso concreto, se não há qualquer abusividade na sua cobrança. Cite-se, a título de exemplo, a comum cobrança de quotas condominiais sem que o condomínio esteja instalado e serviços estejam sendo prestados, o que viola a boa-fé objetiva e gera enriquecimento sem causa do vendedor.

A lei admite que esses débitos por último mencionados poderão ser eventualmente pagos por meio de compensação legal com a quantia total a ser restituída, o que visa a atender ao princípio da economia, material e processual (art. 67-A, § 3.º, da Lei 4.591/1964). Esses descontos e retenções, após o desfazimento do contrato, estão limitados aos valores efetivamente pagos pelo adquirente, salvo em relação às quantias relativas à fruição do imóvel (art. 67-A, § 4.º, da Lei 4.591/1964).

Como pior de todas as previsões da norma específica em estudo, o § 5.º do dispositivo estabelece que, "quando a incorporação estiver submetida ao regime do patrimônio de afetação, de que tratam os arts. 31-A a 31-F desta Lei, o incorporador restituirá os valores pagos pelo adquirente, deduzidos os valores descritos neste artigo e atualizados com base no índice contratualmente estabelecido para a correção monetária das parcelas do preço do imóvel, no prazo máximo de 30 (trinta) dias após o habite-se ou documento equivalente expedido pelo órgão público municipal competente, admitindo-se, nessa hipótese, que a pena referida no inciso II do *caput* deste artigo seja estabelecida até o limite de 50% (cinquenta por cento) da quantia paga".

Dois são os absurdos legislativos que a norma traz, sob o argumento de se incentivar o incremento do uso patrimônio de afetação, que traz supostamente uma maior segurança aos adquirentes, uma vez que os valores pagos ficam vinculados à obra.

O primeiro deles diz respeito à devolução dos valores pagos somente trinta dias após a expedição do "habite-se" ou do documento equivalente pelo órgão municipal, o que contraria a jurisprudência até então dominante e aqui citada, e coloca o adquirente em posição excessivamente onerosa. Em havendo relação de consumo, a norma viola o art. 39, inc. X, do CDC, sendo possível alegar a inconstitucionalidade da previsão, por desrespeito à efetiva tutela dos consumidores, constante do art. 5.º, inc. XIII, da CF/1988. Por esses argumentos, esperamos que a jurisprudência afaste esse conteúdo do dispositivo.

O segundo absurdo, novamente trazendo enorme desequilíbrio, injustiça e possibilitando o enriquecimento sem causa dos alienantes, diz respeito à possibilidade de o contrato prever uma cláusula penal compensatória de até o limite 50% do valor pago. Não temos dúvidas de que, nesses casos, a jurisprudência reduzirá o montante da penalidade, com base no art. 413 do Código Civil, até porque penalidades extorsivas como essas não estão de acordo com a tradição do Direito Privado Brasileiro.

A tendência é a sua redução nos montantes que vinham sendo aplicados pelo Superior Tribunal de Justiça, entre 10% e 25% do valor devido, na linha dos julgados aqui antes transcritos. Nesse sentido, cite-se a posição doutrinária de José Fernando Simão, em nosso *Código Civil comentado*:

> "A cláusula penal de 50% imposta pela Lei n. 13.786/2018, que alterou o texto da Lei n. 4.591/1964, com a criação do art. 67-A no caso de desistência da aquisição pelo adquirente do imóvel sujeito ao regime do patrimônio de afetação, revela-se excessiva, *ab initio*. Primeiro, porque a multa nasce em um contrato por adesão em que o adquirente não pode debater seu conteúdo (natureza do negócio). Depois, porque trata de aquisição da casa própria (muitas vezes, finalidade do negócio). Por último, porque é superior a todas as demais multas previstas no ordenamento jurídico brasileiro" (SIMÃO, José Fernando. *Código...*, 2019, p. 236).

Adotando a premissa dessa redução da multa com base no art. 413 do Código Civil, podem ser colacionados os seguintes acórdãos, do Tribunal Paulista:

"Compromisso de compra. Ação de rescisão contratual. Ação julgada parcialmente procedente. Resolução do contrato e devolução de 80% do valor pago. Insurgência da autora. Pretensão de retenção de 70% dos valores pagos, conforme previsão da cláusula penal ou, alternativamente, de 25% ou 50% conforme disposto na Lei n.º 13.786/2018. Descabimento. Resolução motivada pelo adquirente. Contrato celebrado antes da vigência da Lei n.º 13.786/18 (Lei do distrato). E mesmo que assim não fosse, considerando a peculiaridade do caso concreto, no qual o contrato vigeu por pouco é excessivamente onerosa a aplicação das disposições contratuais nos moldes da Lei n.º 13.786/18 deve prevalecer a Lei consumerista. Inteligência do art. 51, IV, do Código de Defesa do Consumidor e do art. 413 do Código Civil, que admitem a possibilidade de revisão das cláusulas contratuais nulas, abusivas ou excessivamente onerosas. Penalidades que implicariam em saldo negativo, ocasionando não só a perda total do investimento como dívida do consumidor com a vendedora, o que é inadmissível nos termos do art. 53 do CDC e Súmulas ns. 1 do TJSP e 543 do STJ. Multa estipulada sobre o valor do contrato. Os. Retenção de 20% das parcelas pagas que é bastante a cobrir as despesas com publicidade e administração e casuais prejuízos da autora com a extinção do contrato. Precedentes. Sentença mantida. Recurso improvido" (TJSP, Apelação 1013431-89.2021.8.26.0506, Acórdão 15810069, Ribeirão Preto, 5.ª Câmara de Direito Privado, Rel. Des. Moreira Viegas, j. 30.06.2022, *DJESP* 04.07.2022, p. 1.805).

"Compromisso de venda e compra. Rescisão. Restituição de quantias pagas. Impossibilidade econômica superveniente do adquirente em arcar com as prestações ajustadas. Ausência de demonstração de culpa da vendedora. Rescisão decretada. Contrato firmado sob a égide da Lei n.º 13.876/2018. Cláusulas contratuais em conformidade com a Lei do Distrato. Necessidade, entretanto, de redução equitativa da cláusula penal. Inteligência do artigo 413 do CC. Taxas e tributos incidentes sobre o imóvel no período da posse sob a responsabilidade dos adquirentes. Cabimento da taxa de fruição. Comissão de corretagem. Ausência de clara disposição contratual da atribuição da corretagem ao consumidor. Indevida a exclusão desses valores. Incidência de atualização monetária desde os respectivos desembolsos, por se tratar de mera reposição do valor da moeda. Sentença reformada. Recurso parcialmente provido" (TJSP, Apelação cível 1011860-67.2021.8.26.0576, Acórdão 15217123, São José do Rio Preto, 5.ª Câmara de Direito Privado, Rel. Des. Moreira Viegas, j. 24.11.2021, *DJESP* 29.11.2021, p. 2.062)

Não se olvide, contudo, que existem arestos que trazem a conclusão segundo a qual os parâmetros estabelecidos na Lei 13.786/2018 não são exagerados, caso do seguinte:

"Cláusula penal de retenção de 50% do valor adimplido que não se reputa abusiva no caso concreto, sendo também permitida pela Lei do distrato aplicável à espécie (art. 67-A, § 5.º, da Lei n.º 4.591/64, com a redação dada pela Lei n. 13.786/18). Onerosidade excessiva e enriquecimento sem causa também não verificados. Redução equitativa da multa de que não se cogita" (TJSP, Apelação cível 1005211-92.2020.8.26.0650, Acórdão 15799101, Valinhos, 1.ª Câmara de Direito Privado, Rel. Des. Luiz Antonio de Godoy, j. 28.06.2022, *DJESP* 06.07.2022, p. 1.910).

Essa é uma questão que precisará ser pacificada no âmbito da jurisprudência, sobretudo pelo Superior Tribunal de Justiça.

Seguindo na análise dos novos comandos legais, o § 6.º do art. 67-A da Lei 4.591/1964 estabelece que, caso a incorporação não esteja submetida ao regime do patrimônio de afetação e após as deduções a que se referem os parágrafos anteriores, se houver remanescente a ser ressarcido ao adquirente, o pagamento será realizado em parcela única, após o prazo de cento e oitenta dias, contado da data do desfazimento do contrato. Entendo que esse prazo deve ser aplicado indistintamente, reconhecida a inconstitucionalidade da previsão anterior, que determina se aguardar o "habite-se" ou documento correspondente.

Eventualmente, caso ocorra a revenda da unidade antes de transcorridos esses prazos, o valor remanescente devido ao adquirente será pago em até trinta dias da revenda (art. 67-A, § 7.º, da Lei 4.591/1964). O valor remanescente a ser pago ao adquirente deve ser atualizado com base no índice contratualmente estabelecido para a correção monetária das parcelas do preço do imóvel (art. 67-A, § 8.º, da Lei 4.591/1964).

Além disso, não incidirá a cláusula penal compensatória contratualmente prevista na hipótese de o adquirente que der causa ao desfazimento do contrato encontrar comprador substituto que o sub-rogue nos direitos e obrigações originalmente assumidos, desde que haja a devida anuência do incorporador e a aprovação dos cadastros e da capacidade financeira e econômica do comprador substituto (art. 67-A, § 9.º, da Lei 4.591/1964). Essas previsões têm o claro intuito de tentar "suavizar" os desequilíbrios e injustiças da lei, o que não afasta as críticas e proposições que foram formuladas neste capítulo.

Sobre os §§ 10 a 12 do preceito, eles tratam do exercício do direito de arrependimento do art. 49 do CDC para os contratos firmados em estandes de vendas e fora da sede do incorporador, o que já foi aqui analisado, com as devidas críticas.

É possível que as partes, em comum acordo, por meio de instrumento específico de distrato, definam condições diferenciadas das previstas nesta lei (art. 67-A, § 13, da Lei 4.591/1964). Por distrato, nessa previsão, entenda-se a exata e técnica categorização, retirada do art. 472 do Código Civil, ou seja, a hipótese em que as duas partes, de comum acordo, querem e pretendem extinguir o negócio.

Por fim, sobre esse comando, nas hipóteses de leilão de imóvel objeto de contrato de compra e venda com pagamento parcelado, com ou sem garantia real, de promessa de compra e venda ou de cessão e de compra e venda com pacto adjeto de alienação fiduciária em garantia, realizado o leilão no contexto de execução judicial ou de procedimento extrajudicial de execução ou de resolução, a restituição far-se-á de acordo com os critérios estabelecidos na respectiva lei especial ou com as normas aplicáveis à execução em geral (art. 67-A, § 14, da Lei 4.591/1964). Valem as mesmas críticas feitas quanto à devolução somente após o "habite-se" ou documento semelhante, em havendo imóvel adquirido sob o regime de patrimônio de afetação.

Sobre o inadimplemento do adquirente em contratos submetidos à Lei 6.766/1979, ou seja, em se tratando de imóveis loteados, foi acrescido um art. 32-A no diploma específico. Assim como ocorre com as incorporações imobiliárias, mas com algumas diferenças e nos termos do seu *caput*, em caso de resolução contratual por fato imputado ao adquirente, deverão ser restituídos os valores pagos por ele, atualizados com base no índice contratualmente estabelecido para a correção monetária das parcelas do preço do imóvel, podendo ser descontados dos valores pagos os seguintes itens: *a)* os valores correspondentes à eventual fruição do imóvel, até o equivalente a 0,75% sobre o valor atualizado do contrato, cujo prazo será contado a partir da data da transmissão da posse do imóvel ao adquirente até sua restituição ao loteador; *b)* o montante devido por cláusula penal compensatória e despesas administrativas, inclusive arras ou sinal, limitado a um desconto de dez por cento do valor atualizado do contrato, ou seja, de acordo com a mais recente jurisprudência do STJ; *c)* os encargos moratórios relativos às prestações pagas em atraso pelo adquirente, se for o caso; *d)* os débitos de impostos sobre a propriedade predial e territorial urbana, contribuições condominiais, associativas ou outras de igual natureza que sejam a estas equiparadas e tarifas vinculadas ao lote, bem como tributos, custas e emolumentos incidentes sobre a restituição ou rescisão; *e)* a comissão de corretagem, desde que integrada ao preço do lote.

Como se percebe, a multa compensatória fixada, de 10%, é bem inferior aos 25% e 50% estabelecidos para os imóveis adquiridos sob o regime de incorporação, sendo raríssima a hipótese fática de se incidir a redução equitativa do art. 413 do Código Civil.

O § 1.º do comando prevê que o pagamento da restituição ocorrerá em até doze parcelas mensais, com início após o seguinte prazo de carência: *a)* em loteamentos com obras em andamento: no prazo máximo de cento e oitenta dias após o prazo previsto em contrato para conclusão das obras; *b)* em loteamentos com obras concluídas: no prazo máximo de doze meses após a formalização da rescisão contratual. Aqui se têm novamente claras abusividades e injustiças previstas em lei, em flagrante desequilíbrio, pois a devolução parcelada e com longos prazos contrariam a jurisprudência então dominante, entrando em conflito com o art. 39, inc. V, do CDC, em havendo relação de consumo. Não havendo, pode-se falar em contrariedade da função social do contrato, no sentido de se assegurar trocas úteis e justas, nos termos do Enunciado n. 22 da *I Jornada de Direito Civil.*

Somente será efetuado o registro do contrato de nova venda se for comprovado o início da restituição do valor pago pelo vendedor ao titular do registro cancelado na forma e condições pactuadas no distrato, dispensada essa comprovação nos casos em que o adquirente não for localizado ou não tiver se manifestado (art. 32-A, § 2.º, da Lei 6.766/1979). Mais uma vez, há um intuito de "suavizar" o desequilíbrio da previsão anterior, o que não é alcançado. Todos esses procedimentos não se aplicam aos contratos e escrituras de compra e venda de lote sob a modalidade de alienação fiduciária, que tem previsão específica na Lei 9.514/1997 (art. 32-A, § 3.º, da Lei 6.766/1979).

Fica claro que a nova lei trouxe grandes benefícios às partes mais fortes dos contratos de aquisição de imóveis, em detrimento dos interesses dos adquirentes, o que também pode ser percebido da análise do tópico que fecha o presente capítulo deste livro, a seguir desenvolvido.

Como últimas observações a respeito do inadimplemento do compromissário comprador, importante retomar que Lei do SERP (Lei 14.382/2022) trouxe a possibilidade da adjudicação compulsória extrajudicial, perante o Cartório de Registro de Imóveis, em favor do promitente vendedor, denominada como *invertida.* Reafirmo que o procedimento é cabível tanto no caso de compromisso de compra e venda registrado quanto na hipótese de não constar da matrícula do imóvel.

Conforme antes foi exposto, está estabelecido que são legitimados a requerer a adjudicação o promitente comprador ou qualquer dos seus cessionários ou promitentes cessionários, ou seus sucessores, bem como o promitente vendedor, representados por advogado (§ 1.º do novo art. 216-B da Lei de Registros Públicos). Essa adjudicação compulsória em favor do promitente vendedor visa a evitar que o compromissário comprador se negue a efetivar o contrato definitivo para não suportar as despesas relativas ao imóvel, caso de impostos e dívidas de condomínio.

Além do procedimento extrajudicial de adjudicação compulsória, a Lei do SERP também incluiu no ordenamento jurídico, novamente na Lei de Registros Públicos, o cancelamento extrajudicial do registro do compromisso de compra e venda na matrícula do imóvel. Aqui, por óbvio, o procedimento não se aplica aos casos de compromisso não registrado e somente pode ser utilizado pelo promitente vendedor e não pelo compromissário comprador, pois se trata justamente de situação em que há inadimplemento do último.

Enuncia o novo art. 251-A, § 1.º, da Lei 6.015/1973 que a requerimento do promitente vendedor, o promitente comprador, ou seu representante legal ou procurador regularmente constituído, será intimado pessoalmente pelo oficial do competente registro de imóveis a satisfazer, no prazo de trinta dias, a prestação ou as prestações vencidas e as que vencerem até a data de pagamento. Esses valores devem ser acrescidos de juros convencionais, de correção monetária, das penalidades contratuais – como multa convencional –, e dos demais encargos contratuais. Também é preciso incluir os encargos legais, inclusive tributos, as contribuições condominiais ou despesas de conservação e manutenção em loteamentos de acesso controlado, imputáveis ao imóvel, além das despesas de cobrança, de intimação, bem como do registro do contrato, caso esse tenha sido efetuado a requerimento do promitente vendedor.

Novamente, a fim de facilitar o procedimento, o oficial do registro de imóveis poderá delegar a diligência de intimação ao oficial do registro de títulos e documentos da Comarca da situação do imóvel ou do domicílio de quem deva recebê-la (art. 251-A, § 2.º, da Lei 6.015/1973). Ademais, conforme o parágrafo seguinte, aos procedimentos de intimação ou notificação efetuados pelos oficiais de registros públicos, aplicam-se, no que couber, os dispositivos referentes à citação e à intimação previstos no Código de Processo Civil, entre os seus arts. 238 e 275.

Eventualmente, a mora poderá ser purgada pelo compromissário comprador, ora devedor, mediante o pagamento ao oficial do registro de imóveis, que dará quitação ao promitente comprador ou ao seu cessionário das quantias recebidas no prazo de três dias e depositará esse valor na conta bancária informada pelo promitente vendedor no próprio requerimento ou, na falta dessa informação, o cientificará de que o numerário está à sua disposição (art. 251-A, § 4.º, da Lei 6.015/1973).

Por outra via, caso não ocorra o pagamento, o oficial certificará o ocorrido e intimará o promitente vendedor a promover o recolhimento dos emolumentos para efetuar o cancelamento do registro, retirando a eficácia *erga omnes* do compromisso de compra e venda do imóvel (art. 251-A, § 5.º, da Lei 6.015/1973).

Por fim, está previsto no § 6.º do novo art. 251-A da Lei de Registros Públicos, que a certidão do cancelamento do registro do compromisso de compra e venda reputa-se como prova relevante ou determinante para concessão da medida liminar de reintegração de posse. Entendo, todavia, que esse cancelamento não retira toda a eficácia do contrato celebrado entre as partes, o que deve ser analisado na via judicial, inclusive para os fins de se verificar, em juízo e com o contraditório alargado, se houve de fato inadimplemento, se o caso é de aplicação da exceção de contrato não cumprido ou mesmo da teoria do adimplemento substancial.

7.5 QUESTÕES CONTROVERTIDAS ATUAIS SOBRE O COMPROMISSO IRRETRATÁVEL DE COMPRA E VENDA. INTERAÇÕES ENTRE OS DIREITOS REAIS E PESSOAIS. A SÚMULA 308 DO SUPERIOR TRIBUNAL DE JUSTIÇA E SUAS DECORRÊNCIAS. O "CONTRATO DE GAVETA". OUTRAS QUESTÕES RELATIVAS ÀS *CRISES* DO MERCADO IMOBILIÁRIO

A encerrar o presente capítulo, reafirme-se que o compromisso de compra e venda registrado *embaralha* os efeitos reais e pessoais, superando a clássica tabela que diferencia os direitos reais dos direitos pessoais patrimoniais (contratos). Reafirme-se que o tema é muito bem tratado pelo saudoso Luciano de Camargo Penteado, em sua tese de doutorado defendida na USP, trabalho que nos serviu de inspiração (PENTEADO, Luciano de Camargo. *Efeitos*..., 2007).

De imediato, não se pode esquecer o teor da Súmula 308 do Superior Tribunal de Justiça, segundo a qual a hipoteca firmada entre a construtora e o agente financeiro, anterior ou posterior à celebração da promessa de compra e venda, não tem eficácia perante os adquirentes do imóvel. Pelo teor da ementa, a boa-fé objetiva, caracterizada pela pontualidade contratual, *vence a hipoteca*, que passa a ter efeitos *inter partes* (entre a construtora e o agente financeiro tão somente).

Além disso, o compromisso de compra e venda, celebrado entre os adquirentes e a construtora, gera efeitos perante o agente financeiro. Como outrora apontado, a citada súmula tem origem na falência de construtoras no Brasil, como a Encol.

Anote-se que, como decorrência da súmula, a jurisprudência do mesmo Superior Tribunal de Justiça tem admitido ação proposta em face do agente financeiro para outorga da escritura definitiva e liberação da hipoteca, em litisconsórcio necessário com o promitente vendedor, o que parece correto:

> "Promessa de compra e venda. Imóvel dado em hipoteca pela construtora a agente financeiro. Quitação do preço pelo adquirente. Outorga de escritura definitiva. Liberação do ônus real. Demanda movida contra a incorporadora e o agente financiador. Litisconsórcio necessário. CPC, art. 47. Súmula 308-STJ. Danos materiais. Prova do prejuízo inexistente. Recurso especial. Súmula 7-STJ. Provimento parcial do segundo especial. (...). Deve o banco financiador, que detém a hipoteca, figurar no polo passivo da lide, na condição de litisconsorte necessário, sob pena de tornar-se inexequível o julgado, que determinou a liberação do gravame. III. 'A hipoteca firmada entre a construtora e o agente financeiro, anterior ou posterior à celebração da promessa de compra e venda, não tem eficácia perante os adquirentes do imóvel' – Súmula 308 – STJ. IV. Desacolhidos os danos materiais pelas instâncias ordinárias, por ausência de efetiva demonstração dos prejuízos, a controvérsia recai no reexame fático, vedado ao STJ por força da Súmula 7" (STJ, REsp 625.091/RJ, 4.ª Turma, Rel. Min. Aldir Passarinho Junior, j. 09.02.2010, *DJe* 08.03.2010).

Restringindo os efeitos do registro – assim como faz a Súmula 308 –, deduziu a mesma Corte Superior, em decisão relativa à alienação em duplicidade, que a boa-fé existente na perpetuação por anos da segunda alienação prevalece sobre o registro do primeiro compromisso de compra e venda. Vejamos a ementa desse polêmico e inovador julgado:

> "Direito civil. Alienação em duplicidade. Promessa de compra e venda. Interpretação dos negócios jurídicos. Transmissão de propriedade imóvel. Código Civil de 1916. Transcrição. Segurança jurídica. Boa-fé. 1. Tem-se, na hipótese, alienação de imóvel em duplicidade. No caso dos autos, deve-se manter o acórdão que decidiu pela manutenção da segunda alienação porque o título correspondente está transcrito há mais de duas décadas, sendo que os primeiros adquirentes tinham apenas direito decorrente de compromisso de compra e venda que, embora com preço pago no ato e devidamente averbado, não teve seguimento providenciado pelos promitentes compradores. 2. Anote-se que nada impedia, aliás, ao contrário, tudo aconselhava, a imediata lavratura da escritura definitiva e respectivo registro, em região cheia de questões registrarias – contra as quais a prudência mandava acautelar-se. Recurso especial a que se nega provimento" (STJ, REsp 1.113.390/PR, 3.ª Turma, Rel. Min. Sidnei Beneti, j. 02.03.2010, *DJe* 15.03.2010).

Superado o estudo de situações em que são restringidos os efeitos do registro, veja-se que há hipóteses em que o raciocínio é o oposto, ou seja, amplia-se a eficácia do instituto de direito obrigacional. De início, não se pode esquecer o teor da Súmula 84 do Superior Tribunal de Justiça, pela qual é admissível a oposição de embargos de terceiro fundados em alegação de posse advinda do compromisso de compra e venda não registrado. Não há dúvidas de que a súmula traz hipótese de efeitos contratuais perante terceiros, em clara *tutela externa do crédito*, conforme preconizado por Enunciado CJF/STJ, que associa tal eficácia ao princípio da função social dos contratos (Enunciado n. 21 do CJF/STJ, art. 421 do CC).

A propósito, para demonstrar os efeitos ampliativos da sumular, recente julgado do Superior Tribunal de Justiça considerou que a legitimidade para a oposição dos embargos de terceiros também alcança a hipótese de doação não registrada na matrícula do imóvel. Conforme o seu teor, "a posse que permite a oposição desses embargos é tanto a direta quanto a indireta. As donatárias-recorridas receberam o imóvel de pessoa outra que não a parte com quem a recorrente litiga e, portanto, não é possível afastar a qualidade de 'terceiras' das recorridas, o que as legitima a opor os embargos em questão. Ao analisar os precedentes que permitiram a formação da mencionada Súmula 84/STJ, pode-se verificar que esta Corte Superior há muito tempo privilegia a defesa da posse, mesmo que seja em detrimento da averbação do ato em registro de imóveis" (STJ, REsp 1.709.128/RJ, 3.ª Turma, Rel. Min. Nancy Andrighi, j. 02.10.2018, *DJe* 04.10.2018).

Da mesma Corte Superior, do ano de 2020, merece relevo o acórdão que considerou ser possível a oposição de embargos de terceiros em caso de compromisso de compra e venda não registrado na matrícula, mesmo nas hipóteses em que não houver a entrega do imóvel ao compromissário comprador. Vejamos o *decisum*:

> "Na hipótese, o imóvel adquirido só não estava na posse da recorrida em razão de ainda estar em fase de construção, razão pela qual o instrumento particular de compra e venda colacionado aos autos – ainda que desprovido de registro – deve ser considerado para fins de comprovação de sua posse, admitindo-se, via de consequência, a oposição dos embargos de terceiro. Ademais, o instrumento de compra e venda foi firmado em data anterior ao próprio ajuizamento da ação de execução em que foi determinada a penhora do bem, não havendo que se falar em fraude à execução ou má-fé da parte adquirente" (STJ, REsp 1.861.025/DF, 3.ª Turma, Rel. Min. Nancy Andrighi, j. 12.05.2020, *DJe* 18.05.2020).

Como outra hipótese de ampliação dos efeitos contratuais, mencione-se o debate existente na jurisprudência a respeito do *contrato de gaveta* – comum nas hipóteses envolvendo o compromisso de compra e venda –, especialmente no tocante à geração de efeitos perante o promitente vendedor e a instituição financeira que subsidia a negociação.

A jurisprudência do Superior Tribunal de Justiça tinha entendimento anterior no sentido de que, se o compromissário comprador transmite o negócio para outrem (chamado de *gaveteiro*), mesmo sem autorização da outra parte, seria possível que esse terceiro pretendesse direitos em face do vendedor, inclusive de revisão do negócio (STJ, AgRg no REsp 712.315/PR, 4.ª Turma, Rel. Min. Aldir Passarinho Junior, *DJ* 19.06.2006; REsp 710.805/RS, 2.ª Turma, Rel. Min. Francisco Peçanha Martins, *DJ* 13.02.2006; REsp 753.098/RS, Rel. Min. Fernando Gonçalves, *DJ* 03.10.2005).

Existiam decisões que apontavam como argumento o fato de a Lei 10.150/2000 permitir a regularização da transferência do imóvel ao *gaveteiro* (STJ, EDcl no REsp 573.059/RS, 1.ª Turma, Rel. Min. Luiz Fux, *DJ* 30.05.2005 e REsp 189.350/SP, 4.ª Turma, Rel. Min. Asfor Rocha, *DJ* 14.10.2002). Na minha opinião doutrinária, as melhores ementas eram as que relacionavam todo o raciocínio com o princípio da função social do contrato, o que representava notável avanço para o *mundo contratual* (STJ, AgRg no REsp 838.127/DF, 1.ª Turma, Rel. Min. Luiz Fux, j. 17.02.2009, *DJe* 30.03.2009; e REsp 769.418/PR, 1.ª Turma, Rel. Min. Luiz Fux, j. 15.05.2007).

Todavia, infelizmente, houve uma reviravolta no entendimento superior nos últimos anos. Passou-se a entender que, "tratando-se de contrato de mútuo para aquisição de imóvel garantido pelo FCVS, avençado até 25/10/96 e transferido sem a interveniência da instituição financeira, o cessionário possui legitimidade para discutir e demandar em juízo questões pertinentes às obrigações assumidas e aos direitos adquiridos. (...) No caso de cessão de direitos sobre imóvel financiado no âmbito do Sistema Financeiro da Habitação realizada após 25.10.1996, a anuência da instituição financeira mutuante é indispensável para que o cessionário adquira legitimidade ativa para requerer revisão das condições ajustadas, tanto para os contratos garantidos pelo FCVS como para aqueles sem referida cobertura" (STJ, REsp 1.150.429/CE, Corte Especial, Rel. Min. Ricardo Villas Bôas Cueva, j. 25.04.2013, *DJe* 10.05.2013). Muitas outras decisões seguem essa linha, que é a predominante hoje na jurisprudência superior, servindo a ementa recente como exemplo dessa consolidação.

Em suma, na atualidade, é preciso verificar quando o negócio foi celebrado para a conclusão da necessidade ou não da autorização do promitente vendedor e da instituição financeira que subsidia o negócio. Mais uma vez, não se filia a essa *guinada* no posicionamento superior, pois o contrato de gaveta representa realidade a ser reconhecida no meio imobiliário brasileiro.

A encerrar o presente capítulo, cumpre debater algumas questões atinentes à *crise* que acometeu o mercado imobiliário brasileiro, diante de nossos problemas econômicos recentes, o que gerou uma explosão de demandas de extinção de contratos de aquisição da casa própria, a partir do ano de 2015. Mais uma vez o tema será abordado com base na *desequilibrada* e *atécnica* Lei 13.786/2018.

Soma-se aos sérios problemas econômicos o fato de os contratos de aquisição de imóveis *na planta* apresentarem uma série de abusividades, como antes se destacou. Em acurado estudo sobre o tema, sempre citado em minhas aulas e palestras, os advogados especializados no assunto Tatiana Bonatti Peres, Ana Beatriz Marchioni Kesselring e Alessandro Segalla demonstram a presença de pelo menos 18 cláusulas ou práticas abusivas em tais contratos, verificadas nos últimos anos (Cláusulas abusivas..., In: ALVIM, Angélica Arruda; ALVIM, Eduardo Arruda; CHIAVASSA, Marcelo (Coord.). *25 anos...*, 2017, p. 364-406).

São elas, representando verdadeiro abuso de direito por parte das construtoras e agentes financeiros que participam do contrato: *a)* atraso na entrega da obra; *b)* cláusula de tolerância pelo atraso, mesmo estando agora legitimada pela lei; *c)* reajuste em caso de atraso na entrega; *d)* presença de danos morais pelo atraso; *e)* multas ou descontos excessivos em caso de resolução por inadimplemento; *f)* devolução do valor pago que não seja em dinheiro; *g)* devolução do valor pago somente após a conclusão da obra; *h)* cobrança de taxa em caso de cessão da posição contratual (contrato de gaveta); *i)* repasse de comissão, especialmente da antes comentada SATI; *j)* cobrança de "juros no pé", antes da entrega das chaves, como outrora exposto; *k)* correção pela tabela PRICE; *l)* entrega de área menor do que o prometido; *m)* não fixação de prazo para outorga da escritura definitiva; *n)* previsão de cláusula de eleição de foro e de arbitragem, em contrato de adesão e de consumo, sem os devidos destaques; *o)* presença de variadas formas de publicidade enganosa, enganando o consumidor; *p)* imposição de penalidades excessivas ao adquirente, sem reciprocidade; *q)* constituição de garantias desproporcionais sobre a área construída, pela construtora, capazes de colocar em risco as unidades adquiridas; e *r)* cobrança de constituição condominial antes da entrega das unidades.

Como se pode notar, a simples leitura das variadas abusividades chega a tirar o fôlego. Muito pior é a situação de quem figura como parte em tais negócios jurídicos, que estão entre os mais abusivos em nosso País.

Pois bem, com o fito de resolver as milhares de demandas de uma só vez, o Código de Processo Civil criou o mecanismo do Incidente de Resolução de Demandas Repetitivas (IRDR), previsto entre os seus arts. 976 e 987. Nessa nova realidade processual, o Tribunal de

Justiça de São Paulo analisou alguns temas relativos aos compromissos de compra e venda para aquisição de imóveis na planta quando do julgamento do IRDR 0023203-35.2016.8.26.0000, pela Turma Especializada Privado 1 do Tribunal Bandeirante, em agosto de 2017.

Nesse *decisum*, foram fixadas sete teses principais, que aqui serão estudadas em visão crítica. Algumas questões deixaram de ser analisadas, pois estão pendentes de análise pelo Superior Tribunal de Justiça, caso dos danos morais oriundos do inadimplemento contratual e da cumulação de penalidades em face das construtoras. Porém, quatro das teses antes fixadas foram julgadas, em revisão, pelo Tribunal da Cidadania, em 11 de setembro de 2019, como será visto a seguir (STJ, Recurso Especial 1.729.593/SP, 2.ª Seção, Rel. Min. Marco Aurélio Bellizze).

Importante destacar a advertência feita pelo Relator em seu voto, no sentido de que "é impositivo que as incorporadoras, mediante programação administrativa e financeira prévia, estabeleçam em seus contratos o prazo para a entrega de imóvel, de maneira indene de dúvidas, utilizando-se de critérios dotados de objetividade e clareza, que não estejam vinculados a nenhum negócio jurídico futuro, ainda que este se encontre associado a uma das etapas da contratação da realização da obra. Somente assim estarão preservados os primados do direito à informação, da transparência e da boa-fé, além de assegurar às partes o necessário equilíbrio contratual". Esse julgamento superior disse respeito aos contratos de promessa de compra e venda de imóvel na planta, no âmbito do *Programa Minha Casa, Minha Vida*, para os beneficiários das faixas de renda 1, 5, 2 e 3.

De acordo com a tese 1, é válido o prazo de tolerância, não superior a cento e oitenta dias corridos, estabelecido no compromisso de venda e compra para entrega de imóvel em construção, desde que previsto em cláusula contratual expressa, clara e inteligível. A conclusão segue a orientação do Superior Tribunal de Justiça (por todos: Ag. Int. no REsp 1.582.318/RJ, 3.ª Turma, Rel. Min. Ricardo Villas Bôas Cueva, j. 23.05.2017, *DJe* 31.05.2017) e do próprio Tribunal (TJSP), por força da sua Súmula 164 do TJSP ("é válido o prazo de tolerância não superior a cento e oitenta dias, para entrega de imóvel em construção, estabelecido no compromisso de venda e compra, desde que previsto em cláusula contratual expressa, clara e inteligível").

Apesar de ser esse o entendimento jurisprudencial consolidado, nunca concordei com tal posição, pelo fato de ferir o inc. IV do art. 51 do CDC, colocando o consumidor em posição de flagrante desequilíbrio (cláusula lesão). Para que a cláusula fosse válida, também deveria existir uma mesma previsão em favor do adquirente, o que não ocorre. Vale lembrar que, na grande maioria dos casos, o compromisso de compra e venda assume a forma de negócio de consumo. E mesmo se isso não ocorrer, pensamos que a cláusula viola os princípios da função social do contrato e da boa-fé objetiva, previstos nos arts. 421 e 422 do Código Civil.

Como visto, a citada cláusula de tolerância foi agora legitimada pela Lei 13.786/2018, devendo prevalecer na prática de forma consolidada, o que não afasta as nossas críticas insistentes. De todo modo, entendo que, em casos concretos que envolvam construtoras que são notoriamente conhecidas pelos recorrentes atrasos na entrega de suas obras, os julgadores podem passar a exigir que a entrega após o prazo de 180 dias seja devidamente motivada em alguma razão extraordinária. Caso isso não ocorra, a legitimidade do prazo de tolerância previsto no contrato pode ser afastada.

Pela tese 2 fixada pelo Tribunal Paulista, na aquisição de unidades autônomas futuras, financiadas na forma associativa, o contrato deverá estabelecer de forma clara e inteligível o prazo certo para a entrega do imóvel. No julgamento do Superior Tribunal de Justiça, em setembro de 2019, acrescentou-se a ressalva de que esse prazo para entrega não poderá estar vinculado à concessão do financiamento ou a nenhum outro negócio jurídico, exceto o acréscimo do prazo de tolerância (Recurso Especial 1.729.593/SP, Segunda Seção, Rel. Ministro Marco Aurélio Bellizze, j. 11.09.2019). Em relação a essa tese, especialmente após o acréscimo feito no âmbito do STJ, não há nada que se opor, estando ela em consonância com a boa-fé objetiva, especialmente com o dever anexo de informação.

De acordo com a premissa 5 fixada pelo Tribunal Paulista, o atraso da prestação de entrega de imóvel objeto de compromisso de compra e venda gera obrigação da alienante indenizar o adquirente pela privação injusta do uso do bem. Pela tese fixada na origem, o cálculo desse uso será obtido economicamente pela medida de um aluguel, que pode ser calculado em percentual sobre o valor atualizado do contrato, correspondente ao que deixou de receber, ou teve de pagar para fazer uso de imóvel semelhante, com termo final na data da disponibilização da posse direta ao adquirente da unidade autônoma já regularizada.

Houve alteração da tese no âmbito do Superior Tribunal de Justiça no sentido de haver um prejuízo presumido, "consistente na injusta privação do uso do bem, a ensejar o pagamento de indenização na forma de aluguel mensal, com base no valor locatício de imóvel assemelhado, com termo final na data da disponibilização da posse direta ao adquirente da unidade imobiliária" (STJ, Recurso Especial 1.729.593/SP, 2.ª Seção, Rel. Min. Marco Aurélio Bellizze, j. 11.09.2019).

Novamente, trata-se de afirmação correta, que procura afastar o enriquecimento sem causa da construtora, bem como indenizar corretamente o adquirente-consumidor. A ementa surgida no âmbito do Tribunal da Cidadania é até mais protetiva, pelo fato de presumir o dano suportado.

O mesmo não se pode dizer da tese 6 fixada no âmbito do Tribunal Paulista, segundo a qual é ilícito o repasse dos "juros de obra", ou "juros de evolução da obra", ou "taxa de evolução da obra", ou outros encargos equivalentes após o prazo ajustado no contrato para entrega das chaves da unidade autônoma, incluído período de tolerância. Como destacou o Relator do Acórdão, Desembargador Francisco Loureiro:

> "Não há qualquer ilicitude no repasse aos adquirentes de unidades futuras dos denominados 'juros de obra' ou 'juros de evolução de obra' ou 'taxa de evolução de obra' durante o período acordado pelas partes no contrato de construção do empreendimento imobiliário. Nos empreendimentos do SFH ou do Programa Minha Casa Minha Vida, nos quais o promissário comprador durante a construção assume financiamento perante a instituição financeira, a cobrança de encargos segue regime peculiar. Como explica de modo didático voto do Desembargador Carlos Alberto de Salles, no julgamento da apelação n.º 1007481-89.2013.8.26.0309: 'No que diz respeito à taxa de evolução da obra, tampouco assiste razão à ré. Ainda que esses valores tenham sido cobrados e recebidos pela Caixa Econômica Federal em consonância com contrato de financiamento celebrado entre esta e os autores, a ré deve restituir os consumidores os valores pagos durante o período de sua mora. Em razão do modo como o contrato de financiamento durante a obra é redigido, congela-se o valor a financiar, e, até que a obra seja concluída, o consumidor paga apenas encargos relativos a juros e atualização monetária. Somente depois da individualização da matrícula é que se passa à amortização do débito propriamente. Assim, evidente que, quanto mais tempo a conclusão atrasar, mais os consumidores teriam de pagar a título de taxas de evolução da obra ou fase de obras. Acolher a pretensão da ré, portanto, equivaleria a repassar ao consumidor encargos decorrentes exclusivamente da mora da vendedora, aos quais os compradores não deram causa e que estão completamente fora de seu controle o que não se pode admitir' (TJSP j. 27/03/2015). Disso decorre que o repasse dos chamados 'juros de obra' ou 'taxa de evolução de obra' é lícito e perfeitamente afinado com a ope-

ração econômica do contrato durante o curso do prazo de entrega da unidade. Escoado tal prazo, incluído aí o período de tolerância ajustado no contrato, o repasse se torna automaticamente ilícito" (TJSP, IRDR 0023203-35.2016.8.26.0000, Turma Especializada Privado 1, julgado em agosto de 2017).

Com o devido respeito a tais afirmações, penso tratar-se de previsões que mais uma vez afrontam o art. 51, inc. IV, do CDC, colocando o consumidor em posição desequilibrada, assim como ocorre com os "juros no pé", antes estudados. Pontue-se que o Superior Tribunal de Justiça acabou por confirmar o entendimento do Tribunal Paulista, em seu julgado de 2019, com a seguinte afirmação: "é ilícito cobrar do adquirente juros de obra, ou outro encargo equivalente, após o prazo ajustado no contrato para a entrega das chaves da unidade autônoma, incluído o período de tolerância" (STJ, Recurso Especial 1.729.593/SP, 2.ª Seção, Rel. Min. Marco Aurélio Bellizze, j. 11.09.2019).

Conforme a Tese n. 7 do Tribunal de Justiça de São Paulo, não analisada pelo STJ, a restituição de valores pagos em excesso pelo promissário comprador em contratos de compromisso de compra e venda far-se-á de modo simples, salvo má-fé do promitente vendedor. Como o contrato é de consumo, acredito que a devolução deveria ser em dobro, por aplicação do art. 42, parágrafo único, da Lei 8.078/1990, assim como defendemos quanto à SATI. Nos termos desse comando consumerista, "o consumidor cobrado em quantia indevida tem direito à repetição do indébito, por valor igual ao dobro do que pagou em excesso, acrescido de correção monetária e juros legais, salvo hipótese de engano justificável". Como o CDC adota um modelo objetivo de responsabilização, a prova da má-fé não me parece ser essencial para a subsunção da norma, apesar de a jurisprudência brasileira pensar de forma diferente, infelizmente.

A Tese n. 8 aprovada pelo Tribunal Bandeirante estabelecia que o descumprimento do prazo de entrega de imóvel objeto de compromisso de venda e compra, computado o período de tolerância, não faria cessar a incidência de correção monetária, mas tão somente dos juros e multa contratual sobre o saldo devedor. De acordo com a mesma afirmação, deveriam ser substituídos indexadores setoriais, que refletem a variação do custo da construção civil por outros indexadores gerais, salvo quando estes últimos forem mais gravosos ao consumidor. Revendo a minha posição anterior, constatei que essa tese era prejudicial aos adquirentes, pois eles teriam que arcar com o índice de correção monetária *setorial*, o índice maior, o INCC (Índice Nacional de Custo de Construção), mesmo no caso de atraso da obra.

Por bem, o STJ adotou o entendimento parcialmente em contrário, afirmando que "o descumprimento do prazo de entrega do imóvel computado o período de tolerância faz cessar a incidência de correção monetária sobre o saldo devedor com base em indexador setorial, que reflete o custo da construção civil, o qual deverá ser substituído pelo IPCA, salvo quando este último for mais gravoso ao consumidor" (STJ, Recurso Especial 1.729.593/SP, 2.ª Seção, Rel. Min. Marco Aurélio Bellizze, j. 11.09.2019). Como é notório, o último índice, pelo menos em regra, é menor e mais favorável aos adquirentes.

Findando o estudo desse importante julgamento, e também o presente capítulo, não estou filiado à Tese n. 9 do TJSP, segundo a qual não se aplica a multa prevista no art. 35, § 5.º, da Lei 4.591/1964 para os casos de atraso de entrega das unidades autônomas aos promissários compradores.

De acordo com o *caput* do comando, o incorporador terá o prazo máximo de 60 dias, a contar do termo final do prazo de carência, se houver, para promover a celebração do competente contrato relativo à fração ideal de terreno e, bem assim, do contrato de construção e da convenção do condomínio. Não havendo prazo de carência, o prazo será contado da data de qualquer documento de ajuste preliminar (§ 1.º).

580 | DIREITO CIVIL • VOL. 4 – *Flávio Tartuce*

Descumprida pelo incorporador essa obrigação, a carta-proposta ou o documento de ajuste preliminar poderão ser averbados no Cartório de Registro de Imóveis, averbação que conferirá direito real oponível a terceiros, com o consequente direito à obtenção compulsória do contrato correspondente. Nessa hipótese, o incorporador incorrerá também na multa de 50% sobre a quantia que efetivamente tiver recebido, cobrável por via executiva, em favor do adquirente ou candidato à aquisição (§ 5.º).

Na verdade, como o Tribunal Paulista admitiu a cláusula de tolerância, tal multa não deveria incidir. Como não concordo com a primeira tese, não há como se filiar também à última, mesmo estando a citada cláusula admitida agora por força da tão criticada Lei 13.786/2018.

7.6 RESUMO ESQUEMÁTICO

TABELA COMPARATIVA. COMPROMISSO DE COMPRA E VENDA

Compromisso de compra e venda não registrado na matrícula do imóvel	Compromisso de compra e venda registrado na matrícula do imóvel
Natureza de contrato preliminar.	Natureza de direito real de aquisição.
Pode ser feito por instrumento público ou particular.	Pode ser feito por instrumento público ou particular, ocorrendo o registro no Cartório de Registro Imobiliário.
Admite cláusula de arrependimento.	Não admite cláusula de arrependimento, que deve ser considerada nula. Com a Lei 13.786/2018, passa a ser aplicado, expressamente, o art. 49 do CDC para as aquisições feitas em estandes de venda, sendo possível o direito de arrependimento de sete dias, a contar da assinatura do contrato, em casos tais.
Efeitos obrigacionais *inter partes*.	Efeitos reais *erga omnes*.
É dispensada a outorga conjugal.	Exige-se a outorga conjugal, sob pena de anulabilidade do compromisso.
No caso de inadimplemento do promitente vendedor, o compromissário tem três opções contra o promitente vendedor, tão somente: 1.ª) Ação de obrigação de fazer (art. 463 do CC). 2.ª) Suprimento da vontade, como uma *adjudicação compulsória "inter partes"* (art. 464 do CC e Súmula 239 do STJ). 3.ª) Perdas e danos (art. 465 do CC).	No caso de inadimplemento do promitente vendedor, o compromissário comprador pode ingressar com ação de adjudicação compulsória em face do promitente vendedor ou de terceiro. Também é possível pleitear perdas e danos do promitente vendedor, como nos casos de longa demora na entrega do imóvel.
Gera uma obrigação de fazer o contrato definitivo.	Sigo o entendimento de que gera uma obrigação de dar a coisa (Orlando Gomes e Maria Helena Diniz). Como afirma José Osório de Azevedo Jr., o compromisso registrado equivale à compra e venda.

7.7 QUESTÕES CORRELATAS

01. (TJ – RR – FCC – Juiz Substituto – 2015) Mediante promessa de compra e venda de imóvel, em que se não pactuou arrependimento, celebrado por instrumento particular, o promitente comprador

(A) adquire direito real à sua aquisição, desde que seja imitido na posse.

(B) não poderá adquirir direito real à sua aquisição, pois é necessária a escritura pública.

CAP. 7 · DO DIREITO REAL DE AQUISIÇÃO | 581

(C) adquire legalmente direito real à sua aquisição se o instrumento foi registrado no Cartório de Registro de Imóveis.

(D) não adquirirá direito real à aquisição do imóvel antes que ocorra o pagamento integral do preço.

(E) adquire direito real à sua aquisição a partir do registro do instrumento no Cartório de Registro de Títulos e Documentos, porque com essa providência o contrato se presume conhecido por terceiros.

02. **(FCC – Prefeitura de São Luiz-MA – Procurador – 2016)** "O regime jurídico dos direitos reais (sobre imóveis) adota o princípio da publicidade por meio do qual esses se exteriorizam e em que essa é constitutiva praticamente sempre dos direitos reais" (Arruda Alvim, *Comentários ao Código Civil brasileiro*, item 3.10, p. 229. Rio de Janeiro: GEN-Forense, 2009. Vol. I, Tomo I). Destarte, para que os direitos do promitente comprador de imóvel assumam a natureza de direito real, faz-se necessário:

(A) o pagamento integral do preço.

(B) o justo título.

(C) a cláusula de arrependimento.

(D) o registro da promessa de compra e venda.

(E) o ajuizamento da ação de adjudicação compulsória.

03. **(TJMG – CONSULPLAN – Titular de Serviços de Notas e de Registros – Provimento – 2017) José da Silva firmou um contrato de promessa de compra e venda de uma área rural de 500 hectares com Geraldo Coelho. Meses depois, feita a quitação, foi lavrada e devidamente assinada e registrada a Escritura Pública de compra e venda. Seis meses depois, José da Silva descobriu que aquele imóvel estava sendo avaliado pela INCRA para fins de desapropriação já há mais de um ano e que isso lhe foi omitido pelo vendedor. Diante disso, ingressou com uma ação de rescisão (resolução) do contrato de promessa de compra e venda contra Geraldo Coelho, alegando que houve vício no negócio e que queria devolver o imóvel e receber o seu dinheiro de volta. Diante dessa situação, é correto afirmar que:**

(A) É possível a resolução (rescisão) do contrato pelo princípio da boa-fé objetiva, uma vez que, nos termos do artigo 422 do CC, "Os contratantes são obrigados a guardar, assim na conclusão do contrato, como em sua execução, os princípios de probidade e boa-fé" e isso faltou ao vendedor.

(B) Não é caso de rescisão do contrato de promessa de compra e venda, pois foi substituído pela escritura de venda e compra, aquele contrato está resolvido, pois atingiu o seu objetivo, que era justamente a transferência de propriedade imóvel, com o registro de escritura de venda e compra no cartório competente.

(C) É viável a rescisão, já que a lavratura e assinatura com registro da escritura pública não elimina os efeitos do contrato de promessa de compra e venda, pelo contrário, é um ato derivado deste que foi o primeiro documento firmado entre as partes, portanto prevalece como meio legal de se restabelecer o estado anterior.

(D) Tem direito à rescisão contratual e a devolução do valor pago, porque foi induzido a erro e, assim, deve prevalecer o princípio de acesso à justiça e nenhuma lesão de direito está imune à apreciação do Poder Judiciário.

04. **(PauliPrev – SP – Procurador Autárquico – VUNESP – 2018) Dois moradores da cidade de Paulínia firmaram um contrato preliminar de compromisso de compra e venda de um imóvel situado no centro da cidade. Sobre esse tipo de contrato, assinale a alternativa correta.**

(A) Os contratos preliminares devem ter todos os requisitos essenciais do contrato a ser celebrado, inclusive quanto à forma.

(B) Concluído o contrato preliminar, qualquer das partes tem o direito de exigir a celebração do contrato definitivo no prazo legal de trinta dias.

(C) O direito à adjudicação compulsória não se condiciona ao registro do compromisso de compra e venda no cartório de imóveis

(D) É vedada a inclusão de cláusula de arrependimento nos contratos preliminares.

(E) Se o estipulante não der execução ao contrato preliminar, poderá a outra parte considerá-lo desfeito, não sendo possível o pedido de perdas e danos.

582 | DIREITO CIVIL • VOL. 4 – *Flávio Tartuce*

05. (Promotor de Justiça Substituto – MPE-PB – FCC – 2018) Mediante promessa de compra e venda, em que não se pactuou arrependimento, celebrada por instituto particular, registrada no Serviço de Registro de Imóveis, o promitente comprador adquire direito

(A) pessoal à aquisição do imóvel, podendo, depois de satisfeitas suas obrigações, obter judicialmente a adjudicação do imóvel se o promitente vendedor se recusar à outorga da escritura de compra e venda, e, no caso de negócio decorrente de parcelamento de solo para fins urbanos, o contrato particular pode ser transferido por simples trespasse, lançado no verso das vias em poder das partes, ou por instrumento em separado, declarando-se o número do registro do loteamento, o valor da cessão e a qualificação do cessionário, para o devido registro.

(B) real à aquisição do imóvel, podendo, depois de satisfeitas suas obrigações, obter judicialmente a adjudicação, se o promitente vendedor se recusar à outorga da escritura de compra e venda, e, no caso de negócio decorrente de parcelamento de solo para fins urbanos, os compromissos de compra e venda, as cessões e as promessas de cessão valerão como título para o registro da propriedade do lote adquirido, quando acompanhados da respectiva prova de quitação.

(C) apenas pessoal à aquisição, mas pode, depois de satisfeitas suas obrigações, obter judicialmente sentença declaratória de domínio, se o promitente vendedor se recusar à outorga de escritura de compra e venda, sendo a adjudicação compulsória só admissível quando se tratar de aquisição de lote decorrente do parcelamento de solo para fins urbanos.

(D) real de aquisição, todavia só se poderá adquirir a propriedade pela usucapião urbana, após cinco anos do término do pagamento das prestações.

(E) real à aquisição, mas se o promitente comprador recusar-se à outorga da escritura de compra e venda, só terá direito à restituição em dobro do que pagou, com juros e correção monetária, rescindindo-se o contrato.

06. (Advogado – Prefeitura de Parnamirim – RN – COMPERVE – 2019) A promessa de compra e venda, apesar de ser contrato preliminar à compra e venda, é *sui generis*, visto que, conforme legislação e doutrina, é fonte de direitos reais para o promitente comprador. Diante disso, conforme o STJ, a promessa de compra e venda

(A) gera direitos reais, como a adjudicação compulsória, condicionados ao seu respectivo registro no cartório de registro imobiliário.

(B) permite a oposição de embargos de terceiros fundados em alegação de posse advinda do compromisso, ainda que desprovido de registro.

(C) permite, quando registrada, que a responsabilidade pela cota condominial recaia tanto sobre o promissário-comprador quanto sobre o promissário-vendedor

(D) gera o direito real à adjudicação compulsória para obter escritura definitiva submetida ao prazo máximo de prescrição previsto no Código Civil.

07. (Analista Judiciário – TJDFT – FGV – 2022) Em 2019, Adriana contratou promessa de compra e venda de uma unidade autônoma residencial em empreendimento imobiliário ainda em construção com a incorporadora Cadência Construções S/A, no valor de R$ 700.000,00, dos quais R$ 200.000,00 seriam pagos em parcelas com recursos próprios pela promitente-compradora e o valor restante seria financiado ao tempo da entrega da obra. A incorporação não seguia o regime de patrimônio de afetação. O contrato previa, ainda, que Adriana deveria pagar um valor específico como comissão de corretagem, devida pela intermediação do negócio, e estabelecia pena convencional, determinando a perda de 80% do montante do preço já quitado por Adriana na hipótese de inadimplemento absoluto de sua parte. Tais cláusulas foram redigidas com destaque, e Adriana prestou anuência específica quanto a tais pontos, assinando ao lado das cláusulas. Passados alguns meses e muito antes da época prevista para a entrega da obra, após pagar à incorporadora o valor da comissão de corretagem e quitar algumas parcelas do preço, Adriana ficou desempregada e concluiu que não conseguiria honrar seu compromisso. Assim, comunicou à incorporadora que desistia da aquisição e requereu a restituição de todos os valores pagos, nos termos da Lei nº 13.786/2018. A respeito do caso, é correto afirmar que Adriana faz jus:

(A) apenas à restituição de parte das quantias pagas referentes ao preço, devidamente atualizadas, das quais perderá o exato percentual previsto na pena convencional, diante do seu inadimplemento absoluto;

CAP. 7 · DO DIREITO REAL DE AQUISIÇÃO | 583

(B à restituição integral das quantias pagas referentes ao preço, devidamente atualizadas, mas não deve reaver a comissão de corretagem, já que esta remunerava um serviço efetivamente prestado;

(C) à restituição integral da comissão de corretagem, na medida em que a finalidade última da intermediação não foi atingida, mas não deve reaver as quantias pagas referentes ao preço;

(D) à restituição de parte das quantias pagas referentes ao preço da unidade, devidamente atualizadas, das quais perderá percentual inferior ao previsto na pena convencional, mas não deve reaver a comissão de corretagem;

(E) à restituição integral das quantias pagas referentes ao preço, devidamente atualizadas, bem como deve reaver a integralidade da comissão de corretagem, sendo totalmente nula a pena convencional estipulada.

GABARITO

01 – C	02 – D	03 – B
04 – C	05 – B	06 – B
07 – D		

8

DOS DIREITOS REAIS DE GARANTIA SOBRE COISA ALHEIA

Do penhor, da hipoteca e da anticrese

Sumário: 8.1 Teoria geral dos direitos reais de garantia sobre coisa alheia: 8.1.1 Regras gerais e características dos direitos reais de garantia sobre coisa alheia; 8.1.2 Dos requisitos subjetivos, objetivos e formais dos direitos reais de garantia; 8.1.3 A vedação do pacto comissório real e a polêmica sobre o pacto marciano; 8.1.4 Direitos reais de garantia e vencimento antecipado da dívida – 8.2 Do penhor: 8.2.1 Conceito, partes e constituição; 8.2.2 Dos direitos e deveres do credor pignoratício; 8.2.3 Das modalidades de penhor; 8.2.4 Da extinção do penhor – 8.3 Da hipoteca: 8.3.1 Conceito, partes e constituição; 8.3.2 Bens que podem ser hipotecados; 8.3.3 Das modalidades de hipoteca; 8.3.4 Da possibilidade de alienação do bem hipotecado e suas consequências. Da sub-hipoteca; 8.3.5 Da remição da hipoteca; 8.3.6 Da perempção da hipoteca convencional; 8.3.7 Da possibilidade de hipoteca sobre dívida futura ou condicional; 8.3.8 Da divisão ou fracionamento da hipoteca; 8.3.9 Da extinção da hipoteca – 8.4 Da anticrese: 8.4.1 Conceito, partes e estrutura; 8.4.2 Regras fundamentais da anticrese – 8.5 Resumo esquemático – 8.6 Questões correlatas – Gabarito.

8.1 TEORIA GERAL DOS DIREITOS REAIS DE GARANTIA SOBRE COISA ALHEIA

8.1.1 Regras gerais e características dos direitos reais de garantia sobre coisa alheia

Encerrando o livro do Direito das Coisas, o Código Civil de 2002 trata dos direitos reais de garantia. Os institutos em questão constituem direitos reais sobre coisa alheia, hipóteses de propriedade restrita ou limitada, diferenciando-se dos direitos reais de gozo ou fruição pelo conteúdo e pela sua função. Nas categorias abrangidas por este capítulo, alguém detém uma garantia sobre bem de propriedade alheia ou, como bem define Orlando Gomes, "direito real de garantia é o que confere a pretensão de obter o pagamento da dívida com o valor de bem aplicado exclusivamente à sua satisfação. Sua função é garantir ao credor o recebimento da dívida, por estar vinculado determinado bem ao seu pagamento" (GOMES, Orlando. *Direitos...*, 2004, p. 378).

586 | DIREITO CIVIL • VOL. 4 – *Flávio Tartuce*

Observo que no Projeto de Reforma e Atualização do Código Civil, elaborado pela Comissão de Juristas, são propostas alterações consideráveis sobre as garantias reais, reduzindo-se burocracias e *destravando* a sua pactuação, em prol da facilitação da concessão do crédito em nosso país, atraindo investimentos para o âmbito privado.

Não se pode esquecer que os direitos reais de garantia não se confundem com as garantias pessoais ou fidejussórias, eis que no primeiro caso um bem garante a dívida por vínculo real e efeitos *erga omnes* (art. 1.419 do CC/2002); enquanto no último a dívida é garantida por uma pessoa, presentes efeitos *inter partes* (exemplo: fiança).

Como garantias que são, anote-se que, em comum, todos os institutos têm nítida natureza acessória, aplicando-se o *princípio da gravitação jurídica*, segundo o qual o acessório segue o principal. Essa natureza acessória igualmente serve para diferenciar os direitos reais de garantia dos direitos reais de gozo ou fruição, eis que os últimos não têm tal feição, gozando de autonomia.

Todas as garantias, sejam reais ou pessoais, também têm a característica da *unilateralidade*, como bem destaca, entre os contemporâneos, Gladston Mamede. Segundo o doutrinador, "as garantias – sejam elas reais, como aquelas aqui examinadas, sejam outras, como a fidejussória – são relações jurídicas acessórias, bem como unilaterais. Em fato, garantir não é um negócio (um ato *bi* ou *plurilateral*); trata-se, em oposição, de um vínculo unilateral, uma obrigação sem *sinalagma*, isto é, sem que seja estabelecida uma obrigação recíproca que, com aquela, equilibre a relação entre as partes" (MAMEDE, Gladston. *Código...*, 2003, v. XIV, p. 33). O jurista entende, assim, que os direitos reais de garantia são atos unilaterais, e não negócios jurídicos bilaterais, como pretende a grande maioria dos civilistas. A tese é interessante, como se verá a seguir.

São *direitos reais de garantia sobre coisa alheia* o penhor, a hipoteca e a anticrese, que têm regras gerais entre os arts. 1.419 e 1.430 do CC/2002. Seguem, após essa *teoria geral dos direitos reais de garantia*, as suas normas específicas e detalhadas. Como outra forma de garantia real, há, ainda, a alienação fiduciária em garantia, que constitui um *direito real de garantia sobre coisa própria*, com tratamento em leis esparsas (Decreto-lei 911/1969 e Lei 9.514/1997) e estudo no próximo e último capítulo deste livro.

Pois bem, os direitos reais de garantia sobre coisa alheia apresentam quatro características fundamentais: *preferência, indivisibilidade, sequela* e *excussão*, formadoras de mais um acróstico didático: PISE. Cumpre destacar que alguns juristas reconhecem em tais características a existência de princípios relacionados às garantias reais (por todos: BEVILÁQUA, Clóvis. *Direito...*, v. II, p. 9-42; GOMES, Orlando. *Direitos...*, 2004, p. 384-385).

Iniciando-se pela *preferência*, conforme o art. 1.422 do CC/2002, o credor hipotecário e o pignoratício têm preferência no pagamento a outros credores, observada, quanto à hipoteca, a prioridade no registro. Assim, os créditos garantidos têm prioridade de satisfação em relação aos créditos comuns, chamados de *quirografários*.

Nos termos do seu parágrafo único, excetuam-se dessa regra as dívidas que, em virtude de outras leis, devam ser pagas precipuamente a quaisquer outros créditos. Para ilustrar, nos termos do art. 83 da Lei de Falências (Lei 11.101/2005), a classificação dos créditos na falência obedece à seguinte ordem: *1.º)* os créditos derivados da legislação trabalhista, limitados a 150 salários mínimos por credor, e os decorrentes de acidentes de trabalho; *2.º)* os créditos gravados com direito real de garantia até o limite do valor do bem gravado.

Além disso, editou o Superior Tribunal de Justiça súmula, prescrevendo que "na execução de crédito relativo a cotas condominiais, este tem preferência sobre o hipotecário" (Súmula 478 do STJ, de junho de 2012). Anote-se que tal pensamento já era adotado pela própria

Corte Superior e por Tribunais Estaduais, estando amparado na ideia de função social da propriedade inerente à vida comunitária existente no condomínio edilício, prevalecendo o crédito nascido deste em relação ao crédito garantido por hipoteca. Filia-se ao conteúdo da ementa, de indiscutível abrangência social.

Em reforço de ilustração da preferência de outros créditos, conforme se retira de ementa do mesmo STJ, "a exegese do artigo 186 do Código Tributário Nacional preconiza a supremacia do crédito trabalhista (*necessarium vitae*) em relação ao tributário e a deste em relação aos demais. A natureza privilegiada do crédito trabalhista tem fundamento nos arts. 449, § 1.º, da CLT, 186 do CTN, 30 da Lei n.º 6.830/80 e 759, parágrafo único, do Código Civil de 1916, agora com a redação mais abrangente e precisa do art. 1.422, parágrafo único, do Novo Código Civil, instituído pela Lei n.º 10.406, de 10/01/2002" (REsp 687.686/SC, 1.ª Turma, Rel. Min. Luiz Fux, j. 01.09.2005, *DJU* 26.09.2005, p. 226). Assim, nota-se a regra geral de prevalência dos créditos trabalhistas e tributários, pela ordem, sobre aqueles garantidos por direito real.

No Projeto de Reforma do Código Civil, elaborado pela Comissão de Juristas nomeada no Senado Federal, pretende-se incluir dois novos parágrafos no seu art. 1.422, novamente para *destravar* as garantias reais, reduzindo-se a intervenção legal. Consoante o novo § 2º, que trará a possibilidade de garantia sobre obrigação futura ou condicionada: "o registro confere prioridade à totalidade da obrigação garantida prevista no título, ainda que futura ou condicionada". E, ainda, quanto à possibilidade de cessão do grau de prioridade, notadamente de forma onerosa, em contratos paritários e simétricos, em que há plena negociação entre as partes; "§ 3º Poderá o credor solvente, nos contratos paritários e simétricos, ceder seu grau de prioridade a outro credor garantido sobre o mesmo bem, por instrumento particular ou público escrito, devidamente registrado, sub-rogando-se na prioridade do cessionário". Como já destacado em outros volumes desta coleção, um dos *nortes* da reforma foi justamente o de aumentar a liberdade nesses contratos, sobretudo de feição empresarial e celebrados entre grandes agentes econômicos.

Como outra proposição relevante, pelo novo art. 1.423-B também será possível que o proprietário, por instrumento público ou particular e registrado, nos termos da lei, reserve o grau de prioridade sobre bem de sua propriedade para a outorga futura de garantia real, observadas as normas cogentes e de ordem pública, que não podem ser contrariadas. Ademais, nos termos do projetado parágrafo único para esse comando, "a reserva de grau não obstará a execução sobre o bem, nem reservará qualquer valor sobre o produto da sua alienação, enquanto não houver sido constituída garantia sobre o grau reservado". Mais uma vez, o objetivo é facilitar o tráfego jurídico e atrair investimentos para o País, mas com limites, para que não haja fraude ou ilícitos civis nessas reservas de grau de prioridade.

A *indivisibilidade* é a segunda característica a ser apontada, uma vez que o pagamento de uma ou mais prestações da dívida não importa exoneração correspondente da garantia, ainda que esta compreenda vários bens, salvo disposição expressa no título ou na quitação (art. 1.421 do CC/2002). Nesse contexto, mesmo sendo paga parcialmente a dívida, o direito real permanece incólume, em regra, salvo previsão em contrário na sua instituição ou quando do pagamento. Além disso, conforme decisão do Superior Tribunal de Justiça, "não pode a penhora, em execução movida a um dos coproprietários, recair sobre parte dele. Sendo indivisível o bem, importa indivisibilidade da garantia real" (STJ, REsp 282.478/SP, 3.ª Turma, Rel. Min. Carlos Alberto Menezes Direito, j. 18.04.2002, *DJ* 28.10.2002, p. 309). Em suma, a indivisibilidade engloba a penhora.

Como se extrai da clássica doutrina de Clóvis Beviláqua, diante da indivisibilidade da garantia real, essa adere por inteiro ao bem dado em garantia e a cada uma das suas partes; não se fracionando, pois não se adquire nem se perde a garantia por partes (BEVILÁQUA, Clóvis. *Direito...*, v. II, p. 23-24). Como decorrências de tais conclusões, aponta o jurista que: *a)* se o credor morre e o crédito é atribuído na partilha a mais de um herdeiro, a garantia não será dividida; e *b)* a alienação parcial do bem principal em nada modifica a garantia, que recai sobre a parte alienada integralmente (BEVILÁQUA, Clóvis. *Direito...*, v. II, p. 26).

Como outro efeito que decorre da indivisibilidade do direito real de garantia, não podem os sucessores do devedor remir (resgatar pelo pagamento) parcialmente o penhor ou a hipoteca na proporção dos seus quinhões. Todavia, é possível que os herdeiros remitam a dívida no todo (art. 1.429 do CC/2002). Em casos dessa remição total, o herdeiro que pagou fica sub-rogado nos direitos do credor pelas quotas que houver satisfeito (art. 1.429, parágrafo único, do CC). Lembre-se que, para o Direito Civil, a *remição* (resgate pelo pagamento) não se confunde com a *remissão* (perdão). O alerta faz-se necessário, pois mais à frente se verá que o equívoco categórico é cometido pelo próprio legislador do Código Civil.

A *sequela*, terceira característica, é representada pela seguinte máxima: *para onde o bem vai, o direito real de garantia o acompanha*. Desse modo, se um bem garantido é vendido, o direito real de garantia permanece, servindo para exemplificar:

> "Compra de salas comerciais. Hipoteca. Direito à sequela. 1. Não se tratando de aquisição de casa própria pelo Sistema Financeiro da Habitação, que dispõe de legislação protetiva especial, não há como dispensar o direito do credor hipotecário à sequela, tal e qual estampado na legislação civil. 2. Recurso especial conhecido e provido" (STJ, REsp 651.323/GO, 3.ª Turma, Rel. Min. Carlos Alberto Menezes Direito, j. 07.06.2005, *DJ* 29.08.2005, p. 335).

Ato contínuo, pela *excussão*, o credor hipotecário e o credor pignoratício têm o direito de executar a coisa hipotecada ou empenhada, nos termos do antes citado art. 1.422 do CC/2002. Desse modo, pode o referido credor ingressar com a ação de execução pignoratícia ou hipotecária para promover a alienação judicial da coisa garantida, visando a receber o seu crédito que tem garantia. Como se verá a seguir, a excussão pode ser também extrajudicial, pois a Lei 14.711/2023, que introduziu um novo *Marco Legal das Garantias*, passou a possibilitar a execução extrajudicial de créditos garantidos por hipoteca e a execução extrajudicial de garantia imobiliária em concurso de credores.

Consigne-se que o credor anticrético não tem tal direito, podendo apenas reter em seu poder o bem, enquanto a dívida não for paga (art. 1.423 do CC/2002). Esse direito do credor anticrético é extinto decorridos 15 anos da data de sua constituição (*perempção da anticrese*), tema que ainda será aprofundado.

Ainda no que concerne à sequela e à excussão, é preciso retomar a exposição a respeito da importante Súmula 308 do Superior Tribunal de Justiça, segundo a qual "a hipoteca firmada entre a construtora e o agente financeiro, anterior ou posterior à celebração da promessa de compra e venda, não tem eficácia perante os adquirentes do imóvel". O tema já foi tratado no Capítulo 1 deste livro, mas é importante expô-lo novamente, por razões didáticas e metodológicas.

Pois bem, explicando mais uma vez o entendimento sumular, a constituição da hipoteca sempre foi comum em contratos de construção e incorporação imobiliária, visando a um futuro condomínio edilício. Como muitas vezes o construtor não tem condições econômicas para levar adiante a obra, celebra um contrato de empréstimo de dinheiro com um terceiro (agente financeiro ou agente financiador), oferecendo o próprio imóvel como garantia, o que inclui todas as suas unidades do futuro condomínio. Iniciada a obra, o incorporador começa a vender as unidades a terceiros, que, no caso, são consumidores, pois é evidente a caracterização da relação de consumo, nos moldes dos arts. 2.º e 3.º da Lei 8.078/1990.

Tendo em vista a boa-fé objetiva e a força obrigatória que ainda rege os contratos, espera-se que o incorporador cumpra com todas as suas obrigações perante o agente financiador, pagando pontualmente as parcelas do financiamento. Assim sendo, não há maiores problemas. Mas, infelizmente, como *nem tudo são flores*, nem sempre isso ocorre. Nessas situações, quem acabaria perdendo o imóvel adquirido a tão duras penas? O consumidor, diante do direito de sequela advindo da hipoteca. A referida súmula tende justamente a proteger o último, restringindo os efeitos da hipoteca às partes contratantes. Isso diante da boa-fé objetiva, uma vez que aquele que adquiriu o bem pagou pontualmente as suas parcelas à incorporadora, ignorando toda a sistemática jurídica que rege a incorporação imobiliária.

Presente a boa-fé do adquirente, não poderá ser responsabilizado o consumidor pela conduta da incorporadora, que acaba não repassando o dinheiro ao agente financiador. Fica claro, pelo teor da Súmula 308 do STJ, que a boa-fé objetiva envolve a ordem pública, caso contrário não seria possível a restrição do direito real. Em reforço, é interessante perceber que a referida ementa traz, ainda, como conteúdo a eficácia interna da função social dos contratos, pois entre proteger o agente financeiro e o consumidor, *prefere* o último, parte vulnerável da relação contratual. Trata-se de uma importante interação entre os princípios, em uma relação de *simbiose*, o que se tem tornado comum na jurisprudência nacional.

Anote-se, mais uma vez, que, historicamente, a súmula surgiu dos casos da construtora Encol, que teve sua falência decretada, prejudicando muitos consumidores. No mercado imobiliário, mais recentemente, as construtoras buscam a celebração de outras categorias de negócios para fugir da incidência da súmula, caso da alienação fiduciária em garantia.

Entendo que as premissas desenvolvidas para a geração da Súmula 308 do STJ podem incidir a qualquer negócio jurídico, em prol da eticidade e da socialidade, baluartes principiológicos da atual codificação privada. A ementa merece aplausos, diante de uma notável preocupação social, sendo uma das melhores conclusões, entre os mais recentes julgamentos daquela Corte Superior.

A propósito, penso que a ideia constante dessa sumular não só pode como deve ser aplicada à alienação fiduciária em garantia, o que pende de julgamento definitivo pela Segunda Seção do Superior Tribunal de Justiça. Já adiantando tal possibilidade, em aresto do final de 2016, o Tribunal da Cidadania concluiu que a recusa do banco em substituir a garantia dada pela incorporadora em contrato de financiamento imobiliário, mesmo após a ciência de que a unidade habitacional se encontrava quitada, viola os deveres contratuais da informação e cooperação, tornando ineficaz o gravame perante o adquirente. Como fundamento para tal conclusão são citados os princípios da boa-fé objetiva e da função social. Vejamos trecho da sua ementa, publicada no *Informativo* n. *594* da Corte:

> "Existência de afetação ao rito dos recursos especiais repetitivos da controvérsia acerca do 'alcance da hipoteca constituída pela construtora em benefício do agente financeiro, como garantia do financiamento do empreendimento, precisamente se o gravame prevalece em relação aos adquirentes das unidades habitacionais' (Tema 573, *DJe* 04/09/2012). Inviabilidade de se analisar a aplicação da Súmula 308/STJ aos casos de alienação fiduciária, enquanto pendente de julgamento o recurso especial repetitivo. Particularidade do caso concreto, em que o gravame foi instituído após a quitação do imóvel e sem a ciência do adquirente. Violação ao princípio da função social do contrato, aplicando-se a eficácia transubjetiva desse princípio. Doutrina sobre o tema. Contrariedade ao princípio

da boa-fé objetiva, especificamente quanto aos deveres de lealdade e cooperação, tendo em vista a recusa do banco em substituir a garantia, após tomar ciência de que a unidade habitacional se encontrava quitada. Ineficácia do gravame em relação ao adquirente, autor da demanda" (STJ, REsp 1.478.814/DF, 3.ª Turma, Rel. Min. Paulo de Tarso Sanseverino, j. 06.12.2016, *DJe* 15.12.2016).

Em 2019, surgiu acórdão no mesmo sentido, e com teor até mais amplo firmando a tese de que "a alienação fiduciária firmada entre a construtora e o agente financeiro não tem eficácia perante o adquirente do imóvel". Como se retira do conteúdo da ementa:

> "A Súmula 308/STJ, apesar de aludir, em termos gerais, à ineficácia da hipoteca perante o promitente comprador, o que se verifica, por meio da análise contextualizada do enunciado, é que ele traduz hipótese de aplicação circunstanciada da boa-fé objetiva ao direito real de hipoteca. Dessume-se, destarte, que a intenção da Súmula 308/STJ é a de proteger, propriamente, o adquirente de boa-fé que cumpriu o contrato de compra e venda do imóvel e quitou o preço ajustado, até mesmo porque este possui legítima expectativa de que a construtora cumprirá com as suas obrigações perante o financiador, quitando as parcelas do financiamento e, desse modo, tornando livre de ônus o bem negociado. Para tanto, partindo-se da conclusão acerca do real propósito da orientação firmada por esta Corte – e que deu origem ao enunciado sumular em questão –, tem-se que as diferenças estabelecidas entre a figura da hipoteca e a da alienação fiduciária não são suficientes a afastar a sua aplicação nessa última hipótese, admitindo-se, via de consequência, a sua aplicação por analogia" (STJ, REsp 1.576.164/DF, 3.ª Turma, Rel. Min. Nancy Andrighi, j. 14.05.2019, *DJe* 23.05.2019).

Espero, ao final, que o STJ reconheça de forma consolidada a plena incidência da conclusão constante da sumular também para a alienação fiduciária em garantia.

Exposta essa intrincada questão, a encerrar este primeiro tópico do capítulo, confirmando as quatro características apontadas, enuncia o art. 1.430 da codificação material civil que, quando excutido o penhor ou executada a hipoteca e o produto da venda não bastar para o pagamento da dívida e das despesas judiciais, continuará o devedor obrigado pessoalmente pelo restante. Aplicando muito bem o preceito, vejamos decisão do Superior Tribunal de Justiça:

> "Recurso especial. Ação de cobrança de cotas condominiais. Fase de execução. Negativa de prestação jurisdicional. Art. 535 do CPC. Não ocorrência. Deficiência na fundamentação do recurso. Súmula n.º 284/STF. Imóvel hipotecado. Arrematação. Intimação do credor hipotecário. Art. 1.501 do Código Civil. Sub-rogação do direito real no preço. Extinção da hipoteca. Responsabilidade por eventual saldo remanescente em favor do credor hipotecário imputada ao devedor originário, e não ao arrematante. (...) O objetivo da notificação, de que trata o art. 1.501 do Código Civil, é levar ao conhecimento do credor hipotecário o fato de que o bem gravado foi penhorado e será levado à praça de modo que este possa vir a juízo em defesa de seus direitos, adotando as providências que entender mais convenientes, dependendo do caso concreto. Realizada a intimação do credor hipotecário, nos moldes da legislação de regência (artigos 619 e 698 do Código de Processo Civil), a arrematação extingue a hipoteca, operando-se a sub-rogação do direito real no preço e transferindo--se o bem ao adquirente livre e desembaraçado de tais ônus por força do efeito purgativo do gravame. Extinta a hipoteca pela arrematação, eventual saldo remanescente em favor do credor hipotecário poderá ser buscado contra o devedor originário, que responderá pessoalmente pelo restante do débito (art. 1.430 do Código Civil). Sem notícia nos autos de efetiva impugnação da avaliação do bem ou da arrematação em virtude de preço vil,

não é possível concluir pela manutenção do gravame simplesmente porque o valor foi insuficiente para quitar a integralidade do crédito hipotecário. Recurso Especial conhecido em parte e, nessa parte, provido" (STJ, REsp 1.201.108/DF, 3.ª Turma, Rel. Min. Ricardo Villas Boas Cueva, j. 17.05.2012, *DJE* 23.05.2012).

Em suma, pelo dispositivo citado e pelo julgado transcrito, desaparecendo o direito real de garantia, o credor hipotecário ou pignoratício (credor especial, detentor de preferência) passa a ser um mero credor quirografário ou comum, respondendo pessoalmente o devedor pelo restante da dívida não paga. Como bem explica Gladston Mamede, "o débito restante (*reliquium*) mantém-se como obrigação a ser satisfeita, porém, sem que esteja garantido por vínculo real, assumindo o contorno dos créditos quirografários. O credor, destarte, poderá, como já visto, pretender sua execução do *reliquium*" (MAMEDE, Gladston. *Código...*, 2003, v. XIV, p. 125).

Como última nota do presente tópico, no Projeto de Reforma do Código Civil, pretende-se incluir nesse artigo a menção à cobrança extrajudicial, que será igualmente inserida na Lei Civil, além de aprimorar o texto, para que mencione a execução da garantia real, de forma mais técnica: "Art. 1.430. Quando, concluída a execução da garantia real, e o produto não bastar para pagamento da dívida e despesas havidas com a cobrança e a execução, seja ela judicial ou extrajudicial, continuará o devedor obrigado pessoalmente pelo restante da dívida".

Em prol da *extrajudicialização do Direito Privado*, espera-se a sua aprovação pelo Parlamento Brasileiro.

8.1.2 Dos requisitos subjetivos, objetivos e formais dos direitos reais de garantia

Os direitos reais de garantia, como institutos peculiares, apresentam requisitos próprios – *subjetivos*, *objetivos* e *formais* –, a seguir estudados pontualmente.

a) Requisitos subjetivos

Os requisitos subjetivos ou pessoais, como o próprio nome indica, dizem respeito à pessoa daquele que pretende instituir a garantia real. Os requisitos envolvem a *legitimação*, que vem a ser uma capacidade especial exigida por lei para determinado ato ou negócio jurídico.

Nesse contexto, estabelece a norma jurídica privada que somente aquele que pode alienar poderá empenhar, hipotecar ou dar em anticrese (art. 1.420, *caput*, do CC). O termo *alienar* significa transmitir o domínio, seja ele pleno ou não, por meio de compra e venda ou por doação, por exemplo. Vale lembrar que, nos termos do art. 1.473 da codificação material, podem ser objeto de hipoteca o domínio direto, o domínio útil, a propriedade superficiária, entre outros.

Se houver a constituição do direito real por aquele que não pode alienar, deve-se analisar casuisticamente, de acordo com as situações fáticas que estão em jogo. De toda sorte, a regra geral a ser considerada, não havendo o preenchimento das peculiaridades a seguir, é de ineficácia da alienação *a non domino*, por aquele que não é o dono da coisa, conforme bem apontado por Sílvio de Salvo Venosa (*Código...*, 2010, p. 1281). Não discrepa o posicionamento da jurisprudência do Superior Tribunal de Justiça, que igualmente posiciona-se pela falta de eficácia do ato correspondente (STJ, REsp 1.473.437/GO, 4.ª Turma, Rel. Min. Luis Felipe Salomão, j. 07.06.2016, *DJe* 28.06.2016; REsp 94.270/SC, 4.ª Turma, Rel. Min. Cesar Asfor Rocha, Rel. p/ Acórdão Min. Ruy Rosado de Aguiar, j. 21.03.2000, *DJ* 25.09.2000, p. 101; e REsp 39.110/MG, 4.ª Turma, Rel. Min. Sálvio de Figueiredo Teixeira, j. 28.03.1994, *DJ* 25.04.1994, p. 9.260).

Partindo para os casos específicos, quanto aos incapazes, de início, devem ser observadas as regras relativas à teoria geral das nulidades, tratadas na Parte Geral da codificação substantiva. Assim, os absolutamente incapazes somente podem constituir direito real de garantia se representados, sob pena de nulidade absoluta do ato (art. 166, inc. I, do CC). Os relativamente incapazes devem estar assistidos, sob pena de anulabilidade (art. 171, inc. I, do CC).

Vale lembrar, a propósito, que o recente Estatuto da Pessoa com Deficiência alterou de maneira substancial a teoria das incapacidades, trazendo grandes alterações nos arts. 3.º e 4.º do Código Civil. Além disso, existem outros requisitos, mais específicos.

Quanto aos menores, preceitua o art. 1.691 do Código Civil que não podem os pais alienar, ou gravar de ônus real os imóveis dos filhos, nem contrair, em nome deles, obrigações que ultrapassem os limites da simples administração, salvo por necessidade ou evidente interesse da prole, mediante prévia autorização do juiz. Podem pleitear a declaração de nulidade dos atos em casos de desrespeito ao comando os próprios filhos, os seus herdeiros, ou o representante legal do incapaz. Os requisitos da necessidade e interesse somados à autorização judicial para o ato igualmente estão presentes nos casos de menores sob tutela, por dicção do art. 1.750 do CC/2002, que trata da venda de bens e que deve abranger a constituição do direito real (MELO, Marco Aurélio Bezerra. *Direito...*, 2007, p. 386).

Em relação aos pródigos – pessoas que gastam de maneira destemperada o seu patrimônio, o que pode levá-los à penúria –, rege especificamente o art. 1.782 do CC/2002 que, no caso de sua interdição, haverá privação para emprestar, transigir, dar quitação, alienar, hipotecar, demandar ou ser demandado, e praticar, em geral, os atos que não sejam de mera administração. Tais atos somente podem ser praticados com a assistência do curador, sob pena de sua anulabilidade, nos termos do art. 171, inc. I, do CC/2002.

Seguindo no estudo dos requisitos subjetivos, se o proprietário for casado, haverá necessidade de outorga conjugal (*uxória* ou *marital*) – em regra e salvo no regime da separação absoluta de bens – para que o seu imóvel seja hipotecado ou oferecido em anticrese (art. 1.647, inc. I, do CC/2002). Isso, sob pena de anulabilidade do ato de constrição, se não houver o suprimento judicial (art. 1.649).

Cumpre anotar que, como regime da separação obrigatória, deve-se entender o regime da separação convencional de bens, fixado por pacto antenupcial (art. 1.687 do CC). Isso porque, no regime da separação obrigatória, há comunicação dos bens havidos durante o casamento, por força da remota Súmula 377 do Supremo Tribunal Federal. Tal entendimento é majoritário na doutrina e na atual jurisprudência do Superior Tribunal de Justiça (STJ, REsp 1.199.790/MG, 3.ª Turma, Rel. Min. Vasco Della Giustina (Desembargador Convocado do TJRS), j. 14.12.2010, *DJe* 02.02.2011; e REsp 1.163.074/PB, 3.ª Turma, Rel. Min. Massami Uyeda, j. 15.12.2009, *DJe* 04.02.2010). Para aprofundamentos do tema, sugere-se a leitura do Volume 5 da presente coleção.

Dúvida que existe na doutrina diz respeito à possibilidade plena ou não de um ascendente dar em garantia real um bem seu em benefício de um descendente. Em outras palavras, haveria a necessidade de autorização dos demais descendentes e do cônjuge do alienante em casos tais? A dúvida diz respeito à aplicação ou não, por analogia, do art. 496 do CC/2002, que exige a autorização dos demais descendentes e do cônjuge, na venda de ascendente para descendente. Há quem entenda pela aplicação por analogia do último comando, havendo tais exigências no caso de garantia real de pai para filho, opinião de Maria Helena Diniz (*Código...*, 2010, p. 987) e Marco Aurélio Bezerra de Melo (*Direito...*, 2007, p. 387). Por outra via, há quem se posicione de forma contrária, caso de Carlos Roberto Gonçalves (*Direito...*, 2010, v. 5, p. 528) e Sílvio de Salvo Venosa (*Direito civil...*, 2012, v. 5, p. 536).

CAP. 8 · DOS DIREITOS REAIS DE GARANTIA SOBRE COISA ALHEIA | 593

Estou filiado à segunda corrente, eis que o art. 496 do Código Civil é norma restritiva da autonomia privada que, como tal, não admite analogia ou interpretação extensiva. Adotando esse último caminho, da jurisprudência paulista:

> "Embargos de terceiro. Penhora. Incidência sobre bem do finado genitor oferecido por ele à hipoteca para garantir dívida contraída pelo filho. Situação legal que destoa da venda por ascendente a descendente, defesa na Lei Civil. Embargos rejeitados. Recurso desprovido" (TJSP, Apelação Cível 1208790-6, 22.ª Câmara de Direito Privado, São Joaquim da Barra, Rel. Des. Maia da Rocha, j. 17.01.2006).

Seguindo na abordagem de casos específicos a respeito dos requisitos subjetivos, estabelece o art. 103 da Lei 11.101/2005 que, desde a decretação da falência ou do sequestro, o devedor perde o direito de administrar os seus bens ou deles dispor.

Nesse contexto, o falido deixa de ter a possibilidade jurídica de constituir direito real sobre seus bens. Existe regra semelhante a respeito da empresa sob recuperação judicial, nos termos do art. 66 da norma citada, comando que traz exceções: "após a distribuição do pedido de recuperação judicial, o devedor não poderá alienar ou onerar bens ou direitos de seu ativo permanente, salvo evidente utilidade reconhecida pelo juiz, depois de ouvido o Comitê, com exceção daqueles previamente relacionados no plano de recuperação judicial".

Por fim, no tocante ao mandatário, por razões óbvias de proteção, para que seja possível a constituição de direito real sobre bem do mandante, exige-se a presença de poderes especiais para tanto. Conforme o *caput* do art. 661 do atual Código Civil, o mandato em termos gerais só confere poderes de administração. E arremata o seu § 1.º ao prever que para alienar, hipotecar, transigir ou praticar outros quaisquer atos que exorbitem da administração ordinária, depende a procuração de poderes especiais e expressos.

Determina o § 1.º do art. 1.420 da codificação material civil que a propriedade superveniente torna eficaz, desde o registro, as garantias reais estabelecidas por quem não era dono. Nota-se que, implicitamente, a norma estabelece que a constituição de direito real *a non domino*, por aquele que não é dono, é ineficaz, pois a propriedade posterior sana o vício, tornado o ato perfeito quanto às suas consequências. Ilustrando, se alguém que não era proprietário de um imóvel ofereceu-o em hipoteca, sendo consolidada posteriormente a propriedade em seu nome por direito de herança, torna-se plenamente eficaz a garantia anterior. A norma tem relação direta com a conservação do negócio jurídico, pela tentativa de permanência da autonomia privada.

Também com *pertinência subjetiva*, dispõe o § 2.º do art. 1.420 da mesma norma geral privada que a coisa comum a dois ou mais proprietários – em condomínio –, não pode ser dada em garantia real, na sua totalidade, sem o consentimento de todos. Todavia, cada um dos proprietários pode, individualmente, dar em garantia real a parte que tiver em bem divisível, o que igualmente pode ser retirado da parte final do art. 1.314, *caput*, do CC/2002. Sendo desrespeitada a primeira parte da norma, a constituição da hipoteca é nula, por nulidade virtual, pois a lei proíbe a prática do ato sem cominar sanção (art. 166, inc. VII, segunda parte, do CC).

Conforme salientado em edições anteriores desta obra por José Fernando Simão, curiosamente, o Código Civil de 2002 não exige a anuência do condômino em caso de alienação de bem comum, ainda que o bem seja indivisível. Sendo assim, enquanto para a venda de bem comum indivisível o Código Civil exige que se observe a preferência do condômino (art. 504), para que o bem seja dado em garantia não há tal exigência (TARTUCE, Flávio; SIMÃO, José Fernando. *Direito civil...*, 2013, v. 4, p. 419).

Ingressando nos limites práticos de subsunção da última norma, entendeu o Superior Tribunal de Justiça que os titulares de conta poupança mantida em conjunto são credores solidários do banco, mas a recíproca não é verdadeira. Assim sendo, "o penhor constituído por um dos titulares com o banco não faz o outro devedor solidário. O saldo mantido na conta conjunta é propriedade condominial dos titulares. Por isso, a existência de condomínio sobre o saldo, que é bem divisível, impõe-se que cada titular só pode empenhar, licitamente, sua parte ideal em garantia de dívida (arts. 757 do Código Beviláqua e 1.420, § 2.º, do novo Código Civil). O Banco credor que, para se pagar por dívida contraída por um dos titulares da conta conjunta de poupança, levanta o saldo integral nela existente, tem o dever de restituir as partes ideais dos demais condôminos que não se obrigaram pelo débito" (STJ, REsp 819.327/SP, 3.ª Turma, Rel. Min. Humberto Gomes de Barros, j. 14.03.2006, *DJU* 08.05.2006, p. 214).

No Projeto de Reforma do Código Civil, como antes pontuado, as propostas para os direitos reais de garantia visam à redução de burocracias, para *destravar* os institutos, e supostamente incrementar a concessão de créditos em nosso país. Em relação ao art. 1.420, sugere-se que o seu § 1º preveja que "a propriedade superveniente torna eficazes, desde o registro do título aquisitivo ou a tradição, as garantias reais estabelecidas por quem não era dono, observado o art. 1.420-A".

Esse último comando possibilitará a hipoteca de bens futuros da seguinte forma: "os bens futuros, inclusive os adquiridos futuramente, podem ser objeto de garantia real, que se torna eficaz na data de aquisição da propriedade pelo garantidor. Parágrafo único. Para fins de prioridade da garantia, prevalecerá a data do registro".

Ademais, o § 2º do art. 1.420 passará a prever expressamente a possibilidade de prestação e a manutenção da garantia na parte de um dos condôminos, mais uma vez reduzindo os entraves legais hoje existentes: "a garantia real prestada por condômino afetará apenas a sua quota do bem comum; se o bem for dividido, a garantia se conserva sobre o que couber ao garantidor". Espera-se, como as outras proposições, que essas também sejam aprovadas pelo Congresso Nacional.

Retornando-se ao sistema ora em vigor, além do próprio dono da coisa, admite-se que terceiro preste garantia real por dívida alheia, como é o caso do pai que oferece um imóvel seu para garantir dívida de seu filho (art. 1.427 do CC). Conforme leciona Sílvio de Salvo Venosa, "trata-se da figura do *interveniente hipotecante ou empenhante*, utilizado com certa frequência" (VENOSA, Sílvio de Salvo. *Código*..., 2010, p. 1.289). Em situações tais, salvo cláusula expressa, o terceiro interveniente não fica obrigado a substituí-la, ou reforçá-la, quando, sem culpa sua, se perca, deteriore ou desvalorize.

Na linha do que é defendido por Gladston Mamede, a possibilidade de um terceiro garantir a dívida reforça a tese de que as garantias reais constituem atos unilaterais: "a possibilidade de ser a garantia real oferecida por um terceiro que não o juridicamente obrigado à satisfação da dívida garantida pelo penhor, hipoteca ou anticrese, reforça minha teimosia em referir-se às garantias reais como atos jurídicos unilaterais, e não um contrato, como preferem compreendê-las, o legislador, doutrinadores e jurisprudência" (MAMEDE, Gladston. *Código*..., 2003, v. XIV, p. 44). De fato, a *teimosia* do mencionado jurista, no caso do comando citado, parecer ter razão de ser.

b) Requisito objetivo

Nos termos do mesmo art. 1.420 do Código Civil, somente os bens que se podem alienar poderão ser dados em penhor, anticrese ou hipoteca. Esse é o *requisito objetivo* substancial relativo aos direitos reais de garantia sobre coisa alheia, devendo o bem oferecido em penhor, hipoteca ou anticrese ser alienável. Em outras palavras, deve estar presente a *consuntibilidade jurídica*, nos termos da segunda parte do art. 86 do CC/2002. Por isso, se um bem inalienável é oferecido em garantia, haverá nulidade desta, por impossibilidade do objeto ou fraude à lei imperativa (art. 166, incs. II ou VI, do CC). Vale lembrar que a alienabilidade dos bens é regra; e a inalienabilidade é a exceção, devendo a última decorrer da lei ou da convenção da parte interessada.

A ilustrar, como exemplo de *inalienabilidade legal*, não pode ser objeto de hipoteca o *bem de família convencional*, previsto entre os arts. 1.711 e 1.722 do CC/2002, por ser inalienável, além de impenhorável. Por outra via, o bem de família legal (Lei 8.009/1990) pode ser hipotecado, por ser apenas impenhorável. Tanto isso é verdade que uma das exceções à impenhorabilidade do bem de família legal é justamente o caso de ter sido dado o imóvel como garantia real pelo casal ou pela entidade familiar (art. 3.º, inc. V, da Lei 8.009/1990).

A respeito da última norma, realce-se que o Superior Tribunal de Justiça tem afastado a penhora do bem de família nos casos de hipoteca oferecida por membro da entidade familiar, visando garantir dívida de sua empresa individual (STJ, AgRg no Ag 597.243/GO, Rel. Min. Fernando Gonçalves, 4.ª Turma, j. 03.02.2005, *DJ* 07.03.2005, p. 265). A interpretação é que a exceção somente se aplica se a hipoteca for instituída no interesse de ambos os cônjuges ou de toda a entidade familiar.

Na mesma linha, a Corte Superior, dando interpretação restritiva à exceção, concluiu que a norma não alcança os casos em que a pequena propriedade rural é dada como garantia de dívida. Sustenta-se que tal propriedade encontra proteção contra a penhora no art. 5.º, XXVI, da CF/1988, dispositivo que deve prevalecer na espécie, não sendo o caso de incidir a norma excepcional ora em estudo (STJ, REsp 1.115.265/RS, Rel. Min. Sidnei Beneti, j. 24.04.2012, *Informativo* n. 496). Ambos os julgamentos citados contam com o meu total apoio doutrinário, interpretando o sistema jurídico a favor da moradia, nos termos do art. 6.º da Constituição Federal.

Em relação à *inalienabilidade convencional*, cite-se aquela instituída por testamento. Conforme o art. 1.848 do CC/2002, pode o testador estabelecer cláusula de inalienabilidade, impenhorabilidade e incomunicabilidade sobre bens da legítima, desde que haja justa causa para tanto. Sendo estabelecida a primeira cláusula, as duas outras decorrem automaticamente, conforme a dicção do art. 1.911 do Código Civil, que confirma parcialmente a antiga Súmula 49 do Supremo Tribunal Federal.

A recíproca não é verdadeira, ou seja, a cláusula de incomunicabilidade ou impenhorabilidade não gera a inalienabilidade. Os temas correlatos estão aprofundados no Volume 6 desta coleção, devendo ser frisado que a cláusula de inalienabilidade gera a impossibilidade de o bem ser objeto de direito real de garantia.

c) Requisitos formais

Partindo-se para os requisitos formais dos direitos reais de garantia, o art. 1.424 do CC/2002 elenca uma série de elementos que devem estar presentes no título constitutivo do penhor, da hipoteca ou da anticrese. Trata-se do que se denomina como *especialização*, "que vem a ser a pormenorizada enumeração dos elementos que caracterizam a obrigação e o bem dado em garantia" (DINIZ, Maria Helena. *Código...*, 2010, p. 990). O dispositivo utiliza o termo *contrato*, que tem o sentido de instrumento negocial, e não de categoria jurídica contratual. Como é notório, os direitos reais de garantia não são contratos em sua acepção técnica.

O comando destacado estabelece que a falta de tais elementos gera a ineficácia do direito real em relação a terceiros. Corrigiu-se, assim, um problema existente no art. 761 do Código Civil de 1916, segundo o qual a ausência dos requisitos formais geraria a *invalidade* do ato perante terceiros (ALVES, Jones Figueirêdo; DELGADO, Mário Luiz. *Código...*, 2005, p. 717). A concretizar essa mudança, vejamos didática explicação constante de julgado do Tribunal de Justiça de Minas Gerais:

> "O artigo 1.424 do Código Civil comina a penalidade de ineficácia aos contratos de penhor, anticrese e hipoteca, caso não observadas as prescrições nele contidas. Nada obstante, a omissão do contrato afeta apenas a eficácia da garantia real perante terceiros, não contaminando o negócio no seu plano da validade. É dizer, o negócio vale entre as partes, e apenas a garantia constituída se torna ineficaz e inoponível a terceiros, retirando na prática as consequências da sequela e da preferência. Especificamente quanto ao inciso III, que impõe a indicação da taxa de juros, se houver, tem por objetivo único permitir a terceiros o conhecimento da exata situação do devedor, abrangendo juros convencionais, tanto compensatórios quanto moratórios. Como fundamentado, a omissão não torna o negócio inteiro nulo ou ineficaz, sucedendo apenas que os juros omitidos não gozarão de eficácia ou oponibilidade perante eventuais terceiros" (TJMG, Apelação Cível 1.0024.09.450799-3/001, Rel. Des. Otávio Portes, j. 20.02.2013, *DJEMG* 01.03.2013).

Ou, ainda, tratando da ineficácia da garantia, do Superior Tribunal de Justiça:

> "Requisitos do art. 761 do CC/1916 (art. 1.424 do Código Civil de 2002). Condições de eficácia do negócio jurídico perante terceiros. Existência e validade da avença entre as partes contratantes. Tradição simbólica. Possibilidade. Precedentes desta corte superior. Recurso parcialmente conhecido e, no ponto, provido. (...). Os requisitos elencados no art. 761 do Código revogado (art. 1.424 do Código Civil de 2002) não constituem elementos nucleares do penhor, sem os quais inexistiria o próprio contrato; sequer se ligam à validade mesma do acordo, que está a depender da capacidade do agente, da licitude do objeto e de forma prevista ou não defesa em Lei. Constituem, ao revés, verdadeiras condições de sua plena eficácia no mundo jurídico, isto é, da validade de sua oponibilidade a terceiros. Assim, devem ser mantidas, porque válidas, as disposições firmadas entre as partes originárias. (...)" (STJ, REsp 226.041/MG, 4.ª Turma, Rel. Min. Hélio Quaglia Barbosa, j. 12.06.2007, *DJU* 29.06.2007, p. 629).

Como *primeiro requisito formal*, o instrumento do direito real deve expressar o valor do crédito, sua estimação, ou seu valor máximo (art. 1.424, inc. I, do CC). A menção ao valor máximo não constava na codificação anterior. Presente uma relação de consumo, como nos créditos bancários, fica em xeque tal previsão do atual Código Civil, diante da necessidade de clareza do crédito concedido nos financiamentos, nos termos do art. 52 do CDC. Pontue-se que há regra semelhante relativa à hipoteca, constante do art. 1.487 da norma geral privada, segundo a qual a hipoteca pode ser constituída para garantia de dívida futura ou condicionada, desde que determinado o valor máximo do crédito a ser garantido. Esse último comando ainda será aprofundado neste capítulo.

O *segundo requisito formal* é a fixação de prazo convencional para o pagamento da dívida garantida (art. 1.424, inc. II, do CC). O pressuposto é fundamental para a determinação da presença ou não de inadimplemento por parte do devedor, o que gera a possibilidade de excussão da coisa que garante a dívida. Se não houver a menção do prazo para pagamento, deve-se considerar que a dívida é à vista, ou de execução imediata, conclusão retirada do art. 331 da codificação privada, como pontua a atenta doutrina (MAMEDE, Gladston. *Código...*, 2003, v. XIV, p. 83).

No Projeto de Reforma do Código Civil, pretende-se reduzir a burocracia quanto a esse requisito, passando o inc. II do seu art. 1.424 a mencionar apenas "o prazo fixado para pagamento ou o período coberto pela garantia". O objetivo, mais uma vez, é de facilitar a concessão de créditos no País.

A taxa dos juros, se houver, é o *terceiro requisito*, nos termos do art. 1.424, inc. III, do CC. Existem alguns limites a respeito da fixação de juros convencionais no Brasil. Quanto ao mútuo oneroso (art. 591 do Código), o máximo a ser cobrado corresponde à taxa fixada no art. 406 da codificação privada.

Vale lembrar que esses comandos foram alterados pela Lei 14.905/2024 e que a taxa dos juros legais moratórios passou a ser a referencial do Sistema Especial de Liquidação e de Custódia (SELIC), deduzido o índice de atualização monetária de que trata o parágrafo único do art. 389 da Lei Geral Privada, também recentemente modificado. Quanto ao último comando, passou a expressar que "na hipótese de o índice de atualização monetária não ter sido convencionado ou não estar previsto em lei específica, será aplicada a variação do Índice Nacional de Preços ao Consumidor Amplo (IPCA), apurado e divulgado pela Fundação Instituto Brasileiro de Geografia e Estatística (IBGE), ou do índice que vier a substituí-lo". Em resumo, a taxa de juros legais passou a ser, como regra geral, a SELIC menos o IPCA, o que demanda muitos desafios para o seu cálculo, mês a mês, pelos aplicadores do Direito.

Em relação aos demais contratos, enuncia a Lei de Usura (Decreto-lei 22.626/1933) que é vedado estipular em quaisquer contratos taxas de juros superiores ao dobro da taxa legal. Ressalve-se que, infelizmente, a jurisprudência superior entende pela não aplicação de tais parâmetros aos contratos bancários e financeiros. Inicialmente, estabelece a Súmula 596 do Supremo Tribunal Federal que as disposições da Lei de Usura não se aplicam às taxas de juros e aos outros encargos cobrados nas operações realizadas por instituições públicas ou privadas, que integram o sistema financeiro nacional.

Na mesma linha, o Superior Tribunal de Justiça editou a Súmula 382, segundo a qual a estipulação de juros remuneratórios superiores a 12% ao ano, por si só, não indica abusividade. A última Corte Superior tem se pronunciado no sentido de que as instituições bancárias e financeiras podem cobrar as famosas *taxas de mercado*, por elas mesmas fixadas (por todos: STJ, AgRg no AREsp 42.668/RS, Rel. Min. Antonio Carlos Ferreira, 4.ª Turma, j. 14.05.2013, *DJe* 22.05.2013; STJ, AgRg no REsp 1.027.526/MS, Rel. Min. Raul Araújo, 4.ª Turma, j. 02.08.2012, *DJe* 28.08.2012 e STJ, AgRg no REsp 1.003.911/RS, Rel. Min. João Otávio de Noronha, 4.ª Turma, j. 04.02.2010, *DJe* 11.02.2010). Vale destacar que a citada Lei 14.905/2024 trouxe expressamente exceções à incidência da Lei de Usura incluindo essas instituições, tema tratado no Volume 2 desta coleção.

De todo modo, segundo a doutrina majoritária, não havendo estipulação de juros, incidem os juros legais, o que traz a constatação de que o elemento não é obrigatório para a eficácia do ato (TEPEDINO, Gustavo; MORAES, Maria Celina Bodin de; BARBOZA, Heloísa Helena. *Código...*, 2011, v. III, p. 861). Nesse contexto, incide a regra do art. 406 da norma privada, acima apontada e comentada.

O *quarto requisito formal* diz respeito à especialização do bem dado em garantia, móvel ou imóvel, com as suas especificações (art. 1.424, inc. IV, do CC). Quanto aos bens imóveis, as especificações constam da matrícula do imóvel no Cartório de Registro de Imóveis, não havendo maiores problemas. Anote-se que a jurisprudência superior entende que a descrição é essencial mesmo, no caso de coisa futura, caso de imóvel sob incorporação imobiliária:

"Hipoteca. Especificação da coisa. Incorporação. Novas unidades. Instituída a hipoteca sobre certas unidades que seriam construídas, devidamente especificadas e numeradas no ato levado a registro, não pode a garantia ter eficácia frente a terceiros para estender-se sobre outras não indicadas no registro. Arts. 811 e 761 do CCivil. Recurso conhecido e provido" (STJ, REsp 239.231/RS, Rel. Min. Ruy Rosado de Aguiar, 4.ª Turma, j. 16.12.1999, *DJ* 03.04.2000, p. 157).

Quanto aos bens móveis, algumas questões devem ser analisadas a respeito da especialização, o que será abordado quando do estudo do penhor. Adianta-se, de todo modo, que duas foram as ementas doutrinárias aprovadas na *IX Jornada de Direito Civil*, em maio de 2022, com importante relevância prática. Consoante o Enunciado n. 666, "no penhor de créditos futuros, satisfaz o requisito da especificação, de que trata o art. 1.424, IV, do Código Civil, a definição, no ato constitutivo, de critérios ou procedimentos objetivos que permitam a determinação dos créditos alcançados pela garantia". E mais, nos termos do Enunciado n. 667, no penhor constituído sobre bens fungíveis ou substituíveis, satisfaz esse mesmo o requisito "a definição, no ato constitutivo, da espécie, qualidade e quantidade dos bens dados em garantia".

Anotando novamente a respeito da Reforma do Código Civil, almeja-se incluir no art. 1.424 um parágrafo único possibilitando a constituição de direitos reais de garantia sobre universalidade de bens, ou seja, sobre bens que estão em conjunto faticamente, o que visa a reduzir as burocracias, sobretudo no penhor rural. Essa possibilidade, porém, ficará restrita aos negócios em que há plena negociação entre as partes, não sendo possível a sua pactuação em contratos de consumo ou de adesão. Consoante a norma projetada: "admite-se, nos negócios jurídicos paritários e simétricos, a descrição que defina o objeto da garantia como uma universalidade de fato, com os seus elementos identificadores mínimos".

Pretende-se, ainda, a inclusão de outros dois novos comandos para tratarem da constituição de novas garantias reais sucessivas sobre o mesmo bem. Conforme o novo art. 1.424-A da Lei Geral Privada, "o outorgante pode constituir novas garantias sobre o bem, em favor do mesmo credor ou de outro, as quais ficam sujeitas às normas que definem a prioridade". E sobre essa prioridade entre garantias reais incidentes sobre o mesmo bem o projetado art. 1.424-B preverá que será regida pelo número de ordem do registro, seja ela qual for.

Vale também lembrar que a Comissão de Juristas propõe ainda um art. 1.423-A, segundo o qual as garantias reais constituem-se com o registro, seja a sua fonte legal, judicial ou convencional, admitindo-se que os atos produzam efeitos entre as partes, desde a sua assinatura ou do momento da verificação da hipótese prevista em lei, não havendo esse registro (eficácia *inter partes*). O objetivo, mais uma vez e de todas as proposições, é de supostamente facilitar a concessão do crédito de atrair investimentos para o País, premissas que orientaram a Comissão de Juristas, pelo voto da maioria e por emendas de consenso entre a Subcomissão de Direito das Coisas e a Relatoria-Geral.

A encerrar o estudo dos requisitos formais, lembre-se que os direitos reais exigem ainda, para eficácia plena, o registro competente, o que igualmente merecerá estudo pontual. Nesse contexto, em se tratando de hipoteca ou anticrese relativa a imóvel, o instrumento deverá ser registrado no Cartório de Registro de Imóveis. O penhor de móveis deve ser registrado no Cartório de Títulos e Documentos e, no caso do penhor de veículos, exige-se a anotação junto ao seu certificado de propriedade (art. 1.462 do CC). Vale a frase de esclarecimento de Marco Aurélio Bezerra de Melo: "cada modalidade de garantia prevê o seu peculiar registro" (*Direito...*, 2007, p. 389).

8.1.3 A vedação do pacto comissório real e a polêmica sobre o pacto marciano

A vedação do pacto comissório é matéria estudada há tempos pelos civilistas. Segundo Clóvis Beviláqua, "consiste a cláusula comissória na estipulação de que o credor ficará com a coisa dada em garantia real, se a dívida não fora paga no vencimento" (*Direito...*, v. II, p. 37). O jurista demonstrava, à época da codificação anterior, que a solução de proibir o ato era adotada por outros Países, caso da França, da Itália, da Suíça, da Alemanha e de Portugal. Como bem expõe Rubens Limongi França, *comisso* quer dizer *perda*, sendo o pacto comissório "o acordo de vontades por força do qual credor e devedor de obrigação com garantia real entabulam que, havendo inadimplemento, o credor assume o domínio da coisa vinculada" (*Instituições...*, 1999, p. 510).

Prefiro doutrinariamente utilizar a expressão *pacto comissório real*, a fim de diferenciar o instituto do *pacto comissório contratual*, estudado na teoria geral dos contratos.

O *pacto comissório contratual* constitui exemplo típico de cláusula resolutiva expressa, categoria que estava prevista pelo art. 1.163 do Código Civil de 1916 como cláusula especial ou pacto adjeto da compra e venda. De acordo com a legislação anterior, "ajustado que se desfaça a venda, não se pagando o preço até certo dia, poderá o vendedor, não pago desfazer o contrato ou pedir o preço. Parágrafo único. Se, em dez dias de vencido o prazo, o vendedor, em tal caso, não reclamar o preço, ficará de pleno direito desfeita a venda".

Como o Código Civil de 2002 não repetiu a norma, fica em dúvida se estaria permitida a sua previsão no contrato, como cláusula resolutiva expressa ou haveria vedação, por suposta ilicitude do seu conteúdo. Na minha opinião, não há qualquer vedação para que seja estipulada a cláusula, principalmente porque os seus efeitos são próximos aos da exceção de contrato não cumprido, prevista para os contratos bilaterais (art. 476 do CC/2002).

Conclui-se, doutrinariamente, que o pacto comissório contratual enquadra-se no art. 474 do CC, como *cláusula resolutiva expressa* (VENOSA, Sílvio de Salvo. *Direito civil...*, 2003, v. 3, p. 95 e AGUIAR JR., Ruy Rosado de. *Extinção...*, 2004, p. 58). A jurisprudência superior igualmente admite a figura, desde que não esteja evidenciada a má-fé das partes (STJ, REsp 664.523/CE, 4.ª Turma, Rel. Min. Raul Araújo, j. 21.06.2012, *DJe* 14.08.2012).

De qualquer forma, não se pode confundir essa figura negocial com o *pacto comissório real*, vedado no art. 1.428 do CC/2002, dispositivo que prevê ser nula a cláusula que autoriza o credor de um direito real de garantia (penhor, hipoteca ou anticrese) a ficar com o bem dado em garantia sem levá-lo à excussão (ou execução). Os institutos jurídicos em estudo são totalmente distintos, particularmente quanto à categorização jurídica.

Segundo a doutrina, de ontem e de hoje, várias são as justificativas para a proibição do *pacto comissório real*, como a presença de razões morais, a proteção da parte mais fraca, a vedação do enriquecimento sem causa e da usura e a exigência do devido processo legal (BEVILÁQUA, Clóvis. *Direito...*, v. II, p. 38; MELO, Marco Aurélio Bezerra de. *Direito...*, 2007, p. 382; FARIAS, Cristiano Chaves; ROSENVALD, Nelson. *Curso...*, 2012, v. 5, p. 867; MAMEDE, Gladston. *Código...*, 2003, v. XIV, p. 112-113). Todos os argumentos contam com o meu apoio, sendo inafastáveis por estarem em sintonia com a principiologia do Direito Privado Contemporâneo.

Em complemento, cumpre anotar que existem algumas vozes, doutrinárias ou não, que propõem a revogação do art. 1.428 do Código Civil, para que o crédito seja supostamente facilitado no Brasil. A proposta segue a tendência de *desjudicialização das contendas*, de fuga do Poder Judiciário, uma das pautas da atualidade. Com o devido respeito a quem pense dessa forma, filia-se ao posicionamento de manutenção da regra de vedação, pelas razões que foram expostas no parágrafo anterior. Ademais, a facilitação do crédito no Brasil gerou tristes situações de *superendividamento*, devendo o Direito preocupar-se com esse último fenômeno, afastando caminhos que possam agravar ainda mais o problema.

Atente-se que o caso de pacto comissório real é de nulidade absoluta, por *nulidade textual*, nos termos do art. 166, inc. VII, primeira parte, do CC/2002. Para a jurisprudência superior, a nulidade do pacto comissório real prevalece sobre a nulidade da simulação, pois envolve vício de maior gravidade. Por todos os arestos, transcreve-se o seguinte:

> "Escritura de compra e venda. Coação. Empréstimo em dinheiro garantido por imóveis. Pacto comissório. Precedentes da Corte. (...). Antigo precedente da Corte assentou que existente pacto comissório, 'disfarçado por simulação, não se pode deixar de proclamar a nulidade, não pelo vício da simulação, mas em virtude de aquela avença não ser tolerada pelo direito' (REsp n.º 21.681/SP, Terceira Turma, Relator o Ministro Eduardo Ribeiro, *DJ* de 03/08/1992). 3. Recurso especial não conhecido" (STJ, REsp 784.273/GO, 3.ª Turma, Rel. Min. Carlos Alberto Menezes Direito, j. 12.12.2006, *DJ* 26.02.2007).

De toda sorte, a própria jurisprudência superior tem analisado com atenção hipóteses em que o pacto comissório encontra-se escondido sob o manto de outros negócios. A título de exemplo:

> "Recurso especial. Embargos à execução de obrigação de fazer consistente na outorga de escritura pública de transferência de propriedade de bens imóveis. Promessa de compra e venda firmada em garantia a contrato de *factoring* sob a égide do Código Civil de 1916. Caracterização de pacto comissório vedado pelo ordenamento jurídico. Insurgência dos exequentes/embargados. (...). No caso, resta perfeitamente configurada a figura do pacto comissório, pois, simulando a celebração de contratos de compromisso de compra e venda, foram instituídas verdadeiras garantias reais aos ajustes de *factoring*, permitindo que, em caso de inadimplência, fossem os bens transmitidos diretamente ao credor. Avença nula de pleno direito, consoante o disposto no art. 765 do CC/1916, atual art. 1.428 do CC/2002. Precedentes da Corte. Recurso especial desprovido" (STJ, REsp 954.903/RS, 4.ª Turma, Rel. Min. Marco Buzzi, j. 11.12.2012, *DJe* 01.02.2013).

Na mesma trilha, a ilustrar: "não há razão para estabelecer a diferenciação realizada pela Corte local, no sentido de não haver cláusula contratual que autorizasse a credora a se apropriar da garantia. A aplicação dos valores caucionados para amortização da dívida é rigorosamente o mesmo que dela se apropriar, revelando a cláusula contratual em questão verdadeiro 'pacto comissório', vedado pelo ordenamento jurídico, nos termos do que consta dos arts. 759 e 765 do Código Civil de 1916. Recurso especial parcialmente conhecido e, na extensão, provido" (STJ, REsp 274.588/PR, 4.ª Turma, Rel. Min. Luis Felipe Salomão, j. 19.03.2009, *DJe* 30.03.2009).

Conforme consta de outra ementa, a jurisprudência do Superior Tribunal de Justiça consolidou-se no sentido de que o pacto comissório não se limita aos casos expressamente previstos na lei, cabendo a análise de outras hipóteses em que o espírito da lei esteja sendo aviltado (STJ, REsp 475.040/MG, 3.ª Turma, Rel. Min. Ari Pargendler, j. 24.06.2003, *DJ* 13.10.2003, p. 360). Em suma, tem-se interpretado extensivamente a proibição do atual art. 1.428 do Código Civil, abrangendo-se hipóteses além do que está escrito na norma.

Por todas as razões antes expostas, não resta a menor dúvida de que o dispositivo em estudo é norma cogente ou de ordem pública, não podendo ser contrariada entre as partes. Vejamos a correta conclusão do Tribunal Paulista a respeito de tal dedução:

"Circunstância em que o artigo 1.428 do Código Civil, ao vedar a constituição de pacto comissório, o faz por meio da positivação de uma norma jurídica de ordem pública indicativa de nulidade absoluta, a qual não fica submetida a decurso de prazo prescricional. Precedente do STJ. Embargos não acolhidos" (TJSP, Embargos de Declaração 7261726-2/01, Acórdão 3342290, 17.ª Câmara de Direito Privado, Bauru, Rel. Des. Térsio José Negrato, j. 03.11.2008, *DJESP* 03.12.2008).

Reforce-se que a proibição é norma de ordem pública pela relação direta com a função social da propriedade, invocando-se a regra do art. 2.035, parágrafo único, da atual codificação privada.

Estatui o parágrafo único do art. 1.428 da codificação material que, após o vencimento, poderá o devedor dar a coisa em pagamento da dívida, ou seja, é possível a dação em pagamento se presente uma das hipóteses do art. 1.425 da lei civil privada. Nos termos do art. 356 do CC/2002, por meio da dação em pagamento o credor pode consentir em receber prestação diversa da que lhe é devida.

Como anota Marco Aurélio S. Viana, "essa solução, que era preconizada pela doutrina anterior, justifica-se porque não se trata de pacto inserido no contrato real com o fim de fraudar. A dação em pagamento decorre da vontade do devedor, que a isso não está obrigado, mas que pode fazer a opção, se lhe convier. Não se cuida de direito assegurado ao credor, mas de faculdade reconhecida ao devedor, que resulta da vontade livre daquele que deve" (*Comentários...*, 2003, v. XVI, p. 718).

De qualquer modo, obviamente, se houve cláusula contratual estabelecendo a dação em pagamento antes do vencimento da dívida, o pacto comissório estará presente, sendo nula a estipulação correspondente. Vale, ainda, a pontuação do sempre citado Gladston Mamede:

"Devem ser considerados nulos todos os documentos que façam parecer dação em pagamento, o que, na verdade, foi um pacto comissório; anula-se a antedatação e, chegando-se à previsão da entrega do bem como pagamento, efetuada sob a forma que caracteriza pacto comissório, declara-se nulo esse ajuste" (MAMEDE, Gladston. *Código...*, 2003, v. XIV, p. 116).

Como último tema do presente tópico, cumpre analisar a viabilidade jurídica do chamado *pacto marciano,* expressão que é utilizada pelo fato de ter sido difundido, no Direito Romano, pelo jurisconsulto Marciano. Como define Moreira Alves, "o bem entregue em garantia é transferido ao credor que dele se apropria e restitui o excesso relativo ao valor da dívida. O Pacto Marciano não é considerado ilegal por não causar prejuízo ao devedor" (MOREIRA ALVES, José Carlos. *Da alienação...*, 1973, p. 127).

O tema voltou a ser debatido intensamente pelo Direito Civil Contemporâneo Brasileiro pelo fato de que, na *VII Jornada de Direito Civil* (2015), foi feita proposta de enunciado doutrinário com a seguinte redação: "a vedação ao pacto comissório não afasta a possibilidade de as partes celebrarem o chamado pacto Marciano, a permitir, diante do inadimplemento do débito, a apropriação do objeto da garantia pelo credor pelo valor justo, precificado pelo mercado ou arbitrado por terceiro independente ao tempo do vencimento da dívida, mediante o pagamento da diferença entre o preço estipulado e o saldo devedor". Ao final, a comissão de Direito das Coisas acabou por não aprovar a proposta, pois a vedação do pacto comissório real vedaria também o pacto marciano, que teria o intuito de disfarçar o primeiro.

Como explicam Gustavo Tepedino e Marcos Gonçalves, que coordenaram os trabalhos naquela *VII Jornada,* a vedação do pacto comissório real "destina-se a impedir que o credor possa adquirir o bem por preço inferior ao seu efetivo valor, seja pela natural valorização econômica do bem entre o momento da celebração do pacto e da aquisição, seja pela estipulação de mecanismo de aquisição por quantia correspondente apenas à parcela do efetivo valor da coisa. Uma vez salvaguardado o escopo protetivo pretendido pelo legislador, o texto do enunciado permitiria estabelecer mecanismos de apropriação do bem pelo credor com necessária preservação do direito do devedor, a partir da estipulação da definição do preço da coisa pelos critérios de mercado ao tempo da apropriação do bem, ou por arbitramento por terceiro, com restituição ao devedor de eventual excedente calculado entre o montante do crédito e o valor da coisa" (TEPEDINO, Gustavo; GONÇALVES, Marcos Alberto Rocha. Lições..., acesso em: 12 set. 2017).

Na *VIII Jornada de Direito Civil*, realizada em abril de 2018, aprovou-se, enfim, enunciado doutrinário admitindo a figura para as relações amplamente negociadas ou paritárias. Conforme o seu teor, "não afronta o art. 1.428 do Código Civil, em relações paritárias, o pacto marciano, cláusula contratual que autoriza que o credor se torne proprietário da coisa objeto da garantia mediante aferição de seu justo valor e restituição do supérfluo (valor do bem em garantia que excede o da dívida)" (Enunciado n. 628).

No âmbito da jurisprudência, pode ser encontrado acórdão do Tribunal Paulista que admite indiretamente a sua licitude. Conforme acórdão da lavra do Des. Enio Zuliani, que cita passagem do Ministro Moreira Alves antes destacada:

> "O pacto comissório vedado pela ordem jurídica incide para coibir o abuso que se comete contra o devedor fragilizado pela dominação de seu credor e que, por essa superioridade, se apropria dos bens oferecidos em garantia do mútuo, caracterizando uma usurpação e que ganha *status* de ilegalidade pela completa ausência de correspondência entre o valor do bem e o valor da dívida. É importante que se conste não ser ilegal o que se chama de pacto Marciano, valendo esclarecer o seu conteúdo nas palavras do Ministro José Carlos Moreira Alves (...). 'não é ilícito, porém, o denominado pacto Marciano (por ser defendido pelo jurisconsulto romano Marciano e confirmado em rescrito dos imperadores Severo e Antonino). Por esse pacto, se o débito não for pago, a coisa poderá passar à propriedade plena do credor pelo seu justo valor, a ser estimado, antes ou depois de vencida a dívida, por terceiros'" (TJSP, Apelação 9103689-29.2008.8.26.0000, 4.ª Câmara de Direito Privado, Mogi Mirim, Rel. Des. Enio Zuliani, julgado em 27.08.2009, data de registro: 10.09.2009).

Com o devido respeito, não concordo que haja licitude em tal previsão, no atual sistema, pois o *pacto marciano* esbarra nas outras razões para a vedação do pacto comissório real, quais sejam a proteção da parte mais fraca da relação jurídica e a exigência do devido processo legal para a execução da garantia. Por isso, votei contra a proposta de enunciado que acabou sendo aprovado na *VIII Jornada de Direito Civil*, realizada em abril de 2018. Em suma, penso não ser possível juridicamente a sua estipulação, mesmo em relações paritárias, no atual sistema.

De toda sorte, *de lege ferenda*, no Projeto de Reforma do Código Civil, elaborado pela Comissão de Juristas nomeada no âmbito do Senado Federal, propõe-se a sua regulamentação na lei, vencida a minha ressalva doutrinária, pela posição que prevaleceu entre os especialistas.

Nesse contexto, o art. 1.428 da Lei Civil passará ter cinco novos parágrafos. Nos termos do projetado § 1º, que representará uma exceção importante quanto à vedação do pacto comissório real e regulamentando o *pacto marciano*, "não se aplica o disposto no *caput* nos negócios jurídicos paritários se houver cláusula que autoriza que o credor se torne proprietário da coisa objeto da garantia mediante aferição de seu justo valor e restituição do supérfluo". Com o intuito de a manter o controle quanto a eventuais abusividades, novamente tratando-se de negócios ou contratos amplamente negociados entre as partes, o novo § 2º,

CAP. 8 · DOS DIREITOS REAIS DE GARANTIA SOBRE COISA ALHEIA | **603**

relacionado à própria essência do *pacto marciano:* "é nula de pleno direito a cláusula que afaste a apuração do valor do bem ou a devolução do excedente".

Ademais, o atual parágrafo único do dispositivo passará a ser o seu § 3º, passando a mencionar apenas os contratos negociados entre as partes, em sintonia com as outras proposições: "nos negócios jurídicos paritários e simétricos, após o vencimento da dívida, poderá também o devedor, com aquiescência do credor, dar o bem ou direito em pagamento da dívida, desde que não o faça em prejuízo dos demais credores". Em todos casos, porém, essas regras não poderão violar normas cogentes ou de ordem pública, especialmente em relações de consumo (§ 4º).

Como outra restrição que deve haver, o § 5º do art. 1.428 preceituará que prevalece o disposto no *caput* do comando, a respeito da proibição do pacto comissório real, se o objeto da garantia se caracterizar como bem de família, na forma de lei especial, vedado o pacto em contrário, sempre em prol do direito fundamental à moradia, previsto no art. 6º da CF/1988.

Mais uma vez, assim como outras, o objetivo da regulamentação dessas exceções ao pacto comissório real é de facilitar a concessão do crédito, reduzir entraves legais hoje existentes para grandes negócios e atrair investimentos para o País. E não se pode negar que as sugestões constantes da norma projetada trarão equilíbrio a essa regulamentação, em prol da segurança jurídica, hoje inexistente. Espera-se, portanto, a sua aprovação pelo Parlamento Brasileiro.

8.1.4 Direitos reais de garantia e vencimento antecipado da dívida

Dispositivo dos mais importantes para o penhor, a hipoteca e a anticrese é o que consagra no atual sistema as hipóteses em que a dívida garantida torna-se vencida, uma das principais peculiaridades dos direitos reais de garantia.

Conforme a teoria geral das obrigações, pelo vencimento antecipado, uma obrigação de execução diferida – aquela em que o cumprimento ocorre de uma vez só no futuro – ou de *execução continuada ou trato sucessivo* – em que o cumprimento com forma periódica no tempo – converte-se em uma obrigação de *execução imediata* ou *instantânea*. Em termos gerais, o art. 333 do Código Civil prescreve uma série de situações em que se dá o vencimento antecipado.

De acordo com o citado comando, ao credor assistirá o direito de cobrar a dívida antes de vencido o prazo estipulado no contrato ou marcado na legislação em três hipóteses. A primeira delas diz respeito à falência do devedor ou à abertura de concurso de credores, caso da instauração de um processo de inventário. A segunda situação é relativa a direitos reais de garantia, estabelecendo a lei o vencimento antecipado da obrigação se os bens hipotecados ou empenhados (oferecidos em penhor) forem penhorados (constritos judicialmente) em ação de execução proposta por outro credor.

Por fim, há o vencimento antecipado da dívida no caso de cessação ou insuficiência de garantias, pessoais ou reais, não havendo reforço por parte do devedor. Como exemplo, imagine-se o caso de uma dívida garantida por fiança, em que o fiador faleceu, não obtendo o credor a substituição da garantia.

A demonstrar que o rol do art. 333 do Código Civil não é taxativo (*numerus clausus*), mas exemplificativo (*numerus apertus*), o art. 1.425 da codificação material elenca outras hipóteses de vencimento antecipado, tratando o último preceito de casos específicos relativos a obrigações garantidas por direitos reais de garantia.

De acordo com o inciso I do art. 1.425 do Código Civil, a dívida garantida será considerada vencida se, deteriorando-se ou depreciando-se o bem dado em segurança, desfalcar a garantia, e o devedor, intimado, não a reforçar ou substituir. Como se nota, a previsão é muito parecida com o inciso III do art. 333, dizendo respeito ao enfraquecimento da garantia por desvalorização do bem dado. A título de exemplo, se o imóvel dado em hipoteca é destruído por uma catástrofe natural, há que se falar em vencimento antecipado se não houver substituição da garantia. Para a deterioração da coisa, a lei não exige a culpa do devedor, bastando o elemento objetivo da desvalorização, a tornar a garantia insuficiente.

Nos termos do art. 1.425, inc. II, do CC/2002, o vencimento antecipado da dívida garantida também ocorre se o devedor cair em insolvência ou falir, decorrendo o vencimento antecipado da abertura de concursos de credores; o que constitui repetição do art. 333, inc. I, da mesma lei geral privada. No caso de falência do devedor, pessoa jurídica, deve ser observada a preferência de pagamento tratada pelo art. 83 da Lei de Falências, exposta no início deste capítulo.

Ato contínuo de estudo, haverá vencimento antecipado da obrigação garantida se as prestações não forem pontualmente pagas, toda vez que desse modo se achar estipulado o pagamento (inadimplemento por parte do devedor). Nesse caso, tratado pelo inc. III do art. 1.425 do CC, o recebimento posterior da prestação atrasada importa renúncia do credor ao seu direito de execução imediata. Concorda-se com José Fernando Simão que, em edições anteriores desta obra, sustentava ser a norma de ordem privada, cabendo afastamento pelas partes, por cláusula no instrumento (TARTUCE, Flávio; SIMÃO, José Fernando. *Direito civil...*, 2013, v. 4, p. 432).

Note-se que a situação não está tratada pelo art. 333 do Código Civil. De qualquer forma, é comum, em obrigações garantidas ou não por direitos reais, estipular o vencimento antecipado da dívida pelo inadimplemento, tendo a hipótese incidência genérica. A lei não estabelece qual o número de parcelas inadimplidas que gera a antecipação.

Desse modo, é possível estabelecer pelo instrumento que a impontualidade de uma única parcela gera tal efeito. Na prática, é comum convencionar que o não pagamento de três parcelas é que gera o vencimento antecipado. A última previsão é salutar, dando oportunidade ao devedor de purgar a mora, estando de acordo com o dever de cooperação, anexo à boa-fé objetiva.

Tem-se debatido se a cláusula de vencimento antecipado é abusiva, mormente se incluída em contratos de consumo. Da jurisprudência gaúcha, extrai-se que "a cláusula que determina o vencimento antecipado do contrato em caso de inadimplemento não é abusiva, pois está em consonância com o disposto no art. 1.425 do Código Civil" (TJRS, Apelação Cível 70020160172, 10.ª Câmara Cível, Bagé, Rel. Des. Jorge Alberto Schreiner Pestana, j. 29.11.2007, *DOERS* 07.12.2007, p. 57). De fato, em regra, pela previsão expressa da lei, não há que se falar em abusividade, salvo se outro direito do consumidor for atingido pela convenção.

Discute-se, ainda, se o citado inciso abrange os casos de descumprimento de distrato, concluindo a mesma Corte Estadual que a resposta é positiva, o que é salutar:

> "Apelação cível e recurso adesivo. Embargos à execução. Título executivo extrajudicial. Nulidade inexistente. Executividade do distrato firmado entre as partes. Vencimento antecipado da dívida. Aplicação do artigo 1.425, III, do Código Civil. Gratuidade judiciária postulada pelo embargado. Indeferimento. Recursos desprovidos. Unânime" (TJRS, Apelação Cível 575010-03.2011.8.21.7000, 9.ª Câmara Cível, Barra do Ribeiro, Rel. Des. Iris Helena Medeiros Nogueira, j. 21.03.2012, *DJERS* 26.03.2012).

De qualquer modo, valem as precisas lições de Gladston Mamede, que propõe a interpretação do comando de acordo com a *função social dos institutos civis*. Pontua o

CAP. 8 · DOS DIREITOS REAIS DE GARANTIA SOBRE COISA ALHEIA | **605**

jurista mineiro que, "tomado em sentido absoluto, o termo impontualidade refere-se a qualquer ato que não seja aplicado em seu preciso tempo, mesmo que seja um instante após. Serviria esse sentido para o Direito, mormente nos contextos que estamos a estudar? Acredito que a resposta seja negativa. Acredito que o direito das obrigações, mesmo aquelas garantidas por direito real, está fortemente marcado pelo princípio do *favor debitoris*, ou seja, da interpretação favorável ao devedor, àquele que está obrigado" (MAMEDE, Gladston. *Código...*, 2003, v. XIV, p. 94). As palavras transcritas contam com o meu total apoio doutrinário.

Voltando ao objeto principal de estudo deste tópico, o quarto caso de vencimento antecipado diz respeito ao perecimento do bem dado em garantia, se esse não for substituído (art. 1.425, inc. IV, do Código Civil). Em situações tais, a coisa perdida se sub-rogará na eventual indenização do seguro, ou no ressarcimento do dano, em benefício do credor, a quem assistirá sobre ela preferência até seu completo reembolso (§ 1.º do art. 1.425).

Imagine-se o caso de veículo dado em penhor que se perde em acidente. A indenização ou o valor da garantia do seguro será pago ao credor, pelos termos da última norma. Concretizando, vejamos julgado do Tribunal de Justiça de São Paulo que debateu o último preceito, a ser aplicado à venda com reserva de domínio:

> "Apelação Cível. Anulatória de multa administrativa imposta pela Coordenadoria de Defesa do Consumidor. Seguradora que teria infringido o Código de Defesa do Consumidor ao recusar o pagamento de sinistro de veículo (perda total). Veículo adquirido através de contrato com reserva de domínio, sendo necessária a comprovação da quitação do financiamento. Conduta que não pode ser considerada manifestamente abusiva. Cláusula contratual prevendo a necessidade de comprovação da propriedade do bem para o pagamento da indenização. Admissibilidade. Transferência dos salvados à Seguradora que só pode ser realizada por quem ostente a condição de proprietário. Veículo sinistrado dois meses após a aquisição, sendo legítimo inferir que a indenização caberia, em sua maior parte, à financiadora (proprietária do bem) e não à consumidora. Multa aplicada precipitadamente. Exigência da Seguradora amparada pelo § 1.º do artigo 1.425 do Código Civil. Sentença mantida. Recurso improvido" (TJSP, Apelação 9101524-82.2003.8.26.0000, Acórdão 5502781, 5.ª Câmara de Direito Público, Campinas, Rel. Des. Maria Laura Tavares, j. 24.10.2011, *DJESP* 30.11.2011).

Por fim, há vencimento antecipado da dívida garantida se ocorrer a desapropriação do bem imóvel em garantia, hipótese na qual se depositará a parte do preço que for necessária para o pagamento integral do credor (art. 1.425, inc. V, do CC). O preceito tem subsunção a todos os casos de desapropriação previstos no Direito Brasileiro, inclusive para a desapropriação judicial privada por posse-trabalho (art. 1.228, §§ 4.º e 5.º, do Código Civil), abordada no Capítulo 3 desta obra.

A exemplificar a incidência da última previsão, decidiu o Superior Tribunal de Justiça, a respeito de caso de desapropriação agrária (art. 184 da Constituição Federal), que, "nos termos do § 3.º do art. 7.º da LC 76/93, os titulares de direitos reais sobre o imóvel desapropriando serão intimados acerca do ajuizamento da ação de desapropriação, como meio de garantir-lhes o direito à habilitação dos seus créditos. Conforme já decidido no âmbito desta Corte Superior, 'se o imóvel expropriado está gravado por hipoteca, a indenização – no todo ou em parte – não pode ser recebida pelo expropriado, antes da quitação do crédito hipotecário' (REsp 37.224/SP, 2.ª Turma, Rel. Min. Ari Pargendler, *DJ* de 14.10.1996)" (STJ, REsp 846.099/RN, 1.ª Turma, Rel. Min. Denise Martins Arruda, j. 17.05.2007, *DJU* 11.06.2007, p. 280).

606 | DIREITO CIVIL • VOL. 4 – *Flávio Tartuce*

Para as duas últimas previsões de vencimento antecipado, só se vencerá a hipoteca antes do prazo estipulado se o perecimento, ou a desapropriação, recair sobre o bem dado em garantia e se a hipoteca não abranger outros bens (§ 2.º do art. 1.425 do CC). De acordo com o mesmo preceito, subsiste, no caso contrário, a dívida reduzida, com a respectiva garantia sobre os demais bens, não desapropriados ou destruídos.

Conforme bem esclarecido por José Fernando Simão em edições anteriores desta obra, "pela norma, se o valor do bem remanescente não for suficiente para cobrir o valor da dívida, ocorrerá o vencimento antecipado da dívida hipotecária, mas não por inteiro, e somente quanto aos bens destruídos ou desapropriados. Desse modo, haverá a divisão da dívida e da hipoteca em duas partes: *a)* quanto ao bem remanescente permanece a hipoteca e a data de vencimento avençada pelas partes; e *b)* quanto aos bens perdidos, a dívida se vence de imediato e deve ser paga ao credor" (TARTUCE, Flávio; SIMÃO, José Fernando. *Direito civil...*, 2013, v. 4, p. 433).

A encerrar o presente tópico, em todos os casos listados de vencimento antecipado da dívida, não se compreendem os juros correspondentes ao tempo ainda não decorrido, ou seja, os juros vincendos (art. 1.426 do CC/2002). Isso, por razões óbvias, pois não se pode admitir o enriquecimento sem causa. Como é notório, não é lícita a cobrança de juros antes de vencida a obrigação.

8.2 DO PENHOR

8.2.1 Conceito, partes e constituição

A palavra *penhor* vem de *pignus ou pignoris*, tendo três acepções, como bem demonstra Rubens Limongi França. A primeira dela é de contrato (no sentido de negócio que visa a sua constituição), a segunda é do objeto (a própria coisa empenhada), a terceira acepção é de direito real em garantia (*Instituições...*, 1999, p. 511). Define e explica o *caput* do art. 1.431 do Código Civil em vigor que "constitui-se o penhor pela transferência efetiva da posse que, em garantia do débito ao credor ou a quem o represente, faz o devedor, ou alguém por ele, de uma coisa móvel, suscetível de alienação".

Assim, como primeiro direito real de garantia sobre coisa alheia, o penhor é constituído sobre bens móveis (em regra), ocorrendo a transferência efetiva da posse do bem do devedor ao credor (também em regra). Diz-se duplamente *em regra*, pois, no penhor rural, industrial, mercantil e de veículos, as coisas empenhadas continuam em poder do devedor, que as deve guardar e conservar, conforme estabelece o parágrafo único do art. 1.431 do CC/2002. Sobre a última previsão, a propósito, cite-se o Enunciado n. 668, aprovado na *IX Jornada de Direito Civil*, em maio de 2022, segundo o qual: "os direitos de propriedade industrial caracterizados pela exclusividade são suscetíveis de penhor, observadas as necessidades de averbação junto ao Instituto Nacional da Propriedade Industrial para a plena eficácia perante terceiros".

Com a celebração do negócio, a posse indireta da coisa é transmitida ao credor pignoratício, por meio de uma tradição ficta ou presumida, o *constituto possessório*. Em complemento, nem sempre o penhor recairá sobre coisa móvel, como em algumas dessas *modalidades especiais* de penhor convencional, como se verá.

Como partes do penhor, inicialmente, há o *devedor pignoratício*, aquele que dá a coisa em garantia, proprietário do bem, tendo a dívida em seu desfavor. Pode ser o próprio devedor ou terceiro, conforme as regras que ainda serão abordadas neste capítulo. A outra parte é o *credor pignoratício*, que tem o crédito e o direito real de garantia a seu favor.

Destaco que no Projeto de Reforma e Atualização do Código Civil são feitas sugestões para uma ampla revisão do instituto do penhor, com o intuito de *destravar* o instituto e reduzir burocracias, supostamente facilitando a concessão de crédito no País, sobretudo tratando-se de penhor rural. Atende-se, assim, a antigos pleitos do agronegócio brasileiro, o que acabou prevalecendo na Comissão de Juristas nomeada no âmbito do Senado Federal.

Nesse contexto, o art. 1.431 da Lei Civil passará a prever, admitindo-se que recaia sobre coisas determináveis e futuras que: "o penhor poderá ser constituído sobre uma ou várias coisas móveis, determinadas ou determináveis, presentes ou futuras, fungíveis ou infungíveis, desde que alienáveis a título oneroso". O atual parágrafo único passará a ser o seu § 1º e, como novidade, o novo § 2º preverá que, nos negócios simétricos e paritários em geral, também podem as partes convencionar que as coisas empenhadas continuam em poder do devedor, que as deve guardar e conservar. Mais uma vez, amplia-se a liberdade das partes nos negócios amplamente negociados entre as partes, sobretudo nos grandes contratos de feição empresarial.

Segundo justificaram os juristas que compuseram a Subcomissão de Direito das Coisas – Marco Aurélio Bezerra de Melo, Marcelo Milagres, Maria Cristina Santiago e Carlos Vieira Fernandes Filhos –, "nessa seção realizamos uma das alterações centrais do projeto, eliminando a transmissão da posse como requisito constitutivo do penhor, que passa a constituir-se pelo registro, tal qual a hipoteca. A transmissão da posse passa a ser facultativa, podendo ser livremente convencionada. Além disso, especifica-se de forma abrangente os bens que podem ser objeto de penhor, aproveitando redação diretamente adaptada da Lei Modelo da ONU sobre garantias reais, de forma a atender os padrões internacionais. A mesma fonte instruiu as redações dos arts. 1.431-A a 1.431-C, adaptados dos arts. 10, 11 e 28 da Lei Modelo, mas que refletem, igualmente, outras disposições semelhantes já contidas na legislação especial brasileira, a exemplo dos Decretos-leis 167/1967 e 413/1969". De fato, razões consideráveis acabaram por motivar o trabalho dos especialistas, cuja posição acabou prevalecendo na Comissão de Juristas.

No contexto dessas justificativas, como novidade para o penhor, o proposto art. 1.431-A preverá, na mesma linha de ampliação da liberdade, que, "salvo convenção em contrário, em contratos paritários e simétricos, a garantia estende-se automaticamente aos frutos dos bens onerados, civis ou naturais, com o mesmo grau de prioridade". Adota-se, portanto, a ideia de extensão da garantia hoje existente para a alienação fiduciária em garantia e para a hipoteca, inseridas pelo Marco Legal das Garantias (Lei 14.711/2023).

Além disso, a proposta de um parágrafo único para esse novo art. 1.431-A enuncia que a garantia conserva-se sobre os bens sub-rogados ao objeto da garantia, entendendo-se por bens sub-rogados: *a)* os bens que o substituírem, incluindo na forma de dinheiro ou créditos decorrentes da sua alienação; e *b)* os produtos da sua transformação.

A sub-rogação real, substituição de uma coisa por outra, também constará do novo art. 1.431-B, segundo o qual os credores pignoratícios conservam automaticamente os seus direitos, sem necessidade de nova publicidade, sobre os seguintes bens sub-rogados ao bem onerado: *a)* a indenização do seguro do bem objeto da garantia; *b)* a indenização devida pela pessoa responsável pela perda ou deterioração do bem; *c)* a indenização devida em caso de desapropriação do bem; *d)* o montante apurado na venda do bem, ainda que entregue ou depositado ao garantidor; *e)* outros bens adquiridos em substituição do bem dado em garantia, ressalvando-se que, se o novo bem não estiver abrangido pelo objeto original da garantia, deverá ser feita nova publicidade no prazo de até quinze dias após o surgimento do bem substituto.

Por fim quanto às sugestões de alteração do texto legal, com o intuito de trazer segurança para a garantia real, caso seja demonstrado que um bem móvel corpóreo, objeto de penhor, tenha se integrado a um conjunto de bens do mesmo gênero, ou se transformado em um produto ou subproduto, da mesma titularidade, é conservada a garantia, no limite do valor original da coisa, sem que seja necessária nova publicidade (art. 1.431-C).

Voltando-se ao sistema em vigor, não se pode esquecer que a instituição do penhor será efetivada por instrumento, seja ele público ou particular. Em suma, a sua constituição é um ato jurídico formal, pela exigência de forma escrita, sob pena de nulidade. Conforme o art. 1.432 do CC/2002, sendo feito por instrumento particular, deve ainda ser levado a registro, por qualquer dos contratantes, em regra, no Cartório de Títulos e Documentos. O registro é elemento essencial para a constituição e eficácia real ou *erga omnes* do penhor.

Não sendo preenchido tal requisito, o negócio jurídico assume feição contratual, com efeitos *inter partes* apenas. Conforme se extrai de julgado do Superior Tribunal de Justiça, "tratando-se de veículos automotores dados em penhor cedular, para a eficácia da garantia em relação a terceiros, é necessário o seu registro no Cartório de Registro de Títulos e Documentos ou na repartição competente para expedir licença ou registrá-los" (STJ, REsp 200.663/SP, Rel. Min. Barros Monteiro, 4.ª Turma, j. 02.03.2004, *DJ* 17.05.2004, p. 228).

Como exemplo típico de penhor, cite-se a hipótese de alguém que quer um financiamento junto à Caixa Econômica Federal e que oferece joias em garantia real. Tais bens são entregues pelo devedor ao credor, até que a dívida seja efetivamente paga.

Mais uma vez, na linha das justificativas antes transcritas, são feitas propostas consideráveis para esse art. 1.432 pelo Projeto de Reforma do Código Civil, para que o registro passe a ser preponderante para constituição do penhor, em um comando com sete parágrafos e muitos detalhamentos, em prol da segurança jurídica.

Nos termos da norma projetada, que especifica os elementos essenciais desse registro e menciona o registro eletrônico instituído pela Lei do SERP, o penhor será registrado perante o Oficial do Registro de Títulos e Documentos por sistema nacional centralizado, observada a atribuição da prática do serviço a registrador do domicílio do outorgante, ou em registro eletrônico distribuído, que atenda aos requisitos de segurança e de publicidade.

Conforme o seu novo § 1º, serão válidas as garantias mobiliárias constituídas pelo registro em plataforma de registros distribuídos que adotem, de forma permanentemente auditável e interoperável com os serviços registrais e notariais, os seguintes requisitos: *a)* protocolos de validação consensuais; *b)* criptografia na identificação e autenticação de pessoas e operações; *c)* protocolos de armazenamento e de recuperação de dados; e *d)* governança, com testes de segurança, resiliência de rede e monitoramento contínuos. Essa proposição dialoga perfeitamente com o novo livro de Direito Civil Digital, que é sugerido pela Comissão de Juristas.

Novamente em prol da segurança jurídica, passarão a se submeter às regras de publicidade do penhor, para eficácia perante terceiros ou *erga omnes*: *a)* as penhoras sobre bens móveis; *b)* as cessões de crédito (art. 288); e *c)* os contratos de arrendamento mercantil financeiro, na forma da lei especial (art. 1.432, § 2º). Na Subcomissão de Direito das Coisas, a proposta foi defendida pelos Desembargadores Marco Aurélio Bezerra de Melo, para a estabilidade dos julgamentos de casos concretos envolvendo esses institutos, muitas vezes de difícil solução.

Sobre as modalidades de penhores especiais, o dispositivo traz regras fundamentais para a sua constituição, nos parágrafos seguintes, a saber: *a)* o penhor sobre títulos de crédito cartulares constitui-se pelo endosso (§ 3º); *b)* o penhor sobre valores mobiliários ou ativos

CAP. 8 · DOS DIREITOS REAIS DE GARANTIA SOBRE COISA ALHEIA | **609**

financeiros sujeitos a registro ou depósito centralizado constitui-se exclusivamente pela anotação feita na entidade competente, na forma da lei especial, ou pelo registro em plataforma de registros distribuídos (§ 4º); e *c)* o penhor sobre aeronaves e sobre embarcações, que passarão a ser possíveis, será realizado na forma da lei especial (§ 5º).

A respeito do seu prazo máximo, o novo § 6º do art. 1.432, em uniformidade para todas as modalidades de penhor, preverá que o registro do penhor extingue-se em cinco anos, contados da última data de vencimento constante no título ou, na sua ausência, contados da data da celebração do contrato. Porém, antes de findo esse prazo, o penhor poderá ser prorrogado mediante novo registro, mantida a precedência que lhe competia (§ 7º).

Como se pode perceber, as mudanças são detalhadas, visando trazer maior clareza e efetividade para essa importante garantia real, funcionalizando-a para a ampliação de sua incidência na prática.

Por fim, não se pode confundir o *penhor* (*garantia real*), em que os bens são *empenhados ou apenhados*, com a *penhora* (*constrição judicial para garantia do processo*), em que os bens são *penhorados*. Tal diferenciação pode ser retirada do outrora estudado art. 333, inc. II, do Código Civil, que estabelece o vencimento antecipado da obrigação se os bens *empenhados* (objeto de penhor) forem *penhorados* em execução promovida por outro credor.

8.2.2 Dos direitos e deveres do credor pignoratício

Após as regras gerais de constituição do penhor, a codificação geral privada elenca os direitos e obrigações do credor pignoratício. Apesar de a lei utilizar a expressão *obrigações*, melhor tecnicamente falar em *deveres*, que tem sentido mais genérico.

Iniciando-se pelos direitos do credor pignoratício, este terá a posse da coisa empenhada, em regra, o que decorre da própria estrutura, do instituto (art. 1.433, inc. I, do CC/2002). Isso se dá no *penhor convencional comum*, sendo certo que, nas modalidades especiais de penhor convencional, a posse da coisa é mantida como o devedor, como se estudará pontualmente.

A regra é completada pelo art. 1.434 do Código Civil, segundo o qual o credor pignoratício não pode ser constrangido a devolver a coisa empenhada, ou uma parte dela, antes de ser integralmente pago. Trata-se de confirmação da regra de *indivisibilidade da garantia real.*

Todavia, em complemento e como exceção, estabelece a própria norma que pode o juiz, a requerimento do proprietário e do devedor pignoratício, determinar que seja vendida apenas uma das coisas que garantam a dívida, ou parte da coisa empenhada suficiente para o pagamento do credor, antes mesmo do vencimento da dívida. Ilustrando, se um lote de joias é objeto de penhor, o devedor poderá requerer que parte delas seja vendida e o restante seja devolvido. Essa última regra é uma novidade, que não constava da codificação anterior, tendo aplicação ao que a doutrina denomina como *penhor solidário*, aquele que recai sobre vários bens (TEPEDINO, Gustavo; MORAES, Maria Celina Bodin de; BARBOZA, Heloísa Helena. *Código...*, 2011, v. III, p. 874).

Destaque-se que há antiga proposta de alteração do dispositivo, por meio do atual projeto Ricardo Fiúza para que se retire a possibilidade de venda de apenas uma das coisas, o que representaria uma afronta ao princípio da invisibilidade segundo a proposição, retirado do art. 1.421 do CC/2002. Com o devido respeito, não se filia à alteração, pois o sistema atual parece salutar, mantendo-se o penhor somente naquilo que efetivamente garanta a dívida.

Seguindo no estudo dos direitos do credor pignoratício, pode ele reter a coisa garantida, até que o indenizem das despesas devidamente justificadas que tiver feito, não sendo ocasionadas por culpa sua (art. 1.433, inc. II, do CC). Tal *direito de retenção* somente é reconhecido se não houver dolo ou culpa em sentido estrito na geração de despesas desnecessárias relativas à conservação da coisa.

Explica Marco Aurélio S. Viana que despesas justificadas "são as que ele tenha feito e delas faça prova, e que se efetivaram no cumprimento das obrigações que decorram da sua situação jurídica, pois passou a ter a guarda da coisa. Não nos esqueçamos que ele é investido na posse direta do objeto do penhor. Nessa situação é possível que faça despesas para a conservação, guarda e defesa da coisa empenhada" (*Comentários...*, 2003, v. XVI, p. 729-730). Como o credor pignoratício é possuidor de boa-fé, diante de uma presunção pelo justo título, devem ser observadas as regras relativas a esse possuidor, mormente a premissa de indenização e retenção por benfeitorias necessárias e úteis, retiradas do art. 1.219 da codificação material privada.

Como terceiro direito, o credor pignoratício pode pleitear o devido ressarcimento do prejuízo que houver sofrido por vício da coisa empenhada (art. 1.433, inc. III, do CC). O vício citado é objetivo ou estrutural, em categoria similar aos vícios redibitórios. Por isso, o credor somente pode alegar tais problemas se se tratarem de vícios ocultos ou não informados. Como decorrência natural dessa posição, se o credor recebeu a coisa sabendo do vício ou se esse for aparente, deve-se entender que assumiu o risco ao celebrar a garantia. Há quem entenda, com razão, que a responsabilidade civil gerada pelo comando tem natureza objetiva, ou independentemente de culpa (FARIAS, Cristiano Chaves; ROSENVALD, Nelson. *Curso...*, 2012, v. 5, p. 881; MELO, Marco Aurélio Bezerra de. *Direito...*, 2007, p. 398).

O quarto direito do credor pignoratício é de promover a execução judicial, ou a venda amigável, se lhe permitir expressamente o contrato, ou lhe autorizar o devedor mediante procuração (art. 1.433, inc. IV, do CC). Trata-se de um direito que decorre da característica da excussão do direito real.

Cabe fazer uma ressalva a respeito da hipoteca, uma vez que o Decreto-lei 70/1966 já consagrava a possibilidade de um leilão extrajudicial para os imóveis hipotecados com expedição de cédula hipotecária perante o sistema financeiro nacional.

De acordo com o seu art. 32, ora revogado pela Lei 14.711/2023, não acudindo o devedor à purgação do débito, o agente fiduciário estará, de pleno direito, autorizado a publicar editais e a efetuar, no decurso dos 15 dias imediatos, o primeiro público leilão do imóvel hipotecado. Se, nesse primeiro público leilão, o maior lance obtido for inferior ao saldo devedor no momento, acrescido das despesas contratuais, mais as do anúncio e contratação da praça, será realizado o segundo público leilão, nos 15 dias seguintes, no qual será aceito o maior lance apurado, ainda que inferior à soma das aludidas quantias.

Sucessivamente, se o maior lance do segundo público leilão for inferior àquela soma, serão pagas inicialmente as despesas componentes da mesma soma, e a diferença entregue ao credor, que poderá cobrar do devedor, por via executiva, o valor remanescente de seu crédito, sem nenhum direito de retenção ou indenização sobre o imóvel alienado.

Por outra via, se o lance de alienação do imóvel, em qualquer dos dois públicos leilões, for superior ao débito total, a diferença afinal apurada será entregue ao devedor. Por fim, estabelece o último parágrafo do preceito que a morte do devedor pessoa física, ou a falência ou dissolução do devedor pessoa jurídica, não impede a incidência desses leilões extrajudiciais.

Há muito tempo se debatia a inconstitucionalidade da norma, por afastar a excussão judicial do direito real de garantia em questão, possibilitando uma espécie de execução administrativa. A questão estava sendo debatida perante o Pleno do Supremo Tribunal Federal.

Destaque-se a existência de decisões anteriores do próprio Excelso Pretório, deduzindo pela constitucionalidade da norma (STF, RE 223.075/DF, 1.ª Turma, Rel. Min. Ilmar Galvão, j. 23.06.1998).

Na verdade, vinha-se percebendo, na prática, a prevalência dessa última tese, o que pode ser sintetizado pela Súmula 20 do Tribunal de Justiça de São Paulo: "a execução extrajudicial, fundada no Decreto-Lei n.º 70, de 21.11.1966, é constitucional".

Na mesma linha vinha entendendo o Superior Tribunal de Justiça, que faz apenas a exigência da notificação pessoal do devedor em relação ao leilão:

> "Processo civil. Sistema Financeiro da Habitação. Execução extrajudicial. Decreto-Lei 70/1966. Leilão. Devedor. Intimação pessoal. Necessidade. 1. O Superior Tribunal de Justiça pacificou a orientação de que o mutuário deve ser pessoalmente intimado do dia, hora e local da realização do leilão do imóvel financiado no âmbito do Sistema Financeiro da Habitação, sob pena de nulidade da praça, conforme disposto no Decreto-Lei 70/1966. 2. Agravo Regimental não provido" (STJ, AgRg no REsp 309.106/SC, 2.ª Turma, Rel. Min. Herman Benjamin, j. 18.12.2008, *DJe* 24.03.2009).

Em 2021, a questão foi julgada pelo Tribunal Pleno do Supremo Tribunal Federal, em repercussão geral (Tema 249). Consoante trecho da ementa do acórdão, que merece destaque:

> "O procedimento de execução extrajudicial previsto pelo Decreto-Lei n.º 70/66 não é realizado de forma aleatória, uma vez que se submete a efetivo controle judicial em ao menos uma de suas fases, pois o devedor é intimado a acompanhá-lo e pode lançar mão de recursos judiciais, se irregularidades vierem a ocorrer durante seu trâmite. Bem por isso, há muito a jurisprudência da Suprema Corte tem apontado que as normas constantes do Decreto-Lei n.º 70/66, a disciplinar a execução extrajudicial, foram devidamente recepcionadas pela Constituição Federal de 1988" (STF, RE 556.520/SP, Tribunal Pleno, Red. Desig. Min. Dias Toffoli, *DJe* 14.06.2021, p. 31).

Reafirmo que sempre segui a linha esposada em todos os acórdãos citados. Acrescente-se que a decisão, proferida em sede de recursos repetitivos e com repercussão geral, tem força vinculativa para os julgadores de primeira e segunda instância, nos termos dos arts. 489, 926, 927 e 985 do Código de Processo Civil.

A Lei 14.711/2023, que instituiu um novo *Marco Legal das Garantias*, ampliou a possibilidade da execução extrajudicial em casos de hipoteca, além do que estava previsto no anterior Decreto-Lei 70/1966, que por ela foi revogado nessa parte. Foram incluídas, assim, duas modalidades de execução: a *execução extrajudicial dos créditos garantidos por hipoteca* e a *execução extrajudicial da garantia imobiliária em concurso de credores*.

A primeira delas, a *execução extrajudicial de créditos garantidos por hipoteca*, é efetivada perante o Cartório de Registro de Imóveis, nos mesmos moldes do que já estava previsto na Lei 9.514/1997, para a alienação fiduciária de bens imóveis. Consoante o art. 9.º, § 1.º, da Lei 14.711/2023, vencida e não paga a dívida hipotecária, no todo ou em parte, o devedor e, se for o caso, o terceiro hipotecante ou seus representantes legais ou procuradores regularmente constituídos serão intimados pessoalmente, a requerimento do credor ou do seu cessionário, pelo oficial do registro de imóveis da situação do imóvel hipotecado, para purgação da mora no prazo de quinze dias, observado o disposto no art. 26 da Lei 9.514/1997, no que couber.

A não purgação da mora nesse prazo de quinze dias autoriza o início do procedimento de excussão extrajudicial da garantia hipotecária por meio de leilão público, e o fato será previamente averbado na matrícula do imóvel, a partir do pedido formulado pelo credor, nos quinze dias seguintes ao término do prazo estabelecido para a purgação da mora (art. 9.º, § 2.º, da Lei 14.711/2023).

Em continuidade quanto ao procedimento, no prazo de sessenta dias, contado da averbação, o credor promoverá leilão público do imóvel hipotecado, que poderá ser realizado por meio eletrônico (art. 9.º, § 3.º, da Lei 14.711/2023). Penso que caberá ao CNJ, de acordo com as atribuições dadas pela Lei do SERP (Lei 14.382/2023), fixar as regras a respeito desse leilão eletrônico. A lei apenas estabelece que as datas, os horários e os locais dos leilões serão comunicados ao devedor e, se for o caso, ao terceiro hipotecante por meio de correspondência dirigida aos endereços constantes do contrato ou posteriormente fornecidos, inclusive ao endereço eletrônico (art. 9.º, § 4.º, da Lei 14.711/2023).

Assim como já era consagrado em parte quanto à alienação fiduciária de bens imóveis, na hipótese de o lance oferecido no primeiro leilão público não ser igual ou superior ao valor do imóvel estabelecido no contrato para fins de excussão ou ao valor de avaliação realizada pelo órgão público competente para cálculo do imposto sobre transmissão *inter vivos*, o que for maior, o segundo leilão será realizado nos quinze dias seguintes (art. 9.º, § 5.º, da Lei 14.711/2023).

Sucessivamente, no segundo leilão, será aceito o maior lance oferecido, desde que seja igual ou superior ao valor integral da dívida garantida pela hipoteca, das despesas, inclusive emolumentos cartorários, dos prêmios de seguro, dos encargos legais, inclusive tributos, e das contribuições condominiais. Caso não haja lance que alcance referido valor, poderá ser aceito pelo credor hipotecário, a seu exclusivo critério, lance que corresponda a, pelo menos, metade do valor de avaliação do bem (art. 9.º, § 6.º, da Lei 14.711/2023). Essa última previsão visa a alienação por preço vil, o que não afasta eventuais vendas por montante muito inferior ao valor efetivo do imóvel, o que passará por controle do Poder Judiciário, no meu entender.

Antes de o bem ser alienado em leilão, é assegurado ao devedor ou, se for o caso, ao prestador da garantia hipotecária o direito de remir a execução (*remição da hipoteca*), mediante o pagamento da totalidade da dívida, cujo valor será acrescido das despesas relativas ao procedimento de cobrança e dos leilões. Nessa situação, fica autorizado o oficial de registro de imóveis a receber e a transferir as quantias correspondentes ao credor no prazo de três dias (art. 9.º, § 7.º, da Lei 14.711/2023).

Eventualmente, se o lance para arrematação do imóvel superar o valor da totalidade da dívida, acrescida das despesas previstas em lei, a quantia excedente será entregue ao hipotecante, devedor ou terceiro, no prazo de quinze dias, contado da data da efetivação do pagamento do preço da arrematação (art. 9.º, § 8.º, da Lei 14.711/2023).

Entretanto, na hipótese de o lance oferecido no segundo leilão não ser igual ou superior ao *referencial mínimo* estabelecido para arrematação – metade do valor de avaliação do bem –, o credor terá *duas opções*, previstas no art. 9.º, § 9.º, da norma como *faculdades*, a seu critério.

A *primeira faculdade* é de se apropriar do imóvel em pagamento da dívida, a qualquer tempo, pelo valor correspondente ao referencial mínimo devidamente atualizado, mediante requerimento ao oficial do registro de imóveis competente, que registrará os autos dos leilões negativos com a anotação da transmissão dominial em ato registral único, dispensadas, nessa hipótese, a ata notarial de especialização e a devolução de eventual excedente.

A *segunda faculdade* é de realizar, no prazo de até cento e oitenta dias, contado do último leilão, a venda direta do imóvel a terceiro, por valor não inferior ao referencial mínimo, dispensado um novo leilão. Nessa hipótese, o credor hipotecário ficará investido de mandato irrevogável para representar o garantidor hipotecário, com poderes para transmitir domínio, direito, posse e ação, manifestar a responsabilidade do alienante pela evicção e imitir o adquirente na posse.

Mais uma vez entendo que caberá o controle de eventuais abusividades no exercício dessas faculdades, sobretudo quanto à segunda, pelo Poder Judiciário, sendo possíveis medidas para suspender o procedimento, se for o caso.

Ademais, nas operações de financiamento para a aquisição ou a construção de imóvel residencial do devedor, excetuadas aquelas compreendidas no sistema de consórcio, caso não seja suficiente o produto da excussão da garantia hipotecária para o pagamento da totalidade da dívida e das demais despesas previstas em lei, o devedor ficará exonerado da responsabilidade pelo saldo remanescente, hipótese em que não se aplica o disposto no art. 1.430 do Código Civil. Incide, portanto, a mesma premissa da alienação fiduciária em garantia de bens imóveis, não havendo mais a responsabilidade pessoal patrimonial do devedor, com os seus bens. Tudo isso consta do art. 9.º, § 10, da Lei 14.711/2023, o que veio em boa hora, visando dar privilégio à execução extrajudicial.

Sendo concluído o procedimento de execução extrajudicial do crédito garantido por hipoteca, e havendo lance vencedor, os autos do leilão e o processo de execução extrajudicial da hipoteca serão distribuídos a Tabelião de Notas com circunscrição delegada que abranja o local do imóvel para lavratura da *ata notarial de arrematação*, que conterá os dados da intimação do devedor e do garantidor e dos autos do leilão e constituirá título hábil para a transmissão da propriedade ao arrematante a ser registrado na matrícula do imóvel (art. 9.º, § 11, da Lei 14.711/2023). Novamente, penso que caberá ao Conselho Nacional de Justiça disciplinar, no futuro, sobre essa ata notarial.

Em continuidade, a nova lei prevê que se aplicam à execução extrajudicial da hipoteca as disposições previstas para a execução extrajudicial da alienação fiduciária em garantia sobre imóveis, relativamente à desocupação do ocupante do imóvel excutido – mesmo se houver locação – e à obrigação do fiduciante em arcar com a taxa de ocupação e as despesas vinculadas ao imóvel até a desocupação. Tudo isso conforme os §§ 7.º e 8.º do art. 27 e os arts. 30 e 37-A da Lei 9.514/1997, que ainda serão neste livro estudados, equiparada a data de consolidação da propriedade na execução da alienação fiduciária à data da expedição da ata notarial de arrematação ou, se for o caso, do registro da apropriação definitiva do bem pelo credor hipotecário no registro de imóveis (art. 9.º, § 12, da Lei 14.711/2023).

Foi também previsto que o instituto da execução extrajudicial da hipoteca não se aplica às operações de financiamento da atividade agropecuária, que tem tratamento específico (art. 9.º, § 13, da Lei 14.711/2023). A norma visa a proteger os imóveis rurais, em que se desenvolve a atividade agrária, sendo possível apenas a execução judicial.

Em quaisquer das hipóteses de arrematação, venda privada ou adjudicação, deverá ser previamente apresentado ao registro imobiliário o comprovante de pagamento do imposto sobre transmissão *inter vivos* e, se for o caso, do laudêmio, em casos de bens sob enfiteuse (art. 9.º, § 14, da Lei 14.711/2023).

Por fim, como última regra a respeito dessa primeira modalidade de execução extrajudicial, está previsto no § 15 do art. 9.º do novo *Marco Legal das Garantias* que o título constitutivo da hipoteca deverá conter, sem prejuízo dos requisitos de forma ou solenidade do art. 108 do Código Civil – escritura pública no caso de imóvel com valor superior a trinta salários mínimos –, ou da lei especial, conforme o caso, como requisito de validade, expressa previsão do procedimento previsto neste artigo, com menção ao teor dos §§ 1.º a 10 do próprio preceito em estudo. Isso demandará um grande número de informações a constar do título da hipoteca, atendendo-se ao dever de informação, decorrente da boa-fé objetiva. O não atendimento dessas regras gerará a nulidade do título constitutivo da hipoteca, por desrespeito à forma ou à solenidade, consoante o art. 166, incs. IV e V, do Código Civil.

Pois bem, além da *execução extrajudicial dos créditos garantidos por hipoteca*, o novo Marco Legal das Garantias incluiu no sistema jurídico brasileiro a *execução extrajudicial da garantia imobiliária em concurso de credores*, que se aplica não só à hipoteca, mas também à alienação fiduciária em garantia de bens imóveis.

Nos termos do art. 10 da Lei 14.711/2023, quando houver mais de um crédito garantido pelo mesmo imóvel, realizadas as averbações de início da excussão extrajudicial da garantia hipotecária ou, se for o caso, de consolidação da propriedade em decorrência da execução extrajudicial da propriedade fiduciária, o oficial do registro de imóveis competente intimará simultaneamente todos os credores concorrentes para habilitarem os seus créditos, no prazo de quinze dias, contado da data de intimação.

Essa intimação de todos os credores pelo Cartório de Registros de Imóveis será efetivada por meio de requerimento que contenha: *a)* o cálculo do valor atualizado do crédito para excussão da garantia, incluídos os seus acessórios, caso de juros e penalidades; *b)* os documentos comprobatórios do desembolso e do saldo devedor, quando se tratar de crédito pecuniário futuro, condicionado ou rotativo; e *c)* a sentença judicial ou arbitral que tornar líquido e certo o montante devido, quando inicialmente ilíquida a obrigação garantida.

Decorrido o prazo de quinze dias, o oficial do registro de imóveis lavrará a certidão correspondente e intimará o garantidor e todos os credores em concurso quanto ao quadro atualizado de credores, que incluirá os créditos e os graus de prioridade sobre o produto da excussão da garantia, observada a antiguidade do crédito real como parâmetro na definição desses graus de prioridade (art. 10, § 1.º, da Lei 14.711/2023).

Por fim, o § 2.º da norma estabelece que a distribuição dos recursos obtidos a partir da excussão da garantia aos credores, com prioridade, ao fiduciante ou ao hipotecante, ficará a cargo do credor exequente. Esse deverá também observar os graus de prioridade estabelecidos no quadro de credores e os prazos legais para a entrega ao devedor da quantia remanescente após o pagamento dos credores nas hipóteses, conforme o caso, de execução extrajudicial da propriedade fiduciária ou de execução extrajudicial da garantia hipotecária.

Como se pode perceber, os dois institutos de execução extrajudicial visam a tornar mais fácil a concessão de crédito no País, com a redução dos juros, facilitando também os procedimentos e concretizando a tendência de prevenção e solução dos litígios fora do âmbito do Poder Judiciário (*desjudicialização*). Aguardemos a sua efetivação do futuro, a regulamentação de eventuais lacunas pelo Conselho Nacional de Justiça (CNJ) e os debates que surgirão a respeito das novas figuras.

Feitas essas atualizações da obra quanto à efetivação do leilão extrajudicial, em relação à venda amigável, esta somente é possível se houver previsão expressa no instrumento do direito real ou autorização do devedor, mediante procuração. Tal caminho, que foge da via judicial, segue a linha de *desjudicialização dos conflitos civis*, consagrada pelo CPC/2015 em vários de seus comandos. Se a cláusula que estabelece a venda amigável for imposta em contrato de consumo ou de adesão, pode-se discutir sua validade com base no art. 51 do CDC e no art. 424 do CC, posição que é defendida por Cristiano Chaves de Farias e Nelson Rosenvald (*Curso...*, 2012, v. 5, p. 881).

A jurisprudência federal, que julga as questões relativas ao penhor feito com a Caixa Econômica Federal, tem entendido que a venda amigável dos bens, em casos de inadimplemento do devedor, independe de sua notificação prévia, o que não constitui ofensa ao devido processo legal (TRF da 4.ª Região, Apelação Cível 2008.71.12.000803-0/RS, 3.ª Turma, Rel. Juiz Fed. Guilherme Beltrami, j. 05.10.2010, *DEJF* 18.10.2010, p. 496; TRF da 4.ª Região, Apelação Cível 2007.70.03.001564-6/PR, 3.ª Turma, Rel. Juíza Fed. Marina Vasques Duarte de Barros Falcão, j. 19.01.2010, *DEJF* 04.03.2010, p. 388 e TRF da 3.ª Região, Apelação Cível 145567, Processo 93.03.104327-8/SP, 5.ª Turma, Rel. Desig. Des. Fed. André Nabarrete Neto, *DJU* 15.04.2008, p. 468). Com o devido respeito, entendo que a notificação do devedor faz-se necessária, diante do dever anexo de informação, decorrente da boa-fé objetiva.

O credor pignoratício tem o dever de apropriar-se dos frutos da coisa empenhada que se encontra em seu poder (art. 1.433, inc. V, do CC). Tal direito representa aplicação do *princípio da gravitação jurídica*, pelo qual o acessório segue o principal. Lembre-se de que os frutos são bens acessórios que saem do principal sem diminuir a sua quantidade.

Pontue-se que tal prerrogativa deve ser analisada em sintonia com o art. 1.435, inc. III, do Código Civil, que estabelece o dever do credor pignoratício em imputar em pagamento o valor dos frutos apropriados nas despesas de guarda e conservação, nos juros e no capital da obrigação garantida, sucessivamente.

Melhor explicando, se o credor resolver apropriar-se dos frutos, essa apropriação somente é possível se relacionada com tais valores, na ordem descrita. Em suma, o que se nota é que, se não preenchidos esses requisitos, não haverá direito quanto aos frutos, o que é confirmado pelo inc. V do art. 1.435, segundo o qual o credor pignoratício tem o dever de restituir o bem empenhado com os respectivos frutos e acessões ao final da garantia, uma vez paga a dívida. Como bem pondera Marco Aurélio S. Viana, "o que se assegura ao credor é apenas o direito de cobrar os frutos nas épocas próprias, mas não tornar-se dono deles" (*Comentários...*, 2003, v. XVI, p. 731). Aplicando toda a sistemática, descrita, decisão do Tribunal de Justiça do Rio Grande do Sul concluiu o seguinte:

> "Os dividendos produzidos pelas ações durante o penhor devem ser entregues aos demandantes, porque é obrigação do credor pignoratício restituir com os respectivos frutos, uma vez paga a dívida, conforme disposto nos artigos 1.433, inciso V, e 1.435, incisos III e IV, do Código Civil. O pagamento dos valores auferidos pelo banco com o capital que deveria ter destinado aos demandantes, os denominados frutos ilícitos. O deságio e os dividendos compõem as perdas e os danos, não, porém, os supostos valores que o banco teria ganho com o montante do capital que deveria ter destinado aos demandantes. Impossibilidade de deferir ditos frutos por suposto uso indevido dos recursos dos demandantes com fundamento em rendimento e vantagens auferidos pelo banco no exercício da sua atividade financeira" (TJRS, Apelação Cível 396505-87.2011.8.21.7000, 20.ª Câmara Cível, Porto Alegre, Rel. Des. Carlos Cini Marchionatti, j. 23.11.2011, *DJERS* 09.12.2011).

O último direito do credor pignoratício é o de promover a venda antecipada, mediante prévia autorização judicial, sempre que haja receio fundado de que a coisa empenhada se perca ou deteriore, devendo o preço ser depositado (art. 1.433, inc. VI, do CC). De acordo com o mesmo preceito, em casos tais, o dono da coisa empenhada pode impedir a venda antecipada, substituindo-a, ou oferecendo outra garantia real idônea, hipótese de *sub-rogação real legal*, substituição de uma coisa por outra por determinação da norma jurídica. Consigne--se que essa venda é sempre judicial, diante da proibição do *pacto comissório real*, retirada do art. 1.428 da lei material civil.

A ilustrar o inciso, Sílvio de Salvo Venosa cita a hipótese de produtos que perdem sua validade ou que gerem algum prejuízo em caso de armazenamento, lecionando que "deve ser examinado o aspecto econômico, no caso concreto. O sentido da disposição é assegurar a efetividade da garantia" (VENOSA, Sílvio de Salvo. *Código...*, 2010, p. 1.298). Partindo para casos concretos, o Tribunal Paulista admitiu a venda antecipada de ações, por entender pela possibilidade de perda de liquidez no mercado:

> "Medida cautelar de arresto. Liminar. Cédulas de crédito bancário nas quais foram dadas em penhor ações pertencentes às empresas requeridas. Revogação da procuração autorizando a venda das ações em caso de inadimplemento do débito. Possibilidade, ainda, das referidas ações perderem liquidez em razão do cancelamento do registro da empresa como sociedade aberta. Configuração da relevância da fundamentação, bem como do risco de dano irreparável ou de difícil reparação, a autorizar a venda antecipada das ações que foram dadas em penhor ao banco requerente. Todavia, merecem ser indeferidos os pedidos de complementação do arresto, pela realização de bloqueio *on-line* de ativos financeiros em nome das requeridas, diante da ausência de elementos a comprovar que as demais garantias são insuficientes para a satisfação do crédito, bem como o de envio de ofícios para determinar a apuração de eventuais ilícitos, em face da falta de provas de que a corretora tendência agiu em conluio com as empresas devedoras. Recurso provido em parte" (TJSP, Agravo de Instrumento 991.09.066515-6, Acórdão 4345930, 23.ª Câmara de Direito Privado, São Paulo, Rel. Des. Paulo Roberto de Santana, j. 24.02.2010, *DJESP* 22.03.2010).

Ou, ainda, entre arestos mais antigos do Superior Tribunal de Justiça, *decisum* que autorizou a venda antecipada de produtos perecíveis, assim ementada:

> "Mandado de segurança. Ato judicial. Execução. Venda antecipada. Tratando-se de execução de dívida garantida pelo penhor de coisas perecíveis, que vieram a ser penhoradas, a decisão de sua venda antecipada não causa ofensa amparável por mandado de segurança. Recurso improvido" (STJ, ROMS 6.864/RJ, 4.ª Turma, Rel. Min. Ruy Rosado de Aguiar Júnior, j. 08.10.1996, *DJU* 11.11.1996, p. 43.712).

Analisados os direitos do credor pignoratício, vejamos seus deveres, conforme o art. 1.435 da mesma norma privada. A violação desses deveres poderá gerar a resolução do penhor, por inadimplemento do credor pignoratício.

O primeiro deles é o de manter a coisa sob sua custódia, como depositário, e ressarcir ao dono a perda ou deterioração de que for culpado, podendo ser compensada na dívida, até a concorrente quantia, a importância referente à responsabilidade (inc. I). Várias são as questões jurídicas que surgem de tal dever.

De início, o tratamento do credor como depositário o enquadra na modalidade de *depósito legal necessário*, nos termos do art. 647, inc. I, do Código Civil, eis que a imposição do depósito decorre da lei. O entendimento era defendido por José Fernando Simão em edições anteriores desta obra, e conta com o meu apoio doutrinário, agora solitário (TARTUCE, Flávio; SIMÃO, José Fernando. *Direito civil...*, 2013, v. 4, p. 439). Como há depósito no penhor, a cessão dos bens é apenas para a guarda, não englobando o uso da coisa.

A questão de ser o credor pignoratício tratado como depositário gera o debate a respeito da possibilidade de sua prisão civil, nos termos do art. 5.º, inc. LXII, da Constituição Federal e do art. 652 do Código Civil.

Todavia, o que se via na prática, e no passado, eram discussões jurídicas sobre a prisão da outra parte do penhor, o devedor pignoratício. Como ainda se verá nesta obra, o Supremo Tribunal Federal – após grande divergência, inclusive em relação ao Superior Tribunal de Justiça – retirou do sistema a possibilidade de prisão no depósito, diante da força supralegal da Convenção Interamericana de Direitos Humanos, conhecida como Pacto de São José da Costa Rica. De forma definitiva, foi editada pelo Excelso Pretório, em 16 de dezembro de 2009, a Súmula Vinculante 25, com o seguinte teor: "é ilícita a prisão civil de depositário infiel, qualquer que seja a modalidade do depósito".

Ainda de acordo com o inc. I do art. 1.435 do Código Civil, o credor pignoratício deve ressarcir ao dono a perda ou deterioração de que for culpado. A culpa mencionada está em sentido amplo, englobando o dolo – intenção de prejudicar – e a culpa em sentido estrito, por imprudência, negligência ou imperícia. Não havendo culpa, resolve-se o penhor, sem perdas e danos. Mais uma vez surge debate sobre a amplitude da norma se houver relação de consumo.

Como pondera Francisco Eduardo Loureiro, com razão, "ressalte-se que, em determinados casos, há relação de consumo, e o dever de guarda é exercido em caráter habitual, como nos casos de instituições financeiras. A responsabilidade então é objetiva e somente há excludente por falta de nexo causal, em especial fortuito externo, não ligado à atividade do credor. Já decidiu o STJ que, em relação de consumo, é abusiva a cláusula que prefixa o valor do bem empenhado a ser indenizado abaixo do mercado" (LOUREIRO, Francisco Eduardo. *Código...*, 2010, p. 1.533).

A título de exemplo, imagine-se o caso das joias que estão sob custódia da Caixa Econômica Federal. Ocorre um roubo dos cofres da agência em que estão os bens depositados. Obviamente que, em casos tais, haverá responsabilidade da entidade bancária, sendo nula qualquer cláusula que limita a indenização, nos termos dos arts. 25 e 51, inc. I, do Código de Defesa do Consumidor. Em suma, limita-se a amplitude do art. 1.435, inc. I, do Código Civil, em consonância com as regras e os princípios da Lei Consumerista, o que é aplicação da tese do *diálogo das fontes*. Nesse sentido, do Superior Tribunal de Justiça:

> "Direito civil. Penhor. Danos morais e materiais. Roubo/furto de joias empenhadas. Contrato de seguro. Direito do consumidor. Limitação da responsabilidade do fornecedor. Cláusula abusiva. Ausência de indício de fraude por parte da depositante. I – O contrato de penhor traz embutido o de depósito do bem e, por conseguinte, a obrigação acessória do credor pignoratício de devolver esse bem após o pagamento do mútuo. II – Nos termos do artigo 51, I, da Lei 8.078/90, são abusivas e, portanto, nulas, as cláusulas que de alguma forma exonerem ou atenuem a responsabilidade do fornecedor por vícios no fornecimento do produto ou do serviço, mesmo que o consumidor as tenha pactuado livre e conscientemente. III – Inexistente o menor indício de alegação de fraude ou abusividade de valores por parte da depositante, reconhece-se o dever de ressarcimento integral pelos prejuízos morais e materiais experimentados pela falha na prestação do serviço. IV – Na hipótese dos autos, em que o credor pignoratício é um banco e o bem ficou depositado em cofre desse mesmo banco, não é possível admitir o furto ou o roubo como causas excludentes do dever de indenizar. Há de se levar em conta a natureza específica da empresa explorada pela instituição financeira, de modo a considerar esse tipo de evento, como um fortuito interno, inerente à própria atividade, incapaz de afastar, portanto, a responsabilidade do depositário. Recurso Especial provido" (STJ, REsp 1.133.111/PR, Rel. Min. Sidnei Beneti, 3.ª Turma, j. 06.10.2009, *DJe* 05.11.2009).

A propósito dessa hipótese, em novembro de 2019, o Superior Tribunal de Justiça consolidou a sua posição e aprovou a Súmula 638, prevendo que "é abusiva a cláusula contratual que restringe a responsabilidade de instituição financeira pelos danos decorrentes de roubo, furto ou extravio de bem entregue em garantia no âmbito de contrato de penhor civil". Como não poderia ser diferente, filio-me integralmente ao teor da sumular.

Por fim quanto ao comando, estabelece o mesmo inciso I do art. 1.435 do CC/2002 que poderá ser compensada na dívida, até a concorrente quantia, a importância referente à responsabilidade do credor pignoratício. A hipótese é de compensação legal de *dívida ilíquida*, referente a valor que ainda não é certo quanto à existência e determinado quanto ao valor, pois atinente à responsabilidade civil do credor pignoratício pela perda ou deterioração da coisa. Como é notório, a compensação é forma de pagamento indireto que gera a extinção de dívidas mútuas ou recíprocas até o ponto em que se encontrarem.

Conforme o art. 368 do CC/2002, se duas pessoas forem ao mesmo tempo credor e devedor uma da outra, as duas obrigações extinguem-se, até onde se compensarem. Em complemento, como requisito da compensação legal, esta efetua-se entre dívidas líquidas, vencidas e de coisas fungíveis, nos dizeres do art. 369 da própria codificação material. Em conclusão, o que se nota no comando em estudo é uma exceção à regra de compensação legal apenas das dívidas líquidas.

Concretizando essa compensação, julgado do mesmo Superior Tribunal de Justiça, mais uma vez tratando de roubo de joias empenhadas depositadas em agência bancária:

"Civil. Penhor. Joias. Assalto à agência bancária. Perda do bem. Resolução do contrato. Ressarcimento do proprietário do bem. Pagamento do credor. Compensação. Possibilidade. Exceção de contrato não cumprido. Art. 1.092 do Código Civil/1916 e art. 476 do Código Civil/2002. O perecimento por completo da coisa empenhada não induz à extinção da obrigação principal, pois o penhor é apenas acessório desta, perdurando, por conseguinte, a obrigação do devedor, embora com caráter pessoal e não mais real. Segundo o disposto no inciso IV do art. 774, do Código Civil/1916, o credor pignoratício é obrigado, como depositário, a ressarcir ao dono a perda ou deterioração, de que for culpado. – Havendo furto ou roubo do bem empenhado, o contrato de penhor fica resolvido, devolvendo-se ao devedor o valor do bem empenhado, cabendo ao credor pignoratício o recebimento do valor do mútuo, com a possibilidade de compensação entre ambos, de acordo com o art. 775, do Código Civil/1916. Na hipótese de roubo ou furto de joias que se encontravam depositadas em agência bancária, por força de contrato de penhor, o credor pignoratício, vale dizer, o banco, deve pagar ao proprietário das joias subtraídas a quantia equivalente ao valor de mercado das mesmas, descontando-se os valores dos mútuos referentes ao contrato de penhor. Trata-se de aplicação, por via reflexa, do art. 1.092 do Código Civil/1916 (art. 476, do Código Civil atual). Recurso especial não conhecido" (STJ, REsp 730.925/RJ, Rel. Min. Nancy Andrighi, 3.ª Turma, j. 20.04.2006, *DJ* 15.05.2006, p. 207).

Igualmente para ilustrar, entre as decisões mais antigas, vejamos outro aresto da Corte Superior que admitiu a alegação de compensação em sede de execução, acórdão que foi assim resumido:

"Execução. Desaparecimento de garantia pignoratícia. Culpa do exequente. Compensação. 1. É direito do executado ver excutidos em primeiro lugar os bens dados em penhor (arts. 594 e 655, par-2., CPC). 2. Havendo culpa do exequente no desaparecimento da garantia pignoratícia, admite-se compensação entre o crédito exequendo e o valor monetário da mercadoria apenhada. 3. Possibilidade de comprovação da culpa do credor e de liquidação do crédito do executado em sede de embargos a execução fundada em título extrajudicial. Entendimento diverso conduziria a situação esdrúxula de o executado sofrer constrição de outros bens de seu patrimônio e ter que recorrer a ação autônoma para reaver os que foram dados em garantia" (STJ, REsp 8.453/SP, 4.ª Turma, Rel. Min. Sálvio de Figueiredo Teixeira, j. 16.03.1992, *DJ* 03.08.1992, p. 11.320).

Seguindo no estudo dos deveres do credor pignoratício, tem ele a obrigação de defender a posse da coisa empenhada, em face de atentados praticados por terceiros (art. 1.435, inc.

II, do CC). Tal dever decorre da existência da imposição de devolver a coisa empenhada ao final do negócio. Ademais, o direito real de garantia atribuiu ao credor a condição de possuidor da coisa, em regra, como possuidor direto, o que igualmente justifica a possibilidade de defesa da posse, nos termos dos arts. 1.196 e 1.210 da codificação substantiva.

Ainda no estudo da norma, o mesmo inciso enuncia outro dever ao credor pignoratício, pois, se houver a necessidade de promoção de uma ação possessória, deverá dar ciência ao dono da coisa, informando as circunstâncias que tornarem necessário o exercício da demanda. Trata-se de *dever anexo de informação* relativo à boa-fé objetiva, tratada pelo art. 422 do Código Civil. O não atendimento desse dever gera a violação positiva da obrigação, configuradora de modalidade de inadimplemento que independe de culpa, nos termos do Enunciado n. 24, da *I Jornada de Direito Civil*.

Como quarto dever, o credor deve imputar o valor dos frutos, de que se apropriar, conforme o outrora comentado art. 1.433, inciso V, nas despesas de guarda e conservação, nos juros e no capital da obrigação garantida, sucessivamente (art. 1.435, inc. III, do CC). O comando já foi explicado há pouco, quando do estudo dos direitos do credor pignoratício, especialmente no tocante ao direito aos frutos.

Como dever essencial do penhor, o credor deve restituir a coisa empenhada, com os respectivos frutos e acessões, uma vez paga a dívida (art. 1.435, inc. IV, do CC/2002). Essa norma demonstra, na linha do exposto anteriormente, que o *credor não tem, na verdade, direito aos frutos*, cabendo apenas imputação por créditos que tenha em relação ao devedor pignoratício. Como acessões entendam-se as incorporações feitas na coisa, caso das plantações e construções.

Caso a coisa não seja devolvida, caberá, por parte do devedor e proprietário da coisa, uma ação de reintegração de posse, eis que a posse justa do credor passa a ser injusta por precariedade. É forçoso concluir, na linha da doutrina contemporânea, que a mora do credor, em casos tais, é *ex re* ou automática, nos termos do art. 397, *caput*, do CC/2002, não dependendo de sua notificação pelo devedor pignoratício (FARIAS, Cristiano Chaves; ROSENVALD, Nelson. *Curso...*, 2012, v. 5, p. 885; LOUREIRO, Francisco Eduardo. *Código...*, 2010, p. 1.534; MAMEDE, Gladston. *Código...*, 2003, v. XIV, p. 163).

O último dever que tem o credor pignoratício é o de entregar o que sobeje do preço, quando a dívida for paga, no caso de execução judicial ou de venda amigável. Assim, se a coisa for vendida por preço superior à dívida, o restante ou saldo deve ser devolvido ao devedor. A norma constante do quinto e último inciso do art. 1.435 da codificação está em sintonia com a vedação do enriquecimento sem causa. Exemplificando, se, no caso de um penhor de joias, os bens em garantia forem vendidos judicialmente por R$ 20.000,00, sendo a dívida de R$ 10.000,00, o credor deverá devolver a diferença de R$ 10.000,00 ao devedor pignoratício.

Para encerrar o tópico, no Projeto de Reforma do Código Civil são propostas alterações nesse art. 1.435, novamente com o intuito de *destravar* o penhor, reduzindo-se burocracias na sua constituição e funcionalizando-o para a prática. De início, é incluído um novo inciso VI, instituindo-se o dever do credor pignoratício de "levar ao imediato conhecimento do garantidor qualquer risco de deterioração ou perecimento da coisa empenhada". A proposta é louvável, atendendo-se o dever de informação, anexo à boa-fé objetiva, até porque passará a ser possível o penhor sobre universalidade de bens.

Além disso, visando a proteger novamente o garantidor, nos termos do seu novo § 1.º, terá ele direito à restituição dos bens empenhados quando o credor descumprir as suas obrigações legais e aquelas decorrentes do instrumento, em relação à guarda, à defesa ou

620 | DIREITO CIVIL • VOL. 4 – *Flávio Tartuce*

à conservação dos bens, ou quando houver fundado perigo que se percam ou deteriorem. Ademais, o garantidor ou qualquer outra pessoa com direitos sobre o bem objeto do penhor, poderá solicitar ao credor informações atualizadas sobre a obrigação garantida e os bens dele integrantes, o que novamente atende à boa-fé (§ 2.º do art. 1.435).

Também se projeta na norma um novo art. 1.435-A, prevendo que, enquanto não houver inadimplemento da obrigação principal, aquele que der em garantia um estoque de bens fungíveis conserva o direito de vendê-lo, no todo ou em parte, no curso normal do negócio, pagando ao credor de acordo com os termos do contrato. Há aqui outra regra ampliativa da possibilidade de penhor, pois determinadas atividades empresariais possuem estoque de gêneros alimentícios que podem ser dados em garantia. Nessa situação, nos termos do projetado parágrafo único do art. 1.435-A, o credor terá o direito de exigir a recomposição do estoque dos bens, ou da universalidade, sempre que se tornarem insuficientes, mesmo que a garantia seja prestada por terceiro.

O objetivo, mais uma vez, é o suposto incremento da concessão do crédito no País, trazendo regras claras a respeito de modalidades de penhor verificadas no meio empresarial.

8.2.3 Das modalidades de penhor

Analisadas as regras fundamentais do penhor, vejamos a abordagem de suas modalidades, pontualmente. Cabe esclarecer, para começar, que dois são os grandes grupos de penhor quanto à origem.

No primeiro deles está o *penhor legal*, que decorre de imposição da norma jurídica. No segundo grupo, há o *penhor convencional*, instituído por meio da autonomia privada, do exercício da liberdade individual dos envolvidos.

O *penhor convencional* pode ser *comum* ou *ordinário* e *especial*, o que leva em conta, nessa classificação, os seus efeitos. O *penhor convencional comum ou ordinário* foi estudado até o presente momento. Trata-se da forma regular de penhor, que tem por objeto bens móveis, ocorrendo a transmissão da posse do devedor ao credor. Cite-se, mais uma vez, o negócio de penhor de joias, celebrado com a Caixa Econômica Federal.

As modalidades de *penhor convencional especial* têm tratamento separado no Código Civil de 2002 e na legislação especial, conforme preceitos a seguir estudados.

8.2.3.1 Do penhor legal

O art. 1.467 do Código Civil de 2002 elenca duas hipóteses de pessoas que são consideradas credoras pignoratícias, independentemente de convenção e por força automática da lei. Trata-se, claramente, de formas de exercício de autotutela.

A primeira delas envolve os hospedeiros, ou fornecedores de pousada ou alimentos, sobre as bagagens, móveis, joias ou dinheiro que os seus consumidores ou fregueses tiverem consigo nas respectivas casas ou estabelecimentos, pelas despesas ou consumo que aí tiverem feito (inciso I). A situação típica é do hóspede que não paga as despesas de hospedagem, podendo o hotel reter bens de sua propriedade em garantia pelo não pagamento. Trata-se do *penhor legal do hospedeiro*, que inclui o fornecimento de alimentos, chamado de *restauração*. Daí o termo *restaurante*, sendo certo que a imposição do penhor pode igualmente favorecer o seu proprietário, apesar das dificuldades de apropriação dos bens dos clientes.

Como bem explica Gladston Mamede, na restauração há uma atividade complexa, muito maior do que uma simples venda de alimentos, "bastando recordar que mais do que transferir o domínio do alimento, a restauração implica o oferecimento de ambiente para o consumo do mesmo, preparado para tal finalidade, por mais simples que seja a situação que, ao final, se apresente. O espaço, à frente de um carrinho de sanduíches aos ambientes refinados dos melhores restaurantes, passando pelos balcões de bares e lanchonetes, restauração não é mera venda de alimentos e bebidos: é prestação do serviço de alimentar" (MAMEDE, Gladston. *Código...*, 2003, v. XIV, p. 299).

Pois bem, nessa primeira hipótese de penhor legal, a conta das dívidas será extraída conforme a tabela impressa, prévia e ostensivamente exposta no hotel ou afim, dos preços de hospedagem, da pensão ou dos gêneros fornecidos. Isso, sob pena de nulidade absoluta do penhor (art. 1.468 do Código Civil). O preceito tem clara relação com o dever de informar decorrente da boa-fé objetiva.

Reafirme-se, na linha das edições anteriores desta obra, que o penhor legal do hospedeiro fica em xeque em face da principiologia do Código de Defesa do Consumidor, dentro da linha de *diálogo das fontes* seguida por mim. Na prática, fica difícil imaginar um caso de hospedagem descrita no comando que não se afigure como contrato de consumo. Pode ser citado o caso de alguém que, eventualmente, hospeda alguém em sua casa, o que é excepcional. Não havendo habitualidade, não há atividade a caracterizar a figura do fornecedor ou prestador, nos termos do art. 3.º do CDC.

Partindo para a grande maioria das hipóteses fáticas, em que há relação jurídica de consumo, o art. 42 da Lei 8.078/1990 veda, na cobrança de dívidas, que o consumidor seja exposto ao ridículo ou sofra qualquer tipo de constrangimento ou ameaça. Ora, a retenção de bens particulares do hóspede, nitidamente um consumidor, parece violar tal comando, até porque tais bens são geralmente íntimos de seu proprietário. O constrangimento, em suma, é cristalino. Ademais, há uma prática abusiva, por violação ao art. 39, inc. V, do mesmo CDC, por se exigir do consumidor vantagem manifestamente excessiva. Na doutrina, anote-se que assim se posicionam Marco Aurélio Bezerra de Melo (*Direito...*, 2007, p. 423), Cristiano Chaves de Farias e Nelson Rosenvald (*Curso...*, 2012, v. 5, p. 905).

Diante dessa constatação, melhor seria se a norma fosse revogada, por incompatibilidade com o sistema protetivo consagrado pelo Código de Defesa do Consumidor, norma de ordem pública e interesse social que não pode ser afastada por preceito do Código Civil, inclusive diante do reconhecimento da proteção dos consumidores como direito fundamental (art. 5.º, inc. XXXII, da CF/1988). Pode-se dizer que a citada modalidade de penhor legal remonta às antigas origens do Direito Civil, não se coadunando com os valores jurídicos contemporâneos. Fiz sugestão de sua revogação expressa para o Projeto de Reforma do Código Civil, elaborado pela Comissão de Juristas nomeada no Senado Federal, o que acabou não sendo acatado pela Subcomissão de Direito das Coisas, infelizmente.

A segunda situação de penhor legal também é passível de críticas e ressalvas. Envolve o dono do prédio rústico (rural) ou urbano, que tem penhor sobre os bens móveis que o rendeiro ou inquilino tiver guarnecendo o mesmo prédio, pelos aluguéis ou rendas (art. 1.467, inc. II). Esse é o *penhor do locador ou arrendador*. Melhor explicando, em havendo inadimplência por parte do locatário, o locador poderá reter os seus bens para garantir o pagamento da dívida locatícia.

A ressalva se dá pela previsão relativa à proteção dos bens móveis que guarnecem o bem de família. Como é notório, a Lei 8.009/1990 estabelece a impenhorabilidade do imóvel destinado à residência da entidade familiar, tendo a jurisprudência do Superior Tribunal de Justiça estendido a proteção ao imóvel de moradia de pessoa solteira (Súmula 364 do STJ). De acordo com o art. 1.º, *caput*, da norma, "o imóvel residencial próprio do casal, ou da entidade familiar, é impenhorável e não responderá por qualquer tipo de dívida civil, comercial, fiscal, previdenciária ou de outra natureza, contraída pelos cônjuges ou pelos pais ou filhos que sejam seus proprietários e nele residam, salvo nas hipóteses previstas nesta lei".

Em complemento, estabelece o seu parágrafo único, tal impenhorabilidade compreende todos os equipamentos, inclusive os de uso profissional, ou móveis que guarnecem a casa, desde que quitados.

Em reforço, preceituava o art. 649, inc. II, do Código de Processo Civil de 1973 que seriam absolutamente impenhoráveis os móveis, pertences e utilidades domésticas que guarnecessem a residência do executado, salvo os de elevado valor ou que ultrapassassem as necessidades comuns correspondentes a um médio padrão de vida. A norma foi repetida pelo art. 833, inc. II, do Código de Processo Civil de 2015, apenas com a retirada da expressão "absolutamente", em claro sentido de abrandamento.

Como base nas duas leis anteriores, o que deve ser confirmado na vigência do CPC de 2015, vinha-se entendendo que são protegidos pelo manto da impenhorabilidade todos os eletrodomésticos e utensílios que sejam essenciais à pessoa humana. Nessa linha: "a impenhorabilidade do bem de família compreende os móveis que o guarnecem, excluindo-se apenas os veículos de transporte, obras de arte e adornos suntuosos, de acordo com os arts. 1.º, parágrafo único, e 2.º, *caput*, da Lei n.º 8.009/90. Desta feita, são impenhoráveis aparelho de som, televisão, forno micro-ondas, computador, impressora e 'bar em mogno com revestimento em vidro', bens que usualmente são encontrados em uma residência e que não possuem natureza suntuosa" (STJ, REsp 589.849/RJ, 4.ª Turma, Rel. Min. Jorge Scartezzini, j. 28.06.2005, *DJ* 22.08.2005, p. 283).

Ora, se tais bens não podem ser penhorados igualmente, não podem ser objeto de penhor, mesmo que esse último seja imposto pela lei, premissa que continua valendo. No conflito entre o Código Civil e a Lei do Bem de Família, ficamos com a última, diante da proteção constitucional da moradia, retirada do art. 6.º da Constituição Federal. Ademais, pode ser suscitado o critério da especialidade da Lei 8.009/1990 e a generalidade da codificação privada. Cite-se a solução apregoada por Cristiano Chaves de Farias e Nelson Rosenvald, para quem o penhor legal a favor do locatário somente pode recair sobre os bens penhoráveis descritos no art. 2.º da Lei do Bem de Família, quais sejam, os adornos suntuosos e obras de arte (*Curso...*, 2012, v. 5, p. 905).

Destaque-se a existência de julgados que afastam a homologação do penhor legal em casos tais, não só pela argumentação exposta, mas também pela presença de outros bens que são absolutamente impenhoráveis. Vejamos:

> "Civil e processual civil. Agravo de instrumento. Penhor legal. Vestuário. Impenhorabilidade absoluta. Observância obrigatória. 1. As regras da penhorabilidade devem ser observadas pelo credor ao exercitar o penhor legal, que não pode recair sobre o vestuário do devedor em face da impenhorabilidade absoluta prevista no artigo 649, III, do CPC. 2. A retenção de vestimentas desrespeita a regra legal e autoriza a expedição de mandado de entrega, sobretudo quando utilizadas em atividade profissional. 3. Agravo improvido. Decisão mantida" (TJDF, Recurso 2012.00.2.015426-6, Acórdão 645.318, 3.ª Turma Cível, Rel. Des. Getúlio de Moraes Oliveira, *DJDFTE* 17.01.2013, p. 216).

> "'Nos termos do art. 1.467, inciso II, do CC/02, é lícito ao credor de aluguéis apreender os bens móveis pertencentes ao devedor, que guarnecem o prédio, não podendo a retenção recair sobre os bens absolutamente impenhoráveis. Caracterizada a irregularidade da apreensão dos bens decorrentes de penhor legal, em face da impenhorabilidade dos mesmos,

CAP. 8 · DOS DIREITOS REAIS DE GARANTIA SOBRE COISA ALHEIA | 623

configurado está o esbulho possessório, impondo-se o deferimento da medida liminar requerida nos autos da ação de reintegração de posse' (TJSC, Agravo de instrumento n. 2008.031830-3, de Blumenau, relator: Des. Edson Ubaldo, julgado em 01/07/2010)" (TJSC, Apelação Cível 2007.012491-6, 1.ª Câmara de Direito Civil, Balneário Camboriú, Rel. Des. Subst. Denise Volpato, j. 20.06.2011, *DJSC* 08.07.2011, p. 180).

Entretanto, infelizmente, os julgados que afastam o penhor legal do locador em casos de impenhorabilidade absoluta são minoria, havendo um número bem maior de acórdãos que pura e simplesmente homologa a garantia, sem qualquer ressalva.

Diante dessa infeliz realidade, como alternativa ao locatário, atente-se que pode ele impedir a constituição do penhor mediante caução idônea (art. 1.472 do CC/2002). Essa garantia legal pode ser pessoal ou fidejussória, caso de uma fiança. Pode ser, ainda, uma garantia real, caso de um penhor convencional, hipoteca ou anticrese. Como *caução* idônea, entenda-se aquela cujo valor seja próximo ao montante da dívida.

Seguindo no estudo do tema, partindo para a fria análise do texto legal, nas duas hipóteses de penhor legal, o credor poderá tomar em garantia um ou mais objetos até o valor da dívida (art. 1.469 do CC/2002). O dispositivo deixa claro que o penhor legal constitui o exercício de uma *autotutela* por parte dos beneficiados pela lei.

Apesar de certa proximidade, a hipótese de apropriação no penhor legal não se confunde com o *direito de retenção*, como ponderam os civilistas de ontem e de hoje. Como explica Sílvio de Salvo Venosa, "entre outras diferenças, pode-se apontar que, para exercer o direito de retenção, o retentor deve estar na posse do bem, o que não ocorre no penhor legal, em que o credor toma a posse da coisa. O direito de retenção é genérico, para proteger todo aquele que despendeu de boa-fé sobre coisa alheia cuja devolução é exigida. O penhor legal decorre exclusivamente das hipóteses legais. O direito de retenção é utilizado sempre como exceção de defesa. O penhor legal implica ação executória, cobrança por parte do credor. Por fim, a retenção aplica-se a móveis e imóveis, enquanto o penhor legal é reservado apenas a bens móveis" (VENOSA, Sílvio de Salvo. *Código...*, 2010, p. 1.321).

Confirmando a existência da autotutela, os credores podem fazer efetivo o penhor, antes de recorrerem à autoridade judiciária, sempre que haja perigo na demora (*periculum in mora*), dando aos devedores comprovantes dos bens de que se apossarem (art. 1.470 do CC/2002). Trata-se de medida extrajudicial excepcionalíssima, a ser tomada antes da homologação judicial do penhor.

Com o devido respeito a quem pensa de forma contrária, eis aqui mais uma ressalva ao instituto do penhor legal, pois a tomada de bem alheio sem ação judicial representa verdadeiro confisco privado, na contramão dos valores do Direito Privado. Sendo lembrado que a primeira hipótese de penhor legal viola o Código de Defesa do Consumidor e a segunda a impenhorabilidade absoluta de bens, ficam claros o desatino e a desatualização também dessa última norma.

Novamente fiz sugestão de sua revogação expressa para o Projeto de Reforma do Código Civil, elaborado pela Comissão de Juristas nomeada no Senado Federal, o que alcançaria não somente o art. 1.467, mas também os arts. 1.469 a 1.472 da Lei Privada. Porém, as minhas proposições acabaram não sendo acatadas pela Subcomissão de Direito das Coisas, infelizmente, assunto que ainda poderá ser debatido no âmbito do Parlamento Brasileiro.

De qualquer modo, existem acórdãos que trazem à tona a subsunção do dispositivo. Afastando a medida, pelo fato de não ter sido o devedor comunicado do apossamento dos bens, do Tribunal Paulista:

"Retenção de bens móveis e documentos encontrados em imóvel. contrato de locação ou hospedagem em flat firmado com terceiro. Formalidades não atendidas para o exercício da autotutela pelo credor. Inexistência de comprovante dado ao devedor dos bens apossados e de pedido de homologação judicial do penhor. Ação de busca e apreensão de coisas e documentos. Procedência bem decretada na origem. Recurso não provido. 1. Despe-se de legalidade a retenção de bens em penhor legal se não se cumpre condição explicitada no art. 1.470 do Código Civil, dando-se ao devedor comprovante dos bens apossados. 2. No caso, não há prova de que a ré deu ao devedor, ou às autoras, comprovante dos bens de que se apossou nem de que, ato contínuo, requereu a homologação judicial do penhor legal (arts. 874 a 876, CPC), nos termos do art. 1.471 do mesmo Código. 3. Os demais questionamentos são irrelevantes, assentada a ilegalidade da retenção. Verbas sucumbenciais bem fixadas. Recurso não provido" (TJSP, Apelação 0228452-18.2009.8.26.0100, Acórdão 5535408, 29.ª Câmara de Direito Privado, São Paulo, Rel. Des. Reinaldo Caldas, j. 16.11.2011, *DJESP* 19.01.2012).

Tomado o penhor, requererá o credor, ato contínuo, a sua homologação judicial (art. 1.471 do CC/2002). O instrumental dessa homologação consta do Código de Processo Civil, entre os procedimentos especiais. O Código de Processo Civil trouxe mudanças consideráveis nesses procedimentos (arts. 703 a 706 do CPC/2015, correspondentes aos arts. 874 a 876 do CPC/1973). Vejamos.

Conforme o *caput* do art. 703 do CPC/2015, tomado o penhor legal nos casos previstos em lei, requererá o credor, ato contínuo, a homologação. Nos termos do seu § 1.º, na petição inicial, instruída com o contrato de locação ou a conta pormenorizada das despesas, a tabela dos preços e a relação dos objetos retidos, o credor pedirá a citação do devedor para pagar ou contestar na audiência preliminar que for designada. A principal modificação, perante o art. 874 do CPC/1973, diz respeito à menção à audiência preliminar, sendo certo que o preceito anterior previa o prazo de vinte e quatro horas para apresentação da defesa ou pagamento.

Os demais parágrafos incluídos neste art. 703 do CPC/2015 são novidades totais no sistema processual. Conforme o § 2.º do diploma, a homologação do penhor legal poderá ser promovida pela via extrajudicial mediante requerimento, que conterá os requisitos previstos no comando anterior, do credor a notário de sua livre escolha. Como é notório, o Novo CPC incentiva os meios extrajudiciais para solução das controvérsias, na saudável linha da *desjudicialização*.

Esse procedimento se processa perante o Tabelionato de Notas. Assim, recebido o requerimento, o notário promoverá a notificação extrajudicial do devedor para, no prazo de cinco dias, pagar o débito ou impugnar sua cobrança, alegando por escrito uma das causas previstas no art. 704 do CPC/2015, hipótese em que o procedimento será encaminhado ao juízo competente para decisão (art. 703, § 3.º, do CPC/2015). Transcorrido esse prazo sem manifestação do devedor, o notário formalizará a homologação do penhor legal por escritura pública (art. 703, § 4.º, do CPC/2015).

Quanto aos argumentos limitados para a defesa do devedor, o art. 704 do CPC/2015 mantém as seguintes, que já estavam no art. 875 do CPC/1973: *a)* nulidade do processo; *b)* extinção da obrigação, pelo pagamento direto ou indireto; *c)* não estar a dívida compreendida entre as previstas em lei ou não estarem os bens sujeitos a penhor legal. Na última hipótese, penso que cabe a alegação de lesão ao Código de Defesa do Consumidor no caso do penhor legal do hospedeiro e de que os bens do locatário são impenhoráveis.

Como outra inovação, o CPC/2015 incluiu mais um argumento de defesa, qual seja a alegação de haver sido ofertada caução idônea, rejeitada pelo credor, devendo o juiz ou notário analisar se há a presença de justa causa ou não nessa rejeição. Como se nota, a atuação do tabelião é equiparada a de um magistrado, como juiz de fato e de direito, em prol da *desjudicialização*.

Também não constava no CPC anterior a regra do novo art. 705 do Estatuto Processual, segundo a qual, a partir da audiência preliminar, observar-se-á o procedimento comum. Como visto, não havia previsão dessa audiência preliminar no sistema revogado.

A encerrar os procedimentos, com alterações substanciais de redação diante do art. 876 do CPC/1973, o art. 706 do CPC/2015 estabelece que, homologado judicialmente o penhor legal, consolidar-se-á a posse do autor sobre o objeto. Sendo negada a homologação, o objeto será entregue ao réu, ressalvado ao autor o direito de cobrar a dívida pelo procedimento comum, salvo se acolhida a alegação de extinção da obrigação (art. 706, § 1.º, do CPC/2015). Contra a sentença caberá apelação, e, na pendência de recurso, poderá o relator ordenar que a coisa permaneça depositada ou em poder do autor (art. 706, § 2.º, do CPC/2015).

Em boa hora, os procedimentos foram detalhados de maneira mais precisa, pois o art. 876 do CPC/1973 se limitava a prever que em seguida à apresentação da defesa o juiz decidiria. Se homologasse o penhor legal, seriam os autos entregues ao requerente quarenta e oito horas depois, independentemente de traslado. Isso salvo se, dentro desse prazo, a parte houvesse pedido certidão do processo. Por outra via, não sendo homologado o penhor legal, o objeto da garantia seria entregue ao réu, ressalvado ao autor o direito de cobrar a conta por ação ordinária em qualquer caso. Como se nota, a nova norma processual é mais clara, especialmente quanto ao recurso cabível.

A encerrar o estudo da categoria, ressalte-se que, além do penhor legal a favor do hospedeiro e do locador, o art. 31 da Lei 6.533/1978 consagra o penhor legal a favor do artista e do técnico de espetáculo sobre o equipamento e todo o material de propriedade do empregador, utilizado na realização do programa, espetáculo ou produção, pelo valor das obrigações não cumpridas pelo empregador. Aqui também poderia ser suscitada a impossibilidade do penhor legal por envolver a hipótese instrumentos de profissão, bens impenhoráveis por força do art. 833, inc. V, do CPC/2015, correspondente ao art. 649, inc. V, do CPC/1973. Todavia, a justificativa para o penhor legal, no último preceito, é o crédito trabalhista, que constitui um direito social fundamental, tutelado pelo art. 7.º, inc. IV, do Texto Maior.

8.2.3.2 *Do penhor convencional especial rural*

8.2.3.2.1 Regras gerais

Como primeira modalidade especial de penhor convencional, decorrente da autonomia privada, o penhor rural constitui-se sobre imóveis, mediante instrumento público ou particular, devidamente registrado no Cartório de Registro de Imóveis de situação da coisa (art. 1.438, *caput*, do CC/2002). Trata-se de modalidade especial, primeiramente, por recair sobre imóveis e não sobre bens móveis, como ocorre no penhor comum.

A categoria está tratada igualmente pela antiga Lei 492/1937, que conceitua o penhor rural em seu art. 1.º, *caput*, do seguinte modo: "constitui-se o penhor rural pelo vínculo real, resultante do registro, por via do qual agricultores ou criadores sujeitam suas culturas ou animais ao cumprimento de obrigações, ficando como depositários daqueles ou destes". Cabe esclarecer imediatamente que as culturas (plantações) são consideradas *bens imóveis por acessão industrial*, havendo uma incorporação ao solo por atividade humana concreta e efetiva.

Quanto aos animais, são bens *imóveis por acessão intelectual*, bens móveis incorporados ao imóvel rural pela vontade do proprietário. Essas modalidades de bens estão aprofundadas no Volume 1 desta coleção, que trata da Parte Geral do Código Civil de 2002.

Conforme o parágrafo único do mesmo art. 1.º da Lei 492/1937, o penhor rural compreende o penhor agrícola e o penhor pecuário, conforme a natureza da coisa dada em garantia. Nesse contexto de definição, o penhor rural é gênero, do qual são espécies o penhor agrícola e o penhor pecuário, tratados separadamente também pela codificação geral privada.

Esclareça-se que essa norma especial continua em vigor naquilo que não é incompatível ou regulamentado pelo Código Civil. Assim, por exemplo, o seu art. 2.º, § 2.º, que estabelece os requisitos de validade da escritura pública de penhor rural, a saber: *a)* os nomes, prenomes, estado, nacionalidade, profissão e domicílio dos contratantes; *b)* o total da dívida ou sua estimação; *c)* o prazo fixado para o pagamento; *d)* a taxa dos juros, se houver; *e)* as coisas ou animais dados em garantia, com as suas especificações, de molde a individualizá-las; *f)* a denominação, confrontação e situação da propriedade agrícola onde se encontrem as coisas ou animais empenhados, bem assim a data da escritura de sua aquisição, ou arrendamento, e número de sua transcrição imobiliária; *g)* as demais estipulações usuais no contrato mútuo.

De acordo com o parágrafo único do art. 1.438 do CC/2002, prometendo pagar em dinheiro a dívida que se garante com o penhor rural, o devedor poderá emitir, em favor do credor, a *cédula rural pignoratícia*, na forma determinada em lei especial. Essa cédula tem tratamento no Decreto-lei 167, de 14 de fevereiro de 1967, norma que remonta à época do Estado de exceção no País. O art. 14 do Decreto estabelece os requisitos essenciais, sob pena de invalidade, da citada cédula rural, a saber:

a) A denominação "Cédula Rural Pignoratícia".

b) Data e condições de pagamento. Havendo prestações periódicas ou prorrogações de vencimento, deve-se acrescentar na cédula a expressão: "nos termos da cláusula Forma de Pagamento abaixo" ou "nos termos da cláusula Ajuste de Prorrogação abaixo". De acordo com o § 1.º da norma, tais cláusulas, quando cabíveis, serão incluídas logo após a descrição da garantia, estabelecendo-se, na primeira, os valores e datas das prestações e na segunda, as prorrogações previstas e as condições a que está sujeita sua efetivação.

c) Nome do credor e a cláusula à ordem.

d) Valor do crédito deferido, lançado em algarismos e por extenso, com indicação da finalidade ruralista a que se destina o financiamento concedido e a forma de sua utilização.

e) Descrição dos bens vinculados em penhor, que se indicarão pela espécie, qualidade, quantidade, marca ou período de produção, se for o caso, além do local ou depósito em que os mesmos bens se encontrarem. Essa descrição poderá ser feita em documento à parte, em duas vias, assinadas pelo emitente e autenticadas pelo credor, fazendo-se, na cédula, menção a essa circunstância, logo após a indicação do grau do penhor e de seu valor global (art. 14, § 2.º).

f) Taxa dos juros a pagar, e da comissão de fiscalização, se houver, e o tempo de seu pagamento.

g) Praça ou local do pagamento.

h) Data e lugar da emissão.

i) Assinatura do próprio punho do emitente ou de representante com poderes especiais.

Assim como faz o Código Civil e o art. 3.º da Lei 492/1937, o Decreto-lei 167/1967 preceitua, no seu art. 17, que os bens apenhados ou empenhados continuam na posse imediata do emitente ou do terceiro prestante da garantia real, o que igualmente demonstra o caráter especial desse penhor. Como visto, repise-se, com a celebração do negócio, o credor recebe a posse indireta da coisa, por meio de uma tradição ficta ou presumida, o *constituto possessório*.

A par dessa estrutura, o emitente ou terceiro que dá a garantia responde por sua guarda e conservação como *fiel depositário*, seja pessoa física ou jurídica. Cuidando-se do penhor constituído por terceiro, o emitente da cédula responderá solidariamente com o empenhador – aquele que dá a garantia – pela guarda e conservação dos bens apenhados.

O tratamento do devedor como fiel depositário, não só presente nesta modalidade especial de penhor como em outras que seguirão, traz à tona a questão da prisão civil no penhor. Como é notório, a possibilidade de prisão do depositário, em havendo inadimplemento de sua obrigação, está expressa no art. 5.º, inc. LXVII, da Constituição Federal de 1988 e no art. 652 do Código Civil em vigor.

No que se refere à possibilidade específica de prisão civil do devedor pignoratício, julgados anteriores e até mais atuais do Superior Tribunal de Justiça afastavam a sua viabilidade no caso de penhor de bens fungíveis, por entenderem os julgadores pela aplicação das regras do mútuo, em havendo *depósito irregular*. Assim deduzindo:

> "Ação de depósito. Penhor. Coisas fungíveis. Nos contratos de depósito irregular aplicam-se as regras do mútuo. Nesse caso não cabe a ação de depósito com pedido de prisão do devedor" (STJ, REsp 11.108/RS, Rel. Min. Claudio Santos, 3.ª Turma, j. 08.10.1991, *DJ* 04.11.1991, p. 15.683).

> "*Habeas corpus*. Recurso ordinário. Prisão civil. Penhor mercantil. Bens fungíveis. Esta Corte firmou entendimento no sentido de que, no penhor de bens fungíveis, o depositário não fica sujeito à prisão civil. Recurso provido" (STJ, RHC 17.525/PE, 3.ª Turma, Rel. Min. Castro Filho, j. 15.12.2005, *DJ* 01.02.2006, p. 520).

> "Penhor rural. Cédula rural pignoratícia. Ação de depósito. Questão da fungibilidade dos bens dados em garantia e não mais existentes em poder de depositário. Prisão civil vedada. Financiamento concedido para 'estocagem de carne bovina'. Penhor incidente sobre determinado estoque de carne, por cláusula expressa depositado em poder da devedora para ser guardado em câmara frigorífica, com vedação de sua retirada total ou parcial sem autorização escrita do banco financiador. Caso em que a carne, bem fungível, ganha 'foros de infungibilidade', qualificação esta que não decorre apenas da natureza das coisas, mas igualmente pode resultar da livre vontade das partes. Prisão civil, não essencial a ação de depósito é somente admissível nos depósitos para guarda, e não nos depósitos em garantia de crédito, sob pena de retrocedermos aos tempos pristinos da prisão por dívidas, constitucionalmente defesa. Recurso especial conhecido e em parte provido, para afastar a carência da ação de depósito, excluída todavia a cominação de caráter pessoal" (STJ, REsp 12.507/RS, 4.ª Turma, Rel. Min. Athos Carneiro, j. 01.12.1992, *DJ* 01.02.1993, p. 465).

Como se extrai da última ementa, o STJ passou a entender pela impossibilidade de prisão civil nos depósitos presentes em negócios de garantia. Nesse contexto, surgiu a tese da igualdade de tratamento entre o penhor e a alienação fiduciária em garantia, concluindo aquela Corte Superior estar presente um *depósito atípico* em ambos os casos, a afastar a prisão civil. Por todos:

> "*Habeas corpus*. Penhor Mercantil. Bem infungível. Prisão civil. 1. Segundo entendimento firmado na Terceira Turma, 'o cabimento de prisão civil, nos casos de penhor mercantil, deve

628 | DIREITO CIVIL • VOL. 4 – *Flávio Tartuce*

submeter-se à mesma orientação aplicada aos casos de alienação fiduciária, por cuidarem, ambos, de depósito atípico' e que, 'considerando a Corte Especial ser ilegítima a prisão de devedor que descumpre contrato garantido por alienação fiduciária, ilegal é também a prisão decretada nos casos de penhor mercantil' (HC n.º 24.931/SP, Relator o Ministro Pádua Ribeiro, *DJ* de 12/8/03). 2. Ordem de *habeas corpus* deferida" (STJ, HC 36.104/MG, 3.ª Turma, Rel. Min. Carlos Alberto Menezes Direito, j. 26.08.2004, *DJ* 08.11.2004, p. 223).

"*Habeas corpus*. Penhor mercantil. Prisão civil. I. – O cabimento de prisão civil, nos casos de penhor mercantil, deve submeter-se à mesma orientação aplicada aos casos de alienação fiduciária, por cuidarem, ambos, de depósito atípico. Precedentes. II. – Considerando a Corte Especial ser ilegítima a prisão de devedor que descumpre contrato garantido por alienação fiduciária, ilegal é também a prisão decretada nos casos de penhor mercantil. III. – Ordem de *habeas corpus* concedida" (STJ, HC 24.931/SP, 3.ª Turma, Rel. Min. Antônio de Pádua Ribeiro, j. 24.06.2003, *DJ* 12.08.2003, p. 217).

É verdade que a questão era divergente naquele Tribunal Superior, pois outras ementas admitiam a prisão do devedor na alienação fiduciária em garantia, como se verá no último capítulo desta obra. Seguindo essa trilha, admitindo a prisão no caso de penhor pecuário: "Penal. *Habeas corpus*. Prisão civil. Penhor pecuário. Depositário infiel. Descabe na via do *habeas corpus* suscitar questões atinentes ao contrato celebrado entre as partes, ao depósito, e outras decididas no Juízo Cível, com trânsito em julgado. Por outro lado, é cabível a prisão cível de depositário infiel, no caso de penhor pecuário. Ordem de *habeas corpus* denegada" (STJ, HC 5.077/SP, 5.ª Turma, Rel. Min. José Arnaldo da Fonseca, j. 12.11.1996, *DJ* 16.12.1996, p. 50.893). Todavia, a posição de afastamento da prisão civil no penhor acabou prevalecendo no Superior Tribunal de Justiça antes do surgimento da Emenda Constitucional 45.

No Supremo Tribunal Federal, por outra via, prevalecia a tese de possibilidade da prisão civil em caso de penhor, inclusive de bens fungíveis, na contramão do posicionamento majoritário do Superior Tribunal de Justiça. Vejamos três ementas que exprimem tal forma de pensar:

"Direito constitucional, civil, processual civil e penal. Penhor mercantil. Depósito irregular: coisa fungível. Depositário infiel. Prisão. 'Habeas corpus': cabimento contra acórdão do Superior Tribunal de Justiça em Recurso Especial cível. Alegação de constrangimento ilegal. 1. É cabível pedido de 'Habeas Corpus', contra acórdão do Superior Tribunal de Justiça, que não conhece de Recurso Especial, se na impetração se alega que dessa decisão, por má interpretação de seus pressupostos (art. 105, I, 'a' e 'c', da CF), resultou constrangimento ilegal a liberdade de locomoção. 2. Compete, originariamente, ao Supremo Tribunal Federal, processar e julgar tal pedido (art. 102, I, 'i', da CF). 3. 'Não nega vigência ao art. 1.280 do C. Civil o entendimento de que a remissão que esse dispositivo faz aos artigos 1.256 e 1.264 do mesmo Código não transforma o depósito irregular em mútuo' (*RTJ* 95/705). 4. 'Uma vez celebrado o penhor mercantil e nomeado depositário para os bens respectivos, a aceitação do encargo faz presumir a tradição dos objetos dados em garantia e a falta de sua entrega caracterizara a infidelidade do depositário, que assim fica sujeito às sanções previstas' (*RT* 476/235). 5. Mesmo em se tratando de depósito de coisa fungível, o depositário infiel pode ter sua prisão decretada. 6. Constrangimento ilegal não caracterizado. 7. 'Habeas Corpus' indeferido" (STF, HC 71.097/PR, 1.ª Turma, Rel. Min. Sydney Sanches, j. 13.02.1996, *DJ* 29.03.1996, p. 9.344, *Ement.* vol-01922-01, p. 165).

"'Habeas corpus'. Ambas as Turmas desta Corte têm entendido que em caso de penhora ou de penhor sem desapossamento, há a figura do depositário que, se for infiel, poderá ver decretada contra si a prisão civil (HC 74.352, relator Ministro Sydney Sanches, e

HC 73.044, relator Ministro Maurício Corrêa). Por outro lado, esta Corte, por seu Plenário e por suas Turmas, já firmou o entendimento de que o artigo 5.º, LXVII, não impede a prisão civil do depositário, ainda que legal ou necessário, que seja infiel (a título exemplificativo, HCs 72.131, 77.527 e 75.925). Improcedência das alegações de incompetência da Justiça Estadual e de falta de fundamentação da sentença e do acórdão que a confirmou. – O 'writ' não é o meio idôneo para o reexame de provas. 'Habeas corpus indeferido'" (STF, HC 75.977/SP, 1.ª Turma, Rel. Min. Moreira Alves, j. 05.05.1998, DJ 03.03.2000, p. 61, Ement. vol-01981-03, p. 550).

"Recurso extraordinário. Ação de depósito. Prisão Civil do depositário infiel. Penhor agrícola. Art. 5.º, LXVII, da Constituição. Esta Corte, em inúmeros acórdãos, inclusive de seu Plenário, já firmou o entendimento de que a Constituição, em seu artigo 5.º, LXVII, empregou a expressão 'depositário infiel' tanto para o caso do depósito convencional quanto para os casos de depósito legal, tanto assim que considera constitucional a prisão civil do devedor-depositário na alienação fiduciária em garantia, em que o depósito integra necessariamente a estrutura da garantia representada pela propriedade fiduciária. Note-se, ademais, que esta Primeira Turma, ao indeferir o HC 75.904, admitiu a prisão civil do proprietário-depositário na figura do penhor agrícola, que é um dos casos de penhor sem desapossamento do devedor. Recurso extraordinário conhecido e provido" (STF, RE 250.812/RS, 1.ª Turma, Rel. Min. Moreira Alves, j. 20.11.2001).

Com a Emenda Constitucional 45, de 8 de dezembro de 2004, conhecida como emenda da *Reforma do Judiciário*, a possibilidade de prisão civil do depositário acabou por ser retirada do sistema. Como é notório, foi acrescentado à Constituição Federal um § 3.º ao seu art. 5.º, com o seguinte teor: "os tratados e convenções internacionais sobre direitos humanos que forem aprovados, em cada Casa do Congresso Nacional, em dois turnos, por três quintos dos votos dos respectivos membros, serão equivalentes às emendas constitucionais".

Pela nova ordem constitucional, os tratados internacionais de direitos humanos dos quais o Brasil é signatário equivalem às emendas constitucionais, o que, em tese, se aplicaria à Convenção Interamericana de Direitos Humanos, conhecida como Pacto de São José da Costa Rica. Como é notório, de acordo com o art. 7.º, item 7, da referida Convenção, "ninguém deve ser detido por dívidas. Este princípio não limita os mandados de autoridade judiciária competente expedidos em virtude de inadimplemento de obrigação alimentar". Em suma, não haveria mais a possibilidade de prisão do depositário infiel, mas apenas do devedor de alimentos, o que retiraria a eficácia parcial do art. 5.º, inc. LXVII, do Texto Maior.

Todavia, como o citado Pacto de São José da Costa Rica entrou no sistema jurídico nacional antes da Emenda Constitucional 45 – por meio do Decreto 678/1992 –, o Supremo Tribunal Federal posicionou-se no sentido de não ter a Convenção Interamericana de Direitos Humanos força de emenda à Constituição, mas sim *força supralegal*. Deve ficar claro que não me filio a tal forma de pensar, como será desenvolvido no próximo capítulo desta obra.

A tese da *supralegalidade* foi cristalizada pelo Pleno do Supremo Tribunal Federal, no final do ano de 2008. Revendo posicionamentos anteriores, os ministros do STF entenderam ser inconstitucional a prisão do depositário no caso de alienação fiduciária em garantia, regida pelo Decreto-lei 911/1969, ou mesmo em qualquer modalidade de depósito (STF, RE 466.343/SP e HC 87.585/TO, ambos de dezembro de 2008, publicados no *Informativo* n. *531* do STF).

No voto que acabou prevalecendo, o Ministro Gilmar Mendes concluiu que "a prisão civil do depositário infiel não mais se compatibiliza com os valores supremos assegurados pelo Estado Constitucional, que não está mais voltado apenas para si mesmo, mas compartilha com as demais entidades soberanas, em contextos internacionais e supranacionais, o dever de efetiva proteção dos direitos humanos". Prevaleceu a tese de que a vedação da prisão civil, constante do Pacto de San José da Costa Rica, está em uma posição hierárquica intermediária entre a Constituição Federal e as leis ordinárias, o que retira os fundamentos inferiores – nas leis ordinárias –, que possibilitam a prisão civil do depositário, caso do art. 652 do Código Civil de 2002. Foram ressalvados, pois vencidos, os posicionamentos dos Ministros Celso de Mello, Cezar Peluso, Ellen Gracie e Eros Grau, que entenderam que o Pacto de San José tem qualificação constitucional, conforme a tese seguida por mim (STF, HC 87.585/TO, Rel. Min. Marco Aurélio, j. 03.12.2008).

Destaque-se que o entendimento do Supremo Tribunal Federal passou a ser de não se admitir a prisão civil em qualquer modalidade de depósito, seja ele convencional, legal ou judicial, típico ou atípico, englobando o penhor.

Conforme decisão também publicada no *Informativo* n. *531* do STF, foi cancelada a Súmula 619 do próprio STF, segundo a qual "a prisão do depositário judicial pode ser decretada no próprio processo em que se constitui o encargo, independentemente da propositura da ação de depósito". Já sob a égide dessa nova forma de pensar, o Excelso Pretório afastou a prisão em caso de penhor, em ementa assim publicada:

> "Prisão civil. Penhor rural. Cédula rural pignoratícia. Bens. Garantia. Impropriedade. Ante o ordenamento jurídico pátrio, a prisão civil somente subsiste no caso de descumprimento inescusável de obrigação alimentícia, e não no de depositário considerada a cédula rural pignoratícia" (STF, HC 92.566/SP, Tribunal Pleno, Rel. Min. Marco Aurélio, j. 03.12.2008, *DJe*-104, Divulg. 04.06.2009, Public. 05.06.2009, *Ement.* vol-02363-03, p. 45).

Arrematando a questão, frise-se, foi editada pelo Excelso Pretório, em 16 de dezembro de 2009, a Súmula Vinculante 25, com o seguinte teor: "é ilícita a prisão civil de depositário infiel, qualquer que seja a modalidade do depósito". Fez o mesmo o Superior Tribunal de Justiça com a sua Súmula 419, *in verbis*: "descabe a prisão civil do depositário judicial infiel" (3 de março de 2010). Em suma, como se retomará no próximo e último capítulo deste livro, não se admite a prisão do depositário, inclusive nos casos de garantias legais, em que o devedor é equiparado a este.

Voltando ao tratamento do penhor convencional especial rural no Código Civil de 2002, estabelecia o *caput* do seu art. 1.439 que as suas modalidades teriam prazos máximos, sob pena de eficácia do que excedesse o limite legal. O prazo máximo do penhor agrícola era fixado em três anos e o do penhor pecuário, em quatro anos. O mesmo comando determinava a possibilidade de prorrogação, uma só vez, até o limite de igual tempo.

Anote-se que a Lei 492/1967 estabelecia prazo máximo de dois anos para o penhor agrícola e três anos para o penhor pecuário. Essas estipulações já haviam sido revogadas pelo Decreto-lei 167/1967, que fixou o prazo máximo de três anos prorrogáveis por mais três para o penhor agrícola; e de cinco anos prorrogáveis por mais três para o penhor pecuário. O Código Civil revogou os limites constantes da última norma, conforme esclarece a doutrina que participou ativamente do processo de elaboração da atual codificação privada (ALVES, Jones Figueirêdo; DELGADO, Mário Luiz. *Código...*, 2005, p. 727).

Pois bem, em junho de 2013, o *caput* do art. 1.439 foi alterado por meio da Medida Provisória 619, convertida na Lei 12.873/2013, passando a enunciar que "o penhor agrícola e o penhor pecuário não podem ser convencionados por prazos superiores aos das obrigações garantidas". Como se nota, não há mais a menção objetiva temporal ao prazo máximo do penhor rural, o que quebra uma antiga tradição do Direito Civil. Com a modificação,

CAP. 8 · DOS DIREITOS REAIS DE GARANTIA SOBRE COISA ALHEIA | **631**

aplica-se o *princípio da gravitação jurídica*, pois o prazo da garantia real, que tem natureza real, acompanha o lapso temporal da obrigação principal.

Conforme consta da exposição de motivos da Medida Provisória, o penhor agrícola é amplamente utilizado no Brasil em operações de crédito rural como forma de garantia de dívidas contraídas para o financiamento das atividades agrícola e pecuária. E mais, na literalidade da motivação da MP:

> "Dessa forma, a fim de obter recursos para o desenvolvimento da atividade rural, empenham-se determinados bens, sem a consequente subtração do patrimônio do devedor que fica como seu depositário. Dentre as características do penhor rural, verifica-se que a sua atual limitação temporal é incompatível com a recente evolução do prazo médio das concessões de crédito rural – custeio, investimento e comercialização – às pessoas físicas. Nos últimos seis meses o prazo médio dessas concessões aumentou vinte e cinco por cento e ficou, em média, em trinta e nove meses. Essa evolução é ainda maior quando consideradas apenas as concessões de crédito rural para investimento. Nesses casos, e diante das limitações de prazos de penhor, exige-se do devedor a apresentação de garantias adicionais para a obtenção do crédito, notadamente na modalidade hipotecária ou por meio da alienação fiduciária, o que torna a formalização do crédito rural ainda mais onerosa. Outro indício sobre os efeitos dessa limitação temporal do penhor consiste nas ações de instituições financeiras nas concessões de crédito. Essas exigem, já na emissão da Cédula de Crédito Rural – CCR – pelo produtor rural, os prazos máximos autorizados – 6 (seis) anos, para atividade agrícola e 8 (oito) anos para atividade pecuária –, por meio da menção de prorrogação automática do penhor. Contudo, essa exigência não está em conformidade com a jurisprudência brasileira que indica que a prorrogação não é automática e deve ser averbada nos registros correspondentes, mediante a apresentação de aditivo mencionado no Código Civil. A continuidade dessa exigência, sem respaldo legal, amplia o risco jurídico dessas operações e deteriora a credibilidade das CCR, importante instrumento de garantia ao crédito rural".

Diante desses e de outros motivos, sobretudo de ordem funcional e econômica, é que houve a revogação dos limites temporais que estavam tratados pela codificação para o penhor rural. O tempo dirá quais foram as consequências da modificação. Se houver um incremento nas concessões de crédito para as atividades agrárias, a inovação veio em boa hora. Porém, se apenas houver um aumento do já considerável endividamento dos produtores rurais brasileiros, a proposta não terá atingido suas finalidades.

Os parágrafos do art. 1.439 do CC/2002 traziam regulamentações complementares a respeito dos prazos do penhor rural. Nos termos do seu § 1.º, embora vencidos os prazos, permaneceria a garantia, enquanto subsistissem os bens que a constituíssem. A norma parece estar prejudicada com a alteração do *caput* pela MP e deveria ter sido revogada, o que, infelizmente, não ocorreu e pode causar confusões. Como não há mais qualquer previsão a respeito da prorrogação do prazo, o dispositivo ficou sem sentido fático e jurídico.

O mesmo pode ser dito quanto ao § 2.º do art. 1.439 da codificação material, segundo o qual a prorrogação deveria ser averbada à margem do registro respectivo, mediante requerimento do credor e do devedor. Ora, não há que se falar em averbação da prorrogação, pois esta não está mais prevista, uma vez que o prazo do penhor rural passou a ser o mesmo da obrigação principal.

O art. 1.440 da atual codificação privada consagra a possibilidade de o penhor rural recair sobre prédio hipotecado sem qualquer anuência. A norma traz inovação importante frente à codificação anterior, pois, de acordo com o art. 783 do CC/1916, se o prédio

632 | DIREITO CIVIL • VOL. 4 – *Flávio Tartuce*

estivesse hipotecado, não se poderia, sob pena de nulidade da garantia, constituir penhor agrícola sobre o mesmo bem, sem anuência do credor hipotecário. Essa anuência era dada no próprio instrumento de constituição do penhor. Alerte-se que a inovação não é total, uma vez que o art. 4.º, *caput*, da Lei 492/1937 já prenunciava que "independe o penhor rural do consentimento do credor hipotecário, mas não lhe prejudica o direito de prelação, nem restringe a extensão da hipoteca, ao ser executada".

Consigne-se, entretanto, que, pela mesma norma privada vigente, apesar de ser possível o penhor rural sobre imóvel hipotecado, não haverá qualquer prejuízo ao credor hipotecário quanto ao seu direito de preferência. Ademais, não há também qualquer restrição quanto à extensão da hipoteca, ao ser executada. Em resumo, a hipoteca não pode ser prejudicada se o penhor rural é instituído, havendo uma *sobreposição de garantias*, o que está na linha da eticidade apregoada pela atual codificação privada.

A título de exemplo, imagine-se que uma fazenda está hipotecada. Não há qualquer óbice em se empenhar as plantações nela encontradas. Em caso de execução, primeiro terá preferência o credor hipotecário da fazenda, sem qualquer restrição. Depois, executa-se o penhor agrícola que recai sobre as plantações.

Além da possibilidade de se empenhar bem hipotecado, é viável o estabelecimento de novo penhor rural sobre bem já apenado. Trata-se da instituição do *subpenhor rural*, como bem apontado por Marco Aurélio Bezerra de Melo (*Direito...*, 2007, p. 406-407). Não deixa dúvidas o § 1.º do art. 4.º da antiga Lei 492/1937, *in verbis*: "pode o devedor, independentemente de consentimento do credor, constituir novo penhor rural se o valor dos bens ou dos animais exceder ao da dívida anterior, ressalvada para esta a prioridade de pagamento". Paga uma das dívidas, subsiste a garantia para a outra, em sua totalidade.

Por fim, quanto às regras gerais do *penhor convencional especial rural*, tem o credor direito a verificar o estado das coisas empenhadas, inspecionando-as onde se acharem, por si ou por pessoa que credenciar (art. 1.441 do CC/2002). Esse *direito de inspeção ou de vistoria* decorre do fato de estarem os bens com o devedor, na condição de depositário. Obviamente, deve ser exercido nos limites da boa-fé e da função social, sem qualquer abuso, servindo como parâmetro a regra do art. 187 da atual codificação privada. A norma não deixa a menor dúvida quanto à possibilidade de o credor instituir um mandatário, para que atue em seu nome e faça a citada vistoria.

8.2.3.2.2 Do penhor agrícola

Como subespécie de penhor rural, o penhor agrícola é aquele que tem por objeto os seguintes bens, descritos no art. 1.442 do CC/2002: *a)* máquinas e instrumentos de agricultura; *b)* colheitas pendentes, ou em via de formação; *c)* frutos acondicionados ou armazenados; *d)* lenha cortada e carvão vegetal; *e)* animais do serviço ordinário de estabelecimento agrícola.

Nota-se que os bens acima são imóveis, seja por acessão física industrial, seja por acessão física intelectual. Quanto ao último conceito, percebe-se a sua permanência pelo estudo do dispositivo acima, não tendo razão o Enunciado n. 11, da *I Jornada de Direito Civil*, segundo o qual a categoria dos bens imóveis por acessão intelectual não persiste mais no sistema jurídico brasileiro. Repise-se que o tema está aprofundado no Volume 1 da presente coleção.

Conforme se extrai da doutrina de Gustavo Tepedino, Maria Celina Bodin de Moraes e Heloísa Helena Barboza, o rol a respeito dos bens que podem ser objeto de penhor agrícola é meramente exemplificativo (*numerus apertus*), uma vez que é admitida a citada garantia qualquer bem ligado à produção correspondente (*Código...*, 2011, v. III, p. 886). Ressaltam ainda os juristas que os animais mencionados pela lei são aqueles utilizados na atividade agrícola, não se confundindo tal objeto com o do penhor pecuário, em que os animais são destinados para a atividade pastoril ou de produção de laticínios.

No Projeto de Reforma do Código Civil, mais uma vez com intuito de d*estravar* o instituto do penhor rural, facilitando concessões de crédito para o agronegócio e ampliando-se as suas possibilidades legais, é alterado o art. 1.442 para que passe a mencionar, no inciso I, máquinas e instrumentos da atividade agrária, em sentido amplo, e não só na agricultura; no inciso III, frutos e produtos, acondicionados ou armazenados, ainda que destinados a beneficiamento ou transformação; e no inciso IV madeira preparada para corte, lenha cortada e carvão vegetal.

Nos termos do art. 1.443 da codificação civil em estudo, é possível que o penhor agrícola assuma a face de *negócio jurídico aleatório*, relacionada a sua causa ao fator risco. Isso porque o comando admite que o penhor em questão recaia sobre colheita pendente, ou em via de formação.

Em casos tais, caso a colheita inicialmente prevista como objeto da garantia seja frustrada ou insuficiente, o penhor abrange a imediatamente seguinte. A hipótese é de *sub-rogação real*, de substituição de uma coisa por outra, por determinação legal. Cumpre anotar que, com razão, entendeu a jurisprudência do Superior Tribunal de Justiça que não há qualquer óbice, mesmo que por cláusula contratual, para a substituição da garantia, por falta de impedimento legal na legislação a respeito do penhor agrícola (STJ, REsp 662.712/RS, 3.ª Turma, Rel. Min. Carlos Alberto Menezes Direito, j. 20.03.2007, *DJ* 11.06.2007, p. 302).

Conforme consta das edições anteriores da presente obra, entendo pela possibilidade de se aplicar o § 1.º do art. 7.º da Lei 492/1937 no caso de perda da safra objeto do penhor agrícola. Isso porque não há incompatibilidade entre a norma específica e o Código Civil de 2002. Mais do que isso, o preceito específico complementa o tratamento constante da norma geral.

De acordo com tal dispositivo especial, "sendo objeto do penhor agrícola a colheita pendente ou em via de formação, abrange ele a colheita imediatamente seguinte no caso de frustrar-se ou ser insuficiente a dada em garantia. Quando, porém, não quiser ou não puder o credor, notificado com 15 dias de antecedência, financiar a nova safra, fica o devedor com o direito de estabelecer com terceiro novo penhor, em quantia máxima equivalente ao primitivo contrato, considerando-se, qualquer excesso apurado na colheita, apenhado à liquidação da dívida anterior". As menções à notificação e ao prazo de 15 dias devem ser consideradas para os procedimentos cabíveis.

Verifica-se que a norma específica está em sintonia com o parágrafo único do art. 1.443 do Código Civil, pelo qual se o credor não financiar a nova safra, poderá o devedor constituir com outrem novo penhor, em quantia máxima equivalente à do primeiro. Esse *segundo penhor* terá preferência sobre o primeiro, abrangendo o segundo apenas o excesso apurado na colheita seguinte.

O procedimento relativo ao dispositivo é bem exposto por Marco Aurélio S. Viana, que utiliza a Lei 492/1937 como parâmetro de conclusão. Pela ordem, cabe ao credor a primeira manifestação a respeito de sua disposição sobre um novo financiamento. No silêncio do credor, o devedor deve notificá-lo para tal fim. Se o credor não se manifestar no prazo de 15 dias, abre-se a possibilidade para novo financiamento, garantido pelo segundo penhor, celebrado com terceiro (*Comentários*..., 2003, v. XVI, p. 748).

Em complemento, nos termos do § 2.º do mesmo art. 7.º da Lei 492/1937, não chegando o devedor e o terceiro a ajustar o segundo penhor, assiste ao credor o direito de, exibindo a prova do tanto quanto a colheita se lhe consignou, ou se apurou, ou de ter-se frustrado no todo ou em parte, requerer ao juiz competente da situação da propriedade agrícola que faça expedir mandado para a averbação de extensão do penhor à colheita imediata.

Como outrora sustentado, a averbação a respeito da colheita imediata não é fundamental para a ciência dos terceiros, pois, na hipótese de financiamento de safra, caberá ao credor se certificar sobre a frustração ou não da safra anterior. Se isso ocorrer, a *sub-rogação real legal* na nova safra será automática (TARTUCE, Flávio; SIMÃO, José Fernando. *Direito civil...*, 2013, v. 4, p. 448).

A encerrar o estudo do penhor agrícola, insta trazer à tona julgado do Superior Tribunal de Justiça, em que o devedor pretendeu substituir a safra contratada por uma safra futura, alegando onerosidade excessiva no pactuado de transferência do encargo ao subproduto da safra original.

Conforme consta da ementa da decisão, "se o próprio contrato de penhor agrícola prevê a transferência do encargo ao subproduto da safra, não se pode argumentar com a impossibilidade dessa transferência. Se há onerosidade excessiva nessa operação, o devedor deve se valer dos mecanismos previstos em Lei para substituição da garantia. Transferir o penhor sobre uma safra para safras futuras pode se revelar providência inócua, gerando um efeito cascata, notadamente se tais safras futuras forem objeto de garantias autônomas, advindas de outras dívidas: a safra que garante uma dívida, nessa hipótese, poderia ser vendida livremente pelo devedor (como se sobre ela não pesasse qualquer ônus), fazendo com que a safra futura garanta duas dívidas, e assim sucessivamente, esvaziando as garantias. Recurso Especial conhecido e improvido" (STJ, REsp 1.278.247/SP, 3.ª Turma, Rel. Min. Nancy Andrighi, j. 20.09.2012, *DJe* 12.11.2012). A conclusão do acórdão tem o meu total apoio doutrinário.

8.2.3.2.3   Do penhor pecuário

O penhor pecuário, segunda modalidade de penhor rural, tem por objeto os animais que integram a atividade pastoril ou de lacticínios, que igualmente podem ser tidos como imóveis por acessão intelectual (art. 1.444 do CC). Conforme outrora foi exposto, na linha da melhor doutrina, se os animais forem utilizados na atividade agrícola, o penhor será agrícola, e não pecuário. Assim sendo, a expressão *atividade agrícola* constante do dispositivo deve ser desconsiderada, sob pena de retirar do sistema a possibilidade de penhor antes estudada. Os animais podem ser bois, porcos, cavalos, mulas, jumentos, ovelhas, carneiros, cabras, entre outros, desde que preenchidas as finalidades previstas em lei.

O art. 10, parágrafo único, da Lei 492/1937, ainda em vigor, estabelece que deve a escritura que constitui o penhor pecuário, sob pena de nulidade, designar os animais com a maior precisão. Deve, ainda, indicar o lugar onde se encontrem e o destino que têm, mencionando de cada um a espécie, denominação comum ou científica, raça, grau de mestiçagem, marca, sinal, nome, se tiver todos os característicos por que se identifique. Em suma, deve ocorrer a perfeita especialização dos animais objeto de garantia. Conjugando a norma com o art. 1.424 do CC, é forçoso concluir que a falta dos requisitos descritos não é causa de nulidade da escritura, mas de mera ineficácia.

Como decorrência lógica de sua instituição, o devedor pignoratício não poderá alienar os animais empenhados sem prévio consentimento, por escrito, do credor pignoratício (art. 1.445, *caput*, do CC/2002 e art. 12 da Lei 492/1937). Em suma, consagra-se a *inalienabilidade legal* dos animais que garantem a dívida, como regra, salvo se houver autorização do credor. Isso decorre da condição de depositário imposta ao devedor.

CAP. 8 · DOS DIREITOS REAIS DE GARANTIA SOBRE COISA ALHEIA | **635**

Nos termos do que pontua Francisco Eduardo Loureiro, "embora haja controvérsia na doutrina, a alienação dos animais sem tal consentimento é nula e não produz efeito frente ao credor, que pode promover sua excussão, ainda que se encontrem em poder de terceiros" (*Código...*, 2010, p. 1.546). Tem razão o jurista, podendo a nulidade ser enquadrada na ilicitude do objeto ou na fraude à lei imperativa, diante da venda de bem inalienável por força de lei (art. 166, incs. II e VI, do CC). Pode-se falar, ainda, em nulidade virtual, pois a lei proíbe a prática do ato sem cominar sanção (art. 166, inc. VII, segunda parte, do CC).

Se o devedor pretende alienar o gado empenhado ou, por negligência, ameace prejudicar o credor, poderá este requerer que se depositem os animais sob a guarda de terceiro, ou exigir que se lhe pague a dívida de imediato (art. 1.445, parágrafo único, do CC). Como bem pondera Marco Aurélio S. Viana, a lei dá dois caminhos ao credor, cabendo a ele eleger qual o mais adequado aos seus interesses: "Feito o pedido, deverá provar as alegações, na forma prevista na legislação processual" (*Comentários...*, 2003, v. XVI, p. 751).

Anoto que no Projeto de Reforma do Código Civil pretende-se que a norma passe a mencionar, em seu *caput* e no parágrafo único, o garantidor, que pode ser não só o devedor, mas também terceiro, o que virá em boa hora, pois a expressão ampla é melhor tecnicamente.

De volta ao sistema vigente, os animais da mesma espécie, comprados para substituir os mortos, ficam sub-rogados no penhor, mais uma hipótese de *sub-rogação real legal* (art. 1.446 do CC). Nos termos do seu parágrafo único, presume-se de forma relativa tal substituição, mas não terá eficácia contra terceiros se não constar de menção adicional ao respectivo contrato, a qual deverá ser averbada. Como deixa claro a norma, a falta da averbação não atinge a validade e eficácia *inter partes* da substituição, mas apenas os seus efeitos perante terceiros.

No Projeto de Reforma do Código Civil há proposição de se revogar esse parágrafo único, pois a sub-rogação passará a constar dos novos arts. 1.431-A e 1.431-C da codificação privada, para todas as modalidades de penhor.

8.2.3.3 Do penhor convencional especial industrial e mercantil

Após tratar do penhor rural, o Código Civil de 2002 consagra regras a respeito do penhor industrial e mercantil, também modalidades de penhor convencional especial. Mais uma vez, o devedor permanece com a posse direta sobre os bens garantidos. Quando da celebração do negócio, o credor recebe apenas a posse indireta, por meio de tradição ficta.

Ambos têm por conteúdo máquinas, aparelhos, materiais e instrumentos instalados e em funcionamento, com ou sem acessórios (art. 1.447, *caput*, do CC). Ainda podem ter como objeto animais utilizados na indústria, sal e bens destinados à exploração das salinas, produtos de suinocultura, animais destinados à industrialização de carnes e derivados, matérias-primas e produtos industrializados. Como se percebe, mais uma vez, o seu objeto são bens imóveis por acessão intelectual, ou seja, bens móveis incorporados a imóveis.

O rol dos bens descritos, mais uma vez, é exemplificativo ou *numerus apertus*. O art. 20 do Decreto-lei 413/1969 – outra norma que tem origem no período da ditadura militar e que trata da cédula de penhor mercantil – elenca outros tantos bens que podem ser objeto da citada garantia. A título de exemplo, podem ser citados: *a)* matérias-primas, produtos industrializados e materiais empregados no processo produtivo, inclusive embalagens; *b)* veículos automotores e equipamentos para execução de terraplanagem, pavimentação, extração de minério e construção civil; *c)* dragas e implementos destinados à limpeza e à desobstrução de rios, portos e canais; e *d)* toda construção utilizada como meio de transporte por água, caso dos aquedutos.

No Projeto de Reforma do Código Civil almeja-se uma ampliação das hipóteses de penhor especial industrial, novamente visando a *destravar* o instituto. Nesse contexto, o art. 1.447 passará a prever, incluindo o penhor de estoques que "podem ser objeto de penhor, entre outros bens, máquinas, aparelhos, materiais, instrumentos, instalados e em funcionamento, com os acessórios ou sem eles; animais, utilizados na indústria; sal e bens destinados à exploração das salinas; produtos de suinocultura, animais destinados à industrialização de carnes e derivados; matérias-primas e produtos industrializados; estoques de bens móveis em geral destinados ao uso, à transformação ou à comercialização na indústria ou no comércio". Também se almeja um novo art. 1.447-A, prevendo, de forma clara e indubitável que o penhor industrial e mercantil se submete, no que couber, às mesmas regras do penhor comum.

Quanto às diferenças entre as duas categorias tratadas em conjunto, segundo Maria Helena Diniz, o penhor mercantil "distingue-se do industrial apenas pela natureza da obrigação que visa garantir: a contraída por comerciante, ou empresário, no exercício de sua atividade econômica" (*Código...*, 2010, p. 1008). Para Gustavo Tepedino, Maria Celina Bodin de Moraes e Heloísa Helena Barboza, não haveria diferença entre os institutos, pois em ambos estar-se-á garantindo uma dívida relacionada a uma atividade mercantil ou empresarial (*Código...*, 2011, v. III, p. 891).

Conforme constava em edições anteriores desta obra, continuo seguindo o entendimento segundo o qual o que interessa para a configuração de uma ou outra categoria é a obrigação que está sendo garantida. Por essa forma de pensar, se a garantia estiver sendo prestada em relação a uma atividade industrial, o nome do penhor será industrial. Se, por outro lado, se tratar de atividade comercial ou empresarial, o penhor será mercantil. Como as regras são as mesmas, a utilização de um ou outro nome por engano não tem o condão de tornar a garantia inválida ou ineficaz (TARTUCE, Flávio; SIMÃO, José Fernando. *Direito civil...*, 2013, v. 4, p. 452).

Em havendo depósito de bens empenhados em armazéns gerais, a situação passa a ser regulamentada pelas disposições relativas aos tais armazéns, conforme se retira do art. 1.447, parágrafo único, do CC/2002. Subsume-se, nesse contexto, o antigo e remoto Decreto 1.102/1903. Nos termos dessa última norma, são emitidos dois títulos de crédito pelos armazéns gerais, o conhecimento de depósito e o *warrant*, assuntos que interessam ao Direito Empresarial. Além da última lei, consigne-se que outras normas tratam do penhor industrial e mercantil, caso do Decreto-lei 1.697/1939 (relativo a produtos destinados a suinocultura), do Decreto-lei 3.168/1941 (penhor de sal e bens relativos à instalação de salinas) e do Decreto-lei 4.312/1942 (penhor de animais destinados à industrialização de carnes).

O penhor industrial ou o mercantil é constituído mediante instrumento público ou particular, registrado no Cartório de Registro de Imóveis da circunscrição onde estiverem situadas as coisas empenhadas (art. 1.448, *caput*, do CC). Trata-se, assim, de um ato jurídico formal e não solene, diante da exigência da forma escrita e não da escritura pública.

Presente uma promessa de pagamento em dinheiro da dívida, que garante com penhor industrial ou mercantil, o devedor poderá emitir, em favor do credor, cédula do respectivo crédito, na forma e para os fins que a lei especial determinar (art. 1.448, parágrafo único, do CC).

Trata-se de *cédula de crédito de penhor industrial*, tratada pelo outrora citado Decreto-lei 413/1969. Conforme o seu art. 1.º, "o financiamento concedido por instituições financeiras a pessoa física ou jurídica que se dedique à atividade industrial poderá efetuar-se por meio da cédula de crédito industrial". O emitente da cédula fica obrigado a aplicar o financiamento nos fins ajustados, devendo comprovar essa aplicação no prazo e na forma exigidos pela

CAP. 8 · DOS DIREITOS REAIS DE GARANTIA SOBRE COISA ALHEIA | **637**

instituição financiadora (art. 2.º). A aplicação do financiamento será ajustada por orçamento, assinado, em duas vias, pelo emitente e pelo credor, deste orçamento devendo constar expressamente qualquer alteração que convencionarem (art. 3.º).

O devedor não pode, sem o consentimento por escrito do credor, alterar as coisas empenhadas ou mudar-lhes a situação, nem delas dispor, o que decorre da sua situação de depositário (art. 1.449 do CC). Como se nota, o bem em penhor industrial ou mercantil é considerado inalienável, sendo a sua venda, sem autorização do credor, nula de pleno direito. Para tal conclusão podem ser utilizados os argumentos da ilicitude do objeto, da fraude à lei imperativa e a nulidade virtual (art. 166, incs. II, VI e VII, do CC).

Eventualmente, o devedor que, anuindo o credor, alienar as coisas empenhadas, deverá repor outros bens da mesma natureza, que ficarão sub-rogados no penhor, com o fim de manter a garantia. Mais uma vez, nota-se hipótese de *sub-rogação real legal*, de substituição de uma coisa por outra. Não havendo tal reposição, a garantia é considerada insuficiente, o que gera o vencimento antecipado da obrigação principal.

Aplicando a norma correspondente da codificação anterior, o Superior Tribunal de Justiça entendeu que "dados em garantia bens consumíveis e destinados à venda, há de se entender que o devedor estava autorizado a isso, mas a sua alienação não extingue a garantia, que se transfere para outros da mesma natureza e destinação, existentes no momento da penhora. Porém, não se admite a extensão para bens de outra natureza, tais como os móveis que guarnecem o escritório da devedora" (STJ, REsp 230.997/SP, 4.ª Turma, Rel. Min. Ruy Rosado de Aguiar, j. 23.11.1999, *DJ* 17.12.1999, p. 382).

Vale pontuar a anotação de Jones Figueirêdo Alves e Mário Delgado, que confrontam o art. 1.449 do CC/2002 com o art. 3.º do Decreto-lei 1.271/1939. Esse último comando estabelecia que o devedor não poderia dispor, alterar ou mudar a situação das coisas empenhadas ainda que no mesmo estabelecimento onde se acharem, sem consentimento por escrito do credor. De acordo com os doutrinadores,

> "O art. 3.º do Dec.-lei 1.271/1939 era mais rigoroso, pois não permitia a mudança de lugar da coisa empenhada, ainda que dentro do mesmo estabelecimento, o que se afigurava exagerado. O novo Código, em repetindo parcialmente aquele dispositivo da lei especial, não se refere mais à mudança de lugar da coisa dentro do mesmo estabelecimento, o que faz presumir a conduta. Mesmo porque, mudar uma coisa de um lugar para outro, dentro do mesmo prédio, não representa mudança de situação, nem muito menos configura ato de disposição" (ALVES, Jones Figueirêdo; DELGADO, Maria Luiz. *Código...*, 2005, p. 731).

Em relação à condição de depositário assumida pelo devedor pignoratício no penhor industrial ou mercantil, volta à tona a possibilidade de sua prisão civil. Mais uma vez, a jurisprudência do Superior Tribunal de Justiça já se posicionava quanto à impossibilidade dessa prisão, pelos argumentos antes expostos, quando do estudo do penhor rural (por todos: STJ, RHC 22.260/RJ, 3.ª Turma, Rel. Min. Ari Pargendler, j. 13.11.2007, *DJ* 01.02.2008, p. 1; REsp 701.948/SC, 3.ª Turma, Rel. Min. Carlos Alberto Menezes Direito, j. 22.03.2007, *DJ* 25.06.2007, p. 234 e RHC 17.525/PE, 3.ª Turma, Rel. Min. Castro Filho, j. 15.12.2005, *DJ* 01.02.2006, p. 520).

Nos julgados anteriores do Supremo Tribunal Federal, admitia-se a prisão civil no penhor mercantil, servindo para ilustrar: "Direito constitucional, civil e processual civil. Prisão civil. Depositário infiel. Penhor mercantil. 'Habeas corpus'. 1. É admissível a prisão civil de depositário infiel, em caso de penhor mercantil. 2. 'Habeas corpus' indeferido" (STF, HC 80.587/SP, 1.ª Turma, Rel. Min. Sydney Sanches, j. 13.02.2001).

638 | DIREITO CIVIL • VOL. 4 – *Flávio Tartuce*

Todavia, conforme antes exposto, com a emergência da Emenda Constitucional 45/2005, a questão se estabilizou, não sendo possível a prisão civil em qualquer hipótese de inadimplemento obrigacional, o que engloba tanto o depósito típico quanto o atípico, relacionado ao penhor industrial ou mercantil (Súmula Vinculante 25 do STF).

Por fim, a respeito do presente tópico, mais uma vez, por questão de boa-fé e de integridade da garantia, tem o credor direito a verificar o estado das coisas empenhadas, inspecionando-as onde se acharem, por si ou por pessoa que credenciar (art. 1.450 do CC). Repete-se a regra relativa ao penhor rural (art. 1.441), existindo igualmente um *direito de vistoria ou inspeção* por parte do credor pignoratício em relação aos bens que são objeto da garantia.

8.2.3.4 *Do penhor convencional especial de direitos e títulos de crédito*

Seguindo nas modalidades especiais de penhor convencional, a atual codificação privada trata do penhor sobre direitos e do penhor de títulos de crédito. No Código Civil de 1916 havia apenas regulamentação expressa sobre a caução de títulos de crédito, que era equiparada ao penhor (arts. 789 a 795). De qualquer maneira, já se entedia que tal tratamento anterior englobava o penhor de direitos (TEPEDINO, Gustavo; MORAES, Maria Celina Bodin de; BARBOZA, Heloísa Helena. *Código...*, 2011, v. III, p. 894).

Conforme o art. 1.451 do CC/2002, podem ser objeto de penhor direitos, suscetíveis de cessão, sobre coisas móveis. Conforme os comentários de Marco Aurélio S. Viana, "o penhor pode incidir em direitos. O ônus pignoratício grava bens incorpóreos. No estudo do tema, no direito anterior, observava Orlando Gomes, que se tinha a aplicação prática do princípio de que há direitos sobre direitos (*Direitos Reais*, cit., v. 2, p. 487). O objeto são direitos em si. Mas não todo e qualquer direito. O penhor de direitos envolve apenas aqueles que indicam sobre coisas móveis (arts. 82 a 84 do CC), e que sejam suscetíveis de cessão" (*Comentários...*, 2003, v. XVI, p. 757).

Abre-se a possibilidade de penhor sobre direitos imateriais, caso de direitos de autor. Com o devido respeito, parece-me que a solução com tal grau de generalidade não foi feliz. Isso porque os direitos reais, caso da propriedade, devem recair somente sobre bens corpóreos, conforme desenvolvido no Capítulo 3 desta obra. Admitir-se o penhor sobre direitos autorais, direitos da personalidade na essência, representa uma *coisificação da pessoa humana*, inadmissível pelo Direito Privado Contemporâneo. Vale a advertência formulada por Marco Aurélio Bezerra de Melo, para quem não podem ser objeto dessa modalidade de penhor os créditos trabalhistas e de alimentos, por serem impenhoráveis (*Direito...*, 2007, p. 412).

Na prática, tem-se admitido a categoria do penhor sobre direitos relativos a vendas realizadas com cartões de crédito. Ilustrando, da jurisprudência paulista:

> "Apelação embargos de terceiro. Contrato de penhor. Garantia que incide sobre direitos de crédito relativos a vendas realizadas com a utilização de cartões de crédito. Possibilidade. Art. 1.451 do Código Civil. Contrato lícito, válido e formalmente constituído. Credor pignoratício que prefere à exequente, nos termos do art. 1.422 desse Código. Ordem de desbloqueio dos valores, limitados à dívida contratada e desde que oriundos de operações com referidos cartões. Sentença modificada. Sucumbência invertida. Recurso provido, com observação" (TJSP, Apelação 9174563-10.2006.8.26.0000, Acórdão 5481438, 15.ª Câmara de Direito Privado, São Paulo, Rel. Des. Vicentini Barroso, j. 18.10.2011, *DJESP* 24.10.2011).

Cabe ressaltar que, nos casos como o descrito, é possível debater judicialmente a abusividade do negócio principal, diante da clara presença de um contrato de consumo.

O penhor de direito é constituído mediante instrumento público ou particular, devidamente registrado no Registro de Títulos e Documentos, o que visa à sua especialização e eficácia perante terceiros (art. 1.452 do CC/2002). Como não há entrega da coisa, o registro tem natureza constitutiva pura, ao contrário do que ocorre no penhor convencional comum. Nesse trilhar, outro julgado do Tribunal Paulista, de relatoria do Desembargador Francisco Eduardo Loureiro, destacado doutrinador da matéria, realçando bem esse caráter constitutivo (TJSP, Agravo de Instrumento 0032374-55.2012.8.26.0000, Acórdão 6617059, 1.ª Câmara Reservada de Direito Empresarial, Sertãozinho, Rel. Des. Francisco Loureiro, j. 26.03.2013, *DJESP* 23.04.2013). Também em seus comentários ao preceito citado, o jurista destaca tal característica do registro (LOUREIRO, Francisco Eduardo. *Código...*, 2010, p. 1.553-1.554).

Diante da transparência e da boa-fé que se exige da garantia real, estabelece o parágrafo da última norma que o titular de direito empenhado deverá entregar ao credor pignoratício os documentos comprobatórios do crédito. Excepcionalmente, o devedor pode reter tais documentos se tiver interesse legítimo em conservá-los, o que deve ser analisado caso a caso. Assim, pode eventualmente o título não ser entregue ao credor, o que quebra com o caráter ordinário ou comum do penhor.

Pela similaridade que o instituto apresenta com a cessão de crédito, a modalidade especial de garantia em estudo não tem eficácia senão quando notificado ao devedor (art. 1.453, *caput*, do CC/2002). Nota-se que a falta de notificação não gera a invalidade do penhor, repercutindo apenas na eficácia perante o devedor.

Concretizando esse preceito, julgou o Tribunal Mineiro que responde por indenização por ato ilícito o banco endossatário que, ao receber duplicata sem aceite, a título de penhor de crédito, não observa a formalidade da notificação do devedor e deixa de cientificar sobre a operação, vindo a promover o protesto da cambial, cuja obrigação já fora paga ao sacador-endossante (TJMG, Apelação Cível 1.0079.05.190642-2/0011, 18.ª Câmara Cível, Contagem, Rel. Des. Guilherme Luciano Baeta Nunes, j. 23.09.2008, *DJEMG* 07.10.2008).

Assim como faz o art. 290 do Código Civil quanto à cessão de crédito, dispõe a parte final do art. 1.453 da própria lei geral privada que por notificado tem-se o devedor que, em instrumento público ou particular, declarar-se ciente da existência do penhor. E, em havendo tal declaração, não cabe manifestação em sentido contrário, o que é aplicação da máxima que veda o comportamento contraditório (*venire contra factum proprium non potest*).

O credor pignoratício deve praticar os atos necessários à conservação e defesa do direito empenhado e cobrar os juros e mais prestações acessórias compreendidas na garantia (art. 1.454 do CC/2002). Conforme leciona e ilustra Sílvio de Salvo Venosa, tal dever decorre do fato de o credor pignoratício assumir "a mesma posição do titular do direito, devendo zelar por este como se fosse seu. Afora responsabilizar-se pela integralidade da cártula em si, ou outro documento, incumbe-lhe, por exemplo, interromper a prescrição ou efetuar o protesto, se isso for necessário" (*Código...*, 2010, p. 1314). Além da cobrança dos juros, mencione-se a cobrança de multas e outras garantias acessórias que eventualmente recaiam sobre a obrigação principal.

Como decorrência natural dessa sua posição, deverá o credor pignoratício cobrar o crédito empenhado, assim que se torne exigível (art. 1.455 do CC). Estabelece a mesma norma que, se o crédito consistir em prestação pecuniária, em dinheiro, depositará a importância recebida, de acordo com o que for estabelecido pelo devedor pignoratício ou onde o juiz determinar. Se o crédito consistir na entrega da coisa, nesta se sub-rogará o penhor, outra hipótese de *sub-rogação real legal*.

Conforme o parágrafo único do art. 1.455, em se tratando de obrigação pecuniária e estando vencido o crédito, tem o credor pignoratício direito de retenção quanto à quantia recebida, a fim de cobrir o que lhe for devido. O restante será devolvido ao devedor, se for o caso. A norma parece representar exceção à proibição do pacto comissório real, pois se dispensa a execução judicial do bem. Porém, se o caso for de entrega de coisa, vencida a obrigação, somente caberá excussão judicial pelo credor, visando receber o que é devido.

Se o mesmo crédito for objeto de vários penhores, só ao credor pignoratício, cujo direito prefira aos demais, o devedor deve pagar. Como bem observa Francisco Eduardo Loureiro, deve-se observar a ordem cronológica dos ingressos no Cartório de Registro de Títulos e Documentos "ou nos registros especiais, em casos de cotas, ações e propriedade industrial, como Juntas Comerciais, Registros Civil de Pessoas Jurídicas, INPI ou livros de registros de ações de sociedades anônimas. Isso porque, como acima visto, na impossibilidade de transferência da posse dos bens corpóreos empenhados, o registro tem natureza constitutiva, convertendo mero direito de crédito em direito real" (*Código...*, 2010, p. 1.558).

Estabelece o mesmo comando civil que responde por perdas e danos aos demais credores o credor preferente que, notificado por qualquer um deles, não promover oportunamente a cobrança. Constata-se hipótese de culpa presumida decorrente da notificação não atendida. Obviamente, as perdas e danos necessitam ser provados pelo credor prejudicado, abrangendo não só danos patrimoniais, como também extrapatrimoniais.

Encerrando o tratamento do *penhor de direitos*, preceitua o art. 1.457 do CC/2002 que o titular do crédito empenhado, o devedor da garantia, só pode receber o pagamento com a anuência, por escrito, do credor pignoratício, caso em que o penhor se extinguirá. O Projeto de Lei Ricardo Fiúza pretendia introduzir, ao final do dispositivo, a expressão "salvo disposição contratual em contrário". Conforme as justificativas da proposição, "é prática comum no mercado de crédito que o titular do crédito empenhado continue fazendo a cobrança do mesmo junto ao devedor originário. Daí a necessidade da presente alteração".

Em verdade, no sistema atual, se o devedor do crédito pagar ao seu credor originário, sem anuência do credor do penhor, pagará mal. Em suma, sendo ineficaz o seu pagamento, deverá pagar novamente ao credor pignoratício (LOUREIRO, Francisco. *Código...*, 2010, p. 4.558; VENOSA, Sílvio de Salvo. *Código...*, 2010, p. 1.315).

Anoto que no Projeto de Reforma do Código Civil, elaborado pela Comissão de Juristas, sugere-se um aperfeiçoamento do seu art. 1.457 para que trate dos procedimentos para o recebimento do crédito, inclusive com o uso de medidas extrajudiciais. Nos seus termos, sendo notificado o devedor, apenas ao credor pignoratício caberá receber os créditos empenhados, competindo-lhe: *a)* praticar os atos necessários à sua conservação e à sua defesa; *b)* cobrar os juros e mais prestações acessórias compreendidas na garantia; *c)* promover a intimação dos devedores inadimplentes; e *d)* usar dos meios judiciais e extrajudiciais para receber os créditos e exercer os demais direitos conferidos ao garantidor pignoratício no contrato original. Pela mesma proposição, o devedor do crédito cedido poderá opor ao credor pignoratício as exceções de que dispunha na data da notificação.

Entretanto, quando tiver anuído com o penhor sem qualquer reserva, não poderá opor as mesmas exceções posteriormente (§ 1º). Se o penhor for fracionário em relação aos valores de cada pagamento devido, poderá o devedor do crédito cedido obter quitação pagando diretamente ao credor original, que o receberá na qualidade de depositário; se pagar ao credor pignoratício, a quitação é limitada à fração objeto do penhor (§ 2º). A repactuação do crédito é ineficaz perante o credor pignoratício, exceto se este houver anuído (§ 3º). Por fim, como última proposta, o inadimplemento obrigacional pelo garantidor não confere ao devedor do crédito cedido o direito a repetir ou pegar de volta contra o credor pignoratício qualquer valor que já tenha pago (§ 4º do art. 1.457 do CC).

De fato, não se pode negar que as sugestões de alteração legislativa, com detalhamento dos procedimentos, torna o recebimento do crédito mais efetivos, sendo a norma atual insuficiente, aguardando-se a sua aprovação pelo Parlamento Brasileiro.

Partindo para o *penhor sobre títulos de crédito*, explica Nestor Duarte, em sua tese de livre-docência defendida na Universidade de São Paulo, o seguinte:

> "É possível a garantia com coisas móveis, mediante penhor da generalidade dos bens daquela classificação. Quando se trata de título de crédito, o regime comum do penhor sofre derrogações para adaptar-se às peculiaridades do objeto dado em garantia, a começar pelo fato de que, embora corpóreo, o título de crédito entra na conta das coisas representativas. Sobreleva, entre as derrogações, porém, a faculdade que o credor pignoratício tem de receber seu crédito do devedor ou responsável constantes do título, ou seja, o *jus exigendi*" (DUARTE, Nestor. *Penhor...*, 2012, p. 110).

Quanto à sua constituição, expressa o art. 1.458 do CC/2002 que esta se dá mediante instrumento público ou particular ou *endosso pignoratício*, com a tradição do título ao credor. Esclareça-se que essa é a única modalidade de penhor especial em que o objeto da garantia é entregue ao credor. O mesmo comando estabelece a aplicação das regras relativas à teoria geral dos direitos reais de garantia (arts. 1.418 a 1.430) e das concernentes ao penhor de direitos, a partir do art. 1.451 do CC, abordadas no presente tópico.

No que diz respeito ao *endosso pignoratício* ou *endosso-caução*, esse é definido e explicado como "(forma especial de endosso, pela qual o endossante vincula-se a outra obrigação, conferindo ao endossatário o direito de retenção), lançado, ante o princípio da literalidade, no verso do próprio título, e requer a entrega do título ou da cártula do credor. Ao lançar tal endosso dever-se-á fazer uma menção que o identifique, como 'valor do penhor'" (DINIZ, Maria Helena. *Código...*, 2010, p. 1.013). Diante da incidência do art. 1.452 da própria codificação, a jurista, com razão, defende a necessidade de registro do contrato que constitui tal penhor.

Em seu profundo trabalho monográfico sobre o tema, Nestor Duarte destaca os efeitos do endosso-caução, explicando que o endossatário age em seu próprio nome, não podendo contra ele ser opostas as exceções pessoais oponíveis ao endossante, "contra quem se poderão deduzir objeções em outro processo, já que não sofre os efeitos da coisa julgada. Se, entretanto, o penhor for dado por quem adquiriu o título após o protesto ou o decurso do prazo legal, o credor da caução não será titular de direito autônomo, ficando, em consequência, vulnerável às exceções pessoais que os coobrigados tenham em relação ao endossante. Este endossatário é responsável pelos prejuízos que causar, seja ao endossante, como no caso de dar causa à prescrição, se não promover a cobrança oportuna do título, seja a terceiro" (DUARTE, Nestor. *Penhor...*, 2012, p. 151).

O art. 1.459 do Código Civil em vigor estabelece os direitos atribuídos ao credor de penhor de título de crédito. De início, poderá conservar a posse do título e recuperá-la de quem quer que o detenha, por meio de ações possessórias (inc. I). Em complemento, poderá, também, usar de todos os meios judiciais convenientes para assegurar os seus direitos e os do credor do título empenhado, caso de uma ação petitória.

O terceiro direito é o de fazer intimar ao devedor do título que não pague ao seu credor, enquanto durar o penhor (art. 1.459, inc. III). Vale a ressalva apresentada por Francisco

Eduardo Loureiro, no sentido de serem os títulos de crédito documentos de apresentação, "de modo que o devedor originário somente vai efetuar o pagamento ao endossatário/portador, exigindo a devolução da cártula. A regra, assim, importa simples faculdade do credor pignoratício. Dizendo de outro modo, ainda que o devedor originário não seja intimado da existência do penhor somente efetuará o pagamento ao apresentante, vale dizer, o credor pignoratício endossatário, que tem a cártula em seu poder" (LOUREIRO, Francisco Eduardo. *Código...*, 2010, p. 1.562).

Ilustrando a aplicação do dispositivo em análise, entendeu o Tribunal Paulista que, ausente a citada notificação pelo endossatário-caucionante para o não pagamento ao credor originário, com o apontamento do novo credor do título, "e demonstrado o pagamento, de boa-fé, pela autora sacada ao sacador endossante do débito relativo às duplicatas não aceitas protestadas por indicação, é de se reconhecer que os pagamentos feitos são oponíveis ao endossatário-caucionante e que os títulos foram quitados em data anterior aos respectivos protestos, impondo-se, em consequência, a confirmação da r. sentença, quanto à declaração de inexigibilidade do débito objeto da ação, tornando definitiva a liminar para exclusão dos protestos e inscrições" (TJSP, Apelação 0047667-78.2007.8.26.0602, Acórdão 5297999, 20.ª Câmara de Direito Privado, Sorocaba, Rel. Des. Rebello Pinheiro, j. 25.07.2011, *DJESP* 11.08.2011).

Em suplemento à previsão em comento, estabelece o art. 1.460 do CC/2002 que o devedor do título empenhado que receber a citada intimação ou se der por ciente do penhor, não poderá pagar ao seu credor. Se o fizer, responderá solidariamente por este, por perdas e danos, perante o credor pignoratício. Conforme o seu parágrafo único, se o credor der quitação ao devedor do título empenhado, deverá saldar imediatamente a dívida, em cuja garantia se constituiu o penhor.

Comentando o comando, Nestor Duarte confirma a tese de que a intimação do devedor constitui uma faculdade do credor, citando Gladston Mamede e o entendimento do Superior Tribunal de Justiça no REsp 70.967/PR e no REsp 88.876/ES. Isso porque, se o devedor tem ciência do endosso, torna-se desnecessária a sua notificação (*Penhor...*, 2012, p. 185). E complementa, citando a posição anterior desta obra, quando em coautoria:

> "Na hipótese de o devedor do título haver sido notificado, mas permanecendo o seu credor com o título, que deveria ter sido entregue ao credor pignoratício, indaga-se sobre como proceder. Pode, evidentemente, esse devedor consignar em pagamento, sob o argumento de dúvida a quem pagar (art. 335, IV, do CC/2002). Entretanto, é de se ter em conta que a entrega do título integra a constituição do próprio penhor; logo, sem essa providência, pode-se entender que o penhor não existiu e, assim, o devedor que pagar ao portador do título, e de boa-fé, não poderá ser responsabilizado por pagamento inválido, como concluiu o STJ em acórdão referido por Flávio Tartuce e José Fernando Simão" (DUARTE, Nestor. *Penhor...*, 2012, p. 186).

O importante aresto do Superior Tribunal de Justiça foi assim ementado por aquela Corte Superior:

> "Civil. Recurso especial. Ação de perdas e danos. Notas promissórias representativas de parcelas de compromisso de compra e venda de imóvel que foram, pela construtora, caucionadas a banco, como garantia da dívida hipotecária relativa ao financiamento da obra. Ciência desse ato ao devedor. Ausência, contudo, de tradição dos títulos caucionados. Pagamento realizado à construtora, com efetiva devolução de todas as cártulas. Pretensão do banco a receber perdas e danos, pois o devedor, ciente da caução, não poderia pagar ao

CAP. 8 · DOS DIREITOS REAIS DE GARANTIA SOBRE COISA ALHEIA | **643**

credor caucionante. Configuração da boa-fé por parte dos devedores. Ausência de tradição dos títulos que afeta a existência da própria caução. O acórdão partiu da premissa de que a aplicação do CDC permitia conferir veracidade aos fatos narrados pelos ora recorridos, afastando assim a incidência do art. 795 do CC/16, pois os títulos, apesar de caucionados ao banco, continuaram na posse da construtora, sendo entregues aos ora recorridos a cada pagamento realizado. A caução de títulos de crédito faz parte, tanto no Código Civil antigo quanto no atual, do Capítulo relativo ao penhor; a análise do art. 795 do CC/16 – que estipula a condenação em perdas e danos pleiteada na presente hipótese – deve ser feita, assim, de acordo com uma interpretação sistemática dos dispositivos legais pertinentes. A caução de títulos de crédito tem por objeto a própria cártula; a entrega do título caucionado ao credor pignoratício, portanto, é da essência do instituto em análise. Na presente hipótese, a manutenção da posse das notas promissórias nas mãos do credor caucionante retirou totalmente a possibilidade de produção dos efeitos jurídicos pretendidos pelo ora recorrente à cientificação feita aos devedores quando do caucionamento dos títulos; portanto, em face das peculiaridades aqui examinadas, a comunicação quanto à caução deve ceder espaço ao fato de que as promissórias se mantiveram com a construtora, e foram sendo devolvidas aos ora recorridos, em evidente quitação. Recurso especial não conhecido" (STJ, REsp 756.893/SP, 3.ª Turma, Rel. Min. Nancy Andrighi, j. 19.10.2006, *DJ* 06.11.2006, p. 316).

Para as devidas reflexões, cabe ressalvar que o art. 795 do Código Civil de 1916 equivale parcialmente ao art. 1.460 do Código Civil de 2002.

Por fim, quanto aos seus direitos, estabelece o inciso IV do art. 1.459 que o credor pignoratício tem o direito de receber a importância consubstanciada no título e os respectivos juros, se exigíveis, restituindo o título ao devedor, quando este solver a obrigação. A devolução, obviamente, decorre do desaparecimento da garantia, que não pode existir sozinha, diante do seu sempre citado caráter acessório.

8.2.3.5 *Do penhor convencional especial de veículos*

O tratamento relativo ao penhor convencional especial de veículos é uma inovação festejada do Código Civil de 2002, diante de sua suposta eficiência prática. O sistema anterior não tratava dessa forma de garantia, mas apenas da possibilidade de veículos serem objetos de *penhor cedular*, conforme o Decreto-lei 713/1969.

Marco Aurélio Bezerra de Melo opina que o penhor de veículos soma-se a outros instrumentos para a sua aquisição financiada, caso da alienação fiduciária em garantia, do *leasing* e da venda com reserva de domínio. E arremata: "uma das vantagens da nova garantia real é ser menos burocrática, uma vez que o credor não necessitará retransmitir a titularidade do bem quando for cumprida a obrigação, como sucede com a alienação fiduciária em garantia, com o *leasing* e com a compra e venda com reserva de domínio. Outro ganho jurídico do penhor de veículos é a possibilidade prevista no art. 1.462, parágrafo único, que permite ao devedor emitir cédula de crédito na forma que a lei especial definir, o que tende a potencializar a concessão de crédito" (*Direito...*, 2007, p. 417).

Apesar de todo o entusiasmo que se percebe na doutrina a respeito de facilitações de concessões de crédito, repise-se que vejo algumas ressalvas, notadamente diante do problema do superendividamento, que vem atingindo grande parte das famílias brasileiras. Talvez já seja o momento em se pensar em algumas restrições, a fim de qualificar melhor os negócios de financiamento que são celebrados no País.

Nos termos do art. 1.461 do CC/2002, podem ser objeto de penhor os veículos empregados em qualquer espécie de transporte ou condução. A norma é ampla, abrangendo ônibus, caminhões, tratores, carros e motos. Maria Helena Diniz cita, ainda, a possibilidade de penhor de embarcações não sujeitas a hipoteca, caso de lanchas, *jet-skis* e barcos (*Código...*, 2010, p. 1.016). Anote-se a ressalva feita por Jones Figueirêdo Alves e Mário Luiz Delgado, no sentido de serem excluídos os equipamentos para a execução de terraplanagem e pavimentação, que continuam a ser objeto de penhor industrial (*Código...*, 2005, p. 735).

De acordo com o art. 1.462 da codificação, o penhor de veículos é constituído mediante instrumento público ou particular, registrado no Cartório de Títulos e Documentos do domicílio do devedor, e anotado no certificado de propriedade. Como se nota, dois são os requisitos para a eficácia do ato perante terceiros: o registro no Cartório de Títulos e Documentos e a anotação perante a autoridade administrativa (DETRAN). Como outrora comentado, a falta de tais formalidades não prejudica a validade e a eficácia *inter partes* da garantia. Assim posicionou-se o Superior Tribunal de Justiça, em julgado que merece ser colacionado:

> "Execução. Penhora sobre veículos automotores. Registro de penhor cedular (cédula de crédito comercial) no Cartório de Registro Imobiliário. Ineficácia em relação a terceiros. Tratando-se de veículos automotores dados em penhor cedular, para a eficácia da garantia em relação a terceiros, é necessário o seu registro no Cartório de Registro de Títulos e Documentos ou na repartição competente para expedir licença ou registrá-los" (STJ, REsp 200.663/SP, 4.ª Turma, Rel. Min. Barros Monteiro, j. 02.03.2004, *DJ* 17.05.2004, p. 228).

Ainda segundo o art. 1.462 do CC/2002, prometendo pagar em dinheiro a dívida garantida com o penhor, poderá o devedor emitir cédula de crédito, na forma e para os fins que a lei especial determinar. Trata-se da *cédula pignoratícia veicular*, que ainda não foi regulamentada por lei própria. Não obstante essa falta de regulamentação, há quem entenda pela subsunção das mesmas regras que tratam do penhor rural – Lei 492/1937 e Decreto-lei 167/1967 – e do penhor industrial – Decreto-lei 413/1969, por analogia (VENOSA, Sílvio de Salvo. *Código...*, 2010, p. 1.318; MELO, Marco Aurélio Bezerra de. *Direito...*, 2007, p. 418-419). Esse também é o meu posicionamento doutrinário.

Esclareça-se que, como ocorre com os demais penhores especiais, a posse direta do veículo empenhado fica com o devedor ou com o terceiro proprietário, que continuará a usar o bem, sem qualquer restrição.

Diante dessa realidade, visando à sua funcionalidade, o penhor de veículos não poderia ser efetivado sem que estivessem previamente segurados contra furto, avaria, perecimento e danos causados a terceiros (art. 1.463 do CC/2002). No caso do sinistro, o valor garantido ou indenização substituiria o bem garantido, conforme consta do art. 1.425, § 1.º, do CC/2002.

Todavia, o art. 1.463 do CC/2002 acabou por ser revogado expressamente pela Lei n. 14.179/2021, que tratou da facilitação de acesso a crédito e da mitigação dos impactos econômicos decorrentes da pandemia da Covid-19. O dispositivo foi revogado por ser o seguro uma suposta burocracia desnecessária para a efetivação da garantia. Com o devido respeito, discordo desse argumento, pois o seguro de veículos é algo comum e trivial no País e trazia segurança ao negócio jurídico em questão.

Dúvida existia quanto às consequências jurídicas em caso de não celebração do contrato de seguro. Para uma primeira corrente, a falta do citado seguro geraria a nulidade do penhor. Assim pensam Maria Helena Diniz (*Código...*, 2010, p. 1.016), Francisco Loureiro (*Código...*, 2010, p. 1.565), Gustavo Tepedino, Maria Celina Bodin de Moraes e Heloísa Helena Barboza (*Código...*, 2011, v. III, p. 907).

Por outra via, outros autores sustentavam que a falta do seguro repercutiria na eficácia do penhor, sendo certo que o Cartório de Registro de Títulos e Documentos não deveria

CAP. 8 · DOS DIREITOS REAIS DE GARANTIA SOBRE COISA ALHEIA | **645**

proceder ao registro se não fosse provada a celebração do seguro de dano. Essa era a posição de Marco Aurélio S. Viana (*Comentários...*, 2003, v. XVI, p. 777), Cristiano Chaves de Farias e Nelson Rosenvald (*Curso...*, 2012, v. 5, p. 902).

Das duas correntes, a razão parecia estar com a primeira, uma vez que a expressão "não se fará" deveria ser interpretada no sentido de gerar a nulidade absoluta virtual, uma vez que a lei proíbe a prática do ato sem cominar sanção, nos termos do art. 166, inc. VI, segunda parte, do Código Civil. Vale dizer que a questão se resolveria no plano da validade e não no plano da eficácia, como defendiam os últimos juristas citados.

Reitere-se, entretanto, que o art. 1.463 do Código Civil foi revogado e o debate se refere aos penhores anteriores, quando a norma ainda estava em vigor.

O *direito de vistoria ou de inspeção* também se faz presente no penhor de veículos. Como não detém a coisa, tem o credor direito a verificar o estado do veículo empenhado, inspecionando-o onde se achar, por si ou por pessoa que credenciar (art. 1.464 do CC/2002). Tal direito decorre, ainda, da necessidade de se segurar o objeto de garantia. A negativa por parte do devedor ou terceiro possibilita o ingresso de medidas cabíveis, como a ação de obrigação de fazer, nos termos do que consta da legislação processual.

Se houver alienação ou mudança do veículo empenhado sem prévia comunicação ao credor, ocorrerá o vencimento antecipado do crédito pignoratício (art. 1.465 do CC/2002). Como se nota, não se consagra a inalienabilidade do bem empenhado, como em penhores antes estudados, o que talvez não esteja em sintonia com a mobilidade própria dos veículos.

A falta de comunicação ao credor encerra mais uma hipótese de vencimento antecipado da obrigação principal, além daquelas descritas no art. 1.425 da própria codificação material. O mesmo deve ser dito quanto à mudança do veículo, que deve ser entendida não como alteração do seu lugar, mas de sua natureza e substância, a fragilizar a garantia, como bem pondera Sílvio de Salvo Venosa (*Código...* 2010, p. 1.319).

Encerrando o estudo do penhor de veículos, o art. 1.466 da norma geral privada estabelece o seu prazo máximo, que é de dois anos, prorrogável até o limite de igual tempo, averbada a prorrogação à margem do respectivo registro administrativo. Trata-se de questão atinente à eficácia da garantia. Sendo assim, havendo estipulação superior ao prazo apontado, o negócio será ineficaz nesse lapso temporal. Aproveita-se o restante do ato, o que é aplicação do princípio da conservação dos negócios jurídicos, com relação umbilical com a função social dos pactos (Enunciado n. 22 da *I Jornada de Direito Civil*).

Lembre-se de que essa solução de ineficácia era a mesma quando havia prazo estabelecido por lei para o penhor rural, nos termos da redação anterior do art. 1.439, *caput*, do CC ("O penhor agrícola e o penhor pecuário somente podem ser convencionados, respectivamente, pelos prazos máximos de três e quatro anos, prorrogáveis, uma só vez, até o limite de igual tempo").

Porém, como visto, não existem mais os referidos tetos legais, pois a Medida Provisória 619/2013, convertida em lei pela Lei 12.873/2013, deu nova redação ao comando citado, que passou a prever que o penhor agrícola e o penhor pecuário não podem ser convencionados por prazos superiores aos das obrigações garantidas. Quebrou-se com a harmonia do sistema civil, pois o prazo máximo do penhor de veículos foi mantido.

De todo modo, buscando essa harmonia, no Projeto de Reforma do Código Civil, elaborado pela Comissão de Juristas nomeada no Senado Federal, almeja-se que a norma passe a prever que "o penhor de veículos será convencionado pelo prazo da obrigação principal". Espera-se, assim, a sua aprovação pelo Parlamento Brasileiro.

DIREITO CIVIL • VOL. 4 – *Flávio Tartuce*

8.2.4 Da extinção do penhor

A encerrar o estudo do penhor, o Código Civil enuncia no seu art. 1.436 as hipóteses de sua extinção, que se aplicam tanto ao penhor convencional quanto ao penhor especial.

Em todos os casos, produz efeitos a extinção do penhor somente depois de averbado o cancelamento do registro (em regra, no Cartório de Títulos e Documentos), à vista da respectiva prova (art. 1.437 do CC/2002). Como anota Maria Helena Diniz, "enquanto não for cancelado o registro do penhor, ele terá eficácia *erga omnes*" (DINIZ, Maria Helena. *Código...*, 2010, p. 1.002).

Deve ficar claro que as situações a seguir estudadas não se confundem com o vencimento antecipado da obrigação principal, tratada pelo art. 1.425 da mesma norma geral civil antes estudada. Nos casos listados na sequência, a garantia é extinta. De qualquer modo, tal extinção pode gerar o vencimento antecipado da obrigação, como ocorre no perecimento da coisa empenhada, por exemplo. Vejamos, pontualmente, quando se dá a extinção do penhor.

a) Pela extinção da obrigação principal (art. 1.436, inc. I, do CC)

Diante do caráter acessório da garantia, a extinção da obrigação principal faz desaparecer o penhor, o que representa incidência do *princípio da gravitação jurídica*. Podem ser citadas, como ilustrações práticas, as hipóteses de pagamento direto ou indireto da obrigação principal, de prescrição da dívida, de sua declaração de nulidade. Conforme consta da parte final do art. 184 do Código Civil, a invalidade da obrigação principal implica a das obrigações acessórias, mas a destas não induz a da obrigação principal. Na esteira do último comando, deve ficar bem claro que a extinção do penhor não gera a extinção da obrigação principal.

No Projeto de Reforma do Código Civil pretende-se que o comando mencione a extinção do penhor "extinguindo-se todas as obrigações por ele garantidas", o que deixará a previsão mais clara e mais efetiva tecnicamente.

b) Pelo perecimento da coisa objeto do penhor (art. 1.436, inc. II, do CC)

Trata-se de hipótese de extinção pelo desaparecimento de seu objeto. Imagine-se, concretizando, que as joias em penhor são roubadas em agência bancária. Ou, ainda, que os animais objeto de penhor especial rural pecuário são mortos por uma tempestade e não substituídos.

A respeito da primeira situação, cabe elucidar, na linha de julgado do Superior Tribunal de Justiça, que "o perecimento por completo da coisa empenhada não induz à extinção da obrigação principal, pois o penhor é apenas acessório desta, perdurando, por conseguinte, a obrigação do devedor, embora com caráter pessoal e não mais real. Segundo o disposto no inciso IV do art. 774, do Código Civil/1916, o credor pignoratício é obrigado, como depositário, a ressarcir ao dono a perda ou deterioração, de que for culpado. Havendo furto ou roubo do bem empenhado, o contrato de penhor fica resolvido, devolvendo-se ao devedor o valor do bem empenhado, cabendo ao credor pignoratício o recebimento do valor do mútuo, com a possibilidade de compensação entre ambos, de acordo com o art. 775 do Código Civil/1916. Na hipótese de roubo ou furto de joias que se encontravam depositadas em agência bancária, por força de contrato de penhor, o credor pignoratício, vale dizer, o banco, deve pagar ao proprietário das joias subtraídas a quantia equivalente ao valor de mercado das mesmas, descontando-se os valores dos mútuos referentes ao contrato de penhor. Trata-se de aplicação, por via reflexa, do art. 1.092 do Código Civil/1916 (art. 476 do Código Civil atual). Recurso especial não conhecido" (STJ, REsp 730.925/RJ, 3.ª Turma,

Rel. Min. Nancy Andrighi, j. 20.04.2006, *DJ* 15.05.2006, p. 207). Estou plenamente filiado ao teor do julgado, que é perfeito tecnicamente.

c) Extinção do penhor pela renúncia da garantia pelo credor (art. 1.436, inc. III, do CC)

A renúncia pelo credor pode ser expressa ou presumida. A primeira decorre de instrumento público ou testamento, o que demonstra a sua origem por ato *inter vivos* ou *mortis causa*.

A segunda forma de renúncia tem origem em comportamento do credor, partindo-se de um ato conhecido para se chegar ao desconhecido. Os casos de renúncia presumida estão tratados pelo art. 1.436, § 1.º, a saber: *i)* quando o credor consentir na venda particular do penhor sem reserva de preço; *ii)* quando o credor restituir sua posse da coisa empenhada ao devedor, o que igualmente consta do art. 387 do CC/2002; *iii)* quando o credor anuir com a sua substituição por outra garantia.

d) Extinção pela confusão, na mesma pessoa, das qualidades de credor e devedor (art. 1.436, inc. IV, do CC)

Deve ficar claro que tal confusão é *obrigacional* e não *real*, nos termos do art. 381 do próprio Código Civil. Ora, a confusão diz respeito ao sujeito da obrigação, e não ao objeto da garantia. Imagine-se, por exemplo, os casos de fusão entre empresas que são credoras e devedoras, o que tem origem em ato *inter vivos*. Ou, ainda, o clássico exemplo em que o devedor é único herdeiro do credor, ocorrendo o falecimento do último, operando-se a confusão por evento *mortis causa*.

Estabelece o art. 382 do Código Civil que a confusão pode verificar-se a respeito de toda a dívida (*confusão total ou própria*), ou só de parte dela (*confusão parcial ou imprópria*). As duas situações podem perfeitamente envolver uma dívida garantida por penhor. Ocorrendo uma confusão parcial, ou seja, operando-se a confusão tão somente quanto a parte da dívida pignoratícia, subsistirá inteiro o penhor quanto ao resto (§ 1.º do art. 1.436 do CC/2002). A última regra é decorrência nacional do *princípio da indivisibilidade da garantia real*, antes estudado.

e) Extinção pela adjudicação judicial, pela remição ou pela venda da coisa empenhada, feita pelo credor ou por ele autorizada (art. 1.436, inc. V, do CC)

Como se nota, o comando trata de três hipóteses distintas, que merecem a devida atenção, diante das suas enormes repercussões práticas.

A primeira delas diz respeito à *adjudicação judicial da coisa empenhada*, o que gera o seu desaparecimento e, por consequência, a extinção da garantia. A categoria estava tratada pelo art. 685-A do Código de Processo Civil de 1973, incluído pela Lei 11.382/2006 e correspondente ao art. 876 do Código de Processo Civil de 2015.

De início, sem qualquer modificação, a nova norma processual estabelece que é lícito ao exequente, oferecendo preço não inferior ao da avaliação, requerer que lhe sejam adjudicados os bens penhorados (art. 876, *caput*).

Os procedimentos constantes dos seus parágrafos não estavam previstos na lei anterior. Assim, conforme o seu § 1.º, sendo requerida a adjudicação, o executado será intimado do pedido: a) pelo Diário da Justiça, na pessoa de seu advogado constituído nos autos; b) por carta com aviso de recebimento, quando representado pela Defensoria Pública ou quando não tiver procurador constituído nos autos; c) por meio eletrônico, quando, sendo o caso de empresa com cadastro digital para citações e intimações, não tiver procurador constituído nos autos. Pontue-se que, se o executado, citado por edital, não tiver procurador constituído nos autos, é dispensável essa intimação (art. 876, § 3.º, do CPC/2015).

Além disso, considera-se realizada a intimação quando o executado houver mudado de endereço sem prévia comunicação ao juízo, observado o disposto no art. 274, parágrafo único, do mesmo CPC quanto à possibilidade de citação em endereços constantes dos autos de processos judiciais (art. 876, § 2.º, do CPC/2015).

Nos termos do § 4.º do art. 876 do CPC/2015, se o valor do crédito for inferior ao dos bens, o requerente da adjudicação depositará de imediato a diferença, que ficará à disposição do executado. Por outra via, se superior ao dos bens, a execução prosseguirá pelo saldo remanescente. Tais regras já eram retiradas do § 1.º do art. 685-A do CPC/1973.

Idêntico direito pode ser exercido pelo coproprietário de bem indivisível em que tenha ocorrido penhora de fração ideal; pela União, pelo Estado ou pelo Município em caso de bem tombado; pelos credores concorrentes que hajam penhorado o mesmo bem; pelo cônjuge, pelo companheiro, pelos descendentes ou pelos ascendentes do executado (art. 876, § 5.º, do CPC/2015).

Diante do art. 685-A, § 2.º, do CPC/1973, algumas modificações podem ser notadas. Primeiro, não há mais menção ao credor com garantia real. Segundo, a norma anterior não expressava o companheiro. Como é notório, e em boa hora, o Novo CPC equiparou o companheiro ao cônjuge para todos os fins processuais.

Também no dispositivo seguinte, ocorreu a citada equiparação. Assim, se houver mais de um pretendente, proceder-se-á a licitação entre eles, tendo preferência, em caso de igualdade de oferta, o cônjuge, o companheiro, o descendente ou o ascendente, nessa ordem (art. 876, § 6.º, do CPC/2015, correspondente ao art. 685-A, § 3.º, do CPC/1973).

Por fim, no caso de penhora de quota social ou de ação de sociedade anônima fechada realizada em favor de exequente alheio à sociedade, esta será intimada, ficando responsável por informar aos sócios a ocorrência da penhora, assegurando-se a estes a preferência (art. 876, § 7.º, do CPC/2015, equivalente ao art. 685-A, § 4.º, do CPC/1973). As novidades do comando são a previsão a respeito da responsabilidade de informação dos sócios quanto à ocorrência da penhora, bem como a menção expressa à ação de sociedade anônima.

A segunda situação é de *remição*, resgate do bem objeto da garantia. Anote-se que o dispositivo menciona a *remissão* (perdão), o que está errado tecnicamente não só nesse preceito, mas em outros que tratam da hipoteca, como se verá. Por isso, o antigo Projeto Ricardo Fiúza pretendia, de forma acertada, alterar o texto civil, para fazer constar a expressão *remição*.

No Projeto de Reforma do Código Civil, elaborado pela Comissão de Juristas nomeada no âmbito do Senado Federal, há proposta no mesmo sentido, para que esse inc. V do art. 1.436 passe a mencionar a extinção do penhor, "ocorrendo a sua excussão ou a remissão da dívida". Com isso, a norma fica mais compreensível e melhor elaborada do ponto de vista técnico.

Voltando ao sistema em vigor, art. 826 do CPC/2015, projeção do art. 651 do CPC/1973, explica o instituto em apreço, ao determinar que, antes de adjudicados ou alienados os bens, o executado pode, a todo tempo, remir a execução, pagando ou consignando a importância atualizada da dívida, acrescida de juros, custas e honorários advocatícios. Sobre esse dispositivo processual em vigor, *na II Jornada de Direito Processual Civil* do Conselho da Justiça Federal, realizada em setembro de 2018, aprovou-se o Enunciado n. 151, prevendo que o legitimado pode remir a execução até a lavratura do auto de adjudicação ou de alienação.

CAP. 8 • DOS DIREITOS REAIS DE GARANTIA SOBRE COISA ALHEIA | **649**

Assim, há uma certa limitação quanto ao termo "a qualquer tempo", que consta da norma instrumental.

A terceira situação de extinção prevista do inc. V do art. 1.436 do CC/2002 é de venda da coisa, que pode ser judicial ou extrajudicial, gerando o desaparecimento do objeto da garantia real e, consequentemente, a sua extinção.

Deve ficar claro que o rol das hipóteses de extinção do penhor é meramente exemplificativo (*numerus apertus*), e não taxativo (*numerus clausus*), o que era observado, entre os clássicos, por Carvalho Santos. Entre os contemporâneos, Marco Aurélio S. Viana cita o jurista e os seguintes casos de extinção que não estão previstos no art. 1.436 da codificação material: reivindicação da coisa empenhada, vencimento do prazo do penhor e resolução da propriedade do bem que garante a dívida (*Comentários...*, 2003, v. XVI, p. 739). Essa igualmente é a opinião qualificada de Gustavo Tepedino, Maria Celina Bodin de Moraes e Heloísa Helena Barboza, a quem se filia integralmente (*Código...*, 2011, v. III, p. 880).

Para encerrar o tópico e o estudo do penhor, no Projeto de Reforma do Código Civil pretende-se incluir regra a respeito do penhor sobre universalidade de fato, sobre bens reunidos em conjunto, no novo art. 1.436-A. Nos seus termos, o penhor sobre uma universalidade não se extingue pela perda ou deterioração de todos os bens dela integrantes, quando posteriormente recompostos, no curso do termo original da garantia.

A título de exemplo, se todos os animais de um rebanho bovino falecerem em uma enchente, não ocorrerá a extinção do penhor se eles forem oportunamente substituídos pelo devedor, em tempo hábil que ainda seja útil ao credor.

8.3 DA HIPOTECA

8.3.1 Conceito, partes e constituição

Explica Rubens Limongi França que a palavra *hipoteca* "vem do grego *hypotheke*, de *hypo* (por baixo), seguida de *titheni* (eu ponho). Daí poder traduzir-se literalmente em latina pela palavra *supositio*". E define o doutrinador: "hipoteca é a limitação da propriedade, que consiste na vinculação de um bem, de ordinário imóvel, com o fito de prestar garantia ao pagamento de uma obrigação assumida pelo proprietário ou por terceiro, sem, todavia, despojar aquele da respectiva posse" (*Instituições...*, 1999, p. 522).

Conforme Clóvis Beviláqua, "hipoteca é um direito real, que recai sobre imóvel, navio ou aeronave, para garantia de qualquer obrigação de ordem econômica, sem transferência da posse do bem gravado, com o credor" (*Direito...*, v. II, p. 114-114). Para Orlando Gomes, "a hipoteca é um direito real de garantia em virtude do qual um bem imóvel, que continua em poder do devedor, assegura ao credor, precipuamente, o pagamento de uma dívida" (GOMES, Orlando. *Direitos...*, 2004, p. 411).

Entre os contemporâneos, Maria Helena Diniz define: "a hipoteca é o direito real de garantia que grava coisa imóvel ou bem que a lei entende por hipotecável, pertencente ao devedor ou a terceiro, sem a transmissão de posse ao credor, conferindo a este o direito de promover a sua venda judicial, pagando-se preferentemente, se inadimplente o devedor" (*Código...*, 2010, p. 1022). Por fim, Cristiano Chaves de Farias e Nelson Rosenvald assinalam que a hipoteca "pode ser conceituada como direito real de garantia, em virtude do qual um bem imóvel (exceto navios e aeronaves) remanesce na posse do devedor ou de terceiro, assegurando preferencialmente ao credor o pagamento de uma dívida" (*Curso...*, 2012, v. 5, p. 909).

A hipoteca é o direito real de garantia sobre coisa alheia que recai sobre bens imóveis, como regra, em que não há a transmissão da posse da coisa entre as partes. Entre as categorias estudadas no presente capítulo, trata-se da que apresenta maiores repercussões práticas.

São partes da hipoteca: a) *devedor hipotecante* – aquele que dá a coisa em garantia, podendo ser o próprio devedor ou terceiro; b) *credor hipotecário* – tem o benefício do crédito e do direito real, sendo dotado, entre os efeitos, de direito de preferência sobre a coisa garantida.

Quanto à sua constituição, como se verá, a hipoteca pode ter origem convencional, legal ou judicial, tema de tópico próprio a respeito de suas modalidades.

Por razões óbvias, a hipoteca convencional deve ser registrada no Cartório de Registro de Imóveis do local do imóvel, ou no de cada um deles, se o título se referir a mais de um bem (art. 1.492 do CC/2002 e art. 167, I, n. 2, da Lei 6.015/1973). Como bem ensina Maria Helena Diniz, "só com o registro da hipoteca no Livro n. 2 ter-se-á a publicidade do ato e a fixação da data do nascimento do direito real, com eficácia *erga omnes*, estabelecendo o direito de sequela e a ordem de preferência. Daí a célebre frase de Lacerda de Almeida: 'Hipoteca não registrada é hipoteca não existente'" (DINIZ, Maria Helena. *Código...*, 2010, p. 1.037).

Em outras palavras, não havendo o citado registro, a hipoteca gera efeitos como simples instituto contratual, com eficácia *inter partes*. Consigne-se que há ainda a possibilidade de um registro especial, como se verá, a respeito dos navios e aeronaves.

Os registros e averbações seguirão a ordem em que forem requeridos, o que é decorrência do *princípio da anterioridade ou da prioridade registral*, verificando-se a ordem pela sua numeração sucessiva no protocolo de registro (art. 1.493, *caput*, do CC/2002). O número de ordem determina a prioridade, e esta a preferência entre as hipotecas, o que é fundamental no plano prático (art. 1.493, parágrafo único, do CC/2002).

O processo de registro é tratado também pela Lei de Registros Públicos (Lei 6.015/1973), com maiores detalhamentos e especificações. De acordo com o seu art. 182, todos os títulos tomarão, no Protocolo, o número de ordem que lhes competir em razão da sequência rigorosa de sua apresentação. Reproduzir-se-á, em cada título, o número de ordem respectivo e a data de sua prenotação (art. 183).

O Protocolo será encerrado diariamente, com o fim de definir exatamente a prioridade (art. 184). A escrituração do protocolo incumbirá tanto ao oficial titular como ao seu substituto legal, podendo ser feita, ainda, por escrevente auxiliar expressamente designado pelo oficial titular ou pelo seu substituto legal mediante autorização do juiz competente (art. 185). Por fim, prevê o art. 186 da Lei de Registros Públicos que o número de ordem determinará a prioridade do título, e esta, a preferência dos direitos reais, ainda que apresentados pela mesma pessoa mais de um título simultaneamente.

Para manter a anterioridade e a prioridade, o art. 1.494 do CC/2002 previa que não devem ser registradas no mesmo dia duas hipotecas, ou uma hipoteca e outro direito real, sobre o mesmo imóvel, em favor de pessoas diversas. Isso, salvo se as escrituras, do mesmo dia, indicarem a hora em que foram lavradas. Mais uma vez, a matéria sempre esteve mais bem tratada na Lei 6.015/1973. De acordo com o seu art. 190, "não serão registrados, no mesmo dia, títulos pelos quais se constituam direitos reais contraditórios sobre o mesmo imóvel".

Em complemento, a mesma lei especial estabelece que prevalecerão, para efeito de prioridade de registro, quando apresentados no mesmo dia, os títulos prenotados no Protocolo sob número de ordem mais baixo, protelando-se o registro dos apresentados posteriormente, pelo prazo correspondente a, pelo menos, um dia útil (art. 191 da Lei de Registros Públicos).

Consoante o dispositivo seguinte, tais regras não se aplicam às escrituras públicas, da mesma data e apresentadas no mesmo dia, que determinem, taxativamente, a hora da sua lavratura, prevalecendo, para efeito de prioridade, a que foi lavrada em primeiro lugar.

Trata-se, portanto, do último preceito – art. 192 da Lei de Registros Públicos –, de exceção às regras anteriores. Para Francisco Eduardo Loureiro, "cuida-se de exceção infeliz aos princípios da prioridade e da inscrição. É um caso em que o direito pessoal (momento do contrato) estabelece a preferência, em detrimento do momento do protocolo" (*Código...*, 2010, p. 1.600).

Sobre o art. 1.494 do Código Civil, a Lei 14.382/2022 (Lei do SERP), originária da Medida Provisória 1.085, de 27 de dezembro de 2021, trouxe a sua revogação expressa (art. 20). Tal revogação, porém, em nada altera o tratamento da hipoteca, pois o ordenamento jurídico continua proibindo o registro, no mesmo dia, de títulos com direitos reais contraditórios, conforme o citado art. 191 da Lei 6.015/1973. O art. 192 da mesma lei especial segue trazendo a exceção nos casos de escrituras de mesma data que indiquem taxativamente a hora de sua lavratura. Não se pode dizer, ademais, que os dois últimos comandos foram revogados tacitamente pela Lei do SERP. Em suma, a revogação do art. 1.494 do Código Civil em nada inova o ordenamento jurídico brasileiro.

Seguindo no estudo da codificação material privada, estabelece o seu art. 1.495 que, se for apresentada ao oficial do registro uma segunda hipoteca, antes do registro da primeira, deve ele sobrestar a inscrição da hipoteca nova, apenas prenotando-a. O *prazo de aguardo* da inscrição da anterior é de 30 dias. Esgotado o prazo, sem que se requeira a inscrição desta, a hipoteca ulterior será registrada e obterá preferência.

Mais uma vez, o comando legal reproduz preceito da Lei 6.015/1973, o seu art. 189, *in verbis*: "apresentado título de segunda hipoteca, com referência expressa à existência de outra anterior, o oficial, depois de prenotá-lo, aguardará durante 30 (trinta) dias que os interessados na primeira promovam a inscrição. Esgotado esse prazo, que correrá da data da prenotação, sem que seja apresentado o título anterior, o segundo será inscrito e obterá preferência sobre aquele". A necessidade de todas as regras do Código Civil fica em xeque, justamente pela existência de tratamento anterior.

Em havendo *dúvida* sobre a legalidade do registro da hipoteca requerido, o oficial fará, ainda assim, a prenotação do pedido, informando o requerente sobre o problema ou a dúvida. Se a controvérsia registral, dentro em noventa dias, for julgada improcedente em demanda judicial, o registro efetuar-se-á com o mesmo número que teria na data da prenotação. Em caso contrário, cancelada a prenotação, receberá o registro o número correspondente à data em que se tornar a requerer (art. 1.496 do CC/2002).

Lecionam Jones Figueirêdo Alves e Mário Luiz Delgado que o último dispositivo representa uma inovação, uma vez que amplia o prazo da prevalência da prenotação do título da hipoteca. Por isso, para os doutrinadores, já estaria revogado tacitamente o art. 205 da Lei de Registros Públicos – alterado pela Lei do SERP (Lei 14.382/2022), segundo o qual "cessarão automaticamente os efeitos da prenotação se, decorridos 20 (vinte) dias do seu lançamento no Protocolo, o título não tiver sido registrado por omissão do interessado em atender às exigências legais" (ALVES, Jones Figueirêdo; DELGADO, Mário Luiz. *Código...*, 2005, p. 751). O prazo anterior era de trinta dias e foi reduzido para vinte.

Para outra corrente, não houve revogação, sendo os dois comandos complementares. Maria Helena Diniz, por exemplo, explicava, antes da mudança da lei, que "se a dúvida, em noventa dias, for julgada improcedente, não mais de poderá suscitá-la, ante o reconhecimento judicial, por via da coisa julgada formal, do direito do interessado registrar o título independentemente das exigências feitas pelo oficial. Esta deverá, então, efetuar o registro do título quando for reapresentado dentro de trinta dias (Lei 6.015/73, art. 205), fazendo o assento da hipoteca com o mesmo número que teria na data da prenotação" (*Código...*, 2010, p. 1.040). Essa última parecia ser a correta interpretação do sistema, até porque o dispositivo civil trata somente do registro da hipoteca, enquanto o preceito especial tem relação com outros títulos que podem ser registrados. Tanto estava em vigor o dispositivo que ele foi alterado em 2022, pela Lei do SERP.

Quanto à *dúvida* do conteúdo do registro, cumpre destacar que há tratamento, mais uma vez, na Lei de Registros Públicos, com detalhamentos. O seu art. 198, que trata da matéria, foi alterado pela Lei do Sistema Eletrônico de Registros Públicos (Lei do SERP – Lei 14.382/2022), que digitalizou e aprimorou o procedimento de dúvida.

Conforme a nova redação do seu *caput*, se houver exigência a ser satisfeita, ela será indicada pelo oficial por escrito, dentro do prazo de dez dias, contado da data do protocolo, e de uma só vez, articuladamente, de forma clara e objetiva, com data, identificação e assinatura do oficial ou preposto responsável, para que o interessado possa satisfazê-la. Caso não se conforme ou não seja possível cumprir a exigência, o interessado pode requerer que o título e a declaração de dúvida sejam remetidos ao juízo competente para dirimi-la.

Não se conformando o apresentante com a exigência do oficial, ou não a podendo satisfazer, será o título, a seu requerimento e com a declaração de dúvida, remetido ao juízo competente – da Vara de Registros Públicos, se houver, ou da Vara Cível – para dirimi-la. O preceito estabelece os seguintes procedimentos, que devem ser obedecidos, novamente nos termos da redação dada pela Lei 14.382/2022:

"I – no Protocolo, o oficial anotará, à margem da prenotação, a ocorrência da dúvida;

II – após certificar a prenotação e a suscitação da dúvida no título, o oficial rubricará todas as suas folhas;

III – em seguida, o oficial dará ciência dos termos da dúvida ao apresentante, fornecendo-lhe cópia da suscitação e notificando-o para impugná-la perante o juízo competente, no prazo de 15 (quinze) dias; e

IV – certificado o cumprimento do disposto no inciso III deste parágrafo, serão remetidos eletronicamente ao juízo competente as razões da dúvida e o título. (Incluído pela Lei n.º 14.382, de 2022)

§ 2.º A inobservância do disposto neste artigo ensejará a aplicação das penas previstas no art. 32 da Lei n.º 8.935, de 18 de novembro de 1994, nos termos estabelecidos pela Corregedoria Nacional de Justiça do Conselho Nacional de Justiça".

Como bem destacado em obra escrita em coautoria com Carlos Eduardo Elias de Oliveira:

"Não houve mudanças significativas no procedimento de dúvida pela Lei do SERP (Lei n. 14.382/2022). A única inovação efetiva foi a exigência de a remessa, ao juízo competente, da petição da dúvida com o título dar-se eletronicamente (art. 198, § 1.º, IV, da LRP). No mais, os ajustes feitos no art. 198 da LRP foram mais de índole estética, para tornar mais clara a redação do preceito, com alterações de pouca repercussão prática. Sobre o procedimento, na hipótese de qualificação registral negativa do título, o registrador deverá emitir uma nota devolutiva, expondo, de forma clara, objetiva e sistematizada, as exigências a serem satisfeitas pelo interessado ou, se for o caso, os motivos jurídicos da recusa ao ingresso do título à tábua registral. Todas as exigências ou, se for o caso, todos os obstáculos ao registro têm de ser expostos de uma única vez na nota informativa (art. 198, *caput*, da LRP). O interessado, então, terá três alternativas" (OLIVEIRA, Carlos Eduardo Elias; TARTUCE, Flávio. *Lei do Sistema Eletrônico...*, 2023, p. 187-188).

Portanto, se o interessado não impugnar a dúvida no prazo de quinze dias referido acima, será ela, ainda assim, julgada por sentença, pelo juiz competente (art. 199). Impugnada a dúvida com os documentos que o interessado apresentar, será ouvido o Ministério Público, no prazo de dez dias (art. 200 da Lei 6.015/1973). Se não forem requeridas diligências, o juiz proferirá decisão no prazo de quinze dias, com base nos elementos constantes dos autos (art. 201).

Da sentença poderão interpor recurso de apelação, com os efeitos devolutivo e suspensivo, o interessado, o Ministério Público e o terceiro prejudicado, conforme o art. 202 da Lei de Registros Públicos. De acordo com a norma seguinte, transitada em julgado a decisão da dúvida, proceder-se-á do seguinte modo:

> "I – Se for julgada procedente a dúvida, os documentos serão restituídos à parte, independentemente de translado, dando-se ciência da decisão ao oficial, para que a consigne no Protocolo e cancele a prenotação. Somente nesse caso de procedência é que serão devidas custas pelo interessado (art. 207).
>
> II – Se for julgada improcedente a dúvida, o interessado apresentará, de novo, os seus documentos, com o respectivo mandado, ou certidão da sentença, que ficarão arquivados, para que, desde logo, se proceda ao registro, declarando o oficial o fato na coluna de anotações do Protocolo" (art. 203 da Lei de Registros Públicos – Lei 6.015/1973).

A *decisão da dúvida* tem natureza administrativa e não impede o uso do processo contencioso competente (art. 204). Em suma, o julgamento administrativo pode ser contestado no âmbito judicial, o que pode propiciar até decisões conflitantes.

Na sequência, estabelece o art. 205 da norma – na redação dada pela Lei do SERP – que cessarão automaticamente os efeitos da prenotação se, decorridos vinte dias do seu lançamento no Protocolo, o título não tiver sido registrado por omissão do interessado em atender às exigências legais. Houve a redução, mais uma vez, desse prazo, de trinta para vinte dias. Ademais, incluiu-se um parágrafo único no comando, prevendo que nos procedimentos de regularização fundiária de interesse social (REURB-S), os efeitos da prenotação cessarão decorridos quarenta dias de seu lançamento no protocolo.

Além disso, se o documento, uma vez prenotado, não puder ser registrado, ou o apresentante desistir do seu registro, a importância relativa aos emolumentos pelo registro será restituída, deduzida a quantia correspondente às buscas e à prenotação (art. 206 da Lei de Registros Públicos).

Como outra novidade incluída pela Lei do SERP, o novo art. 206-A da Lei de Registros Públicos passou a prever que quando o título for apresentado para prenotação, o usuário poderá optar: *a)* pelo depósito do pagamento antecipado dos emolumentos e das custas; ou *b)* pelo recolhimento do valor da prenotação e depósito posterior do pagamento do valor restante, no prazo de cinco dias, contado da data da análise pelo oficial que concluir pela aptidão para registro. A última previsão constitui uma exceção à regra de que os emolumentos registrais sejam pagos no momento da prenotação.

Vejamos o que sustentamos na última obra citada, inclusive com a explicação dos procedimentos que foram tratados pela Lei 14.382/2022:

"A primeira exceção, no Registro de Imóveis, é a faculdade deferida ao interessado de requerer uma prévia análise da registrabilidade do título, hipótese em que o usuário deverá, no momento da prenotação, pagar apenas uma parte dos emolumentos: aquela relativa ao serviço de prenotação (art. 206-A, II, da LRP). Chamamos essa situação de *postecipação do pagamento parcial dos emolumentos*. Em poucas palavras, o usuário paga a 'entrada' no momento do protocolo: a parte dos emolumentos pela prenotação; e paga o 'restante' dos emolumentos após o 'sinal verde' para o registro *lato sensu*.

Após o protocolo e o pagamento da 'entrada' dos emolumentos, o interessado aguardará a qualificação registral dentro do prazo pertinente, que, em regra, é de dez dias (art. 188 da LRP; *vide* item 7.12).

Se a qualificação registral for positiva, o interessado terá o prazo de cinco dias para pagar o restante dos emolumentos. Esse quinquídio será contado da data da qualificação positiva, segundo o texto literal do art. 206-A, II, da LRP. Entendemos, porém, que se deve conferir interpretação extensiva a esse preceito para fixar que, para tal efeito, a data da qualificação positiva deve ser aquela em que o registrador, ao menos, enviou o resultado positivo ao interessado pelo canal de comunicação devido (*v. g.*, *e-mail* ou mensagem de celular). Essa notificação deve ser feita com a indicação de como poderá ser feito o pagamento dos emolumentos restantes (*v. g.*, com o envio do boleto bancário, se for o caso). Isso porque não é razoável exigir que o interessado diariamente fique consultando o RI para saber se a qualificação registral já se encerrou. Não há necessidade de prova de ciência efetiva do usuário, sendo ela presumida do mero envio do resultado positivo da qualificação pelo canal de comunicação pertinente.

Recolhido o valor restante dos emolumentos, o oficial prosseguirá rumo à realização dos atos registrais devidos e à emissão da correspondente certidão (art. 206-A, § 2.º, da LRP). Se, porém, o interessado não tiver pago o valor restante dos emolumentos, o RI devolverá o título e o apresentante perderá o valor pago pela prenotação (art. 206-A da LRP). Não há 'repescagem' se o interessado foi negligente em não recolher o valor restante dos emolumentos. Assim, nesse caso, o apresentante terá de prenotar novamente o título a registro *lato sensu* e pagar o montante integral dos emolumentos no momento de prenotação.

Nada impede que o oficial, por faculdade própria, aguarde um tempo adicional à espera de o interessado recolher os emolumentos restantes, especialmente quando este houver relatado alguma circunstância excepcional justificadora do atraso. Entendemos, porém, que essa tolerância não poderá extrapolar o somatório do prazo legal de eficácia da prenotação – que, em regra, é de vinte dias – com o prazo suplementar de cinco dias para o recolhimento do valor restante dos emolumentos (arts. 205 e 206-A, I e § 1.º, da LRP; *vide* item 7.13). Isso, porque essa extrapolação poderá prejudicar terceiros que pretendam prenotar títulos contraditórios.

Situação interessante ocorre na hipótese de a qualificação registral ser negativa e o interessado ter adotado a faculdade de postecipação do pagamento parcial dos emolumentos. O art. 206-A da LRP não é explícito a respeito desse caso. Opinamos que nessa situação o interessado não terá de recolher os emolumentos complementares ainda. Ele deverá aguardar o 'sinal verde' da qualificação, o que ocorrerá: *a)* com o julgamento favorável a ele de eventual procedimento de dúvida; ou *b)* com a manifestação do oficial sobre o cumprimento das exigências externadas na nota devolutiva. Em ambas as circunstâncias, entendemos que caberá ao oficial notificar o interessado pelo canal de comunicação devido, informando a aptidão do título a registro *lato sensu* e demandando o pagamento dos emolumentos complementares no prazo de cinco dias (art. 206-A, II, da LRP). O prazo da eficácia da prenotação é preservado durante o período de cinco dias do pagamento dos emolumentos complementares, ainda que já tenha sido extrapolado o prazo legal de prenotação, como se extrai do art. 206-A da LRP.

CAP. 8 · DOS DIREITOS REAIS DE GARANTIA SOBRE COISA ALHEIA | **655**

Para entender melhor e a título de ilustração, imagine-se que alguém prenote um título. O prazo de eficácia da prenotação é de vinte dias da prenotação (art. 205 da LRP). O registrador emite nota devolutiva fazendo exigências na metade desse lapso temporal, observando o prazo legal de qualificação registral (art. 188 da LRP). O interessado cumpre as exigências no vigésimo dia do protocolo, ou seja, no último dia da eficácia da prenotação. O registrador avaliará, no período de cinco dias (art. 188, § 1.º, da LRP), se realmente as exigências foram cumpridas. Verificará, então, se os documentos apresentados pelo interessado são ou não suficientes. Sendo suficientes, o oficial comunicará o interessado, hipótese em que este terá de recolher os emolumentos complementares no prazo de cinco dias (art. 206-A, II, da LRP)" (OLIVEIRA, Carlos Eduardo Elias; TARTUCE, Flávio. *Lei do Sistema Eletrônico...*, 2023, p. 193-194).

Exposto o procedimento de dúvida registral, devidamente atualizado com a Lei do SERP, e voltando-se ao Código Civil, o seu art. 1.497 trata especificamente do registro da hipoteca legal. Por opção metodológica, tal comando será abordado quando do estudo dessa modalidade de garantia, pois é mais fácil a sua visualização ao lado da demonstração de suas hipóteses concretas.

De toda sorte, igualmente quanto ao registro da hipoteca, estabelece o seu art. 1.498 que esse terá validade e eficácia enquanto a obrigação principal perdurar. Fica claro o caráter acessório da hipoteca, que não pode existir por si só, sem a obrigação principal, assim como ocorre com os demais direitos reais de garantia.

Nos termos da segunda parte da norma civil, a especialização da hipoteca, em completando vinte anos, deve ser renovada, sob pena de sua extinção ou desaparecimento, por falta de requisito formal. Parte da doutrina entende que a última regra somente se aplica à *hipoteca legal*, que não tem prazo máximo, eis que perdura enquanto vigente a situação descrita em lei. Em relação à hipoteca convencional, como se verá, o seu prazo máximo é de trinta anos, nos termos do art. 1.485 do CC/2002, dispositivo que ainda será estudado neste capítulo. Anote-se que essa é a opinião constante em edições anteriores desta obra, que continua sendo seguida por mim (TARTUCE, Flávio; SIMÃO, José Fernando. *Direito civil...*, 2013, v. 4, p. 498). No mesmo sentido, conforme pesquisa constante daquela obra e realizada por José Fernando Simão, assim pensam Marco Aurélio Bezerra de Melo, Maria Helena Diniz, Carlos Roberto Gonçalves, Cristiano Chaves de Farias e Nelson Rosenvald.

A questão, todavia, não é pacífica, pois há quem entenda que a necessidade de renovação tem incidência para todas as modalidades de hipoteca, inclusive a convencional (LOUREIRO, Francisco Eduardo. *Código...*, 2010, p. 1.603; VENOSA, Sílvio de Salvo. *Código...*, 2010, p. 1345). Com o devido respeito aos juristas, fico com o entendimento anterior, por ser mais lógico.

Encerro o tópico pontuando que o Projeto de Reforma do Código Civil segue esse caminho por mim compartilhando, passando o seu art. 1.498 a expressar que: "vale o registro da hipoteca legal, enquanto a obrigação perdurar; mas a especialização, em completando vinte anos, deve ser renovada". Com isso, resolve-se polêmica verificada nos mais de vinte anos de vigência da Lei Civil de 2002, o que virá em boa hora.

8.3.2 Bens que podem ser hipotecados

Superado o estudo das questões primordiais a respeito da constituição da hipoteca, vejamos os bens que podem ser hipotecados, por força do art. 1.473 do Código Civil, constituindo o objeto desse direito real de garantia.

656 | DIREITO CIVIL • VOL. 4 – *Flávio Tartuce*

a) Os bens imóveis e os acessórios dos imóveis conjuntamente com eles (art. 1.473, inc. I, do CC)

Como é notório, a regra é que a hipoteca recaia sobre bens imóveis, podendo ser citados casas, apartamentos, escritórios, terrenos e edifícios. Diante do *princípio da gravitação jurídica* – segundo o acessório, segue o principal –, o bem imóvel abrange todos os seus acessórios, caso dos frutos e das benfeitorias. Em suma, a hipoteca recai sobre o todo.

Em complemento a tal dedução, prevê o art. 1.474 do CC/2002 que a hipoteca abrange todas as acessões (incorporações), melhoramentos ou construções do imóvel. A título de exemplo, julgado do Tribunal Gaúcho que considerou que a hipoteca abrange as plantações realizadas sobre terra nua:

> "Agravo de instrumento. Ação de execução. Hipoteca. Abrangência. Terra nua. Cobertura vegetal. A hipoteca abrange todas as acessões, melhoramentos ou construções do imóvel, a teor do disposto no art. 1.474 do Código Civil vigente. Inexistindo disposição em contrário no ato constitutivo da hipoteca, a constrição abrange tanto a terra nua quanto a cobertura vegetal. Agravo provido" (TJRS, Agravo de Instrumento 70007548613, 16.ª Câmara Cível, Caxias do Sul, Rel. Des. Claudir Fidelis Faccenda, j. 17.12.2003).

Ainda a ilustrar, entendeu o Superior Tribunal de Justiça, em 2016, da seguinte forma:

> "A adjudicação de imóvel realizada no curso de execução extrajudicial de garantia hipotecária, com base no art. 32 do Decreto-Lei n. 70/1966 c/c o art. 7.º da Lei n. 5.741/1971, transfere ao adjudicatário a propriedade do bem com todas as benfeitorias, por força do disposto no art. 1.474 do CC/2002. Desse modo, não há falar em direito de retenção ou indenização contra adjudicatário, pois benfeitorias são abarcadas por hipoteca. Esclareça--se, ainda, que não se vislumbra enriquecimento sem causa de credor hipotecário ou de terceiro adquirente, pois o preço de adjudicação é utilizado para extinguir saldo devedor (art. 7.º da Lei n. 5.741/1971), em benefício de ex-mutuário. Sob outra ótica, considerando as especificidades das normas do SFH, ex-mutuário também não faz jus ao direito de retenção, pois existe norma específica excluindo esse direito (art. 32, § 2.º, *in fine*, do Decreto-Lei n. 70/1966). Portanto, por esse fundamento, também se afasta a possibilidade de ex-mutuário exercer direito de retenção quanto a benfeitorias realizadas antes da adjudicação" (STJ, REsp 1.399.143/MS, Rel. Min. Paulo de Tarso Sanseverino, j. 07.06.2016, *DJe* 13.06.2016, publicado no seu *Informativo* n. 585).

Como outra ilustração prática, tendo em vista a dicção desse art. 1.474 da codificação material, a mesma jurisprudência superior concluiu que o credor hipotecário tem interesse para propor ação em face do mutuário visando ao cumprimento de cláusula negocial que determina a observância dos padrões construtivos do loteamento. Como consta da publicação no *Informativo* n. 628 da Corte:

> "Por um lado, à luz da causa de pedir da execução, não bastasse ressair nítido o interesse do credor hipotecário em não ver, ao arrepio do contrato, depreciado o bem que consubstancia a garantia real de seu crédito, o art. 1.474 do CC estabelece que a hipoteca abrange todas as acessões, melhoramentos ou construções do imóvel. Por outro lado, o art. 1.425, I, do CC estabelece que a dívida considera-se vencida se, deteriorando-se, ou depreciando-se o bem dado em segurança, desfalcar a garantia, e o devedor, intimado, não a reforçar ou substituir. Com efeito, em sendo imprevisível se a eventual venda do bem imóvel dado em garantia seria suficiente para o pagamento da dívida do executado, é patente o interesse de agir da exequente, visto que, mesmo com a subsistência do terreno, é mesmo

CAP. 8 · DOS DIREITOS REAIS DE GARANTIA SOBRE COISA ALHEIA | **657**

possível a depreciação do bem dado em garantia em vista de ter sido erigido construção incompatível com os padrões estabelecidos para o loteamento" (STJ, REsp 1.400.607/RS, 4.ª Turma, Rel. Min. Luis Felipe Salomão, j. 17.05.2018, *DJe* 26.06.2018).

Ademais, pela mesma norma (art. 1.474 do CC/2002), subsistem os ônus reais constituídos e registrados, anteriormente à hipoteca, sobre o mesmo imóvel, caso de direitos reais de gozo ou fruição como o usufruto e de outras garantias reais, como a alienação fiduciária. A anterioridade do registro é que irá determinar a preferência quanto ao direito real instituído.

Quanto às pertenças, que também são bens acessórios, a questão é divergente, como bem expõe Sílvio de Salvo Venosa (*Código...*, 2010, p. 1326). O art. 93 do vigente Código Civil define as pertenças como os bens que, não constituindo partes integrantes, se destinam, de modo duradouro, ao uso, ao serviço ou ao aformoseamento de outro. A título de exemplo, podem ser citados os bens móveis incorporados aos imóveis pela vontade do proprietário, por acessão intelectual.

Nos termos do art. 94 do CC/2002, os negócios jurídicos que dizem respeito ao bem principal não abrangem as pertenças, salvo se o contrário resultar da lei, da manifestação de vontade ou das circunstâncias do caso. Por tal dispositivo, em regra, a hipoteca que recai sobre o bem principal parece não abranger as pertenças. Todavia, conforme destacado no Volume 1 desta coleção, a pertença pode ser essencial ao bem principal, hipótese em que deve acompanhá-lo por força da parte final do art. 94, que menciona as *circunstâncias do caso*. Imagine-se o caso de máquinas que foram incorporadas a uma fábrica, e que são essenciais à funcionalidade desta. Entendo que a hipoteca da fábrica engloba tais pertenças essenciais.

Por fim, esclareça-se que é perfeitamente possível que as partes relativas à hipoteca convencionem expressamente que as pertenças façam parte da garantia real, o que, segundo Sílvio de Salvo Venosa, é sempre a melhor solução, a fim de afastar quaisquer dúvidas a respeito da extensão da garantia (*Código...*, 2010, p. 1.326). Penso de forma semelhante com o doutrinador citado.

b) O domínio direto (art. 1.473, inc. II, do CC)

Dividindo-se os atributos da propriedade entre pessoas distintas, nos casos de direitos reais sobre coisa alheia, é possível que a hipoteca recaia sobre o domínio direto. Como exemplo, superado é verdade, cite-se a possibilidade de hipoteca sobre o antigo direito do senhorio na enfiteuse, instituto que foi parcialmente banido pelo art. 2.038 do Código Civil de 2002.

Diante dessa realidade, a hipoteca somente pode recair sobre as enfiteuses anteriores, já existentes quando da entrada em vigor da atual codificação, e aquelas regulamentadas por lei especial, caso das enfiteuses da União. Tratando da última hipótese, especificamente:

> "Os imóveis regrados pelo regime de aforamento administrativo possuem divisão de propriedades: domínio útil e domínio direto. Assim, a aquisição, negocial ou por hasta pública, do domínio útil, não compromete a parcela do imóvel pertencente ao senhorio, com a condição de prévia cientificação do nu-proprietário, para que este possa exercer o seu direito de preferência. Cabível a realização de hipoteca sobre bem público federal afeto ao sistema de aforamento, desde que restrito à parcela de domínio destinada ao particular/ executado, uma vez que não haverá prejuízo a ser suportado pela união, que manterá suas prerrogativas de recebimento do laudêmio e exercício do direito de preferência incólumes, na forma dos arts. 619 e 698, do CPC e do art. 2038, do CC/02, e art. 689, CC/16. Recurso de apelação desprovido" (TRF da 2.ª Região, Apelação Cível 0000941-95.2002.4.02.5105, 5.ª Turma Especializada, Rel. Des. Fed. Aluisio Gonçalves de Castro Mendes, j. 30.04.2013, *DEJF* 10.05.2013, p. 329).

Outra ilustração envolve o usufruto, podendo o nu-proprietário oferecer os seus atributos dominiais em hipoteca, o que não encontra qualquer óbice na legislação privada brasileira.

c) O domínio útil (art. 1.473, inc. III, do CC)

Além do domínio direto, o domínio útil pode ser hipotecado, como ocorre em relação ao direito do usufrutuário. Atente-se, portanto, que, não obstante a inalienabilidade do usufruto, tratada pelo art. 1.393 do CC/2002, esse pode ser objeto de hipoteca.

O mesmo pode ser dito quanto ao direito do enfiteuta, servindo para concretizar o seguinte aresto do Tribunal de Justiça da Paraíba: "Ação popular. Terreno de marinha oferecido em hipoteca pelo enfiteuta. Domínio útil. Cláusula contratual válida. Improcedência do pedido. Remessa oficial. Desprovimento. Pode o enfiteuta oferecer em garantia hipotecária terreno de marinha de que é detentor do domínio útil. Inexistência de prejuízo à Fazenda Pública, que continuará a receber perpetuamente o for anual, certo e invariável" (TJPB, Recurso 2001.001093-6, 1.ª Câmara Cível, João Pessoa, Rel. Des. Antônio de Pádua Lima Montenegro, j. 20.09.2001, *DJPB* 07.03.2002).

Como terceiro exemplo a ser mencionado, filia-se a Francisco Eduardo Loureiro quanto à viabilidade de se hipotecar o direito real de aquisição do promitente comprador, no caso de compromisso irretratável de compra e venda de imóvel registrado na matrícula. Como sintetiza o magistrado, tal direito "é um bem imóvel por definição legal e passível de cessão por trespasse" (*Código...*, 2010, p. 1.573). Assim, não se alinha à doutrina tradicional, que não admitia tal possibilidade jurídica.

d) As estradas de ferro (art. 1.473, inc. IV, do CC)

A hipoteca sobre estradas de ferro tem um capítulo próprio de tratamento, entre os arts. 1.502 e 1.505 da atual codificação material. Os comandos têm pouca aplicação prática, eis que o transporte férreo não foi a opção do Estado brasileiro, principalmente nas últimas décadas.

De acordo com primeiro preceito, devem as hipotecas incidentes sobre as estradas de ferro ser registradas no Município da estação inicial da respectiva linha. Com o intuito de tonar mais efetiva a hipoteca, sobretudo para a concessão de créditos, o Projeto de Reforma do Código Civil pretende que esse art. 1.502 passe a mencionar que as hipotecas sobre as estradas de ferro serão registradas nas circunscrições imobiliárias do Município onde se situam os respectivos trechos da linha.

Diante de sua inquestionável função social, os credores hipotecários não podem embaraçar a exploração da linha, nem contrariar as modificações, que a administração deliberar, no leito da estrada, em suas dependências, ou no seu material (art. 1.503 do CC/2002). Em síntese, a garantia, até pelo seu caráter acessório, não pode prejudicar o transporte que passa sobre o bem garantido, não havendo a possibilidade de interferir, por exemplo, nas determinações feitas pelo Poder Público.

A hipoteca será circunscrita à linha ou às linhas especificadas na escritura e ao respectivo material de exploração, no estado em que, ao tempo da execução, estiverem. Porém, os credores hipotecários podem opor-se à venda da estrada, à de suas linhas, de seus ramais ou de parte considerável do material de exploração. Igualmente podem se opor à fusão com outra empresa, sempre que com isso a garantia do débito enfraquecer (art. 1.504 do CC/2002). Há, assim, um *poder de veto* por parte do credor, como bem aponta a doutrina (TEPEDINO, Gustavo; MORAES, Maria Celina Bodin de; BARBOZA, Heloísa Helena. *Código...*, 2011, v. III, p. 963).

Observa-se que não se aplica à hipoteca de vias férreas a norma de ordem pública do art. 1.475 do Código Civil, que estabelece a nulidade da cláusula que proíbe a venda do bem. A própria norma, ao consagrar o veto, estabelece a viabilidade de a parte não concordar com a alienação. Se ocorrer a venda ou a fusão sem a concordância do credor hipotecário, deve-se considerar o caso como sendo de nulidade absoluta, por fraude à lei imperativa (art. 166, inc. VI, do CC/2002).

Finalmente, na execução da hipoteca de linhas férreas será intimado o representante da União ou do Estado, para, dentro em quinze dias, remir a estrada de ferro hipotecada, pagando o preço da arrematação ou da adjudicação (art. 1.505 do CC/2002). A hipótese é de remição, resgate da hipoteca pelo pagamento, pelo Poder Público, diante da função social do bem garantido, inclusive pelo que consta do art. 178 da Constituição Federal de 1988.

e) As jazidas, minas e demais recursos minerais, os potenciais de energia hidráulica e os monumentos arqueológicos (art. 1.230), independentemente do solo onde se acham (art. 1.473, inc. V, do CC)

O Código de Minas (Decreto-lei 1.985/1940) define as jazidas como sendo toda massa de substância mineral, ou fóssil, existente no interior ou na superfície da terra e que apresente valor para a indústria. Já as minas são tidas como as jazidas em lavra. Pela mesma norma, entende-se por lavra o conjunto de operações necessárias à extração industrial de substâncias minerais ou fósseis da jazida.

Tais bens são considerados bens da União, por dicção do art. 176, *caput*, da Constituição da República, cuja transcrição é importante: "As jazidas, em lavra ou não, e demais recursos minerais e os potenciais de energia hidráulica constituem propriedade distinta da do solo, para efeito de exploração ou aproveitamento, e pertencem à União, garantida ao concessionário a propriedade do produto da lavra". Havendo a concessão de lavra, de exploração pelo Poder Público, admite-se a alienação desses bens, o que engloba a possibilidade de hipoteca, conforme o art. 55 do Decreto-lei 227/1967.

f) Os navios e as aeronaves (art. 1.473, incs. VI e VII, do CC)

A hipoteca pode recair sobre bens móveis, no caso sobre navios e aeronaves, diante de um tratamento constante também em lei especial.

Esclareça-se que, diante de dúvidas que existem no meio jurídico, não se pode afirmar que os navios e aeronaves constituem bens imóveis, somente pelo fato de que sobre eles poder recair a hipoteca e terem um registro especial (na Capitania dos Portos e na Agência Nacional de Aviação).

Tais bens são móveis por excelência, justamente pelo fato de servirem de transporte ao ser humano. Em relação às aeronaves, constituem o meio de transporte mais rápido que a humanidade criou até o presente momento. Imagine a constatação de alguém quando se deparasse com um avião, afirmando que constituiria um imóvel. Soa estranho e até absurdo. Em complemento, tanto o registro quanto a hipoteca têm natureza acessória, que não têm o condão de alterar a essência do bem principal.

De qualquer modo, a viabilidade da hipoteca e o registro especial fazem com que os navios e aeronaves sejam considerados bens móveis *sui generis* ou especiais. Reforçando a não caracterização como imóveis, para que assim fossem considerados, deveriam estar elencados no art. 82 do Código Civil como bens imóveis por determinação legal. E não é o que ocorre, pois tais bens são apenas os direitos reais sobre imóveis e o direito à sucessão aberta.

O enquadramento dos navios e aeronaves se dá entre os bens móveis por natureza, nos termos do art. 80 da mesma codificação, uma vez que são bens suscetíveis de remoção por força alheia, sem alteração da substância ou da destinação econômico-social. Em relação às aeronaves, é clara a expressão do art. 106, parágrafo único, do Código Brasileiro da Aeronáutica (Lei 7.565/1986): "A aeronave é bem móvel registrável para o efeito de nacionalidade, matrícula, aeronavegabilidade (artigos 72, I, 109 e 114), transferência por ato entre vivos (artigos 72, II e 115, IV), constituição de hipoteca (artigos 72, II e 138), publicidade (artigos 72, III, e 117) e cadastramento geral (artigo 72, V)".

Esse é igualmente o entendimento majoritário na doutrina brasileira, a ser considerado para os devidos fins teóricos e práticos. Em edições anteriores desta obra, José Fernando Simão, em pesquisa apurada, citava a posição de Maria Helena Diniz, Flávio Augusto Monteiro de Barros, Marco Aurélio S. Viana, Carlos Roberto Gonçalves, Cristiano Chaves de Farias e Nelson Rosenvald, Washington de Barros Monteiro, Silvio Rodrigues, Orlando Gomes, Francisco Cláudio de Almeida Santos, Caio Mário da Silva Pereira e Fábio Ulhoa Coelho (TARTUCE, Flávio; SIMÃO, José Fernando. *Direito civil...*, 2013, v. 4, p. 470). Acrescente-se a afirmação de Francisco Eduardo Loureiro, para quem, "embora sejam bens móveis por natureza, é da tradição do direito brasileiro e das legislações estrangeiras a admissão da hipoteca, em razão do vulto dos financiamentos à sua construção e manutenção" (*Código...*, 2010, p. 1.574).

As consequências de tal posição são práticas e relevantes. Mencione-se, a fim de ilustrar, que, em se tratando de bens móveis, a constituição de hipoteca não necessita de outorga conjugal. Como é notório, tal vênia somente é imprescindível em se tratando de bens imóveis, por força do art. 1.647, inc. I, do Código Civil.

Feito esse necessário esclarecimento, constata-se que a hipoteca de navios e aeronaves é regida por lei especial por previsão expressa da própria lei geral privada (art. 1.473, § 1.º, do CC/2002).

De início, a hipoteca dos navios é regulada pela Lei 7.652/1988 e pelo Decreto 2.256/1997. Nos termos do art. 12 da primeira norma, o registro de direitos reais e de outros ônus que gravem embarcações brasileiras deverá ser feito no Tribunal Marítimo, sob pena de não valer contra terceiros (efeitos *erga omnes*).

No tocante ao registro da hipoteca convencional de navios, o art. 14, § 1.º, da Lei 7.652/1988 dispõe que o pedido de registro será apresentado mediante requerimento do proprietário ou de seu representante legal, acompanhado dos documentos necessários, à Capitania dos Portos ou órgão subordinado, em cuja jurisdição estiver incluído o porto de inscrição da embarcação, a quem caberá encaminhar o requerimento e documentos a este apensos ao Tribunal Marítimo. O registro do direito real ou do ônus será comunicado pelo Tribunal Marítimo à Capitania dos Portos em cuja jurisdição estiver incluído o porto de inscrição da embarcação, para a devida anotação.

A hipoteca das aeronaves é regulamentada pela Lei 7.565/1986 (Código Brasileiro da Aeronáutica). Nos termos do seu art. 138, poderão ser objeto de hipoteca convencional as aeronaves, motores, partes e acessórios de aeronaves, inclusive aquelas em construção. Porém, pela mesma norma, não pode ser objeto de hipoteca, enquanto não se proceder à matrícula definitiva, a aeronave inscrita e matriculada provisoriamente, salvo se for para garantir o contrato, com base no qual se fez a matrícula provisória.

A referência à aeronave, sem ressalva, compreende todos os equipamentos, motores, instalações e acessórios, constantes dos respectivos certificados de matrícula e aeronavegabilidade. No caso de incidir a hipoteca sobre motores, deverão eles ser inscritos e individuados

CAP. 8 · DOS DIREITOS REAIS DE GARANTIA SOBRE COISA ALHEIA | **661**

no Registro Aeronáutico Brasileiro, no ato da inscrição da hipoteca, produzindo esta os seus efeitos ainda que estejam equipando aeronave hipotecada a distinto credor, exceto no caso de haver nos respectivos contratos cláusula permitindo a rotatividade dos motores. Concluída a construção da aeronave, a hipoteca estender-se-á à aeronave se recair sobre todos os componentes; mas continuará a gravar, apenas, os motores e equipamentos individuados, se somente sobre eles incidir a garantia. Cabe ao credor o direito de inspeção ou vistoria da aeronave e equipamentos, enquanto durar o contrato.

Em relação aos requisitos subjetivos e objetivos da hipoteca convencional de aeronaves, determina o art. 139 do Código Brasileiro de Aeronáutica, só aquele que pode alienar a aeronave poderá hipotecá-la e só a aeronave que pode ser alienada poderá ser dada em hipoteca. Em suma, os requisitos são os mesmos descritos em geral quanto aos direitos reais de garantia do Código Civil (art. 1.420).

No caso de aeronave comum a dois ou mais proprietários, só poderá ser dada em hipoteca com o consentimento expresso de todos os condôminos (art. 140 da Lei 7.565/1986). Mais uma vez há sintonia com o art. 1.420 do CC/2002, especificamente com o seu § 2.º, segundo o qual "a coisa comum a dois ou mais proprietários não pode ser dada em garantia real, na sua totalidade, sem o consentimento de todos; mas cada um pode individualmente dar em garantia real a parte que tiver".

De acordo com o art. 141 do Código da Aeronáutica, a hipoteca convencional de aeronaves é constituída pela inscrição do contrato no Registro Aeronáutico Brasileiro e com a averbação no respectivo certificado de matrícula. O comando seguinte elenca os requisitos para sua eficácia, a saber: *a)* o nome e domicílio das partes contratantes; *b)* a importância da dívida garantida, os respectivos juros e demais consectários legais, o termo e lugar de pagamento; *c)* as marcas de nacionalidade e matrícula da aeronave, assim como os números de série de suas partes componentes; *d)* os seguros que garantem o bem hipotecado.

A encerrar o estudo do tema, pontue-se que, além da hipoteca convencional de aeronaves, há a hipoteca legal. Esta será dada em favor da União, no caso de aeronaves, peças e equipamentos adquiridos no exterior com aval, fiança ou qualquer outra garantia do Tesouro Nacional ou de seus agentes financeiros (art. 144 da Lei 7.565/1986). Os arts. 145 e 146 da mesma norma tratam da possibilidade de adjudicação, em fazer da União, de tais bens, em havendo inadimplemento, falência, insolvência ou liquidação do devedor.

g) O direito de uso especial para fins de moradia (art. 1.473, inc. VIII, do CC)

A previsão foi incluída pela Lei 11.481/2007, que passou a admitir tal direito real de gozo ou fruição, incluído no rol dos direitos reais do art. 1.225 (inc. XI). Admite-se, portanto, que aquele que recebeu a concessão do referido direito real institua sobre ele uma hipoteca. Fica em dúvida a necessidade dessa inclusão, eis que o que se está hipotecando é o domínio útil do bem, conforme o inciso III do art. 1.473.

h) O direito real de uso (art. 1.473, inc. IX, do CC)

Igualmente incluído pela Lei 11.481/2007, diante do acréscimo desse direito real (art. 1.225, inc. XII). Valem os mesmos comentários feitos acima, a respeito da real necessidade dessa inclusão, uma vez que o que se está hipotecando é o domínio útil do imóvel.

i) A propriedade superficiária (art. 1.473, inc. X, do CC)

Também incluído pela Lei 11.481/2007, diante de dúvidas existentes na doutrina a respeito da viabilidade de hipoteca sobre a superfície. De toda sorte, prevalecia já o enten-

662 | DIREITO CIVIL • VOL. 4 – *Flávio Tartuce*

dimento pela sua possibilidade, pelo enquadramento no domínio direto, previsto no inc. II do art. 1.473 (LOUREIRO, Francisco Eduardo. *Código...*, 2010, p. 1.574).

Conforme o § 2.º do art. 1.473 do CC/2002, por razões óbvias, a garantia hipotecária persiste enquanto viger o direito de uso especial de moradia, o direito real de uso e a superfície, o que igualmente foi inserido pela Lei 11.481/2007. Isso porque a hipoteca, diante de seu caráter acessório, não pode existir sozinha. Sendo extinta a concessão real, extinta será a hipoteca, pelo termo final do direito principal, em casos de negócios jurídicos temporários.

j) Os direitos oriundos da imissão provisória na posse, quando concedida à União, aos Estados, ao Distrito Federal, aos Municípios ou às suas entidades delegadas e a respectiva cessão e promessa de cessão (art. 1.473, inc. XI, do CC)

Essa última previsão foi incluída pela Lei 14.620/2023, conhecida como nova e segunda lei do projeto *Minha Casa, Minha Vida*. Como destacado no primeiro capítulo deste livro, a inclusão representa uma *atecnia utilitarista* – na linha das afirmações de Carlos Eduardo Elias de Oliveira –, pois a imissão de posse não é propriamente um direito real, tendo sido mais adequado o legislador tratar o instituto como uma forma de aquisição originária da propriedade.

Ademais, como sustentei, é possível uma interpretação extensiva e finalística da inclusão desse novo direito real, a fim de incluir na previsão a legitimação da posse, tratada pelo art. 25 da Lei 13.465/2017, consagrada agora como direito real, o que encerra um longo debate sobre o tema. Veremos qual será a resposta jurisprudencial sobre essa temática.

Como questão relevante, mais uma vez entra em cena o debate a respeito de ser o rol do art. 1.473 taxativo (*numerus clausus*) ou exemplificativo (*numerus apertus*). Em suma, a dúvida reside em saber se outros bens podem ser hipotecados. A questão é bem exposta por Gladston Mamede, para quem o rol até pode ser considerado exemplificativo, mas apenas a lei pode criar outras viabilidades hipotecárias. E arremata: "importa observar, contudo, não haver liberdade contratual para estabelecer novas hipóteses de direitos passivos de hipoteca. Somente o legislador o pode fazer, ainda que se utilize de lei extravagante ao Código Civil, a incluir tratados internacionais que sejam devidamente ratificados pelo Congresso Nacional" (MAMEDE, Gladston. *Código...*, 2003, v. XIV, p. 326). Volta-se à discussão exposta no Capítulo 3 desta obra, a respeito da taxatividade e tipicidade dos direitos reais.

Para encerrar o tópico, destaco que no Projeto de Reforma do Código Civil, elaborado pela Comissão de Juristas nomeada no Senado Federal, pretende-se alterar o art. 1.473 para ampliar as possibilidades de hipoteca e também *destravar* o instituto, trazendo mais concessões de créditos e investimentos para o País. Assim, o seu inciso XII mencionará o direito real do promitente comprador; o seu inciso XIII, o direito aquisitivo oriundo da propriedade resolúvel; e o seu inciso XIV, o direito real de laje. Ademais, em prol da segurança jurídica, insere-se no preceito um § 3º, prevendo que os direitos de garantia instituídos nas hipóteses dos incisos XII e XIII sub-rogam-se na propriedade plena, mediante sua eventual aquisição superveniente.

Também são incluídos na codificação privada, visando a essa nova regulamentação dos arts. 1.473-A e 1.473-B. Nos termos da primeira projeção, o credor hipotecário de direito real do promitente comprador tem legitimidade para obter o registro da própria hipoteca. E mais, poderá o credor exercer o direito à adjudicação compulsória, judicial ou extrajudicial, em favor do promitente comprador. Pendendo o pagamento do preço, poderá o credor, sobrevindo a mora do promitente comprador, promover a excussão da garantia hipotecária ou efetivar, em nome do adquirente, o pagamento ao vendedor. Se o credor efetuar o pagamento do preço, o valor pago, com todos os seus acessórios e eventuais penalidades, será adicionado à dívida garantida pela hipoteca, ressalvado ao credor o direito de executar desde logo o devedor e a garantia.

Sem dúvidas, a ampliação da hipoteca para essas situações é mais do que necessária e a sua regulamentação trará segurança jurídica e previsibilidade para essas hipóteses.

8.3.3 Das modalidades de hipoteca

Superada a abordagem dos bens hipotecáveis, vejamos a classificação da hipoteca quanto à origem, levando-se em conta o tratamento legislativo e a visão doutrinária (FARIAS, Cristiano Chaves; ROSENVALD, Nelson. *Direitos reais...*, 2006, p. 647-663; DINIZ, Maria Helena. *Curso...*, 2009, v. 4, p. 581-591; GONÇALVES, Carlos Roberto. *Direito...*, 2010, v. 5, p. 608-613).

8.3.3.1 *Da hipoteca convencional*

É aquela criada pela autonomia privada, ou por convenção das partes, conforme preceitos e regras até o presente momento estudados.

8.3.3.2 *Da hipoteca legal*

Decorre da norma jurídica, nas hipóteses do art. 1.489 do CC, a favor das seguintes pessoas, por envolverem *interesses maiores*, notadamente de cunho patrimonial daqueles que são beneficiados pela garantia:

I) Às pessoas de direito público interno (art. 41 do CC), sobre os imóveis pertencentes aos encarregados da cobrança, guarda ou administração dos respectivos fundos e rendas.

II) Aos filhos, sobre os imóveis do pai ou da mãe que passar a outras núpcias, antes de fazer o inventário do casal anterior, hipótese de presença de uma causa suspensiva do casamento (art. 1.523, inc. I, do CC). Nesse caso, é comum afirmar pela presença de uma *dupla sanção aos cônjuges*, qual seja a imposição dessa hipoteca, além do regime da separação obrigatória de bens (art. 1.641, inc. I, do CC). No Projeto de Reforma do Código Civil a regra é mantida, mesmo com a retirada das causas suspensivas do casamento do sistema, o que visa a proteger eventuais adquirentes do imóvel. De toda sorte, quanto a esse inciso II do art. 1.489, é sugerido um aperfeiçoamento, para que mencione a união estável do seguinte modo: "II – aos filhos, sobre os imóveis do pai ou da mãe que passar a outras núpcias ou estabelecer união estável, antes de fazer o inventário do casal anterior".

III) Ao ofendido, ou aos seus herdeiros, sobre os imóveis do delinquente, para satisfação do dano causado pelo delito e pagamento das despesas judiciais. O inciso tem aplicação para os casos de indenização por ato ilícito, como nos acidentes de trânsito ou de trabalho que causam homicídio a chefe de família, que a sustentava. No Projeto de Reforma do Código Civil propõe-se uma melhora técnico no texto, além de se incluírem os honorários contratuais do advogado, na linha de outras proposições: "III – ao ofendido, ou aos seus herdeiros, sobre os imóveis do agente causador do dano, para satisfação dos prejuízos causados pelo ato ilícito e pelo pagamento das despesas judiciais e honorários contratuais de advogado".

IV) Ao coerdeiro, para garantia do seu quinhão ou torna da partilha, sobre o imóvel adjudicado ao herdeiro reponente. Explicando a previsão, essa tem relação com o art. 2.019 do Código Civil, especificamente com o seu § 1.º. De acordo com o último preceito, não sendo possível a divisão cômoda de bens de herança, poderá um dos herdeiros requerer que o bem lhe seja adjudicado totalmente, repondo aos outros as suas partes. Esse último herdeiro, que recebe a integralidade de imóvel comum e que deve repor as partes dos outros é denominado como *reponente*. Aos outros herdeiros caberá a hipoteca legal sobre esse bem que foi adjudicado a um único sucessor, enquanto não receber a sua parte na herança.

V) Ao credor sobre o imóvel arrematado, para garantia do pagamento do restante do preço da arrematação. O inciso relaciona-se com as previsões dos arts. 892 e 895 do CPC/2015, equivalentes ao art. 690, *caput* e § 1.º, do CPC/1973, incluídos pela Lei 11.382/2006. Nos termos da primeira nova norma processual, salvo pronunciamento judicial em sentido diverso, o pagamento deverá ser realizado de imediato pelo arrematante, por depósito judicial ou por meio eletrônico. Se o exequente arrematar os bens e for o único credor, não estará obrigado a exibir o preço. No entanto, se o valor dos bens exceder ao seu crédito, depositará, dentro de três dias, a diferença, sob pena de tornar-se sem efeito a arrematação. Nesse caso será realizado novo leilão, à custa do exequente. Se houver mais de um pretendente, proceder-se-á entre eles à licitação, e, no caso de igualdade de oferta, terão preferência o cônjuge, o companheiro, o descendente ou o ascendente do executado, nessa ordem. No caso de leilão de bem tombado, a União, os Estados e os Municípios terão, nessa ordem, o direito de preferência na arrematação, em igualdade de oferta. Em complemento, o art. 895 do Novo CPC, com muitas alterações quanto aos procedimentos, trata da elaboração das propostas para a arrematação, bem como a sua efetivação em pagamento, para a devida satisfação patrimonial.

Esses são os casos de *hipoteca legal* tratados pela codificação substantiva privada. Sem prejuízo e em complemento, há mais uma hipótese, antes já estudada, que diz respeito à hipoteca legal, em favor da União, das aeronaves, das peças e dos equipamentos adquiridos no exterior, com aval, fiança ou outra garantia do Tesouro Nacional ou de seus agentes.

Vistas as suas hipóteses, o credor da hipoteca legal, ou quem o represente (*v.g.*, um mandatário), poderá, provando a insuficiência dos imóveis especializados, exigir do devedor que seja reforçado com outros (art. 1.490 do CC/2002). A regra visa a manter a integralidade da garantia. Nas hipóteses de insuficiência da garantia, a hipoteca legal pode ser substituída por caução de títulos da dívida pública federal ou estadual, recebidos pelo valor de sua cotação mínima no ano corrente; ou por outra garantia, a critério do juiz, a requerimento do devedor (art. 1.491 do CC/2002). Essa outra garantia pode ser uma fiança ou um penhor, por exemplo.

As hipotecas legais, de qualquer natureza, deverão ser registradas e especializadas (art. 1.497, *caput*, do CC/2002). O registro e a especialização das hipotecas legais incumbem a quem está obrigado a prestar a garantia, mas os interessados podem promover a inscrição delas, ou solicitar ao Ministério Público que o faça (art. 1.497, § 1.º, do CC). As pessoas, às quais incumbir o registro e a especialização das hipotecas legais, estão sujeitas a perdas e danos pela omissão (art. 1.497, § 2.º, do CC).

Por derradeiro, cumpre pontuar que a *ação de especialização da hipoteca legal* tinha tratamento no Código de Processo Civil de 1973, entre os procedimentos especiais de jurisdição voluntária. Todavia, tais comandos não foram reproduzidos pelo CPC/2015, passando a citada demanda a seguir o procedimento comum. De toda sorte, nesse momento de transição, vejamos quais eram as regras anteriores e se elas ainda podem ser aplicadas, retiradas de alguma regra de cunho material.

Nos termos do art. 1.205 do Estatuto Processual anterior, o pedido para especialização de hipoteca legal declararia a estimativa da responsabilidade e seria instruído com a prova do domínio dos bens, livres de ônus, dados em garantia. Apesar de a norma não ter sido reproduzida, entendo pela aplicação do seu conteúdo, pois tais declarações estão na linha do dever de informar decorrente da boa-fé objetiva que deve orientar não só as relações materiais, como também processuais.

Seguiam-se o arbitramento do valor da responsabilidade e a avaliação dos bens, por perito nomeado pelo juiz (art. 1.206 do CPC/1973). Sobre o laudo os interessados se manifestariam no prazo comum de cinco dias. Em seguida, o juiz homologaria ou corrigiria o arbitramento e a avaliação; e, achando livres e suficientes os bens designados, julgaria por sentença a especialização, mandando que se procedesse à inscrição da hipoteca. Da sentença constariam expressamente o valor da hipoteca e os bens do responsável, com a especificação do nome, situação e características (art. 1.207 do CPC/1973). Esses procedimentos, em minha opinião doutrinária, não mais prevalecem.

Sobre a necessidade de reforço da garantia, prescrevia o art. 1.208 da Norma Instrumental revogada que, sendo insuficientes os bens oferecidos para a hipoteca legal e não havendo reforço mediante caução real ou fidejussória (arts. 1.490 e 1.491 do CC), ordenaria o juiz a avaliação de outros bens. Havendo outros bens, seria procedida nova especialização, conforme os procedimentos já descritos. Não havendo, seria julgada improcedente a especialização. Acredito na possibilidade de aplicação dessas regras para o procedimento comum, pois são retirados da intuição processual e da própria essência da hipoteca.

Por fim, não se pode esquecer que não há prazo máximo para a hipoteca legal, exigindo-se apenas que a especialização seja renovada a cada vinte anos (art. 1.498 do CC/2002). Não havendo a citada renovação, a hipoteca é reputada extinta. Como bem explicam Gustavo Tepedino, Maria Celina Bodin de Moraes e Heloísa Helena Barboza, "se não se proceder à renovação no prazo estabelecido, a hipoteca perde sua especialização e, consequentemente, seu valor, tendo em vista que, nos termos do art. 1.492, a hipoteca não especializada não serve para identificar o imóvel ou o valor da garantia. Neste caso, só restará às partes a constituição de nova hipoteca, com novo número de ordem, alterando sua anterior preferência" (*Código...*, 2011, v. III, p. 956). Essa é a posição a ser considerada como majoritária, para os devidos fins práticos.

8.3.3.3   *Da hipoteca cedular*

Conforme o art. 1.486 do Código Civil, podem o credor e o devedor, no ato constitutivo da hipoteca, autorizar a emissão da correspondente cédula hipotecária, na forma e para os fins previstos em lei especial. Conforme apontam Cristiano Chaves de Farias e Nelson Rosenvald, "Nas leis específicas, a constituição da hipoteca independe de contrato solene e específico, pois, na própria cédula, são inseridos o acordo de criação e reconhecimento da dívida pelo devedor-emitente, e a constituição da hipoteca, especializando-se os bens dados em garantia, com registro da cédula no ofício imobiliário. O credor da cédula dispõe de segurança, em razão do vínculo real que resulta do registro da cédula no cartório imobiliário" (FARIAS, Cristiano Chaves; ROSENVALD, Nelson. *Direitos reais...*, 2006. p. 663).

Em complemento, Gladston Mamede conceitua as cédulas de crédito como "títulos representativos de operações de financiamento, constituídos a partir de empréstimos concedidos por instituições financeiras, ou entidades a essas equiparadas, a pessoa natural (física) ou jurídica que se dedique à respectiva atividade" (*Código...*, 2003, v. XIV, p. 402). O jurista cita, com interesse para a presente modalidade de hipoteca, todas com tratamento

666 | DIREITO CIVIL • VOL. 4 – *Flávio Tartuce*

em legislação especial: *a)* a letra hipotecária; *b)* a letra imobiliária; *c)* a cédula hipotecária e *d)* a letra de crédito imobiliário.

A cédula hipotecária merece destaque, sendo regulamentada pelo Decreto-lei 70/1966. Fundamentalmente, conforme o art. 10 da norma específica, é instituída a cédula hipotecária para hipotecas inscritas no Registro Geral de Imóveis, como instrumento hábil para a representação dos respectivos créditos hipotecários, a qual poderá ser emitida pelo credor hipotecário nos casos de: *I)* operações compreendidas no Sistema Financeiro da Habitação; *II)* hipotecas de que sejam credores instituições financeiras em geral, e companhias de seguro; *III)* hipotecas entre outras partes, desde que a cédula hipotecária seja originariamente emitida em favor das empresas financeiras e empresas de seguro. Outras regras poderiam ser comentadas, mas fogem aos objetivos desta obra, como *manual* de Direito Civil.

8.3.3.4   Da hipoteca judicial ou judiciária

Está tratada pelo art. 495 do Código de Processo Civil de 2015, equivalente ao art. 466 do Código de Processo Civil anterior, com alterações substanciais. Nesse contexto, a decisão – não mais só a sentença –, que condenar o réu ao pagamento de prestação consistente em dinheiro e a que determinar a conversão de prestação de fazer, de não fazer ou de dar coisa em prestação pecuniária valerão como título constitutivo de hipoteca judiciária.

Conforme o § 1.º do novo art. 495 do Estatuto Processual em vigor, a decisão produz a hipoteca judiciária: *a)* embora a condenação seja genérica; *b)* ainda que o credor possa promover o cumprimento provisório da sentença ou esteja pendente arresto sobre bem do devedor; *c)* mesmo que impugnada por recurso dotado de efeito suspensivo. Anote-se que apenas a última previsão não constava da lei anterior.

De toda sorte, todos os procedimentos que se seguem são inovações. *Ab initio,* a hipoteca judiciária poderá ser realizada mediante apresentação de cópia da sentença perante o cartório de registro imobiliário, independentemente de ordem judicial, de declaração expressa do juiz ou de demonstração de urgência (art. 495, § 2.º, do CPC/2015). Essa instituição visa a comunicação de terceiros interessados no imóvel, gerando a configuração de fraude à execução no caso de sua aquisição (art. 792, inc. III, do CPC/2015).

Ademais, no prazo de até quinze dias da data de realização da hipoteca, a parte a informará ao juízo da causa, que determinará a intimação da outra parte para que tome ciência do ato (art. 495, § 3.º, do CPC/2015). Como não poderia ser diferente, a hipoteca judiciária, uma vez constituída, implicará, para o credor hipotecário, o direito de preferência, quanto ao pagamento, em relação a outros credores, observada a prioridade no registro (art. 495, § 4.º, do CPC/2015).

Por fim, sobrevindo a reforma ou a invalidação da decisão que impôs o pagamento de quantia, a parte responderá, independentemente de culpa, pelos danos que a outra parte tiver sofrido em razão da constituição da garantia (art. 495, § 5.º, do CPC/2015). Como se nota, trata-se de uma inovação considerável, estabelecendo-se, na norma processual, uma responsabilidade objetiva por expressa disposição legal, nos termos do que consta do parágrafo único do art. 927 do CC/2002. A mesma regra instrumental determina que o valor da indenização deve ser liquidado e executado nos próprios autos.

8.3.4   Da possibilidade de alienação do bem hipotecado e suas consequências. Da sub-hipoteca

Preceito que tem relação direta com a própria função negocial da hipoteca é o art. 1.475 do CC/2002, segundo o qual é nula a cláusula que proíbe ao proprietário alienar imóvel hipotecado (*cláusula de inalienabilidade*).

Trata-se de feliz inovação introduzida na atual codificação privada, que afasta qualquer dúvida a respeito da possibilidade de venda do bem hipotecado. Explicam Jones Figueirêdo Alves e Mário Luiz Delgado que "mesmo na vigência do Código de 1916, já era pacífica a doutrina no sentido de que o devedor hipotecário não perdia o direito de alienar o imóvel, uma vez que, por se tratar de direito real, mesmo depois da alienação, permaneceria a hipoteca, incidindo sobre imóvel. O novo Código vai ainda mais longe, considerando nula cláusula que proíba a alienação do imóvel hipotecado" (*Código...*, 2005, p. 740).

A hipótese é de *nulidade textual*, pois a norma prevê expressamente que a cláusula é nula (art. 166, inc. VII, primeira parte, do CC). Como o caso é de invalidade de maior gravidade, não resta dúvida de que se trata de um preceito cogente ou de ordem pública. Sendo assim, cabe conhecimento de ofício, pelo juiz, da nulidade absoluta da cláusula (art. 168, parágrafo único, do CC).

Não se olvide que, sendo vendido ou doado o bem principal, a hipoteca o acompanha, como decorrência lógica da sequela do direito real. Em complemento, é permitido que as partes convencionem que vencerá antecipadamente o crédito hipotecário, se o imóvel for alienado (art. 1.475, parágrafo único, do CC/2002). Conforme pronunciou o Superior Tribunal de Justiça, aplicando o novo preceito:

> "O art. 1.475 do diploma civil vigente considera nula a cláusula que veda a alienação do imóvel hipotecado, admitindo, entretanto, que a referida transmissão importe no vencimento antecipado da dívida. Dispensa-se, assim, a anuência do credor para alienação do imóvel hipotecado em enunciação explícita de um princípio fundamental dos direitos reais" (STJ, AgRg no REsp 838.127/DF, 1.ª Turma, Rel. Min. Luiz Fux, j. 17.02.2009, *DJe* 30.03.2009).

Francisco Eduardo Loureiro traz comentários interessantes a respeito da cláusula que estabelece o vencimento antecipado, propondo a sua análise conforme os princípios da boa-fé objetiva e da função social. Explica que a alienação do bem, embora ineficaz perante o credor, pode provocar o agravamento do risco de depreciação do imóvel hipotecado, justificando-se plenamente a cláusula que veda a transmissão em casos tais. Porém, caso tal risco não esteja presente, o magistrado conclui que não há qualquer justificativa para a cláusula de vencimento antecipado. Vejamos suas palavras:

> "A medida provocaria a impossibilidade do devedor arcar com o pagamento integral e, por consequência, a execução da dívida, sem razão para tanto. É o que a melhor doutrina insere como uma das facetas do princípio da boa-fé objetiva e denomina de exercício desequilibrado de direitos (*inciviliter agere*), em que há manifesta desproporção entre a vantagem auferida pelo titular de um direito e o sacrifício imposto à contraparte, ainda que não haja o propósito de molestar" (LOUREIRO, Francisco Eduardo. *Código...*, 2010, p. 1.578).

Tem razão o doutrinador, podendo ser aventada, em reforço, a *eficácia interna da função social*, que procura afastar desequilíbrios e *massacres patrimoniais* dentro dos negócios jurídicos; assegurando-se trocas úteis e justas, como estabelece o Enunciado n. 22 da *I Jornada de Direito Civil*.

Feita tal consideração, confrontando-se o art. 1.475 do Código Civil com o art. 59 do Decreto-lei 167/1967, é necessário pontuar que a venda dos bens apenhados ou hipotecados pela cédula de crédito rural continua a depender de prévia anuência do credor, por escrito. Assim, esse último requisito deve ser considerado, mesmo sendo nula a cláusula que veda a venda do bem hipotecado.

A questão foi decidida pelo Conselho Superior da Magistratura de Minas Gerais, em *decisum* assim ementado: "Conselho da Magistratura. Registro de contrato de compra e venda. Imóvel gravado com hipoteca. Anuência do credor hipotecário. Necessidade. 1. Faz-se necessária à aquiescência prévia e por escrito para a alienação de imóvel, objeto de contrato de compra e venda, à luz do artigo 59, do Decreto-lei n.º 167, de 1967. 2. A regra geral, contida no artigo 1.475 do Código Civil, não tem o condão de excluir a aplicação de norma especial prevista no artigo 59 do Decreto-lei n.º 167, de 1967. 3. Recurso desprovido" (TJMG, Div 1.0696.04.012845-1/001, Tupaciguara, Conselho da Magistratura, Rel. Des. Nilson Reis, j. 02.05.2005, *DJMG* 13.05.2005).

O Tribunal de Justiça do Paraná seguiu essa linha, ao afastar a contradição entre os comandos citados e julgar que o requisito da lei específica ainda é fundamental para os casos por ela abrangidos:

> "Apelação cível. Dúvida suscitada por oficial de registro de imóveis. Registro de escritura pública de compra e venda de parte ideal de imóvel rural gravado com cédula rural pignoratícia e hipotecária. Aplicação do art. 59 do Decreto-lei n.º 167/67. Contradição com o disposto no art. 1.475 do Código Civil. Inocorrência. Requisito previsto em Lei Especial, aplicável exclusivamente para o crédito rural e que não proíbe a alienação, nem ofende o direito de propriedade. (...)" (TJPR, Apelação Cível 0522153-0, 11.ª Câmara Cível, Ponta Grossa, Rel. Des. Mendonça de Anunciação, *DJPR* 08.06.2009, p. 309).

Tal premissa deve ser aplicada a outras regras previstas em lei especial. Cite-se o art. 1.º da Lei 8.004/1990, que trata dos contratos celebrados no âmbito do Sistema Financeiro da Habitação:

> "O mutuário do Sistema Financeiro da Habitação (SFH) pode transferir a terceiros os direitos e obrigações decorrentes do respectivo contrato, observado o disposto nesta lei. Parágrafo único. A formalização de venda, promessa de venda, cessão ou promessa de cessão relativas a imóvel financiado através do SFH dar-se-á em ato concomitante à transferência do financiamento respectivo, com a interveniência obrigatória da instituição financiadora. (Redação dada pela Lei n.º 10.150, de 2000)".

É forçoso concluir que a regra não veda a venda do bem hipotecado, se for o caso, mas apenas apresenta o requisito da intervenção da instituição financeira, em especial nos chamados "contratos de gaveta". Por outro caminho, não houve revogação de tal preceito específico pelo art. 1.475 do CC/2002, por se tratar de regra especial. Resumindo, é possível a alienação de bens hipotecados nesse âmbito, desde que haja a citada concordância.

Nessa linha o posicionamento da melhor jurisprudência do Superior Tribunal de Justiça, cabendo destacar o seguinte trecho de ementa:

> "Sob esse enfoque, o art. 1.475 do diploma civil vigente considera nula a cláusula que veda a alienação do imóvel hipotecado, admitindo, entretanto, que a referida transmissão importe no vencimento antecipado da dívida. Dispensa-se, assim, a anuência do credor para alienação do imóvel hipotecado em enunciação explícita de um princípio fundamental dos direitos reais. Deveras, jamais houve vedação de alienação do imóvel hipotecado, ou gravado com qualquer outra garantia real, porquanto função da sequela. O titular do direito real tem o direito de seguir o imóvel em poder de quem quer que o detenha, podendo excuti-lo mesmo que tenha sido transferido para o patrimônio de outrem distinto da pessoa do devedor. Destarte, referida regra não alcança as hipotecas vinculadas

ao Sistema Financeiro da Habitação – SFH, posto que para esse fim há lei especial – Lei n.º 8.004/1990 –, a qual não veda a alienação, mas apenas estabelece como requisito a interveniência do credor hipotecário e a assunção, pelo novo adquirente, do saldo devedor existente na data da venda, em sintonia com a regra do art. 303, do Código Civil de 2002" (STJ, AgRg no REsp 838.127/DF, 1.ª Turma, Rel. Min. Luiz Fux, j. 17.02.2009, *DJe* 30.03.2009).

Como decorrência natural da possibilidade de alienação do bem hipotecado, admite-se, no Direito Civil Brasileiro, a *sub-hipoteca*. Enuncia o art. 1.476 do CC/2002 que o dono do imóvel hipotecado pode constituir outra hipoteca sobre ele, mediante novo título, em favor do mesmo ou de outro credor. Não há limite objetivo numérico na lei para a constituição, cabendo mais de duas hipotecas.

Questão de debate diz respeito à possibilidade de instituição de sub-hipotecas sem qualquer limite, não se considerando a solvibilidade do bem que garante a dívida. Gustavo Tepedino, Maria Celina Bodin de Moraes e Heloísa Helena Barboza demonstram que Sílvio Rodrigues e Carvalho Santos seguem a ideia de necessidade de se observar o valor do imóvel para as garantias sucessivas, a fim de manter a idoneidade da garantia. Por outra via, pensando de forma contrária, Gladston Mamede e Arruda Alvim. Os juristas que demonstram a polêmica também se filiam à última corrente, aduzindo que "nada impede que o credor aceite a sub-hipoteca mesmo sabendo que o valor do bem, em razão de outros ônus, mostra-se insuficiente para satisfazer o seu crédito. Se o faz, assume o risco de se tornar credor quirografário" (*Código...*, 2011, v. III, p. 929).

Com o devido respeito, filia-se à primeira corrente. A constituição de sub-hipotecas sucessivas, sem qualquer parâmetro, enfraquece o instituto que se estuda. Ademais, os institutos privados devem ser interpretados conforme a eticidade e a socialidade, servindo como parâmetro a regra do art. 187 do CC/2002, que consagra o abuso de direito como ilícito equiparado. Desse modo, as sub-hipotecas posteriores e excessivas parecem contrariar a boa-fé objetiva, o que gera nulidade absoluta das garantias constituídas por último, por ilicitude do objeto, nos termos do art. 166, inc. II, da própria codificação material.

Conforme outrora se destacou, o credor da primeira hipoteca tem *prioridade e preferência*. Nessa linha, determina o art. 1.477 do CC/2002 que, salvo o caso de insolvência do devedor, o credor da segunda hipoteca, embora vencida, não poderá executar o imóvel antes de vencida a primeira. Segundo o seu § 1.º, não se considera insolvente o devedor por faltar ao pagamento das obrigações garantidas por hipotecas posteriores à primeira. Como não há limite para constituições sucessivas, as premissas valem para uma terceira, quarta ou quinta garantia, e assim na sequência.

Sílvio de Salvo Venosa expõe polêmica a respeito da possibilidade de o segundo credor hipotecário executar a sua dívida vencida, quando não vencida a primeira obrigação. Aponta que o entendimento majoritário, de longa data, vai ao sentido da possibilidade de execução, devendo apenas ser observada a regra da prioridade de satisfação patrimonial do bem hipotecado em primeiro lugar, com a notificação do primeiro credor para que atue no processo. E leciona: "Se seguida ao pé da letra a dicção desse art. 1.477, fácil seria a fraude, bastando o conluio do devedor com o primeiro credor hipotecário. Sendo intimado o credor da primeira hipoteca, deverá intervir no processo, a fim de exercer a preferência" (*Código...*, 2010, p. 1.328).

Para chegar a essa dedução jurídica, o autor citado utiliza a solução constante do revogado art. 826 do Código Civil de 1916, que ainda teria aplicação prática, pelo viés doutrinário. Dispunha essa norma que "A execução do imóvel hipotecado far-se-á por ação executiva. Não será válida a venda judicial de imóveis gravador por hipotecas, devidamente inscritas, sem que tenham sido notificados judicialmente os respectivos credores hipotecários que não forem de qualquer modo partes na execução".

A Lei 14.711/2023, ao tratar do novo *Marco Legal das Garantias*, incluiu um § 2.º ao art. 1.477 do Código Civil, preceituando que "o inadimplemento da obrigação garantida por hipoteca faculta ao credor declarar vencidas as demais obrigações de que for titular garantidas pelo mesmo imóvel". Esse vencimento antecipado em casos de sub-hipotecas visa a facilitar o recebimento dos créditos, um dos objetivos primordiais da nova legislação.

Como explica com precisão Carlos Eduardo Elias de Oliveira, trata-se da inclusão no sistema jurídico brasileiro da *cláusula cross default*. Segundo ele, em palavras que têm o meu total apoio, "apesar, porém, do silêncio legal, entendemos que, para ter eficácia contra o devedor, há necessidade de previsão expressa no contrato e de expressa manifestação de vontade do credor em ativá-la por meio de notificação no curso do procedimento executivo. Além disso, entendemos que a boa técnica registral recomenda a notícia da cláusula *cross default* na matrícula do imóvel" (OLIVEIRA, Carlos Eduardo Elias de. *Continuação da análise...* Disponível em: <www.flaviotartuce.adv.br/artigosconvidados>. Acesso em: 6 nov. 2023).

Ainda nas hipóteses de sub-hipoteca, previa originariamente o art. 1.478 do CC que, se o devedor da obrigação garantida pela primeira hipoteca não se oferecesse, no vencimento, para pagá-la, o *credor da segunda* poderia promover-lhe a extinção, *consignando em juízo* a importância e citando o primeiro credor para recebê-la e o devedor para pagá-la.

Continuava a norma, em sua redação anterior, a estabelecer que, se o devedor não pagasse a dívida, o segundo credor, efetuando o pagamento em juízo nos autos da ação de consignação em pagamento, se sub-rogaria nos direitos da hipoteca anterior, sem prejuízo dos que lhe competirem contra o devedor comum.

Ocorreria, dessa maneira, a *remição* ou resgate da hipoteca pelo pagamento do segundo credor, tema que será aprofundado no próximo tópico. A hipótese sempre foi considerada de *sub-rogação subjetiva ativa legal*, ou seja, de substituição do credor por força da norma jurídica, nos termos do art. 346 do CC, que trata do adquirente do imóvel hipotecado.

Esse dispositivo foi igualmente alterado pela Lei 14.711/2023, mais uma vez para facilitar a efetivação da garantia, em havendo remição ou resgate da hipoteca. Na sua dicção ora em vigor, "o credor hipotecário que efetuar o pagamento, a qualquer tempo, das dívidas garantidas pelas hipotecas anteriores sub-rogar-se-á nos seus direitos, sem prejuízo dos que lhe competirem contra o devedor comum". Percebe-se, portanto, que não há mais menção expressa à consignação em pagamento, mas apenas da sub-rogação legal em favor do credor hipotecário, o que tornou o procedimento mais célere e direto.

De toda forma, parece-me que a consignação em pagamento continua sendo uma opção do credor, se assim o quiser. Novamente segundo a opinião de Carlos Eduardo Elias de Oliveira, "a Lei das Garantias (Lei n.º 14.711/2023) promoveu um ajuste redacional no § 2.º do art. 1.477 do CC para deixar claro que é irrelevante o procedimento utilizado pelo terceiro interessado nessa hipótese. Não importa se o fará extrajudicialmente ou por meio de uma ação judicial, como a de consignação em pagamento" (OLIVEIRA, Carlos Eduardo Elias de. *Continuação da análise...* Disponível em: <www.flaviotartuce.adv.br/artigosconvidados>. Acesso em: 6 nov. 2023).

De acordo com o parágrafo único do art. 1.478, que não sofreu modificações pela Lei 14.711/2023, se o primeiro credor estiver promovendo a execução da hipoteca, o credor da segunda depositará a importância do débito e as despesas judiciais mais uma vez nos autos da ação de consignação em pagamento por ele proposta, com o fim de remir a hipoteca.

Ato contínuo de estudo, o adquirente do imóvel hipotecado, desde que não se tenha obrigado pessoalmente a pagar as dívidas aos credores hipotecários, poderá exonerar-se da hipoteca, abandonando-lhes o imóvel (art. 1.479 do CC/2002). Trata-se de regra relativa ao abandono da propriedade, o que gera a sua extinção, denominado pela doutrina como *abandono liberatório do imóvel hipotecado* (MELO, Marco Aurélio Bezerra de. *Direito...*, 2007, p. 439-440). Como visto anteriormente, o Código Civil em vigor traz várias regras que consagram a extinção da propriedade pelo abandono, o que atinge o imóvel hipotecado adquirido por terceiro. O objetivo do abandono pode ser o de não ter contra si a propositura da ação de execução hipotecária.

Essa última norma não tem correspondente na codificação anterior. Há anterior proposta, por meio do antigo Projeto Ricardo Fiúza de incluir no preceito um parágrafo único, tratando do compromisso de compra e venda registrado. De acordo com a proposição: "o compromissário vendedor de imóvel hipotecário, ainda que conste junto ao credor como devedor e principal pagador também poderá exonerar-se da hipoteca, abandonando o imóvel ao credor hipotecário, desde que o compromissário comprador tenha assumido a obrigação de liquidar o saldo devedor na forma originalmente pactuada entre o compromissário vendedor e o credor hipotecário".

Segundo as justificativas da proposta, "a redação atual do art. 1.479 dá margem a várias interpretações, inclusive a de que o novo Código Civil pretende legalizar os contratos de gaveta feitos sem a anuência do agente financeiro, cuja validade vem sendo reconhecida pela jurisprudência. Para deixar expresso esse propósito, proponho nova redação ao dispositivo". Como me filio ao reconhecimento dos contratos de gaveta pelo princípio da função social dos institutos civis, concorda-se com a proposta de inclusão.

Encerrando e também como novidade na lei geral privada, em casos desse abandono da propriedade hipotecada, o adquirente do imóvel notificará judicial ou extrajudicialmente o vendedor e os credores hipotecários, deferindo-lhes, conjuntamente, a posse do imóvel. Se houver negativa no recebimento do bem, o adquirente poderá depositar o bem em juízo, por meio da ação de consignação (art. 1.480 do CC).

Conforme o seu parágrafo, o adquirente poderá exercer a faculdade de abandonar o imóvel hipotecado até as vinte e quatro horas subsequentes à citação, com o que se inicia o procedimento executivo. O prazo é decadencial, sendo o menor de todos os previstos na atual codificação privada.

No Projeto de Reforma do Código Civil, em boa hora, projeta-se um novo parágrafo no comando, prevendo que o proprietário responderá pela conservação do bem até a entrega efetiva da coisa, com a atribuição da posse direta.

8.3.5 Da remição da hipoteca

A remição da hipoteca é um dos temas mais importantes no estudo desse direito real de garantia sobre coisa própria, tendo o CPC de 2015 incluído alterações consideráveis no seu tratamento.

De início, não se pode confundir a *remição*, escrita com *cedilha*, com a *remissão*, com *dois esses*. O próprio legislador fez tal confusão, como se verá, em várias ocasiões. *Remição* significa *resgate pelo pagamento*, ou melhor, "é o direito concedido a certas pessoas de liberar o imóvel gravado, mediante pagamento de quantia devida, independentemente da anuência do credor (EJSTJ 15/243). Na lição de Pontes de Miranda, é recomprar, readquirir, afastar pagando" (DINIZ, Maria Helena. *Código...*, 2010, p. 1.027). Já o termo *remissão* significa perdão da dívida, forma de pagamento indireto. A remissão é realizada pelo credor, devendo ser aceita pelo devedor, por força do art. 385 do Código Civil.

Pois bem, três eram as hipóteses especiais de *remição* ou *resgate* da hipoteca tratadas originalmente pelo Código Civil: *a)* remição da hipoteca pelo adquirente do imóvel; *b)* remição da hipoteca pelo próprio devedor ou por seus familiares; *c)* remição da hipoteca no caso de falência ou insolvência do devedor hipotecário. Como se verá a seguir, o Código de Processo Civil de 2015 retirou do sistema parte da segunda modalidade de remição supramencionada. Ademais, revogou o artigo do Código Civil que cuidava da terceira modalidade, passando esta a ser tratada pelo Estatuto Processual emergente.

A *remição da hipoteca pelo adquirente do imóvel* é regulamentada com detalhes pelo art. 1.481 do CC/2002, segundo o qual, dentro do prazo decadencial de 30 dias, contados do registro do título aquisitivo, tem o adquirente do imóvel hipotecado o direito de remi--lo, citando os credores hipotecários e propondo importância não inferior ao preço por que o adquiriu. Como bem pontua a doutrina, tal direito de remição pode ser exercido antes mesmo do vencimento da dívida (LOUREIRO, Francisco Eduardo. *Código...*, 2007. p. 1.585). Trata-se de um direito potestativo, conforme bem reconhece a jurisprudência (STJ, REsp 164.609/ES, 3.ª Turma, Rel. Min. Carlos Alberto Menezes Direito, j. 24.06.1999, *DJ* 09.08.1999, p. 167; e TJMG, Agravo de Instrumento 0571127-84.2012.8.13.0000, Rel. Des. Leite Praça, j. 05.07.2012, *DJEMG* 17.07.2012).

A ação a ser proposta em casos envolvendo esse tipo remição é a de *consignação em pagamento*, visando a liberar o direito real que recai sobre o bem. Os quatro parágrafos da norma material consagram detalhes a respeito dos procedimentos dessa demanda. De início, se o credor impugnar o preço da aquisição ou a importância oferecida, será realizada uma *licitação*, efetuando-se a venda judicial a quem oferecer maior preço, assegurada a preferência ao adquirente do imóvel (art. 1.481, § 1.º, do CC/2002).

Não sendo impugnado pelo credor o preço da aquisição ou o preço proposto pelo adquirente, haver-se-á por definitivamente fixado este para a *remissão* do imóvel, que ficará livre de hipoteca, uma vez pago ou depositado o preço. Atente-se que não se trata de *remissão (perdão)*, como está escrito no art. 1.481, § 2.º, da codificação legal, mas de *remição (resgate)*, havendo um sério equívoco do legislador, conforme avisado há pouco. Com o fim de corrigir o erro, o antigo Projeto Ricardo Fiúza pretendia alterar a expressão, o que vem em boa hora, para não causar confusões àqueles que aplicam a norma sem maiores estudos dos temas correlatos.

No Projeto de Reforma do Código Civil, elaborado pela Comissão de Juristas e ora em tramitação, há a mesma proposta, passando o § 2.º do art. 1.481 a enunciar o seguinte: "não impugnado pelo credor, o preço da aquisição ou o preço proposto pelo adquirente, haver-se-á por definitivamente fixado para a remição ou resgate do imóvel, que ficará livre de hipoteca, uma vez pago ou depositado o preço". Espera-se a sua aprovação pelo Parlamento Brasileiro, corrigindo-se grave erro técnico.

Ato contínuo de estudo do sistema vigente, se o adquirente deixar de remir o imóvel, sujeitando-o à execução da hipoteca, ficará obrigado a ressarcir os credores hipotecários da desvalorização que, por sua culpa, este vier a sofrer, além das despesas judiciais da execução (art. 1.481, § 3.º, do CC/2002). Cabe destacar que a expressão *culpa* está em sentido amplo, englobando o dolo (intenção) e a culpa em sentido estrito (falta de cuidado por imprudência, negligência ou imperícia). Assim, há uma responsabilização subjetiva pela desvalorização do bem hipotecado.

CAP. 8 · DOS DIREITOS REAIS DE GARANTIA SOBRE COISA ALHEIA | **673**

Pelo quarto e último parágrafo do art. 1.481 do Código Civil, disporá de ação regressiva contra o vendedor o adquirente que ficar privado do imóvel em consequência de licitação ou penhora. Do mesmo modo, terão ação regressiva aquele que pagar a hipoteca e o adquirente que, por causa de adjudicação ou licitação, desembolsar com o pagamento da hipoteca importância excedente à da compra. Por fim, tem o mesmo direito o adquirente que suportar custas e despesas judiciais em decorrência da operação.

A segunda modalidade de remição da hipoteca era a concretizada *pelo executado e seus familiares*. Conforme o ora revogado art. 1.482 do Código Civil, realizada a praça do imóvel hipotecado, o executado ou devedor hipotecário poderia, até a assinatura do auto de arrematação, ou até que fosse publicada a sentença de adjudicação, remir o imóvel hipotecado, oferecendo preço igual ao da avaliação, se não tivesse havido licitantes, ou ao do maior lance oferecido. Mesmo direito caberia ao cônjuge, aos descendentes ou ascendentes do executado.

Pela proteção constitucional da união estável (art. 226, § 3.º, da CF/1988), tal direito, por óbvio, teria de ser estendido ao companheiro. Também deveria ser reconhecido o direito de remição aos componentes de novas entidades familiares, como a união estável e o casamento homoafetivos. Todas essas regras não estão mais em vigor a partir da vigência do CPC de 2015.

Na verdade, já existia polêmica anterior a respeito da persistência da remição efetivada pelos familiares, diante de alterações efetuadas no Código de Processo Civil por força da Lei 11.382/2006. Isso porque o art. 787 do CPC/1973, que tratava justamente dessa hipótese, foi revogado pela última norma, que visou à reforma anterior do sistema processual brasileiro. Podem ser encontrados julgados que concluíam pela revogação tácita igualmente do art. 1.482 do Código Civil, tendo a remição sido substituída pela *adjudicação*, com direito de preferência a favor dos parentes (art. 685-A do CPC/1973). A título de exemplo:

> "Agravo de instrumento. Ação de execução por quantia certa contra devedor solvente. Requerimento de remição de bem imóvel arrematado nos autos feito pela genitora de um dos executados. Indeferimento pelo juízo *a quo*. Manutenção do *decisum* face à aplicação da Lei 11.382/2006. Inaplicabilidade do art. 1.482 do Código Civil. Recurso desprovido. Através da reforma efetuada pela Lei 11.382/2006, a figura da remição, outrora prevista nos arts. 787 a 790 do Código de Processo Civil, não mais persiste em nosso ordenamento jurídico, cedendo lugar à adjudicação (art. 685-A do CPC). 'A aplicação analógica do direito de remição garantido ao devedor hipotecário (art. 1.482, CCB) não tem guarida, na medida em que importaria em desconsideração da revogação do instituto pela reforma processual promovida pela Lei 11.382/2006. Para imprimir maior eficiência e celeridade à execução, quis o legislador adotar como forma preferencial de expropriação para a satisfação do direito do credor a adjudicação (art. 647, I, CPC), pelo que não é dado ao intérprete contrariar o objetivo da norma, o que se daria no caso de admitir a postergação do seu exercício' (TJRS, Agravo de Instrumento 0117337-90.2011.8.13.0000, rel. Des. Luiz Carlos Gomes da Mata, j. em 09.06.2011)" (TJSC, Agravo de Instrumento 2011.081072-8, 2.ª Câmara de Direito Comercial, Lages, Rel. Juiz Robson Luz Varella, j. 15.05.2012, *DJSC* 24.05.2012, p. 276).

> "Processual civil. Adjudicação de bens penhorados. Direito da meeira preservado em embargos de terceiro. Ação ajuizada para desconstituir a adjudicação. Violação do direito de preferência do cônjuge. Art. 1.482 do Código Civil. Aplicação dos §§ 2.º e 3.º do art. 685-A do CPC. Não mais persiste na legislação processual o instituto da remição de bens, anteriormente previsto nos arts. 787 e seguintes do CPC. No entanto, possui o cônjuge o direito de preferência na adjudicação de bens penhorados, o qual deve ser exercido antes da sua transferência a terceiros, por meio do depósito do valor da avaliação em juízo.

Exegese do art. 685-A, §§ 2.º e 3.º, do CPC. Recurso não provido" (TJMG, Apelação Cível 0041551-61.2011.8.13.0672, 12.ª Câmara Cível, Sete Lagoas, Rel. Des. Nilo Lacerda, j. 29.02.2012, *DJEMG* 12.03.2012).

Conforme aqui era exposto em edição anterior, não me parecia ser essa a melhor interpretação, pois o Código Civil de 2002 ainda vigeria, propiciando que a remição fosse feita tanto pelo devedor como por seus familiares. Aprofunde-se que a norma da codificação privada tinha natureza processual, podendo perfeitamente substituir a regra que foi revogada no Estatuto Processual. Ademais, a remição efetivada pelos familiares concretizaria a proteção da família, retirada do art. 226 do Texto Maior. A propósito, concluindo ainda pela possibilidade de subsunção do art. 1.482 do CC/2002, da jurisprudência paulista:

> "Agravo de instrumento. Execução. Arrematação e adjudicação pelo exequente. Reconhecido o direito de remição a descendente do executado, único pretendente, observados, assim, os termos do art. 1.482 do Código Civil cumulado com o art. 685-A, §§ 2.º e 3.º, do Código de Processo Civil. Afastada a determinação judicial da licitação. Decisão do Juízo *a quo* reformada. Agravo provido (Voto 8017)" (TJSP, Agravo de Instrumento 7274103-4, Acórdão 3308870, 19.ª Câmara de Direito Privado, Mirassol, Rel. Des. Sampaio Pontes, j. 13.10.2008, *DJESP* 03.11.2008).

Na doutrina, Francisco Eduardo Loureiro igualmente entendia pela aplicação do art. 1.482 do CC/2002, ao lecionar que, "embora controverso o tema, possível defender que persista ainda, regulada pelo artigo em estudo, a remição da hipoteca, instituto de nítida natureza material, que tem o objetivo não somente de extinguir a execução, mas liberar o patrimônio do ônus real. Nas execuções de crédito quirografário, o regime é o do CPC, de modo que a remição é facultada apenas ao devedor, devendo seus parentes utilizar-se da adjudicação. Já nas execuções hipotecárias ainda se admite a remição da hipoteca não somente pelo devedor, mas também pelos seus parentes" (LOUREIRO, Francisco Eduardo. *Código...*, 2007, p. 1.587). Essa igualmente era a posição seguida pelo doutrinador em julgamentos em que atuava no Tribunal de Justiça de São Paulo.

Todavia, o CPC/2015 não seguiu essa forma de pensar, mas a primeira, dos arestos antes transcritos, não sendo mais possível, definitivamente, a remição pelos familiares do executado, que têm apenas um direito de preferência para a compra do bem. Consigne-se que essa *adjudicação*, com direito de preferência a favor dos parentes, foi mantida pelo Novo CPC, por força do seu art. 876, § 5.º, *in verbis:* "idêntico direito pode ser exercido por aqueles indicados no art. 889, incisos II a VIII, pelos credores concorrentes que hajam penhorado o mesmo bem, pelo cônjuge, pelo companheiro, pelos descendentes ou pelos ascendentes do executado". Em relação à remição realizada pelo próprio executado, esta persiste, mas apenas no sistema processual, como se verá.

Feitas tais considerações, e passando para a terceira e última modalidade de remição, também houve alteração no que diz respeito à *remição da hipoteca no caso de falência ou insolvência do devedor hipotecário*. Nos termos do Código Civil de 2002, esse direito seria deferido à massa, ou aos credores em concurso, não podendo o credor recusar o preço da avaliação do imóvel (art. 1.483 do CC). A propósito, nessas circunstâncias, poderia o credor hipotecário, para pagamento de seu crédito, requerer a adjudicação do imóvel avaliado em quantia inferior àquele, desde que dê quitação pela sua totalidade (art. 1.483, parágrafo único, do CC).

Na realidade, constata-se que tal instituto não foi totalmente retirado do sistema real, passando apenas a ser tratado pelo Novo Estatuto Processual. No capítulo relativo à

CAP. 8 · DOS DIREITOS REAIS DE GARANTIA SOBRE COISA ALHEIA | **675**

adjudicação, estabelece o art. 877 do CPC/2015 que, transcorrido o prazo de cinco dias, contado da última intimação, e decididas eventuais questões, o juiz ordenará a lavratura do auto de adjudicação.

Pelo mesmo comando, no seu § 1.º, considera-se perfeita e acabada a adjudicação com a lavratura e a assinatura do auto pelo juiz, pelo adjudicatário, pelo escrivão ou chefe de secretaria, e, se estiver presente, pelo executado, expedindo-se: *a)* se bem imóvel, a carta de adjudicação e o mandado de imissão na posse; *b)* se bem móvel, ordem de entrega ao adjudicatário.

A carta de adjudicação conterá a descrição do imóvel, com remissão – no sentido de *menção*, e não de perdão – à sua matrícula e aos registros, à cópia do auto de adjudicação e à prova de quitação do imposto de transmissão (art. 877, § 2.º, do CPC/2015). No caso de penhora de bem hipotecado, o executado poderá remi-lo até a assinatura do auto de adjudicação, oferecendo preço igual ao da avaliação, se não tiver havido licitantes, ou ao do maior lance oferecido (art. 877, § 3.º, do CPC/2015). Esse último preceito concretiza a remição realizada pelo executado, aqui antes exposta e confirmada pelo CPC/2015.

Seguindo o estudo do comando, conforme o § 4.º do novo art. 877 do CPC/2015, havendo falência ou insolvência do devedor hipotecário, esse direito de remição será deferido à massa ou aos credores em concurso, não podendo o exequente recusar o preço da avaliação do imóvel. Trata-se da figura que antes estava prevista no art. 1.483 do Código Civil, totalmente transposta para o Estatuto Processual, não se sabe com qual função.

Nas hipóteses de remição que ainda restam, é lícito aos interessados fazer constar das escrituras de instituição da hipoteca o valor entre si ajustado dos imóveis hipotecados, o qual, devidamente atualizado, será a base para as arrematações, adjudicações e remições, dispensada a avaliação (art. 1.484 do CC/2002). Em suma, as partes podem, por exercício da autonomia privada, fixar o valor do bem, para os fins de sua transmissão, o que visa a facilitar a efetivação prática da garantia. Esse dispositivo material não sofreu alteração pelo Estatuto Processual de 2015.

De qualquer maneira, entendo que a última norma é excessivamente liberal e não está em sintonia com a atual principiologia do Direito Privado, em especial com a boa-fé objetiva e a função social. Imagine-se, por exemplo, uma cláusula que fixa o valor do bem em um terço do seu valor do mercado, traduzindo onerosidade excessiva. Ou, ainda, a imposição de uma cláusula desproporcional em contrato de consumo ou de adesão. Em todos esses casos, há que se reconhecer a nulidade da cláusula por ilicitude do objeto (art. 166, inc. II, do CC/2002). Serve de apoio o art. 187 da codificação material, que consagra o abuso de direito como ato ilícito.

Em reforço, podem ser utilizados os arts. 51 do CDC e 424 do CC/2002, que protegem o consumidor e o aderente, como partes vulneráveis da relação negocial, contra cláusulas consideradas abusivas, que são nulas de pleno direito. Com o reconhecimento dessa nulidade da cláusula que estabelece o valor da coisa, deve-se proceder a uma real avaliação da coisa, buscando o seu valor perante a sociedade, concretizando a função social da propriedade.

Cabe, por fim, a revisão do valor fixado previamente pelo magistrado, o que é reconhecido por alguns julgados. A título de ilustração, admitindo implicitamente a ideia: "Tendo os imóveis hipotecados sido previamente estimados na constituição da hipoteca, nos termos do art. 1.484 do Código Civil vigente, que manteve o comando instituído pelo art. 818 do Código Civil de 1916, e não havendo indício trazido pelas partes de majoração ou diminuição no valor a eles atribuído, mostra-se dispensável sua avaliação, incidindo tão só a atualização monetária, para que possam ser levados à hasta pública. Decisão reformada.

676 | DIREITO CIVIL • VOL. 4 – *Flávio Tartuce*

Recurso provido" (TJSP, Agravo de Instrumento 991.09.012237-3, Acórdão 4385875, 17.ª Câmara de Direito Privado, Jundiaí, Rel. Des. Walter Fonseca, j. 24.02.2010, *DJESP* 09.04.2010). Estou filiado ao teor do julgado.

8.3.6 Da perempção da hipoteca convencional

Mais uma vez, inicia-se a seção com uma elucidação terminológica. Não se pode confundir o termo *perempção* com *preempção*. Constitui a última o reconhecimento de um direito de preferência, como ocorre a favor do condômino no caso de venda da coisa comum (art. 504 do CC/2002).

A *perempção da hipoteca convencional* está tratada pelo art. 1.485 do CC/2002, sendo essa a sua extinção por decurso de prazo máximo decadencial de trinta anos, a contar da data da instituição por negócio jurídico. Como instituição do negócio deve-se entender a data de sua celebração, e não do registro (nesse sentido: TJMG, Apelação Cível 7293310-33.2009.8.13.0024, 17.ª Câmara Cível, Belo Horizonte, Rel. Des. Marcia de Paoli Balbino, j. 24.11.2011, *DJEMG* 11.01.2012).

Sendo o prazo decadencial, não se aplicam as regras que impedem, suspendem ou interrompem a prescrição. Da jurisprudência fluminense, concluindo desse correto modo, inclusive quanto ao seu termo *a quo*:

> "Por se tratar de hipoteca convencional, podem as partes pactuar livremente seu prazo, desde que não superior a (30) trinta anos, nos termos do art. 1.485 do Código Civil. Com essa estipulação, quer nosso ordenamento jurídico pautar-se na estabilidade das relações sociais, impedindo que tal garantia real se perpetue no tempo. O prazo trintenário possui natureza decadencial, não se aplicando às causas impeditivas, suspensivas e interruptivas resguardadas ao instituto da prescrição. Segundo abalizada doutrina, o termo *a quo* do referido prazo (trinta anos) se inicia na data do contrato, e não na data da averbação da garantia real. Fluindo tal lapso temporal, ocorre a perempção, ou usucapião da liberdade da garantia real, subsistindo apenas um crédito quirografário" (TJRJ, Agravo de Instrumento 0005558-31.2012.8.19.0000, 14.ª Câmara Cível, Rel. Des. José Carlos Paes, j. 15.08.2012, *DORJ* 17.08.2012, p. 337).

A norma dispõe que a prorrogação máxima se dá mediante simples averbação, requerida por ambas as partes. Anote-se que a Lei 10.931/2004 elevou o prazo que era de vinte anos, retornando ao modelo que constava do CC/1916. A retomada se deu pelos costumes e práticas geralmente verificados no meio social, sendo salutar essa volta ao sistema anterior.

Repise-se que, em relação à hipoteca legal, não há prazo previsto em lei, aplicando--se apenas o art. 1.498 da codificação, no que concerne à necessidade de renovação da especialização, após vinte anos. Como já adiantado, o Projeto de Reforma do Código Civil pretende fazer com que o último comando mencione apenas a hipoteca legal: "vale o registro da hipoteca legal, enquanto a obrigação perdurar; mas a especialização, em completando vinte anos, deve ser renovada".

Voltando ao art. 1.485 do Código Civil, prevê ainda o dispositivo vigente que, desde que perfaça esse prazo, só poderá subsistir o contrato de hipoteca reconstituindo-se por novo título e novo registro. Em suma, a garantia real deixa de existir depois da caducidade do lapso temporal. A título de exemplo dessa regra:

> "Ação de execução por quantia certa contra devedor solvente. Penhora de bem com ônus hipotecário. Hipoteca datada de 20.12.1976. Pedido de baixa da hipoteca, pelo decurso do

CAP. 8 · DOS DIREITOS REAIS DE GARANTIA SOBRE COISA ALHEIA | **677**

prazo previsto no art. 1.485 do Código Civil. Possibilidade. Agravo provido" (TJSP, Agravo de Instrumento 990.10.221853-8, Acórdão 4634062, 12.ª Câmara de Direito Privado, São Caetano do Sul, Rel. Des. Jacob Valente, j. 04.08.2010, *DJESP* 30.08.2010).

No caso de *reconstituição da hipoteca*, será mantida a sua precedência da hipoteca, o que está em sintonia com a boa-fé. Maria Helena Diniz explica que "manter-se-á o benefício do credor hipotecário, o mesmo número de registro e igual procedência, que, então, lhe competir, visto tratar-se de ônus real, que, apesar de reconstituído, dá prosseguimento ao anterior. Consequentemente, em nada se alterará a posição creditória, permanecendo idêntica à oriunda do contrato perempto, quanto à sua preferência, no produto da excussão, relativamente aos outros direitos reais de terceiros" (*Código...*, 2010, p. 1.032).

Por derradeiro, interpretando a norma em estudo, da jurisprudência, é correta a conclusão pela qual, sendo a hipoteca fixada sem prazo determinado (prazo indeterminado), deve ser aplicado o prazo do art. 1.485 do CC e o *princípio da conservação dos negócios*:

> "Direito civil. Hipoteca. Estipulação a prazo incerto. Validade. Relação continuativa. Ausência momentânea de crédito. Irrelevância. I – A hipoteca pode ser estipulada a termo incerto se constituída em garantia de dívida a prazo indeterminado. A ausência de previsão de prazo certo para sua vigência não a invalida, operando-se, *pleno jure*, a sua extinção, no caso de atingido o prazo legal máximo de 30 anos previsto nos arts. 817 do Código Civil de 1916 e 1.485 do Código Civil de 2002, se antes não a convencionarem as partes. II – Tendo a hipoteca sido dada a fim de garantir todas as dívidas que vierem a ser originadas de relação continuativa havida entre as partes, a inexistência momentânea de crédito não é causa de sua extinção" (TJMG, Apelação Cível 1.0249.07.000953-8/0011, 13.ª Câmara Cível, Eugenópolis, Rel. Des. Adilson Lamunier, j. 14.08.2008, *DJEMG* 15.09.2008).

Em suma, filia-se plenamente ao julgado, que mantém a autonomia privada naquilo que for possível, afastando a invalidade do ato correspondente.

8.3.7 Da possibilidade de hipoteca sobre dívida futura ou condicional

Como outra novidade da vigente lei geral privada, admite-se a instituição convencional de hipoteca para *dívida futura* ou *condicional*. Diferenciando-se as duas figuras, a dívida futura é aquela que sequer existe quando da celebração da garantia; a dívida condicional tem a sua eficácia dependente de um evento futuro e incerto. Isso somente é possível, nos termos do art. 1.487 do CC/2002, se determinado o valor máximo do crédito a ser garantido. Surge, nesse contexto, o que a doutrina denomina como *hipoteca eventual* – no caso de dívida futura –, e a *hipoteca condicional*, no caso de dívida sujeita a evento futuro e incerto (TEPEDINO, Gustavo; MORAES, Maria Celina Bodin de; BARBOZA, Heloísa Helena. *Código...*, 2011, v. III, p. 942).

A norma tem relação com a admissão de venda de coisa futura, tratada pelo art. 483 da mesma norma civil. Admite-se, então, que a hipoteca tenha uma natureza aleatória, assim como ocorre com aquele contrato. A título de exemplo de inter-relação dos dois institutos, do Tribunal de Santa Catarina, admitindo a nova garantia:

> "Contrato de compra e venda por encomenda com objeto determinável. Quantia a ser adimplida determinada quando da concretização da importação dos produtos e de sua entrega ao contratante. Estipulação, outrossim, de valor máximo do crédito a ser garantido.

Aplicabilidade do art. 1.487 do Código Civil. Garantia idônea" (TJSC, Apelação Cível 2013.022811-0, 4.ª Câmara de Direito Comercial, Gaspar, Rel. Des. José Carlos Carstens Kohler, j. 07.05.2013, *DJSC* 10.05.2013, p. 187).

Explica a doutrina que a finalidade da inovação é possibilitar investimentos de vulto, havendo uma iliquidez inicial da obrigação (VENOSA, Sílvio de Salvo. *Código...*, 2010, p. 1.335). Conforme o § 1.º do dispositivo, a execução da hipoteca dependerá de prévia e expressa concordância do devedor quanto à verificação da condição, ou ao montante da dívida.

Em suma, somente caberá execução quando a obrigação se tornar líquida, certa quanto à existência e determinada quanto ao seu valor. Na prática, aplicou-se o preceito para contrato de franquia e locação de equipamentos garantido por escritura hipotecária de imóvel futuro. Como houve anuência e reconhecimento do devedor quanto ao montante da dívida, entendeu-se que os valores seriam plenamente exigíveis (TJSP, Apelação 0047609-67.2009.8.26.0000, Acórdão 4978115, 14.ª Câmara de Direito Privado, São Paulo, Rel. Des. Pedro Ablas, j. 09.02.2011, *DJESP* 16.03.2011).

Outro julgado que merece ser citado foi pronunciado pelo Superior Tribunal de Justiça em 2013. Entendeu a Corte Superior da seguinte forma:

> "A juntada de nota promissória garantidora não torna líquida a dívida cobrada, uma vez que [a] nota promissória vinculada a contrato de abertura de crédito não goza de autonomia em razão da iliquidez do título que a originou (Súmula n. 258/STJ). No caso, a escritura de hipoteca também não confere liquidez à execução. Não se concebe como um contrato de abertura de crédito no valor máximo de R$ 285.643,00, acompanhado de nota promissória no mesmo valor e de escritura de hipoteca sem valor certo garantido, possa conferir liquidez e certeza a execução de R$ 434.042,36. Incabível a execução de hipoteca garantidora de dívidas futuras, como no caso concreto, em que a garantia não estava limitada e nem vinculada a um contrato específico, mas a quaisquer débitos, sem qualquer limitação, provenientes ou não de financiamentos diversos e/ou vendas financiadas. A previsão legal de hipoteca de dívida futura é novidade legislativa trazida somente pelo Código Civil de 2002, que passou a prever no seu art. 1.487 que a hipoteca pode ser constituída para garantia de dívida futura ou condicionada, desde que determinado o valor máximo do crédito a ser garantido" (STJ, REsp 1.022.034/SP, 4.ª Turma, Rel. Min. Luis Felipe Salomão, j. 12.03.2013, *DJe* 18.04.2013).

Como se percebe, a figura tem sido amplamente debatida no campo prático do Direito Privado brasileiro.

Em havendo divergência entre o credor e o devedor, caberá ao primeiro fazer prova de seu crédito, ônus que lhe cabe, como ocorre com as dívidas em geral. Reconhecido o crédito, bem como seu valor, o devedor responderá, inclusive, por perdas e danos, em razão da superveniente desvalorização do imóvel (§ 2.º). A norma é louvável, por determinar que o valor do bem seja de acordo com as premissas sociais e não por montante fixado pelas partes.

A Lei 14.711/2023, ao tratar do novo Marco Legal das Garantias, incluiu um novo art. 1.487-A no Código Civil, tratando da extensão da hipoteca, para garantir novas obrigações em favor do mesmo credor. Nos termos do seu *caput*, "a hipoteca poderá, por requerimento do proprietário, ser posteriormente estendida para garantir novas obrigações em favor do mesmo credor, mantidos o registro e a publicidade originais, mas respeitada, em relação à extensão, a prioridade de direitos contraditórios ingressos na matrícula do imóvel". O objetivo da norma, sem dúvida, foi de facilitar a concessão de créditos em nosso País, reduzindo-se entraves e burocracias. Temo, porém, que essa extensão da hipoteca gere, no futuro, uma

CAP. 8 · DOS DIREITOS REAIS DE GARANTIA SOBRE COISA ALHEIA | 679

realidade de créditos sem lastro ou fundamentos econômicos, como já ocorreu em outros países, em vários momentos da História.

Com vistas justamente a tentar evitar essa falta de lastro, o § 1.º do novo art. 1.487-A da codificação privada prevê que a extensão da hipoteca não poderá exceder o prazo e o valor máximo garantido constantes da especialização da garantia original. Assim, não pode superar o montante relativo à especialização da hipoteca.

Quanto à sua formalização registral e no que diz respeito à ordem de preferência dos créditos, está expresso no § 2.º desse comando que a extensão da hipoteca será objeto de averbação subsequente na matrícula do imóvel, assegurada a preferência creditória em favor da: *a)* obrigação inicial, a primeira constituída, em relação às obrigações alcançadas pela extensão da hipoteca; e *b)* obrigação mais antiga, considerando-se o tempo da averbação, no caso de mais de uma extensão de hipoteca.

Por fim, o § 3.º do art. 1.487-A do CC prescreve que, na hipótese de superveniente multiplicidade de credores garantidos pela mesma hipoteca estendida, apenas o credor titular do crédito mais prioritário, conforme a ordem estabelecida no preceito anterior, poderá promover a execução judicial ou extrajudicial da garantia, exceto se for convencionado de modo diverso por todos os credores. Mais uma vez, nota-se regra que visa a manter o lastro para o recebimento da dívida.

8.3.8 Da divisão ou fracionamento da hipoteca

Seguindo no estudo da hipoteca, outra novidade que merece ser abordada diz respeito à sua divisão ou fracionamento, se o imóvel dado em garantia for loteado, desmembrado ou dividido, o que quebra com a antiga máxima pela qual a hipoteca seria um bem indivisível. É a redação integral do art. 1.488 do Código Civil, comando que merece ser transcrito para o devido estudo:

> "Art. 1.488. Se o imóvel, dado em garantia hipotecária, vier a ser loteado, ou se nele se constituir condomínio edilício, poderá o ônus ser dividido, gravando cada lote ou unidade autônoma, se o requererem ao juiz o credor, o devedor ou os donos, obedecida a proporção entre o valor de cada um deles e o crédito.
>
> § 1.º O credor só poderá se opor ao pedido de desmembramento do ônus, provando que o mesmo importa em diminuição de sua garantia.
>
> § 2.º Salvo convenção em contrário, todas as despesas judiciais ou extrajudiciais necessárias ao desmembramento do ônus correm por conta de quem o requerer.
>
> § 3.º O desmembramento do ônus não exonera o devedor originário da responsabilidade a que se refere o art. 1.430, salvo anuência do credor".

De início, na linha do que era defendido por José Fernando Simão em edições anteriores desta obra, o termo "loteado" utilizado por tal preceito merece críticas e ressalvas (TARTUCE, Flávio; SIMÃO, José Fernando. *Direito civil...*, 2013, v. 4, p. 488).

Isso porque a Lei 6.766/1979 estabelece que o parcelamento do solo urbano poderá ser feito mediante loteamento ou desmembramento (art. 2.º). O loteamento é a subdivisão de gleba em lotes destinados a edificação, com abertura de novas vias de circulação, de logradouros públicos ou prolongamento, modificação ou ampliação das vias existentes (art. 2.º, § 1.º).

Por outra via, considera-se desmembramento a subdivisão de gleba em lotes destinados a edificação, com aproveitamento do sistema viário existente, desde que não implique a abertura de novas vias e logradouros públicos, nem no prolongamento, modificação ou ampliação dos já existentes (art. 2.º, § 2.º). Diante desse esclarecimento, nota-se que o alcance do art. 1.488 do CC/2002 diz respeito aos *imóveis parcelados*, em sentido amplo ou genérico, a englobar tanto o loteamento quanto o desmembramento.

Em regra, mantém a indivisibilidade da garantia, nos termos do art. 1.421 do Código Civil. Todavia, se o imóvel, dado em garantia hipotecária (caso de um grande terreno, por exemplo), vier a ser loteado, ou se nele se constituir condomínio edilício, poderá a garantia real ser dividida. O ônus gravará cada lote ou unidade autônoma, se houver o devido requerimento judicial pelo credor, pelo devedor ou pelos proprietários das unidades, observada a proporção entre o valor de cada um deles e o crédito.

Com intuito didático, pode-se dizer que uma grande hipoteca se transforma em várias mini-hipotecas. Todas as despesas, judiciais ou não, necessárias ao fracionamento do ônus serão pagas por aqueles que fizerem o requerimento judicial de divisão. Essa última norma, cabendo previsão em contrário entre as partes interessadas.

Como premissa geral, nada pode fazer o credor hipotecário em face desse fracionamento. A única defesa que lhe cabe, a título de oposição, é a alegação e prova de que a divisão gerará uma diminuição de sua garantia, o que visa a manter o equilíbrio econômico e social do gravame.

O desmembramento da hipoteca não exonera o devedor originário da responsabilidade pessoal, como devedor comum ou quirografário. Isso, salvo anuência do credor hipotecário, o que será difícil de imaginar na prática.

Na linha do que era defendido em edições anteriores desta obra e como bem ensina a melhor doutrina, o *caput* do art. 1.488 do CC/2002 deve ser considerado cogente ou de ordem pública, pela relação com o princípio da função social da propriedade (LOUREIRO, Francisco Eduardo. *Código...*, 2010, p. 1.593; MELO, Marco Aurélio Bezerra de. *Direito...*, 2007, p. 437). É clara a finalidade da norma no sentido de potencializar a constituição de novos negócios, gravados por hipoteca, mormente que visam a construção de novos imóveis, melhor distribuindo a moradia em nosso País. Diante dessa premissa, qualquer cláusula de afastamento ou renúncia prévia ao *caput* do art. 1.488 do CC/2002 deve ser considerada nula de pleno direito, caso de nulidade absoluta, por fraude à lei imperativa (art. 166, inc. VI, do CC).

Partindo para a concretização prática da nova norma, jurisprudência do Superior Tribunal de Justiça considerou a possibilidade de aplicar a inovação a negócios constituídos na vigência do CC/1916. Isso porque o dispositivo está no *plano da eficácia*, devendo incidir a norma no momento da produção dos efeitos, na esteira do que consta do art. 2.035, *caput*, do Código Civil de 2002. O julgado ainda cita o princípio da função social dos contratos como fundamento para a conclusão. Vejamos a ementa:

> "Recurso especial. Antecipação de tutela. Impugnação exclusivamente aos dispositivos de direito material. Possibilidade. Fracionamento de hipoteca. Art. 1.488 do Código Civil de 2002. Aplicabilidade aos contratos em curso. Inteligência do art. 2.035 do Código Civil de 2002. Aplicação do princípio da função social dos contratos. Se não há ofensa direta à legislação processual na decisão do Tribunal que revoga tutela antecipadamente concedida pelo Juízo de Primeiro Grau, é possível a interposição de Recurso Especial mencionando exclusivamente a violação dos dispositivos de direito material que deram fundamento à decisão. O art. 1.488 do Código Civil de 2002, que regula a possibilidade de fracionamento de hipoteca, consubstancia uma das hipóteses de materialização do princípio da função social dos contratos, aplicando-se, portanto, imediatamente às relações jurídicas em curso, nos termos do art. 2.035 do Código Civil de 2002. Não cabe aplicar a multa do art. 538,

CAP. 8 · DOS DIREITOS REAIS DE GARANTIA SOBRE COISA ALHEIA | **681**

parágrafo único, do CPC, nas hipóteses em que há omissão no acórdão recorrido, ainda que tal omissão não implique a nulidade do aresto. Recurso especial parcialmente conhecido e, nessa parte, provido" (STJ, REsp 691.738/SC, 3.ª Turma, Rel. Min. Nancy Andrighi, j. 12.05.2005, *DJ* 26.09.2005, p. 372).

O acórdão é louvável por reconhecer a constitucionalidade do art. 2.035 da atual codificação, não havendo qualquer lesão à proteção do direito adquirido e do ato jurídico perfeito em sua redação, eis que as normas relativas aos efeitos negociais devem ter aplicação imediata.

Todavia, a ementa da decisão pode ser criticada por dois pontos. O primeiro aspecto é que a hipoteca não constitui um contrato, no sentido jurídico do termo, pois se trata de um direito real de garantia (art. 1.225, inc. IX, do CC de 2002). Assim, melhor falar em função social da propriedade.

O segundo ponto de crítica é que o fracionamento da hipoteca está no plano da eficácia desse negócio jurídico. Assim, é com base no art. 2.035, *caput*, do atual Código Civil que o fracionamento pode ocorrer, mesmo que o negócio tenha sido celebrado na vigência da lei anterior. A questão, portanto, não está relacionada com a validade do negócio, como faz crer a ementa, muito menos à função social do contrato, tratada pelo parágrafo único do art. 2.035, com o devido respeito à brilhante relatora do acórdão, uma das mais destacadas magistradas desse País.

Para encerrar o tópico, anote-se que no Projeto de Reforma do Código Civil está sendo proposto um novo § 4º para o seu art. 1.488, prevendo que, "se o lote ou a unidade autônoma forem alienados pelo empreendedor, a hipoteca abrangerá automaticamente os créditos decorrentes da alienação, sem a necessidade de novo registro". Segundo as justificativas da Subcomissão de Direito das Coisas, "trata-se de extensão automática da garantia real sobre os frutos da venda, na hipótese de financiamento à urbanização de loteamentos e de incorporação imobiliária".

O objetivo, mais uma vez é inserir importante proteção aos credores para o recebimento de garantias sobre os bens destinados à venda, com o intuito de atrair maiores investimentos para o País.

8.3.9 Da extinção da hipoteca

A encerrar o estudo desse importante direito real de garantia, o Código Privado trata da extinção da hipoteca, nas seguintes situações descritas pelo art. 1.499 do CC/2002:

a) Pela extinção da obrigação principal (art. 1.499, inc. I, do CC)

A primeira hipótese de extinção da hipoteca envolve o desaparecimento da obrigação principal, pois, repise-se, a hipoteca não pode existir sozinha, diante do seu caráter acessório. Mais uma vez, aplica-se o *princípio da gravitação jurídica*, segundo o qual o acessório segue o principal.

A título de ilustração, imagine-se o caso em que a obrigação principal é extinta, por ser reconhecida como nula ou anulável. Ou, ainda, o fim da obrigação principal pelo seu pagamento direto ou indireto (*v.g.*, novação, compensação, remissão, confusão).

Cite-se, por fim, a hipótese de prescrição da obrigação principal, conforme reconhecido em aresto publicado no *Informativo* n. *572* do STJ:

> "A prescrição da pretensão de cobrança da dívida extingue o direito real de hipoteca estipulado para garanti-la. O credor de uma obrigação tem o direito ao crédito desde o

momento da pactuação do negócio jurídico, ainda que não implementado o prazo de vencimento. Após o vencimento da dívida, nasce para o credor a pretensão de recebimento dela. Recusado o cumprimento da obrigação, inflama-se a pretensão, nascendo a ação de direito material. Esse desdobramento da obrigação tem interesse prático exatamente no caso da prescrição, pois, após o vencimento da dívida sem a sua exigência coativa, o transcurso do lapso temporal previsto em lei encobre a pretensão e a ação de direito material, mas não extingue o direito do credor. A par disso, é possível visualizar que, efetivamente, o reconhecimento da prescrição não extingue o direito do credor, mas, apenas, encobre a pretensão ou a ação correspondente. De outro lado, registre-se que o art. 1.499 do CC elenca as causas de extinção da hipoteca, sendo a primeira delas a 'extinção da obrigação principal'. Nessa ordem de ideias, não há dúvida de que a declaração de prescrição de dívida garantida por hipoteca inclui-se no conceito de 'extinção da obrigação principal'. Isso porque o rol de causas de extinção da hipoteca, elencadas pelo art. 1.499, não é *numerus clausus*" (STJ, REsp 1.408.861/RJ, Rel. Min. Paulo de Tarso Sanseverino, j. 20.10.2015, *DJe* 06.11.2015).

Como se pode perceber, o julgado traz a correta conclusão segundo a qual o rol do dispositivo em estudo não é taxativo, mas exemplificativo.

b) Pelo perecimento da coisa (art. 1.499, inc. II, do CC)

O perecimento ou perda do objeto da hipoteca gera a sua extinção, pelo desaparecimento da finalidade da garantia. Em casos tais, caberá a substituição da garantia pelo devedor, sob pena de vencimento antecipado da obrigação principal, como visto anteriormente nesta obra. Concretizando, o Superior Tribunal de Justiça entende que a desapropriação do bem que garante a hipoteca gera o fim da garantia. Com destaque, vejamos a ementa:

"Agravo regimental. Recurso especial. Execução provisória. Tutela antecipada. Extinção da hipoteca. Ação de desapropriação. Aplicação do art. 849, II, do Código Civil de 1916, vigente à época dos fatos. Falta de prequestionamento dos dispositivos legais a despeito da oposição de embargos de declaração. Súmula n.º 211 do STJ. Razões de decidir. Ausência de impugnação. Súmula n.º 283 do STF. Reexame fático-probatório. Súmula n.º 7 do STJ. 1. Inadmissível recurso especial quanto à questão que, a despeito da oposição de embargos declaratórios, não foi apreciada pelo Tribunal *a quo* (Súmula n.º 211/STJ).' 2. O Tribunal de origem asseverou que os bens incorporados à Fazenda Pública não podem ser objeto de reivindicação, ainda que fundada em nulidade do processo de desapropriação, nos termos do art. 35 do Decreto n.º 3.365/41, fundamento que não foi combatido nas razões do recurso especial. Incidência do enunciado n.º 283 da Súmula do STF. 3. O julgado estadual, com base nas provas dos autos, destacou que os recorridos consignaram caução equivalente a todo o crédito objeto da demanda principal e que, ocorrida a desapropriação, ambas as partes do litígio foram retiradas do domínio sobre o imóvel em questão, motivo pelo qual a decisão impugnada não acarretará prejuízo ao recorrente. Reexaminar a questão encontra o óbice de que trata a Súmula n.º 7 desta Corte. 4. Agravo regimental a que se nega provimento" (STJ, AgRg no REsp 574.206/SE, Rel. Min. Maria Isabel Gallotti, 4.ª Turma, j. 11.12.2012, *DJe* 01.02.2013).

Podem ser mencionados, ainda, os casos em que o bem hipotecado se perde por um desastre natural, fato totalmente externo a qualquer conduta do devedor, por caso fortuito ou força maior. Imagine-se que o imóvel é destruído pela fúria das águas ou por um incêndio. De toda sorte, a diminuição do valor da garantia não gera a extinção da hipoteca ou, em outras palavras, a redução do montante da hipoteca não induz à sua extinção, como

CAP. 8 · DOS DIREITOS REAIS DE GARANTIA SOBRE COISA ALHEIA | **683**

já decidiu a jurisprudência superior (STJ, AgRg no Ag 494.872/PB, 3.ª Turma, Rel. Min. Humberto Gomes de Barros, j. 19.05.2005, *DJ* 13.06.2005, p. 290).

c) Extinção da hipoteca pela resolução da propriedade do bem hipotecado (art. 1.499, inc. III, do CC)

O inciso trata das hipóteses de propriedade resolúvel, prevista pelos arts. 1.359 e 1.360 da própria codificação material. Essa, como visto, traduz a propriedade que pode ser extinta por motivo superveniente, pela ocorrência de uma condição (evento futuro e incerto) ou termo (evento futuro e certo).

Exemplificando, são negócios que envolvem propriedade resolúvel imóvel a alienação fiduciária em garantia e o *leasing*. Sendo paga a dívida pelo devedor, a propriedade do credor é extinta. Se este último deu o bem em garantia, finda estará a hipoteca.

Imagine-se, ainda, que um navio ou aeronave tenha sido objeto de uma venda com reserva de domínio, em que, igualmente, há propriedade resolúvel do vendedor e proprietário, que deu o bem em hipoteca. Se o comprador e devedor pagar integralmente a dívida, a propriedade do primeiro se resolve, desaparecendo a garantia real.

Por fim, pode ser citada uma doação com cláusula de reversão que tem por objeto um bem imóvel ou móvel (navio ou aeronave) dado em garantia pelo donatário. Se ocorrer o falecimento deste, o bem volta ao patrimônio do doador, resolvendo-se a propriedade e extinguindo-se a hipoteca.

d) Extinção pela renúncia do credor (art. 1.499, inc. IV, do CC)

Se assim pretender, o credor pode renunciar à garantia real, o que gera a sua extinção. Não se pode esquecer que a renúncia é um ato unilateral do beneficiado pelo direito, que não depende de qualquer manifestação da outra parte. Como a própria propriedade pode ser renunciada, a garantia real igualmente admite essa forma de desaparecimento.

Diante dessa constatação categórica, observe-se que a hipótese desse inciso não é de remissão, que, como visto, representa a extinção da obrigação principal pelo perdão, que deve ser aceito pelo devedor. A remissão está tratada no primeiro inciso do comando ora estudado, pois representa o fim da obrigação principal por forma de pagamento indireto.

e) Pela remição ou resgate (art. 1.499, inc. V, do CC)

Conforme as hipóteses outrora estudadas em tópico próprio.

f) Pela arrematação ou adjudicação do bem hipotecado (art. 1.499, inc. VI, do CC)

Nos dois casos, a extinção da hipoteca se dá pelo desaparecimento do bem principal, diante de sua transmissão a terceiro ou pela aquisição pelo próprio credor, não havendo mais razão de ser para a garantia real.

A jurisprudência do Superior Tribunal de Justiça há muito tempo entende que pela arrematação extingue-se a hipoteca, não havendo nenhuma impugnação quanto à sua realização, com o que se admite tenha sido o credor hipotecário, intimado da realização da praça (STJ, REsp 139.101/RS, 3.ª Turma, Rel. Min. Carlos Alberto Menezes Direito, j. 24.11.1998, *DJ* 22.02.1999, p. 104). Ou, ainda, mais antigamente: "Civil. Processual civil. Arrematação. Bem hipotecado. A arrematação extingue a hipoteca, tanto que o credor hipotecário tenha sido intimado da realização da praça, posto que tem conteúdo de aquisição originária, livre dos ônus que anteriormente gravavam o bem por esse meio adquirido" (STJ, REsp 40.191/SP, 4.ª Turma, Rel. Min. Dias Trindade, j. 14.12.1993, *DJ* 21.03.1994, p. 5.490).

Em complemento, para a Corte Superior, a simples manifestação do credor hipotecário da existência de saldo devedor não caracteriza seu interesse para impedir a extinção da hipoteca pela arrematação do bem em outro processo executório (STJ, REsp 148.356/RS, 2.ª Turma, Rel. Min. Francisco Peçanha Martins, j. 14.06.1999, *DJ* 18.12.2000, p. 174).

Porém, não extinguirá a hipoteca, devidamente registrada, a arrematação ou adjudicação, sem que tenham sido notificados judicialmente os respectivos credores hipotecários, que não forem de qualquer modo partes na ação de execução hipotecária (art. 1.501 do CC/2002). A norma tem sua razão de ser, pela clara interação com o princípio da boa-fé objetiva, especialmente como dever anexo de informação, que deve informar os direitos reais de garantia. Aplicando esse preceito, cabe transcrever interessante acórdão do STJ:

"Recurso especial. Ação de cobrança de cotas condominiais. Fase de execução. Negativa de prestação jurisdicional. Art. 535 do CPC. Não ocorrência. Deficiência na fundamentação do recurso. Súmula n.º 284/STF. Imóvel hipotecado. Arrematação. Intimação do credor hipotecário. Art. 1.501 do Código Civil. Sub-rogação do direito real no preço. Extinção da hipoteca. Responsabilidade por eventual saldo remanescente em favor do credor hipotecário imputada ao devedor originário, e não ao arrematante. 1. Não há falar em negativa de prestação jurisdicional se o tribunal de origem motiva adequadamente sua decisão, solucionando a controvérsia com a aplicação do direito que entende cabível à hipótese, apenas não no sentido pretendido pela parte. 2. Considera-se deficiente de fundamentação o recurso especial que, apesar de apontar os preceitos legais tidos por violados, não demonstra, de forma clara e precisa, de que modo o acórdão recorrido os teria contrariado, circunstância que atrai, por analogia, a Súmula n.º 284/STF. 3. O objetivo da notificação, de que trata o art. 1.501 do Código Civil, é levar ao conhecimento do credor hipotecário o fato de que o bem gravado foi penhorado e será levado à praça de modo que este possa vir a juízo em defesa de seus direitos, adotando as providências que entender mais convenientes, dependendo do caso concreto. 4. Realizada a intimação do credor hipotecário, nos moldes da legislação de regência (artigos 619 e 698 do Código de Processo Civil), a arrematação extingue a hipoteca, operando-se a sub-rogação do direito real no preço e transferindo-se o bem ao adquirente livre e desembaraçado de tais ônus por força do efeito purgativo do gravame. 5. Extinta a hipoteca pela arrematação, eventual saldo remanescente em favor do credor hipotecário poderá ser buscado contra o devedor originário, que responderá pessoalmente pelo restante do débito (art. 1.430 do Código Civil). 6. Sem notícia nos autos de efetiva impugnação da avaliação do bem ou da arrematação em virtude de preço vil, não é possível concluir pela manutenção do gravame simplesmente porque o valor foi insuficiente para quitar a integralidade do crédito hipotecário. 7. Recurso especial conhecido em parte e, nessa parte, provido" (STJ, REsp 1.201.108/DF, 3.ª Turma, Rel. Min. Ricardo Villas Bôas Cueva, j. 17.05.2012, *DJe* 23.05.2012).

Por fim, extingue-se ainda a hipoteca com a averbação, no Registro de Imóveis, do cancelamento do registro, à vista da respectiva prova (art. 1.500 do CC). Com o cancelamento registral, o direito real deixa de ter efeitos *erga omnes*. Como bem explica Gladston Mamede, esse último preceito deve ser analisado como complementar ao dispositivo antecedente: "dessa forma, é necessário averbar sua extinção, à vista da prova da extinção da obrigação principal, do perecimento da coisa, da resolução da propriedade, de sua remição ou da arrematação ou adjudicação; a extinção como que se prolonga até o cancelamento do registro público de sua existência" (MAMEDE, Gladston. *Código Civil Comentado...*, v. XIV, p. 458). Em suma, como pondera o jurista, enquanto não houver o registro do cancelamento, a hipoteca presume-se existente, de forma relativa.

8.4 DA ANTICRESE

8.4.1 Conceito, partes e estrutura

De acordo com a doutrina clássica, anticrese também vem do grego, de *anti* (em lugar de) + *chresis* (uso), "e se pode considerar: *a)* como contrato; *b)* como limitação de garantia à propriedade. Na primeira acepção, é um contrato pelo qual um devedor transfere a um credor a posse de um imóvel, para o fim de este lhe perceber frutos e rendas, com o encargo de os imputar sobre o débito até o completo pagamento. Na segunda acepção, se tem ensinado que a anticrese é o direito real sobre imóvel alheio, em virtude do que o credor obtém a posse da coisa, a fim de perceber-lhe os frutos e imputá-los no pagamento da dívida, juros, capital, sendo, porém, permitido estipular que furtos sejam, na sua totalidade, percebido à conta de juros" (LIMONGI FRANÇA, Rubens. *Instituições*..., 1999, p. 518).

A verdade é que a opção do Código Civil de 2002 – a exemplo de seu antecessor – foi a de tratar a anticrese como direito real, sendo, assim, a segunda acepção a correta, e a que deve ser seguida para os devidos fins de categorização. A anticrese é um direito real de garantia sobre coisa alheia.

A anticrese é um direito real de garantia pouco usual no Brasil, sendo certo que houve propostas de sua retirada quando da elaboração do Código Civil Brasileiro de 2002, conforme bem apontam Jones Figueirêdo Alves e Mário Luiz Delgado, que participaram do seu processo de elaboração (*Código*..., 2005, p. 755). De fato, o instituto continua não tendo concreção na vigência da atual codificação, relevando-se uma categoria quase inútil e com pouca ou nenhuma incidência prática. Como visto, a Lei 13.777/2018 trouxe uma categoria especial de anticrese, no âmbito da multipropriedade (novo art. 1.358-S, parágrafo único, inc. III, do CC), buscando dar a ela certa efetividade prática. Aguardemos se isso ocorrerá nos próximos anos.

Por meio desse direito real de garantia, um imóvel é dado em garantia e transmitido do devedor, ou por terceiro, ao credor, podendo o último retirar da coisa os frutos para o pagamento da dívida, em havendo uma compensação. Como se percebe, a anticrese está *no meio do caminho* entre o penhor e a hipoteca, tendo características de ambos. Com a hipoteca tem em comum o fato de recair sobre imóveis, como é corriqueiro. Do penhor, há a similaridade em relação à transmissão da posse. De diferente, a retirada dos frutos do bem. Assim pode ser explicada, em poucas palavras, a sua estrutura interna.

Recaindo sobre imóvel, a anticrese depende do registro do título gerador no Cartório de Registro de Imóveis. Assim deduzindo:

> "Agravo regimental no agravo de instrumento. Direito civil. Anticrese. Direito real sobre imóvel. Aquisição. Registro. 1. A anticrese, direito real sobre imóvel, nos termos do art. 1.225 do CC, só se adquire com o registro no Cartório de Registro de Imóveis. 2. A pretensão de simples reexame de provas, além de escapar da função constitucional deste Tribunal, encontra óbice na Súmula 7 do STJ, cuja incidência é induvidosa no caso presente. 3. Agravo regimental a que se nega provimento" (STJ, AgRg no Ag 1.185.129/SP, 6.ª Turma, Rel. Min. Alderita Ramos de Oliveira (Desembargadora Convocada do TJPE), j. 19.02.2013, *DJe* 12.03.2013).

São partes da anticrese: *a)* o devedor anticrético – aquele que dá o imóvel em garantia, transferindo a posse ao credor; e *b)* o credor anticrético – recebe o imóvel em garantia, ficando com a sua posse e dele retirando os seus frutos.

A estrutura da anticrese fica clara pelo art. 1.506 do CC/2002, segundo o qual pode o devedor ou outrem por ele, com a entrega do imóvel ao credor, ceder-lhe o direito de perceber, em compensação da dívida, os frutos e rendimentos. A lei permite estipular que os frutos e rendimentos do imóvel sejam percebidos pelo credor à conta de juros. Contudo, se o seu valor ultrapassar a taxa máxima permitida em lei para as operações financeiras, o remanescente será imputado ao capital (art. 1.506, § 1.º, do CC).

Deve ficar claro que o imóvel dado em anticrese pode ser hipotecado pelo devedor ao credor anticrético, ou a terceiros, assim como o imóvel hipotecado poderá ser dado em anticrese (art. 1.506, § 2.º, do CC). Isso é perfeitamente possível, uma vez que o imóvel pode ser objeto de várias hipotecas, não havendo qualquer problema em conjugar os direitos reais de garantia sobre ele.

Insta comentar o início da última norma, que tem a seguinte redação, com destaque: "*quando a anticrese recair sobre bem imóvel*, este poderá ser hipotecado pelo devedor ao credor anticrético, ou a terceiros, assim como o imóvel hipotecado poderá ser dado em anticrese". Para Cristiano Chaves de Farias e Nelson Rosenvald, o legislador deixou em aberto a possibilidade de o instituto recair sobre bens móveis, como situação de *anticrese atípica* (FARIAS, Cristiano Chaves; ROSENVALD, Nelson. *Curso...*, 2012, v. 5, p. 941). Em sentido próximo, Gladston Mamede interpreta que a anticrese pode recair sobre qualquer bem passível de hipoteca, inclusive móveis, como são os navios e aeronaves (*Código...*, 2003, v. XIV, p. 472).

Com o devido respeito, não se pode interpretar literalmente o preceito. Pela própria estrutura da categoria, tal direito real somente recai sobre bens imóveis, tendo sido infeliz o legislador na sua dicção. A própria sistemática da anticrese, estudada a seguir, parece ser incompatível com a funcionalidade dos navios e aeronaves. Como costume dizer em aulas e exposições, em alguns casos, o legislador traz palavras inúteis e sem sentido.

8.4.2 Regras fundamentais da anticrese

Analisada a estrutura interna desse impopular direito real de garantia, vejamos suas regras fundamentais. A gerar o grande problema prático da anticrese, dispõe o art. 1.507 do CC/2002 que o credor anticrético pode administrar o imóvel dado em anticrese e fruir seus frutos e utilidades. Para tanto, deverá o credor administrador apresentar balanço anual, exato e fiel, de sua administração. Se o devedor anticrético não concordar com o que se contém no balanço, por ser inexato, ou ruinosa a administração, poderá impugná-lo, e, se o quiser, requerer a transformação em arrendamento, fixando o juiz o valor mensal do aluguel, o qual poderá ser corrigido anualmente (§ 1.º).

Em complemento, o credor anticrético pode, salvo pacto em sentido contrário, arrendar os bens dados em anticrese a terceiro, mantendo, até ser pago, direito de retenção do imóvel, embora o aluguel desse arrendamento não seja vinculativo para o devedor (§ 2.º do art. 1.507).

Todo esse detalhamento é de difícil concretização prática, especialmente diante da nomeação de um administrador para o imóvel. No Projeto de Reforma do Código Civil, elaborado pela Comissão de Juristas, pretende-se reduzir esses problemas, inserindo-se um § 3º no seu art. 1.507, prevendo que as partes poderão convencionar a locação do bem ao proprietário, hipótese em que o credor será isento de suas obrigações de administração da anticrese. Ademais, nos termos do novo § 4º do comando, sem prejuízo dessa regra, o credor poderá, a qualquer tempo, liberar-se das suas obrigações, renunciando à garantia.

Consoante as justificativas da Subcomissão de Direito das Coisas, "um dos entraves que tornam a anticrese um direito real de garantia tão obsoleto e de raríssima utilização é o fato de o devedor ter que se despir da posse do bem em favor do credor que passa a administrá-lo e com seus frutos quita a obrigação. O recolhimento dos frutos pode ocorrer, ou parte dele, estando o bem em mãos do próprio devedor sob a fiscalização do credor. Em outro giro, o parágrafo quarto estabelece que o credor poderá renunciar a garantia, liberando-se das suas obrigações de guarda e administração do bem quando a anticrese for estabelecida no seu modelo clássico previsto no *caput* do presente dispositivo". Espera-se, portanto, a sua aprovação pelo Parlamento Brasileiro para *destravar* também a anticrese e para que ela passe a incidir na prática.

Também a acarretar problemas práticos, enuncia o Código Civil que o credor anticrético responde pelas deteriorações que, por culpa sua, o imóvel vier a sofrer, e pelos frutos e rendimentos que, por sua negligência, deixar de perceber (art. 1.508). Os problemas existem, uma vez que, na prática, as relações entre as partes já não são favoráveis em sua origem – pois são credor e devedor –, podendo a norma servir para *atos de chicana* ou de emulação entre elas.

Em casos tais, mais uma vez, entra em cena a norma que consagra o abuso de direito como ato ilícito, a gerar a responsabilidade civil daquele que atua em desrespeito à função social da posse e da propriedade, à boa-fé objetiva e aos bons costumes (art. 187 do CC/2002).

O credor anticrético pode vindicar os seus direitos contra o adquirente dos bens, os credores quirografários e os hipotecários posteriores ao registro da anticrese, o que ressalta o caráter real do instituto (art. 1.509, *caput*, do CC). Além da possibilidade de propositura de uma ação reivindicatória, são cabíveis as ações possessórias, até porque o credor é detentor de posse direta sobre o imóvel.

Se o credor anticrético executar os bens por falta de pagamento da dívida, ou permitir que outro credor o execute, sem opor o seu direito de retenção ao exequente, não terá preferência sobre o preço (art. 1.509, § 1.º, do CC/2002). Além disso, a norma consagra que o credor anticrético não terá preferência sobre a indenização do seguro, quando o prédio seja destruído, nem, se forem desapropriados os bens, com relação à desapropriação, o que limita os seus direitos (art. 1.509, § 2.º, do CC).

Por fim, como inovação, admite-se a *remição* ou resgate da anticrese pelo adquirente do imóvel dado em anticrese, antes do vencimento da dívida. Isso é possível se o adquirente pagar a totalidade da dívida na data do pedido de remição, imitindo-se na posse do bem (art. 1.510 do CC). Como se nota, a remição anticrética apresenta similaridades com a prevista para a hipoteca.

8.5 RESUMO ESQUEMÁTICO

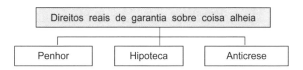

Teoria geral (Regras gerais e efeitos)

- Legitimação – só daquele que pode alienar
- Dos bens – bens alienáveis
- Indivisibilidade dos direitos reais de garantia – art. 1.421 do CC
- Direito de sequela – acompanha a coisa
- Direito de preempção ou preferência – art. 1.422 do CC
- Vencimento antecipado da dívida – art. 1.425 do CC
- Nulidade do pacto comissório real – art. 1.428 do CC
- Efeitos *erga omnes* (contra todos)

Penhor

Partes
- Credor pignoratício
- Devedor pignoratício

- Bens móveis – com transferência da posse, em regra

- Modalidades
  • Penhor convencional comum
  • Penhor rural
    – Penhor agrícola
    – Penhor pecuário
  • Penhor industrial e mercantil
  • Penhor de direitos e de títulos de crédito
  • Penhor de veículos
  • Penhor legal

- Extinção – deve ser registrada (arts. 1.436 e 1.437)
  • Extinção da obrigação principal
  • Perecimento da coisa
  • Renúncia do credor
  • Confusão obrigacional
  • Adjudicação, remição ou venda da coisa empenhada

Hipoteca

Partes
- Credor hipotecário
- Devedor hipotecário

- Bens imóveis – sem transferência da posse, em regra

- Objeto da hipoteca (art. 1.473 do CC)
  • Imóveis e acessórios
  • Domínio direto e útil
  • Estradas de ferro
  • Recursos naturais
  • Navios e aeronaves (bens móveis)
  • Direito real de uso especial para moradia e direito real de uso
  • Propriedade superficiária

- Modalidades
  • Hipoteca convencional
  • Hipoteca legal
  • Hipoteca judicial

- Efeitos importantes
  • Nulidade da cláusula que proíbe a alienação – art. 1.475 do CC
  • Hipoteca e outorga conjugal
  • Sub-hipotecas
  • Remição = resgate
  • Perempção – extinção após 30 anos – art. 1.485 do CC
  • Divisibilidade – art. 1.488 do CC

- Extinção (art. 1.499 do CC)
  • Extinção da obrigação principal
  • Perecimento da coisa
  • Resolução da propriedade
  • Renúncia
  • Remição
  • Arrematação ou adjudicação

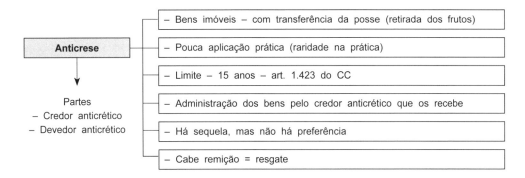

8.6 QUESTÕES CORRELATAS

01. (TJ – SC – FCC – Juiz Substituto – 2015) O instrumento do penhor deverá

(A) mencionar o valor do crédito, sua estimação ou valor máximo; não poderá, entretanto, fixar taxa de juros.

(B) observar necessariamente a forma de escritura pública, quando se tratar de penhor rural.

(C) em qualquer de suas modalidades ser registrado no Cartório de Títulos e Documentos, por dizer respeito a garantia real com bens móveis.

(D) ser levado a registro, no caso de penhor comum no Cartório de Títulos e Documentos e, no caso de penhor rural, no Cartório de Registro de Imóveis da circunscrição em que estiverem situadas as coisas empenhadas.

(E) identificar o bem dado em garantia com as suas especificações e o valor mínimo do crédito concedido.

02. (TJ – MG – CONSULPLAN – Titular de Serviços de Notas e de Registro – 2015) Sobre penhor, anticrese e hipoteca, nos termos do Código Civil brasileiro, considere as seguintes afirmações:

I – O credor anticrético tem direito a reter em seu poder o bem, enquanto a dívida não for paga; extingue-se esse direito decorridos quinze anos da data de sua constituição.

II – É anulável a cláusula que autoriza o credor pignoratício, anticrético ou hipotecário a ficar com o objeto da garantia, se a dívida não for paga no vencimento.

III – Os sucessores do devedor podem remir parcialmente o penhor ou a hipoteca na proporção dos seus quinhões.

Está correto apenas o que se afirma em:

(A) I.
(B) II.
(C) I e II.
(D) I e III.

03. (VUNESP – SAEG – Advogado – 2015) Acerca das disposições gerais constantes no Código Civil que tutelam os direitos reais sobre coisas alheias, assinale a alternativa correta.

(A) Nas dívidas garantidas por penhor, anticrese ou hipoteca, o bem dado em garantia fica sujeito, por vínculo real, ao cumprimento da obrigação.

(B) A propriedade superveniente torna ineficaz, desde o registro, as garantias reais estabelecidas por quem não era dono.

(C) O pagamento de uma ou mais prestações da dívida importa exoneração correspondente da garantia, ainda que esta compreenda vários bens, salvo disposição expressa no título ou na quitação.

(D) O credor anticrético não tem direito a reter em seu poder o bem enquanto a dívida não for paga; extingue-se esse direito decorridos dez anos da data de sua constituição.

(E) É válida a cláusula que autoriza o credor pignoratício, anticrético ou hipotecário a ficar com o objeto da garantia, se a dívida não for paga no vencimento.

690 | DIREITO CIVIL • VOL. 4 – *Flávio Tartuce*

04. (FCC – TJ-PI – Juiz Substituto – 2015) Os contratos de penhor e de hipoteca declararão

(A) necessariamente apenas o valor da dívida e do bem dado em garantia.

(B) o prazo fixado para pagamento, mas não é preciso declarar o valor do crédito, ou estimá-lo, nem valor máximo ou mínimo, podendo esses valores serem declarados no vencimento, para fins de cobrança.

(C) o valor do crédito, sua estimação ou valor máximo, bem como o prazo fixado para pagamento, sob pena de não terem eficácia.

(D) o valor mínimo do crédito ou sua estimação, bem como o prazo do pagamento, sob pena de nulidade.

(E) obrigatoriamente o valor da dívida, o do bem dado em garantia, e o prazo para pagamento se houver, não sendo, porém, necessário mencionar a taxa de juros, mesmo que se trate de mútuo feneratício.

05. (VUNESP – Prefeitura de Suzano-SP – Procurador – 2015) Sobre o instituto da hipoteca, assinale a alternativa correta.

(A) É vedada a instituição de mais de uma hipoteca sobre o mesmo bem.

(B) São nulas de pleno direito as cláusulas que proíbam ao proprietário alienar o bem hipotecado ou estabeleçam o vencimento antecipado da dívida, em caso de alienação.

(C) O título que institui a hipoteca deverá ser registrado em Cartório de Títulos e Documentos do local onde está situado o bem hipotecado.

(D) A hipoteca firmada entre a construtora e o agente financeiro que financiou a obra não tem eficácia perante aquele que adquiriu unidade autônoma do empreendimento imobiliário.

(E) A extinção da hipoteca, por arrematação ou adjudicação do bem hipotecado, não exige a notificação dos credores hipotecários que não forem partes na execução.

06. (Câmara de Sumaré/SP – VUNESP – Procurador Jurídico – 2017) Assinale a alternativa correta sobre a hipoteca.

(A) Executada a garantia, se o produto não bastar para satisfação do crédito, fica o devedor exonerado do pagamento do remanescente.

(B) Em caso de inadimplemento da obrigação pelo devedor, o credor hipotecário tem a prerrogativa de ter para si a propriedade do objeto da garantia.

(C) A hipoteca firmada entre a construtora e o agente financeiro, anterior à celebração da promessa de compra e venda, não tem eficácia perante os adquirentes do imóvel.

(D) O registro da hipoteca convencional valerá pelo prazo de 50 (cinquenta) anos, findo o qual só será mantido o número anterior se reconstituída por novo título e novo registro.

(E) A alienação do imóvel hipotecado depende da expressa anuência do credor hipotecário.

07. (TJMG – CONSULPLAN – Titular de Serviços de Notas e de Registros – Provimento – 2017) Os contratos de penhor, anticrese ou hipoteca declararão, sob pena de não terem eficácia, os requisitos abaixo, exceto:

(A) O valor do crédito, sua estimação, ou valor máximo.

(B) Cláusula expressa de impenhorabilidade e inalienabilidade.

(C) O prazo fixado para pagamento e a taxa dos juros, se houver.

(D) O bem dado em garantia com as suas especificações.

08. (Prefeitura de Fortaleza/CE – CESPE – Procurador do Município – 2017) Com relação a direitos reais, parcelamento do solo urbano, locação e registros públicos, julgue o item seguinte.

O imóvel objeto de contrato de promessa de compra e venda devidamente registrado pode ser objeto de hipoteca.

CAP. 8 · DOS DIREITOS REAIS DE GARANTIA SOBRE COISA ALHEIA | **691**

09. (UECE – FUNECE – Advogado – 2017) Atente ao seguinte dispositivo legal: "Pode o devedor ou outrem por ele, com a entrega do imóvel ao credor, ceder-lhe o direito de perceber, em compensação da dívida, os frutos e rendimentos". O instituto a que se refere esse dispositivo legal é o(a):

(A) penhor.

(B) anticrese.

(C) hipoteca.

(D) penhora.

10. (Câmara de Mogi das Cruzes/SP – VUNESP – Procurador Jurídico – 2017) Sobre a hipoteca, assinale a alternativa correta.

(A) A hipoteca firmada entre a construtora e o agente financeiro, anterior à celebração da promessa de compra e venda, não tem eficácia perante o adquirente do imóvel.

(B) É anulável a cláusula que proíbe ao proprietário alienar imóvel hipotecado.

(C) O dono do imóvel hipotecado pode constituir outra hipoteca sobre ele, mediante novo título, apenas em favor de outro credor.

(D) A hipoteca não abrange acessões ou benfeitorias feitas no imóvel.

(E) Não pode ser objeto de hipoteca o direito real de uso.

11. (SEFAZ-GO – Auditor-Fiscal da Receita Estadual – FCC – 2018) Quanto ao penhor, hipoteca e anticrese, é correto afirmar que

(A) é anulável a cláusula que autoriza o credor pignoratício, anticrético ou hipotecário a ficar com o objeto da garantia, se o débito não for pago no vencimento.

(B) nas dívidas garantidas por penhor, anticrese ou hipoteca, o bem dado em garantia fica sujeito, por vínculo pessoal, ao cumprimento da obrigação.

(C) o pagamento de uma ou mais prestações da dívida hipotecária importa exoneração correspondente da garantia, compreendendo esta um ou mais bens.

(D) o credor anticrético tem direito a reter em seu poder o bem, enquanto a dívida não for paga; extingue-se esse direito decorridos quinze anos da data de sua constituição.

(E) os sucessores do devedor podem remir parcialmente o penhor ou a hipoteca na proporção exata de seus quinhões.

12. (TRT – 2ª REGIÃO (SP) – Analista Judiciário – Área Judiciária – FCC – 2018) Sobre o penhor, a anticrese e a hipoteca, nos termos preconizados pelo Código Civil, é INCORRETO afirmar:

(A) Os sucessores do devedor não podem remir parcialmente o penhor ou a hipoteca na proporção dos seus quinhões; qualquer deles, porém, pode fazê-lo no todo.

(B) A propriedade superveniente torna eficazes, desde o registro, as garantias reais estabelecidas por quem não era dono.

(C) O pagamento de uma ou mais prestações da dívida não importa exoneração correspondente da garantia, ainda que esta compreenda vários bens, salvo disposição expressa no título ou na quitação.

(D) O dono do imóvel hipotecado não pode constituir outra hipoteca sobre ele, mediante novo título, em favor do mesmo credor.

(E) O credor hipotecário e o pignoratício têm o direito de excutir a coisa hipotecada ou empenhada, e preferir, no pagamento, a outros credores, observada, quanto à hipoteca, a prioridade no registro.

13. (TJ-SP – Titular de Serviços de Notas e de Registros – Provimento – VUNESP – 2018) No âmbito dos Direitos Reais de Garantia previstos no Código Civil, é correto afirmar que o direito de preferência

(A) é absoluto, não sofrendo exceções por outras leis.

(B) não é uma característica presente em todos os direitos reais de garantia.

692 | DIREITO CIVIL • VOL. 4 – *Flávio Tartuce*

(C) é extinto, caso o devedor venha a cair em insolvência ou falir.

(D) encerra a noção do vínculo real a que se prende.

14. (TRF – 3ª REGIÃO – Juiz Federal Substituto – 2018) É direito do credor hipotecário:

(A) Impedir que sobre o prédio hipotecado se constitua penhor rural.

(B) Sendo ele credor de segunda hipoteca, promover a execução sobre o imóvel mesmo antes de vencida a primeira, ainda que não seja insolvente o devedor.

(C) Celebrar hipoteca para garantia de dívida futura ou condicionada, ainda que não seja indicado o valor máximo do crédito a ser garantido.

(D) Sendo ele credor de hipoteca legal, exigir do devedor que reforce a garantia com outros bens, se demonstrar a insuficiência dos imóveis especializados.

15. (TJ-AM – Titular de Serviços de Notas e de Registros – Provimento – IESES – 2018) Em Relação ao penhor, assinale a correta:

(A) Os sucessores do devedor podem remir parcialmente o penhor ou a hipoteca na proporção dos seus quinhões.

(B) O credor pignoratício tem direito a apropriar-se dos frutos da coisa empenhada que se encontra em seu poder.

(C) A propriedade superveniente não torna eficaz as garantias reais estabelecidas por quem não era dono.

(D) Caso excutido o penhor, e o produto não bastar para pagamento da dívida e despesas judiciais, não continuará o devedor obrigado pelo restante.

16. (Advogado – SCGás – IESES – 2019) Sobre direitos reais de garantia, responda as questões:

I. O credor pignoratício tem direito a apropriar-se dos frutos da coisa empenhada que se encontra em seu poder.

II. O penhor se extingue com o perecimento da coisa.

III. Pode ser objeto de hipoteca o direito real de uso.

Assinale a correta:

(A) Todas as assertivas são falsas.

(B) Todas as assertivas são verdadeiras.

(C) Apenas as assertivas I e II são verdadeiras.

(D) Apenas a assertiva II é verdadeira.

17. (Advogado – Câmara de Piracicaba – SP – VUNESP – 2019) Em relação à hipoteca como direito real de garantia, no Direito Civil brasileiro, é correto afirmar:

(A) Os navios não são suscetíveis de hipoteca, uma vez que são bens móveis.

(B) O adquirente do imóvel hipotecado, desde que não se tenha obrigado pessoalmente a pagar as dívidas aos credores hipotecários, poderá exonerar-se da hipoteca, abandonando o imóvel.

(C) As hipotecas sobre as estradas de ferro serão registradas no Estado do Município em que encontra a estação inicial da respectiva linha.

(D) Ainda que o bem imóvel seja arrematado ou adjudicado, a hipoteca não se extingue.

(E) Cabe ao ofendido, ou aos seus herdeiros, desde que convencionada, hipoteca sobre os imóveis do delinquente, para satisfação do dano causado pelo delito e pagamento das despesas judiciais.

18. (Procurador – Prefeitura de Valinhos – SP – VUNESP – 2019) João da Silva deixou joias em um banco como garantia de contrato de penhor, tendo estas sido roubadas. João não cumpriu com sua obrigação contratual, deixando de pagar o empréstimo. Diante desses fatos, assinale a alternativa correta.

(A) O perecimento por completo da coisa empenhada induz à extinção da obrigação principal.

(B) Nas dívidas garantidas por penhor, o perecimento do bem, desnatura e impossibilita o cumprimento da obrigação.

CAP. 8 · DOS DIREITOS REAIS DE GARANTIA SOBRE COISA ALHEIA | **693**

(C) O contrato de penhor perdeu a eficácia e não há que se falar em substituição da garantia.

(D) O credor deve ser constrangido a devolver a coisa empenhada, ou uma parte dela, antes de ser integralmente pago.

(E) O credor pignoratício deve pagar ao proprietário o valor das joias, descontando-se o valor do contrato de penhor.

19. (Procurador Municipal – Prefeitura de Boa Vista – RR – CESPE – 2019) No item a seguir é apresentada uma situação hipotética seguida de uma assertiva a ser julgada a respeito de direitos reais de garantia e da responsabilidade civil.

João e Marcelo são coproprietários de um apartamento. João pretende obter um empréstimo e, para atender a uma exigência bancária, deseja dar o referido apartamento como garantia da dívida que será contraída. Nessa situação, mesmo sendo o apartamento um bem indivisível, João poderá, sem o consentimento de Marcelo, dar em garantia hipotecária a parte que lhe pertence no referido imóvel.

( ) Certo

( ) Errado

20. (Titular de Serviços de Notas e de Registros – Remoção – TJ-RS – VUNESP – 2019) Num contrato de hipoteca, constam as seguintes cláusulas: I. ao proprietário do bem dado em garantia é vedada a alienação do imóvel; II. a garantia refere-se à dívida futura, com o valor máximo de R$ 500.000,00 (quinhentos mil reais); III. fica autorizado o credor tornar-se proprietário da coisa objeto da garantia mediante aferição de seu justo valor e restituição ao devedor do valor do bem em garantia que excede o da dívida. É possível afirmar que

(A) apenas a cláusula "II" é válida.

(B) todas as cláusulas são nulas.

(C) apenas a cláusula "I" é nula.

(D) todas as cláusulas são válidas.

(E) as cláusulas "I" e "III" são nulas.

21. (Titular de Serviços de Notas e de Registros – Provimento – TJ-RS – VUNESP – 2019) De acordo com as disposições do Código Civil de 2002, o prazo máximo de validade de uma hipoteca convencional é de 30 (trinta) anos, da data do contrato que constituí-la. Após este prazo,

(A) um novo contrato de hipoteca, tendo por objeto o mesmo bem e as mesmas partes, poderá ser celebrado somente após decorrido o prazo de 1 (um) ano.

(B) não poderá subsistir a hipoteca sobre o bem, facultando-se às partes contratar alienação fiduciária em garantia, tendo por objeto o bem imóvel.

(C) não poderá subsistir a hipoteca sobre o bem, vencendo-se antecipadamente a dívida que deu origem ao contrato de hipoteca, conforme expressa previsão legal.

(D) um novo contrato de hipoteca, tendo por objeto o mesmo bem e as mesmas partes, poderá ser celebrado somente após decorrido o prazo de 2 (dois) anos.

(E) poderá subsistir o contrato de hipoteca, desde que seja reconstituída a garantia por novo título e novo registro.

22. (Promotor Substituto – MPE-PR – 2019) Podem ser objeto de hipoteca:

(A) Veículos empregados em qualquer espécie de transporte ou condução.

(B) Aeronaves.

(C) Colheitas pendentes, ou em via de formação.

(D) Animais do serviço ordinário de estabelecimento agrícola.

(E) Animais que integram a atividade pastoril, agrícola ou de laticínios.

23. (Procurador – Prefeitura de Conceição de Macabu – RJ – GUALIMP – 2020) De acordo com o Código Civil, o instrumento do penhor deverá ser levado a registro, por qualquer dos contratantes; o do penhor comum será registrado no:

(A) Cartório de Registro de Imóveis.

(B) Cartório de Registro Civil.

(C) Cartório Judicial.

(D) Cartório de Títulos e Documentos.

24. (Advogado – Câmara de São Felipe D'Oeste – RO – IBADE – 2020) Há duas formas de garantia no Direito Privado brasileiro. Pode-se dizer que uma forma de garantia pessoal ou fidejussória é a(o):

(A) fiança.

(B) penhor.

(C) anticrese.

(D) hipoteca.

(E) alienação fiduciária em garantia.

25. (Advogado – Coden-SP – Vunesp – 2021) A lei confere hipoteca

(A) às pessoas de direito público, interno ou externo, sobre os imóveis pertencentes aos encarregados da cobrança, guarda ou administração dos respectivos fundos e rendas.

(B) ao credor sobre o imóvel arrematado, para garantia do pagamento do restante do preço da arrematação.

(C) aos descendentes ou aos ascendentes, sobre os imóveis daquele que passar a outras núpcias, antes de fazer a partilha de bens do casal anterior.

(D) ao ofendido, sobre os imóveis do delinquente, para satisfação do dano causado pelo delito e pagamento das despesas judiciais, não podendo a hipoteca ser conferida aos herdeiros do ofendido.

(E) ao co-herdeiro, para garantia do seu quinhão ou torna da partilha, sobre os bens móveis e imóveis adjudicados ao herdeiro reponente.

26. (Procurador do Estado – PGE-RO – CESPE/CEBRASPE – 2022) Nas obrigações de restituir, quando cumprida a obrigação garantida, o credor pignoratício é

(A) quem recebe do mutuante em penhor um bem imóvel.

(B) outorgante de garantia real em obrigações legais.

(C) devedor da obrigação de restituir o bem empenhado.

(D) proprietário originário do bem dado em garantia.

(E) quem responde pelo desgaste natural da coisa empenhada.

27. (Câmara de São Joaquim da Barra-SP – Instituto Consulplan – Procurador Jurídico – 2023) Penhor e hipoteca são exemplos de direitos reais sobre coisas alheias. Sobre estes Institutos, considerando o Código Civil, podemos afirmar que:

(A) A hipoteca tem por objeto somente bens imóveis.

(B) No penhor, a posse direta do bem sempre permanece com o credor pignoratício.

(C) Tanto no penhor quanto na hipoteca, o credor poderá ficar com o objeto da garantia, se a dívida não for paga no vencimento, desde que haja previsão expressa no ato constitutivo do direito.

(D) Ambos são direitos reais sobre coisas alheias de garantia. Neles não há transferência da propriedade do bem, seu objeto, e sim a constituição de limitação ao direito de propriedade através de vínculo real.

28. (TJSP – Vunesp – Juiz substituto – 2023) Assinale a alternativa correta sobre a hipoteca.

(A) A hipoteca convencional, que decorre do ajuste das partes, terá duração máxima de 30 (trinta) anos. Decorrido esse prazo, a hipoteca é extinta, independentemente do vencimento da dívida que ela assegura. A constituição de nova hipoteca depende de novo título e de novo registro. Essa sistemática prevista na lei civil também se aplica para a hipoteca legal.

(B) A arrematação ou adjudicação do imóvel hipotecado é causa extintiva da hipoteca, devidamente registrada, desde que o credor hipotecário tenha sido previamente intimado nos autos da execução.

CAP. 8 · DOS DIREITOS REAIS DE GARANTIA SOBRE COISA ALHEIA | **695**

(C) A hipoteca judiciária está prevista no Código Civil e no Código de Processo Civil. Pode-se dizer que se trata de um efeito anexo da sentença que condena o réu ao pagamento de prestações em dinheiro e a que determina a conversão da prestação de fazer, de não fazer ou de dar coisa em prestação pecuniária. A sentença valerá como título constitutivo da hipoteca judiciária, independentemente do requerimento da parte no processo judicial, ainda que exista recurso recebido com efeito suspensivo.

(D) A hipoteca pode ser constituída para garantia de dívida futura ou condicionada, desde que determinado o valor máximo do crédito a ser garantido. Nesse caso, a execução da hipoteca não dependerá de prévia e expressa concordância do devedor quanto à verificação da condição ou ao montante da dívida.

29. (TJSC – Juiz substituto – FGV – 2024) O delegatário do Registro de Imóveis da Cidade X suscita dúvida nos seguintes termos:

"Tenho dúvida em proceder ao cancelamento da hipoteca sobre o imóvel de matrícula XXX, requerido pelo devedor com base na prescrição da obrigação principal, porque: i) não consta o consentimento expresso do credor, tampouco houve contencioso administrativo ou judicial a declarar a prescrição, elementos imprescindíveis à providência requerida; ii) de todo modo, a prescrição apenas extinguiria a pretensão, mas não a obrigação principal, de modo que não afetaria a hipoteca; e iii) seja como for, por se tratar de dívida a prazo, o início do prazo prescricional se deu apenas na data da última parcela, independentemente de prévio inadimplemento ou do vencimento antecipado da dívida".

Nesse caso, o registrador:

(A) está errado em todas as suas colocações.

(B) está correto em todas as suas colocações.

(C) está correto apenas em relação aos itens i e ii.

(D) está correto apenas em relação aos itens i e iii.

(E) está correto apenas em relação aos itens ii e iii.

30. (Câmara de Campinas-SP – Procurador – Vunesp – 2024) Acerca do penhor de veículos, assinale a alternativa correta.

(A) O penhor de veículos só se pode convencionar pelo prazo máximo de cinco anos, prorrogável até o limite de igual tempo, averbada a prorrogação à margem do registro respectivo.

(B) Podem ser objeto de penhor apenas os veículos para uso particular.

(C) Tem o credor direito a verificar o estado do veículo empenhado, inspecionando-o onde se achar, desde que o faça pessoalmente.

(D) Constitui-se o penhor desde que mediante instrumento público registrado no Cartório de Títulos e Documentos do domicílio do devedor, e anotado no certificado de propriedade.

(E) A alienação, ou a mudança, do veículo empenhado sem prévia comunicação ao credor importa no vencimento antecipado do crédito pignoratício.

31. (Câmara de Itajubá-MG – Procurador Jurídico – Instituto Consulplan – 2024) Lucas deseja fazer um penhor agrícola relativo à sua futura safra de arroz, bem como uma hipoteca ou outra forma de garantia real em relação à sua fazenda. Entretanto, tem algumas dúvidas relativas aos institutos. Sobre o penhor agrícola, assinale a afirmativa correta.

(A) A única forma de garantia que é possível ser dada sobre o imóvel rural, que envolva direitos reais, é a hipoteca.

(B) No penhor agrícola aquele que penhora se torna fiel depositário do bem penhorado, pois, por regra, mantém a posse sobre o bem em questão.

(C) Não é possível o penhor sobre a safra futura, posto que implicaria em uma garantia incerta. O penhor de safra apenas é possível após a colheita da safra e sua quantificação.

(D) Por mandamento constitucional não é possível a existência de hipoteca sobre propriedade rural. A Constituição criou a impenhorabilidade das propriedades rurais que sejam produtivas.

GABARITO

01 – D	02 – A	03 – A
04 – C	05 – D	06 – C
07 – B	08 – CERTO	09 – B
10 – A	11 – D	12 – D
13 – B	14 – D	15 – B
16 – B	17 – B	18 – E
19 – CERTO	20 – C	21 – E
22 – B	23 – D	24 – A
25 – B	26 – C	27 – D
28 – B	29 – D	30 – E
31 – B		

9

A ALIENAÇÃO FIDUCIÁRIA EM GARANTIA

Sumário: 9.1 Introdução. A propriedade fiduciária. Conceito, evolução legislativa e natureza jurídica – 9.2 Regras da propriedade fiduciária no Código Civil de 2002 – 9.3 A alienação fiduciária de bens móveis. Regras previstas no Decreto-lei 911/1969. A questão da prisão civil do devedor fiduciante – 9.4 A alienação fiduciária em garantia de bens imóveis. Regras previstas na Lei 9.514/1997 – 9.5 Resumo esquemático – 9.6 Questões correlatas – Gabarito.

9.1 INTRODUÇÃO. A PROPRIEDADE FIDUCIÁRIA. CONCEITO, EVOLUÇÃO LEGISLATIVA E NATUREZA JURÍDICA

Para a compreensão inicial da alienação fiduciária em garantia, é preciso expor a evolução legislativa do instituto, particularmente da propriedade fiduciária. A questão da propriedade fiduciária foi disciplinada, no Brasil, inicialmente, pelo art. 66 da Lei 4.728/1965, cujo objeto é o mercado de capitais, visando ao seu desenvolvimento.

De forma sucessiva, em 1969, a norma sofreu importantes alterações por força do Decreto-lei 911/1969 que modificou o referido art. 66 e introduziu nova disciplina processual no tocante à busca e apreensão do bem alienado. O objetivo da alienação fiduciária em garantia era estimular o consumo de bens de capital móveis e duráveis, tais como eletrodomésticos e veículos, dentre outros.

Por meio da alienação fiduciária, o bem a ser adquirido passa a ser da empresa credora, que tem a sua propriedade resolúvel; ficando o devedor com a posse da coisa na qualidade de depositário. O que se percebia, com o surgimento do instituto, era a existência de duas grandes vantagens para o credor fiduciário.

A primeira vantagem referia-se ao fato de o credor tornar-se proprietário do bem adquirido, e não mero detentor de direito real sobre a coisa. Isso já fazia com que, por exemplo, no caso de eventual falência do devedor, o bem não pertencesse à massa falida, mas poderia ser exigido pelo credor.

Nesse sentido, determinava, e ainda determina, o art. 7.º do Decreto-lei 911/1969 que, "na falência do devedor alienante, fica assegurado ao credor ou proprietário fiduciário o direito de pedir, na forma prevista na lei, a restituição do bem alienado fiduciariamente". Entretanto, como será exposto, o credor não pode ficar com o bem de modo definitivo, devendo providenciar a sua venda.

A segunda vantagem para o credor era a equiparação do devedor a um depositário. Por isso, se o objeto adquirido perecesse, poderia o devedor ser preso civilmente, na condição de depositário infiel. O receio da prisão *fazia* com que o devedor cuidasse do bem com máxima diligência, assegurando ao credor maiores possibilidades de encontrar a garantia em caso de inadimplemento e posterior busca e apreensão. É importante deixar consignado que os verbos são utilizados no passado, pois foi substancialmente alterado o panorama jurisprudencial a respeito dessa prisão civil do devedor fiduciário.

Para o devedor, a alienação também trazia apenas uma pequena vantagem. Como o bem em garantia dificilmente se perde e o credor assume menores riscos no empréstimo, os juros desta modalidade se mostravam, no passado, mais atraentes e menores para o devedor. A par dessa realidade, notou-se um crescimento na utilização da categoria, em especial para a aquisição de veículos e outros bens de consumo.

Nas décadas passadas, especialmente nos anos de 1990 a 2000, a alienação fiduciária tornou-se tão eficiente que os agentes financeiros passaram a utilizá-la não nas hipóteses de compra de bens duráveis, mas sim como uma nova forma de garantia real, na qual o devedor transferia a propriedade de certo bem ao credor. Passou-se a inverter a alienação, pois o devedor transmite bem de sua propriedade ao credor, em garantia. Diante dessa transmissão, debateu-se, no passado, a validade e eficácia dessa garantia. Pacificando a matéria, em 1991, o Superior Tribunal de Justiça editou a Súmula 28, prescrevendo que "o contrato de alienação fiduciária em garantia pode ter por objeto bem que já integrava o patrimônio do devedor".

A existência de um direito real de garantia – não sobre coisa alheia, mas sobre coisa própria – justifica o tratamento da categoria nesta obra, no seu último capítulo. É notório que a alienação fiduciária em garantia é tratada por muitos como um contrato, notadamente como um contrato empresarial. Porém, conforme se retira do pensamento dos civilistas, em sua maioria, a alienação fiduciária em garantia não constitui um *contrato*, no sentido categórico e jurídico do termo, eis que o instituto se situa dentro do Direito das Coisas. É verdade que, no geral, a alienação fiduciária é instituída por contrato, no sentido de negócio ou instrumento negocial, mas não se pode enquadrá-la como um direito pessoal de caráter patrimonial.

De volta ao estudo de sua evolução legislativa, note-se que, até a década de 1990, a alienação fiduciária estava restrita aos bens móveis, diante da redação do *caput* do art. 66-A, inserido na Lei 4.728/1965 pela Medida Provisória 2.160-50/2001. Esclareça-se que a última norma não mencionava se o bem móvel poderia ser também fungível ou substituível. De qualquer modo, já não se admitia a alienação fiduciária de bem fungível, diante das dificuldades de sua individualização, requisito essencial à especialização da garantia real. Essa era a posição prevalecente da doutrina e da jurisprudência.

No ano de 1997, surge a Lei 9.514 para cuidar exclusivamente da alienação fiduciária de bens imóveis. Com isso, a alienação fiduciária ganhou novo campo, mormente por vantagens trazidas pela nova norma, destacando-se o leilão extrajudicial do bem garantido, tema que ainda será abordado neste capítulo.

Com a edição do Código Civil de 2002, a alienação fiduciária recebeu um tratamento indireto, uma vez que a propriedade fiduciária passou a compor a norma geral privada, diante das regras inseridas entre os arts. 1.361 e 1.368-B, com as alterações posteriores pela Lei 13.043/2014. A atual codificação restringe a propriedade fiduciária aos bens móveis, conforme a dicção do seu primeiro comando citado do CC/2002, que enuncia no seu *caput*: "considera-se fiduciária a propriedade resolúvel de coisa móvel infungível que o devedor, com escopo de garantia, transfere ao credor".

Do ponto de vista da incidência das normas, frise-se que todas as leis especiais referentes à propriedade fiduciária de bens móveis, contidas na Lei 4.728/1965 e no Decreto-lei 911/196, são aplicáveis apenas às instituições financeiras e pessoas jurídicas equiparadas, caso das empresas de consórcio, e, portanto, as demais pessoas físicas ou jurídicas não podem celebrar alienação fiduciária em garantia.

De qualquer modo, o Código Civil de 2002 possibilita a qualquer pessoa física ou jurídica a celebração de negócio jurídico pelo qual se dá em garantia certo bem móvel e infungível como propriedade fiduciária. Assim, a codificação privada tem incidência para as alienações fiduciárias de bens móveis celebradas por outras pessoas, que não as instituições financeiras.

Por outra via, a alienação fiduciária de bens imóveis, apesar de estar inserida na lei que disciplina o Sistema de Financiamento Imobiliário, não está restrita às empresas financeiras ou fornecedoras de crédito. Como é notório, estabelece o art. 22, § 1.º, da Lei 9.514/1997 que a alienação fiduciária poderá ser contratada por pessoa física ou jurídica, não sendo privativa das entidades que operam no SFI, podendo ter como objeto, além da propriedade plena, os bens enfitêuticos, o direito de uso especial para fins de moradia, o direito real de uso, desde que suscetível de alienação, a propriedade superficiária, os direitos oriundos da imissão provisória na posse, quando concedida à União, aos Estados, ao Distrito Federal, aos Municípios ou às suas entidades delegadas, e a respectiva cessão e promessa de cessão; e os bens que, não constituindo partes integrantes do imóvel, destinam-se, de modo duradouro, ao uso ou ao serviço deste, ou seja, a pertenças tratadas pelos arts. 93 e 94 do Código Civil (conforme a redação dada pelas Leis 11.481/2007 e 14.620/2023).

Constata-se que a compreensão do instituto passa por uma interação necessária entre os citados comandos legais, a par da ideia de *diálogo das fontes*. A respeito dessa integração legislativa, é claro o art. 1.368-A do CC/2002, incluído pela Lei 10.931/2004, ao prever que as demais espécies de propriedade fiduciária ou de titularidade fiduciária não previstas pela codificação submetem-se à disciplina específica das respectivas leis especiais. Enuncia, ainda, esse comando, que somente se aplicam as disposições do CC/2002 naquilo que não for incompatível com a legislação especial. Em suma, a codificação privada tem caráter subsidiário em relação à tipologia do instituto.

Ademais, não se pode esquecer que a alienação fiduciária em garantia, em regra, constitui um negócio jurídico de consumo, subsumindo-se a Lei 8.078/1990. O próprio art. 53 do CDC, dispositivo que ainda será analisado, menciona a alienação fiduciária em garantia, ao prever a nulidade absoluta da cláusula de perda de todas as parcelas pagas, em caso de inadimplemento (nulidade da *cláusula de decaimento*).

Como outro marco legal importante a respeito da evolução administrativa, deve ser citada a Lei 10.931/2004 (conhecida como *Lei do Pacote Imobiliário*), que alterou novamente a Lei 4.728/1965 e criou o art. 66-B. Com isso, passou a admitir a alienação fiduciária bens móveis e fungíveis (§ 3.º), bem como alterou as disposições processuais contidas no Decreto-lei 911/1969 e vários dispositivos referentes à Lei 9.514/1997, temas que ainda serão abordados nesta seção.

Sucessivamente, a Lei 13.465/2017, a Lei 14.620/2023 e a Lei 14.711/2023 (novo *Marco Legal das Garan*tias) também trouxeram alterações no tratamento da alienação fiduciária em garantia de bens imóveis. A última lei também consagrou a possibilidade de cobrança extrajudicial para a alienação fiduciária de bens móveis.

Anoto que no Projeto de Reforma do Código Civil, elaborado pela Comissão de Juristas nomeada no âmbito do Senado Federal, há propostas para que o Código Civil tenha um *papel normativo centralizador* a respeito da temática, retomando o *protagonismo legislativo* perdido nos últimos anos. Também se almeja a redução de burocracias, a extrajudicialização e a facilitação do recebimento do crédito pelo credor, o que foi incrementado nos últimos anos, pelas últimas leis citadas.

Entre as várias proposições, destaco inicialmente a nova redação dada ao art. 1.361 da Lei Civil, pelo qual "considera-se fiduciária a propriedade transmitida com a finalidade de garantia ou de cumprimento de determinada função". Segundo justificaram os juristas que participaram da Subcomissão de Direito das Coisas – Marco Aurélio Bezerra de Melo, Marcelo Milagres, Maria Cristina Santiago e Carlos Fernandes Vieira Filho –, o objetivo é que a codificação privada passe a regular a "propriedade fiduciária em sentido amplo, não apenas de garantia, tratando-se de regra geral que será esmiuçada nos artigos seguintes, trazendo para o ordenamento jurídico a propriedade fiduciária para fins de gestão ou administração (*trust* ou fidúcia), tema muito importante nos negócios jurídicos de investimento como, por exemplo, nos fundos de investimento imobiliário". O objetivo, sem dúvida, é trazer investimentos para o País, na linha das outras proposições feitas para os direitos reais de garantia.

O novo art. 1.361 passará ainda a prever que a constituição da propriedade fiduciária não pode lesar terceiros, constituir fraude ou violar norma de ordem pública, o que representa importante controle para exercício da autonomia privada, como hoje já está previsto no art. 3º, inc. VIII, da Lei da Liberdade Econômica (Lei n. 13.874/2014).

O seu § 2.º enunciará, com a citada ampliação, que a propriedade fiduciária constitui--se com o registro do contrato, que lhe serve de título: "I – no Registro de Imóveis, no caso de bem imóvel; II – no Registro de Títulos e Documentos, no caso de alienação ou cessão fiduciária de bem móvel, corpóreo ou incorpóreo, ressalvado o disposto nos demais incisos do *caput* e nos §§ 1º e 2º; III – na repartição competente para o licenciamento dos veículos automotores, fazendo-se a anotação no certificado de registro". Os seus novos §§ 3º e 4º tratarão do registro da alienação fiduciária de ativos financeiros, de valores mobiliários, de embarcações e de aeronaves, regidas pela legislação especial.

Ainda a respeito do tema, o parágrafos seguintes do art. 1.361 preverão, novamente com os fins de ampliação da incidência do instituto e de redução de burocracias hoje existentes, que: *a)* com a constituição da propriedade fiduciária em garantia, dá-se o desdobramento da posse, tornando-se o fiduciante possuidor direto da coisa (§ 5º); *b)* a propriedade superveniente, adquirida pelo fiduciante, torna eficaz, desde a aquisição, a transferência da propriedade fiduciária (§ 6º); *c)* a propriedade fiduciária pode ser atribuída por ato entre vivos ou testamento, tendo por objeto bens corpóreos ou incorpóreos, móveis ou imóveis, fungíveis ou infungíveis, determinados ou determináveis, presentes ou futuros, desde que alienáveis, e abrange os frutos e bens derivados dos bens sobre os quais recai (§ 7º).

Merece também ser citada a proposição de um novo art. 1.361-A do Código Civil, segundo qual os bens objeto da propriedade fiduciária constituem patrimônio separado, incomunicável com o patrimônio próprio do fiduciário, do fiduciante e dos beneficiários, e só respondem pelas obrigações vinculadas ao próprio bem, ao direito ou à função específica para a qual é atribuída a propriedade fiduciária. Mais uma vez, segundo justificaram os juristas componentes da Subcomissão de Direito das Coisas, "a segregação dos bens e direitos é inerente à atribuição fiduciária e sua alocação em um patrimônio separado visa preservar sua vinculação exclusiva ao cumprimento da função definida no ato constitutivo da fidúcia. O patrimônio separado em que são alocados é incomunicável e só responde pelas obrigações vinculadas à consecução do escopo específico para o qual foram afetados".

De toda sorte, nos termos de seu projetado parágrafo único, que representou uma preocupação da Relatoria-Geral da Comissão de Juristas, estatui-se que as regras de limitação e de exclusão de responsabilidades previstas nesse comando poderão ser desconsideradas em casos de fraude, dolo, má-fé e atos ilícitos, nos termos da lei.

Por fim, entre as propostas que pretendo comentar neste momento, o novo art. 1.367 da Lei Civil preverá, aprovada a Reforma, que "a propriedade fiduciária em garantia de bens móveis ou imóveis sujeita-se às disposições do Capítulo I do Título X do Livro III da Parte Especial deste Código e, no que for específico, à legislação especial pertinente, não se equiparando, para quaisquer efeitos, à propriedade plena de que trata o art. 1.231".

O objetivo, segundo a Subcomissão de Direito das Coisas, é que, "além das hipóteses de extinção inerentes à natureza da propriedade fiduciária, decorrentes da realização da função para a qual foi atribuída, isto é, advento do termo ou da condição, além de outras definidas no título, o dispositivo explicita que extinção opera a reversão dos bens ao fiduciante ou sua transmissão aos beneficiários, ou, quando se tratar de garantia fiduciária, reversão ao fiduciante, se adimplida a obrigação garantida, ou consolidação no patrimônio do fiduciário, se inadimplida, observados os requisitos definidos no Capítulo em que a propriedade fiduciária é disciplinada para os fins de garantia".

Não restam dúvidas, por todo o exposto, que, como principais objetivos das proposições, têm-se o fomento e o incremento dos investimentos econômicos no País, trazendo uma maior segurança jurídica para a temática, e concentrando as regras gerais a respeito da propriedade fiduciária na Lei Geral Privada. Aguardemos, portanto, o seu debate no Parlamento Brasileiro.

Superado o estudo da evolução legislativa a respeito do tema, bem como das proposições constantes da Reforma do Código Civil, é preciso abordar o conceito e a natureza jurídica da alienação fiduciária em garantia. De início, devem ser estudados alguns institutos correlatos.

Relativamente ao *negócio fiduciário*, ensina Melhim Namen Chalhub que "a figura do negócio fiduciário, paralelamente à do negócio jurídico indireto, surgiu no final do século XIX, a partir da construção doutrinária de juristas alemães e italianos, pela qual se utiliza a transmissão do direito de propriedade com escopo de garantia, a exemplo do que já ocorria com a fidúcia romana e com o penhor da propriedade do direito germânico. O marco inicial da doutrina moderna do negócio fiduciário está na obra de Regelsberger, que o define em 1880 como 'um negócio seriamente desejado, cuja característica consiste na incongruência ou heterogeneidade entre o escopo visado pelas partes e o meio jurídico empregado para atingi-lo'" (CHALHUB, Melhim Namen. *Negócio fiduciário...*, 2006, p. 41).

Para o jurista, encabeçando a doutrina majoritária, a *alienação fiduciária em garantia* constitui modalidade de *negócio fiduciário*, pelas seguintes razões (*Negócio fiduciário...*, 2006, p. 154):

a) O fiduciário sempre deve agir com lealdade, devolvendo a propriedade assim que ocorra a condição suspensiva.

b) A transmissão da propriedade ocorre em dois momentos. De início, como garantia ao fiduciário, de forma transitória e temporária. Depois, se o fiduciante cumprir com as obrigações assumidas, o bem lhe retornará de forma automática, independentemente de qualquer interpelação.

Além do conceito de *negócio fiduciário*, é interessante verificar a utilização do termo *propriedade fiduciária*. Enquanto a legislação extravagante como um todo faz menção à *alienação fiduciária em garantia*, o Código Civil em vigor optou por utilizar aquela expressão. A razão de a codificação de 2002 fazer uso da palavra *propriedade fiduciária* e não *alienação* remonta às diferenças conceituais envolvendo os institutos em questão.

De acordo com o que disciplina a Lei 9.514/1997, a alienação fiduciária em garantia ocorre quando o devedor – ou fiduciante –, com o escopo de garantia, contrata a transferência ao credor – ou fiduciário –, a propriedade resolúvel de coisa imóvel (art. 22). De fato, a alienação fiduciária pressupõe a transferência da propriedade por meio de um negócio jurídico obrigacional, um contrato em sentido de instrumento negocial.

A *alienação fiduciária* é a convenção que somente produz efeitos entre os negociantes, tendo efeitos contratuais. Como consequência, com a alienação surge a *propriedade fiduciária*, esta sim um direito real de garantia que produz efeitos *erga omnes* e por isso necessita de algumas formalidades para existir. Extrapola-se o campo obrigacional para se adentrar no terreno dos direitos reais.

Nesse sentido, pode-se denominar o negócio jurídico existente entre as partes de *alienação fiduciária* ou de *cessão fiduciária*. A expressão *alienação* é mais bem utilizada na hipótese de efetiva aquisição de certo bem móvel ou imóvel no meio social, em que o agente financeiro empresta e se torna proprietário da coisa. Por outro lado, o termo *cessão* deve ser utilizado se o devedor já é dono do objeto e apenas o cede como forma de garantia, o que se admite desde o advento da Súmula 28 do Superior Tribunal de Justiça.

Com relação aos bens imóveis, a diferença substancial entre a alienação fiduciária e a propriedade fiduciária fica evidente, pelo que consta do art. 23 da Lei 9.514/1997, pelo qual se constitui a propriedade fiduciária de coisa imóvel mediante registro, no competente Registro de Imóveis, do contrato ou negócio que lhe serve de título.

Desse modo, esse *contrato*, no sentido de negócio ou instrumento, é o título que, quando registrado, gera a propriedade fiduciária. Conforme tem-se entendido no âmbito da jurisprudência superior, com razão, "o registro do contrato tem natureza constitutiva, sem o qual a propriedade fiduciária e a garantia dela decorrente não se perfazem". Sendo assim, "na ausência de registro do contrato que serve de título à propriedade fiduciária no competente Registro de Imóveis, como determina o art. 23 da Lei 9.514/97, não é exigível do adquirente que se submeta ao procedimento de venda extrajudicial do bem para só então receber eventuais diferenças do vendedor" (STJ, REsp 1.835.598/SP, 3.ª Turma, Rel. Min. Nancy Andrighi, j. 09.02.2021, *DJe* 17.02.2021).

De todo modo, a regra geral é a exigência da escritura pública, conclusão que tem o meu apoio doutrinário, com o fim de trazer lastro e segurança jurídica para esses negócios jurídicos.

Ainda quanto à categorização jurídica, é pertinente esclarecer que a *propriedade fiduciária* poderá ter origem distinta da *alienação fiduciária em garantia*. Um exemplo de propriedade fiduciária que não envolve a garantia é o fideicomisso. Explica Orlando Gomes que no fideicomisso a propriedade é fiduciária, pois baseada na confiança, e também resolúvel, pois se extingue com a condição resolutiva ou com o termo final (*Direitos reais...*, 2004, p. 270). Somente relembrando, o fideicomisso ocorre quando o testador institui herdeiros ou legatários, impondo a um deles, o fiduciário, a obrigação de, por sua morte, ou sob certa condição, transmitir a outro, que se qualifica fideicomissário, a herança ou legado (ITABAIANA DE OLIVEIRA, Arthur Vasco. *Tratado...*, 1952, v. 2, p. 588). Para aprofundamentos do tema, consulte-se o Volume 6 da presente coleção, que trata do direito sucessório.

Conceituando, a alienação fiduciária em garantia constitui um negócio jurídico que traz como conteúdo um direito real de garantia sobre coisa própria. Isso porque o devedor fiduciante aliena o bem adquirido a um terceiro, o credor fiduciário, que paga o preço ao alienante originário. Constata-se que o credor fiduciário é o proprietário da coisa, tendo, ainda, um direito real sobre a coisa que lhe é própria. Como pagamento de todos os valores devidos, o devedor fiduciante adquire a propriedade, o que traz a conclusão de que a propriedade do credor fiduciária é resolúvel.

O esquema a seguir demonstra a estrutura do instituto:

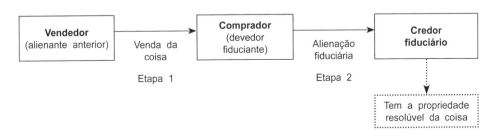

Portanto, três são as pessoas envolvidas no negócio: o *vendedor* (alienante anterior da coisa), o comprador, que passa a ser o *devedor fiduciante*, e o *credor fiduciário*, que tem a propriedade resolúvel da coisa.

No tocante à sua natureza jurídica de direito real, a *alienação fiduciária em garantia* envolve a publicidade do ato jurídico.

Se tiver por objeto bem móvel, o negócio estará formado a partir da tradição, que pode ser real ou presumida, conforme antes estudado neste livro. Em se tratando de imóveis ou de móveis infungíveis, sua posse fica com o devedor e a tradição será ficta, por meio do *constituto possessório ou clausula constituti*, uma vez que o devedor fiduciante, na qualidade de dono do bem, tinha a posse direta e a indireta, mas com a alienação fiduciária passa a ter apenas a posse direta, perdendo a indireta ao transferir a propriedade ao credor fiduciário. O devedor que possuía o bem em nome próprio passa a possuí-lo em nome alheio.

Além da tradição, em regra, exige-se o registro no Cartório de Títulos e Documentos, para que a alienação fiduciária surta efeitos perante terceiros ou *erga omnes*. O Código Civil de 2002 determina que o registro deva ser feito no domicílio do devedor, ou, em se tratando de veículo, na repartição competente, fazendo-se anotação no certificado de propriedade (art. 1.361, § 1.º).

Frise-se que o art. 66, § 1.º, da Lei 4.728/1965, atualmente revogado pela Lei 10.931/2004, dispunha que a alienação fiduciária somente se provava por escrito e seu instrumento, público ou particular, qualquer que fosse o seu valor, seria obrigatoriamente arquivado, por cópia ou microfilme, no Registro de Títulos e Documentos do domicílio do credor, sob pena de não valer contra terceiros.

Com a revogação da norma especial, deixou de existir na legislação extravagante dispositivo que determine o registro do contrato em relação a bens móveis fungíveis ou não. Por isso, a dúvida que surge é se é desnecessário o registro do instrumento de alienação fiduciária regido pela Lei 4.728/1965. Na linha do defendido em edições anteriores desta obra, escritas em coautoria com José Fernando Simão, continuo a entender que a resposta é negativa. Isso porque, na ausência de dispositivo expresso de lei, aplica-se o Código Civil,

704 | DIREITO CIVIL • VOL. 4 – *Flávio Tartuce*

que exige o registro. A conclusão é retirada do antes transcrito art. 1.368-A do CC/2002, que consagra a aplicação do Código Civil naquilo que não é incompatível na legislação especial.

Para findar o estudo da natureza jurídica do instituto, pontue-se que, nos casos de bens imóveis, necessário será o registro no Cartório de Registro de Imóveis do negócio que criou a propriedade fiduciária, por força expressa do art. 23 da Lei 9.514/1997. Destaque-se que essa é a única hipótese em que o registro da alienação fiduciária não ocorre no Cartório de Títulos e Documentos. Pela mesma norma, com o registro do instrumento e a criação da propriedade fiduciária, ocorre o desdobramento da posse em direta e indireta, tornando-se o devedor fiduciante possuidor direto e o credor fiduciário possuidor indireto da coisa imóvel (art. 23, parágrafo único, da Lei 9.514/1997).

9.2 REGRAS DA PROPRIEDADE FIDUCIÁRIA NO CÓDIGO CIVIL DE 2002

Como outrora mencionado, o Código Civil de 2002 trata da propriedade fiduciária, definidora do conteúdo da alienação fiduciária em garantia nos casos de bens móveis infungíveis, entre os seus arts. 1.361 a 1.368-A. A matéria está colocada logo após o tratamento da propriedade resolúvel, uma vez que constitui modalidade desta, conforme apontava a doutrina clássica (por todos: GOMES, Orlando. *Direitos reais*..., 2004, p. 270). Advirta-se que as normas que serão ora estudadas não se aplicam à alienação fiduciária em garantia de bem imóvel, submetida à Lei 9.514/1997, pelo menos em regra.

De acordo com o primeiro dispositivo da codificação material, que mais uma vez merece ser analisado, considera-se fiduciária a propriedade resolúvel de coisa móvel infungível que o devedor, com escopo de garantia, transfere ao credor.

Constata-se que o diploma civil concebe a propriedade como resolúvel, o que também é fundamental para a estrutura da alienação fiduciária, conforme exposto. Repise-se que o Código Civil tem incidência para as alienações fiduciárias em garantia de bens móveis não regidas pela legislação especial, ou seja, não celebradas por instituições financeiras.

Pois bem, constitui-se a propriedade fiduciária "com o registro do contrato, celebrado por instrumento público ou particular, que lhe serve de título, no Registro de Títulos e Documentos do domicílio do devedor, *ou*, em se tratando de veículos, na repartição competente para o licenciamento, fazendo-se a anotação no certificado de registro" (art. 1.361, § 1.º, do CC). O antigo Projeto Ricardo Fiúza pretende alterar o comando do Código Civil substituindo o *ou* destacado por um *e*, para que não paire qualquer dúvida quanto à necessidade do duplo registro (ALVES, Jones Figueirêdo; DELGADO, Mário Luiz. *Código*..., 2005, p. 685-686).

Ademais, o sentido atual do texto da codificação constava, parcialmente, do art. 1.º do Decreto-lei 911/1969. Todavia, o dispositivo anterior mencionava que "alienação fiduciária somente se prova por escrito e seu instrumento, público ou particular, qualquer que seja o seu valor, será obrigatoriamente arquivado, por cópia ou microfilme, no Registro de Títulos e Documentos do domicílio do credor, sob pena de não valer contra terceiros, e conterá, além de outros dados, os seguintes". Como se nota, o Código Civil faz menção ao domicílio do devedor, e não ao credor, devendo prevalecer para os casos de sua incidência, por ser norma posterior que tratou inteiramente da matéria.

De toda sorte, pontue-se que o plenário do Supremo Tribunal Federal, em decisão de outubro de 2015, reconheceu não ser obrigatória a realização de registro público dos contratos de alienação fiduciária em garantia de veículos automotores, pelas serventias extrajudiciais de registro de títulos e documentos. Nos termos do voto do Relator Ministro Marco Aurélio, o pacto firmado pelas partes "é perfeitamente existente, válido e eficaz", sem que seja necessário qualquer registro, "o qual constitui mera exigência de eficácia do título contra terceiros". Ainda conforme o Ministro Relator: "como no pacto a tradição é ficta e a posse do bem continua com o devedor, uma política pública adequada recomenda a criação de meios conducentes a alertar eventuais compradores sobre o real proprietário do bem, evitando fraudes, de um lado, e assegurando o direito de oposição da garantia contra todos, de outro".

Porém, entendeu o julgador que a exigência de registro em serventia extrajudicial acarretaria ônus e custos desnecessários ao consumidor, além de não conferir ao ato a publicidade adequada: "para o leigo, é mais fácil, intuitivo e célere verificar a existência de gravame no próprio certificado do veículo em vez de peregrinar por diferentes cartórios de títulos e documentos ou ir ao cartório de distribuição nos estados que contam com serviço integrado em busca de informações". A decisão foi prolatada no julgamento conjunto do Recurso Extraordinário 611.639 e das ADIns 4.227 e 4.333, devendo, assim, ser lido o art. 1.361, § 1.º, do Código Civil, para os devidos fins práticos.

Esta também é a posição do Superior Tribunal de Justiça, cabendo transcrever a conclusão do seguinte aresto, por todos e do ano de 2024: "a anotação da alienação fiduciária no certificado de registro do veículo não constitui requisito para a propositura da ação de busca e apreensão, uma vez que o registro é condição de eficácia da garantia perante terceiros e não entre os contratantes" (STJ, REsp 2.095.740/DF, Rel. Min. Nancy Andrighi, 3.ª Turma, por unanimidade, j. 06.02.2024, *DJe* 09.02.2024).

Feito tal esclarecimento, com a constituição da propriedade fiduciária, dá-se o desdobramento da posse, tornando-se o devedor fiduciante possuidor direto da coisa (art. 1.361, § 2.º, do CC). O credor fiduciário é possuidor indireto, pela condição de proprietário do bem.

A propriedade superveniente ou novo domínio, adquirido pelo devedor fiduciante, torna eficaz, desde o arquivamento, a transferência da propriedade fiduciária (art. 1.361, § 3.º, do CC).

Mais uma vez, há proposta de alteração pelo antigo Projeto Fiúza, passando a estabelecer o comando que "A propriedade superveniente, adquirida pelo devedor, torna eficaz a transferência da propriedade fiduciária". Segundo as justificativas da proposição, "a sugestão é do professor Joel Dias Figueira Júnior. Diz ele que 'verificado de maneira cabal o adimplemento do contrato de alienação fiduciária em todos os seus termos, será adquirida a propriedade plena superveniente do bem móvel infungível pelo então devedor possuidor direto, tornando-se eficaz de pleno direito a sua transferência, segundo se infere do § 3.º do art. 1.361. (...) a alusão à eficácia da aquisição, referindo-se ao tempo do arquivamento do contrato de alienação fiduciária no Registro de Títulos e Documentos. (...) é desnecessária e em manifesta discrepância com a LRP e com a terminologia do próprio NCC'". Realmente, o dispositivo ficaria mais claro com a redação proposta.

O art. 1.362 do CC/2002 traz os requisitos essenciais para constarem no título de instituição da propriedade fiduciária, sob pena de sua ineficácia:

a) *O total da dívida ou sua estimativa*. Como visto no capítulo anterior desta obra, no caso de garantia real há necessidade de constar do título o valor do principal garantido, o que se repete na propriedade fiduciária. Porém, ressalve-se que nem sempre o valor da dívida existe no momento em que se constitui a garantia, como ocorre, por exemplo, nas hipóteses em que a propriedade fiduciária garante dívida futura, ainda não contraída pelo devedor. Nessas hipóteses de dívida futura, o título deve indicar uma estimativa, ou seja, o seu valor aproximado. A título de exemplo, podem as partes estipular um limite do valor devido, um teto máximo do valor da dívida. Evidentemente, em sendo a dívida estimada, perde ela o seu caráter de dívida líquida e certa. Com certa razão, salientam Cristiano Chaves de Farias e Nelson Rosenvald que falhou o legislador ao exigir a menção ao total da dívida, omitindo a necessária referência ao valor do bem garantido (*Direitos reais...*, 2006, p. 367). Diante desse problema, o antigo *Projeto de Lei Ricardo Fiúza* já pretendia alterar o preceito, que passaria a ter a seguinte redação: "o valor do bem alienado, o valor total da dívida ou sua estimativa". A justificativa vai no sentido de que "a proposta objetiva a inclusão do requisito do valor do bem objeto da alienação fiduciária, porquanto o valor total da dívida, necessariamente, não corresponderá ao valor do bem alienado". Existe proposta próxima no Projeto de Reforma do Código Civil, elaborado pela Comissão de Juristas nomeada no âmbito do Senado Federal, para que o comando expresse também o seu valor máximo, visando à redução de burocracias.

b) *O prazo ou a época do pagamento*. É essencial a avença de prazo, pois o termo existe a favor do devedor (art. 133 do CC). Dessa forma, antes do seu advento, o devedor não se considera inadimplente e, por óbvio, a garantia não poderá ser executada. No Projeto de Reforma do Código Civil, mais uma vez com o intuito de diminuir burocracias, almeja-se que a norma passe a prever "o prazo do pagamento ou o período coberto pela garantia".

c) *A taxa de juros se houver (juros convencionais)*. Na ausência de juros convencionais, estes não são devidos. Em se tratando de alienação fiduciária realizada por instituição financeira regida pela Lei 4.728/1965, necessária será não só a presença da taxa de juros como também o valor da cláusula penal ou multa, o índice de atualização monetária e as demais comissões e encargos (art. 66-B, cuja redação decorre da Lei 10.931/2004).

d) *A descrição da coisa objeto da transferência, com os elementos indispensáveis à sua identificação*. Tal exigência visa à *especialização* da garantia, assim como ocorre com os demais direitos reais estudados no capítulo anterior desta obra. Como visto, a descrição do objeto é que garante a sua identificação, e sem a devida identificação, impossível a eficácia *erga omnes* do direito real.

Antes de vencida a dívida, o devedor fiduciante, às suas expensas e riscos, pode usar a coisa segundo sua destinação, sendo obrigado, como depositário: *a)* a empregar na guarda da coisa a diligência exigida por sua natureza; *b)* a entregá-la ao credor fiduciante, se a dívida não for paga no vencimento (art. 1.363 do CC/2002). Esse é o comando legal que consagra a premissa segundo a qual o devedor fiduciante tem as obrigações similares às de um depositário.

Por isso, não cumprindo com os seus deveres obrigacionais, *poderia* ser requerida a sua prisão civil, nos termos do art. 652 do CC/2002. Contudo, como ainda será exposto com maior profundidade neste capítulo, a possibilidade de prisão civil do depositário foi revista pelo Supremo Tribunal Federal, por meio de julgados que se consolidaram no ano de 2008, diante da edição da Emenda Constitucional 45/2004. Sucessivamente, surgiu a Súmula Vinculante 25 afastando a possibilidade dessa prisão civil, em qualquer modalidade de depósito.

No Projeto de Reforma do Código Civil, elaborado pela Comissão de Juristas, pretende-se ampliar regras hoje existentes para a alienação fiduciária em garantia de bens imóveis, para todos os casos de propriedade fiduciária, nos novos parágrafos do art. 1.363 do Código Civil. Nesse contexto, o seu novo § 1.º passará a prever que o fiduciante responde pelo pagamento dos impostos, taxas, contribuições condominiais e quaisquer outros encargos que recaiam ou venham a recair sobre os bens e direitos objeto da propriedade fiduciária. Entretanto, resolvendo-se dilema que ainda será por mim aqui exposto, o seu § 2.º preverá que, "caso o credor fiduciário não consolide a propriedade em até 120 dias após o inadimplemento, responderá pelas contribuições condominiais".

Retornando-se ao sistema ora em vigor, quanto à mora do devedor fiduciante, enuncia o art. 1.364 do CC/2002 que, vencida a dívida, e não paga, fica o credor fiduciário obrigado a vender, judicial ou extrajudicialmente, a coisa a terceiros, a aplicar o preço no pagamento de seu crédito e das despesas de cobrança, e a entregar o saldo, se houver, ao devedor.

Pela norma é possível a venda da coisa pelo credor fiduciário justamente porque é ele o proprietário da coisa. Além disso, cabe a ação de busca e apreensão pelo credor fiduciário em face do devedor fiduciante, nos termos do Decreto-lei 911/1969, lei que será estudada.

Ainda quanto à mora do devedor fiduciante, presente uma relação jurídica de consumo, como é comum na alienação fiduciária em garantia que envolve veículos, merece aplicação o art. 53 da Lei 8.078/1990, a saber:

> "Art. 53. Nos contratos de compra e venda de móveis ou imóveis mediante pagamento em prestações, bem como nas alienações fiduciárias em garantia, consideram-se nulas de pleno direito as cláusulas que estabeleçam a perda total das prestações pagas em benefício do credor que, em razão do inadimplemento, pleitear a resolução do contrato e a retomada do produto alienado.
>
> § 1.º (*Vetado*.)
>
> § 2.º Nos contratos do sistema de consórcio de produtos duráveis, a compensação ou a restituição das parcelas quitadas, na forma deste artigo, terá descontada, além da vantagem econômica auferida com a fruição, os prejuízos que o desistente ou inadimplente causar ao grupo.
>
> § 3.º Os contratos de que trata o *caput* deste artigo serão expressos em moeda corrente nacional".

Pela literalidade da previsão legal, no que tange à alienação fiduciária em garantia (inclusive de bens imóveis, conforme ainda será desenvolvido), a lei considera como nula, por abusividade, a *cláusula de decaimento*, aquela que traz a perda de todas as parcelas pagas pelo devedor fiduciante. A jurisprudência nacional tem aplicado muito bem o dispositivo, fazendo o devido desconto de uma *taxa de administração* a favor do credor fiduciário. Nesse sentido, por todos:

> "Alienação fiduciária em garantia. Apelação. Efeitos. Nulidade de cláusula contratual. Perda das prestações pagas. Nos termos do art. 3.º, § 5.º, do Decreto-lei 911, de 1.º.10.1969, a apelação interposta no pedido de busca e apreensão possui efeito tão somente devolutivo. No contrato de alienação fiduciária, o credor tem o direito de receber o valor do financiamento, o que pode obter mediante a venda extrajudicial do bem apreendido, e o devedor tem o direito de receber o saldo apurado, mas não a restituição integral do preço pago. Precedentes. Recurso especial não conhecido" (STJ, REsp 401.702/DF, 4.ª Turma, Rel. Min. Barros Monteiro, j. 07.06.2005, *DJ* 29.08.2005, p. 346).

Além dessa importante norma do Código de Defesa do Consumidor, a jurisprudência do Superior Tribunal de Justiça vinha aplicando a *teoria do adimplemento substancial* para afastar a busca e apreensão da coisa na alienação fiduciária em garantia de bens móveis. Pela *teoria do adimplemento substancial* (*substantial performance*), nos casos em que o negócio tiver sido quase todo cumprido, não caberá a sua extinção, mas apenas outros efeitos jurídicos, caso da cobrança dos valores devidos.

A teoria é relacionada com os princípios sociais obrigacionais, conforme reconhece o Enunciado n. 361 do CJF/STJ, da *IV Jornada de Direito Civil*: "o adimplemento substancial decorre dos princípios gerais contratuais, de modo a fazer preponderar a função social do contrato e o princípio da boa-fé objetiva, balizando a aplicação do art. 475". Vale lembrar que o art. 475 do CC/2002 é o que disciplina a resolução contratual pelo inadimplemento culposo do devedor.

Apesar de não ser a alienação fiduciária em garantia um *contrato*, no sentido jurídico e categórico da expressão, pois se trata de um direito real, a teoria é perfeitamente aplicável, na minha opinião doutrinária. Em reforço, pode ser citado o Enunciado n. 162 do CJF/STJ, pelo qual "a inutilidade da prestação que autoriza a recusa da prestação por parte do credor deverá ser aferida objetivamente, consoante o princípio da boa-fé e a manutenção do sinalagma, e não de acordo com o mero interesse subjetivo do credor".

Em outras palavras, preconiza o último enunciado doutrinário que a conversão da mora em inadimplemento absoluto, nos termos do art. 395 do CC/2002, não pode se dar por meros interesses egoísticos e mesquinhos do credor, mas de acordo com a boa-fé objetiva (a exigência de comportamento leal dos negociantes) e a conservação negocial.

Partindo para os casos concretos, na jurisprudência do Superior Tribunal de Justiça, a teoria em comento foi aplicada para afastar a concessão da liminar em ação de busca e apreensão, em caso em que o devedor fiduciante já tinha cumprido quase todo o negócio:

> "Alienação fiduciária. Busca e apreensão. Deferimento liminar. Adimplemento substancial. Não viola a lei a decisão que indefere o pedido liminar de busca e apreensão considerando o pequeno valor da dívida em relação ao valor do bem e o fato de que este é essencial à atividade da devedora. Recurso não conhecido" (STJ, REsp 469.577/SC, 4.ª Turma, Rel. Min. Ruy Rosado de Aguiar, j. 25.03.2003, *DJ* 05.05.2003, p. 310).

Além dessa ementa anterior, outra aplicou o adimplemento substancial para afastar a busca e apreensão como um todo, pois o devedor somente devia a última prestação de toda a dívida:

> "Alienação fiduciária. Busca e apreensão. Falta da última prestação. Adimplemento substancial. O cumprimento do contrato de financiamento, com a falta apenas da última prestação, não autoriza o credor a lançar mão da ação de busca e apreensão, em lugar da cobrança da parcela faltante. O adimplemento substancial do contrato pelo devedor não autoriza ao credor a propositura de ação para a extinção do contrato, salvo se demonstrada a perda do interesse na continuidade da execução, que não é o caso. Na espécie, ainda houve a consignação judicial do valor da última parcela. Não atende à exigência da boa-fé objetiva a atitude do credor que desconhece esses fatos e promove a busca e apreensão, com pedido liminar de reintegração de posse. Recurso não conhecido" (STJ, REsp 272.739/MG, 4.ª Turma, Rel. Min. Ruy Rosado de Aguiar, j. 01.03.2001, *DJ* 02.04.2001, p. 299).

Em julgado de data mais próxima, a tese foi aplicada mais uma vez pelo Superior Tribunal de Justiça ao negócio em questão:

> "Processual civil. Recurso especial. Prequestionamento. Tema central. Consignação em pagamento. Depósito parcial. Procedência na mesma extensão. Alienação fiduciária. Busca e apreensão. Adimplemento substancial. Improcedência. Possibilidade. Desprovimento. (...). II. 'Esta Corte de Uniformização Infraconstitucional firmou entendimento no sentido de que o depósito efetuado a menor em ação de consignação em pagamento não acarreta a

total improcedência do pedido, na medida em que a obrigação é parcialmente adimplida pelo montante consignado, acarretando a liberação parcial do devedor. O restante do débito, reconhecido pelo julgador, pode ser objeto de execução nos próprios autos da ação consignatória (cf. REsp n.º 99.489/SC, Rel. Ministro Barros Monteiro, *DJ* de 28.10.2002; REsp n.º 599.520/TO, Rel. Ministra Nancy Andrighi, *DJ* de 1.º.02.2005; REsp n.º 448.602/SC, Rel. Ministro Ruy Rosado de Aguiar, *DJ* de 17.02.2003; AgRg no REsp n.º 41.953/SP, Rel. Ministro Aldir Passarinho Júnior, *DJ* de 06.10.2003; REsp n.º 126.326/RJ, Rel. Ministro Barros Monteiro, *DJ* de 22.09.2003)' (REsp 613552/RS, Rel. Min. Jorge Scartezzini, Quarta Turma, Unânime, *DJ*: 14.11.2005, p. 329). III. Se as instâncias ordinárias reconhecem, após a apreciação de ações consignatória e de busca e apreensão, com fundamento na prova dos autos, que é extremamente diminuto o saldo remanescente em favor do credor de contrato de alienação fiduciária, não se justifica o prosseguimento da ação de busca e apreensão, sendo lícita a cobrança do pequeno valor ainda devido nos autos do processo. IV. Recurso especial a que se nega provimento" (STJ, REsp 912.697/RO, 4.ª Turma, Rel. Min. Aldir Passarinho Junior, j. 07.10.2010, *DJe* 25.10.2010).

Sobre a aplicação da teoria do adimplemento substancial, a grande dificuldade está em saber a partir de qual percentual de cumprimento pode a teoria ser aplicada. Para tanto, deve-se analisar o caso concreto, a partir da ideia de função social da obrigação e do contrato.

Como têm pontuado doutrina e jurisprudência italianas, a análise do adimplemento substancial passa por *dois filtros*. O primeiro deles é *objetivo*, a partir da medida econômica do descumprimento, dentro da relação jurídica existente entre os envolvidos. O segundo é *subjetivo*, sob o foco dos comportamentos das partes no *processo contratual* (CHINÉ, Giuseppe; FRATINI, Marco; ZOPPINI, Andrea. *Manuale...*, 2013, p. 1.369; citando a Decisão n. 6463, da Corte de Cassação Italiana, prolatada em 11.03.2008).

Acredito que tais parâmetros também possam ser perfeitamente utilizados nos casos brasileiros, incrementando a sua aplicação em nosso país. Vale lembrar que no Código Civil italiano há previsão expressa sobre o adimplemento substancial, no seu art. 1.455, segundo o qual o contrato não será resolvido se o inadimplemento de uma das partes tiver escassa importância, levando-se em conta o interesse da outra parte.

Em suma, para a caracterização do adimplemento substancial entram em cena fatores quantitativos e qualitativos, conforme o preciso enunciado aprovado na *VII Jornada de Direito Civil*, de 2015: "para a caracterização do adimplemento substancial (tal qual reconhecido pelo Enunciado n. 361 da *IV Jornada de Direito Civil* – CJF), leva-se em conta tanto aspectos quantitativos quanto qualitativos" (Enunciado n. 586). Anoto que o Projeto de Reforma do Código Civil pretende incluir tratamento relativo ao adimplemento substancial, no novo art. 475-A, adotando esses critérios do citado enunciado doutrinário.

A título de exemplo, de nada adianta um cumprimento relevante quando há clara prática do abuso de direito pelo devedor, como naquelas hipóteses em que a purgação da mora é sucessiva em um curto espaço de tempo.

De toda sorte, toda essa argumentação desenvolvida quanto ao adimplemento substancial resta superada para os casos práticos relativos à alienação fiduciária de bens móveis. Isso porque o Superior Tribunal de Justiça, em julgamento da sua Segunda Seção e prolatado em março de 2017, acabou por concluir que a citada teoria não mais incide para os tais negócios, diante das modificações feitas pela Lei 13.043/2014. Isso porque, como se verá, não cabe mais a purgação de mora para afastar a busca e apreensão da coisa e, como consequência, o adimplemento substancial não mais deve ser aplicado. Como consta da ementa do julgado, que tem forma vinculativa para outras decisões inferiores, em trecho a ser destacado:

"Além de o Decreto-Lei n. 911/1969 não tecer qualquer restrição à utilização da ação de busca e apreensão em razão da extensão da mora ou da proporção do inadimplemento, é expresso em exigir a quitação integral do débito como condição imprescindível para que o bem alienado fiduciariamente seja remancipado. Em seus termos, para que o bem possa ser restituído ao devedor, livre de ônus, não basta que ele quite quase toda a dívida; é insuficiente que pague substancialmente o débito; é necessário, para esse efeito, que quite integralmente a dívida pendente. Afigura-se, pois, de todo incongruente inviabilizar a utilização da ação de busca e apreensão na hipótese em que o inadimplemento revela-se incontroverso – desimportando sua extensão, se de pouca monta ou se de expressão considerável –, quando a lei especial de regência expressamente condiciona a possibilidade de o bem ficar com o devedor fiduciário ao pagamento da integralidade da dívida pendente. Compreensão diversa desborda, a um só tempo, do diploma legal exclusivamente aplicável à questão em análise (Decreto-Lei n. 911/1969), e, por via transversa, da própria orientação firmada pela Segunda Seção, por ocasião do julgamento do citado Resp n. 1.418.593/MS, representativo da controvérsia, segundo a qual a restituição do bem ao devedor fiduciante é condicionada ao pagamento, no prazo de cinco dias contados da execução da liminar de busca e apreensão, da integralidade da dívida pendente, assim compreendida como as parcelas vencidas e não pagas, as parcelas vincendas e os encargos, segundo os valores apresentados pelo credor fiduciário na inicial. Impor-se ao credor a preterição da ação de busca e apreensão (prevista em lei, segundo a garantia fiduciária a ele conferida) por outra via judicial, evidentemente menos eficaz, denota absoluto descompasso com o sistema processual. Inadequado, pois, extinguir ou obstar a medida de busca e apreensão corretamente ajuizada, para que o credor, sem poder se valer de garantia fiduciária dada (a qual, diante do inadimplemento, conferia-lhe, na verdade, a condição de proprietário do bem), intente ação executiva ou de cobrança, para só então adentrar no patrimônio do devedor, por meio de constrição judicial que poderá, quem sabe (respeitada o ordem legal), recair sobre esse mesmo bem (naturalmente, se o devedor, até lá, não tiver dele se desfeito)" (STJ, REsp 1.622.555/MG, 2.ª Seção, Rel. Min. Marco Buzzi, Rel. p/ acórdão Min. Marco Aurélio Bellizze, j. 22.02.2017, *DJe* 16.03.2017).

O Ministro Relator também apontou, o que acabou por prevalecer, que a teoria do adimplemento substancial objetiva impedir que o credor resolva a relação contratual em razão de inadimplemento de ínfima parcela da obrigação. Assim, nesse contexto, julgou-se o seguinte:

"A via judicial para esse fim é a ação de resolução contratual. Diversamente, o credor fiduciário, quando promove ação de busca e apreensão, de modo algum pretende extinguir a relação contratual. Vale-se da ação de busca e apreensão com o propósito imediato de dar cumprimento aos termos do contrato, na medida em que se utiliza da garantia fiduciária ajustada para compelir o devedor fiduciante a dar cumprimento às obrigações faltantes, assumidas contratualmente (e agora, por ele, reputadas ínfimas). A consolidação da propriedade fiduciária nas mãos do credor apresenta-se como consequência da renitência do devedor fiduciante de honrar seu dever contratual, e não como objetivo imediato da ação. E, note-se que, mesmo nesse caso, a extinção do contrato dá-se pelo cumprimento da obrigação, ainda que de modo compulsório, por meio da garantia fiduciária ajustada. É questionável, se não inadequado, supor que a boa-fé contratual estaria ao lado de devedor fiduciante que deixa de pagar uma ou até algumas parcelas por ele reputadas ínfimas – mas certamente de expressão considerável, na ótica do credor, que já cumpriu integralmente a sua obrigação – e, instado extra e judicialmente para honrar o seu dever contratual, deixa de fazê-lo, a despeito de ter a mais absoluta ciência dos gravosos consectários legais advindos da propriedade fiduciária. A aplicação da teoria do adimplemento substancial, para obstar a utilização da ação de busca e apreensão, nesse contexto, é um incentivo ao inadimplemento das últimas parcelas contratuais, com o nítido propósito de desestimular o credor – numa avaliação de custo-benefício – de satisfazer seu crédito por outras vias judiciais, menos eficazes, o que, a toda evidência, aparta-se da boa-fé contratual propugnada" (REsp 1.622.555/MG).

Com o devido respeito, não estou filiado a tais conclusões e penso ser o *decisum* um grande retrocesso. Primeiro, porque a boa-fé objetiva tem aplicação para todos os negócios jurídicos, inclusive para os negócios reais, não se sustentando o argumento de que os princípios do Código Civil não incidem para a alienação fiduciária. Segundo, porque a teoria do adimplemento substancial tem relação com a conservação do negócio jurídico e com a função social da obrigação. Terceiro, porque não me parece que o adimplemento substancial incentiva o inadimplemento, até porque, no sistema atual, a boa-fé se presume enquanto a má-fé se prova. Quarto, fica em dúvida a utilidade da medida de busca e apreensão, pois os credores ficarão com uma grande quantidade de bens, sobretudo automóveis, estocados, o que acabará por gerar grandes custos.

Valem também os argumentos desenvolvidos por José Fernando Simão em crítico artigo sobre o citado julgamento. Conforme escreveu o jurista:

> "O ministro Marco Aurélio Bellizze abriu a divergência no julgamento ao acolher a tese recursal do banco Volkswagen, de que a teoria do adimplemento substancial não é prevista expressamente em lei e decorre de interpretação extensiva de dispositivos do Código Civil. Por isso, a tese não pode se sobrepor à lei especial que rege a alienação fiduciária, por violação à regra de que lei especial prevalece sobre lei geral'. O argumento é pueril e não é técnico. A construção do princípio da boa-fé pela doutrina alemã (desde Larenz), passando em Portugal pela obra de Menezes Cordeiro e no Brasil por Judith Martins-Costa aponta em sentido oposto. O princípio permite nova leitura do texto de lei de maneira a promover sua adequação. Afirmar que a Lei Especial, por ser especial, não sofre os efeitos do princípio da boa-fé, é tese sem fundamento técnico. Lei geral e lei especial se submetem aos princípios dos contratos, ainda que estes não estivessem presentes no texto da lei geral. O princípio é a base do ordenamento e não se submete ao critério da especialidade. Se o argumento for expandido, a boa-fé não se aplica à Lei de Locação que é especial? A boa-fé não se aplica ao Estatuto da Terra que é lei especial? A alienação fiduciária não é menos contrato, nem mais. A decisão é tecnicamente constrangedora. Simples assim" (SIMÃO, José Fernando. Adimplemento..., acesso em: 18 set. 2017).

Superada a análise da mora do devedor fiduciante e da polêmica sobre a incidência da teoria do adimplemento substancial, o art. 1.365 do CC/2002 proíbe o *pacto comissório real* na *alienação fiduciária em garantia*, assim como ocorre com os demais direitos reais de garantia. Em suma, é nula a cláusula que autoriza o proprietário fiduciário a ficar com a coisa alienada em garantia, se a dívida não for paga no vencimento.

A vedação ao *pacto comissório real* consta expressamente no Código Civil para todos os direitos reais de garantia (art. 1.428) e especificamente para a propriedade fiduciária (art. 1.365). O art. 66-A da Lei 4.728/1965, atualmente revogado pela Lei 10.931/2004, igualmente trazia disposição semelhante em seu § 6.º que determinava ser nula a cláusula que autorizava o proprietário fiduciário a ficar com a coisa alienada em garantia, se a dívida não fosse paga no seu vencimento. Todavia, a norma foi expressamente revogada e a dúvida que surge é se o pacto comissório passou a ser admitido nas alienações fiduciárias, a partir de então.

Entendo que o *pacto comissório real* continua vedado em qualquer modalidade de alienação fiduciária, mais uma vez por aplicação subsidiária do Código Civil em razão do art. 1.368-A. Em reforço, o conteúdo do pacto comissório real parece não se filiar aos princípios da eticidade e da socialidade, fundamentos do Código Civil de 2002. O afastamento da execução judicial não se alinha à boa-fé objetiva e à função social dos institutos civil, nortes fundamentais do Direito Privado nacional.

A questão, contudo, não é pacífica. Na doutrina contemporânea, Marco Aurélio Bezerra de Melo segue antigo entendimento segundo o qual não se justificaria o pacto comissório real na alienação fiduciária. São suas palavras: "observa o professor Melhim Namen Chalub, acompanhado também das doutas manifestações de Caio Mário da Silva Pereira e Pontes de Miranda, que a referida proibição perde o sentido quando se tratar de propriedade fiduciária, pois, pelo referido instituto, o credor fiduciário já é proprietário, ainda que resolúvel, do bem e não haveria sentido para a proibição de ficar com aquilo que já lhe pertence" (MELO, Marco Aurélio Bezerra de. *Direito...*, 2007, p. 479). Com o devido respeito aos juristas, continuo a entender que o *pacto comissório real* não se coaduna com os valores do Direito Civil Contemporâneo.

A afirmação também vale para o chamado *pacto marciano* eventualmente previsto na alienação fiduciária em garantia. Como visto, por meio dessa previsão, o bem entregue em garantia é transferido ao credor que dele se apropria e restitui o excesso relativo ao valor da dívida. Há quem veja que a sua nulidade é afastada, pelo fato de que não estará mais presente a desproporção negocial comum no *pacto comissório real*.

Como o devido respeito, não concordo que haja licitude em tal negócio, pois o *pacto marciano* esbarra nas outras razões para a vedação do *pacto comissório real*, quais sejam a proteção da parte mais fraca da relação jurídica e a exigência do devido processo legal para a execução da garantia. Por isso, entendi como correta a não aprovação de enunciado, quando da *VII Jornada de Direito Civil* (2015), admitindo a figura.

De todo modo, como pontuado no capítulo anterior deste livro, quando da *VIII Jornada de Direito Civil*, realizada em 2018, acabou por ser aprovado enunciado doutrinário admitindo o pacto marciano nos negócios paritários, com a seguinte redação: "não afronta o art. 1.428 do Código Civil, em relações paritárias, o pacto marciano, cláusula contratual que autoriza que o credor se torne proprietário da coisa objeto da garantia mediante aferição de seu justo valor e restituição do supérfluo (valor do bem em garantia que excede o da dívida)" (Enunciado n. 626). Reitero que não estou filiado ao teor da ementa doutrinária.

No Projeto de Reforma do Código Civil, há proposta de inclusão do pacto marciano para os negócios jurídicos paritários, sugerindo-se ainda uma nova redação para o seu art. 1.365, resolvendo-se esse debate: "é nula a cláusula que autoriza o proprietário fiduciário a ficar com a coisa alienada em garantia, se a dívida não for paga no vencimento, exceto na hipótese do art. 1.428". Com isso, almeja-se sanar mais uma polêmica existente nos mais de vinte anos de vigência da atual codificação privada.

Voltando-se ao sistema vigente, o devedor pode, com a anuência do credor, dar seu direito eventual à coisa em pagamento da dívida a terceiro, após o vencimento desta (art. 1.365, parágrafo único, do CC/2002). Em outras palavras, a rigidez que constava do Código Civil de 1916 foi abrandada pelo Código Civil de 2002, que permite a dação em pagamento do objeto dado em garantia.

A dação em pagamento, como modo indireto de extinção das obrigações, ocorre quando o credor concorda em receber prestação diversa daquela contratada (art. 356 do CC/2002). Em outras palavras, por acordo entre as partes, o devedor entrega em pagamento a garantia e o credor concorda com tal ato.

A dação em pagamento permitida em lei no dispositivo em apreço ocorre por acordo de vontade das partes quando do término do negócio, ou seja, quando o devedor já se encontra inadimplente ou para evitar que isto ocorra. Na minha *opinium*, não será possível cláusula contratual expressa prévia prevendo a dação como consequência natural do inadimplemento, por se tratar de um *pacto comissório real disfarçado*. Em reforço, não me parece que a norma autoriza o *pacto marciano*, em que o bem é dado ao próprio credor. As situações são bem diferentes.

Com outra interpretação sobre o parágrafo único do art. 1.365 do CC/2002, o antigo PL 6.960/2002, de autoria do Deputado Ricardo Fiuza, pretendia alterar o preceito, que passaria a ter a seguinte redação: "o devedor pode, com a anuência do proprietário fiduciário, ceder a terceiro a sua posição no polo passivo do contrato de alienação". A proposta era que fosse feita menção à suposta dação em pagamento, substituída pela cessão do contrato ou cessão da posição contratual. Vejamos as justificativas constates da proposição legislativa, mais uma vez com base na doutrina de Joel Dias Figueira Júnior:

> "A proposta é de modificação do parágrafo único deste artigo por sugestão do professor Joel Dias Figueira Júnior. Diz ele que a 'redação do parágrafo único é de clareza bastante duvidosa e, certamente, se mantida no estado em que se encontra após a entrada em vigor do Código, certamente muita celeuma trará na prática e problemas para o cotidiano forense. Na verdade, em que pese tratar-se de texto aparentemente singelo, reveste-se de grande complexidade, porquanto bastante truncado e de sentido jurídico dúbio, quando confrontado com o *caput* do próprio artigo e com o dispositivo precedente. Em primeiro lugar, apenas para ficar assinalado, apontamos que direitos não podem ser 'dados', mas cedidos. Portanto, a palavra 'dar', empregada no parágrafo único, haveria de ser substituída por 'ceder'. Contudo, esse não é o problema nodal que ora se pretende efetivamente demonstrar, se não vejamos. Pergunta-se: poderá o devedor ceder seu direito a terceiros após o vencimento da dívida, excluindo-se desse rol apenas o credor proprietário fiduciário? Se admitirmos a cessão de direitos também ao credor fiduciário, então o parágrafo único significará uma burla ao *caput*, pois corresponderá, por vias transversas, à autorização para o proprietário fiduciário permanecer com o bem em face do inadimplemento, o que é inaceitável. Por outro lado, se a resposta for a cessão de direitos para terceiros, a redação do parágrafo omite a palavra 'terceiros' que, por conseguinte, deve ser acrescida'".

Com o devido respeito, continuo a entender que essa parece não ser a melhor interpretação do comando, que traz como conteúdo a dação em pagamento, e não a cessão da posição contratual.

No Projeto de Reforma do Código Civil, a proposição é outra, diante da inclusão no sistema do pacto marciano, qual seja a de revogação expressa do art. 1.365, parágrafo único, o que me parece mais coerente.

Em casos de inadimplemento da obrigação assumida pelo devedor fiduciante, quando, vendida a coisa, o produto não bastar para o pagamento da dívida e das despesas de cobrança, continuará ele obrigado pelo restante (art. 1.366 do CC/2002). Dessa forma, o devedor continua obrigado ao pagamento dessa diferença, mas o credor fiduciário perde a qualidade de preferencial e passa a ser credor quirografário, assim como ocorre com os demais direitos reais de garantia, por força do art. 1.430 da própria lei geral privada. Como se verá a seguir, a ideia é totalmente diferente nos casos de alienação fiduciária em garantia de bens imóveis.

Regras gerais previstas para os direitos reais de garantia sobre coisa alheia são aplicadas à propriedade fiduciária e, sendo assim, à alienação fiduciária em garantia de bens móveis, conforme o art. 1.367 do CC/2002. O dispositivo enunciava expressamente a aplicação apenas dos seguintes dispositivos:

714 DIREITO CIVIL • VOL. 4 – *Flávio Tartuce*

- Art. 1.421 do CC – O pagamento parcial da dívida não representa a extinção da garantia (indivisibilidade do direito real de garantia).
- Arts. 1.425 e 1.426 do CC – Aplicação das hipóteses de vencimento antecipado da dívida e não inclusão dos juros.
- Art. 1.427 do CC – Previsão de que, salvo cláusula expressa, o terceiro que presta garantia real por dívida alheia não fica obrigado a substituí-la, ou reforçá-la, quando, sem culpa sua, se perca, deteriore, ou desvalorize.
- Art. 1.436 do CC – Subsunção das regras de extinção do penhor.

Porém, a norma foi ampliada pela Lei 13.043, de novembro de 2014, que passou a estabelecer a aplicação de todas as regras gerais relativas aos direitos reais de garantia sobre coisa alheia (penhor, hipoteca e anticrese), previstas entre os arts. 1.419 a 1.430 da codificação material, e que aqui foram abordadas no capítulo anterior da obra. Todavia, nota-se que não se aplicam mais as regras relativas à extinção do penhor, pois não há menção ao art. 1.436 do Código Civil no dispositivo modificado.

Dispõe o *caput* do art. 1.368 do Código Privado que "o terceiro, interessado ou não, que pagar a dívida, se sub-rogará de pleno direito no crédito e na propriedade fiduciária". Explicando a norma, determina o dispositivo que o pagamento da dívida pode ser realizado por terceiros interessados ou não interessados na dívida, o que se depreende da teoria geral das obrigações (arts. 304 a 306 do CC/2002).

Esclareça-se que o *terceiro interessado* é aquele que tem um *interesse* patrimonial e não de outra ordem, caso do interesse afetivo. Os exemplos clássicos de *terceiro interessado* na dívida são, assim, o fiador, o avalista e o terceiro que deu um bem em garantia real. Por outra via, o caso do pai que paga a dívida de um filho por mero interesse afetivo é de um *terceiro não interessado*, com exceção para a hipótese em que ele possa ser responsabilizado civilmente.

Três são as regras previstas, na teoria geral das obrigações, quanto ao pagamento efetuado por terceiro.

Como *primeira regra*, havendo o pagamento por *terceiro interessado*, esta pessoa sub--roga-se automaticamente nos direitos de credor, com a transferência de todas as ações, exceções e garantias que detinha o credor primitivo. Em hipóteses tais, ocorre a chamada *sub-rogação legal ou automática* (art. 346, inc. III, do CC/2002).

Como *segunda regra*, se o *terceiro não interessado* fizer o pagamento em seu *próprio nome*, tem direito a reembolsar-se no que pagou, mas não se sub-roga nos direitos do credor (art. 305 do CC/2002). Se pagar a dívida antes de vencida, somente terá direito ao reembolso ocorrendo o seu vencimento (art. 305, parágrafo único, do CC/2002).

Por fim, como *terceira e última regra*, se o *terceiro não interessado fizer o pagamento em nome e em conta do devedor*, sem oposição deste, não terá direito a nada, pois é como se fizesse uma doação, um ato de liberalidade (interpretação do art. 304, parágrafo único, do CC/2002).

Cabe pontuar que, no caso da segunda regra, não há sub-rogação legal, como ocorre quando o terceiro interessado paga a dívida, mas mero direito de reembolso. Os dois institutos não se confundem, uma vez que na sub-rogação legal há uma substituição automática do credor, o que prescinde de prova quanto à existência da dívida.

Ademais, o novo credor terá todos os direitos, garantias e ações que detinha o antigo credor (art. 349 do CC/2002). Na terceira regra isso não ocorre, podendo haver necessidade de se provar a dívida e o correspondente pagamento, eventualmente. No direito de regresso, não há substituição automática do credor em direitos, garantias e ações.

Especificamente em relação à propriedade fiduciária de bens móveis regulada pelo Código Civil há outro tratamento, discrepante das regras da teoria geral das obrigações. Isso porque, ainda que o pagamento seja realizado por terceiro não interessado, ocorrerá a sub-rogação por força da expressa disposição do art. 1.368 do CC/2002, norma especial que prevalece para os casos envolvendo a alienação fiduciária em garantia. Em resumo, o terceiro, interessado ou não, que pagar a dívida, se sub-rogará de pleno direito no crédito e na propriedade fiduciária.

Anoto que no Projeto de Reforma do Código Civil, pretende-se incluir um parágrafo único no seu art. 1.368, uma vez que se objetiva tratar da possibilidade de alienação fiduciária de garantia sobre coisa futura, e com propriedade superveniente. Nos termos da proposta, "tem legítimo interesse para quitar a dívida garantida pela propriedade fiduciária o titular de direito real sobre a propriedade superveniente".

Muito pertinente para o estudo das regras hoje previstas no Código Civil de 2002, mais uma vez, o comentado art. 1.368-A, introduzido pela Lei 10.931/2004, estabelece que as demais espécies de propriedade fiduciária ou de titularidade fiduciária submetem-se à disciplina específica das respectivas leis especiais. Eventualmente, as disposições do Código Civil serão hoje aplicadas somente naquilo que não for incompatível com a legislação especial (*aplicação residual*). Como visto o objetivo da Reforma do Código Civil é trazer todas essas modalidades especiais de propriedade fiduciária para um tratamento unificado no Código Civil.

Acrescente-se, ainda, que entrou em vigor no Brasil a Lei 13.043/2014, originária de conversão de Medida Provisória e incluindo o art. 1.368-B ao Código Civil, com a seguinte redação: "A alienação fiduciária em garantia de bem móvel ou imóvel confere direito real de aquisição ao fiduciante, seu cessionário ou sucessor. Parágrafo único. O credor fiduciário que se tornar proprietário pleno do bem, por efeito de realização da garantia, mediante consolidação da propriedade, adjudicação, dação ou outra forma pela qual lhe tenha sido transmitida a propriedade plena, passa a responder pelo pagamento dos tributos sobre a propriedade e a posse, taxas, despesas condominiais e quaisquer outros encargos, tributários ou não, incidentes sobre o bem objeto da garantia, a partir da data em que vier a ser imitido na posse direta do bem".

Esse novo diploma traz duas regras, como se percebe. O seu *caput* preceitua que, ao lado do direito real de garantia sobre coisa própria – a favor do credor fiduciário –, o devedor fiduciante ou seu substituto tem um direito real de aquisição sobre a coisa, assim como ocorre com o compromisso de compra e venda de imóvel registrado. Essa inovação fez com que a alienação fiduciária passasse a ter uma natureza mista, de dois direitos reais sobre coisa alheia. Na perspectiva do credor, a alienação fiduciária em garantia continua sendo um direito real de garantia sobre coisa própria. No entanto, sob o ponto de vista do devedor, há um direito real de aquisição.

Além disso, o credor fiduciário que passa a ser o proprietário do bem em virtude do inadimplemento do devedor fiduciante, ou por outro motivo de consolidação do domínio, deve responder por todos os encargos relativos à coisa, caso das obrigações *propter rem* ou próprias da coisa. O preceito inclui expressamente os tributos e as despesas de condomínio.

Para encerrar o tópico, cumpre anotar a proposta de inclusão de um novo art. 1.361-B no Código Civil pelo Projeto de Reforma do Código Civil, para tratar das hipóteses de extinção da propriedade fiduciária, diante do seu almejado papel centralizador de tratamento

716 | DIREITO CIVIL • VOL. 4 – *Flávio Tartuce*

do tema. Nos termos da projeção, essa extinção se dará: *a)* pelo advento do termo ou da condição do negócio fiduciário; *b)* pelo cumprimento da função para a qual foi transmitida; e *c)* pelas demais causas constantes do título.

Também se inclui no comando um § 1º, segundo o qual, com a extinção do negócio fiduciário, os bens então existentes no patrimônio separado serão restituídos ao fiduciante ou transmitidos aos beneficiários na forma do título. Ademais, consoante o projetado § 2º, opera-se a reversão da propriedade plena ao fiduciante, se e quando adimplida a obrigação, ou sua consolidação no patrimônio do fiduciário, se inadimplida.

Mais uma vez, sem dúvida, objetiva-se trazer ao País maiores investimentos, o que foi um dos *nortes orientadores* da subcomissão de Direito das Coisas, na Comissão de Juristas.

9.3 A ALIENAÇÃO FIDUCIÁRIA DE BENS MÓVEIS. REGRAS PREVISTAS NO DECRETO-LEI 911/1969. A QUESTÃO DA PRISÃO CIVIL DO DEVEDOR FIDUCIANTE

Conforme apontado no presente capítulo, o art. 66 (alterado pelo art. 1.º do Decreto-lei 911/1969) e o art. 66-A (introduzido pela Medida Provisória 2.160-50/2001) da Lei 4.728/1965 estabeleceram as normas procedimentais a respeito da alienação fiduciária em garantia de bens móveis infungíveis. O exemplo clássico envolve os veículos automotores, que são considerados insubstituíveis para fins contratuais, diante do número de chassi, que os identifica. Esclareça-se que ambos os dispositivos foram revogados pela Lei 10.931/2004.

Em uma análise crítica da norma, para amparar as conclusões que aqui se propõem, é interessante observar que esse Decreto-lei constitui uma norma de *tom militar*, eis que regulamenta o Ato Institucional 5, editado no período de exceção que vivia o nosso País. Isso fica claro pela *mensagem* constante do preâmbulo da norma:

> "Os Ministros da Marinha de Guerra, do exército e da aeronáutica militar, usando das atribuições que lhes confere o artigo 1.º do Ato Institucional 12, de 31 de agosto de 1969, combinado com o § 1.º do artigo 2.º do Ato Institucional 5, de 13 de dezembro de 1968, decretam".

O decreto é assinado por Augusto Hamann Rademaker Grünewald, Aurélio de Lyra Tavares e Márcio de Souza e Mello, Ministros da Marinha, do Exército e da Aeronáutica, respectivamente. Infelizmente, os decretos-leis sempre foram mecanismos utilizados em nosso País por governos autoritários. Essas razões, em certo sentido históricas, acabam por justificar a possibilidade de prisão do devedor fiduciante, apesar das previsões de prisão civil contidas na Constituição Federal (art. 5.º, LXVII) e no próprio Código Civil (art. 1.287 do CC/1916 e art. 652 do CC/2002).

Pelo dispositivo inaugural do decreto, a alienação fiduciária em garantia transfere ao credor fiduciário o domínio resolúvel e a posse indireta da coisa móvel alienada, independentemente da tradição efetiva do bem. Sendo assim, torna-se o alienante ou devedor fiduciante possuidor direto e depositário com todas as responsabilidades e encargos que lhe incumbem de acordo com a lei civil e penal (art. 66, *caput*, da Lei 4.728/1965). Eis aqui mais um conceito interessante de *alienação fiduciária em garantia*.

Conforme outrora se mencionou, nos termos do revogado art. 66, § 1.º, da referida lei, a alienação fiduciária somente se prova por escrito. O seu instrumento, público ou particular, qualquer que seja o seu valor, será obrigatoriamente arquivado, por cópia ou microfilme, no Registro de Títulos e Documentos do domicílio do credor, sob pena de não

CAP. 9 · A ALIENAÇÃO FIDUCIÁRIA EM GARANTIA | 717

valer contra terceiros. Pela mesma norma revogada, o instrumento conteria, além de outros dados, os seguintes:

a) o total da dívida ou sua estimativa;

b) o local e a data do pagamento;

c) a taxa de juros, as comissões cuja cobrança for permitida e, eventualmente, a cláusula penal e a estipulação de correção monetária, com indicação dos índices aplicáveis;

d) a descrição do bem objeto da alienação fiduciária e os elementos indispensáveis à sua identificação.

Os requisitos são muito próximos daqueles que constam do Código Civil de 2002 (art. 1.362), estando no *plano da eficácia* da garantia.

Ademais, a alienação fiduciária em garantia de veículo automotor deveria, para fins probatórios, constar do certificado do registro de propriedade no DETRAN (art. 66, § 10).

Eventualmente, se a coisa alienada em garantia não se identificasse por números, marcas e sinais indicados no instrumento de alienação fiduciária, caberia ao credor fiduciário o ônus da prova, contra terceiros, da identidade dos bens do seu domínio que se encontrassem em poder do devedor fiduciante (art. 66, § 3.º).

Além disso, se, na data do instrumento de alienação fiduciária, o devedor ainda não fosse o proprietário da coisa objeto do contrato, o domínio fiduciário desta se transferiria ao credor no momento da aquisição da propriedade pelo devedor, independentemente de qualquer formalidade posterior (art. 66, § 2.º). Todos esses dispositivos, da Lei 4.728/1965, foram revogados pela Lei 10.931/2004.

Do ponto de vista efetivo e prático, como bem resume Sílvio de Salvo Venosa, no caso de inadimplemento da obrigação, quando o credor fiduciário se tratar de instituição financeira ou assemelhada, terá quatro possibilidades: *a)* a alienação da coisa, se esta for efetivamente entregue pelo devedor; *b)* a ação de busca e apreensão; *c)* a ação de depósito; e *d)* a ação executória (*Direito civil...*, 2006, v. 5, p. 398). Vejamos cada uma dessas medidas, com a inclusão de novas medidas extrajudiciais, pela Lei 14.711/2023.

Dispunha a Lei 4.728/1965 de acordo com a redação originalmente dada pelo Decreto-lei 911/1969 que, no caso de inadimplemento da obrigação garantida, o proprietário fiduciário poderia vender a coisa a terceiros e aplicar o preço da venda no pagamento do seu crédito e das despesas decorrentes da cobrança, entregando ao devedor o saldo porventura apurado, se este existisse (art. 66, § 4.º). O verbo *poder* utilizado pela Lei 4.728/1965 deveria ser entendido como *dever*. Isso porque, conforme explicado, em razão da vedação legal do *pacto comissório real*, não poderia o credor simplesmente se apoderar do bem e incorporá-lo a seu patrimônio.

Determinava a lei que, se o preço da venda da coisa não bastasse para pagar o crédito do proprietário fiduciário e despesas, o devedor continuaria pessoalmente obrigado a pagar o saldo devedor apurado (art. 66, § 5.º). Isso porque, se a propriedade fiduciária é simples garantia real, o fato de o valor do bem ser inferior ao da dívida não significa liberação do devedor quanto aos valores excedentes. Apenas perde o credor fiduciário a garantia e se coloca na situação de credor quirografário quanto aos valores restantes. Há regra nesse sentido no Código Civil de 2002, como aqui se demonstrou (art. 1.366).

No entanto, com a revogação do art. 66-A em agosto de 2004 (Lei 10.931), a atual redação do art. 66 não reproduz as regras em questão. Porém, o art. 2.º do Decreto-lei 911/1969, ainda em vigor, determina que no caso de inadimplemento ou mora nas obrigações contratuais garantidas mediante alienação fiduciária, o proprietário fiduciário ou credor poderá vender a coisa a terceiros, independentemente de leilão, hasta pública, avaliação prévia ou qualquer outra medida judicial ou extrajudicial, salvo disposição expressa em contrário prevista no contrato.

Em casos tais, deve o credor fiduciário aplicar o preço da venda no pagamento de seu crédito e das despesas decorrentes e entregar ao devedor o saldo apurado, se houver. Anote-se que Lei 13.043, de novembro de 2014, acrescentou a necessidade de prestação de contas por parte do credor, o que vem em boa hora, em prol da boa-fé. Para o Superior Tribunal de Justiça, contudo, essa prestação de contas exige uma ação autônoma. Conforme a sua ementa:

> "As questões concernentes à venda extrajudicial do bem, imputação do valor alcançado no pagamento do débito e apuração acerca de eventual saldo remanescente em favor do devedor não podem ser discutidas, incidentalmente, no bojo da ação de busca e apreensão que, como se sabe, visa tão somente à consolidação da propriedade do bem no patrimônio do credor fiduciário. Assiste ao devedor fiduciário o direito à prestação de contas, dada a venda extrajudicial do bem, porém tal pretensão deve ser perquirida pela via adequada, qual seja, a ação de exigir/prestar contas" (STJ, REsp 1.866.230/SP, 3.ª Turma, Rel. Min. Nancy Andrighi, j. 22.09.2020, *DJe* 28.09.2020).

Trata-se de um direito do devedor fiduciante, conforme reconhecido na *II Jornada de Prevenção e Solução Extrajudicial dos Litígios*, promovida pelo Conselho da Justiça Federal em agosto de 2021. De acordo com o seu Enunciado n. 115, que admite a prestação de contas feita extrajudicialmente, "o credor fiduciário deve prestar contas, extrajudicialmente, ao devedor fiduciante, na forma adequada, sempre que requerido, em caso de venda do bem móvel dado em garantia mediante alienação fiduciária de que trata o Decreto-Lei n. 911/1969".

Também foi incluída a aplicação dessas regras relativas à venda extrajudicial para os casos de *leasing* ou de arrendamento mercantil, conforme o novo § 4.º do art. 2.º do Decreto-lei 911/1969.

Desse modo, a determinação da necessidade de venda do bem permanece, cabendo ao credor fiduciário realizar o encontro de contas entre o valor do bem dado em garantia e o saldo da dívida. Se o valor apurado na venda for superior ao da dívida, o saldo deve ser devolvido ao devedor. Se a dívida for superior ao valor apurado com a venda do bem, o devedor continua responsável pelo pagamento na qualidade de devedor quirografário. Anote-se que, pela literalidade da norma, o bem pode ser vendido independentemente de leilão, hasta pública, avaliação prévia ou qualquer outra medida judicial ou extrajudicial (art. 2.º do Decreto-lei 911/1969).

No sistema implementado pelo Decreto-lei 911/1969, a mora decorre do simples vencimento do prazo para pagamento e poderia ser comprovada por carta registrada expedida por intermédio de Cartório de Títulos e Documentos ou pelo protesto do título, a critério do credor (art. 2.º, § 2.º, na redação originária).

Cabe também pontuar que a Lei 13.043/2014 incluiu a regra de que a mora poderá ser comprovada por carta registrada, com aviso de recebimento, não se exigindo que a assinatura constante do referido aviso seja a do próprio destinatário. O objetivo, como se nota, foi o de facilitar a configuração da mora do devedor.

De toda sorte, a mora continua sendo automática, ou seja, independentemente de notificação ou interpelação (*ex re*), pois esta é a regra das obrigações líquidas e com prazo para vencimento (art. 397, *caput*, do CC). Aplica-se a máxima latina *dies interpellat por homine*, ou seja, *o dia do vencimento interpela a pessoa*.

Entretanto, a mora deve ser comprovada, enunciando a Súmula 72 do Superior Tribunal de Justiça que "a comprovação da mora é imprescindível à busca e apreensão do bem alienado fiduciariamente". Essa necessidade de comprovação da mora tem por finalidade apenas a concessão de liminar no processo de busca e apreensão do bem. Acredita-se que esse entendimento seja mantido, mesmo com a alteração do texto legal.

A propósito, cabe observar que a prova do aviso de recebimento já não era considerada como um procedimento essencial para a verificação da mora. Se assim fosse, a mora seria configurada como pendente ou *ex persona* (art. 397, parágrafo único, do CC). Mencionando tratar a mora do devedor fiduciante uma mora automática ou *ex re*, pode ser transcrita a seguinte decisão do Superior Tribunal de Justiça:

> "Alienação fiduciária em garantia. Busca e apreensão. Âmbito da defesa. Incidência do Código de Defesa do Consumidor. Bens já integrantes do patrimônio do devedor. Taxa de juros. Capitalização mensal. Comissão de permanência. Aplicação da TR. Mora dos devedores configurada. Mora dos devedores configurada na espécie, a despeito de não admitidas a capitalização mensal dos juros e a comissão de permanência. A mora no caso constitui-se 'ex-re', decorrendo do simples vencimento do prazo (art. 2.º, § 2.º, do Decreto-lei 911, de 01.10.1969). Recurso especial conhecido, em parte, e provido" (STJ, REsp 264.126/RS, 4.ª Turma, Rel. Min. Barros Monteiro, j. 08.05.2001, *DJ* 27.08.2001, p. 344).

Ou, ainda, mais recentemente, inclusive utilizando a boa-fé objetiva como um dos fundamentos para essa forma de julgar, vejamos dois acórdãos superiores, que apontam para a desnecessidade de comprovação da efetiva citação do devedor, bastando o envio da notificação por carta, com aviso de recebimento, para o endereço informado:

> "Recurso especial. Ação de busca e apreensão. Alienação fiduciária em garantia. DL 911/69. Constituição em mora. Notificação extrajudicial. Aviso de recebimento (AR) com informação de que o devedor mudou-se. Comprovação do recebimento pessoal. Desnecessidade. Extinção do processo sem resolução de mérito. Indevida. 1. Ação de busca e apreensão da qual se extrai este recurso especial, interposto em 16.05.2019 e concluso ao gabinete em 1.º.08.2019. 2. O propósito recursal consiste em definir se é imprescindível a comprovação simultânea do encaminhamento de notificação ao endereço constante no contrato e do seu recebimento pessoal, para a constituição do devedor em mora nos contratos de alienação fiduciária. 3. O prévio encaminhamento de notificação ao endereço informado no contrato pelo Cartório de Títulos e Documentos é suficiente para a comprovação da mora, tornando-se desnecessário ao ajuizamento da ação de busca e apreensão que o credor fiduciário demonstre o efetivo recebimento da correspondência pela pessoa do devedor. 4. O retorno da carta com aviso de recebimento no qual consta que o devedor 'mudou-se' não constitui, por si só, fundamento para dizer que não foi constituído em mora. 5. A bem dos princípios da probidade e boa-fé, não é imputável ao credor fiduciário a desídia do devedor que deixou de informar a mudança do domicílio indicado no contrato, frustrando, assim, a comunicação entre as partes. 6. Na hipótese dos autos, o Tribunal de origem extinguiu o processo sem resolução de mérito, por ausência de comprovação da mora para o ajuizamento da ação de busca e apreensão, sob o fundamento de o AR constar a mudança do devedor. Esse entendimento não se alinha à jurisprudência do STJ. 7. Recurso especial conhecido e provido" (STJ, REsp 1.828.778/RS, 3.ª Turma, Rel. Min. Nancy Andrighi, j. 27.08.2019, *DJe* 29.08.2019).

> "A boa-fé objetiva tem por escopo resguardar as expectativas legítimas de ambas as partes na relação contratual, por intermédio do cumprimento de um dever genérico de

lealdade e crença, aplicando-se aos contratantes. Destarte, o ordenamento jurídico prevê deveres de conduta a serem observados por ambas as partes da relação obrigacional, os quais se traduzem na ordem genérica de cooperação, proteção e informação mútuos, tutelando-se a dignidade do devedor e o crédito do titular ativo, sem prejuízo da solidariedade que deve existir entre eles. A moderna doutrina, ao adotar a concepção do vínculo obrigacional como relação dinâmica, revela o reconhecimento de deveres secundários, ou anexos, que incidem de forma direta nas relações obrigacionais, prescindindo da manifestação de vontade dos participantes e impondo ao devedor, até que ocorra a extinção da obrigação do contrato garantido por alienação fiduciária, o dever de manter seu endereço atualizado (...). A mora decorre do simples vencimento, devendo, por formalidade legal, para o ajuizamento da ação de busca e apreensão, ser apenas comprovada pelo credor mediante envio de notificação, por via postal, com aviso de recebimento, no endereço do devedor indicado no contrato. Tendo o recorrente optado por se valer do Cartório de Títulos e Documentos, deve instruir a ação de busca e apreensão com o documento que lhe é entregue pela serventia, após o cumprimento das formalidades legais" (STJ, REsp 1.592.422/RJ, 4.ª Turma, Rel. Min. Luis Felipe Salomão, j. 17.05.2016, *DJe* 22.06.2016).

Em 2023, a questão se consolidou na Corte, que julgou a matéria em sede de recursos repetitivos, com decisão vinculativa para a primeira e a segunda instância, nos termos do art. 927 do CPC. Nos termos da tese exarada:

"Para a comprovação da mora nos contratos garantidos por alienação fiduciária, é suficiente o envio de notificação extrajudicial ao devedor no endereço indicado no instrumento contratual, dispensando-se a prova do recebimento, quer seja pelo próprio destinatário, quer por terceiros" (STJ, REsp 1.951.662/RS, 2.ª Seção, Rel. Min. Marco Buzzi, Rel. p/ acórdão Min. João Otávio de Noronha, por maioria, j. 09.08.2023 e REsp 1.951.888/RS, 2.ª Seção, Rel. Min. Marco Buzzi, Rel. p/ acórdão Min. João Otávio de Noronha, por maioria, j. 09.08.2023 – Tema 1.132).

A publicação dos acórdãos esclarece, para os devidos fins práticos, que "essa conclusão abarca como consectário lógico situações outras igualmente submetidas à apreciação deste Tribunal, tais como quando a notificação enviada ao endereço do devedor retorna com aviso de 'ausente', de 'mudou-se', de 'insuficiência do endereço do devedor' ou de 'extravio do aviso de recebimento', reconhecendo-se que cumpre ao credor demonstrar tão somente o comprovante do envio da notificação com Aviso de Recebimento ao endereço do devedor indicado no contrato" (Tema 1.132 do STJ, julgado em 9 de agosto de 2023).

Acrescente-se que, em 2024, essa tese foi completada por novo aresto superior, que admitiu que essa notificação seja feita até mesmo por *e-mail*: "é suficiente a notificação extrajudicial do devedor fiduciante por *e-mail*, desde que seja encaminhada ao endereço eletrônico indicado no contrato de alienação fiduciária e comprovado seu efetivo recebimento" (STJ, REsp 2.087.485/RS, Rel. Min. Antonio Carlos Ferreira, 4.ª Turma, por unanimidade, j. 23.04.2024, *DJe* 02.05.2024). A tendência é que surjam outros julgados, admitindo a utilização de outros meios tecnológicos para a notificação do devedor.

Ainda a respeito da mora do devedor, a Súmula 245 do próprio Superior Tribunal de Justiça, de 2001, estabelece que "a notificação destinada a comprovar a mora nas dívidas garantidas por alienação fiduciária dispensa a indicação do valor do débito". De fato, o valor do débito não necessita constar da notificação, uma vez que esta não constitui o devedor em mora, mas apenas constitui requisito para que seja deferida a liminar em busca e apreensão a ser proposta pelo credor.

Como ficou claro, caso o bem não seja entregue espontaneamente pelo devedor, poderá o credor promover a ação de busca e apreensão, de rito especial, visando à obtenção de sua posse (art. 3.º do Decreto-lei 911/1969).

Destaque-se que a ação de busca e apreensão fica restrita às alienações fiduciárias realizadas pelas empresas financeiras e assemelhadas, ou seja, regidas pela Lei 4.728/1965, que cuida do mercado de capitais. Isso porque a possibilidade de busca e apreensão decorre expressamente da previsão do art. 3.º, *caput*, cuja redação original não foi alterada.

Nesse contexto, o proprietário fiduciário ou credor poderá requerer contra o devedor ou terceiro a busca e apreensão do bem alienado fiduciariamente, a qual será concedida liminarmente, desde que comprovada a mora ou o inadimplemento do devedor (art. 3.º, *caput*).

A liminar pode ser concedida mesmo sem a oitiva do devedor (*inaudita altera parte*). Concedida a liminar, o bem será, desde logo, entregue ao credor, sendo retirado da posse do devedor mesmo sem a sua manifestação.

Houve uma mudança radical do último dispositivo com a entrada em vigor da Lei 10.931/2004, no que diz respeito às consequências da ação de busca e apreensão e as defesas a serem apresentadas pelo devedor. No quadro comparativo, consta o novo tratamento dado ao instituto, inclusive com a alteração pela Lei 13.043, de novembro de 2014, que modificou o *caput* do comando e incluiu os §§ 9.º a 15:

Redação anterior do DL 911/1969	Nova redação do DL 911/1969, conforme a Lei 10.931/2004 e a Lei 13.043/2014
Art. 3.º O Proprietário Fiduciário ou credor, poderá requerer contra o devedor ou terceiro a busca e apreensão do bem alienado fiduciariamente, a qual será concedida liminarmente, desde que comprovada a mora ou o inadimplemento do devedor.	Art. 3.º O proprietário fiduciário ou credor poderá, desde que comprovada a mora, na forma estabelecida pelo § 2.º do art. 2.º, ou o inadimplemento, requerer contra o devedor ou terceiro a busca e apreensão do bem alienado fiduciariamente, a qual será concedida liminarmente, podendo ser apreciada em plantão judiciário.
§ 1.º Despachada a inicial e executada a liminar, o réu será citado para, em três dias, apresentar contestação ou, se já tiver pago 40% (quarenta por cento) do preço financiado, requerer a purgação de mora.	§ 1.º Cinco dias após executada a liminar mencionada no *caput*, consolidar-se-ão a propriedade e a posse plena e exclusiva do bem no patrimônio do credor fiduciário, cabendo às repartições competentes, quando for o caso, expedir novo certificado de registro de propriedade em nome do credor, ou de terceiro por ele indicado, livre do ônus da propriedade fiduciária.
§ 2.º Na contestação, só se poderá alegar o pagamento do débito vencido ou o cumprimento das obrigações contratuais.	§ 2.º No prazo do § 1.º, o devedor fiduciante poderá pagar a integralidade da dívida pendente, segundo os valores apresentados pelo credor fiduciário na inicial, hipótese na qual o bem lhe será restituído livre do ônus.
§ 3.º Requerida a purgação de mora, tem-pestivamente, o Juiz marcará data para o pagamento que deverá ser feito em prazo não superior a dez dias, remetendo, outrossim, os autos ao contador para cálculo do débito existente, na forma do art. 2.º e seu parágrafo primeiro.	§ 3.º O devedor fiduciante apresentará resposta no prazo de quinze dias da execução da liminar.
§ 4.º Contestado ou não o pedido e não purgada a mora, o Juiz dará sentença de plano em cinco dias, após o decurso do prazo de defesa, independentemente da avaliação do bem.	§ 4.º A resposta poderá ser apresentada ainda que o devedor tenha se utilizado da faculdade do § 2.º, caso entenda ter havido pagamento a maior e desejar restituição.

DIREITO CIVIL • VOL. 4 – *Flávio Tartuce*

Redação anterior do DL 911/1969	Nova redação do DL 911/1969, conforme a Lei 10.931/2004 e a Lei 13.043/2014
§ 5.º A sentença, de que cabe apelação, apenas, no efeito devolutivo não impedirá a venda extrajudicial do bem alienado fiduciariamente e consolidará a propriedade a posse plena e exclusiva nas mãos do proprietário fiduciário. Preferida pelo credor a venda judicial, aplicar-se-á o disposto nos arts. 1.113 a 1.119 do CPC.	§ 5.º Da sentença cabe apelação apenas no efeito devolutivo.
§ 6.º A busca e apreensão prevista no presente artigo constitui processo autônomo e independente de qualquer procedimento posterior.	§ 6.º Na sentença que decretar a improcedência da ação de busca e apreensão, o juiz condenará o credor fiduciário ao pagamento de multa, em favor do devedor fiduciante, equivalente a cinquenta por cento do valor originalmente financiado, devidamente atualizado, caso o bem já tenha sido alienado.
	§ 7.º A multa mencionada no § 6.º não exclui a responsabilidade do credor fiduciário por perdas e danos.
	§ 8.º A busca e apreensão prevista no presente artigo constitui processo autônomo e independente de qualquer procedimento posterior.
	§ 9.º Ao decretar a busca e apreensão de veículo, o juiz, caso tenha acesso à base de dados do Registro Nacional de Veículos Automotores – Renavam, inserirá diretamente a restrição judicial na base de dados do Renavam, bem como retirará tal restrição após a apreensão.
	§ 10. Caso o juiz não tenha acesso à base de dados prevista no § 9.º, deverá oficiar ao departamento de trânsito competente para que: I – registre o gravame referente à decretação da busca e apreensão do veículo; e II – retire o gravame após a apreensão do veículo.
	§ 11. O juiz também determinará a inserção do mandado a que se refere o § 9.º em banco próprio de mandados.
	§ 12. A parte interessada poderá requerer diretamente ao juízo da comarca onde foi localizado o veículo com vistas à sua apreensão, sempre que o bem estiver em comarca distinta daquela da tramitação da ação, bastando que em tal requerimento conste a cópia da petição inicial da ação e, quando for o caso, a cópia do despacho que concedeu a busca e apreensão do veículo.
	§ 13. A apreensão do veículo será imediatamente comunicada ao juízo, que intimará a instituição financeira para retirar o veículo do local depositado no prazo máximo de 48 (quarenta e oito) horas.
	§ 14. O devedor, por ocasião do cumprimento do mandado de busca e apreensão, deverá entregar o bem e seus respectivos documentos.
	§ 15. As disposições deste artigo aplicam-se no caso de reintegração de posse de veículos referente às operações de arrendamento mercantil previstas na Lei 6.099, de 12 de setembro de 1974.

CAP. 9 · A ALIENAÇÃO FIDUCIÁRIA EM GARANTIA | 723

Quanto à purgação da mora, o Superior Tribunal de Justiça editou, em abril de 2004, portanto antes da entrada em vigor da nova lei, a Súmula 284, prevendo que "a purga da mora, nos contratos de alienação fiduciária, só é permitida quando já pagos pelo menos 40% (quarenta por cento) do valor financiado". Pelo teor da ementa e pela redação anterior da norma, a purgação da mora e a contestação não poderiam ser cumuladas, ou seja, o devedor deveria optar por uma das duas opções (art. 3.º, § 2.º, na redação anterior).

Ainda pela redação anterior, requerida a purgação de mora, tempestivamente, o juiz marcaria a data para o pagamento da dívida, o que deveria ser feito em prazo não superior a dez dias. Ato contínuo, o juiz remetia os autos ao contador para cálculo do débito existente (art. 3.º, § 3.º, na redação anterior).

Contestado ou não o pedido e não purgada a mora, o juiz daria sentença em cinco dias, após o decurso do prazo de defesa, independentemente da avaliação do bem (art. 3.º, § 4.º, na redação anterior). A sentença, de que cabia apelação apenas no efeito devolutivo, não impediria a venda extrajudicial do bem alienado fiduciariamente e consolidaria a propriedade e a posse plena e exclusiva nas mãos do proprietário (art. 3.º, § 5.º, na redação anterior).

Com a entrada em vigor da Lei 10.931/2004, ocorreram mudanças substanciais, como se nota da tabela comparativa exposta. O *caput* do art. 3.º não foi alterado, mas mudanças significativas atingiram os seus parágrafos.

Desse modo, pela norma atual, cinco dias após executada a liminar constante no *caput*, serão consolidadas a propriedade e a posse plena e exclusiva do bem no patrimônio do credor fiduciário, cabendo às repartições competentes, quando for o caso, expedir novo certificado de registro de propriedade em nome do credor, ou de terceiro por ele indicado, livre do ônus da propriedade fiduciária (art. 3.º, § 1.º, pela redação atual).

No prazo de cinco dias, o devedor fiduciante poderá pagar a integralidade da dívida pendente, segundo os valores apresentados pelo credor fiduciário na petição inicial da ação de busca e apreensão, hipótese na qual o bem lhe será restituído livre do ônus (art. 3.º, § 2.º, pela redação atual). Segundo importante decisão do Superior Tribunal de Justiça, esse prazo tem natureza material, e não processual, contando-se em dias corridos e não em dias úteis, pois não se aplica a forma de contagem do art. 219 do CPC/2015. Vejamos trecho da sua ementa, que analisa a questão da natureza dos prazos e tem a minha concordância:

> "A doutrina processual civil oferece dois principais critérios para a definição da natureza material ou processual das normas jurídicas: i) um primeiro ligado às características fundamentais dos direitos regulamentados pelas normas; ii) o segundo, ligado à finalidade com que o ato deve ser praticado. Pelo princípio da instrumentalidade do processo, o direito processual é, a um só tempo, um ramo jurídico autônomo, mas também um instrumento específico de atuação a serviço do direito material, haja vista que seus institutos básicos (jurisdição, ação, exceção, processo) são concebidos e se justificam para garantir a efetividade do direito substancial ou material. O processo se compõe de dois elementos: a) a relação processual, composta pelas inúmeras posições jurídicas ativas e passivas que se sucedem do início ao fim do processo; e b) o procedimento, caracterizado pela progressão e sucessão de eventos que constituam, modifiquem ou extingam situações jurídicas processuais. Sob esse prisma, os prazos processuais destinam-se aos sujeitos envolvidos na relação jurídica correspondente, fixando faculdades e impondo-lhes, como consequência, ônus de atuação, cujo cumprimento ou descumprimento acarreta a sucessão das posições e fases processuais, em decorrência da preclusão temporal. A natureza processual de um determinado prazo é determinada pela ocorrência de consequências endoprocessuais do ato a ser praticado nos marcos temporais definidos, modificando a posição da parte na relação jurídica processual e impulsionando o procedimento à fase seguinte. Como o pedido da ação de

busca e apreensão é (i) reipersecutório e (ii) declaratório da consolidação da propriedade (seja pela procedência, seja pela perda de objeto), o pagamento da integralidade da dívida, previsto no art. 3.º, § 2.º, do Decreto-Lei 911/69 é ato jurídico não processual, pois não se relaciona a ato que deve ser praticado no, em razão do ou para o processo, haja vista não interferir na relação processual ou mesmo na sucessão de fases do procedimento da ação de busca e apreensão. O prazo para pagamento do art. 3.º, § 2.º, do Decreto-Lei 911/69 deve ser considerado de direito material, não se sujeitando, assim, à contagem em dias úteis, prevista no art. 219, *caput*, do CPC/15" (STJ, REsp 1.770.863/PR, 3.ª Turma, Rel. Min. Nancy Andrighi, j. 09.06.2020, *DJe* 15.06.2020).

Voltando-se aos procedimentos, o devedor fiduciante apresentará resposta no prazo de quinze dias da execução da liminar (art. 3.º, § 3.º, pela redação atual). Sobre o comando, vejamos julgado publicado no *Informativo* n. 588 do Superior Tribunal de Justiça, do ano de 2016, em trecho a ser destacado: "em ação de busca e apreensão de bem alienado fiduciariamente, o termo inicial para a contagem do prazo de 15 dias para o oferecimento de resposta pelo devedor fiduciante é a data de juntada aos autos do mandado de citação devidamente cumprido, e não a data da execução da medida liminar". Ainda nos termos do acórdão, em trecho que merece destaque:

> "Veja-se que o legislador elegeu a execução da liminar como termo inicial de contagem do prazo para a apresentação de resposta pelo réu. Em relação a esse aspecto, como bem acentuado por doutrina, 'a lei não fala em citação, e essa omissão suscita questionamento quanto ao termo inicial do prazo, seja para purgação da mora ou para resposta do réu'. De fato, conquanto a nova lei seja efetivamente omissa a respeito da citação, tal ato é imprescindível ao desenvolvimento válido e regular do processo, visto que somente a perfeita angularização da relação processual é capaz de garantir à parte demandada o pleno exercício do contraditório, sobretudo porque a ação de que ora se cuida, diversamente do procedimento cautelar previsto no art. 839 e seguintes do CPC/1973, 'constitui processo autônomo e independente de qualquer procedimento posterior' (art. 3.º, § 8.º, do DL n. 911/1969). Assim, concedida a liminar *inaudita altera parte*, cumpre ao magistrado determinar a expedição de mandados visando à busca e apreensão do bem alienado fiduciariamente e à citação do réu, assinalando-se, nesse último, o prazo de 15 (quinze) dias para resposta. No entanto, em se tratando de ato citatório, deve tal norma ser interpretada em conjunto com o disposto no art. 241, II, do CPC/1973, segundo o qual começa a correr o prazo, quando a citação for por oficial de justiça, da data de juntada aos autos do respectivo mandado devidamente cumprido" (STJ, REsp 1.321.052/MG, Rel. Min. Ricardo Villas Bôas Cueva, j. 16.08.2016, *DJe* 26.08.2016).

Como outro aspecto importante, a Segunda Seção da Corte julgou, em 2021 e por maioria, que a análise da contestação nessa ação de busca e apreensão somente deve ocorrer após a execução da medida liminar. Consoante o acórdão, "condicionar o cumprimento da medida liminar de busca e apreensão à apreciação da contestação, ainda que limitada a eventuais matérias cognoscíveis de ofício e que não demandem dilação probatória (considerada ainda a subjetividade na delimitação dessas matérias), causaria enorme insegurança jurídica e ameaça à efetividade do procedimento" (STJ, REsp 1.892.589/MG, 2.ª Seção, Rel. Min. Paulo de Tarso Sanseverino, Rel. p/ Acórdão Min. Ricardo Villas Bôas Cueva, j. 16.09.2021 – Tema 1040).

Pois bem, a norma do Decreto-lei 911/1969 em comento não menciona mais a purgação da mora, mas apenas a contestação, o que gera dúvidas sobre a possibilidade de purgação nos termos da Súmula 284 do Superior Tribunal de Justiça.

CAP. 9 • A ALIENAÇÃO FIDUCIÁRIA EM GARANTIA | **725**

Na minha opinião doutrinária, a purgação está mantida, uma vez que a inovação introduzida pela Lei 10.931/2004 não é incompatível com a interpretação pela qual, sendo a alienação decorrente de uma relação de consumo, a purgação da mora continua cabível.

Ora, o art. 54, § 2.º, do Código de Defesa do Consumidor admite que os contratos de adesão tenham cláusula resolutiva, desde que a escolha caiba ao consumidor. Pelo sistema de protecionismo a favor do consumidor, conclui-se que a nova norma somente conferiu mais uma faculdade ao consumidor, no caso o devedor fiduciante, que é a de obter a extinção do contrato com a restituição do bem alienado, livre de ônus, pelo cumprimento total das obrigações assumidas. Deduzindo dessa forma:

> "Agravo de instrumento. Alienação fiduciária. Busca e apreensão. Pedido liminar que se deve deferir comprovada a mora do devedor. Art. 3.º, § 1.º, do Decreto-lei 911/1969. Pagamento da integralidade da dívida pendente, entendida esta como prestações já vencidas. Inteligência do art. 54, § 2.º, do CDC. Constituída propriedade fiduciária de bem móvel infungível, e apresentando-se a instituição financeira como credora fiduciária, imperativa a incidência do DL 911/1969, com as modificações introduzidas pela Lei 10.931/2004, seja para observância do direito material (Código Civil, art. 1.368-A), seja para aplicação do direito processual (DL 911/1969, art. 8.º-A). Comprovado o inadimplemento do devedor (conforme disciplina o art. 2.º, § 2.º, do DL 911/1969) e havendo pedido expresso por parte do credor fiduciário para concessão liminar de busca e apreensão do bem alienado, obrigatório o deferimento de tal pleito, sob pena de negativa de vigência de Lei Federal. O DL 911/1969, ao permitir que o devedor fiduciante pague somente a integralidade da dívida, afastando-se a purgação da mora, acaba por ensejar interpretação que afronta diametralmente o disposto pelo art. 54, § 2.º, do CDC, vez que admite a extinção antecipada do negócio jurídico, impondo-se, *ex vi legis*, a resolução contratual, à margem da orientação volitiva do consumidor. A purgação da mora deve ser considerada como expressão do diploma consumerista, vista como regra protetiva, e, portanto, dotada de *status* de norma constitucional, alçada a direito fundamental (art. 5.º, inciso XXXII, da Constituição da República) e erigida a princípio da ordem econômica (art. 170, inciso V)" (TJMG, Recurso 1.0702.08.431975-6/0011, 13.ª Câmara Cível, Uberlândia, Rel. Des. Cláudia Maia, j. 21.08.2008, *DJEMG* 15.09.2008).

> "Alienação fiduciária de bem móvel. Busca e apreensão. Purgação da mora. Direito não afastado pela nova redação do Decreto-lei 911/1969 pela Lei Federal 10.931/2004. Desnecessidade do pagamento de 40% do preço financiado. Inconstitucionalidade da previsão de consolidação da posse em mãos do credor fiduciário. Admissibilidade. Recurso provido" (TJSP, Agravo de Instrumento 1.008.659-0/9, 30.ª Câmara de Direito Privado, Santa Bárbara d'Oeste, Rel. Des. Luiz Felipe Nogueira Junior, j. 15.02.2006).

Outros julgados estaduais surgiram, sucessivamente, entendendo pela manutenção da Súmula 284 do STJ, servindo para ilustrar: TJRS, Apelação Cível 256654-04.2009.8.21.7000, 14.ª Câmara Cível, Viamão, Rel. Des. Niwton Carpes da Silva, j. 31.03.2011, *DJERS* 14.04.2011; TJSP, Apelação 9201022-44.2009.8.26.0000, Acórdão 5101330, 35.ª Câmara de Direito Privado, São José do Rio Preto, Rel. Des. Clóvis Castelo, j. 02.05.2011, *DJESP* 17.05.2011; TJSP, Agravo de Instrumento 0466858-02.2010.8.26.0000, Acórdão 5094151, 28.ª Câmara de Direito Privado, Mirassol, Rel. Des. Eduardo Sá Pinto Sandeville, j. 26.04.2011, *DJESP* 17.05.2011 e TJMG, Agravo de Instrumento 0197982-05.2011.8.13.0000, 12.ª Câmara Cível, Uberaba, Rel. Des. José Flávio de Almeida, j. 27.04.2011, *DJEMG* 09.05.2011.

Todavia, a questão nunca foi pacífica nas Cortes Estaduais, sendo certo que do antigo Segundo Tribunal de Alçada de São Paulo já existiam decisões em sentido contrário, instaurando-se a divergência:

726 | DIREITO CIVIL • VOL. 4 – *Flávio Tartuce*

"Alienação fiduciária. Busca e apreensão. Purgação da mora. Faculdade excluída pelas inovações introduzidas no Decreto-lei 911/1969 pela Lei 10.931/2004. Inadmissibilidade. Não há se falar em purgação da mora nos contratos de alienação fiduciária em garantia, ante as modificações trazidas pela Lei 10.931/2004" (2.º Tribunal de Alçada Civil de São Paulo, AI 873.712-00/6, 8.ª Câmara, Rel. Juiz Orlando Pistoresi, j. 02.12.2004).

Na mesma linha, outros tantos arestos trazem a mesma conclusão, de superação da súmula (ver: TJDF, Recurso 2010.00.2.006330-9, Acórdão 430.572, 3.ª Turma Cível, Rel. Des. Humberto Adjuto Ulhôa, *DJDFTE* 01.07.2010, p. 71; e TJMG, Agravo de Instrumento 0053691-09.2011.8.13.0000, 17.ª Câmara Cível, Montes Claros, Rel. Des. Márcia de Paoli Balbino, j. 03.03.2011, *DJEMG* 05.04.2011). Do próprio Superior Tribunal de Justiça, infelizmente, concluindo desse modo:

"Agravo Regimental no Recurso Especial. Fundamentos insuficientes para reformar a decisão agravada. Contrato garantido com cláusula de alienação fiduciária. Ação de busca e apreensão. Purgação da mora após a vigência da Lei 10.931/2004. Impossibilidade. Necessidade de pagamento da integralidade da dívida. Súmula 83 do STJ. 1. O agravante não trouxe argumentos novos capazes de infirmar os fundamentos que alicerçaram a decisão agravada, razão que enseja a negativa de provimento ao agravo regimental. 2. Com a nova redação do artigo 3.º do Decreto-lei 911/1969, dada pela Lei 10.931/2004, não há mais se falar em purgação da mora nas ações de busca e apreensão de bem alienado fiduciariamente, devendo o devedor pagar a integralidade da dívida, no prazo de 5 dias após a execução da liminar, hipótese na qual o bem lhe será restituído livre de ônus. 3. A perfeita harmonia entre o acórdão recorrido e a jurisprudência dominante desta Corte Superior impõe a aplicação, à hipótese dos autos, do Enunciado 83 da Súmula do STJ. 4. Agravo regimental não provido" (STJ, AgRg no REsp 1.183.477/DF, 3.ª Turma, Rel. Min. Vasco Della Giustina (Desembargador convocado do TJRS), j. 03.05.2011, *DJe* 10.05.2011).

Em 2014, mais uma vez, infelizmente, o Superior Tribunal de Justiça acabou consolidando essa última forma de pensar, em julgamento da sua Segunda Seção, relativo a recursos repetitivos, assim publicado no seu *Informativo* n. *540*:

"Direito civil. Impossibilidade de purgação da mora em contratos de alienação fiduciária firmados após a vigência da Lei 10.931/2004. Recurso repetitivo (art. 543-C do CPC e Res. 8/2008-STJ). Nos contratos firmados na vigência da Lei 10.931/2004, que alterou o art. 3.º, §§ 1.º e 2.º, do Decreto-lei 911/1969, compete ao devedor, no prazo de cinco dias após a execução da liminar na ação de busca e apreensão, pagar a integralidade da dívida – entendida esta como os valores apresentados e comprovados pelo credor na inicial –, sob pena de consolidação da propriedade do bem móvel objeto de alienação fiduciária. De início, convém esclarecer que a Súmula 284 do STJ, anterior à Lei 10.931/2004, orienta que a purgação da mora, nos contratos de alienação fiduciária, só é permitida quando já pagos pelo menos 40% (quarenta por cento) do valor financiado. A referida súmula espelha a redação primitiva do § 1.º do art. 3.º do Decreto-lei 911/1969, que tinha a seguinte redação: 'Despachada a inicial e executada a liminar, o réu será citado para, em três dias, apresentar contestação ou, se já houver pago 40% (quarenta por cento) do preço financiado, requerer a purgação de mora'. Contudo, do cotejo entre a redação originária e a atual – conferida pela Lei 10.931/2004 –, fica límpido que a lei não faculta mais ao devedor a purgação da mora, expressão inclusive suprimida das disposições atuais, não se extraindo do texto legal a interpretação de que é possível o pagamento apenas da dívida vencida. Ademais, a redação vigente do art. 3.º, §§ 1.º e 2.º, do Decreto-lei 911/1969 estabelece que o devedor fiduciante poderá pagar a integralidade da dívida pendente e, se assim o fizer, o bem lhe será restituído livre de ônus, não havendo, portanto, dúvida acerca de se tratar de pagamento de toda a dívida, isto é, de extinção da obrigação. Vale a pena ressaltar que é o legislador quem está devidamente aparelhado para apreciar as limitações necessárias à autonomia privada em face de outros valores e direitos constitucionais. A propósito, a normatização do direito privado desenvolveu-se de forma autônoma em relação à Constituição, tanto em perspectiva histórica quanto em conteúdo, haja vista que o direito privado, em regra, disponibiliza soluções muito mais diferenciadas para conflitos entre os seus sujeitos do que a Constituição poderia fazer. Por isso não se pode presumir a imprevidência do legislador que, sopesando as implicações sociais, jurídicas e econômicas da modificação do ordenamento jurídico, vedou para alienação fiduciária de bem móvel a purgação da mora, sendo, pois, a matéria insuscetível de controle jurisdicional infraconstitucional. Portanto, sob pena de se gerar insegurança jurídica e violar o princípio da tripartição dos poderes, não cabe ao Poder Judiciário, a pretexto de interpretar a Lei 10.931/2004, criar hipótese de purgação da mora não contemplada pela lei. Com efeito, é regra basilar de hermenêutica a prevalência da regra excepcional, quando há confronto entre as regras específicas e as demais do ordenamento jurídico. Assim, como o CDC não regula contratos específicos, em casos de incompatibilidade entre a norma consumerista e a aludida norma específica, deve prevalecer essa última, pois a lei especial traz novo regramento a par dos já existentes. Nessa direção, é evidente que as disposições previstas no CC e no CDC são aplicáveis à relação contratual envolvendo alienação fiduciária de bem móvel, quando houver compatibilidade entre elas. Saliente-se ainda que a alteração operada pela Lei 10.931/2004 não alcança os contratos de alienação fiduciária firmados anteriormente à sua vigência. De mais a mais, o STJ, em diversos precedentes, já afirmou que, após o advento da Lei 10.931/2004, que deu nova redação ao art. 3.º do Decreto-lei 911/1969, não há falar em purgação da mora, haja vista que, sob a nova sistemática, após o decurso do prazo de 5 (cinco) dias contados da execução da liminar, a propriedade do bem fica consolidada em favor do credor fiduciário, devendo o devedor efetuar o pagamento da integralidade do débito remanescente a fim de obter a restituição do bem livre de ônus. Precedentes citados: AgRg no REsp 1.398.434/MG, 4.ª Turma, *DJe* 11.02.2014; e AgRg no REsp 1.151.061/MS, 3.ª Turma, *DJe* 12.04.2013" (STJ, REsp 1.418.593/MS, Rel. Min. Luis Felipe Salomão, j. 14.05.2014).

Com o devido respeito, lamenta-se essa tomada de curso pelo Superior Tribunal de Justiça, que parece desconsiderar a efetivação dos direitos do devedor-fiduciante, na grande maioria das vezes enquadrado como consumidor.

Em reforço, a impossibilidade de purgação da mora não está em sintonia com o princípio da conservação dos negócios jurídicos, segundo o qual a extinção dos pactos deve ser a última medida a ser tomada, mormente diante de sua inegável função social, preservando-se ao máximo a autonomia privada. Advirta-se, a propósito, que essa mudança de entendimento superior parecia não afastar totalmente a aplicação da teoria do adimplemento substancial.

Porém, reitere-se que, infelizmente, o Superior Tribunal de Justiça afastou tal afirmação, em julgamento de março de 2017, pela sua Segunda Seção e com força vinculativa para os Tribunais inferiores. Conforme está na ementa do aresto, que merece nova transcrição para os devidos fins de estudo:

"Além de o Decreto-Lei n. 911/1969 não tecer qualquer restrição à utilização da ação de busca e apreensão em razão da extensão da mora ou da proporção do inadimplemento, é expresso em exigir a quitação integral do débito como condição imprescindível para que o bem alienado fiduciariamente seja remancipado. Em seus termos, para que o bem possa ser restituído ao devedor, livre de ônus, não basta que ele quite quase toda a dívida; é insuficiente que pague substancialmente o débito; é necessário, para esse efeito, que quite integralmente a dívida pendente. Afigura-se, pois, de todo incongruente inviabilizar a utilização da ação de busca e apreensão na hipótese em que o inadimplemento revela-se incontroverso – desimportando sua extensão, se de pouca monta ou se de expressão considerável –, quando a lei especial de regência expressamente condiciona a possibilidade de o bem ficar com o devedor fiduciário ao pagamento da integralidade da dívida pendente. Compreensão diversa desborda, a um só tempo, do diploma legal exclusivamente aplicável à questão em análise (Decreto-Lei n. 911/1969), e, por via transversal, da própria orientação firmada pela Segunda Seção, por ocasião do julgamento do citado Resp n. 1.418.593/MS, representativo da controvérsia, segundo a qual a restituição do bem ao devedor fiduciante é condicionada ao pagamento, no prazo de cinco dias contados da execução da liminar de busca e apreensão, da integralidade da dívida pendente, assim compreendida como as parcelas vencidas e não pagas, as parcelas vincendas e os encargos, segundo os valores apresentados pelo credor fiduciário na inicial. Impor-se ao credor a preterição da ação de busca e apreensão (prevista em lei, segundo a garantia fiduciária a ele conferida) por outra via judicial, evidentemente menos eficaz, denota absoluto descompasso com o sistema processual. Inadequado, pois, extinguir ou obstar a medida de busca e apreensão corretamente ajuizada, para que o credor, sem poder se valer de garantia fiduciária dada (a qual, diante do inadimplemento, conferia-lhe, na verdade, a condição de proprietário do bem), intente ação executiva ou de cobrança, para só então adentrar no patrimônio do devedor, por meio de constrição judicial que poderá, quem sabe (respeitada a ordem legal), recair sobre esse mesmo bem (naturalmente, se o devedor, até lá, não tiver dele se desfeito)" (STJ, REsp 1.622.555/MG, 2.ª Seção, Rel. Min. Marco Buzzi, Rel. p/ acórdão Min. Marco Aurélio Bellizze, j. 22.02.2017, *DJe* 16.03.2017).

Como se percebe, esse último *decisum* cita o acórdão anterior, de interpretação das inovações introduzidas pela Lei 13.043/2014, lamentavelmente. Reitere-se que vemos no julgamento um grande retrocesso, especialmente pelo fato de que a boa-fé objetiva deve incidir a todos os negócios jurídicos, inclusive os de natureza real.

Seguindo no estudo das inovações legais, a resposta do devedor fiduciante poderá ser apresentada, ainda que ele tenha pagado a dívida apresentada pelo credor na petição inicial, desde que entenda ter havido pagamento a maior e deseje a devida restituição (art. 3.º, § 4.º, do Decreto-lei 911/1969, pela redação atual).

Continuo a entender, na linha do que constava das edições anteriores da obra, que a norma adota, implicitamente, a cláusula *solve et repete* ("paga e depois pede"). Nesse contexto, primeiro o devedor paga o que lhe é cobrado para, depois, se pagou valores maiores aos efetivamente devidos, pedir a restituição. Em suma, exclui-se a máxima da exceção de contrato não cumprido (*exceptio non adimplete contractus*), segundo a qual, em um contrato bilateral, uma parte não pode exigir que a outra cumpra com a sua prestação se não cumprir com a própria.

Frise-se que, apesar do silêncio da lei, os valores pagos a maior serão monetariamente corrigidos e acrescidos de juros, sob pena de configuração do enriquecimento sem causa, o que é vedado pelo Direito Civil Brasileiro (art. 884 do CC).

Também na linha do que constava das edições anteriores desta obra, forçoso concluir que, na hipótese, pode o devedor se utilizar do disposto no art. 940 do CC/2002, que permite que seja cobrado do credor o equivalente ao valor exigido em excesso, pois se trata de situação em que o credor *pede mais do que é devido*. Se a relação jurídica estabelecida for de consumo, aplica-se o art. 42, parágrafo único, do Código de Defesa do Consumidor, pelo qual o consumidor cobrado em quantia indevida tem direito à repetição do indébito, por valor igual ao dobro do que pagou em excesso, acrescido de correção monetária e juros legais, salvo hipótese de engano justificável. Cabe destacar que os dispositivos do Código Civil e do Código de Defesa do Consumidor consagram hipóteses de dano presumido (dano *in re ipsa*), não havendo necessidade de prova do prejuízo.

Seguindo no estudo das regras do Decreto-lei 911/1969, da sentença cabe apelação apenas no efeito devolutivo, como já era no sistema anterior (art. 3.º, § 5.º, pela redação atual). Isso, diante da urgência para a retomada do bem.

Além disso, na sentença que decretar a improcedência da ação de busca e apreensão, o juiz condenará o credor fiduciário ao pagamento de multa, em favor do devedor fiduciante, equivalente a cinquenta por cento do valor originalmente financiado, devidamente atualizado, caso o bem já tenha sido alienado (art. 3.º, § 6.º, pela redação atual). Se a referida multa for exagerada, cabe a redução equitativa prevista pelo art. 413 do CC/2002. A redução é de ofício pelo juiz, não cabendo afastar a norma por cláusula contratual, pois se trata de preceito de ordem pública (Enunciados n. 355 e 356, da *IV Jornada de Direito Civil*).

A multa em questão não exclui a possibilidade de o credor fiduciário responder pelas perdas e danos que o caso concreto demonstrar (art. 3.º, § 7.º, da redação atual). Por fim, a busca e apreensão prevista no art. 3.º constitui um processo autônomo e independente de qualquer procedimento posterior, tendo caráter totalmente satisfativo (art. 3.º, § 8.º, da redação atual).

Não se pode esquecer, em complemento, que, presente a relação de consumo na alienação fiduciária em garantia de bens móveis – como é bem comum –, merece aplicação o art. 53 da Lei 8.078/1990, que consagra a nulidade absoluta da cláusula de decaimento, de perda de todas as parcelas pagas pelo devedor nos casos de inadimplemento (nessa linha de conclusão, mais uma vez: STJ, REsp 401.702/DF, 4.ª Turma, Rel. Min. Barros Monteiro, j. 07.06.2005, *DJ* 29.08.2005, p. 346).

Em complemento, é preciso também comentar as alterações que foram incluídas pela Lei 13.043, de novembro de 2014, ao art. 3.º do Decreto-Lei 911/1969. Especialmente quanto ao seu *caput,* a norma estabelece que a concessão de liminar poderá ser apreciada pelo plantão judiciário, o que visa a facilitar a sua concessão. Ademais, como visto, foram incluídos sete novos parágrafos ao diploma, todos com o intuito de tornar ainda mais operável a busca e apreensão.

Nesse contexto, o novo § 9.º do art. 3.º estabelece que, ao decretar a busca e apreensão de veículo, o juiz, caso tenha acesso à base de dados do Registro Nacional de Veículos Automotores – RENAVAM, inserirá diretamente a restrição judicial na base de dados do Renavam, bem como retirará tal restrição após a apreensão. Assim, caso o juiz não tenha acesso a essa base de dados, deverá oficiar ao departamento de trânsito competente para que: *a)* registre o gravame referente à decretação da busca e apreensão do veículo; e *b)* retire o gravame após a apreensão do veículo (§ 10). Com o intuito de localizar a apreender o bem móvel, estabelece o novo § 11 do art. 3.º do Decreto-lei 911/1969 que o juiz também determinará a inserção do mandado a que se refere tal restrição em banco próprio de mandados (central de mandados).

Igualmente com o intuito de facilitar a apreensão da coisa, a parte interessada poderá requerer diretamente ao juízo da Comarca onde foi localizado o veículo com vistas à sua apreensão, sempre que o bem estiver em Comarca distinta daquela da tramitação da ação. Para tanto, basta que em tal requerimento conste a cópia da petição inicial da ação e, quando for o caso, a cópia do despacho que concedeu a busca e apreensão do veículo (art. 3.º, § 12, do Decreto-lei 911/1969).

A apreensão do veículo será imediatamente comunicada ao juízo, que intimará a instituição financeira para retirar o veículo do local depositado no prazo máximo de quarenta e oito horas (art. 3.º, § 13, do Decreto-lei 911/1969). Por fim a respeito da apreensão, a nova norma estabelece que o devedor, por ocasião do cumprimento do mandado de busca e apreensão, deverá entregar o bem e seus respectivos documentos (art. 3.º, § 14, do Decreto-lei 911/1969).

Assim como ocorre com a venda extrajudicial do bem, todas as regras previstas no art. 3.º do Decreto-lei 911/1969 passam a ser aplicadas ao *leasing* ou arrendamento mercantil, por força do novo § 15, inserido no último diploma. A propósito, já fazendo incidir a nova lei, concluiu o Superior Tribunal de Justiça, no ano de 2015:

> "Aplica-se aos contratos de arrendamento mercantil de bem móvel o entendimento firmado pela Segunda Seção desta Corte Superior, segundo o qual, 'nos contratos firmados na vigência da Lei n. 10.931/2004, compete ao devedor, no prazo de 5 (cinco) dias após a execução da liminar na ação de busca e apreensão [no caso concreto, de reintegração de posse do bem arrendado], pagar a integralidade da dívida – entendida esta como os valores apresentados e comprovados pelo credor na inicial –, sob pena de consolidação da propriedade do bem móvel objeto de alienação fiduciária' (REsp 1.418.593/MS, Relator o Ministro Luis Felipe Salomão, *DJe* de 27.05.2014, julgado sob o rito dos recursos repetitivos). Entendimento jurisprudencial que já vinha sendo acolhido por Ministros integrantes da Segunda Seção desta Corte Superior e que culminou com a edição da Lei 13.043/2014, a qual fez incluir o § 15 do art. 3.º do Decreto-lei 911/1969, autorizando expressamente a extensão das normas procedimentais previstas para a alienação fiduciária em garantia aos casos de reintegração de posse de veículos objetos de contrato de arrendamento mercantil (Lei 6.099/1974)" (STJ, REsp 1.507.239/SP, 3.ª Turma, Rel. Min. Marco Aurélio Bellizze, j. 05.03.2015, *DJe* 11.03.2015).

Em suma, nota-se que, diante da citada equiparação, a purgação da mora não é mais cabível em caso de ação de busca e apreensão fundada em contrato de arrendamento mercantil ou *leasing*.

Na linha do que ocorreu com a alienação fiduciária em garantia de bens móveis, infelizmente e diante dessa equiparação feita pela Lei 13.043/2014, o STJ tende a entender pela não incidência da teoria do adimplemento substancial também para o *leasing*, alterando a sua posição anterior. Não se deve repetir, assim, o que foi concluído no excelente julgado a seguir transcrito: "Ação de reintegração de posse de 135 carretas, objeto de contrato de 'leasing', após o pagamento de 30 das 36 parcelas ajustadas. Processo extinto pelo juízo de primeiro grau, sendo provida a apelação pelo Tribunal de Justiça, julgando procedente a demanda. (...). Correta a decisão do tribunal de origem, com aplicação da teoria do adimplemento substancial. Doutrina e jurisprudência acerca do tema" (STJ, REsp 1.200.105/AM, 3.ª Turma, Rel. Min. Paulo de Tarso Sanseverino, j. 19.06.2012, *DJe* 27.06.2012). Lamenta-se, mais uma vez, essa mudança de posição na Corte, o que representa, na minha opinião doutrinária, um grave retrocesso.

Como se pode perceber, as alterações legislativas do Decreto-lei 911/1969 percebidas nos últimos anos visaram a facilitar o recebimento de eventual valor devido pelo credor, colocando o devedor em situação em que o inadimplemento obrigacional lhe gera graves consequências, muitas vezes irreversíveis quanto à retomada do bem.

Em 2023, foi dado um passo ainda mais determinante para essa facilitação, em prol dos interesses do credor, com o surgimento da Lei 14.711/2023, que instituiu um novo *Marco Legal das Garantias*. O seu art. 6.º incluiu no Decreto-lei 911/1969 os novos arts. 8.º-B,

8.º-C, 8.º-D e 8.º-E, tratando de medidas extrajudiciais para o recebimento ou cobrança da dívida, em prol da desjudicialização.

Consoante o novo art. 8.º-B do Decreto-lei 911/1969, desde que haja previsão expressa no contrato, com cláusula em destaque, e após a comprovação da mora do devedor, é facultado ao credor promover a consolidação da propriedade relativa à alienação fiduciária em garantia de bens móveis perante o competente Cartório de Registro de Títulos e Documentos, no lugar do procedimento judicial aqui antes estudado.

Sobre a competência, o § 1.º desse novo preceito estabelece que "é competente o cartório de registro de títulos e documentos do domicílio do devedor ou da localização do bem da celebração do contrato"; o que cabe ao credor escolher.

Quanto ao procedimento em si, vencida e não paga a dívida, o oficial do Cartório de Registro de Títulos e Documentos, a requerimento do credor fiduciário e acompanhado da comprovação da mora ou inadimplemento obrigacional, notificará o devedor fiduciário para: *a)* pagar voluntariamente a dívida no prazo de vinte dias, sob pena de consolidação da propriedade; ou *b)* apresentar, se for o caso, documentos comprobatórios de que a cobrança é total ou parcialmente indevida (art. 8.º-B, § 2.º, do Decreto-lei 911/1969, incluído pela Lei 14.711/2023).

Na última hipótese, o oficial do Cartório avaliará os documentos apresentados pelo devedor e, se constatar a existência de direito em seu favor, como a comprovação do pagamento da dívida ou a existência de prescrição da pretensão, deverá abster-se de prosseguir com o procedimento extrajudicial (art. 8.º-B, § 3.º, do Decreto-lei 911/1969). Entendo que o adimplemento substancial também é argumento a ser considerado pelo oficial, apesar do entendimento jurisprudencial antes exposto, a respeito do procedimento judicial. Nota-se, assim, que a nova norma dá certo poder decisório ao oficial do Cartório de Registro de Título e Documentos, o que é tendência da legislação mais recente, para todas as serventias extrajudiciais.

Seguindo no estudo do tema, na hipótese de o devedor alegar que a cobrança é parcialmente indevida, caber-lhe-á declarar o valor que entender correto e pagá-lo dentro do mesmo prazo de vinte dias (art. 8.º-B, § 4.º, do Decreto-lei 911/1969). Esse pagamento parcial do valor incontroverso servirá para comprovar a boa-fé do devedor e também poderá afastar o prosseguimento do procedimento extrajudicial.

Em qualquer caso e a qualquer momento, a lei assegura ao credor optar pelo procedimento judicial para cobrar a dívida ou o saldo remanescente, na hipótese de frustração total ou parcial do procedimento extrajudicial (art. 8.º-B, § 4.º, do Decreto-lei 911/1969).

Sobre a notificação, está a cargo do oficial de registro de títulos e documentos, e será feita preferencialmente por meio eletrônico, a ser enviada ao endereço eletrônico indicado no contrato pelo devedor fiduciário (art. 8.º-B, § 6.º, do Decreto-lei 911/1969). Em complemento, o § 10 do mesmo diploma estabelece que essa comunicação deverá ocorrer conforme convênio das serventias, ainda que por meio de suas entidades representativas – caso das associações de registradores –, com os competentes órgãos registrais.

Também quanto à notificação, o § 13 do novo art. 8.º-B do decreto-lei elenca os seus requisitos informacionais mínimos, sob pena de nulidade do ato, a saber: *a)* cópia do contrato referente à dívida; *b)* valor total da dívida de acordo com a possível data de pagamento; *c)* planilha com detalhamento da evolução da dívida; *d)* boleto bancário, dados bancários ou outra indicação de meio de pagamento, inclusive a faculdade de pagamento direto no competente Cartório de Registro de Títulos e Documentos; *e)* dados do credor, especialmente nome, número de inscrição no Cadastro de Pessoas Físicas (CPF) ou no Cadastro Nacional da Pessoa Jurídica (CNPJ), telefone e outros canais de contato; *f)* forma de entrega ou disponibilização voluntárias do bem no caso de inadimplemento; e *g)* advertências referentes às principais regras relativas ao procedimento extrajudicial e suas consequências.

Ainda sobre essa notificação, a ausência de confirmação do recebimento da notificação eletrônica em até três dias úteis, contados do recebimento, implicará a realização da notificação postal, com aviso de recebimento (AR), mais uma vez a cargo do oficial do Cartório de Títulos e Documentos, que desempenha a atividade extrajudicial, ao endereço indicado em contrato pelo devedor fiduciário. Nessa última situação, não é exigido que a assinatura constante do aviso de recebimento seja a do próprio destinatário, desde que o endereço seja o indicado no cadastro, o que basta para se considerar como devidamente efetivada a notificação (art. 8.º-B, § 7.º, do Decreto-lei 911/1969).

Lamenta-se o teor da norma, que não leva em consideração a efetiva citação do devedor, e o correto atendimento do dever de informação, anexo à boa-fé objetiva, bastando a mera indicação do endereço no contrato.

Eventualmente, se for paga a dívida, "ficará convalescido o contrato de alienação fiduciária em garantia", em expressão que consta do § 8.º do art. 8.º-B do Decreto-lei 911/1969. Assim como ocorre com outras legislações, recentes, entendo que o termo utilizado pela norma não está de acordo com a melhor técnica, pois o convalescimento se dá em havendo invalidade da obrigação, o que não é o caso. Melhor seria a norma falar em retomada da eficácia do contrato, sendo sanado o inadimplemento pelo pagamento integral do valor devido pelo devedor.

Por outra via, não paga a dívida, o oficial averbará a consolidação da propriedade fiduciária ou, no caso de bens cuja alienação fiduciária tenha sido registrada apenas em outro órgão, como nos serviços de registro de veículos, o oficial comunicará a este para a devida averbação (art. 8.º-B, § 9.º, do Decreto-lei 911/1969).

Ainda na hipótese de não pagamento voluntário da dívida no prazo legal, é dever do devedor, no mesmo prazo e com a devida ciência do Cartório de Registro de Títulos e Documentos, entregar ou disponibilizar voluntariamente a coisa ao credor para a sua venda extrajudicial, sob pena de sujeitar-se a uma multa de cinco por cento do valor da dívida, respeitado o direito do devedor a recibo escrito por parte do credor (art. 8.º-B, § 11, do Decreto-lei 911/1969).

No valor total da dívida, poderão ser incluídos também os valores dos emolumentos, das despesas postais e das despesas com remoção ou transporte da coisa na hipótese de o devedor tê-la disponibilizado em vez de tê-la entregado voluntariamente (art. 8.º-B, § 12, do Decreto-lei 911/1969).

Em havendo o citado inadimplemento, consolidada a propriedade, o credor poderá vender o bem de forma extrajudicial, como está no art. 2.º do mesmo Decreto-lei (art. 8.º-C, incluído pela Lei 14.711/2023).

Foram inicialmente vetados pelo Presidente da República todos os parágrafos desse artigo, que tratavam do procedimento extrajudicial de busca e apreensão, perante o Cartório de Registro de Títulos e Documentos e a pedido do credor. Como fundamento principal dos vetos, considerou-se que "a proposição legislativa incorre em vício de inconstitucionalidade, visto que os dispositivos, ao criarem uma modalidade extrajudicial de busca e apreensão do bem móvel alienado fiduciariamente em garantia, acabaria por permitir a realização dessa medida coercitiva pelos tabelionatos de registro de títulos e documentos, sem que haja ordem judicial para tanto, o que violaria a cláusula de reserva de jurisdição e, ainda, poderia criar risco a direitos e garantias individuais, como os direitos ao devido processo legal e à inviolabilidade de domicílio, consagrados nos incisos XI e LIV do *caput* do art. 5.º da Constituição".

Porém, em dezembro de 2023, esses vetos foram derrubados pelo Congresso Nacional, pois o novo sistema ficaria desequilibrado, admitindo apenas parte das inovações de extrajudicialização, especialmente apenas a venda extrajudicial. Assim, nos termos do que acabou sendo incluído pela Lei 14.711/2023 no art. 8.º-C do Decreto-lei 911/1969, caso o bem não tenha sido entregue ou disponibilizado voluntariamente no prazo legal, o credor poderá requerer ao oficial do Cartório de Registro de Títulos e Documentos a sua busca e apreensão extrajudicial, com a apresentação do valor atualizado da dívida e da planilha com a sua evolução (§ 1.º).

Recebido esse requerimento, como forma de viabilizar a busca e apreensão extrajudicial, o oficial do Cartório adotará as seguintes providências: *a)* lançará, no caso de veículos, restrição de circulação e de transferência do bem no sistema do RENAVAN; *b)* comunicará, se for o caso, aos órgãos registrais competentes para a averbação da indisponibilidade do bem e da busca e apreensão extrajudicial; *c)* lançará a busca e apreensão extrajudicial na plataforma eletrônica mantida pelos Cartórios de Títulos e Documentos por meio de suas entidades representativas; e *d)* expedirá certidão de busca e apreensão extrajudicial da coisa, caso do veículo (§ 2.º do art. 8.º-C do Decreto-lei 911/1969, incluído pela Lei 14.711/2023).

Ademais, com vistas à realização das duas primeiras providências acima apontadas, os órgãos de trânsito - caso do DETRAN -, e outros órgãos de registro poderão manter convênios com os Cartórios de Títulos e Documentos, ainda que por meio das suas entidades representativas incumbidas de promover o sistema de registro eletrônico respectivo (§ 3.º do art. 8.º-C do Decreto-lei 911/1969, incluído pela Lei 14.711/2023).

O credor, por si ou por terceiros mandatários, poderá realizar diligências para a localização dos bens, desde que por medidas lícitas e de acordo com o boa-fé (§ 4.º do novo art. 8.º-C do Decreto-lei 911/1969). Esses terceiros poderão ser empresas especializadas na localização de bens, prática que há tempos já ocorre no mercado quanto às medidas judiciais (§ 5.º). Com vistas a regularizar e a tonar mais transparente as suas atuações, ato do Poder Executivo poderá definir os requisitos mínimos para o funcionamento dessas empresas (§ 6.º).

Sendo apreendido o bem pelo oficial da serventia, o credor poderá promover a sua venda extrajudicial, devendo comunicá-la ao oficial do Cartório de Títulos e Documentos, o qual adotará as seguintes providências: *a)* cancelará os lançamentos e as comunicações de restrição, de circulação, de transferência, de indisponibilidade e de busca e apreensão do bem; e *b)* averbará a venda no registro pertinente ou, no caso de bens cuja alienação fiduciária tenha sido registrada apenas em outro órgão, comunicará a este para a devida averbação (§ 7.º do art. 8.º-C do Decreto-lei 911/1969).

O credor fiduciário somente será obrigado por encargos tributários ou administrativos vinculados ao bem, caso de impostos relativos ao veículo que estejam em aberto, a partir da aquisição da posse plena, o que se dará com a apreensão do bem ou com a sua entrega voluntária (§ 8.º do art. 8.º-C do Decreto-lei 911/1969).

No prazo de cinco dias úteis após a apreensão do bem, o devedor fiduciante terá o direito de pagar a integralidade da dívida pendente, segundo os valores apresentados pelo credor fiduciário no seu requerimento, hipótese na qual será cancelada a consolidação da propriedade e restituída a posse plena do bem voluntária (§ 9.º do art. 8.º-C do Decreto-lei 911/1969).

A hipótese não é de purgação da mora, mas de pagamento de toda a dívida que esteja em aberto, o que está na linha das alterações recentes que foram feitas na legislação em estudo quanto às medidas judiciais. Para esse pagamento, no valor da dívida, o credor poderá incluir os valores com emolumentos e despesas com as providências do procedimento extrajudicial aqui estudado, além dos tributos e demais encargos pactuados no contrato (§ 10).

Como não poderia ser diferente, como última previsão a respeito da busca e apreensão extrajudicial, está previsto que "o procedimento extrajudicial não impedirá o uso do processo judicial pelo devedor fiduciante" (§ 11 do art. 8º-C do Decreto-lei n. 911/1969, incluído pela Lei 14.711/2023). Tornou-se consolidada a afirmação, em leis e regulamentos administrativos, segundo a qual a via extrajudicial é sempre facultativa, à escolha do interessado, e não obrigatória.

Como penúltima norma a respeito do procedimento extrajudicial, no caso de a cobrança extrajudicial ser considerada indevida, o credor fiduciário sujeitar-se-á à mesma multa imposta ao devedor no procedimento judicial de busca e apreensão, de cinquenta por cento do valor originalmente financiado, devidamente atualizado, caso o bem já tenha sido alienado. O novo art. 8.º-D do Decreto-lei 911/1969 também impõe ao credor o mesmo dever de indenizar, o que visa a afastar condutas de abuso de direito na utilização do procedimento e vem em boa hora.

Por fim, a novel legislação incluiu no Decreto-lei 911/1969 o art. 8.º-E, prevendo que, quando se tratar de veículos automotores, é facultado ao credor, alternativamente, promover os procedimentos de execução extrajudicial também perante os órgãos executivos de trânsito dos Estados, em observância às competências previstas no § 1.º do art. 1.361 do Código Civil, ou seja, na repartição competente para o licenciamento. Somente o tempo e a prática demonstrarão qual será a principal opção dos credores, se os Cartórios ou tais repartições, além da própria efetivação do procedimento extrajudicial, no futuro.

Feitas essas importantes atualizações, a grande polêmica que existiu no passado quanto ao tema da busca e apreensão diz respeito à possibilidade de prisão do devedor fiduciante, pelo seu enquadramento como depositário infiel. Vejamos tal tema, mais uma vez, que deve ser retomado neste capítulo por razões didáticas.

O fundamento dessa prisão civil, na lei específica, constava do art. 4.º do Decreto-lei 911/1969, *in verbis*, em redação original: "Se o bem alienado fiduciariamente não for encontrado ou não se achar na posse do devedor, o credor poderá requerer a conversão do pedido de busca e apreensão, nos mesmos autos, em ação de depósito, na forma prevista no Capítulo II, do Título I, do Livro IV, do Código de Processo Civil".

Cumpre destacar que a norma também foi recentemente alterada pela Lei 13.043/2014, passando a enunciar que "*fica facultado* ao credor requerer, nos mesmos autos, a conversão do pedido de busca e apreensão em *ação executiva*" (com destaques). A primeira alteração dos termos parece demonstrar um certo abrandamento quanto à possibilidade dessa conversão.

Ademais, não há mais menção quanto à conversão em depósito, mas em ação de execução. Sobre o tema, julgado do Superior Tribunal de Justiça do ano de 2020 demonstra o alcance dessa alteração, concluindo o seguinte:

> "Anteriormente à promulgação da Lei 13.043/2014, que alterou a redação do art. 4.º do DL 911/69, isto é, quando se admitia apenas a conversão da ação de busca e apreensão em ação de depósito, esta Corte Superior entendia que o prosseguimento com a cobrança da dívida dava-se com relação ao menor valor entre o valor de mercado do bem oferecido em garantia e o valor do débito apurado. Contudo, após a alteração legislativa, tem-se que a manutenção deste entendimento não parece se amoldar ao real escopo da legislação que rege a matéria atinente à alienação fiduciária. Isso porque, não realizada a busca e apreensão e a consequente venda extrajudicial do bem, remanesce a existência de título executivo hábil a dar ensejo à busca pela satisfação integral do crédito. O próprio art. 5.º do DL 911/69 dispõe que, se o

credor preferir recorrer à ação executiva, direta ou a convertida na forma do art. 4.º, serão penhorados, a critério do autor da ação, bens do devedor quantos bastem para assegurar a execução, o que denota a intenção de conferir proteção ao valor estampado no próprio título executivo. Ademais, a corroborar com tal raciocínio, registra-se que o próprio art. 3.º do DL 911/69, prevê que, após cumprida a liminar de busca e apreensão, o bem só poderá ser restituído livre de ônus ao devedor fiduciante, na hipótese de este pagar a integralidade da dívida pendente. (...). Inviável admitir que a conversão da ação de busca e apreensão em ação de execução represente apenas a busca pelo valor do 'equivalente em dinheiro' do bem – o que, no caso, representaria o valor do veículo na Tabela FIPE –, impondo ao credor que ajuíze outra ação para o recebimento de saldo remanescente. Ao revés, deve-se reconhecer que o valor executado refere-se, de fato, às parcelas vencidas e vincendas do contrato de financiamento, representado pela cédula de crédito bancário" (STJ, REsp 1.814.200/DF, 3.ª Turma, Rel. Min. Nancy Andrighi, j. 18.02.2020, *DJe* 20.02.2020).

Em outro julgado superior, do mesmo ano, conclui-se que "o credor fiduciário regido pelo Decreto-Lei n. 911/1969, em caso de inadimplemento contratual, pode promover a inscrição dos nomes dos devedores solidários em bancos de dados de proteção ao crédito, independentemente de optar pela excussão da garantia ou pela ação de execução" (STJ, REsp 1.833.824/RS, 3.ª Turma, Rel. Min. Nancy Andrighi, por unanimidade, j. 05.05.2020, *DJe* 11.05.2020). A afirmação tem como fundamento justamente o fato de que, nos termos da nova redação do art. 5.º da norma específica, na hipótese de inadimplemento ou mora no cumprimento das obrigações contratuais pelo devedor, pode o credor optar por recorrer diretamente à ação de execução, caso não prefira retomar a posse do bem e vendê-lo a terceiros.

Seja de um jeito ou de outro, a norma anterior tratava de uma especialização infraconstitucional da regra máxima do art. 5.º, inc. LXVII, da Constituição Federal, segundo o qual: "não haverá prisão civil por dívida, salvo a do responsável pelo inadimplemento voluntário e inescusável de obrigação alimentícia e a do depositário infiel".

Antes mesmo da mudança de todo o panorama a respeito da matéria, já existiam fortes resistências a respeito da prisão específica do devedor fiduciante. Isso porque, para muitos juristas, não haveria na alienação fiduciária um depósito típico, mas atípico, não sendo o caso de se aplicar os dispositivos específicos de depósito a respeito da prisão, caso do art. 655 do Código Civil de 2002.

Essa era a opinião, por exemplo, de Álvaro Villaça Azevedo, para quem "não existe, na alienação fiduciária em garantia, a figura do depositário, pois, em verdade, o alienante (devedor) é o proprietário, porque, desde o início negocial, sofre ele o risco da perda do objeto" (AZEVEDO, Álvaro Villaça. *Prisão civil...*, 1993, p. 109). Sempre entendi dessa maneira, estando filiado às lições de José Fernando Simão, desenvolvidas em edições anteriores desta obra, até o ano de 2013, a seguir transcritas:

> "Em razão desta breve síntese, é possível perceber que, na alienação fiduciária em garantia, estamos diante de situação de depósito atípico por diversos motivos que são explicados a seguir.
>
> O primeiro deles é que, apesar de a propriedade fiduciária pertencer ao credor, cabe ao devedor, na qualidade de depositário, o pagamento de impostos e taxas incidentes sobre o bem, e também o valor da prestação condominial, no caso de bem imóvel. Nesse sentido, a Lei 9.514/1997 não deixa dúvidas, ao prever que responde o devedor fiduciante pelo pagamento dos impostos, taxas, contribuições condominiais e quaisquer outros encargos que recaiam ou venham a recair sobre o imóvel, cuja posse tenha sido transferida para o credor fiduciário, até a data em que o fiduciário vier a ser imitido na posse (art. 27, § 8.º,

com a redação dada pela Lei 10.931/2004). Ora, se depósito típico fosse, poderia o depositário cobrar do depositante as despesas de guarda e conservação da coisa (art. 643 do CC).

O segundo motivo é que o depositário não se utiliza da coisa, via de regra, mas apenas guarda, conserva e restitui quando exigido pelo depositante (art. 640 do CC). No caso da propriedade fiduciária, o devedor tem a posse direta do bem e o utiliza normalmente, à semelhança do que se verifica em outros direitos de garantia. Aliás, o Código Civil expressamente admite o uso da coisa pelo devedor, segundo sua destinação (art. 1.363 do CC), o que independe da concordância do credor. No caso de bem imóveis, a situação é mais evidente. Se a alienação fiduciária prevista na Lei 9.514/1997 tem, entre os seus objetivos, permitir e facilitar a aquisição de bens imóveis, nenhum sentido faria o credor ficar na posse do bem ou impedir a utilização pelo devedor. O devedor é que terá a posse direta e o utilizará como lhe convier (art. 23, parágrafo único, da Lei 9.514/1997).

O terceiro ponto que demonstra o afastamento da noção de depósito com a situação criada pela alienação fiduciária é que, em regra, entre depositante e depositário há uma relação de confiança pela qual o depositante entrega seus bens ao depositário para a guarda. Na alienação fiduciária, como forma de criação de uma garantia, a confiança é elemento estranho ao contrato.

Nesse ponto, poder-se-ia indagar o leitor: o termo fidúcia não significa exatamente confiança? Realmente, o termo *fides* em latim (fé) remonta à ideia de confiança (*cum fides*). Entretanto, no caso da alienação fiduciária, como importante instrumento de criação de garantias reais, pouca ou nenhuma confiança se estabelece entre as partes contratantes que são verdadeiros estranhos. Inexiste na figura do depósito atípico a questão da pessoalidade inerente ao depósito tradicional, porque, repita-se, os contratantes são verdadeiros estranhos" (TARTUCE, Flávio: SIMÃO, José Fernando. *Direito civil...*, 2013, v. 4, p. 541-542).

De toda sorte, a grande maioria dos julgados, sobretudo do Supremo Tribunal Federal, concluía pela possibilidade de prisão civil do devedor fiduciante na alienação fiduciária em garantia de bens imóveis. A ilustrar, vejamos três ementas, com tal dedução:

"*Habeas corpus*. Alienação fiduciária em garantia. Prisão civil do devedor como depositário infiel. Sendo o devedor, na alienação fiduciária em garantia, depositário necessário por força de disposição legal que não desfigura essa caracterização, sua prisão civil, em caso de infidelidade, se enquadra na ressalva contida na parte final do artigo 5.º, LXVII, da Constituição de 1988. Nada interfere na questão do depositário infiel em matéria de alienação fiduciária o disposto no § 7.º do artigo 7.º da Convenção de San José da Costa Rica. *Habeas corpus* indeferido, cassada a liminar concedida" (STF, HC 72.131/RJ, Tribunal Pleno, Rel. Desig. Min. Moreira Alves, j. 23.11.1995, *DJU* 01.08.2003, p. 103).

"Prisão civil. Depositário infiel. É atribuído ao devedor, na alienação fiduciária, a qualidade de depositário, com todas as responsabilidades e encargos que lhe incumbem de acordo com a Lei Civil e penal. E ao depositário infiel cabe aplicar-se a prisão civil de que trata a invocada disposição constitucional. Precedentes do STF. Regimental não provido" (STF, AI-AgR 374.231/PR, 2.ª Turma, Rel. Min. Nelson Jobim, j. 06.08.2002, *DJU* 11.10.2002, p. 37).

"Recurso extraordinário. Ação de depósito. Prisão civil do depositário infiel. Penhor agrícola. Art. 5.º, LXVII, da Constituição. Esta Corte, em inúmeros acórdãos, inclusive de seu Plenário, já firmou o entendimento de que a Constituição, em seu artigo 5.º, LXVII, empregou a expressão 'depositário infiel' tanto para o caso do depósito convencional quanto para os casos de depósito legal, tanto assim que considera constitucional a prisão civil do devedor-depositário na alienação fiduciária em garantia, em que o depósito integra necessariamente a estrutura da garantia representada pela propriedade fiduciária" (STF, RE 250.812/RS, Rel. Min. Moreira Alves, j. 20.11.2001).

A questão não era pacífica nas Cortes Superiores, uma vez que o Superior Tribunal de Justiça, por maioria, se posicionava contra a prisão civil, assim como alguns Tribunais Estaduais. Vejamos mais três acórdãos, citados em edições anteriores desta obra, com o fim de demonstrar a controvérsia:

"Alienação fiduciária. Prisão civil. Não cabe a prisão civil do devedor que descumpre contrato garantido por alienação fiduciária. Embargos acolhidos e providos" (STJ, EREsp 149.518/GO, Corte Especial, Rel. Min. Ruy Rosado de Aguiar, j. 05.05.1999, *DJ* 28.02.2000, p. 29).

"*Habeas corpus*. Prisão civil. Depositário infiel. Contrato de alienação fiduciária em garantia. No contrato de alienação fiduciária em garantia, é incabível a prisão do devedor fiduciante, visto que não equiparável a depositário infiel. Precedentes. Ressalva pessoal" (STJ, HC 57.309/DF, 3.ª Turma, Rel. Min. Nancy Andrighi, j. 06.06.2006, *DJ* 19.06.2006, p. 131).

"Processo civil. *Habeas corpus*. Alienação fiduciária. Automóvel. Busca e apreensão. Conversão em depósito. Prisão civil. Impossibilidade. Coisa julgada. Irrelevância. Concessão da ordem. 1. Consoante pacificado pela Corte Especial, em caso de conversão da ação de busca e apreensão em ação de depósito, torna-se inviável a prisão civil do devedor fiduciário, porquanto as hipóteses de depósito atípico não estão inseridas na exceção constitucional restritiva de liberdade, inadmitindo-se a respectiva ampliação. Ademais, descabida, nestes casos, a equiparação do devedor à figura do depositário infiel. 2. Cumpre ressaltar também que o trânsito em julgado da decisão proferida na Ação de Depósito atípico não constitui óbice ao afastamento de constrangimento ilegal provocado pela mesma, mormente quando utilizada a via do remédio heroico. Precedentes. 3. Ordem concedida, para afastar a cominação de prisão do ora paciente, expedindo-se o necessário salvo-conduto" (STJ, HC 45.395/DF, 4.ª Turma, Rel. Min. Jorge Scartezzini, j. 20.09.2005, *DJ* 17.10.2005, p. 295).

Sucessivamente, repise-se, pois fundamental para o capítulo, que a questão recebeu novo dimensionamento com a Emenda Constitucional 45, de 8 de dezembro de 2004, que acrescentou um § 3.º ao art. 5.º da Carta cujo teor é o seguinte: "os tratados e convenções internacionais sobre direitos humanos que forem aprovados, em cada Casa do Congresso Nacional, em dois turnos, por três quintos dos votos dos respectivos membros, serão equivalentes às emendas constitucionais".

Pela nova ordem, os tratados referentes aos direitos humanos equivalem à emenda constitucional. Assim sendo, se o Pacto de San José tivesse sido ratificado posteriormente à Constituição Federal, a conclusão seria pela revogação parcial do art. 5.º, inc. LXVII, no tocante à prisão do depositário infiel.

O problema que surgiu está relacionado ao fato de que o Pacto de San José foi retificado pelo Brasil antes da vigência da Emenda Constitucional 45. Então, surgiu dúvida a respeito do alcance da mutação constitucional quanto aos tratados internacionais celebrados antes de sua vigência, ou seja, a Emenda Constitucional 45 produziria efeitos retroativos.

Como apontado no Volume 3 da presente coleção, a resposta é positiva quanto aos efeitos retroativos da alteração do Texto Maior, pois se deve entender que a Emenda Constitucional em questão se aplica aos tratados anteriores, pois seria ilógico concluir ao contrário, eis que os tratados mais importantes sobre o tema já foram editados e ratificados pelos países democráticos, caso do Brasil.

738 | DIREITO CIVIL • VOL. 4 – *Flávio Tartuce*

Antes mesmo da promulgação da Emenda Constitucional e da entrada em vigor do Código Civil de 2002, o art. 652 do CC/2002 era criticado por doutrinadores de Direito Internacional Público, caso de Valerio de Oliveira Mazzuoli, sendo suas as seguintes palavras:

> "Sem embargo, entretanto, como vimos, a norma do art. 652 do novo Código Civil, será, desde a sua entrada em vigor (em janeiro de 2003), absolutamente inconstitucional, violadora que será do preceito do art. 5.º, LXVII, da Carta da República, modificada em sua segunda parte ('rectius': inaplicável a sua Segunda partes) pelo Pacto de San José da Costa Rica, de modo que o Decreto-lei 911/1969, mesmo com o ingresso desse novo diploma civil em vigor, continuará equiparando o devedor do contrato de alienação fiduciária a algo que continua a não existir, perpetuando-se como uma norma eternamente vazia no que toca à imposição a esse devedor da medida coativa da prisão. Somente esta saída é que resta na resolução desse futuro problema que, brevemente, virá à tona. O problema, aqui, como se vê, deixa de ser mero conflito de leis no tempo, para dar lugar a verdadeiro conflito entre leis internas e a Constituição" (MAZZUOLI, Valerio de Oliveira. *Prisão*..., 2002, p. 180).

Na linha das lições transcritas, deve-se concluir, em reforço, que os tratados internacionais anteriores à EC n. 45/2004 não necessitam de aprovação pelo Congresso Nacional, sendo tal requisito uma mera formalidade de confirmação da materialidade da convenção internacional de Direitos Humanos.

A propósito, Flávia Piovesan defendia, há tempos, que os tratados internacionais de direitos humanos, a partir da sua ratificação, já teriam força constitucional quanto ao aspecto material. "Contudo, para que os tratados de direitos humanos obtenham assento formal na Constituição, requer-se a observância do *quorum* qualificado" (PIOVESAN, Flávia. *Reforma*..., 2005, p. 48). Sintetizando as palavras da professora da PUCSP, "todos os tratados internacionais de direitos humanos são materialmente constitucionais, por força do § 2.º do art. 5.º da CF/1988 ('Os direitos e garantias expressos nesta Constituição não excluem outros decorrentes do regime e dos princípios por ela adotados, ou dos tratados internacionais em que a República Federativa do Brasil seja parte')".

Nesse contexto, parece ter razão a doutrina que sustenta estar o art. 652 do CC/2002 – que trata da prisão do depositário – eivado de inconstitucionalidade, uma vez que a prisão civil não é admitida por um tratado internacional de direitos humanos do qual o nosso País é signatário, e que tem força constitucional. A premissa sempre valeu, no meu entender, para todos os casos de depósito, inclusive no depósito atípico presente na alienação fiduciária em garantia.

Argumento contrário a esse poderia sustentar que a prisão civil por dívidas prevista no art. 5.º, inc. LXVII, da CF/1988 constituiria cláusula pétrea. Realmente é um ótimo argumento, sendo evidente a presença de uma antinomia entre dois preceitos constitucionais, eis que os tratados internacionais de direitos humanos, caso do Pacto de San José, também têm força constitucional.

No caso em questão, pode ser invocado o critério cronológico para apontar que prevalece o teor do Pacto de San José (que também "entra" no referido art. 5.º da CF/1988). Vale lembrar que essa entrada definitiva como cláusula pétrea, no aspecto material, ocorreu com a entrada em vigor da EC 45/2004.

Outro caminho é fazer uma *ponderação, sopesamento* ou *pesagem* entre os direitos fundamentais em conflito, quais sejam o direito do credor de pedir a prisão do devedor com base no art. 5.º, inc. LXVII, da CF/1988 *versus* o direito do devedor de não ser preso com fundamento no Pacto de San José (art. 5.º, § 3.º, da CF/1988). A ponderação será feita de forma contrária à prisão, entrando em cena o *princípio dos princípios*, aquele que visa proteger a dignidade da pessoa humana (art. 1.º, inc. III, da CF/1988). Também trilhando esse caminho, a prisão deve ser afastada.

Vale lembrar, por oportuno, que a técnica de ponderação passou a ser adotada expressamente pelo CPC/2015, conforme o seu art. 489, § 2.º, segundo o qual, "no caso de colisão entre normas, o juiz deve justificar o objeto e os critérios gerais da ponderação efetuada, enunciando as razões que autorizam a interferência na norma afastada e as premissas fáticas que fundamentam a conclusão".

O Tribunal de Justiça do Rio Grande do Sul, quase sempre pioneiro, vinha entendendo que não caberia a prisão do depositário infiel, no depósito convencional e voluntário, pelas mesmas razões que foram aqui apontadas:

> "Agravo de instrumento. Ação de execução. Penhora de imóvel. Depositário. Alienação de área. Descabida a vinculação do depósito do valor obtido, com a venda de parte do bem penhorado, com a possibilidade de prisão civil do depositário, ainda que infiel, uma vez que esta não mais vigora no ordenamento jurídico nacional, limitando-se a mesma apenas aos casos de inadimplência da obrigação alimentícia. EC 45 – Pacto de San José da Costa Rica. Deram provimento ao agravo de instrumento. Unânime" (TJRS, Agravo de Instrumento 70014986525, 17.ª Câmara Cível, Rel. Alexandre Mussoi Moreira, j. 28.09.2006).

Do corpo do julgado, pode-se extrair o seguinte trecho que confirma toda a tese esposada: "de acordo com o citado § 3.º, do art. 5.º, da CF/1988, a Convenção continua em vigor, com força de emenda constitucional. A regra emanada pelo dispositivo é clara no sentido de que os tratados internacionais concernentes a direitos humanos nos quais o Brasil seja parte devem ser assimilados pela ordem jurídica do país como normas de hierarquia constitucional, não se podendo olvidar que o § 1.º do art. 5.º, peremptoriamente, dispõe que '(...) *as normas definidoras dos direitos e garantias fundamentais têm aplicação imediata'.* Assim, com a redação dada pela EC 45 ao § 3.º do art. 5.º, o Pacto de San José da Costa Rica foi resgatado pela nova disposição constitucional" (destacamos). O que se percebe é que foi adotado o entendimento segundo o qual as normas que protegem a pessoa humana, previstas na Constituição Federal de 1988, têm aplicação imediata entre os particulares (*eficácia horizontal dos direitos fundamentais*).

Porém, realmente, as decisões que revolucionaram a matéria foram prolatadas pelo Pleno do Supremo Tribunal Federal, no final do ano de 2008. Revendo posicionamentos anteriores, os ministros do STF entenderam ser inconstitucional a prisão do depositário no caso de alienação fiduciária em garantia, regida pelo Decreto-lei 911/1969, ou mesmo em qualquer modalidade de depósito (STF, RE 466.343/SP e HC 87.585/TO, ambos de dezembro de 2008, publicados no *Informativo* n. *531* do STF).

No voto que acabou prevalecendo, o Ministro Gilmar Mendes conclui que "a prisão civil do depositário infiel não mais se compatibiliza com os valores supremos assegurados pelo Estado Constitucional, que não está mais voltado apenas para si mesmo, mas compartilha com as demais entidades soberanas, em contextos internacionais e supranacionais, o dever de efetiva proteção dos direitos humanos".

Assim, prevaleceu a tese de que a vedação da prisão civil, constante do Pacto de San José da Costa Rica, tem *força supralegal*, isto é, entre a Constituição Federal e as leis ordinárias, o que tira os fundamentos inferiores – nas leis ordinárias –, para a possibilidade de prisão civil do depositário. Foram ressalvados, pois vencidos, os posicionamentos dos Ministros Celso de Mello, Cezar Peluso, Ellen Gracie e Eros Grau, que entenderam que o Pacto de San José tem qualificação constitucional, conforme a tese exposta pelos autores desta

740 | DIREITO CIVIL • VOL. 4 – *Flávio Tartuce*

obra (STF, HC 87.585/TO, Rel. Min. Marco Aurélio, j. 03.12.2008). A ementa deste último julgado merece transcrição, para os devidos esclarecimentos, de acordo com a publicação no *Informativo* n. *531* do STF:

> "Em conclusão de julgamento, o Tribunal concedeu *habeas corpus* em que se questionava a legitimidade da ordem de prisão, por 60 dias, decretada em desfavor do paciente que, intimado a entregar o bem do qual depositário, não adimplira a obrigação contratual — v. Informativos n. 471, 477 e 498. Entendeu-se que a circunstância de o Brasil haver subscrito o Pacto de São José da Costa Rica, que restringe a prisão civil por dívida ao descumprimento inescusável de prestação alimentícia (art. 7.º, 7), conduz à inexistência de balizas visando à eficácia do que previsto no art. 5.º, LXVII, da CF ('não haverá prisão civil por dívida, salvo a do responsável pelo inadimplemento voluntário e inescusável de obrigação alimentícia e a do depositário infiel;'). Concluiu-se, assim, que, com a introdução do aludido Pacto no ordenamento jurídico nacional, restaram derrogadas as normas estritamente legais definidoras da custódia do depositário infiel. Prevaleceu, no julgamento, por fim, a tese do *status* de supralegalidade da referida Convenção, inicialmente defendida pelo Min. Gilmar Mendes no julgamento do RE 466343/SP, abaixo relatado. Vencidos, no ponto, os Ministros Celso de Mello, Cezar Peluso, Ellen Gracie e Eros Grau, que a ela davam a qualificação constitucional, perfilhando o entendimento expendido pelo primeiro no voto que proferira nesse recurso. O Min. Marco Aurélio, relativamente a essa questão, se absteve de pronunciamento" (STF, HC 87.585/TO, Rel. Min. Marco Aurélio, j. 03.12.2008).

Destaque-se que o entendimento do Supremo Tribunal Federal foi no sentido de não se admitir a prisão civil em qualquer modalidade de depósito, seja ele convencional ou judicial, típico ou atípico, englobando a alienação fiduciária em garantia. Conforme decisão também publicada no *Informativo* n. *531* do STF, foi cancelada a Súmula 619 do próprio STF, segundo a qual "A prisão do depositário judicial pode ser decretada no próprio processo em que se constituiu o encargo, independentemente da propositura de ação de depósito". Em suma, também no depósito judicial, a prisão civil não se coaduna com o sistema jurídico nacional (STF, HC 92.566/SP, Rel. Min. Marco Aurélio, j. 03.12.2008).

De forma sucessiva, foi editada pelo Excelso Pretório, em 16 de dezembro de 2009, a Súmula Vinculante 25, com o seguinte teor: "é ilícita a prisão civil de depositário infiel, qualquer que seja a modalidade de depósito". Fez o mesmo o Superior Tribunal de Justiça com a sua Súmula 419, *in verbis*: "descabe a prisão civil do depositário judicial infiel" (3 de março de 2010).

Desse modo, a questão se estabilizou. A infeliz prisão civil na alienação fiduciária em garantia de bem móvel foi banida da nossa realidade jurídica. Mais do que isso, não cabe a prisão civil em qualquer modalidade de depósito, incluindo o descumprimento contratual (art. 652 do CC/2002). E não poderia ser diferente, pois a prisão civil somente se justifica nos casos que envolvem o não pagamento dos alimentos. Para concluir, é de se lembrar as circunstâncias de imposição do Decreto-lei 911/1969, regulamentando o AI-5 e legitimando o Estado de exceção que imperava em nosso país.

9.4 A ALIENAÇÃO FIDUCIÁRIA EM GARANTIA DE BENS IMÓVEIS. REGRAS PREVISTAS NA LEI 9.514/1997

A encerrar o presente capítulo e também a obra, será estudada a alienação fiduciária em garantia de bens imóveis, particularmente as regras previstas na Lei 9.514/1997. Essa lei dispõe sobre o Sistema Financeiro de Habitação, tratando do instituto entre os seus arts. 22

CAP. 9 · A ALIENAÇÃO FIDUCIÁRIA EM GARANTIA | 741

a 33. A norma também sofreu alterações pela Lei 10.931/2004 (*Lei do Pacto Imobiliário*), pela Lei 11.481, de 31 de maio de 2007, pela Lei 13.465, de 11 de julho de 2017 (*Lei da Regularização Fundiária*), pela Lei 14.620/2023 e, finalmente, pela Lei 14.711/2023, que instituiu um novo *Marco Legal das Garantias* no Brasil. Como se pode perceber, não se encontrou ainda estabilidade legislativa no tratamento do tema no País e a legislação que se produz sobre o instituto é cada vez mais protetiva dos credores, sobretudo dos bancos e das instituições financeiras.

Como primeira nota de relevo, para o Superior Tribunal de Justiça, é possível a celebração de alienação fiduciária em garantia de bens imóveis por terceiros, o que amplia sobremaneira o âmbito de aplicação da Lei 9.514/1997. Nos termos de recente julgado, "é legítima a celebração de contrato de alienação fiduciária de imóvel como garantia de toda e qualquer obrigação pecuniária, podendo inclusive ser prestada por terceiros, não havendo que se cogitar de desvio de finalidade" (STJ, Ag. Int. no Ag. Rg. no AREsp 772.722/PR, 4.ª Turma, Rel. Min. Maria Isabel Gallotti, j. 18.04.2017, *DJe* 25.04.2017).

O art. 22 da Lei 9.514/1997 conceitua a alienação fiduciária em garantia de bem imóvel como sendo "o negócio jurídico pelo qual o devedor, ou fiduciante, com o escopo de garantia, contrata a transferência ao credor, ou fiduciário, da propriedade resolúvel de coisa imóvel". O conceito está de acordo com a estrutura do instituto, antes demonstrada. A norma é clara ao preceituar que a propriedade do credor fiduciário é resolúvel, pois pago o preço, geralmente de um financiamento, o devedor fiduciante consolida a propriedade em seu nome (art. 25 da Lei 9.514/1997).

Anote-se que, no âmbito da doutrina, já se entendia que não haveria qualquer óbice para que o imóvel alienado seja dado mais uma vez em garantia, pela mesma modalidade. Nesse sentido, aliás, enunciado aprovado na *V Jornada de Direito Civil*, com a seguinte redação: "estando em curso contrato de alienação fiduciária, é possível a constituição concomitante de nova garantia fiduciária sobre o mesmo bem imóvel, que, entretanto, incidirá sobre a respectiva propriedade superveniente que o fiduciante vier a readquirir, quando do implemento da condição a que estiver subordinada a primeira garantia fiduciária; a nova garantia poderá ser registrada na data em que convencionada e será eficaz desde a data do registro, produzindo efeito *ex tunc*" (Enunciado n. 506). Como se verá, o tema foi tratado pelo novo Marco Legal das Garantias (Lei 14.711/2023).

Como outrora exposto, a Lei 11.481/2007 introduziu um § 1.º ao art. 22 da lei aqui estudada prevendo que a alienação fiduciária poderá ser contratada por pessoa física ou jurídica, não sendo privativa das entidades que operam no Sistema de Financiamento Imobiliário.

A propósito dessa regra, conclui o Superior Tribunal de Justiça que, apesar de a lei tratar do Sistema Financeiro da Habitação, é possível a constituição de alienação fiduciária de bem imóvel para garantia de operação de crédito não relacionada ao citado sistema. Assim, "a lei não exige que o contrato de alienação fiduciária de imóvel se vincule ao financiamento do próprio bem, de modo que é legítima a sua formalização como garantia de toda e qualquer obrigação pecuniária, podendo inclusive ser prestada por terceiros. (...). Muito embora a alienação fiduciária de imóveis tenha sido introduzida em nosso ordenamento jurídico pela Lei n.º 9.514/1997, que dispõe sobre o Sistema Financiamento Imobiliário, seu alcance ultrapassa os limites das transações relacionadas à aquisição de imóvel" (STJ, REsp 1.542.275/MS, 3.ª Turma, Rel. Min. Ricardo Villas Bôas Cueva, j. 24.11.2015, *DJe* 02.12.2015).

Ato contínuo de estudo, além da propriedade plena, podem ser objeto de alienação fiduciária em garantia, nos termos do art. 22, § 1.º, da Lei 9.514/1997, devidamente atualizado:

I – os bens enfitêuticos, hipótese em que será exigível o pagamento do laudêmio, se houver a consolidação do domínio útil no fiduciário;

II – o direito de uso especial para fins de moradia;

III – o direito real de uso, desde que suscetível de alienação;

IV – a propriedade superficiária;

V – os direitos oriundos da imissão provisória na posse, quando concedida à União, aos Estados, ao Distrito Federal, aos Municípios ou às suas entidades delegadas, e a respectiva cessão e promessa de cessão, o que foi incluído pela Lei 14.620/2023;

VI – os bens que, não constituindo partes integrantes do imóvel, destinam-se, de modo duradouro, ao uso ou ao serviço deste, ou seja, as pertenças, tratadas pelos arts. 93 e 94 do Código Civil, também incluídos pela Lei 14.620/2023.

Nos casos envolvendo o direito real de uso e a propriedade superficiária, o direito de garantia fica limitado à duração da concessão ou do direito de superfície, caso tenham sido transferidos por período determinado (art. 22, § 2.º, da Lei 9.514/1997, incluído pela Lei 11.481/2007).

Atualizando a obra, o novo *Marco Legal das Garantias* (Lei 14.711/2023) acrescentou novos parágrafos ao art. 22, com vistas a facilitar a efetivação da alienação fiduciária de bens imóveis e a concessão de crédito no País. De início, consoante o seu novo § 3.º, passa a ser possível a *alienação fiduciária sobre propriedade superveniente*, a ser adquirida pelo fiduciante no futuro, sendo suscetível de registro no Cartório de Registro de Imóveis desde a data de sua celebração.

Essa nova alienação torna-se eficaz somente a partir do cancelamento da propriedade fiduciária anteriormente constituída. Passa a ser possível, portanto, a alienação fiduciária em garantia sobre coisa futura, ou sob condição, o que gerará muitos desafios, sobretudo por conta da insegurança que pode causar e da eventual falta de lastro econômico.

O novo § 3.º do art. 22 trata, em continuidade, da viabilidade de alienações fiduciárias sucessivas da propriedade superveniente, que poderão ser de segundo, terceiro, quarto grau e sucessivamente, outra previsão que pode gerar incertezas. Estabelece o comando que, em casos tais, as alienações anteriores terão prioridade em relação às posteriores na excussão ou execução da garantia. A norma ainda prevê que, no caso de excussão do imóvel pelo credor fiduciário anterior com alienação a terceiros, os direitos dos credores fiduciários posteriores sub-rogam-se no preço obtido, cancelando-se os registros das respectivas alienações fiduciárias. A hipótese é de sub-rogação real e legal, ou automática, que independe de qualquer ato da parte.

O credor fiduciário que pagar a dívida do devedor fiduciante comum ficará automaticamente sub-rogado no crédito e na propriedade fiduciária em garantia, nos termos do inciso I e do *caput* do art. 346 do Código Civil, segundo o qual ocorre a sub-rogação legal ou automática em favor do credor que paga a dívida do devedor comum. Essa é a regra do novo § 5.º do art. 22 da Lei 9.514/1997.

Eventual inadimplemento de quaisquer das obrigações garantidas pela propriedade fiduciária faculta ao credor declarar como vencidas as demais obrigações de que for titular garantidas pelo mesmo imóvel, hipótese de vencimento antecipado da obrigação com vistas à facilitação do recebimento do crédito. Essa regra igualmente se aplica para as situações de alienações fiduciárias sucessivas, desde que haja cláusula prevista nesse sentido no instrumento constitutivo da alienação fiduciária (art. 22, §§ 6.º, 7.º e 8.º, da Lei 9.514/1997).

CAP. 9 • A ALIENAÇÃO FIDUCIÁRIA EM GARANTIA | **743**

Ademais, como última norma a ser comentada neste livro sobre o tema, na hipótese de o fiduciário optar por exercer a faculdade do vencimento antecipado, deverá informá-lo quando da intimação do devedor (art. 22, § 9.º, da Lei 9.514/1997).

Atualizada a obra e voltando-se à estrutura da alienação fiduciária, e repetindo, há um desmembramento da posse: o dever fiduciante é possuidor direto; credor fiduciário é possuidor indireto (art. 23, parágrafo único, da Lei 9.514/1997).

O art. 23 da Lei 9.514/1997 estabelece que essa propriedade fiduciária será constituída mediante registro, no competente Registro de Imóveis, do contrato que lhe serve de título. Isso para gerar efeitos como verdadeiro direito real de garantia.

Dito de outro modo, o registro é um fator de eficácia perante terceiros, ou *erga omnes*, e, não o havendo, o negócio jurídico firmado será válido e eficaz somente em relação às suas partes, não estando presente a eficácia real. Assim tem julgado a jurisprudência, cabendo destacar o seguinte aresto: "a ausência de registro do contrato que serve de título à propriedade fiduciária no Registro de Imóveis não retira a validade do ajuste entre os contratantes, bem como não impede o credor fiduciário de, após a efetivação do registro, promover a alienação extrajudicial do bem" (STJ, EREsp 1.866.844/SP, 2.ª Seção, Rel. Min. Nancy Andrighi, Rel. p/ acórdão Min. Ricardo Villas Bôas Cueva, por maioria, j. 27.09.2023).

A exemplo do que consta do Código Civil e do Decreto-lei 911/1969, o art. 24 da Lei 9.514/1997, recentemente alterado pelo novo *Marco Legal das Garantias*, consagra os requisitos do instrumento ou contrato que serve de título ao negócio fiduciário, que envolvem a sua eficácia, a saber:

a) O valor da dívida, sua estimação ou seu valor máximo, tendo sido o inciso alterado pela Lei 14.711/2023, para constar a possibilidade de previsão do montante que não seja o exato, em prol do credor.

b) O prazo e as condições de reposição do empréstimo ou do crédito do fiduciário.

c) A taxa de juros e os encargos incidentes.

d) A cláusula de constituição da propriedade fiduciária, com a descrição do imóvel objeto da alienação fiduciária e a indicação do título e modo de aquisição.

e) A cláusula que assegure ao devedor fiduciante a livre utilização, por sua conta e risco, do imóvel objeto da alienação fiduciária, exceto a hipótese de inadimplência, dispositivo que sofreu um ajuste redacional pela Lei 14.711/2023.

f) A indicação, para efeito de venda em público leilão, do valor do imóvel e dos critérios para a respectiva revisão.

g) A cláusula dispondo sobre todos os procedimentos em favor do credor, inclusive os extrajudiciais, norma que também sofreu simples modificação para se adaptar ao novo *Marco Legal das Garantias* (Lei 14.711/2023).

A Lei 13.465/2017 acrescentou um parágrafo único à norma, estabelecendo que, caso o valor do imóvel convencionado pelas partes no contrato seja inferior ao utilizado pelo órgão competente como base de cálculo para a apuração do imposto sobre transmissão *inter vivos*, exigível por força da consolidação da propriedade em nome do credor fiduciário, este último será o valor mínimo para efeito de venda do imóvel no primeiro leilão. O objetivo da introdução do preceito é evitar que o bem seja leiloado por valor bem inferior ao real, gerando enriquecimento sem causa e onerosidade excessiva ao devedor, tema que ainda será aqui abordado.

Como mencionado, com o pagamento da dívida e seus encargos, resolve-se, nos termos do art. 25, *caput*, da lei, a propriedade fiduciária do imóvel. Nos termos do § 1.º do dispositivo, modificado pela Lei 14.711/2023, no prazo de trinta dias, contado da data de liquidação da dívida, o credor fiduciário fornecerá o termo de quitação ao devedor e, se for o caso, ao terceiro fiduciante. Ademais, consoante o novo § 1.º-A do preceito, o não fornecimento do termo de quitação nesse prazo de trinta dias acarretará multa ao credor fiduciário equivalente a 0,5% (meio por cento) ao mês, ou fração, sobre o valor do contrato, que se reverterá em favor daquele a quem o termo não tiver sido disponibilizado no referido prazo. Entendo que a última regra veio em boa hora, com vistas a evitar o abuso de direito por parte do credor, em consonância com a boa-fé objetiva.

Em continuidade, sendo apresentado esse termo de quitação, o oficial do competente Registro de Imóveis efetuará o cancelamento do registro da propriedade fiduciária (art. 25, § 2.º, da Lei 9.514/1997).

Seguindo, conforme o art. 26 da Lei 9.514/1997, vencida e não paga, no todo ou em parte, a dívida e constituído em mora o devedor fiduciante ou o terceiro fiduciante, consolidar-se-á a propriedade do imóvel em nome do fiduciário. Os parágrafos do dispositivo regulamentam essa consolidação, tendo recebido nova disciplina pelas Leis 10.931/2004, 13.043/2014, 13.465/2017 e 14.711/2023, visando a facilitar o procedimento, em prol dos interesses dos credores, para facilitar a concessão de crédito no Brasil e gerar uma suposta e eventual redução de juros no futuro.

Em primeiro lugar, o devedor fiduciante e, se for o caso, o terceiro fiduciante garantidor – figura incluída pela nova lei de 2023 – serão intimados, a requerimento do credor fiduciário, pelo oficial do competente Cartório de Registro de Imóveis, para satisfazer, no prazo de quinze dias, a prestação vencida e aquelas que vencerem até a data do pagamento, os juros convencionais, as penalidades – caso das multas obrigacionais – e os demais encargos contratuais, os encargos legais, inclusive os tributos, as contribuições condominiais imputáveis ao imóvel e as despesas de cobrança e de intimação (art. 26, § 1.º, da Lei 9.514/1997, na redação dada pela Lei 14.711/2023).

Conforme tese anterior, firmada pela Segunda Seção do STJ, em julgamento de incidente de recursos repetitivos, "1 – o tabelião, antes de intimar o devedor por edital, deve esgotar os meios de localização, notadamente por meio do envio de intimação por via postal, no endereço fornecido por aquele que procedeu ao apontamento do protesto; 2 – é possível, à escolha do credor, o protesto de cédula de crédito bancário garantida por alienação fiduciária, no tabelionato em que se situa a praça de pagamento indicada no título ou no domicílio do devedor" (STJ, REsp 1.398.356/MG, 2.ª Seção, Rel. Min. Paulo de Tarso Sanseverino, Rel. p/ acórdão Min. Luis Felipe Salomão, j. 24.02.2016, *DJe* 30.03.2016).

Vale lembrar que, com o CPC/2015, tal decisão tem força vinculativa para as decisões de primeira e segunda instância, conforme o seu art. 489, § 1.º, inc. VI, por constituir jurisprudência consolidada. Penso que tal entendimento deve ser mantido, mesmo com a alteração da norma em 2023.

Ademais, a Lei 14.711/2023 incluiu no art. 26 um § 1.º-A, segundo o qual, na hipótese de haver imóveis localizados em mais de uma circunscrição imobiliária em garantia da mesma dívida, a intimação para purgação da mora poderá ser requerida a qualquer um dos registradores competentes. Uma vez realizada essa notificação, importará em cumprimento do requisito de intimação em todos os procedimentos de excussão ou execução, desde que informe a totalidade da dívida e dos imóveis passíveis de consolidação de propriedade. Mais uma vez, como se nota, o objetivo do novo Marco Legal das Garantias foi de facilitar os procedimentos.

Seguindo no estudo do instituto, está previsto na lei que o próprio instrumento do negócio poderá estabelecer o prazo de carência após o qual será expedida a intimação (art.

26, § 2.º, da Lei 9.514/1997, na redação dada pela Lei 14.711/2023). Quando não for estabelecido esse prazo de carência no contrato de alienação fiduciária, ele será de quinze dias (novo § 2.º-A do art. 26 da Lei 9.514/1997).

Também como nova redação, o § 3.º do art. 26 preceitua que a intimação será feita pessoalmente ao devedor e, se for o caso, ao terceiro fiduciante, que por esse ato serão cientificados de que, se a mora não for purgada no prazo legal, a propriedade será consolidada no patrimônio do credor e o imóvel será levado a leilão. Nessa hipótese, a intimação poderá ser promovida por solicitação do oficial do registro de imóveis, por oficial de registro de títulos e documentos da Comarca da situação do imóvel ou do domicílio de quem deva recebê-la, ou pelo correio, com aviso de recebimento.

Quando o devedor ou, se for o caso, o terceiro fiduciante, o cessionário, o representante legal ou o procurador regularmente constituído encontrar-se em local ignorado, incerto ou inacessível, o fato será certificado pelo serventuário encarregado da diligência e informado ao oficial de registro de imóveis. Essa, à vista da certidão, promoverá a intimação por edital publicado pelo período mínimo de três dias em jornal de maior circulação local ou em jornal de Comarca de fácil acesso, se o local não dispuser de imprensa diária, contado o prazo para purgação da mora da data da última publicação do edital (art. 26, § 4.º, da Lei 9.514/1997, também com nova redação dada pela Lei 14.711/2023).

Em continuidade de estudo, a nova norma estabelece que é responsabilidade do devedor fiduciário e, se for o caso, do terceiro fiduciante informar ao credor fiduciário sobre a alteração de seu domicílio (art. 26, § 4.º-A, da Lei 9.514/1997). Presume-se que o devedor e, se for o caso, o terceiro fiduciante encontram-se em lugar ignorado quando não forem encontrados no local do imóvel dado em garantia nem no endereço que tenham fornecido por último, observado que, na hipótese de o devedor ter fornecido contato eletrônico no contrato, é imprescindível o envio da intimação por essa via com, no mínimo, quinze dias de antecedência da realização de intimação edilícia (art. 26, § 4.º-B, da Lei 9.514/1997, incluído pela Lei 14.711/2023).

São considerados pela nova lei como lugar inacessível: *a)* aquele em que o funcionário responsável pelo recebimento de correspondência se recuse a atender a pessoa encarregada pela intimação; ou *b)* aquele em que não haja funcionário responsável pelo recebimento de correspondência para atender a pessoa encarregada pela intimação (art. 26, § 4.º-B, da Lei 9.514/1997, incluído pela Lei 14.711/2023).

Havia entendimento anterior do Superior Tribunal de Justiça no sentido de que, em alienação fiduciária de bem imóvel (Lei n. 9.514/1997), é nula a intimação do devedor para oportunizar a purgação de mora realizada por meio de carta com aviso de recebimento quando esta for recebida por pessoa desconhecida e alheia à relação jurídica. Vejamos o trecho principal desse acórdão:

> "Como se vê, o referido artigo é claro: a intimação do devedor deve ser pessoal. O dispositivo esclarece, ainda, que essa intimação pessoal pode ser realizada de três maneiras: a) por solicitação do oficial do Registro de Imóveis; b) por oficial de Registro de Títulos e Documentos da comarca da situação do imóvel ou do domicílio de quem deva recebê-la; ou c) pelo correio, com aviso de recebimento. Nesse contexto, verifica-se que o fato de a Lei n. 9.514/1997 ter atribuído ao credor a escolha da forma pela qual o devedor será constituído em mora não exclui a exigência de que a intimação seja pessoal. De fato, a necessidade de intimação pessoal decorre da previsão constitucional da propriedade como direito fundamental (art. 5.º, XXII, da CF), o que torna justificável a exigência de um tratamento rigoroso ao procedimento que visa desapossar alguém (devedor) desse direito

essencial. Ressalta-se, inclusive, a existência de entendimento doutrinário no sentido de que a intimação deve, em regra, ser realizada nas duas primeiras modalidades deferidas pela lei e apenas excepcionalmente pelo correio, meio pelo qual, no entender dessa vertente doutrinária, reveste-se de menor segurança. Além disso, convém atentar para a jurisprudência do STJ que considera indispensável a intimação pessoal da parte da data designada para os leilões do imóvel em processo de execução (REsp 1.447.687/DF, Terceira Turma, *DJe* 8/9/2014; REsp 1.115.687/SP, Terceira Turma, *DJe* 2/2/2011; REsp 1.088.922/CE, Primeira Turma, *DJe* 4/6/2009). Ora, se a intimação para a data dos leilões, que é ato posterior, deve ser pessoal, com muito mais razão ser exigida a intimação pessoal no início do procedimento, quando há a oportunidade de purgação da mora e a consequente possibilidade de manutenção do contrato" (STJ, REsp 1.531.144/PB, Rel. Min. Moura Ribeiro, j. 15.03.2016, *DJe* 28.03.2016).

Parece-me que as recentes alterações legislativas não têm o condão de afastar esse entendimento jurisprudencial anterior, sendo a notificação pessoal do devedor – ou agora do terceiro fiduciante – a regra ou premissa geral na alienação fiduciária de bens imóveis.

Pontue-se que a recente Lei 13.465/2017 já havia acrescentado novos procedimentos para facilitar a intimação pessoal do devedor, com o fito de consolidar a propriedade em nome do credor. Desse modo, conforme o § 3.º-A do art. 26, quando, por duas vezes, o oficial de Registro de Imóveis ou de Registro de Títulos e Documentos ou o serventuário por eles credenciado houver procurado o intimando em seu domicílio ou residência sem o encontrar, deverá, havendo suspeita motivada de ocultação, intimar qualquer pessoa da família ou, em sua falta, qualquer vizinho de que, no dia útil imediato, retornará ao imóvel, a fim de efetuar a intimação, na hora que designar, aplicando-se subsidiariamente o disposto nos arts. 252, 253 e 254 do Código de Processo Civil em vigor. Abre-se, assim, a possibilidade de *citação por hora certa* do devedor fiduciante, o que não tinha previsão anterior.

Conforme o primeiro dispositivo instrumental mencionado, repetindo exatamente o texto da lei específica, "quando, por 2 (duas) vezes, o oficial de justiça houver procurado o citando em seu domicílio ou residência sem o encontrar, deverá, havendo suspeita de ocultação, intimar qualquer pessoa da família ou, em sua falta, qualquer vizinho de que, no dia útil imediato, voltará a fim de efetuar a citação, na hora que designar. Parágrafo único. Nos condomínios edilícios ou nos loteamentos com controle de acesso, será válida a intimação a que se refere o *caput* feita a funcionário da portaria responsável pelo recebimento de correspondência" (art. 252 do CPC/2015). O parágrafo único do comando processual foi igualmente incluído na Lei 9.514/1997, compondo o § 3.º-B do seu art. 26, mais uma vez com o objetivo de facilitação dos procedimentos.

Consoante o art. 253 do CPC/2015, aplicável subsidiariamente ao procedimento previsto para a alienação fiduciária de imóveis, no dia e na hora designados, o oficial de justiça, independentemente de novo despacho, comparecerá ao domicílio ou à residência do citando a fim de realizar a diligência. Se o citando não estiver presente, o oficial de justiça procurará informar-se das razões da ausência, dando por feita a citação, ainda que o citando se tenha ocultado em outra Comarca, Seção ou Subseção Judiciárias (§ 1.º). A citação com hora certa será efetivada mesmo que a pessoa da família ou o vizinho que houver sido intimado esteja ausente, ou se, embora presente, a pessoa da família ou o vizinho se recusar a receber o mandado (§ 2.º). Da certidão da ocorrência, o oficial de justiça deixará contrafé com qualquer pessoa da família ou vizinho, conforme o caso, declarando-lhe o nome (§ 3.º). O oficial de justiça fará constar do mandado a advertência de que será nomeado curador especial se houver revelia (§ 4.º).

Feita a citação com hora certa, o escrivão ou chefe de secretaria enviará ao réu, executado ou interessado, no prazo de 10 (dez) dias, contado da data da juntada do mandado

CAP. 9 • A ALIENAÇÃO FIDUCIÁRIA EM GARANTIA | 747

aos autos, carta, telegrama ou correspondência eletrônica, dando-lhe de tudo ciência. É o que estabelece o art. 254 do CPC/2015, aplicável ao procedimento previsto no art. 26 da Lei 9.514/1997.

Sendo purgada a mora no Registro de Imóveis, volta a ter eficácia a alienação fiduciária, com todos os seus efeitos jurídicos (art. 26, § 5.º, da Lei 9.514/1997). A lei utiliza o termo *convalescerá* a alienação fiduciária. Porém, na minha opinião, a expressão destacada é mal empregada, uma vez que, de acordo com a melhor técnica civilística, diz ela respeito ao retorno da validade do ato ou negócio pela não propositura da ação de invalidade no prazo previsto em lei. Na espécie, o que se tem não é o retorno da validade do negócio, mas de sua eficácia.

Seguindo nos estudos, ocorrendo essa purgação da mora, nos moldes do art. 401, inc. II, do CC/2002, o oficial do Registro de Imóveis, nos três dias seguintes, entregará ao credor fiduciário as importâncias recebidas, deduzidas as despesas de cobrança e de intimação (art. 26, § 6.º, da Lei 9.514/1997).

Pontue-se que o Superior Tribunal de Justiça vinha entendendo pela possibilidade anterior de purgação da mora mesmo que já consolidada a propriedade do imóvel dado em garantia em nome do credor fiduciário, até a assinatura do auto de arrematação, a purgação da mora. Conforme publicação constante do *Informativo* n. *552* da Corte:

"No caso de inadimplemento da obrigação, o devedor terá quinze dias para purgar a mora. Caso não o faça, a propriedade do bem se consolida em nome do credor fiduciário, que pode, a partir daí, buscar a posse direta do bem e deve, em prazo determinado, aliená-lo nos termos dos arts. 26 e 27 da Lei 9.514/1997. No entanto, apesar de consolidada a propriedade, não se extingue de pleno direito o contrato de mútuo, uma vez que o credor fiduciário deve providenciar a venda do bem, mediante leilão, ou seja, a partir da consolidação da propriedade do bem em favor do agente fiduciário, inaugura-se uma nova fase do procedimento de execução contratual. Portanto, no âmbito da alienação fiduciária de imóveis em garantia, o contrato, que serve de base para a existência da garantia, não se extingue por força da consolidação da propriedade, mas, sim, pela alienação em leilão público do bem objeto da alienação fiduciária, a partir da lavratura do auto de arrematação. Feitas essas considerações, constata-se, ainda, que a Lei 9.514/1997, em seu art. 39, II, permite expressamente a aplicação subsidiária das disposições dos arts. 29 a 41 do Decreto-lei 70/1966 aos contratos de alienação fiduciária de bem imóvel. Nesse ponto, cumpre destacar que o art. 34 do Decreto-lei 70/1966 diz que 'É lícito ao devedor, a qualquer momento, até a assinatura do auto de arrematação, purgar o débito'. Desse modo, a purgação da mora até a arrematação não encontra nenhum entrave procedimental, tendo em vista que o credor fiduciário – nos termos do art. 27 da Lei 9.514/1997 – não incorpora o bem alienado em seu patrimônio, que o contrato de mútuo não se extingue com a consolidação da propriedade em nome do fiduciário e, por fim, que a principal finalidade da alienação fiduciária é o adimplemento da dívida e a ausência de prejuízo para o credor. Além disso, a purgação da mora até a data da arrematação atende a todas as expectativas do credor quanto ao contrato firmado, visto que o crédito é adimplido" (STJ, REsp 1.462.210/RS, Rel. Min. Ricardo Villas Bôas Cueva, j. 18.11.2014).

Porém, com a alteração feita pela Lei 13.465/2017, o Superior Tribunal de Justiça passou a entender de forma contrária. Nos termos de acórdão publicado no ano de 2020:

"Segundo o entendimento do STJ, a purgação da mora, nos contratos de mútuo imobiliário com garantia de alienação fiduciária, submetidos à disciplina da Lei n. 9.514/1997, é admitida no prazo de 15 (quinze) dias, conforme previsão do art. 26, § 1.º, da lei de regência, ou a qualquer tempo, até a assinatura do auto de arrematação, com base no art. 34 do Decreto-Lei n. 70/1966, aplicado subsidiariamente às operações de financiamento imobiliário relativas à Lei n. 9.514/1997. Sobrevindo a Lei n. 13.465, de 11/07/2017, que introduziu no art. 27 da Lei n. 9.514/1997 o § 2.º-B, não se cogita mais da aplicação subsidiária do Decreto-Lei n. 70/1966, uma vez que, consolidada a propriedade fiduciária em nome do credor fiduciário, descabe ao devedor fiduciante a purgação da mora, sendo-lhe garantido apenas o exercício do direito de preferência na aquisição do bem imóvel objeto de propriedade fiduciária. Desse modo: i) antes da entrada em vigor da Lei n. 13.465/2017, nas situações em que já consolidada a propriedade e purgada a mora nos termos do art. 34 do Decreto-Lei n. 70/1966 (ato jurídico perfeito), impõe-se o desfazimento do ato de consolidação, com a consequente retomada do contrato de financiamento imobiliário; ii) a partir da entrada em vigor da lei nova, nas situações em que consolidada a propriedade, mas não purgada a mora, é assegurado ao devedor fiduciante tão somente o exercício do direito de preferência previsto no § 2.º-B do art. 27 da Lei n. 9.514/1997" (STJ, REsp 1.649.595/RS, 3.ª Turma, Rel. Min. Marco Aurélio Bellizze, j. 13.10.2020, *DJe* 16.10.2020).

Esse é o entendimento a ser adotado no momento, para os devidos fins práticos, estando também de acordo com o novo tratamento da Lei 14.711/2023, excessivamente protetiva do credor.

O § 7.º do art. 26 foi alterado pela Lei 10.931/2004. O dispositivo anterior previa que, decorrido o prazo de 15 dias, sem a purgação da mora, o oficial do competente Registro de Imóveis promoveria à vista da prova do pagamento do imposto de transmissão *inter vivos* pelo credor fiduciário, o registro, na matrícula do imóvel, da consolidação da propriedade em nome deste último.

A nova redação utiliza o termo *averbação*, expressão que está de acordo com a melhor técnica registral. Além disso, faz menção ao pagamento de eventual laudêmio, valor percentual devido ao proprietário no caso de transmissão da enfiteuse. Espanta-nos essa última previsão, pois o Código Civil em vigor não só baniu a enfiteuse como proibiu a cobrança de laudêmio em qualquer caso (art. 2.038 do CC/2002).

Finalizando os procedimentos quanto à consolidação da propriedade, prevê o § 8.º do art. 26, também incluído pela Lei 10.931/2004, que o devedor fiduciante pode, com a anuência do credor fiduciário, dar seu direito eventual ao imóvel em pagamento da dívida, dispensados os procedimentos previstos no art. 27 desta lei.

Cabe acrescentar que a Lei 13.465/2017 incluiu um art. 26-A na Lei 9.514/1994, prevendo que todos os procedimentos de cobrança, purgação de mora e consolidação da propriedade fiduciária relativos às operações de financiamento habitacional, inclusive as operações do *Programa Minha Casa, Minha Vida*, com recursos advindos da integralização de cotas no Fundo de Arrendamento Residencial (FAR), se sujeitariam às normas especiais estabelecidas no art. 26 da norma específica.

Porém, houve modificação também desse comando em 2023, pelo novo *Marco Legal das Garantias*, passando a prever que "os procedimentos de cobrança, purgação de mora, consolidação da propriedade fiduciária e leilão decorrentes de financiamentos para aquisição ou construção de imóvel residencial do devedor, exceto as operações do sistema de consórcio de que trata a Lei n.º 11.795, de 8 de outubro de 2008, estão sujeitos às normas especiais estabelecidas neste artigo". Com a modificação, os procedimentos em estudo passam a incidir também para os imóveis adquiridos pelo programa social *Minha Casa, Minha Vida*.

Feita essa nota, continua previsto que a consolidação da propriedade em nome do credor fiduciário será averbada no registro de imóveis trinta dias após a expiração do prazo para purgação da mora (§ 1.º do art. 26-A da Lei 9.514/1997).

Ademais, até a data da averbação da consolidação da propriedade fiduciária, é assegurado ao devedor fiduciante ou ao terceiro fiduciante pagar as parcelas da dívida vencidas e as despesas contratuais, hipótese em que convalescerá a alienação fiduciária (§ 2.º). Mais uma vez, penso que o termo *convalescerá* foi mal-empregado, pois, tecnicamente, ele diz respeito ao retorno da validade do ato ou negócio pela não propositura da ação de invalidade no prazo previsto em lei. Na espécie, o que se tem não é o retorno da validade do contrato, mas de sua eficácia.

A Lei 14.711/2023 incluiu três novos parágrafos nesse art. 26-A da Lei 9.514/1997, mais uma vez para facilitar os procedimentos para o credor, em casos de inadimplemento.

No segundo leilão, será aceito o maior lance oferecido, desde que seja igual ou superior ao valor integral da dívida garantida pela alienação fiduciária mais antiga vigente sobre o bem, das despesas, inclusive emolumentos cartorários, dos prêmios de seguro, dos encargos legais, inclusive tributos, e das contribuições condominiais (§ 3.º).

Entretanto, se no segundo leilão não houver lance que atenda a esse referencial mínimo para arrematação, a dívida será considerada extinta, com recíproca quitação, hipótese em que o credor ficará investido da livre disponibilidade do bem (§ 4.º). A extinção da dívida no excedente ao referencial mínimo para arrematação configura condição resolutiva inerente à dívida e, por isso, estende-se às hipóteses em que o credor tenha preferido o uso da via judicial para executar a dívida (§ 5.º).

Seguindo no estudo dos procedimentos e suas intricadas regras, cada vez mais em prol dos credores, uma vez consolidada a propriedade em seu nome, o credor fiduciário, no prazo de 60 dias, contado da data do registro da consolidação, promoverá leilão público para a alienação do imóvel (art. 27, *caput*, da Lei 9.514/1997). Vale destacar que a Lei 14.711/2023 aumentou esse prazo, que antes era de trintas dias.

Conforme enunciado doutrinário aprovado na *V Jornada de Direito Civil,* "do leilão, mesmo que negativo, a que se refere o art. 27 da Lei n.º 9.514/1997, será lavrada ata que, subscrita pelo leiloeiro, poderá ser averbada no Registro de Imóveis competente, sendo a transmissão da propriedade do imóvel levado a leilão formalizada mediante contrato de compra e venda" (Enunciado n. 511). Penso que esse entendimento doutrinário será mantido, mesmo com as recentes alterações legislativas.

Em complemento, consoante o Enunciado n. 15 da *I Jornada de Direito Notarial e Registral* (2022), a respeito da frustração dos leilões, "no procedimento de execução extrajudicial de bens alienados fiduciariamente, ocorrendo dois leilões negativos, deve-se averbar esse fato na matrícula do imóvel". Trata-se de outra ementa doutrinária que tem importantes repercussões práticas, diante das restrições que passam a constar a respeito do imóvel.

Ainda, conforme o Enunciado n. 591, aprovado na *VII Jornada de Direito Civil,* de setembro de 2015 e também mantido, a ação de reintegração de posse nos contratos de alienação fiduciária em garantia de coisa imóvel pode ser proposta a partir da consolidação da propriedade do imóvel em poder do credor fiduciário, e não apenas após os leilões judiciais previstos no art. 27 da Lei 9.514/1997. E não poderia ser diferente, pois a partir dessa consolidação do domínio passa o credor a ter a posse indireta que enseja a legitimidade para a citada demanda possessória.

Sigo o entendimento doutrinário no sentido de não haver outra opção a favor do credor fiduciário que não seja a consolidação da propriedade e o posterior leilão do bem, o que tem relação com a natureza jurídica da alienação fiduciária, como direito real de garantia sobre coisa própria. Em dissertação de mestrado defendida na PUCSP, sob a orientação da

DIREITO CIVIL • VOL. 4 – *Flávio Tartuce*

Professora Maria Helena Diniz, André Borges de Carvalho Barros adverte, na mesma linha por mim seguida e com lições preciosas:

> "Devemos ponderar que nos clássicos direitos reais de garantia (exemplo: hipoteca e penhor), a responsabilidade pelo pagamento da dívida incide sobre todo o patrimônio do devedor, tendo o credor a faculdade de penhorar o bem gravado (preferindo a outros credores) ou outro bem do patrimônio do devedor (sem preferência).
>
> Se optar pela expropriação do bem gravado, e o valor arrecadado não for suficiente para quitar a dívida e as despesas judiciais, o devedor continuará obrigado, respondendo pessoalmente pelo restante. Deste modo, o credor poderá prosseguir na execução da dívida tendo por objeto o restante do patrimônio do devedor (artigo 1.430 do Código Civil).
>
> Por outro lado, na alienação fiduciária de bem imóvel, não se admite que a execução recaia sob o patrimônio do devedor, devendo o credor promover o leilão do bem alienado. Tanto é assim que, se na realização dos leilões não for oferecido lance superior ou igual ao valor do débito, o credor ficará com o bem em definitivo e a dívida será considerada como extinta (artigo 27, parágrafos 2.º e 5.º da Lei 9.514/97).
>
> A explicação para a distinção é simples e se baseia na teoria do patrimônio de afetação. Na alienação fiduciária, o bem oferecido em garantia deixa de pertencer ao patrimônio do devedor e passa a compor um patrimônio distinto, sobre o qual recai a responsabilidade civil. Rompe-se, desta forma, o princípio da responsabilidade patrimonial, previsto no artigo 591 do Código de Processo Civil, pelo qual o devedor responde com seu patrimônio pelas suas dívidas" (BARROS, André Borges de Carvalho. Alienação fiduciária..., 2010, p. 165).

Na sequência, André Barros explica a estrutura da alienação fiduciária em garantia sob a perspectiva dos patrimônios do devedor fiduciante e do credor fiduciário; bem como do patrimônio que se encontra afetado para a dívida. Leciona ele "que o patrimônio de afetação é apenas um patrimônio especial titularizado pelo fiduciário. Desta forma, enquanto o débito integra o patrimônio do devedor, a responsabilidade civil integra o patrimônio do próprio credor". A presença dessa responsabilidade faz com o que o credor tenha um dever de consolidação da propriedade e de posterior execução extrajudicial do bem. Assim, não se pode falar em uma opção dada ao credor fiduciário, de execução dos bens do devedor fiduciante.

Por outra via, também segundo ele, "de acordo com a teoria objetiva, o patrimônio de afetação tem sua existência vinculada exclusivamente a uma função (não está vinculado a um titular). Assim, enquanto o débito integra o patrimônio do devedor, a responsabilidade civil incide sobre o patrimônio de afetação". Essa estrutura acaba por afastar a possibilidade de execução pessoal sobre os bens do devedor da dívida garantida, ou de outros garantidores, como ele bem arremata:

> "Portanto, independentemente da doutrina adotada para explicação do patrimônio de afetação, resta evidente que a constituição da propriedade fiduciária mediante registro do contrato de alienação representa uma dupla garantia. Para o credor, a garantia é de que não correrá o risco de ter prejuízo, pois a afetação do bem gera preferência absoluta no pagamento da dívida.
>
> Para o devedor, a garantia é representada pela proteção do restante do seu patrimônio que fica a salvo da dívida. Nada mais justo, posto que já se desfez, desde o início da relação jurídica, de parte de seu patrimônio para garantir o cumprimento da obrigação assumida. Entendemos que esta interpretação consagra o princípio da função social da propriedade e do contrato, legitimando a estrutura da alienação fiduciária em garantia" (BARROS, André Borges de Carvalho. Alienação fiduciária..., 2010, p. 166-167).

Vale deixar clara a sua principal afirmação, que conta com o meu total apoio doutrinário: na alienação fiduciária de imóvel, há uma garantia ao devedor fiduciante, representada pela proteção do restante do seu patrimônio, que fica a salvo da dívida, a ser reputada extinta após a execução da garantia.

Retornando-se aos procedimentos, se, no primeiro leilão, o maior lance oferecido for inferior ao valor do imóvel, estipulado na forma do inciso VI e do parágrafo único do art. 24 da lei específica, será realizado o segundo leilão, nos 15 dias seguintes (art. 27, § 1.º, da Lei 9.514/1997). A norma foi alterada pela Lei 13.465/2017, mencionando agora o novo parágrafo único do art. 24, com o objetivo de evitar que o valor fixado seja muito abaixo do real, como se verá a seguir.

A Lei 14.711/2023 alterou as regras sobre o segundo leilão, para facilitá-lo, não só no § 2.º do art. 27, mas também em suas alíneas. Tudo, mais uma vez, para facilitar o recebimento da dívida pelo credor, supostamente facilitando a concessão de crédito no País e reduzindo os juros no futuro.

Assim, no segundo leilão, será aceito o maior lance oferecido, desde que seja igual ou superior ao valor integral da dívida garantida pela alienação fiduciária, das despesas, inclusive emolumentos cartorários, dos prêmios de seguro, dos encargos legais, incluindo tributos, e das contribuições condominiais. Em casos tais, o credor fiduciário – caso não haja lance que alcance referido valor – poderá aceitar, a seu exclusivo critério, lance que corresponda a, pelo menos, metade do valor de avaliação do bem. Tudo isso está na nova redação do § 2.º do art. 27 da Lei 9.514/1197. Entendo que essa menção à metade do valor da avaliação do bem, como valor referencial, é criticável, e que poderá ser debatida no futuro, no âmbito do Poder Judiciário, pois poderá ocasionar situações de onerosidade excessiva, enriquecimento sem causa e desproporção negocial.

As datas, os horários e os locais dos leilões serão comunicados ao devedor e, se for o caso, ao terceiro fiduciante, por meio de correspondência dirigida aos endereços constantes do contrato, inclusive ao endereço eletrônico (art. 27, § 2.º-A, da Lei 9.514/1997). Atende-se ao dever anexo de informação, relativo à boa-fé objetiva, admitindo-se, em boa hora, a intimação digital. Na minha opinião doutrinária, apesar de a lei não mencionar, a comunicação deve ser feita pelo credor fiduciário.

Ademais, após a averbação da consolidação da propriedade fiduciária no patrimônio do credor fiduciário e até a data da realização do segundo leilão, é assegurado ao devedor fiduciante o direito de preferência ou *preempção* para adquirir o imóvel.

Essa preferência ou prelação legal deverá abranger o preço correspondente ao valor da dívida, somado às despesas, aos prêmios de seguro, aos encargos legais, às contribuições condominiais, aos tributos, inclusive os valores correspondentes ao imposto sobre transmissão *inter vivos* e ao laudêmio, se for o caso, pagos para efeito de consolidação da propriedade fiduciária no patrimônio do credor fiduciário, e às despesas inerentes aos procedimentos de cobrança e leilão. Nessa situação, incumbirá também ao devedor fiduciante o pagamento dos encargos tributários e das despesas exigíveis para a nova aquisição do imóvel, inclusive das custas e dos emolumentos (art. 27, § 2.º-B, da Lei 9.514/1997, na redação dada pela Lei 14.711/2023).

Apesar de a lei, anterior e atual, não mencionar, o que já é um erro lamentável e que pode gerar confusão na prática, a citada preferência é em *igualdade de condições*, como ocorre em outras situações previstas em lei.

Em continuidade, também lamentavelmente, a lei não prevê a consequência caso o devedor fiduciante seja preterido em tal direito de preferência, o que é outra séria falha. Penso que, em casos tais, aplica-se por analogia o art. 504 do Código Civil, podendo ele exigir a adjudicação da coisa, com o pagamento de todos esses valores. Isso porque a categoria do condomínio é a mais próxima da alienação fiduciária em garantia. O prazo para tanto é decadencial de 180 dias, a contar da ciência da venda a terceiro.

Para fins desses leilões, a lei considera como *dívida* o saldo devedor da operação de alienação fiduciária, na data da sua realização, nele incluídos os juros convencionais, as penalidades e os demais encargos contratuais. Considera como *despesas* a soma das importâncias correspondentes aos encargos e às custas de intimação e daquelas necessárias à realização do leilão público, compreendidas as relativas aos anúncios e à comissão do leiloeiro. E, como *encargos do imóvel*, os prêmios de seguro e os encargos legais, inclusive tributos e contribuições condominiais. É o que consta do § 3.º do art. 27 da Lei 9.514/1997, na redação dada pela Lei 14.711/2023, dispositivo de caráter esclarecedor e prático.

Ainda quanto ao leilão, nos cinco dias que se seguirem à venda do imóvel nesse ato extrajudicial, o credor entregará ao devedor fiduciante a importância que sobejar ou sobrar, nela compreendido o valor da indenização de benfeitorias, depois de deduzidos os valores da dívida, das despesas e dos encargos, o que importará em recíproca quitação. Nessa atual redação do comando, o seu trecho final prevê que não se aplica o disposto na parte final do art. 516 do Código Civil (art. 27, § 4.º, da Lei 9.514/1997, na redação da Lei 14.711/2023). Não incide, assim, a regra relativa à *preempção* ou *prelação convencional*, segundo a qual direito de preempção caducará, se a coisa for imóvel, não se exercendo nos sessenta dias subsequentes à data em que o comprador tiver notificado o vendedor. Causa estranheza a inclusão dessa previsão, uma vez que a *preempção* ou *preferência convencional* depende de previsão no instrumento negocial.

Entretanto, se no segundo leilão não houver lance que atenda ao referencial mínimo para arrematação estabelecido no § 2.º do mesmo comando – metade do valor da avaliação do bem –, o credor fiduciário ficará investido na livre disponibilidade do imóvel e exonerado da obrigação da devolução das quantias por último mencionadas (art. 27, § 5.º, da Lei 9.514/1997, na redação da Lei 14.711/2023). Mais uma vez entendo que a menção à metade do valor do bem pode traduzir onerosidade excessiva, enriquecimento sem causa e situações de injustiça para o devedor, tema que será objeto de intenso debate no futuro, sobretudo no âmbito do Poder Judiciário.

Foi também incluído um novo § 5.º-A na última regra, segundo o qual, se o produto do leilão não for suficiente para o pagamento integral do montante da dívida, das despesas e dos encargos, o devedor fiduciante continuará obrigado pelo pagamento do saldo remanescente, que poderá ser cobrado por meio de ação de execução. Se for o caso, caberá também a excussão ou execução das demais garantias da dívida, ressalvada a hipótese de extinção do saldo devedor remanescente.

Segundo o Superior Tribunal de Justiça, a partir do momento em que ocorre a alienação do imóvel, estando a dívida extinta, é que se considera devida a taxa de ocupação, na hipótese em que frustrados os públicos leilões promovidos pelo fiduciário, para a alienação do bem objeto de alienação fiduciária no âmbito do Sistema Financeiro da Habitação (STJ, REsp 1.401.233/RS, Rel. Min. Paulo de Tarso Sanseverino, j. 17.11.2015, *DJe* 26.11.2015, publicado no seu *Informativo* n. 574).

Reafirmando tal posição, em 2021 surgiu novo aresto, segundo o qual "o termo inicial da exigibilidade da taxa de ocupação de imóvel alienado fiduciariamente em garantia, conforme previsão da redação originária do art. 37-A da Lei 9.514/97, inicia-se após a data da alienação em leilão e, em casos excepcionais, a partir da data da consolidação da propriedade do imóvel pelo credor" (STJ, REsp 1.862.902/SC, 3.ª Turma, Rel. Min. Nancy Andrighi,

Rel. p/ Acórdão Min. Paulo de Tarso Sanseverino, m.v., j. 18.05.2021). As duas decisões citam como fundamento o dever do credor de mitigar o próprio prejuízo, decorrente da boa-fé objetiva (*duty to mitigate the loss*). Aguardemos se essa posição será mantida após a entrada em vigor da Lei 14.711/2023.

Nesse caso, previa o § 6.º da Lei 9.514/1997 que o credor fiduciário, no prazo de cinco dias a contar da data do segundo leilão, daria ao devedor fiduciante quitação da dívida, mediante termo próprio. Essa regra foi revogada pela Lei 14.711/2023, o que é condenável, pois a quitação regular em prazo razoável é um direito do devedor que paga, nos termos do art. 319 do Código Civil.

Foi incluído, em substituição, o § 6.º-A no preceito, segundo o qual, na hipótese de não haver lance mínimo na arrematação, e para efeito de cálculo do saldo remanescente, será deduzido o valor correspondente ao referencial mínimo para arrematação do valor atualizado da dívida, incluídos os encargos e as despesas de cobrança. Nota-se, assim, mais uma norma que tutela e protege excessivamente o credor, colocando o devedor em má situação, fática e jurídica.

Na excepcionalidade de estar o imóvel locado, a locação poderá ser denunciada com o prazo de 30 dias para a desocupação, salvo se tiver havido concordância por escrito do credor fiduciário, devendo a denúncia, nesse último caso, ser realizada no prazo de 90 dias a contar da data da consolidação da propriedade a favor do último. Essa condição deve constar expressamente em cláusula contratual específica, destacando-se das demais por sua apresentação gráfica. Essa é a previsão do § 7.º do art. 27 da Lei 9.514/1997, incluída pela Lei 10.931/2004, e que traz como conteúdo o dever de informação, relacionado com a boa-fé objetiva, pela previsão de destaque da cláusula negocial. Aqui não houve qualquer modificação efetivada pela Lei 14.711/2023, o que também foi o caso dos três parágrafos seguintes.

Ademais, dispõe o § 8.º do art. 27 da Lei 9.514/1997 que responde o devedor fiduciante pelo pagamento dos impostos, taxas, contribuições condominiais e quaisquer outros encargos que recaiam ou venham a recair sobre o imóvel, cuja posse tenha sido transferida para o credor fiduciário, até a data em que o último vier a ser imitido na posse. Esse comando legal também foi incluído pela Lei 10.931/2004.

Aplicando o preceito, julgado do Superior Tribunal de Justiça concluiu, em um primeiro aresto, que a responsabilidade pelo pagamento das despesas condominiais recai sobre o devedor fiduciante enquanto estiver na posse direta do imóvel. Em complemento, o credor fiduciário somente responderá "pelas dívidas condominiais incidentes sobre o imóvel se consolidar a propriedade para si, tornando-se o possuidor direto do bem. Com a utilização da garantia, o credor fiduciário receberá o imóvel no estado em que se encontra, até mesmo com os débitos condominiais anteriores, pois são obrigações de caráter *propter rem* (por causa da coisa)" (STJ, REsp 1.696.038/SP, 3.ª Turma, Rel. Min. Ricardo Villas Bôas Cueva, j. 28.08.2018, *DJe* 03.09.2018). No caso concreto, foi afastada a responsabilidade do credor pelo pagamento de tais valores, por não estar com o bem em sua posse. No mesmo sentido, a seguinte ementa da mesma Corte Superior:

> "O art. 27, § 8.º, da Lei 9.514/97 prevê expressamente que responde o fiduciante pelo pagamento dos impostos, taxas, contribuições condominiais e quaisquer outros encargos que recaiam ou venham a recair sobre o imóvel, cuja posse tenha sido transferida para o fiduciário, nos termos deste artigo, até a data em que o fiduciário vier a ser imitido na posse. Ademais, o art. 1.368-B do CC/02 veio, de forma harmônica, complementar o disposto no art. 27, § 8.º, da Lei 9.514/97, ao dispor que o credor fiduciário que se tornar proprietário pleno do bem, por efeito de realização da garantia, mediante consolidação

da propriedade, adjudicação, dação ou outra forma pela qual lhe tenha sido transmitida a propriedade plena, passa a responder pelo pagamento dos tributos sobre a propriedade e a posse, taxas, despesas condominiais e quaisquer outros encargos, tributários ou não, incidentes sobre o bem objeto da garantia, a partir da data em que vier a ser imitido na posse direta do bem. Aparentemente, com a interpretação literal dos mencionados dispositivos legais, chega-se à conclusão de que o legislador procurou proteger os interesses do credor fiduciário, que tem a propriedade resolúvel como mero direito real de garantia voltado à satisfação de um crédito. Dessume-se que, de fato, a responsabilidade do credor fiduciário pelo pagamento das despesas condominiais dá-se quando da consolidação de sua propriedade plena quanto ao bem dado em garantia, ou seja, quando de sua imissão na posse do imóvel, nos termos do art. 27, § 8.º, da Lei 9.514/97 e do art. 1.368-B do CC/02. A sua legitimidade para figurar no polo passivo da ação resume-se, portanto, à condição de estar imitido na posse do bem. Na espécie, não reconhecida pelas instâncias de origem a consolidação da propriedade plena em favor do Itaú Unibanco S.A., não há que se falar em responsabilidade solidária deste com os devedores fiduciários quanto ao adimplemento das despesas condominiais em aberto" (STJ, REsp 1.731.735/SP, 3.ª Turma, Rel. Min. Nancy Andrighi, j. 13.11.2018, *DJe* 22.11.2018).

O debate se intensificou em 2023, surgindo divergência entre a Terceira e a Quarta Turma do Tribunal. De início, confirmando o entendimento supratranscrito, julgou novamente a primeira composição da Corte que, "nos contratos de alienação fiduciária em garantia de bem imóvel, a responsabilidade pelo pagamento das despesas condominiais recai sobre o devedor fiduciante, enquanto estiver na posse direta do imóvel. Assim, como ainda não se adquiriu a propriedade plena, eventual penhora não poderá recair sobre o direito de propriedade – que pertence ao credor fiduciário –, mas sim sobre os direitos aquisitivos derivados da alienação fiduciária em garantia. Precedentes" (STJ, REsp 2.086.846/DF, 3.ª Turma, Rel. Min. Nancy Andrighi, j. 12.09.2023, *DJe* 15.09.2023).

Entretanto, gerando a divergência que dever ser sanada, a Quarta Turma do Tribunal da Cidadania concluiu da seguinte forma, com argumentos que têm o meu total apoio:

"Civil. Recurso especial. Ação de cobrança. Contribuições condominiais. Cumprimento de sentença. Natureza *propter rem* do débito. Alienação fiduciária em garantia. Penhora do imóvel. Possibilidade. Recurso especial provido. 1. As normas dos arts. 27, § 8.º, da Lei n.º 9.514/1997 e 1.368-B, parágrafo único, do CC/2002, reguladoras do contrato de alienação fiduciária de coisa imóvel, apenas disciplinam as relações jurídicas ente os contratantes, sem alcançar relações jurídicas diversas daquelas, nem se sobrepor a direitos de terceiros não contratantes, como é o caso da relação jurídica entre condomínio edilício e condôminos e do direito do condomínio credor de dívida condominial, a qual mantém sua natureza jurídica *propter rem*. 2. A natureza *propter rem* se vincula diretamente ao direito de propriedade sobre a coisa. Por isso, se sobreleva ao direito de qualquer proprietário, inclusive do credor fiduciário, pois este, na condição de proprietário sujeito à uma condição resolutiva, não pode ser detentor de maiores direitos que o proprietário pleno. 3. Em execução por dívida condominial movida pelo condomínio edilício é possível a penhora do próprio imóvel que dá origem ao débito, ainda que esteja alienado fiduciariamente, tendo em vista a natureza da dívida condominial, nos termos do art. 1.345 do Código Civil de 2002. 4. Para tanto, o condomínio exequente deve promover também a citação do credor fiduciário, além do devedor fiduciante, a fim de vir aquele integrar a execução para que se possa encontrar a adequada solução para o resgate dos créditos, a qual depende do reconhecimento do dever do proprietário, perante o condomínio, de quitar o débito, sob pena de ter o imóvel penhorado e levado à praceamento. Ao optar pela quitação da dívida, o credor fiduciário se sub-roga nos direitos do exequente e tem regresso contra o condômino executado, o devedor fiduciante. 5. Recurso especial provido" (STJ, REsp 2.059.278/SC, 4.ª Turma, Rel. Min. Marco Buzzi, Rel. p/ acórdão Min. Raul Araújo, j. 23.05.2023, *DJe* 12.09.2023).

Em complemento aos corretos argumentos retirados do último *decisum*, reforço e acrescento que, se houver demora na consolidação da propriedade por parte do credor fiduciário, com o claro intuito de não arcar com as dívidas condominiais, é possível atribuir a ele tal responsabilidade, como decorrência do princípio da boa-fé objetiva. Aplica-se, nesse contexto, o conceito parcelar do dever de mitigar o próprio prejuízo ("duty to mitigate the loss"), retirado do Enunciado n. 169, aprovado na *III Jornada de Direito Civil*, segundo o qual a boa-fé objetiva deve levar o credor a evitar o agravamento do próprio prejuízo.

Além disso, é possível sustentar essa responsabilização – mesmo que solidária, diante do claro abuso em não se consolidar a propriedade –, tendo em vista a função social da propriedade relativa à vida em condomínio. É viável, assim, incidir por analogia, o conteúdo da Súmula 478 do próprio STJ, de 2012, segundo a qual, "na execução de crédito relativo a cotas condominiais, este tem preferência sobre o hipotecário".

O que fundamenta a ementa é justamente a citada função social da propriedade que ampara a vida condominial, que é seriamente atingida caso o crédito hipotecário tenha sempre a preferência sobre a dívida condominial, podendo comprometer a própria existência da coisa. Nesse sentido, como se retira de um dos precedentes que geraram o enunciado sumular, "o crédito condominial tem preferência sobre o crédito hipotecário, por consistir em obrigação *propter rem*, constituído em função da utilização do próprio imóvel ou para evitar-lhe o perecimento" (STJ, Ag. Rg. no Ag. 1.085.775/RS, 3.ª Turma, Rel. Min. Massami Uyeda, j. 19.05.2009, *DJe* 29.05.2009).

Ora, toda essa mesma argumentação *serve como luva* para alienação fiduciária em garantia. Não obstante a sua natureza jurídica como direito real de garantia sobre coisa própria, é forçoso reconhecer como possível que o crédito condominial tenha preferência sobre o crédito do credor fiduciário, sendo essa a melhor solução no atendimento dos interesses do condomínio e dos demais condôminos adimplentes com suas obrigações, para o fim de receber as dívidas condominiais geradas pelo inadimplemento do possuidor da unidade dada em garantia, ou seja, pelo devedor fiduciante. Vale lembrar que o proprietário da unidade é o credor fiduciário, e a princípio deveria ele responder pelas dívidas condominiais, como titular do domínio jurídico do bem imóvel.

Como consequência, não só o crédito do devedor fiduciante pode ser penhorado – o que é por vezes ineficiente na prática –, mas o próprio imóvel que está em garantia, pela sempre prevalência que deve ser dada ao crédito condominial. Pode-se falar, ainda, diante da estrutura da obrigação *propter rem*, que há indivisibilidade entre o devedor fiduciante e o credor fiduciário quanto ao pagamento das dívidas condominiais.

A hipótese seria de indivisibilidade por razão de ordem econômica, nos termos do que estabelece o art. 258 do Código Civil, *in verbis*: "a obrigação é indivisível quando a prestação tem por objeto uma coisa ou um fato não suscetíveis de divisão, por sua natureza, por motivo de ordem econômica, ou dada a razão determinante do negócio jurídico". Adota-se, assim, a mesma solução dada, na doutrina, por Maurício Bunazar, quanto à possibilidade de cobrança de dívidas condominiais de qualquer um dos condôminos de um mesmo imóvel situado em um condomínio edilício (BUNAZAR, Maurício. *Obrigação...*, 2014, p. 138-143).

Além da divergência instalada no Superior Tribunal de Justiça, a questão é de grande divergência nas Cortes Brasileiras, notadamente nos Tribunais Estaduais, havendo acórdãos que falam em solidariedade da obrigação. De início, concluindo pela possibilidade de penhora sobre a unidade condominial dada em alienação fiduciária para a satisfação das dívidas condominiais, do Tribunal Paulista, por todos:

> "Penhora sobre a unidade condominial. Possibilidade. A alienação fiduciária do imóvel não impede a constrição, com vistas a saldar dívida condominial. Caráter *propter rem* que prevalece sobre o direito do credor fiduciário. Ciência à instituição financeira que se faz necessária. Decisão reformada. Recurso provido, com observação" (TJSP, Agravo de Instrumento 2267793-11.2018.8.26.0000, Acórdão 12292144, 25.ª Câmara de Direito Privado, São José dos Campos, Rel. Des. Claudio Hamilton, j. 11.03.2019, *DJESP* 19.03.2019, p. 2.344).

> "Agravo de instrumento. Condomínio. Ação de execução de título extrajudicial. Existência de contrato de financiamento com garantia de alienação fiduciária sobre o bem imóvel. Pedido de penhora do imóvel gerador das dívidas condominiais. Possível a penhora do imóvel gerador do débito, dada a natureza *propter rem* da obrigação. Agravo provido" (TJSP, AI 2205109-84.2017.8.26.0000, Ac. 11308530, 33.ª Câmara de Direito Privado, Piracicaba, Rel. Des. Sá Moreira de Oliveira, j. 26.03.2018, *DJESP* 03.04.2018, p. 2.972).

Na mesma esteira, vejamos arestos do Tribunal de Justiça do Rio Grande do Sul, novamente por todos:

> "A dívida de condomínio tem natureza jurídica *propter rem*, de modo que responde pelo débito o próprio imóvel, a própria unidade condominial, independentemente de quem seja o seu proprietário, ainda que esteja gravado em alienação fiduciária perante a Caixa Econômica Federal (credora fiduciária). Circunstância que é possível a penhora do bem e não somente sobre os direitos e ações dele decorrentes. Precedentes do TJRS e do STJ. Deram provimento ao agravo de instrumento" (TJRS, AI 180828-54.2018.8.21.7000, 19.ª Câmara Cível, Porto Alegre, Rel. Des. Eduardo João Lima Costa, j. 21.02.2019, *DJERS* 28.02.2019).

> "Agravo de instrumento. Condomínio. Ação de cobrança. Crédito decorrente de despesas condominiais. Súmula n.º 478 do Superior Tribunal de Justiça. Prevalência sobre o crédito originário de alienação fiduciária de bem imóvel. Pacífico é o entendimento jurisprudencial de que o crédito condominial prefere ao hipotecário, pois consiste em obrigação *propter rem*, tendo sido constituído em função da utilização do próprio imóvel ou para evitar-lhe o perecimento. Possibilidade de realização da penhora do imóvel que originou a dívida. Deram provimento ao agravo de instrumento. Unânime" (TJRS, AI 0187336-16.2018.8.21.7000, 17.ª Câmara Cível, Porto Alegre, Rel. Des. Giovanni Conti, j. 27/09/2018, *DJERS* 03.10.2018).

> "A obrigação decorrente do inadimplemento de cotas condominiais tem natureza jurídica *propter rem*, por isso o próprio imóvel responde pelo débito da unidade condominial, o que torna cabível a penhora do imóvel, ainda que objeto de alienação fiduciária, até porque o crédito condominial prefere ao crédito hipotecário. Inteligência da Súmula n.º 478 do Superior Tribunal de Justiça. Agravo de instrumento provido, com base no artigo 932, V e VIII, do CPC e artigo 206, XXXVI, do regimento interno desta corte" (TJRS, AI 0249006-55.2018.8.21.7000, 17.ª Câmara Cível, Caxias do Sul, Rel. Des. Liege Puricelli Pires, j. 24.08.2018, *DJERS* 30.08.2018).

Apesar de todos esses acórdãos estaduais, sem prejuízo de outros, não se pode negar que a tese que defendo esbarra na redação do art. 27, § 8.º, da Lei 9.514/1997, incluído pela Lei 10.931/2004 com o claro intuito de tutelar tão somente os interesses do credor fiduciário. Como se pode perceber da leitura do comando, as dívidas condominiais devem ser pagas, *a priori* e como regra geral, pelo devedor fiduciante, e não pelo credor fiduciário. O último somente responderia após a consolidação da propriedade. As inclusões feitas pela Lei 14.711/2023 quanto às dívidas condominiais parecem também conduzir a esse caminho de conclusão, o que deve ser novamente analisado pela jurisprudência em um futuro próximo.

Porém, como antes pontuado, a interpretação literal da norma anterior, e também das novas que foram incluídas, definitivamente não é o melhor caminho para a tutela dos interesses dos condomínios edilícios – e indiretamente dos próprios condôminos onde se situam as unidades, notadamente quando o credor fiduciário – geralmente uma instituição financeira –, mantém-se inerte na consolidação da propriedade, o que infelizmente tem acontecido em muitas situações concretas.

Assim, em casos como esse, é preciso rever a antiga posição superior, a fim de chegar a uma solução que equilibre os interesses envolvidos, com a possibilidade de atribuir a responsabilidade também ao banco que demora no ato de consolidação do domínio. Espera-se, por tudo isso, que a posição do Superior Tribunal de Justiça seja consolidada, no âmbito da sua Segunda Seção e em um futuro próximo, na linha do que foi decidido pela Quarta Turma no julgamento do Recurso Especial 2.059.278/SC, em setembro de 2023.

Relembro que no Projeto de Reforma do Código Civil a questão é resolvida pelos novos parágrafos que são propostos para o art. 1.363 da codificação privada, em termos gerais, para qualquer situação envolvendo a propriedade fiduciária. Consoante o seu novo § 1.º, "o fiduciante responde pelo pagamento dos impostos, taxas, contribuições condominiais e quaisquer outros encargos que recaiam ou venham a recair sobre os bens e direitos objeto da propriedade fiduciária, observado o parágrafo único do art. 1.368-B". E, resolvendo-se a divergência, o seu § 2.º: "caso o credor fiduciário não consolide a propriedade em até 120 dias após o inadimplemento, responderá pelas contribuições condominiais". Espera-se, para que a questão seja resolvida, a sua aprovação pelo Congresso Nacional.

Analisadas todas as formalidades exigidas quanto à consolidação do imóvel em nome do credor fiduciário e ao leilão extrajudicial, bem como a polêmica relativa à dívida condominial, duas questões podem ser aqui formuladas: O leilão extrajudicial previsto na Lei 9.514/1997 é inconstitucional? Os procedimentos previstos na lei ferem o princípio da socialidade, baluarte do Código Civil de 2002?

A suposta inconstitucionalidade do dispositivo estaria presente pelo fato de o leilão extrajudicial ferir as garantias do contraditório e da ampla defesa, protegidos como cláusulas pétreas no art. 5.º, inc. LV, da Constituição Federal. Isso porque o leilão independe de ação judicial, ocorrendo de forma administrativa, perante o Registro de Imóveis. Também haveria lesão ao direito fundamental à moradia, assegurado no art. 6.º do Texto Maior.

Reitero que a questão estava sendo debatida perante o Pleno do Supremo Tribunal Federal, no que concerne, inicialmente, ao leilão extrajudicial previsto no art. 32 do Decreto-lei 70/1966, para os imóveis hipotecados com expedição de cédula hipotecária perante o sistema financeiro nacional. Como exposto no último capítulo desta obra, em 2021 o Pleno do STF julgou pela constitucionalidade da última norma (STF, RE 556.520/SP, Tribunal Pleno, Red. Desig. Min. Dias Toffoli, *DJe* 14.06.2021, p. 31, Tema 249, com repercussão geral).

Na verdade, sempre pensei ser exagerado entender pela inconstitucionalidade, *a priori* e pela realidade legislativa anterior. Ora, conforme vem decidindo a jurisprudência, havendo abusos, o devedor fiduciante poderá questionar judicialmente o procedimento administrativo previsto na lei específica, assegurando-se o acesso à justiça e o contraditório:

758 | DIREITO CIVIL • VOL. 4 – *Flávio Tartuce*

"Alienação fiduciária. Bem imóvel. Reintegração de posse. Liminar. Consolidação da propriedade (artigos 26 e 30 da Lei 9.514/1997). Constitucionalidade. Reconhecimento. Observando-se, com rigor, os artigos 22 a 30 da Lei 9.514/1997 e consolidada a propriedade fiduciária em nome do credor, assegura-lhe a lei o direito à concessão liminar da reintegração de posse do imóvel, que deverá ser desocupado no prazo de sessenta dias. A previsão de leilão extrajudicial e consolidação da propriedade fiduciária em nome do credor por ato do registrador imobiliário não afronta a Constituição Federal, já que o acesso ao Judiciário, a ampla defesa e o contraditório continuam assegurados ao devedor que se sentir prejudicado" (2.º Tribunal de Alçada Civil de São Paulo, AI 880.879-00/2, 5.ª Câm., Rel. Des. Pereira Calças, j. 27.01.2005). No mesmo sentido, do mesmo tribunal: AI 843.474-00/2, 5.ª Câm., Rel. Juiz Luis de Carvalho, j. 14.04.2004 e AI 843.474-00/2, 5.ª Câm., Rel. Juiz Luis de Carvalho, j. 14.04.2004.

"Alienação fiduciária. Revisão contratual. É certo facultar-se ao credor-fiduciário, verificada a inadimplência do devedor-fiduciante, vender, em leilão público, o bem imóvel objeto do contrato; contudo, se se exigir depósito judicial de parte do valor da dívida, nessa hipótese, para o caso de sair-se vencido da demanda contra ele aforada. Decisão Reformada. Recurso parcialmente provido" (TJSP, Agravo de Instrumento 891371-0/0, 25.ª Câmara de Direito Privado, São Paulo, Rel. Marcondes D'Angelo, j. 02.06.2005, v.u.).

Ainda em sede de Tribunal de Justiça de São Paulo, anote-se a existência da anterior Súmula 20, prescrevendo que "a execução extrajudicial, fundada no Decreto-lei n.º 70, de 21.11.1966, é constitucional". Outros acórdãos da Corte Estadual traziam a mesma conclusão para o leilão previsto para a alienação fiduciária em garantia, unificando a conclusão a respeito da constitucionalidade do leilão nos dois institutos (por todos: TJSP, Agravo de Instrumento 0216122-90.2012.8.26.0000, 6.ª Câmara de Direito Privado, Rel. Alexandre Lazzarini, São Paulo, j. 01.11.2012, data de registro: 06.11.2012; TJSP, Apelação 9275200-95.2008.8.26.0000, 29.ª Câmara de Direito Privado, São Paulo, Rel. S. Oscar Feltrin, j. 31.10.2012, data de registro: 01.11.2012).

Fazendo outro paralelo legislativo, entender que o procedimento administrativo constante da Lei 9.514/1997 é inconstitucional é o mesmo que concluir que a Lei de Arbitragem também o é, pois esta lei estaria afastando a garantia constitucional do acesso à justiça, uma vez que possibilita o afastamento de controvérsia pelo Poder Judiciário quando as partes convencionarem que a questão envolvendo o contrato ou a obrigação será decidida por árbitros de sua confiança. E, como é notório, o Supremo Tribunal Federal já entendeu em momento anterior pela constitucionalidade da Lei 9.307/1996, até porque a arbitragem constitui um dos mais efetivos modos alternativos de solução de conflitos, como exercício da autonomia privada (STF, AgR 5.206/SE, Rel. Min. Sepúlveda Pertence, *DJ* 30.04.2004).

Pois bem, em outubro de 2023, o Supremo Tribunal Federal encerrou definitivamente o debate sobre a Lei 9.514/1997, julgando ser constitucional o leilão extrajudicial nela previsto. Por maioria de votos, foi fixada a seguinte tese, em sede de repercussão geral: "é constitucional o procedimento da Lei n.º 9.514/1997 para a execução extrajudicial da cláusula de alienação fiduciária em garantia, haja vista sua compatibilidade com as garantias processuais previstas na Constituição Federal" (STJ, RE 860.631/SP, Tribunal Pleno, Rel. Min. Luiz Fux, Tema 982). Essa decisão tem força vinculativa para os julgadores de primeira e segunda instância, nos termos dos arts. 489, 926, 927 e 985 do Código de Processo Civil. Assim, devem ser consideradas para os devidos fins práticos para os contratos e negócios anteriores, celebrados antes das alterações efetivadas pela Lei 14.711/2023.

De toda sorte, penso que as alterações efetivadas pela Lei n. 14.711/2023, protegendo excessivamente o credor e trazendo valores de arrematação no leilão extrajudicial que podem traduzir preço vil, podem fazer com que a temática volte ao Supremo Tribunal Federal muito em breve, para análise de sua constitucionalidade ou não.

Acrescente-se que o Superior Tribunal de Justiça, já em 2024, trouxe a observação no sentido de não se admitir o preço vil nas arrematações extrajudiciais. Nos termos de importante aresto, que traz comentários sobre a Lei 14.711/2023, "as normas que impedem a arrematação por preço vil são aplicáveis à execução extrajudicial de imóvel alienado fiduciariamente". E mais, "no caso, o leilão foi realizado antes da vigência da Lei n. 14.711/2023, o que não altera, contudo, a compreensão acerca da matéria. Com efeito, no âmbito doutrinário, há muito já se defendia a impossibilidade de alienação extrajudicial a preço vil, não só por invocação do art. 891 do CPC/2015, mas também de outras normas, tanto de direito processual quanto material, que i) desautorizam o exercício abusivo de um direito (art. 187 do Código Civil); ii) condenam o enriquecimento sem causa (art. 884 do Código Civil); iii) determinam a mitigação dos prejuízos do devedor (art. 422 do Código Civil) e iv) prelecionam que a execução deve ocorrer da forma menos gravosa para o executado (art. 805 do CPC/2015)" (STJ, REsp 2.096.465/SP, Rel. Min. Ricardo Villas Bôas Cueva, 3.ª Turma, por unanimidade, j. 14.05.2024, *DJe* 16.05.2024). Aguardemos novas posições das Cortes Superiores sobre a temática.

Feita essa nota de atualização, acrescento que na doutrina há entendimento a ser considerado, segundo o qual o leilão extrajudicial aqui comentado está de acordo com a função social da propriedade. Isso porque a facilidade do credor fiduciário em receber o seu crédito e o leilão como meio coercitivo seriam fatores de incentivo para novos investimentos na construção civil, incrementando o acesso à moradia. Esse é o posicionamento de Cristiano Chaves de Farias e Nelson Rosenvald, que apontam que esses fatores podem gerar a diminuição dos juros nesses negócios jurídicos (*Direitos reais...*, 2006, p. 387).

Ainda tenho de refletir sobre esse último argumento dos juros, sobretudo tendo em vista a nova legislação. Isso porque é até comum que as alienações fiduciárias em garantia para as aquisições futuras de imóveis tragam como conteúdo desproporções negociais, situações de onerosidade excessiva. Vale dizer que como a moradia envolve questão de premente necessidade, pela previsão do art. 6.º da CF/1988, muitas vezes está configurada a lesão, vício subjetivo, nos termos do art. 157 do Código Civil em vigor. Presente esse vício do negócio jurídico, justifica-se a anulação do negócio (arts. 171, inc. II, e 178, inc. II, do CC), ou mesmo a sua revisão (art. 157, § 2.º).

Embora haja divergência, sempre concordei em parte com os últimos doutrinadores citados quando levantam a inconstitucionalidade do § 2.º do art. 27 da Lei 9.514/1997. Para Cristiano Chaves de Farias e Nelson Rosenvald, a inconstitucionalidade estaria presente, pois o dispositivo, ao prever que no segundo leilão a coisa seja vendida pelo maior lance oferecido e desde que esse lance cubra o valor do débito, possibilita que o devedor perca a coisa, bem como tudo o que foi pago, sem ter condições de discutir judicialmente o fato de ser privado da propriedade. O exemplo dos civilistas é bem didático:

> "Assim, se *A* pagou R$ 50.000,00 de um débito total de R$ 70.000,00, quando o seu imóvel for a leilão, nada impede que no segundo leilão seja a coisa vendida por apenas R$ 20.000,00. Neste caso *A* não só perderá o imóvel, como tudo o que pagou. Há ofensa ao devido processo legal, pois a pessoa será privada do direito de propriedade sem a garantia constitucional do processo e da presença do Estado-juiz. Sempre devemos lembrar que o trinômio vida/liberdade/propriedade é genericamente garantido pelo *due process of law*" (FARIAS, Cristiano Chaves de; ROSENVALD, Nelson. *Direitos reais...*, 2006, p. 387).

Apesar dessa minha concordância parcial, sempre propus uma análise do dispositivo, à luz da socialidade, afirmação que ganha força com a Lei 14.711/2023.

Sempre opinei que o art. 27, § 2.º, da Lei 9.514/1997 seja compreendido nos moldes de que esse novo lance não poderia ser muito inferior ao valor da coisa que garante a dívida. Não sendo assim, estaria configurada a onerosidade excessiva do negócio jurídico a fundamentar a sua revisão, ou mesmo a sua anulação. Para esse argumento, pode-se citar o mencionado art. 157 do Código Civil em vigor, que se refere à lesão como vício do negócio jurídico.

Outro argumento que sempre utilizei é que o comando legal da Lei 9.514/1997 estaria incentivando o enriquecimento sem causa, particularmente do terceiro, que arremata o bem e que pode ficar com a coisa por valor muito inferior ao seu valor real. Destaque-se que o locupletamento sem razão é vedado expressamente pelos arts. 884 a 886 da atual codificação privada.

Assim, presente uma grande diferença entre o valor do lance e o valor do bem, ou mesmo do valor já pago, caberá ao devedor fiduciante o direito de impedir o leilão no âmbito judicial. Essa conclusão, baseada na socialidade, até *salva* o dispositivo. E deve guiar o intérprete com as novas redações dadas pela Lei 14.711/2023, nas referências ao valor referencial mínimo, correspondente à metade do valor de avaliação do bem, que pode se traduzir em um valor muito baixo na arrematação, ou seja, a um preço vil. Não sendo assim, deve-se mesmo reconhecer a sua inconstitucionalidade, ou seja, que os preceitos não tenham aplicação, conforme apontam os doutrinadores retrocitados.

Seguindo parcialmente essa linha, anote-se que, na *VI Jornada de Direito Civil*, promovida pelo Conselho da Justiça Federal e pelo Superior Tribunal de Justiça em 2013, foi aprovado o Enunciado 567, segundo o qual "a avaliação do imóvel para efeito do leilão previsto no § 1.º do art. 27 da Lei n. 9.514/1997 deve contemplar o maior valor entre a avaliação efetuada pelo município para cálculo do imposto de transmissão *inter vivos* (ITBI) devido para a consolidação da propriedade no patrimônio do credor fiduciário e o critério fixado contratualmente". Segundo as justificativas do enunciado doutrinário em questão:

> "Considerando que, em regra, os financiamentos imobiliários são de longo prazo, podendo ocorrer defasagem entre o valor indicado no contrato e o valor de mercado, no primeiro leilão a que se refere o art. 27, § 1.º, da Lei n. 9.514/1997, o imóvel pode vir a ser ofertado e arrematado por valor muito inferior ao de mercado. Considerando que o leilão deve ser realizado nos 30 dias que se seguirem à consolidação da propriedade no patrimônio do credor e que a transmissão constitui fato gerador do ITBI, o valor cobrado pelo município para a transação pode mostrar-se o mais próximo da realidade do mercado por ocasião do leilão. Desse modo, caso esse valor seja superior ao valor estipulado contratualmente, poderá ser utilizado para a fixação do preço do imóvel para fins do primeiro leilão previsto na Lei n. 9.514/1997".

Pode até parecer que a Lei 13.465/2017 supostamente resolveu o problema atinente à onerosidade excessiva nos leilões. Isso porque o novo parágrafo único do art. 24 da Lei 9.514/1997 passou a estabelecer que, caso o valor do imóvel convencionado pelas partes no instrumento da alienação fiduciária em garantia seja inferior ao utilizado pelo órgão competente como base de cálculo para a apuração do imposto sobre transmissão *inter vivos*, exigível por força da consolidação da propriedade em nome do credor fiduciário, este último será o valor mínimo para efeito de venda do imóvel no primeiro leilão, nos termos do art. 27, § 1.º, da mesma norma.

Ora, parecia-me que a norma introduzida somente resolveria o problema de desequilíbrio do valor da coisa no primeiro leilão e não no segundo. Isso porque não houve qualquer alteração no § 2.º do art. 27 da Lei 9.514/1997, mas apenas no seu § 1.º. Assim, o legislador perdeu a chance de resolver naquele momento um grave problema.

Anote-se que esse parágrafo único do art. 24 da lei chegou a ser revogado pela Medida Provisória 1.162/2023, mas essa revogação acabou não permanecendo na sua conversão na Lei 14.620/2023 ou mesmo no texto da Lei 14.711/2023. Sendo assim, a norma continua em vigor e servirá para controle de eventuais excessos no segundo leilão.

Seja como for, a Lei 14.711/2023 acabou por agravar a situação, pois trouxe o parâmetro do valor referencial mínimo para arrematação no segundo leilão, correspondente à metade do valor de avaliação do bem, o que poderá conduzir, reitere-se, a situação de injustiça, de onerosidade excessiva ao devedor e mesmo de enriquecimento sem causa para o arrematante e para o credor.

Ainda quanto ao tema, respondendo às duas indagações antes formuladas: o leilão extrajudicial previsto na Lei 9.514/1997 não é inconstitucional. Todavia, o disposto na legislação que trata da alienação fiduciária em garantia de bens imóveis, no mínimo, fere o princípio da socialidade, afirmação que é reforçada com as novas regras introduzidas pela Lei 14.711/2023, excessivamente protetivas dos credores e que coloca os devedores fiduciantes e terceiros fiduciantes em clara desvantagem.

Também sobre o comando, sempre houve intenso debate sobre a aplicação do art. 53 do CDC, que veda a cláusula de decaimento para a alienação fiduciária em garantia de bem imóvel. Como se sabe, o comando consumerista reconhece como nula a cláusula de perda de todas as parcelas pagas, mencionando expressamente a alienação fiduciária em garantia.

Alguns autores, caso de Afrânio Carlos Camargo Dantezer e Melhim Chalhub, respondem negativamente quanto à subsunção da norma, argumentando que o referido preceito é incompatível com o art. 27 da Lei 9.514/1997, que deve prevalecer por ser mais específico. Esse já era o entendimento dominante na jurisprudência superior, infelizmente. Assim julgando, por todos:

> "Recurso especial. Compromisso de compra e venda de imóvel com pacto adjeto de alienação fiduciária em garantia. Ação de rescisão contratual por desinteresse exclusivo do adquirente. Violação dos arts. 26 e 27 da Lei n.º 9.514/97. Norma especial que prevalece sobre o CDC. Precedentes. Recurso provido. 1. 'A Lei n.º 9.514/1997, que instituiu a alienação fiduciária de bens imóveis, é norma especial e também posterior ao Código de Defesa do Consumidor – CDC. Em tais circunstâncias, o inadimplemento do devedor fiduciante enseja a aplicação da regra prevista nos arts. 26 e 27 da lei especial' (Ag. Int. no REsp 1.822.750/SP, Rel. Ministra Nancy Andrighi, 3.ª Turma, j. 18/11/2019, *DJe* 20/11/2019). 2. Recurso especial provido" (STJ, REsp 1.839.190/SP, 4.ª Turma, Rel. Min. Luis Felipe Salomão, j. 25.08.2020).

> "Direito civil. Ação de rescisão contratual cumulada com restituição de valores pagos e reparação de danos materiais. Prequestionamento. Ausência. Súmula 282/STF. Contrato de compra e venda de imóvel. Alienação fiduciária em garantia. Código de Defesa do Consumidor, art. 53. Não incidência. 1. Ação de rescisão contratual cumulada com restituição de valores pagos e reparação de danos materiais, em virtude de contrato de compra e venda de imóvel garantido por alienação fiduciária firmado entre as partes. 2. A ausência de decisão acerca dos argumentos invocados pelos recorrentes em suas razões recursais impede o conhecimento do recurso especial. 3. A Lei n.º 9.514/1997, que instituiu a alienação fiduciária de bens imóveis, é norma especial e posterior ao Código de Defesa do Consumidor – CDC. Em tais circunstâncias, o inadimplemento do devedor fiduciante enseja a aplicação da regra prevista nos arts. 26 e 27 da lei especial. 4. Recurso especial

parcialmente conhecido e, nessa extensão, não provido, com majoração de honorários" (STJ, REsp 1.871.911/SP, 3.ª Turma, Rel. Min. Nancy Andrighi, j. 25.08.2020).

"Processual civil. Agravo regimental no agravo regimental no recurso especial. Recursos simultâneos. Não conhecimento do posterior. Princípio da unirrecorribilidade. Inovação recursal. Inadmissibilidade. Alienação fiduciária em garantia. Inadimplência. Arts. 26 e 27 da Lei n. 9.514/1997. Decisão mantida. (...). A Lei n. 9.514/1997, que instituiu a alienação fiduciária de bens imóveis, é norma especial e também posterior ao Código de Defesa do Consumidor – CDC. Em tais circunstâncias, o inadimplemento do devedor fiduciante enseja a aplicação da regra prevista nos arts. 26 e 27 da lei especial" (STJ, Ag. Rg. no Ag. Rg. no REsp 1.172.146/SP, 4.ª Turma, Rel. Min. Antonio Carlos Ferreira, j. 18.06.2015, *DJe* 26.06.2015).

"Tratando, especificamente, da alienação fiduciária de bens imóveis, tal como regrada pela Lei n.º 9.514/97, Melhim Namen Chalhub opina, igualmente, pela sua prevalência sobre o regramento contido no Código de Defesa do Consumidor, naquilo que diz respeito às consequências do inadimplemento do devedor, sustentando, inclusive, a inexistência de compatibilidade material entre as normas em referência: 'considerando, assim, o conteúdo e a finalidade das normas em questão, cotejando-se as disposições do art. 27 da Lei n.º 9.514/97 com as do art. 53 do CDC, pode-se concluir pela inaplicabilidade deste último à alienação fiduciária de imóveis, porque o regime especial dessa garantia já contempla a tutela do devedor, e o faz de maneira específica, com rigorosa adequação à estrutura e função dessa garantia e do contrato de mútuo, pelo qual o devedor deve restituir integralmente a quantia tomada por empréstimo, enquanto o art. 53 do CDC apenas enuncia um princípio geral ao qual o art. 27 da Lei n.º 9.514/97 de adequa perfeitamente' (in *Negócio Fiduciário*. 3.ª ed. Rio de Janeiro: Renovar, 2006, página 335). Observa-se, por conseguinte, que a solução da controvérsia, seja ela buscada no âmbito do conflito de normas, seja pela ótica da inexistência de conflitos entre os dispositivos normativos em questão, leva à prevalência da norma específica de regência da alienação fiduciária de bens imóveis, concluindo-se, por conseguinte, pelo descabimento da pretensão de restituição das prestações adimplidas, por força dos §§ 4.º, 5.º e 6.º, do art. 27, da Lei n.º 9.514/97, *verbis*. (...)" (STJ, Decisão monocrática no Ag. Rg. no Agravo de Instrumento 932750/SP, Min. Hélio Quaglia Barbosa, j. 10.12.2007).

Em sentido contrário, citando os autores mencionados e combatendo tal argumento, Marco Aurélio Bezerra de Melo sustenta que tal solução conduz ao enriquecimento sem causa do credor fiduciário, em detrimento do devedor fiduciante. Além disso, com razão que tem o meu total apoio, argumenta que "a densidade axiológica da Lei 8.078/1990 é muito maior do que a da Lei 9.514/1997, pois seu fundamento de validade é a Carta Magna Federal, que inclui a vulnerabilidade e a necessidade de proteção especial do consumidor como garantia fundamental (art. 5.º, XXXII) e como princípio da ordem econômica (art. 170, V), repudiando, outrossim, o confisco e o enriquecimento em causa" (MELO, Marco Aurélio Bezerra. *Direito civil...*, 2018, p. 516).

Adotando esse caminho, a demonstrar a existência de divergência jurisprudencial anterior no âmbito das Cortes Estaduais:

"Ação de rescisão contratual cumulada com devolução de valores pagos. Contrato particular de venda e compra de imóvel, com alienação fiduciária em garantia e outras avenças. Pretensão do comprador. Sentença de improcedência, sob fundamento de que se trata de alienação fiduciária de imóvel regida pela Lei n.º 9.514/97, o que desautorizaria a aplicação do art. 53 do CDC e Súmulas n.ºs 1, 2 e 3 do TJSP. Verba honorária arbitrada em

15% sobre o valor da causa. Apela autora sustentando aplicabilidade do CDC e necessidade de que seja declarada a rescisão e a restituição de 80% dos valores pagos, com correção monetária desde o desembolso e juros de mora da citação. Cabimento parcial. Comprador pretende desistir do contrato antes ser notificado para purgação da mora. Inexiste a hipótese de inadimplemento, consolidação da propriedade em poder da fiduciária e consequente solução mediante realização de leilão extrajudicial. Inaplicabilidade dos arts. 26 e 27 da Lei n.º 9.514/97. Impossibilidade de sustentar a irretratabilidade ou a irrevogabilidade em desfavor do consumidor. Parte do preço pendente de pagamento. Propriedade ainda não está consolidada em benefício de nenhum dos contratantes. Incidência do art. 53 do CDC. Rescisão contratual. Pleito de restituição de 80% das quantias pagas. Adequação. Correção monetária dos desembolsos. Juros de mora sobre os valores a serem restituídos em razão da rescisão. Incidência após o trânsito em julgado. Rescisão não seu deu por mora da vendedora. Precedente do STJ. Atribuição da sucumbência recíproca, em razão do enfoque qualitativo das pretensões. Autora culpada pela rescisão e admissão quanto ao pedido de restituição. Cada parte litigante responderá por metade da verba honorária, arbitrada pela sentença, respectivamente, em prol do advogado do adverso. Autora beneficiária da justiça gratuita. Recurso provido parcialmente para declarar a rescisão e determinar a devolução de 80% das quantias pagas" (TJSP, Apelação 1055816-12.2016.8.26.0576, Acórdão 11074221, 5.ª Câmara de Direito Privado, São José do Rio Preto, Rel. Des. James Siano, j. 14.12.2017, *DJESP* 19.12.2017, p. 2.436).

De todo modo, apesar desses fortes argumentos, em outubro de 2022, a Segunda Seção do Superior Tribunal de Justiça adotou o primeiro caminho, pela prevalência das regras específicas da Lei 9.514/1997 sobre o art. 53 do CDC. Conforme o enunciado da tese, em votação unânime:

> "Em contrato de compra e venda de imóvel com garantia de alienação fiduciária devidamente registrada, a resolução do pacto na hipótese de inadimplemento do devedor, devidamente constituída em mora, deverá observar a forma prevista na Lei 9.514/1997, por se tratar de legislação específica, afastando-se, por conseguinte, a aplicação do Código de Defesa do Consumidor" (STJ, REsp 1.891.498/SP, Rel. Min. Marco Buzzi, 2.ª Seção, j. 26.10.2022, *DJe* 19.12.2022).

Lamento o teor do *decisum*, com o devido respeito, pois o CDC é norma principiológica, pela proteção constitucional dos consumidores, e que deveria prevalecer nesses casos.

Como outro aspecto relativo ao art. 27 da Lei 9.514/1997, julgou o Superior Tribunal de Justiça, em 2020, que o inadimplemento previsto nesse preceito e também no art. 26 "não pode ser interpretado restritivamente à mera não realização do pagamento no tempo, modo e lugar convencionados (mora), devendo ser entendido, também, como o comportamento contrário à manutenção do contrato ou ao direito do credor fiduciário". Como consequência, deduziu-se que "o pedido de resolução do contrato de compra e venda com pacto de alienação fiduciária em garantia por desinteresse do adquirente, mesmo que ainda não tenha havido mora no pagamento das prestações, configura quebra antecipada do contrato ('antecipatory breach'), decorrendo daí a possibilidade de aplicação do disposto nos arts. 26 e 27 da Lei 9.514/97 para a satisfação da dívida garantida fiduciariamente e devolução do que sobejar ao adquirente" (STJ, REsp 1.867.209/SP, 3.ª Turma, Rel. Min. Paulo de Tarso Sanseverino, j. 08.09.2020, *DJe* 30.09.2020).

Como está explicado no Volume 3 desta coleção, no seu Capítulo 6, a quebra antecipada do contrato tem como fundamento o art. 477 do Código Civil. Assim, nos termos do Enunciado n. 437, aprovado na *V Jornada de Direito Civil*, "a resolução da relação jurídica contratual também pode decorrer do inadimplemento antecipado".

764 | DIREITO CIVIL • VOL. 4 – *Flávio Tartuce*

Como outra questão de relevo relativa ao art. 27 da Lei 9.514/1997, o novo *Marco Legal das Garantias* incluiu um novo preceito com alínea *a* ao comando, prevendo que nas operações de crédito garantidas por alienação fiduciária de dois ou mais imóveis, na hipótese de não ser convencionada a vinculação de cada imóvel a uma parcela da dívida, o credor poderá promover a excussão em ato simultâneo, por meio de consolidação da propriedade e leilão de todos os imóveis em conjunto. Também poderá fazê-lo, em atos sucessivos, por meio de consolidação e leilão de cada imóvel em sequência, à medida do necessário para satisfação integral do crédito. Eis outra regra que visa a proteger os credores fiduciários, facilitando os procedimentos.

Na hipótese de excussão em atos sucessivos, caberá ao credor fiduciário a indicação dos imóveis a serem excutidos em sequência. Isso, exceto se houver disposição em sentido contrário expressa no contrato, situação em que a consolidação da propriedade dos demais ficará suspensa (art. 27-A, § 1.º, da Lei 9.514/1997, incluído pela Lei 14.711/2023).

A cada leilão, o credor fiduciário promoverá nas matrículas dos imóveis não leiloados a averbação do demonstrativo do resultado e o encaminhará ao devedor e, se for o caso, aos terceiros fiduciantes, por meio de correspondência dirigida aos endereços físico e eletrônico informados no contrato (art. 27-A, § 2.º, da Lei 9.514/1997, incluído pela Lei 14.711/2023).

Na hipótese de não se alcançar a quantia suficiente para satisfação do crédito, a cada leilão realizado, o credor recolherá o imposto sobre transmissão *inter vivos* e, se for o caso, o laudêmio, relativos ao imóvel a ser excutido em seguida, requererá a averbação da consolidação da propriedade e, no prazo de trinta dias, realizará os procedimentos de leilão extrajudicial (art. 27-A, § 3.º, da Lei 9.514/1997, incluído pela Lei 14.711/2023).

Satisfeito integralmente o crédito com o produto dos leilões realizados sucessivamente, o credor fiduciário entregará ao devedor fiduciante, e, se for o caso, aos terceiros fiduciantes, o termo de quitação e a autorização de cancelamento do registro da propriedade fiduciária de eventuais imóveis que restem a ser desonerados (art. 27-A, § 4.º, da Lei 9.514/1997, incluído pela Lei 14.711/2023).

Superados esses pontos, a lei específica da alienação fiduciária em garantia de bens imóveis autoriza a cessão do crédito objeto da alienação fiduciária (art. 28). Em situação tal, a cessão implicará a transferência, ao cessionário, de todos os direitos e obrigações inerentes à propriedade fiduciária em garantia. Além disso, o devedor fiduciante também poderá, com anuência expressa do credor fiduciário, transmitir os direitos de que seja titular sobre o imóvel objeto da alienação fiduciária em garantia, assumindo o adquirente as respectivas obrigações (art. 29). Há, portanto, nos dois casos a *cessão da posição contratual* ou *cessão de contrato*.

Em tais hipóteses, é assegurada ao fiduciário, ao seu cessionário ou aos seus sucessores, inclusive ao adquirente do imóvel por força do leilão público, a reintegração na posse do imóvel, que será concedida liminarmente, para desocupação no prazo de sessenta dias, desde que comprovada a consolidação da propriedade em seu nome (art. 30 da Lei 9.514/1997, na redação dada pela Lei 14.711/2023). Foi alterado o parágrafo único do comando, estabelecendo que, arrematado o imóvel ou consolidada definitivamente a propriedade no caso de frustração dos leilões, as ações judiciais que tenham por objeto controvérsias sobre as estipulações contratuais ou os requisitos procedimentais de cobrança e leilão, excetuada a exigência de notificação do devedor e, se for o caso, do terceiro fiduciante, não obstarão a reintegração de posse de que trata esse artigo e serão resolvidas em perdas e danos. O afastamento da reintegração da posse é absurdo, podendo ser contestado em juízo, no meu entender, no futuro.

Vale lembrar que a Lei 13.465/2017 introduziu esse parágrafo único no comando, prevendo que nas operações de financiamento imobiliário, inclusive nas operações do *Programa Minha Casa, Minha Vida* (PMCMV*)*, com recursos advindos da integralização de cotas no Fundo de Arrendamento Residencial (FAR), uma vez averbada a consolidação da propriedade fiduciária, as ações judiciais que tenham por objeto controvérsias sobre as estipulações contratuais ou os requisitos procedimentais de cobrança e leilão, excetuada a exigência de notificação do devedor fiduciante, serão resolvidas em perdas e danos e não obstarão a reintegração de posse de que trata a norma. Como se nota, houve aperfeiçoamento da norma, ampliada para todos os casos.

Sobre o Fundo de Arrendamento Residencial (FAR), a mesma Lei 13.465/2017 introduziu os arts. 7.º-A a 7.º-C na citada *Lei Minha Casa, Minha Vida* (Lei 11.977/2009), tratando da categoria, com o objetivo de regularização fundiária urbana.

Lamento, mais uma vez, a opção do legislador, ao colocar a alienação fiduciária em garantia, com seus duros mecanismos em caso de inadimplemento, dentro das aquisições que ocorrem no citado programa social. O objetivo desse programa é de assegurar o acesso à moradia, nos termos do art. 6.º da Constituição Federal, e não de atender a interesses econômicos de agentes do mercado, como parece ter buscado o legislador. Destaco que houve alterações do texto em 2023.

Nesse contexto, os beneficiários de operações do programa, realizadas com recursos advindos da integralização de cotas do FAR, obrigam-se a ocupar os imóveis adquiridos, em até trinta dias, a contar da assinatura do contrato de compra e venda com cláusula de alienação fiduciária em garantia, firmado com o FAR, e não poderão ser impedidos de habitar com seus animais domésticos nessas residências, respeitando as normas vigentes e garantindo o bem-estar animal (art. 7.º-A da Lei 11.977/2009, alterado pela Lei 14.620/2023). As menções aos animais domésticos e ao bem-estar animal foram inovações incluídas pela nova norma, sendo tendência legislativa.

Geram o vencimento antecipado da dívida decorrente de contrato de compra e venda com cláusula de alienação fiduciária em garantia firmado, no âmbito do *Programa Minha Casa, Minha Vida* e com o citado fundo: *a)* a alienação ou cessão, por qualquer meio, dos imóveis objeto de operações realizadas com recursos advindos da integralização de cotas no FAR antes da quitação da dívida; e *b)* a utilização dos imóveis objeto de operações realizadas com recursos advindos da integralização de cotas no FAR em finalidade diversa da moradia dos beneficiários da subvenção (art. 7.º-B da Lei 11.977/2009, na redação dada pela Lei 14.620/2023).

Está igualmente previsto na nova legislação que, vencida antecipadamente a dívida, o Fundo de Arrendamento Mercantil, na condição de credor fiduciário, munido de certidão comprobatória de processo administrativo que ateste a ocorrência de uma das hipóteses acima, deverá requerer, ao oficial do Registro de Imóveis competente, que intime o beneficiário, ou seu representante legal ou procurador regularmente constituído, para satisfazer, no prazo previsto no § 1.º do art. 26 da Lei 9.514/1997, a integralidade da dívida, compreendendo a devolução da subvenção devidamente corrigida (art. 7.º-C, *caput*, da Lei 11.977/2009, incluído pela Lei 13.465/2017). Vale lembrar que o prazo para essa purgação da mora é de 15 dias, contados da respectiva intimação.

Decorrido esse prazo sem o pagamento da dívida antecipadamente vencida, o contrato será reputado automaticamente resolvido de pleno direito. O oficial do registro de imóveis competente, certificando esse fato, promoverá a averbação, na matrícula do imóvel, da consolidação da propriedade fiduciária em nome do FAR, respeitado o que consta da Lei 9.514/1997 (art. 7.º-C, § 1.º, da Lei 11.977/2009, incluído pela Lei 13.465/2017).

Uma vez consolidada a propriedade fiduciária em nome do fundo, este, na qualidade de credor fiduciário, fica dispensado de levar o imóvel a leilão, devendo promover sua reinclusão no respectivo programa habitacional, destinando-o à aquisição por beneficiário a ser indicado conforme as políticas habitacionais e regras que estiverem vigentes. Sendo assim, o imóvel deve ser-lhe imediatamente restituído, sob pena de esbulho possessório e ingresso da competente ação de reintegração de posse (art. 7.º-C, § 2.º, da Lei 11.977/2009, incluído pela Lei 13.465/2017).

A intimação que visa a atender a tais procedimentos poderá ser promovida extrajudicialmente, por solicitação do oficial do Registro de Imóveis, do oficial de Registro de Títulos e Documentos da Comarca da situação do imóvel ou do domicílio de quem deva recebê-la ou do serventuário por eles credenciado, ou pelo correio, com aviso de recebimento (art. 7.º-C, § 4.º, da Lei 11.977/2009, incluído pela Lei 13.465/2017). Há, portanto, assim como o que está previsto na Lei 9.514/1997, um procedimento extrajudicial, que segue a linha da *desjudicialização* das contendas.

Eventualmente, se, por duas vezes, o oficial de registro de imóveis ou de registro de títulos e documentos ou o serventuário por eles credenciado houver procurado o intimando em seu domicílio ou residência sem o encontrar, deverá, havendo suspeita motivada de ocultação, intimar qualquer pessoa da família ou, em sua falta, qualquer vizinho de que, no dia útil imediato, retornará ao imóvel, a fim de efetuar a intimação, na hora que designar, aplicando-se subsidiariamente o disposto nos arts. 252, 253 e 254 do CPC/2015. Como se pode perceber, também em relação aos negócios de alienação fiduciária celebrados no contexto do *Programa Minha Casa, Minha Vida* passou a ser possível a citação por hora certa, como ocorre com a alienação fiduciária regular (art. 7.º-C, § 5.º, da Lei 11.977/2009, incluído pela Lei 13.465/2017).

Igualmente como agora ocorre com aquele procedimento, nos condomínios edilícios ou outras espécies de conjuntos imobiliários com controle de acesso, a intimação de que trata este artigo poderá ser feita ao funcionário da portaria responsável pelo recebimento de correspondência (art. 7.º-C, § 6.º, da Lei 11.977/2009, incluído pela Lei 13.465/2017).

Por fim, quanto às inovações em comento, caso não seja efetuada a intimação pessoal ou por hora certa, o oficial de Registro de Imóveis ou de Registro de Títulos e Documentos ou o serventuário por eles credenciado promoverá a intimação do devedor fiduciante por edital, publicado por três dias, pelo menos, em um dos jornais de maior circulação ou em outro de comarca de fácil acesso, se no local não houver imprensa diária, contado o prazo para o pagamento antecipado da dívida da data da última publicação do edital (art. 7.º-C, § 7.º, da Lei 11.977/2009, incluído pela Lei 13.465/2017).

Retornando ao estudo da Lei 9.514/1997, segundo o seu art. 31, o fiador ou terceiro interessado que pagar a dívida ficará sub-rogado, de pleno direito, no crédito e na propriedade fiduciária. A hipótese é de sub-rogação legal ou automática, nos termos do art. 346, inc. III, do CC.

Por outro lado, na hipótese de insolvência do devedor fiduciante, fica assegurada ao credor fiduciário a restituição do imóvel alienado fiduciariamente, na forma da legislação pertinente (art. 32 da Lei 9.514/1997).

O art. 33 da lei especial prevê que se aplicam à propriedade fiduciária, no que couber, as disposições dos arts. 647 e 648 do CC. A menção é ao Código Civil de 1916 e às normas que tratavam do compáscuo, ou seja, do condomínio de pastagens. Entretanto, as normas foram revogadas pelo Código Civil de 2002 e não merecem mais aplicação.

Também merece destaque, entre as disposições finais da Lei 9.514/1997, o seu art. 37-A, que trata da taxa de ocupação relativa ao imóvel, e que também foi alterado pela Lei 13.465/2017.

O dispositivo foi incluído pela Medida Provisória 2.223/2001 e convertido na Lei 10.931/2004. Previa a norma, em redação original, que o devedor fiduciante pagaria ao credor fiduciário, ou a quem vier a sucedê-lo, a título de taxa de ocupação do imóvel, por mês ou fração, valor correspondente a um por cento (1%) do seu valor, computado e exigível desde a data da alienação em leilão até a data em que o credor fiduciário, ou seus sucessores, viesse a ser imitido na posse do imóvel.

A nova redação foi repetida em 2017, tendo sido incluída a atualização do valor do imóvel, nos termos do que consta do novo art. 24, parágrafo único, da Lei 9.514/1997; bem como a sua incidência para as operações do Programa Minha Casa, Minha Vida, com recursos advindos da integralização de cotas no Fundo de Arrendamento Residencial (art. 37-A, incluído pela Lei 13.465, de julho de 2017). Manteve-se, assim, apenas a coerência com o que foi incluído pela novel legislação.

Segundo o STJ, esse valor de 1% sobre o valor do imóvel, por mês, não pode ser flexibilizado, pois o preceito "é posterior ao art. 402 do Código Civil e, também, específico, cuidando exatamente da consequência jurídica aplicável às hipóteses de ocupação indevida de imóvel pelo devedor fiduciário" (STJ, REsp 1.999.485/DF, 3.ª Turma, Rel. Min. Nancy Andrighi, Rel. p/ acórdão Min. Ricardo Villas Bôas Cueva, por maioria, j. 06.12.2022, *DJe* 16.12.2022).

Em 2023, houve nova alteração do art. 37-A pela Lei 14.711/2023, passando a prever que "o fiduciante pagará ao credor fiduciário ou ao seu sucessor, a título de taxa de ocupação do imóvel, por mês ou fração, valor correspondente a 1% (um por cento) do valor de que trata o inciso VI do *caput* ou o parágrafo único do art. 24 desta Lei, computado e exigível desde a data da consolidação da propriedade fiduciária no patrimônio do credor fiduciário até a data em que este ou seu sucessor vier a ser imitido na posse do imóvel". A posição do STJ a respeito dessa taxa, por último transcrita, tende a ser mantida.

Feitas essas notas de atualização, cabe analisar a eventual aplicação das regras constantes dos arts. 1.366 e 1.430 do Código Civil para a alienação fiduciária em garantia de imóveis. Pela primeira norma, "quando, vendida a coisa, o produto não bastar para o pagamento da dívida e das despesas de cobrança, continuará o devedor obrigado pelo restante". Já o último preceito prevê que, "quando, excutido o penhor ou executada a hipoteca, o produto não bastar para pagamento da dívida e despesas judiciais, continuará o devedor obrigado pessoalmente pelo restante". Dito de outra forma, é preciso saber se o devedor fiduciante continua obrigado pelo restante da dívida, caso o produto da venda do bem imóvel não seja suficiente para cobrir o montante devido.

Quanto ao art. 1.355, reitero que os dispositivos da codificação material de 2002 que dizem respeito à propriedade fiduciária somente têm subsunção para a alienação fiduciária em garantia de bens móveis. Como explica, por todos, Paulo Nader, "o legislador de 2002 não excluiu da ordem jurídica a alienação fiduciária de coisa imóvel, nem a considerou ao elaborar o novo Diploma Civil, deixando intocada a sua regulamentação pela Lei 9.514, de 20 de novembro de 1997, arts. 22 a 33. Se por um lado referiu-se apenas à alienação fiduciária de coisa móvel infungível (art. 1.361), por outro (art. 1.368-A) reconhece a vigência das leis especiais, enquadrando-se, neste caso, a que dispõe sobre a alienação fiduciária de coisa imóvel". E mais: "A Lei especial refere-se genericamente à categoria da coisa imóvel, dando-lhe total abrangência" (NADER, Paulo. *Curso...*, 2016, v. 4, p. 314).

Frise-se, por ser oportuno, que a constitucionalidade dessa execução estava em debate no Supremo Tribunal Federal desde a previsão constante do Decreto-lei 70/1966. Não seria

768 | DIREITO CIVIL • VOL. 4 – *Flávio Tartuce*

justo que, além desse direito de execução extrajudicial, poderia o credor fiduciário ainda, executar pessoalmente o devedor fiduciante pelo restante da dívida. O legislador não trouxe tal opção justamente porque ela não existe, fazendo um silêncio eloquente.

Exatamente nessa linha, mais uma vez deve ser citada a dissertação de mestrado do registrador civil e Professor André Borges de Carvalho Barros, comparando a alienação fiduciária de móveis e imóveis. Segundo ele, quanto à primeira, "admite-se, assim, a continuidade da execução sobre o patrimônio do devedor caso a quantia obtida com o leilão não seja suficiente para quitar a dívida. Tal possibilidade é explicada pela acentuada desvalorização que os bens móveis sofrem em virtude de seu uso continuado (ex.: automóveis, eletrodomésticos, etc.), diminuindo a garantia que estes representam para o credor, o que não ocorre na versão imobiliária" (BARROS, André Borges de Carvalho. Alienação fiduciária..., 2010, p. 165).

No âmbito do Superior Tribunal de Justiça, igualmente, tem-se entendido que o leilão extrajudicial extingue a dívida objeto da alienação fiduciária de bem imóvel:

> "Recurso especial. Alienação fiduciária de coisa imóvel. Lei n. 9.514/1997. Quitação do débito após a consolidação da propriedade em nome do credor fiduciário. Possibilidade. Aplicação subsidiária do Decreto-lei n. 70/1966. Proteção do devedor. Abuso de direito. Exercício em manifesto descompasso com a finalidade. 1. É possível a quitação de débito decorrente de contrato de alienação fiduciária de bem imóvel (Lei n. 9.514/1997), após a consolidação da propriedade em nome do credor fiduciário. Precedentes. 2. No âmbito da alienação fiduciária de imóveis em garantia, o contrato não se extingue por força da consolidação da propriedade em nome do credor fiduciário, mas, sim, pela alienação em leilão público do bem objeto da alienação fiduciária, após a lavratura do auto de arrematação. 3. A garantia do direito de quitação do débito antes da assinatura do auto de arrematação protege o devedor da onerosidade do meio executivo e garante ao credor a realização de sua legítima expectativa – recebimento do débito contratado. (...)" (STJ, REsp 1.518.085/RS, 3.ª Turma, Rel. Min. Marco Aurélio Bellizze, j. 12.05.2015, *DJe* 20.05.2015).

Não discrepa a posição dos Tribunais Estaduais, cabendo também a citação de trechos de importantes acórdãos do Tribunal Mineiro e do Tribunal de Justiça do Distrito Federal, respectivamente:

> "Na alienação fiduciária de imóveis, toda a forma de restituição e acertos entre credor fiduciário e devedor fiduciante é regulamentada pelo art. 27 da Lei n. 9.514/97, norma especial e posterior ao Código de Defesa do Consumidor, a prevalecer, portanto, sobre as disposições consumeristas. Verificada a inadimplência e postulada a rescisão contratual, por desistência voluntária do comprador, resta à credora fiduciária levar a leilão o imóvel, e com o valor apurado cobrir o saldo devedor da operação de alienação fiduciária e eventuais despesas relativas ao imóvel, para, somente remanescendo saldo, devolvê-lo ao devedor fiduciante. (...)" (TJMG, Agravo de Instrumento 1.0035.18.000588-2/001, Rel. Des. Otávio Portes, j. 04.07.2018, *DJEMG* 13.07.2018).

> "Aviados os leilões extrajudiciais determinados pela Lei n.º 9.514/97 após a consolidação da propriedade do imóvel oferecido em garantia em favor da credora fiduciária, a frustração da alienação, ilidindo a obtenção de produto superior ao da dívida acrescido das despesas derivadas da realização do procedimento, enseja a resolução da propriedade plena em favor da credora fiduciária (art. 27, § 5.º), resultando, em contrapartida, na quitação da dívida garantida e na consequente liberação da credora fiduciária de devolução

de qualquer saldo aos fiduciantes, pois não aferido produto apto a liquidar o saldo devedor e as despesas do procedimento (art. 27, §§ 1.º a 4.º). Estabelecendo o legislador especial que, se no segundo leilão não for obtido lance igual ou superior ao valor da dívida e dos acessórios discriminados, a obrigação garantida considerar-se-á extinta, restando o credor, nessa situação, exonerado da obrigação de entregar aos devedores eventual saldo sobejante, que, em contrapartida, restarão integralmente alforriados da dívida, pois não contemplada nenhuma prescrição com esse alcance (Lei n.º 9.514/97, art. 27, §§ 5.º e 6.º), inexiste lastro para se cogitar da subsistência de saldo a ser repetido aos fiduciantes, notadamente porque, em se tratando de imóvel adquirido via de financiamento, os devedores não quitaram o preço, estando a repetição de quaisquer valores sujeitada à disciplina legal, não podendo ser realizada mediante a aplicação da regra genérica do artigo 53 do CDC" (TJDF, Apelação Cível 2016.16.1.003405-6, Acórdão 108.1153, 1.ª Turma Cível, Rel. Des. Teófilo Caetano, j. 07.03.2018, *DJDFTE* 16.03.2018).

Como último tema do capítulo, cabe trazer palavras iniciais sobre o *recarregamento*, a *extensão* ou o *refil da alienação fiduciária em garantia*, outra inovação que veio com a Lei 14.711/2023, que instituiu o novo *Marco Legal das Garantias*. Mais uma vez, assim como ocorreu com a hipoteca, o instituto foi incluído para facilitar a concessão de crédito no País e, supostamente, reduzir os juros. Porém, poderá gerar créditos sem lastro confiável e instabilidade negocial, sendo esse um ponto passível de crítica.

Foram incluídos, assim, novos tratamentos na Lei 13.476/2017, que disciplina a constituição de gravames e ônus sobre ativos financeiros e valores mobiliários objeto de registro ou de depósito centralizado

Consoante o novo art. 9.º dessa norma, se, após a excussão ou execução das garantias constituídas no instrumento de abertura de limite de crédito, o produto resultante não bastar para a quitação da dívida decorrente das operações financeiras derivadas, acrescida das despesas de cobrança, judicial e extrajudicial, o tomador e os prestadores de garantia pessoal continuarão obrigados pelo saldo devedor remanescente, exceto se houver disposição em sentido contrário na legislação especial aplicável. No caso da alienação fiduciária em garantia, continuo a entender que o próprio instituto conduz à conclusão segundo a qual não é possível cobrar o devedor pelo valor que faltar.

De todo modo, especialmente em relação ao *recarregamento* ou *refil*, estabelece o art. 9.º-A da Lei 13.476/2017 que fica permitida a extensão da alienação fiduciária de coisa imóvel, pela qual a propriedade fiduciária já constituída possa ser utilizada como garantia de operações de crédito novas e autônomas, de qualquer natureza. Essa extensão somente é possível juridicamente, desde que: *a)* sejam contratadas as operações com o credor titular da propriedade fiduciária; e *b)* inexista obrigação contratada com credor diverso, garantida pelo mesmo imóvel, inclusive na forma prevista no § 3.º do art. 22 da Lei 9.514/1997, ou seja, havendo alienação fiduciária em garantia sobre propriedade superveniente, outra novidade da Lei 14.711/2023.

Essa extensão da alienação fiduciária somente poderá ser contratada, por pessoa física ou jurídica, no âmbito do Sistema Financeiro Nacional e nas operações com Empresas Simples de Crédito (§ 1.º do art. 9.º-A da Lei 13.476/2017, incluído pela Lei 14.711/2023).

Ademais, as operações de crédito garantidas pela mesma alienação fiduciária apenas poderão ser transferidas conjuntamente, a qualquer título, preservada a unicidade do credor (§ 2.º do art. 9.º-A da Lei 13.476/2017, incluído pela Lei 14.711/2023).

Também estão permitidas a extensão da alienação fiduciária e a transferência da operação ou do título de crédito para instituição financeira diversa, desde que a instituição credora da alienação fiduciária estendida ou adquirente do crédito, conforme o caso, seja: *a)* integrante do mesmo sistema de crédito cooperativo da instituição financeira credora da operação original; *b)* garantidora fidejussória ou pessoal da operação de crédito original, presente uma fiança (§ 3.º do art. 9.º-A da Lei 13.476/2017). A participação no mesmo sistema de crédito cooperativo e a existência dessa garantia fidejussória ou pessoal serão atestadas por meio de declaração no título de extensão da alienação fiduciária (§ 4.º do art. 9.º-A da Lei 13.476/2017).

Do ponto de vista registral, o novo art. 9.º-B da norma prevê que a extensão da alienação fiduciária de coisa imóvel deverá ser averbada no Cartório de Registro de Imóveis competente, por meio da apresentação do título correspondente, ordenada em prioridade das obrigações garantidas, após a primeira, pelo tempo da averbação. Pelo mesmo comando, esse título registrável deverá conter como requisitos, sob pena do afastamento do registro imobiliário: *a)* o valor principal da nova operação de crédito; *b)* a taxa de juros e os encargos incidentes; *c)* o prazo e as condições de reposição do empréstimo ou do crédito do credor fiduciário; *d)* a cláusula com a previsão de que o inadimplemento e a ausência de purgação da mora pelo devedor ou terceiro fiduciante, em relação a quaisquer das operações de crédito, facultam ao credor fiduciário considerar como vencidas antecipadamente as demais operações de crédito garantidas pela mesma alienação fiduciária, hipótese em que será exigível a totalidade da dívida para todos os efeitos legais; e *e)* os demais requisitos previstos no art. 24 da Lei 9.514/1997, aqui antes estudados. No seu § 2.º, o novo art. 9.º-B da Lei 13.476/2017 estabelece que a extensão da alienação fiduciária poderá ser formalizada por instrumento público ou particular, admitida a apresentação em formato eletrônico. Fica dispensado o reconhecimento de firma no título de extensão da alienação fiduciária (§ 3.º). A extensão da alienação fiduciária não poderá exceder o prazo final de pagamento e o valor garantido constantes do título da garantia original, ou seja, não poderá ter existência autônoma (§ 4.º).

Celebrada a extensão da alienação fiduciária sobre coisa imóvel, o novo art. 9.º-C da norma prevê que a liquidação antecipada de quaisquer das operações de crédito não obriga o devedor a liquidar antecipadamente as demais operações vinculadas à mesma garantia, hipótese em que permanecerão vigentes as condições e os prazos nelas convencionados. Em complemento, está no seu parágrafo único que a liquidação de quaisquer das operações de crédito garantidas será averbada na matrícula do imóvel, à vista do termo de quitação específico emitido pelo credor, o que mais uma vez visa a dar estabilidade registral e segurança ao ato.

Como último dispositivo sobre o tema, o art. 9.º-D da Lei 13.476/2017, incluído pela Lei 14.711/2023, trata do inadimplemento pelo devedor fiduciante ou pelo terceiro. Nos seus termos, havendo o descumprimento da obrigação, e ausente a purgação da mora, o credor fiduciário poderá considerar vencidas antecipadamente as demais operações de crédito vinculadas à mesma garantia, hipótese em que será exigível a totalidade da dívida. Como se pode perceber, a faculdade do vencimento antecipado foi amplamente prevista no novo *Marco Legal das Garantias*, para colocar o credor em posição privilegiada.

Em complemento, nos termos do seu § 1.º, após esse vencimento antecipado de todas as operações de crédito, o credor fiduciário promoverá os demais procedimentos de consolidação da propriedade e de leilão, inclusive as medidas extrajudiciais aqui antes estudadas, com todas as modificações estabelecidas pela nova legislação. A informação sobre o exercício, pelo credor fiduciário, da faculdade de considerar vencidas todas as operações vinculadas à mesma garantia, deverá constar da intimação do devedor (§ 2.º do art. 9.º-C da Lei 13.476/2017, incluído pela Lei 14.711/2023). A dívida relativa ao inadimplemento corresponderá à soma dos saldos devedores de todas as operações de crédito vinculadas à mesma garantia (§ 3.º).

CAP. 9 • A ALIENAÇÃO FIDUCIÁRIA EM GARANTIA | **771**

Na hipótese de quaisquer das operações de crédito vinculadas à mesma garantia qualificarem-se como financiamento para aquisição ou construção de imóvel residencial do devedor, aplicam-se à excussão da garantia a consolidação e o leilão extrajudicial (§ 4.º).

Como última regra a ser comentada, está no § 5.º do art. 9.º B da Lei 13.476/2017 a aplicação do art. 54 da Lei 13.097/2015, que exige a averbação de atos constritivos na matrícula para a configuração da fraude à execução e para o afastamento da eficácia em relação a atos jurídicos precedentes. Ressalve-se, contudo, que ainda resta polêmica quanto à configuração da fraude à execução com a mera citação do devedor em ação executiva ou condenatória, tema tratado no Volume 1 desta coleção de *Direito Civil* (Capítulo 7), para o qual se remete aquele que queira fazer maiores aprofundamentos sobre a questão.

9.5 RESUMO ESQUEMÁTICO

Alienação Fiduciária em garantia

CONCEITO: Negócio jurídico pelo qual o devedor fiduciante aliena o bem adquirido a um terceiro, o credor fiduciário, que paga o preço ao alienante originário. Constata-se que o credor fiduciário é o proprietário da coisa, tendo, ainda, um direito real sobre a coisa que lhe é própria. Com o pagamento de todos os valores devidos, o devedor fiduciante adquire a propriedade, o que traz a conclusão de que a propriedade do credor fiduciário é resolúvel.

NATUREZA JURÍDICA: Trata-se de um direito real de garantia sobre coisa própria, que pode ser um bem móvel ou imóvel. A propriedade fiduciária é modalidade de propriedade resolúvel.

TRATAMENTO LEGISLATIVO:
– Código Civil de 2002, arts. 1.361 a 1.368-A (o último introduzido pela Lei 10.931/2004);
– Decreto-lei 911/1969 (Bens móveis), com as devidas alterações pela Lei 10.931/2004. Possibilidade de ação de busca e apreensão da coisa alienada por parte do credor fiduciário contra o devedor fiduciante;
– Lei 9.514/1997. Com as devidas alterações pela Lei 11.481/2007, pela Lei 13.465/2017 e pela Lei 14.711/2023. Possibilidade de leilão extrajudicial do bem, julgado como constitucional pelo STF em 2023.

A Alienação Fiduciária em garantia de bens móveis e o adimplemento substancial

Em casos envolvendo a alienação fiduciária em garantia de bens móveis, a jurisprudência do STJ vinha entendendo pela impossibilidade da medida de busca e apreensão se o contrato tiver sido quase todo cumprido. Trata-se de aplicação da tese do adimplemento substancial, conforme o Enunciado 361 do CJF/STJ: "O adimplemento substancial decorre dos princípios gerais contratuais, de modo a fazer preponderar a função social do contrato e o princípio da boa-fé objetiva, balizando a aplicação do art. 475". Dos julgados anteriores, destaca-se o seguinte: "ALIENAÇÃO FIDUCIÁRIA. Busca e apreensão. Deferimento liminar. Adimplemento substancial. Não viola a lei a decisão que indefere o pedido liminar de busca e apreensão considerando o pequeno valor da dívida em relação ao valor do bem e o fato de que este é essencial à atividade da devedora. Recurso não conhecido" (STJ, REsp 469.577/SC, Rel. Min. Ruy Rosado de Aguiar, 4.ª Turma, j. 25.03.2003, *DJ* 05.05.2003, p. 310). Porém, infelizmente, o mesmo Superior Tribunal de Justiça, em julgamento da sua Segunda Seção e prolatado em março de 2017, acabou por concluir que a citada teoria não mais incide para os tais negócios, diante das modificações feitas pela Lei 13.043/2014. Isso porque não cabe mais a purgação de mora para afastar a busca e apreensão da coisa e, como consequência, o adimplemento substancial não mais deve ser aplicado. (STJ, REsp 1.622.555/MG, 2.ª Seção, Rel. Min. Marco Buzzi, Rel. p/ acórdão Min. Marco Aurélio Bellizze, j. 22.02.2017, *DJe* 16.03.2017). Trata-se de um grande retrocesso, na minha opinião.

A Alienação Fiduciária em garantia de bens móveis e a questão da prisão civil do devedor fiduciante	A prisão civil do depositário infiel consta expressamente do art. 5.º, LXVII, da CF/1988 e do art. 652 do CC/2002.

A possibilidade jurídica dessa prisão civil já vinha dividindo a jurisprudência do STJ (contra a prisão) e do STF (a favor da prisão), e se complicou enormemente com a Emenda Constitucional 45, de 8 de dezembro de 2004, que acrescentou um § 3.º ao art. 5.º da Carta Fundamental, cujo teor é o seguinte: "Os tratados e convenções internacionais sobre direitos humanos que forem aprovados, em cada Casa do Congresso Nacional, em dois turnos, por três quintos dos votos dos respectivos membros, serão equivalentes às emendas constitucionais".

Pela nova ordem, os tratados referentes aos direitos humanos equivalem à emenda constitucional, desde que aprovados de acordo com o procedimento previsto. Assim sendo, se admitirmos que o Pacto de San José foi ratificado posteriormente à Constituição Federal, concluiremos que o art. 5.º, LXVII, teria sido parcialmente revogado no tocante à prisão do depositário infiel. O problema que se coloca é que o Pacto de San José foi ratificado pelo Brasil antes da vigência da Emenda Constitucional 45/2004. A norma constitucional atingiria os tratados internacionais celebrados antes de sua vigência, ou seja, a Emenda Constitucional 45/2004 produziria efeitos retroativos? A resposta é positiva, pois se deve entender que a Emenda Constitucional em questão se aplica aos tratados anteriores, pois seria ilógico concluir ao contrário, eis que os tratados mais importantes sobre o tema já foram editados e ratificados pelos países democráticos, caso do Brasil.

O Supremo Tribunal Federal, conforme decisões publicadas no seu Informativo 531, acabou por concluir que a prisão civil do depositário não se coaduna com o sistema brasileiro. A tese que prevaleceu é que o Pacto de San José da Costa Rica tem força supralegal, ou seja, entre a Constituição Federal de 1988 e as leis ordinárias, o que retira os fundamentos nas leis inferiores para a prisão civil do depositário (tese do Min. Gilmar Mendes). Alguns ministros, contudo, entenderam que a vedação da prisão civil constante do Pacto teria força constitucional, conforme defendido pelos autores desta obra.

Na verdade, o STF baniu a prisão civil em qualquer modalidade de depósito, seja ele convencional ou judicial, típico ou atípico; atingindo a alienação fiduciária em garantia (Súmula Vinculante 25). |
| **A Alienação Fiduciária em garantia de bens imóveis e o leilão extrajudicial** | De acordo com a Lei 9.514/1997, consolidada a propriedade em seu nome, o fiduciário promoverá leilão público para a alienação do imóvel, no prazo de 60 dias, contado da data do registro (art. 27, *caput*, da Lei 9.514/1997). Se no primeiro leilão público o maior lance oferecido for inferior ao valor do imóvel, estipulado na forma do inciso VI e do parágrafo único do art. 24 da mesma norma, será realizado o segundo leilão nos quinze dias seguintes (art. 27, § 1.º, da Lei 9.514/1997, na redação dada pela Lei 13.465/2017). No segundo leilão, será aceito o maior lance oferecido, desde que seja igual ou superior ao valor integral da dívida garantida pela alienação fiduciária, das despesas, inclusive emolumentos cartorários, dos prêmios de seguro, dos encargos legais, inclusive tributos, e das contribuições condominiais, podendo, caso não haja lance que alcance referido valor, ser aceito pelo credor fiduciário, a seu exclusivo critério, lance que corresponda a, pelo menos, metade do valor de avaliação do bem (art. 27, § 2.º, da Lei 9.514/1997). Esse último dispositivo foi alterado pela Lei 14.711/2023, que instituiu um novo *Marco Legal das Garantias* para facilitar o recebimento de créditos e, supostamente, reduzir as taxas de juros no Brasil. Segundo o entendimento majoritário, o leilão extrajudicial não é inconstitucional, o que foi chancelado pelo STF em 2023. Todavia, o maior lance oferecido no segundo leilão não pode gerar onerosidade excessiva (desequilíbrio), sob pena de caracterização da lesão (art. 157 do CC) e do enriquecimento sem causa (arts. 884 a 886 do CC). Essa posição ganha força com as mudanças efetivadas pela Lei 14.711/2023.

Atenção: as recentes Leis 13.465/2017 e 14.711/2023 trouxeram outras alterações nos procedimentos, que devem ser estudadas. |

CAP. 9 • A ALIENAÇÃO FIDUCIÁRIA EM GARANTIA | 773

9.6 QUESTÕES CORRELATAS

01. (TJ – RR – FCC – Juiz Substituto – 2015) Comparando-se as garantias decorrentes da alienação fiduciária de bem imóvel e da hipoteca, pode-se afirmar que, na alienação fiduciária,

(A) o fiduciário transfere a propriedade resolúvel ao fiduciante, enquanto na hipoteca a propriedade não é transferida ao credor, mas apenas sujeita o imóvel por vínculo real ao cumprimento da obrigação, atribuindo ao credor título de preferência e direito de sequela.

(B) o credor pode, uma vez consolidada a propriedade em seu nome, mantê-la em seu patrimônio, para quitação da dívida, sem necessidade de promover-lhe a alienação, enquanto na hipoteca é vedado o pacto comissório.

(C) o fiduciante transfere a propriedade resolúvel ao fiduciário, enquanto na hipoteca a propriedade não é transferida ao credor, mas apenas sujeita o imóvel por vínculo real ao cumprimento da obrigação, atribuindo ao credor título de preferência e direito de sequela.

(D) o credor não pode, depois de consolidada a propriedade em seu nome, mantê-la em seu patrimônio para quitar a dívida, devendo promover-lhe o público leilão, enquanto na hipoteca, salvo disposição em contrário no contrato, o credor pode ficar com o objeto da garantia, se a dívida não for paga no vencimento.

(E) não pode ser credora, titular dessa garantia, pessoa física, porque ela só é atribuível às entidades que operam no SFI, enquanto na hipoteca o credor pode ser qualquer pessoa física capaz ou pessoa jurídica.

02. (CONSULPLAN – TJ-MG – Titular de Serviços de Notas e de Registros – 2016) Nos termos da Lei n.º 9.514/97, a alienação fiduciária poderá ser contratada por pessoa física ou jurídica, não sendo privativa das entidades que operam no Sistema Financeiro Imobiliário – SFI, podendo ter como objeto, além da propriedade plena, outros direitos reais sobre bens imóveis. Assinale a alternativa que não permite gravar isoladamente com alienação fiduciária.

(A) Bens enfitêuticos.

(B) Bens enfitêuticos.

(C) O direito real de uso, desde que suscetível de alienação.

(D) O usufruto, a posse ou fruição assegurada por esse direito.

03. (FCC – Prefeitura de São Luiz-MA – Procurador – 2016) Tratando-se do direito de propriedade, de acordo com o Código Civil,

(A) a aquisição da propriedade por acessão pode se dar por usucapião.

(B) a prenotação no protocolo não garante eficácia ao título desde o momento em que é apresentado ao oficial do registro.

(C) na propriedade fiduciária o devedor pode, com a anuência do credor, dar seu direito eventual à coisa em pagamento da dívida, após o vencimento desta.

(D) as limitações do direito de vizinhança se impõem somente a imóveis contíguos.

(E) a função social da propriedade e o abuso de direito de propriedade constituem a mesma realidade jurídica.

04. (FCC – SEFAZ-PE – Julgador Administrativo Tributário do Tesouro Estadual – 2015) Pedro celebra contrato de financiamento de um veículo com o Banco X, garantido por alienação fiduciária. Em seguida, Pedro contrata Joaquim para servir-lhe de motorista, com vínculo empregatício. Nesse caso, Pedro

(A) é possuidor do veículo, o Banco X tem sua propriedade resolúvel e Joaquim, enquanto o dirige, é seu detentor.

(B) tem a propriedade resolúvel do veículo, o Banco X é seu possuidor e Joaquim, enquanto o dirige, é seu detentor.

(C) tem a propriedade resolúvel do veículo, o Banco X é seu detentor e Joaquim, enquanto o dirige, é seu possuidor.

(D) tem a propriedade perpétua do veículo; o Banco X tem sua propriedade resolúvel e Joaquim, enquanto o dirige, é seu possuidor.

(E) e o Banco X são conjuntamente proprietários e possuidores do veículo e Joaquim, enquanto o dirige, é seu detentor.

774 | DIREITO CIVIL • VOL. 4 – *Flávio Tartuce*

05. (CESPE – DPU – Defensor Público Federal – 2015) Supondo que duas partes tenham estabelecido determinada relação jurídica, julgue o item.

Caso uma das partes venha a transferir veículo gravado com propriedade fiduciária à outra parte, sem o consentimento desta, o terceiro poderá fazer uso da usucapião, desde que ultrapassados cinco anos, independentemente de título ou boa-fé.

06. (TRF – 5ª REGIÃO – Juiz Federal Substituto – CESPE – 2017) Um devedor pretende transferir a seu credor, a título de garantia, a propriedade resolúvel de determinado bem móvel infungível.

Nessa situação,

(A) a garantia será desfeita caso o objeto já integre o patrimônio do devedor.

(B) a exigência de outras garantias será considerada cláusula não escrita.

(C) o credor poderá manter a coisa caso haja inadimplemento absoluto.

(D) o devedor poderá ceder o direito eventual que advém do contrato

(E) a propriedade será constituída com a entrega ao credor da coisa que é objeto do contrato.

07. (TJ-RO – Titular de Serviços de Notas e de Registros – Provimento – IESES – 2017) É certo afirmar:

I. Nos termos do Código Civil, considera-se fiduciária a propriedade resolúvel de coisa móvel infungível que o devedor, com escopo de garantia, transfere ao credor.

II. O credor pode ceder o seu crédito, mesmo que isso se oponha a natureza da obrigação ou a convenção com o devedor; a cláusula proibitiva da cessão poderá ser oposta ao cessionário de boa-fé, se não constar do instrumento da obrigação.

III. Nas obrigações alternativas, a escolha cabe ao credor, se outra coisa não se estipulou.

IV. O dono do prédio serviente não poderá embaraçar de modo algum o exercício legítimo da servidão.

Analisando as proposições, pode-se afirmar:

(A) Somente as proposições I e III estão corretas.

(B) Somente as proposições II e III estão corretas.

(C) Somente as proposições I e IV estão corretas.

(D) Somente as proposições II e IV estão corretas.

08. (TJ-MG – Titular de Serviços de Notas e de Registros – Remoção – CONSULPLAN – 2017) Quanto à constituição em mora em contrato de Alienação Fiduciária, regida pelo Decreto-lei nº 911/69, é correto afirmar:

(A) A mora decorrerá do simples vencimento do prazo para pagamento e poderá ser comprovada por carta registrada com aviso de recebimento, não se exigindo que a assinatura constante do referido aviso seja a do próprio destinatário.

(B) A mora decorrerá do simples vencimento do prazo para pagamento e poderá ser comprovada por carta registrada com aviso de recebimento, mas se exigindo que a assinatura constante do referido aviso seja a do próprio destinatário.

(C) A mora decorrerá do simples vencimento do prazo para pagamento e deverá ser comprovada por notificação feita através de Cartório de Títulos e Documentos, estabelecido na Comarca onde mora ou reside o devedor.

(D) A mora decorrerá do simples vencimento do prazo para pagamento e deverá ser comprovada mediante notificação feita através de Cartório de Títulos e Documentos, de qualquer localidade, desde que o devedor a receba pessoalmente.

09. (Titular de Serviços de Notas e de Registros – Remoção – TJ-RS – VUNESP – 2019) A respeito da alienação fiduciária em garantia de bem imóvel, é correto asseverar que

(A) após consolidada a propriedade pelo credor fiduciário, em razão da constituição em mora do devedor, é possível o registro de qualquer negócio jurídico de alienação do imóvel, independentemente de

CAP. 9 · A ALIENAÇÃO FIDUCIÁRIA EM GARANTIA | **775**

ter sido ou não realizada em público leilão, uma vez que não há o estabelecimento legal de pena para o credor que não realiza os leilões estipulados na Lei nº 9.514/97.

(B) a propriedade fiduciária constitui um direito real sobre coisa alheia, de modo que uma certidão que responda ao quesito sobre quem seja o proprietário do imóvel deverá informar o nome do devedor fiduciante.

(C) não pode a nua-propriedade ser alienada fiduciariamente, devendo o seu registro ser negado.

(D) o domínio útil pode ser alienado fiduciariamente, sendo possível o seu registro.

(E) não é possível alienar fiduciariamente imóvel locado com cláusula de vigência registrada.

10. (Defensor Público – DPE-SP – FCC – 2019) Nos contratos de alienação fiduciária de bem imóvel,

(A) a taxa de ocupação será devida a partir da arrematação.

(B) não sendo a dívida quitada na data convencionada, a consolidação da propriedade para o credor fiduciário se dará independentemente de intimação do devedor.

(C) o prazo contratual inferior ao prazo de durabilidade do bem descaracteriza a alienação.

(D) o devedor fiduciário tem preferência em arrematar o imóvel pelo valor mínimo de avaliação.

(E) a responsabilidade do credor fiduciário sobre despesas condominiais do imóvel se dá com a consolidação da sua propriedade.

11. (Defensor Público de Entrância Inicial – DPE-CE – FCC – 2022) A respeito da alienação fiduciária, considere as assertivas a seguir.

I. A alienação fiduciária constitui espécie de garantia pessoal de uma dívida ou crédito decorrente do financiamento de um bem móvel ou imóvel.

II. O bem alienado fiduciariamente está sob o domínio do credor, enquanto o devedor fica somente com a sua posse.

III. Segundo o Superior Tribunal de Justiça, a proteção ao bem de família não se aplica quanto ao inadimplemento de parcelas de um contrato de financiamento de um imóvel dado em alienação fiduciária do utilizado para fins de moradia familiar.

IV. De acordo com o entendimento do Superior Tribunal de Justiça, a teoria do adimplemento substancial não é prevista expressamente em lei e decorre de interpretação extensiva de dispositivos do Código Civil, de modo que não pode se sobrepor à lei especial que rege a alienação fiduciária, por violação à regra de que lei especial prevalece sobre lei geral.

Está correto o que se afirma em:

(A) II e III, apenas.

(B) I, II, III e IV.

(C) I, II e III, apenas.

(D) II, III e IV, apenas.

(E) I e IV, apenas.

12. (TJDFT – Cespe/Cebraspe – Juiz de Direito substituto – 2023) Assinale a opção correta conforme o entendimento do STJ acerca da alienação fiduciária em garantia de coisa móvel.

(A) Atraso cometido pela instituição financeira na baixa de gravame de alienação fiduciária no registro de veículo caracteriza dano moral *in re ipsa*.

(B) É vedada a aplicação da pena de perdimento de veículo objeto de alienação fiduciária ou de arrendamento mercantil, independentemente da participação do credor fiduciário no evento que daria causa à pena.

(C) A relação entre o contrato de compra e venda de bem de consumo e o de financiamento bancário com alienação fiduciária, destinado a viabilizar a aquisição do bem, é de acessoriedade.

(D) O pagamento das despesas relativas à guarda e conservação de veículo alienado fiduciariamente em pátio privado em virtude da efetivação de liminar de busca e apreensão do bem é de responsabilidade do devedor fiduciante.

(E) Caso o bem não seja encontrado em ação de busca e apreensão processada sob o rito do Decreto-lei n.º 911/1969, o credor poderá requerer a conversão do pedido de busca e apreensão em ação executiva.

DIREITO CIVIL • VOL. 4 – Flávio Tartuce

13. **(TST – FGV – Juiz do Trabalho substituto – 2023) A sociedade limitada X contrata empréstimo bancário com o Banco Y. Maria, sócia da sociedade limitada X, voluntariamente concede em garantia ao empréstimo contratado o imóvel único no qual mantém moradia com sua família, por meio de constituição de alienação fiduciária, inadimplente a sociedade imitada X, o Banco Y, credor fiduciário, executa a garantia que recai sobre o imóvel, consolidando a propriedade resolúvel em seu favor.**

A respeito do caso, é correto afirmar que:

(A) a impenhorabilidade do bem de família prevalece sobre a alienação fiduciária em garantia, ainda que livremente pactuada entre Maria e o Banco Y;

(B) tal como na hipoteca, e presumido o benefício à entidade familiar de Maria na contratação do empréstimo bancário pela sociedade limitada X, gravado de garantia fiduciária;

(C) a alienação fiduciária em garantia é inválida por tratar-se de bem de família a garantia ofertada, não tendo sido os valores obtidos com o empréstimo feitos em favor do imóvel ou da unidade familiar;

(D) dado que a alienação fiduciária em garantia foi livremente pactuada, o imóvel pertencente à entidade familiar é impenhorável, tendo em vista que não se aplicam as exceções do art. 39 da Lei n° 8.009/1990;

(E) o inadimplemento do contrato de empréstimo bancário pela sociedade limitada X consolida a propriedade imóvel em nome do Banco Y, independentemente da natureza do bem dado em garantia por meio da alienação fiduciária.

14. **(TJMS – Analista Judiciário – FGV – 2024) José Antônio adquiriu um automóvel na concessionária Confiança no Volante S.A. Como não tinha recursos suficientes para quitá-lo integralmente, pegou um empréstimo no Banco É pra Já! Deu, então, o carro em garantia, cedendo a propriedade resolúvel à instituição financeira. Resguardou-se, no entanto, na posse direta do bem.**

Nesse caso, a operação de garantia envolve:

(A) penhor.

(B) hipoteca.

(C) fiança.

(D) alienação fiduciária.

(E) caução fidejussória.

GABARITO

01 – C	02 – D	03 – C
04 – A	05 – ERRADO	06 – D
07 – B	08 – A	09 – D
10 – E	11 – D	12 – E
13 – E	14 – D	

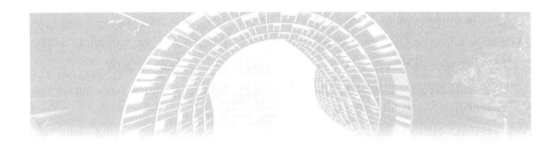

BIBLIOGRAFIA

AGUIAR, Ruy Rosado de. *Extinção dos contratos por incumprimento do devedor (Resolução)*. Rio de Janeiro: Aide, 1991.

AGUIAR JR., Ruy Rosado de. *III Jornada de Direito Civil*. Brasília: Conselho da Justiça Federal, 2005.

ALARCÃO, Rui. Menos leis, melhores leis. *Revista Brasileira de Direito Comparado*. Rio de Janeiro: Instituto de Direito Comparado Luso-brasileiro, 2009, n. 31, p. 2.

ALEXY, Robert. *Teoria dos direitos fundamentais*. Trad. Virgílio Afonso da Silva. São Paulo: Malheiros, 2008.

ALMEIDA, José Luiz Gavião de. *Código Civil comentado*: Direito das sucessões, sucessão em geral, sucessão legítima. Coord. Álvaro Villaça Azevedo. São Paulo: Atlas, 2003. v. XVIII.

ALVES, Jones Figueirêdo. "Perros" e "Osos". Disponível em: <http://www.migalhas.com.br/dePeso/16,MI167049,21048-Perros+e+Osos>. Acesso em: 3 maio 2013.

ALVES, Jones Figueirêdo; DELGADO, Mário Luiz. *Código Civil anotado*. São Paulo: Método, 2005.

ALVIM, Agostinho. *Da inexecução das obrigações e suas consequências*. 5. ed. São Paulo: Saraiva, 1980.

AMARAL, Francisco. *Direito civil* – Introdução. 6. ed. rev., atual. e aum. Rio de Janeiro: Renovar, 2006.

AMORIM FILHO, Agnelo. Critério científico para distinguir a prescrição da decadência e para identificar as ações imprescritíveis. *Revista dos Tribunais* 300/7 e 744/725, São Paulo: RT.

ANTONIO JÚNIOR, Valter Farid. *Compromisso de compra e venda*. São Paulo: Atlas, 2009.

ARONNE, Ricardo. *Código Civil anotado*. Coord. Rodrigo da Cunha Pereira. Porto Alegre: Síntese, 2004.

ARONNE, Ricardo. *Propriedade e domínio*. A teoria da autonomia. 2. ed. Porto Alegre: Livraria do Advogado, 2014.

ASCENSÃO, José de Oliveira. *Direito civil*. Reais. 5. reimp. Coimbra: Coimbra, 2000.

ASCENSÃO, José de Oliveira. *Direitos reais*. 5. ed. Lisboa: Coimbra, 2000.

ASSUMPÇÃO NEVES, Daniel Amorim. *Novo CPC*. Inovações, alterações e supressões comentadas. São Paulo: Método, 2015.

ASSUMPÇÃO NEVES, Daniel Amorim. *Novo Código de Processo Civil Comentado*. Salvador: Juspodivm, 2016.

AZEVEDO, Álvaro Villaça. *Comentários ao novo Código Civil*. In: TEIXEIRA, Sálvio de Figueiredo. Rio de Janeiro: Forense, 2005. v. VII.

AZEVEDO, Álvaro Villaça. *Curso de direito civil*. Direito das coisas. São Paulo: Atlas, 2014.

AZEVEDO, Álvaro Villaça. *Prisão civil por dívidas*. São Paulo: RT, 1993.

AZEVEDO, Álvaro Villaça. *Teoria geral dos contratos típicos e atípicos*. São Paulo: Atlas, 2002.

AZEVEDO JR., José Osório de. Compromisso de compra e venda. 3. ed. São Paulo: Malheiros, 1992.

AZEVEDO JR., José Osório de. Compromisso de compra e venda. 4. ed. São Paulo: Malheiros, 1998.

BARROS, André Borges de Carvalho. Alienação fiduciária de bem imóvel em garantia na perspectiva do Direito Civil Constitucional. Dissertação de mestrado defendida na Faculdade de Direito da PUCSP. Orientação da Professora Maria Helena Diniz. São Paulo: PUCSP, 2010.

BARROS, Flávio Augusto Monteiro de. *Manual de direito civil*. Direito das coisas e responsabilidade civil. São Paulo: Método, 2005. v. 3.

BARROSO, Lucas Abreu. Hermenêutica e operabilidade do art. 1.228, §§ 4.º e 5.º do Código Civil. *Revista de Direito Privado* n. 21, jan.-mar. 2005.

BARROSO, Lucas Abreu. O prazo da usucapião extraordinária de servidão aparente. *A realização do Direito Civil*. Curitiba: Juruá, 2011.

BARROSO, Lucas Abreu. Novas fronteiras da obrigação de indenizar. In: DELGADO, Mário Luiz; ALVES, Jones Figueirêdo (Coord.). *Questões controvertidas no novo Código Civil*. São Paulo: Método, 2006. v. 5.

BESSONE, Darcy. *Direitos reais*. São Paulo: Saraiva, 1988.

BEVILÁQUA, Clóvis. *Código Civil comentado*. São Paulo: Freitas Bastos, 1955. v. 3.

BEVILÁQUA, Clóvis. *Código Civil dos Estados Unidos do Brasil*. Edição Histórica. Rio de Janeiro: Editora Rio, 1977.

BEVILÁQUA, Clóvis. *Direito das coisas*. Brasília: Senado Federal, 2003. Coleção História do Direito Brasileiro. v. 1.

BEVILÁQUA, Clóvis. *Direito das coisas*. 5. ed. atual. por José de Aguiar Dias. Rio de Janeiro: Forense, sem data. v. I.

BEVILÁQUA, Clóvis. *Direito das coisas*. 5. ed. atual. por José de Aguiar Dias. Rio de Janeiro: Forense, sem data. v. II.

BOBBIO, Norberto. Da estrutura à função. *Novos estudos de teoria do direito*. Tradução de Daniele Beccaccia Vesiani. São Paulo: Manole, 2007.

BOBBIO, Norberto; PONTARA, Giulliano; VECA, Salvatore. *Crise de la democrazia e neocontrattualismo*. Roma: Editora Riuniti, 1984.

BRANDELLI, Leonardo. *Aplicação do princípio da tutela da aparência jurídica ao terceiro registral imobiliário de boa-fé*: aspectos jurídicos e econômicos. Porto Alegra: UFGRS, 2013.

BRANDELLI, Leonardo. *Usucapião administrativa*. São Paulo: Saraiva, 2016.

BUNAZAR, Maurício. *Obrigação* propter rem: aspectos teóricos e práticos. São Paulo: Atlas, 2014.

CAHALI, Francisco José. *Direito das sucessões*. 3. ed. São Paulo: RT, 2007.

CAHALI, Francisco José; HIRONAKA, Giselda Maria Fernandes Novaes. *Curso avançado de direito civil*. 2. ed. rev. e atual. Coord. Everaldo Cambler. São Paulo: RT, 2003. v. 6: Direito das sucessões.

CÂMARA, Alexandre Freitas. *A nova execução da sentença*. 4. ed. Rio de Janeiro: Lumen Juris, 2007.

CÂMARA, Alexandre Freitas. *Lições de direito processual civil*. 11. ed. Rio de Janeiro: Lumen Juris, 2004. v. I.

CÂMARA, Alexandre Freitas. *Lições de processo civil*. 7. ed. Rio de Janeiro: Lumen Juris, 2005. v. III.

CARVALHO SANTOS, João Manuel. *Código Civil brasileiro integrado*. 2. ed. Rio de Janeiro: Freitas Bastos, 1937. v. 9 e 10 – Direito das coisas (arts. 755-862).

CHALHUB, Melhim Namen. Usucapião administrativa. Disponível em: <http://www.melhimchalhub.com.br/noticia/detalhe/20>. Acesso em: 24 set. 2012.

CHINÉ, Giuseppe; FRATINI, Marco; ZOPPINI, Andrea. *Manuale di diritto civile*. 4. ed. Roma: Nel Diritto, 2013.

CHINELLATO, Silmara Juny de Abreu. Direito de autor e direitos da personalidade: reflexões à luz do Código Civil. Tese para concurso de Professor Titular de Direito Civil da Faculdade de Direito da Universidade de São Paulo, 2008.

COELHO, Fábio Ulhoa. *Curso de direito civil*. São Paulo: Saraiva, 2006. v. 4.

COELHO, Gil Ernesto Gomes. A multa moratória da convenção de condomínio e o novo Código Civil – questão de direito intertemporal. In: CASCONI, Francisco Antonio; AMORIM, José Roberto Neves (Coord.). *Condomínio edilício* – aspectos relevantes e aplicação do novo Código Civil. São Paulo: Método, 2005.

COPPOLA, Ruy. Arrematação pelo condomínio de unidade autônoma. In: CASCONI, Francisco Antonio; AMORIM, José Roberto Neves (Coord.). *Condomínio edilício – aspectos relevantes e aplicação do novo Código Civil*. São Paulo: Método, 2005.

CORREA, Alexandre; SCIASCIA, Gaetano. *Manual de direito romano e textos em correspondência com os artigos do Código Civil brasileiro*. 4. ed. rev. e aum. São Paulo: Saraiva, 1992.

COUTO E SILVA, Clóvis do. *A obrigação como processo*. São Paulo: José Bushatsky, 1976.

DANTAS JR., Aldemiro Rezende. *Direito de vizinhança*. Rio de Janeiro: Forense, 2007.

DELGADO, Mário Luiz. *Problemas de direito intertemporal no Código Civil*. São Paulo: Saraiva, 2004.

DELGADO, Mário Luiz. *Código Civil comentado*. Doutrina e Jurisprudência. Rio de Janeiro: Forense, 2019.

DI PIETRO, Maria Silvia Zanella. *Direito administrativo*. 25. ed. São Paulo: Atlas, 2012.

DIDIER JR., Fredie. *Curso de direito processual civil*. 8. ed. Salvador: Juspodivm, 2007. v. 1.

DINIZ, Maria Helena. *Código Civil anotado*. 11. ed. São Paulo: Saraiva, 2005.

DINIZ, Maria Helena. *Código Civil anotado*. 15. ed. São Paulo: Saraiva, 2010.

DINIZ, Maria Helena. *Curso de direito civil brasileiro*. 21. ed. rev. e atual. São Paulo: Saraiva, 2007. v. 6: Direito das sucessões.

DINIZ, Maria Helena. *Curso de direito civil brasileiro*. 22. ed. rev. e atual. São Paulo: Saraiva, 2007. v. 4: Direito das coisas.

DINIZ, Maria Helena. *Curso de direito civil brasileiro*. 23. ed. São Paulo: Saraiva, 2008. v. 5: Direito de Família.

DINIZ, Maria Helena. *Curso de direito civil brasileiro*. Direito das Coisas. 24. ed. São Paulo: Saraiva, 2009. v. 4.

DINIZ, Maria Helena. *Dicionário jurídico*. 2. ed. São Paulo: Saraiva, 2005. v. 2.

DUARTE, Nestor. *Penhor de títulos de crédito*. São Paulo: RT, 2012.

EHRHARDT JR., Marcos. Temos um novo tipo de usucapião criado pela Lei 12.424/2011. Problemas à vista. Disponível em: <http://www.marcosehrhardt.adv.br/index.php/blog>. Acesso em: 1.º jul. 2011.

FACHIN, Luiz Edson. *Comentários ao Código Civil*: Parte Especial. Coord. Antônio Junqueira de Azevedo. São Paulo: Saraiva, 2003. v. 15: Direito das coisas.

FACHIN, Luiz Edson. Direitos de vizinhança e o novo Código Civil brasileiro: uma sucinta apreciação. In: DELGADO, Mário Luiz; ALVES, Jones Figueirêdo (Coord.). *Questões controvertidas no novo Código Civil*. São Paulo: Método, 2004. v. 2.

FACHIN, Luiz Edson. *Estatuto jurídico do patrimônio mínimo*. 2. ed. Rio de Janeiro: Renovar, 2006.

FACHIN, Luiz Edson. *Estatuto jurídico do patrimônio mínimo*. Rio de Janeiro: Renovar, 2001.

FARIAS, Cristiano Chaves; ROSENVALD, Nelson. *Curso de direito civil*. Reais. 8. ed. Salvador: JusPodivm, 2012. v. 5.

FARIAS, Cristiano Chaves; ROSENVALD, Nelson. *Curso de direito civil*. Reais. 11. ed. São Paulo: Atlas, 2015. v. 5.

FARIAS, Cristiano Chaves; ROSENVALD, Nelson. *Direitos reais*. 4. ed. Rio de Janeiro: Lumen Juris, 2007.

FARIAS, Cristiano Chaves; ROSENVALD, Nelson. *Direitos reais*. Rio de Janeiro: Lumen Juris, 2006.

FELICIANO, Guilherme Guimarães. *Tratado da alienação fiduciária em garantia*. São Paulo: LTr, 1999.

FIGUEIRA JR., Joel Dias. *Código Civil comentado*. Coord. Ricardo Fiuza. 2. ed. São Paulo: Saraiva, 2004.

FIGUEIRA JR., Joel Dias. *Código Civil comentado*. Coord. Ricardo Fiúza e Regina Beatriz Tavares da Silva. 6. ed. São Paulo: Saraiva, 2008.

FIGUEIRA JR., Joel Dias. *Novo Código Civil comentado*. 5. ed. atual. São Paulo: Saraiva, 2006.

FIGUEIRA JR., Joel Dias. *Novo Código Civil comentado*. 2. ed. atual. São Paulo: Saraiva, 2003.

FONSECA, Arnoldo Medeiros da. *Direito de retenção*. Rio de Janeiro: Forense, 1957.

FRANCO, J. Nascimento. *Condomínio*. 5. ed. rev., atual e ampl. São Paulo: RT, 2005.

FULGENCIO, Tito. *Direito real de hypotheca*. São Paulo: Saraiva, 1928.

FUX, Luiz; ASSUMPÇÃO NEVES, Daniel Amorim. *Novo CPC comparado*. São Paulo: GEN/Método, 2015.

GAGLIANO, Pablo Stolze. *Código Civil comentado*. Coord. Álvaro Villaça Azevedo. São Paulo: Atlas, 2004. v. XIII: Direito das coisas.

GAGLIANO, Pablo Stolze. Controvérsias constitucionais acerca do usucapião coletivo. *Jus Navigandi*, Teresina, ano 10, n. 1.063, 30 maio 2006. Disponível em: <http://jus2. uol.com.br/doutrina/texto.asp?id=8318>. Acesso em: 07 fev. 2007.

GAGLIANO, Pablo Stolze; PAMPLONA FILHO, Rodolfo. *Manual de direito civil*. Volume único. São Paulo: Saraiva, 2017.

GAGLIANO, Pablo Stolze; PAMPLONA FILHO, Rodolfo. *Novo curso de direito civil*. Direito de família. São Paulo: Saraiva, 2011.

GAGLIANO, Pablo Stolze; VIANA, Salomão. Direito de laje. Finalmente a lei! Disponível em: <www.flaviotartuce.adv.br>. Acesso em: 28 set. 2017.

GAMA, Affonso Dionysio. *Da hypotheca*: Theoria e pratica. São Paulo: Saraiva, 1921.

GARCIA, Gustavo Filipe Barbosa. Sucessão do companheiro sem ascendentes nem descendentes no Código Civil de 2002. *Novidades no Direito Civil*. São Paulo: Método, 2007.

GOMES, Orlando. *Direitos reais*. 19. ed. atual. e aum. de acordo com o Código Civil de 2002. Atualizador: Luiz Edson Fachin. Coord. Edvaldo Brito. Rio de Janeiro: Forense, 2006.

GOMES, Orlando. *Direitos reais*. 10. ed. Rio de Janeiro: Forense, 1991.

GOMES, Orlando. *Contratos*. 26. ed. Atualizadores: Antônio Junqueira de Azevedo e Francisco Paulo de Crescenzo Marino. Rio de Janeiro: Forense, 2007.

GONÇALVES, Carlos Roberto. *Curso de direito civil brasileiro*. São Paulo: Saraiva, 2008. v. V: Direito das coisas.

GONÇALVES, Carlos Roberto. *Direito civil brasileiro*. Direito das coisas. 13. ed. São Paulo: Saraiva, 2018. v. 5.

GONÇALVES, Carlos Roberto. *Direito civil brasileiro*. Direito das coisas. 5. ed. São Paulo: Saraiva, 2010. v. 5.

GONÇALVES, Carlos Roberto. *Direito civil brasileiro*. Direito das coisas. São Paulo: Saraiva, 2006. v. 5.

GONÇALVES, Marcos Alberto Rocha. *A posse como direito autônomo*. Rio de Janeiro: Renovar, 2014.

GONDINHO, André Pinto da Rocha Osório. *Direitos reais e autonomia da vontade* (o princípio da tipicidade dos direitos reais). Rio de Janeiro: Renovar, 2001.

ITABAIANA DE OLIVEIRA, Arthur Vasco. *Tratado de direito das sucessões*. 4. ed. rev. e atual. São Paulo: Max Limonad, 1952. v. 2: Da sucessão testamentária.

KOJRANSKI, Nelson. *Condomínio edilício*. Rio de Janeiro: GZ, 2011.

KÜMPEL, Vitor Frederico. *A teoria da aparência no Código Civil de 2002*. Coleção Professor Arruda Alvim. São Paulo: Método, 2007.

KÜMPEL, Vitor Frederico; BORGARELLI, Bruno de Ávila. Algumas reflexões sobre o direito real de laje – Parte I. Disponível em: <www.migalhas.com.br>. Acesso em: 28 set. 2017.

LARENZ, Karl. *Derecho Civil*. Parte General. Traduccíon y notas de Miguel Izquierdo y Macías-Picavea. Madrid: Editorial Revista de Derecho Privado, 1978.

LEITE, Eduardo de Oliveira. *Comentários ao novo Código Civil do direito das sucessões*. 4. ed. Rio de Janeiro: Forense, 2004. v. XXI.

LIMA, Frederico Henrique Viegas de. *Condomínio em edificações*. São Paulo: Saraiva, 2010.

LIMA, Frederico Henrique Viegas de. *Da alienação fiduciária em garantia de coisa móvel*. Curitiba: Juruá, 1998.

LIMA, Frederico Henrique Viegas de. *Direito imobiliário registral na perspectiva civil--constitucional*. Porto Alegre: Sérgio Antonio Fabris Editor, 2004.

LIMONGI FRANÇA, Rubens. *Enciclopédia Saraiva do Direito*. Coord. Rubens Limongi França. São Paulo: Saraiva, 1977. v. 29.

LIMONGI FRANÇA, Rubens. *Instituições de direito civil*. 4. ed. São Paulo: Saraiva, 1996.

LIMONGI FRANÇA, Rubens. *Instituições de direito civil*. 5. ed. São Paulo: Saraiva, 1999.

LIRA, Ricardo Pereira. *Elementos de direito urbanístico*. Rio de Janeiro: Renovar, 1997.

LÔBO, Paulo. *Direito civil*. Coisas. São Paulo: Saraiva, 2015.

LOPES, João Batista. *Condomínio*. 9. ed. rev., atual e ampl. São Paulo: RT, 2006.

LOPES, João Batista. *Condomínio*. 10. ed. São Paulo: RT, 2008.

LOUREIRO, Francisco Eduardo. *Código Civil comentado*. Coordenador Ministro Cezar Peluso. São Paulo: Manole, 2007.

LOUREIRO, Francisco Eduardo. *Código Civil comentado*. 4. ed. Coordenador Ministro Cezar Peluso. São Paulo: Manole, 2010.

LUCON, Paulo Henrique. *Código de Processo Civil interpretado*. Coordenador Antonio Carlos Marcato. São Paulo: Atlas, 2004.

MALUF, Carlos Alberto Dabus. *Código Civil comentado*. 6. ed. Coord. Ricardo Fiúza e Regina Beatriz Tavares da Silva. São Paulo: Saraiva, 2008.

MALUF, Carlos Alberto Dabus. *Código Civil comentado*. 8. ed. Coord. Regina Beatriz Tavares da Silva. São Paulo: Saraiva, 2012.

MALUF, Carlos Alberto Dabus. *Das cláusulas de inalienabilidade, incomunicabilidade e impenhorabilidade*. São Paulo: Saraiva, 1986.

MALUF, Carlos Alberto Dabus. *Limitações ao direito de propriedade*. 3. ed. São Paulo: RT, 2011.

MALUF, Carlos Alberto Dabus. *Novo Código Civil comentado*. 2. ed. Coord. Ricardo Fiuza. São Paulo: Saraiva, 2004.

MALUF, Carlos Alberto Dabus. *Novo Código Civil comentado*. Coord. Ricardo Fiuza. São Paulo: Saraiva, 2002.

MALUF, Carlos Alberto Dabus. *O condomínio tradicional no direito civil*. 2. ed. São Paulo: Saraiva, 1989.

MALUF, Carlos Alberto Dabus; MARQUES, Márcio Antero Motta Ramos. *Condomínio edilício*. 3. ed. São Paulo: Saraiva, 2009.

MALUF, Carlos Alberto Dabus; MARQUES, Márcio Antero Motta Ramos. *O condomínio edilício no novo Código Civil*. 2. ed. rev. e atual. São Paulo: Saraiva, 2005.

MAMEDE, Gladston. *Código Civil comentado*. Coord. Álvaro Villaça de Azevedo. São Paulo: Atlas, 2003. v. XIV: Direito das coisas.

MAMEDE, Gladston. *Direito empresarial brasileiro*. 3. ed. São Paulo: Atlas, 2006. v. 3: Título de Crédito.

MANIGLIA, Elisabete. Atendimento da função social pelo imóvel rural. In: BARROSO, Lucas Abreu; MIRANDA, Alcir Gursen de; SOARES, Mário Lúcio Quintão (Coord.). *O direito agrário na Constituição*. 2. ed. Rio de Janeiro: Forense, 2006.

MARCATO, Antonio Carlos. *Procedimentos especiais*. 8. ed. São Paulo: Malheiros, 1999.

MARQUES, Benedito Ferreira. *Direito agrário brasileiro*. 9. ed. São Paulo: Saraiva, 2011.

MARQUES, Cláudia Lima. *Comentários ao Código de Defesa do Consumidor*. Introdução. São Paulo: RT, 2004.

MARQUES, Cláudia Lima. *Contratos no Código de Defesa do Consumidor*. 5. ed. São Paulo: RT, 2006.

MARTINS-COSTA, Judith. *A boa-fé no direito privado*. São Paulo: RT, 1999.

MARTINS-COSTA, Judith. *Comentários ao no Código Civil*. Coordenador Sálvio de Figueiredo Teixeira. Rio de Janeiro: Forense, 2004. v. 5, t. II.

MAXIMILIANO, Carlos. *Condomínio*. 4. ed. São Paulo: Freitas Bastos, 1956.

MAZZEI, Rodrigo Reis. Abuso de direito: contradição entre o § 2.º do art. 1.228 e o art. 187 do Código Civil. In: BARROSO, Lucas Abreu (Org.). *Introdução crítica ao Código Civil*. Rio de Janeiro: Forense, 2006.

MAZZEI, Rodrigo Reis. *Direito de superfície*. Salvador: Juspodivm, 2013.

MAZZUOLI, Valério. *Prisão civil por dívida e o Pacto de San José da Costa Rica*. Rio de Janeiro: Forense, 2002.

MELO, Marco Aurélio Bezerra de. Apreciação preliminar dos fundos de investimento na MP 881/19. Disponível em: <http://genjuridico.com.br/2019/05/03/apreciacao--preliminar-dos-fundos-de-investimento-na-mp-881-19/>. Acesso em: 3 maio 2019).

MELO, Marco Aurélio Bezerra de. *Código Civil comentado*. Doutrina e jurisprudência. Rio de Janeiro: Forense, 2019.

MELO, Marco Aurélio Bezerra de. *Direito das coisas*. Rio de Janeiro: Lumen Juris, 2007.

MELO, Marco Aurélio Bezerra de. *Direito civil*. Coisas. 2. ed. Rio de Janeiro: Forense, 2018.

MELO, Marco Aurélio Bezerra de. *Novo Código Civil anotado*. 3. ed. rev., ampl. e atual. Rio de Janeiro: Lumen Juris, 2004.

MENEZES CORDEIRO, Antonio Manuel da Rocha e. *Da boa-fé no direito civil*. Coimbra: Almedina, 2001.

MONTEIRO, Washington de Barros. *Curso de direito civil*. 39. ed. rev. e atual. São Paulo: Saraiva, 2003. v. 1: Parte Geral.

MONTEIRO, Washington de Barros. *Curso de direito civil brasileiro*. Direito das coisas. 37. ed. atual. por Carlos Alberto Dabus Maluf. São Paulo: Saraiva, 2003. v. 3.

MONTEIRO, Washington de Barros; MALUF, Carlos Alberto Dabus. *Curso de direito civil*. Direito das coisas. 39. ed. São Paulo: Saraiva, 2009. v. 3.

MONTEIRO DE BARROS, Flávio Augusto. *Manual de direito civil*. São Paulo: Método, 2004. v. 4: Direito de família e das sucessões.

MONTEIRO DE BARROS, Flávio Augusto. *Manual de direito civil*. São Paulo: Método, 2005. v. 3: direito das coisas e responsabilidade civil.

MORAES, Renato Duarte Franco de. A função social da posse. In: TARTUCE, Flávio; CASTILHO, Ricardo (Coord.). *Direito civil. Direito patrimonial. Direito existencial.* Estudos em homenagem à professora Giselda Maria Fernandes Novaes Hironaka. São Paulo: Método, 2006.

MOREIRA ALVES, José Carlos. *Da alienação fiduciária em garantia*. São Paulo: Saraiva, 1973.

MOREIRA ALVES, José Carlos. *Direito romano*. 7. ed. Rio de Janeiro: Forense, 1991.

MOREIRA ALVES, José Carlos. *Posse*. Estudo dogmático. 2. ed. Rio de Janeiro: Forense, 1999. v. II. t. I.

NADER, Paulo. *Curso de direito civil*. Direito das Coisas. 7. ed. Rio de Janeiro: Forense, 2016. v. 4.

NEGRÃO, Theotonio. *Código de Processo Civil*. 37. ed. São Paulo: Saraiva, 2005.

NEGRÃO, Theotonio; GOUVÊA, José Roberto F. *Código Civil anotado*. 26. ed. São Paulo: Saraiva, 2007.

NERY JR., Nelson; NERY, Rosa Maria de Andrade. *Código Civil comentado*. 3. ed. São Paulo: RT, 2003.

NERY JR., Nelson; NERY, Rosa Maria de Andrade. *Código de Processo Civil comentado*. 9. ed. São Paulo: RT, 2006.

NERY JR., Nelson; NERY, Rosa Maria de Andrade. *Código de Processo Civil comentado*. 8. ed. São Paulo: RT, 2004.

NERY JR., Nelson; NERY, Rosa Maria de Andrade. *Comentários ao Código de Processo Civil*. São Paulo: RT, 2015.

NEVES, Gustavo Kloh Müller. O princípio da tipicidade dos direitos reais ou a regra do *numerus clausus*. In: MORAES, Maria Celina Bodin de (Coord.). *Princípios do direito civil contemporâneo*. Rio de Janeiro: Renovar, 2006.

OCHIUTTO JUNIOR, Francisco. As despesas de condomínio e o chamado "contrato de gaverta". In: CASCONI, Francisco Antonio; AMORIM, José Roberto Neves (Coord.). *Condomínio edilício* – aspectos relevantes e aplicação do novo Código Civil. São Paulo: Método, 2005.

OLIVEIRA, Carlos Eduardo Elias de. Análise detalhada da multipropriedade no Brasil após a Lei n.º 13.777/2018: pontos polêmicos e aspectos de Registros Públicos, p. 17. Disponível em: <www.flaviotartuce.adv.br>. Acesso em: 26 ago. 2019.

OLIVEIRA, Carlos Eduardo Elias de. Considerações sobre a recente Lei da Multipropriedade ou da *Time Sharing* (Lei n.º 13.777/2018): principais aspectos de Direito Civil, de Processo Civil e de Registros Públicos, p. 3 e 7. Disponível em: <www.flaviotartuce.adv.br>. Acesso em: 25 ago. 2019.

OLIVEIRA, Carlos Eduardo Elias de. Continuação da análise detalhada da Lei das Garantias (Lei 14.711/2023). Disponível em: <www.flaviotartuce.adv.br/artigosconvidados>. Acesso em: 6 nov. 2023.

OLIVEIRA, Carlos Eduardo Elias de. Direito real de laje à luz da Lei 13.465/2017: uma nova hermenêutica. Disponível em: <www.flaviotartuce.adv.br>. Acesso em: 28 set. 2017.

OLIVEIRA, Carlos Eduardo Elias de. Novidades da Lei n. 13.465/2017: o condomínio de lotes, o condomínio urbano simples e o loteamento de acesso controlado. Disponível em: <www.flaviotartuce.adv.br>. Artigos de convidados. Acesso em: 27 set. 2017.

OLIVEIRA, Carlos Eduardo Elias de. Novo direito real com a Lei 14.620/23: uma atecnia utilitarista diante da imissão provisória na posse. Disponível em: <https://www.migalhas.com.br/coluna/migalhas-notariais-e-registrais/390037/novo-direito-real--com-a-lei-14-620-23>. Acesso em: 12 out. 2023.

OLIVEIRA, Carlos E. Elias de; TARTUCE, Flávio. *Lei do Sistema Eletrônico de Registros Públicos.* Rio de Janeiro: Forense: 2023.

PENTEADO, Luciano de Camargo. *Direito das coisas.* São Paulo: RT, 2008.

PENTEADO, Luciano de Camargo. *Direito das coisas.* 2. ed. São Paulo: RT, 2012.

PENTEADO, Luciano de Camargo. *Efeitos contratuais perante terceiros.* São Paulo: Quartier Latin, 2007.

PEREIRA, Caio Mário da Silva. *Condomínio e incorporações.* 7. ed. Rio de Janeiro: Forense, 1993.

PEREIRA, Caio Mário da Silva. *Instituições de direito civil.* 18. ed. Atualizador: Carlos Edison do Rêgo Monteiro Filho. Rio de Janeiro: Forense, 2004. v. IV.

PEREIRA, Caio Mário da Silva. *Instituições de direito civil.* 4. ed. Rio de Janeiro: Forense, 1981. v. IV.

PEREIRA, Caio Mário da Silva. *Instituições de direito civil.* Direitos reais. 21. ed. atual. por Carlos Edison do Rego Monteiro Filho. Rio de Janeiro: Forense, 2012. v. IV.

PEREIRA, Lafayette Rodrigues. *Direito das coisas.* 6. ed. Rio de Janeiro: Freitas Bastos, 1956.

PEREIRA, Lafayette Rodrigues. *Direito das coisas.* 5. ed. Rio de Janeiro: Freitas Bastos, 1943. v. I.

PEREIRA, Lafayette Rodrigues. *Direito das coisas.* Brasília: Senado Federal, 2004. Coleção História do Direito Brasileiro. v. 1.

PERES, Tatiana Bonatti; KESSELRING, Ana Beatriz Marchioni; SEGALLA, Alessandroa. Cláusulas abusivas comuns na aquisição de imóvel em construção e proteção do consumidor em juízo. In: ALVIM, Angélica Arruda; ALVIM, Eduardo Arruda; CHIAVASSA, Marcelo (Coord.). *25 anos do Código de Defesa do Consumidor.* Panorama atual e perspectivas futuras. Rio de Janeiro: GZ, 2017.

PIOVESAN, Flávia. Reforma do Judiciário e direitos humanos. In: TAVARES, André Ramos; LENZA, Pedro; ALARCÓN, Pietro de Jesús Lora. Reforma do Judiciário. São Paulo: Método, 2005.

PIVA, Rui Carvalho. *Bem ambiental.* São Paulo: Max Limonad, 2001.

PONTES DE MIRANDA, Francisco Cavalcanti. *Tratado de direito privado.* 4. ed. São Paulo: RT, 1974. t. 3, 4 e 5.

QUEIROZ, Odete Novais Carneiro. *Prisão civil e os direitos humanos.* São Paulo: RT, 2004.

REALE, Miguel. Exposição de Motivos ao Anteprojeto do Código Civil. In: Nery JR., Nelson; NERY, Rosa Maria de Andrade. *Código Civil comentado*. 3. ed. São Paulo: RT, 2005.

RIBEIRO, Benedito Silvério. *Tratado de usucapião*. 4. ed. São Paulo: Saraiva, 2006. v. 1.

ROCHA, Sílvio Luís Ferreira da. *Função social da propriedade pública*. São Paulo: Malheiros, 2005.

RODRIGUES JR., Otávio Luiz. Um ano longo demais e os seus impactos no direito civil contemporâneo. Disponível em: <http://www.conjur.com.br/2016-dez-26/retrospectiva-2016-ano-longo-impactos-direito-civil-contemporaneo>. Acesso em: 28 set. 2017.

RODRIGUES, Silvio. *Direito civil*. 27. ed. São Paulo: Saraiva, 2003. v. 7: Direito das sucessões.

RODRIGUES, Silvio. *Direito civil*. São Paulo: Saraiva, 2002. v. 1: Parte geral.

RODRIGUES, Silvio. *Direito civil*. 27. ed. rev. e atual. São Paulo: Saraiva, 2002. v. 5: Direito das coisas.

RODRIGUES, Silvio. *Direito civil*. 24. ed. São Paulo: Saraiva, 1994. v. 5: Direito das coisas.

RODRIGUES, Silvio. *Direito civil*. 25. ed. atual. São Paulo: Saraiva, 2002. v. 7: Direito das sucessões.

SANTOS, Antonio Jeová dos. *Direito intertemporal e o novo Código Civil*. 2. ed. São Paulo: RT, 2004.

SANTOS, Francisco Cláudio de Almeida. *Direito do promitente comprador e direitos reais de garantia*. Coord. Miguel Reale; Judith Martins-Costa. São Paulo: RT, 2006. Coleção Biblioteca de Direito Civil – Estudos em Homenagem ao Prof. Miguel Reale. v. 5.

SCHREIBER, Anderson. *Manual de direito civil contemporâneo*. São Paulo: Saraiva, 2018.

SCHREIBER, Anderson. *Código Civil comentado*. Rio de Janeiro: Forense, 2019.

SERPA LOPES, Miguel Maria de. *Curso de direito civil*. Rio de Janeiro: Freitas Bastos, 1998. v. VII: Direitos reais limitados.

SERPA LOPES, Miguel Maria de. *Curso de direito civil*. 6. ed. Rio de Janeiro: Freitas Bastos, 1996. v. 3: Fontes das obrigações: Contratos.

SICA, Heitor Vitor Mendonça. *Breves comentários ao Novo Código de Processo Civil*. Coordenação de Teresa Arruda Alvim Wambier, Fredie Didier Jr., Eduardo Talamini e Bruno Dantas. São Paulo: RT, 2015.

SILVA, Alexandre Barbosa da. *Propriedade sem registro*. Curitiba: Juruá, 2018.

SILVA, Luiz Antonio Rodrigues da. Pequena reflexão a respeito da multa de até 2% sobre a contribuição condominial em atraso. In: CASCONI, Francisco Antonio; AMORIM, José Roberto Neves (Coord.). *Condomínio edilício* – aspectos relevantes e aplicação do novo Código Civil. São Paulo: Método, 2005.

SIMÃO, José Fernando. Adimplemento substancial e a nova orientação do STJ – E o poder dos Bancos prevaleceu. Disponível em: <www.cartaforense.com.br>. Acesso em: 18 set. 2017.

SIMÃO, José Fernando. *Código Civil comentado*. Doutrina e jurisprudência. Rio de Janeiro: Forense, 2019.

SIMÃO, José Fernando. *Direito civil*. 2. ed. São Paulo: Atlas, 2005. Série Leituras Jurídicas. v. 5: Contratos.

SIMÃO, José Fernando; *Legislação civil especial*. São Paulo: Atlas, 2007. Série Leituras Jurídicas. v. 30: Locação e propriedade fiduciária.

SIMÃO, José Fernando. *Vícios do produto no novo Código Civil e no Código de Defesa do Consumidor*. São Paulo: Atlas, 2003.

SIMÃO, José Fernando; BUNAZAR, Maurício Baptistella. *Direitos reais sobre imóveis e contratos*. Curitiba: IESDE Brasil, 2007.

SOUZA, Sidney Roberto Rocha de. Animais em apartamentos. In: CASCONI, Francisco Antonio; AMORIM, José Roberto Neves (Coord.). *Condomínio edilício* – aspectos relevantes e aplicação do novo Código Civil. São Paulo: Método, 2005.

TARTUCE, Flávio. A formação do contrato no Novo Código Civil, no Código de Defesa do Consumidor e a via eletrônica. In: DELGADO, Mário Luiz; ALVES, Jones Figueirêdo (Coord.). *Questões controvertidas no novo Código Civil*. São Paulo: Método, 2005. v. 4.

TARTUCE, Flávio. *Direito civil*. Lei de introdução e parte geral. 21. ed. Rio de Janeiro: Forense, 2025. v. 1.

TARTUCE, Flávio. *Direito civil*. Direito das obrigações e responsabilidade civil. 20. ed. Rio de Janeiro: Forense, 2025. v. 2.

TARTUCE, Flávio. *Direito civil*. Teoria geral dos contratos. 20. ed. Rio de Janeiro: Forense, 2025. v. 3.

TARTUCE, Flávio. *Direito civil*. Direito de família. 20. ed. Rio de Janeiro: Forense, 2025. v. 5.

TARTUCE, Flávio. *Direito civil*. Direito das sucessões. 17. ed. Rio de Janeiro: Forense, 2025. v. 6.

TARTUCE, Flávio. *Função social dos contratos* – do Código de Defesa do Consumidor ao Código Civil de 2002. 2. ed. São Paulo: Método, 2007.

TARTUCE, Flávio. *Responsabilidade civil*. 6. ed. São Paulo: Método, 2025.

TARTUCE, Flávio. *O Novo CPC e o direito civil*. Diálogos, impactos e interações. 2. ed. São Paulo: Método, 2016.

TARTUCE, Flávio. *Manual de Direito Civil*. 15. ed. São Paulo: Método, 2025. Volume único.

TARTUCE, Flávio. Questões polêmicas quanto ao Direito das Coisas no novo Código Civil. Visão crítica sobre a nova codificação. In: BARROSO, Lucas Abreu (Org.). *Introdução crítica ao Código Civil*. Rio de Janeiro: Forense, 2006.

TARTUCE, Flávio; ASSUMPÇÃO NEVES, Daniel Amorim. *Manual de Direito do Consumidor*. 14. ed. São Paulo: Método, 2025. Volume único.

TARTUCE, Flávio; OLIVEIRA, Carlos E. Elias de. *Lei do Sistema Eletrônico de Registros Públicos*. Rio de Janeiro: Forense: 2023.

TARTUCE, Flávio; SALOMÃO, Luis Felipe (Coord.). *Direito civil*. Diálogos entre a doutrina e a jurisprudência. São Paulo: Atlas, 2018.

TARTUCE, Flávio; SCHREIBER, Anderson; SIMÃO, José Fernando; MELO, Marco Aurélio Bezerra de; DELGADO, Mario Luiz. *Código Civil comentado*. Doutrina e jurisprudência. 6. ed. São Paulo: Forense, 2024.

TARTUCE, Flávio; SIMÃO, José Fernando. *Direito civil*. Direito das coisas. 5. ed. São Paulo: Método, 2013.

TEPEDINO, Gustavo. Contornos da propriedade privada. *Temas de direito civil*. 3. ed. Rio de Janeiro: Renovar, 2004. t. I.

TEPEDINO, Gustavo. *Multipropriedade imobiliária*. São Paulo: Saraiva, 1993.

TEPEDINO, Gustavo. Os direitos reais no novo Código Civil. *Temas de direito civil*. Rio de Janeiro: Renovar, 2006. t. II.

TEPEDINO, Gustavo; GONÇALVES, Marcos Alberto Rocha. Lições da *VII Jornada de Direito Civil*: tendências do direito das coisas. Disponível em: <www.conjur.com.br>. Acesso em: 12 set. 2017.

TEPEDINO, Gustavo; MORAES, Maria Celina Bodin de; BARBOZA, Heloísa Helena. *Código Civil interpretado*. Rio de Janeiro: Renovar, 2011. v. III.

THEODORO JÚNIOR, Humberto. *Comentários ao Código de Processo Civil*. Rio de Janeiro: Editora Forense: Rio de Janeiro, 1974.

THEODORO JÚNIOR, Humberto. *Curso de direito processual civil*. 32. ed. Rio de Janeiro: Forense, 2004. v. III.

THEODORO JÚNIOR, Humberto. O novo Código Civil e as regras heterotópicas de natureza processual. In: MAZZEI, Rodrigo; DIDIER JR., Fredie (Coord*.*). *Reflexos do Novo Código Civil no Direito Processual*. 2. ed. Salvador: Juspodivm, 2007.

TOMASETTI JR., Alcides. Jurisprudência comentada. *Revista dos Tribunais* n. 723, jan. 1996.

VELOSO, Zeno. *Código Civil comentado*. 6. ed. Coord. Ricardo Fiúza e Regina Beatriz Tavares da Silva. São Paulo: Saraiva, 2008.

VELOSO, Zeno. *Comentários ao Código Civil*. Coord. Antonio Junqueira de Azevedo. São Paulo: Saraiva, 2003. v. 21.

VELOSO, Zeno. *Novo Código Civil comentado*. Coord. Ricardo Fiuza. 5. ed. São Paulo: Saraiva. 2006.

VENOSA, Sílvio de Salvo. *Código Civil comentado*. Coord. Álvaro Villaça Azevedo. São Paulo: Atlas, 2003. v. XII.

VENOSA, Sílvio de Salvo. *Código Civil interpretado*. São Paulo: Atlas, 2010.

VENOSA, Sílvio de Salvo. *Direito civil*. 12. ed. São Paulo: Atlas, 2007. v. 5: Direitos reais.

VENOSA, Sílvio de Salvo. *Direito civil*. 7. ed. São Paulo: Atlas, 2007. v. 5: Direitos reais.

VENOSA, Sílvio de Salvo. *Direito civil*. 5. ed. São Paulo: Atlas, 2005. v. 5: Direitos reais.

VENOSA, Sílvio de Salvo. *Direito civil*. 4. ed. São Paulo: Atlas, 2004. v. 5: Direitos reais.

VENOSA, Sílvio de Salvo. *Direito civil*. 3. ed. São Paulo: Atlas, 2003, v. 3: Contratos em espécie.

VIANA, Marco Aurélio S. *Comentários ao novo Código Civil*. Coord. Sálvio de Figueiredo Teixeira. 3. ed. Rio de Janeiro: Forense, 2007. v. XVI: Dos direitos reais.

VIANA, Marco Aurélio S. *Comentários ao novo Código Civil*. Coord. Sálvio de Figueiredo Teixeira. Rio de Janeiro: Forense, 2003. v. XVI: Dos direitos reais.